Portugais

MINI DICTIONNAIRE

français - portugais • portugais - français

LAROUSSE
DICTIONNAIRES

21, rue du Montparnasse
75283 Paris Cedex 06, France

www.larousse.fr

Mini ISBN 978- 2-03-584738-6
Mini Plus ISBN 978- 2-03-584745-4

Direction de la publication
Carine Girac-Marinier

Direction éditoriale
Claude Nimmo

Édition
Marc Chabrier

Rédaction
Nathalie Da Silva, Manuela Valente,
Odette De Barros, Maria Alice Farah Calil Antonio

Structuration
Xavier Truchet

pour la première édition
Valérie Katzaros, Delfina Bottin, Peggy Loison

Português

DICIONÁRIO MINI

francês - português • português - francês

LAROUSSE
DICTIONNAIRES

SOMMAIRE

ÍNDICE

La gamme MINI larousse a été conçue pour répondre aux besoins du débutant et du voyageur.

Avec plus de 30 000 mots et expressions et plus de 40 000 traductions, ce nouveau dictionnaire présente non seulement le vocabulaire général, mais aussi de nombreuses expressions permettant de déchiffrer panneaux de signalisation ou cartes de restaurant.

Le vocabulaire essentiel est éclairé par de nombreux exemples et des indicateurs de sens précis, une présentation étudiée facilitant la consultation.

À la fois pratique et complet, cet ouvrage est une mine d'informations à emporter partout. « Boa sorte », et n'hésitez pas à nous faire part de vos suggestions.

L'ÉDITEUR

O dicionário mini-Larousse foi concebido a pensar especialmente em principiantes e pessoas que viajam.

Com mais de 30 000 palavras e 40 000 traduções, esta primeira versão apresenta não só o vocabulário geral mas também muitas expressões que permitem decifrar e compreender cartazes, sinais de trânsito ou ementas de restaurante.

O vocabulário mais usual é ilustrado com numerosos exemplos e indicadores de sentido claros e precisos.

De consulta rápida e eficaz, esta obra prática é uma verdadeira fonte de informações que se pode levar facilmente para todo o lado. Ela será o instrumento indispensável para estudantes e turistas. Esperamos que lhe seja muito útil e não hesite em contactar-nos para nos comunicar as suas observações.

O EDITOR

Abréviations / Abr

abreviatura	abrev/abr	abréviation
adjectivo	adj	adjectif
advérbio	adv	adverbe
anatomia	ANAT	anatomie
artigo	art	article
automóvel	*AUT/AUTO*	automobile
português do Brasil	Br	portugais du Brésil
comércio	COM/COMM	commerce
comparativo	comp/compar	comparatif
conjunção	conj	conjonction
culinária	CULIN	cuisine, art culinaire
desporto	DESP	sport
jurídico	DR	droit
educação, escola	EDUC	domaine scolaire
substantivo feminino	f	féminin
familiar	fam	familier
figurado	fig	figuré
finanças	FIN	finance
formal	fml	soutenu
substantivo feminino plural	fpl	féminin pluriel
geralmente	ger/gén	généralement
gramática	GRAM/GRAMM	grammaire
informática	INFORM	informatique
interjeição	interj	interjection
invariável	inv	invariable
jurídico	JUR	droit
substantivo masculino	m	masculin
matemática	MAT/MATH	mathématiques
medecina	MED/MÉD	médecine
substantivo que tem a mesma forma para o masculino e para o feminino: ex. democrata	mf	même forme pour le masculin et le féminin : ex. démocrate

Abréviations / Abreviaturas		
substantivo masculino ou substantivo feminino	m ou f	masculin ou féminin
termos militares	MIL	militaire
substantivo masculino plural	mpl	masculin pluriel
música	MÚS/MUS	musique
termos náuticos	NAÚT/NAUT	nautique
substantivo	n	nom
substantivo feminino	nf	nom féminin
substantivo feminino plural	nfpl	nom féminin pluriel
substantivo masculino	nm	nom masculin
substantivo francês cujo género pode ser masculino ou feminino	nm ou nf	nom dont le genre est flottant : ex. un arobase ou une arobase
substantivo que tem a mesma forma para o masculino e para o feminino: ex. democrata	nmf	même forme pour le masculin et le féminin : ex. démocrate
substantivo masculino que tem também uma forma para o feminino	m, f/nm, f	nom masculin et nom féminin : ex. menteur, euse
substantivo masculino plural	nmpl	nom masculin pluriel
numeral	num	numéral
ou	ou	ou
pejorativo	pej/péj	péjoratif
particípio passado	pp	participe passé
gerúndio	p prés	participe présent
plural	pl	pluriel
política	POL	politique
português de Portugal	Port	portugais du Portugal
prefixo	pref/préf	préfixe

Abréviations / Abreviaturas		
preposição	prep/prép	préposition
pronome	pron	pronom
pronome interrogativo	pron interr	pronom interrogatif
pronome relativo	pron rel	pronom relatif
rádio	RADIO	radio
religião	RELIG	religion
substantivo	s	nom
educação, escola	SCOL	domaine scolaire
singular	sing	singulier
formal	sout	soutenu
desporto	SPORT	sport
sujeito	suj	sujet
superlativo	super	superlatif
termos técnicos	TEC/TECHNOL	technologie
transportes	TRANS	transports
televisão	TV	télévision
verbo	v	verbe
verbo auxiliar	v aux	verbe auxiliaire
verbo intransitivo	vi	verbe intransitif
verbo impessoal	v impess/v impers	verbe impersonnel
verbo preposição	v+prep/v+prép	verbe préposition
verbo pronominal	vp	verbe pronominal
verbo pronominal preposição	v+prep/vp+prép	verbe pronominal préposition
verbo de substituição	v substitut	verbe substitutif
verbo transitivo	vt	verbe transitif
vulgar	vulg	vulgaire
entrada secundária	◆	sous-entrée
categoria gramatical	◇	catégorie grammaticale
frase de exemplo	●	phrase d'exemple
tabuleta	▼	panneau
equivalente cultural	≃	équivalent culturel

…guês-francês, as abreviaturas *mpl* e *fpl* designam a flexão do masculino plural e do feminino plural sempre que estiverem associadas a um adjectivo ou a um pronome.

Dans la partie portugais-français, les abréviations *mpl* et *fpl* désignent la désinence masculine ou féminine plurielle de l'adjectif ou du pronom lorsqu'elles sont rattachées à ces derniers.

Marcas registadas

O símbolo ® indica que a palavra em questão é uma marca registada. Este símbolo, ou a sua eventual ausência, não afecta, no entanto, a situação legal da marca.

Noms de marque

Les noms de marque sont désignés dans ce dictionnaire par le symbole ®. Néanmoins, ni ce symbole ni son absence éventuelle ne peuvent être considérés comme susceptibles d'avoir une incidence quelconque sur le statut légal d'une marque.

	français	portu	
[a]	lac, papillon, âme	pá, amar	
[ɑ̃]	champ, ennui		pronuncia-se como sandália
[b]	bateau, abeille	brilho, beijo	
[c]	coq	anca	
[d]	dalle, ronde	dia, prenda	
[ɛ]	bec, aime	sé, seta, hera	
[e]	pays, année	ler, mês	
[ə]	le, je	arte, vale	
[ɛ̃]	timbre, main		pronuncia-se como lã
[f]	fort, physique	fé, fado	
[g]	garder, digue	gato, guia	
[i]	fille, île, système	ir, sino, hino	
[j]	yeux, lieu	sereia, leal	
[ʒ]	rouge, jeune	cisne, anjo, gelo	
[k]	coq, quatre, képi	bica, dique	
[ɫ]	lit, halle	feliz, cola, lata	
[m]	mât, drame	mar, mel	
[n]	nager, trône	novo, nadar	
[ɲ]	agneau, peigner	linha, sonho	
[ŋ]	parking	anca, brinco	
[o]	drôle, aube, eau	corvo, avô	

	portugais	français	commentaire
[g]	gato, guia	garder, digue	
[g]	jogo, briga		son **gue** étouffé, son entre **gue** et **gw**
[i]	ir, sino, hino	fille, île, système	
[ĩ]	fim, patim		se prononce comme **puding**
[j]	sereia, leal	yeux, lieu	
[ʒ]	cisne, anjo, gelo	rouge, jeune	
[k]	bica, dique	coq, quatre, képi	
[l]	farol, filme		se prononce comme **lot**
[ł]	feliz, cola, lata	lit, halle	
[ʎ]	folha, ilha		se prononce comme **lieu**
[m]	mar, mel	mât, drame	
[n]	novo, nadar	nager, trône	
[ɲ]	linha, sonho	agneau, peigner	
[ŋ]	anca, brinco	parking	
[ɔ]	nota, pó	botte, automne	
[o]	corvo, avô	drôle, aube, **eau**	
[ɔi]	herói, boina		se prononce **oi** comme dans coyote
[oi]	coisa, noite		se prononce **oï**
[õ]	onde, com, honra		se prononce comme **on** dans monde
[õi]	Verões, leões		se prononce **oïn**
[p]	pão, país	prendre, grippe	
[r]	cura, ar		**r** légèrement roulé

	portugais	français	commentaire
[R]	rádio, terra	arracher, sabre	
[s]	cima, desse, caça	cela, savant	
[ʃ]	noz, bis, caixa, chá	charrue, schéma	
[t]	lata, porta	théâtre, temps	
[tʃ]	projétil (Br), garçonete (Br)		se prononce **tch**
[u]	azul, tribo	outil, goût	
[ui]	cuidado, azuis, fui		se prononce **oui**
[au]	nau, jaula		se prononce **aou**
[ɛu]	réu, véu		se prononce **éou**
[eu]	deus, seu		se prononce **eo**
[iu]	riu, saiu, viu		se prononce **iou**
[ũ]	jejum, nunca		se prononce **oun**
[ũi]	ruim		se prononce **ouïm** (son nasal)
[v]	ave, vela	voir, rive, wagon	
[w]	luar, quadro, poema	ouest, oui	
[x]	xerocar (Br), frear (Br)		son **r** qui ne se prononce pas en fin de mot
[z]	brisa, zelo	fraise, zéro	

Information complémentaire

O símbolo [ʼ] representa o « h » aspirado francês, por exemplo *hacher* [ʼaʃe].	Le symbole [ʼ] représente le « h » aspiré français, par exemple *hacher* [ʼaʃe].
O símbolo [ˈ]] indica a sílaba acentuada em português. Quando existem duas sílabas acentuadas, nomeadamente nos substantivos compostos como *limão-galego* [liˌmɐ̃ugaˈlegu] ou nos advérbios como *raramente* [ˌrarɐˈmẽntə], o símbolo [ˌ]indica a mais fraca das duas.	Le symbole [ˈ] indique la syllabe accentuée en portugais. Lorsqu'il y a deux accents, notamment dans le cas d'un mot composé comme *limão-galego* [liˌmɐ̃ugaˈlegu] ou d'un adverbe comme *raramente* [ˌrarɐˈmẽntə], le symbole [ˌ] indique le plus faible des deux.
O símbolo [(x)] no português do Brasil indica que o « *r* » no final da palavra é apenas pronunciado, excepto quando seguido de uma palavra iniciada por uma vogal: nesse caso pronuncia-se [r].	Le symbole [(x)] en portugais du Brésil indique que le « *r*» final d'un mot se prononce légèrement, sauf lorsqu'il est suivi par un mot commençant par une voyelle: dans ce cas il se prononce [r].
Todas as entradas, tanto francesas como portuguesas, são seguidas por uma fonética API. As regras de pronúncia correspondem ao português falado em Lisboa. As entradas seguidas pela abreviatura *Br* correspondem ao português falado no Brasil e em especial à pronúncia de Rio de Janeiro.	Tous les mots français et portugais sont suivis d'une phonétique API. Les règles de prononciation données sont celles du portugais tel qu'il est parlé à Lisbonne, sauf pour les entrées brésiliennes notées *Br*, pour lesquelles on donne la prononciation du portugais de Rio de Janeiro.

FRANÇAIS-PORTUGAIS

FRANCÊS-PORTUGUÊS

a A

a [a] ➤ **avoir**

A (*abr de autoroute*) A

à [a] *prép*

1. *(gén)* a • **penser à qqch** pensar em algo • **donner qqch à qqn** dar algo a alguém • **allons au théâtre** vamos ao teatro • **il est parti à la pêche** ele foi à pesca • **embarquement à 21h30** embarque às 21h30 • **au mois d'août** no mês de Agosto • **le musée est à cinq minutes d'ici** o museu fica a cinco minutos daqui • **à jeudi !** até quinta-feira! • **à deux** a dois • **à pied** a pé • **écrire au crayon** escrever a lápis • **à la française** à francesa • **un billet d'entrée à 8 euros** um ingresso a 8 euros • **j'ai acheté une robe à 40 euros** comprei um vestido por 40 euros • **être payé à l'heure** ser pago à hora • **100 km à l'heure** 100 Km à hora • **le courrier à poster** a carta a pôr no correio ▾ **maison à vendre** casa à venda • **travail à faire** trabalho para fazer

2. *(indique le lieu où l'on est)* em • **j'habite à Paris** moro em Paris • **rester à la maison** ficar em casa • **il y a une piscine à deux kilomètres du village** há uma piscina a dois quilómetros da aldeia

3. *(indique un moyen de transport)* de • **une promenade à vélo** um passeio de bicicleta • **un voyage à dos d'âne** uma viagem de burro

4. *(indique l'appartenance)* de • **cet argent est à moi/à lui/à Isabelle** este dinheiro é meu/dele/da Isabelle • **une amie à moi** uma amiga minha • **à qui sont ces lunettes ?** de quem são estes óculos?

5. *(indique une caractéristique)* de • **le garçon aux yeux bleus** o rapaz de olhos azuis • **un bateau à vapeur** um barco a vapor • **un tissu à fleurs** um tecido florido

[1]AB (*abr écrite de assez bien*) suficiente

[2]AB [ab] (*abr de agriculture biologique*) agricultura *f* biológica

abaisser [abese] *vt (manette)* abaixar

abandon [abɑ̃dɔ̃] *nm* • **à l'abandon** ao abandono • **laisser qqch à l'abandon** deixar algo ao abandono

abandonné, e [abɑ̃dɔne] *adj* abandonado(da)

abandonner [abɑ̃dɔne] *vt* abandonar ◇ *vi* desistir

abasourdi, e [abazuʀdi] *adj* **1.** *(stupéfait)* embasbacado(da) **2.** *(étourdi)* aturdido(da)

abat-jour [abaʒuʀ] *nm inv* abajur *m*

abats [aba] *nmpl* miúdos *mpl*

abattement [abatmɑ̃] *nm* abatimento *m* • **abattement fiscal** abatimento fiscal

abattoir [abatwaʀ] *nm* matadouro *m*

abattre [abatʀ] *vt* abater

abattu, e [abaty] *adj (découragé)* abatido(da)

abbaye [abei] *nf* abadia *f*

abbé [abe] *nm* abade *m*

abbesse [abɛs] *nf* abadessa *f*

abcès [apsɛ] *nm* abcesso *m*

abdiquer [abdike] *vt* abdicar de ◇ *vi* **1.** *(roi)* abdicar **2.** *(abandonner)* desistir

abdomen [abdɔmɛn] *nm* abdómen *m*

abdominaux [abdɔmino] *nmpl* abdominais *mpl* • **faire des abdominaux** fazer abdominais
abdos [abdo] *(fam) abr de* **abdominaux**
abeille [abɛj] *nf* abelha *f*
aberrant, e [abɛʀɑ̃, ɑ̃t] *adj* aberrante
abîme [abim] *nm* abismo *m*
abîmer [abime] *vt* estragar ◆ **s'abîmer** *vp* estragar-se • **s'abîmer les yeux** estragar a vista
abject, e [abʒɛkt] *adj* abjecto(ta)
aboiements [abwamɑ̃] *nmpl* latidos *mpl*
abolir [abɔliʀ] *vt* abolir
abominable [abɔminabl] *adj* abominável
abondance [abɔ̃dɑ̃s] *nf* abundância *f* • **en abondance** em abundância • **vivre dans l'abondance** nadar em dinheiro
abondant, e [abɔ̃dɑ̃, ɑ̃t] *adj* abundante
abonné, e [abɔne] *adj & nm, f* assinante • **être abonné à un journal** ser assinante de um jornal
abonnement [abɔnmɑ̃] *nm* assinatura *f (subscrição)*
abonner [abɔne] ◆ **s'abonner à** *vp + prép (journal)* assinar
abord [abɔʀ] ◆ **d'abord** *adv* primeiro ◆ **abords** *nmpl* arredores *mpl*
abordable [abɔʀdabl] *adj* acessível
abordage [abɔʀdaʒ] *nm* **1.** *(assaut)* abordagem *f* **2.** *(collision)* abalroamento *m* • **à l'abordage !** ao ataque!
aborder [abɔʀde] *vt & vi* abordar
aboutir [abutiʀ] *vi* dar resultado • **aboutir à** levar a
aboyer [abwaje] *vi* ladrar
abrasif, ive [abʀazif, iv] *adj* abrasivo(va) ◆ **abrasif** *nm* abrasivo *m*
abrégé [abʀeʒe] *nm* • **en abrégé** em resumo
abréger [abʀeʒe] *vt* abreviar
abreuvoir [abʀœvwaʀ] *nm* bebedouro *m*
abréviation [abʀevjasjɔ̃] *nf* abreviatura *f*
abri [abʀi] *nm* abrigo *m* • **à l'abri de** ao abrigo de
Abribus® [abʀibys] *nm* abrigo *m* de autocarro, paragem *m* de autocarro
abricot [abʀiko] *nm* alperce *m*
abricotier [abʀikɔtje] *nm* alperceiro *m*
abriter [abʀite] ◆ **s'abriter (de)** *vp + prép* abrigar-se (de)
abrupt, e [abʀypt] *adj* abrupto(ta)
abruti, e [abʀyti] *adj* **1.** *(fam) (bête)* parvo(va) **2.** *(assommé)* embrutecido(da) ◇ *nm, f (fam)* parvo *m*, -va *f*
abrutir [abʀytiʀ] *vt* **1.** *(abêtir)* embrutecer **2.** *(accabler)* • **abrutir qqn de** sobrecarregar alguém de ou com ◆ **s'abrutir** *vp* **1.** *(s'épuiser)* desgastar-se **2.** *(s'abêtir)* embrutecer-se
abrutissant, e [abʀytisɑ̃, ɑ̃t] *adj* embrutecedor(ra)
absence [apsɑ̃s] *nf* **1.** *(d'une personne)* ausência *f* **2.** *(manque)* falta *f*
absent, e [apsɑ̃, ɑ̃t] *adj & nm, f* ausente
absenter [apsɑ̃te] ◆ **s'absenter** *vp* ausentar-se
absolu, e [apsɔly] *adj* absoluto(ta)
absolument [apsɔlymɑ̃] *adv* **1.** *(à tout prix)* absolutamente **2.** *(tout à fait)* completamente
absorbant, e [apsɔʀbɑ̃, ɑ̃t] *adj* absorvente
absorber [apsɔʀbe] *vt* absorver

abstenir [apstəniʀ] ◆ **s'abstenir** *vp (de voter)* abster-se • **s'abstenir de faire qqch** abster-se de fazer algo
abstention [apstɑ̃sjɔ̃] *nf* abstenção *f*
abstenu, e [apstəny] *pp* ➤ **abstenir**
abstinence [apstinɑ̃s] *nf* abstinência *f* • **faire abstinence** abster-se de comer carne
abstraction [apstʀaksjɔ̃] *nf* abstracção *f* • **faire abstraction de** abstrair-se de
abstrait, e [apstʀɛ, ɛt] *adj* abstracto(ta)
absurde [apsyʀd] *adj* absurdo(da)
absurdité [apsyʀdite] *nf* **1.** *(illogisme)* absurdo *m* **2.** *(stupidité)* disparate *m*
abus [aby] *nm* abuso *m*
abuser [abyze] *vi* abusar • **abuser de** abusar de
abusif, ive [abyzif, iv] *adj* abusivo(va) • **mère abusive** mãe possessiva
acabit [akabi] *nm (péj)* • **de cet** ou **du même acabit** da mesma laia
acacia [akasja] *nm* acácia *f*
académicien, enne [akademisjɛ̃, ɛn] *nm, f membro da Academia francesa de letras*
académie [akademi] *nf (zone administrative)* ≃ direcção *f* regional de educação • **l'Académie française** *a Academia francesa de letras*
acajou [akaʒu] *nm (bois)* mogno *m*
acariâtre [akaʀjatʀ] *adj* rabugento(ta)
accablant, e [akablɑ̃, ɑ̃t] *adj* **1.** *(nouvelle)* desanimador(ra) **2.** *(soleil)* abrasador(ra) **3.** *(chaleur)* sufocante **4.** *(preuve, témoignage)* decisivo(va)
accabler [akable] *vt* deitar abaixo • **accabler qqn de** *(travail)* sobrecarregar alguém de ou com ; *(reproches, injures)* cobrir alguém de
accalmie [akalmi] *nf* acalmia *f*
accaparer [akapaʀe] *vt (personne, conversation)* monopolizar
accéder [aksede] ◆ **accéder à** *vp + prép (lieu)* aceder a
accélérateur [akseleʀatœʀ] *nm* acelerador *m*
accélération [akseleʀasjɔ̃] *nf* aceleração *f*
accélérer [akseleʀe] *vi* acelerar
accent [aksɑ̃] *nm* **1.** *(intonation)* sotaque *m* **2.** *(signe graphique)* acento *m* • **mettre l'accent sur** pôr a tónica em • **accent aigu** acento agudo • **accent circonflexe** acento circunflexo • **accent grave** acento grave
accentuation [aksɑ̃tɥasjɔ̃] *nf* acentuação *f*
accentuer [aksɑ̃tɥe] *vt (mot)* acentuar ◆ **s'accentuer** *vp* acentuar-se
acceptable [aksɛptabl] *adj* aceitável
accepter [aksɛpte] *vt* aceitar • **accepter de faire qqch** aceitar fazer algo
acception [aksɛpsjɔ̃] *nf* acepção *f*
accès [aksɛ] *nm* acesso *m* • **donner accès à** dar acesso a ▾ **accès interdit** acesso proibido ▾ **accès aux trains** *acesso às vias de caminhos-de-ferro*
accessible [aksesibl] *adj* acessível
accession [aksɛsjɔ̃] *nf (au pouvoir)* • **accession à** ascensão a ; *(à la propriété)* acesso a
accessoire [akseswaʀ] *nm* acessório *m*
accident [aksidɑ̃] *nm* acidente *m* • **accident de la route** acidente de viação

• **accident du travail** acidente de trabalho • **accident de voiture** acidente de carro

accidenté, e [aksidɑ̃te] *adj* acidentado(da)

accidentel, elle [aksidɑ̃tɛl] *adj* acidental

acclamer [aklame] *vt* aclamar

acclimatation [aklimatasjɔ̃] *nf* aclimatização *f* • **acclimatation à** aclimatização a

accolade [akɔlad] *nf (signe graphique)* chaveta *f*

accommodant, e [akɔmɔdɑ̃, ɑ̃t] *adj* conciliatório(ria)

accompagnateur, trice [akɔ̃paɲatœʀ, tʀis] *nm, f* acompanhante *mf*

accompagnement [akɔ̃paɲmɑ̃] *nm MUS* acompanhamento *m*

accompagner [akɔ̃paɲe] *vt* acompanhar

accompli, e [akɔ̃pli] *adj* **1.** *(sportif, ménagère)* perfeito(ta) **2.** *(jeune fille)* prendado(da)

accomplir [akɔ̃pliʀ] *vt* cumprir

accord [akɔʀ] *nm* **1.** *(consentement, pacte)* acordo *m* **2.** *MUS* acorde *m* **3.** *GRAMM* concordância *f* • **d'accord !** está bem! • **se mettre d'accord** pôr-se de acordo • **être d'accord avec** estar de acordo com • **être d'accord pour faire qqch** estar de acordo para fazer algo

accordéon [akɔʀdeɔ̃] *nm* acordeão *m*

accorder [akɔʀde] *vt MUS* afinar • **accorder qqch à qqn** conceder algo a alguém ◆ **s'accorder** *vp* concordar • **s'accorder bien** *(couleurs, vêtements)* combinar bem

accoster [akɔste] *vt (personne)* abordar ◇ *vi* acostar

accotement [akɔtmɑ̃] *nm* berma *f*

accouchement [akuʃmɑ̃] *nm* parto *m* • **accouchement sous X** parto anónim, parto de mãe incógnita

accoucher [akuʃe] *vi* dar à luz • **accoucher de jumeaux** dar à luz gémeos

accouder [akude] ◆ **s'accouder** *vp* apoiar os cotovelos

accoudoir [akudwaʀ] *nm* braço *m (de cadeira)*

accouplement [akupləmɑ̃] *nm* acasalamento *m*

accoupler [akuple] *vt* **1.** *(réunir)* agrupar **2.** *(animaux)* acasalar ◆ **s'accoupler** *vp* acasalar

accourir [akuʀiʀ] *vi* acorrer

accouru, e [akuʀy] *pp* ➤ **accourir**

accoutumer [akutyme] ◆ **s'accoutumer à** *vp + prép* acostumar-se com

accro [akʀo] *adj (fam)* viciado(da) • **accro à** viciado em

accroc [akʀo] *nm (déchirure)* rasgão *m*

accrochage [akʀɔʃaʒ] *nm* **1.** *(accident)* embate *m* **2.** *(fam) (dispute)* pega *f*

accroche [akʀɔʃ] *nf* slogan *m*

accrocher [akʀɔʃe] *vt* **1.** *(remorque)* prender **2.** *(au mur, au porte-manteau)* pendurar **3.** *(à un clou)* rasgar **4.** *(heurter)* embater ◆ **s'accrocher** *vp (fam) (persévérer)* agarrar-se • **s'accrocher à** *(se tenir à)* agarrar-se a

accroissement [akʀwasmɑ̃] *nm* aumento *m*

accroître [akʀwatʀ] *vt* aumentar ◆ **s'accroître** *vp* aumentar

accroupir [akʀupiʀ] ◆ **s'accroupir** *vp* acocorar-se

accu [aky] *nm (fam)* bateria *f*

accueil [akœj] *nm* recepção *f*
accueillant, e [akœjɑ̃, ɑ̃t] *adj* acolhedor(ra)
accueillir [akœjiʀ] *vt* **1.** *(personne)* acolher **2.** *(nouvelle)* receber
accumulation [akymylasjɔ̃] *nf* acumulação *f*
accumuler [akymyle] *vt* acumular ◆ **s'accumuler** *vp* acumular-se
accusation [akyzasjɔ̃] *nf* acusação *f*
accusé, e [akyze] *nm, f* réu *m*, ré *f* ◇ *nm* • **accusé de réception** aviso *m* de recepção
accuser [akyze] *vt* acusar • **accuser qqn de qqch** acusar alguém de algo • **accuser qqn de faire qqch** acusar alguém de fazer algo
acerbe [asɛʀb] *adj* acerbo(ba)
acéré, e [aseʀe] *adj* afiado(da)
acharné, e [aʃaʀne] *adj* encarniçado(da)
acharnement [aʃaʀnəmɑ̃] *nm* obstinação *f* • **avec acharnement** com afinco
acharner [aʃaʀne] ◆ **s'acharner** *vp* • **s'acharner à faire qqch** obstinar-se a fazer algo • **s'acharner sur qqn** andar sempre em cima de alguém
achat [aʃa] *nm* compra *f* • **faire des achats** fazer compras
acheter [aʃte] *vt* comprar • **acheter qqch à qqn** comprar algo para alguém
acheteur, euse [aʃtœʀ, øz] *nm, f* comprador *m*, -ra *f*
achèvement [aʃɛvmɑ̃] *nm* conclusão *f*
achever [aʃve] *vt* **1.** *(terminer)* acabar **2.** *(tuer)* acabar com ◆ **s'achever** *vp* chegar ao fim
acide [asid] *adj* ácido(da) ◇ *nm* ácido *m*
acier [asje] *nm* aço *m* • **acier inoxydable** aço inoxidável
acné [akne] *nf* acne *f*
acolyte [akɔlit] *nm* acólito *m*
acompte [akɔ̃t] *nm* sinal *m (entrada em dinheiro)*
à-côté [akote] (*pl* **à-côtés**) *nm* **1.** *(point accessoire)* questão *f* secundária **2.** *(gain d'appoint)* extra *m*
à-coup [aku] (*pl* **à-coups**) *nm* sacão *m* • **par à-coups** *(travailler)* irregularmente ; *(avancer)* aos arranques
acoustique [akustik] *nf* acústica *f*
acquéreur [akeʀœʀ] *nm* comprador *m*
acquérir [akeʀiʀ] *vt* adquirir
acquiescer [akjese] *vi (approuver)* aquiescer • **acquiescer à qqch** concordar com algo • **acquiescer d'un signe de tête** dizer sim com a cabeça
acquis, e [aki, iz] *pp* ➤ **acquérir**
acquisition [akizisjɔ̃] *nf* aquisição *f* • **faire l'acquisition de** adquirir
acquit [aki] *nm* recibo *m* • **pour acquit** pago • **par acquit de conscience** para descargo de consciência
acquitter [akite] *vt* absolver ◆ **s'acquitter de** *vp + prép* **1.** *(dette)* saldar **2.** *(travail)* cumprir
âcre [akʀ] *adj (odeur)* acre
acrobate [akʀɔbat] *nmf* acrobata *mf*
acrobatie [akʀɔbasi] *nf* acrobacia *f*
acrylique [akʀilik] *nm* acrílico *m*
acte [akt] *nm* **1.** acto *m* **2.** *(de naissance)* certidão *f* **3.** *(de réunion)* acta *f*
acteur, trice [aktœʀ, tʀis] *nm, f* actor *m*, -triz *f*
actif, ive [aktif, iv] *adj* activo(va)
action [aksjɔ̃] *nf* acção *f*

actionnaire [aksjɔnɛʀ] *nmf* accionista *mf*
actionner [aksjɔne] *vt* accionar
active ➤ **actif**
activer [aktive] *vt (feu)* avivar ◆ **s'activer** *vp (se dépêcher)* despachar-se
activité [aktivite] *nf* actividade *f*
actrice ➤ **acteur**
actualiser [aktɥalize] *vt* actualizar
actualité [aktɥalite] *nf* ● **l'actualité** a actualidade ● **d'actualité** actual ◆ **actualités** *nfpl* notícias *fpl*
actuel, elle [aktɥɛl] *adj* actual
actuellement [aktɥɛlmɑ̃] *adv* actualmente
acupuncture [akypɔ̃ktyʀ] *nf* acupunctura *f*
adaptateur [adaptatœʀ] *nm (pour prise de courant)* adaptador *m*
adaptation [adaptasjɔ̃] *nf* adaptação *f*
adapter [adapte] *vt (pour le cinéma, la télévision)* adaptar ● **adapter qqch à** adaptar algo a ◆ **s'adapter** *vp* adaptar-se ● **s'adapter à** adaptar-se a
additif [aditif] *nm* aditivo *m* ▼ **sans additif** sem aditivos
addition [adisjɔ̃] *nf* **1.** *(calcul)* adição *f* **2.** *(note)* conta *f* ● **faire une addition** fazer uma adição ● **payer l'addition** pagar a conta ● **l'addition, s'il vous plaît !** a conta, se faz favor!
additionner [adisjɔne] *vt* adicionar ◆ **s'additionner** *vp* adicionar-se
adepte [adɛpt] *nmf* adepto *m*, -ta *f*
adéquat, e [adekwa, at] *adj* adequado(da)
adéquation [adekwasjɔ̃] *nf* adequação *f*
adhérent, e [adeʀɑ̃, ɑ̃t] *nm, f* aderente *mf*
adhérer [adeʀe] *vi* ● **adhérer à** aderir a
adhésif, ive [adezif, iv] *adj* adesivo(va)
adhésion [adezjɔ̃] *nf* adesão *f* ● **adhésion à** adesão a
adieu [adjø] (*pl* **-x**) *nm* adeus *m* ● **adieu !** adeus! ● **faire ses adieux à qqn** despedir-se de alguém
adjectif [adʒɛktif] *nm* adjectivo *m*
adjoint, e [adʒwɛ̃, ɛ̃t] *nm, f* adjunto *m*, -ta *f*
adjonction [adʒɔ̃ksjɔ̃] *nf* adição *f* ● **sans adjonction de sel /sucre/conservateurs** sem adição de sal/açúcar/conservantes
adjudant, e [adʒydɑ̃, ɑ̃t] *nm, f* ≃ sargento-ajudante *m*
adjuger [adʒyʒe] *vt* **1.** *(aux enchères)* adjudicar **2.** *(décerner)* ● **adjuger qqch à qqn** atribuir algo a alguém ● **adjugé !** vendido ! ◆ **s'adjuger** *vp (se réserver)* atribuir-se
admettre [admɛtʀ] *vt* admitir
administrateur, trice [administʀatœʀ, tʀis] *nm, f* **1.** administrador *m*, -ra *f* **2.** *INFORM* gestor *m* da Web ● **administrateur judiciaire** administrador judicial
administratif, ive [administʀatif, iv] *adj* administrativo(va)
administration [administʀasjɔ̃] *nf* administração *f* ● **l'Administration** a Administração
administrer [administʀe] *vt* administrar
admirable [admiʀabl] *adj* admirável
admirateur, trice [admiʀatœʀ, tʀis] *nm, f* admirador *m*, -ra *f*
admiratif, ive [admiʀatif, iv] *adj* admirativo(va)
admiration [admiʀasjɔ̃] *nf* admiração *f*

admirer [admiʀe] *vt* admirar
admis, e [admi, iz] *pp* ➤ **admettre**
admissible [admisibl] *adj SCOL* admitido(da) à prova oral
admission [admisjɔ̃] *nf* admissão *f*
ADN (*abr de acide désoxyribonucléique*) *nm* ADN *m (ácido desoxirribonucleico)*
ado [ado] (*abr de adolescent*) (*fam*) *nmf* adolescente *mf*
adolescence [adɔlesɑ̃s] *nf* adolescência *f*
adolescent, e [adɔlesɑ̃, ɑ̃t] *nm, f* adolescente *mf*
adopter [adɔpte] *vt* adoptar
adoptif, ive [adɔptif, iv] *adj* adoptivo(va)
adoption [adɔpsjɔ̃] *nf (d'un enfant)* adopção *f*
adorable [adɔʀabl] *adj* adorável
adorer [adɔʀe] *vt* adorar
adosser [adose] ◆ **s'adosser** *vp* ● **s'adosser à** OU **contre** encostar-se a OU contra
adoucir [adusiʀ] *vt* **1.** *(linge)* amaciar **2.** *(traits, caractère)* suavizar
adoucissant, e [adusisɑ̃, ɑ̃t] *adj* suavizante ◆ **adoucissant** *nm* amaciador *m*
adresse [adʀɛs] *nf* **1.** *(domicile)* morada *f* **2.** *(habileté)* destreza *f* **3.** *INFORM* ● **adresse (électronique)** endereço *m* electrónico ● **adresse mail** OU **courriel** endereço electrónico **4.** ● **adresse Web** website *m*

L'adresse professionnelle

Dans un courrier professionnel, les renseignements se placent en haut à gauche :
Le prénom et le nom.
La fonction dans l'entreprise.
Le département ou le service de l'entreprise.
L'adresse (comme pour une enveloppe) : la rue, le numéro de la rue, puis le numéro de la salle (au Brésil) ou le numéro de l'immeuble puis l'étage (au Portugal).
Et sur une nouvelle ligne : la ville, l'État fédéral en abrégé (au Brésil) ; suivi du code postal de la ville et, au Portugal du nom de la ville.
L'adresse mail.
Le numéro de téléphone précédé de l'indicatif de la ville.

adresser [adʀese] *vt* dirigir ◆ **s'adresser à** *vp + prép* **1.** *(parler à)* dirigir-se a **2.** *(concerner)* dizer respeito a
adroit, e [adʀwa, at] *adj* hábil
ADSL (*abr de asymmetric digital subscriber line*) *nm* ADSL *m*, Internet *f* de banda larga
aduler [adyle] *vt* adular
adulte [adylt] *nmf* adulto *m*, -ta *f*
adultère [adyltɛʀ] *nm* adultério *m* ◇ *adj* adúltero(ra)
advenir [advəniʀ] *v impers* ● **qu'advient-il de... ?** que é feito de... ? ● **quoi qu'il advienne** aconteça o que acontecer ● **advienne que pourra** seja o que Deus quiser
adverbe [advɛʀb] *nm* advérbio *m*
adversaire [advɛʀsɛʀ] *nmf* adversário *m*, -ria *f*
adverse [advɛʀs] *adj* adversário(ria)
adversité [advɛʀsite] *nf* adversidade *f*
aération [aeʀasjɔ̃] *nf* arejamento *m*

aérer [aeʀe] *vt* arejar
aérien, enne [aeʀjɛ̃, ɛn] *adj* aéreo(rea)
aérobic [aeʀɔbik] *nm* aeróbica *f*
aérodrome [aeʀɔdʀom] *nm* aeródromo *m*
aérodynamique [aeʀɔdinamik] *adj* aerodinâmico(ca)
aérogare [aeʀɔgaʀ] *nf* aerogare *f*
aéroglisseur [aeʀɔglisœʀ] *nm* aerodeslizador *m*
aérogramme [aeʀɔgʀam] *nm* aerograma *m*
aéronautique [aeʀɔnotik] *nf* aeronáutica *f* ◇ *adj* aeronáutico(ca)
aérophagie [aeʀɔfaʒi] *nf* aerofagia *f*
aéroport [aeʀɔpɔʀ] *nm* aeroporto *m*
aérosol [aeʀɔsɔl] *nm* aerossol *m*
aérospatial, e, aux [aeʀɔspasjal, o] *adj* aerospacial ◆ **aérospatiale** *nf* indústria *f* aerospacial
affable [afabl] *adj* afável
affaiblir [afebliʀ] *vt* **1.** *(rendre faible)* enfraquecer **2.** *(diminuer)* diminuir ◆ **s'affaiblir** *vp* **1.** *(personne)* debilitar-se **2.** *(vue, lumière)* diminuir **3.** *(son)* baixar
affaire [afɛʀ] *nf* **1.** *(entreprise, marché)* negócio *m* **2.** *(question)* assunto *m* **3.** *(scandale)* caso *m* ● **avoir affaire à qqn** lidar com alguém ● **faire l'affaire** servir perfeitamente ◆ **affaires** *nfpl (objets)* coisas *fpl* ● **les affaires** *FIN* os negócios ● **occupe-toi de tes affaires** mete-te na tua vida
affairé, e [afeʀe] *adj* atarefado(da)
affaisser [afɛse] ◆ **s'affaisser** *vp* **1.** *(personne)* abater-se **2.** *(sol)* ceder
affaler [afale] ◆ **s'affaler** *vp* deixar-se cair
affamé, e [afame] *adj* esfomeado(da)
affecté, e [afɛkte] *adj* afectado(da)
affecter [afɛkte] *vt* afectar
affectif, ive [afɛktif, iv] *adj* afectivo(va)
affection [afɛksjɔ̃] *nf (sentiment)* afecto *m*, afeição *f*
affectueusement [afɛktɥøzmɑ̃] *adv* **1.** *(tendrement)* carinhosamente **2.** *(dans une lettre)* com carinho
affectueux, euse [afɛktɥø, øz] *adj* carinhoso(osa)
affichage [afiʃaʒ] *nm* visualização *f* ▼ **affichage interdit** é proibido afixar anúncios
affiche [afiʃ] *nf* cartaz *m*
afficher [afiʃe] *vt (placarder)* afixar
affilée [afile] ◆ **d'affilée** *adv* de enfiada
affinité [afinite] *nf* afinidade *f* ● **avoir des affinités (avec qqn)** ter afinidades (com alguém)
affirmatif, ive [afiʀmatif, iv] *adj* **1.** *(positif)* afirmativo(va) **2.** *(certain)* certo(ta) ◆ **affirmatif** *adv* afirmativo ◆ **affirmative** *nf* afirmativa *f* ● **dans l'affirmative** em caso afirmativo
affirmation [afiʀmasjɔ̃] *nf* afirmação *f*
affirmer [afiʀme] *vt* afirmar ◆ **s'affirmer** *vp* afirmar-se
affligé, e [afliʒe] *adj* **1.** *(attristé)* angustiado(da) **2.** *(frappé)* ● **être affligé de** *(maladie)* sofrer de ; *(défaut)* ter
affligeant, e [afliʒɑ̃, ɑ̃t] *adj* aflitivo(va)
affluence [aflyɑ̃s] *nf* afluência *f*
affluent [aflyɑ̃] *nm* afluente *m*
affolement [afɔlmɑ̃] *nm* pânico *m* *(Port)*, afobação *f (Br)*
affoler [afɔle] *vt* afligir *(Port)*, afobar *(Br)* ◆ **s'affoler** *vp* afligir-se *(Port)*, afobar-se *(Br)*

affranchir [afʀɑ̃ʃiʀ] *vt (timbrer)* franquiar
affranchissement [afʀɑ̃ʃismɑ̃] *nm (timbre)* franquia *f*
affreusement [afʀøzmɑ̃] *adv (extrêmement)* horrivelmente
affreux, euse [afʀø, øz] *adj* horroroso(osa)
affrontement [afʀɔ̃tmɑ̃] *nm* confronto *m*
affronter [afʀɔ̃te] *vt* enfrentar ◆ **s'affronter** *vp* enfrentar-se
affût [afy] *nm* ● **être à l'affût (de)** estar à espreita (de)
affûter [afyte] *vt* afiar
afin [afɛ̃] ◆ **afin de** *prép* a fim de ◆ **afin que** *conj* para que
africain, e [afʀikɛ̃, ɛn] *adj* africano(na) ◆ **Africain, e** *nm, f* africano *m*, -na *f*
Afrique [afʀik] *nf* ● **l'Afrique** a África ● **l'Afrique du Sud** a África do Sul
agaçant, e [agasɑ̃, ɑ̃t] *adj* irritante
agacer [agase] *vt* irritar
âge [aʒ] *nm* idade *f* ● **quel âge as-tu ?** que idade tens? ● **une personne d'un certain âge** uma pessoa de uma certa idade
âgé, e [aʒe] *adj* idoso(osa) ● **les enfants âgés de huit ans** as crianças de oito anos (de idade)
agence [aʒɑ̃s] *nf* agência *f* ● **agence de voyages** agência de viagens
agencer [aʒɑ̃se] *vt* **1.** *(combiner)* montar **2.** *(concevoir)* aproveitar **3.** *(organiser)* compor ◆ **s'agencer** *vp (se combiner)* montar-se
agenda [aʒɛ̃da] *nm* agenda *f* ● **agenda électronique** agenda electrónica
agenouiller [aʒnuje] ◆ **s'agenouiller** *vp* ajoelhar-se
agent, e [aʒɑ̃, ɑ̃t] *nm, f* ● **agent (de police)** agente *mf* (de polícia) ● **agent de change** corretor *m*, -ra *f* da Bolsa
agglomération [aglɔmeʀasjɔ̃] *nf* aglomeração *f* ● **l'agglomération parisienne** a aglomeração parisiense
agglutiner [aglytine] ◆ **s'agglutiner** *vp* juntar-se
aggraver [agʀave] *vt* agravar ◆ **s'aggraver** *vp* agravar-se
agile [aʒil] *adj* ágil
agilité [aʒilite] *nf* agilidade *f*
agir [aʒiʀ] *vi* agir ◆ **s'agir** *v impers* ● **il s'agit de** trata-se de
agissements [aʒismɑ̃] *nmpl* estratagemas *mpl*
agitation [aʒitasjɔ̃] *nf* agitação *f*
agité, e [aʒite] *adj* **1.** *(personne)* irrequieto(ta) **2.** *(sommeil, mer)* agitado(da)
agiter [aʒite] *vt* agitar ◆ **s'agiter** *vp* **1.** *(mer)* agitar-se **2.** *(personne)* estar irrequieto(ta)
agneau [aɲo] *(pl* **-x***)* *nm* cordeiro *m*
agonie [agɔni] *nf* agonia *f*
agoniser [agɔnize] *vi* agonizar
agrafe [agʀaf] *nf* **1.** *(de bureau)* agrafo *m* **2.** *(de vêtement)* colchete *m*
agrafer [agʀafe] *vt* agrafar
agrafeuse [agʀaføz] *nf* agrafador *m*
agraire [agʀɛʀ] *adj* agrário(ria)
agrandir [agʀɑ̃diʀ] *vt* **1.** aumentar **2.** *(photo)* ampliar ◆ **s'agrandir** *vp* aumentar
agrandissement [agʀɑ̃dismɑ̃] *nm (photo)* ampliação *f*
agréable [agʀeabl] *adj* agradável

agréé, e [agʀee] *adj* autorizado(da)
agréer [agʀee] *vt* (*sout*) **1.** (*accepter*) aceitar **2.** (*convenir*) • **agréer à qqn** aprazer a alguém • **Veuillez agréer mes salutations distinguées** ou **l'expression de mes sentiments distingués** com os nossos melhores cumprimentos
agrégation [agʀegasjɔ̃] *nf concurso para o recrutamento de professores do ensino secundário e universitário*
agrès [agʀɛ] *nmpl* aparelhos *mpl* de ginástica
agresser [agʀese] *vt* agredir
agresseur [agʀɛsœʀ] *nm* agressor *m*, -ra *f*
agressif, ive [agʀɛsif, iv] *adj* agressivo(va)
agression [agʀɛsjɔ̃] *nf* agressão *f*
agressivité [agʀɛsivite] *nf* agressividade *f*
agricole [agʀikɔl] *adj* agrícola
agriculteur, trice [agʀikyltœʀ, tʀis] *nm, f* agricultor *m*, -ra *f*
agriculture [agʀikyltyʀ] *nf* agricultura *f*
agripper [agʀipe] *vt* agarrar ◆ **s'agripper à** *vp + prép* agarrar-se a
agronome [agʀɔnɔm] *nm, f* agrónomo *m*, agrónoma *f*
agrumes [agʀym] *nmpl* citrinos *mpl*
aguets [agɛ] ◆ **aux aguets** *loc adv* • **être/rester aux aguets** estar/ficar à espreita
aguicher [agiʃe] *vt* aliciar
ah [a] *interj* ah ! • **ah ! ah !** ah! ah!
ahuri, e [ayʀi] *adj* pasmado(da)
ahurissant, e [ayʀisɑ̃, ɑ̃t] *adj* surpreendente
ai [ɛ] ➤ **avoir**
aide [ɛd] *nf* ajuda *f* • **appeler à l'aide** pedir ajuda • **à l'aide !** acudam! • **à l'aide de** com a ajuda de
aide-éducateur, trice [ɛdedykatœr, tris] (*mpl* **aides-éducateurs**, *fpl* **aides-éducatrices**) *nm, f SCOL* auxiliar *mf* educativo, -a *f*
aider [ede] *vt* ajudar • **aider qqn à faire qqch** ajudar alguém a fazer algo ◆ **s'aider de** *vp + prép* servir-se de
aide-soignant, e [ɛdswaɲɑ̃, ɑ̃t] (*mpl* **aides-soignants**) *nm, f* auxiliar *mf* da acção médica
aie [ɛ] ➤ **avoir**
aïe [aj] *interj* ai!
aigle [ɛgl] *nm* águia *f*
aigre [ɛgʀ] *adj* **1.** (*goût*) azedo(da) **2.** (*remarque, ton*) amargo(ga)
aigre-doux, aigre-douce [ɛgʀədu, ɛgʀədus] (*mpl* **aigres-doux**, *fpl* **aigres-douces**) *adj* agridoce
aigri, e [egʀi] *adj* amargurado(da)
aigu, uë [egy] *adj* **1.** agudo(da) **2.** (*pointu*) bicudo(da)
aiguillage [egɥijaʒ] *nm* **1.** (*manœuvre*) agulhagem *f* **2.** (*appareil*) agulha *f*
aiguille [egɥij] *nf* **1.** agulha *f* **2.** (*de montre*) ponteiro *m* • **aiguille de pin** agulha de pinheiro • **aiguille à tricoter** agulha de tricô
aiguiller [egɥije] *vt* **1.** (*un train*) mudar de linha **2.** (*personne, conversation*) encaminhar
aiguillette [egɥijɛt] *nf* • **aiguillettes de canard** *filetes de carne de pato preparados na frigideira*
aiguiser [egize] *vt* aguçar
ail [aj] *nm* alho *m*

aile [ɛl] *nf* **1.** *(d'oiseau, d'avion)* asa *f* **2.** *(de bâtiment)* ala *f*
aileron [ɛlʀɔ̃] *nm* **1.** *(de requin)* barbatana *f* **2.** *(d'avion)* aileron *m*
ailier [elje] *nm* ponta *m*
aille [aj] ➤ **aller**
ailleurs [ajœʀ] *adv* noutro sítio • **d'ailleurs** aliás
aimable [ɛmabl] *adj* amável
aimablement [ɛmabləmɑ̃] *adv* amavelmente
aimant [ɛmɑ̃] *nm* íman *m*
aimer [eme] *vt* **1.** *(d'amour)* amar **2.** *(apprécier)* gostar de • **aimer (bien) qqch/faire qqch** gostar (muito) de algo/de fazer algo • **j'aimerais prendre du café** gostaria de tomar café • **j'aimerais qu'on m'offre des fleurs** gostaria que me oferecessem flores • **aimer mieux** gostar mais de
aine [ɛn] *nf* virilha *f*
aîné, e [ene] *adj* & *nm, f* mais velho(lha)
ainsi [ɛ̃si] *adv* assim • **ainsi que** assim como • **et ainsi de suite** e assim por diante
aïoli [ajɔli] *nm molho de alho com azeite*
air [ɛʀ] *nm* **1.** ar *m* **2.** *(musique)* melodia *f* • **avoir l'air (d'être) malade** ter ar (de estar) doente • **avoir l'air d'un clown** parecer um palhaço • **il a l'air de faire beau** parece que está bom tempo • **en l'air** *(en haut)* ao ar • **il a fichu sa carrière en l'air** *(fam)* a carreira dele foi ao ar • **prendre l'air** tomar ar • **air conditionné** ar condicionado
aire [ɛʀ] *nf* área *f* • **aire de jeu** área de jogo • **aire de repos** área de serviço • **aire de stationnement** zona *f* de estacionamento
airelle [ɛʀɛl] *nf* *(Québec)* arando *m*
aisance [ɛzɑ̃s] *nf* **1.** *(facilité)* desembaraço *m* **2.** *(richesse)* abastança *f*
aise [ɛz] *nf* • **à l'aise** à vontade • **être mal à l'aise** não estar à vontade
aisé, e [eze] *adj* *(riche)* abastado(da)
aisément [ezemɑ̃] *adv* com facilidade
aisselle [ɛsɛl] *nf* axila *f*
ajourner [aʒuʀne] *vt* adiar
ajout [aʒu] *nm* acrescento *m*
ajouter [aʒute] *vt* • **ajouter qqch (à)** acrescentar algo (a) • **ajouter que** acrescentar que
ajusté, e [aʒyste] *adj* justo(ta)
ajuster [aʒyste] *vt* ajustar
alarmant, e [alaʀmɑ̃, ɑ̃t] *adj* alarmante
alarme [alaʀm] *nf* alarme *m* • **donner l'alarme** dar o alarme
alarmer [alaʀme] *vt* *(inquiéter)* alarmar ◆ **s'alarmer** *vp* alarmar-se
albinos [albinos] *adj* & *nmf* albino(na)
album [albɔm] *nm* álbum *m* • **album (de) photos** álbum de fotografias
alcool [alkɔl] *nm* álcool *m* • **sans alcool** sem álcool • **alcool à 90°** álcool etílico • **alcool à brûler** álcool metílico
alcoolique [alkɔlik] *nmf* alcoólico *m*, -ca *f*
alcoolisé, e [alkɔlize] *adj* alcoólico(ca) • **non alcoolisé** não alcoólico
alcoolisme [alkɔlism] *nm* alcoolismo *m*
Alcotest® [alkotɛst] *nm* teste *m* de alcoolemia *(Port)*, teste *m* de dosagem alcoólica *(Br)*
aléatoire [aleatwaʀ] *adj* aleatório(ria)
alentours [alɑ̃tuʀ] *nmpl* arredores *mpl* • **aux alentours** *(près)* nos arredores • **aux alentours de** *(environ)* por volta de

alerte [alɛʀt] *adj* alerta ◇ *nf* alerta *m* • **donner l'alerte** dar o alerta
alerter [alɛʀte] *vt* alertar
algèbre [alʒɛbʀ] *nf* álgebra *f*
Alger [alʒe] *n* Argel
Algérie [alʒeʀi] *nf* • **l'Algérie** a Argélia
algérien, enne [alʒeʀjɛ̃, ɛn] *adj* argelino(na) ♦ **Algérien, enne** *nm, f* argelino *m*, -na *f*
algues [alg] *nfpl* algas *fpl*
alibi [alibi] *nm* álibi *m*
aliéné, e [aljene] *adj & nm, f* alienado(da)
alignement [aliɲmɑ̃] *nm* alinhamento *m*
aligner [aliɲe] *vt* alinhar ♦ **s'aligner** *vp* alinhar-se
aliment [alimɑ̃] *nm* alimento *m*
alimentaire [alimɑ̃tɛʀ] *adj* **1.** *(produit, pension)* alimentar **2.** *(denrées, pâtes)* alimentício(cia) **3.** *(travail)* de subsistência
alimentation [alimɑ̃tasjɔ̃] *nf* **1.** *(nourriture)* alimentação *f* **2.** *(épicerie)* produtos *mpl* alimentares
alimenter [alimɑ̃te] *vt* **1.** *(nourrir)* alimentar **2.** *(approvisionner)* abastecer
alinéa [alinea] *nm* alínea *f*
Allah [ala] *nm* Alá *m*
allaiter [alete] *vt* amamentar
alléchant, e [aleʃɑ̃, ɑ̃t] *adj* aliciante
allécher [aleʃe] *vt* aliciar
allée [ale] *nf* alameda *f* • **allées et venues** idas *fpl* e vindas
allégé, e [aleʒe] *adj (aliment)* magro(gra)
allégorie [alegɔʀi] *nf* alegoria *f*
allégresse [alegʀɛs] *nf* alegria *f*
Allemagne [almaɲ] *nf* • **l'Allemagne** a Alemanha
allemand, e [almɑ̃, ɑ̃d] *adj* alemão(ã) ◇ *nm (langue)* alemão *m* ♦ **Allemand, e** *nm, f* alemão *m*, -ã *f*
aller [ale] *nm* ida *f* • **à l'aller** na ida • **aller (simple)** ida (simples) • **aller et retour** bilhete *m* de ida e volta
◇ *vi*
1. *(gén)* ir • **aller au Portugal** ir a Portugal • **pour aller à la cathédrale, s'il vous plaît ?** para ir até à catedral, se faz favor? • **aller en vacances** ir de férias • **où va ce chemin ?** aonde vai dar este caminho? • **l'autoroute va jusqu'à Mâcon** a autoestrada vai até Mâcon • **comment allez-vous ?** como vai? • **(comment) ça va? - ça va** tudo bem? - tudo bem • **aller bien/mal** ir bem/mal • **j'irai le chercher à la gare** irei buscá-lo à estação • **aller voir** ir ver • **aller faire qqch** ir fazer algo
2. *(convenir)* servir • **ces chaussures ne me vont pas** estes sapatos não me servem • **aller bien/mal à qqn** ficar bem/mal a alguém • **le rouge ne lui va pas** o vermelho não lhe fica bem • **aller avec qqch** combinar com algo
3. *(dans des expressions)* • **allez !** vamos! • **allons, calmez-vous !** vamos, acalme-se! • **allons, allons, tu ne penses quand même pas ce que tu dis !** ora, ora, não acreditas realmente naquilo que estás a dizer! • **y aller** *(partir)* ir-se embora ; *(se décider)* lá ir
♦ **s'en aller** *vp (partir)* ir-se embora ; *(suj: tache)* sair ; *(suj: couleur)* desbotar • **allez-vous en !** vá-se embora!
allergie [alɛʀʒi] *nf* alergia *f*
allergique [alɛʀʒik] *adj* • **être allergique à** ser alérgico(ca) a

aller-retour [aleʀ(ə)tuʀ] (*pl* **allers-retours**) *nm* *(billet)* bilhete *m* de ida e volta
alliage [aljaʒ] *nm* liga *f*
alliance [aljɑ̃s] *nf* aliança *f*
allié, e [alje] *nm, f* aliado *m*, -da *f*
allier [alje] *vt* **1.** *(métaux)* ligar **2.** *(fig)* aliar ◆ **s'allier** *vp* ● **s'allier (à)** aliar-se (a)
allô [alo] *interj* estou? *(Port)*, alô? *(Port & Br)*
allocation [alɔkasjɔ̃] *nf* subsídio *m* ● **allocations familiales** abono *m* de família *(Port)*, salário-família *m* *(Br)*
allocs [alɔk] *(abr de allocations familiales)* *nfpl* abono, abono de família
allocution [alɔkysjɔ̃] *nf* alocução *f*
allonger [alɔ̃ʒe] *vt* **1.** *(vêtement)* descer a bainha **2.** *(bras, jambes)* esticar ◆ **s'allonger** *vp* **1.** *(devenir plus long)* alongar-se **2.** *(s'étendre)* estender-se
allumage [alymaʒ] *nm* *AUTO* ignição *f*
allume-cigares [alymsigaʀ] *nm inv* isqueiro *m* *(de automóvel)*
allume-gaz [alymgaz] *nm inv* isqueiro *m* *(de fogão a gás)*
allumer [alyme] *vt* **1.** *(feu, lumière)* acender **2.** *(gaz, radio)* ligar ◆ **s'allumer** *vp* acender-se
allumette [alymɛt] *nf* fósforo *m*
allure [alyʀ] *nf* **1.** *(apparence)* aspecto *m* **2.** *(vitesse)* velocidade *f* ● **à toute allure** a todo o gás
allusion [alyzjɔ̃] *nf* alusão *f* ● **faire allusion à** fazer alusão a
alors [alɔʀ] *adv* então ● **alors, tu viens ?** então, vens ou não? ● **ça alors !** essa agora! ● **et alors ?** *(et ensuite)* e então? ; *(pour défier)* e depois? ● **alors que** *(pendant que)* enquanto ; *(bien que)* apesar de
alouette [alwɛt] *nf* cotovia *f*
alourdir [aluʀdiʀ] *vt* tornar pesado(da)
aloyau [alwajo] (*pl* **-x**) *nm* lombo *m* de vaca
Alpes [alp] *nfpl* ● **les Alpes** os Alpes
alphabet [alfabɛ] *nm* alfabeto *m*
alphabétique [alfabetik] *adj* alfabético(ca) ● **par ordre alphabétique** por ordem alfabética
alphabétiser [alfabetize] *vt* alfabetizar
alpin [alpɛ̃] *adj m* ➤ **ski**
alpinisme [alpinism] *nm* alpinismo *m*
alpiniste [alpinist] *nmf* alpinista *mf*
Alsace [alzas] *nf* ● **l'Alsace** a Alsácia
alter ego [altɛʀego] *nm inv* alter ego *m*
altérer [alteʀe] *vt* **1.** *(détériorer)* alterar **2.** *(fausser)* adulterar ◆ **s'altérer** *vp* alterar-se
alternance [altɛʀnɑ̃s] *nf* alternância *f* ● **en alternance** alternadamente
alternatif [altɛʀnatif] *adj m* ➤ **courant**
alternativement [altɛʀnativmɑ̃] *adv* alternadamente
alterner [altɛʀne] *vi* alternar
altier, ère [altje, ɛʀ] *adj* altivo(va)
altitude [altityd] *nf* altitude *f* ● **à 2 000 m d'altitude** a 2000 m de altitude
aluminium [alyminjɔm] *nm* alumínio *m*
alvéole [alveɔl] *nm & nf* alvéolo *m*
amabilité [amabilite] *nf* amabilidade *f*
amadouer [amadwe] *vt* lisonjear
amaigrissant, e [amegʀisɑ̃, ɑ̃t] *adj* para emagrecer
amalgame [amalgam] *nm* amálgama *f* ● **il ne faut pas faire l'amalgame entre ces deux questions** estas duas questões não se podem misturar
amande [amɑ̃d] *nf* amêndoa *f*

amandier [amɑ̃dje] *nm* amendoeira *f*
amant [amɑ̃] *nm* amante *m*
amarrer [amaʀe] *vt* amarrar
amas [ama] *nm* montão *m*
amasser [amase] *vt* **1.** amontoar **2.** *(argent)* ajuntar
amateur, **trice** [amatœʀ, tʀis] *adj* & *nm, f* amador(ra) ● **être amateur de** ser apreciador(ra) de
Amazone [amazɔn] *nm* ● **l'Amazone** o Amazonas
Amazonie [amazɔni] *nf* ● **l'Amazonie** a Amazónia
ambassade [ɑ̃basad] *nf* embaixada *f*
ambassadeur, **drice** [ɑ̃basadœʀ, dʀis] *nm, f* embaixador *m*, -ra *f*
ambiance [ɑ̃bjɑ̃s] *nf* **1.** *(atmosphère)* ambiente *m* **2.** *(entrain)* animação *f* ● **d'ambiance** *(musique, éclairage)* de ambiente
ambiant, **e** [ɑ̃bjɑ̃, ɑ̃t] *adj* ambiente
ambigu, **uë** [ɑ̃bigy] *adj* ambíguo(gua)
ambiguïté [ɑ̃bigɥite] *nf* ambiguidade *f* ● **sans ambiguïté** sem ambiguidade
ambitieux, **euse** [ɑ̃bisjø, øz] *adj* ambicioso(osa)
ambition [ɑ̃bisjɔ̃] *nf* ambição *f*
ambre [ɑ̃bʀ] *nm* ● **ambre jaune** âmbar-amarelo *m* ● **ambre gris** âmbar-cinzento *m*
ambulance [ɑ̃bylɑ̃s] *nf* ambulância *f*
ambulant [ɑ̃bylɑ̃] *adj* ➤ **marchand**
âme [am] *nf* alma *f*
amélioration [ameljɔʀasjɔ̃] *nf* melhoramento *m*
améliorer [ameljɔʀe] *vt* melhorar ◆ **s'améliorer** *vp* melhorar
amen [amɛn] *adv* *RELIG* amén ● **dire amen à qqch** (*fam*) dizer amén a algo
aménagé, **e** [amenaʒe] *adj* equipado(da)
aménagement [amenaʒmɑ̃] *nm* **1.** *(d'un lieu)* arrumação *f* **2.** *(programme)* organização *f* ● **aménagement du territoire** ordenamento do território
aménager [amenaʒe] *vt* instalar
amende [amɑ̃d] *nf* multa *f*
amendement [amɑ̃dmɑ̃] *nm* **1.** *POL* emenda *f* **2.** *(de la terre)* estrumação *f*
amener [amne] *vt* trazer ● **amener qqn à faire qqch** levar alguém a fazer algo
amer, **ère** [amɛʀ] *adj* amargo(ga)
américain, **e** [ameʀikɛ̃, ɛn] *adj* americano(na) ◆ **Américain**, **e** *nm, f* americano *m*, -na *f*
Amérique [ameʀik] *nf* ● **l'Amérique** a América ● **l'Amérique centrale** a América Central ● **l' Amérique latine** a América Latina ● **l'Amérique du Sud** a América do Sul
amertume [amɛʀtym] *nf* **1.** *(d'un aliment)* azedume *m* **2.** *(tristesse)* amargura *f*
ameublement [amœbləmɑ̃] *nm* mobília *f*
ami, **e** [ami] *nm, f* **1.** *(camarade)* amigo *m*, -ga *f* **2.** *(amant)* namorado *m*, -da *f* ● **être (très) amis** ser (muito) amigos
amiable [amjabl] *adj* amigável ● **à l'amiable** amigável
amiante [amjɑ̃t] *nm* amianto *m*
amical, **e**, **aux** [amikal, o] *adj* amistoso(osa)
amicalement [amikalmɑ̃] *adv* **1.** amigavelmente **2.** *(dans une lettre)* com amizade
amidon [amidɔ̃] *nm* amido *m*
amincir [amɛ̃siʀ] *vt* adelgaçar

amincissant, e [amɛ̃sisɑ̃, ɑ̃t] *adj* adelgaçante
amitié [amitje] *nf* amizade *f* • **amitiés** *(dans une lettre)* cumprimentos
ammoniac [amɔnjak] *nm* amoníaco *m*
amnésie [amnezi] *nf* amnésia *f*
amnésique [amnezik] *adj* amnésico(ca)
amnistie [amnisti] *nf* amnistia *f*
amoindrir [amwɛ̃dʀiʀ] *vt (réduire)* diminuir ◆ **s'amoindrir** *vp* diminuir
amonceler [amɔ̃sle] ◆ **s'amonceler** *vp* amontoar-se
amont [amɔ̃] *nm* montante *m* • **en amont (de)** a montante (de)
amoral, e, aux [amɔʀal, o] *adj* **1.** *(qui ignore la morale)* amoral **2.** *(débauché)* imoral
amorcer [amɔʀse] *vt* dar início a
amortir [amɔʀtiʀ] *vt* **1.** *(choc, son)* amortecer **2.** *(rentabiliser)* amortizar
amortisseur [amɔʀtisœʀ] *nm* amortecedor *m*
amour [amuʀ] *nm* amor *m* • **faire l'amour** fazer amor
amoureux, euse [amuʀø, øz] *adj* apaixonado(da) ◇ *nmpl* namorados *mpl* • **être amoureux de qqn** estar apaixonado por alguém
amour-propre [amuʀpʀɔpʀ] (*pl* **amours-propres**) *nm* amor-próprio *m*
amovible [amɔvibl] *adj* removível
amphétamine [ɑ̃fetamin] *nf* anfetamina *f*
amphi [ɑ̃fi] *nm (fam)* anfiteatro *m*
amphithéâtre [ɑ̃fiteatʀ] *nm* anfiteatro *m*
ample [ɑ̃pl] *adj* **1.** *(jupe)* largo(ga) **2.** *(geste)* amplo(pla)
amplement [ɑ̃pləmɑ̃] *adv* largamente
ampleur [ɑ̃plœʀ] *nf* **1.** amplidão *f* **2.** *(d'un vêtement)* largueza *f* • **prendre toute son ampleur** atingir o auge
ampli [ɑ̃pli] *nm (fam)* amplificador *m*
amplificateur [ɑ̃plifikatœʀ] *nm (de chaîne hi-fi)* amplificador *m*
amplifier [ɑ̃plifje] *vt* **1.** *(son)* amplificar **2.** *(phénomène)* ampliar
amplitude [ɑ̃plityd] *nf* amplitude *f*
ampoule [ɑ̃pul] *nf* **1.** *(de lampe)* lâmpada *f* **2.** *(de médicament)* ampola *f* **3.** *(cloque)* bolha *f*
amputation [ɑ̃pytasjɔ̃] *nf* amputação *f*
amputer [ɑ̃pyte] *vt* **1.** amputar **2.** *(texte)* cortar
amulette [amylɛt] *nf* amuleto *m*
amusant, e [amyzɑ̃, ɑ̃t] *adj* divertido(da)
amuse-gueule [amyzgœl] *nm inv* acepipe *m*
amusement [amyzmɑ̃] *nm* divertimento *m* • **avec amusement** com um ar divertido
amuser [amyze] *vt* divertir ◆ **s'amuser** *vp* divertir-se • **s'amuser à faire qqch** divertir-se a fazer algo
amygdales [amidal] *nfpl* amígdalas *fpl*
an [ɑ̃] *nm* ano *m* • **il a neuf ans** ele tem nove anos (de idade)
anachronique [anakʀɔnik] *adj* anacrónico(ca)
anachronisme [anakʀɔnism] *nm* anacronismo *m*
anagramme [anagʀam] *nf* anagrama *m*
anal, e, aux [anal, o] *adj* anal
analgésique [analʒezik] *nm* analgésico *m* ◇ *adj* analgésico(ca)

analogie [analɔʒi] *nf* analogia *f*
analogue [analɔg] *adj* análogo(ga)
analphabète [analfabɛt] *adj* analfabeto(ta)
analyse [analiz] *nf* análise *f* • **analyse (de sang)** análise (de sangue)
analyser [analize] *vt* analisar
analyste [analist] *nmf* analista *mf*
analyste-programmeur, euse [analistpʀɔgʀamœʀ, øz] (*pl* **analystes-programmeurs**) *nmf* analista-programador *m*, -ra *f*
ananas [anana(s)] *nm* ananás *m*
anarchie [anaʀʃi] *nf* anarquia *f*
anatomie [anatɔmi] *nf* anatomia *f*
anatomique [anatɔmik] *adj* anatómico(ca)
ancestral, e, aux [ɑ̃sɛstʀal, o] *adj* ancestral
ancêtre [ɑ̃sɛtʀ] *nmf* **1.** *(parent)* antepassado *m*, -da *f* **2.** *(version précédente)* predecessor *m*, -ra *f*
anchois [ɑ̃ʃwa] *nm* anchova *f*
ancien, enne [ɑ̃sjɛ̃, ɛn] *adj* antigo(ga)
ancienneté [ɑ̃sjɛnte] *nf (dans une entreprise)* antiguidade *f*
ancre [ɑ̃kʀ] *nf* âncora *f* • **jeter l'ancre** lançar âncora • **lever l'ancre** levantar âncora
Andorre [ɑ̃dɔʀ] *nf* • **l'Andorre** a Andorra
andouille [ɑ̃duj] *nf* **1.** CULIN *chouriço de tripas de porco que se come frio, às rodelas* **2.** (*fam*) *(imbécile)* palerma *mf*
andouillette [ɑ̃dujɛt] *nf chouriço de tripas de porco que se come quente*
âne [an] *nm* **1.** *(animal)* burro *m* **2.** *(imbécile)* burro *m*, -a *f*
anéantir [aneɑ̃tiʀ] *vt* arrasar
anecdote [anɛkdɔt] *nf* anedota *f*
anecdotique [anɛkdɔtik] *adj* anedótico(ca)
anémie [anemi] *nf* anemia *f*
anémique [anemik] *adj* anémico(ca)
anémone [anemɔn] *nf* anémona *f*
ânerie [anʀi] *nf* asneira *f*
anesthésie [anɛstezi] *nf* anestesia *f* • **être sous anesthésie** estar sob anestesia • **anesthésie générale** anestesia geral • **anesthésie locale** anestesia local
anesthésier [anɛstezje] *vt* anestesiar
anesthésiste [anɛstezist] *nmf* anestesista *mf*
ange [ɑ̃ʒ] *nm* anjo *m*
angélique [ɑ̃ʒelik] *adj* angélico(ca) ◇ *nf* angélica *f*
angine [ɑ̃ʒin] *nf* anginas *fpl* • **angine de poitrine** angina de peito
anglais, e [ɑ̃glɛ, ɛz] *adj* inglês(esa) ◇ *nm (langue)* inglês *m* ◆ **Anglais, e** *nm, f* inglês *m*, -esa *f*
angle [ɑ̃gl] *nm* **1.** *(coin)* canto *m* **2.** *(de rue)* esquina *f* **3.** *(géométrique)* ângulo *m* • **angle droit** ângulo recto
Angleterre [ɑ̃glətɛʀ] *nf* • **l'Angleterre** a Inglaterra
anglophone [ɑ̃glɔfɔn] *adj & nmf* anglófono(na)
anglo-saxon, onne [ɑ̃glɔsaksɔ̃, ɔn] *adj* anglo-saxónico(ca) ◆ **Anglo-Saxon, onne** *nm, f* anglo-saxão *m*, -ã *f*
angoissant, e [ɑ̃gwasɑ̃, ɑ̃t] *adj* angustiante
angoisse [ɑ̃gwas] *nf* angústia *f*
angoissé, e [ɑ̃gwase] *adj* angustiado(da)
Angola [ɑ̃gɔla] *nm* • **l'Angola** Angola

angora [ɑ̃gɔʀa] *nm (laine)* angora *m*
anguille [ɑ̃gij] *nf* enguia *f* • **anguilles au vert** *(Belg) enguias com vinho branco, espinafres e natas*
anguleux, euse [ɑ̃gylø, øz] *adj* anguloso(osa)
anicroche [anikʀɔʃ] *nf (dispute)* pega *f*
animal [animal] *(pl* **-aux***) nm* animal *m* • **animal domestique** animal doméstico
animateur, trice [animatœʀ, tʀis] *nm, f* **1.** *(de club, de groupe)* coordenador *m*, -ra *f* **2.** *(à la radio, la télévision)* apresentador *m*, -ra *f (Port)*, animador *m*, -ra *f (Br)*
animation [animasjɔ̃] *nf* animação *f* ◆ **animations** *nfpl* actividades *fpl*
animé, e [anime] *adj* animado(da)
animer [anime] *vt* animar ◆ **s'animer** *vp* animar-se
animosité [animozite] *nf* animosidade *f*
anis [ani(s)] *nm* anis *m*
ankyloser [ɑ̃kiloze] ◆ **s'ankyloser** *vp* • **mes mains se sont ankylosées** tenho as mãos dormentes
annales [anal] *nfpl* anais *mpl* • **rester dans les annales** ficar nos anais
anneau [ano] *(pl* **-x***) nm* **1.** *(bague)* anel *m* **2.** *(maillon)* argola *f* ◆ **anneaux** *nmpl SPORT* argolas *fpl*
année [ane] *nf* ano *m* • **année bissextile** ano bissexto • **année scolaire** ano lectivo
année-lumière [anelymjɛʀ] *nf* ano-luz *m*
annexe [anɛks] *nf* anexo *m*
annexer [anɛkse] *vt* anexar • **annexer qqch à** anexar algo a ◆ **s'annexer** *vp* **1.** *(s'attribuer)* anexar **2.** *(s'ajouter)* • **s'annexer à** juntar-se a
annihiler [aniile] *vt* aniquilar ◆ **s'annihiler** *vp* aniquilar-se
anniversaire [anivɛʀsɛʀ] *nm* aniversário *m* • **anniversaire de mariage** aniversário de casamento
annonce [anɔ̃s] *nf* anúncio *m* • **(petites) annonces** (pequenos) anúncios
annoncer [anɔ̃se] *vt* anunciar ◆ **s'annoncer** *vp* • **s'annoncer bien** apresentar-se bem
annonceur [anɔ̃sœʀ] *nm* anunciante *mf*
annoter [anɔte] *vt* anotar
annuaire [anɥɛʀ] *nm* anuário *m* • **annuaire (téléphonique)** lista *f* telefónica *(Port)*, catálogo *m* de telefones *(Br)* • **annuaire électronique** lista *f* telefónica electrónica
annuel, elle [anɥɛl] *adj* anual
annulaire [anylɛʀ] *nm* anular *m*
annulation [anylasjɔ̃] *nf* anulação *f*
annuler [anyle] *vt* **1.** anular **2.** *INFORM* repetir introdução
anodin, e [anɔdɛ̃, in] *adj* anódino(na)
anomalie [anɔmali] *nf* anomalia *f*
anonymat [anɔnima] *nm* anonimato *m* • **garder l'anonymat** manter o anonimato
anonyme [anɔnim] *adj* anónimo(ma)
anorak [anɔʀak] *nm* anoraque *m*
anorexie [anɔʀɛksi] *nf* anorexia *f*
anormal, e, aux [anɔʀmal, o] *adj* anormal
ANPE *nf (abr de Agence nationale pour l'emploi) agência nacional francesa do emprego*
anse [ɑ̃s] *nf* **1.** *(poignée)* asa *f* **2.** *(crique)* enseada *f*

Antarctique [ɑ̃taʀktik] *nm* • **l'(océan) Antarctique** o (oceano) Antárctico
antécédent [ɑ̃tesedɑ̃] *nm* antecedente *m*
antenne [ɑ̃tɛn] *nf* antena *f* • **antenne parabolique** antena parabólica
antenne-relais [ɑ̃tɛnʀəlɛ] (*pl* **antennes-relais**) *nf antenas das estações de base dos telefones móveis*
antérieur, e [ɑ̃teʀjœʀ] *adj* anterior
anthologie [ɑ̃tɔlɔʒi] *nf* antologia *f*
anthropologie [ɑ̃tʀɔpɔlɔʒi] *nf* antropologia *f*
antiacarien [ɑ̃tiakarjɛ̃] *nm* anti-ácaros *m*
anti-âge [ɑ̃tiaʒ] *adj* antienvelhecimento
antibactérien, enne [ɑ̃tibakterjɛ̃, ɛn] *adj* antibacteriano, bactericida
antibiotique [ɑ̃tibjɔtik] *nm* antibiótico *m*
antibrouillard [ɑ̃tibʀujaʀ] *nm* farol *m* de nevoeiro
antibruit [ɑ̃tibʀɥi] *adj inv* isolador acústico (isoladora acústica)
anticipé, e [ɑ̃tisipe] *adj* antecipado(da)
anticiper [ɑ̃tisipe] *vt* antecipar
anticorps [ɑ̃tikɔʀ] *nm* anticorpo *m*
anticyclone [ɑ̃tisiklon] *nm* anticiclone *m*
antidépresseur [ɑ̃tidepʀesœʀ] *nm* antidepressivo *m* ◇ *adj* antidepressivo(va)
antidote [ɑ̃tidɔt] *nm* antídoto *m*
antigel [ɑ̃tiʒɛl] *nm* anticongelante *m*
antillais, e [ɑ̃tijɛ, ɛz] *adj* antilhano(na) ◆ **Antillais, e** *nm, f* antilhano *m*, -na *f*
Antilles [ɑ̃tij] *nfpl* • **les Antilles** as Antilhas
antilope [ɑ̃tilɔp] *nf* antílope *m*
antimite [ɑ̃timit] *nm* bola *f* de naftalina
anti-mondialisation [ɑ̃timɔ̃djalizasjɔ̃] *adj inv* antimundialização
anti-mondialiste [ɑ̃timɔ̃djalist] *adj* antimundialista
Antiope [ɑ̃tjɔp] *n sistema francês de videotexto televisivo*
antipathie [ɑ̃tipati] *nf* antipatia *f*
antipathique [ɑ̃tipatik] *adj* antipático(ca)
antipode [ɑ̃tipɔd] *nm* antípoda *m* • **être aux antipodes de** ficar nos antípodas de
antiquaire [ɑ̃tikɛʀ] *nmf* antiquário *m*, -ria *f*
antique [ɑ̃tik] *adj* antigo(ga)
antiquité [ɑ̃tikite] *nf* antiguidade *f* • **l'Antiquité** a Antiguidade
antirides [ɑ̃tiʀid] *adj inv* anti-rugas
antirouille [ɑ̃tiʀuj] *adj inv* antiferruginoso(osa)
antisémite [ɑ̃tisemit] *adj & nmf* anti-semita
antisémitisme [ɑ̃tisemitism] *nm* anti-semitismo *m*
antiseptique [ɑ̃tisɛptik] *adj* anti-séptico(ca)
antislash [ɑ̃tislaʃ] *nm INFORM* barra *f* invertida
antithèse [ɑ̃titɛz] *nf* antítese *f*
antitranspirant, e [ɑ̃titrɑ̃spirɑ̃, ɑ̃t] *adj* antitranspirante
antiviral [ɑ̃tiviʀal] *nm* medicamento *m* antiviral
antivirus [ɑ̃tivirys] *nm INFORM* anti-vírus *m*
antivol [ɑ̃tivɔl] *nm* dispositivo *m* anti-roubo
anus [anys] *nm* ânus *m*

anxiété [ɑ̃ksjete] *nf* ansiedade *f*
anxieux, euse [ɑ̃ksjø, øz] *adj* ansioso(osa)
AOC (*abr de appellation d'origine contrôlée*) ≃ DOC (*Denominação de Origem Controlada*)
août [u(t)] *nm* Agosto *m* • **en août** em Agosto • **au mois d'août** no mês de Agosto • **début août** em princípios de Agosto • **fin août** em fins de Agosto • **le deux août** no dia dois de Agosto
apaiser [apɛze] *vt* **1.** (*personne, colère*) apaziguar **2.** (*douleur*) aliviar
apartheid [apaʀtɛd] *nm* apartheid *m*
apathique [apatik] *adj* apático(ca)
apatride [apatʀid] *adj & nmf* apátrida
APEC [apɛk] (*abr de association pour l'emploi des cadres*) [apɛk] *nf associação para o emprego dos executivos*
apercevoir [apɛʀsəvwaʀ] *vt* avistar ◆ **s'apercevoir** *vp* • **s'apercevoir de** aperceber-se de • **s'apercevoir que** aperceber-se que
aperçu, e [apɛʀsy] *pp* ➤ **apercevoir** ◇ *nm* ideia *f* geral
apéritif [apeʀitif] *nm* aperitivo *m*
apesanteur [apəzɑ̃tœʀ] *nf* ausência *f* de gravidade
apeuré, e [apøʀe] *adj* assustado(da)
aphone [afɔn] *adj* afónico(ca)
aphrodisiaque [afʀɔdizjak] *nm* afrodisíaco *m* ◇ *adj* afrodisíaco(ca)
aphte [aft] *nm* afta *f*
apiculteur, trice [apikyltœʀ, tʀis] *nm, f* apicultor *m*, -ra *f*
apiculture [apikyltyʀ] *nf* apicultura *f*
apitoyer [apitwaje] ◆ **s'apitoyer sur** *vp + prép* compadecer-se de
ap. J.-C. (*abr écrite de après Jésus-Christ*) d. C (*depois de Cristo*)
aplanir [aplaniʀ] *vt* aplanar
aplatir [aplatiʀ] *vt* achatar
aplomb [aplɔ̃] *nm* (*culot*) descaramento *m* • **d'aplomb** (*vertical*) a prumo
APN *nm abr de* **appareil photo numérique**
apocalypse [apɔkalips] *nf* **1.** RELIG • **l'Apocalypse** o Apocalipse **2.** (*fig*) (*catastrophe*) apocalipse *m*
apogée [apɔʒe] *nm* apogeu *m* • **à l'apogée de** no apogeu de
apolitique [apɔlitik] *adj & nmf* apolítico(ca)
apologie [apɔlɔʒi] *nf* apologia *f* • **faire l'apologie de qqn/qqch** fazer a apologia de alguém/algo
apostrophe [apɔstʀɔf] *nf* apóstrofo *m* • **s apostrophe** s apóstrofo
apothéose [apɔteoz] *nf* apoteose *f*
apôtre [apotʀ] *nm* apóstolo *m*
apparaître [apaʀɛtʀ] *vi* **1.** (*se montrer*) aparecer **2.** (*sembler*) parecer
appareil [apaʀɛj] *nm* **1.** (*dispositif*) aparelho *m* **2.** (*poste téléphonique*) telefone *m* • **qui est à l'appareil ?** quem é que está ao telefone? • **appareil digestif** aparelho digestivo • **appareil ménager** electrodoméstico *m* • **appareil photo numérique** máquina *f* fotográfica digital
appareillage [apaʀɛjaʒ] *nm* **1.** (*équipement*) aparelhagem *f* **2.** NAUT largada *f*
apparemment [apaʀamɑ̃] *adv* aparentemente
apparence [apaʀɑ̃s] *nf* aparência *f*
apparent, e [apaʀɑ̃, ɑ̃t] *adj* aparente
apparenter [apaʀɑ̃te] ◆ **s'apparenter** *vp* • **s'apparenter à qqn** aparentar-se

com alguém • **s'apparenter à qqch** assemelhar-se a algo
apparition [apaʀisjɔ̃] *nf* **1.** *(arrivée)* aparecimento *m* **2.** *(fantôme)* aparição *f*
appartement [apaʀtəmɑ̃] *nm* apartamento *m*
appartenir [apaʀtəniʀ] *vi* • **appartenir à** pertencer a
appartenu [apaʀtəny] *pp* ➤ **appartenir**
apparu, e [apaʀy] *pp* ➤ **apparaître**
appât [apa] *nm* isca *f*
appauvrir [apovʀiʀ] *vt* empobrecer ◆ **s'appauvrir** *vp* **1.** *(personne)* ficar pobre **2.** *(sol, langue)* empobrecer
appel [apel] *nm* **1.** chamada *f* **2.** *(cri)* apelo *m* • **faire l'appel** *SCOL* fazer a chamada • **faire appel à** apelar a • **appel de phares** sinal *m* de luzes
appeler [aple] *vt* **1.** chamar **2.** *(au téléphone)* telefonar • **appeler à l'aide** pedir ajuda ◆ **s'appeler** *vp* chamar-se • **comment t'appelles-tu ?** como te chamas? • **je m'appelle...** (eu) chamo-me... • **on s'appelle ce soir ?** telefono-te esta noite?
appendicite [apɛ̃disit] *nf* apendicite *f*
appesantir [apəzɑ̃tiʀ] ◆ **s'appesantir sur** *vp + prép* teimar em
appétissant, e [apetisɑ̃, ɑ̃t] *adj* apetitoso(osa)
appétit [apeti] *nm* apetite *m* • **avoir de l'appétit** ter apetite • **bon appétit !** bom apetite!
applaudir [aplodiʀ] *vt & vi* aplaudir
applaudissements [aplodismɑ̃] *nmpl* aplausos *mpl*
application [aplikasjɔ̃] *nf* aplicação *f*
applique [aplik] *nf (lampe)* aplique *m*
appliqué, e [aplike] *adj* aplicado(da)
appliquer [aplike] *vt* aplicar ◆ **s'appliquer** *vp* aplicar-se
appoint [apwɛ̃] *nm* • **faire l'appoint** *pagar a quantia exacta* • **d'appoint** *(chauffage, lit)* adicional
apport [apɔʀ] *nm* **1.** *DR* bem *m* **2.** *FIN (culturel)* contribuição *f* **3.** *(initial)* entrada *f*
apporter [apɔʀte] *vt* trazer
apposer [apoze] *vt (signature)* apor
appréciable [apʀesjabl] *adj* apreciável
appréciation [apʀesjasjɔ̃] *nf* apreciação *f*
apprécier [apʀesje] *vt* apreciar
appréhender [apʀeɑ̃de] *vt* **1.** *(craindre)* recear **2.** *(arrêter)* prender • **appréhender de faire qqch** ter receio de fazer algo
appréhension [apʀeɑ̃sjɔ̃] *nf* apreensão *f*
apprendre [apʀɑ̃dʀ] *vt* **1.** *(étudier)* aprender **2.** *(nouvelle)* saber de • **apprendre qqch à qqn** *(discipline)* ensinar algo a alguém ; *(nouvelle)* informar alguém de algo • **apprendre à faire qqch** aprender a fazer algo
apprenti, e [apʀɑ̃ti] *nm, f* aprendiz *m*
apprentissage [apʀɑ̃tisaʒ] *nm* aprendizagem *f*
apprêter [apʀete] ◆ **s'apprêter à** *vp + prép* aprontar-se a
appris, e [apʀi, iz] *pp* ➤ **apprendre**
apprivoiser [apʀivwaze] *vt* domesticar
approbation [apʀɔbasjɔ̃] *nf* aprovação *f*
approche [apʀɔʃ] *nf* **1.** *(arrivée)* aproximação *f* **2.** *(d'un sujet)* abordagem *f* • **à l'approche de** *(d'un lieu)* ao aproximar-se de ; *(d'un événement)* com a aproximação de ◆ **approches** *nfpl* proximidades *fpl*

approcher [apʀɔʃe] *vt* aproximar ◇ *vi* aproximar-se • **approcher qqch de** aproximar algo de • **approcher de** aproximar-se de ♦ **s'approcher** *vp* aproximar-se • **s'approcher de** aproximar-se de
approfondir [apʀɔfɔ̃diʀ] *vt* aprofundar
approprié, e [apʀɔpʀije] *adj* apropriado(da)
approuver [apʀuve] *vt* aprovar
approvisionnement [apʀɔvizjɔnmɑ̃] *nm* abastecimento *m*
approvisionner [apʀɔvizjɔne] ♦ **s'approvisionner** *vp* • **s'approvisionner (en)** abastecer-se (de)
approximatif, ive [apʀɔksimatif, iv] *adj* aproximativo(va)
approximation [apʀɔksimasjɔ̃] *nf* aproximação *f*
approximativement [apʀɔksimativmɑ̃] *adv* aproximadamente
appt (*abr écrite de appartement*) apart. (*Port*) (*apartamento*), apto (*Br*) (*apartamento*)
appui-tête [apɥitɛt] (*pl* **appuis-tête**) *nm* apoio *m* para a cabeça
appuyer [apɥije] *vt* apoiar ◇ *vi* • **appuyer sur** carregar em ♦ **s'appuyer** *vp* • **s'appuyer à** apoiar-se a
âpre [apʀ] *adj* **1.** (*goût*) amargo(ga) **2.** (*ton*) ríspido(da) **3.** (*conflit, concurrence*) violento(ta)
après [apʀɛ] *prép* depois de ◇ *adv* **1.** (*dans le temps*) depois **2.** (*dans l'espace, dans un classement*) a seguir • **après avoir fait** depois de ter feito • **après tout** afinal • **l'année d'après** no ano a seguir • **d'après moi** a meu ver
après-demain [apʀɛdmɛ̃] *adv* depois de amanhã
après-midi [apʀɛmidi] *nm inv* & *nf inv* tarde *f* • **l'après-midi** (*tous les jours*) à tarde
après-rasage [apʀɛʀazaʒ] (*pl* **après-rasages**) *nm* after-shave *m* (*Port*), loção *f* após-barba (*Br*)
après-shampooing [apʀɛʃɑ̃pwɛ̃] *nm inv* creme *m* amaciador (*Port*), creme *m* rinse (*Br*)
après-ski [apʀɛski] (*pl* **après-skis**) *nm* après-ski *m*
a priori [apʀiɔʀi] *adv* a priori ◇ *nm inv* a priori *m inv*
à-propos [apʀɔpo] *nm inv* pertinência *f*
APS (*abr de Advanced Photo System*) *nm* APS
apte [apt] *adj* • **apte à** apto(ta) a
aptitudes [aptityd] *nfpl* aptidões *fpl*
aquarelle [akwaʀɛl] *nf* aguarela *f*
aquarium [akwaʀjɔm] *nm* aquário *m*
aquatique [akwatik] *adj* aquático(ca)
aqueduc [akdyk] *nm* aqueduto *m*
Aquitaine [akitɛn] *nf* • **l'Aquitaine** a Aquitânia
AR 1. *abr écrite de* **aller-retour 2.** (*abr écrite de accusé de réception*) AR (*aviso de recepção*)
arabe [aʀab] *adj* árabe ◇ *nm* (*langue*) árabe *m* ♦ **Arabe** *nmf* árabe *mf*
arabesque [aʀabɛsk] *nf* arabesco *m*
Arabie [aʀabi] *nf* • **l'Arabie** a Arábia • **l'Arabie Saoudite** a Arábia Saudita
arachide [aʀaʃid] *nf* amendoim *m*
araignée [aʀeɲe] *nf* aranha *f*
arbitrage [aʀbitʀaʒ] *nm* arbitragem *f*
arbitraire [aʀbitʀɛʀ] *adj* arbitrário(ria)

arbitre [aRbitR] *nm, f* árbitro *m*
arbitrer [aRbitRe] *vt* arbitrar
arboriculture [aRbɔRikyltyR] *nf* arboricultura *f*
arbre [aRbR] *nm* árvore *f* • **arbre fruitier** árvore de fruto • **arbre généalogique** árvore genealógica
arbuste [aRbyst] *nm* arbusto *m*
arc [aRk] *nm* arco *m*
arcade [aRkad] *nf* arcada *f*
arc-bouter [aRkbute] ◆ **s'arc-bouter** *vp* apoiar-se
arc-en-ciel [aRkɑ̃sjɛl] (*pl* **arcs-en-ciel**) *nm* arco-íris *m*
archaïque [aRkaik] *adj* arcaico(ca)
archange [aRkɑ̃ʒ] *nm* arcanjo *m*
arche [aRʃ] *nf (voûte)* arco *m*
archéologie [aRkeɔlɔʒi] *nf* arqueologia *f*
archéologique [aRkeɔlɔʒik] *adj* arqueológico(ca)
archéologue [aRkeɔlɔg] *nmf* arqueólogo *m*, -ga *f*
archet [aRʃɛ] *nm* arco *m*
archevêque [aRʃəvɛk] *nm* arcebispo *m*
archipel [aRʃipɛl] *nm* arquipélago *m*
architecte [aRʃitɛkt] *nmf* arquitecto *m*, -ta *f*
architecture [aRʃitɛktyR] *nf* arquitectura *f*
archiver [aRʃive] *vt* arquivar
archives [aRʃiv] *nfpl* arquivo *m*
Arctique [aRktik] *nm* • **l'(océan) Arctique** o (oceano) Árctico
ardemment [aRdamɑ̃] *adv* ardentemente
ardent, e [aRdɑ̃, ɑ̃t] *adj* ardente
ardeur [aRdœR] *nf* ardor *m*
ardoise [aRdwaz] *nf* ardósia *f*
ardu, e [aRdy] *adj* árduo(dua)
arènes [aRɛn] *nfpl* arena *f*
arête [aRɛt] *nf* **1.** *(de poisson)* espinha *f* **2.** *(angle)* aresta *f*
argent [aRʒɑ̃] *nm* **1.** *(métal)* prata *f* **2.** *(monnaie)* dinheiro *m* • **argent liquide** dinheiro • **argent de poche** semanada *f*
argenté, e [aRʒɑ̃te] *adj* prateado(da)
argenterie [aRʒɑ̃tRi] *nf* prataria *f*
argentin, e [aRʒɑ̃tɛ̃, in] *adj* argentino(na) ◆ **Argentin, e** *nm, f* argentino *m*, -na *f*
Argentine [aRʒɑ̃tin] *nf* • **l'Argentine** a Argentina
argile [aRʒil] *nf* argila *f*
argileux, euse [aRʒilø, øz] *adj* argiloso(osa)
argot [aRgo] *nm* calão *m*
argotique [aRgɔtik] *adj* de calão
argument [aRgymɑ̃] *nm* argumento *m*
argumenter [aRgymɑ̃te] *vt* & *vi* argumentar
argus [aRgys] *nm* • **l'argus** *publicação que contém os preços de artigos em segunda mão*
aride [aRid] *adj* árido(da)
aristocratie [aRistɔkRasi] *nf* aristocracia *f*
arithmétique [aRitmetik] *nf* aritmética *f*
armateur [aRmatœR] *nm* armador *m*
armature [aRmatyR] *nf* armação *f*
arme [aRm] *nf* arma *f* • **arme à feu** arma de fogo
armé, e [aRme] *adj* armado(da) • **être armé de** estar armado com
armée [aRme] *nf* exército *m*
armement [aRməmɑ̃] *nm (armes)* armamento *m*

Arménie [armeni] *nf* • **l'Arménie** a Arménia
armer [arme] *vt* **1.** armar **2.** *(appareil photo)* carregar
armistice [armistis] *nm* armistício *m*
armoire [armwar] *nf* armário *m* • **armoire à pharmacie** armário de remédios
armoiries [armwari] *nfpl* armas *fpl* de brasão
armure [armyr] *nf* armadura *f*
arnaque [arnak] *nf (fam)* aldrabice *f*
arnaquer [arnake] *vt (fam)* aldrabar
aromate [arɔmat] *nm* planta *f* aromática
aromatique [arɔmatik] *adj* aromático(ca)
aromatisé, e [arɔmatize] *adj* aromatizado(da) • **aromatisé à** *(yaourt)* com aroma de
arôme [arom] *nm* aroma *m*
arpenter [arpɑ̃te] *vt* **1.** *(marcher)* percorrer (a passos largos) **2.** *(mesurer)* agrimensar
arqué, e [arke] *adj* arqueado(da)
arracher [araʃe] *vt* arrancar • **arracher qqch à qqn** arrancar algo a alguém
arrangeant, e [arɑ̃ʒɑ̃, ɑ̃t] *adj* conciliante
arrangement [arɑ̃ʒmɑ̃] *nm* **1.** *(disposition)* arrumação *f* **2.** *(accord)* entendimento *m* **3.** *MUS* arranjo *m*
arranger [arɑ̃ʒe] *vt* **1.** *(organiser)* organizar **2.** *(résoudre, réparer)* arranjar • **ça m'arrange** dá-me jeito ◆ **s'arranger** *vp* **1.** *(se mettre d'accord)* entender-se **2.** *(s'améliorer)* ficar bem • **s'arranger pour faire qqch** desenrascar-se para fazer algo
arrestation [arɛstasjɔ̃] *nf* detenção *f*
arrêt [arɛ] *nm* **1.** *(interruption)* fim *m* **2.** *(immobilisation, station)* paragem *f* • **arrêt d'autobus** paragem de autocarro *(Port)*, parada *f* de ônibus *(Br)* • **arrêt de travail** *(grève)* paralização *f* laboral ; *(pour maladie)* baixa *f* • **sans arrêt** *(parler, travailler)* sem parar ▼ **arrêt interdit** paragem proibida
arrêté [arete] *nm* liquidação *f* • **arrêté ministériel** portaria *f*
arrêter [arete] *vt* **1.** *(interrompre, immobiliser)* deter **2.** *(suspect)* prender ◇ *vi* **1.** parar **2.** *INFORM* encerrar • **arrêter de faire qqch** deixar de fazer algo • **arrête de parler !** pára de falar! ◆ **s'arrêter** *vp* parar • **s'arrêter de faire qqch** parar de fazer algo
arrhes [ar] *nfpl* entrada *f (em dinheiro)*
arrière [arjɛr] *adj inv* atrás ◇ *nm* parte *f* de trás • **à l'arrière de** na parte de trás de • **en arrière** *(regarder, tomber)* para trás
arriéré, e [arjere] *adj (péj) (démodé)* atrasado(da)
arrière-boutique [arjɛrbutik] *(pl* **arrière-boutiques***) nf* armazém *m (de uma loja)*
arrière-goût [arjɛrgu] *(pl* **arrière-goûts***) nm* ressaibo *m*
arrière-grand-mère [arjɛrgrɑ̃mɛr] *(pl* **arrières-grands-mères***) nf* bisavó *f*
arrière-grand-père [arjɛrgrɑ̃pɛr] *(pl* **arrières-grands-pères***) nm* bisavô *m*
arrière-grands-parents [arjɛrgrɑ̃parɑ̃] *nmpl* bisavós *mpl*
arrière-pensée [arjɛrpɑ̃se] *(pl* **arrière-pensées***) nf* segunda intenção *f*

arrière-plan [aʀjɛʀplɑ̃] (*pl* **arrière-plans**) *nm* segundo plano *m* • **à l'arrière-plan** em segundo plano
arrière-saison [aʀjɛʀsɛzɔ̃] (*pl* **arrière-saisons**) *nf* fim *m* de estação
arrimer [aʀime] *vt* estivar
arrivage [aʀivaʒ] *nm* chegada *f (de mercadorias)*
arrivée [aʀive] *nf* chegada *f* ▾ **arrivées** chegadas
arriver [aʀive] *vi* **1.** *(train, personne)* chegar **2.** *(se produire)* acontecer ◇ *v impers* • **il arrive qu'il pleuve en été** pode acontecer que chova no Verão • **il m'arrive d'aller au cinéma** pode acontecer que vá ao cinema • **que t'est-il arrivé ?** o que é que te aconteceu ? • **arriver à (faire) qqch** chegar a (fazer) algo
arrivisme [aʀivism] *nm* (*péj*) arrivismo *m*
arriviste [aʀivist] *nmf* arrivista *mf*
arrogance [aʀɔgɑ̃s] *nf* arrogância *f*
arrogant, e [aʀɔgɑ̃, ɑ̃t] *adj* arrogante
arrondir [aʀɔ̃diʀ] *vt* arredondar
arrondissement [aʀɔ̃dismɑ̃] *nm* bairro *m*

L'arrondissement

Em Paris, Lyon e Marselha, o *arrondissement* (distrito) é uma subdivisão do município que tem o seu próprio presidente da câmara. Há vinte distritos parisienses, dispostos em forma de caracol a partir do primeiro distrito, situado no centro da cidade. São geralmente designados pelo seu número e alguns deles estão associadas características específicas. Por exemplo, o 16° (também se escrevem frequentemente os números dos distritos com algarismos romanos, nomeadamente na indicação das moradas) evoca a alta burguesia e o comércio de luxo, enquanto o 6° é sinónimo de ambiente estudantil, bares e cinemas.

arrosage [aʀozaʒ] *nm* rega *f*
arroser [aʀoze] *vt* regar
arrosoir [aʀozwaʀ] *nm* regador *m*
Arrt *abr de* **arrondissement**
arsenal [aʀsənal] (*pl* **-aux**) *nm* **1.** arsenal *m* **2.** (*fam*) *(matériel)* catrefada *f*
arsenic [aʀsənik] *nm* arsénio *m*
art [aʀ] *nm* • **l'art** a arte • **arts plastiques** artes *fpl* plásticas • **arts martiaux** artes marciais
artère [aʀtɛʀ] *nf* artéria *f*
arthrite [aʀtʀit] *nf* artrite *f*
arthrose [aʀtʀoz] *nf* artrose *f*
artichaut [aʀtiʃo] *nm* alcachofra *f*
article [aʀtikl] *nm* artigo *m*
articulation [aʀtikylasjɔ̃] *nf* articulação *f*
articulé, e [aʀtikyle] *adj* articulado(da)
articuler [aʀtikyle] *vt & vi* articular
artifice [aʀtifis] *nm* ➤ **feu**
artificiel, elle [aʀtifisjɛl] *adj* artificial
artillerie [aʀtijʀi] *nf* artilharia *f*
artisan, ane [aʀtizɑ̃, an] *nm, f* artesão *m*
artisanal, e, aux [aʀtizanal, o] *adj* artesanal
artisanat [aʀtizana] *nm* artesanato *m*

artiste [aʀtist] *nmf* artista *mf*
artistique [aʀtistik] *adj* artístico(ca)
[1]**as** [a] ➤ **avoir**
[2]**as** [as] *nm* ás *m*
AS (*abr de association sportive*) *nf* associação *f* desportiva
asc. *abr de* **ascenseur**
ascendant [asɑ̃dɑ̃] *nm* ascendente *m*
ascenseur [asɑ̃sœʀ] *nm* **1.** elevador *m* (*Port*), ascensor *m* (*Br*) **2.** *INFORM* barra *f* de deslocamento (*Port*), barra *f* de rolagem (*Br*)
ascension [asɑ̃sjɔ̃] *nf* ascensão *f* ● **l'Ascension** a Ascensão
aseptiser [asɛptize] *vt* asseptizar
asiatique [azjatik] *adj* asiático(ca) ◆ **Asiatique** *nmf* asiático *m*, -ca *f*
Asie [azi] *nf* ● **l'Asie** a Ásia
asile [azil] *nm* asilo *m*
asocial, e, aux [asɔsjal, o] *adj* associal ◇ *nm, f* pessoa *f* associal
aspect [aspɛ] *nm* aspecto *m*
asperge [aspɛʀʒ] *nf* espargo *m* ● **asperges à la flamande** (*Belg*) *espargos com ovos cozidos picados*
asperger [aspɛʀʒe] *vt* borrifar
aspérités [aspeʀite] *nfpl* asperezas *fpl*
asphalte [asfalt] *nm* asfalto *m*
asphyxier [asfiksje] *vt* asfixiar ◆ **s'asphyxier** *vp* asfixiar-se
aspirante [aspiʀɑ̃t] *adj f* ➤ **hotte**
aspirateur [aspiʀatœʀ] *nm* aspirador *m*
aspirer [aspiʀe] *vt* aspirar
aspirine [aspiʀin] *nf* aspirina® *f*
assagir [asaʒiʀ] *vt* **1.** (*personne*) fazer (com) que ganhe juízo **2.** (*passion*) dominar ◆ **s'assagir** *vp* (*se calmer*) ganhar juízo, assentar
assaillant, e [asajɑ̃, ɑ̃t] *nm, f* assaltante *mf*
assaillir [asajiʀ] *vt* assaltar ● **assaillir qqn de questions** bombardear alguém com perguntas
assainir [aseniʀ] *vt* **1.** (*logement, situation*) sanear **2.** (*eau*) purificar
assaisonnement [asɛzɔnmɑ̃] *nm* tempero *m*
assaisonner [asɛzɔne] *vt* temperar
assassin [asasɛ̃] *nm* assassino *m*, -na *f*
assassinat [asasina] *nm* assassínio *m*
assassiner [asasine] *vt* assassinar
assaut [aso] *nm* assalto *m*
assécher [aseʃe] *vt* **1.** (*terre*) drenar **2.** (*réserve d'eau*) esvaziar ◆ **s'assécher** *vp* secar
ASSEDIC, Assedic [asedik] (*abr de Association pour l'emploi dans l'industrie et le commerce*) *nfpl organismo francês que atribui os subsídios de desemprego* ● **toucher les ASSEDIC** receber o subsídio de desemprego
assemblage [asɑ̃blaʒ] *nm* (*ensemble*) ajuntamento *m*
assemblée [asɑ̃ble] *nf* assembleia *f* ● **l'Assemblée (nationale)** *a Assembleia nacional francesa* ≃ a Assembleia da República
assembler [asɑ̃ble] *vt* juntar
assener [asene] *vt* desferir
assentiment [asɑ̃timɑ̃] *nm* assentimento *m* ● **donner son assentiment à** dar o seu assentimento a
asseoir [aswaʀ] ◆ **s'asseoir** *vp* sentar-se
assermenté, e [asɛʀmɑ̃te] *adj* ajuramentado(da)
asservir [asɛʀviʀ] *vt* subjugar

assez [ase] *adv* 1. *(suffisamment)* muito 2. *(plutôt)* bastante • **il y a assez de pommes pour faire une tarte** *(suffisamment de)* há maçãs que cheguem para fazer uma tarte • **en avoir assez (de)** estar farto (de)

assidu, e [asidy] *adj* assíduo(dua)

assiduité [asidɥite] *nf* assiduidade *f* • **avec assiduité** com assiduidade ◆ **assiduités** *nfpl* • **poursuivre qqn de ses assiduités** *(péj & sout)* insinuar-se junto de alguém

assiéger [asjeʒe] *vt* sitiar

assiette [asjɛt] *nf* prato *m* • **assiette de crudités** *prato de legumes crus servido com vinagreta* • **assiette creuse** prato de sopa • **assiette à dessert** prato de sobremesa • **assiette plate** prato raso • **assiette valaisanne** *(Helv) prato de carnes frias e de queijo típico da região de Valais*

assigner [asiɲe] *vt* 1. *(fonds, tâche)* • **assigner qqch à qqn** destinar algo para alguém 2. *(affecter)* • **assigner qqn à** designar alguém para 3. *DR* • **assigner qqn en justice** citar alguém para comparecer em juízo

assimiler [asimile] *vt* 1. *(comprendre)* assimilar 2. *(comparer)* • **assimiler qqn/qqch à** associar alguém/algo a

assis, e [asi, iz] *pp* ➤ **asseoir** ◇ *adj* • **être assis** estar sentado

assises [asiz] *nfpl* • **(cour d')assises** Tribunal *m* criminal

assistance [asistɑ̃s] *nf* assistência *f*

assistant, e [asistɑ̃, ɑ̃t] *nm, f* assistente *mf* • **assistante sociale** assistente social

assister [asiste] *vt* assistir • **assister à** *(concert)* assistir a ; *(meurtre)* presenciar

association [asɔsjasjɔ̃] *nf* associação *f* • **association humanitaire** associação humanitária

associé, e [asɔsje] *adj* associado(da) ◇ *nm, f* sócio *m*, -cia *f*

associer [asɔsje] *vt* associar ◆ **s'associer** *vp* • **s'associer (à ou avec)** associar-se (a)

assombrir [asɔ̃bʀiʀ] *vt* escurecer ◆ **s'assombrir** *vp* escurecer

assommer [asɔme] *vt* dar uma pancada na cabeça de

assorti, e [asɔʀti] *adj* 1. *(en harmonie)* que combina bem 2. *(varié)* sortido(da)

assortiment [asɔʀtimɑ̃] *nm* sortido *m*

assortir [asɔʀtiʀ] *vt* 1. *(objets)* • **assortir qqch à** combinar algo com 2. *(magasin)* abastecer ◆ **s'assortir** *vp* combinar • **s'assortir de** vir acompanhado de

assoupir [asupiʀ] ◆ **s'assoupir** *vp* adormecer

assouplir [asupliʀ] *vt* tornar flexível

assouplissant [asuplisɑ̃] *nm* amaciador *m* (de roupa)

assouplissement [asuplismɑ̃] *nm* exercícios *mpl* de flexibilidade

assouplisseur [asuplisœʀ] = **assouplissant**

assourdir [asuʀdiʀ] *vt* 1. *(rendre sourd)* ensurdecer 2. *(abrutir)* maçar 3. *(amortir)* abafar

assourdissant, e [asuʀdisɑ̃, ɑ̃t] *adj* ensurdecedor(ra)

assouvir [asuviʀ] *vt* *(sout)* 1. *(appétit, passions)* saciar 2. *(curiosité)* matar

assumer [asyme] *vt* assumir

assurance [asyʀɑ̃s] *nf* 1. *(contrat)* seguro *m* 2. *(aisance)* segurança *f* • **assurance automobile** seguro automóvel • **assurance**

tous risques seguro contra todos os riscos
assurance-vie [asyʀɑ̃svi] (*pl* **assurances-vie**) *nf* seguro *m* de vida
assuré, e [asyʀe] *adj* **1.** *(garanti)* assegurado(da) **2.** *(résolu)* seguro(ra)
assurer [asyʀe] *vt* **1.** *(maison, voiture)* pôr no seguro **2.** *(fonction, tâche)* estar encarregado(da)de • **je t'assure que** asseguro-te que ◆ **s'assurer** *vp* fazer um seguro • **s'assurer contre le vol** fazer um seguro contra o roubo • **s'assurer de** assegurar-se de • **s'assurer que** assegurar-se de que
astérisque [asteʀisk] *nm* asterisco *m*
asthmatique [asmatik] *adj* asmático(ca)
asthme [asm] *nm* asma *f*
asticot [astiko] *nm* minhoca *f*
astiquer [astike] *vt* puxar o lustro a
astre [astʀ] *nm* astro *m*
astreignant, e [astʀɛɲɑ̃, ɑ̃t] *adj* exigente
astreindre [astʀɛ̃dʀ] *vt* • **astreindre qqn à qqch** sujeitar alguém a algo • **astreindre qqn à faire qqch** obrigar alguém a fazer algo ◆ **s'astreindre** *vp* • **s'astreindre à qqch** sujeitar-se a algo • **s'astreindre à faire qqch** obrigar-se a fazer algo
astrologie [astʀɔlɔʒi] *nf* astrologia *f*
astrologue [astʀɔlɔg] *nmf* astrólogo *m*, -ga *f*
astronaute [astʀɔnot] *nmf* astronauta *mf*
astronome [astʀɔnɔm] *nmf* astrónomo *m*, -ma *f*
astronomie [astʀɔnɔmi] *nf* astronomia *f*
astronomique [astʀɔnɔmik] *adj* astronómico(ca)
astuce [astys] *nf* astúcia *f*
astucieux, euse [astysjø, øz] *adj* astuto(ta)
atelier [atəlje] *nm* **1.** *(d'usine)* oficina *f* **2.** *(de peintre)* atelier *m* **3.** *(groupe de travail)* grupo *m*
athée [ate] *adj* ateu (ateia)
athénée [atene] *nm* *(Belg)* ≃ escola *f* secundária
Athènes [atɛn] *n* Atenas
athlète [atlɛt] *nmf* atleta *mf*
athlétisme [atletism] *nm* atletismo *m*
Atlantique [atlɑ̃tik] *nm* • **l'(océan) Atlantique** o (oceano) Atlântico
atlas [atlas] *nm* atlas *m inv*
atmosphère [atmɔsfɛʀ] *nf* atmosfera *f*
atmosphérique [atmɔsfeʀik] *adj* atmosférico(ca)
atome [atom] *nm* átomo *m*
atomique [atɔmik] *adj* atómico(ca)
atomiseur [atɔmizœʀ] *nm* atomizador *m*
atout [atu] *nm* trunfo *m* • **atout pique** trunfo de espadas
atroce [atʀɔs] *adj* atroz
atrocité [atʀɔsite] *nf* atrocidade *f*
atrophier [atʀɔfje] *vt* atrofiar ◆ **s'atrophier** *vp* atrofiar-se
attabler [atable] ◆ **s'attabler** *vp* sentar-se à mesa • **s'attabler devant qqch** instalar-se perante algo
attachant, e [ataʃɑ̃, ɑ̃t] *adj* amoroso(osa)
attache [ataʃ] *nf* *(lien)* atilho *m* ◆ **attaches** *nfpl* **1.** *(poignets, chevilles)* pulsos *mpl* jarretes **2.** *(parenté, relations)* laços *mpl*
attaché-case [ataʃekɛz] (*pl* **attachés-cases**) *nm* pasta *f* (de executivo)

attachement [ataʃmɑ̃] *nm* apego *m*
attacher [ataʃe] *vt* prender ◇ *vi* agarrar-se • **attachez vos ceintures** apertem os cintos ◆ **s'attacher** *vp* prender-se • **s'attacher à qqn** apegar-se a alguém
attaquant [atakɑ̃] *nm* atacante *m*
attaque [atak] *nf* ataque *m*
attaquer [atake] *vt* atacar ◆ **s'attaquer à** *vp + prép* atirar-se a
attarder [ataʀde] ◆ **s'attarder** *vp* demorar-se
atteindre [atɛ̃dʀ] *vt* atingir
atteint, e [atɛ̃, ɛ̃t] *pp* ➤ **atteindre**
atteinte [atɛ̃t] *nf* ➤ **hors**
attelage [atlaʒ] *nm* **1.** *(chevaux)* parelha *f* **2.** *(bœufs)* junta *f* **3.** *(arrachement)* atrelagem *f*
atteler [atle] *vt* atrelar
attelle [atɛl] *nf* tala *f*
attendre [atɑ̃dʀ] *vt* **1.** *(personne, événement)* esperar **2.** *(espérer)* estar à espera de ◇ *vi* esperar • **attendre un enfant** estar à espera de bebé • **attendre que** estar à espera que • **attendre qqch de** esperar algo de ◆ **s'attendre à** *vp + prép* estar à espera de
attendrir [atɑ̃dʀiʀ] *vt* enternecer
attendrissant, e [atɑ̃dʀisɑ̃, ɑ̃t] *adj* enternecedor(ra)
attentat [atɑ̃ta] *nm* atentado *m* • **attentat à la bombe** atentado à bomba
attentat-suicide [atɑ̃tasɥisid] (*pl* **attentats-suicides**) *nm* atentado *m* suicida • **impliqué dans l'organisation d'attentats-suicides au cours desquels plusieurs personnes ont été tuées** implicado na organização de atentados suicidas durante os quais morreram várias pessoas
attente [atɑ̃t] *nf* espera *f* • **en attente** em suspenso
attenter [atɑ̃te] ◆ **attenter à** *vp + prép* atentar contra
attentif, ive [atɑ̃tif, iv] *adj* atento(ta)
attention [atɑ̃sjɔ̃] *nf* atenção *f* • **attention !** cuidado! • **faire attention (à)** *(se concentrer)* prestar atenção (a) ; *(être prudent)* ter cuidado (com)
attentionné, e [atɑ̃sjɔne] *adj* atencioso(osa)
attentivement [atɑ̃tivmɑ̃] *adv* com atenção
atténuer [atenɥe] *vt* atenuar
atterrir [ateʀiʀ] *vi* aterrar
atterrissage [ateʀisaʒ] *nm* aterragem *f* • **à l'atterrissage** no momento da aterragem
attestation [atɛstasjɔ̃] *nf* atestado *m*
attester [atɛste] *vt* atestar • **attester que** *(certifier)* atestar que
attirail [atiʀaj] *nm* tralha *f*
attirance [atiʀɑ̃s] *nf* atracção *f* • **avoir** ou **éprouver de l'attirance pour qqn/qqch** sentir-se atraído por alguém/algo
attirant, e [atiʀɑ̃, ɑ̃t] *adj* atraente
attirer [atiʀe] *vt* atrair • **attirer l'attention de qqn** atrair a atenção de alguém ◆ **s'attirer** *vp* • **s'attirer des ennuis** arranjar problemas
attiser [atize] *vt (feu)* atiçar
attitré, e [atitʀe] *adj* **1.** *(agréé)* titular **2.** *(habituel)* habitual
attitude [atityd] *nf* atitude *f*
attraction [atʀaksjɔ̃] *nf* atracção *f*
attrait [atʀɛ] *nm* atractivo *m*
attrape-nigaud [atʀapnigo] (*pl* **attrape-nigauds**) *nm* marosca *f (fam)*

attraper [atʀape] *vt* apanhar
attrayant, e [atʀɛjɑ̃, ɑ̃t] *adj* atractivo(va)
attribuer [atʀibɥe] *vt* • **attribuer qqch à qqn** atribuir algo a alguém
attrister [atʀiste] *vt* entristecer ◆ **s'attrister** *vp* ficar triste
attroupement [atʀupmɑ̃] *nm* tropel *m*
attrouper [atʀupe] ◆ **s'attrouper** *vp* juntar-se
au [o] = **à + le** ; ➤ **à**
aubaine [obɛn] *nf* sorte *f*
aube [ob] *nf* alvorada *f* • **à l'aube** pela alvorada
auberge [obɛʀʒ] *nf* pousada *f* • **auberge de jeunesse** pousada da juventude
aubergine [obɛʀʒin] *nf* beringela *f*
aubergiste [obɛʀʒist] *nmf* estalajadeiro *m*, -ra *f*
auburn [obœʀn] *adj inv (cheveux)* castanho avermelhado
aucun, e [okœ̃, yn] *adj* nenhum(ma) ◇ *pron* nenhum(ma) • **sans aucun doute** sem dúvida alguma • **aucune idée !** não faço ideia! • **aucun des deux** nenhum dos dois • **aucun d'entre nous** nenhum de nós
audace [odas] *nf* audácia *f*
audacieux, euse [odasjø, øz] *adj* audacioso(osa)
au-delà [odəla] *adv* mais além • **au-delà de** para além de
au-dessous [od(ə)su] *adv* **1.** *(dans l'espace)* por baixo **2.** *(dans une hiérarchie)* abaixo • **au-dessous de** *(dans l'espace)* por baixo de ; *(dans une hiérarchie)* abaixo de
au-dessus [od(ə)sy] *adv* **1.** *(dans l'espace)* por cima **2.** *(dans une hiérarchie)* acima • **au-dessus de** *(dans l'espace)* por cima de ; *(dans une hiérarchie)* acima de • **au-dessus de 1 000 euros** acima de 1000 euros
audience [odjɑ̃s] *nf* audiência *f*
Audimat® [odimat] *nm* índice *m* de audiência
audionumérique [odjɔnymeʀik] *adj* audiodigital
audiovisuel, elle [odjɔvizɥɛl] *adj* audiovisual
audit [odit] *nm* auditoria *f*
auditeur, trice [oditœʀ, tʀis] *nm, f* ouvinte *mf*
audition [odisjɔ̃] *nf* audição *f*
auditoire [oditwaʀ] *nm* auditório *m*
auditorium [oditɔʀjɔm] *nm* auditório *m (sala)*
auge [oʒ] *nf* gamela *f (de porcos)*
augmentation [ogmɑ̃tasjɔ̃] *nf* aumento *m* • **augmentation (de salaire)** aumento (de salário) • **en augmentation** a aumentar
augmenter [ogmɑ̃te] *vt & vi* aumentar
augure [ogyʀ] *nm* augúrio *m* • **c'est de bon/mauvais augure** é um bom/mau augúrio
aujourd'hui [oʒuʀdɥi] *adv* **1.** hoje **2.** *(à notre époque)* hoje em dia • **d'aujourd'hui** de hoje
auparavant [opaʀavɑ̃] *adv* **1.** *(d'abord)* antes de mais **2.** *(avant)* antes
auprès [opʀɛ] ◆ **auprès de** *prép* junto de
auquel [okɛl] = **à + lequel** ; ➤ **lequel**
aura ➤ **avoir**
auréole [oʀeɔl] *nf (tache)* mancha *f*
auriculaire [oʀikylɛʀ] *adj* auricular ◇ *nm* dedo *m* auricular

aurore [ORɔR] *nf* aurora *f*
ausculter [oskylte] *vt* auscultar
aussi [osi] *adv*
1. *(également)* também • **j'ai faim ! - moi aussi !** tenho fome! - eu também!
2. *(introduit une comparaison)* • **aussi... que** tanto ou tão... como • **il fait aussi chaud qu'à Lisbonne** está tanto calor como em Lisboa • **il est aussi intelligent que son frère** ele é tão inteligente como o irmão
3. *(à ce point)* tão • **je n'ai jamais rien vu d'aussi beau** nunca vi nada tão bonito
◇ *conj (par conséquent)* por isso
aussitôt [osito] *adv* logo • **aussitôt que** assim que
austère [ostɛR] *adj* austero(ra)
austérité [osteRite] *nf* austeridade *f*
austral, e [ostRal] (*pl* **australs** OU **austraux** [ostRo]) *adj* austral
Australie [ostRali] *nf* • **l'Australie** a Austrália
australien, enne [ostRaljɛ̃, ɛn] *adj* australiano(na)
autant [otɑ̃] *adv*
1. *(exprime la comparaison)* • **autant que** tanto quanto • **l'aller simple coûte presque autant que l'aller et retour** a ida simples custa quase tanto quanto a ida e volta • **autant de... que** tanto... quanto • **autant de femmes que d'hommes** tantas mulheres quanto homens
2. *(exprime l'intensité)* • **je ne savais pas qu'il pleuvait autant ici** não sabia que aqui chovia tanto • **autant de...** tanto... • **autant de choses** tantas coisas
3. *(il vaut mieux)* • **autant partir demain** é melhor partir amanhã
4. *(dans des expressions)* • **j'aime autant...** prefiro... • **d'autant que** até porque • **d'autant mieux que** tanto mais que • **pour autant que je sache** que eu saiba
autarcie [otaRsi] *nf* autarcia *f*
autel [otɛl] *nm* altar *m*
auteur [otœR] *(aussi : auteure nf) nm, f* autor *m*, -ra *f*
authentique [otɑ̃tik] *adj* autêntico(ca)
autisme [otism] *nm* autismo *m*
auto [oto] *nf* automóvel *m* • **autos tamponneuses** carrinhos *mpl* de choque
autobiographie [otɔbjɔgRafi] *nf* autobiografia *f*
autobronzant, e [otɔbRɔ̃zɑ̃, ɑ̃t] *adj* autobronzeador(ra) ◆ **autobronzant** *nm* leite *m* autobronzeador
autobus [otɔbys] *nm* autocarro *m* (*Port*), ônibus *m* (*Br*)
autocar [otɔkaR] *nm* autocarro *m*
autochtone [otɔktɔn] *adj & nmf* autóctone
autocollant [otɔkɔlɑ̃] *nm* autocolante *m*
autocouchette(s) [otɔkuʃɛt] *adj inv* • **train autocouchette(s)** *comboio com couchettes que também transporta carros*
autocritique [otɔkRitik] *nf* autocrítica *f*
autocuiseur [otɔkɥizœR] *nm* panela *f* de pressão
autodéfense [otɔdefɑ̃s] *nf* autodefesa *f*
autodidacte [otɔdidakt] *adj & nmf* autodidacta
auto-école [otɔekɔl] (*pl* **auto-écoles**) *nf* escola *f* de condução
autofocus [otɔfɔkys] *adj* com focagem automática ◇ *nm máquina fotográfica com focagem automática*
autographe [otɔgRaf] *nm* autógrafo *m*

automate [otɔmat] *nm* autómato *m*
automatique [otɔmatik] *adj* automático(ca)
automatiser [otɔmatize] *vt* automatizar
automatisme [otɔmatism] *nm* automatismo *m*
automne [otɔn] *nm* Outono *m* • **en automne** no Outono
automobile [otɔmɔbil] *adj* automóvel
automobiliste [otɔmɔbilist] *nmf* automobilista *mf*
autonettoyant, e [otɔnɛtwajɑ̃, ɑ̃t] *adj* com painel de auto-limpeza
autonome [otɔnɔm] *adj* autónomo(ma)
autonomie [otɔnɔmi] *nf (indépendance)* autonomia *f*
autopsie [otɔpsi] *nf* autópsia *f*
autoradio [otɔʀadjo] *nm* auto-rádio *m*
autorisation [otɔʀizasjɔ̃] *nf* autorização *f*
autoriser [otɔʀize] *vt* autorizar • **autoriser qqn à faire qqch** autorizar alguém a fazer algo
autoritaire [otɔʀitɛʀ] *adj* autoritário(ria)
autorité [otɔʀite] *nf* autoridade *f* • **les autorités** as autoridades
autoroute [otɔʀut] *nf* auto-estrada *f* • **autoroute à péage** auto-estrada com portagem
auto-stop [otɔstɔp] *nm* boleia *f (Port)*, carona *f (Br)* • **faire de l'auto-stop** pedir boleia *(Port)*, pedir carona *(Br)*
autour [otuʀ] *adv* à volta • **tout autour** em toda a volta • **autour de** *(dans l'espace)* à volta de ; *(environ)* por volta de
autre [otʀ] *adj* outro (outra) • **j'aimerais essayer une autre couleur** gostaria de experimentar outra cor • **une autre bouteille d'eau minérale, s'il vous plaît** outra garrafa de água mineral, se faz favor • **il n'y a rien d'autre à voir ici** não há mais nada para ver aqui • **veux-tu quelque chose d'autre ?** queres mais alguma coisa? • **les deux autres** os outros dois • **les autres passagers sont priés de descendre de l'appareil** pede-se aos demais passageiros que desçam do avião • **autre part** a outro lado • **d'autre part** por outro lado
◇ *pron* outro (outra) • **l'autre** o outro (a outra) • **un autre** um outro • **il ne se soucie pas des autres** ele não se preocupa com os outros • **d'une minute à l'autre** de um minuto para o outro • **entre autres** entre outras coisas • **j'aime les bons vins, entre autres ceux de Bordeaux** gosto dos bons vinhos, entre outros os de Bordéus ➤ **un**
autrefois [otʀəfwa] *adv* outrora
autrement [otʀəmɑ̃] *adv* **1.** *(différemment)* doutra maneira **2.** *(sinon)* senão • **autrement dit** ou seja
Autriche [otʀiʃ] *nf* • **l'Autriche** a Áustria
autrichien, enne [otʀiʃjɛ̃, ɛn] *adj* austríaco(ca) ◆ **Autrichien, enne** *nm, f* austríaco *m*, -ca *f*
autruche [otʀyʃ] *nf* avestruz *f*
autrui [otʀɥi] *pron* outrem
auvent [ovɑ̃] *nm* alpendre *m*
Auvergne [ovɛʀɲ] *nf* ➤ **bleu**
aux [o] = **à** + **les** ; ➤ **à**
auxiliaire [oksiljɛʀ] *nmf* auxiliar *mf*
◇ *nm* GRAMM auxiliar *m*
auxquelles [okɛl] = **à** + **lesquelles** ; ➤ **lequel**

auxquels [okɛl] = à + lesquels ; ➤ lequel

av. (*abr écrite de avenue*) av (*avenida*)

avachi, **e** [avaʃi] *adj* **1.** (*canapé, chaussures*) achatado(da) **2.** (*personne*) abatido(da)

aval [aval] *nm* (*d'un cours d'eau*) jusante *f* • **en aval (de)** a jusante (de)

avalanche [avalɑ̃ʃ] *nf* avalanche *f*

avaler [avale] *vt* engolir

avance [avɑ̃s] *nf* **1.** (*progression*) avanço *m* **2.** (*prêt*) adiantamento *m* • **à l'avance, d'avance** desde já • **en avance** adiantado(da)

avancement [avɑ̃smɑ̃] *nm* **1.** (*développement*) avanço *m* **2.** (*promotion*) promoção *f*

avancer [avɑ̃se] *vt* **1.** (*rapprocher*) avançar **2.** (*anticiper, prêter*) adiantar ◇ *vi* **1.** avançar **2.** (*montre, pendule*) adiantar • **avancer de cinq minutes** adiantar cinco minutos ◆ **s'avancer** *vp* **1.** (*se rapprocher*) avançar **2.** (*partir devant*) ir à frente

avant [avɑ̃] *prép* antes de ◇ *adv* antes ◇ *nm* **1.** frente *f* **2.** *SPORT* avançado *m* ◇ *adj inv* da frente • **avant de faire qqch** antes de fazer algo • **avant que** antes que • **avant tout** (*surtout*) acima de tudo ; (*d'abord*) antes de mais • **l'année d'avant** no ano anterior • **en avant** (*tomber*) para a frente ; (*partir*) à frente

avantage [avɑ̃taʒ] *nm* vantagem *f*

avantager [avɑ̃taʒe] *vt* beneficiar

avantageux, **euse** [avɑ̃taʒø, øz] *adj* vantajoso(osa)

avant-bras [avɑ̃bʀa] *nm inv* antebraço *m*

avant-centre [avɑ̃sɑ̃tʀ] (*pl* **avants-centres**) *nm* avançado-centro *m*

avant-dernier, **ère**, **s** [avɑ̃dɛʀnje, ɛʀ] *adj & nm, f* penúltimo(ma)

avant-garde [avɑ̃gaʀd] (*pl* **avant-gardes**) *nf* vanguarda *f* • **d'avant-garde** de vanguarda

avant-goût [avɑ̃gu] (*pl* **avant-goûts**) *nm* antegosto *m*

avant-hier [avɑ̃tjɛʀ] *adv* anteontem

avant-première [avɑ̃pʀəmjɛʀ] (*pl* **avant-premières**) *nf* anteestreia *f*

avant-projet [avɑ̃pʀɔʒɛ] (*pl* **avant-projets**) *nm* anteprojecto *m*

avant-propos [avɑ̃pʀɔpo] *nm inv* prefácio *m*

avant-veille [avɑ̃vɛj] (*pl* **avant-veilles**) *nf* antevéspera *f*

avare [avaʀ] *adj & nmf* avarento(ta)

avarice [avaʀis] *nf* avareza *f*

avarie [avaʀi] *nf* avaria *f*

avarié, **e** [avaʀje] *adj* estragado(da)

avatar [avataʀ] *nm INFORM* avatar *m*

avec [avɛk] *prép* com • **avec élégance** com elegância • **et avec ça ?** e mais ?

avenir [avniʀ] *nm* futuro *m* • **à l'avenir** de hoje em diante • **d'avenir** de futuro

aventure [avɑ̃tyʀ] *nf* **1.** aventura *f* **2.** (*amoureuse*) caso *m*

aventurer [avɑ̃tyʀe] ◆ **s'aventurer** *vp* aventurar-se

aventureux, **euse** [avɑ̃tyʀø, øz] *adj* **1.** (*personne, caractère*) aventureiro(ra) **2.** (*projet*) arriscado(da)

aventurier, **ère** [avɑ̃tyʀje, ɛʀ] *nm, f* aventureiro *m*, -ra *f*

avenue [avny] *nf* avenida *f*

avérer [aveʀe] ◆ **s'avérer** *vp* revelar-se

averse [avɛʀs] *nf* aguaceiro *m*
aversion [avɛʀsjɔ̃] *nf* aversão *f* • **avoir de l'aversion pour qqch /qqn** ter aversão a algo /alguém
avertir [avɛʀtiʀ] *vt* avisar • **avertir qqn de qqch** avisar alguém de algo
avertissement [avɛʀtismɑ̃] *nm* **1.** aviso *m* **2.** *SCOL reprimenda escolar que precede sanção*
aveu [avø] (*pl* **aveux**) *nm* confissão *f*
aveugle [avœgl] *adj & nmf* cego(ga)
aveuglément [avœglemɑ̃] *adv* cegamente
aveugler [avœgle] *vt* cegar
aveuglette [avœglɛt] ◆ **à l'aveuglette** *adv* às cegas
aviateur, trice [avjatœʀ, tʀis] *nm, f* aviador *m*, -ra *f*
aviation [avjasjɔ̃] *nf* aviação *f*
avide [avid] *adj* ávido(da) • **avide de** ávido de
avidité [avidite] *nf* avidez *f*
avilir [aviliʀ] *vt* aviltar ◆ **s'avilir** *vp* aviltar-se
avion [avjɔ̃] *nm* avião *m* • **avion à réaction** avião a jacto ▼ **par avion** por avião
aviron [aviʀɔ̃] *nm* remo *m*
avis [avi] *nm* **1.** (*opinion*) opinião *f* **2.** (*information*) aviso *m* • **changer d'avis** mudar de opinião • **à mon avis** na minha opinião • **avis de réception** aviso de recepção ◆ **avis de recherche** *nm* mandato de busca
avisé, e [avize] *adj* sensato(ta)
aviser [avize] *vt* • **aviser qqn de qqch** informar alguém de algo ◇ *vi* decidir ◆ **s'aviser** *vp* **1.** (*s'apercevoir*) • **s'aviser de** aperceber-se de **2.** (*oser*) • **s'aviser de faire qqch** ter a ousadia de fazer algo • **s'aviser que** aperceber-se que
aviver [avive] *vt* avivar
av. J.-C. (*abr écrite de avant Jésus-Christ*) a. C (*antes de Cristo*)
[1]**avocat** *nm* (*fruit*) abacate *m*
[2]**avocat, e** [avɔka, at] *nm, f* (*homme de loi*) advogado *m*, -da *f*
avoine [avwan] *nf* aveia *f*
avoir [avwaʀ] *vt*
1. (*gén*) ter • **j'ai deux frères et une sœur** tenho dois irmãos e uma irmã • **avoir les cheveux bruns** ter cabelo castanho • **avoir de l'ambition** ser ambicioso • **quel âge as-tu ?** quantos anos tens? • **j'ai 13 ans** tenho 13 anos • **il a eu 14 sur 20 en dictée** ele teve 14 no ditado • **avoir des remords** ter remorsos • **avoir à faire qqch** ter de fazer algo • **vous n'avez qu'à remplir ce formulaire** só tem de preencher este formulário • **j'ai à faire** tenho que fazer
2. (*examen*) • **ça y est, j'ai mon bac !** pronto, passei no exame! • **il a eu son permis du premier coup** ele tirou a carta de condução logo da primeira vez
3. (*fam*) (*duper*) enganar • **je t'ai bien eu !** enganei-te! • **se faire avoir** ser enganado • **30 euros pour un repas, je me suis vraiment fait avoir !** 30 euros por uma refeição, enganaram-me bem!
4. (*dans des expressions*) • **vous en avez encore pour longtemps ?** ainda vai demorar muito? • **nous en avons eu pour 30 euros** ficou-nos por 30 euros
◇ *v aux* • **j'ai terminé** acabei • **hier nous avons visité le château** ontem visitámos o castelo • **j'aurai fini ce travail la semai-**

ne prochaine na semana que vem terei terminado este trabalho
◆ **il y a** *v impers*
1. *(présentatif)* há ● **il y a un problème** há um problema ● **y a-t-il des toilettes ici ?** há lavabos por aqui? ● **qu'est-ce-qu'il y a ?** o que é que se passa? ● **il n'y a qu'à revenir demain** só há que voltar amanhã
2. *(temporel)* ● **il y a trois ans** há três anos ● **il y a plusieurs années que nous venons ici** vimos aqui há vários anos

avoisinant, e [avwazinɑ̃, ɑ̃t] *adj* vizinho(nha) ● **qqch d'avoisinant** algo do género

avortement [avɔʀtəmɑ̃] *nm* aborto *m*

avorter [avɔʀte] *vi* abortar

avorton [avɔʀtɔ̃] *nm* aborto *m*

avouer [avwe] *vt* confessar

avril [avʀil] *nm* Abril *m* ● **en avril, au mois d'avril** em Abril, no mês de Abril ● **début avril** em princípios de Abril ● **fin avril** em fins de Abril ● **le deux avril** no dia dois de Abril ● **le premier avril** ≃ o dia das mentiras

Le premier avril

O dia um de Abril é aquele em que toda a gente se põe a pregar partidas aos outros. As partidas difundidas pela imprensa e pela televisão são sempre particularmente esperadas. Por tradição, as crianças colam peixes de papel nas costas de outras crianças e até de transeuntes, sem que estes o saibam.

axe [aks] *nm* **1.** *(pivot)* eixo *m* **2.** *(routier, ferroviaire) importante via de comunicação* ● **axe rouge** *via onde é especialmente proibido parar*

axer [akse] *vt* ● **axer qqch sur/autour de** centrar algo em /à volta de

ayant [ejɑ̃] *p prés* ➤ **avoir**

ayons [ejɔ̃] ➤ **avoir**

azimut [azimyt] ◆ **tous azimuts** *loc adv* um pouco por todo o lado

azote [azɔt] *nm* azoto *m*

Azur [azyʀ] ➤ **côte**

*b*B

B (*abr écrite de bien*) bem

BA (*abr écrite de bonne action*) *nf* (*fam*) boa acção *f*

baba [baba] *nm* ● **baba au rhum** *bolo esponjoso embebido em rum*

babines [babin] *nfpl* beiços *mpl*

babiole [babjɔl] *nf* bugiganga *f*

bâbord [babɔʀ] *nm* bombordo *m* ● **à bâbord** a bombordo

babouin [babwɛ̃] *nm* babuíno *m*

baby-foot [babifut] *nm inv* matraquilhos *mpl* (*Port*), pebolim *m* (*Br*)

baby-sitter [bebisitœʀ] (*pl* **baby-sitters**) *nm, f* baby-sitter *mf* (*Port*), babá *f* (*Br*)

baby-sitting [bebisitiŋ] (*pl* **baby-sittings**) *nm* ● **faire du baby-sitting** tomar conta de crianças

bac [bak] *nm* **1.** *(récipient)* tina *f* **2.** *(bateau)* barca *f* **3.** *(fam)* (*abr de baccalauréat*) • **bac + 2/3/4/5** ≃ prova de aferição **4.** *INFORM* • **bac à papier** tabuleiro

baccalauréat [bakalɔʀea] *nm exame final do ensino secundário francês*

Le baccalauréat

O *baccalauréat* é o certificado oficial de conclusão dos estudos secundários. A este exame submetem-se os alunos de *terminale* (último ano do ensino secundário) e a sua obtenção dá acesso à universidade e a certas escolas superiores. Apesar de ser pluridisciplinar, este diploma determina uma certa orientação profissional em função do grupo de disciplinas dominantes, isto é, letras, ciências, especialidades técnicas, línguas ou artes.

bâche [baʃ] *nf* toldo *m*

bachelier, ère [baʃəlje, ɛʀ] *nm, f detentor do certificado oficial de conclusão dos estudos secundários em França*

bâcler [bakle] *vt* (*fam*) atabalhoar

bacon [bekɔn] *nm* bacon *m*

bactérie [bakteʀi] *nf* bactéria *f*

badaud, e [bado, od] *nm, f* basbaque *mf*

badge [badʒ] *nm* **1.** crachá *m* **2.** *(d'identité)* cartão *m* de identificação **3.** *INFORM* crachá *m*

badgeuse [badʒøz] *nf* leitor óptico

badigeonner [badiʒɔne] *vt (mur)* pincelar

badiner [badine] *vi* (*sout*) brincar • **ne pas badiner avec qqch** não brincar com algo

badminton [badmintɔn] *nm* badminton *m*

BAFA [bafa] (*abr de brevet d'aptitude aux fonctions d'animation*) *nm certificado atribuído a coordenadores de grupos de jovens*

baffe [baf] *nf* (*fam*) tabefe *m*

baffle [bafl] *nm* coluna *f (de aparelhagem)*

bafouiller [bafuje] *vi* tartamudear

bagage [bagaʒ] *nm* bagagem *f* • **bagages** bagagens • **bagage à main** bagagem de mão

bagarre [bagaʀ] *nf* zaragata *f*

bagarrer [bagaʀe] ◆ **se bagarrer** *vp* zaragatear

bagarreur, euse [bagaʀœʀ, øz] *adj* zaragateiro(ra)

bagatelle [bagatɛl] *nf* **1.** *(gén)* bagatela *f* **2.** *(somme d'argent)* • **la bagatelle de** a módica quantia de **3.** (*fam*) *(sexe)* • **la bagatelle** marmelada *f*

bagnard [baɲaʀ] *nm* forçado *m*

bagne [baɲ] *nm* **1.** *(prison)* campo *m* de trabalhos forçados **2.** *(sentence)* trabalhos *mpl* forçados **3.** (*fig*) *(situation)* tortura *f*

bagnes [baɲ] *nm* (*Helv*) *queijo de vaca utilizado sobretudo na fondue*

bagnole [baɲɔl] *nf* (*fam*) carro *m*

bague [bag] *nf* anel *m*

baguette [bagɛt] *nf* **1.** *(tige)* vara *f* **2.** *(de chef d'orchestre)* batuta *f* **3.** *(chinoise)* pauzinho *m* **4.** *(pain)* ≃ cacete *m* baguete *f* • **baguette magique** varinha *f* de condão

bahut [bay] *nm* **1.** *(buffet)* aparador *m* **2.** *(coffre)* baú *m* **3.** *(fam) (lycée)* escola *f*
baie [bɛ] *nf* **1.** *(fruit)* baga *f* **2.** *(golfe)* baía *f* **3.** *(fenêtre)* vão *m* • **baie vitrée** vidraça *f*
baignade [bɛɲad] *nf* banho *m* ▾ **baignade interdite** é proibido tomar banho
baigner [beɲe] *vt* **1.** *(bébé)* dar banho a **2.** *(suj: sueur, larmes)* banhar ◇ *vi* • **baigner dans** estar embebido(da) ♦ **se baigner** *vp* tomar banho
baigneur, euse [bɛɲœʀ, øz] *nm, f* banhista *mf* ♦ **baigneur** *nm* boneca *f* (de plástico)
baignoire [bɛɲwaʀ] *nf* banheira *f*
bail [baj] (*pl* **baux** [bo]) *nm* contrato *m* de arrendamento
bâillement [bajmɑ̃] *nm* bocejo *m*
bâiller [baje] *vi* **1.** *(personne)* bocejar **2.** *(chaussure)* estar a pedir pão **3.** *(vêtement)* estar descaído(da)
bâillon [bajɔ̃] *nm* mordaça *f*
bâillonner [bajɔne] *vt* amordaçar
bain [bɛ̃] *nm* banho *m* • **prendre un bain** tomar um banho • **prendre un bain de soleil** tomar banhos de sol • **grand bain** piscina *f* para adultos • **petit bain** piscina *f* para crianças
bain-marie [bɛ̃maʀi] (*pl* **bains-marie**) *nm* banho-maria *m*
baïonnette [bajɔnɛt] *nf* **1.** *(arme)* baioneta *f* **2.** *(d'ampoule)* casquilho *m* de encaixar
baiser [beze] *nm* beijo *m*
baisse [bɛs] *nf* baixa *f* • **en baisse** a baixar
baisser [bese] *vt & vi* baixar ♦ **se baisser** *vp* baixar-se
bajoues [baʒu] *nfpl* faceira *f*
bal [bal] *nm* baile *m*
balade [balad] *nf* passeata *f*
balader [balade] ♦ **se balader** *vp* passear
baladeur [baladœʀ] *nm* walkman® *m*
balafre [balafʀ] *nf* cicatriz *f (no rosto)*
balai [balɛ] *nm (pour nettoyer)* vassoura *f*
balai-brosse [balɛbʀɔs] (*pl* **balais-brosses**) *nm* escova *f* do chão
balance [balɑ̃s] *nf* balança *f* ♦ **Balance** *nf* Balança *f*
balancer [balɑ̃se] *vt* **1.** abanar **2.** *(fam) (jeter)* deitar fora ♦ **se balancer** *vp* baloiçar-se
balancier [balɑ̃sje] *nm (de pendule)* pêndulo *m*
balançoire [balɑ̃swaʀ] *nf* baloiço *m* *(Port)*, gangorra *f (Br)*
balayer [baleje] *vt* varrer
balayette [balɛjɛt] *nf* mini-vassoura *f*
balayeur, euse [balɛjœʀ, øz] *nm, f* varredor *m (Port)*, gari *mf (Br)*
balbutier [balbysje] *vi* balbuciar
balcon [balkɔ̃] *nm* **1.** *(terrasse)* varanda *f* **2.** *(au théâtre)* balcão *m*
baleine [balɛn] *nf* **1.** *(animal)* baleia *f* **2.** *(de parapluie)* vareta *f*
balise [baliz] *nf* baliza *f*
baliser [balize] *vt* balizar ◇ *vi (fam)* apanhar um cagaço
balivernes [balivɛʀn] *nfpl* tretas *fpl*
Balkans [balkɑ̃] *nmpl* • **les Balkans** os Balcãs
ballade [balad] *nf* balada *f*
ballant, e [balɑ̃, ɑ̃t] *adj* • **les bras ballants** de braços pendentes
balle [bal] *nf* **1.** SPORT bola *f* **2.** *(d'arme à feu)* bala *f* **3.** *(fam) (franc)* ≃ pau *m* • **balle à blanc** tiro *m* de pólvora seca

ballerine [balʀin] *nf* **1.** *(chaussure)* sabrina *f* **2.** *(danseuse)* bailarina *f*
ballet [balɛ] *nm* ballet *m*
ballon [balɔ̃] *nm* **1.** balão *m* **2.** SPORT bola *f*
ballonné, e [balɔne] *adj* inchado(da)
ballotter [balɔte] *vi* chocalhar
balnéaire [balneɛʀ] *adj* ➤ **station**
balte [balt] *adj* báltico(ca) • **les pays Baltes** os países bálticos
baluchon [balyʃɔ̃] *nm* trouxa *f* • **faire son baluchon** (*fam & fig*) fazer a trouxa
balustrade [balystʀad] *nf* balaustrada *f*
bambin [bɑ̃bɛ̃] *nm* miúdo *m*
bambou [bɑ̃bu] *nm* bambu *m*
banal, e [banal] *adj* banal
banalisé, e [banalize] *adj* • **véhicule banalisé, voiture banalisée** *carro da polícia sem identificação*
banalité [banalite] *nf* banalidade *f* • **échanger des banalités** trocar trivialidades
banane [banan] *nf* **1.** *(fruit)* banana *f* **2.** *(porte-monnaie) bolsa de cintura*
bananier, ère [bananje, ɛʀ] *adj* das bananas ◆ **bananier** *nm* **1.** *(arbre)* bananeira *f* **2.** *(cargo) navio que transporta bananas*
banc [bɑ̃] *nm* **1.** *(siège)* banco *m* **2.** *(de poissons)* cardume *m* • **banc public** banco público • **banc de sable** banco de areia
bancaire [bɑ̃kɛʀ] *adj* bancário(ria)
bancal, e [bɑ̃kal] *adj* coxo(xa)
bandage [bɑ̃daʒ] *nm* ligadura *f* (*Port*), atadura *f* (*Br*)
bande [bɑ̃d] *nf* **1.** *(de tissu, de papier)* tira *f* **2.** *(pansement)* ligadura *f* **3.** *(groupe)* banda *f* • **bande d'arrêt d'urgence** faixa *f* de paragem de urgência • **bande dessinée** banda desenhada (*Port*), revista *f* em quadrinhos (*Br*) • **bande magnétique** fita *f* magnética • **bande originale** banda sonora original (*Port*), trilha *f* sonora original (*Br*)
bande-annonce [bɑ̃danɔ̃s] (*pl* **bandes-annonces**) *nf* trailer *m*
bandeau [bɑ̃do] (*pl* **-x**) *nm* **1.** *(dans les cheveux)* fita *f* **2.** *(sur les yeux)* venda *f*
bander [bɑ̃de] *vt* **1.** *(yeux)* vendar **2.** *(blessure)* pôr uma ligadura em
banderole [bɑ̃dʀɔl] *nf* bandeirola *f*
bande-son [bɑ̃dsɔ̃] (*pl* **bandes-son**) *nf* banda *f* sonora
bandit [bɑ̃di] *nm* bandido *m*, -da *f*
bandoulière [bɑ̃duljɛʀ] *nf* bandoleira *f* • **en bandoulière** a tiracolo
banjo [bɑ̃dʒo] *nm* banjo *m*
banlieue [bɑ̃ljø] *nf* subúrbio *m* • **les banlieues** os subúrbios
banlieusard, e [bɑ̃ljøzaʀ, aʀd] *nm, f* habitante *mf* dos subúrbios
bannir [baniʀ] *vt* banir • **bannir qqch de** banir algo de
banque [bɑ̃k] *nf* *(agence)* banco *m*
banqueroute [bɑ̃kʀut] *nf* **1.** *(faillite)* bancarrota *f* **2.** (*fig*) *(échec)* fracasso *m*
banquet [bɑ̃kɛ] *nm* banquete *m*
banquette [bɑ̃kɛt] *nf* **1.** *(de voiture)* banco *m* **2.** *(de restaurant)* banqueta *f*
banquier, ère [bɑ̃kje, ɛʀ] *nm, f* **1.** *(directeur)* banqueiro *m* **2.** *(employé)* bancário *m*
banquise [bɑ̃kiz] *nf* banquisa *f*
baptême [batɛm] *nm* **1.** *(sacrement)* baptismo *m* **2.** *(réception)* baptizado *m* • **baptême de l'air** baptismo do ar

baptiser [batize] *vt* baptizar
bar [baʀ] *nm* **1.** *(café)* bar *m* **2.** *(comptoir)* balcão *m* • **bar à café** *(Helv) bar onde não são servidas bebidas alcoólicas*
baraque [baʀak] *nf* **1.** *(de jardin)* casinha *f* **2.** *(de fête foraine)* barraca *f* **3.** *(fam) (maison)* casa *f*
baraqué, e [baʀake] *adj (fam)* entroncado(da)
baratin [baʀatɛ̃] *nm (fam)* conversa *f* fiada
baratiner [baʀatine] *(fam) vt* levar na conversa ◇ *vi* ter lábia
barbare [baʀbaʀ] *adj* bárbaro(ra)
barbarie [baʀbaʀi] *nf* barbárie *f* ◆ **Barbarie** *n* ➤ **orgue**
barbe [baʀb] *nf* barba *f* • **barbe à papa** algodão *m* doce
barbecue [baʀbəkju] *nm* **1.** *(gril)* grelhador *m* **2.** *(repas)* churrasco *m*
barbelé [baʀbəle] *nm* • **(fil de fer) barbelé** arame *m* farpado
barbiturique [baʀbityʀik] *nm* barbitúrico *m*
barboter [baʀbɔte] *vi* chafurdar
barbouillé, e [baʀbuje] *adj (malade)* • **être barbouillé** estar enjoado
barbouiller [baʀbuje] *vt* borrar
barbu [baʀby] *adj m* barbudo
barder [baʀde] *vt* CULIN lardear ◇ *vi (fam)* • **ça va barder** a coisa vai ficar feia • **être bardé de qqch** *(fig)* ter algo a dar com um pau
barème [baʀɛm] *nm* tabela *f*
baril [baʀil] *nm* barril *m*
bariolé, e [baʀjɔle] *adj* sarapintado(da)
barman [baʀman] *nm* barman *m*
baromètre [baʀɔmɛtʀ] *nm* barómetro *m*
baron, onne [baʀɔ̃, ɔn] *nm, f* barão *m*, -ronesa *f*
baroque [baʀɔk] *adj* barroco(ca) ◇ *nm* • **le baroque** o barroco
barque [baʀk] *nf* barca *f*
barquette [baʀkɛt] *nf* **1.** *(tartelette) pequeno biscoito em forma de barquito* **2.** *(récipient)* embalagem *f*
barrage [baʀaʒ] *nm* barragem *f* • **barrage de police** barragem de polícia
barre [baʀ] *nf* **1.** barra *f* **2.** NAUT roda *f* do leme **3.** INFORM • **barre de défilement** barra de deslocamento • **barre d'état** barra de estado
barreau [baʀo] (*pl* **-x**) *nm* **1.** *(de prison)* grade *f* **2.** *(de chaise)* travessa *f*
barrer [baʀe] *vt* **1.** *(rue, route)* barrar **2.** *(mot, phrase)* riscar **3.** NAUT manobrar a roda do leme de
barrette [baʀɛt] *nf (à cheveux)* travessão *m*
barricade [baʀikad] *nf* barricada *f*
barricader [baʀikade] *vt* **1.** *(porte)* trancar **2.** *(rue)* barricar ◆ **se barricader** *vp* trancar-se
barrière [baʀjɛʀ] *nf* barreira *f*
bar-tabac [baʀtaba] (*pl* **bars-tabacs**) *nm bar onde também se vendem selos e tabaco*
baryton [baʀitɔ̃] *nm* barítono *m*
bas, basse [ba, bas] *adj* **1.** baixo(xa) **2.** MUS grave ◇ *nm* **1.** *(partie inférieure)* parte *f* de baixo **2.** *(vêtement)* meia *f* ◇ *adv* baixo • **bas résille** meias de rede • **en bas** em baixo • **en bas de** em baixo de
bas-côté [bakote] (*pl* **bas-côtés**) *nm (de la route)* berma *f*

bascule [baskyl] *nf* **1.** *(pour peser)* balança *f* **2.** *(jeu)* baloiço *m*
basculer [baskyle] *vt (appel)* passar ◇ *vi* tombar
base [baz] *nf* base *f* • **à base de** à base de • **de base** de base • **base de données** base de dados ◆ **base de loisirs** *nf* complexo multi-desportivo
baser [baze] *vt* • **baser qqch sur** basear algo em ◆ **se baser sur** *vp + prép* basear-se em
bas-fond [bafɔ̃] (*pl* **bas-fonds**) *nm* baixio *m* ◆ **bas-fonds** *nmpl* **1.** *(de la société)* ralé *f* **2.** *(quartiers pauvres)* bairro *m* pobre
basilic [bazilik] *nm* manjericão *m*
basilique [bazilik] *nf* basílica *f*
basket [baskɛt] *nf (chaussure)* ténis *mpl*
basket(-ball) [baskɛt(bol)] *nm* basquetebol *m*
basquaise [baskɛz] *adj* ➤ **poulet**
basque [bask] *adj* basco(ca) ◇ *nm (langue)* basco *m* ◆ **Basque** *nmf* basco *m*, -ca *f*
basse ➤ **bas**
basse-cour [baskuʀ] (*pl* **basses-cours**) *nf* capoeira *f*
bassement [basmɑ̃] *adv* **1.** *(de façon mesquine)* • **être bassement intéressé** ter interesses baixos **2.** *(sans noblesse)* • **il nous a dénoncés bassement** foi muito baixo da parte dele ter-nos denunciado
bassin [basɛ̃] *nm* **1.** *(plan d'eau)* tanque *m* **2.** ANAT bacia *f* • **le Bassin parisien** a Bacia parisiense • **grand bassin** piscina *f* para adultos • **petit bassin** piscina *f* para crianças
bassine [basin] *nf* bacia *f*
bassiste [basist] *nmf* baixista *mf*
Bastille [bastij] *nf* • **l'opéra Bastille** a ópera da Bastilha
bastion [bastjɔ̃] *nm* bastião *m*
baston [bastɔ̃] *nf (fam)* pancada *f* da grossa
bataille [bataj] *nf* batalha *f*
batailleur, euse [batajœʀ, øz] *adj* batalhador(ra)
bataillon [batajɔ̃] *nm* batalhão *m*
bâtard, e [bataʀ, aʀd] *nm, f (chien)* rafeiro *m*, -ra *f* (*Port*), vira-lata *m* (*Br*)
bateau [bato] (*pl* **bateaux**) *nm* **1.** barco *m* **2.** *(sur le trottoir) inclinação do passeio frente às saídas de viaturas* • **bateau de pêche** barco de pesca • **bateau à voiles** barco à vela
bateau-bus [batobys] (*pl* **bateaux-bus**) *nm* ferrie, ferribote • **prendre le bateau-bus** apanhar o ferrie
bateau-mouche [batomuʃ] (*pl* **bateaux-mouches**) *nm barco que passeia turistas pelo rio Sena*
batifoler [batifɔle] *vi (fam)* **1.** *(jouer)* estar na galhofa **2.** *(flirter)* namoriscar
bâtiment [batimɑ̃] *nm* edifício *m* • **le bâtiment** *(activité)* a construção civil
bâtir [batiʀ] *vt* edificar
bâtisse [batis] *nf* casarão *m*
bâton [batɔ̃] *nm* pau *m* • **bâton de craie** giz *m*
bâtonnet [batɔnɛ] *nm* pauzinho *m* • **bâtonnet de glace** gelado *m* ≃ perna *m* de pau (*Port*) picolé *m* (*Br*)
batracien [batʀasjɛ̃] *nm* batráquio *m*
battant [batɑ̃] *nm (d'une porte)* batente *m*

battement [batmɑ̃] *nm* 1. *(coup)* bater *m* 2. *(intervalle)* intervalo *m* 3. *(de cœur)* batida *f*
batterie [batʀi] *nf* bateria *f* • **batterie de cuisine** trem *m* de cozinha
batteur, euse [batœʀ, øz] *nm, f MUS* baterista *mf* ◇ *nm (mélangeur)* batedeira *f*
battre [batʀ] *vt* 1. *(frapper)* bater 2. *(vaincre)* vencer ◇ *vi* bater • **battre des œufs en neige** bater as claras em castelo • **battre la mesure** marcar o compasso • **battre des mains** bater palmas ◆ **se battre** *vp* • **se battre (avec qqn)** lutar (com alguém)
baume [bom] *nm* bálsamo *m*
baux [bo] ➤ **bail**
bavard, e [bavaʀ, aʀd] *adj & nm, f* tagarela
bavardage [bavaʀdaʒ] *nm* tagarelice *f*
bavarder [bavaʀde] *vi* tagarelar
bavarois [bavaʀwa] *nm CULIN sobremesa fria à base de gelatina, creme inglês e mousse de frutas*
bave [bav] *nf* baba *f*
baver [bave] *vi* babar • **en baver** *(fam)* suar
bavette [bavɛt] *nf CULIN filete de lombo de vaca*
baveux, euse [bavø, øz] *adj (omelette)* mal passado(da)
bavoir [bavwaʀ] *nm* babete *m*
bavure [bavyʀ] *nf* 1. *(tache)* borrão *m* 2. *(erreur)* erro *m*
bazar [bazaʀ] *nm* 1. *(magasin)* bazar *m* 2. *(fam) (lieu en désordre)* espelunca *f*
bazarder [bazaʀde] *vt (fam)* deitar fora
BCBG *adj (abr de bon chic bon genre)* beto(ta)
Bd *(abr écrite de boulevard)* Al *(alameda)*
BD *nf (fam)* gibi *m (Br) abr de* **bande dessinée**
beach-volley [bitʃvolɛ] *(pl* **beach-volleys***) nm* volei *m* de praia • **jouer au beach-volley** jogar volei de praia
béant, e [beɑ̃, ɑ̃t] *adj* escancarado(da)
béat, e [bea, at] *adj* aparvalhado(da) *(fam)*
beau, belle [bo, bɛl] *(mpl* **beaux** [bo]) *(bel [bɛl] devant voyelle ou h muet) adj* 1. lindo(da) 2. *(mauvais)* belo(la) ◇ *adv* • **il fait beau** está bom tempo • **j'ai beau essayer...** por mais que tente... • **c'est du beau travail !** *(sens ironique)* bonito serviço! • **un beau jour** um belo dia
beaucoup [boku] *adv (aimer, manger)* muito • **il a lu beaucoup de livres** ele leu muitos livros • **beaucoup plus cher** muito mais caro • **elle fait beaucoup plus de fautes qu'avant** ela dá muito mais erros do que antes
beauf [bof] *nm (fam & péj)* piroso *m*
beau-fils [bofis] *(pl* **beaux-fils***) nm* 1. *(fils du conjoint)* enteado *m* 2. *(gendre)* genro *m*
beau-frère [bofʀɛʀ] *(pl* **beaux-frères***) nm* cunhado *m*
beau-père [bopɛʀ] *(pl* **beaux-pères***) nm* 1. *(père du conjoint)* sogro *m* 2. *(conjoint de la mère)* padrasto *m*
beauté [bote] *nf* 1. *(qualité)* beleza *f* 2. *(femme)* beldade *f*
beaux-arts [bozaʀ] *nmpl* belas-artes *fpl* ◆ **Beaux-Arts** *nmpl* • **les Beaux-Arts** *escola de belas-artes em Paris*

beaux-parents [bopaʀɑ̃] *nmpl* sogros *mpl*
bébé [bebe] *nm* bebé *m*
bébé-éprouvette [bebeepʀuvɛt] (*pl* **bébés-éprouvette**) *nm* bebé *m* proveta
bec [bɛk] *nm* bico *m* • **bec verseur** bico de vazar
bec-de-lièvre [bɛkdəljɛvʀ] (*pl* **becs-de-lièvre**) *nm* lábio *m* leporino
béchamel [beʃamɛl] *nf* • **(sauce) béchamel** (molho) bechamel *m*
bêche [bɛʃ] *nf* enxada *f*
bêcher [beʃe] *vt* cavar
bedaine [bədɛn] *nf* (*fam*) pança *f*
bée [be] *adj f* • **bouche bée** boquiaberto(ta)
bégayer [begeje] *vi* gaguejar
bégonia [begɔnja] *nm* begónia *f*
bègue [bɛg] *adj & nmf* gago(ga)
beige [bɛʒ] *adj & nm* bege
beigne [bɛɲ] *nm* (*Québec*) ≃ sonho *m* (*pastel*)
beignet [bɛɲɛ] *nm* **1.** (*salé*) pastel *m* **2.** (*sucré*) ≃ filhó *f*
bel ➤ **beau**
bêler [bele] *vi* balir
belette [bəlɛt] *nf* doninha *f*
belge [bɛlʒ] *adj* belga ◆ **Belge** *nmf* belga *mf*
Belgique [bɛlʒik] *nf* • **la Belgique** a Bélgica
bélier [belje] *nm* carneiro *m* ◆ **Bélier** *nm* Carneiro *m* (*Port*), Áries *m* (*Br*)
belle-famille [bɛlfamij] (*pl* **belles-familles**) *nf* família *f* dos sogros
belle-fille [bɛlfij] (*pl* **belles-filles**) *nf* **1.** (*fille du conjoint*) enteada *f* **2.** (*conjointe du fils*) nora *f*
Belle-Hélène [bɛlelɛn] *adj* ➤ **poire**
belle-mère [bɛlmɛʀ] (*pl* **belles-mères**) *nf* **1.** (*mère du conjoint*) sogra *f* **2.** (*conjointe du père*) madrasta *f*
belle-sœur [bɛlsœʀ] (*pl* **belles-sœurs**) *nf* cunhada *f*
belligérant, e [beliʒeʀɑ̃, ɑ̃t] *adj & nm, f* beligerante
belliqueux, euse [belikø, øz] *adj* **1.** (*guerrier*) belicoso(osa) **2.** (*peuple*) guerreiro(ra) **3.** (*humeur*) agressivo(va)
belote [bəlɔt] *nf* bisca *f*
bémol [bemɔl] *adj & nm* bemol *m*
bénédiction [benediksjɔ̃] *nf* bênção *f* • **c'est une bénédiction !** louvado seja Deus! • **donner sa bénédiction à** (*fig*) (*une personne*) dar a sua bênção a ; (*un projet*) aprovar
bénéfice [benefis] *nm* **1.** *FIN* lucro *m* **2.** (*avantage*) benefício *m*
bénéficiaire [benefisjɛʀ] *adj* (*marge*) de benefício ◇ *nmf* beneficiário *m*, -ria *f*
bénéficier [benefisje] ◆ **bénéficier de** *vp + prép* beneficiar de
bénéfique [benefik] *adj* benéfico(ca)
Benelux [benelyks] *nm* • **le Benelux** o Benelux
bénévole [benevɔl] *adj & nmf* benévolo(la)
bénin, igne [benɛ̃, iɲ] *adj* benigno(gna)
bénir [beniʀ] *vt* **1.** (*foule*) abençoar **2.** (*pain*) benzer
bénite [benit] *adj f* ➤ **eau**
bénitier [benitje] *nm* pia *f* de água benta
benjamin, e [bɛ̃ʒamɛ̃, in] *nm, f* mais novo *m*, mais nova *f*
benne [bɛn] *nf* contentor *m*

BEP *nm* (*abr de brevet d'études professionnelles*) *certificado de estudos profissionais*
béquille [bekij] *nf* **1.** *MÉD* muleta *f* **2.** *(de vélo, de moto)* descanso *m*
berceau [bɛʀso] (*pl* **berceaux**) *nm (d'enfant)* berço *m*
bercer [bɛʀse] *vt (un enfant)* embalar
berceuse [bɛʀsøz] *nf (chanson)* canção *f* de embalar
Bercy [bɛʀsi] *n* • **(le palais omnisports de Paris-)Bercy** *grande sala parisiense para desporto e concertos*
béret [beʀɛ] *nm* boina *f*
berge [bɛʀʒ] *nf* margem *f*
berger, ère [bɛʀʒe, ɛʀ] *nm, f* pastor *m*, -ra *f* • **berger allemand** pastor alemão
bergerie [bɛʀʒəʀi] *nf* curral *m*
berlingot [bɛʀlɛ̃go] *nm* **1.** *(bonbon) caramelo de forma triangular* **2.** *(de lait, de Javel) embalagem de plástico flexível*
berlue [bɛʀly] *nf* (*fam*) • **avoir la berlue** estar com visões
bermuda [bɛʀmyda] *nm* bermudas *fpl*
berner [bɛʀne] *vt* enganar
besogne [bəzɔɲ] *nf* tarefa *f*
besoin [bəzwɛ̃] *nm* necessidade *f* • **avoir besoin de (faire) qqch** precisar de (fazer) algo • **faire ses besoins** fazer as necessidades
bestial, e, aux [bɛstjal, o] *adj* animalesco(ca)
bestiole [bɛstjɔl] *nf* animalejo *m*
best-seller [bɛstsɛlœʀ] (*pl* **best-sellers**) *nm* best-seller *m*
bétail [betaj] *nm* gado *m*
bête [bɛt] *adj* parvo(va) ◇ *nf* bicho *m*
bêtement [bɛtmɑ̃] *adv* estupidamente
bêtise [betiz] *nf* **1.** *(acte, parole)* parvoíce *f* (*Port*), besteira *f* (*Br*) **2.** *(défaut)* parvoíce *f*
béton [betɔ̃] *nm* betão *m*
bette [bɛt] *nf* acelga *f*
betterave [bɛtʀav] *nf* beterraba *f*
beugler [bøgle] *vi* **1.** *(bovin)* mugir **2.** (*fig & péj*) *(personne)* berrar
beur [bœʀ] *nmf pessoa de origem magrebina nascida em França*
beurre [bœʀ] *nm* manteiga *f*
beurrer [bœʀe] *vt* **1.** *(tartine)* barrar com manteiga **2.** *(plat)* untar
beuverie [bœvʀi] *nf* beberete *m*
biais [bjɛ] *nm* • **en biais** em viés • **par le biais de** por meio de
biaiser [bjeze] *vi* estar com rodeios
bibande [bibɑ̃d] *adj* dual band
bibelot [biblo] *nm* bibelot *m*
biberon [bibʀɔ̃] *nm* biberão *m* (*Port*), mamadeira *f* (*Br*) • **donner le biberon à** dar o biberão a (*Port*), dar a mamadeira a (*Br*)
Bible [bibl] *nf* • **la Bible** a Bíblia
bibliographie [biblijɔgʀafi] *nf* bibliografia *f*
bibliothécaire [biblijɔtekɛʀ] *nmf* bibliotecário *m*, -ria *f*
bibliothèque [biblijɔtɛk] *nf* biblioteca *f*
bicarbonate [bikaʀbɔnat] *nm* bicarbonato *m* • **bicarbonate de soude** bicarbonato de sódio
biceps [bisɛps] *nm* bíceps *m inv*
biche [biʃ] *nf* corça *f*
bicyclette [bisiklɛt] *nf* bicicleta *f*
bidet [bidɛ] *nm* bidé *m*

bidon [bidɔ̃] *nm* bidão *m* ◇ *adj inv* (*fam*) • **c'est du bidon** isso é uma treta

bidonville [bidɔ̃vil] *nm* bairro *m* da lata (*Port*), favela *f* (*Br*)

Biélorussie [bjelɔʀysi] *nf* • **la Biélorussie** a Bielorrússia

bien [bjɛ̃] (mieux [mjø] *est le comparatif et le superlatif de* bien) *adv*
1. (*de façon satisfaisante*) bem • **avez-vous bien dormi ?** dormiu bem?
2. (*beaucoup, très*) muito • **une personne bien sympathique** uma pessoa muito simpática • **je me suis bien amusé pendant ces vacances** diverti-me muito durante estas férias • **j'espère bien que...** espero bem que... • **c'est une bien triste histoire** (ela) é bem triste, esta história • **bien mieux/plus** bem melhor/mais
3. (*au moins*) • **cela fait bien deux mois qu'il n'a pas plu** já não chove há uns bons dois meses
4. (*effectivement*) bem • **c'est bien ce qu'il me semblait** bem me parecia • **c'est bien ce que je disais** é mesmo o que eu dizia • **mais oui, c'est bien lui !** sim sim, é mesmo ele!
5. (*dans des expressions*) • **bien des gens** muita gente • **il a bien de la chance** ele tem muita sorte • **(c'est) bien fait (pour toi) !** (foi) bem feito! • **nous ferions bien de réserver à l'avance** faríamos bem em reservar com antecedência
◇ *adj inv*
1. (*devoir, travail*) bom (boa)
2. (*beau*) bonito(ta)
3. (*moralement*) • **c'est une fille bien** é uma rapariga honesta • **c'est bien, ce que tu as fait pour lui** é admirável o que fizeste por ele • **j'ai trouvé son attitude très bien dans cette affaire** achei muito correcta a sua atitude neste caso
4. (*convenable*) • **ça fait bien** fica bem • **des gens bien** gente de boa posição social
5. (*en bonne santé, à l'aise*) bem • **être/se sentir bien** andar/sentir-se bem
◇ *interj* muito bem!
◇ *nm* bem *m* • **c'est pour ton bien** é para teu bem • **dire du bien de** dizer bem de • **faire du bien à qqn** fazer bem a alguém
◆ **biens** *nmpl* (*richesse*) bens *mpl*

bien-être [bjɛ̃nɛtʀ] *nm inv* bem-estar *m*

bienfaisant, e [bjɛ̃fəzɑ̃, ɑ̃t] *adj* benéfico(ca)

bienfaiteur, trice [bjɛ̃fɛtœʀ, tʀis] *nm, f* benfeitor *m*, -ra *f*

bien-fondé [bjɛ̃fɔ̃de] (*pl* **bien-fondés**) *nm* 1. *DR* conformidade *f* 2. (*pertinence*) fundamento *m*

bienheureux, euse [bjɛ̃nøʀø, øz] *adj & nm, f* bem-aventurado(da)

bientôt [bjɛ̃to] *adv* daqui a pouco tempo • **à bientôt !** até logo!

bienveillant, e [bjɛ̃vejɑ̃, ɑ̃t] *adj* benevolente

bienvenu, e [bjɛ̃v(ə)ny] *adj* bem vindo(da)

bienvenue [bjɛ̃v(ə)ny] *nf* • **bienvenue !** bem vindo(da)! • **souhaiter la bienvenue à qqn** dar as boas vindas a alguém

bière [bjɛʀ] *nf* cerveja *f*

bifteck [biftɛk] *nm* bife *m* (*Port*), bisteca *f* (*Br*)

bifurcation [bifyʀkasjɔ̃] *nf* bifurcação *f*

bifurquer [bifyʀke] *vi* 1. (*route*) bifurcar 2. (*voiture*) virar

bigamie [bigami] *nf* bigamia *f*
Bige® [biʒ] *adj inv* • **billet Bige** *bilhete de comboio para estudantes que lhes permite circular pela Europa a um preço reduzido*
bigorneau [bigɔʀno] (*pl* **-x**) *nm* caramujo *m*
bigoudi [bigudi] *nm* rolo *m* para o cabelo
bijou [biʒu] (*pl* **-x**) *nm* **1.** jóia *f* **2.** (*fig*) maravilha *f*
bijouterie [biʒutʀi] *nf* joalharia *f*
bijoutier, ère [biʒutje, ɛʀ] *nm, f* ourives *mf inv*
Bikini® [bikini] *nm* biquíni *m*
bilan [bilɑ̃] *nm* balanço *m* • **faire le bilan (de)** fazer o balanço (de)
bilatéral, e, aux [bilateʀal, o] *adj* bilateral
bile [bil] *nf* bílis *f* • **déverser sa bile** (*fig*) despejar o mau humor • **se faire de la bile** (*fam & fig*) arreliar-se
bilingue [bilɛ̃g] *adj* bilingue
billard [bijaʀ] *nm* bilhar *m*
bille [bij] *nf* **1.** (*petite boule*) esfera *f* **2.** (*pour jouer*) berlinde *m*
billet [bijɛ] *nm* **1.** (*de transport*) bilhete *m* (*Port*), passagem *f* (*Br*) **2.** (*de spectacle*) bilhete *m* (*Port*), ingresso *m* (*Br*) • **billet (de banque)** nota *f* • **billet aller et retour** bilhete de ida e volta
billetterie [bijɛtʀi] *nf* bilheteira *f* • **billetterie automatique** (*de billets de train*) bilheteira automática ; (*de billets de banque*) multibanco *m*
bimensuel, elle [bimɑ̃sɥɛl] *adj* bimensal
binaire [binɛʀ] *adj* binário(ria)
bio [bjo] *adj inv* biológico(ca)
biochimie [bjɔʃimi] *nf* bioquímica *f*
biodégradable [bjɔdegʀadabl] *adj* biodegradável
biographie [bjɔgʀafi] *nf* biografia *f*
biologie [bjɔlɔʒi] *nf* biologia *f*
biologique [bjɔlɔʒik] *adj* biológico(ca)
biorythme [bjɔʀitm] *nm* biorritmo *m*
bioterrorisme [bjɔtɛrorism] *nm* bioterrorismo *m*
bis [bis] *interj* bis! ◇ *adv* bis • **6 bis** 6 b
biscornu, e [biskɔʀny] *adj* **1.** (*objet*) de forma irregular **2.** (*idée*) (*fam*) estrambólico(ca)
biscotte [biskɔt] *nf* tosta *f*
biscuit [biskɥi] *nm* biscoito *m* • **biscuit salé** aperitivo *m*
bise [biz] *nf* **1.** (*baiser*) beijo *m* **2.** (*vent*) nortada *f* • **faire une bise à qqn** dar um beijo a alguém • **grosses bises** (*dans une lettre*) muitos beijos
bison [bizɔ̃] *nm* bisonte *m* • **Bison Futé** *organismo de informação rodoviária*

Bison Futé

Sistema criado em 1975 que visa facilitar as condições de tráfego nos dias de grande movimento, nomeadamente no início e no fim das épocas de férias. Indica os horários e os itinerários a evitar. Propõe estradas menos movimentadas, chamadas *itinéraires bis*, indicadas por setas verdes.

bisou [bizu] *nm* (*fam*) beijinho *m*
bisque [bisk] *nf sopa espessa de marisco com natas*
bissextile [bisɛkstil] *adj* ➤ **année**
bistouri [bistuʀi] *nm* bisturi *m*

bistro(t) [bistʀo] *nm (fam)* bar *m (Port)*, botequim *m (Br)*
bit [bit] *nm INFORM* bit *m*
bitume [bitym] *nm* alcatrão *m*
bivouac [bivwak] *nm* bivaque *m*
bizarre [bizaʀ] *adj* bizarro(a)
bizutage [bizytaʒ] *nm práticas académicas aplicadas aos caloiros* ≃ praxe *f*
blabla, bla-bla [blabla] *nm inv (fam)* blablablá *m*
black-out [blakawt] *nm* **1.** *(panne de courant)* corte *m* de electricidade **2.** *(censure)* • **faire le black-out sur qqch** manter-se silencioso sobre algo
blafard, e [blafaʀ, aʀd] *adj* **1.** *(visage)* descorado(da) **2.** *(lumière)* baço(ça)
blague [blag] *nf (fam)* **1.** *(histoire drôle)* anedota *f* **2.** *(mensonge)* peta *f* **3.** *(farce)* partida *f* • **sans blague !** a sério?
blaguer [blage] *vi (fam)* estar a brincar
blagueur, euse [blagœʀ, øz] *(fam) adj* & *nm, f* brincalhão(lhona)
blaireau [blɛʀo] *nm* **1.** *(animal)* texugo *m* **2.** *(de rasage)* pincel *m* da barba **3.** *(fam)* parvo *m*, parvalhão *m*, palerma *mf*
blâme [blam] *nm* **1.** *(désapprobation)* censura *f* **2.** *(sanction)* reprimenda *f*
blâmer [blame] *vt* censurar
blanc, blanche [blɑ̃, blɑ̃ʃ] *adj* **1.** branco(ca) **2.** *(vierge)* em branco ◇ *nm* **1.** *(couleur)* branco *m* **2.** *(espace)* espaço *m* em branco **3.** *(vin)* vinho *m* branco • **à blanc** *(chauffer)* até ficar branco ; *(tirer)* com um tiro de pólvora seca • **blanc cassé** branco sujo • **blanc d'œuf** clara *f* do ovo • **blanc de poulet** peito *m* de frango ◆ **Blanc, Blanche** *nm, f* branco *m*, -ca *f*
blancheur [blɑ̃ʃœʀ] *nf* brancura *f*
blanchiment [blɑ̃ʃimɑ̃] *nm* • **blanchiment d'argent** branqueamento ou lavagem de dinheiro
blanchir [blɑ̃ʃiʀ] *vt* **1.** *(mur)* caiar **2.** *(linge)* lavar **3.** *(argent)* branquear ◇ *vi (cheveux)* ficar grisalho
blanchisserie [blɑ̃ʃisʀi] *nf* lavandaria *f*
blanquette [blɑ̃kɛt] *nf* **1.** *(plat) guisado de vitela, cordeiro ou frango com molho de vinho branco* **2.** *(vin) vinho branco espumoso* • **blanquette de veau** *guisado de vitela com molho de vinho branco*
blasé, e [blaze] *adj* enjoado(da)
blason [blazɔ̃] *nm* brasão *m*
blasphème [blasfɛm] *nm* blasfémia *f*
blasphémer [blasfeme] *vt* & *vi* blasfemar
blatte [blat] *nf* barata *f*
blazer [blazɛʀ] *nm* blazer *m*
blé [ble] *nm* trigo *m* • **blé d'Inde** *(Québec)* milho *m*
blême [blɛm] *adj* macilento(ta)
blessant, e [blɛsɑ̃, ɑ̃t] *adj* que magoa
blessé, e [blese] *nm, f* ferido *m*
blesser [blese] *vt* **1.** *(physiquement)* ferir *(Port)*, machucar *(Br)* **2.** *(vexer)* magoar ◆ **se blesser** *vp* magoar-se • **se blesser à la main** aleijar-se na mão
blessure [blesyʀ] *nf* ferida *f (Port)*, machucado *m (Br)*
blette [blɛt] = **bette**
bleu, e [blø] *adj* **1.** azul **2.** *(steak)* mal passado(da) ◇ *nm* **1.** *(couleur)* azul *m* **2.** *(hématome)* nódoa *f* negra • **bleu (d'Auvergne)** *queijo azul da região de Auvergne* • **bleu ciel** azul-celeste • **bleu marine** azul-marinho • **bleu de travail** fato-macaco *m*

bleuet [bløɛ] *nm* **1.** centáurea-azul *f* **2.** (*Québec*) murtinho *m*
blindé, e [blɛ̃de] *adj* blindado(da)
blinder [blɛ̃de] *vt* **1.** *(renforcer)* blindar **2.** (*fam & fig*) *(endurcir)* endurecer ◆ **se blinder** *vp* (*fam & fig*) *(s'endurcir)* ficar insensível
blizzard [blizaʀ] *nm* blizzard *m vento glacial acompanhado de tempestades de neve*
bloc [blɔk] *nm* bloco *m* ● **à bloc** ao máximo ● **en bloc** *(acheter)* por atacado ; *(nier)* tudo
blocage [blɔkaʒ] *nm* **1.** *(des prix, des salaires)* congelamento *m* **2.** *(psychologique)* bloqueio *m*
bloc-notes [blɔknɔt] (*pl* **blocs-notes**) *nm* bloco *m* de notas
blocus [blɔkys] *nm* bloqueio *m*
blond, e [blɔ̃, blɔ̃d] *adj* louro(ra)
blonde [blɔ̃d] *nf* cigarro *m* louro ● **(bière) blonde** cerveja *f* branca
bloquer [blɔke] *vt* **1.** bloquear **2.** *(prix, salaires)* congelar
blottir [blɔtiʀ] ◆ **se blottir** *vp* encolher-se
blouse [bluz] *nf (d'élève, de médecin)* bata *f*
blouson [bluzɔ̃] *nm* blusão *m*
blues [bluz] *nm* blues *m inv*
bluff [blœf] *nm* bluff *m*
boat people [botpipɔl] *nmpl* boat people *mpl*
bob [bɔb] *nm* chapéu *m* de pano
bobard [bɔbaʀ] *nm* (*fam*) *(mensonge)* balela *f*
bobine [bɔbin] *nf* **1.** *(de fil)* carro *m* de linhas **2.** *(de film)* bobina *f*
bobo [bobo] () *nmf* **1.** *(en langage enfantin)* ferida *f* (*Port*), machucado *m* (*Br*) **2.** *abr de* **Bourgeois bohème**
bobsleigh [bɔbslɛg] *nm* bobsleigh *m*
bocal [bɔkal] (*pl* **-aux**) *nm* **1.** *(de conserves)* frasco *m* **2.** *(à poissons)* aquário *m*
body [bɔdi] *nm* body *m*
body-building [bɔdibildiŋ] (*pl* **body-buildings**) *nm* musculação *f*
bœuf [bœf] (*pl* **bœufs** [bø]) *nm* **1.** *(animal)* boi *m* **2.** CULIN carne *f* de vaca ● **bœuf bourguignon** *cozido de carne de vaca preparado com vinho tinto e toucinho*
bof [bɔf] *interj* hã!
bohème [bɔɛm] *adj & nmf* boémio(mia)
bohémien, enne [bɔemjɛ̃, ɛn] *nm, f* cigano *m*, -na *f*
boire [bwaʀ] *vt* **1.** *(avaler)* beber **2.** *(absorber)* absorver ◇ *vi* beber ● **boire un coup** beber um copo
bois [bwa] *nm* **1.** *(matière)* madeira *f* **2.** *(de chauffage)* lenha *f* **3.** *(forêt)* bosque *m* ◇ *nmpl (d'un cerf)* armação *f*
boisé, e [bwaze] *adj* arborizado(da)
boiser [bwaze] *vt* arborizar
boiseries [bwazʀi] *nfpl* revestimento *m* de madeira
boisson [bwasɔ̃] *nf* bebida *f* ● **la boisson** *(alcool)* o álcool
boîte [bwat] *nf* caixa *f* ● **boîte d'allumettes** caixa de fósforos ● **boîte de conserve** lata *f* de conserva ● **boîte aux lettres** caixa do correio ● **boîte (de nuit)** discoteca *f* (*Port*), boate *f* (*Br*) ● **boîte à outils** caixa de ferramentas ● **boîte postale** apartado *m* ● **boîte de vitesses** caixa de velocidades
boiter [bwate] *vi* coxear

boiteux, euse [bwatø, øz] *adj* coxo(xa)
boîtier [bwatje] *nm* 1. *(de montre, de cassette)* caixa *f* 2. *(d'appareil photo)* corpo *m*
bol [bɔl] *nm* tigela *f*
bolet [bɔlɛ] *nm* boleto *m (cogumelo)*
bolide [bɔlid] *nm* bólide *m*
Bolivie [bolivi] *nf* • **la Bolivie** a Bolívia
bombardement [bɔ̃baʀdəmɑ̃] *nm* bombardeamento *m*
bombarder [bɔ̃baʀde] *vt* bombardear • **bombarder qqn de questions** *(fam)* bombardear alguém com perguntas
bombe [bɔ̃b] *nf* 1. *(arme)* bomba *f* 2. *(vaporisateur)* spray *m* • **bombe atomique** bomba atómica
bomber [bɔ̃bœʀ] *nm* casaco *m* de aviador
bon, bonne [bɔ̃, bɔn] (meilleur [mɛjœʀ] *est le comparatif et le superlatif de* bon) *adj*
1. *(gén)* bom (boa) • **nous avons passé de très bonnes vacances** passámos umas férias muito boas • **connaissez-vous un bon garagiste dans les environs ?** conhece um bom mecânico nos arredores? • **être bon en qqch** ser bom em algo • **c'est bon pour la santé** é bom para a saúde • **il n'est bon à rien** ele não vale nada • **c'est bon à savoir** é bom saber • **votre carte d'autobus n'est plus bonne** o seu passe de autocarro já não é válido • **bonne année !** bom ano! • **bonnes vacances !** boas férias!
2. *(correct)* certo (certa) • **est-ce le bon numéro ?** é o número certo?
3. *(en intensif)* e tanto • **ça fait une bonne heure** faz uma hora e tanto • **ça fait deux bons kilos** pesa dois quilos e tanto
4. *(dans des expressions)* • **bon !** *(d'accord)* está bem! ; *(pour conclure)* bem! • **ah bon ?** ah é? • **c'est bon !** *(soit)* está bem! • **pour de bon** de vez
◇ *adv* • **il fait bon** está bom tempo • **sentir bon** cheirar bem • **tenir bon** resistir
◇ *nm (formulaire)* cupão *m* ; *(en cadeau)* vale *m* • **bon de commande** ordem *f* de encomenda • **bon de livraison** nota *f* de entrega
bonbon [bɔ̃bɔ̃] *nm* rebuçado *m*
bonbonne [bɔ̃bɔn] *nf* botija *f*
bond [bɔ̃] *nm* salto *m*
bondé, e [bɔ̃de] *adj* a abarrotar
bondir [bɔ̃diʀ] *vi* 1. *(sauter)* saltar 2. *(fig)* *(réagir)* pular
bonheur [bɔnœʀ] *nm* 1. *(état)* felicidade *f* 2. *(chance, plaisir)* alegria *f*
bonhomme [bɔnɔm] (*pl* **bonshommes** [bɔ̃zɔm]) *nm* 1. *(fam)* *(homme)* homenzinho *m* 2. *(silhouette)* boneco *m* • **bonhomme de neige** boneco de neve
bonjour [bɔ̃ʒuʀ] *interj* bom dia! • **dire bonjour à qqn** dizer bom dia a alguém
bonne *adj* ➤ **bon** ◇ *nf* [bɔn] criada *f*
bonnet [bɔnɛ] *nm* gorro *m* • **bonnet de bain** touca *f* de banho
bonsoir [bɔ̃swaʀ] *interj* boa noite! • **dire bonsoir à qqn** dizer boa noite a alguém
bonté [bɔ̃te] *nf* bondade *f*
bonus [bɔnys] *nm* bónus *m*
booléen, enne [buleɛ̃, ɛn] *adj* booleano (operador)
booster [buste] *vt* *(fam)* estimular, incentivar, incentivador, acelerador
bord [bɔʀ] *nm* borda *f* • **à bord (de)** a bordo (de) • **au bord (de)** à beira (de) • **au bord de la mer** à beira-mar

bordeaux [bɔʀdo] *adj inv* *(couleur)* cor-de-vinho, bordeaux ◇ *nm* **1.** *(vin)* bordéus *m* **2.** *(couleur)* cor-de-vinho *f*, bordeaux *m*
bordel [bɔʀdɛl] *nm* *(vulg)* **1.** *(maison close)* bordel *m* **2.** *(désordre)* bandalheira *f*
bordelaise [bɔʀdəlɛz] *adj f* ➤ **entrecôte**
border [bɔʀde] *vt* **1.** *(longer)* ladear **2.** *(enfant)* aconchegar a roupa de • **bordé de** ladeado de
bordereau [bɔʀdəʀo] *nm* justificativa *f*
bordure [bɔʀdyʀ] *nf* **1.** *(bord)* rebordo *m* **2.** *(liséré)* orla *f* • **en bordure de** na orla de
borgne [bɔʀɲ] *adj* zarolho(lha)
borne [bɔʀn] *nf* marco *m* • **dépasser les bornes** *(fig)* passar dos limites
borné, e [bɔʀne] *adj* tacanho(nha)
borner [bɔʀne] *vt* **1.** *(limiter)* demarcar **2.** *(restreindre)* moderar ◆ **se borner à** *vp + prép* limitar-se a
Bosnie [bɔsni] *nf* • **la Bosnie** a Bósnia
bosquet [bɔskɛ] *nm* pequeno bosque *m*
bosse [bɔs] *nf* **1.** *(saillie)* bossa *f* **2.** *(au front)* galo *m* **3.** *(sur le dos)* corcunda *f*
bosser [bɔse] *vi* *(fam)* dar no duro
bossu, e [bɔsy] *adj* corcunda
botanique [bɔtanik] *adj* botânico(ca) ◇ *nf* botânica *f*
botte [bɔt] *nf* **1.** *(chaussure)* bota *f* **2.** *(de légumes, foin)* molho *m*
Bottin® [bɔtɛ̃] *nm* lista *f* telefónica
bottine [bɔtin] *nf* botim *m*
bouc [buk] *nm* **1.** *(animal)* bode *m* **2.** *(barbe)* barbicha *f*
boucan [bukɑ̃] *nm* *(fam)* vasqueiro *m*
bouche [buʃ] *nf* boca *f* • **bouche d'égout** boca de esgoto • **bouche de métro** entrada *f* de metro
bouché, e [buʃe] *adj* **1.** *(obstrué)* entupido(da) **2.** *(en bouteille)* engarrafado(da) **3.** *(fam)* *(obtus)* burro(a)
bouchée [buʃe] *nf* **1.** *(morceau)* bocado *m* **2.** *(au chocolat)* *guloseima coberta com chocolate* • **bouchée à la reine** *vol-au-vent recheado com carne branca*
[1]**boucher** [buʃe] *vt* **1.** tapar **2.** *(évier)* entupir **3.** *(passage)* bloquear
[2]**boucher, ère** [buʃe, ɛʀ] *nm, f* talhante *mf* *(Port)*, açougueiro *m*, -ra *f* *(Br)*
boucherie [buʃʀi] *nf* talho *m* *(Port)*, açougue *m* *(Br)*
bouchon [buʃɔ̃] *nm* **1.** *(de bouteille)* rolha *f* **2.** *(embouteillage)* engarrafamento *m* **3.** *(de pêche)* bóia *f*
boucle [bukl] *nf* **1.** *(de cheveux)* caracol *m* **2.** *(de fil)* volta *f* **3.** *(de ceinture)* fivela *f* **4.** *(circuit)* curva *f* fechada • **boucle d'oreille** brinco *m*
bouclé, e [bukle] *adj* encaracolado(da)
boucler [bukle] *vt* **1.** *(valise)* fechar **2.** *(ceinture)* apertar **3.** *(fam)* *(enfermer)* trancar ◇ *vi* *(cheveux)* encaracolar
bouclier [buklije] *nm* escudo *m*
bouddhiste [budist] *adj & nmf* budista
bouder [bude] *vi* amuar
boudin [budɛ̃] *nm* rolo *m* • **boudin blanc** *morcela com carne branca, servida sobretudo no Natal* ≃ farinheira *f* • **boudin noir** morcela *f*
boue [bu] *nf* lama *f*
bouée [bwe] *nf* bóia *f* • **bouée de sauvetage** bóia salva-vidas
boueux, euse [buø, øz] *adj* enlameado(da) *(Port)*, barrento(ta) *(Br)*
bouffant, e [bufɑ̃, ɑ̃t] *adj* *(manches)* em balão

bouffe [buf] *nf* (*fam*) comida *f*
bouffée [bufe] *nf* **1.** (*d'air*) lufada *f* **2.** (*de tabac*) baforada *f* • **avoir des bouffées de chaleur** ter calores • **avoir une bouffée d'angoisse** sentir uma angústia
bouffer [bufe] *vi* ter muito volume ◇ *vt* (*fam*) comer • **faire bouffer** (*cheveux, chemise*) dar volume a
bouffi, e [bufi] *adj* inchado(da)
bougeoir [buʒwaʀ] *nm* palmatória *f* (*castiçal*)
bougeotte [buʒɔt] *nf* • **avoir la bougeotte** (*fam*) ter bichos-carpinteiros
bouger [buʒe] *vt* mexer ◇ *vi* **1.** (*remuer, agir*) mexer-se **2.** (*changer*) mudar
bougie [buʒi] *nf* vela *f*
bougonner [bugɔne] *vt* (*fam*) dizer por entre dentes ◇ *vi* falar por entre dentes
bouillabaisse [bujabɛs] *nf* ≃ caldeirada *f* de peixe
bouillant, e [bujɑ̃, ɑ̃t] *adj* a ferver
bouillie [buji] *nf* **1.** (*pour bébé*) papa *f* **2.** (*pâte*) papa *f* (*Port*), angu *m* (*Br*)
bouillir [bujiʀ] *vi* **1.** (*liquide*) ferver **2.** (*aliment*) cozer **3.** (*fig*) (*personne*) estar a ferver
bouilloire [bujwaʀ] *nf* chaleira *f*
bouillon [bujɔ̃] *nm* caldo *m*
bouillonner [bujɔne] *vi* borbulhar
bouillotte [bujɔt] *nf* botija *f* de água quente
boulanger, ère [bulɑ̃ʒe, ɛʀ] *nm, f* padeiro *m*, -ra *f*
boulangerie [bulɑ̃ʒʀi] *nf* padaria *f*
boule [bul] *nf* **1.** bola *f* **2.** (*de pétanque*) ≃ chinquilho *m* • **boule de Bâle** (*Helv*) *salsichão servido com molho vinagreta* • **jouer aux boules** ≃ jogar ao chinquilho ◆ **boules** *nfpl* • **avoir les boules** (*fam*) estar irritado, enervado, estar farto
bouleau [bulo] *nm* bétula *f*
bouledogue [buldɔg] *nm* buldogue *m*
boulet [bulɛ] *nm* bala *f*
boulette [bulɛt] *nf* bolinha *f* • **boulette de viande** almôndega *f*
boulevard [bulvaʀ] *nm* alameda *f* • **les grands boulevards** *alamedas parisienses que vão da praça da Madeleine à République*
bouleversant, e [bulvɛʀsɑ̃, ɑ̃t] *adj* transtornador(ra)
bouleversement [bulvɛʀsəmɑ̃] *nm* **1.** reviravolta *f* **2.** (*émotion*) transtorno *m*
bouleverser [bulvɛʀse] *vt* transtornar
boulgour [bulgur] *nm* boulgour
boulimie [bulimi] *nf* bulimia *f* • **être pris d'une boulimie de qqch** (*fig*) não parar de fazer algo
boulon [bulɔ̃] *nm* parafuso *m*
boulot [bulo] *nm* (*fam*) trabalho *m*
boum [bum] *nf* (*fam*) festa *f*
bouquet [bukɛ] *nm* **1.** (*de fleurs*) ramo *m* **2.** (*crevette*) gamba *f* **3.** (*d'un vin*) aroma *f* **4.** • **bouquet numérique** *TV* pacote digital
bouquin [bukɛ̃] *nm* (*fam*) livro *m*
bouquiner [bukine] (*fam*) *vt* & *vi* ler
bouquiniste [bukinist] *nmf* alfarrabista *mf*
bourbeux, euse [buʀbø, øz] *adj* pantanoso(osa)
bourbier [buʀbje] *nm* **1.** (*lieu*) lamaçal *m* **2.** (*fig*) (*situation*) embrulhada *f*
bourde [buʀd] *nf* (*fam*) **1.** (*baliverne*) treta *f* **2.** (*erreur*) borrada *f*
bourdon [buʀdɔ̃] *nm* zângão *m*

bourdonnement [buʀdɔnmɑ̃] *nm* **1.** *(d'insecte)* zumbido *m* **2.** *(de moteur)* ruído *m* **3.** *(de voix)* burburinho *m* • **avoir des bourdonnements d'oreilles** ter um zumbido nos ouvidos
bourdonner [buʀdɔne] *vi* zumbir
bourgeois, e [buʀʒwa, az] *adj & nm, f* burguês(esa)
bourgeoisie [buʀʒwazi] *nf* burguesia *f*
bourgeon [buʀʒɔ̃] *nm* rebento *m*
bourgeonner [buʀʒɔne] *vi* rebentar
Bourgogne [buʀgɔɲ] *nf* • **la Bourgogne** a Borgonha
bourguignon, onne [buʀgiɲɔ̃, ɔn] *adj* ➤ **bœuf, fondue**
bourrasque [buʀask] *nf* borrasca *f*
bourratif, ive [buʀatif, iv] *adj* pesado(da)
bourré, e [buʀe] *adj (fam)* **1.** *(plein)* cheio (cheia) **2.** *(vulg) (ivre)* com os copos • **bourré de** cheio de
bourreau [buʀo] *(pl* **-x***)* *nm* carrasco *m*
bourrelet [buʀlɛ] *nm* **1.** *(isolant)* fita *f* adesiva isoladora **2.** *(de graisse)* pneu *m*
bourrer [buʀe] *vt* **1.** *(remplir)* encher **2.** *(fam) (caler l'estomac)* empanturrar **3.** *(fam) (gaver)* • **bourrer qqn de** empanturrar alguém de ou com ◆ **se bourrer** *vp (fam)* **1.** *(se gaver)* • **se bourrer de** empanturrar-se de ou com **2.** *(se soûler)* enfrascar-se
bourrique [buʀik] *nf* **1.** *(ânesse)* burra *f* **2.** *(fam) (personne)* casmurro *m*, -a *f* • **faire tourner qqn en bourrique** *(fig)* derreter os miolos a alguém
bourru, e [buʀy] *adj* carrancudo(da)
bourse [buʀs] *nf* bolsa *f* • **la Bourse** a Bolsa
boursier, ère [buʀsje, ɛʀ] *adj* **1.** *(étudiant)* bolseiro(ra) **2.** *(transaction)* bolsista
boursouflé, e [buʀsufle] *adj* inchado(da)
bousculade [buskylad] *nf* empurrão *m*
bousculer [buskyle] *vt* **1.** *(heurter)* empurrar **2.** *(fig) (presser)* apressar
bouse [buz] *nf* • **bouse (de vache)** bosta *f* (de vaca)
bousiller [buzije] *vt (fam)* **1.** *(bâcler)* atabalhoar **2.** *(abîmer)* espatifar
boussole [busɔl] *nf* bússola *f*
bout [bu] *nm* **1.** *(des doigts, d'un objet)* ponta *f* **2.** *(de la rue, du couloir)* fundo *m* **3.** *(morceau)* bocado *m* • **au bout de** *(dans l'espace)* no fundo de ; *(à la fin de)* ao fim de ; *(après)* ao cabo de • **être à bout** não aguentar mais
boutade [butad] *nf* piada *f*
boute-en-train [butɑ̃tʀɛ̃] *nm inv* brincalhão *m*, -lhona *f*
bouteille [butɛj] *nf* garrafa *f* • **bouteille de gaz** garrafa de gás • **bouteille d'oxygène** garrafa de oxigénio
boutique [butik] *nf* loja *f* • **boutique franche** ou **hors taxes** loja duty-free
bouton [butɔ̃] *nm* **1.** botão *m* **2.** *(sur la peau)* borbulha *f*
bouton-d'or [butɔ̃dɔʀ] *(pl* **boutons-d'or***)* *nm* botão-de-ouro *m*
boutonner [butɔne] *vt* abotoar
boutonnière [butɔnjɛʀ] *nf* casa *f* do botão
bouture [butyʀ] *nf* estaca *f* (de planta)
bovin, e [bɔvɛ̃, in] *adj* bovino(na) ◆ **bovin** *nm* bovino *m*
bowling [buliŋ] *nm* bowling *m*

box [bɔks] *nm inv* **1.** *(garage)* garagem *f* privada **2.** *(d'écurie)* coxia *f*
boxe [bɔks] *nf* boxe *m*, pugilismo *m*
boxer [bɔksɛʀ] *nm* boxer *m*
boxeur, euse [bɔksœʀ, øz] *nm, f* pugilista *mf*
boyau [bwajo] (*pl* -x) *nm (de roue)* câmara-de-ar *f* ◆ **boyaux** *nmpl ANAT* tripas *fpl*
boycotter [bɔjkɔte] *vt* boicotar
BP (*abr écrite de boîte postale*) apartado *m*
bracelet [bʀaslɛ] *nm* **1.** *(bijou)* pulseira *f* **2.** *(de montre)* bracelete *f*
bracelet-montre [bʀaslɛmɔ̃tʀ] (*pl* **bracelets-montres**) *nm* relógio *m* de pulso
braconner [bʀakɔne] *vi* caçar furtivamente
braconnier [bʀakɔnje] *nm* caçador *m* furtivo
brader [bʀade] *vt* liquidar ▼ **on brade** liquidação total
braderie [bʀadʀi] *nf* liquidação *f*
braguette [bʀagɛt] *nf* braguilha *f*
braille [bʀaj] *nm* braille *m*
braillement [bʀajmɑ̃] *nm* (*péj*) berro *m*
brailler [bʀaje] *vi* (*fam*) berrar
braire [bʀɛʀ] *vi* **1.** *(âne)* zurrar **2.** (*fam*) *(brailler)* berrar
braise [bʀɛz] *nf* brasa *f*
bramer [bʀame] *vi* bramar
brancard [bʀɑ̃kaʀ] *nm* maca *f*
brancardier, ère [bʀɑ̃kaʀdje, ɛʀ] *nm, f* maqueiro *m*, -ra *f*
branchages [bʀɑ̃ʃaʒ] *nmpl* ramagem *f*
branche [bʀɑ̃ʃ] *nf* **1.** ramo *m* **2.** *(de lunettes)* haste *f*
branché, e [bʀɑ̃ʃe] *adj* **1.** *(à une prise)* ligado(da) (à corrente) **2.** *(à un réseau)* ligado(da) **3.** (*fam*) *(à la mode)* in
branchement [bʀɑ̃ʃmɑ̃] *nm* conexão *f*
brancher [bʀɑ̃ʃe] *vt* ligar *(à corrente)*
branchies [bʀɑ̃ʃi] *nfpl* guelras *fpl*
brandade [bʀɑ̃dad] *nf* ● **brandade (de morue)** ≃ bacalhau *m* à Zé do Pipo
brandir [bʀɑ̃diʀ] *vt* agitar
branlant, e [bʀɑ̃lɑ̃, ɑ̃t] *adj* a abanar
braquage [bʀakaʒ] *nm* **1.** *AUTO* ● **le braquage est difficile** virar tudo é difícil **2.** *(attaque)* assalto *m* à mão armada
braquer [bʀake] *vi (automobiliste)* virar tudo ◇ *vt (diriger)* apontar ● **braquer qqch sur** apontar algo a ◆ **se braquer** *vp* obstinar-se
bras [bʀa] *nm* braço *m* ● **bras de mer** braço de mar
brasier [bʀazje] *nm* inferno *m* de chamas
bras-le-corps [bʀalkɔʀ] ◆ **à bras-le-corps** *loc adv* pela cintura
brassard [bʀasaʀ] *nm* braçadeira *f*
brasse [bʀas] *nf* bruços *mpl*
brasser [bʀase] *vt* **1.** *(remuer)* remexer **2.** *(bière)* fabricar **3.** *(affaires, argent)* lidar com
brasserie [bʀasʀi] *nf* cervejaria *f*
brassière [bʀasjɛʀ] *nf* **1.** *(pour bébé) camisola interior para bebé* **2.** (*Québec*) *(soutien-gorge)* soutien *m*
bravade [bʀavad] *nf* bravata *f*
brave [bʀav] *adj* valente ● **il est brave** é boa pessoa
braver [bʀave] *vt* **1.** *(défier)* desafiar **2.** *(mépriser)* desprezar **3.** *(ignorer)* desrespeitar

bravo [bʀavo] *interj* bravo!
bravoure [bʀavuʀ] *nf* valentia *f*
break [bʀɛk] *nm* **1.** canadiana *f (viatura)* **2.** (*fam*) pausa *f* **3.** *SPORT* break *m*
brebis [bʀəbi] *nf* ovelha *f*
brèche [bʀɛʃ] *nf* brecha *f*
bredouille [bʀəduj] *adj* • **être** ou **rentrer bredouille** voltar com as mãos a abanar
bredouiller [bʀəduje] *vi* tartamudear
bref, **brève** [bʀɛf, bʀɛv] *adj* breve ◇ *adv* enfim
Brésil [bʀezil] *nm* • **le Brésil** o Brasil
brésilien, **enne** [bʀeziljɛ̃, ɛn] *adj* brasileiro(ra) ◆ **Brésilien**, **enne** *nm, f* brasileiro *m*, -ra *f*
Bretagne [bʀətaɲ] *nf* • **la Bretagne** a Bretanha
bretelle [bʀətɛl] *nf* **1.** *(de vêtement)* alça *f* **2.** *(d'autoroute)* ramal *m* de acesso ◆ **bretelles** *nfpl* suspensórios *mpl*
breton, **onne** [bʀətɔ̃, ɔn] *adj* bretão(ã) ◇ *nm (langue)* bretão *m* ◆ **Breton**, **onne** *nm, f* bretão *m*, -ã *f*
brève ➤ **bref**
brevet [bʀəvɛ] *nm* **1.** *(diplôme)* diploma *m* **2.** *(de pilote)* brevet *m* **3.** *(d'invention)* patente *f* • **brevet (des collèges)** *diploma de fim do ensino obrigatório* ≃ diploma do 9º ano
breveter [bʀəvte] *vt* registar a patente de • **faire breveter qqch** registar a patente de algo
bribes [bʀib] *nfpl (de conversation)* fragmentos *mpl*
bric-à-brac [bʀikabʀak] *nm inv* bricabraque *m*
bricolage [bʀikɔlaʒ] *nm* bricolage *f* • **faire du bricolage** bricolar
bricole [bʀikɔl] *nf* coisita *f*
bricoler [bʀikɔle] *vt* arranjar ◇ *vi* bricolar
bricoleur, **euse** [bʀikɔlœʀ, øz] *nm, f* amador *m*, -ra *f* de bricolage
bride [bʀid] *nf* rédea *f*
bridé, **e** [bʀide] *adj* • **avoir les yeux bridés** ter os olhos em bico
bridge [bʀidʒ] *nm* **1.** *(jeu)* bridge *m* **2.** *(appareil dentaire)* prótese *f* fixa
brie [bʀi] *nm* queijo *m* Brie
brièvement [bʀijɛvmɑ̃] *adv* sucintamente, em poucas palavras
brigade [bʀigad] *nf* brigada *f*
brigand [bʀigɑ̃] *nm* bandido *m*, -da *f*
briguer [bʀige] *vt* (*sout*) ambicionar
brillamment [bʀijamɑ̃] *adv* brilhantemente
brillant, **e** [bʀijɑ̃, ɑ̃t] *adj* brilhante ◇ *nm (diamant)* brilhante *m*
briller [bʀije] *vi* brilhar
brimer [bʀime] *vt (personne)* reprimir
brin [bʀɛ̃] *nm (de laine)* fio *m* • **brin d'herbe** ervinha *f* • **brin de muguet** raminho *m* de lírios-do-vale
brindille [bʀɛ̃dij] *nf* graveto *m*
brio [bʀijo] *nm* brio *m* • **avec brio** brilhantemente
brioche [bʀijɔʃ] *nf* brioche *m*
brique [bʀik] *nf* **1.** *(d'argile)* tijolo *m* **2.** *(de lait, de jus de fruit)* pacote *m*
briquer [bʀike] *vt* (*fam*) esfregar
briquet [bʀikɛ] *nm* isqueiro *m*
brise [bʀiz] *nf* brisa *f*
brise-glace [bʀizglas] *nm inv* quebra-gelo *m*
brise-lames [bʀizlam] *nm inv* quebra-mar *m*

briser [bʀize] *vt* quebrar
bristol [bʀistɔl] *nm* cartolina *f*
britannique [bʀitanik] *adj* britânico(ca) ◆ **Britannique** *nmf* britânico *m*, -ca *f*
brocante [bʀɔkɑ̃t] *nf* loja *f* de velharias
brocanteur, euse [bʀɔkɑ̃tœʀ, øz] *nm, f* antiquário *m*
broche [bʀɔʃ] *nf* **1.** *(bijou)* broche *m* **2.** *CULIN* espeto *m*
brochet [bʀɔʃɛ] *nm* lúcio *m*
brochette [bʀɔʃɛt] *nf (plat)* espetada *f* *(Port)*, churrasquinho *m* *(Br)*
brochure [bʀɔʃyʀ] *nf* brochura *f*
brocoli [bʀɔkɔli] *nm* brócolos *mpl*
broder [bʀɔde] *vt* bordar
broderie [bʀɔdʀi] *nf* bordado *m*
bronches [bʀɔ̃ʃ] *nfpl* brônquios *mpl*
bronchite [bʀɔ̃ʃit] *nf* bronquite *f*
bronzage [bʀɔ̃zaʒ] *nm* bronzeado *m*
bronze [bʀɔ̃z] *nm* bronze *m*
bronzé, e [bʀɔ̃ze] *adj* bronzeado(da)
bronzer [bʀɔ̃ze] *vi* bronzear ● **se faire bronzer** bronzear
brosse [bʀɔs] *nf (pour nettoyer)* escova *f* ● **en brosse** à escovinha ● **brosse à cheveux** escova para o cabelo ● **brosse à dents** escova de dentes
brosser [bʀɔse] *vt* escovar ● **se brosser les dents** escovar os dentes
brouette [bʀuɛt] *nf* carro *m* de mão
brouhaha [bʀuaa] *nm* zunzum *m*
brouillard [bʀujaʀ] *nm* nevoeiro *m*
brouille [bʀuj] *nf* zanga *f*
brouillé [bʀuje] *adj m* ➤ œuf
brouiller [bʀuje] *vt* **1.** *(idées)* baralhar **2.** *(liquide, vue)* turvar ◆ **se brouiller** *vp* **1.** *(se fâcher)* zangar-se **2.** *(idées)* ficar baralhado(da) **3.** *(vue)* turvar-se
brouillon [bʀujɔ̃] *nm* rascunho *m*
broussailles [bʀusaj] *nfpl* mato *m*
brousse [bʀus] *nf* mato *m*
brouter [bʀute] *vt* pastar
broutille [bʀutij] *nf* ninharia *f*
broyer [bʀwaje] *vt* moer
bru [bʀy] *nf (sout)* nora *f*
brucelles [bʀysɛl] *nfpl (Helv)* pinça *f*
brugnon [bʀyɲɔ̃] *nm* pêssego *m* careca
bruine [bʀɥin] *nf* chuva *f* miudinha *(Port)*, garoa *f* *(Br)*
bruit [bʀɥi] *nm* **1.** *(son)* ruído *m* **2.** *(vacarme)* barulho *m* ● **faire du bruit** fazer barulho
bruitage [bʀɥitaʒ] *nm* efeitos *mpl* sonoros
brûlant, e [bʀylɑ̃, ɑ̃t] *adj* **1.** *(liquide)* a escaldar **2.** *(aliment)* a ferver **3.** *(soleil)* escaldante
brûlé [bʀyle] *nm* ● **ça sent le brûlé** cheira a queimado
brûle-pourpoint [bʀylpuʀpwɛ̃] ◆ **à brûle-pourpoint** *adv* de chofre
brûler [bʀyle] *vt* **1.** *(carboniser)* queimar **2.** *(irriter)* fazer arder ◇ *vi* **1.** *(flamber)* arder **2.** *(chauffer)* queimar ● **brûler un feu rouge** passar com o semáforo vermelho ◆ **se brûler** *vp* queimar-se ● **se brûler la main** queimar-se na mão
brûlure [bʀylyʀ] *nf* **1.** *(blessure)* queimadura *f* **2.** *(sensation)* ardor *m* ● **brûlures d'estomac** azia *f*
brume [bʀym] *nf* bruma *f*
brumeux, euse [bʀymø, øz] *adj* nebuloso(osa)
brun, e [bʀœ̃, bʀyn] *adj* **1.** *(personne)* moreno(na) **2.** *(cheveux)* preto(ta) **3.** *(tabac)* escuro(ra)

brune [bʀyn] *nf* cigarro *m* de tabaco escuro • **(bière) brune** cerveja *f* preta

brunir [bʀyniʀ] *vt* **1.** *(peau)* queimar **2.** *(cheveux, bois)* escurecer **3.** *(métal)* brunir ◇ *vi* **1.** *(peau)* queimar-se **2.** *(cheveux, bois)* escurecer

Brushing® [bʀœʃiŋ] *nm* brushing *m*

brusque [bʀysk] *adj* brusco(ca)

brusquement [bʀyskəmɑ̃] *adv* bruscamente

brusquer [bʀyske] *vt* **1.** *(événement)* precipitar **2.** *(personne)* tratar de uma maneira brusca

brut, e [bʀyt] *adj* **1.** bruto(ta) **2.** *(cidre, champagne)* seco(ca)

brutal, e, aux [bʀytal, o] *adj* **1.** brutal **2.** *(personne)* bruto(ta)

brutaliser [bʀytalize] *vt* brutalizar

brutalité [bʀytalite] *nf* **1.** *(violence)* brutalidade *f* **2.** *(soudaineté)* brusquidão *f*

brute [bʀyt] *nf* bruto *m*, -ta *f*

Bruxelles [bʀy(k)sɛl] *n* Bruxelas

bruyant, e [bʀɥijɑ̃, ɑ̃t] *adj* **1.** barulhento(ta) **2.** *(moteur)* ruidoso(osa)

bruyère [bʀyjɛʀ] *nf* urze *f*

BTS *nm* (*abr de brevet de technicien supérieur*) *diploma de técnico superior*

bu, e [by] *pp* ➤ **boire**

buanderie [byɑ̃dʀi] *nf* (*Québec*) lavandaria *f*

Bucarest [bykaʀɛst] *n* Bucareste

buccal, e, aux [bykal, o] *adj* **1.** bucal **2.** *(voie)* oral

bûche [byʃ] *nf* cavaca *f* • **bûche de Noël** tronco *m* de Natal

[1]**bûcher** [byʃe] *nm* **1.** *(supplice)* fogueira *f* **2.** *(funéraire)* pira *f*

[2]**bûcher** [byʃe] *vt* & *vi* (*fam*) estar a marrar

bûcheron, onne [byʃʀɔ̃, ʀɔn] *nm, f* lenhador *m*

bucolique [bykɔlik] *adj* bucólico(ca)

Budapest [bydapɛst] *n* Budapeste

budget [bydʒɛ] *nm* orçamento *m*

budgétaire [bydʒetɛʀ] *adj* orçamental

buée [bɥe] *nf* vapor *m* de água

buffet [byfɛ] *nm* **1.** *(meuble)* aparador *m* **2.** *(repas)* bufete *m* **3.** *(de gare)* cafetaria *f* • **buffet froid** bufete de pratos frios

buffle [byfl] *nm* búfalo *m*

building [bildiŋ] *nm* arranha-céus *m inv*

buisson [bɥisɔ̃] *nm* arvoredo *m*

buissonnière [bɥisɔnjɛʀ] *adj f* ➤ **école**

bulbe [bylb] *nm* bolbo *m*

Bulgarie [bylgaʀi] *nf* • **la Bulgarie** a Bulgária

bulldozer [byldozɛʀ] *nm* bulldozer *m*

bulle [byl] *nf* **1.** *(de gaz)* bolha *f* **2.** *(de savon)* bola *f* **3.** INFORM • **bulle d'aide** descrição *f* • **faire des bulles** *(avec un chewing-gum)* fazer balões ; *(de savon)* fazer bolas de sabão

bulletin [byltɛ̃] *nm* **1.** *(papier)* impresso *m* **2.** *(d'informations)* boletim *m* **3.** SCOL ficha *f* de informação • **bulletin météorologique** boletim meteorológico • **bulletin de salaire** folha *f* de salário • **bulletin de vote** boletim de voto

bulletin-réponse [byltɛ̃ʀepɔ̃s] (*pl* **bulletins-réponse**) *nm* cupão *m*

bungalow [bœ̃galo] *nm* bangaló *m*

bureau [byʀo] *nm* **1.** escritório *m* **2.** *(meuble)* secretária *f* • **bureau de chan-**

ge (*Port*) agência *f* de câmbio, (*Br*) casa *f* de câmbio • **bureau de poste** (*Port*) estação *f* de correios, (*Br*) agência *f* de correios • **bureau de tabac** tabacaria *f* ▼ **bureau d'information** informações *fpl*

bureaucrate [byʀokʀat] *nmf* (*péj*) burocrata *mf*

bureaucratie [byʀokʀasi] *nf* (*péj*) **1.** (*pouvoir*) burocracia *f* **2.** (*fonctionnaires*) funcionalismo *m* (público)

bureautique [byʀotik] *nf* burótica *f*

buriné, e [byʀine] *adj* **1.** burilado(da) **2.** (*fig*) (*visage, traits*) marcado(da)

burlesque [byʀlɛsk] *adj* burlesco(ca)

bus [bys] *nm* autocarro *m* (*em cidade*)

buste [byst] *nm* **1.** (*partie du corps*) tronco *m* **2.** (*statue*) busto *m*

bustier [bystje] *nm* top *m*

but [byt] *nm* **1.** (*intention*) objectivo *m* **2.** (*destination*) fim *m* **3.** *SPORT* (*point*) golo *m* • **les buts** *SPORT* (*zone*) as balizas • **dans le but de** com o fim de

butane [bytan] *nm* gás *m* butano

buté, e [byte] *adj* casmurro(a)

buter [byte] *vi* • **buter sur** ou **contre** (*objet*) tropeçar em ; (*difficulté*) deparar com ◆ **se buter** *vp* obstinar-se

butin [bytɛ̃] *nm* espólio *m*

butiner [bytine] *vt* & *vi* andar de flor em flor a colher o pólen

butte [byt] *nf* outeiro *m*

buvard [byvaʀ] *nm* mata-borrão *m*

buvette [byvɛt] *nf* bar *m*

cC

c' ➤ ce

ça [sa] *pron* **1.** (*pour désigner*) isto **2.** (*objet lointain*) isso • **ça n'est pas facile** isso não é fácil • **ça va ? - ça va !** tudo bem? - tudo bem! • **comment ça ?** como assim? • **c'est ça** é isso mesmo

cabane [kaban] *nf* cabana *f*

cabaret [kabaʀɛ] *nm* cabaré *m*

cabillaud [kabijo] *nm* bacalhau *m* fresco

cabine [kabin] *nf* **1.** (*de bateau*) camarote *m* **2.** (*de téléphérique*) cabine *f* **3.** (*sur la plage*) barraca *f* • **cabine de douche** cabine de duche • **cabine d'essayage** cabine de provas • **cabine (de pilotage)** cabine (de pilotagem) • **cabine (téléphonique)** cabine (telefónica)

cabinet [kabinɛ] *nm* **1.** (*d'avocat*) escritório *m* **2.** (*de médecin*) consultório *m* • **cabinet de toilette** casa *f* de banho ◆ **cabinets** *nmpl* casa *f* de banho (*Port*), privada *f* (*Br*)

câble [kabl] *nm* cabo *m* • **(télévision par) câble** televisão por cabo

câblé, e [kable] *adj* que tem televisão por cabo

cabosser [kabɔse] *vt* amolgar

cabotage [kabɔtaʒ] *nm* cabotagem *f*

cabrer [kabʀe] ◆ **se cabrer** *vp* **1.** (*cheval, avion*) empinar-se **2.** (*fig*) (*personne*) ofender-se

cabri [kabʀi] *nm* cabrito *m*

cabriole [kabʀijɔl] *nf* cambalhota *f*

caca [kaka] *nm* • **faire caca** (*fam*) fazer cocó
cacah(o)uète [kakawɛt] *nf* amendoim *m*
cacao [kakao] *nm* cacau *m*
cachalot [kaʃalo] *nm* cachalote *m*
cache-cache [kaʃkaʃ] *nm inv* • **jouer à cache-cache** jogar às escondidas
cachemire [kaʃmiʀ] *nm* caxemira *f*
cache-nez [kaʃne] *nm inv* écharpe *f*
cache-pot [kaʃpo] *nm inv* vaso *m* decorativo
cacher [kaʃe] *vt* **1.** esconder **2.** (*vue, soleil*) tapar ◆ **se cacher** *vp* esconder-se
cachet [kaʃɛ] *nm* **1.** (*comprimé*) comprimido *m* **2.** (*tampon*) carimbo *m* **3.** (*allure*) cunho *m*
cacheter [kaʃte] *vt* **1.** (*lettre, enveloppe*) fechar **2.** (*bouteille*) lacrar
cachette [kaʃɛt] *nf* esconderijo *m* • **en cachette** às escondidas
cachot [kaʃo] *nm* masmorra *f*
cachotterie [kaʃɔtʀi] *nf* segredinhos *mpl* • **faire des cachotteries (à qqn)** andar com segredinhos (com alguém)
cachottier, ère [kaʃɔtje, ɛʀ] *adj* que anda com segredinhos
cacophonie [kakɔfɔni] *nf* cacofonia *f*
cactus [kaktys] *nm* cacto *m*
cadastre [kadastʀ] *nm* cadastro *m*
cadavre [kadavʀ] *nm* cadáver *m* • **un cadavre d'animal** un animal morto
Caddie® [kadi] *nm* carrinho *m* (de supermercado)
cadeau [kado] (*pl* **-x**) *nm* prenda *f* • **faire un cadeau à qqn** dar uma prenda a alguém • **faire cadeau de qqch à qqn** presentear alguém com algo
cadenas [kadna] *nm* cadeado *m*
cadenasser [kadnase] *vt* fechar com cadeado ◆ **se cadenasser** *vp* trancar-se
cadence [kadɑ̃s] *nf* cadência *f* • **en cadence** cadenciadamente
cadet, ette [kadɛ, ɛt] *adj* mais novo (mais nova) ◇ *nm, f* mais novo *m*, mais nova *f* (*Port*), caçula *mf* (*Br*)
cadran [kadʀɑ̃] *nm* (*de montre, de tableau de bord*) mostrador *m* • **cadran solaire** relógio *m* de sol
cadre [kadʀ] *nm, f* **1.** (*bordure*) moldura *f*, caixilhom *m* **2.** (*tableau*) quadro *m* **3.** (*décor*) sítio *m* **4.** (*d'une entreprise*) executivo *m*, -va *f* **5.** (*de vélo*) quadro *m* (*de bicicleta*) • **dans le cadre de** (*fig*) no âmbito de
cadrer [kadʀe] *vi* condizer ◇ *vt* (*une photo*) enquadrar • **ne pas cadrer avec qqch** não condizer com algo
caduc [kadyk] *adj* caduco(ca)
cafard [kafaʀ] *nm* barata *f* • **avoir le cafard** (*fam*) estar em baixo
café [kafe] *nm* **1.** café *m* **2.** (*au café*) bica *f* (*Port*), cafezinho *m* (*Br*) • **café crème** ou **au lait** café com leite ≃ galão *m* (*Port*), pingado *m* (*Br*) • **café épicé** (*Helv*) *café com cravo e canela* • **café liégeois** *gelado de café com natas* • **café noir** café simples

Le café

Estabelecimento público que dá geralmente para a rua, com terraços ou amplas vidraças, em que são servidas bebidas, sandes e refeições rápidas. Alguns deles - sobretudo em Paris - estiveram estreitamente ligados à vida política, cultural ou literária de uma determinada época. Nestes bares o café é consumido de diversas maneiras. Existe, por exemplo, o *café crème*, ao qual se adiciona leite quente ; o *café noisette*, ligeiramente misturado com leite e o *express* ou *expresso*, mais forte, que só se bebe em chávenas pequenas. Ao pequeno almoço serve-se tradicionalmente um *grand crème*, comummente chamado *café au lait*, acompanhado de pão com manteiga ou de croissants.

caféine [kafein] *nf* cafeína *f* • **sans caféine** sem cafeína

cafétéria [kafeteʀja] *nf* cafetaria *f*

café-théâtre [kafeteatʀ] (*pl* **cafés-théâtres**) *nm* café-teatro *m*

cafetière [kaftjɛʀ] *nf* cafeteira *f*

cafouiller [kafuje] *vi* **1.** (*fam*) (*personne*) meter os pés pelas mãos **2.** (*moteur*) falhar

cage [kaʒ] *nf* **1.** (*à oiseau*) gaiola *f* **2.** (*aux fauves*) jaula *f* **3.** *SPORT* baliza *f* • **cage d'escalier** escadas

cageot [kaʒo] *nm* **1.** (*caisse*) caixa *f* (da fruta) **2.** (*péj*) (*femme*) canastrão *m*

cagibi [kaʒibi] *nm* cubículo *m*

cagnotte [kaɲɔt] *nf* **1.** (*caisse commune*) fundo *m* comum **2.** (*au loto*) jackpot *m* **3.** (*aux cartes*) bolo *m* **4.** (*économies*) pé-de-meia *m*

cagoule [kagul] *nf* **1.** (*d'enfant*) gorro *m* capuz **2.** (*de gangster*) • **porter une cagoule** estar embuçado(da)

cahier [kaje] *nm* caderno *m* • **cahier de brouillon** caderno de rascunho • **cahier de textes** *caderno onde os alunos da escola primária anotam os trabalhos de casa*

cahute [kayt] *nf* choça *f*

caille [kaj] *nf* codorniz *f*

cailler [kaje] *vi* **1.** (*lait*) coalhar **2.** (*sang*) coagular

caillot [kajo] *nm* coágulo *m*

caillou [kaju] (*pl* **-x**) *nm* pedra *f*

caïman [kaimɑ̃] *nm* caimão *m*

caisse [kɛs] *nf* caixa *f* • **caisse (enregistreuse)** caixa (registadora) • **caisse d'épargne** caixa de poupança • **caisse rapide** caixa-expresso *f*

caissier, ère [kesje, ɛʀ] *nm, f* operador *m*, -ra *f* de caixa

cajoler [kaʒɔle] *vt* mimar

cajou [kaʒu] *nm* ➤ **noix**

cake [kɛk] *nm* bolo *m* inglês

calamar [kalamaʀ] *nm* lula *f*

calamité [kalamite] *nf* calamidade *f* • **calamité naturelle** catástrofe *f* natural

calanque [kalɑ̃k] *nf* cala *f*

calcaire [kalkɛʀ] *nm* calcário *m* ◇ *adj* calcário(ria)

calciné, e [kalsine] *adj* calcinado(da)

calciner [kalsine] *vt* calcinar

calcium [kalsjɔm] *nm* cálcio *m*

calcul [kalkyl] *nm* **1.** cálculo *m* **2.** *MÉD* pedra *f* • **calcul mental** cálculo mental

calculateur, trice [kalkylatœʀ, tʀis] *adj & nm, f* (*péj*) calculista *mf* ◆ **calculatrice** *nf* calculadora *f*

calculer [kalkyle] *vt* calcular

calculette [kalkylɛt] *nf* calculadora *f* de bolso

cale [kal] *nf* calço *m*
calé, e [kale] *adj (fam) (doué)* bom (boa) • **il est très calé** é um sabichão
caleçon [kalsɔ̃] *nm* **1.** *(sous-vêtement)* boxer *m* **2.** *(pantalon)* calças *fpl* justas
calembour [kalɑ̃buʀ] *nm* trocadilho *m*
calendrier [kalɑ̃dʀije] *nm* calendário *m*
cale-pied [kalpje] (*pl* **cale-pieds**) *nm* clipe *m* de pedal
calepin [kalpɛ̃] *nm* canhenho *m*
caler [kale] *vt (stabiliser)* calçar ◇ *vi* **1.** *(voiture, moteur)* ir abaixo **2.** *(fam) (à table)* estar cheio (cheia)
calfeutrer [kalføtʀe] *vt* calafetar ◆ **se calfeutrer** *vp* • **se calfeutrer chez soi** meter-se em casa
calibre [kalibʀ] *nm* calibre *m* • **de gros calibre** de grande calibre
califourchon [kalifuʀʃɔ̃] ◆ **à califourchon sur** *adv* às cavalitas em
câlin [kalɛ̃] *nm* mimo *m* • **faire un câlin à qqn** dar mimos a alguém
calmant [kalmɑ̃] *nm* calmante *m*
calmar [kalmaʀ] = **calamar**
calme [kalm] *adj* calmo(ma) ◇ *nm* calma *f* • **du calme!** calma!
calmer [kalme] *vt* **1.** *(douleur)* aliviar **2.** *(personne)* acalmar ◆ **se calmer** *vp* **1.** *(personne)* acalmar-se **2.** *(tempête)* amainar **3.** *(douleur)* aliviar
calomnie [kalɔmni] *nf* calúnia *f*
calorie [kalɔʀi] *nf* caloria *f*
calorique [kalɔʀik] *adj* calórico(ca)
calotte [kalɔt] *nf* **1.** *(bonnet)* solidéu *m* **2.** *(fam) (gifle)* tabefe *m* ◆ **calotte crânienne** *nf* calota *f* craniana ◆ **calotte glaciaire** *nf* calota *f* polar
calque [kalk] *nm* • **(papier-)ca**[illegible]l *m* vegetal
calquer [kalke] *vt* **1.** *(reproduire)* decalcar **2.** *(imiter)* copiar **3.** *(traduire littéralement)* • **calquer de** OU **sur** ser um decalque de • **calquer qqch sur** imitar algo
calvados [kalvados] *nm aguardente de maçã*
calvaire [kalvɛʀ] *nm* calvário *m*
calvitie [kalvisi] *nf* calvície *f*
camarade [kamaʀad] *nmf* colega *mf* • **camarade de classe** colega de turma
Cambodge [kɑ̃bɔdʒ] *nm* • **le Cambodge** o Camboja
cambouis [kɑ̃bwi] *nm* óleo *m*
cambré, e [kɑ̃bʀe] *adj* arqueado(da)
cambriolage [kɑ̃bʀijɔlaʒ] *nm* assalto *m*
cambrioler [kɑ̃bʀijɔle] *vt* assaltar
cambrioleur [kɑ̃bʀijɔlœʀ] *nm* assaltante *m*
caméléon [kameleɔ̃] *nm* camaleão *m*
camélia [kamelja] *nm* camélia *f*
camelote [kamlɔt] *nf (péj)* porcaria *f*
camembert [kamɑ̃bɛʀ] *nm* camembert *m*
caméra [kameʀa] *nf* câmara *f*
cameraman [kameʀaman] (*pl* **cameramen** [kameʀamɛn] OU **cameramans**) *nm* operador *m*, -ra *f* de câmara
Caméscope® [kameskɔp] *nm* câmara *f* de vídeo *(Port)*, filmadora *f (Br)*
camion [kamjɔ̃] *nm* camião *m*
camion-citerne [kamjɔ̃sitɛʀn] (*pl* **camions-citernes**) *nm* camião-cisterna *m*
camion-poubelle [kamjɔ̃pubɛl] (*pl* **camions-poubelles**) *nm* viatura *f* de recolha do lixo, camião *m* do lixo • **le camion-poubelle vient ramasser les déchets dans**

les villages a viatura de recolha do lixo recolhe o lixo nas cidades

camionnette [kamjɔnɛt] *nf* carrinha *f*

camionneur, euse [kamjɔnœʀ, øz] *nm, f* *(chauffeur)* camionista *m*

camisole [kamizɔl] ◆ **camisole de force** *nf* camisa-de-forças *f*

camomille [kamɔmij] *nf* **1.** *(plante)* camomila *f* **2.** *(tisane)* tisana *f* de camomila

camouflage [kamuflaʒ] *nm* camuflagem *f*

camp [kɑ̃] *nm* **1.** *(tentes)* acampamento *m* **2.** *(de joueurs, de sportifs)* campo *m* • **camp de vacances** campo de férias • **faire un camp (de vacances)** ir para um campo de férias

campagnard, e [kɑ̃paɲaʀ, aʀd] *adj* **1.** *(de la campagne)* rural **2.** *(rustique)* rústico(ca) ◇ *nm, f* camponês *m*, -esa *f*

campagne [kɑ̃paɲ] *nf* **1.** *(champs)* campo *m* **2.** *(électorale, publicitaire)* campanha *f*

campement [kɑ̃pmɑ̃] *nm* acampamento *m*

camper [kɑ̃pe] *vi* acampar

campeur, euse [kɑ̃pœʀ, øz] *nm, f* campista *mf*

camping [kɑ̃piŋ] *nm* **1.** *(terrain)* parque *m* de campismo **2.** *(activité)* campismo *m* • **faire du camping** fazer campismo • **camping sauvage** campismo selvagem

camping-car [kɑ̃piŋkaʀ] (*pl* **camping-cars**) *nm* roulotte *f*

Camping-Gaz® [kɑ̃piŋgaz] *nm inv* Camping-Gaz® *m*

Canada [kanada] *nm* • **le Canada** o Canadá

canadien, enne [kanadjɛ̃, ɛn] *adj* canadiano(na) ◆ **Canadien, enne** *nm, f* canadiano *m*, -na *f*

canadienne [kanadjɛn] *nf* **1.** *(veste)* samarra *f* **2.** *(tente)* canadiana *f*

canaille [kanaj] *adj* maroto(ta) ◇ *nf* canalha *m*

canal [kanal] (*pl* **-aux**) *nm* canal *m* • **Canal +** *canal de televisão privado sujeito a assinatura*

canalisation [kanalizasjɔ̃] *nf* canalização *f*

canaliser [kanalize] *vt* canalizar

canapé [kanape] *nm* canapé *m* • **canapé convertible** sofá-cama *m*

canapé-lit [kanapeli] (*pl* **canapés-lits**) *nm* sofá-cama *m*

canard [kanaʀ] *nm* **1.** *(animal)* pato *m* **2.** *(sucre)* *torrão de açúcar que se molha no café* • **canard laqué** *prato chinês à base de pato macerado em mel e assado* • **canard à l'orange** *pato com laranja*

canari [kanaʀi] *nm* canário *m*

cancer [kɑ̃sɛʀ] *nm* cancro *m* • **Cancer** Caranguejo *m* (*Port*), Câncer *m* (*Br*)

cancéreux, euse [kɑ̃seʀø, øz] *adj* canceroso(osa)

cancérigène [kɑ̃seʀiʒɛn] *adj* cancerígeno(na)

cancérologue [kɑ̃seʀɔlɔg] *nmf* oncologista *mf*

cancre [kɑ̃kʀ] *nm* (*fam*) cábula *mf*

candidat, e [kɑ̃dida, at] *nm, f* candidato *m*, -ta *f*

candidature [kɑ̃didatyʀ] *nf* candidatura *f* • **poser sa candidature (à)** apresentar a sua candidatura (a)

candide [kɑ̃did] *adj* cândido(da)

caneton [kantɔ̃] *nm* patinho *m*
canette [kanɛt] *nf* **1.** *(bouteille)* garrafa *f* **2.** *(boîte)* lata *f*
canevas [kanva] *nm* **1.** *(en couture)* talagarça *f* **2.** *(plan)* esqueleto *m*
caniche [kaniʃ] *nm* caniche *m*
canicule [kanikyl] *nf* canícula *f*
canif [kanif] *nm* canivete *m*
canine [kanin] *nf* dente *m* canino
caniveau [kanivo] (*pl* **-x**) *nm* valeta *f*
canne [kan] *nf* bengala *f* • **canne à pêche** cana de pesca (*Port*), vara *f* de pescar (*Br*)
canneberge [kanəbɛʀʒ] *nm* (*Québec*) arando *m*
cannelle [kanɛl] *nf* canela *f*
cannelloni(s) [kanelɔni] *nmpl* canelones *mpl*
cannette [kanɛt] = **canette**
cannibale [kanibal] *adj* & *nmf* canibal
canoë [kanɔe] *nm* canoagem *f* • **faire du canoë** fazer canoagem
canoë-kayak [kanɔekajak] (*pl* **canoës-kayaks**) *nm* kayak *m* • **faire du canoë-kayak** fazer canoagem
canon [kanɔ̃] *nm* **1.** *(arme)* canhão *m* **2.** *(d'une arme à feu)* cano *m* • **chanter en canon** cantar em cânone
canoniser [kanɔnize] *vt* canonizar
canot [kano] *nm* bote *m* • **canot pneumatique** bote pneumático • **canot de sauvetage** bote salva-vidas
cantal [kɑ̃tal] *nm* queijo *m* de Cantal
cantatrice [kɑ̃tatʀis] *nf* cantora *f* de ópera
cantine [kɑ̃tin] *nf* *(restaurant)* cantina *f*
cantique [kɑ̃tik] *nm* cântico *m*
canton [kɑ̃tɔ̃] *nm* **1.** *(en France)* ≃ freguesia *f* **2.** *(en Suisse)* cantão *m*

Les cantons

A Suíça é uma confederação de 23 estados chamados cantões, dos quais três estão subdivididos em semicantões. Cada cantão dispõe de poder executivo e legislativo próprios, mas certos âmbitos, tais como política externa, alfândega, moeda e correio dependem exclusivamente do governo federal.

cantonais [kɑ̃tɔnɛ] *adj m* ➤ **riz**
canular [kanylaʀ] *nm* (*fam*) logro *m*
caoutchouc [kautʃu] *nm* borracha *f*
cap [kap] *nm* **1.** *(pointe de terre)* cabo *m* **2.** *NAUT* rumo *m* • **mettre le cap sur** tomar o rumo de, rumar a
CAP *nm* (*abr de Certificat d'aptitude professionnelle*) *diploma concedido aos alunos que optam pela via profissional*
capable [kapabl] *adj* capaz • **être capable de faire qqch** ser capaz de fazer algo
capacités [kapasite] *nfpl* capacidades *fpl*
cape [kap] *nf* capa *f*
CAPES, Capes [kapɛs] (*abr de Certificat d'aptitude au professorat de l'enseignement du second degré*) *nm certificado de aptidão pedagógica para o ensino secundário*
capillaire [kapilɛʀ] *adj* capilar ◇ *nm* **1.** *(fougère)* avenca *f* **2.** *(vaisseau)* vaso *m* capilar
capitaine [kapitɛn] *nm, f* capitão *m*, -ã *f*
capital, e, aux [kapital, o] *adj* & *nm* capital

capitale [kapital] *nf* **1.** *(ville)* capital *f* **2.** *(lettre)* maiúscula *f*
capitaliser [kapitalize] ◆ **capitaliser sur** *v + prép* investir
capitalisme [kapitalism] *nm* capitalismo *m*
capitonné, e [kapitɔne] *adj* acolchoado(da)
capituler [kapityle] *vi* capitular ● **capituler devant qqn/qqch** capitular perante alguém/algo
caporal, e [kapɔʀal] (*pl* **-aux** [ʀo], *fpl* **-ales** [al]) *nm, f* cabo *m*
capot [kapo] *nm* capô *m*
capote [kapɔt] *nf* AUTO capota *f*
capoter [kapɔte] *vi* *(Québec)* *(fam)* passar-se dos carretos
câpre [kapʀ] *nf* alcaparra *f*
caprice [kapʀis] *nm* **1.** *(colère)* birra *f* **2.** *(envie)* capricho *m* ● **faire un caprice** fazer uma birra
capricieux, euse [kapʀisjø, øz] *adj* birrento(ta)
Capricorne [kapʀikɔʀn] *nm* Capricórnio *m*
capsule [kapsyl] *nf* *(de bouteille)* cápsula *f* ● **capsule spatiale** cápsula espacial
capter [kapte] *vt* *(station de radio)* apanhar
captivant, e [kaptivɑ̃, ɑ̃t] *adj* cativante
captiver [kaptive] *vt* cativar
captivité [kaptivite] *nf* cativeiro *m* ● **en captivité** *(animal)* em cativeiro
capture [kaptyʀ] *nf* ● **capture d'écran** INFORM captura *f* de ecrã
capturer [kaptyʀe] *vt* capturar
capuche [kapyʃ] *nf* capuz *m*
capuchon [kapyʃɔ̃] *nm* **1.** *(d'une veste)* capuz *m* **2.** *(d'un stylo)* tampa *f*
Cap-vert *nm* ● **les îles du Cap-vert** as ilhas de Cabo Verde
caquelon [kaklɔ̃] *nm* *(Helv)* *recipiente de barro ou metal no qual se prepara a fondue*
[1]**car** [kaʀ] *conj* pois
[2]**car** [kaʀ] *nm* autocarro *m* *(entre cidades)*
carabine [kaʀabin] *nf* carabina *f*
caractère [kaʀaktɛʀ] *nm* **1.** carácter *m* **2.** *(tempérament)* feitio *m* ● **avoir du caractère** *(personne)* ter personalidade ; *(maison)* ter estilo ● **avoir bon caractère** ter bom feitio ● **avoir mauvais caractère** ter mau feitio ● **caractères d'imprimerie** caracteres *mpl* de imprensa *(Port)*, letras *fpl* de fôrma *(Br)*
caractériser [kaʀakteʀize] *vt* caracterizar ◆ **se caractériser** *vp* ● **se caractériser par** caracterizar-se por
caractéristique [kaʀakteʀistik] *nf* característica *f* ◇ *adj* ● **caractéristique de** característico(ca)de
carafe [kaʀaf] *nf* garrafa *f*
Caraïbes [kaʀaib] *nfpl* ● **les Caraïbes** as Caraíbas
carambolage [kaʀɑ̃bɔlaʒ] *nm* *(fam)* choque *m*
caramel [kaʀamɛl] *nm* caramelo *m*
carapace [kaʀapas] *nf* carapaça *f*
carat [kaʀa] *nm* quilate *m* ● **18 carats** 18 quilates
caravane [kaʀavan] *nf* caravana *f*

caravelle [kaʀavɛl] *nf* caravela *f*
carbonade [kaʀbɔnad] *nf* • **carbonades flamandes** (*Helv*) *ensopado de carne de vaca cozida com cerveja*
carbone [kaʀbɔn] *nm* carbono *m* • (*papier*) **carbone** *papel m químico*
carboniser [kaʀbɔnize] *vt* **1.** (*consumer*) carbonizar **2.** (*laisser brûler*) esturrar
carburant [kaʀbyʀɑ̃] *nm* carburante *m*
carburateur [kaʀbyʀatœʀ] *nm* carburador *m*
carcasse [kaʀkas] *nf* **1.** (*d'animal*) carcaça *f* **2.** (*de voiture*) carroçaria *f*
cardiaque [kaʀdjak] *adj* cardíaco(ca)
cardigan [kaʀdigɑ̃] *nm* casaco *m* de lã
cardinal, e, aux [kaʀdinal, o] *adj* **1.** (*nombre*) cardinal **2.** (*point*) cardeal **3.** (*principal*) principal ◆ **cardinal** *nm* **1.** *RELIG* cardeal *m* **2.** (*nombre*) numeral *m* cardinal
cardinaux [kaʀdino] *adj m pl* ➤ **point**
cardiologue [kaʀdjolɔg] *nmf* cardiologista *mf*
carême [kaʀɛm] *nm* **1.** *RELIG* Quaresma *f* **2.** (*jeûne*) abstinência *f*
carence [kaʀɑ̃s] *nf* carência *f* • **carence en** carência de
caresse [kaʀɛs] *nf* carícia *f*
caresser [kaʀese] *vt* acariciar
cargaison [kaʀgɛzɔ̃] *nf* carregamento *m*
cargo [kaʀgo] *nm* cargueiro *m*
caricature [kaʀikatyʀ] *nf* (*dessin*) caricatura *f*
carie [kaʀi] *nf* cárie *f*
carillon [kaʀijɔ̃] *nm* carrilhão *m*
carlingue [kaʀlɛ̃g] *nf* carlinga *f*
carnage [kaʀnaʒ] *nm* carnificina *f*
carnaval [kaʀnaval] *nm* Carnaval *m*

Le Carnaval

Este período festivo, que vai do Dia de Reis até à *quarta-feira de cinzas*, é comemorado em certas cidades com desfiles de carros alegóricos e de pessoas mascaradas. O mais célebre é o de Nice, famoso pelos seus carros enfeitados com flores. Na Bélgica, a cidade de Binge é famosa pelos seus gigantes, chamados *gilles*.

carnet [kaʀnɛ] *nm* **1.** (*cahier*) caderno *m* **2.** (*de tickets*) módulo *m* **3.** (*de timbres*) carteira *f* • **carnet de timbres** carteira de (quantidad) selos • **carnet d'adresses** livro *m* de moradas • **carnet de chèques** livro *m* de cheques (*Port*), talão *m* de cheques (*Br*) • **carnet de notes** ≃ ficha *f* de informação
carnivore [kaʀnivɔʀ] *adj* & *nm* carnívoro(ra)
carnotzet [kaʀnɔtze] *nm* (*Helv*) *local onde se servem pratos à base de queijo, como a raclette*
carotte [kaʀɔt] *nf* cenoura *f*
carpe [kaʀp] *nf* carpa *f*
carpette [kaʀpɛt] *nf* tapete *m*
carré, e [kaʀe] *adj* quadrado(da) ◇ *nm* **1.** (*forme géométrique*) quadrado *m* **2.** (*de chocolat*) quadradinho *m* **3.** (*d'agneau, de porc*) carré *m* • **deux mètres carrés** dois metros quadrados • **deux au carré** dois ao quadrado
carreau [kaʀo] (*pl* **-x**) *nm* **1.** (*vitre*) vidraça *f* **2.** (*sur le sol*) ladrilho *m* **3.** (*sur les murs*) azulejo *m* **4.** (*carré*) quadrado *m* **5.** (*aux

cartes) ouros *mpl* • **à carreaux** aos quadrados ; *(tissu)* de xadrez
carrefour [karfur] *nm* cruzamento *m*
carrelage [karlaʒ] *nm* **1.** *(au mur)* azulejos *mpl* **2.** *(au sol)* ladrilhos *mpl*, tijoleira *f*
carrément [karemɑ̃] *adv (fam)* **1.** *(franchement)* francamente **2.** *(très)* mesmo
carrière [karjɛr] *nf* **1.** *(de pierre)* pedreira *f* **2.** *(profession)* carreira *f* • **faire carrière dans qqch** fazer carreira em algo
carriole [karjɔl] *nf* carroça *f* pequena
carrossable [karɔsabl] *adj* circulável
carrosse [karɔs] *nm* coche *m*
carrosserie [karɔsri] *nf* carroçaria *f*
carrure [karyr] *nf* largura *f* de ombros
cartable [kartabl] *nm* pasta *f* escolar
carte [kart] *nf* **1.** *(à jouer)* carta *f* **2.** *(document officiel)* cartão *m* **3.** *(plan)* mapa *m* **4.** *(de restaurant)* ementa *f* • **à la carte** à lista • **carte d'anniversaire** cartão de aniversário • **carte bancaire** cartão bancário • **Carte Bleue®** ≃ cartão multibanco • **carte de crédit** cartão de crédito • **carte d'électeur** cartão de eleitor • **carte d'embarquement** cartão de embarque • **carte grise** livrete *m* • **carte (nationale) d'identité** bilhete *m* de identidade *(Port)*, cartão de identidade *(Br)* • **Carte Orange** ≃ passe *m* social • **carte postale** postal *m (Port)*, cartão postal *(Br)* • **carte téléphonique** ou **de téléphone** Credifone® *m*, cartão telefónico • **carte de visite** cartão de visita • **carte de vœux** cartão/postal de Boas Festas
cartilage [kartilaʒ] *nm* cartilagem *f*
cartomancien, enne [kartɔmɑ̃sjɛ̃, ɛn] *nm, f* cartomante *mf*
carton [kartɔ̃] *nm* **1.** cartão *m* **2.** *(boîte)* caixote *m* de papelão **3.** *(fig) SPORT* • **carton jaune/rouge** cartão amarelo/vermelho
cartonné, e [kartɔne] *adj* **1.** de cartão **2.** *(livre)* encadernado(da)
carton-pâte [kartɔ̃pat] *(pl* **cartons-pâtes***)* *nm* pasta *f* de cartão
cartouche [kartuʃ] *nf* **1.** *(munition)* cartucho *m* **2.** *(d'encre)* recarga *f* **3.** *(de cigarettes)* embalagem *f*
cas [ka] *nm* caso *m* • **au cas où** no caso de • **dans ce cas** nesse caso • **en cas de** em caso de • **en tout cas** em todo o caso
cascade [kaskad] *nf* **1.** *(chute d'eau)* cascata *f* **2.** *(au cinéma)* cena *f* perigosa
cascadeur, euse [kaskadœr, øz] *nm, f* duplo *m*
case [kaz] *nf* **1.** *(de damier, de mots croisés)* casa *f* **2.** *(de meuble)* escaninho *m* **3.** *(hutte)* cubata *f*
caser [kaze] *vt* **1.** *(placer)* enfiar **2.** *(fam) (trouver un emploi pour)* conseguir um emprego para **3.** *(fam) (marier)* arrumar ◆ **se caser** *vp (fam)* **1.** *(trouver un emploi)* arranjar emprego **2.** *(se marier)* arrumar-se
caserne [kazɛrn] *nf* caserna *f* • **caserne des pompiers** quartel *m* dos bombeiros
cash [kaʃ] *nm* dinheiro *m* • **payer cash** pagar a dinheiro
casier [kazje] *nm* cacifo *m* • **casier à bouteilles** garrafeira *f* • **casier judiciaire** registo *m* criminal
casino [kazino] *nm* casino *m*
casque [kask] *nm* **1.** *(de moto, d'ouvrier, de soldat)* capacete *m* **2.** *(écouteurs)* auscultadores *mpl* ◆ **casques bleus** *nmpl* • **les casques bleus** capacetes azuis

casquette [kaskɛt] *nf* boné *m*
casse [kas] *nm* (*fam*) assalto *m* ◇ *nf* **1.** (*action de casser*) cacos *mpl* **2.** (*fam*) (*violence*) barulho *m* **3.** (*de voitures*) ferro-velho *m* **4.** (*en typographie*) caixa *f* ● **haut/bas de casse** caixa alta /baixa
casse-cou [kasku] *nmf inv* (*fam*) temerário *m*, -ria *f*
casse-croûte [kaskʀut] *nm inv* (*fam*) bucha *f*
casse-noix [kasnwa] *nm inv* quebra-nozes *m inv*
casse-pieds [kaspje] (*fam*) *adj inv* & *nmf inv* chato(ta)
casser [kase] *vt* partir ● **casser les oreilles à qqn** (*fam*) dar cabo dos ouvidos a alguém ● **casser les pieds à qqn** (*fam*) chatear o juízo a alguém ◆ **se casser** *vp* partir-se ● **se casser le bras** partir o braço ● **se casser la figure** (*fam*) dar um trambolhão
casserole [kasʀɔl] *nf* panela *f*
casse-tête [kastɛt] *nm inv* quebra-cabeças *m inv*
cassette [kasɛt] *nf* cassete *f* ● **cassette vidéo** cassete de vídeo (*Port*), fita *f* (de vídeo) (*Br*)
cassis [kasis] *nm* cássis *m*
cassoulet [kasulɛ] *nm* ≃ feijoada *f*
cassure [kasyʀ] *nf* **1.** (*brisure*) fenda *f* **2.** (*fig*) (*rupture*) ruptura *f*
casting [kastiŋ] *nm* **1.** (*entretien*) audição *f* **2.** (*d'un film*) distribuição *f* de papéis ● **aller à un casting** ir a uma audição
castor [kastɔʀ] *nm* castor *m*
cataclysme [kataklism] *nm* cataclismo *m*
catalogue [katalɔg] *nm* catálogo *m*
cataloguer [katalɔge] *vt* catalogar ● **cataloguer qqn comme** (*péj*) classificar alguém de
catalytique [katalitik] *adj* catalítico(ca)
catamaran [katamaʀɑ̃] *nm* catamarã *m*
cataracte [kataʀakt] *nf* catarata *f*
catastrophe [katastʀɔf] *nf* catástrofe *f* ● **catastrophe naturelle** catástrofe natural
catastrophé, e [katastʀɔfe] *adj* preocupadíssimo(ma)
catastrophique [katastʀɔfik] *adj* catastrófico(ca)
catch [katʃ] *nm* luta *f* livre
catéchisme [kateʃism] *nm* catequese *f*
catégorie [kategɔʀi] *nf* categoria *f*
catégorique [kategɔʀik] *adj* categórico(ca)
cathédrale [katedʀal] *nf* catedral *f*
catholicisme [katɔlisism] *nm* catolicismo *m*
catholique [katɔlik] *adj* & *nmf* católico(ca)
catimini [katimini] ◆ **en catimini** *loc adv* à socapa
cauchemar [koʃmaʀ] *nm* pesadelo *m*
cause [koz] *nf* causa *f* ● **à cause de** por causa de ▼ **fermé pour cause de...** fechado para...
causer [koze] *vt* (*provoquer*) causar ◇ *vi* (*parler*) conversar
cautériser [koteʀize] *vt* cauterizar
caution [kosjɔ̃] *nf* **1.** (*paiement*) caução *f* **2.** (*personne*) fiador *m*, -ra *f*
cautionner [kosjɔne] *vt* **1.** DR (*se porter garant*) caucionar **2.** (*fig*) (*appuyer*) apoiar
cavalerie [kavalʀi] *nf* cavalaria *f*

cavalier, ère [kavalje, ɛʀ] *nm, f* **1.** *(à cheval)* cavaleiro *m*, -ra *f* **2.** *(partenaire)* par *m* ◇ *nm (aux échecs)* cavalo *m*
cave [kav] *nf* cave *f*
caverne [kavɛʀn] *nf* caverna *f*
caviar [kavjaʀ] *nm* caviar *m*
cavité [kavite] *nf* cavidade *f*
CB *abr de* **Carte Bleue**®
CCP (*abr écrite de compte chèque postal*) *nm conta corrente aberta nos Correios em França*
CD *nm* (*abr de Compact Disc*®) CD *m*
CDD (*abr de contrat à durée déterminée*) *nm* • **elle est en CDD** ela tem um contrato a termo certo
CDI *nm* **1.** (*abr de centre de documentation*) *biblioteca de uma escola secundária* **2.** (*abr de contrat à durée indéterminée*) • **il est en CDI** ela tem um contrato a termo incerto
CD-I *nm* (*abr de Compact Disc intéractif*®) CD-i *m (Compact Disc interactivo*®*)*
CD-ROM [sedeʀɔm] *nm* CD-ROM *m*
ce, cette [sə, sɛt] (*pl* **ces** [se]) *adj*
1. *(proche dans l'espace ou dans le temps)* este (esta) • **cette nuit** esta noite • **c'est ce lundi ou celui d'après ?** é nesta segunda-feira ou na outra?
2. *(éloigné dans l'espace ou dans le temps)* esse (essa) • **donne-moi ce livre** dá-me esse livro
3. *(très éloigné dans l'espace ou dans le temps)* aquele (aquela) • **cette année-là** naquele ano
◇ *pron*
1. *(pour mettre en valeur)* • **c'est mon frère** é o meu irmão • **c'est moi !** sou eu! • **ce sont mes chausssettes** são as minhas meias • **c'est votre collègue qui m'a renseigné** foi o seu colega que me informou
2. *(dans des interrogations)* • **est-ce bien là ?** é mesmo aqui? • **qui est-ce ?** quem é?
3. *(avec un relatif)* • **ce que tu voudras** o que tu quiseres • **ce qui nous intéresse, ce sont les paysages** o que nos interessa, são as paisagens • **ce dont vous aurez besoin en camping** aquilo de que precisará no campismo
4. *(en intensif)* • **ce qu'il fait chaud !** que calor que está!
CE *nm* (*abr de cours élémentaire*) • **CE1** ≃ segunda classe *f* (da escola primária) • **CE2** ≃ terceira classe *f* (da escola primária)
ceci [səsi] *pron* isto • **ceci veut dire que** isto quer dizer que
cécité [sesite] *nf* cegueira *f*
céder [sede] *vt (laisser)* ceder ◇ *vi* **1.** *(ne pas résister)* ceder **2.** *(casser)* partir • **céder à** ceder a ▼ **cédez le passage** ceder a passagem
cédérom [sederɔm] *nm INFORM* cd-rom
CEDEX [sedɛks] *nm* CODEX *m*
cédille [sedij] *nf* cedilha *f* • **c cédille** c cedilha
cèdre [sɛdʀ] *nm* cedro *m*
CEI *nf* (*abr de Communauté d'États indépendants*) CEI *f (Comunidade de Estados Independentes)*
ceinture [sɛ̃tyʀ] *nf* **1.** cintura *f* **2.** *(accessoire)* cinto *m* • **ceinture de sécurité** cinto de segurança
ceinturon [sɛ̃tyʀɔ̃] *nm* cinturão *m*

cela [səla] *pron* isso • **cela ne fait rien** não faz mal • **comment cela ?** como assim? • **c'est cela** *(c'est exact)* é isso
célèbre [selɛbʀ] *adj* célebre
célébrer [selebʀe] *vt* celebrar
célébrité [selebʀite] *nf* celebridade *f*
céleri [sɛlʀi] *nm* aipo *m* • **céleri rémoulade** *aipo ralado servido frio com maionese*
céleste [selɛst] *adj* celeste
célibataire [selibatɛʀ] *adj & nmf* solteiro(ra)
celle ➤ **celui**
celle-ci ➤ **celui-ci**
celle-là ➤ **celui-là**
Cellophane® [selɔfan] *nf* celofane *m* • **sous Cellophane** envolvido em celofane
cellulaire [selylɛʀ] *adj* celular
cellule [selyl] *nf* **1.** célula *f* **2.** *(cachot)* cela *f*
cellulite [selylit] *nf* celulite *f*
celui, celle [səlɥi, sɛl] (*mpl* **ceux** [sø]) *pron* aquele(ela) • **celui de devant** o da frente • **celui de Pierre** o do Pedro • **celui qui part à 13 h 30** aquele que parte às 13 h 30 • **ceux dont je t'ai parlé** aqueles de que te falei
celui-ci, celle-ci [səlɥisi, sɛlsi] (*mpl* **ceux-ci** [søsi]) *pron* **1.** *(dans l'espace)* este (esta) **2.** *(dont on vient de parler)* esse (essa)
celui-là, celle-là [səlɥila, sɛlla] (*mpl* **ceux-là** [søla]) *pron* aquele(ela)
cendre [sɑ̃dʀ] *nf* cinza *f*
cendrier [sɑ̃dʀije] *nm* cinzeiro *m*
censé, e [sɑ̃se] *adj* • **il est censé être à Paris** ele devia estar em Paris • **elle n'est pas censée le savoir** não é suposto ela saber isso
censure [sɑ̃syʀ] *nf* censura *f*
censurer [sɑ̃syʀe] *vt* censurar
cent [sɑ̃] *num* cem • **pour cent** por cento
centaine [sɑ̃tɛn] *nf* • **une centaine (de)** uma centena (de)
centenaire [sɑ̃tnɛʀ] *adj & nmf* centenário(ria) ◇ *nm* centenário *m*
centième [sɑ̃tjɛm] *num* centésimo
centilitre [sɑ̃tilitʀ] *nm* centilitro *m*
centime [sɑ̃tim] *nm* cêntimo *m* ≃ centavo *m*
centimètre [sɑ̃timɛtʀ] *nm* centímetro *m*
central, e, aux [sɑ̃tʀal, o] *adj* central
centrale [sɑ̃tʀal] *nf* central *f* • **centrale nucléaire** central nuclear (*Port*), usina *f* nuclear (*Br*)
centraliser [sɑ̃tʀalize] *vt* centralizar
centre [sɑ̃tʀ] *nm* **1.** centro *m* **2.** *(point essentiel)* cerne *m* • **centre aéré** *centro de actividades ao ar livre para crianças* • **centre commercial** centro comercial
centrer [sɑ̃tʀe] *vt* centrar
centre-ville [sɑ̃tʀəvil] (*pl* **centres-villes**) *nm* centro *m* da cidade
centrifugeuse [sɑ̃tʀifyʒøz] *nf* centrifugadora *f*
centuple [sɑ̃typl] *nm* cêntuplo *m* • **au centuple** cem vezes mais
cèpe [sɛp] *nm* boleto *m (cogumelo)*
cependant [səpɑ̃dɑ̃] *conj* no entanto
céramique [seʀamik] *nf* cerâmica *f*
cercle [sɛʀkl] *nm* círculo *m*
cercueil [sɛʀkœj] *nm* caixão *m*
céréale [seʀeal] *nf* cereal *m* • **des céréales** cereais *mpl*
cérémonie [seʀemɔni] *nf* cerimónia *f*

cerf [sɛʀ] *nm* cervo *m*
cerfeuil [sɛʀfœj] *nm* cerefólio *m*
cerf-volant [sɛʀvɔlɑ̃] (*pl* **cerfs-volants**) *nm* papagaio *m* (*Port*), pipa *f* (*Br*)
cerise [səʀiz] *nf* cereja *f*
cerisier [səʀisje] *nm* cerejeira *f*
cerner [sɛʀne] *vt* **1.** (*ville, ennemi*) cercar **2.** (*fig*) (*problème*) delimitar
cernes [sɛʀn] *nmpl* olheiras *fpl*
certain, e [sɛʀtɛ̃, ɛn] *adj & pron* certo(ta) • **être certain de (faire) qqch** estar certo de (fazer) algo • **être certain que** estar certo de que • **un certain temps** um certo tempo • **un certain Jean** um chamado João ◆ **certains, certaines** *adj & pron* alguns(mas) • **certains pensent que...** certas pessoas pensam que...
certainement [sɛʀtɛnmɑ̃] *adv* **1.** (*probablement*) certamente **2.** (*bien sûr*) com certeza
certes [sɛʀt] *adv* **1.** (*bien sûr*) decerto **2.** (*il est vrai que*) é verdade que
certificat [sɛʀtifika] *nm* certificado *m* • **certificat médical** atestado *m* médico • **certificat de scolarité** certificado *m* de escolaridade
certifier [sɛʀtifje] *vt* certificar • **certifié conforme à l'original** autenticado conforme o original
certitude [sɛʀtityd] *nf* certeza *f*
cerveau [sɛʀvo] (*pl* **-x**) *nm* cérebro *m*
cervelas [sɛʀvəla] *nm espécie de salpicão*
cervelle [sɛʀvɛl] *nf* miolos *mpl*
cervical, e, aux [sɛʀvikal, o] *adj* cervical • **(vertèbre) cervicale** vértebra cervical
ces ➤ **ce**
CES *nm* (*abr écrite de collège d'enseignement secondaire*) *antigo nome dado às escolas preparatórias*
césarienne [sezaʀjɛn] *nf* cesariana *f*
césars [sezaʀ] *nmpl prémio cinematográfico* césares *mpl*

Les Césars

A entrega dos césares é a versão francesa dos óscares norte-americanos. Desde 1976, todos os anos, no mês de Março, os profissionais da indústria cinematográfica francesa escolhem o melhor filme francês, o melhor filme estrangeiro, o melhor realizador, actor, etc. O nome *césar* provém do próprio nome do escultor dos troféus que são entregues aos vencedores.

cesse [sɛs] *adv* sem cessar
cesser [sese] *vi* cessar • **cesser de faire qqch** cessar de fazer algo
cessez-le-feu [seselfø] *nm inv* cessar-fogo *m*
cession [sɛsjɔ̃] *nf* **1.** cessão *f* **2.** (*d'un bail*) trespasse *m*
c'est-à-dire [setadiʀ] *adv* quer dizer
cet ➤ **ce**
cétacé [setase] *nm* cetáceo *m*
cette ➤ **ce**
ceux ➤ **celui**
ceux-ci ➤ **celui-ci**
ceux-là ➤ **celui-là**
Cf. (*abr écrite de confer*) Cf.
chacun, e [ʃakœ̃, yn] *pron* **1.** (*chaque personne*) cada um (cada uma) **2.** (*tout le*

monde) cada qual • **chacun pour soi** cada um por si
chagrin [ʃagʀɛ̃] *nm* desgosto *m* • **avoir du chagrin** estar triste
chahut [ʃay] *nm* chinfrim *m* • **faire du chahut** fazer chinfrim
chahuter [ʃayte] *vt* gozar com *(fam)*
chaîne [ʃɛn] *nf* **1.** *(suite de maillons)* corrente *f* **2.** *(bijou)* fio *m* **3.** *(suite)* série *f* **4.** *(de télévision)* canal *m* **5.** *(d'hôtels, de restaurants)* cadeia *f* • **chaîne câblée/cryptée** canal do cabo, canal codificado • **à la chaîne** em cadeia • **chaîne (hi-fi)** aparelhagem *f* (de som) • **chaîne laser** aparelhagem laser • **chaîne de montagnes** cordilheira *f* ◆ **chaînes** *nfpl (de voiture)* correntes *fpl*
chaînon [ʃɛnɔ̃] *nm* elo *m* • **chaînon manquant** elo que falta
chair [ʃɛʀ] *nf (d'animal)* carne *f* ◇ *adj (couleur)* de pele • **chair à saucisse** carne picada • **en chair et en os** em carne e osso • **avoir la chair de poule** ficar com pele de galinha
chaise [ʃɛz] *nf* cadeira *f* • **chaise longue** espreguiçadeira *f*
châle [ʃal] *nm* xaile *m*
chalet [ʃalɛ] *nm* **1.** *(de bois)* chalé *m* **2.** (*Québec*) *(maison de campagne)* casa *f* de campo
chaleur [ʃalœʀ] *nf* calor *m*
chaleureux, euse [ʃalœʀø, øz] *adj* caloroso(osa)
chaloupe [ʃalup] *nf* (*Québec*) barca *f*
chalumeau [ʃalymo] (*pl* **-x**) *nm* maçarico *m*
chalutier [ʃalytje] *nm* arrastão *m*
chamailler [ʃamaje] *vp* brigar
chamailler [ʃamaje] ◆ **se chamailler** *vp (fam)* bulhar
chambre [ʃɑ̃bʀ] *nf* • **chambre (à coucher)** quarto *m* (de dormir) • **chambre à air** câmara-de-ar *f* • **chambre d'amis** quarto de hóspedes • **Chambre des députés** Câmara *f* dos deputados • **chambre double** quarto duplo • **chambre simple** quarto individual
chameau [ʃamo] (*pl* **-x**) *nm* camelo *m*
chamois [ʃamwa] *nm* ➤ **peau**
champ [ʃɑ̃] *nm* campo *m* (*Port*), roça *f* (*Br*) • **champ de bataille** campo de batalha • **champ de courses** hipódromo *m*
champagne [ʃɑ̃paɲ] *nm* champanhe *m*

Le champagne

Vinho branco espumante (também existe *champagne rosé*), produzido na região do mesmo nome, no nordeste da França. Bebida de grande renome, é imprescindível em todos os acontecimentos familiares importantes ou em comemorações oficiais. Também pode ser tomado como aperitivo, puro ou com licor de cássis, tornando-se, neste caso, um *kyr royal.*

champêtre [ʃɑ̃pɛtʀ] *adj* campestre
champignon [ʃɑ̃piɲɔ̃] *nm* cogumelo *m* • **champignons à la grecque** cogumelos à grega • **champignon de Paris** champignon *m* de Paris
champion, onne [ʃɑ̃pjɔ̃, ɔn] *nm, f* campeão *m*, -ã *f*

championnat [ʃɑ̃pjɔna] *nm* campeonato *m*
chance [ʃɑ̃s] *nf* **1.** *(sort favorable)* sorte *f* **2.** *(probabilité)* hipótese *f* • **avoir de la chance** ter sorte • **avoir des chances de faire qqch** ter hipóteses de fazer algo • **bonne chance !** boa sorte!
chanceler [ʃɑ̃sle] *vi* cambalear
chancelier, ère [ʃɑ̃səlje, ɛʀ] *nm, f* chanceler *m*
chanceux, euse [ʃɑ̃sø, øz] *adj* sortudo(da)
chandail [ʃɑ̃daj] *nm* camisola *f* de lã
Chandeleur [ʃɑ̃dlœʀ] *nf* • **la Chandeleur** a festa das Candeias

La Chandeleur

A *Chandeleur* é celebrada no dia dois de Fevereiro. Nesta ocasião, preparam-se crepes numa frigideira cujo cabo é segurado com uma só mão, já que a outra contém uma moeda. Segundo a tradição popular, o ano será próspero se se conseguir lançar o crepe para cima de modo a virá-lo, e apanhá-lo de novo com a frigideira, sem o deixar cair no chão.

chandelier [ʃɑ̃dəlje] *nm* castiçal *m*
chandelle [ʃɑ̃dɛl] *nf* vela *f*
change [ʃɑ̃ʒ] *nm (taux)* câmbio *m*
changement [ʃɑ̃ʒmɑ̃] *nm* mudança *f* • **changement de vitesse** alavanca *f* das mudanças
changer [ʃɑ̃ʒe] *vt* **1.** mudar **2.** *(argent)* trocar **3.** *(bébé)* mudar a fralda de ◇ *vi* mudar • **changer des euros en dollars** trocar euros em dólares • **changer de** mudar de ◆ **se changer** *vp (s'habiller)* trocar de roupa • **se changer en** transformar-se em
chanson [ʃɑ̃sɔ̃] *nf* canção *f*
chansonnier, ère [ʃɑ̃sɔnje, ɛʀ] *nm, f* cançonetista *mf*
chant [ʃɑ̃] *nm* canto *m*
chantage [ʃɑ̃taʒ] *nm* chantagem *f*
chanter [ʃɑ̃te] *vt & vi* cantar
chanteur, euse [ʃɑ̃tœʀ, øz] *nm, f* cantor *m*, -ra *f*
chantier [ʃɑ̃tje] *nm* obra *f*
chantilly [ʃɑ̃tiji] *nf* • **(crème) chantilly** chantilly *m*
chantonner [ʃɑ̃tɔne] *vi* cantarolar
chaos [kao] *nm* caos *m*
chaotique [kaɔtik] *adj* caótico(ca)
chapeau [ʃapo] (*pl* **-x**) *nm* chapéu *m* • **chapeau de paille** chapéu de palha
chapelet [ʃaplɛ] *nm* **1.** RELIG rosário *m* **2.** *(succession)* enfiada *f*
chapelle [ʃapɛl] *nf* capela *f*
chapelure [ʃaplyʀ] *nf* pão *m* ralado
chapiteau [ʃapito] (*pl* **-x**) *nm (de cirque)* tenda *f*
chapitre [ʃapitʀ] *nm* capítulo *m*
chapon [ʃapɔ̃] *nm* capão *m*
chaque [ʃak] *adj* cada • **chaque mercredi** todas as quartas-feiras
char [ʃaʀ] *nm* **1.** *(de carnaval)* carro *m* alegórico **2.** (*Québec*) *(voiture)* carro *m* • **char (d'assaut)** tanque *m* • **char à voile** *prancha com rodas propulsada por uma vela*
charabia [ʃaʀabja] *nm* (*fam*) algaraviada *f*
charade [ʃaʀad] *nf* charada *f*

charbon [ʃaʀbɔ̃] *nm* carvão *m*
charcuterie [ʃaʀkytʀi] *nf* **1.** *(aliments)* charcutaria *f (Port)*, frios *mpl (Br)* **2.** *(magasin)* charcutaria *f (Port)*, casa *f* de frios *(Br)*
charcutier, ère [ʃaʀkytje, ɛʀ] *nm, f* salsicheiro *m*, -ra *f*
chardon [ʃaʀdɔ̃] *nm* cardo *m*
charge [ʃaʀʒ] *nf* **1.** *(cargaison)* carga *f* **2.** *(fig) (gêne)* fardo *m* **3.** *(responsabilité)* cargo *m* • **prendre qqch en charge** *(frais)* assumir algo ; *(dossier)* encarregar-se de algo ◆ **charges** *nfpl (d'un appartement)* condomínio *m*
chargé, e [ʃaʀʒe] *adj* **1.** pesado(da) **2.** *(encombré, couvert)* carregado(da) **3.** *(occupé)* cheio (cheia) ◇ *nm, f* encarregado *m*, -da *f* • **(être) chargé de** *(encombré)* (estar) carregado com ou de ; *(responsable)* (estar) encarregado de
chargement [ʃaʀʒəmɑ̃] *nm* carregamento *m*
charger [ʃaʀʒe] *vt* **1.** *(gén)* carregar **2.** *(appareil photo)* pôr o rolo em • **charger qqn de faire qqch** encarregar alguém de fazer algo ◆ **se charger de** *vp + prép* encarregar-se de
chargeur [ʃaʀʒœʀ] *nm* carregador *m*
chariot [ʃaʀjo] *nm* **1.** *(charrette)* carrinho *m* **2.** *(au supermarché)* carrinho *m* (de supermercado) **3.** *(de machine à écrire)* carreto *m*
charisme [kaʀism] *nm* carisma *m*
charitable [ʃaʀitabl] *adj* caridoso(osa)
charité [ʃaʀite] *nf* caridade *f* • **demander la charité** pedir esmola
charlatan [ʃaʀlatɑ̃] *nm (péj)* charlatão *m*
charlotte [ʃaʀlɔt] *nf* charlota *f*
charmant, e [ʃaʀmɑ̃, ɑ̃t] *adj* encantador(ra)
charme [ʃaʀm] *nm* encanto *m*
charmer [ʃaʀme] *vt* encantar
charmeur, euse [ʃaʀmœʀ, øz] *adj* encantador(ra) ◇ *nm, f* sedutor *m*, -ra *f* ◆ **charmeur de serpents** *nm* encantador *m* de serpentes
charnel, elle [ʃaʀnɛl] *adj* carnal
charnier [ʃaʀnje] *nm* vala *f* comum
charnière [ʃaʀnjɛʀ] *nf* charneira *f*
charnu, e [ʃaʀny] *adj* carnudo(da)
charogne [ʃaʀɔɲ] *nf* carcaça *f*
charpente [ʃaʀpɑ̃t] *nf* vigamento *m*
charpentier [ʃaʀpɑ̃tje] *nm* carpinteiro *m*
charrette [ʃaʀɛt] *nf* carroça *f*
charrue [ʃaʀy] *nf* arado *m*
charte [ʃaʀt] *nf* carta *f*
charter [ʃaʀtɛʀ] *nm* • **(vol) charter** (voo) charter *m*
chas [ʃa] *nm* buraco *m* da agulha
chasse [ʃas] *nf* caça *f* • **aller à la chasse** ir à caça • **tirer la chasse (d'eau)** puxar o autoclismo ◆ **chasse au trésor** *nf* caça ao tesouro
chassé-croisé [ʃasekʀwaze] *(pl* **chassés-croisés**) *nm* vaivém *m* • **le chassé-croisé des vacanciers** os veraneantes que se cruzam na estrada
chasselas [ʃasla] *nm (Helv) casta de vinhos brancos*
chasse-neige [ʃasnɛʒ] *nm inv* **1.** *(véhicule)* limpa-neves *m inv* **2.** *(au ski) posição de esquiador na qual os esquis convergem*

chasser [ʃase] *vt* **1.** *(animal)* caçar **2.** *(personne)* mandar embora ◇ *vi* caçar • **chasser qqn de** mandar alguém embora de
chasseur [ʃasœʀ] *nm* caçador *m*
châssis [ʃasi] *nm* **1.** *(de voiture)* chassis *m inv* **2.** *(de fenêtre)* caixilho *m*
chaste [ʃast] *adj* casto(ta)
chat, chatte [ʃa, ʃat] *nm, f* **1.** gato *m*, -ta *f* **2.** *INFORM* conversa online, chat • **avoir un chat dans la gorge** *(fam)* ter pigarro
châtaigne [ʃatɛɲ] *nf* castanha *f*
châtaignier [ʃateɲe] *nm* castanheiro *m*
châtain [ʃatɛ̃] *adj* castanho(nha)
château [ʃato] *(pl* **châteaux***)* *nm* castelo *m* • **château d'eau** depósito *m* de água • **château fort** castelo • **château gonflable** castelo insuflável

Les châteaux de la Loire

Assim é designado o conjunto de moradias reais ou senhoriais construídas no vale do rio Loire, no centro-oeste de França, entre os séculos XVI e XVII, em que predomina, naturalmente, o estilo renascentista. Os principais castelos são *Chambord*, mandado construir por Francisco I ; *Chenonceaux*, construído sobre arcos que mergulham no rio Cher, e *Azay-le-Rideau*, situado numa ilhota do rio Indre.

châtiment [ʃatimɑ̃] *nm* castigo *m* • **châtiment corporel** castigo corporal
chaton [ʃatɔ̃] *nm* gatinho *m*, -nha *f*
chatouiller [ʃatuje] *vt* fazer cócegas
chatouilleux, euse [ʃatujø, øz] *adj* que tem cócegas
chatte ➤ **chat**
chaud, e [ʃo, ʃod] *adj* quente ◇ *nm* • **rester au chaud** ficar no quentinho • **il fait chaud** está calor • **avoir chaud** ter calor • **tenir chaud** agasalhar
chaudière [ʃodjɛʀ] *nf* caldeira *f*
chaudron [ʃodʀɔ̃] *nm* caldeirão *m*
chaudronnée [ʃodʀɔne] *nf* *(Québec)* *caldo com diversos peixes do mar* ≃ caldeirada *f* de peixe
chauffage [ʃofaʒ] *nm* aquecimento *m* • **chauffage central** aquecimento central
chauffant, e [ʃofɑ̃, ɑ̃t] *adj* **1.** que aquece **2.** *(plaque, couverture)* eléctrico(ca)
chauffante [ʃofɑ̃t] *adj f* ➤ **plaque**
chauffard [ʃofaʀ] *nm* *(péj)* • **c'est un chauffard** conduz como um doido
chauffe-eau [ʃofo] *nm inv* **1.** *(à gaz)* esquentador *m* **2.** *(électrique)* cilindro *m*
chauffer [ʃofe] *vt & vi* aquecer
chauffeur [ʃofœʀ] *nm* motorista *mf* • **chauffeur de taxi** motorista de táxi
chaumière [ʃomjɛʀ] *nf* *casa com telhado de colmo*
chaussée [ʃose] *nf* pavimento *m* ▾ **chaussée déformée** piso em mau estado
chausse-pied [ʃospje] *(pl* **chausse-pieds***)* *nm* calçadeira *f*
chausser [ʃose] *vi* • **chausser du 38** calçar 38 ◆ **se chausser** *vp* calçar-se
chaussette [ʃosɛt] *nf* meia *f*
chausson [ʃosɔ̃] *nm* **1.** *(pantoufle)* pantufa *f* **2.** *CULIN* empada *f* • **chausson aux pommes** *pastel de maçã* • **chaussons de danse** sapatos *mpl* de bailarina

chaussure [ʃosyʀ] *nf* sapato *m* • **chaussures à talons** sapatos de salto alto • **chaussures de marche** botas *fpl (de montanha)*
chauve [ʃov] *adj* careca
chauve-souris [ʃovsuʀi] (*pl* **chauves-souris**) *nf* morcego *m*
chauvin, e [ʃovɛ̃, in] *adj* chauvinista
chaux [ʃo] *nf* cal *f* • **blanchi à la chaux** caiado
chavirer [ʃaviʀe] *vi* voltar-se
chef [ʃɛf] *nm* **1.** *(directeur)* chefe *mf* **2.** *(cuisinier)* chefe *m* cozinheiro, chefe cozinheira *f* • **chef d'entreprise** empresário *m*, -ria *f* • **chef d'État** chefe de Estado • **chef de gare** chefe-de-estação *mf* • **chef d'orchestre** maestro *m*
chef-d'œuvre [ʃɛdœvʀ] (*pl* **chefs-d'œuvre**) *nm* obra-prima *f*
chef-lieu [ʃɛfljø] (*pl* **chefs-lieux**) *nm* capital duma divisão administrativa
chemin [ʃəmɛ̃] *nm* caminho *m* • **en chemin** a caminho • **chemin (d'accès)** *INFORM* caminho de acesso
chemin de fer [ʃ(ə)mɛ̃dfɛʀ] (*pl* **chemins de fer**) *nm* caminho-de-ferro *m* (*Port*), estrada *f* de ferro, ferrovia *f* (*Br*)
cheminée [ʃəmine] *nf* chaminé *f*
cheminement [ʃəminmɑ̃] *nm* **1.** *(de marcheurs)* avanço *m* **2.** *(des eaux)* progressão *f* **3.** *(fig) (d'une idée, de la pensée)* desenvolvimento *m*
cheminer [ʃəmine] *vi* **1.** *(marcher)* caminhar **2.** *(fig) (évoluer)* progredir
cheminot [ʃəmino] *nm* ferroviário *m*
chemise [ʃəmiz] *nf* **1.** *(vêtement)* camisa *f* **2.** *(en carton)* pasta *f* • **chemise de nuit** camisa de dormir
chemisette [ʃəmizɛt] *nf* **1.** *(d'homme, d'enfant)* camiseta *f* **2.** *(de femme)* blusa *f* de manga curta
chemisier [ʃəmizje] *nm* camiseiro *m*
chêne [ʃɛn] *nm* carvalho *m*
chenil [ʃənil] *nm* **1.** *(pour chiens)* canil *m* **2.** (*Helv*) *(objets sans valeur)* bugiganga *f*
chenille [ʃənij] *nf* lagarta *f*
chèque [ʃɛk] *nm* cheque *m* • **chèque barré** cheque traçado • **chèque en blanc** cheque em branco • **chèque sans provision** cheque sem cobertura • **chèque de voyage** cheque de viagem
Chèque-Restaurant® [ʃɛkʀɛstɔʀɑ̃] (*pl* **Chèques-Restaurant**) *nm* ticket-restaurante *m*
chèque-vacances [sɛkvakɑ̃s] (*pl* **chèques-vacances**) *nm* cheque-férias
chéquier [ʃekje] *nm* livro *m* de cheques
cher, chère [ʃɛʀ] *adj* caro(ra) • **cher Monsieur/Laurent** caro senhor/Laurent • **coûter cher** custar caro
chercher [ʃɛʀʃe] *vt* **1.** *(objet, personne)* procurar **2.** *(provoquer)* provocar ◇ *vi* • **chercher à faire qqch** tentar fazer algo • **aller chercher qqch/qqn** ir buscar algo/alguém
chercheur, euse [ʃɛʀʃœʀ, øz] *nm, f* pesquisador *m*, -ra *f*
chéri, e [ʃeʀi] *adj* querido(da) ◇ *nm, f* • **mon chéri** meu querido • **ma chérie** minha querida
chétif, ive [ʃetif, iv] *adj* enfezado(da)
cheval [ʃəval] (*pl* **-aux**) *nm* cavalo *m* • **monter à cheval** montar a cavalo • **faire du cheval** andar a cavalo • **à cheval sur** *(chaise, branche)* a cavalo em, escarranchado(da) em ; *(lieux, périodes)* entre

chevalet [ʃəvalɛ] *nm* cavalete *m*
chevalier [ʃəvalje] *nm* cavaleiro *m*
chevaucher [ʃəvoʃe] *vt* estar escarranchado(da) em ◆ **se chevaucher** *vp* sobrepor-se
chevelu, e [ʃəvly] *adj* cabeludo(da)
chevelure [ʃəvlyʀ] *nf* cabeleira *f*
chevet [ʃəvɛ] *nm* ➤ **lampe, table**
cheveu [ʃəvø] (*pl* **-x**) *nm* cabelo *m* ◆ **cheveux** *nmpl* cabelo *m* ● **se brosser les cheveux** pentear ou escovar o cabelo
cheville [ʃəvij] *nf* **1.** *ANAT* tornozelo *m* **2.** *(en plastique)* cavilha *f*
chèvre [ʃɛvʀ] *nf* cabra *f*
chevreau [ʃəvʀo] (*pl* **chevreaux**) *nm* **1.** *(animal)* cabrito *m* **2.** *(peau)* pele *f* de cabrito
chèvrefeuille [ʃɛvʀəfœj] *nm* madressilva *f*
chevreuil [ʃəvʀœj] *nm* veado *m*
chevronné, e [ʃəvʀɔne] *adj* experiente
chewing-gum [ʃwiŋgɔm] (*pl* **-s**) *nm* pastilha *f* elástica (*Port*), chiclete *m* (*Br*)
chez [ʃe] *prép* **1.** em casa de **2.** *(dans le caractère de)* em ● **chez moi** em minha casa ● **aller chez le dentiste** ir ao dentista
chic [ʃik] *adj* chique
chiche [ʃiʃ] *adj m* ➤ **pois**
chicon [ʃikɔ̃] *nm* (*Belg*) endívia *f*
chicorée [ʃikɔʀe] *nf* chicória *f*
chien, chienne [ʃjɛ̃, ʃjɛn] *nm, f* cão *m*, cadela *f*
chiffon [ʃifɔ̃] *nm* farrapo *m* ● **chiffon (à poussière)** pano *m* (do pó)
chiffonné, e [ʃifɔne] *adj* **1.** *(tissu)* engelhado(da) **2.** *(contrarié)* aborrecido(da) **3.** *(fatigué)* abatido(da)
chiffonner [ʃifɔne] *vt* amarrotar
chiffre [ʃifʀ] *nm* **1.** *MATH* número *m* **2.** *(montant)* valor *m*
chiffrer [ʃifʀe] *vt* **1.** *(évaluer)* calcular **2.** *(numéroter)* numerar **3.** *(message)* codificar ◇ *vi* sair caro ◆ **se chiffrer** *vp* ● **se chiffrer à x euros** elevar-se a x euros
chignon [ʃiɲɔ̃] *nm* puxo *m*
Chili [ʃili] *nm* ● **le Chili** o Chile
chimère [ʃimɛʀ] *nf* quimera *f*
chimie [ʃimi] *nf* química *f*
chimiothérapie [ʃimjɔteʀapi] *nf* quimioterapia *f*
chimique [ʃimik] *adj* químico(ca)
chimiste [ʃimist] *nmf* químico *m*, -ca *f*
chimpanzé [ʃɛ̃pɑ̃ze] *nm* chimpanzé *m*
Chine [ʃin] *nf* ● **la Chine** a China
chinois, e [ʃinwa, az] *adj* chinês(esa) ◇ *nm (langue)* chinês *m* ◆ **Chinois, e** *nm, f* chinês *m*, -esa *f*
chiot [ʃjo] *nm* cachorro *m*, -a *f*
chipie [ʃipi] *nf* (*fam*) queixinhas *mf inv*
chipolata [ʃipɔlata] *nf* salsicha *f* fresca
chips [ʃips] *nfpl* batatas *fpl* fritas *(de pacote)*
chirurgie [ʃiʀyʀʒi] *nf* cirurgia *f* ● **chirurgie esthétique** cirurgia estética
chirurgien, enne [ʃiʀyʀʒjɛ̃, ɛn] *nm, f* cirurgião *m*, -ã *f*
chlore [klɔʀ] *nm* cloro *m*
chloroforme [klɔʀɔfɔʀm] *nm* clorofórmio *m*
chlorophylle [klɔʀɔfil] *nf* clorofila *f*
choc [ʃɔk] *nm* choque *m*
chocolat [ʃɔkɔla] *nm* **1.** *(friandise)* chocolate *m* **2.** *(boisson)* leite *m* com chocolate ● **chocolat blanc** chocolate branco ● **chocolat au lait** chocolate de leite ● **chocolat liégeois** *gelado de chocolate*

com natas • **chocolat noir** chocolate preto
chocolatier [ʃɔkɔlatje] *nm* loja *f* de chocolates
chœsels [tʃuzœl] *nmpl* (*Belg*) *ensopado de carnes e miúdos cozidos com cerveja*
choeur [kœʀ] *nm* coro *m* • **en choeur** em coro
choisir [ʃwaziʀ] *vt* escolher
choix [ʃwa] *nm* escolha *f* • **avoir le choix** ter liberdade de escolha • **au choix** à escolha • **de premier/second choix** de primeira/segunda categoria
choléra [kɔleʀa] *nm* cólera *f (doença)*
cholestérol [kɔlɛsteʀɔl] *nm* colesterol *m*
chômage [ʃomaʒ] *nm* desemprego *m* • **être au chômage** estar desempregado(da)
chômer [ʃome] *vt* não trabalhar ◇ *vi* estar desempregado(da) • **ne pas chômer** (*fam*) não ter mãos a medir
chômeur, euse [ʃomœʀ, øz] *nm, f* desempregado *m*, -da *f*
chope [ʃɔp] *nf* caneca *f*
choquant, e [ʃɔkɑ̃, ɑ̃t] *adj* chocante
choquer [ʃɔke] *vt* chocar
chorale [kɔʀal] *nf* coral *m*
chorégraphie [kɔʀegʀafi] *nf* coreografia *f*
choriste [kɔʀist] *nmf* corista *mf*
chose [ʃoz] *nf* coisa *f*
chou [ʃu] (*pl* **-x**) *nm* couve *f* • **chou de Bruxelles** couve-de-Bruxelas *f* • **chou à la crème** *espécie de bolo fofo recheado com creme* • **chou rouge** couve roxa
chouchou, oute [ʃuʃu, ut] *nm, f* (*fam*) menino-bonito *m*, menina-bonita *f* ◇ *nm* elástico *m* para o cabelo
choucroute [ʃukʀut] *nf* • **choucroute (garnie)** *chucrute acompanhada de carne de porco e batatas cozidas*
chouette [ʃwɛt] *nf* coruja *f* ◇ *adj* (*fam*) porreiro(ra)
chou-fleur [ʃuflœʀ] (*pl* **choux-fleurs**) *nm* couve-flor *f*
choyer [ʃwaje] *vt* (*sout*) acarinhar
chrétien, enne [kʀetjɛ̃, ɛn] *adj & nm, f* cristão(ã)
christianisme [kʀistjanism] *nm* cristianismo *m*
chromé, e [kʀome] *adj* cromado(da)
chromes [kʀom] *nmpl* acessórios *mpl* cromados *(de um veículo)*
chromosome [kʀɔmɔzom] *nm* cromossoma *m*
chronique [kʀɔnik] *adj* crónico(ca) ◇ *nf* crónica *f*
chronologie [kʀɔnɔlɔʒi] *nf* cronologia *f*
chronologique [kʀɔnɔlɔʒik] *adj* cronológico(ca)
chronomètre [kʀɔnɔmɛtʀ] *nm* cronómetro *m*
chronométrer [kʀɔnɔmetʀe] *vt* cronometrar
chrysalide [kʀizalid] *nf* crisálida *f*
chrysanthème [kʀizɑ̃tɛm] *nm* crisântemo *m*
CHU *nm* (*abr de centre hospitalo-universitaire*) hospital *m* universitário
chuchotement [ʃyʃɔtmɑ̃] *nm* cochicho *m*
chuchoter [ʃyʃɔte] *vt & vi* cochichar
chut [ʃyt] *interj* chiu!
chute [ʃyt] *nf* queda *f* • **chute d'eau** queda de água • **chute de neige** queda de neve

ci [si] *adv* • **ce livre-ci** este livro aqui • **ces jours-ci** estes últimos dias
cible [sibl] *nf* alvo *m*
ciboulette [sibulɛt] *nf* cebolinho *m* (*Port*), cebolinha *f* (*Br*)
cicatrice [sikatʀis] *nf* cicatriz *f*
cicatriser [sikatʀize] *vi* cicatrizar
ci-dessous [sidəsu] *adv* mais abaixo
ci-dessus [sidəsy] *adv* acima
cidre [sidʀ] *nm* sidra *f*
Cie (*abr écrite de compagnie*) C[ia] (*companhia*)
ciel [sjɛl] *nm* **1.** céu *m* **2.** (*pl cieux*) (*paradis*) céu *m*
cierge [sjɛʀʒ] *nm* círio *m*
cieux [sjø] ➤ **ciel**
cigale [sigal] *nf* cigarra *f*
cigare [sigaʀ] *nm* charuto *m*
cigarette [sigaʀɛt] *nf* cigarro *m* • **cigarette filtre/sans filtre** cigarro com filtro/sem filtro • **cigarette russe** palito *m* de champanhe
cigogne [sigɔɲ] *nf* cegonha *f*
ci-joint, e [siʒwɛ̃, ɛ̃t] *adj* anexo(xa) ◇ *adv* em anexo
cil [sil] *nm* pestana *f*
cime [sim] *nf* cimo *m*
ciment [simɑ̃] *nm* cimento *m*
cimenter [simɑ̃te] *vt* cimentar
cimetière [simtjɛʀ] *nm* cemitério *m*
cinéaste [sineast] *nmf* cineasta *mf*
ciné-club [sineklœb] (*pl* **ciné-clubs**) *nm* cine-clube *m*
cinéma [sinema] *nm* cinema *m*
cinémathèque [sinematɛk] *nf* cinemateca *f*
cinématographique [sinematɔgʀafik] *adj* cinematográfico(ca)
cinéphile [sinefil] *nmf* cinéfilo *m*, -la *f*
cinglé, e [sɛ̃gle] *adj & nm, f* (*fam*) chanfrado(da)
cinq [sɛ̃k] *num* cinco • **il a cinq ans** ele tem cinco anos • **il est cinq heures** são cinco horas • **le cinq janvier** no dia cinco de Janeiro • **page cinq** página cinco • **ils étaient cinq** eram cinco • **le cinq de pique** o cinco de espadas • **(au) cinq rue Lepic** (na) rua Lepic, número cinco
cinquantaine [sɛ̃kɑ̃tɛn] *nf* • **une cinquantaine (de)** cerca de cinquenta • **avoir la cinquantaine** ter cerca de cinquenta anos
cinquante [sɛ̃kɑ̃t] *num* cinquenta
cinquantième [sɛ̃kɑ̃tjɛm] *num* quinquagésimo(ma)
cinquième [sɛ̃kjɛm] *num* quinto(ta) ◇ *nf* **1.** SCOL ≃ sétimo ano *m* do ensino básico **2.** (*vitesse*) quinta *f* ◇ *nm* **1.** (*fraction*) quinto *m* **2.** (*étage*) quinto andar *m*
cintre [sɛ̃tʀ] *nm* cabide *m*
cintré, e [sɛ̃tʀe] *adj* cintado(da)
cipâte [sipat] *nm* (*Québec*) *torta com camadas de batata e de carne*
cirage [siʀaʒ] *nm* graxa *f*
circoncision [siʀkɔ̃sizjɔ̃] *nf* circuncisão *f*
circonférence [siʀkɔ̃feʀɑ̃s] *nf* circunferência *f*
circonflexe [siʀkɔ̃flɛks] *adj* ➤ **accent**
circonstance [siʀkɔ̃stɑ̃s] *nf* **1.** (*gén*) circunstância *f* **2.** (*occasion*) ocasião *f* • **de circonstance** adequado(da) às circunstâncias • **circonstances atténuantes** circunstâncias atenuantes
circuit [siʀkɥi] *nm* **1.** (*piste automobile*) autódromo *m* **2.** (*trajet*) percurso *m*

3. *(électrique)* circuito *m* • **circuit touristique** circuito turístico
circulaire [siʀkylɛʀ] *adj & nf* circular
circulation [siʀkylasjɔ̃] *nf* circulação *f*
circuler [siʀkyle] *vi* **1.** circular **2.** *(électricité)* passar
cire [siʀ] *nf* cera *f*
ciré [siʀe] *nm* impermeável *m*
cirer [siʀe] *vt* **1.** *(parquet)* encerar **2.** *(chaussure)* engraxar
cirque [siʀk] *nm* circo *m*
cirrhose [siʀoz] *nf* cirrose *f*
ciseaux [sizo] *nmpl* • **(une paire de) ciseaux** uma tesoura
ciseler [sizle] *vt* cinzelar
citadelle [sitadɛl] *nf* cidadela *f*
citadin, e [sitadɛ̃, in] *nm, f* citadino *m*, -na *f*
citation [sitasjɔ̃] *nf* citação *f*
cité [site] *nf* **1.** *(ville)* cidade *f* **2.** *(groupe d'immeubles)* bairro *m* • **cité universitaire** cidade universitária
citer [site] *vt* citar
citerne [sitɛʀn] *nf* cisterna *f*
citoyen, enne [sitwajɛ̃, ɛn] *nm, f* cidadão *m*, -ã *f*
citron [sitʀɔ̃] *nm* limão *m* • **citron vert** lima *f* *(Port)*, limão-galego *m* *(Br)*
citronnade [sitʀɔnad] *nf* limonada *f*
citronnier [sitʀɔnje] *nm* limoeiro *m*
citrouille [sitʀuj] *nf* abóbora *f*
civet [sivɛ] *nm* *estufado de caça marinada em vinho tinto*
civière [sivjɛʀ] *nf* maca *f*
civil, e [sivil] *adj* civil ◇ *nm* civil *m* • **en civil** à paisana
civilisation [sivilizasjɔ̃] *nf* civilização *f*
civilisé, e [sivilize] *adj* civilizado(da)
civique [sivik] *adj* cívico(ca)
cl *(abr écrite de centilitre)* cl *(centilitro)*
clafoutis [klafuti] *nm* *espécie de pudim com frutas*
clair, e [klɛʀ] *adj* **1.** claro(ra) **2.** *(pur)* límpido(da) ◇ *adv* claro ◇ *nm* • **clair de lune** luar *m*
clairement [klɛʀmɑ̃] *adv* claramente
clairière [klɛʀjɛʀ] *nf* clareira *f*
clairon [klɛʀɔ̃] *nm* clarim *m*
clairsemé, e [klɛʀsəme] *adj* ralo(la)
clairvoyant, e [klɛʀvwajɑ̃, ɑ̃t] *adj* sagaz
clameur [klamœʀ] *nf* clamor *m*
clan [klɑ̃] *nm* clã *m*
clandestin, e [klɑ̃dɛstɛ̃, in] *adj* clandestino(na)
clandestinité [klɑ̃dɛstinite] *nf* clandestinidade *f* • **dans la clandestinité** na clandestinidade
clapier [klapje] *nm* coelheira *f*
claquage [klakaʒ] *nm* distensão *f* muscular
claque [klak] *nf* estalada *f*
claquement [klakmɑ̃] *nm* estalo *m*
claquer [klake] *vt* *(porte)* bater com ◇ *vi* *(volet, porte)* bater • **claquer des dents** bater os dentes • **claquer des doigts** estalar os dedos ◆ **se claquer** *vp* • **se claquer un muscle** ter uma distensão muscular
claquettes [klakɛt] *nfpl* **1.** *(chaussures)* sapatos *mpl* de sapateado **2.** *(danse)* sapateado *m*
clarifier [klaʀifje] *vt* esclarecer
clarinette [klaʀinɛt] *nf* clarinete *m*
clarté [klaʀte] *nf* **1.** *(lumière)* claridade *f* **2.** *(d'un raisonnement)* clareza *f*

classe [klas] *nf* **1.** *(groupe d'élèves)* turma *f* **2.** *(salle)* sala *f* (de aula) **3.** *(en train, élégance)* classe *f* • **aller en classe** ir para as aulas • **première classe** primeira classe • **classe affaires** classe executiva • **classe de mer** *colónia escolar na praia* • **classe de neige** *colónia escolar na montanha* • **classe touriste** classe económica • **classe verte** *colónia escolar no campo*

Les classes vertes/de mer/de neige

Estes termos designam estadias de uma ou duas semanas nas montanhas, à beira-mar ou no campo, feitas por grupos de alunos acompanhados pelos respectivos professores. Organizam-se, para além de actividades desportivas, passeios que permitem às crianças descobrirem o meio ambiente e se relacionarem com os habitantes da região.

classement [klasmɑ̃] *nm* **1.** *(rangement)* arrumação *f* **2.** *(sportif)* classificação *f*
classer [klase] *vt* **1.** *(dossiers)* arrumar **2.** *(grouper)* classificar ◆ **se classer** *vp* • **se classer premier** classificar-se em primeiro lugar
classeur [klasœʀ] *nm* dossier *m*
classification [klasifikasjɔ̃] *nf* classificação *f*
classique [klasik] *adj* clássico(ca)
clause [kloz] *nf* cláusula *f*
claustrophobie [klostʀɔfɔbi] *nf* claustrofobia *f*
clavecin [klavsɛ̃] *nm* cravo *m (instrumento)*
clavicule [klavikyl] *nf* clavícula *f*
clavier [klavje] *nm* teclado *m*
clé [kle] *nf* **1.** *(de porte, de voiture)* chave *f* **2.** *(outil)* chave-de-fendas *f* • **fermer qqch à clé** fechar algo à chave • **clé anglaise** ou **à molette** chave-inglesa *f* • **clé de contact** chave-de-ignição *f*
clef [kle] = clé
clément, e [klemɑ̃, ɑ̃t] *adj* clemente
clémentine [klemɑ̃tin] *nf* clementina *f* *(Port)*, mexerica *f* *(Br)*
clergé [klɛʀʒe] *nm* clero *m*
cliché [kliʃe] *nm* **1.** *(négatif)* negativo *m* **2.** *(photo)* fotografia *f* **3.** *(idée banale)* clichê *m*
client, e [klijɑ̃, ɑ̃t] *nm, f* cliente *mf*
clientèle [klijɑ̃tɛl] *nf* clientela *f*
cligner [kliɲe] *vi* • **cligner des yeux** piscar os olhos
clignotant [kliɲɔtɑ̃] *nm* pisca-pisca *m*
clignoter [kliɲɔte] *vi* piscar
climat [klima] *nm* clima *m*
climatisation [klimatizasjɔ̃] *nf* climatização *f*
climatisé, e [klimatize] *adj* climatizado(da)
clin d'œil [klɛ̃dœj] *nm* • **faire un clin d'œil à qqn** piscar o olho a alguém • **en un clin d'œil** num piscar de olhos
clinique [klinik] *nf* clínica *f*
clip [klip] *nm* **1.** *(boucle d'oreille)* brinco *m* de mola **2.** *(film)* clipe *m*
cliquable [klikabl] *adj* clicável
cliquer [klike] *vi INFORM* clicar

clitoris [klitɔʀis] *nm* clítoris *m*
clivage [klivaʒ] *nm* clivagem *f*
clochard, e [klɔʃaʀ, aʀd] *nm, f* vagabundo *m*, -da *f*
cloche [klɔʃ] *nf* sino *m* • **cloche à fromage** queijeira *f*
cloche-pied [klɔʃpje] ♦ **à cloche-pied** *adv* ao pé coxinho
clocher [klɔʃe] *nm* campanário *m*
clochette [klɔʃɛt] *nf* campainha *f*
cloison [klwazɔ̃] *nf* tabique *m*
cloisonner [klwazɔne] *vt* **1.** *(pièce, maison)* dividir com tabiques **2.** *(fig) (fonctions, services)* compartimentar
cloître [klwatʀ] *nm* claustro *m*
clonage [klɔnaʒ] *nm* clonagem • **clonage thérapeutique** clonagem terapêutica
cloporte [klɔpɔʀt] *nm* bicho-de-conta *m*
cloque [klɔk] *nf* bolha *f*
clore [klɔʀ] *vt* **1.** *(sout) (porte, yeux)* fechar **2.** *(terrain)* vedar **3.** *(compte, débat)* encerrar
clos, e [klo, kloz] *adj* **1.** *(fermé)* fechado(da) **2.** *(terminé)* encerrado(da) ♦ **clos** *nm* **1.** *(terrain)* cerrado *m* **2.** *(vignoble)* vinhedo *m*
clôture [klotyʀ] *nf (barrière)* vedação *f*
clôturer [klotyʀe] *vt (champ, jardin)* vedar
clou [klu] *nm* prego *m* • **clou de girofle** cravinho *m* ♦ **clous** *nmpl (passage piétons)* passadeira *f*
clouer [klue] *vt* pregar
clouté [klute] *adj m* ➤ **passage**
clown [klun] *nm* palhaço *m*
club [klœb] *nm* clube *m*
cm (*abr écrite de centimètre*) cm *(centímetro)*
CM *nm* (*abr de cours moyen*) • **CM1** ≃ terceira classe *f* (do ensino primário) • **CM2** ≃ quarta classe *f* (do ensino primário)
coaguler [kɔagyle] *vi* coagular
coalition [kɔalisjɔ̃] *nf* coligação *f*
cobaye [kɔbaj] *nm* cobaia *f*
cobra [kɔbʀa] *nm* cobra-capelo *f*
Coca(-Cola)® [kɔka(kɔla)] *nm inv* Coca-Cola® *f*
cocaïne [kɔkain] *nf* cocaína *f*
cocasse [kɔkas] *adj* cómico(ca)
coccinelle [kɔksinɛl] *nf* joaninha *f*
coccyx [kɔksis] *nm* cóccix *m inv*
cocher [kɔʃe] *vt* marcar com uma cruz
cochon, onne [kɔʃɔ̃, ɔn] *nm, f (fam & péj) (personne sale)* porco *m*, -ca *f* ◇ *nm* porco *m* • **cochon d'Inde** porco da Índia
cochonnerie [kɔʃɔnʀi] *nf (fam)* **1.** porcaria *f* **2.** *(fig) (obscénité)* indecência *f*
cocktail [kɔktɛl] *nm* cocktail *m*
coco [kɔko] *nm* ➤ **noix**
cocon [kɔkɔ̃] *nm* casulo *m*
cocorico [kɔkɔʀiko] *nm* cocorocó *m*
cocotier [kɔkɔtje] *nm* coqueiro *m*
cocotte [kɔkɔt] *nf* panela *f* • **cocotte en papier** galinha *f* de papel
Cocotte-Minute® [kɔkɔtminyt] (*pl* **Cocottes-Minute**) *nf* panela *f* de pressão
cocu, e [kɔky] *(fam) nm, f* corno *m* ◇ *adj* cornudo
code [kɔd] *nm* código *m* • **code confidentiel** código de acesso • **code postal** código postal • **code de la route** código da estrada ♦ **codes** *nmpl AUTO* médios *mpl*

Le code postal

Na indicação de uma morada, os cinco algarismos do código postal precedem o nome da cidade. Os dois primeiros algarismos indicam o departamento em que a cidade se encontra. Nas cidades divididas em *arrondissements*, estes correspondem aos dois últimos algarismos. Certas empresas ou organismos importantes possuem um código especial denominado *Cédex* (Codex).

codé, **e** [kɔde] *adj* codificado(da)
code-barres [kɔdbaʀ] (*pl* **codes-barres**) *nm* código *m* de barras
coefficient [kɔefisjɑ̃] *nm* coeficiente *m*
cœur [kœʀ] *nm* **1.** *ANAT (gentillesse)* coração *m* **2.** *(centre)* centro *m* **3.** *(aux cartes)* copas *fpl* • **avoir bon cœur** ter bom coração • **de bon cœur** de boa vontade • **par cœur** de cor • **cœur d'artichaut** coração de alcachofra • **cœur de palmier** palmito *m*
coffre [kɔfʀ] *nm* **1.** *(de voiture)* porta-bagagens *m inv* **2.** *(malle)* mala *f*
coffre-fort [kɔfʀəfɔʀ] (*pl* **coffres-forts**) *nm* cofre-forte *m*
coffret [kɔfʀɛ] *nm* estojo *m*
cognac [kɔɲak] *nm* conhaque *m*
cogner [kɔɲe] *vi* (*fam*) bater ◆ **se cogner** *vp* bater • **se cogner la tête** bater com a cabeça
cohabiter [kɔabite] *vi* coabitar
cohérence [kɔeʀɑ̃s] *nf* coerência *f*
cohérent, **e** [kɔeʀɑ̃, ɑ̃t] *adj* coerente
cohésion [kɔezjɔ̃] *nf* coesão *f*
cohue [kɔy] *nf* barafunda *f*
coiffer [kwafe] *vt* pentear • **être coiffé de** usar (na cabeça) ◆ **se coiffer** *vp* pentear-se
coiffeur, **euse** [kwafœʀ, øz] *nm, f* cabeleireiro *m*, -ra *f*
coiffure [kwafyʀ] *nf* penteado *m*
coin [kwɛ̃] *nm* canto *m* • **au coin de** no canto de • **dans le coin** *(dans les environs)* por aqui
coincer [kwɛ̃se] *vt* entalar ◆ **se coincer** *vp* ficar entalado(da) • **se coincer le doigt** entalar o dedo
coïncidence [kɔɛ̃sidɑ̃s] *nf* coincidência *f*
coïncider [kɔɛ̃side] *vi* coincidir
coing [kwɛ̃] *nm* marmelo *m*
col [kɔl] *nm* **1.** *(de vêtement)* gola *f* **2.** *(en montagne)* colo *m* • **col roulé** gola alta • **col en pointe** ou **en V** decote *m* em bico
colère [kɔlɛʀ] *nf* raiva *f* • **être en colère (contre qqn)** estar com raiva (contra alguém) • **se mettre en colère** irritar-se
coléreux, **euse** [kɔleʀø, øz] *adj* colérico(ca)
colimaçon [kɔlimasɔ̃] ◆ **en colimaçon** *loc adv* • **escalier en colimaçon** escada de caracol
colin [kɔlɛ̃] *nm* pescada *f*
colique [kɔlik] *nf* cólica *f*
colis [kɔli] *nm* • **colis (postal)** encomenda *f* (postal)
collaborateur, **trice** [kɔlabɔʀatœʀ, tʀis] *nm, f* **1.** *(employé)* colaborador *m*, -ra *f* **2.** *(péj) (avec l'ennemi)* colaboracionista *mf*
collaboration [kɔlabɔʀasjɔ̃] *nf* colaboração *f*

collaborer [kɔlabɔʀe] *vi* colaborar • **collaborer à qqch** colaborar em algo
collant, e [kɔlɑ̃, ɑ̃t] *adj* **1.** *(adhésif)* colante **2.** *(étroit)* justo(ta) ◇ *nm* collants *mpl*
colle [kɔl] *nf* **1.** *(pâte)* cola *f* **2.** *(devinette)* adivinha *f* **3.** *SCOL (retenue)* castigo *m*
collecte [kɔlɛkt] *nf* colecta *f*
collectif, ive [kɔlɛktif, iv] *adj* colectivo(va)
collection [kɔlɛksjɔ̃] *nf* colecção *f*
collectionner [kɔlɛksjɔne] *vt* coleccionar
collectionneur, euse [kɔlɛksjɔnœʀ, øz] *nm, f* coleccionador *m*, -ra *f*
collectivité [kɔlɛktivite] *nf* colectividade *f* • **collectivité territoriale** colectividade territorial • **les collectivités locales** as colectividades locais
collège [kɔlɛʒ] *nm* escola *f* preparatória
collégien, enne [kɔleʒjɛ̃, ɛn] *nm, f* aluno *m*, -na *f*
collègue [kɔlɛg] *nmf* colega *mf*
coller [kɔle] *vt* **1.** *(faire adhérer)* colar **2.** *(fam) (donner)* pregar **3.** *SCOL (punir)* castigar
collier [kɔlje] *nm* **1.** *(bijou)* colar *m* **2.** *(de chien)* coleira *f*
colline [kɔlin] *nf* colina *f*
collision [kɔlizjɔ̃] *nf* colisão *f*
colloque [kɔlɔk] *nm* colóquio *m*
colmater [kɔlmate] *vt* colmatar
colocataire [kɔlɔkatɛr] *nmf* co-inquilino
Cologne [kɔlɔɲ] *n* ➤ **eau**
colombe [kɔlɔ̃b] *nf* pomba *f*
Colombie [kɔlɔ̃bi] *nf* • **la Colombie** a Colômbia
colonel, elle [kɔlɔnɛl] *nm, f* coronel *m*
colonial, e, aux [kɔlɔnjal, o] *adj* colonial
colonialisme [kɔlɔnjalism] *nm* colonialismo *m*
colonie [kɔlɔni] *nf* colónia *f* • **colonie de vacances** colónia de férias
colonne [kɔlɔn] *nf* coluna *f* • **colonne vertébrale** coluna vertebral
colorant [kɔlɔʀɑ̃] *nm* corante *m* ▼ **sans colorants** sem corantes
colorer [kɔlɔʀe] *vt* colorir • **coloré de qqch** *(fig)* marcado por algo ◆ **se colorer** *vp* • **se colorer de** *(fig)* marcar-se por
colorier [kɔlɔʀje] *vt* colorir
coloris [kɔlɔʀi] *nm* colorido *m*
colossal, e, aux [kɔlɔsal, o] *adj* colossal
colporter [kɔlpɔʀte] *vt* **1.** *(une marchandise)* vender pelas ruas *(Port)*, mascatear *(Br)* **2.** *(une information)* espalhar ◆ **se colporter** *vp* espalhar-se
COM [cɔm] (*abr de Collectivités d'outre-mer*) *nmpl colectividades ultramarinas francesas*

Les COM

As COM (colectividades ultramarinas) são constituídas pelas ilhas São Pedro e Miquelon, Mayotte Nova Caledónia, Wallis e Futuna, Polinésia, e pelos Territórios austrais e antárcticos. A sua administração é mais autónoma do que a dos DROM.

coma [kɔma] *nm* coma *m* • **être dans le coma** estar em coma
comateux, euse [kɔmatø, øz] *adj* comatoso(osa)
combat [kɔ̃ba] *nm* combate *m*

combattant, e [kɔ̃batɑ̃, ɑ̃t] *nm, f* combatente *mf* • **ancien combattant** antigo combatente

combattre [kɔ̃batʀ] *vt* **1.** *(ennemi)* combater **2.** *(maladie, idées)* lutar contra ◇ *vi* **1.** *(contre un ennemi)* combater **2.** *(contre la maladie, des idées)* lutar

combien [kɔ̃bjɛ̃] *adv* • **combien de** quanto(ta) • **combien ça coûte ?** quanto custa?

combinaison [kɔ̃binɛzɔ̃] *nf* **1.** combinação *f* **2.** *(de motard, skieur)* fato *m* • **combinaison de plongée** fato de mergulhador

combine [kɔ̃bin] *nf (fam)* truque *m*

combiné [kɔ̃bine] *nm* • **combiné (téléphonique)** auscultador *m*

combiner [kɔ̃bine] *vt* combinar

comble [kɔ̃bl] *nm* • **c'est un comble !** é o cúmulo! • **le comble de** o cúmulo de

combler [kɔ̃ble] *vt* **1.** *(boucher)* tapar **2.** *(satisfaire)* satisfazer

combustible [kɔ̃bystibl] *nm* combustível *m*

comédie [kɔmedi] *nf* **1.** *(film, pièce de théâtre)* comédia *f* **2.** *(fam) (caprice)* fita *f* • **jouer la comédie** fazer fita • **comédie musicale** comédia musical

comédien, enne [kɔmedjɛ̃, ɛn] *nm, f* **1.** *(acteur)* actor *m*, -triz *f* **2.** *(hypocrite)* fiteiro *m*, -ra *f*

comestible [kɔmɛstibl] *adj* comestível

comète [kɔmɛt] *nf* cometa *m* • **tirer des plans sur la comète** *(fig)* construir castelos no ar

comique [kɔmik] *adj* cómico(ca)

comité [kɔmite] *nm* comité *m* • **comité d'entreprise** ≃ casa *f* do pessoal

commandant [kɔmɑ̃dɑ̃] *nm* comandante *m*

commande [kɔmɑ̃d] *nf* **1.** comando *m* **2.** *COMM (achat)* encomenda *f* • **les commandes** *(d'un avion)* os comandos

commander [kɔmɑ̃de] *vt* **1.** *(diriger)* comandar **2.** *(dans un bar)* mandar vir **3.** *(acheter)* encomendar **4.** *TECH* accionar • **commander à qqn de faire qqch** mandar alguém fazer algo

commanditaire [kɔmɑ̃ditɛʀ] *nm, f* **1.** *(bailleur de fonds)* patrocinador *m*, -ra *f* **2.** *(associé)* comanditário *m*, -ria *f* ◇ *adj* comanditário(ria)

commando [kɔmɑ̃do] *nm* comando *m* *(forças especiais)*

comme [kɔm] *conj*

1. *(gén)* como • **elle est blonde, comme sa mère** ela é loura como a mãe • **comme si rien ne s'était passé** como se nada tivesse acontecido • **comme vous voudrez** como queira • **comme il faut** *(correctement)* como deve ser ; *(convenable)* decente • **les villes fortifiées comme Carcassonne** as cidades fortificadas como Carcassonne • **qu'est-ce que vous avez comme desserts ?** o que é que há como sobremesa? • **comme vous n'arriviez pas, nous sommes passés à table** como não chegavam, começámos a comer

2. *(dans des expressions)* • **comme ça** assim • **comme ci comme ça** *(fam)* assim assim • **comme tout** *(fam) (très)* extremamente

◇ *adv (marque l'intensité)* como • **vous savez comme il est difficile de se loger ici**

sabe como é difícil alojar-se cá • **comme c'est grand !** que grande!
commémorer [kɔmemɔʀe] *vt* comemorar
commencement [kɔmɑ̃smɑ̃] *nm* começo *m*
commencer [kɔmɑ̃se] *vt & vi* começar • **commencer à faire qqch** começar a fazer algo • **commencer par qqch** começar por algo • **commencer par faire qqch** começar por fazer algo
comment [kɔmɑ̃] *adv* como • **comment ?** *(pour faire répéter)* como? • **comment tu t'appelles ?** como te chamas? • **comment allez-vous ?** como está?
commentaire [kɔmɑ̃tɛʀ] *nm* **1.** comentário *m* **2.** *(d'un match)* relato *m* • **commentaire de texte** comentário de texto
commentateur, trice [kɔmɑ̃tatœʀ, tʀis] *nm, f* comentador *m*, -ra *f* • **commentateur sportif** comentador desportivo
commenter [kɔmɑ̃te] *vt* comentar
commérage [kɔmeʀaʒ] *nm* *(fam)* bisbilhotice *f*
commerçant, e [kɔmɛʀsɑ̃, ɑ̃t] *adj* comercial ◇ *nm, f* comerciante *mf*
commerce [kɔmɛʀs] *nm* **1.** *(activité)* comércio *m* **2.** *(boutique)* loja *f* • **commerce équitable** comércio equitativo • **commerce en ligne** *INFORM* comércio electrónico • **dans le commerce** nas lojas
commercial, e, aux [kɔmɛʀsjal, o] *adj* comercial
commercialiser [kɔmɛʀsjalize] *vt* comercializar
commettre [kɔmɛtʀ] *vt* cometer
commis, e [kɔmi, iz] *pp* ➤ **commettre**
commissaire [kɔmisɛʀ] *nm* • **commissaire (de police)** comissário *m* (de polícia)
commissaire-priseur [kɔmisɛʀpʀizœʀ] *(pl* **commissaires-priseurs**) *nm* avaliador *m*, -ra *f* oficial
commissariat [kɔmisaʀja] *nm* • **commissariat (de police)** esquadra *f* *(Port)*, delegacia *f* (de polícia) *(Br)*
commission [kɔmisjɔ̃] *nf* **1.** comissão *f* **2.** *(message)* recado *m* ♦ **commissions** *nfpl* *(courses)* compras *fpl* • **faire les commissions** fazer as compras
commode [kɔmɔd] *adj* cómodo(da) ◇ *nf* *(meuble)* cómoda *f*
commun, e [kɔmœ̃, yn] *adj* comum • **mettre qqch en commun** reunir algo
communal, e, aux [kɔmynal, o] *adj* ≃ de freguesia
communauté [kɔmynote] *nf* comunidade *f* • **la Communauté économique européenne** a Comunidade Económica Europeia
commune [kɔmyn] *nf* ≃ freguesia *f*
communication [kɔmynikasjɔ̃] *nf* comunicação *f* • **communication (téléphonique)** ligação *f* (telefónica)
communier [kɔmynje] *vi* comungar
communion [kɔmynjɔ̃] *nf* comunhão *f*
communiqué [kɔmynike] *nm* comunicado *m*
communiquer [kɔmynike] *vt & vi* comunicar
communisme [kɔmynism] *nm* comunismo *m*

communiste [kɔmynist] *adj & nmf* comunista
compact, e [kɔ̃pakt] *adj* compacto(ta) ◇ *nm* • **(disque) compact** compacto *m*
Compact Disc® [kɔ̃paktdisk] (*pl* **Compact Discs**) *nm* CD *m*
compagne [kɔ̃paɲ] *nf* **1.** *(camarade)* colega *f* **2.** *(dans un couple)* companheira *f*
compagnie [kɔ̃paɲi] *nf* companhia *f* • **en compagnie de** em companhia de • **tenir compagnie à** fazer companhia a • **compagnie aérienne** companhia de aviação
compagnon [kɔ̃paɲɔ̃] *nm* companheiro *m*
comparable [kɔ̃paʀabl] *adj* comparável • **comparable à** comparável a
comparaison [kɔ̃paʀɛzɔ̃] *nf* comparação *f*
comparaître [kɔ̃paʀɛtʀ] *vi* comparecer
comparer [kɔ̃paʀe] *vt* comparar • **comparer qqch à** ou **avec** comparar algo a ou com
compartiment [kɔ̃paʀtimɑ̃] *nm* compartimento *m* • **compartiment fumeurs** compartimento para fumadores • **compartiment non-fumeurs** compartimento para não-fumadores
compas [kɔ̃pa] *nm* **1.** *MATH* compasso *m* **2.** *(boussole)* bússola *f*
compatible [kɔ̃patibl] *adj* compatível
compatir [kɔ̃patiʀ] *vi* compadecer
compatriote [kɔ̃patʀijɔt] *nmf* compatriota *mf*
compensation [kɔ̃pɑ̃sasjɔ̃] *nf* compensação *f*
compensé, e [kɔ̃pɑ̃se] *adj* em cunha
compenser [kɔ̃pɑ̃se] *vt* compensar
compère [kɔ̃pɛʀ] *nm* comparsa *m*
compétence [kɔ̃petɑ̃s] *nf* competência *f*
compétent, e [kɔ̃petɑ̃, ɑ̃t] *adj* competente
compétitif, ive [kɔ̃petitif, iv] *adj* competitivo(va)
compétition [kɔ̃petisjɔ̃] *nf* competição *f*
complainte [kɔ̃plɛ̃t] *nf* endecha *f*
complément [kɔ̃plemɑ̃] *nm* complemento *m*
complémentaire [kɔ̃plemɑ̃tɛʀ] *adj* complementar
complet, ète [kɔ̃plɛ, ɛt] *adj* **1.** *(entier)* completo(ta) **2.** *(plein)* cheio (cheia) **3.** *(aliment)* integral ▼ **complet** *(parking)* completo ; *(théâtre)* esgotado
complètement [kɔ̃plɛtmɑ̃] *adv* completamente
compléter [kɔ̃plete] *vt* completar ♦ **se compléter** *vp* completar-se
complexe [kɔ̃plɛks] *adj* complexo(xa) ◇ *nm* complexo *m*
complexé, e [kɔ̃plɛkse] *adj* complexado(da)
complication [kɔ̃plikasjɔ̃] *nf* complicação *f* ♦ **complications** *nfpl MÉD* complicações *fpl*
complice [kɔ̃plis] *adj & nmf* cúmplice
complicité [kɔ̃plisite] *nf* cumplicidade *f*
compliment [kɔ̃plimɑ̃] *nm* elogio *m* • **faire un compliment à qqn** fazer um elogio a alguém
complimenter [kɔ̃plimɑ̃te] *vt* congratular
compliqué, e [kɔ̃plike] *adj* complicado(da)
compliquer [kɔ̃plike] *vt* complicar ♦ **se compliquer** *vp* complicar-se

complot [kɔ̃plo] *nm* conspiração *f*
comploter [kɔ̃plɔte] *vt & vi* conspirar
comportement [kɔ̃pɔʀtəmɑ̃] *nm* comportamento *m*
comporter [kɔ̃pɔʀte] *vt* comportar ◆ **se comporter** *vp* comportar-se
composant, e [kɔ̃pozɑ̃, ɑ̃t] *adj* componente ◆ **composant** *nm* componente *m* ◆ **composante** *nf* componente *f*
composer [kɔ̃poze] *vt* **1.** compor **2.** *(bouquet)* fazer **3.** *(code, numéro)* marcar *(Port)*, discar *(Br)* ● **composé de** composto de ou por ◆ **se composer de** *vp + prép* compor-se de
compositeur, trice [kɔ̃pozitœʀ, tʀis] *nm, f* compositor *m*, -ra *f*
composition [kɔ̃pozisjɔ̃] *nf* composição *f*
composter [kɔ̃pɔste] *vt* validar ▼ **compostez votre billet** valide o seu bilhete
compote [kɔ̃pɔt] *nf* compota *f* ● **compote de pommes** compota de maçã
compréhensible [kɔ̃pʀeɑ̃sibl] *adj* compreensível
compréhensif, ive [kɔ̃pʀeɑ̃sif, iv] *adj* compreensivo(va)
compréhension [kɔ̃pʀeɑ̃sjɔ̃] *nf* compreensão *f*
comprendre [kɔ̃pʀɑ̃dʀ] *vt* compreender ◆ **se comprendre** *vp (personnes)* compreender-se ● **ça se comprend** é compreensível
compresse [kɔ̃pʀɛs] *nf* compressa *f*
compresser [kɔ̃pʀese] *vt* comprimir
comprimé [kɔ̃pʀime] *nm* comprimido *m*
comprimer [kɔ̃pʀime] *vt* comprimir
compris, e [kɔ̃pʀi, iz] *pp* ➤ **comprendre** ◇ *adj (inclus)* incluído(da) ● **non compris** não incluído ● **tout compris** ao todo ● **y compris** inclusive
compromettre [kɔ̃pʀɔmɛtʀ] *vt* comprometer
compromis, e [kɔ̃pʀɔmi, iz] *pp* ➤ **compromettre** ◇ *nm* compromisso *m*
comptabilité [kɔ̃tabilite] *nf* contabilidade *f*
comptable [kɔ̃tabl] *nmf* contabilista *mf*
comptant [kɔ̃tɑ̃] *adv* ● **payer comptant** pagar a pronto
compte [kɔ̃t] *nm* conta *f* ● **se rendre compte de** dar-se conta de ● **se rendre compte que** dar-se conta que ● **compte joint** conta conjunta, conta colectiva ● **compte postal** *conta bancária aberta nos Correios em França* ● **en fin de compte** afinal de contas ● **tout compte fait** feitas as contas ◆ **comptes** *nmpl* contas *fpl* ● **faire ses comptes** fazer as contas
compte-chèques [kɔ̃tʃɛk] (*pl* **comptes-chèques**) *nm* conta *f* corrente
compte-gouttes [kɔ̃tgut] *nm inv* conta-gotas *m inv*
compter [kɔ̃te] *vt* **1.** *(calculer)* contar **2.** *(inclure)* contar com ◇ *vi* contar ● **compter faire qqch** contar fazer algo ◆ **compter sur** *vp + prép* contar com
compte-rendu [kɔ̃tʀɑ̃dy] (*pl* **comptes-rendus**) *nm* relatório *m*
compteur [kɔ̃tœʀ] *nm* contador *m* ● **compteur (kilométrique)** conta-quilómetros *m inv* ● **compteur (de vitesse)** velocímetro *m*
comptine [kɔ̃tin] *nf* canção *f* infantil
comptoir [kɔ̃twaʀ] *nm* balcão *m*

comte, esse [kɔ̃t, ɛs] *nm, f* conde *m*, -dessa *f*
con, conne [kɔ̃, kɔn] *adj (vulg)* besta
concave [kɔ̃kav] *adj* côncavo(va)
concéder [kɔ̃sede] *vt* conceder • **concéder qqch à qqn** conceder algo a alguém • **concéder que** admitir que
concentration [kɔ̃sɑ̃tʀasjɔ̃] *nf* concentração *f*
concentré, e [kɔ̃sɑ̃tʀe] *adj* concentrado(da) ◇ *nm* • **concentré de tomate** polpa *f* de tomate
concentrer [kɔ̃sɑ̃tʀe] *vt* concentrar ◆ **se concentrer (sur)** *vp + prép* concentrar-se em
concept [kɔ̃sɛpt] *nm* conceito *m*
conception [kɔ̃sɛpsjɔ̃] *nf* concepção *f*
concerner [kɔ̃sɛʀne] *vt* dizer respeito a
concert [kɔ̃sɛʀ] *nm* concerto *m*
concertation [kɔ̃sɛʀtasjɔ̃] *nf* concertação *f*
concerter [kɔ̃sɛʀte] *vt* preparar ◆ **se concerter** *vp* pôr-se de acordo
concessionnaire [kɔ̃sesjɔnɛʀ] *nm* concessionário *m*
concevoir [kɔ̃səvwaʀ] *vt* conceber
concierge [kɔ̃sjɛʀʒ] *nmf* porteiro *m*, -ra *f* *(Port)*, zelador *m*, -ra *f* *(Br)*
concilier [kɔ̃silje] *vt* conciliar • **son honnêteté lui a concilié l'opinion publique** a sua honestidade valeu-lhe o apoio da opinião pública • **concilier qqch et** ou **avec qqch** conciliar algo com algo ◆ **se concilier** *vp* • **se concilier qqn** cair nas boas graças de alguém • **se concilier qqch** conseguir algo
concis, e [kɔ̃si, iz] *adj* conciso(sa)
concision [kɔ̃sizjɔ̃] *nf* concisão *f*
concluant, e [kɔ̃klyɑ̃, ɑ̃t] *adj* concludente
conclure [kɔ̃klyʀ] *vt* concluir
conclusion [kɔ̃klyzjɔ̃] *nf* conclusão *f*
concombre [kɔ̃kɔ̃bʀ] *nm* pepino *m*
concordance [kɔ̃kɔʀdɑ̃s] *nf* concordância *f* • **concordance des temps** coesão *f* temporal
concorder [kɔ̃kɔʀde] *vi* coincidir
concourir [kɔ̃kuʀiʀ] *vi* concorrer ◆ **concourir à** *vp + prép* contribuir para
concours [kɔ̃kuʀ] *nm* concurso *m* • **concours de circonstances** cirunstâncias *fpl*
concret, ète [kɔ̃kʀɛ, ɛt] *adj* concreto(ta)
concrétiser [kɔ̃kʀetize] *vt* concretizar ◆ **se concrétiser** *vp* concretizar-se
concubinage [kɔ̃kybinaʒ] *nm* concubinato *m*
concurrence [kɔ̃kyʀɑ̃s] *nf* concorrência *f*
concurrent, e [kɔ̃kyʀɑ̃, ɑ̃t] *nm, f* concorrente *mf*
condamnation [kɔ̃danasjɔ̃] *nf* condenação *f*
condamné, e [kɔ̃dane] *adj & nm, f* condenado(da)
condamner [kɔ̃dane] *vt* **1.** *(accusé)* condenar **2.** *(porte, fenêtre)* tapar • **condamner qqn à** condenar alguém a
condensateur [kɔ̃dɑ̃satœʀ] *nm* condensador *m*
condensation [kɔ̃dɑ̃sasjɔ̃] *nf* condensação *f*
condensé, e [kɔ̃dɑ̃se] *adj* condensado(da)
condenser [kɔ̃dɑ̃se] *vt* condensar ◆ **se condenser** *vp* condensar-se

condiment [kɔ̃dimɑ̃] *nm* condimento *m*
condition [kɔ̃disjɔ̃] *nf* condição *f* • **à condition de** com a condição de • **à condition que** desde que
conditionné [kɔ̃disjɔne] *adj m* ➤ **air**
conditionnel [kɔ̃disjɔnɛl] *nm* condicional *m*
condoléances [kɔ̃dɔleɑ̃s] *nfpl* pêsames *mpl* • **présenter ses condoléances à qqn** dar os pêsames a alguém
conducteur, **trice** [kɔ̃dyktœʀ, tʀis] *nm, f* condutor *m*, -ra *f*
conduire [kɔ̃dɥiʀ] *vt* **1.** *(véhicule)* conduzir **2.** *(accompagner)* acompanhar **3.** *(guider)* levar ◇ *vi* **1.** *(automobiliste)* conduzir **2.** *(chemin, couloir)* ir dar a ◆ **se conduire** *vp* conduzir-se
conduit, **e** [kɔ̃dɥi, it] *pp* ➤ **conduire**
conduite [kɔ̃dɥit] *nf* **1.** *(attitude)* comportamento *m* **2.** *(tuyau)* conduta *f* • **conduite à gauche** condução *f* pela esquerda
cône [kon] *nm* **1.** *(figure géométrique)* cone *m* **2.** *(glace)* corneto *m*
confection [kɔ̃fɛksjɔ̃] *nf* confecção *f*
confectionner [kɔ̃fɛksjɔne] *vt* confeccionar
confédération [kɔ̃fedeʀasjɔ̃] *nf* confederação *f*
conférence [kɔ̃feʀɑ̃s] *nf* conferência *f*
conférencier, **ère** [kɔ̃feʀɑ̃sje, ɛʀ] *nm, f* conferencista *mf*
confesser [kɔ̃fese] *vt* confessar ◆ **se confesser** *vp* confessar-se
confession [kɔ̃fesjɔ̃] *nf* confissão *f*
confettis [kɔ̃feti] *nmpl* papelinhos *mpl* (de Carnaval)
confiance [kɔ̃fjɑ̃s] *nf* confiança *f* • **avoir confiance en** ter confiança em • **faire confiance à** confiar em
confiant, **e** [kɔ̃fjɑ̃, ɑ̃t] *adj* confiante
confidence [kɔ̃fidɑ̃s] *nf* confidência *f* • **faire des confidences à qqn** fazer confidências a alguém
confident, **e** [kɔ̃fidɑ̃, ɑ̃t] *nm, f* confidente *mf*
confidentiel, **elle** [kɔ̃fidɑ̃sjɛl] *adj* confidencial
confier [kɔ̃fje] *vt* confiar • **confier qqch à qqn** confiar algo a alguém ◆ **se confier (à)** *vp + prép* abrir-se (com)
confins [kɔ̃fɛ̃] ◆ **aux confins de** *loc prép* nos confins de
confirmation [kɔ̃fiʀmasjɔ̃] *nf* confirmação *f*
confirmer [kɔ̃fiʀme] *vt* confirmar ◆ **se confirmer** *vp* confirmar-se
confiserie [kɔ̃fizʀi] *nf* **1.** *(sucreries)* doçaria *f* **2.** *(magasin)* confeitaria *f*
confiseur, **euse** [kɔ̃fizœʀ, øz] *nm, f* confeiteiro *m*, -ra *f*
confisquer [kɔ̃fiske] *vt* tirar
confit [kɔ̃fi] *adj m* ➤ **fruit** ◇ *nm* • **confit de canard/d'oie** *conservas de pato ou de ganso cozidos na própria gordura*
confiture [kɔ̃fityʀ] *nf* doce *m* *(Port)*, geléia *f* *(Br)*
conflit [kɔ̃fli] *nm* conflito *m*
confondre [kɔ̃fɔ̃dʀ] *vt* confundir
conforme [kɔ̃fɔʀm] *adj* conforme • **conforme à** em conformidade com
conformément [kɔ̃fɔʀmemɑ̃] ◆ **conformément à** *prép* de acordo com
conformiste [kɔ̃fɔʀmist] *adj & nmf* conformista

confort [kɔ̃fɔʀ] *nm* conforto *m* ▾ **tout confort** com todas as condições
confortable [kɔ̃fɔʀtabl] *adj* confortável
confrère [kɔ̃fʀɛʀ] *nm* colega *m*
confrontation [kɔ̃fʀɔ̃tasjɔ̃] *nf* confrontação *f*
confronter [kɔ̃fʀɔ̃te] *vt* confrontar
confus, e [kɔ̃fy, yz] *adj* **1.** *(compliqué)* confuso(sa) **2.** *(embarrassé)* embaraçado(da)
confusion [kɔ̃fyzjɔ̃] *nf* **1.** confusão *f* **2.** *(honte)* embaraço *m*
congé [kɔ̃ʒe] *nm* férias *fpl* • **être en congé** estar de férias • **congé (de) maladie** baixa *f* médica • **congés payés** férias pagas
congélateur [kɔ̃ʒelatœʀ] *nm* **1.** congelador *m* *(Port)*, freezer *m* *(Br)* **2.** *(bahut)* arca *f* frigorífica
congeler [kɔ̃ʒle] *vt* congelar
congénital, e, aux [kɔ̃ʒenital, o] *adj* congénito(ta)
congère [kɔ̃ʒɛʀ] *nf* montículo *m* de neve
congestion [kɔ̃ʒɛstjɔ̃] *nf* *MÉD* congestão *f*
congolais [kɔ̃gɔlɛ] *nm* bolo *m* de coco
congrégation [kɔ̃gʀegasjɔ̃] *nf* congregação *f*
congrès [kɔ̃gʀɛ] *nm* congresso *m*
conifère [kɔnifɛʀ] *nm* conífera *f*
conjecture [kɔ̃ʒɛktyʀ] *nf* conjectura *f* • **se perdre en conjectures** perder-se em conjecturas
conjoint, e [kɔ̃ʒwɛ̃, ɛ̃t] *nm, f* cônjuge *mf*
conjonction [kɔ̃ʒɔ̃ksjɔ̃] *nf* conjunção *f*
conjonctivite [kɔ̃ʒɔ̃ktivit] *nf* conjuntivite *f*
conjoncture [kɔ̃ʒɔ̃ktyʀ] *nf* conjuntura *f*
conjugaison [kɔ̃ʒygezɔ̃] *nf* conjugação *f*
conjugal, e, aux [kɔ̃ʒygal, o] *adj* conjugal
conjuguer [kɔ̃ʒyge] *vt* *(verbe)* conjugar
connaissance [kɔnɛsɑ̃s] *nf* **1.** *(savoir)* conhecimento *m* **2.** *(relation)* conhecido *m*, -da *f* • **avoir des connaissances en qqch** ter conhecimentos de algo • **faire la connaissance de qqn** travar conhecimento com alguém • **perdre connaissance** perder os sentidos
connaisseur, euse [kɔnɛsœʀ, øz] *nm, f* conhecedor *m*, -ra *f*
connaître [kɔnɛtʀ] *vt* **1.** conhecer **2.** *(leçon, adresse)* saber ◆ **s'y connaître (en)** *vp + prép* ser entendido(da) em
conne ➤ **con**
connecter [kɔnɛkte] *vt* ligar
connexion [kɔnɛksjɔ̃] *nf* conexão *f*
connu, e [kɔny] *pp* ➤ **connaître** ◇ *adj* conhecido(da)
conquérant, e [kɔ̃keʀɑ̃, ɑ̃t] *adj & nm, f* conquistador(ra)
conquérir [kɔ̃keʀiʀ] *vt* conquistar
conquête [kɔ̃kɛt] *nf* conquista *f*
conquis, e [kɔ̃ki, iz] *pp* ➤ **conquérir**
consacrer [kɔ̃sakʀe] *vt* consagrar • **consacrer qqch à** consagrar algo a ◆ **se consacrer à** *vp + prép* consagrar-se a
consciemment [kɔ̃sjamɑ̃] *adv* conscientemente
conscience [kɔ̃sjɑ̃s] *nf* consciência *f* • **avoir conscience de qqch** ter consciência de algo • **prendre conscience de qqch** tomar consciência de algo • **avoir mauvaise conscience** ter a consciência pesada

consciencieux, euse [kɔ̃sjɑ̃sjø, øz] *adj* consciencioso(osa)
conscient, e [kɔ̃sjɑ̃, ɑ̃t] *adj* consciente • **être conscient de qqch** ter consciência de algo
consécration [kɔ̃sekʀasjɔ̃] *nf* consagração *f*
consécutif, ive [kɔ̃sekytif, iv] *adj* consecutivo(va) • **consécutif à** consecutivo a
conseil [kɔ̃sɛj] *nm* conselho *m* • **demander conseil à qqn** pedir conselho a alguém
[1]**conseiller** [kɔ̃seje] *vt* aconselhar • **conseiller qqch à qqn** aconselhar algo a alguém • **conseiller à qqn de faire qqch** aconselhar alguém a fazer algo
[2]**conseiller, ère** [kɔ̃seje, ɛʀ] *nm, f* conselheiro *m*, -ra *f* • **conseiller d'orientation** orientador *m* vocacional
consentir [kɔ̃sɑ̃tiʀ] *vt* **1.** *(accorder)* • **consentir qqch à qqn** conceder algo a alguém **2.** *(sout) (accepter)* • **consentir que qqn fasse qqch** consentir que alguém faça algo ◇ *vi (accepter)* • **consentir (à)** consentir (em que)
conséquence [kɔ̃sekɑ̃s] *nf* consequência *f*
conséquent [kɔ̃sekɑ̃] ◆ **par conséquent** *adv* por conseguinte
conservateur [kɔ̃sɛʀvatœʀ] *nm* conservante *m*
conservation [kɔ̃sɛʀvasjɔ̃] *nf* conservação *f*
conservatoire [kɔ̃sɛʀvatwaʀ] *nm* conservatório *m*
conserve [kɔ̃sɛʀv] *nf (boîte)* lata *f* de conserva
conserver [kɔ̃sɛʀve] *vt* conservar
considérable [kɔ̃sideʀabl] *adj* considerável
considération [kɔ̃sideʀasjɔ̃] *nf* consideração *f* • **prendre qqn/qqch en considération** tomar alguém/algo em consideração
considérer [kɔ̃sideʀe] *vt* considerar • **considérer que** considerar que • **il le considère comme un ami** ele considera-o um amigo • **je considère ce roman comme un chef-d'œuvre** considero este romance uma obra-prima
consigne [kɔ̃siɲ] *nf* **1.** *(de gare)* depósito *m* de bagagem **2.** *(instructions)* instruções *fpl* • **consigne automatique** cacifo *m*
consigné, e [kɔ̃siɲe] *adj* com depósito
consistance [kɔ̃sistɑ̃s] *nf* consistência *f*
consistant, e [kɔ̃sistɑ̃, ɑ̃t] *adj* consistente
consister [kɔ̃siste] *vi* consistir • **consister à faire qqch** consistir em fazer algo • **consister en** consistir em
consœur [kɔ̃sœʀ] *nf* colega *f*
consolation [kɔ̃sɔlasjɔ̃] *nf* consolação *f*
console [kɔ̃sɔl] *nf* consola *f* • **console de jeux** consola de jogos
consoler [kɔ̃sɔle] *vt* consolar
consolider [kɔ̃sɔlide] *vt* consolidar
consommateur, trice [kɔ̃sɔmatœʀ, tʀis] *nm, f* **1.** *(acheteur)* consumidor *m*, -ra *f* **2.** *(dans un bar)* cliente *mf*
consommation [kɔ̃sɔmasjɔ̃] *nf* consumo *m*
consommé [kɔ̃sɔme] *nm* consomé *m*
consommer [kɔ̃sɔme] *vt* consumir ▼ **à consommer avant le...** consumir de preferência antes de...

consonne [kɔ̃sɔn] *nf* consoante *f*
conspiration [kɔ̃spiʀasjɔ̃] *nf* conspiração *f* • **conspiration contre qqn/qqch** conspiração contra alguém/algo
constamment [kɔ̃stamɑ̃] *adv* constantemente
constant, e [kɔ̃stɑ̃, ɑ̃t] *adj* constante
constat [kɔ̃sta] *nm (d'accident)* • **constat (à l'amiable)** declaração *f* amigável de acidente automóvel
constatation [kɔ̃statasjɔ̃] *nf* constatação *f*
constater [kɔ̃state] *vt* constatar
constellation [kɔ̃stelasjɔ̃] *nf* constelação *f*
consterné, e [kɔ̃stɛʀne] *adj* consternado(da)
consterner [kɔ̃stɛʀne] *vt* consternar
constipé, e [kɔ̃stipe] *adj* • **être constipé** estar com prisão de ventre
constituer [kɔ̃stitɥe] *vt* constituir • **constitué de** constituído por
constitution [kɔ̃stitysjɔ̃] *nf* constituição *f*
constitutionnel, elle [kɔ̃stitysjɔnɛl] *adj* constitucional
constructeur, trice [kɔ̃stʀyktœʀ, tʀis] *adj* construtor(ra) ◇ *nm, f* **1.** *(gén)* construtor *m* **2.** *(de pièces détachées)* fabricante *mf*
construction [kɔ̃stʀyksjɔ̃] *nf* **1.** *(d'une maison, d'un bateau)* construção *f* **2.** *(bâtiment)* construção *f* civil
construire [kɔ̃stʀɥiʀ] *vt* construir
construit, e [kɔ̃stʀɥi, it] *pp* ➤ **construire**
consul, e [kɔ̃syl] *nm, f* cônsul *m*
consulat [kɔ̃syla] *nm* consulado *m*
consultation [kɔ̃syltasjɔ̃] *nf* consulta *f*
consulter [kɔ̃sylte] *vt* consultar
contact [kɔ̃takt] *nm* **1.** contacto *m* **2.** *(d'un moteur)* ignição *f* • **couper le contact** desligar a ignição • **entrer en contact avec** *(heurter)* ir contra ; *(entrer en relation)* entrar em contacto com • **mettre le contact** ligar a ignição
contacter [kɔ̃takte] *vt* contactar
contagieux, euse [kɔ̃taʒjø, øz] *adj* **1.** *(maladie)* contagioso(osa) **2.** *(rire)* contagiante
contaminer [kɔ̃tamine] *vt* contaminar
conte [kɔ̃t] *nm* conto *m* • **conte de fées** conto de fadas
contemplation [kɔ̃tɑ̃plasjɔ̃] *nf* contemplação *f* • **rester en contemplation devant qqch/qqn** ficar a contemplar algo/alguém
contempler [kɔ̃tɑ̃ple] *vt* contemplar
contemporain, e [kɔ̃tɑ̃pɔʀɛ̃, ɛn] *adj* contemporâneo(nea)
contenance [kɔ̃tnɑ̃s] *nf* **1.** *(capacité)* capacidade *f* **2.** *(attitude)* postura *f* • **perdre contenance** perder a compostura
contenir [kɔ̃tniʀ] *vt* conter
content, e [kɔ̃tɑ̃, ɑ̃t] *adj* contente • **être content de qqch** estar contente com algo • **être content de faire qqch** estar contente por fazer algo
contenter [kɔ̃tɑ̃te] *vt* contentar ◆ **se contenter de** *vp + prép* contentar-se com • **se contenter de qqch** contentar-se com algo • **se contenter de faire qqch** contentar-se em fazer algo
contentieux [kɔ̃tɑ̃sjø] *nm* contencioso *m*
contenu, e [kɔ̃tny] *pp* ➤ **contenir** ◇ *nm* conteúdo *m*

contestation [kɔ̃tɛstasjɔ̃] *nf* contestação *f*
contester [kɔ̃tɛste] *vt* contestar
contexte [kɔ̃tɛkst] *nm* contexto *m*
contigu, uë [kɔ̃tigy] *adj* contíguo(gua) • **(être) contigu à** (ser) contíguo a
continent [kɔ̃tinɑ̃] *nm* continente *m*
continental, e, aux [kɔ̃tinɑ̃tal, o] *adj* continental
continu, e [kɔ̃tiny] *adj* contínuo(nua)
continuel, elle [kɔ̃tinɥɛl] *adj* constante
continuellement [kɔ̃tinɥɛlmɑ̃] *adv* constantemente
continuer [kɔ̃tinɥe] *vt & vi* continuar • **continuer à** ou **de faire qqch** continuar a fazer algo
continuité [kɔ̃tinɥite] *nf* continuidade *f*
contorsionner [kɔ̃tɔʀsjɔne] ◆ **se contorsionner** *vp* contorcer-se
contour [kɔ̃tuʀ] *nm* contorno *m*
contourner [kɔ̃tuʀne] *vt* contornar
contraceptif, ive [kɔ̃tʀasɛptif, iv] *adj* contraceptivo(va) ◇ *nm* contraceptivo *m*
contraception [kɔ̃tʀasɛpsjɔ̃] *nf* contracepção *f*
contracter [kɔ̃tʀakte] *vt* **1.** contrair **2.** *(assurance)* fazer
contradiction [kɔ̃tʀadiksjɔ̃] *nf* contradição *f*
contradictoire [kɔ̃tʀadiktwaʀ] *adj* contraditório(ria)
contraignant, e [kɔ̃tʀɛɲɑ̃, ɑ̃t] *adj* constrangedor(ra)
contraindre [kɔ̃tʀɛ̃dʀ] *vt* obrigar • **contraindre qqn à faire qqch** obrigar alguém a fazer algo
contrainte [kɔ̃tʀɛ̃t] *nf* **1.** *(obligation)* limitação *f* **2.** *(embarras)* constrangimento *m* **3.** *TECH* pressão *f*
contraire [kɔ̃tʀɛʀ] *nm* contrário *m* ◇ *adj* contrário(ria) • **contraire à** contrário a • **au contraire** pelo contrário
contrairement [kɔ̃tʀɛʀmɑ̃] ◆ **contrairement à** *prép* contrariamente a
contrarier [kɔ̃tʀaʀje] *vt* contrariar
contrariété [kɔ̃tʀaʀjete] *nf* contrariedade *f*
contraste [kɔ̃tʀast] *nm* contraste *m*
contrat [kɔ̃tʀa] *nm* contrato *m*
contravention [kɔ̃tʀavɑ̃sjɔ̃] *nf* multa *f*
contre [kɔ̃tʀ] *prép* contra • **un sirop contre la toux** um xarope para a tosse • **par contre** pelo contrário
contre-attaque [kɔ̃tʀatak] (*pl* **contre-attaques**) *nf* contra-ataque *m*
contrebande [kɔ̃tʀəbɑ̃d] *nf* contrabando *m* • **passer qqch en contrebande** contrabandear algo
contrebas [kɔ̃tʀəba] ◆ **en contrebas** *loc adv* em baixo ◆ **en contrebas de** *loc prép* • **en contrebas de qqch** na parte de baixo de algo
contrebasse [kɔ̃tʀəbas] *nf* contrabaixo *m*
contrecarrer [kɔ̃tʀəkaʀe] *vt* opor-se a
contrecœur [kɔ̃tʀəkœʀ] ◆ **à contrecœur** *adv* de má vontade
contrecoup [kɔ̃tʀəku] *nm* consequência *f*
contre-courant [kɔ̃tʀəkuʀɑ̃] ◆ **à contre-courant** *loc adv* contra a corrente ◆ **à contre-courant de** *loc prép* • **aller à contre-courant de qqch** ir contra algo
contredire [kɔ̃tʀədiʀ] *vt* contradizer

contre-exemple [kɔ̃tʀɛgzɑ̃pl] (*pl* **contre-exemples**) *nm* exemplo *m* contrário
contrefaçon [kɔ̃tʀəfasɔ̃] *nf* falsificação *f*
contre-indication [kɔ̃tʀɛ̃dikasjɔ̃] (*pl* **contre-indications**) *nf* contra-indicação *f*
contre-jour [kɔ̃tʀəʒuʀ] ◆ **à contre-jour** *adv* em contraluz
contrepartie [kɔ̃tʀəpaʀti] *nf* contrapartida *f* • **en contrepartie** em contrapartida
contre-pied [kɔ̃tʀəpje] *nm inv* • **prendre le contre-pied de qqch** fazer exactamente o contrário de algo
contreplaqué [kɔ̃tʀəplake] *nm* contraplacado *m*
contrepoids [kɔ̃tʀəpwa] *nm* contrapeso *m*
contrepoison [kɔ̃tʀəpwazɔ̃] *nm* contraveneno *m*
contrer [kɔ̃tʀe] *vt* **1.** opor-se a **2.** *(délinquance)* tentar acabar com
contresens [kɔ̃tʀəsɑ̃s] *nm* contra-senso *m* • **à contresens** contramão
contretemps [kɔ̃tʀətɑ̃] *nm* contratempo *m*
contribuable [kɔ̃tʀibɥabl] *nmf* contribuinte *mf*
contribuer [kɔ̃tʀibɥe] ◆ **contribuer à** *vp + prép* contribuir para
contribution [kɔ̃tʀibysjɔ̃] *nf* contribuição *f* • **contribution à** contribuição para • **mettre qqn à contribution** pôr alguém a trabalhar ◆ **contributions** *nfpl* contribuições *fpl* • **contributions directes/indirectes** impostos directos /indirectos
contrôle [kɔ̃tʀol] *nm* **1.** controlo *m*, controle *m* **2.** SCOL teste *m* • **contrôle aérien** controlo aéreo • **contrôle des marchandises** controlo de mercadorias • **contrôle des passeports** controlo de passaportes • **contrôle d'identité** controlo de identidade • **contrôle parental** *INFORM* parental control *m*
contrôler [kɔ̃tʀole] *vt* controlar
contrôleur, euse [kɔ̃tʀolœʀ, øz] *nm, f* revisor *m* • **contrôleur aérien** controlador m aéreo
contrordre [kɔ̃tʀɔʀdʀ] *nm* contra-ordem *f*
controverse [kɔ̃tʀɔvɛʀs] *nf* controvérsia *f*
controversé, e [kɔ̃tʀɔvɛʀse] *adj* controverso(sa)
contumace [kɔ̃tymas] *nf* • **être condamné par contumace** ser condenado à revelia
contusion [kɔ̃tyzjɔ̃] *nf* contusão *f*
convaincant, e [kɔ̃vɛ̃kɑ̃, ɑ̃t] *adj* convincente
convaincre [kɔ̃vɛ̃kʀ] *vt* convencer • **convaincre qqn de qqch** convencer alguém de algo • **convaincre qqn de faire qqch** convencer alguém a fazer algo
convalescence [kɔ̃valesɑ̃s] *nf* convalescência *f*
convenable [kɔ̃vnabl] *adj* conveniente
convenance [kɔ̃vnɑ̃s] *nf* **1.** *(disponibilité)* conveniência *f* **2.** *(affinité)* afinidade *f* ◆ **convenances** *nfpl* conveniências *fpl* • **à ma/sa convenance** à minha/sua conveniência
convenir [kɔ̃vniʀ] ◆ **convenir à** *vp + prép* convir a
convention [kɔ̃vɑ̃sjɔ̃] *nf* convenção *f* • **convention collective** convenção colectiva

conventionné, **e** [kɔ̃vɑ̃sjɔne] *adj* ≃ da Caixa
convenu, **e** [kɔ̃vny] *pp* ➤ **convenir**
converger [kɔ̃vɛʀʒe] *vi* convergir
conversation [kɔ̃vɛʀsasjɔ̃] *nf* conversa *f*
convertible [kɔ̃vɛʀtibl] *adj* ➤ **canapé**
convertir [kɔ̃vɛʀtiʀ] *vt* converter • **convertir qqn à** converter alguém a • **convertir en** converter em ♦ **se convertir** *vp* • **se convertir à** converter-se a
convexe [kɔ̃vɛks] *adj* convexo(xa)
conviction [kɔ̃viksjɔ̃] *nf* convicção *f* • **avoir la conviction que** ter a convicção de que ♦ **convictions** *nfpl* convicções *fpl*
convier [kɔ̃vje] *vt* • **convier qqn à** convidar alguém para
convive [kɔ̃viv] *nmf* conviva *mf*
convivial, **e**, **aux** [kɔ̃vivjal, o] *adj* **1.** *(réunion, assemblée)* convivial **2.** *INFORM* de fácil utilização
convocation [kɔ̃vɔkasjɔ̃] *nf* convocação *f*
convoi [kɔ̃vwa] *nm* coluna *f*
convoiter [kɔ̃vwate] *vt* cobiçar
convoquer [kɔ̃vɔke] *vt* convocar
convulsion [kɔ̃vylsjɔ̃] *nf* convulsão *f*
cookie [kuki] *nm* **1.** *(petit gâteau)* queque *m*, cookie *m* **2.** *INFORM* cookie *m*
coopération [kɔɔpeʀasjɔ̃] *nf* cooperação *f*
coopérer [kɔɔpeʀe] *vi* cooperar • **coopérer à qqch** cooperar em algo
coordonné, **e** [kɔɔʀdɔne] *adj* combinado(da)
coordonnées [kɔɔʀdɔne] *nfpl* • **laissez-moi vos coordonnées** deixe-me a sua morada e o seu número de telefone

Donner ses coordonnées

On donne son adresse en indiquant la rue, le numéro de rue, puis le code postal, la ville et, pour le Brésil, l'État (abrégé).
Normalement au Portugal, les numéros de téléphone sont énoncés unité par unité ; cependant, il n'y a pas de règle définie. Le zéro est prononcé *zèrou*. Les nombres doubles sont prononcés séparément, c'est-à-dire unité par unité (par exemple *33* se prononce *trois-trois*).
Au Brésil, on donne son téléphone en indiquant le code de la ville et le numéro de téléphone : (11) - 3083-4674.

coordonner [kɔɔʀdɔne] *vt* coordenar
copain, **copine** [kɔpɛ̃, kɔpin] *nm, f* **1.** *(fam)* *(ami)* amigo *m*, -ga *f* **2.** *(petit ami)* namorado *m*, -da *f*
copie [kɔpi] *nf* **1.** *(reproduction)* cópia *f* **2.** *(devoir)* trabalho *m* de casa **3.** *(feuille)* folha *f* **4.** *INFORM* • **copie d'écran** captura *f* de ecrã
copier [kɔpje] *vt* copiar • **copier (qqch) sur qqn** copiar (algo) por alguém
copier-coller [kɔpjekɔle] *vt INFORM* copiar - colar
copieux, **euse** [kɔpjø, øz] *adj* copioso(osa)
copilote [kɔpilɔt] *nm* co-piloto *m*
copine ➤ **copain**
coproduction [kɔpʀɔdyksjɔ̃] *nf* co-produção *f*

copropriété [kɔpʀɔpʀijete] *nf* co-propriedade *f*
coq [kɔk] *nm* galo *m* • **coq au vin** *frango com vinho tinto*
coque [kɔk] *nf* **1.** *(de bateau)* casco *m* **2.** *(coquillage)* berbigão *m*
coquelet [kɔklɛ] *nm* galo *m* novo (*Port*), galeto *m* (*Br*)
coquelicot [kɔkliko] *nm* papoila *f*
coqueluche [kɔklyʃ] *nf MÉD* tosse *f* convulsa
coquet, ette [kɔkɛ, ɛt] *adj* janota
coquetier [kɔktje] *nm* oveiro *m*
coquetterie [kɔkɛtʀi] *nf* coquetismo *m*
coquillage [kɔkijaʒ] *nm* **1.** *(crustacé)* marisco *m* **2.** *(coquille)* concha *f*
coquille [kɔkij] *nf* **1.** *(d'œuf, de noix)* casca *f* **2.** *(de mollusque)* concha *f* • **coquille Saint-Jacques** vieira *f*
coquillettes [kɔkijɛt] *nfpl* cotovelinhos *mpl*
coquin, e [kɔkɛ̃, in] *adj (enfant)* maroto(ta)
cor [kɔʀ] *nm* **1.** *(instrument)* trompa *f* **2.** *MÉD* calo *m*
corail [kɔʀaj] (*pl* **-aux** [o]) *nm* coral *m* • **(train) Corail** ≃ comboio *m* alfa
Coran [kɔʀɑ̃] *nm* Alcorão *m*
corbeau [kɔʀbo] (*pl* **-x**) *nm* corvo *m*
corbeille [kɔʀbɛj] *nf* **1.** cesto *m* **2.** *INFORM* reciclagem • **corbeille à papiers** cesto dos papéis
corbillard [kɔʀbijaʀ] *nm* carro m fúnebre
corde [kɔʀd] *nf* corda *f* • **corde à linge** corda da roupa • **corde à sauter** corda de saltar • **cordes vocales** cordas vocais
cordial, e, aux [kɔʀdjal, o] *adj* cordial
cordon [kɔʀdɔ̃] *nm* **1.** *(petite corde)* cordão *m* **2.** *(électrique)* fio *m*
cordon-bleu [kɔʀdɔ̃blø] (*pl* **cordons-bleus**) *nm* mestre-cozinheiro *m*
cordonnerie [kɔʀdɔnʀi] *nf* • **aller à la cordonnerie** ir ao sapateiro
cordonnier, ère [kɔʀdɔnje, ɛʀ] *nm, f* sapateiro *m*
Corée [kɔʀe] *nf* Coreia *f*
coriace [kɔʀjas] *adj* duro(ra)
coriandre [kɔʀjɑ̃dʀ] *nf* coentro *m*
cormoran [kɔʀmɔʀɑ̃] *nm* alcatraz *m*
corne [kɔʀn] *nf* **1.** *(d'animal)* corno *m* **2.** *(matière)* osso *m*
corneille [kɔʀnɛj] *nf* gralha *f*
cornet [kɔʀnɛ] *nm* **1.** *(de glace)* cone *m* **2.** *(de frites)* cartucho *m*
cornettes [kɔʀnɛt] *nfpl* (*Helv*) massa *f* de pontinhas
corniche [kɔʀniʃ] *nf* **1.** *(falaise)* saliência *f* **2.** *(route)* estrada *f* à beira de precipícios **3.** *(moulure)* cornija *f*
cornichon [kɔʀniʃɔ̃] *nm* pepino *m* de conserva
corporel, elle [kɔʀpɔʀɛl] *adj* **1.** *(besoins, exercice)* físico(ca) **2.** *(odeur)* corporal **3.** *DR* corpóreo(rea)
corps [kɔʀ] *nm* **1.** corpo *m* **2.** *(élément, substance)* substância *f*
corpulent, e [kɔʀpylɑ̃, ɑ̃t] *adj* corpulento(ta)
correct, e [kɔʀɛkt] *adj* correcto(ta)
correcteur, trice [kɔʀɛktœʀ, tʀis] *adj* corrector(ra) ◇ *nm, f* **1.** *(d'examen)* corrector *m*, -ra *f* **2.** *(dans l'édition)* revisor *m*, -ra *f*
correction [kɔʀɛksjɔ̃] *nf* **1.** correcção *f* **2.** *(punition)* castigo *m*

correspondance [kɔʀɛspɔ̃dɑ̃s] *nf* **1.** correspondência *f* **2.** *(train, métro)* correspondência *f (Port)*, baldeação *f (Br)* • **par correspondance** por correspondência
correspondant, e [kɔʀɛspɔ̃dɑ̃, ɑ̃t] *adj* correspondente ◇ *nm, f* **1.** *(à qui on écrit)* correspondente *mf* **2.** *(au téléphone)* interlocutor *m*, -ra *f*
correspondre [kɔʀɛspɔ̃dʀ] *vi* **1.** *(coïncider)* corresponder **2.** *(écrire)* corresponder-se • **correspondre à** corresponder a
corrida [kɔʀida] *nf* tourada *f*
corridor [kɔʀidɔʀ] *nm* corredor *m*
corrigé [kɔʀiʒe] *nm* solução *f*
corriger [kɔʀiʒe] *vt* **1.** *(erreur, examen)* corrigir **2.** *(défaut)* emendar ◆ **se corriger** *vp* corrigir-se
corroborer [kɔʀɔbɔʀe] *vt* corroborar
corrompre [kɔʀɔ̃pʀ] *vt* **1.** *(soudoyer)* subornar **2.** *(dépraver)* corromper **3.** *(gâter)* estragar
corrosif, ive [kɔʀozif, iv] *adj* corrosivo(va)
corrosion [kɔʀozjɔ̃] *nf* corrosão *f*
corruption [kɔʀypsjɔ̃] *nf* corrupção *f* • **corruption de fonctionnaire** corrupção de funcionários
corsage [kɔʀsaʒ] *nm* corpete *m*
corse [kɔʀs] *adj* corso(sa) ◆ **Corse** *nmf* corso *m*, -sa *f* ◇ *nf* • **la Corse** a Córsega
corsé, e [kɔʀse] *adj* **1.** forte **2.** *(vin)* encorpado(da)
cortège [kɔʀtɛʒ] *nm* cortejo *m*
corvée [kɔʀve] *nf* chatice *f (Port)*, maçada *f (Br)*
cosmétique [kɔsmetik] *nm* cosmético *m* ◇ *adj* cosmético(ca)
cosmique [kɔsmik] *adj* cósmico(ca)
cosmonaute [kɔsmɔnot] *nmf* cosmonauta *mf*
cosmopolite [kɔsmɔpɔlit] *adj* cosmopolita
cossu, e [kɔsy] *adj* ricamente decorado(da)
Costa Rica [kɔstaʀika] *nm* • **le Costa Rica** a Costa Rica
costaud, e [kɔsto, od] *adj* **1.** *(fam) (musclé)* entroncado(da) **2.** *(solide)* sólido(da)
costume [kɔstym] *nm* **1.** *(d'homme)* fato *m* **2.** *(de théâtre, de déguisement)* trajo *m*
cotation [kɔtasjɔ̃] *nf* cotação *f* • **cotation en Bourse** cotação na Bolsa
côte [kot] *nf* **1.** *(pente)* encosta *f* **2.** *ANAT* costela *f* **3.** *(d'agneau, de porc, etc)* costeleta *f* **4.** *(bord de mer)* costa *f* • **côte à côte** lado a lado • **la Côte d'Azur** a Costa Azul *(francesa)*
côté [kote] *nm* lado *m* • **de quel côté dois-je aller ?** para que lado devo ir? • **à côté** ao lado • **à côté de** ao lado de • **de l'autre côté (de)** do outro lado (de) • **de côté** de lado • **mettre qqch de côté** pôr algo de lado
Côte-d'Ivoire [cotdivwaʀ] *nf* • **la Côte-d'Ivoire** a Costa do Marfim
côtelé [kotle] *adj m* ➤ **velours**
côtelette [kotlɛt] *nf* costeleta *f*
côtier, ère [kotje, ɛʀ] *adj* costeiro(ra)
cotisation [kɔtizasjɔ̃] *nf* quota *f* ◆ **cotisations** *nfpl* descontos *mpl*
cotiser [kɔtize] *vi* **1.** *(à un club, un parti)* pagar uma quota **2.** *(à la Sécurité sociale)* descontar **3.** *(participer)* contribuir ◆ **se cotiser** *vp* cotizar-se
coton [kɔtɔ̃] *nm* algodão *m* • **coton (hydrophile)** algodão (hidrófilo)

Coton-Tige® [kɔtɔ̃tiʒ] (*pl* **Cotons-Tiges**) *nm* cotonete *m*
côtoyer [kɔtwaje] *vt* **1.** *(fréquenter)* dar-se com **2.** *(longer)* costear
cou [ku] *nm* pescoço *m*
couchage [kuʃaʒ] *nm* ➤ **sac**
couchant [kuʃɑ̃] *adj m* ➤ **soleil**
couche [kuʃ] *nf* **1.** *(épaisseur)* camada *f* **2.** *(de bébé)* fralda *f*
couche-culotte [kuʃkylɔt] (*pl* **couches-culottes**) *nf* fralda *f* descartável
coucher [kuʃe] *vt* deitar ◇ *vi* *(dormir)* dormir • **être couché** estar deitado • **coucher avec qqn** (*fam*) dormir com alguém ◆ **se coucher** *vp* **1.** *(personne)* deitar-se **2.** *(soleil)* pôr-se
couchette [kuʃɛt] *nf* cama *f*, couchette *f*
coucou [kuku] *nm* **1.** *(oiseau)* cuco *m* **2.** *(horloge)* relógio *m* de cuco ◇ *interj* cucu!
coude [kud] *nm* **1.** *ANAT* cotovelo *m* **2.** *(courbe)* curva *f*
cou-de-pied [kudpje] (*pl* **cous-de-pied**) *nm* peito *m* do pé
coudre [kudʀ] *vt & vi* coser
couette [kwɛt] *nf* *(édredon)* edredão *m* ◆ **couettes** *nfpl* (*fam*) *(coiffure)* puxos *mpl*
couffin [kufɛ̃] *nm* **1.** *(cabas)* seira *f* **2.** *(berceau)* alcofa *f*
cougnou [kuɲu] *nm* (*Belg*) *brioche com a forma do Menino Jesus comido no Natal*
couler [kule] *vi* **1.** *(liquide, rivière)* correr **2.** *(bateau)* afundar-se ◇ *vt* *(bateau)* afundar
couleur [kulœʀ] *nf* **1.** *(teinte)* cor *f* **2.** *(de cartes)* naipe *m* • **de quelle couleur est... ?** de que cor é...?
couleuvre [kulœvʀ] *nf* cobra *f*
coulis [kuli] *nm* *puré de legumes, de fruta ou de mariscos*
coulisser [kulise] *vi* deslizar
coulisses [kulis] *nfpl* bastidores *mpl*
couloir [kulwaʀ] *nm* **1.** *(d'appartement)* corredor *m* **2.** *(de bus)* corredor *m* de circulação
coup [ku] *nm*
1. *(choc physique)* pancada *f* • **donner un coup à qqn** dar uma pancada a alguém • **donner un coup de coude à qqn** dar uma cotovelada a alguém • **coup de couteau** facada *f* • **coup de feu** tiro *m* • **coup de pied** pontapé *m* • **coup de poing** murro *m*
2. *(avec un instrument)* • **passer un coup de balai** dar uma varredela • **coup de marteau** martelada *f* • **coup de peigne** penteadela *f* • **coup de crayon** traço *m*
3. *(choc moral, action malhonnête)* (*fam*) golpe *m* • **coup dur** aborrecimento *m* • **ça m'a fait un coup au cœur** aquilo foi um choque para mim • **faire un coup à qqn** pregar um golpe baixo a alguém
4. *(bruit)* • **il y a eu un coup sec** houve um estampido • **coup de sonnette** toque *m* (de campainha) • **les douze coups de minuit** as doze badaladas da meia-noite
5. *(à la porte)* pancada *f*
6. *(aux échecs)* jogada *f*
7. *(en sport)* lance *m* • **coup franc** *(au football)* livre *m* ; *(au rugby)* golpe *m* livre
8. (*fam*) *(fois)* vez *f* • **du premier coup** à primeira • **d'un (seul) coup** *(en une fois)*

de uma só vez ; *(soudainement)* de repente • **j'ai tout bu d'un (seul) coup** bebi tudo de um (só) trago • **ça marche à tous les coups** funciona sempre

9. *(dans des expressions)* • **avoir un coup de barre/de pompe** *(fam)* fadiga, cansaço, canseira • **coup de chance** golpe de sorte • **coup de fil** ou **de téléphone** chamada *f* telefónica • **donner un coup de main à qqn** dar uma mão a alguém • **jeter un coup d'œil (à)** dar uma olhadela (a) • **coup de soleil** queimadura *f* (solar) • **coup de foudre** amor *m* à primeira vista • **coup de vent** rajada *f* de vento • **passer en coup de vent** fazer uma visita rápida • **boire un coup** *(fam)* beber um copo • **du coup,...** resultado,... • **tenir le coup** aguentar • **valoir le coup** *(fam)* valer a pena

◆ **sur le coup** *loc prép* no instante, no momento

coupable [kupabl] *adj & nmf* culpado(da) • **coupable de qqch** culpado de algo

coupant, e [kupɑ̃, ɑ̃t] *adj* cortante

coupe [kup] *nf* **1.** taça *f* **2.** *(de cheveux, de vêtements)* corte *m* • **à la coupe** *(fromage, etc)* à fatia

coupe-ongles [kupɔ̃gl] *nm inv* corta-unhas *m inv*

coupe-papier [kuppapje] *nm inv* corta-papel *m*

couper [kupe] *vt & vi* cortar • **couper la route à qqn** cortar a estrada a alguém

◆ **se couper** *vp* cortar-se • **se couper le doigt** cortar-se no dedo

couple [kupl] *nm* casal *m*

couplet [kuplɛ] *nm* estrofe *f*

coupole [kupɔl] *nf* cúpula *f*

coupon [kupɔ̃] *nm* **1.** *(reste de tissu)* retalho *m* **2.** *(rouleau d'étoffe)* peça *f* **3.** *FIN* cupão *m* **4.** *(billet)* senha *f*

coupure [kupyʀ] *nf* corte *m* • **coupure de courant** corte de electricidade • **coupure de journal** recorte *m* de jornal

couque [kuk] *nf (Belg)* **1.** *(biscuit)* bolacha *f* **2.** *(pain d'épices)* pão-de-mel *m* **3.** *(brioche)* brioche *m*

cour [kuʀ] *nf* **1.** *(d'immeuble, de ferme)* pátio *m* **2.** *(tribunal)* tribunal *m* **3.** *(d'un roi)* corte *f* • **cour (de récréation)** recreio *m*

courage [kuʀaʒ] *nm* coragem *f* • **bon courage !** coragem !

courageux, euse [kuʀaʒø, øz] *adj* corajoso(osa)

couramment [kuʀamɑ̃] *adv* **1.** *(fréquemment)* frequentemente **2.** *(parler)* fluentemente

courant, e [kuʀɑ̃, ɑ̃t] *adj (fréquent)* comum ◇ *nm* corrente *f* • **être au courant (de)** estar ao corrente (de) • **courant d'air** corrente de ar • **courant alternatif** corrente alterna • **courant continu** corrente contínua

courbaturé, e [kuʀbatyʀe] *adj* partido(da)

courbatures [kuʀbatyʀ] *nfpl* dores *fpl* musculares

courbe [kuʀb] *adj* curvo(va) ◇ *nf (ligne arrondie)* curva *f*

courber [kuʀbe] *vt* **1.** *(plier)* curvar **2.** *(pencher)* dobrar

coureur, euse [kuʀœʀ, øz] *nm, f* corredor *m*, -ra *f* • **coureur automobile** corredor de automóveis • **coureur cycliste** ciclista *mf* • **coureur à pied** corredor

courge [kuʀʒ] *nf* abóbora *f*
courgette [kuʀʒɛt] *nf* courgette *f*, abobrinha *f*
courir [kuʀiʀ] *vt* & *vi* correr
couronne [kuʀɔn] *nf* **1.** coroa *f* **2.** *(de fleurs)* coroa *f* de flores
couronner [kuʀɔne] *vt* **1.** *(roi)* coroar **2.** *(fig)* *(récompenser)* laurear • **être couronné de succès** ser coroado de sucesso
courriel [kurjɛl] *nm INFORM* correio *m* electrónico
courrier [kuʀje] *nm* correio *m*
courroie [kuʀwa] *nf* correia *f*
cours [kuʀ] *nm* **1.** *(leçon)* aula *f* **2.** *(d'une monnaie, d'une marchandise)* cotação *f* • **cours particuliers** aulas particulares, explicações • **au cours de** ao longo de • **en cours** em curso • **cours d'eau** curso *m* de água
course [kuʀs] *nf* **1.** corrida *f* **2.** *(démarche)* volta *f* ♦ **courses** *nfpl (achats)* compras *fpl* • **faire les courses** fazer as compras
coursier, **ère** [kuʀsje, ɛʀ] *nm, f* estafeta *mf*
court, **e** [kuʀ, kuʀt] *adj* curto(ta) ◇ *nm* *(de tennis)* campo *m* de ténis *(Port)*, quadra *f* de tênis *(Br)* ◇ *adv* • **des cheveux coupés court** cabelo cortado curto • **s'habiller court** vestir saias curtas • **être à court de** estar com falta de
court-bouillon [kuʀbujɔ̃] (*pl* **courts-bouillons**) *nm* caldo *m*
court-circuit [kuʀsiʀkɥi] (*pl* **courts-circuits**) *nm* curto-circuito *m*
courtier, **ère** [kuʀtje, ɛʀ] *nm, f* corretor *m*, -ra *f*
court-métrage [kuʀmetʀaʒ] (*pl* **courts-métrages**) *nm* curta-metragem *f*
courtois, **e** [kuʀtwa, az] *adj* cortês
courtoisie [kuʀtwazi] *nf* cortesia *f*
couru, **e** [kuʀy] *pp* ➤ **courir**
couscous [kuskus] *nm* cuscuz *m*
cousin, **e** [kuzɛ̃, in] *nm, f* primo *m*, -ma *f* • **cousin germain** primo direito
coussin [kusɛ̃] *nm* almofada *f*
cousu, **e** [kuzy] *pp* ➤ **coudre**
coût [ku] *nm* custo *m*
couteau [kuto] (*pl* **-x**) *nm* faca *f*
coûter [kute] *vt* & *vi* custar • **combien ça coûte ?** quanto custa?
coûteux, **euse** [kutø, øz] *adj* dispendioso(osa)
coutume [kutym] *nf* costume *m*
couture [kutyʀ] *nf* costura *f*
couturier, **ère** [kutyʀje, ɛʀ] *nm, f* costureiro *m*, -ra *f* • **grand couturier** grande costureiro
couvée [kuve] *nf* ninhada *f*
couvent [kuvɑ̃] *nm* convento *m*
couver [kuve] *vt* & *vi* chocar
couvercle [kuvɛʀkl] *nm* **1.** *(de casserole)* testo *m* **2.** *(de bocal)* tampa *f*
couvert, **e** [kuvɛʀ, ɛʀt] *pp* ➤ **couvrir** ◇ *nm* talher *m* ◇ *adj* **1.** *(ciel)* encoberto(ta) **2.** *(marché, parking)* coberto(ta) **3.** *(vêtu)* agasalhado(da) • **bien couvert** bem agasalhado • **couvert de** coberto de • **mettre le couvert** pôr a mesa
couverture [kuvɛʀtyʀ] *nf* **1.** *(de lit)* cobertor *m* **2.** *(de livre)* capa *f*
couveuse [kuvøz] *nf* **1.** *(pour bébés)* incubadora *f* **2.** *(poule)* galinha *f* choca **3.** *(pour œufs)* chocadeira *f*
couvre-feu [kuvʀəfø] (*pl* **couvre-feux**) *nm* recolher *m* obrigatório

couvrir [kuvʀiʀ] *vt* **1.** *(mettre un couvercle sur)* tapar **2.** *(livre, cahier)* forrar • **couvrir qqch de** encher algo de ◆ **se couvrir** *vp* **1.** *(ciel)* encobrir-se **2.** *(s'habiller)* agasalhar-se • **se couvrir de** cobrir-se de
covoiturage [kovwatyraʒ] *nm* partilha de viaturas
cow-boy [kobɔj] (*pl* **cow-boys**) *nm* cow-boy *m*
CP *nm* (*abr de cours préparatoire*) ≃ pré-primária *f*
crabe [kʀab] *nm* caranguejo *m*
crachat [kʀaʃa] *nm* escarro *m*
cracher [kʀaʃe] *vi* cuspir ◇ *vt* deitar fora
crachin [kʀaʃɛ̃] *nm* chuva *f* molha tolos ou molha parvos (*fam*)
craie [kʀɛ] *nf* **1.** *(matière)* greda-branca *f* **2.** *(pour écrire au tableau)* giz *m*
craindre [kʀɛ̃dʀ] *vt* **1.** *(redouter)* temer **2.** *(être sensible à)* ser sensível a • **je crains de ne pouvoir venir** receio não poder vir
craint, e [kʀɛ̃, ɛ̃t] *pp* ➤ **craindre**
crainte [kʀɛ̃t] *nf* receio *m* • **de crainte que** com receio de que
craintif, ive [kʀɛ̃tif, iv] *adj* receoso(osa)
cramique [kʀamik] *nm* (*Belg*) *brioche com passas*
crampe [kʀɑ̃p] *nf* câibra *f*
cramponner [kʀɑ̃pɔne] ◆ **se cramponner (à)** *vp* + *prép* agarrar-se (a)
crampons [kʀɑ̃pɔ̃] *nmpl* *(de foot, de rugby)* pitões *mpl*
cran [kʀɑ̃] *nm* **1.** *(de ceinture)* furo *m* **2.** *(entaille)* corte *m* **3.** (*fam*) *(courage)* peito *m* • **(couteau à) cran d'arrêt** navalha *f* de ponta em mola
crâne [kʀan] *nm* crânio *m*
crâner [kʀane] *vi* (*fam*) armar-se
crânien, enne [kʀanjɛ̃, ɛn] *adj* craniano(na)
crapaud [kʀapo] *nm* sapo *m*
crapule [kʀapyl] *nf* crápula *m*
craquement [kʀakmɑ̃] *nm* estalido *m*
craquer [kʀake] *vi* **1.** *(faire un bruit)* estalar **2.** *(casser)* rachar **3.** *(nerveusement)* ir-se abaixo ◇ *vt* *(allumette)* acender
crasse [kʀas] *nf* sujidade *f*
crasseux, euse [kʀasø, øz] *adj* sebento(ta)
cratère [kʀatɛʀ] *nm* cratera *f*
cravache [kʀavaʃ] *nf* pingalim *m*
cravate [kʀavat] *nf* gravata *f*
crawl [kʀol] *nm* crawl *m*
crayon [kʀɛjɔ̃] *nm* lápis *m* • **crayon de couleur** lápis de cor
créancier, ère [kʀeɑ̃sje, ɛʀ] *nm, f* credor *m*, -ra *f*
créateur, trice [kʀeatœʀ, tʀis] *adj* & *nm, f* criador(ra)
créatif, ive [kʀeatif, iv] *adj* criativo(va)
création [kʀeasjɔ̃] *nf* criação *f*
créature [kʀeatyʀ] *nf* criatura *f*
crèche [kʀɛʃ] *nf* **1.** *(garderie)* infantário *m* **2.** RELIG presépio *m*
crédible [kʀedibl] *adj* credível
crédit [kʀedi] *nm* crédito *m* • **acheter qqch à crédit** comprar algo a prestações
créditer [kʀedite] *vt* creditar
créditeur, trice [kʀeditœʀ, tʀis] *adj* & *nm, f* credor(ra)
crédule [kʀedyl] *adj* crédulo(la)
créer [kʀee] *vt* criar
crémaillère [kʀemajɛʀ] *nf* • **pendre la crémaillère** (*fig*) *festejar a instalação em casa nova*

crème [kʀɛm] *nf* creme *m* • **crème anglaise** *creme à base de leite e ovos* • **crème caramel** leite-creme *m* • **crème fraîche** natas *fpl* (*Port*), creme *m* de leite (*Br*) • **crème glacée** gelado *m* • **crème pâtissière** creme de pasteleiro
crémerie [kʀɛmʀi] *nf* leitaria *f*
crémeux, euse [kʀemø, øz] *adj* cremoso(osa)
créneau [kʀeno] (*pl* -x) *nm* • **faire un créneau** estacionar entre dois veículos ♦ **créneaux** *nmpl (de château)* ameias *fpl*
créole [kʀeɔl] *nm (langue)* crioulo *m* ◇ *adj* crioulo(la) ♦ **créoles** *nfpl* argolas *fpl (brincos)*
crêpe [kʀɛp] *nf* crepe *m* • **crêpe bretonne** *crepe que quando é salgado é frequentemente feito com farinha de trigo-sarraceno*
crêperie [kʀɛpʀi] *nf restaurante cuja especialidade são os crepes*
crépi [kʀepi] *nm* reboco *m*
crépiter [kʀepite] *vi* crepitar
crépu, e [kʀepy] *adj* crespo(pa)
crépuscule [kʀepyskyl] *nm* crepúsculo *m* • **au crépuscule** ao crepúsculo
cresson [kʀesɔ̃] *nm* agrião *m*
Crète [kʀɛt] *nf* • **la Crète** Creta *f*
crête [kʀɛt] *nf* **1.** *(de montagne)* cume *m* **2.** *(de coq)* crista *f*
crétin, e [kʀetɛ̃, in] (*fam*) *adj & nm, f* cretino(na)
cretons [kʀətɔ̃] *nmpl* (*Québec*) *paté de porco*
creuser [kʀøze] *vt* escavar • **ça creuse !** (*fam*) isto dá fome! ♦ **se creuser** *vp* • **se creuser la tête** ou **la cervelle** (*fam*) dar voltas à cabeça ou ao miolo
creux, creuse [kʀø, kʀøz] *adj* oco (oca) ◇ *nm* cavidade *f*
crevaison [kʀəvɛzɔ̃] *nf* furo *m*
crevant, e [kʀəvɑ̃, ɑ̃t] *adj* (*fam*) estafante
crevasse [kʀəvas] *nf* fenda *f*
crevé, e [kʀəve] *adj* (*fam*) estafado(da)
crever [kʀəve] *vt* **1.** *(percer)* furar **2.** (*fam*) *(fatiguer)* estafar ◇ *vi* **1.** *(exploser)* rebentar **2.** *(avoir une crevaison)* ter um furo **3.** (*fam*) *(mourir)* esticar o pernil
crevette [kʀəvɛt] *nf* **1.** gamba *f* **2.** *(petite)* camarão *m* • **crevette grise** camarão-negro *m* • **crevette rose** camarão-rosa *m*
cri [kʀi] *nm* grito *m* • **pousser un cri** dar um grito
criard, e [kʀijaʀ, aʀd] *adj* **1.** *(voix)* esganiçado(da) **2.** *(couleur)* berrante
criblé, e [kʀible] *adj* • **criblé de** *(troué de)* crivado de ; *(parsemé de)* cheio de • **être criblé de dettes** estar crivado de dívidas
cric [kʀik] *nm* macaco *m (ferramenta)*
cricket [kʀikɛt] *nm* críquete *m*
crier [kʀije] *vt & vi* gritar
crime [kʀim] *nm* crime *m*
criminel, elle [kʀiminɛl] *nm, f* criminoso *m*, -osa *f*
crinière [kʀinjɛʀ] *nf (de lion)* juba *f*
crique [kʀik] *nf* enseada *f*
criquet [kʀikɛ] *nm* gafanhoto *m*
crise [kʀiz] *nf* **1.** crise *f* **2.** *(de rire)* ataque *m* • **crise cardiaque** ataque cardíaco • **crise de foie** crise de fígado • **crise de nerfs** crise de nervos
crispé, e [kʀispe] *adj* **1.** *(personne, sourire)* crispado(da) **2.** *(poing)* fechado(da)
crisper [kʀispe] *vt* **1.** *(contracter)* crispar **2.** *(agacer)* irritar ♦ **se crisper** *vp* **1.** *(se*

contracter) crispar-se **2.** *(s'irriter)* ficar crispado(da)

crisser [kRise] *vi* chiar

cristal [kRistal] (*pl* **-aux**) *nm* cristal *m*

cristallin, e [kRistalɛ̃, in] *adj* cristalino(na) ◆ **cristallin** *nm* cristalino *m*

critère [kRitɛR] *nm* critério *m*

critique [kRitik] *adj* & *nmf* crítico(ca) ◇ *nf* crítica *f*

critiquer [kRitike] *vt* criticar

croasser [kRɔase] *vi* crocitar

Croatie [kRɔasi] *nf* ● **la Croatie** a Croácia

croc [kRo] *nm* presa *f (dente)*

croche [kRɔʃ] *nf* colcheia *f*

croche-pied [kRɔʃpje] (*pl* **croche-pieds**) *nm* ● **faire un croche-pied à qqn** passar uma rasteira a alguém

crochet [kRɔʃɛ] *nm* **1.** *(pour accrocher)* gancho *m* **2.** *(tricot)* croché *m* **3.** *(fig) (détour)* desvio *m*

crochu, e [kRɔʃy] *adj* adunco(ca)

crocodile [kRɔkɔdil] *nm* crocodilo *m*

croire [kRwaR] *vt* **1.** *(personne, histoire)* acreditar em **2.** *(penser)* achar ◇ *vi* ● **croire à** acreditar em ● **croire en** acreditar em ◆ **se croire** *vp* ● **il se croit intelligent** ele julga-se inteligente ● **on se croirait au Moyen Âge** até parece que estamos na Idade Média

croisade [kRwazad] *nf* cruzada *f*

croisement [kRwazmɑ̃] *nm* cruzamento *m*

croiser [kRwaze] *vt* **1.** cruzar **2.** *(personne)* cruzar-se com ◆ **se croiser** *vp* cruzar-se ● **j'ai croisé son regard** os nossos olhares cruzaram-se

croisière [kRwazjɛR] *nf* cruzeiro *m*

croissance [kRwasɑ̃s] *nf* crescimento *m*

croissant [kRwasɑ̃] *nm* **1.** *(pâtisserie)* croissant *m* **2.** *(de lune)* meia-lua *f*

croître [kRwatR] *vi* crescer

croix [kRwa] *nf* cruz *f* ● **en croix** em forma de cruz

Croix-Rouge [kRwaRuʒ] *nf* ● **la Croix-Rouge** a Cruz Vermelha

croque-madame [kRɔkmadam] *nm inv* *tosta mista com ovo estrelado*

croque-monsieur [kRɔkməsjø] *nm inv* *tosta mista*

croque-mort [kRɔkmɔR] (*pl* **croque-morts**) *nm* *(fam)* cangalheiro *m*

croquer [kRɔke] *vt* *(manger)* trincar ◇ *vi* *(craquer)* estalar

croquette [kRɔkɛt] *nf* croquete *m* ● **croquettes pour chiens** biscoitos *mpl* para cães

croquis [kRɔki] *nm* esboço *m* ● **faire un croquis** fazer um esboço

cross [kRɔs] *nm inv* **1.** *(à pied)* corrida *f* **2.** *(à moto)* motocross *m* **3.** *(discipline)* corta-mato *m*

crotte [kRɔt] *nf* excremento *m*

crottin [kRɔtɛ̃] *nm* **1.** *(d'animal)* esterco *m* **2.** *(fromage)* *pequeno queijo de cabra que pode ser servido quente*

crouler [kRule] *vi* **1.** *(être surchargé)* ● **crouler sous le poids** abater com o peso **2.** *(s'effondrer)* vir abaixo ● **crouler sous le travail** *(fig)* estar com trabalho até ao pescoço

croupir [kRupiR] *vi* estagnar

croustade [kRustad] *nf* empada *f*

croustillant, e [kRustijɑ̃, ɑ̃t] *adj* estaladiço(ça)

croûte [kRut] *nf* **1.** crosta *f* **2.** *(de pain)* côdea *f* • **croûte au fromage** *(Helv) fatia de pão com queijo gratinado e vinho branco*
croûton [kRutɔ̃] *nm* **1.** *(pain frit)* pedaço *m* de pão frito **2.** *(extrémité du pain)* ponta *f* do pão
croyance [kRwajɑ̃s] *nf* crença *f*
croyant, e [kRwajɑ̃, ɑ̃t] *adj* crente
CRS (*abr de Compagnie républicaine de sécurité*) *nm* ≃ polícia *f* de choque
cru, e [kRy] *pp* ➤ **croire** ◇ *adj* cru (crua) ◇ *nm (vin)* colheita *f*
cruauté [kRyote] *nf* crueldade *f*
crucial, e, aux [kRysjal, o] *adj* crucial
crudités [kRydite] *nfpl* legumes *mpl* crus
crue [kRy] *nf* cheia *f* • **être en crue** estar a encher
cruel, elle [kRyɛl] *adj* cruel
crustacés [kRystase] *nmpl* crustáceos *mpl*
Cuba [kyba] *n* Cuba
cube [kyb] *nm* cubo *m* • **mètre cube** metro *m* cúbico
cueillette [kœjɛt] *nf* colheita *f*
cueillir [kœjiR] *vt* colher
cuiller [kɥijɛR] = **cuillère**
cuillère [kɥijɛR] *nf* colher *f* • **cuillère à café** colher de café • **petite cuillère** colherzinha *f* • **cuillère à soupe** colher de sopa
cuillerée [kɥijeRe] *nf* colherada *f*
cuir [kɥiR] *nm* couro *m*
cuire [kɥiR] *vt & vi* cozer • **faire cuire** cozer
cuisine [kɥizin] *nf* cozinha *f* • **faire la cuisine** cozinhar
cuisiner [kɥizine] *vt & vi* cozinhar
cuisinier, ère [kɥizinje, ɛR] *nm, f* cozinheiro *m*, -ra *f*
cuisinière [kɥizinjɛR] *nf (fourneau)* fogão *m* ➤ **cuisinier**
cuisse [kɥis] *nf* **1.** *ANAT* coxa *f* **2.** *(de volaille)* perna *f* • **cuisses de grenouille** coxas de rã
cuisson [kɥisɔ̃] *nf* cozedura *f*
cuit, e [kɥi, kɥit] *adj* cozido(da) • **bien cuit** bem cozido
cuivre [kɥivR] *nm (métal)* cobre *m*
cul [ky] *nm (vulg)* cu *m*
culasse [kylas] *nf* ➤ **joint**
cul-de-sac [kydsak] (*pl* **culs-de-sac**) *nm* **1.** *(voie)* beco *m* sem saída **2.** *(fam & fig) (projet)* buraco *m* sem saída
culinaire [kylinɛR] *adj* culinário(ria)
culminer [kylmine] *vi (surplomber)* elevar-se • **culminer à** *(s'élever à)* elevar-se a ; *(fig)* ascender a
culot [kylo] *nm* **1.** *(fam) (toupet)* lata *f* **2.** *(fond)* fundo *m* metálico **3.** *(dépôt)* sarro *m* • **avoir le culot de faire qqch** *(fam)* ter a lata de fazer algo • **avoir du culot** *(fam)* ter lata
culotte [kylɔt] *nf* cuecas *fpl (de senhora)* • **culotte de cheval** *(vêtement)* calções *mpl* de montar
culpabilité [kylpabilite] *nf* culpa *f*
culte [kylt] *nm* culto *m*
cultivateur, trice [kyltivatœR, tRis] *nm, f* cultivador *m*, -ra *f*
cultivé, e [kyltive] *adj* **1.** *(plante, terre)* cultivado(da) **2.** *(fig) (personne)* culto(ta)
cultiver [kyltive] *vt* cultivar ◆ **se cultiver** *vp* cultivar-se
culture [kyltyR] *nf* cultura *f* ◆ **cultures** *nfpl* terras *fpl* de cultivo

culturel, elle [kyltyʀɛl] *adj* cultural
cumin [kymɛ̃] *nm* cominho *m*
cumul [kymyl] *nm* acumulação *f*
cumuler [kymyle] *vt* acumular
cupide [kypid] *adj* cúpido(da)
cure [kyʀ] *nf* **1.** cura *f* **2.** *(du curé)* curato *m* • **cure d'amaigrissement** cura de emagrecimento • **cure de désintoxication** cura de desintoxicação • **cure de sommeil** cura de sono • **cure thermale** cura termal
curé [kyʀe] *nm* padre *m*
cure-dents [kyʀdɑ̃] *nm inv* palito *m*
curieux, euse [kyʀjø, øz] *adj* curioso(osa) ◇ *nmpl (spectateurs)* curiosos *mpl*
curiosité [kyʀjozite] *nf* curiosidade *f*
curry [kyʀi] *nm* caril *m*
cutanée [kytane] *adj f* ➤ **éruption**
cuve [kyv] *nf* cuba *f*
cuvette [kyvɛt] *nf* bacia *f*
CV *nm* **1.** (*abr de curriculum vitae*) c.v. *m* **2.** AUTO (*abr écrite de cheval*) cv *(cavalo-vapor)*
cyanure [sjanyʀ] *nm* cianeto *m*
cybercrime [sibɛrkrim] *nm INFORM* cybercrime *m*
cyclable [siklabl] *adj* ➤ **piste**
cycle [sikl] *nm* ciclo *m*
cyclique [siklik] *adj* cíclico(ca)
cyclisme [siklism] *nm* ciclismo *m*
cycliste [siklist] *adj* de ciclismo ◇ *nmf* ciclista *mf* ◇ *nm (short)* calções *mpl* de ciclista
cyclone [siklon] *nm* ciclone *m*
cygne [siɲ] *nm* cisne *m*
cylindre [silɛ̃dʀ] *nm* cilindro *m*
cymbale [sɛ̃bal] *nf* címbalo *m*
cynique [sinik] *adj* cínico(ca)
cyprès [sipʀɛ] *nm* cipreste *m*

dD

DAB [dab] *nm* (*abr de distributeur automatique de billets*) MB *m (Multibanco)*
dactylo [daktilo] *nm, f (secrétaire)* dactilógrafa *f*
daigner [deɲe] *vi* • **daigner faire qqch** dignar-se a fazer algo • **ne pas daigner faire qqch** não se dignar a fazer algo
daim [dɛ̃] *nm* **1.** *(animal)* gamo *m* **2.** *(peau)* camurça *f*
dalle [dal] *nf* laje *f*
daltonien, enne [daltɔnjɛ̃, ɛn] *adj & nm, f* daltónico(ca)
dame [dam] *nf* **1.** *(femme)* senhora *f* **2.** *(aux cartes)* dama *f* ◆ **dames** *nfpl (jeu)* damas *fpl*
damier [damje] *nm (de dames)* tabuleiro *m*
dandiner [dɑ̃dine] ◆ **se dandiner** *vp* bambolear-se
Danemark [danmaʀk] *nm* • **le Danemark** a Dinamarca
danger [dɑ̃ʒe] *nm* perigo *m* • **être en danger** estar em perigo
dangereux, euse [dɑ̃ʒʀø, øz] *adj* perigoso(osa)
danois, e [danwa, az] *adj* dinamarquês(esa) ◇ *nm (langue)* dinamarquês *m* ◆ **Danois, e** *nm, f* dinamarquês *m*, -esa *f*
dans [dɑ̃] *prép*
1. *(gén)* em • **je vis dans le sud de la France** vivo no sul de França • **nous allons en vacances dans les Alpes** vamos de férias

para os Alpes • **vous allez dans la mauvaise direction** vai na direcção errada • **lancer le ballon dans les buts** atirar a bola à baliza • **dans ma jeunesse** na minha juventude
2. *(indique la provenance)* de • **choisissez un dessert dans notre sélection du jour** escolha uma sobremesa da nossa selecção do dia
3. *(indique le moment à venir)* dentro de • **dans combien de temps arrivons-nous ?** chegamos dentro de quanto tempo? • **le spectacle commence dans cinq minutes** o espectáculo começa dentro de cinco minutos
4. *(indique une approximation)* • **ça doit coûter dans les 50 euros** deve custar cerca de 50 euros

danse [dɑ̃s] *nf* • **la danse** a dança • **une danse** uma dança • **danse classique/moderne** dança clássica/moderna

danser [dɑ̃se] *vt & vi* dançar

danseur, euse [dɑ̃sœʀ, øz] *nm, f* 1. *(de salon)* dançarino *m*, -na *f* 2. *(classique)* bailarino *m*, -na *f*

dard [daʀ] *nm* ferrão *m*

darne [daʀn] *nf* posta *f* (de peixe)

date [dat] *nf* data *f* • **date limite** data limite • **date de naissance** data de nascimento ▼ **date limite de consommation** data limite de consumo ▼ **date limite de vente** data limite de venda

dater [date] *vt & vi* datar • **dater de** datar de

datte [dat] *nf* tâmara *f*

dattier [datje] *nm* tamareira *f*

daube [dob] *nf* • **(bœuf en) daube** carne *m* de vaca estufada

dauphin [dofɛ̃] *nm (animal)* golfinho *m*

dauphine [dofin] *nf* ➤ **pomme**

dauphinois [dofinwa] *adj m* ➤ **gratin**

daurade [doʀad] *nf* dourada *f*

davantage [davɑ̃taʒ] *adv* mais • **davantage de** mais

de [də] *prép*
1. *(gén)* de • **la porte du salon** a porta da sala • **le frère de Pierre** o irmão do Pierre • **d'où êtes-vous ? - de Bordeaux** de onde é? - de Bordéus • **de Paris à Tokyo** de Paris a Tóquio • **de la mi-août à début septembre** de meados de Agosto ao início de Setembro • **une statue de pierre** uma estátua de pedra • **des billets de 100 euros** notas de 100 euros • **l'avion de 7 h 20** o avião das 7 h 20 • **un jeune homme de 25 ans** um rapaz de 25 anos • **parler de qqch** falar de algo • **arrêter de faire qqch** deixar de fazer algo • **une bouteille d'eau minérale** uma garrafa de água mineral • **plusieurs de ces œuvres sont des copies** muitas destas obras são cópias • **la moitié du temps/de nos clients** metade do tempo/dos nossos clientes • **le meilleur de nous tous** o melhor de nós todos • **je meurs de faim !** estou a morrer de fome!
2. *(indique le moyen, la manière)* com • **saluer qqn d'un mouvement de tête** cumprimentar alguém com um aceno de cabeça • **regarder qqn du coin de l'œil** olhar para alguém pelo canto do olho • **d'un air distrait** com um ar distraído
◇ *art* • **je voudrais du vin/du lait** queria vinho/leite • **ils n'ont pas d'enfants** eles não têm filhos

dé [de] *nm* dado *m* • **dé (à coudre)** dedal *m*

[1] **dealer** [dilœʀ] *nm* passador *m*
[2] **dealer** [dile] *vt* (*fam*) passar
déballer [debale] *vt* **1.** *(affaires)* desempacotar **2.** *(cadeau)* desembrulhar
débandade [debɑ̃dad] *nf* debandada *f*
débarbouiller [debaʀbuje] ◆ **se débarbouiller** *vp* lavar (a cara)
débardeur [debaʀdœʀ] *nm* camisola *f* de alças
débarquement [debaʀkəmɑ̃] *nm* desembarque *m*
débarquer [debaʀke] *vt & vi* desembarcar
débarras [debaʀa] *nm* arrecadação *f* • **bon débarras !** (*fam*) bons ventos o levem!
débarrasser [debaʀase] *vt* **1.** *(désencombrer)* limpar **2.** *(table)* levantar (*Port*), tirar (*Br*) • **débarrasser qqn de qqch** *(vêtement, paquets)* arrumar algo de alguém ◆ **se débarrasser de** *vp + prép* **1.** *(vêtement, paquets)* arrumar **2.** *(travail)* ver-se livre de **3.** *(personne)* desembaraçar-se de
débat [deba] *nm* debate *m*
débattre [debatʀ] *vt & vi* debater • **débattre (de) qqch** debater algo ◆ **se débattre** *vp* debater-se
débauche [deboʃ] *nf* deboche *m* • **une débauche de qqch** um festival de algo
débaucher [deboʃe] *vt* **1.** *(corrompre)* debochar **2.** *(licencier)* despedir **3.** *(déconcentrer)* distrair
débile [debil] *nmf* débil *mf* mental ◇ *adj* (*fam*) *(idiot)* estúpido(da)
débit [debi] *nm* débito *m* • **débit immédiat/différé** débito imediato ou automático, débito deferido
débiter [debite] *vt* **1.** *(compte)* debitar **2.** *(arbre)* cortar **3.** *(péj)* *(banalité)* despejar
débiteur, trice [debitœʀ, tʀis] *adj* devedor(ra)
déblayer [debleje] *vt* desobstruir
débloquer [deblɔke] *vt* desbloquear
déboires [debwaʀ] *nmpl* dissabor *m*
déboiser [debwaze] *vt* desflorestar ◆ **se déboiser** *vp* ficar desarborizado(da)
déboîter [debwate] *vt* desencaixar ◇ *vi* sair da fila ◆ **se déboîter** *vp* • **se déboîter l'épaule** deslocar o ombro
débordé, e [debɔʀde] *adj* • **être débordé (de travail)** estar sobrecarregado (de trabalho)
déborder [debɔʀde] *vi* transbordar
débouché [debuʃe] *nm* saída *f*
déboucher [debuʃe] *vt* **1.** *(bouteille)* desarrolhar **2.** *(nez, tuyau)* desentupir ◆ **déboucher sur** *vp + prép* **1.** *(rue)* ir dar a **2.** *(négociations)* levar a
débourser [debuʀse] *vt* desembolsar
debout [dəbu] *adv* **1.** *(sur ses pieds)* em pé **2.** *(verticalement, réveillé)* de pé • **se mettre debout** pôr-se de pé • **tenir debout** ficar de pé
déboutonner [debutɔne] *vt* desabotoar
débraillé, e [debʀaje] *adj* desleixado(da)
débrancher [debʀɑ̃ʃe] *vt* desligar
débrayer [debʀeje] *vi* desembraiar
débris [debʀi] *nmpl* cacos *mpl*
débrouillard, e [debʀujaʀ, aʀd] *adj & nm, f* (*fam*) desenrascado(da)
débrouiller [debʀuje] (*fam*) ◆ **se débrouiller** *vp* desenrascar-se • **se débrouiller pour faire qqch** desenrascar-se para fazer algo

débroussailler [debʀusaje] *vt* desbravar
débuguer [debœge] *vt* = **déboguer**
début [deby] *nm* começo *m* • **au début (de)** no começo (de)
débutant, e [debytɑ̃, ɑ̃t] *nm, f* principiante *mf*
débuter [debyte] *vi* **1.** começar **2.** *(acteur)* estrear-se
décacheter [dekaʃte] *vt* abrir
décadence [dekadɑ̃s] *nf* decadência *f*
décaféiné, e [dekafeine] *adj* descafeinado(da)
décalage [dekalaʒ] *nm* diferença *f* • **décalage horaire** diferença horária
décalcomanie [dekalkɔmani] *nf* decalcomania *f*
décaler [dekale] *vt* **1.** *(dans l'espace)* deslocar **2.** *(avancer)* antecipar **3.** *(retarder)* adiar
décalquer [dekalke] *vt* decalcar
décamper [dekɑ̃pe] *vi* *(fam)* fugir a sete pés
décapant [dekapɑ̃] *nm* decapante *m*
décaper [dekape] *vt* decapar
décapiter [dekapite] *vt* decapitar
décapotable [dekapɔtabl] *nf* • **(voiture) décapotable** (carro) descapotável *m*
décapsuler [dekapsyle] *vt* abrir
décapsuleur [dekapsylœʀ] *nm* abre-cápsulas *m inv*
décédé, e [desede] *adj* falecido(da)
décéder [desede] *vi* *(sout)* falecer
déceler [desle] *vt* **1.** *(repérer)* detectar **2.** *(révéler)* revelar
décembre [desɑ̃bʀ] *nm* Dezembro *m* • **en décembre** em Dezembro • **au mois de décembre** no mês de Dezembro • **début décembre** em princípios de Dezembro • **fin décembre** em fins de Dezembro • **le deux décembre** no dia dois de Dezembro
décemment [desamɑ̃] *adv* **1.** *(convenablement)* decentemente **2.** *(raisonnablement)* • **je ne peux décemment pas l'accuser** não é decente da minha parte acusá-lo
décence [desɑ̃s] *nf* decência *f*
décennie [deseni] *nf* decénio *m*
décent, e [desɑ̃, ɑ̃t] *adj* decente
décentralisation [desɑ̃tʀalizasjɔ̃] *nf* descentralização *f*
déception [desɛpsjɔ̃] *nf* decepção *f*
décerner [desɛʀne] *vt* *(prix)* outorgar
décès [desɛ] *nm* falecimento *m*
décevant, e [desvɑ̃, ɑ̃t] *adj* decepcionante
décevoir [desəvwaʀ] *vt* decepcionar
déchaîné, e [deʃene] *adj* **1.** *(mer)* encapelado(da) **2.** *(vent)* forte **3.** *(passions)* desenfreado(da) **4.** *(personne)* eléctrico(ca)
déchaîner [deʃene] *vt* desencadear ◆ **se déchaîner** *vp* **1.** *(personne)* soltar-se **2.** *(colère, tempête)* desencadear-se
déchanter [deʃɑ̃te] *vi* desencantar-se
décharge [deʃaʀʒ] *nf* **1.** *(d'ordures)* lixeira *f* **2.** *(électrique)* descarga *f*
décharger [deʃaʀʒe] *vt* descarregar
déchausser [deʃose] *vt* descalçar ◆ **se déchausser** *vp* **1.** *(personne)* descalçar-se **2.** *(dent)* descarnar
déchéance [deʃeɑ̃s] *nf* **1.** *(déclin)* decadência *f* **2.** *(d'un souverain)* deposição *f* **3.** *(d'un droit)* prescrição *f*
déchets [deʃɛ] *nmpl* resíduos *mpl*
déchiffrer [deʃifʀe] *vt* decifrar
déchiqueter [deʃikte] *vt* estilhaçar

déchirant, e [deʃiʀɑ̃, ɑ̃t] *adj* dilacerante
déchirer [deʃiʀe] *vt* rasgar ◆ **se déchirer** *vp* rasgar-se
déchirure [deʃiʀyʀ] *nf* rasgão *m* • **déchirure musculaire** distensão *f* muscular
déci [desi] *nm* (*Helv*) *copo de vinho de 10 cl*
décibel [desibɛl] *nm* decibel *m*
décidé, e [deside] *adj* decidido(da) • **c'est décidé** está decidido
décidément [desidemɑ̃] *adv* decididamente
décider [deside] *vt* decidir • **décider qqn (à faire qqch)** convencer alguém (a fazer algo) • **décider de faire qqch** decidir fazer algo ◆ **se décider** *vp* decidir-se • **se décider à faire qqch** decidir-se a fazer algo
décimal, e, aux [desimal, o] *adj* decimal
décimer [desime] *vt* dizimar
décisif, ive [desizif, iv] *adj* decisivo(va)
décision [desizjɔ̃] *nf* decisão *f*
déclamer [deklame] *vt* declamar
déclaration [deklaʀasjɔ̃] *nf* **1.** (*orale*) declaração *f* **2.** (*de vol, de perte*) participação *f* • **déclaration d'impôts** declaração de impostos • **déclaration sur l'honneur** pacto *m* de honra
déclarer [deklaʀe] *vt* declarar • **rien à déclarer** nada a declarar ◆ **se déclarer** *vp* (*se déclencher*) declarar-se
déclencher [deklɑ̃ʃe] *vt* accionar
déclic [deklik] *nm* **1.** (*bruit*) estalido *m* **2.** (*fig*) (*illumination*) luz *f*
déclin [deklɛ̃] *nm* **1.** (*diminution*) decréscimo *m* **2.** (*de popularité, civilisation*) declínio *m* **3.** (*du jour*) crepúsculo *m*
décliner [dekline] *vi* **1.** (*santé, jour*) declinar **2.** (*quantité*) decrescer ◇ *vt* **1.** GRAMM declinar **2.** (*énoncer*) enumerar **3.** (*sout*) (*refuser*) declinar • **décliner une invitation** declinar um convite • **décliner toute responsabilité** declinar toda e qualquer responsabilidade ◆ **se décliner** *vp* declinar-se
déco [dekɔ] (*abr de décoration*) (*fam*) *nf* decoração *m*
décoction [dekɔksjɔ̃] *nf* decocção *f*
décoder [dekɔde] *vt* descodificar
décoiffer [dekwafe] *vt* despentear
décollage [dekɔlaʒ] *nm* descolagem *f*
décollé, e [dekɔle] *adj* descolado(da) • **oreilles décollées** orelhas de abano (*fam*)
décoller [dekɔle] *vt* & *vi* descolar ◆ **se décoller** *vp* descolar-se
décolleté, e [dekɔlte] *adj* decotado(da) ◇ *nm* decote *m*
décolorer [dekɔlɔʀe] *vt* descolorar
décombres [dekɔ̃bʀ] *nmpl* escombros *mpl*
décommander [dekɔmɑ̃de] *vt* desmarcar ◆ **se décommander** *vp* desistir
décomposé, e [dekɔ̃poze] *adj* **1.** (*pourri*) decomposto(osta) **2.** (*personne*) desfigurado(da)
décomposer [dekɔ̃poze] *vt* • **décomposer qqch en** decompor algo em ◆ **se décomposer** *vp* (*pourrir*) decompor-se
décompresser [dekɔ̃pʀese] *vt* & *vi* (*fam*) INFORM descomprimir
décompte [dekɔ̃t] *nm* desconto *m* • **faire le décompte de qqch** contar algo
déconcentrer [dekɔ̃sɑ̃tʀe] ◆ **se déconcentrer** *vp* desconcentrar-se
déconcerter [dekɔ̃sɛʀte] *vt* desconcertar

décongeler [dekɔ̃ʒle] *vt* descongelar

déconnecter [dekɔnɛkte] *vt* desligar • **être déconnecté** (*fam*) estar por fora ◆ **se déconnecter** *vp* desconectar-se

déconseiller [dekɔ̃seje] *vt* • **déconseiller qqch à qqn** desaconselhar algo a alguém • **déconseiller à qqn de faire qqch** desaconselhar alguém a fazer algo

décontenancer [dekɔ̃tnɑ̃se] *vt* embaraçar ◆ **se décontenancer** *vp* desmanchar-se

décontracté, e [dekɔ̃tʀakte] *adj* descontraído(da)

décor [dekɔʀ] *nm* **1.** *(paysage)* paisagem *f* **2.** *(de théâtre)* cenário *m* **3.** *(d'une pièce)* decoração *f*

décorateur, trice [dekɔʀatœʀ, tʀis] *nm, f* decorador *m*, -ra *f*

décoratif, ive [dekɔʀatif, iv] *adj* decorativo(va)

décoration [dekɔʀasjɔ̃] *nf* **1.** *(d'une pièce)* decoração *f* **2.** *(médaille)* condecoração *f*

décorer [dekɔʀe] *vt* **1.** *(pièce, objet)* decorar **2.** *(soldat)* condecorar

décortiquer [dekɔʀtike] *vt* **1.** *(noix, crabe)* descascar **2.** (*fig*) *(texte)* esmiuçar

découcher [dekuʃe] *vi* dormir fora de casa

découdre [dekudʀ] *vt* descoser ◆ **se découdre** *vp* descoser-se

découler [dekule] ◆ **découler de** *vp + prép* resultar de

découpage [dekupaʒ] *nm* **1.** *(action, jeu)* recorte *m* **2.** *(administratif)* divisão *f* **3.** *(d'un film)* guião *m* técnico **4.** *(d'un texte)* divisão *f* em partes

découper [dekupe] *vt* **1.** *(gâteau)* cortar **2.** *(viande)* trinchar **3.** *(images, photos)* recortar

découragé, e [dekuʀaʒe] *adj* desencorajado(da)

découragement [dekuʀaʒmɑ̃] *nm* desânimo *m*

décourager [dekuʀaʒe] *vt* desencorajar ◆ **se décourager** *vp* desencorajar-se

décousu, e [dekuzy] *adj* **1.** *(vêtement, ourlet)* descosido(da) **2.** *(raisonnement, conversation)* desconexo(xa)

découvert, e [dekuvɛʀ, ɛʀt] *pp* ➤ **découvrir** ◇ *nm* saldo *m* negativo

découverte [dekuvɛʀt] *nf* descoberta *f*

découvrir [dekuvʀiʀ] *vt* descobrir ◆ **se découvrir** *vp* descobrir-se

décret [dekʀɛ] *nm* decreto *m*

décréter [dekʀete] *vt* • **décréter (que)** decretar (que)

décrire [dekʀiʀ] *vt* descrever

décrocher [dekʀɔʃe] *vt* tirar • **décrocher (le téléphone)** levantar (o auscultador) ◆ **se décrocher** *vp* cair

décrue [dekʀy] *nf* baixa *f* (do nível das águas)

décrypter [dekʀipte] *vt* decifrar

déçu, e [desy] *pp* ➤ **décevoir** ◇ *adj* desiludido(da)

décupler [dekyple] *vt* & *vi* decuplicar

dédaigner [dedeɲe] *vt* *(mépriser)* desdenhar

dédaigneux, euse [dedɛɲø, øz] *adj* desdenhoso(osa)

dédain [dedɛ̃] *nm* desdém *m*

dédale [dedal] *nm* **1.** *(labyrinthe)* dédalo *m* **2.** (*fig*) *(confusion)* labirinto *m*

dedans [dədɑ̃] *adv* dentro ◇ *nm* interior *m* • **en dedans** dentro

dédicace [dedikas] *nf* dedicatória *f*

dédicacer [dedikase] *vt* • **dédicacer qqch à qqn** dedicar algo a alguém

dédier [dedje] *vt* • **dédier qqch à qqn** dedicar algo a alguém

dédommagement [dedɔmaʒmɑ̃] *nm* **1.** *(indemnité)* indemnização *f* **2.** *(compensation)* compensação *f*

dédommager [dedɔmaʒe] *vt* indemnizar

déduction [dedyksjɔ̃] *nf* **1.** *(soustraction)* subtracção *f* **2.** *(conclusion)* dedução *f*

déduire [dedɥiʀ] *vt* • **déduire qqch (de)** *(soustraire)* subtrair algo (de) ; *(conclure)* deduzir algo (de)

déduit, e [dedɥi, it] *pp* ➤ **déduire**

déesse [deɛs] *nf* deusa *f*

défaillance [defajɑ̃s] *nf* **1.** *(incapacité)* falha *f* **2.** *(malaise)* desfalecimento *m* • **défaillance cardiaque** colapso *m* cardíaco

défaillant, e [defajɑ̃, ɑ̃t] *adj* deficiente

défaillir [defajiʀ] *vi* **1.** *(s'évanouir)* desfalecer **2.** (*sout*) *(mémoire)* falhar

défaire [defɛʀ] *vt* desfazer ◆ **se défaire** *vp* desfazer-se

défait, e [defɛ, ɛt] *pp* ➤ **défaire**

défaite [defɛt] *nf* derrota *f*

défaitiste [defetist] *adj & nmf* derrotista *mf*

défaut [defo] *nm* defeito *m* • **à défaut de** na falta de

défavorable [defavɔʀabl] *adj* desfavorável

défavoriser [defavɔʀize] *vt* desfavorecer

défection [defɛksjɔ̃] *nf* **1.** *(absence)* ausência *f* **2.** *(abandon)* deserção *f*

défectueux, euse [defɛktɥø, øz] *adj* defeituoso(osa)

défendre [defɑ̃dʀ] *vt* defender • **défendre qqch à qqn** proibir algo a alguém • **défendre à qqn de faire qqch** proibir alguém de fazer algo ◆ **se défendre** *vp* defender-se

défense [defɑ̃s] *nf* defesa *f* • **prendre la défense de qqn** tomar a defesa de alguém ▼ **défense de déposer des ordures** proibido vazar lixo ▼ **défense d'entrer** proibida a entrada

La Défense

La Défense é um bairro de intensa actividade económica construído a oeste de Paris, durante os anos 1960-1970, em que predominam edifícios de escritórios. A sua arquitectura futurista caracteriza-se por enormes torres de vidro. Encontra-se também aí *la Grande Arche* (o Grande Arco), versão ultramoderna e de cor branca do Arco do Triunfo, situado no prolongamento dos Campos Elíseos.

défenseur [defɑ̃sœʀ] *nm* defensor *m*, -ra *f* • **le défenseur des droits des enfants** defensor dos direitos das crianças

défensif, ive [defɑ̃sif, iv] *adj* defensivo(va) ◆ **défensive** *nf* • **être sur la défensive** estar na defensiva

déferlement [defɛʀləmɑ̃] *nm* **1.** *(de vagues)* rebentação *f* **2.** *(fig) (d'enthousiasme)* explosão *f* **3.** *(de gens)* irrupção *f*
défi [defi] *nm* desafio *m* • **lancer un défi à qqn** lançar um desafio a alguém
défiance [defjɑ̃s] *nf* desconfiança *f*
déficit [defisit] *nm* défice *m*
déficitaire [defisitɛʀ] *adj* deficitário(ria)
défier [defje] *vt* desafiar • **défier qqn de faire qqch** desafiar alguém a fazer algo
défigurer [defigyʀe] *vt* desfigurar
défilé [defile] *nm* **1.** *(de mode, du 14 Juillet)* desfile *m* **2.** *(gorges)* desfiladeiro *m*
défiler [defile] *vi* desfilar
défini, e [defini] *adj* definido(da)
définir [definiʀ] *vt* definir
définitif, ive [definitif, iv] *adj* definitivo(va) • **en définitive** afinal
définition [definisjɔ̃] *nf* definição *f*
définitivement [definitivmɑ̃] *adv* definitivamente
défiscaliser [defiskalize] *vt* isentar de impostos
déflation [deflasjɔ̃] *nf* deflação *f*
défoncer [defɔ̃se] *vt* **1.** *(porte, voiture)* arrombar **2.** *(route)* deteriorar **3.** *(terrain)* cavar fundo
déformation [defɔʀmasjɔ̃] *nf* deformação *f* • **déformation professionnelle** deformação profissional
déformé, e [defɔʀme] *adj* **1.** *(vêtement)* deformado(da) **2.** *(route)* em mau estado
déformer [defɔʀme] *vt* deformar
défouler [defule] ◆ **se défouler** *vp* descarregar
défraîchi, e [defʀɛʃi] *adj* desbotado(da)
défrayer [defʀeje] *vt* custear • **défrayer la chronique** ser notícia
défricher [defʀiʃe] *vt* desbravar
défunt, e [defœ̃, œ̃t] *adj* **1.** *(décédé)* finado(da) **2.** *(sout & fig) (disparu)* fanado(da) ◇ *nm, f* defunto *m*, -ta *f*
dégager [degaʒe] *vt* **1.** *(déblayer)* desobstruir **2.** *(odeur)* exalar **3.** *(fumée)* deitar • **dégager qqn/qqch de** tirar alguém/algo de ◆ **se dégager** *vp* **1.** *(se libérer)* libertar-se **2.** *(ciel)* desanuviar-se • **se dégager de** *(se libérer de)* desembaraçar-se de ; *(odeur)* exalar ; *(fumée)* sair de
dégainer [degene] *vt* sacar de ◇ *vi* sacar da pistola
dégarni, e [degaʀni] *adj* calvo(va)
dégât [dega] *nm* estrago *m* • **dégâts matériels** danos materiais • **faire des dégâts** fazer estragos
dégel [deʒɛl] *nm* degelo *m*
dégeler [deʒle] *vt (atmosphère)* descontrair ◇ *vi* **1.** *(lac)* degelar **2.** *(surgelé)* descongelar
dégénérer [deʒeneʀe] *vi* degenerar
dégivrage [deʒivʀaʒ] *nm* limpeza *f* do gelo
dégivrer [deʒivʀe] *vt* **1.** *(pare-brise)* limpar o gelo de **2.** *(réfrigérateur)* descongelar
dégivreur [deʒivʀœʀ] *nm* desembaciador *m*
dégonfler [degɔ̃fle] *vt* esvaziar ◆ **se dégonfler** *vp* **1.** esvaziar-se **2.** *(fam)* acobardar-se
dégouliner [deguline] *vi* pingar
dégourdi, e [deguʀdi] *adj* desembaraçado(da)
dégourdir [deguʀdiʀ] ◆ **se dégourdir** *vp* • **se dégourdir les jambes** desentorpecer as pernas
dégoût [degu] *nm* nojo *m*

dégoûtant, e [degutɑ̃, ɑ̃t] *adj* nojento(ta)
dégoûter [degute] *vt* meter nojo a • **dégoûter qqn de** fazer com que alguém fique com aversão a • **être dégoûté de** ficar com aversão a
dégrader [degʀade] *vt* **1.** degradar **2.** *(destituer)* desgraduar **3.** *(avilir)* rebaixar ◆ **se dégrader** *vp* **1.** *(se détériorer, empirer)* degradar-se **2.** *(s'avilir)* rebaixar-se
dégrafer [degʀafe] *vt* **1.** *(papiers)* desagrafar **2.** *(vêtement)* desacolchetar
degré [dəgʀe] *nm* grau *m*
dégressif, ive [degʀesif, iv] *adj* degressivo(va)
dégringoler [degʀɛ̃gɔle] *vi* desabar
déguerpir [degɛʀpiʀ] *vi* pôr-se a andar
dégueulasse [degœlas] *adj (fam)* nojento(ta)
dégueuler [degœle] *vi (fam)* vomitar
déguisement [degizmɑ̃] *nm* disfarce *m*
déguiser [degize] *vt* disfarçar ◆ **se déguiser** *vp* disfarçar-se • **se déguiser en** disfarçar-se de
dégustation [degystasjɔ̃] *nf* prova *f*
déguster [degyste] *vt (goûter)* provar
dehors [dəɔʀ] *adv* fora ◇ *nm* exterior *m* • **jeter** ou **mettre qqn dehors** pôr alguém na rua • **en dehors** para fora • **en dehors de** *(à l'extérieur de)* fora de ; *(sauf)* fora
déjà [deʒa] *adv* já
déjeuner [deʒœne] *nm* **1.** *(à midi)* almoço *m* **2.** *(petit déjeuner)* pequeno-almoço *m* ◇ *vi* **1.** *(à midi)* almoçar **2.** *(le matin)* tomar o pequeno-almoço
déjouer [deʒwe] *vt* fazer abortar
délabré, e [delabʀe] *adj* degradado(da)
délacer [delase] *vt* desatar
délai [delɛ] *nm* prazo *m*
délaisser [delese] *vt* **1.** *(abandonner)* abandonar **2.** *(négliger)* desleixar
délasser [delase] *vt* descansar
délation [delasjɔ̃] *nf* delação *f*
délavé, e [delave] *adj* desbotado(da)
délayer [deleje] *vt* diluir
Delco® [dɛlko] *nm* distribuidor *m*
délecter [delɛkte] ◆ **se délecter** *vp* • **se délecter de qqch** deleitar-se com algo
délégation [delegasjɔ̃] *nf* delegação *f*
délégué, e [delege] *nm, f* delegado *m*, -da *f*
délibération [delibeʀasjɔ̃] *nf* deliberação *f* ◆ **délibérations** *nfpl* deliberações *fpl*
délibéré, e [delibeʀe] *adj* deliberado(da)
délibérément [delibeʀemɑ̃] *adv* deliberadamente
délicat, e [delika, at] *adj* **1.** delicado(da) **2.** *(exigeant)* difícil
délicatement [delikatmɑ̃] *adv* delicadamente
délicatesse [delikatɛs] *nf* delicadeza *f*
délice [delis] *nm* **1.** *(régal)* delícia *f* **2.** *(plaisir)* deleite *m* ◆ **délices** *nfpl* delícias *fpl*
délicieux, euse [delisjø, øz] *adj* delicioso(osa)
délimiter [delimite] *vt* delimitar
délinquance [delɛ̃kɑ̃s] *nf* delinquência *f* • **délinquance juvénile** delinquência juvenil
délinquant, e [delɛ̃kɑ̃, ɑ̃t] *nm, f* delinquente *mf*
délire [deliʀ] *nm* delírio *m* • **en délire** em delírio
délirer [deliʀe] *vi* delirar
délit [deli] *nm* delito *m*

délivrance [delivʀɑ̃s] *nf* **1.** *(libération)* libertação *f* **2.** *(soulagement)* alívio *m*
délivrer [delivʀe] *vt* **1.** *(prisonnier)* soltar **2.** *(autorisation, reçu)* entregar
déloger [delɔʒe] *vt* desalojar
déloyal, e, aux [delwajal, o] *adj* desleal
delta [dɛlta] *nm (de rivière)* delta *m*
deltaplane [dɛltaplan] *nm* asa-delta *f*
déluge [delyʒ] *nm* dilúvio *m*
déluré, e [delyʀe] *adj* **1.** *(malin)* espevitado(da) **2.** *(péj) (dévergondé)* atrevido(da)
démagogie [demagɔʒi] *nf* demagogia *f*
demain [dəmɛ̃] *adv* amanhã • **à demain !** até amanhã! • **demain matin/soir** amanhã de manhã/à noite
demande [dəmɑ̃d] *nf* **1.** *(réclamation)* pedido *m* **2.** *(formulaire)* requerimento *m* ▾ **demandes d'emploi** pedidos de emprego
demandé, e [dəmɑ̃de] *adj* procurado(da) • **être très demandé** *(article)* ter muita procura ; *(personne)* ser muito solicitado
demander [dəmɑ̃de] *vt* **1.** *(interroger sur)* perguntar **2.** *(exiger)* pedir **3.** *(nécessiter)* precisar • **demander qqch à qqn** *(interroger)* perguntar algo a alguém ; *(exiger)* pedir algo a alguém • **demander à qqn de faire qqch** pedir a alguém para fazer algo ◆ **se demander** *vp* perguntar-se
demandeur, euse [dəmɑ̃dœʀ, øz] *nm, f* • **demandeur d'emploi** desempregado *m*
démangeaison [demɑ̃ʒezɔ̃] *nf* comichão *f* • **avoir des démangeaisons** ter comichão
démanger [demɑ̃ʒe] *vt* fazer comichão
démaquillant [demakijɑ̃] *nm* **1.** *(pour les yeux)* desmaquilhante *m* **2.** *(pour le visage)* leite *m* de limpeza
démaquiller [demakije] *vt* desmaquilhar ◆ **se démaquiller** *vp* desmaquilhar-se
démarche [demaʀʃ] *nf* **1.** *(allure)* modo *m* de andar **2.** *(administrative)* trâmites *mpl* • **faire des démarches pour...** dar passos para...
démarrage [demaʀaʒ] *nm* arranque *m*
démarrer [demaʀe] *vi* **1.** *(partir)* arrancar **2.** *(commencer)* começar
démarreur [demaʀœʀ] *nm* motor *m* de arranque
démasquer [demaske] *vt* desmascarar
démêlant, e [demɛlɑ̃, ɑ̃t] *adj* amaciador(ra) ◆ **démêlant** *nm* creme *m* amaciador
démêlé [demele] *nm* altercação *f* • **avoir des démêlés avec la justice** ter problemas com a justiça
démêler [demele] *vt* desemaranhar
déménagement [demenaʒmɑ̃] *nm* mudança *f* de casa
déménager [demenaʒe] *vi* mudar de casa ◇ *vt* mudar de sítio
déménageur [demenaʒœʀ] *nm* **1.** *(patron)* empresa *f* de mudanças **2.** *(employé)* empregado *m*, -da *f* da empresa de mudanças
démence [demɑ̃s] *nf* demência *f*
démener [demne] ◆ **se démener** *vp* **1.** *(bouger)* agitar-se **2.** *(faire des efforts)* esforçar-se
dément, e [demɑ̃, ɑ̃t] *adj* **1.** demente **2.** *(fam)* incrível

démenti [demɑ̃ti] *nm* desmentido *m* • **apporter un démenti à qqch** desmentir algo

démentir [demɑ̃tiʀ] *vt* desmentir

démesuré, e [deməzyʀe] *adj* desmedido(da)

démettre [demɛtʀ] *vt* **1.** *MÉD* deslocar **2.** *(destituer)* • **démettre qqn de ses fonctions** demitir alguém das suas funções ◆ **se démettre** *vp* • **se démettre qqch** deslocar algo

demeurant [dəmœʀɑ̃] ◆ **au demeurant** *adv* não obstante

demeure [dəmœʀ] *nf* mansão *f*

demeurer [dəmœʀe] *vi* **1.** *(sout) (habiter)* residir **2.** *(rester)* ficar

demi, e [dəmi] *adj* meio (meia) ◇ *nm* imperial *f* • **cinq heures et demie** cinco (horas) e meia • **un demi-kilo de** meio quilo de • **à demi fermé** entreaberto

demi-cercle [dəmisɛʀkl] *(pl* **demi-cercles***)* *nm* semicírculo *m* • **en demi-cercle** em semicírculo

demi-finale [dəmifinal] *(pl* **demi-finales***)* *nf* meia-final *f*

demi-frère [dəmifʀɛʀ] *(pl* **demi-frères***)* *nm* meio-irmão *m*

demi-heure [dəmijœʀ] *(pl* **demi-heures***)* *nf* meia hora *f*

démilitariser [demilitaʀize] *vt* desmilitarizar

demi-litre [dəmilitʀ] *(pl* **demi-litres***)* *nm* meio litro *m*

déminer [demine] *vt* desminar

demi-pension [dəmipɑ̃sjɔ̃] *(pl* **demi-pensions***)* *nf* **1.** *(à l'hôtel)* meia-pensão *f* **2.** *(à l'école)* semi-internato *m*

demi-pensionnaire [dəmipɑ̃sjɔnɛʀ] *(pl* **demi-pensionnaires***)* *nmf* semi-interno *m*, -na *f*

démis, e [demi, iz] *pp* ➤ **démettre**

demi-saison [dəmisɛzɔ̃] *(pl* **demi-saisons***)* *nf* • **de demi-saison** de meia estação

demi-sœur [dəmisœʀ] *(pl* **demi-soeurs***)* *nf* meia-irmã *f*

démission [demisjɔ̃] *nf* demissão *f* • **donner sa démission** apresentar a demissão

démissionner [demisjɔne] *vi* demitir-se

demi-tarif [dəmitaʀif] *(pl* **demi-tarifs***)* *nm* meio-bilhete *m*

demi-tour [dəmituʀ] *(pl* **demi-tours***)* *nm* meia volta *f* • **faire demi-tour** dar meia volta

démocratie [demɔkʀasi] *nf* democracia *f*

démocratique [demɔkʀatik] *adj* democrático(ca)

démodé, e [demɔde] *adj* fora de moda

démographie [demɔgʀafi] *nf* demografia *f*

demoiselle [dəmwazɛl] *nf* menina *f* • **demoiselle d'honneur** dama *f* de honor

démolir [demɔliʀ] *vt* demolir

démolition [demɔlisjɔ̃] *nf* demolição *f* • **en démolition** em demolição

démon [demɔ̃] *nm* **1.** *RELIG* demónio *m* **2.** *(enfant)* diabito *m*

démonstratif, ive [demɔ̃stʀatif, iv] *adj* demonstrativo(va)

démonstration [demɔ̃stʀasjɔ̃] *nf* demonstração *f*

démonter [demɔ̃te] *vt* desmontar

démontrer [demɔ̃tʀe] *vt* demonstrar

démoralisant, e [demɔʀalizɑ̃, ɑ̃t] *adj* desmoralizador(ra)
démoraliser [demɔʀalize] *vt* desmoralizar
démordre [demɔʀdʀ] *vi* • **ne pas en démordre** não dar o braço a torcer
démouler [demule] *vt (gâteau)* desenformar
démuni, e [demyni] *adj (pauvre)* desprovido(da)
dénaturer [denatyʀe] *vt* **1.** *(propos, faits)* deturpar **2.** *(goût)* alterar
dénicher [deniʃe] *vt (trouver)* desencantar
dénigrer [denigʀe] *vt* denegrir
dénivellation [denivɛlasjɔ̃] *nf* desnível *m*
dénombrer [denɔ̃bʀe] *vt* **1.** contar **2.** *(habitants)* recensear
dénoncer [denɔ̃se] *vt (coupable)* denunciar
dénoter [denɔte] *vt* denotar
dénouement [denumɑ̃] *nm* desenlace *m*
dénouer [denwe] *vt* desfazer
dénoyauter [denwajote] *vt* descaroçar
denrée [dɑ̃ʀe] *nf* género *m* (alimentício)
dense [dɑ̃s] *adj* denso(sa)
densité [dɑ̃site] *nf* densidade *f* • **densité de population** densidade populacional • **double/haute densité** dupla/alta densidade
dent [dɑ̃] *nf* dente *m* • **dent de lait** dente de leite • **dent de sagesse** dente do siso
dentaire [dɑ̃tɛʀ] *adj* dentário(ria)
dentelle [dɑ̃tɛl] *nf* renda *f*
dentier [dɑ̃tje] *nm* dentadura *f* postiça
dentifrice [dɑ̃tifʀis] *nm* pasta *f* de dentes
dentiste [dɑ̃tist] *nmf* dentista *mf*
dentition [dɑ̃tisjɔ̃] *nf* dentição *f*
dénuder [denyde] *vt* **1.** *(dos, épaules)* descobrir **2.** *(fil, os)* descarnar ◆ **se dénuder** *vp* desnudar-se
dénuement [denymɑ̃] *nm* • **vivre dans le dénuement** viver desprovido de tudo
Denver [dɑ̃vɛʀ] *n* ➤ **sabot**
déodorant [deɔdɔʀɑ̃] *nm* desodorizante *m*
dépénaliser [depenalize] *vt DR* despenalizar
déontologie [deɔ̃tɔlɔʒi] *nf* deontologia *f*
dépannage [depanaʒ] *nm* conserto *m* • **service de dépannage** serviço de reboque
dépanner [depane] *vt* **1.** *(voiture, appareil ménager)* consertar **2.** *(fig) (aider)* fazer um jeito a
dépanneur, euse [depanœʀ, øz] *nm, f* **1.** mecânico *m* **2.** *(Québec) (épicerie) mercearia aberta fora de horas*
dépanneuse [depanøz] *nf* reboque *m*
dépareillé, e [depaʀeje] *adj* **1.** *(service)* incompleto(ta) **2.** *(gant, chaussette)* solto(ta)
départ [depaʀ] *nm* partida *f* • **au départ** no início ▾ **départs** partidas
départager [depaʀtaʒe] *vt* desempatar
département [depaʀtəmɑ̃] *nm* **1.** *(division administrative)* ≃ distrito *m* **2.** *(service)* repartição *f*
départementale [depaʀtəmɑ̃tal] *nf* • **(route) départementale** ≃ estrada *f* distrital
dépassé, e [depase] *adj* ultrapassado(da)

dépassement [depasmɑ̃] *nm (sur la route)* ultrapassagem *f*
dépasser [depase] *vt* **1.** ultrapassar **2.** *(passer devant)* passar diante de ◇ *vi* ultrapassar
dépaysement [depeizmɑ̃] *nm* mudança *f* (de ares)
dépayser [depeize] *vt* **1.** *(changer de cadre)* proporcionar uma mudança de ares **2.** *(désorienter)* desorientar ◆ **se dépayser** *vp* mudar de ares
dépêche [depɛʃ] *nf* despacho *m* ● **dépêche diplomatique** despacho diplomático
dépêcher [depeʃe] ◆ **se dépêcher** *vp* despachar-se ● **se dépêcher de faire qqch** despachar-se a fazer algo
dépendance [depɑ̃dɑ̃s] *nf* dependência *f* ◆ **dépendances** *nfpl* dependências *fpl*
dépendre [depɑ̃dʀ] *vi* ● **dépendre de** depender de ● **ça dépend** depende
dépens [depɑ̃] ◆ **aux dépens de** *prép* às custas de
dépense [depɑ̃s] *nf* despesa *f*
dépenser [depɑ̃se] *vt* gastar ◆ **se dépenser** *vp (physiquement)* desgastar-se
dépensier, ère [depɑ̃sje, ɛʀ] *adj* gastador(ra)
dépérir [depeʀiʀ] *vi* **1.** definhar **2.** *(affaire)* decair
dépêtrer [depetʀe] *(fam)* ◆ **se dépêtrer de** *vp + prép* livrar-se de
déphasé, e [defaze] *adj* desfasado(da)
dépistage [depistaʒ] *nm* rastreio *m*
dépit [depi] *nm* despeito *m* ● **en dépit de** apesar de
dépité, e [depite] *adj* despeitado(da)
déplacement [deplasmɑ̃] *nm* deslocação *f* ● **en déplacement** em viagem
déplacer [deplase] *vt* **1.** *(objet)* deslocar **2.** *(rendez-vous)* adiar ◆ **se déplacer** *vp* deslocar-se
déplaire [deplɛʀ] ◆ **déplaire à** *vp + prép* ● **ça me déplaît** isto desagrada-me
déplaisant, e [deplɛzɑ̃, ɑ̃t] *adj* desagradável
dépliant [deplijɑ̃] *nm* folheto *m*
déplier [deplije] *vt* **1.** *(papier)* desdobrar **2.** *(chaise)* abrir ◆ **se déplier** *vp* abrir-se
déploiement [deplwamɑ̃] *nm* **1.** desdobramento *m* **2.** *(d'une aile)* abertura *f* ● **faire un grand déploiement de...** demonstrar bastante...
déplorable [deplɔʀabl] *adj* deplorável
déployer [deplwaje] *vt (ailes, carte)* abrir
déportation [depɔʀtasjɔ̃] *nf* deportação *f* ● **en déportation** durante a sua deportação
déporter [depɔʀte] *vt* **1.** *(prisonnier)* deportar **2.** *(dévier)* desviar
déposer [depoze] *vt* **1.** *(poser)* pôr **2.** *(un paquet, en voiture)* deixar **3.** *(argent)* depositar ◆ **se déposer** *vp* depositar-se
dépositaire [depozitɛʀ] *nmf* depositário *m*
déposition [depozisjɔ̃] *nf* depoimento *m*
dépôt [depo] *nm* **1.** depósito *m* **2.** *(de bus)* estação *f*
dépotoir [depɔtwaʀ] *nm* lixeira *f*
dépouille [depuj] *nf* **1.** *(peau)* pele *f* **2.** *(corps humain)* despojos *mpl* ● **dépouille mortelle** despojos ou restos mortais
dépouiller [depuje] *vt* despojar
dépourvu, e [depuʀvy] *adj* ● **dépourvu de** desprovido de ● **prendre qqn au dépourvu** apanhar alguém de surpresa

dépoussiérer [depusjeʀe] *vt* **1.** *(nettoyer)* limpar o pó de **2.** *(fig) (rajeunir)* limpar as teias de aranha de
dépressif, ive [depʀesif, iv] *adj* depressivo(va)
dépression [depʀesjɔ̃] *nf* depressão *f* • **dépression (nerveuse)** depressão nervosa
déprimant, e [depʀimɑ̃, ɑ̃t] *adj* deprimente
déprimé, e [depʀime] *adj* deprimido(da)
déprimer [depʀime] *vt* deprimir ◇ *vi* andar deprimido(da)
depuis [dəpɥi] *prép* desde ◇ *adv* desde então • **je travaille ici depuis trois ans** trabalho aqui há três anos • **depuis quand est-il marié ?** desde quando é que ele é casado? • **depuis que** desde que
député, e [depyte] *nm, f* deputado *m*
déraciner [deʀasine] *vt* arrancar pela raiz
dérailler [deʀaje] *vi (train)* descarrilar
dérailleur [deʀajœʀ] *nm* carrete *m*
dérangement [deʀɑ̃ʒmɑ̃] *nm (gêne)* incómodo *m* • **en dérangement** avariado(da)
déranger [deʀɑ̃ʒe] *vt* **1.** *(gêner)* incomodar **2.** *(objets, affaires)* desordenar • **ça vous dérange si... ?** incomoda-o se...? ◆ **se déranger** *vp* incomodar-se
dérapage [deʀapaʒ] *nm* derrapagem *f*
déraper [deʀape] *vi* **1.** *(voiture)* derrapar **2.** *(personne, lame)* escorregar
dérégler [deʀegle] *vt* desregular ◆ **se dérégler** *vp* desregular-se
dérision [deʀizjɔ̃] *nf* escárnio *m* • **tourner qqch en dérision** meter algo a ridículo
dérisoire [deʀizwaʀ] *adj* irrisório(ria)
dérive [deʀiv] *nf* deriva *f* • **aller à la dérive** andar à deriva
dériver [deʀive] *vi* andar à deriva
dermatologue [dɛʀmatɔlɔg] *nmf* dermatologista *mf*
dernier, ère [dɛʀnje, ɛʀ] *adj & nm, f* último(ma) • **la semaine dernière** a semana passada • **en dernier** por último • **arriver en dernier** chegar em último lugar
dernièrement [dɛʀnjɛʀmɑ̃] *adv* ultimamente
dérober [deʀɔbe] *vt (sout)* furtar ◆ **se dérober** *vp* **1.** *(personne)* • **se dérober à qqch** furtar-se a algo **2.** *(sol)* fugir debaixo dos pés
dérogation [deʀɔgasjɔ̃] *nf* licença *f*
déroulement [deʀulmɑ̃] *nm* **1.** *(bobine)* desenrolamento *m* **2.** *(fig) (d'événement)* desenrolar *m*
dérouler [deʀule] *vt* desenrolar ◆ **se dérouler** *vp* desenrolar-se
dérouter [deʀute] *vt* **1.** *(surprendre)* desconcertar **2.** *(dévier)* despistar
derrière [dɛʀjɛʀ] *prép & adv* atrás ◇ *nm* **1.** *(partie arrière)* traseira *f* **2.** *(fesses)* traseiro *m* • **de derrière** de trás
des [de] = **de** + **les** ; ➤ **de, un**
dès [dɛ] *prép* desde • **dès que** logo que
désabusé, e [dezabyze] *adj* desiludido(da)
désaccord [dezakɔʀ] *nm* desacordo *m* • **être en désaccord avec** estar em desacordo com
désaccordé, e [dezakɔʀde] *adj* desafinado(da)
désaffecté, e [dezafɛkte] *adj* abandonado(da)

désagréable [dezagreabl] *adj* desagradável
désaltérer [dezaltere] ◆ **se désaltérer** *vp* beber
désamorcer [dezamɔrse] *vt* **1.** *(une arme)* desactivar **2.** *(fig) (un complot)* desmantelar
désappointé, e [dezapwɛ̃te] *adj* desapontado(da)
désapprouver [dezapruve] *vt* desaprovar
désarçonner [dezarsɔne] *vt* **1.** atirar ao chão **2.** *(fig)* atrapalhar
désarmant, e [dezarmɑ̃, ɑ̃t] *adj* que desarma
désarmement [dezarmәmɑ̃] *nm* desarmamento *m*
désarmer [dezarme] *vt (malfaiteur)* desarmar
désarroi [dezarwa] *nm* aflição *f*
désastre [dezastr] *nm* desastre *m*
désastreux, euse [dezastrø, øz] *adj* desastroso(osa)
désavantage [dezavɑ̃taʒ] *nm* desvantagem *f*
désavantager [dezavɑ̃taʒe] *vt* prejudicar
désavantageux, euse [dezavɑ̃taʒø, øz] *adj* desvantajoso(osa)
descendant, e [desɑ̃dɑ̃, ɑ̃t] *nm, f* descendente *mf*
descendre [desɑ̃dr] *vt* **1.** *(aux avoir) (rue, escalier)* descer **2.** *(transporter)* levar (para baixo) ◇ *vi (aux être)* descer ● **descendre de** *(voiture, vélo)* descer de ; *(ancêtres)* descender de
descente [desɑ̃t] *nf* descida *f* ● **descente de lit** tapete *m* de quarto
descriptif, ive [dɛskriptif, iv] *adj* descritivo(va) ◆ **descriptif** *nm* nota *f* descritiva
description [dɛskripsjɔ̃] *nf* descrição *f*
désemparé, e [dezɑ̃pare] *adj* desamparado(da)
désenfler [dezɑ̃fle] *vi* desinchar
déséquilibre [dezekilibr] *nm* desequilíbrio *m* ● **en déséquilibre** em desequilíbrio
déséquilibré, e [dezekilibre] *nm, f* desequilibrado *m*, -da *f*
déséquilibrer [dezekilibre] *vt* desequilibrar
désert, e [dezɛr, ɛrt] *adj* deserto(ta) ◇ *nm* deserto *m*
déserter [dezɛrte] *vi* desertar
déserteur [dezɛrtœr] *nm* desertor *m*
désertique [dezɛrtik] *adj* desértico(ca)
désespéré, e [dezɛspere] *adj* desesperado(da)
désespérer [dezɛspere] *vt* **1.** *(décourager)* desesperar **2.** *(perdre espoir)* ● **désespérer que qqch arrive** perder a esperança de que algo aconteça ◇ *vi* desesperar ● **désespérer de qqn /qqch** (*sout*) perder a esperança em alguém /algo ● **désespérer de faire qqch** perder a esperança de fazer algo ◆ **se désespérer** *vp* desesperar
désespoir [dezɛspwar] *nm* desespero *m*
déshabiller [dezabije] *vt* despir ◆ **se déshabiller** *vp* despir-se
désherbant [dezɛrbɑ̃] *nm* herbicida *m*
désherber [dezɛrbe] *vt arrancar as ervas daninhas de*
déshérité, e [dezerite] *adj* **1.** *(privé d'héritage)* deserdado(da) **2.** *(pauvre)* desfavorecido(da) ◇ *nm, f (pauvre)* desfavorecido *m*, -da *f*

déshériter [dezeʀite] *vt* deserdar
déshonneur [dezɔnœʀ] *nm* desonra *f*
déshonorer [dezɔnɔʀe] *vt* desonrar
déshydraté, e [dezidʀate] *adj* **1.** *(aliment)* liofilizado(da) **2.** *(fig) (assoiffé)* desidratado(da)
déshydrater [dezidʀate] *vt* desidratar ◆ **se déshydrater** *vp* desidratar-se
désigner [deziɲe] *vt* designar
désillusion [dezilyzjɔ̃] *nf* desilusão *f*
désinfectant [dezɛ̃fɛktɑ̃] *nm* desinfectante *m*
désinfecter [dezɛ̃fɛkte] *vt* desinfectar
désinstaller [dezɛ̃stale] *vt INFORM* desinstalar
désintégrer [dezɛ̃tegʀe] *vt* desintegrar ◆ **se désintégrer** *vp* desintegrar-se
désintéressé, e [dezɛ̃teʀese] *adj* desinteressado(da)
désintéresser [dezɛ̃teʀese] ◆ **se désintéresser de** *vp + prép* desinteressar-se de
désintoxication [dezɛ̃tɔksikasjɔ̃] *nf* desintoxicação *f*
désinvolte [dezɛ̃vɔlt] *adj* desenvolto(olta)
désinvolture [dezɛ̃vɔltyʀ] *nf* desenvoltura *f* ● **avec désinvolture** com desenvoltura
désir [deziʀ] *nm* desejo *m*
désirer [deziʀe] *vt* desejar ● **vous désirez ?** o que deseja? ● **laisser à désirer** deixar a desejar
désister [deziste] ◆ **se désister** *vp* desistir
désobéir [dezɔbeiʀ] *vi* desobedecer ● **désobéir à** desobedecer a
désobéissant, e [dezɔbeisɑ̃, ɑ̃t] *adj* desobediente
désobligeant, e [dezɔbliʒɑ̃, ɑ̃t] *adj* indelicado(da)
désodorisant [dezɔdɔʀizɑ̃] *nm* purificador *m* do ar
désœuvré, e [dezœvʀe] *adj* ● **se sentir désœuvré** sentir-se um inútil
désolant, e [dezɔlɑ̃, ɑ̃t] *adj* desolador(ra)
désolé, e [dezɔle] *adj* **1.** *(personne, sourire)* desolado(da) **2.** *(paysage)* desolador(ra) ● **je suis désolé de ne pas pouvoir venir** lamento não poder vir
désopilant, e [dezɔpilɑ̃, ɑ̃t] *adj* hilariante
désordonné, e [dezɔʀdɔne] *adj* desordenado(da)
désordre [dezɔʀdʀ] *nm* desordem *f* ● **être en désordre** estar em desordem
désorienté, e [dezɔʀjɑ̃te] *adj (déconcerté)* desorientado(da)
désormais [dezɔʀmɛ] *adv* daqui em diante
désosser [dezɔse] *vt* **1.** *(viande)* desossar **2.** *(fig) (voiture, mécanisme)* desmontar
despote [dɛspɔt] *nm* déspota *m* ◇ *adj* despótico(ca)
desquelles [dekɛl] = **de + lesquelles** ; ➤ **lequel**
desquels [dekɛl] = **de + lesquels** ; ➤ **lequel**
DESS (*abr de diplôme d'études supérieures spécialisées*) *nm diploma de pós-graduação*
dessaler [desale] *vt* ● **faire dessaler** pôr de molho ◇ *vi (fam) NAUT (chavirer)* virar-se
dessécher [deseʃe] *vt* secar ◆ **se dessécher** *vp* secar

desserrer [deseʀe] *vt* **1.** *(vis, ceinture)* desapertar **2.** *(dents)* descerrar **3.** *(poing)* abrir **4.** *(frein)* destravar
dessert [desɛʀ] *nm* sobremesa *f*
desservir [desɛʀviʀ] *vt* **1.** *(ville, gare)* servir **2.** *(table)* levantar **3.** *(nuire à)* prejudicar
dessin [desɛ̃] *nm* desenho *m* • **dessin animé** desenho animado
dessinateur, trice [desinatœʀ, tʀis] *nm, f* desenhador *m*, -ra *f*
dessiner [desine] *vt* desenhar
dessous [dəsu] *adv* por baixo ◇ *nm* parte *f* de baixo • **les voisins du dessous** os vizinhos de baixo • **en dessous** em baixo • **en dessous de** abaixo de
dessous-de-plat [dəsudpla] *nm inv* descanso *m*
dessus [dəsy] *adv* em cima ◇ *nm* parte *f* de cima • **les voisins du dessus** os vizinhos de cima • **avoir le dessus** ficar por cima
dessus-de-lit [dəsydli] *nm inv* colcha *f*
destin [dɛstɛ̃] *nm* destino *m* • **le destin** o destino
destinataire [dɛstinatɛʀ] *nmf* destinatário *m*, -ria *f*
destination [dɛstinasjɔ̃] *nf* destino *m* • **arriver à destination** chegar ao destino • **à destination de** com destino a
destiné, e [dɛstine] *adj* • **être destiné à qqn** estar dirigido a alguém • **être destiné à qqn/qqch** ser destinado a alguém/algo • **être destiné à faire qqch** estar destinado para fazer algo
destinée [dɛstine] *nf* destino *m*
destiner [dɛstine] *vt* **1.** *(consacrer)* • **destiner qqch à qqn/qqch** destinar algo para alguém/algo **2.** *(vouer)* • **destiner qqn à qqch** destinar alguém para algo ◆ **se destiner** *vp* • **se destiner à** destinar-se a
destituer [dɛstitɥe] *vt* destituir
destruction [dɛstʀyksjɔ̃] *nf* destruição *f*
désuet, ète [dezɥɛ, ɛt] *adj* que está em desuso
détachable [detaʃabl] *adj* destacável
détachant [detaʃɑ̃] *nm* tira-nódoas *m inv (Port)*, tira-manchas *m inv (Br)*
détacher [detaʃe] *vt* **1.** soltar **2.** *(ceinture)* desapertar **3.** *(découper)* recortar **4.** *(nettoyer)* tirar as nódoas de ◆ **se détacher** *vp* desprender-se • **se détacher de qqn** separar-se de alguém
détail [detaj] *nm* pormenor *m* • **au détail** a retalho • **en détail** em pormenor
détaillant, e [detajɑ̃, ɑ̃t] *nm, f* retalhista *mf*
détaillé, e [detaje] *adj* **1.** *(récit)* pormenorizado(da) **2.** *(facture)* detalhado(da)
détaler [detale] *vi* fugir
détartrant [detaʀtʀɑ̃] *nm* antitártaro *m*
détaxe [detaks] *nf* **1.** *(suppression)* supressão *f* de uma taxa **2.** *(ristourne)* redução *f* de uma taxa
détaxé, e [detakse] *adj* free-tax
détecter [detɛkte] *vt* detectar
détecteur, trice [detɛktœʀ, tʀis] *adj* que detecta ◆ **détecteur** *nm* detector *m* • **détecteur de fumée** detector de fumo
détective [detɛktiv] *nm, f* detective *mf*
déteindre [detɛ̃dʀ] *vi* desbotar • **déteindre sur** tingir
déteint, e [detɛ̃, ɛ̃t] *pp* ➤ **déteindre**
détendre [detɑ̃dʀ] *vt* **1.** *(corde, élastique)* esticar **2.** *(personne, atmosphère)* descontrair ◆ **se détendre** *vp* **1.** *(corde, élastique)*

esticar-se **2.** *(se décontracter)* descontrair-se

détendu, e [detɑ̃dy] *adj (décontracté)* descontraído(da)

détenir [detniʀ] *vt* **1.** *(fortune, secret, record)* possuir **2.** *(poder)* deter

détente [detɑ̃t] *nf* **1.** distensão *f* **2.** *(repos)* descanso *m* **3.** *POL* desanuviamento *m* • **être dur à la détente** *(fig)* ser de compreensão lenta

détention [detɑ̃sjɔ̃] *nf* detenção *f* • **détention préventive** prisão *f* preventiva

détenu, e [detny] *pp* ➤ **détenir** ◇ *nm, f* detido *m*, -da *f*

détergent [detɛʀʒɑ̃] *nm* detergente *m*

détérioration [deteʀjɔʀasjɔ̃] *nf* deterioração *f*

détériorer [deteʀjɔʀe] *vt* deteriorar ◆ **se détériorer** *vp* deteriorar-se

détermination [detɛʀminasjɔ̃] *nf* determinação *f*

déterminé, e [detɛʀmine] *adj* determinado(da)

déterminer [detɛʀmine] *vt* determinar • **déterminer qqn à faire qqch** incitar alguém a fazer algo

déterrer [deteʀe] *vt* desenterrar

détestable [detɛstabl] *adj* detestável

détester [detɛste] *vt* detestar

détonateur [detɔnatœʀ] *nm* detonador *m*

détonation [detɔnasjɔ̃] *nf* detonação *f*

détour [detuʀ] *nm* • **faire un détour** fazer um desvio

détournement [detuʀnəmɑ̃] *nm* desvio *m* • **détournement d'avion** desvio de um avião • **détournement de mineur** desvio de menores

détourner [detuʀne] *vt* desviar • **détourner qqn de** desviar alguém de ◆ **se détourner** *vp* desviar-se • **se détourner de** desinteressar-se de

détraqué, e [detʀake] *adj* **1.** escangalhado(da) **2.** *(fam)* doido(da)

détresse [detʀɛs] *nf* **1.** *(sentiment)* aflição *f* **2.** *(situation)* miséria *f* • **en détresse** *(bateau, avion)* em perigo

détriment [detʀimɑ̃] ◆ **au détriment de** *loc prép* em detrimento de

détritus [detʀity(s)] *nmpl* detritos *mpl*

détroit [detʀwa] *nm* estreito *m*

détromper [detʀɔ̃pe] *vt* desenganar ◆ **se détromper** *vp* desenganar-se • **détrompez-vous** aí é que você se engana

détrôner [detʀone] *vt* destronar

détruire [detʀɥiʀ] *vt* destruir

détruit, e [detʀɥi, it] *pp* ➤ **détruire**

dette [dɛt] *nf* dívida *f*

DEUG [dœg] *nm diploma que se obtém depois de dois anos de estudos universitários* ≃ Bacharelato *m*

deuil [dœj] *nm* luto *m* • **être en deuil** estar de luto

deux [dø] *num* dois (duas) • **à deux** a dois • **deux points** dois pontos • **il a deux ans** ele tem dois anos • **le deux janvier** no dia dois de Janeiro • **page deux** página dois • **ils étaient deux** eram dois • **le deux de pique** o dois de espadas • **(au) deux rue Lepic** (na) rua Lepic, número dois

deuxième [døzjɛm] *num* segundo(da) ◇ *nm (étage)* segundo andar *m*

deux-pièces [døpjɛs] *nm* **1.** *(maillot de bain)* biquíni *m* **2.** *(appartement)* ≃ T2 *m*

deux-roues [døʀu] *nm* veículo *m* de duas rodas
dévaler [devale] *vt* descer a correr ◇ *vi* resvalar
dévaliser [devalize] *vt* roubar
dévaloriser [devalɔʀize] *vt* desvalorizar ◆ **se dévaloriser** *vp* desvalorizar-se
dévaluer [devalɥe] *vt* & *vi* desvalorizar ◆ **se dévaluer** *vp* desvalorizar-se
devancer [dəvɑ̃se] *vt* preceder
devant [dəvɑ̃] *prép* diante de ◇ *adv* à frente ◇ *nm* frente *f* ● **de devant** da frente ● **(sens) devant derrière** ao contrário
devanture [dəvɑ̃tyʀ] *nf* montra *f*
dévaster [devaste] *vt* devastar
développement [devlɔpmɑ̃] *nm* **1.** *(physique, économique)* desenvolvimento *m* **2.** *(de photos)* revelação *f* ● **développement durable** desenvolvimento sustentável
développer [devlɔpe] *vt* **1.** desenvolver **2.** *(photo)* revelar ● **faire développer des photos** mandar revelar fotografias ◆ **se développer** *vp* desenvolver-se
développeur [devlɔpœr] *nm* INFORM promotor *m*, promotor-chave *m* de software
devenir [dəvniʀ] *vi* tornar-se
devenu, e [dəvny] *pp* ➤ **devenir**
dévergondé, e [devɛʀgɔ̃de] *adj* & *nm, f* desavergonhado(da)
déverser [devɛʀse] *vt* despejar ◆ **se déverser** *vp* **1.** *(couler)* desaguar **2.** *(tomber)* entornar-se
déviation [devjasjɔ̃] *nf* desvio *m*
dévier [devje] *vt* desviar
deviner [dəvine] *vt* **1.** *(imaginer)* adivinhar **2.** *(apercevoir)* entrever
devinette [dəvinɛt] *nf* adivinha[illegible] aux devinettes fazer adivinhas
devis [dəvi] *nm* orçamento *m*
dévisager [devizaʒe] *vt* encarar *(olhar)*
devise [dəviz] *nf* divisa *f*
deviser [dəvize] *vt* (*Helv*) orçar
dévisser [devise] *vt* **1.** *(vis)* desaparafusar **2.** *(couvercle)* desenroscar
dévitaliser [devitalize] *vt* desvitalizar
dévoiler [devwale] *vt* *(secret, intentions)* desvendar
devoir [dəvwaʀ] *vt*
1. *(gén)* dever ● **devoir qqch à qqn** dever algo a alguém ● **vous devriez essayer le ski nautique** deveria experimentar o esqui aquático ● **j'aurais dû/je n'aurais pas dû l'écouter** eu deveria tê-lo/eu não deveria tê-lo escutado ● **ça doit coûter cher** deve custar muito dinheiro ● **le temps devrait s'améliorer cette semaine** o tempo deveria melhorar esta semana ● **nous devions partir hier, mais...** deveríamos ter partido ontem, mas...
2. *(exprime l'obligation)* ● **devoir faire qqch** ter de fazer algo
◇ *nm* dever *m* ● **devoir sur table** exame *m*
◆ **devoirs** *nmpl* SCOL deveres *mpl* ● **faire ses devoirs** fazer os deveres ● **devoirs de vacances** trabalhos *mpl* de casa para as férias
dévolu [devɔly] *nm* ● **jeter son dévolu sur qqn/qqch** deitar olho comprido a alguém /algo
dévorer [devɔʀe] *vt* devorar
dévoué, e [devwe] *adj* dedicado(da)
dévouement [devumɑ̃] *nm* dedicação *f*

dévouer [devwe] ◆ **se dévouer** *vp* dedicar-se ● **se dévouer pour faire qqch** oferecer-se para fazer algo
devra ➤ **devoir**
dextérité [dɛksteʀite] *nf* destreza *f* ● **avec dextérité** com destreza
dézipper [dezipe] *vt INFORM* descomprimir
diabète [djabɛt] *nm* diabetes *m*
diabétique [djabetik] *adj* diabético(ca)
diable [djabl] *nm* diabo *m*
diabolique [djabɔlik] *adj* diabólico(ca)
diabolo [djabɔlo] *nm (boisson) gasosa com xarope* ● **diabolo menthe** *gasosa com xarope de menta*
diadème [djadɛm] *nm* diadema *f*
diagnostic [djagnɔstik] *nm* diagnóstico *m*
diagnostiquer [djagnɔstike] *vt* diagnosticar
diagonal, e, aux [djagɔnal, o] *adj* diagonal ◆ **diagonale** *nf* diagonal *f* ● **en diagonale** em diagonal ● **lire en diagonale** ler na diagonal
dialecte [djalɛkt] *nm* dialecto *m*
dialogue [djalɔg] *nm* diálogo *m*
dialoguer [djalɔge] *vi* dialogar
diamant [djamɑ̃] *nm* **1.** *(pierre)* diamante *m* **2.** *(d'un électrophone)* agulha *f*
diamètre [djamɛtʀ] *nm* diâmetro *m*
diapositive [djapozitiv] *nf* diapositivo *m*
diarrhée [djaʀe] *nf* diarreia *f*
dictateur [diktatœʀ] *nm* ditador *m*, -ra *f*
dictature [diktatyʀ] *nf* ditadura *f*
dictée [dikte] *nf* ditado *m*
dicter [dikte] *vt* ditar
dictionnaire [diksjɔnɛʀ] *nm* dicionário *m*
dicton [diktɔ̃] *nm* ditado *m*
dièse [djɛz] *nm* sustenido *m*
diesel [djezɛl] *nm* **1.** *(moteur)* motor *m* a gasóleo **2.** *(voiture)* carro *m* a gasóleo ◇ *adj* a gasóleo
diététique [djetetik] *adj* dietético(ca)
dieu [djø] (*pl* **-x**) *nm* deus *m* ◆ **Dieu** *nm* Deus *m* ● **mon Dieu !** meu Deus!
diffamation [difamasjɔ̃] *nf* difamação *f*
différé, e [difeʀe] *adj* diferido(da) ◇ *nm* programa *m* transmitido em diferido ● **en différé** em diferido
différence [difeʀɑ̃s] *nf* diferença *f*
différencier [difeʀɑ̃sje] *vt* ● **différencier qqch de** diferenciar algo de ◆ **se différencier** *vp* ● **se différencier de** ser diferente de
différent, e [difeʀɑ̃, ɑ̃t] *adj* diferente ● **différent de** diferente de ◆ **différents, es** *adj* vários(rias)
différer [difeʀe] *vt & vi* diferir ● **différer de** diferir de
difficile [difisil] *adj* difícil
difficilement [difisilmɑ̃] *adv* dificilmente
difficulté [difikylte] *nf* dificuldade *f* ● **avoir des difficultés à faire qqch** ter dificuldades em fazer algo ● **en difficulté** em dificuldade
difforme [difɔʀm] *adj* disforme
diffuser [difyze] *vt* difundir
diffusion [difyzjɔ̃] *nf* difusão *f*
digérer [diʒeʀe] *vt* digerir
digeste [diʒɛst] *adj* fácil de digerir
digestif, ive [diʒɛstif, iv] *adj* digestivo(va) ◇ *nm* digestivo *m*
digestion [diʒɛstjɔ̃] *nf* digestão *f*

Digicode® [diʒikɔd] *nm código numérico que permite aceder a um prédio*
digital, e, aux [diʒital, o] *adj* digital
digne [diɲ] *adj* digno(gna) • **digne de** digno de
dignité [diɲite] *nf* dignidade *f* • **se draper dans sa dignité** (*fig*) refugiar-se na sua dignidade
digue [dig] *nf* dique *m*
dilapider [dilapide] *vt* delapidar
dilater [dilate] *vt* dilatar ◆ **se dilater** *vp* dilatar-se
dilemme [dilɛm] *nm* dilema *m*
diluer [dilɥe] *vt* diluir
dimanche [dimɑ̃ʃ] *nm* domingo *m* • **nous sommes** ou **c'est dimanche** é domingo • **dimanche 13 septembre** domingo, 13 de Setembro • **nous sommes partis dimanche** nós fomos embora no domingo • **dimanche dernier** no domingo passado • **dimanche prochain** no domingo que vem • **dimanche matin** no domingo de manhã • **le dimanche** aos domingos • **à dimanche !** até domingo!
dimension [dimɑ̃sjɔ̃] *nf* dimensão *f* • **à** ou **en trois dimensions** a três dimensões
diminuer [diminɥe] *vt* & *vi* diminuir
diminutif [diminytif] *nm* diminutivo *m*
diminution [diminysjɔ̃] *nf* diminuição *f*
dinde [dɛ̃d] *nf* perua *f* • **dinde aux marrons** peru *m* com castanhas
dindon [dɛ̃dɔ̃] *nm* peru *m* • **être le dindon de la farce** (*fig*) ser o bobo da festa
dîner [dine] *nm* **1.** (*repas du soir*) jantar *m* **2.** (*repas du midi*) almoço *m* ◇ *vi* **1.** (*le soir*) jantar **2.** (*le midi*) almoçar
dingue [dɛ̃g] (*fam*) *adj* **1.** (*fou*) chanfrado(da) **2.** (*incroyable*) louco(ca) ◇ *nmf* chanfrado *m*, -da *f*
diplomate [diplɔmat] *adj* & *nmf* diplomata ◇ *nm pudim de bolacha com licores, frutos secos e creme inglês*
diplomatie [diplɔmasi] *nf* diplomacia *f*
diplôme [diplom] *nm* diploma *m*
dire [diʀ] *vt*
1. (*gén*) dizer • **dire la vérité** dizer a verdade • **dire à qqn que/pourquoi** dizer a alguém que/porque é que • **comment dit-on « de rien » en portugais ?** como se diz « de rien » em português? • **on ne dit pas..., on dit...** não se diz..., diz-se... • **on dit que...** diz-se que... • **dire à qqn de faire qqch** dizer a alguém que faça algo • **qu'est-ce que vous en dites ?** o que é que me diz? • **que dirais-tu de... ?** o que me dirias de...? • **on dirait un champ de bataille** parece um campo de batalha • **dire que j'étais à 2 mètres du président** quando penso que estava a 2 metros do presidente
2. (*dans des expressions*) • **à vrai dire,...** para dizer a verdade,... • **ça ne me dit rien** não me diz nada • **cela dit,...** mesmo assim,... • **dis donc !** (*fam*) caramba! ; (*au fait*) olha lá... • **disons...** digamos...
◆ **se dire** *vp* dizer para consigo • **je me suis dit...** disse para comigo...
direct, e [diʀɛkt] *adj* directo(ta) ◇ *nm* • **en direct (de)** em directo (de)
directement [diʀɛktəmɑ̃] *adv* directamente
directeur, trice [diʀɛktœʀ, tʀis] *nm, f* director *m*, -ra *f*

direction [diʀɛksjɔ̃] *nf* direcção *f* • **en direction de** na direcção de ▾ **toutes directions** outras direcções
directive [diʀɛktiv] *nf* directiva *f*
dirigeant, **e** [diʀiʒɑ̃, ɑ̃t] *nm, f* dirigente *mf*
diriger [diʀiʒe] *vt* dirigir • **diriger qqch sur** dirigir algo a ◆ **se diriger vers** *vp + prép* dirigir-se para
dis [di] ➤ **dire**
discerner [disɛʀne] *vt* discernir
disciple [disipl] *nm* discípulo *m*
discipline [disiplin] *nf* disciplina *f*
discipliné, **e** [disipline] *adj* disciplinado(da)
disc-jockey [diskʒɔkɛ] (*pl* **disc-jockeys**) *nm* disc-jóquei *mf*
disco [disko] *nf* (*fam*) *local onde se podem requisitar discos*
discorde [diskɔʀd] *nf* discórdia *f*
discothèque [diskɔtɛk] *nf* discoteca *f*
discours [diskuʀ] *nm* discurso *m*
discréditer [diskʀedite] *vt* desacreditar ◆ **se discréditer** *vp* desacreditar-se
discret, **ète** [diskʀɛ, ɛt] *adj* discreto(ta)
discrètement [diskʀɛtmɑ̃] *adv* discretamente
discrétion [diskʀesjɔ̃] *nf* discrição *f*
discrimination [diskʀiminasjɔ̃] *nf* discriminação *f*
discriminatoire [diskʀiminatwaʀ] *adj* discriminatório(ria)
discussion [diskysjɔ̃] *nf* conversa *f*
discutable [diskytabl] *adj* discutível
discuter [diskyte] *vi* **1.** (*parler*) conversar **2.** (*protester*) discutir • **discuter de qqch (avec qqn)** conversar sobre algo (com alguém)
dise [diz] ➤ **dire**
disgrâce [disgʀas] *nf* desgraça *f* (*desfavor*) • **tomber en disgrâce** cair em desgraça
disjoncteur [disʒɔ̃ktœʀ] *nm* disjuntor *m*
disloquer [dislɔke] *vt* **1.** (*membre*) deslocar **2.** (*machine*) desarticular **3.** (*fig*) (*démembrer*) desagregar ◆ **se disloquer** *vp* **1.** deslocar-se **2.** (*fig*) (*empirer*) desagregar-se
disons [dizɔ̃] ➤ **dire**
disparaître [dispaʀɛtʀ] *vi* desaparecer
disparité [dispaʀite] *nf* disparidade *f*
disparition [dispaʀisjɔ̃] *nf* **1.** desaparecimento *m* **2.** (*d'une espèce*) extinção *f*
disparu, **e** [dispaʀy] *pp* ➤ **disparaître** ◇ *nm, f* desaparecido *m*, -da *f*
dispatcher [dispatʃe] *vt* **1.** repartir **2.** (*courrier*) distribuir
dispensaire [dispɑ̃sɛʀ] *nm* dispensário *m*
dispense [dispɑ̃s] *nf* dispensa *f*
dispenser [dispɑ̃se] *vt* • **dispenser qqn de qqch** dispensar alguém de algo
disperser [dispɛʀse] *vt* dispersar
disponible [dispɔnibl] *adj* disponível
disposé, **e** [dispoze] *adj* • **être disposé à faire qqch** estar disposto a fazer algo
disposer [dispoze] *vt* dispor ◆ **disposer de** *vp + prép* dispor de ◆ **se disposer à** *vp + prép* dispor-se a
dispositif [dispozitif] *nm* dispositivo *m*
disposition [dispozisjɔ̃] *nf* disposição *f* • **prendre ses dispositions** tomar providências • **à la disposition de qqn** à disposição de alguém
disproportionné, **e** [dispʀɔpɔʀsjɔne] *adj* desproporcionado(da)

dispute [dispyt] *nf* disputa *f*
disputer [dispyte] *vt* disputar ◆ **se disputer** *vp* **1.** discutir **2.** *(enfants)* brigar
disquaire [diskɛʀ] *nmf* vendedor *m*, -ra *f* de discos
disqualification [diskalifikasjɔ̃] *nf* desclassificação *f*
disqualifier [diskalifje] *vt* desclassificar
disque [disk] *nm* disco *m* ● **disque laser** disco laser ● **disque dur** disco duro
disquette [diskɛt] *nf* disquete *f*
dissemblable [disɑ̃blabl] *adj* dissemelhante
disséminer [disemine] *vt* disseminar
disséquer [diseke] *vt* dissecar
dissertation [disɛʀtasjɔ̃] *nf* dissertação *f*
dissident, **e** [disidɑ̃, ɑ̃t] *adj* & *nm, f* dissidente
dissimuler [disimyle] *vt* dissimular
dissipé, **e** [disipe] *adj* distraído(da)
dissiper [disipe] ◆ **se dissiper** *vp* **1.** *(brouillard)* dissipar-se **2.** *(élève)* distrair-se
dissocier [disɔsje] *vt* dissociar
dissolvant [disɔlvɑ̃] *nm* **1.** *(à peinture)* dissolvente *m* **2.** *(à ongles)* acetona *f*
dissoudre [disudʀ] *vt* dissolver
dissous, **oute** [disu, ut] *pp* ➤ **dissoudre**
dissuader [disɥade] *vt* ● **dissuader qqn de faire qqch** dissuadir alguém de fazer algo
dissuasion [disɥazjɔ̃] *nf* dissuasão *f*
distance [distɑ̃s] *nf* distância *f* ● **à une distance de 20 km, à 20 km de distance** a uma distância de 20 km, a 20 km de distância ● **à distance** à distância
distancer [distɑ̃se] *vt* distanciar
distant, **e** [distɑ̃, ɑ̃t] *adj* **1.** *(éloigné)* ● **distant de 10 km** que fica a 10 km **2.** *(froid)* distante
distiller [distile] *vt* & *vi* destilar
distinct, **e** [distɛ̃, ɛ̃kt] *adj* distinto(ta)
distinctement [distɛ̃ktəmɑ̃] *adv* distintamente
distinction [distɛ̃ksjɔ̃] *nf* ● **faire une distinction entre** fazer uma distinção entre
distingué, **e** [distɛ̃ge] *adj* distinto(ta)
distinguer [distɛ̃ge] *vt* distinguir ◆ **se distinguer de** *vp + prép* distinguir-se de
distraction [distʀaksjɔ̃] *nf* distracção *f*
distraire [distʀɛʀ] *vt* distrair ◆ **se distraire** *vp* distrair-se
distrait, **e** [distʀɛ, ɛt] *pp* ➤ **distraire** ◇ *adj* distraído(da)
distribuer [distʀibɥe] *vt* distribuir
distributeur [distʀibytœʀ] *nm* **1.** *(de boissons)* máquina *f* de bebidas **2.** *(de billets de train)* máquina *f* de bilhetes de comboio **3.** *(de cigarettes)* máquina *f* de cigarros ● **distributeur (automatique) de billets** caixa *m* automático multibanco
distribution [distʀibysjɔ̃] *nf* **1.** *(de prix)* entrega *f* **2.** *(de rôles, du courrier)* distribuição *f*
dit, **e** [di, dit] *pp* ➤ **dire**
dites [dit] ➤ **dire**
DIU [deiy] (*abr de dispositif intra-utérin*) *nm MÉD* Dispositivo *m* Intra-uterino
divaguer [divage] *vi* divagar
divan [divɑ̃] *nm* divã *m*
diverger [divɛʀʒe] *vi* divergir
divers, **es** [divɛʀ, ɛʀs] *adj* **1.** *(variés)* diversos(sas) **2.** *(plusieurs)* vários(rias) ● **les divers droite/gauche** *POL* os pequenos partidos

diversifier [divɛʀsifje] *vt* diversificar ◆ **se diversifier** *vp* diversificar-se
diversion [divɛʀsjɔ̃] *nf* diversão *f* • **créer une** ou **faire diversion** criar uma diversão
diversité [divɛʀsite] *nf* diversidade *f*
divertir [divɛʀtiʀ] *vt* divertir ◆ **se divertir** *vp* divertir-se
divertissement [divɛʀtismɑ̃] *nm* divertimento *m*
divin, e [divɛ̃, in] *adj* divino(na)
divinité [divinite] *nf* divindade *f*
diviser [divize] *vt* dividir
division [divizjɔ̃] *nf* divisão *f*
divorce [divɔʀs] *nm* divórcio *m*
divorcé, e [divɔʀse] *adj & nm, f* divorciado(da)
divorcer [divɔʀse] *vi* divorciar-se
divulguer [divylge] *vt* divulgar
dix [dis] *num* dez • **il a dix ans** ele tem dez anos • **il est dix heures** são dez horas • **le dix janvier** no dia dez de Janeiro • **page dix** página dez • **ils étaient dix** eram dez • **le dix de pique** o dez de espadas • **(au) dix rue Lepic** (na) rua Lepic, número dez
dix-huit [dizɥit] *num* dezoito • **il a six ans** ele tem dezoito anos • **il est dix-huit heures** são dezoito horas • **le dix-huit janvier** no dia dezoito de Janeiro • **page dix-huit** página dezoito • **ils étaient dix-huit** eram dezoito • **(au) dix-huit rue Lepic** (na) rua Lepic, número dezoito
dix-huitième [dizɥitjɛm] *num* décimo oitavo (décima oitava)
dixième [dizjɛm] *num* décimo (décima) ◇ *nm* **1.** *(fraction)* décimo *m* **2.** *(étage)* décimo andar *m*
dix-neuf [diznœf] *num* dezanove • **il a six ans** ele tem dezanove anos • **il est dix-neuf heures** são dezanove horas • **le dix-neuf janvier** no dia dezanove de Janeiro • **page dix-neuf** página dezanove • **ils étaient dix-neuf** eram dezanove • **(au) dix-neuf rue Lepic** (na) rua Lepic, número dezanove
dix-neuvième [diznœvjɛm] *num* décimo nono (décima nona)
dix-sept [disɛt] *num* dezassete • **il a dix-sept ans** ele tem dezassete anos • **il est dix-sept heures** são dezassete horas • **le dix-sept janvier** no dia dezassete de Janeiro • **page dix-sept** página dezassete • **ils étaient dix-sept** eram dezassete • **(au) dix-sept rue Lepic** (na) rua Lepic, número dezassete
dix-septième [disɛtjɛm] *num* décimo sétimo (décima sétima)
dizaine [dizɛn] *nf* • **une dizaine (de)** uma dezena (de)
DJ [didʒi] *nm* (*abr de disc-jockey*) DJ *mf (disc-jóquei)*
docile [dɔsil] *adj* dócil
docks [dɔk] *nmpl* docas *fpl*
docteur [dɔktœʀ] *(aussi; docteure nf) nm, f* doutor *m*, -ra *f*
doctrine [dɔktʀin] *nf* doutrina *f*
document [dɔkymɑ̃] *nm* documento *m*
documentaire [dɔkymɑ̃tɛʀ] *nm* documentário *m*
documentaliste [dɔkymɑ̃talist] *nmf* documentalista *mf*
documentation [dɔkymɑ̃tasjɔ̃] *nf* documentação *f*
documenter [dɔkymɑ̃te] *vt* **1.** *(un exposé)* documentar **2.** *(une personne)*

fornecer documentação a ◆ **se documenter** *vp* documentar-se
dodo [dɔdo] *nm* oó *m* ● **faire dodo** fazer oó
dodu, e [dɔdy] *adj* **1.** *(gras)* gordo(da) **2.** *(fam) (grassouillet)* gorducho(cha)
dogme [dɔgm] *nm* dogma *m*
doigt [dwa] *nm* dedo *m* ● **doigt de pied** dedo do pé ● **à deux doigts de** por um triz
dois [dwa] ➤ **devoir**
doive [dwav] ➤ **devoir**
dollar [dɔlaʀ] *nm* dólar *m*
domaine [dɔmɛn] *nm* **1.** *(propriété)* domínio *m* **2.** *(secteur)* área *f*
dôme [dom] *nm (toit)* cúpula *f*
domestique [dɔmɛstik] *adj* doméstico(ca) ◇ *nmf* criado *m*, -da *f*
domicile [dɔmisil] *nm* domicílio *m* ● **à domicile** ao domicílio
domicilié, e [dɔmisilje] *adj* domiciliado(da)
domination [dɔminasjɔ̃] *nf* **1.** *(autorité)* dominação *f* **2.** *(influence)* domínio *m*
dominer [dɔmine] *vt & vi* dominar
dominos [dɔmino] *nmpl* dominó *m*
dommage [dɔmaʒ] *nm* ● **(quel) dommage !** (que) pena! ● **c'est dommage de...** é pena... ● **c'est dommage que** é pena que ◆ **dommages** *nmpl* danos *mpl*
dompter [dɔ̃te] *vt* domar
dompteur, euse [dɔ̃tœʀ, øz] *nm, f* domador *m*, -ra *f*
DOM-TOM [dɔmtɔm] *nmpl antigo nome para designar departamentos e territórios ultramarinos franceses* = **DROM, POM, COM**
don [dɔ̃] *nm* dom *m*
donation [dɔnasjɔ̃] *nf* doação *f*
donc [dɔ̃k] *conj* **1.** *(par conséquent)* por isso **2.** *(pour reprendre)* pois ● **viens donc !** vem lá!
donjon [dɔ̃ʒɔ̃] *nm* torre *f* de menagem
donné, e [dɔne] *adj* dado(da) ● **c'est pas donné** *(fam)* não é nada barato ◆ **étant donné que** *loc conj* dado que
données [dɔne] *nfpl* dados *mpl*
donner [dɔne] *vt* dar ● **donner qqch à qqn** dar algo a alguém ● **donner à manger à qqn** dar de comer a alguém ● **donner chaud** dar calor ● **donner soif** dar sede ◆ **donner sur** *vp + prép* dar para
dont [dɔ̃] *pron rel*
1. *(complément du verbe)* ● **la région dont je parle est très montagneuse** a região da qual falo é bastante montanhosa ● **c'est le camping dont on nous a parlé** é o parque de campismo de que nos falaram ● **je n'aime pas la façon dont il nous regarde** não gosto da maneira como ele nos olha ● **ce n'est pas l'endroit dont j'avais rêvé** não é o sítio com que tinha sonhado
2. *(complément de l'adjectif)* com que ● **le travail dont je suis le plus satisfait...** o trabalho com que estou mais satisfeito... ● **l'établissement dont ils sont responsables** o estabelecimento pelo qual eles são responsáveis
3. *(complément d'un nom de personne)* do qual (da qual) ● **un homme dont on m'a parlé** um homem do qual me falaram
4. *(complément du nom, exprime l'appartenance)* cujo (cuja) ● **c'est un pays dont la principale industrie est le tourisme** é um país cuja principal indústria é o turismo

5. *(parmi lesquels)* dos quais (das quais) • **nous avons passé plusieurs jours au Portugal, dont trois à la plage** passámos vários dias em Portugal, três dos quais na praia • **certaines personnes, dont moi, pensent que...** algumas pessoas, de entre as quais eu, pensam que...
dopage [dɔpaʒ] *nm* doping *m*
doper [dɔpe] *vt* dopar ◆ **se doper** *vp* dopar-se
doré, e [dɔʀe] *adj* **1.** dourado(da) **2.** *(aliment)* tostado(da) ◇ *nm (Québec)* lúcio *m*
dorénavant [dɔʀenavɑ̃] *adv* doravante
dorin [dɔʀɛ̃] *nm (Helv) nome genérico dos vinhos brancos do cantão de Vaud*
dorloter [dɔʀlɔte] *vt* mimar
dormir [dɔʀmiʀ] *vi* dormir
dortoir [dɔʀtwaʀ] *nm* dormitório *m*
dorure [dɔʀyʀ] *nf* **1.** *(ornement)* dourado *m* **2.** *(processus)* douramento *m*
dos [do] *nm* **1.** costas *fpl* **2.** *(d'une feuille)* verso *m* • **au dos (de)** no verso (de) • **de dos (à)** de costas (para) • **dos crawlé** *(natation)* costas
dosage [dozaʒ] *nm* dosagem *f*
dos-d'âne [dodan] *nm inv* lomba *f*
dose [doz] *nf* dose *f*
doser [doze] *vt* dosear
dossard [dosaʀ] *nm* número *m* (na camisola do desportista)
dossier [dosje] *nm* **1.** *(d'un siège)* costas *fpl* **2.** *(documents)* dossier *m* **3.** *INFORM* pasta • **dossier d'inscription** ficha de inscrição
doté, e [dɔte] *adj* • **doté de** dotado com
douane [dwan] *nf* alfândega *f (Port)*, aduana *f (Br)*
douanier, ère [dwanje, ɛʀ] *nm, f* guarda-fiscal *m (Port)*, aduaneiro *m (Br)*
doublage [dublaʒ] *nm* dobragem *f*
double [dubl] *adj* dobro ◇ *nm* **1.** *(copie)* cópia *f* **2.** *(partie de tennis)* pares *mpl* ◇ *adv* a dobrar • **le double (de)** o dobro (de) • **avoir qqch en double** ter dois exemplares de algo • **mettre qqch en double** pôr dois exemplares de algo
double-clic [dublklik] (*pl* **doubles-clics**) *nm INFORM* duplo clique *m*
double-cliquer [dublklike] *vt INFORM* clicar duas vezes
doublé, e [duble] *adj* **1.** *(vêtement)* forrado(da) **2.** *(film)* dobrado(da)
doubler [duble] *vt* **1.** *(multiplier)* duplicar **2.** *(vêtement)* forrar **3.** *AUTO* ultrapassar **4.** *(film)* dobrar ◇ *vi* **1.** *(augmenter)* duplicar **2.** *AUTO* ultrapassar
doublure [dublyʀ] *nf (d'un vêtement)* forro *m*
douce ➤ **doux**
doucement [dusmɑ̃] *adv* **1.** *(bas)* baixinho **2.** *(lentement)* devagar
douceur [dusœʀ] *nf* **1.** suavidade *f* **2.** *(gentillesse)* doçura *f* • **en douceur** devagar
douche [duʃ] *nf* duche *m* • **prendre une douche** tomar um duche ; *(fig)* apanhar uma molha
doucher [duʃe] ◆ **se doucher** *vp* tomar um duche
douchette [duʃɛt] *nf* leitor de código de barras manual, leitor de mão
doudoune [dudun] *nf* blusão *m* de penas
doué, e [dwe] *adj* dotado(da) • **être doué pour** ou **en qqch** ter jeito para algo

douille [duj] *nf* **1.** *(d'une ampoule)* casquilho *m* **2.** *(d'une cartouche)* cartucho *m (invólucro)* **3.** *(d'un cylindre)* encaixe *m*
douillet, ette [dujɛ, ɛt] *adj* **1.** *(personne)* medricas **2.** *(lit)* fofo(fa)
douleur [dulœʀ] *nf* dor *f*
douloureux, euse [duluʀø, øz] *adj* **1.** *(opération, souvenir)* doloroso(osa) **2.** *(partie du corps)* dorido(da)
doute [dut] *nm* dúvida *f* • **avoir un doute (sur)** ter uma dúvida (sobre) • **sans doute** sem dúvida
douter [dute] *vt* • **duvidar douter que** duvidar que ◆ **douter de** *vp + prép* duvidar de ◆ **se douter** *vp* • **se douter de** suspeitar de • **se douter que** suspeitar que
douteux, euse [dutø, øz] *adj* duvidoso(osa)
doux, douce [du, dus] *adj* **1.** doce **2.** *(au toucher)* macio(cia) **3.** *(temps)* ameno(na)
douzaine [duzɛn] *nf* • **une douzaine (de)** *(douze)* uma dúzia (de) ; *(environ douze)* uma dezena (de)
douze [duz] *num* doze • **il a douze ans** ele tem doze anos • **le douze janvier** no dia doze de Janeiro • **page douze** página doze • **ils étaient douze** eram doze • **(au) douze rue Lepic** (na) rua Lepic, número doze
douzième [duzjɛm] *num* décimo segundo (décima segunda) ◇ *nm (étage)* décimo segundo andar *m*
doyen, enne [dwajɛ̃, ɛn] *nm, f* decano *m*
draconien, enne [dʀakɔnjɛ̃, ɛn] *adj* draconiano(na)
dragée [dʀaʒe] *nf* amêndoa *f (drageia)*
dragon [dʀagɔ̃] *nm (animal)* dragão *m*
draguer [dʀage] *vt (fam) (personne)* engatar *(Port)*, paquerar *(Br)*
dragueur, euse [dʀagœʀ, øz] *nm, f (fam)* engatatão *m*, -tona *f* ◆ **dragueur de mines** *nm* draga-minas *m inv*
drainer [dʀene] *vt* **1.** *(terrain, plaie)* drenar **2.** *(fig) (capitaux, main-d'œuvre)* atrair
dramatique [dʀamatik] *adj* dramático(ca) ◇ *nf obra dramática difundida na televisão ou na rádio*
dramatiser [dʀamatize] *vt* dramatizar
dramaturge [dʀamatyʀʒ] *nmf* dramaturgo *m*, -ga *f*
drame [dʀam] *nm* drama *m*
drap [dʀa] *nm* lençol *m* • **drap housse** lençol capa
drapeau [dʀapo] *(pl* **-x**) *nm* bandeira *f*
dresser [dʀese] *vt* **1.** *(mettre debout)* erguer **2.** *(animal)* domesticar **3.** *(plan, procès-verbal)* levantar ◆ **se dresser** *vp* erguer-se
dribbler [dʀible] *vi & vt* driblar
drogue [dʀɔg] *nf* • **la drogue** a droga
drogué, e [dʀɔge] *nm, f* drogado *m*, -da *f*
droguer [dʀɔge] ◆ **se droguer** *vp* drogar-se
droguerie [dʀɔgʀi] *nf* drogaria *f*
droit, e [dʀwa, dʀwat] *adj* **1.** direito(ta) **2.** *(sans détour)* recto(ta) ◇ *adv* a direito ◇ *nm* direito *m* • **droit sur lui** direito a ele • **tout droit** em frente • **droits d'inscription** direitos de inscrição, propinas *fpl* • **le droit** o direito • **avoir le droit de faire qqch** ter o direito de fazer algo • **avoir droit à qqch** ter direito a algo
droite [dʀwat] *nf* • **la droite** a direita • **à droite (de)** à direita (de) • **de droite** da direita

droitier, ère [dʀwatje, ɛʀ] *adj* destro(tra)
drôle [dʀol] *adj* **1.** *(amusant)* engraçado(da) **2.** *(bizarre)* esquisito(ta) • **un drôle de bonhomme** um homem esquisito
drôlement [dʀolmɑ̃] *adv (fam)* mesmo
DROM [dʀɔm] *(abr de Départements et Régions d'Outre-Mer) nmpl departamentos e regiões ultramarinos franceses*

Les DROM

Os *DROM* (departamentos e regiões ultramarinos) são formados pelas ilhas da Martinica, Guadalupe e Reunião. Estes territórios e a sua população são administrados do mesmo modo que os departamentos da metrópole.

dromadaire [dʀɔmadɛʀ] *nm* dromedário *m*
drugstore [dʀœgstɔʀ] *nm centro comercial que vende sobretudo produtos de beleza, medicamentos e jornais*
du [dy] = **de** + **le** ; ➤ **de**
dû, due [dy] *pp* ➤ **devoir**
duc, duchesse [dyk, dyʃɛs] *nm, f* duque *m*, -quesa *f*
duel [dɥɛl] *nm* duelo *m*
duffle-coat [dœfəlkot] *(pl* **duffle-coats***) nm* parka *f*
dûment [dymɑ̃] *adv* devidamente
dune [dyn] *nf* duna *f*
duo [dɥo] *nm* duo *m*
dupe [dyp] *adj* trouxa ◇ *nf* trouxa *mf* • **être/ne pas être dupe** ser /não ser trouxa
duplex [dyplɛks] *nm* dúplex *m inv*
duplicata [dyplikata] *nm* duplicado *m*
dupliquer [dyplike] *vt* duplicar
duquel [dykɛl] = **de** + **lequel** ; ➤ **lequel**
dur, e [dyʀ] *adj* **1.** duro(ra) **2.** *(difficile)* difícil ◇ *adv* **1.** *(travailler)* arduamente **2.** *(frapper)* com força
durant [dyʀɑ̃] *prép* durante
durcir [dyʀsiʀ] *vi* endurecer ◆ **se durcir** *vp* endurecer
durée [dyʀe] *nf* duração *f*
durement [dyʀmɑ̃] *adv* **1.** *(violemment)* violentamente **2.** *(péniblement)* duramente **3.** *(sévèrement)* de uma maneira dura
durer [dyʀe] *vi* durar
dureté [dyʀte] *nf* dureza *f*
duvet [dyvɛ] *nm* **1.** *(plumes)* penugem *f* **2.** *(sac de couchage)* saco-cama *m*
dynamique [dinamik] *adj* dinâmico(ca)
dynamisme [dinamism] *nm* dinamismo *m*
dynamite [dinamit] *nf* dinamite *f*
dynamo [dinamo] *nf* dínamo *m*
dynastie [dinasti] *nf* dinastia *f*
dyslexique [dislɛksik] *adj* disléxico(ca)

eE

E *(abr écrite de est)* E *(este)*
eau [o] *(pl* **eaux***) nf* água *f* • **eau bénite** água benta • **eau de Cologne** água-de-colónia *f* • **eau gazeuse** água com gás • **eau minérale** água mineral • **eau oxygénée** água oxigenada • **eau potable/**

non potable água potável/não potável • eau plate água sem gás • eau du robinet água da torneira

eau-de-vie [odvi] (*pl* **eaux-de-vie**) *nf* aguardente *f*

ébahi, e [ebai] *adj* atónito(ta)

ébats [eba] *nmpl* (*sout*) folia *f* • **ébats amoureux** jogos *mpl* amorosos

ébauche [eboʃ] *nf* esboço *m*

ébaucher [eboʃe] *vt* esboçar

ébène [ebɛn] *nf* ébano *m*

ébéniste [ebenist] *nmf* marceneiro *m*, -ra *f*

éberlué, e [ebɛʀlɥe] *adj* pasmado(da)

éblouir [ebluiʀ] *vt* **1.** *(aveugler)* ofuscar **2.** *(charmer)* deslumbrar

éblouissant, e [ebluisɑ̃, ɑ̃t] *adj* **1.** *(aveuglant)* ofuscante **2.** *(admirable)* deslumbrante

éborgner [ebɔʀɲe] *vt* • **éborgner qqn** deixar alguém zarolho(lha)

éboueur [ebwœʀ] *nm* homem *m* do lixo

ébouillanter [ebujɑ̃te] *vt (brûler)* escaldar

éboulement [ebulmɑ̃] *nm* desmoronamento *m*

éboulis [ebuli] *nm* **1.** *(rochers)* monte *m* de pedras **2.** *(terre)* monte *m* de terra

ébouriffé, e [ebuʀife] *adj* esguedelhado(da)

ébrécher [ebʀeʃe] *vt* rachar

ébriété [ebʀijete] *nf* embriaguez *f*

ébrouer [ebʀue] ◆ **s'ébrouer** *vp (se secouer)* sacudir-se

ébruiter [ebʀɥite] *vt* divulgar

ébullition [ebylisjɔ̃] *nf* ebulição *f* • **porter qqch à ébullition** levar algo à ebulição

écaille [ekaj] *nf* **1.** *(de poisson)* escama *f* **2.** *(d'huître)* concha *f* **3.** *(matière)* tartaruga *f*

écailler [ekaje] *vt* escamar ◆ **s'écailler** *vp* descascar

écarlate [ekaʀlat] *adj* **1.** *(tissu)* escarlate **2.** *(visage)* vermelho(lha)

écarquiller [ekaʀkije] *vt* • **écarquiller les yeux** arregalar os olhos

écart [ekaʀ] *nm* **1.** *(distance)* distância *f* **2.** *(différence)* diferença *f* • **faire un écart** desviar-se • **à l'écart (de)** *(loin)* desviado (de) ; *(agitation, affaire)* afastado (de) • **grand écart** espargata *f*

écarter [ekaʀte] *vt* **1.** afastar **2.** *(ouvrir)* abrir

ecchymose [ekimoz] *nf* equimose *f*

écervelé, e [esɛʀvəle] *adj & nm, f* estouvado(da)

échafaud [eʃafo] *nm* cadafalso *m*

échafaudage [eʃafodaʒ] *nm* andaime *m*

échalote [eʃalɔt] *nf* chalota *f*

échancré, e [eʃɑ̃kʀe] *adj* cavado(da)

échange [eʃɑ̃ʒ] *nm* **1.** *(troc)* troca *f* **2.** *SCOL* intercâmbio *m* **3.** *(au tennis)* passe *m* • **en échange (de)** em troca (de)

échanger [eʃɑ̃ʒe] *vt* trocar • **échanger qqch contre** trocar algo por

échangeur [eʃɑ̃ʒœʀ] *nm* trevo *m (em auto-estrada)*

échantillon [eʃɑ̃tijɔ̃] *nm* amostra *f*

échappatoire [eʃapatwaʀ] *nf* escapatória *f*

échappement [eʃapmɑ̃] *nm* ➤ **pot**

échapper [eʃape] ◆ **échapper à** *vp + prép* escapar a • **ça m'a échappé** escapou-me • **ça m'a échappé des mains** escapou-me das mãos ◆ **s'échapper** *vp* escapar-se ● **s'échapper de** escapar-se de

écharde [eʃaʀd] *nf* farpa *f*

écharpe [eʃaʀp] *nf (cache-nez)* écharpe *f* ● **en écharpe** a tiracolo

échasse [eʃas] *nf* **1.** *(de berger)* andas *fpl* **2.** *(oiseau)* alcaravão *m* **3.** *(fam) (jambe)* perna *f* alta

échassier [eʃasje] *nm* pernalta *f*

échauffement [eʃofmɑ̃] *nm (sportif)* aquecimento *m*

échauffer [eʃofe] ◆ **s'échauffer** *vp (sportif)* fazer o aquecimento

échéance [eʃeɑ̃s] *nf* vencimento *m* ● **à longue échéance** a longo prazo ● **à courte** OU **brève échéance** a curto prazo

échéant [eʃeɑ̃] *adj* ● **le cas échéant** se for esse o caso

échec [eʃɛk] *nm* fracasso *m* ● **échec !** xeque! ● **échec et mat !** xeque-mate! ◆ **échecs** *nmpl* xadrez *m*

échelle [eʃɛl] *nf* **1.** *(pour grimper)* escada *f* **2.** *(sur une carte)* escala *f* ● **faire la courte échelle à qqn** ajudar alguém a subir com as mãos ◆ **échelle de Richter** *nf* Escala de Richter

échelon [eʃlɔ̃] *nm* **1.** *(d'échelle)* degrau *m* **2.** *(grade)* escalão *m*

échelonner [eʃlɔne] *vt* escalonar ◆ **s'échelonner** *vp* escalonar-se

échevelé, e [eʃəvle] *adj* desgrenhado(da)

échine [eʃin] *nf* lombo *m*

échiquier [eʃikje] *nm* tabuleiro *m* de xadrez

écho [eko] *nm* eco *m*

échographie [ekoɡʀafi] *nf* ecografia *f*

échouer [eʃwe] *vi* falhar ◆ **s'échouer** *vp* encalhar

éclabousser [eklabuse] *vt* salpicar

éclaboussure [eklabusyʀ] *nf* salpico *m*

éclair [eklɛʀ] *nm* **1.** *(d'orage)* relâmpago *m* **2.** *(gâteau)* éclair *m*

éclairage [eklɛʀaʒ] *nm* iluminação *f*

éclaircie [eklɛʀsi] *nf* aberta *f*

éclaircir [eklɛʀsiʀ] *vt* clarear ◆ **s'éclaircir** *vp* **1.** *(ciel)* clarear **2.** *(fig) (mystère)* esclarecer-se

éclaircissement [eklɛʀsismɑ̃] *nm (explication)* esclarecimento *m*

éclairer [ekleʀe] *vt* **1.** *(pièce)* iluminar **2.** *(à la bougie)* alumiar **3.** *(fig) (personne)* esclarecer ◆ **s'éclairer** *vp* **1.** *(visage)* iluminar-se **2.** *(fig) (mystère)* esclarecer-se

éclaireur, euse [eklɛʀœʀ, øz] *nm, f (scout)* batedor *m*, -ra *f* ● **partir en éclaireur** *(fig)* abrir o caminho

éclat [ekla] *nm* **1.** *(de verre)* vidro *m* **2.** *(d'une lumière)* clarão *m* ● **éclats de rire** gargalhadas *fpl* ● **éclats de voix** gritaria *f*

éclatant, e [eklatɑ̃, ɑ̃t] *adj* deslumbrante

éclater [eklate] *vi* rebentar ● **éclater de rire** desatar a rir ● **éclater en sanglots** desatar a chorar

éclectique [eklɛktik] *adj* ecléctico(ca)

éclipse [eklips] *nf* eclipse *m*

éclipser [eklipse] *vt* eclipsar ◆ **s'éclipser** *vp (fam) (s'esquiver)* eclipsar-se

éclore [eklɔʀ] *vi* **1.** *(fleur)* desabrochar **2.** *(œuf)* eclodir

éclosion [eklozjɔ̃] *nf* eclosão *f*

écluse [eklyz] *nf* comporta *f*

écœurant, **e** [ekœʀɑ̃, ɑ̃t] *adj* **1.** *(aliment)* enjoativo(va) **2.** *(spectacle, comportement)* chocante

écœurer [ekœʀe] *vt* enjoar

école [ekɔl] *nf* escola *f* • **aller à l'école** ir à escola • **faire l'école buissonnière** fazer gazeta *(fam)* • **l'école publique** escola pública

écolier, **ère** [ekɔlje, ɛʀ] *nm, f* aluno *m*, -na *f*

écologie [ekɔlɔʒi] *nf* ecologia *f*

écologique [ekɔlɔʒik] *adj* ecológico(ca)

écologiste [ekɔlɔʒist] *nmf* ecologista *mf*

économie [ekɔnɔmi] *nf* economia *f* ◆ **économies** *nfpl* economias *fpl* • **faire des économies** fazer economias

économique [ekɔnɔmik] *adj* económico(ca)

économiser [ekɔnɔmize] *vt* economizar

économiste [ekɔnɔmist] *nmf* economista *mf*

écoper [ekɔpe] *vt* **1.** NAUT despejar a água de **2.** *(fam)* *(d'une sanction)* apanhar com ◇ *vi* *(fam)* pagar as favas

écorce [ekɔʀs] *nf* casca *f*

écorcher [ekɔʀʃe] ◆ **s'écorcher** *vp* esfolar-se • **s'écorcher le genou** esfolar o joelho

écorchure [ekɔʀʃyʀ] *nf* esfoladela *f*

écossais, **e** [ekɔsɛ, ɛz] *adj* escocês(esa) ◆ **Écossais**, **e** *nm, f* escocês *m*, -esa *f*

Écosse [ekɔs] *nf* • **l'Écosse** a Escócia

écosser [ekɔse] *vt* descascar

écosystème [ekɔsistɛm] *nm* ecossistema *m*

écouler [ekule] ◆ **s'écouler** *vp* **1.** *(temps)* passar **2.** *(liquide)* escorrer

écouter [ekute] *vt* ouvir

écouteur [ekutœʀ] *nm* auscultador *m* • **écouteurs** auscultadores *mpl*

écran [ekʀɑ̃] *nm* **1.** *(de cinéma, de télévision)* ecrã *m* **2.** *(de fumée, d'arbres)* cortina *f* • **(crème) écran total** protecção *f* total • **le grand écran** o grande ecrã • **le petit écran** o pequeno ecrã

écrasant, **e** [ekʀazɑ̃, ɑ̃t] *adj* esmagador(ra)

écraser [ekʀaze] *vt* **1.** *(aplatir)* pisar **2.** *(une personne)* atropelar **3.** *(un animal)* esborrachar **4.** *(vaincre)* derrotar • **se faire écraser** ser atropelado(da) ◆ **s'écraser** *vp* despenhar-se

écrémé, **e** [ekʀeme] *adj* magro(gra) • **demi-écrémé** meio-gordo

écrevisse [ekʀəvis] *nf* lagostim *m*

écrier [ekʀije] ◆ **s'écrier** *vp* exclamar

écrin [ekʀɛ̃] *nm* guarda-jóias *m inv*

écrire [ekʀiʀ] *vt* & *vi* escrever • **écrire à qqn** escrever a alguém ◆ **s'écrire** *vp* **1.** *(correspondre)* corresponder-se **2.** *(s'épeler)* escrever-se

écrit, **e** [ekʀi, it] *pp* ➤ **écrire** ◇ *nm* • **par écrit** por escrito

écriteau [ekʀito] *(pl* **-x**) *nm* letreiro *m*

écriture [ekʀityʀ] *nf* escrita *f*

écrivain [ekʀivɛ̃] *(aussi : écrivaine nf* [ekʀivɛn]*)* *nm, f* escritor *m*, -ra *f*

écrou [ekʀu] *nm* porca *f (peça)*

écrouer [ekʀue] *vt* encarcerar

écrouler [ekʀule] ◆ **s'écrouler** *vp* **1.** *(mur)* desabar **2.** *(coureur)* sucumbir

écru, **e** [ekʀy] *adj (couleur)* cru

ecsta [ɛksta] *(fam) nm (abr de ecstasy)* ecstasy

écueil [ekœj] *nm* escolho *m*

écuelle [ekɥɛl] *nf* gamela *f*

écume [ekym] *nf* espuma *f*
écumoire [ekymwaʀ] *nf* escumadeira *f*
écureuil [ekyʀœj] *nm* esquilo *m*
écurie [ekyʀi] *nf* cavalariça *f*
écusson [ekysɔ̃] *nm* emblema *m*
eczéma [ɛgzema] *nm* eczema *m*
édenté, e [edɑ̃te] *adj* desdentado(da)
EDF (*abr de Electricité de France*) *nf* ≃ EDP *f (Electricidade de Portugal)*
édifice [edifis] *nm* edifício *m*
édifier [edifje] *vt* **1.** *(bâtir)* edificar **2.** *(une théorie)* elaborar **3.** (*sout*) *(renseigner)* elucidar
Édimbourg [edɛ̃buʀ] *n* Edimburgo
éditer [edite] *vt* editar
éditeur, trice [editœʀ, tʀis] *nm, f* editor *m*, -ra *f*
édition [edisjɔ̃] *nf* edição *f*
éditorial [editɔʀjal] (*pl* **-aux**) *nm* editorial *m*
édredon [edʀədɔ̃] *nm* edredão *m*
éducateur, trice [edykatœʀ, tʀis] *adj* & *nm, f* educador(ra) • **éducateur spécialisé** educador especializado
éducatif, ive [edykatif, iv] *adj* educativo(va)
éducation [edykasjɔ̃] *nf* educação *f* • **éducation physique** educação física
édulcorant [edylkɔʀɑ̃] *nm* • **édulcorant (de synthèse)** adoçante *m*
éduquer [edyke] *vt* educar
effacé, e [efase] *adj* apagado(da)
effacer [efase] *vt* **1.** *(tableau, mot)* apagar **2.** *(bande magnétique, chanson)* desgravar ◆ **s'effacer** *vp* apagar-se
effaceur [efasœʀ] *nm caneta de feltro que apaga tinta*
effarant, e [efaʀɑ̃, ɑ̃t] *adj* assombroso(osa)
effaroucher [efaʀuʃe] *vt* **1.** *(effrayer)* espantar **2.** *(intimider)* amedrontar
effectif [efɛktif] *nm* efectivo *m*
effectivement [efɛktivmɑ̃] *adv* **1.** *(réellement)* realmente **2.** *(en effet)* efectivamente
effectuer [efɛktɥe] *vt* efectuar
efféminé, e [efemine] *adj* efeminado(da)
effervescent, e [efɛʀvesɑ̃, ɑ̃t] *adj* efervescente
effet [efɛ] *nm* efeito *m* • **faire de l'effet** fazer efeito • **en effet** com efeito • **effet secondaire** efeito secundário • **effets spéciaux** efeitos especiais
efficace [efikas] *adj* **1.** *(médicament, mesure)* eficaz **2.** *(personne, travail)* eficiente
efficacité [efikasite] *nf* **1.** *(d'une mesure)* eficácia *f* **2.** *(d'une personne)* eficiência *f*
effigie [efiʒi] *nf* efígie *f*
effilé, e [efile] *adj* **1.** *(frange)* escadeado(da) **2.** *(doigts)* esguio(guia)
effilocher [efilɔʃe] ◆ **s'effilocher** *vp* desfiar-se
effleurer [eflœʀe] *vt* tocar ao de leve
effluve [eflyv] *nm* eflúvio *m*
effondrement [efɔ̃dʀəmɑ̃] *nm* **1.** *(écroulement)* desabamento *m* **2.** *(abattement)* desfalecimento *m* **3.** (*fig*) *(chute)* queda *f*
effondrer [efɔ̃dʀe] ◆ **s'effondrer** *vp* **1.** *(mur)* desmoronar-se **2.** *(personne)* definhar **3.** (*fig*) *(moralement)* ir-se abaixo
efforcer [efɔʀse] ◆ **s'efforcer de** *vp + prép* esforçar-se por

effort [efɔʀ] *nm* esforço *m* • **faire des efforts (pour faire qqch)** fazer um esforço (para fazer algo)
effraction [efʀaksjɔ̃] *nf* arrombamento *m*
effrayant, e [efʀɛjɑ̃, ɑ̃t] *adj* assustador(ra)
effrayer [efʀeje] *vt* assustar
effréné, e [efʀene] *adj* desenfreado(da)
effriter [efʀite] ◆ **s'effriter** *vp* esboroar-se
effroi [efʀwa] *nm* pavor *m*
effronté, e [efʀɔ̃te] *adj & nm, f* descarado(da)
effroyable [efʀwajabl] *adj* pavoroso(osa)
effusion [efyzjɔ̃] *nf* efusão *f* • **sans effusion de sang** sem derramamento de sangue
égal, e, aux [egal, o] *adj* **1.** *(identique)* igual **2.** *(régulier)* uniforme • **ça m'est égal** tanto me faz • **égal à** igual a
également [egalmɑ̃] *adv (aussi)* igualmente
égaler [egale] *vt* **1.** *MATH* ser **2.** *(être à la hauteur de)* igualar
égaliser [egalize] *vt* **1.** *(cheveux)* aparar **2.** *(sol)* nivelar ◇ *vi SPORT* empatar
égalité [egalite] *nf* **1.** *(des citoyens)* igualdade *f* **2.** *(au tennis)* empate *m* • **être à égalité** estar empatado(da)
égard [egaʀ] *nm* • **à l'égard de** com respeito a
égarer [egaʀe] *vt* extraviar ◆ **s'égarer** *vp* **1.** *(se perdre)* extraviar-se **2.** *(sortir du sujet)* desviar-se do assunto
égayer [egeje] *vt* alegrar
égide [eʒid] *nf* égide *f* • **sous l'égide de** sob a égide de
église [egliz] *nf* igreja *f* • **l'Église** a Igreja
égocentrique [egɔsɑ̃tʀik] *adj & nmf* egocêntrico(ca)
égoïsme [egɔism] *nm* egoísmo *m*
égoïste [egɔist] *adj & nmf* egoísta
égorger [egɔʀʒe] *vt* degolar
égosiller [egɔzije] ◆ **s'égosiller** *vp* esganiçar-se
égouts [egu] *nmpl* esgotos *mpl*
égoutter [egute] *vt* escorrer
égouttoir [egutwaʀ] *nm* **1.** *(à légumes)* coador *m* **2.** *(à vaisselle)* escorredor *m*
égratigner [egʀatiɲe] *vt* arranhar ◆ **s'égratigner** *vp* arranhar-se • **s'égratigner le genou** arranhar o joelho
égratignure [egʀatiɲyʀ] *nf* arranhão *m*
égrener [egʀəne] *vt* **1.** *(maïs)* debulhar **2.** *(raisin)* esbagoar
Égypte [eʒipt] *nf* • **l'Égypte** o Egipto
égyptien, enne [eʒipsjɛ̃, ɛn] *adj* egípcio(cia)
eh [e] *interj* ei! • **eh bien** ora bem
éjaculation [eʒakylasjɔ̃] *nf* ejaculação *f* • **éjaculation précoce** ejaculação precoce
éjectable [eʒɛktabl] *adj* ejectável
élaboré, e [elabɔʀe] *adj* elaborado(da)
élaguer [elage] *vt* **1.** *(arbre)* podar **2.** *(fig) (texte)* encurtar
élan [elɑ̃] *nm* impulso *m* • **prendre de l'élan** ganhar impulso
élancé, e [elɑ̃se] *adj* esguio(guia)
élancer [elɑ̃se] ◆ **s'élancer** *vp* lançar-se
élargir [elaʀʒiʀ] *vt* **1.** alargar **2.** *(connaissances)* aumentar ◆ **s'élargir** *vp* **1.** *(route, vêtement)* alargar-se **2.** *(connaissances)* aumentar

élastique [elastik] *adj* elástico(ca) ◇ *nm* elástico *m*
électeur, trice [elektœʀ, tʀis] *nm, f* eleitor *m*, -ra *f*
élections [eleksjɔ̃] *nfpl* eleições *fpl*
électoral, e, aux [elektɔʀal, o] *adj* eleitoral
électricien, enne [elektʀisjɛ̃, ɛn] *nm, f* electricista *mf*
électricité [elektʀisite] *nf* electricidade *f* • **électricité statique** electricidade estática
électrique [elektʀik] *adj* eléctrico(ca)
électrocardiogramme [elektʀokaʀdjɔgʀam] *nm* electrocardiograma *m*
électrochoc [elektʀɔʃɔk] *nm* electrochoque *m*
électrocuter [elektʀɔkyte] ♦ **s'électrocuter** *vp* electrocutar-se
électrode [elektʀɔd] *nf* eléctrodo *m*
électroencéphalogramme [elektʀɔɑ̃sefalɔgʀam] *nm* electroencefalograma *m*
électrogène [elektʀɔʒɛn] *adj* electrogéneo(nea)
électroménager [elektʀɔmenaʒe] *nm* electrodoméstico *m*
électron [elektʀɔ̃] *nm* electrão *m*
électronicien, enne [elektʀɔnisjɛ̃, ɛn] *nm, f* especialista *mf* em electrónica
électronique [elektʀɔnik] *adj* electrónico(ca) ◇ *nf* electrónica *f*
électrophone [elektʀɔfɔn] *nm* gira-discos *m inv*
électuaire [elektɥɛʀ] *nm* (*Helv*) geleia *f*
élégance [elegɑ̃s] *nf* elegância *f*
élégant, e [elegɑ̃, ɑ̃t] *adj* elegante
élément [elemɑ̃] *nm* **1.** elemento *m* **2.** (*de cuisine*) móvel *m*
élémentaire [elemɑ̃tɛʀ] *adj* elementar
éléphant [elefɑ̃] *nm* elefante *m*
élevage [ɛlvaʒ] *nm* criação *f*
élevé, e [ɛlve] *adj* elevado(da) • **bien élevé** bem-educado • **mal élevé** mal-educado
élève [elɛv] *nmf* aluno *m*, -na *f*
élever [ɛlve] *vt* **1.** criar **2.** (*niveau, voix*) levantar ♦ **s'élever** *vp* elevar-se • **s'élever à** elevar-se a
éleveur, euse [ɛlvœʀ, øz] *nm, f* criador *m*, -ra *f*
éligible [eliʒibl] *adj* elegível
élimination [eliminasjɔ̃] *nf* eliminação *f* • **procéder par élimination** proceder por eliminação de hipóteses
éliminatoire [eliminatwaʀ] *adj* eliminatório(ria) ◇ *nf* eliminatória *f*
éliminer [elimine] *vt* & *vi* eliminar
élire [eliʀ] *vt* eleger
élite [elit] *nf* elite *f* • **d'élite** de elite
élitiste [elitist] *adj* elitista
elle [ɛl] *pron* ela • **elle-même** ela própria ♦ **elles** *pron* elas • **elles-mêmes** elas próprias
ellipse [elips] *nf* elipse *f*
élocution [elɔkysjɔ̃] *nf* elocução *f*
éloge [elɔʒ] *nm* elogio *m* • **faire l'éloge de qqn/qqch** elogiar alguém/algo • **couvrir qqn d'éloges** cobrir alguém de elogios
éloigné, e [elwaɲe] *adj* afastado(da) • **éloigné de** (*loin de*) afastado de ; (*différent de*) diferente de
éloigner [elwaɲe] *vt* afastar ♦ **s'éloigner (de)** *vp + prép* afastar-se (de)

élongation [elɔ̃gasjɔ̃] *nf* distensão *f*
éloquent, **e** [elɔkɑ̃, ɑ̃t] *adj* eloquente
élu, **e** [ely] *pp* ➤ **élire** ◇ *nm, f* eleito *m*, -ta *f*
élucider [elyside] *vt* elucidar
élucubration [elykybʀasjɔ̃] *nf (gén pl)* *(péj)* lucubração *f*
éluder [elyde] *vt* evitar
Élysée [elize] *nm* • **(le palais de) l'Élysée** (o palácio do) Eliseu *residência do Presidente da República francesa*
émail [emaj] *nm* esmalte *m* ◆ **émaux** [emo] *nmpl* bijutaria *f* esmaltada
émanation [emanasjɔ̃] *nf* emanação *f*
émanciper [emɑ̃sipe] *vt* emancipar ◆ **s'émanciper** *vp* **1.** *(se libérer)* emancipar-se **2.** *(fam)* *(se dévergonder)* sair da casca
émaner [emane] *vi* emanar
emballage [ɑ̃balaʒ] *nm* embalagem *f*
emballer [ɑ̃bale] *vt* **1.** *(paquet)* embalar **2.** *(cadeau)* embrulhar **3.** *(fam)* *(enthousiasmer)* entusiasmar
embarcadère [ɑ̃baʀkadɛʀ] *nm* embarcadouro *m*
embarcation [ɑ̃baʀkasjɔ̃] *nf* embarcação *f*
embardée [ɑ̃baʀde] *nf* guinada *f* • **faire une embardée** dar uma guinada
embargo [ɑ̃baʀgo] *nm* embargo *m*
embarquement [ɑ̃baʀkəmɑ̃] *nm* embarque *m* ▼ **embarquement immédiat** embarque imediato
embarquer [ɑ̃baʀke] *vt* **1.** embarcar **2.** *(fam)* ficar com ◇ *vi* embarcar ◆ **s'embarquer** *vp* embarcar • **s'embarquer dans** meter-se em

embarras [ɑ̃baʀa] *nm* [illegible] • **mettre qqn dans l'embarras** embaraçar alguém
embarrassant, **e** [ɑ̃baʀasɑ̃, ɑ̃t] *adj* embaraçoso(osa)
embarrasser [ɑ̃baʀase] *vt* **1.** *(encombrer)* atravancar **2.** *(gêner)* embaraçar ◆ **s'embarrasser de** *vp + prép* atravancar-se de
embaucher [ɑ̃boʃe] *vt* empregar
embaumer [ɑ̃bome] *vt* **1.** *(un cadavre)* embalsamar **2.** *(parfumer)* perfumar ◇ *vi* *(sentir)* exalar um perfume a
embellir [ɑ̃beliʀ] *vt* embelezar ◇ *vi* ficar mais bonito(ta)
embêtant, **e** [ɑ̃bɛtɑ̃, ɑ̃t] *adj* aborrecido(da)
embêtement [ɑ̃bɛtmɑ̃] *nm* *(fam)* chatice *f*
embêter [ɑ̃bete] *vt* aborrecer ◆ **s'embêter** *vp* aborrecer-se
emblée [ɑ̃ble] ◆ **d'emblée** *loc adv* logo
emblème [ɑ̃blɛm] *nm* emblema *m*
emboîter [ɑ̃bwate] *vt* encaixar ◆ **s'emboîter** *vp* encaixar-se
embonpoint [ɑ̃bɔ̃pwɛ̃] *nm* gordura *f* • **prendre de l'embonpoint** engordar
embouché, **e** [ɑ̃buʃe] *adj* *(fam)* • **mal embouché** com mau feitio
embouchure [ɑ̃buʃyʀ] *nf* foz *f*
embourber [ɑ̃buʀbe] ◆ **s'embourber** *vp* atolar-se
embout [ɑ̃bu] *nm* ponteira *f*
embouteillage [ɑ̃butɛjaʒ] *nm* engarrafamento *m*
emboutir [ɑ̃butiʀ] *vt* **1.** *(voiture)* chocar com **2.** *TECH* bater

embranchement [ɑ̃bʀɑ̃ʃmɑ̃] *nm* **1.** *(carrefour)* entroncamento *m* **2.** *(d'autoroute)* ramal *m*
embraser [ɑ̃bʀaze] *vt* **1.** *(incendier)* incendiar **2.** (*sout*) *(éclairer)* iluminar **3.** (*fig & sout*) *(d'amour)* inflamar ◆ **s'embraser** *vp* **1.** *(prendre feu)* incendiar-se **2.** (*sout*) *(s'éclairer)* iluminar-se **3.** (*fig & sout*) *(d'amour)* inflamar-se
embrasser [ɑ̃bʀase] *vt* beijar ◆ **s'embrasser** *vp* beijar-se
embrasure [ɑ̃bʀazyʀ] *nf* vão *m*
embrayage [ɑ̃bʀɛjaʒ] *nm* embraiagem *f*
embrayer [ɑ̃bʀeje] *vi* carregar na embraiagem
embrouiller [ɑ̃bʀuje] *vt* **1.** *(fil, cheveux)* emaranhar **2.** *(histoire, idées, personne)* baralhar ◆ **s'embrouiller** *vp* baralhar-se
embruns [ɑ̃bʀœ̃] *nmpl* salpicos *mpl (das vagas)*
embryon [ɑ̃bʀijɔ̃] *nm* embrião *m*
embûche [ɑ̃byʃ] *nf* armadilha *f*
embuer [ɑ̃bɥe] *vt (vitre)* embaciar ● **yeux embués de larmes** com os olhos rasos de água
embuscade [ɑ̃byskad] *nf* emboscada *f*
éméché, e [emeʃe] *adj* tocado(da)
émeraude [emʀod] *nf* esmeralda *f* ◇ *adj inv* verde-esmeralda
émerger [emɛʀʒe] *vi* emergir
émérite [emeʀit] *adj* emérito(ta)
émerveillé, e [emɛʀveje] *adj* maravilhado(da)
émerveiller [emɛʀveje] *vt* maravilhar ◆ **s'émerveiller** *vp* maravilhar-se ● **s'émerveiller de** maravilhar-se com
émetteur [emetœʀ] *nm* emissor *m*
émettre [emɛtʀ] *vt* emitir
émeute [emøt] *nf* motim *m*
émietter [emjete] *vt* esmigalhar
émigrer [emigʀe] *vi* emigrar
émincé [emɛ̃se] *nm fatias finas* ● **émincé de veau à la zurichoise** (*Helv*) *cozido de vitela com natas e vinho branco*
éminent, e [eminɑ̃, ɑ̃t] *adj* eminente
émir [emiʀ] *nm* emir *m*
émis, e [emi, iz] *pp* ➤ **émettre**
émissaire [emisɛʀ] *nm* emissário *m* ◇ *adj* ● **bouc émissaire** bode expiatório
émission [emisjɔ̃] *nf* programa *m*
emmagasiner [ɑ̃magazine] *vt* armazenar
emmailloter [ɑ̃majɔte] *vt* **1.** *(bébé)* pôr a fralda a **2.** *(membre blessé)* enfaixar
emmanchure [ɑ̃mɑ̃ʃyʀ] *nf* cava *f (de manga)*
emmêler [ɑ̃mele] *vt* emaranhar ◆ **s'emmêler** *vp* **1.** *(fil, cheveux)* ficar embrulhado(da) **2.** *(souvenirs, dates)* misturar-se
emménager [ɑ̃menaʒe] *vi* instalar-se (numa nova habitação)
emmener [ɑ̃mne] *vt* levar
emmental [emɛ̃tal] *nm* queijo *m* emmental
emmerder [ɑ̃mɛʀde] *vt* (*fam*) chatear ◆ **s'emmerder** *vp* (*fam*) chatear-se
emmitoufler [ɑ̃mitufle] ◆ **s'emmitoufler** *vp* agasalhar-se
emoticon [emɔtikɔ] *nm INFORM* emoticon *m*, ícone *f* de emoção
émotif, ive [emɔtif, iv] *adj* emotivo(va)
émotion [emosjɔ̃] *nf* emoção *f*
émouvant, e [emuvɑ̃, ɑ̃t] *adj* comovente
émouvoir [emuvwaʀ] *vt* comover
empaillé, e [ɑ̃paje] *adj* empalhado(da)

empailler [ɑ̃paje] *vt* empalhar
empaler [ɑ̃pale] *vt* • **empaler qqn sur qqch** empalar alguém em algo ◆ **s'empaler** *vp* • **s'empaler sur qqch** ficar empalado(da) em algo
empaqueter [ɑ̃pakte] *vt* empacotar
emparer [ɑ̃paʀe] ◆ **s'emparer de** *vp + prép* apoderar-se de
empêchement [ɑ̃pɛʃmɑ̃] *nm* impedimento *m* • **avoir un empêchement** ter um impedimento
empêcher [ɑ̃peʃe] *vt* impedir • **empêcher qqn/qqch de faire qqch** impedir alguém/algo de fazer algo • **(il) n'empêche que** no entanto ◆ **s'empêcher de** *vp + prép* deixar de
empereur [ɑ̃pʀœʀ] *nm* imperador *m*
empester [ɑ̃pɛste] *vt* empestar ◇ *vi* feder
empêtrer [ɑ̃petʀe] ◆ **s'empêtrer dans** *vp + prép* enredar-se em
emphase [ɑ̃faz] *nf (péj)* ênfase *f*
empiéter [ɑ̃pjete] *vi* **1.** • **empiéter sur qqch** *(territoire)* invadir algo ; *(ligne)* pisar algo **2.** *(fig) (liberté)* usurpar parte de algo
empiffrer [ɑ̃pifʀe] ◆ **s'empiffrer (de)** *vp + prép (fam)* empanturrar-se (de)
empiler [ɑ̃pile] *vt* empilhar ◆ **s'empiler** *vp* amontoar-se
empire [ɑ̃piʀ] *nm* império *m*
empirer [ɑ̃piʀe] *vi* piorar
emplacement [ɑ̃plasmɑ̃] *nm* **1.** *(endroit)* local *m* **2.** *(de parking)* lugar *m* ▼ **emplacement réservé** reservado
emplette [ɑ̃plɛt] *nf (gén pl)* compra *f* • **faire des emplettes** fazer umas comprinhas
emploi [ɑ̃plwa] *nm* emprego *m* • **l'emploi** o emprego • **emploi du temps** horário *m*
employé, e [ɑ̃plwaje] *nm, f* empregado *m*, -da *f* • **employé de bureau** empregado de escritório
employer [ɑ̃plwaje] *vt* empregar
employeur, euse [ɑ̃plwajœʀ, øz] *nm, f* patrão *m*, -troa *f*
empocher [ɑ̃pɔʃe] *vt (fam)* embolsar
empoigner [ɑ̃pwaɲe] *vt* empunhar
empoisonnement [ɑ̃pwazɔnmɑ̃] *nm* envenenamento *m*
empoisonner [ɑ̃pwazɔne] *vt* envenenar
emporté, e [ɑ̃pɔʀte] *adj* arrebatado(da)
emporter [ɑ̃pɔʀte] *vt* levar • **à emporter** para levar • **l'emporter sur** levar vantagem sobre ◆ **s'emporter** *vp* descontrolar-se
empoté, e [ɑ̃pɔte] *(fam) adj & nm, f* atado(da)
empreinte [ɑ̃pʀɛ̃t] *nf* **1.** *(de pas)* pegada *f* **2.** *(de pneu)* marca *f* • **empreintes digitales** impressões *fpl* digitais
empresser [ɑ̃pʀese] ◆ **s'empresser** *vp* • **s'empresser de faire qqch** apressar-se a fazer algo
emprise [ɑ̃pʀiz] *nf* influência *f* • **sous l'emprise de** sob a influência de
emprisonner [ɑ̃pʀizɔne] *vt* aprisionar
emprunt [ɑ̃pʀœ̃] *nm* empréstimo *m*
emprunter [ɑ̃pʀœ̃te] *vt* **1.** *(argent, objet)* pedir emprestado(da) **2.** *(itinéraire)* ir por • **emprunter qqch à qqn** pedir algo emprestado a alguém
ému, e [emy] *pp* ➤ **émouvoir** ◇ *adj* comovido(da)
émulsion [emylsjɔ̃] *nf* emulsão *f*

en [ɑ̃] *prép*
1. *(gén)* em • **en été** no Verão • **en 2005** em 2005 • **être en classe** estar na sala de aula • **habiter en Angleterre** morar na Inglaterra • **en dix minutes** em dez minutos
2. *(indique le lieu où l'on va)* a • **aller en ville/en Dordogne** ir à cidade/à Dordonha • **aller en Irlande/en France** ir à Irlanda/a França
3. *(désigne la matière)* de • **un pull en laine** um casaco de lã
4. *(indique l'état)* • **être en vacances** estar de férias • **s'habiller en noir** vestir-se de preto • **combien ça fait en euros ?** quanto custa em euros? • **ça se dit « custard » en anglais** diz-se "custard" em inglês ▾ **en réparation** para consertar
5. *(indique le moyen)* de • **voyager en avion/voiture** viajar de avião/de carro
6. *(pour désigner la taille)* • **auriez-vous celles-ci en 38/en plus petit ?** teria o número 38 destas?/um número mais pequeno? • **nous avons ce modèle en taille s** temos este modelo em tamanho s
7. *(devant un participe présent)* • **en arrivant à Paris** ao chegar a Paris • **partir en courant** partir a correr • **on ne parle pas en mangeant !** não se fala quando se come!
◇ *pron*
1. *(object indirect)* • **n'en parlons plus** não falemos mais nisso • **je vous en remercie** agradeço-lhe por isso • **j'en rêve la nuit** sonho com isso à noite
2. *(avec un indéfini)* • **en reprendrez-vous ?** quer mais?
3. *(indique la provenance)* • **j'en viens** venho de lá
4. *(complément du nom)* • **je suis parti en vacances et j'en garde un excellent souvenir** estive de férias e tenho uma excelente lembrança delas
5. *(complément de l'adjectif)* • **les escargots ? il en est fou** os caracóis? é doido por eles • **elle est bien ta maison ! - ma foi, j'en suis assez fier** a tua casa é bonita! - na verdade, estou muito contente com ela

encadrement [ɑ̃kadʀəmɑ̃] *nm* **1.** *(de tableau)* moldura *f* **2.** *(de porte)* guarnição *f* **3.** *(de personnes)* enquadramento *m* **4.** *(du crédit, des prix)* controlo *m*

encadrer [ɑ̃kadʀe] *vt* emoldurar

encaisser [ɑ̃kese] *vt* **1.** *(argent)* receber **2.** *(fam) (coups)* apanhar **3.** *(fam) (critique, insulte)* engolir **4.** *(mettre en caisse)* encaixotar • **encaisser un chèque** levantar um cheque • **ne pas pouvoir encaisser qqn** *(fam & fig)* não ir com a cara de alguém

encart [ɑ̃kaʀ] *nm folheto que se insere numa publicação* • **encart publicitaire** folheto publicitário

encastrer [ɑ̃kastʀe] *vt* embutir

enceinte [ɑ̃sɛ̃t] *adj f* grávida ◇ *nf* **1.** *(haut-parleur)* coluna *f (Port)*, caixa *f* de som *(Br)* **2.** *(d'une ville)* muralha *f*

encens [ɑ̃sɑ̃] *nm* incenso *m*

encenser [ɑ̃sɑ̃se] *vt* **1.** *(fig) (flatter)* enaltecer **2.** *(brûler de l'encens dans)* queimar incenso em

encercler [ɑ̃sɛʀkle] *vt* **1.** *(personne, ville)* cercar **2.** *(mot)* rodear

enchaînement [ɑ̃ʃɛnmɑ̃] *nm* encadeamento *m*

enchaîner [ɑ̃ʃene] *vt* **1.** *(attacher)* acorrentar **2.** *(idées, phrases)* encadear ◆ **s'enchaîner** *vp* encadear-se
enchanté, e [ɑ̃ʃɑ̃te] *adj* encantado(da) ● **enchanté (de faire votre connaissance) !** prazer em conhecê-lo!
enchanter [ɑ̃ʃɑ̃te] *vt* encantar
enchères [ɑ̃ʃɛʀ] *nfpl* leilão *m* ● **vendre qqch aux enchères** leiloar algo
enclave [ɑ̃klav] *nf* enclave *m*
enclencher [ɑ̃klɑ̃ʃe] *vt* desencadear
enclin, e [ɑ̃klɛ̃, in] *adj* ● **(être) enclin à qqch/à faire qqch** (ser) propenso a algo/a fazer algo
enclos [ɑ̃klo] *nm* recinto *m*
enclume [ɑ̃klym] *nf* bigorna *f*
encoche [ɑ̃kɔʃ] *nf* corte *m*
encoignure [ɑ̃kɔɲyʀ, ɑ̃kwaɲyʀ] *nf* **1.** *(coin)* canto *m* **2.** *(meuble)* cantoneira *f*
encolure [ɑ̃kɔlyʀ] *nf (de vêtement)* colarinho *m*
encombrant, e [ɑ̃kɔ̃bʀɑ̃, ɑ̃t] *adj* que ocupa muito espaço
encombrements [ɑ̃kɔ̃bʀəmɑ̃] *nmpl* engarrafamentos *mpl*
encombrer [ɑ̃kɔ̃bʀe] *vt (gêner)* estorvar ● **encombré de** atravancado de
encontre [ɑ̃kɔ̃tʀ] ◆ **à l'encontre de** *loc prép* contra ● **aller à l'encontre de** ir contra
encore [ɑ̃kɔʀ] *adv*
1. *(gén)* ainda ● **il reste encore une centaine de kilomètres** ainda faltam cem quilómetros ● **pas encore** ainda não ● **c'est encore plus cher ici** aqui é ainda mais caro
2. *(de nouveau)* outra vez ● **j'ai encore oublié mes clefs !** esqueci-me outra vez das chaves! ● **encore une fois** outra vez
3. *(en plus)* mais ● **encore un peu de légumes ?** um pouco mais de legumes? ● **reste encore un peu** fica mais um pouco
encouragement [ɑ̃kuʀaʒmɑ̃] *nm* encorajamento *m*
encourager [ɑ̃kuʀaʒe] *vt* encorajar ● **encourager qqn à faire qqch** encorajar alguém a fazer algo
encourir [ɑ̃kuʀiʀ] *vt (sout)* incorrer em
encrasser [ɑ̃kʀase] *vt* sujar
encre [ɑ̃kʀ] *nf* tinta *f* ● **encre de Chine** tinta da China
encyclopédie [ɑ̃siklɔpedi] *nf* enciclopédia *f*
encyclopédique [ɑ̃siklɔpedik] *adj* enciclopédico(ca)
endetter [ɑ̃dete] ◆ **s'endetter** *vp* endividar-se
endiablé, e [ɑ̃djable] *adj* endiabrado(da)
endiguer [ɑ̃dige] *vt* **1.** *(un fleuve)* represar **2.** *(fig) (réprimer)* refrear
endive [ɑ̃div] *nf* endívia *f*
endoctriner [ɑ̃dɔktʀine] *vt* doutrinar
endolori, e [ɑ̃dɔlɔʀi] *adj* dolorido(da)
endommager [ɑ̃dɔmaʒe] *vt* danificar
endormi, e [ɑ̃dɔʀmi] *adj* adormecido(da)
endormir [ɑ̃dɔʀmiʀ] *vt* adormecer ◆ **s'endormir** *vp* adormecer
endosser [ɑ̃dose] *vt* **1.** *(vêtement)* vestir **2.** DR FIN endossar **3.** *(fig) (responsabilité)* tomar

endroit [ɑ̃dʀwa] *nm* **1.** *(lieu)* sítio *m* **2.** *(côté)* direito *m* • **à l'endroit** do direito
enduire [ɑ̃dɥiʀ] *vt* *(couvrir)* • **enduire qqch de** untar algo com ◆ **s'enduire** *vp* • **s'enduire de** untar-se com
enduit [ɑ̃dɥi] *nm* reboco *m*
endurance [ɑ̃dyʀɑ̃s] *nf* resistência *f*
endurant, e [ɑ̃dyʀɑ̃, ɑ̃t] *adj* resistente
endurcir [ɑ̃dyʀsiʀ] ◆ **s'endurcir** *vp* endurecer-se
endurer [ɑ̃dyʀe] *vt* aguentar
énergie [enɛʀʒi] *nf* energia *f*
énergique [enɛʀʒik] *adj* enérgico(ca)
énergumène [enɛʀgymɛn] *nmf* energúmeno *m*
énerver [enɛʀve] *vt* enervar ◆ **s'énerver** *vp* enervar-se
enfance [ɑ̃fɑ̃s] *nf* infância *f*
enfant [ɑ̃fɑ̃] *nmf* **1.** *(jeune)* criança *f* **2.** *(descendant)* filho *m*, -lha *f* • **enfant de chœur** menino *m* de coro
enfantin, e [ɑ̃fɑ̃tɛ̃, in] *adj* infantil
enfer [ɑ̃fɛʀ] *nm* inferno *m*
enfermer [ɑ̃fɛʀme] *vt* fechar
enfiler [ɑ̃file] *vt* enfiar
enfin [ɑ̃fɛ̃] *adv* **1.** *(finalement)* enfim **2.** *(en dernier)* por fim
enflammer [ɑ̃flame] ◆ **s'enflammer** *vp* inflamar-se
enfler [ɑ̃fle] *vi* inchar
enfoncer [ɑ̃fɔ̃se] *vt* **1.** *(clou)* pregar **2.** *(porte)* arrombar **3.** *(aile de voiture)* amolgar ◆ **s'enfoncer** *vp* • **s'enfoncer dans** *(bateau)* afundar-se em ; *(forêt, ville)* adentrar-se por
enfouir [ɑ̃fwiʀ] *vt* enterrar
enfourcher [ɑ̃fuʀʃe] *vt* montar em
enfourner [ɑ̃fuʀne] *vt* enformar
enfreindre [ɑ̃fʀɛ̃dʀ] *vt* infringir
enfreint, e [ɑ̃fʀɛ̃, ɛ̃t] *pp* ➤ **enfreindre**
enfuir [ɑ̃fɥiʀ] ◆ **s'enfuir** *vp* fugir
enfumé, e [ɑ̃fyme] *adj* cheio (cheia) de fumo
enfumer [ɑ̃fyme] *vt* encher de fumo
engagement [ɑ̃gaʒmɑ̃] *nm* **1.** *(promesse)* compromisso *m* **2.** *SPORT* lançamento *m*
engager [ɑ̃gaʒe] *vt* **1.** *(salarié, domestique)* contratar **2.** *(conversation, négociations)* entabular ◆ **s'engager** *vp* alistar-se • **s'engager à faire qqch** comprometer-se a fazer algo • **s'engager dans** meter-se por
engelure [ɑ̃ʒlyʀ] *nf* frieira *f*
engendrer [ɑ̃ʒɑ̃dʀe] *vt* **1.** *(sout)* *(procréer)* engendrar **2.** *(fig)* *(produire)* dar origem a
engin [ɑ̃ʒɛ̃] *nm* engenho *m*
englober [ɑ̃glɔbe] *vt* englobar
engloutir [ɑ̃glutiʀ] *vt* **1.** *(nourriture)* tragar **2.** *(submerger)* submergir
engouement [ɑ̃gumɑ̃] *nm* entusiasmo *m*
engouffrer [ɑ̃gufʀe] ◆ **s'engouffrer dans** *vp + prép* **1.** *(personne)* enfiar-se em **2.** *(vent, eau)* meter-se por
engourdi, e [ɑ̃guʀdi] *adj* entorpecido(da)
engrais [ɑ̃gʀɛ] *nm* adubo *m*
engraisser [ɑ̃gʀese] *vt* & *vi* engordar
engrenage [ɑ̃gʀənaʒ] *nm* engrenagem *f*
engueuler [ɑ̃gœle] *vt* *(fam)* dar um raspanete a • **se faire engueuler** levar um raspanete ◆ **s'engueuler** *vp* *(fam)* berrar um com o outro
énième, nième [ɛnjɛm] *adj* *(fam)* milésimo(ma)

énigmatique [enigmatik] *adj* enigmático(ca)
énigme [enigm] *nf* enigma *m*
enivrer [ɑ̃nivʀe] *vt* embriagar ◆ **s'enivrer** *vp* ● **s'enivrer de (qqch)** embriagar-se (com)
enjambée [ɑ̃ʒɑ̃be] *nf* passada *f* ● **à grandes enjambées** a passos largos
enjamber [ɑ̃ʒɑ̃be] *vt* **1.** *(flaque, fossé)* passar por cima de **2.** *(suj: pont)* atravessar
enjeu [ɑ̃ʒø] *nm* o que está em jogo
enjoindre [ɑ̃ʒwɛ̃dʀ] *vt* *(sout)* ● **enjoindre à qqn de faire qqch** ordenar a alguém que faça algo
enjoliver [ɑ̃ʒɔlive] *vt* embelezar
enjoliveur [ɑ̃ʒɔlivœʀ] *nm* tampão *m* (de roda de automóvel)
enjoué, e [ɑ̃ʒwe] *adj* jovial
enlacer [ɑ̃lase] *vt* **1.** *(personne)* abraçar **2.** *(entourer)* pôr os braços à volta de ◆ **s'enlacer** *vp* abraçar-se
enlaidir [ɑ̃ledir] *vt* desfear
enlèvement [ɑ̃lɛvmɑ̃] *nm* rapto *m*
enlever [ɑ̃lve] *vt* **1.** tirar **2.** *(kidnapper)* raptar ◆ **s'enlever** *vp* sair
enliser [ɑ̃lize] ◆ **s'enliser** *vp* atolar-se
enneigé, e [ɑ̃neʒe] *adj* coberto(ta) de neve
ennemi, e [ɛnmi] *nm, f* inimigo *m*, -ga *f*
ennui [ɑ̃nɥi] *nm* **1.** *(lassitude)* tédio *m* **2.** *(problème)* aborrecimento *m* ● **avoir des ennuis** ter aborrecimentos
ennuyé, e [ɑ̃nɥije] *adj* aborrecido(da)
ennuyer [ɑ̃nɥije] *vt* aborrecer ◆ **s'ennuyer** *vp* aborrecer-se
ennuyeux, euse [ɑ̃nɥijø, øz] *adj* **1.** *(lassant)* maçador(ra) **2.** *(contrariant)* aborrecido(da)
énorme [enɔʀm] *adj* enorme
énormément [enɔʀmemɑ̃] *adv* muito ● **énormément d'argent** muito dinheiro ● **énormément de monde** muita gente
enquête [ɑ̃kɛt] *nf* **1.** *(policière)* investigação *f* **2.** *(sondage)* inquérito *m*
enquêter [ɑ̃kete] *vi* ● **enquêter (sur)** investigar
enragé, e [ɑ̃ʀaʒe] *adj* raivoso(osa) ● **il est enragé de football** é doido por futebol
enrager [ɑ̃ʀaʒe] *vi* enraivecer ● **faire enrager qqn** enraivecer alguém
enrayer [ɑ̃ʀɛje] *vt* parar ◆ **s'enrayer** *vp* *(arme)* encravar
enregistrement [ɑ̃ʀəʒistʀəmɑ̃] *nm* gravação *f* ● **enregistrement des bagages** check-in *m*
enregistrer [ɑ̃ʀəʒistʀe] *vt* **1.** *(disque, cassette, données)* gravar **2.** *(par écrit)* registar **3.** *(bagages)* fazer o check-in
enrhumé, e [ɑ̃ʀyme] *adj* constipado(da)
enrhumer [ɑ̃ʀyme] ◆ **s'enrhumer** *vp* constipar-se
enrichir [ɑ̃ʀiʃiʀ] *vt* enriquecer ◆ **s'enrichir** *vp* enriquecer
enrobé, e [ɑ̃ʀɔbe] *adj* ● **enrobé de** coberto de
enrôler [ɑ̃ʀole] *vt* recrutar ◆ **s'enrôler** *vp* alistar-se
enroué, e [ɑ̃ʀwe] *adj* rouco(ca)
enrouler [ɑ̃ʀule] *vt* enrolar ◆ **s'enrouler** *vp* enrolar-se ● **s'enrouler autour de** enrolar-se à volta de

ensabler [ɑ̃sable] *vt* **1.** *(un bateau)* encalhar **2.** *(terrain)* cobrir de areia ◆ **s'ensabler** *vp* **1.** cobrir-se de areia **2.** *(véhicule)* atolar-se (na areia) **3.** *(bateau)* encalhar
enseignant, e [ɑ̃sɛɲɑ̃, ɑ̃t] *nm, f* professor *m*, -ra *f*
enseigne [ɑ̃sɛɲ] *nf* letreiro *m* ● **enseigne lumineuse** letreiro luminoso
enseignement [ɑ̃sɛɲmɑ̃] *nm* ensino *m* ● **enseignement privé** ensino privado
enseigner [ɑ̃seɲe] *vt & vi* ensinar ● **enseigner qqch à qqn** ensinar algo a alguém
ensemble [ɑ̃sɑ̃bl] *adv* ● **ils travaillent ensemble** eles trabalham juntos ● **elles jouent ensemble** elas brincam juntas ◇ *nm* conjunto *m* ● **l'ensemble de** o conjunto de ● **dans l'ensemble** no conjunto
ensevelir [ɑ̃səvliʀ] *vt* sepultar
ensoleillé, e [ɑ̃sɔleje] *adj* soalheiro(ra)
ensoleillement [ɑ̃sɔlɛjmɑ̃] *nm* ● **heures/jours d'ensoleillement** horas/dias de sol
ensorceler [ɑ̃sɔʀsəle] *vt* enfeitiçar
ensuite [ɑ̃sɥit] *adv* **1.** *(plus tard)* em seguida **2.** *(plus loin)* depois
ensuivre [ɑ̃sɥivʀ] ◆ **s'ensuivre** *vp* ● **il s'en est suivit...** daí resultou... ● **et tout ce qui s'ensuit** e tudo o mais ◆ **il s'ensuit que** *v impers* daí que
entaille [ɑ̃taj] *nf* **1.** *(fente)* entalha *f* **2.** *(blessure)* golpe *m*
entailler [ɑ̃taje] *vt* fazer um golpe profundo em ◆ **s'entailler** *vp* ● **s'entailler le doigt/la main** fazer um golpe profundo no dedo/na mão
entamer [ɑ̃tame] *vt* **1.** *(pain, bouteille)* encetar **2.** *(discussion)* entabular
entartrer [ɑ̃taʀtʀe] *vt* cobrir de tártaro ◆ **s'entartrer** *vp* cobrir-se de tártaro
entasser [ɑ̃tase] *vt* **1.** *(mettre en tas)* amontoar **2.** *(serrer)* apertar ◆ **s'entasser** *vp* apertar
entendre [ɑ̃tɑ̃dʀ] *vt* ouvir ● **entendre dire que** ouvir dizer que ● **entendre parler de** ouvir falar de ◆ **s'entendre** *vp* entender-se ● **s'entendre bien avec qqn** entender-se bem com alguém
entendu, e [ɑ̃tɑ̃dy] *adj* combinado(da) ● **(c'est) entendu !** (está) combinado! ● **bien entendu** com certeza
entente [ɑ̃tɑ̃t] *nf* entendimento *m*
entériner [ɑ̃teʀine] *vt* ratificar
enterrement [ɑ̃tɛʀmɑ̃] *nm* enterro *m*
enterrer [ɑ̃teʀe] *vt* enterrar
en-tête [ɑ̃tɛt] (*pl* **en-têtes**) *nm* cabeçalho *m* ● **papier à en-tête** papel timbrado

Écrire un en-tête

Au Portugal, on commence une lettre par *Exmo. Senhor* ou *Exma. Senhora* et, au Brésil, par *Prezado Senhor* ou *Prezada Senhora*, quand on ne connaît pas la personne.
On utilise le féminin et le masculin quand on ne sait pas à qui l'on s'adresse (*Exmos.(as) Senhores(as)* ou *Prezados(as) Senhores(as)*).
Le masculin pluriel est utilisé pour écrire à une entreprise (*Prezados Senhores*).
Caro, Cara etc. est un peu moins sec. On l'emploie, suivi du prénom, quand on connaît la personne.

Querido, Querida, Meu querido ou *Minha querida* suivi du prénom ne s'utilise qu'avec des proches ou des amis.
Quand la personne a un poste de responsabilité, on indique sa fonction *Senhora Presidenta* ou *Senhor Presidente* en mettant une majuscule au nom de la fonction. L'en-tête est toujours suivi d'une virgule.

entêté, e [ɑ̃tete] *adj* cabeçudo(da) *(fam)* ◇ *nm, f* cabeça-dura *mf*
entêter [ɑ̃tete] ◆ **s'entêter** *vp* obstinar-se ● **s'entêter à faire qqch** obstinar-se a fazer algo
enthousiasme [ɑ̃tuzjasm] *nm* entusiasmo *m*
enthousiasmer [ɑ̃tuzjasme] *vt* entusiasmar ◆ **s'enthousiasmer pour** *vp + prép* entusiasmar-se por
enthousiaste [ɑ̃tuzjast] *adj* entusiasta
enticher [ɑ̃tiʃe] ◆ **s'enticher** *vp* ● **s'enticher de qqch/qqn** ficar obcecado(da) com algo /alguém
entier, ère [ɑ̃tje, ɛʀ] *adj* **1.** inteiro(ra) **2.** *(lait)* gordo(da) ● **dans le monde entier** no mundo inteiro ● **pendant des journées entières** durante dias a fio ● **en entier** por inteiro
entièrement [ɑ̃tjɛʀmɑ̃] *adv* inteiramente
entité [ɑ̃tite] *nf* entidade *f*
entonner [ɑ̃tɔne] *vt* entoar
entonnoir [ɑ̃tɔnwaʀ] *nm* funil *m*
entorse [ɑ̃tɔʀs] *nf* entorse *f* ● **se faire une entorse** torcer o tornozelo
entortiller [ɑ̃tɔʀtije] *vt* torcer
entourage [ɑ̃tuʀaʒ] *nm* meio *m*
entourer [ɑ̃tuʀe] *vt* cercar ● **entouré de** cercado por
entracte [ɑ̃tʀakt] *nm* intervalo *m (no teatro ou no cinema)*
entraide [ɑ̃tʀɛd] *nf* entreajuda *f*
entraider [ɑ̃tʀede] ◆ **s'entraider** *vp* entreajudar-se
entrailles [ɑ̃tʀaj] *nfpl* entranhas *fpl*
entrain [ɑ̃tʀɛ̃] *nm* ● **avec entrain** com vigor ● **plein d'entrain** cheio de vigor
entraînant, e [ɑ̃tʀɛnɑ̃, ɑ̃t] *adj* mexido(da)
entraînement [ɑ̃tʀɛnmɑ̃] *nm* treino *m*
entraîner [ɑ̃tʀene] *vt* **1.** *(emporter, emmener)* arrastar **2.** *(provoquer)* provocar **3.** *SPORT* treinar ◆ **s'entraîner** *vp* treinar-se ● **s'entraîner à faire qqch** treinar-se a fazer algo
entraîneur, euse [ɑ̃tʀɛnœʀ, øz] *nm, f* treinador *m*, -ra *f*
entrave [ɑ̃tʀav] *nf* entrave *m*
entraver [ɑ̃tʀave] *vt* entravar
entre [ɑ̃tʀ] *prép* entre ● **entre amis** entre amigos ● **l'un d'entre nous** um de nós
entrebâiller [ɑ̃tʀəbaje] *vt* entreabrir
entrechoquer [ɑ̃tʀəʃɔke] ◆ **s'entrechoquer** *vp* bater um no outro
entrecôte [ɑ̃tʀəkot] *nf* bife *m* do acém ● **entrecôte à la bordelaise** *bife com molho de vinho tinto*
entrée [ɑ̃tʀe] *nf* entrada *f* ▼ **entrée gratuite** entrada grátis ▼ **entrée interdite** entrada proibida ▼ **entrée libre** entrada livre
entrefaites [ɑ̃tʀəfɛt] *nfpl* ● **sur ces entrefaites** e nisto

entrejambe [ɑ̃tʀəʒɑ̃b] *nm* entrepernas *m inv*
entremets [ɑ̃tʀəmɛ] *nm* sobremesa *f*
entreposer [ɑ̃tʀəpoze] *vt* armazenar
entrepôt [ɑ̃tʀəpo] *nm* armazém *m*
entreprendre [ɑ̃tʀəpʀɑ̃dʀ] *vt* empreender
entrepreneur, euse [ɑ̃tʀəpʀənœʀ, øz] *nm, f* empreiteiro *m*
entrepris, e [ɑ̃tʀəpʀi, iz] *pp* ➤ **entreprendre**
entreprise [ɑ̃tʀəpʀiz] *nf* empresa *f*
entrer [ɑ̃tʀe] *vi (aux être)* entrar ◇ *vt (aux avoir)* entrar • **entrez !** entre! • **entrer dans** *(pièce)* entrar em ; *(foncer dans)* chocar com
entre-temps [ɑ̃tʀətɑ̃] *adv* entretanto
entretenir [ɑ̃tʀətniʀ] *vt* **1.** *(maison)* manter **2.** *(plante)* cuidar de ◆ **s'entretenir** *vp* • **s'entretenir (de qqch) avec qqn** tratar (de algo) com alguém
entretenu, e [ɑ̃tʀətny] *pp* ➤ **entretenir**
entretien [ɑ̃tʀətjɛ̃] *nm* **1.** *(d'un vêtement, d'une machine)* manutenção *f* **2.** *(conversation)* conversa *f*
entre-tuer [ɑ̃tʀətɥe] ◆ **s'entre-tuer** *vp* matar-se um ao outro
entrevoir [ɑ̃tʀəvwaʀ] *vt* entrever ◆ **s'entrevoir** *vp* entrever-se
entrevue [ɑ̃tʀəvy] *nf* entrevista *f*
entrouvert, e [ɑ̃tʀuvɛʀ, ɛʀt] *adj* entreaberto(ta)
entrouvrir [ɑ̃tʀuvʀiʀ] *vt* entreabrir ◆ **s'entrouvrir** *vp* entreabrir-se
énumération [enymeʀasjɔ̃] *nf (liste)* enumeração *f*
énumérer [enymeʀe] *vt* enumerar
envahir [ɑ̃vaiʀ] *vt* invadir
envahissant, e [ɑ̃vaisɑ̃, ɑ̃t] *adj* invasor(ra)
envahisseur [ɑ̃vaisœʀ] *nm* invasor *m*
enveloppe [ɑ̃vlɔp] *nf* envelope *m*
envelopper [ɑ̃vlɔpe] *vt* envolver
envenimer [ɑ̃vnime] *vt* **1.** *(blessure)* infectar **2.** *(fig) (querelle)* envenenar ◆ **s'envenimer** *vp* **1.** *(s'infecter)* infectar-se **2.** *(fig) (se détériorer)* ficar envenenado(da)
envergure [ɑ̃vɛʀgyʀ] *nf* envergadura *f*
envers [ɑ̃vɛʀ] *prép* para com ◇ *nm* verso *m* • **à l'envers** ao contrário
envie [ɑ̃vi] *nf* **1.** *(désir)* vontade *f* **2.** *(jalousie)* inveja *f* • **avoir envie de qqch** ter vontade de algo • **avoir envie de faire qqch** ter vontade de fazer algo
envier [ɑ̃vje] *vt* invejar
envieux, euse [ɑ̃vjø, øz] *adj & nm, f* invejoso(osa)
environ [ɑ̃viʀɔ̃] *adv* cerca de ◆ **environs** *nmpl* arredores *mpl* • **aux environs de** *(heure, nombre)* por volta de ; *(lieu)* nos arredores de • **dans les environs** nos arredores
environnant, e [ɑ̃viʀɔnɑ̃, ɑ̃t] *adj* circunvizinho(nha)
environnement [ɑ̃viʀɔnmɑ̃] *nm* ambiente *m*
envisager [ɑ̃vizaʒe] *vt* **1.** *(considérer)* considerar **2.** *(prévoir)* contar • **envisager de faire qqch** contar fazer algo
envoi [ɑ̃vwa] *nm (colis)* envio *m*
envol [ɑ̃vɔl] *nm* **1.** *(d'un oiseau)* voo *m* **2.** *(d'un avion)* descolagem *f* • **prendre son envol** levantar voo
envoler [ɑ̃vɔle] ◆ **s'envoler** *vp* **1.** *(oiseau, avion)* levantar voo **2.** *(feuilles)* voar

envoûter [ɑ̃vute] *vt* enfeitiçar
envoyé, e [ɑ̃vwaje] *nm, f* enviado *m*, -da *f* • **envoyé spécial** enviado especial
envoyer [ɑ̃vwaje] *vt* **1.** mandar **2.** *(balle, objet)* atirar
épagneul [epaɲœl] *nm* épagneul *m*
épais, aisse [epɛ, ɛs] *adj* **1.** *(large)* grosso(ossa) **2.** *(dense)* espesso(a)
épaisseur [epɛsœʀ] *nf* espessura *f*
épaissir [epesiʀ] *vi* engrossar ◆ **s'épaissir** *vp (brouillard)* adensar-se
épancher [epɑ̃ʃe] ◆ **s'épancher** *vp* desabafar
épanoui, e [epanwi] *adj* **1.** *(expression)* radiante **2.** *(fleur)* viçoso(osa) **3.** *(corps)* desenvolvido(da)
épanouir [epanwiʀ] ◆ **s'épanouir** *vp* **1.** *(fleur)* desabrochar **2.** *(visage)* alegrar-se
épargne [epaʀɲ] *nf* poupança *f*
épargner [epaʀɲe] *vt* poupar • **épargner qqch à qqn** poupar algo a alguém
éparpiller [epaʀpije] *vt* espalhar ◆ **s'éparpiller** *vp* espalhar-se
épars, e [epaʀ, aʀs] *adj* (*sout*) disperso(sa)
épatant, e [epatɑ̃, ɑ̃t] *adj* espantoso(osa)
épater [epate] *vt* espantar
épaule [epol] *nf* ombro *m* • **épaule d'agneau** pá *f* de borrego
épauler [epole] *vt* **1.** *(une personne)* apoiar **2.** *(un fusil)* encostar ao ombro
épaulette [epolɛt] *nf* **1.** *(décoration)* patente *f* **2.** *(rembourrage)* ombreira *f (de vestido)*
épave [epav] *nf* destroços *mpl*
épée [epe] *nf* espada *f*
épeler [eple] *vt* soletrar
éperon [epʀɔ̃] *nm* espora *f*
éphémère [efemɛʀ] *adj* efémero(ra) ◇ *nm* efeméride *f*
épi [epi] *nm* **1.** *(de blé, de maïs)* espiga *f* **2.** *(de cheveux)* redemoinho *m*
épice [epis] *nf* especiaria *f*
épicé, e [epise] *adj* picante
épicer [epise] *vt* **1.** *(plat)* temperar **2.** *(récit)* apimentar
épicerie [episʀi] *nf* **1.** *(denrées)* produtos *mpl* alimentares **2.** *(magasin)* mercearia *f* *(Port)*, quitanda *f (Br)* • **épicerie fine** *loja de produtos alimentares de qualidade superior*
épicier, ère [episje, ɛʀ] *nm, f* merceeiro *m*, -ra *f*
épidémie [epidemi] *nf* epidemia *f*
épiderme [epidɛʀm] *nm* epiderme *f*
épier [epje] *vt* espiar
épilepsie [epilɛpsi] *nf* epilepsia *f*
épiler [epile] *vt* depilar
épiloguer [epilɔge] *vi* • **épiloguer sur** continuar a discutir sobre
épinards [epinaʀ] *nmpl* espinafres *mpl*
épine [epin] *nf* espinho *m*
épineux, euse [epinø, øz] *adj* espinhoso(osa)
épingle [epɛ̃gl] *nf* alfinete *m* • **épingle à cheveux** gancho *m* do cabelo • **épingle à nourrice** alfinete-de-ama *m*
épingler [epɛ̃gle] *vt* prender com alfinete
épique [epik] *adj* épico(ca)
épisode [epizɔd] *nm* episódio *m*
épisodique [epizɔdik] *adj* episódico(ca)
épithète [epitɛt] *adj* adjunto adnominal ◇ *nf* epíteto *m*

éploré, e [eplɔʀe] *adj* choroso(osa)
épluche-légumes [eplyʃlegym] *nm inv* descascador *m* de legumes
éplucher [eplyʃe] *vt* descascar
épluchures [eplyʃyʀ] *nfpl* cascas *fpl*
éponge [epɔ̃ʒ] *nf* esponja *f*
éponger [epɔ̃ʒe] *vt* enxugar
épopée [epɔpe] *nf* epopeia *f*
époque [epɔk] *nf* época *f*
épouse ➤ **époux**
épouser [epuze] *vt* casar com
épousseter [epuste] *vt* limpar o pó de
époustouflant, e [epustuflɑ̃, ɑ̃t] *adj* (*fam*) espantoso(osa)
épouvantable [epuvɑ̃tabl] *adj* pavoroso(osa)
épouvantail [epuvɑ̃taj] *nm* espantalho *m*
épouvante [epuvɑ̃t] *nf* ➤ **film**
épouvanter [epuvɑ̃te] *vt* apavorar
époux, épouse [epu, epuz] *nm, f* esposo *m*, -sa *f*
éprendre [epʀɑ̃dʀ] ◆ **s'éprendre** *vp* • **s'éprendre de qqn** enamorar-se de alguém
épreuve [epʀœv] *nf* prova *f*
éprouvant, e [epʀuvɑ̃, ɑ̃t] *adj* penoso(osa)
éprouver [epʀuve] *vt* **1.** (*ressentir*) sentir **2.** (*faire souffrir*) afectar
éprouvette [epʀuvɛt] *nf* proveta *f*
EPS *nf* (*abr de éducation physique et sportive*) educação *f* física
épuisant, e [epɥizɑ̃, ɑ̃t] *adj* esgotante
épuisé, e [epɥize] *adj* **1.** (*fatigué*) exausto(ta) **2.** (*livre*) esgotado(da)
épuisement [epɥizmɑ̃] *nm* esgotamento *m* • **jusqu'à épuisement des stocks** até ao esgotamento dos stocks
épuiser [epɥize] *vt* **1.** (*fatiguer*) extenuar **2.** (*ressources*) esgotar
épuisette [epɥizɛt] *nf* **1.** (*filet*) rede-fole *f* **2.** (*à crevettes*) camaroeiro *m*
équateur [ekwatœʀ] *nm* equador *m*
équation [ekwasjɔ̃] *nf* equação *f*
équatorial, e, aux [ekwatɔʀjal, o] *adj* equatorial
équerre [ekɛʀ] *nf* esquadro *m*
équestre [ekɛstʀ] *adj* equestre
équilatéral, e, aux [ekɥilateʀal, o] *adj* equilateral
équilibre [ekilibʀ] *nm* equilíbrio *m* • **en équilibre** em equilíbrio • **perdre l'équilibre** perder o equilíbrio
équilibré, e [ekilibʀe] *adj* equilibrado(da)
équilibrer [ekilibʀe] *vt* equilibrar ◆ **s'équilibrer** *vp* equilibrar-se
équilibriste [ekilibʀist] *nmf* equilibrista *mf*
équipage [ekipaʒ] *nm* tripulação *f*
équipe [ekip] *nf* **1.** (*sportive*) equipa *f* (*Port*), time *m* (*Br*) **2.** (*de travail*) equipa *f*
équipement [ekipmɑ̃] *nm* equipamento *m*
équiper [ekipe] *vt* equipar ◆ **s'équiper (de)** *vp* + *prép* equipar-se (com)
équipier, ère [ekipje, ɛʀ] *nm, f* **1.** SPORT parceiro *m*, -ra *f* **2.** NAUT tripulante *mf*
équitable [ekitabl] *adj* equitativo(va)
équitation [ekitasjɔ̃] *nf* equitação *f* • **faire de l'équitation** fazer equitação
équité [ekite] *nf* equidade *f*

équivalent, e [ekivalɑ̃, ɑ̃t] *adj* equivalente ◇ *nm* equivalente *m*
équivaloir [ekivalwaʀ] *vi* • **ça équivaut à (faire)...** equivale a (fazer)...
équivalu [ekivaly] *pp* ➤ **équivaloir**
équivoque [ekivɔk] *adj* equívoco(ca) ◇ *nf* equívoco *m* • **sans équivoque** inequívoco(ca)
érable [eʀabl] *nm* bordo *m*
éradiquer [eʀadike] *vt* erradicar
érafler [eʀafle] *vt* arranhar
éraflure [eʀaflyʀ] *nf* arranhadela *f*
éraillé, e [eʀaje] *adj* rouco(ca)
ère [ɛʀ] *nf* era *f*
érection [eʀɛksjɔ̃] *nf* erecção *f* • **en érection** em erecção
éreintant, e [eʀɛ̃tɑ̃, ɑ̃t] *adj* extenuante
éreinté, e [eʀɛ̃te] *adj* extenuado(da)
ériger [eʀiʒe] *vt* erigir • **ériger qqn en qqch** (*fig*) fazer passar alguém por algo
◆ **s'ériger** *vp* • **s'ériger en** arvorar-se em
ermite [ɛʀmit] *nm* ermita *mf*
érogène [eʀɔʒɛn] *adj* erógeno(na)
érosion [eʀozjɔ̃] *nf* erosão *f*
érotique [eʀɔtik] *adj* erótico(ca)
erreur [ɛʀœʀ] *nf* erro *m* • **faire une erreur** fazer um erro
ersatz [ɛʀzats] *nm* sucedâneo *m*
érudit, e [eʀydi, it] *adj & nm, f* erudito(ta)
éruption [eʀypsjɔ̃] *nf* erupção *f* • **éruption cutanée** erupção cutânea
es [ɛ] ➤ **être**
ESB (*abr de Encéphalopathie Spongiforme Bovine*) *nf* BSE *f (bovine spongiform encephalopathy)*, EEB *f (Encefalopatia Espongiforme Bovina)*

escabeau [ɛskabo] (*pl* **-x**) *nm* pequeno escadote *m*
escalade [ɛskalad] *nf* escalada *f*
escalader [ɛskalade] *vt* **1.** (*mur*) trepar **2.** (*montagne*) escalar
Escalator® [ɛskalatɔʀ] *nm* escadas *fpl* rolantes
escale [ɛskal] *nf* escala *f* • **faire escale (à)** fazer escala (em) • **vol sans escale** voo sem escala
escalier [ɛskalje] *nm* escada *f* • **les escaliers** as escadas • **escalier roulant** escadas rolantes
escalope [ɛskalɔp] *nf* escalope *m*
escamotable [ɛskamɔtabl] *adj* retráctil
escapade [ɛskapad] *nf* escapadela *f*
escargot [ɛskaʀgo] *nm* caracol *m*
escarpé, e [ɛskaʀpe] *adj* escarpado(da)
escarpin [ɛskaʀpɛ̃] *nm* escarpim *m*
escavèche [ɛskavɛʃ] *nm* (*Belg*) *peixe frito com molho escabeche*
escient [esjɑ̃] *nm* • **parler à bon/mauvais escient** dizer algo conveniente /inconveniente
esclaffer [ɛsklafe] ◆ **s'esclaffer** *vp* rir às gargalhadas
esclandre [ɛsklɑ̃dʀ] *nm* (*sout*) escândalo *m* • **faire un esclandre** fazer um escândalo
esclavage [ɛsklavaʒ] *nm* **1.** (*système*) escravatura *f* **2.** (*obligation*) escravidão *f*
esclave [ɛsklav] *nmf* escravo *m*, -va *f*
escompte [ɛskɔ̃t] *nm* desconto *m*
escorte [ɛskɔʀt] *nf* escolta *f*
escorter [ɛskɔʀte] *vt* escoltar
escrime [ɛskʀim] *nf* esgrima *f*
escroc [ɛskʀo] *nm* vigarista *mf*

escroquer [ɛskʀɔke] *vt* vigarizar • **escroquer qqch à qqn** extorquir algo a alguém
escroquerie [ɛskʀɔkʀi] *nf* **1.** *(vol)* burla *f* **2.** *(fig)* *(abus)* vigarice *f*
espace [ɛspas] *nm* espaço *m* • **en l'espace de** no espaço de • **espaces verts** espaços verdes • **espace fumeurs/non-fumeurs** espaço para fumadores/para não-fumadores
espacer [ɛspase] *vt* espaçar
espadon [ɛspadɔ̃] *nm* espadarte *m*
espadrille [ɛspadʀij] *nf* alpercata *f*
Espagne [ɛspaɲ] *nf* • **l'Espagne** a Espanha
espagnol, e [ɛspaɲɔl] *adj* espanhol(la) ◇ *nm (langue)* espanhol *m* ◆ **Espagnol, e** *nm, f* espanhol *m*, -la *f*
espèce [ɛspɛs] *nf* espécie *f* • **une espèce de** uma espécie de • **espèce d'imbécile !** *(fam)* parvalhão! • **espèce en voie de disparition** espécie em vias de extinção ◆ **espèces** *nfpl* dinheiro *m* • **en espèces** a dinheiro
espérer [ɛspeʀe] *vt* esperar • **espérer faire (qqch)** esperar fazer (algo) • **j'espère (bien) !** espero (bem) que sim!
espiègle [ɛspjɛgl] *adj* travesso(a)
espion, onne [ɛspjɔ̃, ɔn] *nm, f* espião *m*, -ã *f*
espionnage [ɛspjɔnaʒ] *nm* espionagem *f* • **film/roman d'espionnage** filme/livro de espionagem
espionner [ɛspjɔne] *vt* espionar
esplanade [ɛsplanad] *nf* esplanada *f*
espoir [ɛspwaʀ] *nm* esperança *f*
esprit [ɛspʀi] *nm* **1.** *(pensée, fantôme)* espírito *m* **2.** *(humour)* graça *f* **3.** *(caractère)* génio *m*
Esquimau, aude, x [ɛskimo, od] *nm, f* esquimó *mf* • **Esquimau**® esquimó *m*
esquinter [ɛskɛ̃te] *vt (fam)* **1.** *(abîmer)* dar cabo de **2.** *(blesser)* esmurrar
esquisse [ɛskis] *nf* esboço *m*
esquisser [ɛskise] *vt* esboçar
esquiver [ɛskive] *vt* esquivar ◆ **s'esquiver** *vp* esquivar-se
essai [esɛ] *nm* **1.** ensaio *m* **2.** *(tentative)* tentativa *f*
essaim [esɛ̃] *nm* enxame *m*
essayage [esɛjaʒ] *nm* ➤ **cabine**
essayer [eseje] *vt* **1.** experimentar **2.** *(tenter)* tentar • **essayer de faire qqch** tentar fazer algo
essence [esɑ̃s] *nf* gasolina *f* • **essence sans plomb** gasolina sem chumbo
essentiel, elle [esɑ̃sjɛl] *adj* essencial ◇ *nm* • **l'essentiel** o essencial
esseulé, e [esœle] *adj (sout)* só
essieu [esjø] *(pl* **-x**) *nm* eixo *m*
essor [esɔʀ] *nm* **1.** *(développement)* desenvolvimento *m* **2.** *(envol)* voo *m* **3.** *(fig)* desenvolver-se • **en plein essor** em pleno desenvolvimento • **prendre son essor** levantar voo
essorage [esɔʀaʒ] *nm* centrifugação *f*
essorer [esɔʀe] *vt* enxugar
essoufflé, e [esufle] *adj* sem fôlego
essuie-glace [esɥiglas] *(pl* **essuie-glaces**) *nm* limpa-pára-brisas *m inv (Port)*, limpador *m* de pára-brisas *(Br)*
essuie-mains [esɥimɛ̃] *nm inv* toalha *f (para as mãos)*

essuie-tout [esɥitu] *nm inv* rolo *m* de cozinha

essuyer [esɥije] *vt* limpar ◆ **s'essuyer** *vp* limpar-se ● **s'essuyer les mains** limpar as mãos

[1]**est** [ɛ] ➤ **être**

[2]**est** [ɛst] *adj inv & nm inv* este ● **à l'est (de)** a leste (de) ● **l'Est** *(les pays de l'Est)* o Leste ; *(l'Est de la France)* o Leste da França

estampe [ɛstɑ̃p] *nf* estampa *f*

est-ce que [ɛskə] *adv* ● **est-ce qu'il est là ?** ele está? ● **est-ce qu'il sera là ?** será que ele estará lá? ● **est-ce que tu as mangé ?** já comeste? ● **comment est-ce que ça s'est passé ?** como é que aconteceu?

esthète [ɛstɛt] *adj & nmf* esteta

esthéticienne [ɛstetisjɛn] *nf* esteticista *f*

esthétique [ɛstetik] *adj* estético(ca)

estimation [ɛstimasjɔ̃] *nf* estimação *f*

estime [ɛstim] *nf* estima *f* ● **avoir de l'estime pour qqn** ter estima por alguém

estimer [ɛstime] *vt* estimar ● **estimer que** estimar que

estivant, e [ɛstivɑ̃, ɑ̃t] *nm, f* veranista *mf*

estomac [ɛstɔma] *nm* estômago *m*

estomper [ɛstɔ̃pe] *vt* **1.** *(contour)* esbater **2.** *(douleur)* atenuar ◆ **s'estomper** *vp* **1.** *(contour)* esbater-se **2.** *(douleur)* atenuar-se

estrade [ɛstʀad] *nf* estrado *m*

estragon [ɛstʀagɔ̃] *nm* estragão *m*

estropié, e [ɛstʀɔpje] *adj & nm, f* estropiado(da)

estuaire [ɛstɥɛʀ] *nm* estuário *m*

esturgeon [ɛstyʀʒɔ̃] *nm* esturjão *m*

et [e] *conj* e ● **et après ?** e depois? ● **je l'aime bien, et toi ?** eu gosto dele, e tu? ● **vingt et un** vinte e um

étable [etabl] *nf* estábulo *m*

établi [etabli] *nm* banca *f* de trabalho

établir [etabliʀ] *vt* estabelecer ◆ **s'établir** *vp* **1.** estabelecer-se **2.** *(emménager)* instalar-se

établissement [etablismɑ̃] *nm (organisme)* estabelecimento *m* ● **établissement scolaire** estabelecimento escolar

étage [etaʒ] *nm* **1.** *(d'un bâtiment)* andar *m* **2.** *(couche)* camada *f* ● **au premier étage** no primeiro andar ● **à l'étage** no andar de cima

étagère [etaʒɛʀ] *nf* **1.** *(planche)* prateleira *f* **2.** *(meuble)* estante *f*

étain [etɛ̃] *nm* estanho *m*

étais [etɛ] ➤ **être**

étal [etal] *nm (sur les marchés)* banca *f*

étalage [etalaʒ] *nm (vitrine)* montra *f*

étalagiste [etalaʒist] *nmf* decorador *m*, -ra *f* de montras

étaler [etale] *vt* **1.** *(nappe, carte)* estender **2.** *(beurre, confiture)* barrar **3.** *(paiements)* repartir **4.** *(connaissances, richesse)* ostentar ◆ **s'étaler** *vp (se répartir)* estender-se

étalon [etalɔ̃] *nm* **1.** *(cheval)* garanhão *m* **2.** *(mesure)* estalão *m*

étanche [etɑ̃ʃ] *adj* estanque

étang [etɑ̃] *nm* lago *m*

étant [etɑ̃] *p prés* ➤ **être**

étape [etap] *nf* **1.** *(période)* etapa *f* **2.** *(lieu)* paragem *f* ● **faire étape à** parar em

état [eta] *nm* estado *m* ● **en état (de marche)** pronto a funcionar ● **en bon état** em bom estado ● **en mauvais état** em

mau estado • **état civil** *(d'une personne)* estado civil • **état d'esprit** estado de espírito ◆ **État** *nm* Estado *m*
état-major [etamaʒɔʀ] *(pl* **états-majors***)* *nm* estado-maior *m*
États-Unis [etazyni] *nmpl* • **les États-Unis** os Estados Unidos
étau [eto] *(pl* **-x***)* *nm* torno *m*
étayer [eteje] *vt* **1.** *(mur, plafond)* escorar **2.** *(fig)* *(démonstration)* apoiar
etc. *(abr écrite de* **et cetera***)* etc
et cetera [ɛtseteʀa] *adv* et caetera
[1]**été** [ete] *pp* ➤ **être**
[2]**été** [ete] *nm* Verão *m* • **en été** no Verão
éteindre [etɛ̃dʀ] *vt* **1.** apagar **2.** *(ordinateur)* desligar ◆ **s'éteindre** *vp* apagar-se
éteint, e [etɛ̃, ɛ̃t] *pp* ➤ **éteindre**
étendard [etɑ̃daʀ] *nm* estandarte *m*
étendre [etɑ̃dʀ] *vt* estender ◆ **s'étendre** *vp* estender-se
étendu, e [etɑ̃dy] *adj* *(grand)* extenso(sa)
étendue [etɑ̃dy] *nf* **1.** *(surface)* extensão *f* **2.** *(fig)* *(importance)* alcance *m*
éternel, elle [etɛʀnɛl] *adj* eterno(na)
éterniser [etɛʀnize] *vt* eternizar ◆ **s'éterniser** *vp* **1.** *(se prolonger)* eternizar-se **2.** *(fam)* *(rester)* ficar a criar raízes
éternité [etɛʀnite] *nf* eternidade *f* • **cela fait une éternité que...** há uma eternidade que...
éternuement [etɛʀnymɑ̃] *nm* espirro *m*
éternuer [etɛʀnɥe] *vi* espirrar
êtes [ɛt] ➤ **être**
éther [etɛʀ] *nm* éter *m*
éthique [etik] *nf* ética *f* ◇ *adj* ético(ca)
ethnie [ɛtni] *nf* etnia *f*
ethnologie [ɛtnɔlɔʒi] *nf* etnologia *f*
étinceler [etɛ̃sle] *vi* cintilar
étincelle [etɛ̃sɛl] *nf* faísca *f*
étiqueter [etikte] *vt* **1.** *(produit)* etiquetar **2.** *(fig & péj)* *(personne)* rotular
étiquette [etikɛt] *nf* etiqueta *f*
étirer [etiʀe] *vt* esticar ◆ **s'étirer** *vp* *(personne)* espreguiçar-se
étoffe [etɔf] *nf* estofo *m*
étoffer [etɔfe] *vt* dar corpo a ◆ **s'étoffer** *vp* ganhar corpo
étoile [etwal] *nf* estrela *f* • **hôtel deux/trois étoiles** hotel de duas/três estrelas • **dormir à la belle étoile** dormir ao relento • **étoile de mer** estrela-do-mar *f*
étoilé, e [etwale] *adj* estrelado(da)
étonnant, e [etɔnɑ̃, ɑ̃t] *adj* espantoso(osa)
étonné, e [etɔne] *adj* admirado(da)
étonnement [etɔnmɑ̃] *nm* admiração *f* • **au grand étonnement de** para grande admiração de
étonner [etɔne] *vt* admirar • **ça m'étonnerait (que)** seria de admirar (que) • **tu m'étonnes !** *(fam)* a quem o dizes! ◆ **s'étonner** *vp* • **s'étonner que** admirar-se que
étouffant, e [etufɑ̃, ɑ̃t] *adj* sufocante
étouffée [etufe] ◆ **à l'étouffée** *loc adv* • **faire cuire à l'étouffée** estufar
étouffer [etufe] *vt* **1.** *(personne, animal)* sufocar **2.** *(bruit)* abafar ◇ *vi* sufocar ◆ **s'étouffer** *vp* sufocar
étourderie [etuʀdəʀi] *nf* descuido *m* • **faire une étourderie** descuidar-se
étourdi, e [etuʀdi] *adj* *(distrait)* descuidado(da)
étourdir [etuʀdiʀ] *vt* **1.** *(assommer)* aturdir **2.** *(donner le vertige à)* estontear

étourdissement [eturdismɑ̃] *nm* tontura *f*

étrange [etrɑ̃ʒ] *adj* estranho(nha)

étranger, ère [etrɑ̃ʒe, ɛr] *adj* **1.** *(ville, coutume)* estrangeiro(ra) **2.** *(inconnu)* estranho(nha) ◇ *nm, f* **1.** *(d'un autre pays)* estrangeiro *m*, -ra *f* **2.** *(inconnu)* estranho *m*, -nha *f* ◇ *nm* • **à l'étranger** no estrangeiro

étrangler [etrɑ̃gle] *vt* estrangular ◆ **s'étrangler** *vp* engasgar-se

être [ɛtr] *vi*

1. *(pour décrire, indiquer l'origine)* ser • **il est très sympa** ele é muito simpático • **je suis architecte** eu sou arquitecto • **d'où êtes-vous ?** de onde é você?

2. *(pour désigner une situation, un état)* estar • **nous serons à Naples/à la maison à partir de demain** estaremos em Nápoles/em casa a partir de amanhã • **être content/en forme** estar contente/em forma

3. *(pour donner la date)* • **quel jour sommes-nous ?** que dia é hoje? • **c'est jeudi** é quinta-feira • **nous sommes le 26 août 1995** estamos a 26 de Agosto de 1995

4. *(aller)* • **j'ai été trois fois en Écosse** estive três vezes na Escócia

5. *(pour exprimer l'appartenance)* • **être à qqn** ser de alguém • **cette voiture est à vous ?** este carro é seu? • **c'est à Daniel** é do Daniel

◇ *v impers*

1. *(pour désigner le moment)* • **il est 8 h** são oito horas • **il est tard** é tarde

2. *(avec un adjectif ou un participe passé)* • **il est difficile de savoir si...** é difícil saber se... • **il est recommandé de réserver à l'avance** é recomendável reservar com antecedência

◇ *v aux*

1. *(pour former le passé composé)* • **nous sommes partis hier** partimos ontem • **je suis née en 1976** nasci em 1976 • **tu t'es coiffé ?** tu penteaste-te?

2. *(pour former le passif)* ser • **le train a été retardé** lo comboio foi retardado

◇ *nm (créature)* ser *m* • **être humain** ser humano

étreindre [etrɛ̃dr] *vt* **1.** *(serrer, embrasser)* abraçar **2.** *(fig) (tenailler)* apertar ◆ **s'étreindre** *vp* abraçar-se

étreinte [etrɛ̃t] *nf* **1.** *(enlacement)* abraço *m* **2.** *(pression)* aperto *m*

étrenner [etrene] *vt* estrear

étrennes [etrɛn] *nfpl* **1.** *(pour les enfants)* prenda *f* **2.** *(pour la concierge)* broas *fpl* de Natal

étrier [etrije] *nm* estribo *m*

étriper [etripe] *vt* **1.** *(animal)* estripar **2.** *(fam) (tuer)* apertar o pescoço a ◆ **s'étriper** *vp (fam)* matar-se

étriqué, e [etrike] *adj* **1.** *(veste)* apertado(da) **2.** *(appartement)* exíguo(gua) **3.** *(mesquin)* limitado(da)

étroit, e [etrwa, at] *adj* **1.** *(rue, siège)* estreito(ta) **2.** *(vêtement)* apertado(da) • **être étroit d'esprit** ter vista curta • **être à l'étroit** estar apertado

étude [etyd] *nf* **1.** estudo *m* **2.** *(salle d'école)* sala *f* de estudo **3.** *(de notaire)* cartório *m* ◆ **études** *nfpl* estudos *mpl* • **faire des études (de)** tirar um curso (de)

étudiant, e [etydjɑ̃, ɑ̃t] *adj & nm, f* estudante

étudier [etydje] *vt & vi* estudar

étui [etɥi] *nm* estojo *m*
étuve [etyv] *nf* estufa *f*
étymologie [etimɔlɔʒi] *nf* etimologia *f*
eu, e [y] *pp* ➤ **avoir**
eucalyptus [økaliptys] *nm* eucalipto *m*
euh [ø] *interj* hum!
euphémisme [øfemism] *nm* eufemismo *m* • **par euphémisme** eufemisticamente
euphorie [øfɔʀi] *nf* euforia *f*
eurochèque [øʀɔʃɛk] *nm* Eurocheque® *m*
eurodevise [øʀɔdəviz] *nf* eurodivisa *f*
Europe [øʀɔp] *nf* • **l'Europe** a Europa • **l'Europe de l'Est** a Europa de Leste
européen, enne [øʀɔpeɛ̃, ɛn] *adj* europeu(peia) ◆ **européennes** *nfpl POL* europeias ◆ **Européen, enne** *nm, f* europeu *m*, -peia *f*
euthanasie [øtanazi] *nf* eutanásia *f*
euthanasier [øtanazje] *vt* eutanasiar
eux [ø] *pron* eles • **eux-mêmes** eles próprios
évacuer [evakɥe] *vt* evacuar
évader [evade] ◆ **s'évader** *vp* • **s'évader (de)** evadir-se (de)
évaluation [evalɥasjɔ̃] *nf* avaliação *f*
évaluer [evalɥe] *vt* avaliar
évangéliser [evɑ̃ʒelize] *vt* evangelizar
évangile [evɑ̃ʒil] *nm* **1.** *RELIG* Evangelho *m* **2.** *(fig) (référence)* Bíblia *f* ◆ **Évangile** *nm (livre)* Evangelho *m* • **l'Évangile selon Saint Jean** o Evangelho segundo São João
évanouir [evanwiʀ] ◆ **s'évanouir** *vp* **1.** *(avoir un malaise)* desmaiar **2.** *(disparaître)* esvanecer
évaporer [evapɔʀe] ◆ **s'évaporer** *vp* evaporar-se
évasé, e [evaze] *adj* com roda
évasif, ive [evazif, iv] *adj* evasivo(va)
évasion [evazjɔ̃] *nf* evasão *f*
éveil [evɛj] *nm* **1.** *(du dormeur)* acordar *m* **2.** *(de l'intelligence, de l'amour)* despertar *m* • **en éveil** alerta
éveillé, e [eveje] *adj (vif)* esperto(ta)
éveiller [eveje] *vt* despertar ◆ **s'éveiller** *vp (sensibilité, curiosité)* despertar
événement [evɛnmɑ̃] *nm* acontecimento *m*
éventail [evɑ̃taj] *nm* leque *m*
éventrer [evɑ̃tʀe] *vt* **1.** *(personne, animal)* esventrar **2.** *(mur)* abrir um buraco em **3.** *(sac)* rasgar
éventualité [evɑ̃tɥalite] *nf* eventualidade *f* • **parer à toute éventualité** estar preparado para qualquer eventualidade
éventuel, elle [evɑ̃tɥɛl] *adj* eventual
éventuellement [evɑ̃tɥɛlmɑ̃] *adv* eventualmente
évêque [evɛk] *nm* bispo *m*
évertuer [evɛʀtɥe] ◆ **s'évertuer** *vp* • **s'évertuer à faire qqch** esforçar-se por fazer algo
évidemment [evidamɑ̃] *adv* evidentemente
évidence [evidɑ̃s] *nf* **1.** evidência *f* **2.** *(fig) (souligner)* evidenciar • **à l'évidence** como é óbvio • **mettre en évidence** pôr em sítio bem visível • **se rendre à l'évidence** enfrentar a realidade
évident, e [evidɑ̃, ɑ̃t] *adj* evidente • **c'est pas évident !** *(pas facile)* não é nada fácil!
évider [evide] *vt* tirar o interior a
évier [evje] *nm* lava-louça *m*

évincer [evɛ̃se] *vt* • **évincer qqn (de)** excluir alguém (de)
évitement [evitmɑ̃] *nm* (*Belg*) desvio *m*
éviter [evite] *vt* evitar • **éviter qqch à qqn** evitar algo a alguém • **éviter de faire qqch** evitar fazer algo
évocateur, trice [evɔkatœʀ, tʀis] *adj* **1.** (*suggestif*) evocativo(va) **2.** (*geste, regard*) significativo(va) • **évocateur de qqch** que evoca algo
évolué, e [evɔlɥe] *adj* evoluído(da)
évoluer [evɔlɥe] *vi* evoluir
évolution [evɔlysjɔ̃] *nf* evolução *f*
évoquer [evɔke] *vt* evocar
ex- [ɛks] *préf* ex-
exacerber [ɛgzasɛʀbe] *vt* exacerbar
exact, e [ɛgzakt] *adj* **1.** exacto(ta) **2.** (*heure*) certo(ta) **3.** (*ponctuel*) pontual • **c'est exact** está certo
exactement [ɛgzaktəmɑ̃] *adv* exactamente
exactitude [ɛgzaktityd] *nf* **1.** (*précision*) exactidão *f* **2.** (*ponctualité*) pontualidade *f*
ex aequo [ɛgzeko] *adj inv* ex aequo
exagération [ɛgzaʒeʀasjɔ̃] *nf* exagero *m*
exagéré, e [ɛgzaʒeʀe] *adj* exagerado(da)
exagérer [ɛgzaʒeʀe] *vt & vi* exagerar
exalté, e [ɛgzalte] *adj* exaltado(da)
examen [ɛgzamɛ̃] *nm* exame *m* • **examen blanc** *simulação de exame não classificado*
examinateur, trice [ɛgzaminatœʀ, tʀis] *nm, f* examinador *m*, -ra *f*
examiner [ɛgzamine] *vt* examinar
exaspérer [ɛgzaspeʀe] *vt* exasperar
exaucer [ɛgzose] *vt* atender a, ouvir
excédent [ɛksedɑ̃] *nm* excedente *m* • **excédent de bagages** excesso *m* de bagagens
excéder [ɛksede] *vt* **1.** (*dépasser*) exceder **2.** (*énerver*) exasperar
excellence [ɛkselɑ̃s] *nf* excelência *f* • **par excellence** por excelência ◆ **Excellence** *nf* • **son Excellence** Sua Excelência
excellent, e [ɛkselɑ̃, ɑ̃t] *adj* excelente
excentré [ɛksɑ̃tʀe] *adj* • **c'est très excentré** fica muito afastado do centro
excentrique [ɛksɑ̃tʀik] *adj* excêntrico(ca)
excepté [ɛksɛpte] *prép* excepto
exception [ɛksɛpsjɔ̃] *nf* excepção *f* • **faire une exception** fazer uma excepção • **à l'exception de** com excepção de • **sans exception** sem excepção
exceptionnel, elle [ɛksɛpsjɔnɛl] *adj* excepcional
excès [ɛksɛ] *nm* excesso *m* ◇ *nmpl* • **faire des excès** cometer excessos • **excès de vitesse** excesso de velocidade
excessif, ive [ɛksesif, iv] *adj* excessivo(va)
excitant, e [ɛksitɑ̃, ɑ̃t] *adj* (*projet, idée*) excitante ◇ *nm* excitante *m*
excitation [ɛksitasjɔ̃] *nf* excitação *f*
exciter [ɛksite] *vt* excitar
exclamation [ɛksklamasjɔ̃] *nf* exclamação *f*
exclamer [ɛksklame] ◆ **s'exclamer** *vp* exclamar
exclure [ɛksklyʀ] *vt* excluir
exclusif, ive [ɛksklyzif, iv] *adj* **1.** (*droit, interview*) exclusivo(va) **2.** (*personne*) exclusivista

exclusion [ɛksklyzjɔ̃] *nf* exclusão *f* • **à l'exclusion de** excluindo
exclusivement [ɛksklyzivmɑ̃] *adv* **1.** *(uniquement)* exclusivamente **2.** *(non inclus)* exclusive
exclusivité [ɛksklyzivite] *nf* **1.** *(d'un film)* exclusividade *f* **2.** *(d'une interview)* exclusivo *m* • **en exclusivité** em exclusivo
excommunier [ɛkskɔmynje] *vt* excomungar
excrément [ɛkskʀemɑ̃] *nm (gén pl)* excremento *m*
excroissance [ɛkskʀwasɑ̃s] *nf* excrescência *f*
excursion [ɛkskyʀsjɔ̃] *nf* excursão *f*
excuse [ɛkskyz] *nf (prétexte)* desculpa *f* ◆ **excuses** *nfpl* • **faire des excuses à qqn** pedir desculpa a alguém
excuser [ɛkskyze] *vt* desculpar • **excusez-moi** desculpe ◆ **s'excuser** *vp* desculpar-se • **s'excuser de faire qqch** pedir desculpa por fazer algo • **il s'est excusé de son retard** ele pediu desculpa por chegar atrasado
exécrable [ɛgzekʀabl] *adj* abominável
exécuter [ɛgzekyte] *vt* executar
exécutif, ive [ɛgzekytif, iv] *adj* executivo(va) ◆ **exécutif** *nm* executivo *m*
exécution [ɛgzekysjɔ̃] *nf (meurtre)* execução *f*
exemplaire [ɛgzɑ̃plɛʀ] *nm* exemplar *m*
exemple [ɛgzɑ̃pl] *nm* exemplo *m* • **par exemple** por exemplo
exempté, e [ɛgzɑ̃te] *adj* dispensado(da) • **être exempté de** ser dispensado de
exercer [ɛgzɛʀse] *vt* **1.** exercer **2.** *(voix, mémoire)* exercitar ◆ **s'exercer** *vp* exercitar-se • **s'exercer à faire qqch** exercitar-se a fazer algo
exercice [ɛgzɛʀsis] *nm* exercício *m* • **faire de l'exercice** fazer exercício
exhaustif, ive [ɛgzostif, iv] *adj* exaustivo(va)
exhiber [ɛgzibe] *vt (péj)* exibir ◆ **s'exhiber** *vp (péj)* exibir-se
exhibitionniste [ɛgzibisjɔnist] *nmf* exibicionista *mf*
exhorter [ɛgzɔʀte] *vt* • **exhorter qqn à qqch/à faire qqch** exortar alguém a algo/a fazer algo
exhumer [ɛgzyme] *vt* **1.** *(cadavre)* exumar **2.** *(trésor)* desenterrar **3.** *(fig)* *(passé)* desenterrar
exigeant, e [ɛgziʒɑ̃, ɑ̃t] *adj* exigente
exigence [ɛgziʒɑ̃s] *nf* exigência *f*
exiger [ɛgziʒe] *vt* exigir
exigu, ë [ɛgzigy] *adj* exíguo(gua)
exil [ɛgzil] *nm* exílio *m* • **en exil** no exílio
exiler [ɛgzile] ◆ **s'exiler** *vp* exilar-se
existence [ɛgzistɑ̃s] *nf* existência *f*
exister [ɛgziste] *vi* existir • **il existe plusieurs possibilités** *(il y a)* existem várias possibilidades
exode [ɛgzɔd] *nm* êxodo *m* • **exode rural** êxodo rural
exonération [ɛgzɔneʀasjɔ̃] *nf* isenção *f*
exorbitant, e [ɛgzɔʀbitɑ̃, ɑ̃t] *adj* exorbitante
exorciser [ɛgzɔʀsize] *vt* exorcizar
exotique [ɛgzɔtik] *adj* exótico(ca)
expansif, ive [ɛkspɑ̃sif, iv] *adj* expansivo(va)
expansion [ɛkspɑ̃sjɔ̃] *nf* expansão *f*
expatrier [ɛkspatʀije] ◆ **s'expatrier** *vp* expatriar-se

expédier [ɛkspedje] *vt* **1.** *(envoyer)* expedir **2.** *(péj) (bâcler)* despachar
expéditeur, trice [ɛkspeditœʀ, tʀis] *nm, f* remetente *mf*
expéditif, ive [ɛkspeditif, iv] *adj* expedito(ta)
expédition [ɛkspedisjɔ̃] *nf* expedição *f*
expérience [ɛkspeʀjɑ̃s] *nf* experiência *f* • **expérience (professionnelle)** experiência (profissional)
expérimental, e, aux [ɛkspeʀimɑ̃tal, o] *adj* experimental
expérimenté, e [ɛkspeʀimɑ̃te] *adj* experiente
expert, e [ɛkspɛʀ, pɛʀt] *nm, f* perito *m*, -ta *f* • **expert en** perito(ta) em
expert-comptable, experte-comptable [ɛkspɛʀkɔ̃tabl, ɛkspɛʀtkɔ̃tabl] *(pl* **experts-comptables,** *fpl* **expertes-comptables)** *nm, f* técnico *m*, -ca *f* de contas
expertise [ɛkspɛʀtiz] *nf* peritagem *f*
expertiser [ɛkspɛʀtize] *vt* avaliar
expiration [ɛkspiʀasjɔ̃] *nf* expiração *f* • **date d'expiration** data de expiração • **arriver à expiration** chegar a expiração
expirer [ɛkspiʀe] *vi* expirar
explicatif, ive [ɛksplikatif, iv] *adj* explicativo(va)
explication [ɛksplikasjɔ̃] *nf* explicação *f* • **explication de texte** explicação de texto
explicite [ɛksplisit] *adj* explícito(ta)
expliquer [ɛksplike] *vt* explicar • **expliquer qqch à qqn** explicar algo a alguém ◆ **s'expliquer** *vp* **1.** justificar-se **2.** *(se disputer)* ter uma altercação
exploit [ɛksplwa] *nm* façanha *f*
exploitant, e [ɛksplwatɑ̃, ɑ̃t] *nm, f* explorador *m*, -ra *f* • **exploitant agricole** explorador agrícola
exploitation [ɛksplwatasjɔ̃] *nf* exploração *f* • **exploitation (agricole)** exploração (agrícola) *(Port)*, fazenda *f (Br)*
exploiter [ɛksplwate] *vt* explorar
explorateur, trice [ɛksplɔʀatœʀ, tʀis] *nm, f* explorador *m*, -ra *f*
exploration [ɛksplɔʀasjɔ̃] *nf (découverte)* exploração *f*
explorer [ɛksplɔʀe] *vt* explorar
exploser [ɛksploze] *vi* explodir
explosif, ive [ɛksplozif, iv] *adj (situation)* explosivo(va) ◇ *nm* explosivo *m*
explosion [ɛksplozjɔ̃] *nf* explosão *f*
exportateur, trice [ɛkspɔʀtatœʀ, tʀis] *adj & nm, f* exportador(ra)
exportation [ɛkspɔʀtasjɔ̃] *nf* exportação *f*
exporter [ɛkspɔʀte] *vt* exportar
exposant, e [ɛkspozɑ̃, ɑ̃t] *nm, f* expositor *m*, -ra *f* ◆ **exposant** *nm* expoente *m*
exposé, e [ɛkspoze] *adj* exposto(ta) ◇ *nm* exposição *f* oral • **exposé au sud** orientado para o sul • **bien exposé** bem orientado
exposer [ɛkspoze] *vt* expor • **exposer qqn/qqch à qqch** expor alguém/algo a algo ◆ **s'exposer à** *vp + prép* expor-se a
exposition [ɛkspozisjɔ̃] *nf* exposição *f*
[1]**exprès** [ɛkspʀɛs] *adj inv* urgente ◇ *nm* • **par exprès** ≃ por correio expresso
[2]**exprès** [ɛkspʀɛ] *adv* de propósito • **faire exprès de faire qqch** fazer algo de propósito
express [ɛkspʀɛs] *nm* **1.** *(café)* = expresso **2.** • **(train) express** comboio *m* rápido

expressément [ɛkspʀesemɑ̃] *adv* expressamente
expressif, ive [ɛkspʀesif, iv] *adj* expressivo(va)
expression [ɛkspʀesjɔ̃] *nf* expressão *f* • **expression écrite/orale** expressão escrita/oral
expresso [ɛkspʀeso] *nm* bica *f* (*Port*), cafezinho *m* (*Br*)
exprimer [ɛkspʀime] *vt* (*idée, sentiment*) exprimir ◆ **s'exprimer** *vp* (*parler*) exprimir-se
exproprier [ɛkspʀɔpʀije] *vt* expropriar
expulser [ɛkspylse] *vt* expulsar
exquis, e [ɛkski, iz] *adj* requintado(da)
extasier [ɛkstazje] ◆ **s'extasier** *vp* extasiar-se • **s'extasier devant qqn/qqch** extasiar-se com algo /alguém
extensible [ɛkstɑ̃sibl] *adj* (*vêtement*) extensível
exténué, e [ɛkstenye] *adj* extenuado(da)
extérieur, e [ɛksteʀjœʀ] *adj* **1.** (*escalier, boulevard*) exterior **2.** (*commerce, politique*) externo(na) **3.** (*gentillesse, calme*) por fora ◇ *nm* exterior *m* • **à l'extérieur** (*dehors*) lá fora ; *SPORT* fora • **à l'extérieur de** fora de
extérioriser [ɛksteʀjɔʀize] *vt* exteriorizar
externaliser [ɛkstɛrnalize] *vt* externalizar
exterminer [ɛkstɛʀmine] *vt* exterminar
externe [ɛkstɛʀn] *adj* & *nmf* externo(na)
extincteur [ɛkstɛ̃ktœʀ] *nm* extintor *m*
extinction [ɛkstɛ̃ksjɔ̃] *nf* • **avoir une extinction de voix** perder a voz
extirper [ɛkstiʀpe] *vt* **1.** (*mal, erreur*) • **extirper (de)** extirpar (de) **2.** (*plante, réponse*) arrancar (de) **3.** (*blessé*) tirar (de) ◆ **s'extirper** *vp* • **s'extirper de** tirar-se de
extorquer [ɛkstɔʀke] *vt* **1.** • **extorquer qqch à qqn** (*de l'argent*) extorquir algo a alguém **2.** (*des aveux*) arrancar algo a alguém
extra [ɛkstʀa] *adj inv* **1.** (*qualité*) extra **2.** (*fam*) (*formidable*) extraordinário(ria) ◇ *préf* (*très*) extra
extradition [ɛkstʀadisjɔ̃] *nf* extradição *f*
extraire [ɛkstʀɛʀ] *vt* extrair • **extraire qqch de** extrair algo de • **extraire qqn de** tirar alguém de
extrait [ɛkstʀɛ] *nm* **1.** *MUS* excerto *m* **2.** (*de compte, de livre, de film*) extracto *m*
extraordinaire [ɛkstʀaɔʀdinɛʀ] *adj* extraordinário(ria)
extrapoler [ɛkstʀapɔle] *vt* & *vi* extrapolar
extraterrestre [ɛkstʀateʀɛstʀ] *adj* & *nmf* extraterrestre
extravagant, e [ɛkstʀavagɑ̃, ɑ̃t] *adj* extravagante
extraverti, e [ɛkstʀavɛʀti] *adj* & *nm, f* extrovertido(da)
extrême [ɛkstʀɛm] *adj* extremo(ma) ◇ *nm* extremo *m* • **l'Extrême-Orient** o Extremo Oriente
extrêmement [ɛkstʀɛmmɑ̃] *adv* extremamente
extrémiste [ɛkstʀemist] *adj* & *nmf* extremista
extrémité [ɛkstʀemite] *nf* extremidade *f*
exubérant, e [ɛgzybeʀɑ̃, ɑ̃t] *adj* exuberante
exulter [ɛgzylte] *vi* exultar

fF

F (*abr écrite de de Fahrenheit*) F
fable [fabl] *nf* fábula *f*
fabricant, e [fabʀikɑ̃, ɑ̃t] *nm, f* fabricante *mf*
fabrication [fabʀikasjɔ̃] *nf* fabricação *f*
fabriquer [fabʀike] *vt* fabricar • **mais qu'est-ce que tu fabriques ?** (*fam*) mas o que é que andas a fazer?
fabuleux, euse [fabylø, øz] *adj* fabuloso(osa)
fac [fak] *nf* (*fam*) faculdade *f*
façade [fasad] *nf* fachada *f*
face [fas] *nf* **1.** lado *m* **2.** (*visage*) rosto *m* • **faire face à** (*être devant*) ficar em frente a ; (*affronter*) fazer frente a • **de face** de frente • **en face (de)** em frente (a) • **face à face** cara a cara
face-à-face [fasafas] *nm inv* frente a frente *m*
facétie [fasesi] *nf* gracejo *m*
facette [fasɛt] *nf* faceta *f*
fâché, e [faʃe] *adj* zangado(da)
fâcher [faʃe] *vt* zangar ◆ **se fâcher** *vp* zangar-se • **se fâcher avec/contre qqn** zangar-se com alguém
fâcheux, euse [faʃø, øz] *adj* lamentável
facile [fasil] *adj* **1.** fácil **2.** (*personne*) dócil
facilement [fasilmɑ̃] *adv* **1.** (*aisément*) facilmente **2.** (*au moins*) pelo menos
facilité [fasilite] *nf* facilidade *f* ◆ **facilités** *nfpl* • **facilités de paiement** facilidades *fpl* de pagamento
faciliter [fasilite] *vt* facilitar
façon [fasɔ̃] *nf* modo *m* • **de façon (à ce) que** de modo a OU que • **de toute façon** de qualquer modo • **non merci, sans façon** muito obrigado, mas não ◆ **façons** *nfpl* modos *mpl* • **faire des façons** fazer cerimónia
facteur, trice [faktœʀ, tʀis] *nm, f* carteiro *m* ◇ *nm* factor *m*
factice [faktis] *adj* factício(cia)
facture [faktyʀ] *nf* factura *f*
facturer [faktyʀe] *vt* facturar
facturette [faktyʀɛt] *nf* recibo *m* *recibo que se guarda quando se efectua um pagamento com cartão de crédito*
facultatif, ive [fakyltatif, iv] *adj* facultativo(va)
faculté [fakylte] *nf* faculdade *f*
fade [fad] *adj* **1.** (*aliment*) insosso(ossa) **2.** (*couleur*) apagado(da)
fagot [fago] *nm* feixe *m* de lenha
fagoté, e [fagɔte] *adj* (*fam*) arranjado(da)
faible [fɛbl] *adj* fraco(ca) ◇ *nm* • **avoir un faible pour** ter um fraquinho por
faiblement [fɛbləmɑ̃] *adv* **1.** (*crier, appeler*) baixinho **2.** (*augmenter*) ligeiramente
faiblesse [fɛblɛs] *nf* fraqueza *f*
faiblir [fɛbliʀ] *vi* enfraquecer
faïence [fajɑ̃s] *nf* faiança *f*
faille [faj] *nf* falha *f*
faillir [fajiʀ] *vi* • **il a failli tomber** por pouco caía
faillite [fajit] *nf* falência *f* • **faire faillite** falir, ir à falência

faim [fɛ̃] *nf* fome *f* • **avoir faim** ter fome
fainéant, e [feneɑ̃, ɑ̃t] *adj & nm, f* mandrião(driona)
faire [fɛʀ] *vt*
1. *(gén)* fazer • **c'est lui qui a fait cette chanson ?** foi ele que compôs esta canção? • **faire les comptes** fazer as contas • **faire une promenade** dar um passeio • **faire un rêve** ter um sonho • **faire son lit** fazer a cama • **faire la vaisselle** lavar a louça • **faire les carreaux** limpar os vidros • **que faites-vous comme métier ?** qual é a sua profissão?
2. *(sport, musique, discipline)* • **faire des études** estudar • **je fais de l'aérobic tous les soirs** pratico aeróbica todas as noites • **faire du piano** tocar piano
3. *(provoquer)* • **faire mal à qqn** magoar alguém • **faire de la peine à qqn** causar tristeza a alguém • **ma jambe me fait horriblement mal** a minha perna dói-me terrivelmente • **faire sensation** causar sensação • **ça ne lui fait rien du tout** não produz efeito nenhum nele
4. *(imiter)* • **faire l'imbécile** fazer-se de parvo • **faire celui qui ne comprend pas** fingir que não compreende
5. *(parcourir)* percorrer • **nous avons fait 150 km en deux heures** percorremos 150 km em duas horas • **faire du 150 (à l'heure)** andar a 150 km por hora
6. *(avec des mesures)* • **les pièces font 3 m de haut** as divisões medem 3 m de altura • **ça fait plus de 2 kg** pesa mais de dois kg • **je fais 1,68 m** meço 1,68 m • **je fais du 40** calço o 40
7. *MATH* • **10 et 3 font 13** 10 mais 3, são 13
8. *(dire)* dizer
9. *(dans des expressions)* • **ça ne fait rien** não tem importância • **ne faire que** *(faire sans cesse)* não parar de ; *(faire seulement)* não fazer mais do que • **qu'est-ce que ça peut te faire ?** *(fam)* o que tens tu a ver com isso? • **qu'est-ce que j'ai fait de mes clefs ?** o que é que eu fiz das minhas chaves?
◇ *vi*
1. *(agir)* fazer • **vas-y, mais fais vite** anda lá, mas despacha-te • **vous feriez mieux de...** seria melhor que... • **faites comme chez vous** faça como se estivesse em sua casa
2. *(avoir l'air)* • **faire jeune/vieux** parecer jovem/velho
◇ *v impers*
1. *(climat, température)* • **il fait chaud/-2°C** está calor/estão 2 graus negativos
2. *(exprime la durée)* • **ça fait trois jours que nous avons quitté Rouen** já saímos de Rouen há três dias • **ça fait longtemps que je n'ai pas eu de ses nouvelles** já não tenho notícias dele há muito tempo • **ça fait dix ans que j'habite ici** já moro aqui há 10 anos
◇ *v aux*
1. *(indique que l'on provoque une action)* • **faire reculer les passants** fazer com que os transeuntes recuem • **une histoire à faire dresser les cheveux sur la tête** uma história de pôr os cabelos em pé • **faire tomber qqch** deixar cair algo
2. *(indique que l'on commande une action)* mandar • **faire nettoyer un vêtement** mandar limpar uma peça de roupa • **fai-**

re repeindre la maison mandar pintar outra vez a casa
◇ *v substitut* fazer • **on lui a conseillé de réserver mais il ne l'a pas fait** ele foi aconselhado a reservar, mas não o fez
◆ **se faire** *vp*
1. *(être convenable, à la mode)* • **ça se fait** *(c'est convenable)* isso faz-se ; *(c'est à la mode)* está na moda • **ça ne se fait pas** *(ce n'est pas convenable)* isso não se faz ; *(ce n'est pas à la mode)* não se usa
2. *(avoir, provoquer)* • **se faire des amis** fazer amigos • **se faire mal** magoar-se • **se faire du souci** preocupar-se • **se faire des illusions** ter ilusões
3. *(avec un infinitif)* ser • **se faire opérer** ser operado • **je me suis fait arrêter par la police** fui preso pela polícia • **se faire faire un costume sur mesure** mandar fazer um fato sob medida
4. *(devenir)* • **se faire beau** pôr-se bonito • **se faire vieux** tornar-se velho • **il se fait tard** faz-se tarde
5. *(dans des expressions)* • **comment se fait-il que... ?** como é possível que...? • **ne pas s'en faire** não se preocupar
◆ **se faire à** *vp + prép (s'habituer à)* • **il s'est très bien fait à sa nouvelle vie** ele acostumou-se muito bem à sua nova vida • **je n'arrive pas à me faire à son sens de l'humour** não consigo acostumar-me com o seu sentido de humor
faire-part [fɛʀpaʀ] *nm inv* **1.** *(annonce)* participação *f* **2.** *(invitation)* convite *m*
fais [fɛ] ➤ **faire**
faisable [fəzabl] *adj* viável
faisan [fəzɑ̃] *nm* faisão *m*
faisant [fəzɑ̃] *p prés* ➤ **faire**
faisceau [fɛso] *nm* feixe *m* • **faisceau lumineux** feixe luminoso
faisons [fəzɔ̃] ➤ **faire**
fait, e [fɛ, fɛt] *pp* ➤ **faire** ◇ *adj* **1.** *(réalisé)* feito(ta) **2.** *(fromage)* amanteigado(da) ◇ *nm* feito *m* • **(c'est) bien fait!** (é) bem feito! • **faits divers** *rubrica de um jornal composta por pequenas notícias insólitas* • **au fait** a propósito • **du fait de** por causa de • **en fait** de facto • **prendre qqn sur le fait** apanhar alguém em flagrante
faites [fɛt] ➤ **faire**
fait-tout [fɛtu] *nm inv* caçarola *f*
falaise [falɛz] *nf* falésia *f*
fallacieux, euse [falasjø, øz] *adj* falacioso(osa)
falloir [falwaʀ] *v impers* • **il faut du courage pour faire ça** é preciso coragem para fazer isso • **il faut y aller** ou **que nous y allions** temos de ir embora • **il me faut deux kilos d'oranges** preciso de dois quilos de laranjas • **il me faut y retourner** tenho de lá voltar
fallu [faly] *pp* ➤ **falloir**
falsifier [falsifje] *vt* falsificar
famé, e [fame] *adj* • **mal famé** mal-afamado
fameux, euse [famø, øz] *adj* **1.** *(célèbre)* famoso(osa) **2.** *(très bon)* delicioso(osa)
familial, e, aux [familjal, o] *adj* familiar
familiariser [familjaʀize] *vt* • **familiariser qqn avec qqch** familiarizar alguém com algo ◆ **se familiariser** *vp* • **se familiariser avec qqch** familiarizar-se com algo
familiarité [familjaʀite] *nf* familiaridade *f*

familier, ère [familje, ɛʀ] *adj* **1.** familiar **2.** *(impertinent)* insolente
famille [famij] *nf* família *f* • **en famille** em família • **famille monoparentale** família monoparental • **famille recomposée** família recomposta
famine [famin] *nf* fome *f* • **crier famine** *(fig)* queixar-se da miséria
fan [fan] *nmf (fam)* fã *mf*
fanatique [fanatik] *adj & nmf* fanático(ca)
fanatisme [fanatism] *nm* fanatismo *m*
fané, e [fane] *adj* **1.** *(fleur)* murcho(cha) **2.** *(couleur, tissu)* desbotado(da)
faner [fane] ♦ **se faner** *vp* murchar
fanfare [fɑ̃faʀ] *nf* fanfarra *f*
fanfaron, onne [fɑ̃faʀɔ̃, ɔn] *adj* fanfarrão(rrona)
fantaisie [fɑ̃tezi] *nf* fantasia *f* • **bijou fantaisie** jóia de fantasia
fantaisiste [fɑ̃tezist] *adj & nmf* fantasista
fantastique [fɑ̃tastik] *adj* fantástico(ca)
fantôme [fɑ̃tom] *nm* fantasma *m*
faon [fɑ̃] *nm* enho *m*
far [faʀ] *nm* • **far breton** *bolo de manteiga com ameixas pretas*
farce [faʀs] *nf* **1.** *(plaisanterie)* partida *f* **2.** CULIN recheio *m* • **faire une farce à qqn** pregar uma partida a alguém
farceur, euse [faʀsœʀ, øz] *nm, f* brincalhão *m*, -lhona *f*
farci, e [faʀsi] *adj* recheado(da)
fard [faʀ] *nm* • **fard à joues** blush *m* • **fard à paupières** sombra *f*
fardeau [faʀdo] (*pl* **-x**) *nm* fardo *m*
farder [faʀde] *vt* **1.** *(visage)* pintar **2.** *(vérité)* dissimular ♦ **se farder** *vp* pintar-se
farfelu, e [faʀfəly] *adj* extravagante
farfouiller [faʀfuje] *vi (fam)* remexer
farine [faʀin] *nf* farinha *f* • **farine animale** farinha animal
farouche [faʀuʃ] *adj* **1.** *(animal, enfant)* bravio(via) **2.** *(haine, lutte)* selvagem
fascicule [fasikyl] *nm* fascículo *m*
fascinant, e [fasinɑ̃, ɑ̃t] *adj* fascinante
fasciner [fasine] *vt* fascinar
fascisme [faʃism] *nm* fascismo *m*
fasse ➤ **faire**
faste [fast] *nm* fausto *m* ◇ *adj* • **jour faste** dia favorável
fastidieux, euse [fastidjø, øz] *adj* fastidioso(osa)
fatal, e [fatal] *adj* fatal
fatalement [fatalmɑ̃] *adv* fatalmente
fataliste [fatalist] *adj* fatalista
fatalité [fatalite] *nf* fatalidade *f*
fatigant, e [fatigɑ̃, ɑ̃t] *adj* **1.** *(activité)* cansativo(va) **2.** *(personne)* aborrecido(da)
fatigue [fatig] *nf* cansaço *m*
fatigué, e [fatige] *adj* cansado(da) • **être fatigué de (faire) qqch** estar cansado de (fazer) algo
fatiguer [fatige] *vt* cansar ♦ **se fatiguer** *vp* cansar-se • **se fatiguer à faire qqch** cansar-se a fazer algo
faubourg [fobuʀ] *nm* arredores *mpl*
fauché, e [foʃe] *adj (fam)* teso(sa)
faucher [foʃe] *vt* **1.** *(blé)* ceifar **2.** *(piéton, cycliste)* atropelar **3.** *(fam) (voler)* fanar
faucille [fosij] *nf* foice *f*
faucon [fokɔ̃] *nm* falcão *m*
faudra [fodʀa] ➤ **falloir**
faufiler [fofile] ♦ **se faufiler** *vp* esgueirar-se

faune [fon] *nf* fauna *f*
faussaire [fosɛʀ] *nmf* falsificador *m*, -ra *f*
fausse ➤ **faux**
fausser [fose] *vt* **1.** *(résultat)* falsear **2.** *(clef, mécanisme)* entortar
faut [fo] ➤ **falloir**
faute [fot] *nf* **1.** *(erreur)* falta *f* **2.** *(responsabilité)* culpa *f* • **c'est (de) ma faute** a culpa é minha • **faute de** por falta de
fauteuil [fotœj] *nm* **1.** *(siège)* poltrona *f* **2.** *(de cinéma, de théâtre)* assento *m* • **fauteuil à bascule** cadeira *f* de baloiço • **fauteuil roulant** cadeira *f* de rodas
fautif, ive [fotif, iv] *adj* **1.** *(coupable)* culpado(da) **2.** *(erroné)* errado(da) **3.** *(défectueux)* deficiente ◇ *nm, f* culpado *m*, -da *f*
fauve [fov] *nm* fera *f*
faux, fausse [fo, fos] *adj* falso(sa) ◇ *adv* • **chanter faux** desafinar • **fausse note** nota desafinada • **faux numéro** número errado
faux-filet [fofilɛ] (*pl* **faux-filets**) *nm* bife *m* de vaca (*Port*), contrafilé *m* (*Br*)
faux-fuyant [fofɥijɑ̃] (*pl* **faux-fuyants**) *nm* evasiva *f*
faveur [favœʀ] *nf* favor *m* • **en faveur de** a favor de
favorable [favɔʀabl] *adj* favorável • **être favorable à** ser favorável a
favori, ite [favɔʀi, it] *adj* favorito(ta)
favoriser [favɔʀize] *vt* favorecer
fax [faks] *nm* fax *m*
faxer [fakse] *vt* enviar por fax
fébrile [febʀil] *adj* febril
fécond, e [fekɔ̃, ɔ̃d] *adj* fecundo(da) • **(être) fécond en qqch** (estar) recheado de algo
fécondation [fekɔ̃dasjɔ̃] *nf* fecundação *f* • **fécondation in vitro** fecundação in vitro
féculent [fekylɑ̃] *nm* hidrato *m* de carbono
fédéral, e, aux [fedeʀal, o] *adj* (*Helv*) federal
fédération [fedeʀasjɔ̃] *nf* federação *f*
fée [fe] *nf* fada *f*
féerique [fe(e)ʀik] *adj* feérico(ca)
feignant, e [fɛɲɑ̃, ɑ̃t] *adj* (*fam*) mandrião(driona)
feindre [fɛ̃dʀ] *vt* fingir • **elle feint de ne pas entendre** ela finge não ouvir ou que não está a ouvir
feinte [fɛ̃t] *nf* **1.** fingimento *m* **2.** *(au football)* finta *f*
fêlé, e [fele] *adj* **1.** *(fendu)* rachado(da) **2.** (*fam*) *(fou)* • **être fêlé** (*fam*) ter um parafuso a menos
fêler [fele] ◆ **se fêler** *vp* rachar-se
félicitations [felisitasjɔ̃] *nfpl* parabéns *mpl*
féliciter [felisite] *vt* felicitar
félin [felɛ̃] *nm* felino *m*
fêlure [felyʀ] *nf* racha *f*
femelle [fəmɛl] *nf* fêmea *f*
féminin, e [feminɛ̃, in] *adj* feminino(na)
féministe [feminist] *adj & nmf* feminista
féminité [feminite] *nf* feminidade *f*
femme [fam] *nf* mulher *f* • **femme de chambre** *(d'un hôtel)* empregada *f* de quarto • **femme de ménage** mulher a dias • **bonne femme** (*fam*) mulherzinha *f*
fémur [femyʀ] *nm* fémur *m*
fendant [fɑ̃dɑ̃] *nm* (*Helv*) *vinho branco da região de Valais*
fendre [fɑ̃dʀ] *vt* rachar

fenêtre [fənɛtʀ] *nf* janela *f*
fenouil [fənuj] *nm* **1.** *(plante)* funcho *m* **2.** *(condiment)* erva-doce *f*
fente [fɑ̃t] *nf* fenda *f*
féodal, e, aux [feɔdal, o] *adj* feudal
fer [fɛʀ] *nm* ferro *m* • **fer à cheval** ferradura *f* • **fer forgé** ferro forjado • **fer à repasser** ferro de engomar
fera ➤ **faire**
féra [feʀa] *nm* *(Helv)* *peixe fino do Lago Leman*
fer-blanc [fɛʀblɑ̃] *(pl* **fers-blancs***)* *nm* folha-de-flandres *f*
férié [feʀje] *adj m* ➤ **jour**
ferme [fɛʀm] *adj* firme ◇ *nf* quinta *f* *(Port)*, fazenda *f* *(Br)* • **ferme auberge** *quinta que também oferece serviços de hospedagem*
fermé, e [fɛʀme] *adj* fechado(da)
fermement [fɛʀməmɑ̃] *adv* com firmeza
fermentation [fɛʀmɑ̃tasjɔ̃] *nf* fermentação *f*
fermenter [fɛʀmɑ̃te] *vi* fermentar
fermer [fɛʀme] *vt* **1.** fechar **2.** *(électricité, radio)* apagar ◇ *vi* fechar • **fermer qqch à clef** fechar algo à chave • **ça ne ferme pas** não fecha ♦ **se fermer** *vp* fechar-se
fermeté [fɛʀməte] *nf* firmeza *f*
fermeture [fɛʀmətyʀ] *nf* **1.** *(d'un magasin)* encerramento *m* **2.** *(mécanisme)* fecho *m* • **fermeture Éclair®** fecho *m* *(Port)*, zíper *m* *(Br)* ▾ **fermeture annuelle** encerramento anual
fermier, ère [fɛʀmje, ɛʀ] *nm, f* agricultor *m*, -ra *f* *(Port)*, fazendeiro *m*, -ra *f* *(Br)*
fermoir [fɛʀmwaʀ] *nm* fecho *m*
féroce [feʀɔs] *adj* feroz
ferraille [fɛʀaj] *nf* ferro-velho *m*
ferrée [fɛʀe] *adj f* ➤ **voie**
ferroviaire [fɛʀɔvjɛʀ] *adj* ferroviário(ria)
ferry [fɛʀi] *(pl* **ferries***)* *nm* ferry *m*
fertile [fɛʀtil] *adj* fértil
fertilité [fɛʀtilite] *nf* fertilidade *f*
féru, e [feʀy] *adj* *(sout)* • **être féru de qqch** ter uma paixão por algo
fervent, e [fɛʀvɑ̃, ɑ̃t] *adj* **1.** *(chrétien, démocrate)* fervoroso(osa) **2.** *(amoureux)* ardente
ferveur [fɛʀvœʀ] *nf* fervor *m*
fesse [fɛs] *nf* nádega *f* ♦ **fesses** *nfpl* nádegas *fpl* *(Port)*, bunda *f* *(Br)*
fessée [fese] *nf* palmada *f* *(Port)*, tapa *f* *(Br)*
festin [fɛstɛ̃] *nm* festim *m*
festival [fɛstival] *nm* festival *m*

Le festival d'Avignon

Criado em 1947 por Jean Vilar, este festival realiza-se todos os anos na cidade de Avignon (no sudeste da França) e nos seus arredores. Além de grandes espectáculos de teatro e de dança, que mais tarde serão apresentados no resto do país, a cidade também acolhe numerosos espectáculos de rua mais informais.

Le festival de Cannes

Este festival internacional de cinema realiza-se todos os anos durante o mês de Maio. Um júri composto por ilustres representantes do mundo do espectáculo atribui vários prémios, tais como o da interpretação, o da realização, etc. O prémio de maior prestígio é a Palma de Ouro, atribuída ao melhor filme do festival.

festivités [fɛstivite] *nfpl* festividades *fpl*

fêtard, e [fɛtaʀ, aʀd] *nm, f* (*fam*) pândego *m*, -ga *f*

fête [fɛt] *nf* **1.** festa *f* **2.** (*jour du saint*) *dia de festa do santo cujo nome se possui* • **faire la fête** festejar • **bonne fête!** parabéns! • **fête foraine** feira *f* popular • **fête des Mères** dia *m* da Mãe • **la fête de la Musique** *festa consagrada à música, que se realiza no dia 21 de Junho, em França* • **fête nationale** feriado *m* nacional • **fête des Pères** dia *m* do Pai ♦ **fêtes** *nfpl* • **les fêtes (de fin d'année)** as festas (do Ano Novo)

Bonne fête !

Segundo a tradição, deseja-se *bonne fête* às pessoas cujo nome coincide com o do santo do dia.

La fête de la musique

Esta manifestação cultural foi criada no início dos anos oitenta para fomentar a difusão da música em França. Na noite de 21 de Junho, qualquer orquestra ou músico, inclusive amadores, podem actuar nas ruas. Todos os espectáculos são gratuitos.

fêter [fete] *vt* festejar

fétiche [fetiʃ] *nm* fetiche *m*

fétide [fetid] *adj* fétido(da)

fétu [fety] *nm* • **fétu (de paille)** palhinha *f*

feu [fø] (*pl* **-x**) *nm* **1.** (*flammes*) fogo *m* **2.** (*de véhicule, de circulation*) luz *f* • **avez-vous du feu ?** tem lume? • **faire du feu** acender uma fogueira • **mettre le feu à** pôr fogo a • **à feu doux** a lume brando • **feu d'artifice** fogo-de-artifício *m* • **feu de camp** fogueira *f* • **feu rouge** luz vermelha • **feux arrière** luzes de trás • **feux de croisement** luzes médias ou de cruzamento • **feux de recul** faróis *mpl* de marcha atrás • **feux de signalisation** ou **tricolores** semáforos *mpl* • **au feu!** fogo! • **en feu** a arder

feuillage [fœjaʒ] *nm* folhagem *f*

feuille [fœj] *nf* folha *f* • **feuille morte** folha seca

feuilleté, e [fœjte] *adj* ➤ **pâte** ◇ *nm* folhado *m*

feuilleter [fœjte] *vt* folhear

feuilleton [fœjtɔ̃] *nm* telenovela *f*

feutre [føtʀ] *nm* **1.** (*stylo*) caneta *f* de feltro **2.** (*chapeau*) chapéu *m* de feltro

feutré, e [føtʀe] *adj* **1.** (*tricot*) feltrante **2.** (*bruit, pas*) abafado(da) **3.** (*bourrelet*) guarnecido(da) com feltro

feutrine [føtʀin] *nf* papel *m* de veludo

fève [fɛv] *nf* fava *f*

février [fevʀije] *nm* Fevereiro *m* • **en février** em Fevereiro • **au mois de février** no mês de Fevereiro • **début février** em princípios de Fevereiro • **fin février** em fins de Fevereiro • **le deux février** no dia dois de Fevereiro

fiable [fjabl] *adj* **1.** *(machine)* fiável **2.** *(personne)* de confiança
fiançailles [fjɑ̃saj] *nfpl* noivado *m*
fiancé, e [fjɑ̃se] *nm, f* noivo *m*, -va *f*
fiancer [fjɑ̃se] ◆ **se fiancer** *vp* ficar noivo(va)
fibre [fibʀ] *nf* fibra *f*
ficeler [fisle] *vt* atar
ficelle [fisɛl] *nf* **1.** *(corde)* cordel *m* *(Port)*, barbante *m* *(Br)* **2.** *(pain) espécie de cacete muito fino*
fiche [fiʃ] *nf* **1.** *(de carton, de papier)* ficha *f* **2.** *TECH* tomada *f* • **fiche de paie** recibo *m* de vencimento
ficher [fiʃe] *vt* **1.** *(renseignement, suspect)* fichar **2.** *(planter)* cravar **3.** *(fam)* *(faire)* fazer **4.** *(fam)* *(mettre)* pregar • **mais qu'est-ce qu'il fiche ?** *(fam)* mas o que é que ele anda a fazer? • **fiche-moi la paix!** *(fam)* deixa-me em paz! • **ficher le camp** *(fam)* pirar-se ◆ **se ficher de** *vp + prép* *(fam)* estar a gozar com • **je m'en fiche** *(fam)* estou-me nas tintas
fichier [fiʃje] *nm* ficheiro *m*
fichu, e [fiʃy] *adj* *(fam)* • **c'est fichu** *(raté)* está tudo estragado ; *(cassé, abîmé)* está estragado • **être bien fichu** ser bem feito • **être mal fichu** estar adoentado
fictif, ive [fiktif, iv] *adj* fictício(cia)
fiction [fiksjɔ̃] *nf* ficção *f*
fidèle [fidɛl] *adj* fiel
fidéliser [fidelize] *vt* conservar
fidélité [fidelite] *nf* fidelidade *f*
fief [fjɛf] *nm* **1.** *(féodal)* feudo *m* **2.** *(fig)* *(électoral)* baluarte *m*
[1]**fier, fière** [fjɛʀ] *adj* orgulhoso(osa) • **être fier de** estar orgulhoso de
[2]**fier** [fje] ◆ **se fier** *vp + prép* • **se fier à** fiar-se em
fierté [fjɛʀte] *nf* orgulho *m*
fièvre [fjɛvʀ] *nf* febre *f* • **avoir de la fièvre** ter febre • **fièvre aphteuse** febre aftosa
fiévreux, euse [fjevʀø, øz] *adj* febril
fig. (*abr écrite de figure*) fig *(figura)*
figé, e [fiʒe] *adj* **1.** *(sauce)* coalhado(da) **2.** *(personne)* petrificado(da)
figer [fiʒe] ◆ **se figer** *vp* **1.** *(sauce)* espessar **2.** *(huile)* coalhar **3.** *(personne)* ficar petrificado(da)
fignoler [fiɲɔle] *vt* *(fam)* aprimorar
figue [fig] *nf* figo *m*
figuier [figje] *nm* figueira *f*
figurant, e [figyʀɑ̃, ɑ̃t] *nm, f* figurante *mf*
figure [figyʀ] *nf* **1.** *(visage)* rosto *m* **2.** *(schéma)* figura *f*
figuré, e [figyʀe] *adj* figurado(da) ◆ **figuré** *nm* • **au figuré** no sentido figurado
figurer [figyʀe] *vi* constar ◆ **se figurer** *vp* • **se figurer que** imaginar que
figurine [figyʀin] *nf* figurinha *f*
fil [fil] *nm* **1.** *(du téléphone)* fio *m* **2.** *(à coudre)* linha *f* • **fil de fer** arame *m*
filament [filamɑ̃] *nm* filamento *m*
filandreux, euse [filɑ̃dʀø, øz] *adj* com nervos
filature [filatyʀ] *nf* **1.** *(usine)* fábrica *f* de fiação **2.** *(fabrication)* fiação *f* **3.** *(poursuite)* • **prendre qqn en filature** seguir alguém de perto
file [fil] *nf* fila *f* • **file (d'attente)** fila (de espera) • **à la file** em fila • **en file (indienne)** em fila (indiana)

filer [file] *vt* romper ◇ *vi* **1.** *(aller vite)* ir-se embora **2.** *(fam) (partir)* cavar • **filer qqch à qqn** *(fam)* passar algo a alguém
filet [filɛ] *nm* **1.** *(de pêche, au tennis)* rede *f* **2.** *(de poisson, de bœuf)* filete *m* **3.** *(d'eau)* fio *m* • **filet américain** *(Belg)* bife *m* tártaro • **filet à bagages** porta-bagagens *m inv* • **filet mignon** lombo *m* de vaca
filial, e, aux [filjal, o] *adj* filial ◆ **filiale** *nf* filial *f*
filière [filjɛʀ] *nf* área *f*
filiforme [filifɔʀm] *adj* filiforme
fille [fij] *nf* **1.** *(enfant)* menina *f* **2.** *(femme)* rapariga *f* **3.** *(descendante)* filha *f*
fillette [fijɛt] *nf* menina *f*
filleul, e [fijœl] *nm, f* afilhado *m*, -da *f*
film [film] *nm* **1.** *(de cinéma, de télévision)* filme *m* **2.** *(plastique)* película *f* aderente • **film d'horreur** ou **d'épouvante** filme de terror • **film vidéo** vídeo *m*
filmer [filme] *vt* filmar
filon [filɔ̃] *nm* **1.** *(de mine)* filão *m* **2.** *(fam & fig) (situation lucrative)* mina *f* de ouro
fils [fis] *nm* filho *m*
filtre [filtʀ] *nm* filtro *m* • **filtre parental** *INFORM* filtro parental
filtrer [filtʀe] *vt* filtrar
fin, e [fɛ̃, fin] *adj* fino(na) ◇ *nf* fim *m* • **fin juillet** no fim de Julho • **à la fin (de)** no fim (de)
final, e, als ou **aux** [final, o] *adj* final
finale [final] *nf* final *f*
finalement [finalmɑ̃] *adv* **1.** finalmente **2.** *(en définitive)* afinal
finaliste [finalist] *nmf* finalista *mf*
finalité [finalite] *nf* finalidade *f*
finance [finɑ̃s] *nf* • **la finance** as finanças • **les finances** as finanças
financement [finɑ̃smɑ̃] *nm* financiamento *m*
financer [finɑ̃se] *vt* financiar
financier, ère [finɑ̃sje, ɛʀ] *adj* financeiro(ra) ◇ *nm (gâteau) pequeno bolo de amêndoas e frutas cristalizadas* • **sauce financière** *molho de vinho da madeira e essência de trufas*
finesse [finɛs] *nf* fineza *f*
finir [finiʀ] *vt* & *vi* acabar • **finir bien** acabar bem • **finir de faire qqch** acabar de fazer algo • **finir par faire qqch** acabar por fazer algo
finition [finisjɔ̃] *nf* acabamento *m*
finlandais, e [fɛ̃lɑ̃dɛ, ɛz] *adj* finlandês(esa) ◇ *nm* = **finnois** ◆ **Finlandais, e** *nm, f* finlandês *m*, -esa *f*
Finlande [fɛ̃lɑ̃d] *nf* • **la Finlande** a Finlândia
finnois, e [finwa, az] *nm* finlandês *m*, -esa *f*
fioriture [fjɔʀityʀ] *nf* floreado *m*
fioul [fjul] *nm* fuel *m*
firmament [fiʀmamɑ̃] *nm (sout)* firmamento *m*
firme [fiʀm] *nf* firma *f*
fisc [fisk] *nm* fisco *m*
fiscal, e, aux [fiskal, o] *adj* fiscal
fiscalité [fiskalite] *nf* fiscalidade *f*
fissure [fisyʀ] *nf (dans un mur)* fissura *f*
fissurer [fisyʀe] ◆ **se fissurer** *vp* rachar
fixation [fiksasjɔ̃] *nf (de ski)* fixador *m* • **faire une fixation sur qqch** ter uma fixação por algo
fixe [fiks] *adj* fixo(xa)
fixer [fikse] *vt* fixar
flacon [flakɔ̃] *nm* frasco *m*
flageolet [flaʒɔlɛ] *nm* feijão *m* branco

flagrant, e [flagʀɑ̃, ɑ̃t] *adj* flagrante • **(en) flagrant délit** (em) flagrante delito

flair [flɛʀ] *nm (d'un chien)* faro *m* • **avoir du flair** *(fig) (de l'intuition)* ter faro

flairer [flɛʀe] *vt* **1.** *(sentir)* farejar **2.** *(fig) (deviner)* pressentir

flamand, e [flamɑ̃, ɑ̃d] *adj* flamengo(ga) ◇ *nm (langue)* flamengo *m*

flambant, e [flɑ̃bɑ̃, ɑ̃t] *adj* • **flambant neuf** *(fig)* novinho em folha

flambé, e [flɑ̃be] *adj* flambado(da)

flambeau [flɑ̃bo] *(pl* **flambeaux***) nm* archote *m* • **se passer le flambeau** *(fig)* passar o testemunho

flamber [flɑ̃be] *vi* **1.** *(brûler)* arder **2.** *CULIN* flambar

flamboyant, e [flɑ̃bwajɑ̃, ɑ̃t] *adj* **1.** *(ciel, regard)* brilhante **2.** *(style)* flamejante

flamiche [flamiʃ] *nf (Belg) tarte de alhos franceses ou queijo*

flamme [flam] *nf* chama *f* • **en flammes** em chamas

flan [flɑ̃] *nm* pudim *m* flan

flanc [flɑ̃] *nm* flanco *m*

flancher [flɑ̃ʃe] *vi* **1.** *(fam)* ir-se abaixo **2.** *(mémoire)* falhar

flanelle [flanɛl] *nf* flanela *f*

flâner [flane] *vi* deambular

flanquer [flɑ̃ke] *vt* **1.** *(entourer)* flanquear **2.** *(fam) (gifle)* assentar **3.** *(dehors, par terre)* atirar

flaque [flak] *nf* poça *f*

flash [flaʃ] *(pl* **flashs** OU **flashes***) nm* **1.** *(d'appareil photo)* flash *m* **2.** *(d'information)* notícia *f* de última hora

flash-back [flaʃbak] *nm inv* flash-back *m*

flasher [flaʃe] *vi (fam)* • **flasher sur qqch/qqn** ficar apanhadinho(nha) por algo/alguém • **faire flasher qqn** virar a cabeça a alguém

flasque [flask] *adj* flácido(da) ◇ *nf* garrafinha *f*

flatter [flate] *vt* lisonjear

flatteur, euse [flatœʀ, øz] *adj* **1.** *(élogieux)* lisonjeiro(ra) **2.** *(qui embellit)* favorecido(da) ◇ *nm, f* lisonjeador *m*, -ra *f*

fléau [fleo] *(pl* **fléaux***) nm (catastrophe)* flagelo *m*

flèche [flɛʃ] *nf* **1.** *(signe)* seta *f* **2.** *(d'arc)* flecha *f*

fléchette [fleʃɛt] *nf* dardo *m*

fléchir [fleʃiʀ] *vt & vi* dobrar

flegme [flɛgm] *nm* fleuma *f*

flemmard, e [flɛmaʀ, aʀd] *nm, f (fam)* mandrião *m*, -driona *f*

flemme [flɛm] *nf (fam)* preguiça *f* • **avoir la flemme (de faire qqch)** ter preguiça (de fazer algo)

flétri, e [fletʀi] *adj* murcho(cha)

flétrir [fletʀiʀ] *vt* murchar ◆ **se flétrir** *vp* **1.** *(fleur)* murchar **2.** *(fig) (visage)* encher-se de rugas

fleur [flœʀ] *nf* flor *f* • **fleur d'oranger** *CULIN* flor de laranjeira • **à fleurs** às flores • **en fleur(s)** em flor

fleuri, e [flœʀi] *adj* florido(da)

fleurir [flœʀiʀ] *vi* florir

fleuriste [flœʀist] *nmf* florista *mf*

fleuron [flœʀɔ̃] *nm* **1.** *(ornement)* florão *m* **2.** *(fig) (joyau)* peça *f* mais preciosa

fleuve [flœv] *nm* rio *m*

flexible [flɛksibl] *adj* flexível

flic [flik] *nm (fam)* chui *m*

flinguer [flɛ̃ge] *vt (fam)* **1.** *(tuer)* dar um tiro em **2.** *(casser)* espatifar ◆ **se flinguer** *vp (fam)* dar um tiro nos miolos

flipper [flipœʀ] *nm* flippers *mpl*
flirter [flœʀte] *vi* namoriscar
flocon [flɔkɔ̃] *nm* • **flocon de neige** floco *m* de neve • **flocons d'avoine** flocos *mpl* de aveia
flop [flɔp] *nm* (*fam*) fiasco *m*
flore [flɔʀ] *nf* flora *f*
florissant, **e** [flɔʀisɑ̃, ɑ̃t] *adj* **1.** *(santé)* perfeito(ta) **2.** *(économie)* florescente
flot [flo] *nm* **1.** *(de sang)* fluxo *m* **2.** *(de paroles)* chorrilho *m*
flottante [flɔtɑ̃t] *adj f* ➤ **île**
flotte [flɔt] *nf* **1.** *(de navires)* frota *f* **2.** (*fam*) *(pluie)* chuva *f* **3.** (*fam*) *(eau)* água *f*
flottement [flɔtmɑ̃] *nm* **1.** *(relâchement)* desleixo *m* **2.** *(indécision)* hesitação *f* **3.** *(de drapeau, monnaie)* flutuação *f*
flotter [flɔte] *vi* **1.** *(sur l'eau)* flutuar **2.** *(au vent)* esvoaçar
flotteur [flɔtœʀ] *nm* **1.** *(de pêche)* bóia *f* **2.** *(d'hydravion)* flutuador *m*
flou, **e** [flu] *adj* **1.** *(photo)* desfocado(da) **2.** *(idée, souvenir)* impreciso(sa)
flouer [flue] *vt* enganar
fluctuer [flyktɥe] *vi* variar
fluet, **ette** [flyɛ, ɛt] *adj* **1.** *(personne)* franzino(na) **2.** *(voix)* fino(na)
fluide [flɥid] *adj* fluido(da) ◇ *nm* fluido *m*
fluo [flyo] *adj inv* fluorescente
fluor [flyɔʀ] *nm* flúor *m*
fluorescent, **e** [flyɔʀesɑ̃, ɑ̃t] *adj* fluorescente
flûte [flyt] *nf* **1.** *(pain)* *espécie de cacete delgado* **2.** *(verre)* copo *m* de champanhe ◇ *interj* (*fam*) ora bolas! • **flûte (à bec)** flauta *f* de Bizel
flûtiste [flytist] *nmf* flautista *mf*
fluvial, **e**, **aux** [flyvjal, o] *adj* fluvial
flux [fly] *nm* fluxo *m* • **le flux et le reflux** o fluxo e o refluxo • **un flux de qqch** *(paroles, etc)* um chorrilho de algo • **flux migratoire** *(sociologie)* fluxo migratório
FM [ɛfɛm] (*abr de Fréquence modulée*) *nf* FM *f*
FNAC [fnak] *nf cadeia de lojas que vendem livros, discos, aparelhagens, etc.*
fœtus [fetys] *nm* feto *m*
foi [fwa] *nf* fé *f* • **bonne/mauvaise foi** boa/má fé
foie [fwa] *nm* fígado *m* • **foie gras** foie-gras *m patê de fígado de pato ou de ganso* • **foie de veau** fígado de vitela
foin [fwɛ̃] *nm* feno *m*
foire [fwaʀ] *nf* feira *f*
fois [fwa] *nf* vez *f* • **une/deux/trois fois (par jour)** uma/duas/três vezes (por dia) • **3 fois 2** 3 vezes 2 • **à la fois** ao mesmo tempo • **des fois** às vezes • **une fois que** assim que • **une fois pour toutes** de uma vez por todas
folie [fɔli] *nf* loucura *f* • **faire une folie** cometer uma loucura
folklore [fɔlklɔʀ] *nm* folclore *m*
folklorique [fɔlklɔʀik] *adj* folclórico(ca)
folle ➤ **fou**
follement [fɔlmɑ̃] *adv* **1.** *(déraisonnablement)* loucamente **2.** *(excessivement)* extremamente
foncé, **e** [fɔ̃se] *adj* escuro(ra)
foncer [fɔ̃se] *vi* **1.** *(s'assombrir)* escurecer **2.** (*fam*) *(aller vite)* açapar • **foncer dans** chocar com • **foncer sur** atirar-se a
foncier, **ère** [fɔ̃sje, ɛʀ] *adj* **1.** *(impôt)* predial **2.** *(fondamental)* inato(ta)

foncièrement [fɔ̃sjɛʀmɑ̃] *adv* por natureza

fonction [fɔ̃ksjɔ̃] *nf* função *f* • **la fonction publique** a função pública • **de fonction** de serviço • **en fonction de** em função de

fonctionnaire [fɔ̃ksjɔnɛʀ] *nmf* funcionário *m*, -ria *f*

fonctionnel, elle [fɔ̃ksjɔnɛl] *adj (pratique)* funcional

fonctionnement [fɔ̃ksjɔnmɑ̃] *nm* funcionamento *m*

fonctionner [fɔ̃ksjɔne] *vi* funcionar • **faire fonctionner qqch** pôr algo a funcionar

fond [fɔ̃] *nm* **1.** fundo *m* **2.** *(d'une photo, d'un tableau)* plano *m* de fundo • **au fond, dans le fond** no fundo • **au fond de** no fundo de • **à fond** *(respirer)* fundo ; *(pousser)* com força ; *(rouler)* a todo o gás • **fond d'artichaut** fundo de alcachofra • **fonds de pension** *FIN* fundos de pensões • **fond de teint** base *f* ♦ **fond d'écran** *nm INFORM* ecrã de fundo

fondamental, e, aux [fɔ̃damɑ̃tal, o] *adj* fundamental

fondant, e [fɔ̃dɑ̃, ɑ̃t] *adj* tenro(ra) ◇ *nm* • **fondant au chocolat** *bolo de chocolate de consistência mole*

fondateur, trice [fɔ̃datœʀ, tʀis] *nmf* fundador *m*, -ra *f*

fondation [fɔ̃dasjɔ̃] *nf* fundação *f* ♦ **fondations** *nfpl* alicerces *mpl*

fondé, e [fɔ̃de] *adj (justifié)* fundado(da) • **être fondé à faire qqch** *(autorisé)* estar autorizado a fazer algo ♦ **fondé de pouvoir** *nm* procurador *m*, -ra *f*

fondement [fɔ̃dmɑ̃] *nm* fundamento *m* • **sans fondement** sem fundamento

fonder [fɔ̃de] *vt* fundar ♦ **se fonder sur** *vp + prép* basear-se em

fondre [fɔ̃dʀ] *vi* derreter • **fondre en larmes** desfazer-se em lágrimas

fonds [fɔ̃] *nmpl* fundos *mpl*

fondue [fɔ̃dy] *nf* • **fondue bourguignonne** fondue *f* de carne • **fondue parmesan** *queijo fundido contendo parmesão que é de seguida panado e frito* • **fondue savoyarde** fondue *f* de queijo

font [fɔ̃] ➤ **faire**

fontaine [fɔ̃tɛn] *nf* fonte *f*

fonte [fɔ̃t] *nf* **1.** *(métal)* ferro *m* fundido **2.** *(des neiges)* degelo *m*

foot(ball) [fut(bol)] *nm* futebol *m*

footballeur, euse [futbolœʀ, øz] *nm, f* futebolista *mf*

footing [futiŋ] *nm* jogging *m* • **faire un footing** fazer jogging

forage [fɔʀaʒ] *nm* perfuração *f*

forain, e [fɔʀɛ̃, ɛn] *adj* ➤ **fête** ◇ *nm* feirante *mf*

force [fɔʀs] *nf* força *f* • **forces** forças *fpl* • **de force** à força • **à force de crier, il n'a plus de voix** tanto gritou que perdeu a voz

forcément [fɔʀsemɑ̃] *adv* forçosamente • **pas forcément** não necessariamente

forcer [fɔʀse] *vt* forçar ◇ *vi* **1.** *(faire un effort physique)* esforçar-se **2.** *(sur une serrure, en appuyant)* forçar • **forcer qqn à faire qqch** forçar alguém a fazer algo ♦ **se forcer** *vp* • **se forcer (à faire qqch)** forçar-se (a fazer algo)

forêt [fɔʀɛ] *nf* floresta *f*

forêt-noire [fɔʀɛnwaʀ] (*pl* **forêts-noires**) *nf bolo de chocolate com natas e cerejas* floresta *f* negra
forfait [fɔʀfɛ] *nm* taxa *f* fixa • **déclarer forfait** desistir
forfaitaire [fɔʀfɛtɛʀ] *adj* fixo(xa)
forgé [fɔʀʒe] *adj m* ➤ **fer**
forger [fɔʀʒe] *vt* forjar
forgeron [fɔʀʒəʀɔ̃] *nm* ferreiro *m*
formaliser [fɔʀmalize] *vt* formalizar ◆ **se formaliser** *vp* • **se formaliser (de qqch)** ofender-se (com algo)
formalité [fɔʀmalite] *nf* formalidade *f* • **les formalités d'usage** as formalidades habituais
format [fɔʀma] *nm* formato *m*
formatage [fɔʀmataʒ] *nm* formatação *f*
formater [fɔʀmate] *vt* formatar
formateur, trice [fɔʀmatœʀ, tʀis] *adj & nm, f* formador(ra)
formation [fɔʀmasjɔ̃] *nf* formação *f* • **formation en alternance** formação em alternância
forme [fɔʀm] *nf* forma *f* • **en forme de** em forma de • **être en (pleine) forme** estar em (grande) forma
formel, elle [fɔʀmɛl] *adj* formal
former [fɔʀme] *vt* formar ◆ **se former** *vp* formar-se
Formica® [fɔʀmika] *nm* fórmica *f*
formidable [fɔʀmidabl] *adj* formidável
formulaire [fɔʀmylɛʀ] *nm* formulário *m*
formule [fɔʀmyl] *nf* **1.** *(équation)* fórmula *f* **2.** *(de restaurant)* ementa *f*
formuler [fɔʀmyle] *vt* formular
fort, e [fɔʀ, fɔʀt] *adj* **1.** forte **2.** *(doué)* bom (boa) ◇ *adv* **1.** *(parler)* alto **2.** *(pousser)* com força • **fort en maths** ser bom em matemática • **sentir fort** ter um cheiro forte
forteresse [fɔʀtəʀɛs] *nf* fortaleza *f*
fortifiant, e [fɔʀtifjɑ̃, ɑ̃t] *adj* fortificante ◆ **fortifiant** *nm* fortificante *m*
fortifications [fɔʀtifikasjɔ̃] *nfpl* fortificações *fpl*
fortifier [fɔʀtifje] *vt* **1.** *(ville, église)* fortificar **2.** *(suj: médicament)* fortalecer
fortiori [fɔʀsjɔʀi] ◆ **a fortiori** *loc adv* com mais razão
fortuit, e [fɔʀtɥi, it] *adj* fortuito(ta)
fortune [fɔʀtyn] *nf* fortuna *f* • **faire fortune** fazer fortuna
forum [fɔʀɔm] *nm* fórum *m*
fosse [fos] *nf* **1.** fossa *f* **2.** *(tombe)* cova *f*
fossé [fose] *nm* fosso *m*
fossette [foset] *nf* covinha *f*
fossile [fosil] *nm* fóssil *m*
fou, folle [fu, fɔl] *adj* **1.** *(dément)* doido(da) **2.** *(extraordinaire)* louco(ca) ◇ *nm, f* doido *m*, -da *f* ◇ *nm (aux échecs)* bispo *m* • **(avoir le) fou rire** (ter um) ataque de riso
foudre [fudʀ] *nf* faísca *f*
foudroyant, e [fudʀwajɑ̃, ɑ̃t] *adj* fulminante
foudroyer [fudʀwaje] *vt* fulminar
fouet [fwɛ] *nm* **1.** *(lanière)* chicote *m* **2.** CULIN batedor *m* de varas • **de plein fouet** com toda a força
fouetter [fwete] *vt* **1.** *(frapper)* chicotear **2.** CULIN bater
fougère [fuʒɛʀ] *nf* feto *m*
fougue [fug] *nf* fogosidade *f*
fouille [fuj] *nf* revista *f (busca)* ◆ **fouilles** *nfpl* escavações *fpl*

fouiller [fuje] *vt* revistar ◇ *vi* • **fouiller dans** mexer em
fouillis [fuji] *nm* barafunda *f*
fouine [fwin] *nf* fuinha *f*
fouiner [fwine] *vi* (*fam*) bisbilhotar
foulard [fulaʀ] *nm* lenço *m* de pescoço
foule [ful] *nf* multidão *f*
foulée [fule] *nf* pernada *f* • **dans la foulée** (*fig*) de caminho
fouler [fule] ◆ **se fouler** *vp* • **se fouler la cheville** torcer o tornozelo
foulure [fulyʀ] *nf* entorse *f*
four [fuʀ] *nm* forno *m*
fourbe [fuʀb] (*sout*) *adj* traiçoeiro(ra)
fourche [fuʀʃ] *nf* **1.** *(instrument)* forquilha *f* **2.** *(carrefour)* bifurcação *f* **3.** *(Belg)* *(temps libre)* tempo *m* livre
fourchette [fuʀʃɛt] *nf* **1.** *(pour manger)* garfo *m* **2.** *(de prix)* tabela *f*
fourchu, e [fuʀʃy] *adj* *(cheveux)* espigado(da)
fourgon [fuʀgɔ̃] *nm* **1.** *(camion)* carrinha *f* **2.** *(wagon)* furgão *m*
fourgonnette [fuʀgɔnɛt] *nf* furgoneta *f*
fourmi [fuʀmi] *nf* formiga *f* • **avoir des fourmis dans les jambes** estar com formigueiro nas pernas
fourmilière [fuʀmiljɛʀ] *nf* formigueiro *m*
fournaise [fuʀnɛz] *nf* (*fig*) forno *m*
fourneau [fuʀno] (*pl* **-x**) *nm* forno *m*
fournée [fuʀne] *nf* fornada *f*
fournir [fuʀniʀ] *vt* **1.** *(marchandises, preuve, argument)* fornecer **2.** *(effort)* fazer • **fournir qqch à qqn** fornecer algo a alguém • **fournir qqn en qqch** abastecer alguém de algo
fournisseur, euse [fuʀnisœʀ, øz] *nm, f* fornecedor *m*, -ra *f*
fournitures [fuʀnityʀ] *nfpl* material *m*
fourré, e [fuʀe] *adj* **1.** *(vêtement)* forrado(da) **2.** *CULIN* recheado(da)
fourreau [fuʀo] *nm* **1.** *(d'épée)* bainha *f* **2.** (*fig*) *(robe)* *vestido de noite justo ao corpo*
fourrer [fuʀe] *vt* **1.** rechear **2.** (*fam*) enfiar ◆ **se fourrer** *vp* (*fam*) enfiar-se
fourre-tout [fuʀtu] *nm inv* *(sac)* saco *m*
fourrière [fuʀjɛʀ] *nf* **1.** *(pour voitures)* parque *m* de viaturas rebocadas **2.** *(pour animaux)* canil *m* municipal
fourrure [fuʀyʀ] *nf* **1.** *(peau)* pele *f* **2.** *(vêtement)* casaco *m* de peles
fourvoyer [fuʀvwaje] ◆ **se fourvoyer** *vp* (*sout*) **1.** *(s'égarer)* enganar-se no caminho **2.** *(se tromper)* estar a ir pelo mau caminho
foutre [futʀ] *vt* (*fam*) **1.** *(mettre)* pôr **2.** *(donner)* • **ça m'a foutu la trouille** apanhei um cagaço • **il lui a foutu une baffe** espetou-lhe uma bofetada **3.** *(faire)* • **ne rien foutre de la journée** não mexer uma palha todo o santo dia • **foutre qqn dehors** ou **à la porte** pôr alguém no olho da rua • **j'en ai rien à foutre** estou-me cagando para isso ◆ **se foutre** *vp* (*fam*) **1.** *(se mettre)* meter-se **2.** *(se moquer de)* • **se foutre de qqn/qqch** gozar com alguém/algo **3.** *(ignorer)* • **je m'en fous** quero lá saber
foutu, e [futy] *adj* (*fam*) **1.** *(caractère)* maldito(ta) **2.** *(conçu, perdu)* • **bien foutu** bem feito(ta) **3.** *(gâché)* estragado(da) **4.** *(capable)* • **être foutu de faire qqch** ser bem capaz de fazer algo • **il est foutu** ele

está feito ao bife • **c'est foutu** é tarde demais

foyer [fwaje] *nm* **1.** (*d'une cheminée*) lareira *f* **2.** (*domicile*) lar *m* **3.** (*pour délinquants*) casa *f* de correcção **4.** (*pour travailleurs*) casa *f* **5.** (*pour étudiants*) residência *f* • **femme/mère au foyer** doméstica *f*

fracas [fʀaka] *nm* estrondo *m*

fracasser [fʀakase] ◆ **se fracasser** *vp* despedaçar-se

fraction [fʀaksjɔ̃] *nf* fracção *f*

fracture [fʀaktyʀ] *nf* fractura *f*

fracturer [fʀaktyʀe] *vt* arrombar ◆ **se fracturer** *vp* • **se fracturer le crâne** ter um traumatismo craniano

fragile [fʀaʒil] *adj* frágil

fragiliser [fʀaʒilize] *vt* debilitar

fragment [fʀagmɑ̃] *nm* fragmento *m*

fraîche ➤ **frais**

fraîcheur [fʀɛʃœʀ] *nf* frescura *f*

frais, fraîche [fʀɛ, fʀɛʃ] *adj* fresco(ca) ◇ *nmpl* despesas *fpl*, gastos *mpl* ◇ *nm* • **mettre qqch au frais** pôr algo ao fresco • **prendre le frais** tomar ar fresco • **il fait frais** está fresco ▼ **servir frais** (*boissons*) servir fresco ; (*plats*) servir frio

fraise [fʀɛz] *nf* morango *m*

fraisier [fʀɛzje] *nm* **1.** (*plante*) morangueiro *m* **2.** (*gâteau*) *bolo leve com kirsh, camadas de creme e morangos*

framboise [fʀɑ̃bwaz] *nf* framboesa *f*

framboisier [fʀɑ̃bwazje] *nm* **1.** (*plante*) framboeseiro *m* **2.** (*gâteau*) bolo *m* de framboesa

franc, franche [fʀɑ̃, fʀɑ̃ʃ] *adj* franco(ca) ◇ *nm* franco *m* • **franc suisse** franco suíço

français, e [fʀɑ̃sɛ, ɛs] *adj* francês(esa) ◇ *nm* (*langue*) francês *m* ◆ **Français, e** *nm, f* francês *m*, -esa *f*

France [fʀɑ̃s] *nf* • **la France** a França • **France 2** *canal televisivo estatal* • **France 3** *canal televisivo estatal com programas regionais* • **France Télécom** *companhia nacional francesa de telecomunicações* ≃ Portugal Telecom

franche ➤ **franc**

franchement [fʀɑ̃ʃmɑ̃] *adv* **1.** (*honnêtement*) francamente **2.** (*très*) realmente

franchir [fʀɑ̃ʃiʀ] *vt* transpor

franchise [fʀɑ̃ʃiz] *nf* **1.** (*honnêteté*) franqueza *f* **2.** (*d'assurance, de location automobile*) franquia *f*

franc-jeu [fʀɑ̃ʒø] (*pl* **francs-jeux**) *nm* • **jouer franc-jeu** fazer jogo limpo

franc-maçonnerie [fʀɑ̃masɔnʀi] (*pl* **franc-maçonneries**) *nf* franco-maçonaria *f*

francophone [fʀɑ̃kɔfɔn] *adj* francófono(na)

francophonie [fʀɑ̃kɔfɔni] *nf* francofonia *f*

franc-parler [fʀɑ̃paʀle] (*pl* **francs-parlers**) *nm* • **avoir son franc-parler** falar sem rodeios

frange [fʀɑ̃ʒ] *nf* franja *f* • **à franges** com franjas

frangipane [fʀɑ̃ʒipan] *nf* **1.** (*crème*) creme *m* de amêndoa **2.** (*gâteau*) *bolo de massa folhada recheado com creme de amêndoa*

franquette [fʀɑ̃kɛt] ◆ **à la bonne franquette** *adv* sem cerimónia

frappant, e [fʀapɑ̃, ɑ̃t] *adj* (*ressemblance*) impressionante

frappé, e [fʀape] *adj (frais)* gelado(da)
frapper [fʀape] *vt* **1.** bater **2.** *(impressionner)* marcar **3.** *(suj: maladie, catastrophe)* abater-se sobre ◇ *vi* bater • **frapper (à la porte)** bater (à porta) • **frapper dans ses mains** bater palmas
frasques [fʀask] *nfpl* loucuras *fpl*
fraternité [fʀatɛʀnite] *nf* fraternidade *f*
fraude [fʀod] *nf* fraude *f* • **passer qqch en fraude** contrabandear algo
frauder [fʀode] *vt* defraudar ◇ *vi* cometer uma fraude
frayer [fʀɛje] *vi* (*sout*) *(fréquenter)* • **frayer avec qqn** dar-se com alguém ◆ **se frayer** *vp* • **se frayer un chemin (à travers)** abrir caminho (através de)
frayeur [fʀɛjœʀ] *nf* terror *m*
fredonner [fʀədɔne] *vt* trautear
freezer [fʀizœʀ] *nm* congelador *m*
frein [fʀɛ̃] *nm* travão *m* • **frein à main** travão de mão
freinage [fʀɛnaʒ] *nm* travagem *f*
freiner [fʀene] *vt & vi* travar (*Port*), frear (*Br*)
frelaté, e [fʀəlate] *adj* adulterado(da)
frêle [fʀɛl] *adj* **1.** *(construction, personne)* frágil **2.** (*fig*) *(espoir, voix)* fraco(ca)
frelon [fʀəlɔ̃] *nm* vespão *m*
frémir [fʀemiʀ] *vi* bulir
frêne [fʀɛn] *nm* freixo *m*
fréquence [fʀekɑ̃s] *nf* frequência *f*
fréquent, e [fʀekɑ̃, ɑ̃t] *adj* frequente
fréquentation [fʀekɑ̃tasjɔ̃] *nf* **1.** *(d'un endroit)* frequentação *f* **2.** *(d'une personne)* companhia *f* ◆ **fréquentations** *nfpl (relations)* companhias *fpl* • **avoir de mauvaises fréquentations** andar com más companhias
fréquenté, e [fʀekɑ̃te] *adj* frequentado(da) • **très/peu fréquenté** muito/pouco frequentado • **mal fréquenté** mal frequentado
fréquenter [fʀekɑ̃te] *vt* frequentar
frère [fʀɛʀ] *nm* irmão *m*
fresque [fʀɛsk] *nf* fresco *m* (*Port*), afresco *m* (*Br*)
fret [fʀɛt] *nm* frete *m*
frétiller [fʀetije] *vi* **1.** *(poisson)* estar aos saltos **2.** *(queue d'un chien)* abanar **3.** (*fig*) *(personne)* • **frétiller de joie** pular de alegria
friable [fʀijabl] *adj* friável
friand [fʀijɑ̃] *nm* pastel *m* recheado
friandise [fʀijɑ̃diz] *nf* guloseima *f*
fric [fʀik] *nm* (*fam*) massa *f* (*Port*), tutu *m* (*Br*)
fricassée [fʀikase] *nf* fricassé *m*
friche [fʀiʃ] *nf* **1.** baldio *m* **2.** (*fig*) *(intelligence, capacités)* desaproveitado(da) • **en friche** *(champ)* baldio
frictionner [fʀiksjɔne] *vt* friccionar
Frigidaire® [fʀiʒidɛʀ] *nm* frigorífico *m* (*Port*), geladeira *f* (*Br*)
frigide [fʀiʒid] *adj* frígido(da)
frigo [fʀigo] *nm* (*fam*) frigorífico *m*
frigorifié, e [fʀigɔʀifje] *adj* (*fam*) enregelado(da)
frileux, euse [fʀilø, øz] *adj* friorento(ta)
frimer [fʀime] *vi* (*fam*) armar-se em bom
frimeur, euse [fʀimœʀ, øz] *nm, f* (*fam*) • **être un vrai frimeur** estar sempre a armar-se em bom
fringale [fʀɛ̃gal] *nf* (*fam*) larica *f*

fripé, e [fʀipe] *adj* engelhado(da)
fripes [fʀip] *nfpl* • **les fripes** a roupa em segunda mão
fripouille [fʀipuj] *nf* (*fam*) patife *m*
frire [fʀiʀ] *vt* fritar ◇ *vi* fritar • **faire frire** fritar
frise [fʀiz] *nf* friso *m*
frisé, e [fʀize] *adj* **1.** (*cheveux*) frisado(da) **2.** (*pessoa*) de cabelo frisado
frisée [fʀize] *nf* alface *f* frisada
friser [fʀize] *vi* frisar • **friser naturellement** ter o cabelo frisado
frisson [fʀisɔ̃] *nm* arrepio *m* • **avoir des frissons** arrepiar-se
frissonner [fʀisɔne] *vi* arrepiar-se
frit, e [fʀi, fʀit] *pp* ➤ **frire** ◇ *adj* frito(ta)
frites [fʀit] *nfpl* • **(pommes) frites** batatas *fpl* fritas
friteuse [fʀitøz] *nf* fritadeira *f*
friture [fʀityʀ] *nf* **1.** (*huile*) óleo *m* para fritar **2.** (*poissons*) *pequenos peixes fritos* **3.** (*parasites*) zumbido *m*
frivole [fʀivɔl] *adj* frívolo(la)
froid, e [fʀwa, fʀwad] *adj* frio (fria) ◇ *nm* frio *m* ◇ *adv* • **avoir froid** ter frio • **il fait froid** está frio • **prendre froid** apanhar frio
froidement [fʀwadmɑ̃] *adv* friamente
froisser [fʀwase] *vt* **1.** (*papier, tissu*) amarrotar **2.** (*fig*) (*vexer*) magoar ◆ **se froisser** *vp* **1.** (*vêtement*) amarrotar-se **2.** (*fig*) (*se vexer*) ofender-se
frôler [fʀole] *vt* roçar
fromage [fʀɔmaʒ] *nm* queijo *m* • **fromage blanc** *queijo fresco com natas comido à sobremesa* • **fromage de tête** *paté de cabeça de porco com geleia*

Le fromage

Existem cerca de 350 variedades de queijo em França. Distinguem-se as massas moles, como o *camembert*, o *brie* e o *pont-l'évêque*; as massas prensadas, que incluem o *tomme* e o *comté*; os queijos azuis, como o *roquefort* e o *bleu de Bresse*; os queijos de cabra ou ovelha e, por último, o queijo fresco. O queijo é geralmente consumido após as refeições, entre a salada de alface e a sobremesa, com pão e às vezes com vinho tinto.

fromager, ère [fʀɔmaʒe, ɛʀ] *adj* do queijo ◇ *nm, f* queijeiro *m*, -ra *f*
fronce [fʀɔ̃s] *nf* prega *f*
froncer [fʀɔ̃se] *vt* franzir • **froncer les sourcils** franzir as sobrancelhas
fronde [fʀɔ̃d] *nf* fisga *f*
front [fʀɔ̃] *nm* **1.** ANAT testa *f* **2.** (*des combats*) frente *f* • **de front** (*de face*) de frente ; (*côte à côte*) lado a lado ; (*en même temps*) simultaneamente
frontal, e, aux [fʀɔ̃tal, o] *adj* frontal
frontalier, ère [fʀɔ̃talje, ɛʀ] *adj* fronteiriço(ça) ◇ *nm, f* habitante *mf* de uma região fronteiriça
frontière [fʀɔ̃tjɛʀ] *nf* fronteira *f*
frottement [fʀɔtmɑ̃] *nm* fricção *f*
frotter [fʀɔte] *vt* **1.** (*tache, meuble*) esfregar **2.** (*allumette*) riscar ◇ *vi* esfregar
fruit [fʀɥi] *nm* fruto *m* • **fruit de la passion** maracujá *m* • **fruits confits** frutas cristalizadas • **fruits de mer** mariscos *m* • **fruits secs** frutos secos

fruité, e [fʀɥite] *adj* **1.** *(alcool)* com sabor a fruta **2.** *(parfum)* com cheiro a fruta
fruitier [fʀɥitje] *adj m* ➤ **arbre**
frustrer [fʀystʀe] *vt (décevoir)* frustrar ● **frustrer qqn de qqch** privar alguém de algo
fugace [fygas] *adj* fugaz
fugitif, ive [fyʒitif, iv] *adj & nm, f* fugitivo(va)
fugue [fyg] *nf* ● **faire une fugue** fugir de casa
fuir [fɥiʀ] *vi* **1.** *(s'échapper)* fugir **2.** *(robinet, eau)* pingar
fuite [fɥit] *nf* fuga *f* ● **être en fuite** andar fugido ● **prendre la fuite** pôr-se em fuga
fulgurant, e [fylgyʀɑ̃, ɑ̃t] *adj* fulgurante
fulminer [fylmine] *vi* **1.** *(personne)* invectivar **2.** *(chimie)* explodir ◇ *vt* (*sout*) invectivar ● **fulminer contre qqn** invectivar contra alguém
fumé, e [fyme] *adj* **1.** CULIN defumado(da) **2.** *(verre)* fumado(da)
fumée [fyme] *nf* fumo *m* (*Port*), fumaça *f* (*Br*)
fumer [fyme] *vt (cigarette)* fumar ◇ *vi* **1.** *(personne)* fumar **2.** *(liquide)* fumegar
fumette (*fam*) [fymɛt] *nf* fumar charros, fumar ganzas
fumeur, euse [fymœʀ, øz] *nm, f* fumador *m*, -ra *f* (*Port*), fumante *mf* (*Br*)
fumier [fymje] *nm* estrume *m*
fumiste [fymist] *nmf* **1.** (*fam*) *(paresseux)* mandrião *m*, -driona *f* **2.** *(pas sérieux)* baldas *mf inv*
fumoir [fymwaʀ] *nm* **1.** *(pour fumeur)* sala *f* reservada aos fumadores **2.** *(pour poisson)* defumadouro *m*
funambule [fynɑ̃byl] *nmf* funâmbulo *m*
funèbre [fynɛbʀ] *adj* ➤ **pompe**
funérailles [fyneʀaj] *nfpl* (*sout*) exéquias *fpl*
funeste [fynɛst] *adj* funesto(ta)
funiculaire [fynikylɛʀ] *nm* funicular *m*
fur [fyʀ] ◆ **au fur et à mesure** *adv* à medida ● **au fur et à mesure que** à medida que
fureter [fyʀte] *vi* farejar *(bisbilhotar)*
fureur [fyʀœʀ] *nf* furor *m* ● **faire fureur** fazer furor
furieux, euse [fyʀjø, øz] *adj* furioso(osa)
furoncle [fyʀɔ̃kl] *nm* furúnculo *m*
furtif, ive [fyʀtif, iv] *adj* furtivo(va)
fusain [fyzɛ̃] *nm* **1.** *(crayon)* carvão *m* **2.** *(dessin)* desenho *m* a carvão **3.** *(arbre)* evónimo *m*
fuseau [fyzo] (*pl* **-x**) *nm (pantalon)* calças *fpl* fuseau ● **fuseau horaire** fuso *m* horário
fusée [fyze] *nf* **1.** *(spatiale)* foguetão *m* **2.** *(de feu d'artifice)* foguete *m*
fuselé, e [fyzle] *adj* afusado(da)
fuser [fyze] *vi* **1.** *(rires)* irromper de todos os lados **2.** *(applaudissements)* chover
fusible [fyzibl] *nm* fusível *m*
fusil [fyzi] *nm* espingarda *f*
fusillade [fyzijad] *nf* fuzilada *f*
fusiller [fyzije] *vt* fuzilar ● **fusiller qqn du regard** (*fam*) fulminar alguém com o olhar
fusion [fyzjɔ̃] *nf* **1.** fusão *f* **2.** (*fig*) *(communion)* comunhão *f* ● **en fusion** em fusão
fusionnel, elle [fyʒjɔnɛl] *adj* fusional
fusionner [fyzjɔne] *vt* fundir ◇ *vi* fundir-se ● **fusionner avec** fundir-se com
futé, e [fyte] *adj* esperto(ta)

futile [fytil] *adj* fútil
futur, e [fytyʀ] *adj* futuro(ra) ◇ *nm* futuro *m*
futuriste [fytyʀist] *adj* futurista
fuyant, e [fɥijɑ̃, ɑ̃t] *adj* **1.** *(perspective)* fugente **2.** *(front)* recuado(da) **3.** *(regard)* fugidio(dia)
fuyard, e [fɥijaʀ, aʀd] *adj & nm, f* fugitivo(va)

g G

gabarit [gabaʀi] *nm* gabarito *m*
Gabon [gabɔ̃] *nm* • **le Gabon** o Gabão
gâcher [gaʃe] *vt* **1.** *(détruire)* estragar **2.** *(gaspiller)* desperdiçar
gâchette [gaʃɛt] *nf (détente)* gatilho *m*
gâchis [gaʃi] *nm (gaspillage)* desperdício *m*
gadget [gadʒɛt] *nm* **1.** *(objet)* coisita *f* **2.** *(invention)* engenhoca *f*
gadoue [gadu] *nf (fam)* lama *f*
gaffe [gaf] *nf (fam)* • **faire une gaffe** cometer uma gafe • **faire gaffe (à)** *(fam)* ter cuidado com
gaffer [gafe] *vi (fam)* meter água
gag [gag] *nm* **1.** *(effet)* partida *f* **2.** *(plaisanterie)* piada *f*
gage [gaʒ] *nm* **1.** *(dans un jeu)* castigo *m* **2.** *(assurance, preuve)* prova *f*
gageure [gaʒyʀ] *nf (sout)* desafio *m*
gagnant, e [gaɲɑ̃, ɑ̃t] *adj* premiado(da) ◇ *nm, f* vencedor *m*, -ra *f*
gagne-pain [gaɲpɛ̃] *nm inv* ganha-pão *m*
gagner [gaɲe] *vt* **1.** ganhar **2.** *(atteindre)* chegar a ◇ *vi* ganhar • **(bien) gagner sa vie** ganhar (bem) a vida
gai, e [gɛ] *adj* alegre
gaiement [gemɑ̃] *adv* alegremente
gaieté [gete] *nf* alegria *f*
gain [gɛ̃] *nm* ganho *m* ◆ **gains** *nmpl* ganhos *mpl*
gaine [gɛn] *nf* **1.** *(étui)* estojo *m* **2.** *(sous-vêtement)* cinta *f*
gala [gala] *nm* gala *f*
galant [galɑ̃] *adj m* galante
galanterie [galɑ̃tʀi] *nf* **1.** *(courtoisie)* galantaria *f* **2.** *(flatterie)* galanteio *m*
galaxie [galaksi] *nf* galáxia *f*
gale [gal] *nf* sarna *f*
galerie [galʀi] *nf* **1.** *(passage couvert)* galeria *f* **2.** *(à bagages)* grade *f* • **galerie (d'art)** galeria (de arte) • **galerie marchande** centro *m* comercial
galet [galɛ] *nm* seixo *m*
galette [galɛt] *nf* **1.** *(gâteau)* tarte *f* **2.** *(crêpe) crepe espesso de farinha de sarraceno* • **galette bretonne** *bolacha com muita manteiga* • **galette des Rois** *tarte recheada com massa de amêndoa* ≃ bolo-rei *m*

La galette des rois

Tarte de massa folhada, geralmente recheada com frangipana, que se come durante a Epifania ou Dia de Reis (6 de Janeiro) e que contém uma pequena figura de porcelana, a *fève* (o brinde). A pessoa que descobre a *fève* no pedaço de tarte que lhe coube torna-se o rei ou a rainha do dia e deve usar uma coroa de papelão dourado que é vendida juntamente com a tarte.

galipette [galipɛt] *nf* (*fam*) cambalhota *f* • **faire des galipettes** dar cambalhotas

Galles [gal] ➤ **pays**

gallois, e [galwa, az] *adj* galês(esa) ♦ **Gallois, e** *nm, f* galês *m*, -esa *f*

galon [galɔ̃] *nm* galão *m*

galop [galo] *nm* • **aller/partir au galop** ir/partir a galope

galoper [galɔpe] *vi* **1.** (*cheval*) galopar **2.** (*personne*) correr

galvauder [galvode] *vt* **1.** (*réputation*) manchar **2.** (*talent*) gastar **3.** (*expression*) usar demasiado

gambader [gɑ̃bade] *vi* saltitar

gambas [gɑ̃bas] *nfpl* gambas *fpl*

gamelle [gamɛl] *nf* lancheira *f*

gamin, e [gamɛ̃, in] *nm, f* (*fam*) miúdo *m*, -da *f*

gamme [gam] *nf* **1.** *MUS* escala *f* **2.** (*choix*) gama *f*

ganglion [gɑ̃glijɔ̃] *nm* gânglio *m*

gangrène [gɑ̃grɛn] *nf* gangrena *f*

gangster [gɑ̃gstɛr] *nm* gangster *m*

gant [gɑ̃] *nm* luva *f* • **gant de toilette** luva de banho

garage [garaʒ] *nm* **1.** (*d'une maison*) garagem *f* **2.** (*de réparation*) oficina *f*

garagiste [garaʒist] *nmf* **1.** (*propriétaire*) dono *m* da oficina **2.** (*mécanicien*) mecânico *m*

garantie [garɑ̃ti] *nf* garantia *f* • **(bon de) garantie** garantia • **être sous garantie** estar na garantia • **appareil sous garantie** aparelho com garantia

garantir [garɑ̃tir] *vt* garantir • **garantir qqch à qqn** garantir algo a alguém • **garantir à qqn que** garantir a alguém que

garçon [garsɔ̃] *nm* **1.** (*enfant*) menino *m* **2.** (*jeune homme*) rapaz *m* • **garçon (de café)** empregado *m* (de café)

garçonnet [garsɔnɛ] *nm* rapazinho *m*

garçonnière [garsɔnjɛr] *nf* cortiço *m* (*para encontros amorosos*)

[1]**garde** [gard] *nm* guarda *m* • **garde du corps** guarda-costas *m inv*

[2]**garde** [gard] *nf* **1.** (*personne*) guarda *f* **2.** (*d'un endroit*) vigilância *f* **3.** (*faire attention*) • **mettre qqn en garde (contre)** prevenir alguém (contra) • **prendre garde (à)** ter cuidado com • **prendre garde de ne pas faire qqch** ter cuidado em não fazer algo • **de garde** de serviço • **monter la garde** montar a guarda • **garde alternée des enfants** guarda alternada

garde-à-vous [gardavu] *nm inv* sentido *m* • **se mettre au garde-à-vous** pôr-se em sentido

garde-barrière [gard(ə)barjɛr] (*pl* **gardes-barrière(s)**) *nmf* guarda-barreira *mf*

garde-boue [gardəbu] *nm inv* guarda-lamas *m inv*

garde-chasse [gardəʃas] (*pl* **gardes-chasse(s)**) *nm* **1.** guarda-florestal *m* **2.** (*de propriété privée*) guarda *m* da caça

garde-fou [gardəfu] (*pl* **garde-fous**) *nm* guardas *fpl*

garder [gaʀde] *vt* **1.** guardar **2.** *(aliment)* conservar **3.** *(enfant, malade)* tomar conta de **4.** *(lieu, prisonnier)* vigiar ♦ **se garder** *vp* conservar-se
garderie [gaʀdəʀi] *nf* infantário *m*
garde-robe [gaʀdəʀɔb] (*pl* **garde-robes**) *nf* guarda-roupa *m*
gardien, enne [gaʀdjɛ̃, ɛn] *nm, f* **1.** guarda *m* **2.** *(d'immeuble)* porteiro *m*, -ra *f* • **gardien de but** guarda-redes *m inv* (*Port*), goleiro *m* (*Br*) • **gardien de nuit** guarda-nocturno *m*
gare [gaʀ] *nf* estação *f* ◇ *interj* • **gare à toi !** tem cuidado! • **entrer en gare** entrar na estação • **gare maritime** gare *f* marítima • **gare routière** estação rodoviária
garer [gaʀe] *vt* estacionar ♦ **se garer** *vp* estacionar
gargariser [gaʀgaʀize] ♦ **se gargariser** *vp* gargarejar • **se gargariser de qqch** (*fig & péj*) deleitar-se com algo
gargouille [gaʀguj] *nf* gárgula *f*
gargouiller [gaʀguje] *vi* **1.** *(tuyau)* gorgolejar **2.** *(estomac)* (*fam*) roncar
garnement [gaʀnəmɑ̃] *nm* peste *f*
garni, e [gaʀni] *adj (plat)* guarnecido(da)
garnir [gaʀniʀ] *vt* • **garnir qqch de** *(équiper)* equipar algo com ; *(décorer)* guarnecer algo com
garniture [gaʀnityʀ] *nf* **1.** *(légumes)* acompanhamento *m* **2.** *(décoration)* enfeite *m*
garrot [gaʀo] *nm* **1.** *(pansement, torture)* garrote *m* **2.** *(d'un cheval)* cernelha *f*
gars [ga] *nm* (*fam*) tipo *m*
gas-oil [gazɔjl] *nm* = **gazole**
gaspillage [gaspijaʒ] *nm* desperdício *m*
gaspiller [gaspije] *vt* desperdiçar
gastro-entérite [gastʀoɑ̃teʀit] (*pl* **gastro-entérites**) *nf* gastroenterite *f*
gastronomie [gastʀɔnɔmi] *nf* gastronomia *f*
gastronomique [gastʀɔnɔmik] *adj* gastronómico(ca)
gâté, e [gate] *adj* **1.** *(enfant)* mimado(da) **2.** *(fruit, dent)* estragado(da)
gâteau [gato] (*pl* **-x**) *nm* bolo *m* • **gâteau marbré** bolo mármore • **gâteau sec** bolacha *f*
gâter [gate] *vt* mimar ♦ **se gâter** *vp* **1.** *(fruit, dent)* estragar-se **2.** *(temps, situation)* deteriorar-se
gâteux, euse [gatø, øz] *adj* caquéctico(ca)
gauche [goʃ] *adj* **1.** *(main, côté)* esquerdo(da) **2.** *(maladroit)* desajeitado(da) ◇ *nf* • **la gauche** a esquerda • **à gauche (de)** à esquerda (de) • **de gauche** *(du côté gauche)* da esquerda ; *POL* de esquerda
gaucher, ère [goʃe, ɛʀ] *adj* canhoto(ota)
gauchiste [goʃist] *adj & nmf* esquerdista
gaufre [gofʀ] *nf* gofre *m*
gaufrette [gofʀɛt] *nf* bolacha *f* baunilha
gaulliste [golist] *adj & nmf* gaulista
gaver [gave] *vt* (*fam*) • **gaver qqn de qqch** empanturrar alguém com algo ♦ **se gaver de** *vp + prép* empanturrar-se de
gaz [gaz] *nm inv* gás *m*
gaze [gaz] *nf (pour pansements)* gaze *f*
gazelle [gazɛl] *nf* gazela *f*
gazette [gazɛt] *nf* (*Belg*) *pastel de damasco ou maçã*
gazeux, euse [gazø, øz] *adj* com gás
gazinière [gazinjɛʀ] *nf* fogão *m* a gás
gazoduc [gazɔdyk] *nm* gasoduto *m*

gazole [gazɔl] *nm* gasóleo *m*
gazon [gazɔ̃] *nm* **1.** *(herbe)* relva *f* **2.** *(terrain)* relvado *m*
gazouiller [gazuje] *vi* **1.** *(oiseau)* chilrear **2.** *(bébé)* palrar
GB (*abr écrite de Grande-Bretagne*) GB *(Grã-Bretanha)*
geai [ʒɛ] *nm* gaio *m*
géant, e [ʒeɑ̃, ɑ̃t] *adj & nm, f* gigante
geindre [ʒɛ̃dʀ] *vi* **1.** *(gémir)* gemer **2.** *(péj) (pleurnicher)* lamuriar-se
gel [ʒɛl] *nm* **1.** *(glace)* gelo *m* **2.** *(baisse des températures)* geada *f* **3.** *(pour cheveux, dentifrice)* gel *m*
gélatine [ʒelatin] *nf* gelatina *f*
gelée [ʒəle] *nf* **1.** *(glace)* geada *f* **2.** *(de fruits)* geleia *f* • **en gelée** com geleia
geler [ʒəle] *vt & vi* gelar • **il gèle** está a cair geada
gélule [ʒelyl] *nf* gélula *f*
Gémeaux [ʒemo] *nmpl* Gémeos *mpl*
gémir [ʒemiʀ] *vi* gemer
gémissement [ʒemismɑ̃] *nm* gemido *m*
gênant, e [ʒenɑ̃, ɑ̃t] *adj* **1.** *(qui met mal à l'aise)* embaraçoso(osa) **2.** *(incommode)* aborrecido(da) • **être gênant** *(encombrant)* estar a estorvar
gencive [ʒɑ̃siv] *nf* gengiva *f*
gendarme [ʒɑ̃daʀm] *nm, f* guarda *mf*
gendarmerie [ʒɑ̃daʀməʀi] *nf* **1.** *(gendarmes)* ≃ Guarda *f* Nacional Republicana **2.** *(bureau)* posto *m* da guarda
gendre [ʒɑ̃dʀ] *nm* genro *m*
gène [ʒɛn] *nm* gene *m*
gêne [ʒɛn] *nf* **1.** *(physique)* dificuldade *f* **2.** *(embarras)* embaraço *m*
généalogie [ʒenealɔʒi] *nf* genealogia *f*
généalogique [ʒenealɔʒik] *adj* ➤ **arbre**
gêner [ʒene] *vt* **1.** *(déranger)* incomodar **2.** *(encombrer)* estorvar **3.** *(embarrasser)* embaraçar • **ça vous gêne si... ?** incomoda-o se...? ◆ **se gêner** *vp* • **il ne se gêne pas (pour)** não está com cerimónias (para)
général, e, aux [ʒeneʀal, o] *adj* geral ◇ *nm* general *m* • **en général** em geral
généralement [ʒeneʀalmɑ̃] *adv* geralmente
généralisation [ʒeneʀalizasjɔ̃] *nf* generalização *f*
généraliser [ʒeneʀalize] *vt* generalizar ◆ **se généraliser** *vp* **1.** generalizar-se **2.** *(infection)* alastrar-se
généraliste [ʒeneʀalist] *nmf* • **(médecin) généraliste** clínico *m* geral
généralité [ʒeneʀalite] *nf* generalidade *f* ◆ **généralités** *nfpl* generalidades *fpl*
génération [ʒeneʀasjɔ̃] *nf* geração *f*
générer [ʒeneʀe] *vt* gerar
généreux, euse [ʒeneʀø, øz] *adj* generoso(osa)
générique [ʒeneʀik] *nm* genérico *m*
générosité [ʒeneʀɔzite] *nf* generosidade *f*
genèse [ʒənɛz] *nf* génese *f* ◆ **Genèse** *nf* • **la Genèse** o Génesis
genêt [ʒənɛ] *nm* giesta *f*
génétique [ʒenetik] *adj* genético(ca)
Genève [ʒənɛv] *n* Genebra
génial, e, aux [ʒenjal, o] *adj* **1.** *(brillant)* genial **2.** *(fam) (excellent)* fantástico(ca)
génie [ʒeni] *nm* **1.** *(don)* talento *m* **2.** *(personne)* génio *m*
génisse [ʒenis] *nf* vitela *f*
génital, e, aux [ʒenital, o] *adj* genital
génitif [ʒenitif] *nm* genitivo *m*

génocide [ʒenɔsid] *nm* genocídio *m*
génoise [ʒenwaz] *nf massa leve para bolos*
génotype [ʒenɔtip] *nm* genótipo
genou [ʒənu] (*pl* **-x**) *nm* joelho *m* • **être à genoux** estar ajoelhado • **se mettre à genoux** ajoelhar-se
genouillère [ʒənujɛʀ] *nf* joelheira *f*
genre [ʒɑ̃ʀ] *nm* género *m* • **un genre de** uma espécie de
gens [ʒɑ̃] *nmpl* pessoas *fpl*
gentil, ille [ʒɑ̃ti, ij] *adj* **1.** (*aimable*) gentil **2.** (*sage*) sossegado(da)
gentillesse [ʒɑ̃tijɛs] *nf* gentileza *f*
gentiment [ʒɑ̃timɑ̃] *adv* **1.** (*aimablement*) amavelmente **2.** (*sagement*) sossegadamente **3.** (*Helv*) (*tranquillement*) tranquilamente
géographe [ʒeɔgʀaf] *nmf* geógrafo *m*, -fa *f*
géographie [ʒeɔgʀafi] *nf* geografia *f*
géologie [ʒeɔlɔʒi] *nf* geologia *f*
géologue [ʒeɔlɔg] *nmf* geólogo *m*, -ga *f*
géomètre [ʒeɔmɛtʀ] *nmf* **1.** (*spécialiste de géométrie*) geómetra *mf* **2.** (*technicien*) topógrafo *m*, -fa *f*
géométrie [ʒeɔmetʀi] *nf* geometria *f*
gérance [ʒeʀɑ̃s] *nf* gerência *f*
géranium [ʒeʀanjɔm] *nm* **1.** sardinheira *f* **2.** (*famille*) gerânio *m*
gérant, e [ʒeʀɑ̃, ɑ̃t] *nm, f* gerente *mf*
gerbe [ʒɛʀb] *nf* **1.** (*de blé*) molho *m* **2.** (*d'étincelles*) girândola *f* **3.** (*de fleurs*) ramo *m*
gercé, e [ʒɛʀse] *adj* gretado(da)
gerçure [ʒɛʀsyʀ] *nf* **1.** (*des lèvres*) cieiro *m* **2.** (*des mains*) frieira *f*
gérer [ʒeʀe] *vt* gerir
germain, e [ʒɛʀmɛ̃, ɛn] *adj* ➤ **cousin**
germe [ʒɛʀm] *nm* **1.** (*de pomme de terre, d'oignon*) grelo *m* **2.** (*de maladie*) germe *m*
germer [ʒɛʀme] *vi* **1.** (*plante*) rebentar **2.** (*pomme de terre*) grelar
gésier [ʒezje] *nm* moela *f*
gestation [ʒɛstasjɔ̃] *nf* gestação *f* • **en gestation** (*fig*) (*projet*) em fase de elaboração
geste [ʒɛst] *nm* gesto *m*
gesticuler [ʒɛstikyle] *vi* gesticular
gestion [ʒɛstjɔ̃] *nf* gestão *f*
ghetto [gɛto] *nm* gueto *m*
gibelotte [ʒiblɔt] *nf ensopado de coelho com vinho branco, toucinho, cebolinhas e cogumelos*
gibier [ʒibje] *nm* caça *f*
giboulée [ʒibule] *nf* aguaceiro *m*
gicler [ʒikle] *vi* esguichar
gifle [ʒifl] *nf* bofetada *f* (*Port*), tapa *m* (*Br*)
gifler [ʒifle] *vt* esbofetear
gigantesque [ʒigɑ̃tɛsk] *adj* gigantesco(ca)
gigolo [ʒigɔlo] *nm* gigolo *m*
gigot [ʒigo] *nm* perna *f* (*de carneiro*)
gigoter [ʒigɔte] *vi* (*fam*) espernear • **arrête de gigoter!** está quieto!
gilet [ʒilɛ] *nm* **1.** (*pull*) casaco *m* **2.** (*sans manches*) colete *m* • **gilet de sauvetage** colete salva-vidas
gin [dʒin] *nm* gim *m*
gingembre [ʒɛ̃ʒɑ̃bʀ] *nm* gengibre *m*
girafe [ʒiʀaf] *nf* girafa *f*
giratoire [ʒiʀatwaʀ] *adj* ➤ **sens**
girofle [ʒiʀɔfl] *nm* ➤ **clou**
girouette [ʒiʀwɛt] *nf* cata-vento *m*
gisement [ʒizmɑ̃] *nm* jazigo *m*
gitan, e [ʒitɑ̃, an] *nm, f* cigano *m*, -na *f*

gîte [ʒit] *nm (de bœuf)* chambão *m* • **gîte d'étape** estalagem *f* • **gîte (rural)** casa *f* de turismo rural

Le gîte rural

Vivenda privada situada numa zona rural e destinada a receber turistas. Mobilada e independente, este tipo de vivenda pode geralmente abrigar famílias ou grupos inteiros. Há várias categorias de vivendas e os preços variam.

givre [ʒivʀ] *nm* geada *f*
givré, e [ʒivʀe] *adj* coberto(ta) de geada • **orange givrée** *casca de laranja inteira recheada com gelado*
glace [glas] *nf* **1.** *(eau gelée)* gelo *m* **2.** *(crème glacée)* gelado *m* **3.** *(miroir)* espelho *m* **4.** *(vitre)* vidraça *f* **5.** *(de voiture)* vidro *m*
glacé, e [glase] *adj* gelado(da)
glacer [glase] *vt* **1.** gelar **2.** *(intimider)* estarrecer
glacial, e, als ou **aux** [glasjal, o] *adj* glacial
glacier [glasje] *nm* **1.** *(de montagne)* glaciar *m* **2.** *(marchand)* gelataria *f*
glacière [glasjɛʀ] *nf* geleira *f* isotérmica
glaçon [glasɔ̃] *nm* cubo *m* de gelo
glaïeul [glajœl] *nm* gladíolo *m*
glaire [glɛʀ] *nf* muco *m*
glaise [glɛz] *nf* barro *m*
gland [glɑ̃] *nm* bolota *f*
glande [glɑ̃d] *nf* glândula *f*
glaner [glane] *vt* **1.** *(aux champs)* • **glaner du blé** respigar **2.** *(fig) (informations)* recolher
glapir [glapiʀ] *vi* ganir
glas [gla] *nm* dobre *m* • **sonner le glas** dobrar os sinos
glauque [glok] *adj* **1.** *(eau, yeux)* esverdeado(da) **2.** *(fam) (air, regard)* sinistro(tra) **3.** *(fam) (ambiance)* sórdido(da)
glissade [glisad] *nf* escorregadela *f*
glissant, e [glisɑ̃, ɑ̃t] *adj* escorregadio(dia)
glissement [glismɑ̃] *nm* **1.** *(action)* deslizamento *m* **2.** *(fig) (déplacement)* desvio *m* • **glissement de sens** alteração *f* de sentido • **glissement de terrain** desabamento *m* de terra
glisser [glise] *vt* deslizar ◇ *vi* **1.** *(en patinant)* deslizar **2.** *(déraper, être glissant)* escorregar **3.** *INFORM* • **faire glisser** arrastar ◆ **se glisser** *vp* penetrar
glissière [glisjɛʀ] *nf* corrediça *f* • **à glissière** corrediço(ça) • **glissière de sécurité** rail *m* de protecção
global, e, aux [glɔbal, o] *adj* global
globalement [glɔbalmɑ̃] *adv* globalmente
globe [glɔb] *nm* globo *m* • **le globe (terrestre)** o globo (terrestre)
globule [glɔbyl] *nm* glóbulo *m* • **globule blanc/rouge** glóbulo branco/vermelho
gloire [glwaʀ] *nf* glória *f*
glorieux, euse [glɔʀjø, øz] *adj* glorioso(osa)
glossaire [glɔsɛʀ] *nm* glossário *m*
gloussement [glusmɑ̃] *nm* **1.** *(de poule)* cacarejo *m* **2.** *(rire)* riso *m* (à socapa)
glousser [gluse] *vi* cacarejar
glouton, onne [glutɔ̃, ɔn] *adj* glutão *m*, -tona *f*
gluant, e [glyɑ̃, ɑ̃t] *adj* viscoso(osa)

glucide [glysid] *nm* glucídio *m*
glycine [glisin] *nf* glicínia *f*
GO (*abr écrite de grandes ondes*) LW (*low wages*)
goal [gol] *nm* guarda-redes *m inv*
gobelet [gɔblɛ] *nm* copo *m*
gober [gɔbe] *vt* engolir
goéland [gɔelɑ̃] *nm* gaivota *f*
goinfre [gwɛ̃fʀ] *nmf* (*fam*) comilão *m*, -lona *f*
golf [gɔlf] *nm* **1.** (*sport*) golfe *m* **2.** (*terrain*) campo *m* de golfe • **golf miniature** minigolfe *m*
golfe [gɔlf] *nm* golfo *m*
gomme [gɔm] *nf* (*à effacer*) borracha *f*
gommer [gɔme] *vt* (*effacer*) apagar
gond [gɔ̃] *nm* dobradiça *f*
gondole [gɔ̃dɔl] *nf* gôndola *f*
gondoler [gɔ̃dɔle] ◆ **se gondoler** *vp* (*se déformer*) arquear-se
gonflé, **e** [gɔ̃fle] *adj* **1.** (*enflé*) inchado(da) **2.** (*fam*) (*audacieux*) descarado(da)
gonfler [gɔ̃fle] *vt* encher ◇ *vi* **1.** (*partie du corps*) inchar **2.** (*pâte*) levedar
gong [gɔ̃g] *nm* gongo *m*
gorge [gɔʀʒ] *nf* **1.** ANAT garganta *f* **2.** (*gouffre*) desfiladeiro *m*
gorgée [gɔʀʒe] *nf* gole *m*
gorger [gɔʀʒe] *vt* **1.** (*gaver*) • **gorger qqn de qqch** empanturrar alguém com algo **2.** (*remplir*) • **gorger qqch de qqch** saturar algo com algo ◆ **se gorger** *vp* • **se gorger de qqch** (*se gaver*) empanturrar-se com algo ; (*se remplir*) saturar-se com algo
gorille [gɔʀij] *nm* gorila *m*
gosier [gozje] *nm* goela *f*
gosse [gɔs] *nmf* (*fam*) puto *m*
gothique [gɔtik] *adj* gótico(ca)
gouache [gwaʃ] *nf* guache *m*
goudron [gudʀɔ̃] *nm* alcatrão *m*
goudronner [gudʀɔne] *vt* alcatroar
gouffre [gufʀ] *nm* abismo *m*
goujat [guʒa] *nm* (*fam*) grosseirão *m*
goulot [gulo] *nm* gargalo *m* • **boire au goulot** beber pelo gargalo
goulu, **e** [guly] *adj* & *nm*, *f* glutão(tona)
gourd, **e** [guʀ, guʀd] *adj* dormente
gourde [guʀd] *nf* cantil *m*
gourdin [guʀdɛ̃] *nm* cacete *m*
gourmand, **e** [guʀmɑ̃, ɑ̃d] *adj* guloso(osa)
gourmandise [guʀmɑ̃diz] *nf* gulosice *f* • **des gourmandises** guloseimas *fpl*
gourmet [guʀmɛ] *nm* gastrónomo *m*
gourmette [guʀmɛt] *nf* pulseira *f*
gousse [gus] *nf* • **gousse d'ail** dente *m* de alho • **gousse de vanille** vagem *f* de baunilha
goût [gu] *nm* gosto *m* • **avoir bon goût** (*aliment*) saber bem ; (*personne*) ter bom gosto
goûter [gute] *nm* lanche *m* ◇ *vt* provar ◇ *vi* lanchar • **goûter à qqch** provar algo
goutte [gut] *nf* gota *f* • **goutte à goutte** gota a gota ◆ **gouttes** *nfpl* gotas *fpl*
goutte-à-goutte [gutagut] *nm inv* sistema *m* de soro
gouttelette [gutlɛt] *nf* gotinha *f*
gouttière [gutjɛʀ] *nf* caleira *f*
gouvernail [guvɛʀnaj] *nm* leme *m*
gouvernement [guvɛʀnəmɑ̃] *nm* governo *m*
gouverner [guvɛʀne] *vt* governar
gouverneur, **gouverneure** [guvɛʀnœʀ] *nm*, *f* governador *m*, governadora *f*

GPS (*abr de Global Positioning System*) *nm* GPS *m*

grâce [gʀas] *nf* graça *f* ♦ **grâce à** *prép* graças a

gracier [gʀasje] *vt* agraciar

gracieusement [gʀasjøzmɑ̃] *adv* **1.** (*avec grâce*) graciosamente **2.** (*gratuitement*) de graça

gracieux, euse [gʀasjø] *adj* gracioso(osa)

grade [gʀad] *nm* grau *m*

gradins [gʀadɛ̃] *nmpl* bancadas *fpl* (*Port*), arquibancada *f* (*Br*)

gradué, e [gʀadɥe] *adj* **1.** (*verre, règle*) graduado(da) **2.** (*Belg*) (*diplômé*) diplomado(da)

graduel, elle [gʀadɥɛl] *adj* gradual

graff [graf] (*abr de graffiti*) *nm* graff *m* (*gráfito*)

graffiti(s) [gʀafiti] *nmpl* grafito *m*

grain [gʀɛ̃] *nm* **1.** grão *m* **2.** (*de poussière*) partícula *f* **3.** (*de raisin*) bago *m* • **grain de beauté** sinal *m*

graine [gʀɛn] *nf* semente *f*

graisse [gʀɛs] *nf* **1.** (*matière grasse*) gordura *f* **2.** (*bourrelets*) banha *f* **3.** (*lubrifiant*) lubrificante *m*

graisser [gʀese] *vt* olear

graisseux, euse [gʀɛsø, øz] *adj* engordurado(da)

grammaire [gʀamɛʀ] *nf* gramática *f*

grammatical, e, aux [gʀamatikal, o] *adj* gramatical

gramme [gʀam] *nm* grama *m*

grand, e [gʀɑ̃, gʀɑ̃d] *adj* **1.** grande **2.** (*en taille*) alto(ta) ◇ *adv* • **grand ouvert** aberto de par em par • **il est grand temps de** já é tempo de • **grand frère** irmão mais velho • **grand magasin** loja *f* • **grande surface** hipermercado *m* • **les grandes vacances** as férias grandes

grand-chose [gʀɑ̃ʃoz] *pron* • **ce n'est pas grand-chose** não é grande coisa

Grande-Bretagne [gʀɑ̃dbʀətaɲ] *nf* • **la Grande-Bretagne** a Grã-Bretanha

grandeur [gʀɑ̃dœʀ] *nf* **1.** (*taille*) tamanho *m* **2.** (*importance*) grandeza *f* • **grandeur nature** de tamanho natural

grandir [gʀɑ̃diʀ] *vi* **1.** (*en taille*) crescer **2.** (*en importance*) aumentar

grand-mère [gʀɑ̃mɛʀ] (*pl* **grands-mères**) *nf* avó *f*

grand-père [gʀɑ̃pɛʀ] (*pl* **grands-pères**) *nm* avô *m*

grand-rue [gʀɑ̃ʀy] (*pl* **grand-rues**) *nf* rua *f* principal

grands-parents [gʀɑ̃paʀɑ̃] *nmpl* avós *mpl*

grange [gʀɑ̃ʒ] *nf* palheiro *m*

granit(e) [gʀanit] *nm* granito *m*

granulé [gʀanyle] *nm* grânulo *m* (*medicamento*)

granuleux, euse [gʀanylø, øz] *adj* granuloso(osa)

graphique [gʀafik] *nm* gráfico *m*

graphologie [gʀafɔlɔʒi] *nf* grafologia *f*

grappe [gʀap] *nf* cacho *m*

grappiller [gʀapije] *vt* **1.** (*cueillir*) colher aqui e acolá **2.** (*fig*) (*prendre*) recolher aqui e acolá ◇ *vi* (*fig*) ir buscar a

grappin [gʀapɛ̃] *nm* • **elle lui a mis le grappin dessus** (*fig & péj*) ela deitou-lhe a mão

gras, grasse [gʀa, gʀas] *adj* **1.** (*aliment*) gorduroso(osa) **2.** (*taché*) engordurado(da) **3.** (*cheveux*) oleoso(osa)

4. *(personne, crème)* gordo(da) ◇ *nm* 1. *(graisse)* gordura *f* 2. *(caractères d'imprimerie)* • **en gras** em negrito • **faire la grasse matinée** levantar-se tarde
gras-double [gʀadubl] *(pl* **gras-doubles***) nm* dobrada *f*
gratifier [gʀatifje] *vt* gratificar • **gratifier qqn de qqch** gratificar alguém com algo
gratin [gʀatɛ̃] *nm* • **gratin de pommes de terre** batatas *fpl* gratinadas • **gratin dauphinois** *batatas gratinadas com natas ou leite*
gratiné, e [gʀatine] *adj* 1. *CULIN* gratinado(da) 2. *(fam) (difficile)* puxado(da) 3. *(fam) (remarquable)* • **comme imbécile, il est gratiné!** é cá um imbecil! 4. *(fam) (grivois)* picante ◆ **gratinée** *nf sopa de cebola com queijo gratinado*
gratiner [gʀatine] *vi* • **faire gratiner qqch** gratinar algo
gratis [gʀatis] *adv* grátis
gratitude [gʀatityd] *nf* gratidão *f*
gratte-ciel [gʀatsjɛl] *nm inv* arranha-céus *m inv*
gratter [gʀate] *vt* 1. *(peau)* coçar 2. *(peinture, tache)* raspar 3. *(sujet : vêtement)* fazer comichão ◆ **se gratter** *vp* coçar-se
gratuit, e [gʀatɥi, it] *adj* gratuito(ta)
gratuitement [gʀatɥitmɑ̃] *adv* gratuitamente
gravats [gʀava] *nmpl* entulho *m*
grave [gʀav] *adj* 1. grave 2. *(visage)* sério(a)
gravement [gʀavmɑ̃] *adv* gravemente
graver [gʀave] *vt* gravar
graveur [gʀavœʀ] *nm INFORM* gravador (de cd-r)
gravier [gʀavje] *nm* cascalho *m*
gravillon [gʀavijɔ̃] *nm* cascalho *m* miúdo
gravir [gʀaviʀ] *vt* trepar
gravité [gʀavite] *nf* gravidade *f*
graviter [gʀavite] *vi* gravitar • **graviter dans** gravitar em • **graviter autour de qqn/qqch** gravitar à volta de alguém/algo
gravure [gʀavyʀ] *nf* gravura *f*
gré [gʀe] *nm* • **de mon plein gré** de minha livre vontade • **de gré ou de force** quer queira quer não • **bon gré mal gré** a bem ou a mal
grec, grecque [gʀɛk] *adj* grego(ga) ◇ *nm (langue)* grego *m* ◆ **Grec, Grecque** *nm, f* grego *m*, -ga *f*
Grèce [gʀɛs] *nf* • **la Grèce** a Grécia
greffe [gʀɛf] *nf* transplante *m*
greffer [gʀefe] *vt* transplantar
greffier, ière [gʀɛfje, ɛʀ] *nm, f* escrivão *m*, escrivã *f*
grêle [gʀɛl] *nf* granizo *m*
grêler [gʀele] *v impers* • **il grêle** está a cair granizo
grêlon [gʀɛlɔ̃] *nm* pedra *f (de granizo)*
grelot [gʀəlo] *nm* guizo *m*
grelotter [gʀəlɔte] *vi* tiritar
grenade [gʀənad] *nf* 1. *(fruit)* romã *f* 2. *(arme)* granada *f*
grenadine [gʀənadin] *nf* xarope *m* de romã
grenat [gʀəna] *adj inv* grená
grenier [gʀənje] *nm* sótão *m*
grenouille [gʀənuj] *nf* rã *f*
grésiller [gʀezije] *vi* 1. *(huile)* crepitar 2. *(radio)* zumbir

grève [gʀɛv] *nf* greve *f* • **être/se mettre en grève** estar/entrar em greve • **grève de la faim** greve de fome
grever [gʀəve] *vt* sobrecarregar • **grever qqch de** sobrecarregar algo com
gréviste [gʀevist] *nmf* grevista *mf*
gribouillage [gʀibujaʒ] *nm* gatafunho *m*
gribouiller [gʀibuje] *vt* gatafunhar
grief [gʀijɛf] *nm* razão *f* de queixa • **faire grief à qqn de qqch** censurar alguém por causa de algo
grièvement [gʀijɛvmɑ̃] *adv* gravemente
griffe [gʀif] *nf* **1.** *(de chat, de chien)* unha *f* **2.** *(d'aigle)* garra *f* **3.** *(Belg)* *(éraflure)* arranhadela *f*
griffer [gʀife] *vt* arranhar
griffonner [gʀifɔne] *vt* rabiscar
grignoter [gʀiɲɔte] *vt* petiscar
gril [gʀil] *nm* grelha *f*
grillade [gʀijad] *nf* grelhado *m*
grillage [gʀijaʒ] *nm* rede *f*
grille [gʀij] *nf* **1.** grelha *f* **2.** *(d'un jardin)* cancela *f* **3.** *(tableau)* tabela *f*
grillé, e [gʀije] *adj* *(ampoule)* fundido(da)
grille-pain [gʀijpɛ̃] *nm inv* torradeira *f*
griller [gʀije] *vt* **1.** grelhar **2.** *(pain)* torrar • **griller un feu rouge** *(fam)* passar com o vermelho aceso
grillon [gʀijɔ̃] *nm* grilo *m*
grimace [gʀimas] *nf* careta *f* • **faire des grimaces** fazer caretas
grimpant, e [gʀɛ̃pɑ̃, ɑ̃t] *adj* • **plante grimpante** trepadeira *f*
grimper [gʀɛ̃pe] *vt & vi* subir • **grimper aux arbres** trepar às árvores
grincement [gʀɛ̃smɑ̃] *nm* rangido *m*
grincer [gʀɛ̃se] *vi* ranger
grincheux, euse [gʀɛ̃ʃø, øz] *adj* rabugento(ta)
griotte [gʀijɔt] *nf* ginja *f*
grippe [gʀip] *nf* gripe *f* • **avoir la grippe** estar com gripe
grippé, e [gʀipe] *adj* engripado(da)
gripper [gʀipe] *vi* **1.** *(un mécanisme)* gripar **2.** *(fig)* *(un processus)* emperrar ♦ **se gripper** *vp* **1.** *(se bloquer)* gripar **2.** *(fig)* *(mal fonctionner)* bloquear-se
gris, e [gʀi, gʀiz] *adj* **1.** *(couleur)* cinzento(ta) **2.** *(cheveux)* grisalho(lha) **3.** *(ciel, temps)* encoberto(ta) ◇ *nm* cinzento *m*
grisonner [gʀizɔne] *vi* começar a ficar grisalho(lha)
grive [gʀiv] *nf* tordo *m*
grivois, e [gʀivwa, az] *adj* picante
Groenland [gʀɔɛnlɑ̃d] *nm* • **le Groenland** a Gronelândia
grog [gʀɔg] *nm* grogue *m*
grognement [gʀɔɲmɑ̃] *nm* **1.** *(de personne)* resmungo *m* **2.** *(du cochon)* grunhido *m*
grogner [gʀɔɲe] *vi* **1.** *(cochon)* grunhir **2.** *(chien)* rosnar **3.** *(personne)* resmungar
grognon, onne [gʀɔɲɔ̃, ɔn] *adj* resmungão *m*, -gona *f*
groin [gʀwɛ̃] *nm* focinho *m*
grommeler [gʀɔmle] *vi* falar por entre dentes ◇ *vt* dizer por entre dentes
grondement [gʀɔ̃dmɑ̃] *nm* estrondo *m*
gronder [gʀɔ̃de] *vt* ralhar a ◇ *vi* *(tonnerre)* ressoar • **je me suis fait gronder par ma mère** a minha mãe ralhou-me
groom [gʀum] *nm* groom *m*
gros, grosse [gʀo, gʀos] *adj* **1.** *(en taille)* gordo(da) **2.** *(important)* importante **3.** *(épais)* espesso(a) ◇ *adv* **1.** *(écrire)* em

letras grandes **2.** *(gagner)* muito ◇ *nm* • **en gros** *(environ)* por alto ; *COMM* por atacado • **le gros lot** a sorte grande • **gros mot** palavrão *m* • **gros titre** manchete *f*

groseille [gʀozɛj] *nf* groselha *f* • **groseille à maquereau** groselha espinhosa

grosse ➤ **gros**

grossesse [gʀosɛs] *nf* gravidez *f*

grosseur [gʀosœʀ] *nf* **1.** *(épaisseur)* grossura *f* **2.** *MÉD* caroço *m*

grossier, ère [gʀosje, ɛʀ] *adj* **1.** *(impoli)* grosseiro(ra) **2.** *(approximatif)* aproximado(da) **3.** *(erreur)* crasso(a)

grossièrement [gʀosjɛʀmɑ̃] *adv* **1.** *(sommairement)* por alto **2.** *(vulgairement)* grosseiramente

grossièreté [gʀosjɛʀte] *nf* **1.** *(d'une personne, de paroles)* grosseria *f* **2.** *(parole)* asneira *f*

grossir [gʀosiʀ] *vt* aumentar ◇ *vi* engordar • **faire grossir** engordar

grossiste [gʀosist] *nmf* grossista *mf*

grosso modo [gʀosomodo] *adv* grosso modo

grotesque [gʀɔtɛsk] *adj* grotesco(ca)

grotte [gʀɔt] *nf* gruta *f*

grouiller [gʀuje] ♦ **grouiller de** *vp + prép* fervilhar de

groupe [gʀup] *nm* grupo *m* • **en groupe** em grupo • **groupe sanguin** grupo sanguíneo

grouper [gʀupe] *vt* agrupar ♦ **se grouper** *vp* agrupar-se

gruau [gʀyo] *nm* *(Québec)* *papa de flocos de aveia*

grue [gʀy] *nf* *(de chantier)* grua *f*

grumeau [gʀymo] *(pl* **-x***)* *nm* grumo *m*

gruyère [gʀyjɛʀ] *nm* queijo *m* gruyère

guacamole [gwakamol(e)] *nm* guacamole

Guadeloupe [gwadlup] *nf* • **la Guadeloupe** a Guadalupe

guadeloupéen, enne [gwadlupeɛ̃, ɛn] *adj* guadalupense

Guatemala [gwatemala] *nm* • **le Guatemala** a Guatemala

guédille [gedij] *nm* *(Québec)* *sandes de frango ou ovos*

guenille [gənij] *nf* farrapo *m*

guenon [gənɔ̃] *nf* macaca *f*

guépard [gepaʀ] *nm* lobo-tigre *m*

guêpe [gɛp] *nf* vespa *f* *(Port)*, marimbondo *m* *(Br)*

guêpier [gepje] *nm* vespeiro *m* • **aller se fourrer dans un guêpier** *(fig)* ir-se meter num ninho de vespas

guère [gɛʀ] *adv* • **elle ne mange guère** ela não come quase nada

guéridon [geʀidɔ̃] *nm* mesa *f* de pé-de-galo

guérilla [geʀija] *nf* guerrilha *f*

guérir [geʀiʀ] *vt & vi* curar

guérison [geʀizɔ̃] *nf* cura *f*

guerre [gɛʀ] *nf* guerra *f* • **être en guerre** estar em guerra • **guerre mondiale** guerra mundial • **guerre bactériologique/biologique/chimique** guerra bacteriológica/química • **guerre atomique/nucléaire** guerra atómica/nuclear • **guerre de religion** guerra religiosa

guerrier [gɛʀje] *nm* guerreiro *m*

guet [gɛ] *nm* • **faire le guet** estar de guarda

guet-apens [gɛtapɑ̃] (*pl* **guets-apens**) *nm* ratoeira *f* • **tomber dans un guet-apens** cair numa ratoeira
guetter [gete] *vt* espreitar
gueule [gœl] *nf* **1.** (*d'animal*) boca *f* **2.** (*vulg*) (*visage*) focinho *m* • **avoir la gueule de bois** (*fam*) estar com uma ressaca
gueuler [gœle] *vi* (*vulg*) berrar
gueuze [gøz] *nf* (*Belg*) gueuse *f cerveja forte com fermentação dupla*
gui [gi] *nm* visco *m*
guichet [giʃɛ] *nm* guiché *m* • **guichet automatique (de banque)** caixa *m* automática multibanco
guichetier, ère [giʃtje, ɛʀ] *nm, f* funcionário *m*, -ria *f*
guide [gid] *nmf* guia *mf* ◇ *nm* guia *m* • **guide touristique** guia turístico
guider [gide] *vt* guiar
guidon [gidɔ̃] *nm* guiador *m*
guignol [giɲɔl] *nm* fantoches *mpl*
guillemets [gijmɛ] *nmpl* aspas *fpl* • **entre guillemets** entre aspas
guilleret, ette [gijʀɛ, ɛt] *adj* alegre
guillotine [gijɔtin] *nf* guilhotina *f*
guimauve [gimov] *nf doce feito de raíz de alteia com gelatina ou goma arábica*
guindé, e [gɛ̃de] *adj* afectado(da)
guirlande [giʀlɑ̃d] *nf* **1.** (*de Noël*) fita *f* **2.** (*de fleurs*) grinalda *f*
guise [giz] *nf* • **en guise de** à laia de
guitare [gitaʀ] *nf* guitarra *f* (*Port*), violão *m* (*Br*) • **guitare électrique** guitarra eléctrica
guitariste [gitaʀist] *nmf* guitarrista *mf*
Guyane [gɥijan] *nf* • **la Guyane (française)** a Guiana (francesa)
gymnase [ʒimnaz] *nm* ginásio *m*
gymnastique [ʒimnastik] *nf* ginástica *f* • **faire de la gymnastique** fazer ginástica
gynécologue [ʒinekɔlɔg] *nmf* ginecologista *mf*
gyrophare [ʒiʀɔfaʀ] *nm* luz *f* rotativa

hH

habile [abil] *adj* **1.** (*manuellement*) hábil **2.** (*intellectuellement*) esperto(ta)
habileté [abilte] *nf* **1.** (*manuelle*) habilidade *f* **2.** (*intellectuelle*) esperteza *f*
habillé, e [abije] *adj* **1.** (*personne*) vestido(da) **2.** (*tenue*) elegante
habillement [abijmɑ̃] *nm* (*couture*) vestuário *m*
habiller [abije] *vt* **1.** (*personne*) vestir **2.** (*meuble*) cobrir ◆ **s'habiller** *vp* **1.** (*mettre des vêtements*) vestir-se **2.** (*élégamment*) vestir-se a rigor • **s'habiller bien/mal** vestir-se bem/mal
habitant, e [abitɑ̃, ɑ̃t] *nm, f* **1.** habitante *mf* **2.** (*Québec*) camponês *m*, -esa *f* • **loger chez l'habitant** ficar em casa de uma família
habitation [abitasjɔ̃] *nf* habitação *f*
habiter [abite] *vt* morar em ◇ *vi* morar
habits [abi] *nmpl* roupa *f*
habitude [abityd] *nf* hábito *m* • **avoir l'habitude de faire qqch** ter o hábito de fazer algo • **d'habitude** de costume • **comme d'habitude** como de costume

habitué, e [abitɥe] *nm, f* cliente *mf* habitual

habituel, elle [abitɥɛl] *adj* habitual

habituellement [abitɥɛlmɑ̃] *adv* habitualmente

habituer [abitɥe] *vt* • **habituer qqn à (faire) qqch** habituar alguém a (fazer) algo • **être habitué à (faire) qqch** estar habituado a (fazer) algo ◆ **s'habituer à** *vp + prép* • **s'habituer à (faire) qqch** habituar-se a (fazer) algo

hache ['aʃ] *nf* machado *m*

hacher ['aʃe] *vt* picar

hachis ['aʃi] *nm* picado *m* • **hachis Parmentier** ≃ empadão *m* de carne

hachoir ['aʃwaʀ] *nm* **1.** *(lame)* picador *m* de meia-lua **2.** *(électrique)* picadora *f*

hachures ['aʃyʀ] *nfpl* tracejado *m*

haddock ['adɔk] *nm espécie de bacalhau fumado*

haie ['ɛ] *nf* **1.** *(d'arbustes)* sebe *f* **2.** SPORT barreiras *fpl*

haine ['ɛn] *nf* ódio *m*

haïr ['aiʀ] *vt* odiar

Haïti [aiti] *n* Haiti

hâle ['al] *nm* bronzeado *m*

hâlé, e ['ale] *adj* ligeiramente bronzeado(da)

haleine [alɛn] *nf* hálito *m*

haleter ['alte] *vi* arquejar

hall ['ol] *nm* **1.** *(d'une maison)* hall *m* *(Port)*, saguão *m* *(Br)* **2.** *(d'une gare)* átrio *m*

halle ['al] *nf* mercado *m*

hallucination [alysinasjɔ̃] *nf* alucinação *f*

halo ['alo] *nm* **1.** *(de lumière)* halo *m* **2.** *(fig)* *(de gloire)* auréola *f*

halogène [alɔʒɛn] *nm* • **(lampe) halogène** candeeiro *m* de halogéneo

halte ['alt] *nf* paragem *f* • **faire halte** fazer uma paragem

halte-garderie ['altgaʀdəʀi] (*pl* **haltes-garderies**) *nf espécie de creche que abriga crianças durante o dia por curtos espaços de tempo*

haltère [altɛʀ] *nm* haltere *m*

hamac ['amak] *nm* rede *f (de dormir)*

hamburger ['ɑ̃buʀgœʀ] *nm* hambúrguer *m*

hameau ['amo] (*pl* **-x**) *nm* casal *m (povoação)*

hameçon [amsɔ̃] *nm* anzol *m*

hamster ['amstɛʀ] *nm* hámster *m*

hanche ['ɑ̃ʃ] *nf* anca *f*

handball ['ɑ̃dbal] *nm* andebol *m*

handicap ['ɑ̃dikap] *nm* **1.** *(infirmité)* deficiência *f* **2.** *(désavantage)* desvantagem *f*

handicapé, e ['ɑ̃dikape] *adj* **1.** *(infirme)* deficiente **2.** *(désavantagé)* prejudicado(da) ◇ *nm, f* deficiente *mf*

hangar ['ɑ̃gaʀ] *nm* hangar *m*

hanneton ['antɔ̃] *nm* besouro *m*

hanté, e ['ɑ̃te] *adj* assombrado(da)

hanter ['ɑ̃te] *vt* **1.** *(fantôme)* assombrar **2.** *(fig)* *(obséder)* perseguir **3.** *(fam)* *(fréquenter)* andar por

happer ['ape] *vt* **1.** apanhar **2.** *(suj : animal)* abocanhar

harcèlement ['aʀsɛlmɑ̃] *nm* assédio *m* • **harcèlement moral** assédio moral

harceler ['aʀsəle] *vt* assediar

hardi, e ['aʀdi] *adj* ousado(da) *(Port)*, afoito(ta) *(Br)*

harem ['aʀɛm] *nm* harém *m*

hareng ['arɑ̃] *nm* arenque *m* • **hareng saur** arenque defumado
hargne ['arɲ] *nf* rabugice *f*
hargneux, euse ['arɲø, øz] *adj* enraivecido(da)
haricot ['ariko] *nm* feijão *m* • **haricot blanc** feijão branco • **haricot vert** feijão-verde *m*
harmonica [armɔnika] *nm* harmónica *f*
harmonie [armɔni] *nf* harmonia *f*
harmonieux, euse [armɔnjø, øz] *adj* harmonioso(osa)
harmoniser [armɔnize] *vt* harmonizar
harnacher ['arnaʃe] *vt* arrear
harnais ['arnɛ] *nm* **1.** *(d'alpiniste)* equipamento *m* **2.** *(de cheval)* arreios *mpl*
harpe ['arp] *nf* harpa *f*
harpon ['arpɔ̃] *nm* arpão *m*
hasard ['azar] *nm* acaso *m* • **au hasard** ao acaso • **à tout...? hasard** será que por acaso...? • **par hasard** por acaso
hasarder ['azarde] *vt* arriscar ◆ **se hasarder** *vp* arriscar-se • **se hasarder à faire qqch** arriscar-se a fazer algo
hasardeux, euse ['azardø, øz] *adj* arriscado(da)
haschisch ['aʃiʃ] *nm* haxixe *m*
hâte ['at] *nf* pressa *f* • **à la hâte, en hâte** à pressa • **sans hâte** sem pressa • **avoir hâte de faire qqch** ter pressa de fazer algo
hâter ['ate] *vt* apressar ◆ **se hâter** *vp (se dépêcher)* apressar-se • **se hâter de faire qqch** apressar-se a fazer algo
hausse ['os] *nf* subida *f* • **être en hausse** estar a subir
hausser ['ose] *vt* **1.** *(ton)* elevar **2.** *(prix)* subir • **hausser les épaules** encolher os ombros
haut, e ['o, 'ot] *adj* alto(ta) ◇ *nm* parte *f* de cima ◇ *adv* alto • **tout haut** em voz alta • **haut la main** por muitos • **de haut en bas** de alto a baixo • **en haut** em cima • **en haut de** em cima de • **la pièce fait 3 m de haut** a divisão tem 3 metros de altura • **avoir des hauts et des bas** ter altos e baixos
hautain, e ['otɛ̃, ɛn] *adj* altivo(va)
hautbois ['obwa] *nm* oboé *m*
haut de gamme [odgam] *loc adj* de topo de gama ◇ *nm inv* topo *m* de gama
haute-fidélité ['otfidelite] *(pl* **hautes-fidélités***)* *nf* alta-fidelidade *f*
hauteur ['otœr] *nf* **1.** *(taille)* altura *f* **2.** *(altitude)* altitude *f* **3.** *(colline)* elevação *f* • **être à la hauteur** estar à altura
haut-le-cœur ['olkœr] *nm inv* náusea *f*
haut-parleur ['oparlœr] *(pl* **haut-parleurs***)* *nm* altifalante *m (Port)*, alto-falante *m (Br)*
hebdomadaire [ɛbdɔmadɛr] *adj* semanal ◇ *nm* semanário *m*
hébergement [ebɛrʒəmɑ̃] *nm* alojamento *m*
héberger [ebɛrʒe] *vt* alojar
hécatombe [ekatɔ̃b] *nf* hecatombe *f*
hectare [ɛktar] *nm* hectare *m*
hégémonie [eʒemɔni] *nf* hegemonia *f*
hein ['ɛ̃] *interj (fam)* • **tu ne lui diras pas, hein ?** tu não lhe vais dizer, vais? • **hein ?** *(pour faire répéter)* hã? ; *(de surprise)* ah!
hélas ['elas] *interj* infelizmente!
héler ['ele] *vt* chamar
hélice [elis] *nf* hélice *f*
hélicoptère [elikɔptɛr] *nm* helicóptero *m*

héliport [elipɔʀ] *nm* heliporto *m*
helvétique [ɛlvetik] *adj* helvético(ca)
hématome [ematom] *nm* hematoma *m*
hémisphère [emisfɛʀ] *nm* hemisfério *m* • **l'hémisphère Nord/Sud** o hemisfério Norte/Sul
hémophile [emɔfil] *adj & nmf* hemofílico(ca)
hémorragie [emɔʀaʒi] *nf* hemorragia *f*
hémorroïdes [emɔʀɔid] *nfpl* hemorróidas *fpl*
hennir ['eniʀ] *vi* relinchar
hennissement ['enismɑ̃] *nm* relincho *m*
hépatite [epatit] *nf* hepatite *f* • **hépatite C** hepatite C
herbe [ɛʀb] *nf* erva *f* • **fines herbes** ervas aromáticas • **mauvaises herbes** ervas daninhas
herboriste [ɛʀbɔʀist] *nmf* ervanário *m*
héréditaire [eʀeditɛʀ] *adj* hereditário(ria)
hérésie [eʀezi] *nf* heresia *f*
hérisser ['eʀise] ♦ **se hérisser** *vp* eriçar-se
hérisson ['eʀisɔ̃] *nm* ouriço-cacheiro *m*
héritage [eʀitaʒ] *nm* herança *f*
hériter [eʀite] *vt* herdar ♦ **hériter de** *vp + prép* • **hériter de qqch** herdar algo • **hériter de qqn** receber uma herança de alguém
héritier, ère [eʀitje, ɛʀ] *nm, f* herdeiro *m*, -ra *f*
hermétique [ɛʀmetik] *adj* hermético(ca)
hernie ['ɛʀni] *nf* hérnia *f*
héroïne [eʀɔin] *nf (drogue)* heroína *f* ➤ **héros**
héroïque [eʀɔik] *adj* heróico(ca)
héroïsme [eʀɔism] *nm* heroísmo *m*
héron ['eʀɔ̃] *nm* garça *f* real
héros, héroïne ['eʀo, eʀɔin] *nm, f* herói *m*, heroína *f*
herve [ɛʀv] *nm (Belg) queijo mole de vaca da região de Liège*
hésitation [ezitasjɔ̃] *nf* hesitação *f*
hésiter [ezite] *vi* hesitar • **hésiter à faire qqch** hesitar em fazer algo
hétéroclite [eteʀɔklit] *adj* variado(da)
hétérogène [eteʀɔʒɛn] *adj* heterogéneo(nea)
hétérosexuel, elle [eteʀɔsɛksɥɛl] *adj & nm, f* heterossexual
hêtre ['ɛtʀ] *nm* faia *f*
heure [œʀ] *nf* hora *f* • **quelle heure est-il? - il est quatre heures** que horas são? - são quatro horas • **il est trois heures vingt** são três e vinte • **à quelle heure part le train? - à deux heures** a que horas parte o comboio? - às duas horas • **c'est l'heure de...** são horas de... • **de bonne heure** cedo • **être à l'heure** *(personne, train)* chegar a horas ; *(montre)* estar certo • **heures de bureau** horário *m* de trabalho • **l'heure d'été/d'hiver** hora de Verão/de Inverno • **passer l'heure d'été/d'hiver** passar à la hora de Verão/de Inverno • **heures d'ouverture** período *m* de funcionamento • **heures de pointe** horas de ponta *(Port)*, rush *m (Br)*
heureusement [œʀøzmɑ̃] *adv* felizmente
heureux, euse [œʀø, øz] *adj* feliz
heurt ['œʀ] *nm* **1.** *(choc)* pancada *f* **2.** *(désaccord, friction)* desavença *f* • **se dérouler sans heurts** correr bem

heurter [ˈœʀte] *vt* **1.** *(frapper)* embater em **2.** *(vexer)* chocar ◆ **se heurter à** *vp + prép* deparar com

hexagonal, e, aux [ɛgzagɔnal, o] *adj (français)* francês(esa)

hexagone [ɛgzagɔn] *nm* hexágono *m* ● **l'Hexagone** a França

hiberner [ibɛʀne] *vi* hibernar

hibou [ˈibu] (*pl* **-x**) *nm* mocho *m*

hideux, euse [ˈidø, øz] *adj* hediondo(da)

hier [ijɛʀ] *adv* ontem ● **hier après-midi** ontem à tarde

hiérarchie [ˈjeʀaʀʃi] *nf* hierarquia *f*

hiéroglyphes [ˈjeʀɔglif] *nmpl* hieróglifos *mpl*

hi-fi [ˈifi] *nf inv* aparelhagens *fpl* hi-fi

hilarant, e [ilaʀɑ̃, ɑ̃t] *adj* hilariante

hilare [ilaʀ] *adj* ● **être hilare** rir a bom rir

hindou, e [ɛ̃du] *adj & nm, f* hinduísta

hippodrome [ipɔdʀom] *nm* hipódromo *m*

hippopotame [ipɔpɔtam] *nm* hipopótamo *m*

hirondelle [iʀɔ̃dɛl] *nf* andorinha *f*

hirsute [iʀsyt] *adj* hirsuto(ta)

hisser [ˈise] *vt* içar

histoire [istwaʀ] *nf* **1.** *(passé, récit)* história *f* **2.** *(mensonge)* mentira *f* ● **faire des histoires** criar problemas ● **histoire drôle** piada *f*

historique [istɔʀik] *adj* histórico(ca)

hit-parade [ˈitpaʀad] (*pl* **hit-parades**) *nm* top *m*

hiver [ivɛʀ] *nm* Inverno *m* ● **en hiver** no Inverno

HLM (*abr de Habitation à loyer modéré*) *nm inv & nf inv* ≃ habitação *f* a renda controlada

hobby [ˈɔbi] (*pl* **hobbys** OU **hobbies**) *nm* hobby *m*

hochepot [ˈɔʃpo] *nm (Belg) cozido à flamenga*

hocher [ˈɔʃe] *vt* ● **hocher la tête** *(pour accepter)* anuir ; *(pour refuser)* abanar a cabeça

hochet [ˈɔʃɛ] *nm* guizo *m*

hockey [ˈɔkɛ] *nm* hóquei *m* ● **hockey sur glace** hóquei sobre o gelo

hold-up [ˈɔldœp] *nm inv* assalto *m* à mão armada

hollandais, e [ˈɔlɑ̃dɛ, ɛz] *adj* holandês(esa) ◇ *nm (langue)* holandês *m* ◆ **Hollandais, e** *nm, f* holandês *m*, -esa *f*

hollande [ˈɔlɑ̃d] *nm* queijo *m* holandês

Hollande [ˈɔlɑ̃d] *nf* ● **la Hollande** a Holanda

holocauste [ɔlɔkost] *nm* holocausto *m*

homard [ˈɔmaʀ] *nm* lavagante *m* ● **homard à l'américaine** *lavagante com molho de vinho branco, conhaque e tomates* ● **homard Thermidor** *carne de lavagante grelhada servida com a carapaça*

homéopathe [ɔmeɔpat] *adj & nmf* homeopata *mf*

homéopathie [ɔmeɔpati] *nf* homeopatia *f*

homicide [ɔmisid] *nm* homicídio *m* ◇ *adj* homicida ● **homicide volontaire/involontaire** homicídio voluntário/involuntário

hommage [ɔmaʒ] *nm* ● **en hommage à** em homenagem a ● **rendre hommage à** prestar homenagem a

homme [ɔm] *nm* homem *m* • **homme d'affaires** homem de negócios • **homme politique** político *m* • **l'homme de la rue** cidadão comum
homogène [ɔmɔʒɛn] *adj* homogéneo(nea)
homologue [ɔmɔlɔg] *nm* homólogo *m* ◇ *adj* homólogo(ga)
homonyme [ɔmɔnim] *nm* homónimo *m*
homophobe [ɔmɔfɔb] *adj* homófobo
homosexuel, elle [ɔmɔsɛksɥɛl] *adj & nm, f* homossexual
Hongrie ['ɔ̃gʀi] *nf* • **la Hongrie** a Hungria
honnête [ɔnɛt] *adj* **1.** *(personne)* honesto(ta) **2.** *(salaire, résultats)* decente
honnêtement [ɔnɛtmɑ̃] *adv* honestamente
honnêteté [ɔnɛtte] *nf* honestidade *f*
honneur [ɔnœʀ] *nm* honra *f* • **en l'honneur de** em honra de • **faire honneur à** *(repas)* fazer honras a
honorable [ɔnɔʀabl] *adj* **1.** *(acte, résultat)* honroso(osa) **2.** *(personne)* honrado(da) • **notre honorable directeur** o nosso excelentíssimo director
honoraires [ɔnɔʀɛʀ] *nmpl* honorários *mpl*
honorer [ɔnɔʀe] *vt* **1.** honrar **2.** *(gratifier)* • **honorer qqn de qqch** honrar alguém com algo ◆ **s'honorer** *vp* • **s'honorer de** ter a honra de
honte ['ɔ̃t] *nf* vergonha *f* • **avoir honte (de)** ter vergonha (de) • **faire honte à qqn** envergonhar alguém
honteux, euse ['ɔ̃tø, øz] *adj* **1.** *(personne, air)* envergonhado(da) **2.** *(affaire)* vergonhoso(osa)
hôpital [ɔpital] (*pl* **-aux**) *nm* hospital *m*
hoquet ['ɔkɛ] *nm* • **avoir le hoquet** estar com soluços
horaire [ɔʀɛʀ] *nm* horário *m* ▼ **horaires d'ouverture** período de funcionamento
horizon [ɔʀizɔ̃] *nm* horizonte *m* • **à l'horizon** no horizonte
horizontal, e, aux [ɔʀizɔ̃tal, o] *adj* horizontal
horloge [ɔʀlɔʒ] *nf* relógio *m* • **l'horloge parlante** o serviço horário
horloger, ère [ɔʀlɔʒe, ɛʀ] *nm, f* relojoeiro *m*
horlogerie [ɔʀlɔʒʀi] *nf* relojoaria *f*
hormis ['ɔʀmi] *prép* (*sout*) excepto, salvo
hormone [ɔʀmɔn] *nf* hormona *f*
hormonothérapie [ɔrmɔnɔterapi] *nf* *MÉD* hormonoterapia
horodateur [ɔʀɔdatœʀ] *nm* parquímetro *m*
horoscope [ɔʀɔskɔp] *nm* horóscopo *m*
horreur [ɔʀœʀ] *nf* horror *m* • **quelle horreur!** que horror! • **avoir horreur de (faire) qqch** detestar (fazer) algo
horrible [ɔʀibl] *adj* horrível
horriblement [ɔʀibləmɑ̃] *adv* horrivelmente
horrifié, e [ɔʀifje] *adj* horrorizado(da)
horrifier [ɔʀifje] *vt* horrorizar
horripiler [ɔʀipile] *vt* exasperar
hors ['ɔʀ] *prép* **1.** • **hors de** fora de • **hors jeu** fora de jogo • **hors saison** fora de época ▼ **hors service** fora de serviço **2.** *(en panne)* avariado • **hors taxes** *(prix)* sem IVA • **hors d'atteinte, hors de portée** fora de alcance • **hors d'haleine** sem fôlego • **hors de prix** excessivamente caro

hors de question fora de questão • **être hors de soi** estar fora de si • **être hors sujet** fugir ao tema • **hors d'usage** fora de serviço

hors-bord [ˈɔʀbɔʀ] *nm inv* lancha *f* com motor de fora da borda

hors-d'œuvre [ˈɔʀdɛvʀ] *nm inv* entrada *f*

hors-série [ɔrseri] (*pl* **hors-séries**) *adj inv* fora de série ◇ *nm* edição *m* especial, fora *f* de série

hors-la-loi [ˈɔʀlalwa] *nmf inv* fora-da-lei *mf*

hortensia [ɔʀtɑ̃sja] *nm* hortênsia *f*

horticulture [ɔʀtikyltyʀ] *nf* horticultura *f*

hospice [ɔspis] *nm* asilo *m*

hospitalier, ère [ɔspitalje, ɛʀ] *adj* **1.** (*accueillant*) hospitaleiro(ra) **2.** (*des hopitaux*) hospitalar

hospitaliser [ɔspitalize] *vt* hospitalizar

hospitalité [ɔspitalite] *nf* hospitalidade *f*

hostie [ɔsti] *nf* hóstia *f*

hostile [ɔstil] *adj* hostil

hostilité [ɔstilite] *nf* hostilidade *f*

hot dog [ˈɔtdɔg] (*pl* **hot dogs**) *nm* cachorro *m* quente

hôte, esse [ot, otɛs] *nm, f* anfitrião *m*, -ã *f* ◇ *nm* (*qui est reçu*) hóspede *mf*

hôtel [otɛl] *nm* **1.** (*auberge*) hotel *m* **2.** (*château*) palacete *m* • **hôtel de ville** câmara *f* municipal

hôtellerie [otɛlʀi] *nf* **1.** (*hôtel*) hospedaria *f* **2.** (*activité*) hotelaria *f*

hôtesse [otɛs] *nf* (*d'accueil*) recepcionista *f* • **hôtesse de l'air** hospedeira *f* (de bordo) (*Port*), aeromoça *f* (*Br*)

hotte [ˈɔt] *nf* (*panier*) cesto *m* • **hotte (aspirante)** exaustor *m*

houille [ˈuj] *nf* hulha *f*

houle [ˈul] *nf* ondulação *f*

houlette [ˈulɛt] *nf* (*sout*) • **sous la houlette de qqn** sob a direcção de alguém

hourra [ˈuʀa] *interj* hurra!

houspiller [ˈuspije] *vt* repreender

housse [ˈus] *nf* capa *f* • **housse de couette** capa de edredão

houx [ˈu] *nm* azevinho *m*

hovercraft [ɔvœʀkʀaft] *nm* hovercraft *m* (*Port*), aerobarco *m* (*Br*)

HT *adj* (*abr écrite de* **hors taxes**) s/ IVA (*sem Imposto sobre o Valor Acrescentado*)

hublot [ˈyblo] *nm* **1.** (*de bateau*) vigia *f* **2.** (*d'avion*) janela *f*

huées [ˈɥe] *nfpl* apupos *mpl*

huer [ˈɥe] *vt* apupar

huile [ɥil] *nf* óleo *m* • **huile d'arachide** óleo de amendoim • **huile d'olive** azeite *m* • **huile solaire** óleo bronzeador (*Port*), óleo de bronzear (*Br*)

huiler [ɥile] *vt* **1.** (*mécanisme*) olear **2.** (*moule*) untar

huileux, euse [ɥilø, øz] *adj* oleoso(osa)

huissier, ère [ɥisje, ɛʀ] *nm* oficial *m* de diligências

huit [ˈɥit] *num* oito • **il a huit ans** ele tem oito anos • **il est huit heures** são oito horas • **le huit janvier** no dia oito de Janeiro • **page huit** página oito • **ils étaient huit** eram oito • **le huit de pique** o oito de espadas • **(au) huit rue Lepic** (na) rua Lepic, número oito

huitaine [ˈɥitɛn] *nf* • **une huitaine (de jours)** cerca de oito (dias)

huitième ['ɥitjɛm] *num* oitavo(va) ◇ *nm* **1.** *(fraction)* oitavo *m* **2.** *(étage)* oitavo andar *m*
huître [ɥitʀ] *nf* ostra *f*
humain, e [ymɛ̃, ɛn] *adj* humano(na) ◇ *nm* humano *m*
humanitaire [ymanitɛʀ] *adj* humanitário(ria) ◇ *nm* humanitário
humanité [ymanite] *nf* humanidade *f*
humble [œ̃bl] *adj* humilde
humecter [ymɛkte] *vt* humedecer
humeur [ymœʀ] *nf* humor *m* • **être de bonne/mauvaise humeur** estar de bom humor/mau humor
humide [ymid] *adj* húmido(da)
humidificateur [ymidifikatœʀ] *nm* humidificador *m*
humidité [ymidite] *nf* humidade *f*
humiliant, e [ymiljɑ̃, ɑ̃t] *adj* humilhante
humiliation [ymiljasjɔ̃] *nf* humilhação *f*
humilier [ymilje] *vt* humilhar
humoristique [ymɔʀistik] *adj* humorístico(ca)
humour [ymuʀ] *nm* humor *m* • **avoir de l'humour** ter sentido de humor
huppé, e ['ype] *adj* da alta roda
hurlement ['yʀləmɑ̃] *nm* **1.** *(de chien)* uivo *m* **2.** *(de personne)* berro *m*
hurler ['yʀle] *vi* **1.** *(chien)* uivar **2.** *(personne)* berrar **3.** *(vent)* assobiar
hutte ['yt] *nf* cabana *f*
hybride [ibʀid] *adj & nmf* híbrido(da)
hydratant, e [idʀatɑ̃, ɑ̃t] *adj* hidratante
hydrater [idʀate] *vt* hidratar
hydraulique [idʀolik] *adj* hidráulico(ca) ◇ *nf* hidráulica *f*
hydravion [idʀavjɔ̃] *nm* hidroavião *m*
hydrocarbure [idʀɔkaʀbyʀ] *nm* hidrocarboneto *m*
hydroélectrique [idʀɔelɛktʀik] *adj* hidroeléctrico(ca)
hydrogène [idʀɔʒɛn] *nm* hidrogénio *m*
hydrophile [idʀɔfil] *adj* ➤ **coton**
hyène [jɛn] *nf* hiena *f*
hygiène [iʒjɛn] *nf* higiene *f*
hygiénique [iʒjenik] *adj* higiénico(ca)
hymne [imn] *nm* *(religieux)* cântico *m* • **hymne national** hino *m* nacional
hyper- [ipɛʀ] *préf (fam)* • **hyper-sympa** super simpático
hypermarché [ipɛʀmaʀʃe] *nm* hipermercado *m*
hypermétrope [ipɛʀmetʀɔp] *adj & nmf* hipermetrope
hypertension [ipɛʀtɑ̃sjɔ̃] *nf* hipertensão *f (Port)*, pressão *f* alta *(Br)*
hypnotiser [ipnɔtize] *vt* hipnotizar
hypocondriaque [ipɔkɔ̃dʀijak] *adj & nmf* hipocondríaco(ca)
hypocrisie [ipɔkʀizi] *nf* hipocrisia *f*
hypocrite [ipɔkʀit] *adj & nmf* hipócrita
hypoglycémie [ipɔglisemi] *nf* hipoglicemia *f*
hypotension [ipɔtɑ̃sjɔ̃] *nf* tensão *f* arterial baixa • **faire de l'hypotension** ter a tensão arterial baixa
hypothèque [ipɔtɛk] *nf* hipoteca *f*
hypothéquer [ipɔteke] *vt* **1.** hipotecar **2.** *(fig) (l'avenir)* comprometer
hypothèse [ipɔtɛz] *nf* hipótese *f*
hystérique [isteʀik] *adj* histérico(ca)

I

iceberg [ajsbɛʀg] *nm* icebergue *m*
ici [isi] *adv* aqui • **d'ici là** daqui até lá • **d'ici peu** daqui a pouco • **par ici** por aqui
icône [ikon] *nf* ícone *m*
idéal, e, aux [ideal, o] *adj* ideal ◇ *nm* ideal *m* • **l'idéal, ce serait...** o ideal seria...
idéaliste [idealist] *adj & nmf* idealista
idée [ide] *nf* ideia *f* • **avoir une idée de** ter uma ideia de
identifiant [idɑ̃tifjɑ̃] *nm INFORM* informação *m* de autenticação, sistema *f* de autenticação
identifier [idɑ̃tifje] *vt* identificar ◆ **s'identifier à** *vp + prép* identificar-se com
identique [idɑ̃tik] *adj* • **identique (à)** idêntico(ca) (a)
identité [idɑ̃tite] *nf* identidade *f*
idéologie [ideɔlɔʒi] *nf* ideologia *f*
idiomatique [idjɔmatik] *adj* idiomático(ca)
idiot, e [idjo, ɔt] *adj & nm, f* idiota
idiotie [idjɔsi] *nf* idiotice *f*
idole [idɔl] *nf* ídolo *m*
idylle [idil] *nf* idílio *m*
idyllique [idilik] *adj* idílico(ca)
igloo [iglu] *nm* iglu *m*
ignoble [iɲɔbl] *adj* ignóbil
ignorance [iɲɔʀɑ̃s] *nf* ignorância *f* • **dans l'ignorance de qqch** na ignorância de algo
ignorant, e [iɲɔʀɑ̃, ɑ̃t] *adj & nm, f* ignorante
ignorer [iɲɔʀe] *vt* ignorar
il [il] *pron* ele • **il pleut** está a chover ◆ **ils** *pron* eles
île [il] *nf* ilha *f* • **île flottante** farófias *fpl* • **l'île Maurice** a ilha Maurícia • **les îles Anglo-Normandes** as ilhas Anglo-Normandas
Île-de-France [ildəfʀɑ̃s] *nf região de Paris*
illégal, e, aux [ilegal, o] *adj* ilegal
illégalité [ilegalite] *nf* ilegalidade *f* • **dans l'illégalité** na ilegalidade
illégitime [ileʒitim] *adj* **1.** *(union, enfant)* ilegítimo(ma) **2.** *(crainte, prétention)* infundado(da)
illettré, e [iletʀe] *adj & nm, f* analfabeto(ta)
illicite [ilisit] *adj* ilícito(ta)
illimité, e [ilimite] *adj* ilimitado(da)
illisible [ilizibl] *adj* ilegível
illogique [ilɔʒik] *adj* ilógico(ca)
illuminer [ilymine] *vt* iluminar ◆ **s'illuminer** *vp* iluminar-se
illusion [ilyzjɔ̃] *nf* ilusão *f* • **se faire des illusions** iludir-se
illusionniste [ilyzjɔnist] *nmf* ilusionista *mf*
illusoire [ilyzwaʀ] *adj* ilusório(ria)
illustration [ilystʀasjɔ̃] *nf* ilustração *f*
illustre [ilystʀ] *adj* ilustre
illustré, e [ilystʀe] *adj* ilustrado(da) ◇ *nm* jornal *m* ilustrado
illustrer [ilystʀe] *vt* ilustrar
îlot [ilo] *nm* ilhéu *m*
ils ➤ **il**
image [imaʒ] *nf* imagem *f*

imagerie [imaʒri] *nf* imagiologia *f* • **imagerie médicale** imagiologia médica
imaginaire [imaʒinɛʀ] *adj* imaginário(ria)
imagination [imaʒinasjɔ̃] *nf* imaginação *f* • ***avoir de l'imagination*** *ter imaginação*
imaginer [imaʒine] *vt* imaginar ♦ **s'imaginer** *vp* **1.** *(soi-même)* imaginar-se **2.** *(scène, personne)* imaginar • **s'imaginer que** imaginar que
imbattable [ɛ̃batabl] *adj* imbatível
imbécile [ɛ̃besil] *nmf* imbecil *mf*
imberbe [ɛ̃bɛʀb] *adj* imberbe
imbiber [ɛ̃bibe] *vt* • **imbiber qqch de** embeber algo em
imbroglio [ɛ̃bʀɔglijo] *nm* imbróglio *m*
imbu, e [ɛ̃by] *adj* • **être imbu de qqch** estar imbuído de algo • **être imbu de soi-même** ser convencido
imbuvable [ɛ̃byvabl] *adj* intragável *(bebida)*
imitateur, trice [imitatœʀ, tʀis] *nm, f* imitador *m*, -ra *f*
imitation [imitasjɔ̃] *nf* imitação *f* • **imitation cuir** imitação de couro
imiter [imite] *vt* imitar
immangeable [ɛ̃mɑ̃ʒabl] *adj* intragável *(comida)*
immatriculation [imatʀikylasjɔ̃] *nf* matrícula *f*
immédiat, e [imedja, at] *adj* imediato(ta)
immédiatement [imedjatmɑ̃] *adv* imediatamente
immense [imɑ̃s] *adj* imenso(sa)
immergé, e [imɛʀʒe] *adj* imerso(sa)
immeuble [imœbl] *nm* prédio *m*
immigration [imigrasjɔ̃] *nf* imigração *f* • **immigration clandestine** imigração clandestina
immigré, e [imigʀe] *adj* imigrado(da) ◇ *nm, f imigrante mf*
imminent, e [iminɑ̃, ɑ̃t] *adj* iminente
immiscer [imise] ♦ **s'immiscer** *vp* • **s'immiscer dans qqch** imiscuir-se em algo
immobile [imɔbil] *adj* imóvel
immobilier, ère [imɔbilje, ɛʀ] *adj* imobiliário(ria) ◇ *nm* • **l'immobilier** o sector imobiliário
immobiliser [imɔbilize] *vt* imobilizar
immonde [imɔ̃d] *adj* imundo(da)
immoral, e, aux [imɔʀal, o] *adj* imoral
immortaliser [imɔʀtalize] *vt* imortalizar
immortel, elle [imɔʀtɛl] *adj* imortal
immuable [imɥabl] *adj* imutável
immuniser [imynize] *vt* imunizar
immunité [imynite] *nf* imunidade *f* • **immunité diplomatique/parlementaire** imunidade diplomática/parlamentar
impact [ɛ̃pakt] *nm* impacto *m*
impair, e [ɛ̃pɛʀ] *adj* ímpar
imparable [ɛ̃paʀabl] *adj* **1.** *(coup)* imparável **2.** *(argument)* irrefutável
impardonnable [ɛ̃paʀdɔnabl] *adj* imperdoável
imparfait, e [ɛ̃paʀfɛ, ɛt] *adj* imperfeito(ta) ◇ *nm* imperfeito *m*
impartial, e, aux [ɛ̃paʀsjal, o] *adj* imparcial
impasse [ɛ̃pas] *nf* beco *m* sem saída • **faire une impasse sur qqch** não estudar algo
impassible [ɛ̃pasibl] *adj* impassível
impatience [ɛ̃pasjɑ̃s] *nf* impaciência *f*

impatient, e [ɛ̃pasjɑ̃, ɑ̃t] *adj* impaciente • **être impatient de faire qqch** estar impaciente por fazer algo
impatienter [ɛ̃pasjɑ̃te] ◆ **s'impatienter** *vp* impacientar-se
impeccable [ɛ̃pekabl] *adj* impecável
impensable [ɛ̃pɑ̃sabl] *adj* impensável
imper [ɛ̃pɛʀ] *nm* impermeável *m*
impératif, ive [ɛ̃peʀatif, iv] *adj* imperativo(va) ◇ *nm GRAMM* imperativo *m*
impératrice [ɛ̃peʀatʀis] *nf* imperatriz *f*
imperceptible [ɛ̃pɛʀsɛptibl] *adj* imperceptível
imperfection [ɛ̃pɛʀfɛksjɔ̃] *nf* imperfeição *f*
impérial, e, aux [ɛ̃peʀjal, o] *adj* imperial
impérialisme [ɛ̃peʀjalism] *nm* **1.** *(d'un État)* imperialismo *m* **2.** *(fig) (domination)* império *m*
imperméabiliser [ɛ̃pɛʀmeabilize] *vt* impermeabilizar
imperméable [ɛ̃pɛʀmeabl] *adj & nm* impermeável
impersonnel, elle [ɛ̃pɛʀsɔnɛl] *adj (neutre)* impessoal
impertinent, e [ɛ̃pɛʀtinɑ̃, ɑ̃t] *adj* impertinente
imperturbable [ɛ̃pɛʀtyʀbabl] *adj* imperturbável
impétueux, euse [ɛ̃petɥø, øz] *adj* impetuoso(osa)
impitoyable [ɛ̃pitwajabl] *adj* impiedoso(osa)
implacable [ɛ̃plakabl] *adj* implacável
implanter [ɛ̃plɑ̃te] *vt* implantar ◆ **s'implanter** *vp* implantar-se
implication [ɛ̃plikasjɔ̃] *nf* • **implication (dans)** implicação *f* (em) ◆ **implications** *nfpl* implicações *fpl*
implicite [ɛ̃plisit] *adj* implícito(ta)
impliquer [ɛ̃plike] *vt (entraîner)* implicar • **impliquer qqn dans** implicar alguém em ◆ **s'impliquer dans** *vp + prép* implicar-se em
implorer [ɛ̃plɔʀe] *vt* implorar
impoli, e [ɛ̃pɔli] *adj* mal-educado(da)
impopulaire [ɛ̃pɔpylɛʀ] *adj* impopular
import [ɛ̃pɔʀ] *nm (Belg)* montante *m*
importance [ɛ̃pɔʀtɑ̃s] *nf* importância *f*
important, e [ɛ̃pɔʀtɑ̃, ɑ̃t] *adj* importante
importation [ɛ̃pɔʀtasjɔ̃] *nf* importação *f*
importer [ɛ̃pɔʀte] *vt & vi* importar • **peu importe** pouco importa • **n'importe comment** *(mal)* de qualquer maneira • **n'importe quel** qualquer • **n'importe qui** qualquer pessoa
importuner [ɛ̃pɔʀtyne] *vt* importunar
imposable [ɛ̃pozabl] *adj* tributável, isento fiscal, tributário
imposant, e [ɛ̃pozɑ̃, ɑ̃t] *adj* imponente
imposer [ɛ̃poze] *vt* tributar • **imposer qqch à qqn** impor algo a alguém ◆ **s'imposer** *vp* impor-se
impossible [ɛ̃pɔsibl] *adj* impossível • **il est impossible que** é impossível que • **il est impossible de faire qqch** é impossível fazer algo
imposteur [ɛ̃pɔstœʀ] *nm* impostor *m*, -ra *f*
impôt [ɛ̃po] *nm* imposto *m*
impotent, e [ɛpɔtɑ̃, ɑ̃t] *adj & nm, f* inutilizado(da)

impraticable [ɛ̃pʀatikabl] *adj* intransitável
imprécis, e [ɛ̃pʀesi, iz] *adj* impreciso(sa)
imprégner [ɛ̃pʀeɲe] *vt* impregnar • **imprégner qqch de** impregnar algo de ◆ **s'imprégner de** *vp* impregnar-se de
imprésario [ɛ̃pʀesaʀjo] *nm* empresário *m (agente)*
impression [ɛ̃pʀesjɔ̃] *nf* impressão *f* • **avoir l'impression que** ter a impressão que • **avoir l'impression de faire qqch** ter a impressão de fazer algo
impressionnant, e [ɛ̃pʀesjɔnɑ̃, ɑ̃t] *adj* impressionante
impressionner [ɛ̃pʀesjɔne] *vt* impressionar
impressionnisme [ɛ̃pʀesjɔnism] *nm* impressionismo *m*
imprévisible [ɛ̃pʀevizibl] *adj* imprevisível
imprévu, e [ɛ̃pʀevy] *adj* imprevisto(ta) ◇ *nm* • **sauf imprévu j'arriverai à 18h** salvo algo contrário chegarei às 18h
imprimante [ɛ̃pʀimɑ̃t] *nf* impressora *f*
imprimé, e [ɛ̃pʀime] *adj* estampado(da) ◇ *nm* **1.** impresso *m* **2.** *(publicitaire)* folheto *m*
imprimer [ɛ̃pʀime] *vt* imprimir
imprimerie [ɛ̃pʀimʀi] *nf* **1.** *(métier)* imprensa *f* **2.** *(lieu)* tipografia *f*
impromptu, e [ɛ̃pʀɔ̃pty] *adj* improvisado(da) ◆ **impromptu** *adv* de improviso
imprononçable [ɛ̃pʀɔnɔ̃sabl] *adj* impronunciável
impropre [ɛ̃pʀɔpʀ] *adj* impróprio(pria) • **impropre à** impróprio para
improviser [ɛ̃pʀɔvize] *vt & vi* improvisar
improviste [ɛ̃pʀɔvist] ◆ **à l'improviste** *adv* de improviso
imprudence [ɛ̃pʀydɑ̃s] *nf* imprudência *f*
imprudent, e [ɛ̃pʀydɑ̃, ɑ̃t] *adj* imprudente
impudique [ɛ̃pydik] *adj* impudico(ca)
impuissant, e [ɛ̃pɥisɑ̃, ɑ̃t] *adj (sans recours)* impotente
impulsif, ive [ɛ̃pylsif, iv] *adj* impulsivo(va)
impulsion [ɛ̃pylsjɔ̃] *nf* impulso *m* • **sous l'impulsion de** *(effet)* impulsionado por • **sous l'impulsion de qqn** *(influence)* impulsionado por alguém
impunément [ɛ̃pynemɑ̃] *adv* impunemente
impunité [ɛ̃pynite] *nf* impunidade *f* • **en toute impunité** impunemente
impureté [ɛ̃pyʀte] *nf* impureza *f*
imputer [ɛ̃pyte] *vt* • **imputer qqch à qqn/qqch** imputar algo a alguém/algo
inabordable [inabɔʀdabl] *adj (prix)* inacessível
inacceptable [inaksɛptabl] *adj* inaceitável
inaccessible [inaksesibl] *adj* inacessível
inachevé, e [inaʃve] *adj* inacabado(da)
inactif, ive [inaktif, iv] *adj* inactivo(va)
inaction [inaksjɔ̃] *nf* inacção *f*
inadapté, e [inadapte] *adj* **1.** *(personne)* inadaptado(da) **2.** *(objet)* inadequado(da)
inadmissible [inadmisibl] *adj* inadmissível
inadvertance [inadvɛʀtɑ̃s] *nf (sout)* inadvertência *f* • **par inadvertance** por inadvertência
inaliénable [inaljenabl] *adj* inalienável

inanimé, e [inanime] *adj* inanimado(da)
inanition [inanisjɔ̃] *nf* • **tomber /mourir d'inanition** desfalecer/morrer de inanição
inaperçu, e [inapɛʀsy] *adj* • **passer inaperçu** passar despercebido
inapte [inapt] *adj* inapto(ta) • **inapte à faire qqch** inapto para fazer algo • **inapte à qqch** inapto para algo
inattaquable [inatakabl] *adj* **1.** *(imprenable, irréprochable)* inatacável **2.** *(irréfutable)* incontestável
inattendu, e [inatɑ̃dy] *adj* inesperado(da)
inattention [inatɑ̃sjɔ̃] *nf* distracção *f* • **faute d'inattention** erro *m* de distracção
inaudible [inodibl] *adj* inaudível
inauguration [inogyʀasjɔ̃] *nf* inauguração *f*
inaugurer [inogyʀe] *vt* inaugurar
inavouable [inavwabl] *adj* inconfessável
incalculable [ɛ̃kalkylabl] *adj* incalculável
incandescent, e [ɛ̃kɑ̃desɑ̃, ɑ̃t] *adj* incandescente
incantation [ɛ̃kɑ̃tasjɔ̃] *nf* encantamento *m*
incapable [ɛ̃kapabl] *nmf* incapaz *mf* ◇ *adj* • **être incapable de faire qqch** ser incapaz de fazer algo
incapacité [ɛ̃kapasite] *nf* incapacidade *f* • **être dans l'incapacité de faire qqch** estar na incapacidade de fazer algo
incarcération [ɛ̃kaʀseʀasjɔ̃] *nf* encarceramento *m*
incarner [ɛ̃kaʀne] *vt* encarnar
incartade [ɛ̃kaʀtad] *nf* descambadela *f*
incassable [ɛ̃kasabl] *adj* inquebrável
incendie [ɛ̃sɑ̃di] *nm* incêndio *m*
incendier [ɛ̃sɑ̃dje] *vt* incendiar
incertain, e [ɛ̃sɛʀtɛ̃, ɛn] *adj* incerto(ta)
incertitude [ɛ̃sɛʀtityd] *nf* incerteza *f*
incessamment [ɛ̃sesamɑ̃] *adv* brevemente
incessant, e [ɛ̃sesɑ̃, ɑ̃t] *adj* incessante
inceste [ɛ̃sɛst] *nm* incesto *m*
inchangé, e [ɛ̃ʃɑ̃ʒe] *adj* inalterado(da)
incident [ɛ̃sidɑ̃] *nm* incidente *m*
incinérer [ɛ̃sineʀe] *vt* incinerar
inciser [ɛ̃size] *vt* fazer uma incisão em
incisif, ive [ɛ̃sizif, iv] *adj* incisivo(va) ◆ **incisive** *nf* incisivo *m*
inciter [ɛ̃site] *vt* • **inciter qqn à faire qqch** incitar alguém a fazer algo
incivilité [ɛ̃sivilite] *nf (manque de courtoisie)* incivismo
inclinable [ɛ̃klinabl] *adj* reclinável
incliné, e [ɛ̃kline] *adj* inclinado(da)
incliner [ɛ̃kline] *vt* inclinar ◆ **s'incliner** *vp* inclinar-se • **s'incliner devant** inclinar-se perante
inclure [ɛ̃klyʀ] *vt* incluir
inclus, e [ɛ̃kly, yz] *pp* ➤ **inclure** ◇ *adj* incluído(da) • **jusqu'au 15 inclus** até ao dia quinze inclusive
incognito [ɛ̃kɔɲito] *adv* incógnito(ta) ◇ *nm* incógnito *m* • **garder l'incognito** ficar incógnito(ta)
incohérent, e [ɛ̃kɔeʀɑ̃, ɑ̃t] *adj* incoerente
incollable [ɛ̃kɔlabl] *adj* **1.** *(riz)* que fica solto **2.** *(fam) (qui sait tout)* imbatível
incolore [ɛ̃kɔlɔʀ] *adj* incolor
incomber [ɛ̃kɔ̃be] *vi* • **incomber à qqn** incumbir a alguém

incommoder [ɛ̃kɔmɔde] *vt* incomodar
incomparable [ɛ̃kɔ̃paʀabl] *adj* incomparável
incompatible [ɛ̃kɔ̃patibl] *adj* incompatível
incompétent, e [ɛ̃kɔ̃petɑ̃, ɑ̃t] *adj* incompetente
incomplet, ète [ɛ̃kɔ̃plɛ, ɛt] *adj* incompleto(ta)
incompréhensible [ɛ̃kɔ̃pʀeɑ̃sibl] *adj* incompreensível
incompris, e [ɛ̃kɔ̃pʀi, iz] *adj & nm, f* incompreendido(da)
inconcevable [ɛ̃kɔ̃svabl] *adj* inconcebível
inconditionnel, elle [ɛ̃kɔ̃disjɔnɛl] *nm, f* • **un inconditionnel de** um apaixonado por
incongru, e [ɛ̃kɔ̃gʀy] *adj* incôngruo(grua)
inconnu, e [ɛ̃kɔny] *adj & nm, f* desconhecido(da) ◇ *nm* • **l'inconnu** o desconhecido
inconsciemment [ɛ̃kɔ̃sjamɑ̃] *adv* inconscientemente
inconscient, e [ɛ̃kɔ̃sjɑ̃, ɑ̃t] *adj* inconsciente ◇ *nm* • **l'inconscient** o inconsciente
inconsidéré, e [ɛ̃kɔ̃sideʀe] *adj* **1.** *(propos, geste)* irreflectido(da) **2.** *(usage)* imoderado(da)
inconsolable [ɛ̃kɔ̃sɔlabl] *adj* inconsolável
incontestable [ɛ̃kɔ̃tɛstabl] *adj* incontestável
incontinent, e [ɛ̃kɔ̃tinɑ̃, ɑ̃t] *adj & nm, f* incontinente
incontournable [ɛ̃kɔ̃tuʀnabl] *adj* inelutável
incontrôlable [ɛ̃kɔ̃tʀɔlabl] *adj* **1.** incontrolável **2.** *(activités)* que não pode ser controlado(da)
inconvénient [ɛ̃kɔ̃venjɑ̃] *nm* inconveniente *m*
incorporer [ɛ̃kɔʀpɔʀe] *vt* misturar • **incorporer qqch à** misturar algo com
incorrect, e [ɛ̃kɔʀɛkt] *adj* incorrecto(ta)
incorrection [ɛ̃kɔʀɛksjɔ̃] *nf* incorrecção *f*
incorrigible [ɛ̃kɔʀiʒibl] *adj* incorrigível
incorruptible [ɛ̃kɔʀyptibl] *adj* incorruptível
incrédule [ɛ̃kʀedyl] *adj* incrédulo(la)
increvable [ɛ̃kʀəvabl] *adj* **1.** *(ballon)* que não rebenta **2.** *(pneu)* que não fura **3.** *(fam, fig) (mécanisme)* a toda a prova **4.** *(fam & fig) (personne)* que tem muita genica
incriminer [ɛ̃kʀimine] *vt* **1.** *(personne)* incriminar **2.** *(conduite)* condenar
incroyable [ɛ̃kʀwajabl] *adj* incrível
incroyant, e [ɛ̃kʀwajɑ̃, ɑ̃t] *adj & nm, f* descrente
incrusté, e [ɛ̃kʀyste] *adj* • **incrusté de** *(décoré de)* com incrustações de
incruster [ɛ̃kʀyste] ◆ **s'incruster** *vp (tache, saleté)* incrustar-se
incubation [ɛ̃kybasjɔ̃] *nf* incubação *f*
inculpé, e [ɛ̃kylpe] *nm, f* arguido *m*, -da *f*
inculper [ɛ̃kylpe] *vt* inculpar • **inculper qqn de qqch** inculpar alguém de algo
inculquer [ɛ̃kylke] *vt* • **inculquer qqch à qqn** inculcar algo a alguém
inculte [ɛ̃kylt] *adj* inculto(ta)
incurable [ɛ̃kyʀabl] *adj* incurável
incursion [ɛ̃kyʀsjɔ̃] *nf* incursão *f* • **incursion dans** *(fig)* incursão por

incurvé, e [ɛ̃kyʀve] *adj* encurvado(da)
Inde [ɛ̃d] *nf* • **l'Inde** a Índia
indécent, e [ɛ̃desɑ̃, ɑ̃t] *adj* indecente
indéchiffrable [ɛ̃deʃifʀabl] *adj* indecifrável
indécis, e [ɛ̃desi, iz] *adj* indeciso(sa)
indécision [ɛ̃desizjɔ̃] *nf* indecisão *f*
indéfini, e [ɛ̃defini] *adj* indefinido(da)
indéfiniment [ɛ̃definimɑ̃] *adv* indefinidamente
indélébile [ɛ̃delebil] *adj* indelével
indemne [ɛ̃dɛmn] *adj* ileso(sa) • **sortir indemne de** sair ileso de
indemniser [ɛ̃dɛmnize] *vt* indemnizar
indemnité [ɛ̃dɛmnite] *nf* indemnização *f* • **indemnité de chômage** subsídio *m* de desemprego
indémodable [ɛ̃demɔdabl] *adj* que nunca passará de moda • **ce style est indémodable** este estilo nunca passará de moda
indéniable [ɛ̃denjabl] *adj* inegável
indépendamment [ɛ̃depɑ̃damɑ̃] ◆ **indépendamment de** *prép (à part)* independentemente de
indépendance [ɛ̃depɑ̃dɑ̃s] *nf* independência *f*
indépendant, e [ɛ̃depɑ̃dɑ̃, ɑ̃t] *adj* independente • **être indépendant de** *(sans relation avec)* ser independente de
indescriptible [ɛ̃dɛskʀiptibl] *adj* indescritível
index [ɛ̃dɛks] *nm* **1.** *(doigt)* indicador *m* **2.** *(d'un livre)* índice *m*
indexer [ɛ̃dɛkse] *vt* **1.** *(salaires)* • **indexer qqch sur qqch** indexar algo a algo **2.** *(livre)* indexar
indicateur [ɛ̃dikatœʀ] *adj m* ➤ **poteau**
indicatif [ɛ̃dikatif, iv] *nm* indicativo *m* ◇ *adj m* • **à titre indicatif** a título indicativo
indication [ɛ̃dikasjɔ̃] *nf* indicação *f* ▼ **indications** *(sur un médicament)* indicações
indice [ɛ̃dis] *nm* **1.** *(preuve)* indício *m* **2.** *(taux)* índice *m*
indien, enne [ɛ̃djɛ̃, ɛn] *adj* **1.** *(d'Inde)* indiano(na) **2.** *(d'Amérique)* índio(dia) ◆ **Indien, enne** *nm, f* **1.** *(d'Inde)* indiano *m*, -na *f* **2.** *(d'Amérique)* índio *m*, -dia *f*
indifféremment [ɛ̃difeʀamɑ̃] *adv* **1.** *(sans distinction)* indistintamente **2.** *(sans préférence, selon le cas)* tanto... como...
indifférence [ɛ̃difeʀɑ̃s] *nf* indiferença *f*
indifférent, e [ɛ̃difeʀɑ̃, ɑ̃t] *adj* indiferente • **ça m'est indifférent** é-me indiferente
indigène [ɛ̃diʒɛn] *nmf* indígena *mf*
indigent, e [ɛ̃diʒɑ̃, ɑ̃t] *adj & nmf* indigente
indigeste [ɛ̃diʒɛst] *adj* indigesto(ta)
indigestion [ɛ̃diʒɛstjɔ̃] *nf* indigestão *f*
indignation [ɛ̃diɲasjɔ̃] *nf* indignação *f*
indigne [ɛ̃diɲ] *adj* indigno(gna) • **être indigne de** ser indigno de
indigné, e [ɛ̃diɲe] *adj* indignado(da)
indigner [ɛ̃diɲe] ◆ **s'indigner** *vp* • **s'indigner de qqch** indignar-se com algo
indigo [ɛ̃digo] *adj inv & nm* índigo
indiquer [ɛ̃dike] *vt* indicar • **indiquer qqn/qqch à qqn** indicar alguém/algo a alguém
indirect, e [ɛ̃diʀɛkt] *adj* indirecto(ta)
indirectement [ɛ̃diʀɛktəmɑ̃] *adv* indirectamente
indiscipliné, e [ɛ̃disipline] *adj* indisciplinado(da)

indiscret, **ète** [ɛ̃diskʀɛ, ɛt] *adj* indiscreto(ta)
indiscrétion [ɛ̃diskʀesjɔ̃] *nf* indiscrição *f*
indiscutable [ɛ̃diskytabl] *adj* indiscutível
indispensable [ɛ̃dispɑ̃sabl] *adj* indispensável
indistinct, **e** [ɛ̃distɛ̃(kt), ɛ̃kt] *adj* indistinto(ta)
individu [ɛ̃dividy] *nm* indivíduo *m*
individualiste [ɛ̃dividɥalist] *adj* individualista
individuel, **elle** [ɛ̃dividɥɛl] *adj* individual
indolent, **e** [ɛ̃dɔlɑ̃, ɑ̃t] *adj* indolente
indolore [ɛ̃dɔlɔʀ] *adj* indolor
indomptable [ɛ̃dɔ̃tabl] *adj* indomável
Indonésie [ɛ̃dɔnezi] *nf* • **l'Indonésie** a Indonésia
indu, **e** [ɛ̃dy] *adj* indevido(da)
indubitable [ɛ̃dybitabl] *adj* indubitável • **il est indubitable que** é indubitável que
induire [ɛ̃dɥiʀ] *vt* induzir • **induire qqn en erreur** induzir alguém em erro • **en induire que** induzir que
indulgence [ɛ̃dylʒɑ̃s] *nf* indulgência *f* • **avec indulgence** com indulgência
indulgent, **e** [ɛ̃dylʒɑ̃, ɑ̃t] *adj* indulgente
industrialisé, **e** [ɛ̃dystʀijalize] *adj* industrializado(da)
industrie [ɛ̃dystʀi] *nf* indústria *f*
industriel, **elle** [ɛ̃dystʀijɛl] *adj* industrial
inédit, **e** [inedi, it] *adj* inédito(ta)
inefficace [inefikas] *adj* ineficaz
inégal, **e**, **aux** [inegal, o] *adj* **1.** *(longueur, chances)* desigual **2.** *(terrain)* acidentado(da) **3.** *(travail, résultats)* irregular
inégalé, **e** [inegale] *adj* inigualado(da)
inégalité [inegalite] *nf* desigualdade *f*
inéluctable [inelyktabl] *adj* inelutável
ineptie [inɛpsi] *nf* inépcia *f* • **dire des inepties** dizer imbecilidades
inépuisable [inepɥizabl] *adj* inesgotável
inerte [inɛʀt] *adj* inerte
inertie [inɛʀsi] *nf* inércia *f*
inespéré, **e** [inɛspeʀe] *adj* inesperado(da)
inestimable [inɛstimabl] *adj* inestimável
inévitable [inevitabl] *adj* inevitável
inexact, **e** [inegza(kt), akt] *adj* inexacto(ta)
inexcusable [inɛkskyzabl] *adj* imperdoável
inexistant, **e** [inɛgzistɑ̃, ɑ̃t] *adj* inexistente
inexorable [inɛgzɔʀabl] *adj* inexorável
inexplicable [inɛksplikabl] *adj* inexplicável
inexpliqué, **e** [inɛksplike] *adj* inexplicado(da)
inexprimable [inɛkspʀimabl] *adj* inexprimível
in extremis [inɛkstʀemis] *adv* in extremis
inextricable [inɛkstʀikabl] *adj* inextricável
infaillible [ɛ̃fajibl] *adj* infalível
infâme [ɛ̃fam] *adj* infame
infantile [ɛ̃fɑ̃til] *adj* infantil
infarctus [ɛ̃faʀktys] *nm* enfarte *m*
infatigable [ɛ̃fatigabl] *adj* incansável

infect, e [ɛ̃fɛkt] *adj* infecto(ta)
infecter [ɛ̃fɛkte] ◆ **s'infecter** *vp* infectar
infectieux, euse [ɛ̃fɛksjø, øz] *adj* infeccioso(osa)
infection [ɛ̃fɛksjɔ̃] *nf* **1.** *MÉD* infecção *f* **2.** *(odeur)* fedor *m*
inférieur, e [ɛ̃feʀjœʀ] *adj* inferior ● **inférieur à** inferior a
infériorité [ɛ̃feʀjɔʀite] *nf* inferioridade *f*
infernal, e, aux [ɛ̃fɛʀnal, o] *adj* infernal
infesté, e [ɛ̃fɛste] *adj* ● **infesté de** infestado de
infester [ɛ̃fɛste] *vt* infestar ● **(être) infesté de** (estar) infestado de
infidèle [ɛ̃fidɛl] *adj* infiel
infiltration [ɛ̃filtʀasjɔ̃] *nf* infiltração *f*
infiltrer [ɛ̃filtʀe] ◆ **s'infiltrer** *vp* infiltrar-se
infime [ɛ̃fim] *adj* ínfimo(ma)
infini, e [ɛ̃fini] *adj* infinito(ta) ◇ *nm* infinito *m* ● **à l'infini** até ao infinito
infiniment [ɛ̃finimɑ̃] *adv* extremamente ● **je vous remercie infiniment** estou-lhe extremamente grato
infinité [ɛ̃finite] *nf* infinidade *f*
infinitif [ɛ̃finitif] *nm* infinitivo *m*
infirme [ɛ̃fiʀm] *adj & nmf* inválido(da)
infirmerie [ɛ̃fiʀməʀi] *nf* enfermaria *f*
infirmier, ère [ɛ̃fiʀmje, ɛʀ] *nm, f* enfermeiro *m*, -ra *f*
infirmité [ɛ̃fiʀmite] *nf* enfermidade *f*
inflammable [ɛ̃flamabl] *adj* inflamável
inflammation [ɛ̃flamasjɔ̃] *nf* inflamação *f*
inflation [ɛ̃flasjɔ̃] *nf* inflação *f*
inflationniste [ɛ̃flasjɔnist] *adj* inflacionista
inflexible [ɛ̃flɛksibl] *adj* inflexível
infliger [ɛ̃fliʒe] *vt* ● **infliger qqch à qqn** infligir algo a alguém
influençable [ɛ̃flyɑ̃sabl] *adj* influenciável
influence [ɛ̃flyɑ̃s] *nf* influência *f* ● **avoir de l'influence sur qqn** ter influência sobre alguém
influencer [ɛ̃flyɑ̃se] *vt* influenciar
influent, e [ɛ̃flyɑ̃, ɑ̃t] *adj* influente
informaticien, enne [ɛ̃fɔʀmatisjɛ̃, ɛn] *nm, f* técnico *m*, -ca *f* de informática
information [ɛ̃fɔʀmasjɔ̃] *nf* informação *f* ◆ **informations** *nfpl* notícias *fpl*
informatique [ɛ̃fɔʀmatik] *adj* informático(ca) ◇ *nf* informática *f*
informatisé, e [ɛ̃fɔʀmatize] *adj* informatizado(da)
informatiser [ɛ̃fɔʀmatize] *vt* informatizar ◆ **s'informatiser** *vp* informatizar-se
informe [ɛ̃fɔʀm] *adj* informe
informel, elle [ɛ̃fɔʀmɛl] *adj* informal
informer [ɛ̃fɔʀme] *vt* ● **informer qqn de/que** informar alguém de/que ◆ **s'informer (de)** *vp + prép* informar-se (sobre)
infos [ɛ̃fo] *nfpl* (*fam*) notícias *fpl*
infraction [ɛ̃fʀaksjɔ̃] *nf* infracção *f* ● **être en infraction** estar a cometer uma infracção
infranchissable [ɛ̃fʀɑ̃ʃisabl] *adj* intransponível
infrarouge [ɛ̃fʀaʀuʒ] *adj* infravermelho(lha) ◇ *nm* infravermelho *m*
infrastructure [ɛ̃fʀastʀyktyʀ] *nf* infraestrutura *f* ● **infrastructure hôtelière** infra-estrutura hoteleira
infructueux, euse [ɛ̃fʀyktɥø, øz] *adj* infrutífero(ra)

infuser [ɛ̃fyze] *vt* infundir ◇ *vi* • **laisser infuser** deixar em infusão
infusion [ɛ̃fyzjɔ̃] *nf* infusão *f*
ingénier [ɛ̃ʒenje] ◆ **s'ingénier** *vp* • **s'ingénier à faire qqch** esforçar-se por fazer algo
ingénieur [ɛ̃ʒenjœʀ] *(aussi : ingénieure nf) nm* engenheiro *m*, -ra *f*
ingénieux, euse [ɛ̃ʒenjø, øz] *adj* engenhoso(osa)
ingéniosité [ɛ̃ʒenjozite] *nf* engenho *m*
ingénu, e [ɛ̃ʒeny] *adj* **1.** *(candide)* ingénuo(nua) **2.** *(péj) (trop candide)* bacoco(ca) ◇ *nm, f* ingénuo *m*, -nua *f* • **jouer les ingénus** *(au théâtre)* fazer de ingénuo ; *(dans la vie)* fazer-se de ingénuo
ingrat, e [ɛ̃gʀa, at] *adj* **1.** *(personne)* ingrato(ta) **2.** *(visage, physique)* desgracioso(osa)
ingratitude [ɛ̃gʀatityd] *nf* ingratidão *f*
ingrédient [ɛ̃gʀedjɑ̃] *nm* ingrediente *m* ▾ **ingrédients** ingredientes
ingurgiter [ɛ̃gyʀʒite] *vt* **1.** *(avaler)* engolir **2.** *(fam & fig) (des connaissances)* empinar
inhabité, e [inabite] *adj* **1.** *(région)* inabitado(da) **2.** *(logement)* desabitado(da)
inhabituel, elle [inabitɥɛl] *adj* que não é habitual
inhérent, e [ineʀɑ̃, ɑ̃t] *adj* • **être inhérent à** ser inerente a
inhumain, e [inymɛ̃, ɛn] *adj* desumano(na)
inhumer [inyme] *vt* inumar
inimaginable [inimaʒinabl] *adj* inimaginável
inimitable [inimitabl] *adj* inimitável
ininflammable [inɛ̃flamabl] *adj* não inflamável
inintelligible [inɛ̃teliʒibl] *adj* ininteligível
inintéressant, e [inɛ̃teʀɛsɑ̃, ɑ̃t] *adj* desinteressante
ininterrompu, e [inɛ̃tɛʀɔ̃py] *adj* ininterrupto(ta)
initial, e, aux [inisjal, o] *adj* inicial
initiale [inisjal] *nf* inicial *f*
initiation [inisjasjɔ̃] *nf* iniciação *f*
initiative [inisjativ] *nf* iniciativa *f* • **prendre l'initiative de faire qqch** tomar a iniciativa de fazer algo
initié, e [inisje] *adj & nm, f* iniciado(da)
initier [inisje] *vt* • **initier qqn à qqch** iniciar alguém em algo ◆ **s'initier** *vp* • **s'initier à qqch** iniciar-se em algo
injecté, e [ɛ̃ʒɛkte] *adj* • **injecté (de sang)** injectado (de sangue)
injecter [ɛ̃ʒɛkte] *vt* injectar
injection [ɛ̃ʒɛksjɔ̃] *nf* injecção *f*
injoignable [ɛ̃jwaɲabl] *adj* incontactável, incomunicável
injure [ɛ̃ʒyʀ] *nf* injúria *f*
injurier [ɛ̃ʒyʀje] *vt* injuriar
injurieux, euse [ɛ̃ʒyʀjø, øz] *adj* injurioso(osa)
injuste [ɛ̃ʒyst] *adj* injusto(ta)
injustice [ɛ̃ʒystis] *nf* injustiça *f*
injustifié, e [ɛ̃ʒystifje] *adj* injustificado(da)
inlassable [ɛ̃lasabl] *adj* **1.** *(infini)* inesgotável **2.** *(infatigable)* incansável
inné, e [ine] *adj* inato(ta)
innocence [inɔsɑ̃s] *nf* inocência *f*
innocent, e [inɔsɑ̃, ɑ̃t] *adj & nm, f* inocente
innocenter [inɔsɑ̃te] *vt* inocentar

innombrable [inɔ̃bʀabl] *adj* inumerável
innover [inɔve] *vi* inovar
inoccupé, e [inɔkype] *adj* desocupado(da)
inoculer [inɔkyle] *vt* inocular
inodore [inɔdɔʀ] *adj* inodoro(ra)
inoffensif, ive [inɔfɑ̃sif, iv] *adj* inofensivo(va)
inondation [inɔ̃dasjɔ̃] *nf* inundação *f*
inonder [inɔ̃de] *vt* inundar
inoubliable [inublijabl] *adj* inesquecível
inouï, e [inwi] *adj* **1.** *(vitesse, dextérité)* incrível **2.** *(histoire, événement)* inaudito(ta)
Inox® [inɔks] *nm* inox *m*
inoxydable [inɔksidabl] *adj* inoxidável
inquiet, iète [ɛ̃kjɛ, ɛt] *adj* inquieto(ta)
inquiétant, e [ɛ̃kjetɑ̃, ɑ̃t] *adj* inquietante
inquiéter [ɛ̃kjete] *vt* inquietar ◆ **s'inquiéter** *vp* inquietar-se
inquiétude [ɛ̃kjetyd] *nf* inquietação *f*
insalubre [ɛ̃salybʀ] *adj* insalubre
insaturé, e [ɛ̃satyre] *adj* insaturado(a)
inscription [ɛ̃skʀipsjɔ̃] *nf* inscrição *f*
inscrire [ɛ̃skʀiʀ] *vt* inscrever ◆ **s'inscrire** *vp* inscrever-se ● **s'inscrire à** inscrever-se em
inscrit, e [ɛ̃skʀi, it] *pp* ➤ **inscrire**
insecte [ɛ̃sɛkt] *nm* insecto *m*
insecticide [ɛ̃sɛktisid] *nm* insecticida *m*
insécurité [ɛ̃sekyʀite] *nf* insegurança *f*
insémination [ɛ̃seminasjɔ̃] *nf* inseminação *f* ● **insémination artificielle** inseminação artificial
insensé, e [ɛ̃sɑ̃se] *adj* inacreditável
insensible [ɛ̃sɑ̃sibl] *adj* **1.** insensível **2.** *(léger)* imperceptível ● **être insensible à qqch** ser insensível a algo
insensiblement [ɛ̃sɑ̃sibləmɑ̃] *adv* imperceptivelmente
inséparable [ɛ̃separabl] *adj* inseparável
insérer [ɛ̃seʀe] *vt* inserir
insidieux, euse [ɛ̃sidjø, øz] *adj* insidioso(osa)
insigne [ɛ̃siɲ] *nm* insígnia *f*
insignifiant, e [ɛ̃siɲifjɑ̃, ɑ̃t] *adj* insignificante
insinuer [ɛ̃sinɥe] *vt* insinuar
insipide [ɛ̃sipid] *adj* insípido(da)
insistance [ɛ̃sistɑ̃s] *nf* insistência *f* ● **avec insistance** com insistência
insister [ɛ̃siste] *vi* insistir ● **insister sur** insistir em
insolation [ɛ̃sɔlasjɔ̃] *nf* insolação *f*
insolence [ɛ̃sɔlɑ̃s] *nf* insolência *f*
insolent, e [ɛ̃sɔlɑ̃, ɑ̃t] *adj* insolente
insolite [ɛ̃sɔlit] *adj* insólito(ta)
insoluble [ɛ̃sɔlybl] *adj* *(problème)* sem solução
insomnie [ɛ̃sɔmni] *nf* insónia *f* ● **avoir des insomnies** ter insónias
insonorisé, e [ɛ̃sɔnɔʀize] *adj* insonorizado(da)
insonoriser [ɛ̃sɔnɔʀize] *vt* insonorizar
insouciant, e [ɛ̃susjɑ̃, ɑ̃t] *adj* despreocupado(da)
insoumis, e [ɛ̃sumi, iz] *adj* **1.** *(caractère, peuple)* insubmisso(a) **2.** *(soldat)* refractário(ria) ◆ **insoumis** *nm* *(soldat)* refractário *m*
insoupçonné, e [ɛ̃supsɔne] *adj* insuspeito(ta)
insoutenable [ɛ̃sutnabl] *adj* **1.** *(rythme, théorie)* insustentável **2.** *(insupportable)* insuportável
inspecter [ɛ̃spɛkte] *vt* inspeccionar

inspecteur, trice [ɛ̃spɛktœʀ, tʀis] *nm, f* inspector *m*, -ra *f*
inspiration [ɛ̃spiʀasjɔ̃] *nf* inspiração *f*
inspiré, e [ɛ̃spiʀe] *adj* inspirado(da) • **avoir été bien inspiré de faire qqch** só fazer bem em fazer algo
inspirer [ɛ̃spiʀe] *vt & vi* inspirar • **inspirer qqch à qqn** inspirar algo a alguém • **ça ne m'inspire pas** (*fig*) não me apetece ◆ **s'inspirer de** *vp + prép* inspirar-se em
instable [ɛ̃stabl] *adj* instável
installation [ɛ̃stalasjɔ̃] *nf* instalação *f*
installer [ɛ̃stale] *vt* instalar ◆ **s'installer** *vp* **1.** instalar-se **2.** *(commerçant, docteur)* estabelecer-se
instance [ɛ̃stɑ̃s] *nf* **1.** *(autorité)* instância *f* **2.** *(insistance)* • **sur les instances de qqn** perante a insistência de alguém • **en instance** pendente • **être en instance de divorce** estar com o divórcio pendente
instant [ɛ̃stɑ̃] *nm* instante *m* • **il sort à l'instant** ele está mesmo agora a sair • **pour l'instant** por enquanto
instantané, e [ɛ̃stɑ̃tane] *adj* instantâneo(nea)
instar [ɛ̃staʀ] ◆ **à l'instar de** *loc prép* à semelhança de
instaurer [ɛ̃stɔʀe] *vt* instaurar
instigateur, trice [ɛ̃stigatœʀ, tʀis] *nm, f* instigador *m*, -ra *f*
instinct [ɛ̃stɛ̃] *nm* instinto *m*
instinctif, ive [ɛ̃stɛ̃ktif, iv] *adj* instintivo(va)
instituer [ɛ̃stitɥe] *vt* instituir ◆ **s'instituer** *vp (se créer)* estabelecer-se
institut [ɛ̃stity] *nm* instituto *m* • **institut de beauté** instituto de beleza
instituteur, trice [ɛ̃stitytœʀ, tʀis] *nm, f* professor *m*, -ra *f* da escola primária
institution [ɛ̃stitysjɔ̃] *nf* instituição *f*
instructif, ive [ɛ̃stʀyktif, iv] *adj* instrutivo(va)
instruction [ɛ̃stʀyksjɔ̃] *nf* instrução *f* ◆ **instructions** *nfpl* instruções *fpl*
instruire [ɛ̃stʀɥiʀ] ◆ **s'instruire** *vp* instruir-se
instruit, e [ɛ̃stʀɥi, it] *pp* ➤ **instruire** ◇ *adj* instruído(da)
instrument [ɛ̃stʀymɑ̃] *nm* instrumento *m* • **instrument (de musique)** instrumento (de música)
instrumentaliser [ɛ̃strymɑ̃talize] *vt* instrumentalizar
insu [ɛ̃sy] ◆ **à l'insu de** *loc prép* • **faire qqch à l'insu de qqn** fazer algo sem que alguém dê por ela • **à mon/son insu** sem eu/ele dar por ela
insuffisance [ɛ̃syfizɑ̃s] *nf* insuficiência *f* • **insuffisance cardiaque/rénale** insuficiência cardíaca/renal
insuffisant, e [ɛ̃syfizɑ̃, ɑ̃t] *adj* insuficiente
insuffler [ɛ̃syfle] *vt* insuflar
insulaire [ɛ̃sylɛʀ] *adj & nmf* insular
insuline [ɛ̃sylin] *nf* insulina *f*
insulte [ɛ̃sylt] *nf* insulto *m*
insulter [ɛ̃sylte] *vt* insultar
insupportable [ɛ̃sypɔʀtabl] *adj* insuportável
insurger [ɛ̃syʀʒe] ◆ **s'insurger** *vp* • **s'insurger contre qqn/qqch** insurgir-se contra alguém/algo
insurmontable [ɛ̃syʀmɔ̃tabl] *adj (difficulté)* insuperável

insurrection [ɛ̃syʀɛksjɔ̃] *nf* insurreição *f*
intact, e [ɛ̃takt] *adj* intacto(ta)
intarissable [ɛ̃taʀisabl] *adj* **1.** *(source)* inesgotável **2.** *(personne)* • **être intarissable** nunca mais se calar
intégral, e, aux [ɛ̃tegʀal, o] *adj* integral
intègre [ɛ̃tɛgʀ] *adj* **1.** *(personne)* íntegro(gra) **2.** *(vie)* honesto(ta)
intégré, e [ɛ̃tegʀe] *adj* integrado(da)
intégrer [ɛ̃tegʀe] *vt* integrar ◆ **s'intégrer** *vp* • **(bien) s'intégrer** integrar-se (bem)
intégrisme [ɛ̃tegʀism] *nm* integralismo *m*
intellectuel, elle [ɛ̃telɛktɥɛl] *adj* & *nm, f* intelectual
intelligence [ɛ̃teliʒɑ̃s] *nf* inteligência *f*
intelligent, e [ɛ̃teliʒɑ̃, ɑ̃t] *adj* inteligente
intempéries [ɛ̃tɑ̃peʀi] *nfpl* intempéries *fpl*
intempestif, ive [ɛ̃tɑ̃pɛstif, iv] *adj* intempestivo(va)
intendance [ɛ̃tɑ̃dɑ̃s] *nf* **1.** *(service, bureau)* intendência *f* **2.** *(fig)* *(questions matérielles)* administração *f*
intense [ɛ̃tɑ̃s] *adj* intenso(sa)
intensif, ive [ɛ̃tɑ̃sif, iv] *adj* intensivo(va)
intensifier [ɛ̃tɑ̃sifje] ◆ **s'intensifier** *vp* intensificar-se
intensité [ɛ̃tɑ̃site] *nf* intensidade *f*
intenter [ɛ̃tɑ̃te] *vt* • **intenter un procès contre** ou **à qqn** intentar uma acção contra alguém
intention [ɛ̃tɑ̃sjɔ̃] *nf* intenção *f* • **avoir l'intention de faire qqch** ter intenção de fazer algo • **intention de vote** intenção de voto
intentionné, e [ɛ̃tɑ̃sjɔne] *adj* • **bien/mal intentionné** bem/mal intencionado
intentionnel, elle [ɛ̃tɑ̃sjɔnɛl] *adj* intencional
interactif, ive [ɛ̃tɛʀaktif, iv] *adj* interactivo(va)
intercalaire [ɛ̃tɛʀkalɛʀ] *nm* separador *m*
intercaler [ɛ̃tɛʀkale] *vt* intercalar
intercéder [ɛ̃tɛʀsede] *vi* • **intercéder en faveur de** interceder a favor de
intercepter [ɛ̃tɛʀsɛpte] *vt* interceptar
interchangeable [ɛ̃tɛʀʃɑ̃ʒabl] *adj* permutável
interclasse [ɛ̃tɛʀklas] *nm* intervalo *m*
interdiction [ɛ̃tɛʀdiksjɔ̃] *nf* proibição *f* ▼ **interdiction de fumer** proibido fumar
interdire [ɛ̃tɛʀdiʀ] *vt* proibir • **interdire à qqn de faire qqch** proibir alguém de fazer algo
interdit, e [ɛ̃tɛʀdi, it] *pp* ➤ **interdire** ◇ *adj* proibido(da) ◇ *nm* • **interdit bancaire** bloqueio da conta • **il est interdit de...** é proibido... • **être interdit bancaire** bloqueio da conta
intéressant, e [ɛ̃teʀɛsɑ̃, ɑ̃t] *adj* interessante
intéressé, e [ɛ̃teʀese] *adj* **1.** *(concerné, motivé)* interessado(da) **2.** *(péj)* *(pour un profit)* interesseiro(ra) ◇ *nm, f* interessado *m*, -da *f* • **le principal intéressé** o principal interessado
intéresser [ɛ̃teʀese] *vt* interessar • **intéresser qqn** interessar a alguém ◆ **s'intéresser à** *vp* + *prép* interessar-se por
intérêt [ɛ̃teʀɛ] *nm* interesse *m* • **avoir intérêt à faire qqch** ter interesse em fazer

algo • **tu as intérêt à rentrer tôt sinon...** é melhor chegares cedo senão... • **dans l'intérêt de** no interesse de ◆ **intérêts** *nmpl* juros *mpl*
interface [ɛ̃tɛʀfas] *nf* **1.** *INFORM* interface *f* **2.** *(intermédiaire)* ligação *f* • **interface graphique** interface gráfica
interférer [ɛ̃tɛʀfeʀe] *vi* interferir • **interférer avec qqch** interferir com algo
intérieur, e [ɛ̃teʀjœʀ] *adj* **1.** *(interne)* interior **2.** *(national)* interno(na) ◇ *nm* interior *m* • **à l'intérieur (de)** no interior (de)
intérim [ɛ̃teʀim] *nm* **1.** *(période)* • **assurer l'intérim** assegurar o interim **2.** *(travail temporaire)* emprego *m* temporário • **par intérim** interino(na) • **faire de l'intérim, travailler en intérim** ter um emprego temporário
intérioriser [ɛ̃teʀjɔʀize] *vt* interiorizar
interligne [ɛ̃tɛʀliɲ] *nm* entrelinha *f*
interlocuteur, trice [ɛ̃tɛʀlɔkytœʀ, tʀis] *nm, f* interlocutor *m*, -ra *f*
interloquer [ɛ̃tɛʀlɔke] *vt* deixar pasmado(da)
intermède [ɛ̃tɛʀmɛd] *nm* intermédio *m*
intermédiaire [ɛ̃tɛʀmedjɛʀ] *adj* intermediário(ria) ◇ *nmf* intermediário *m*, -ria *f* ◇ *nm* • **par l'intermédiaire de** por intermédio de
interminable [ɛ̃tɛʀminabl] *adj* interminável
intermittence [ɛ̃tɛʀmitɑ̃s] *nf* • **par intermittence** intermitentemente
intermittent, e [ɛ̃tɛʀmitɑ̃, ɑ̃t] *nm, f* • **les intermittents du spectacle** "intermitentes" do espectáculo
internat [ɛ̃tɛʀna] *nm (école)* colégio *m* interno
international, e, aux [ɛ̃tɛʀnasjɔnal, o] *adj* internacional
interne [ɛ̃tɛʀn] *adj & nmf* interno(na)
interner [ɛ̃tɛʀne] *vt (malade)* internar
interpeller [ɛ̃tɛʀpəle] *vt (appeler)* interpelar
Interphone® [ɛ̃tɛʀfɔn] *nm* interfone *m*
interposer [ɛ̃tɛʀpoze] *vt* **1.** *(placer entre)* • **interposer qqch entre... et...** interpor algo entre... e... **2.** *(fig) (faire intervenir)* interpor ◆ **s'interposer** *vp* intervir • **s'interposer dans** interpor-se em • **s'interposer entre... et...** interpor-se entre... e...
interprétation [ɛ̃tɛʀpʀetasjɔ̃] *nf (explication)* interpretação *f* • **interprétation simultanée** interpretação simultânea
interprète [ɛ̃tɛʀpʀɛt] *nmf* intérprete *mf*
interpréter [ɛ̃tɛʀpʀete] *vt* interpretar
interrogation [ɛ̃teʀɔgasjɔ̃] *nf* interrogação *f* • **interrogation (écrite)** prova *f* (escrita)
interrogatoire [ɛ̃teʀɔgatwaʀ] *nm* interrogatório *m*
interroger [ɛ̃teʀɔʒe] *vt* interrogar • **interroger qqn sur** interrogar alguém sobre
interrompre [ɛ̃tɛʀɔ̃pʀ] *vt* interromper
interrupteur [ɛ̃teʀyptœʀ] *nm* interruptor *m*
interruption [ɛ̃teʀypsjɔ̃] *nf* interrupção *f*
intersection [ɛ̃tɛʀsɛksjɔ̃] *nf* intersecção *f*
intervalle [ɛ̃tɛʀval] *nm* intervalo *m* • **à deux jours d'intervalle** com dois dias de intervalo
intervenant, e [ɛ̃tɛʀvənɑ̃, ɑ̃t] *nm, f* interveniente *mf*
intervenir [ɛ̃tɛʀvəniʀ] *vi* intervir

intervention [ɛ̃tɛʀvɑ̃sjɔ̃] *nf* intervenção *f*
intervenu, e [ɛ̃tɛʀvəny] *pp* ➤ **intervenir**
intervertir [ɛ̃tɛʀvɛʀtiʀ] *vt* inverter
interview [ɛ̃tɛʀvju] *nf* entrevista *f*
interviewer [ɛ̃tɛʀvjuve] *vt* entrevistar
intestin [ɛ̃tɛstɛ̃] *nm* intestino *m*
intestinal, e, aux [ɛ̃tɛstinal, o] *adj* intestinal
intime [ɛ̃tim] *adj* íntimo(ma)
intimider [ɛ̃timide] *vt* intimidar
intimité [ɛ̃timite] *nf* intimidade *f*
intitulé [ɛ̃tityle] *nm* título *m*
intituler [ɛ̃tityle] *vt* intitular ◆ **s'intituler** *vp* intitular-se
intolérable [ɛ̃tɔleʀabl] *adj* intolerável
intolérant, e [ɛ̃tɔleʀɑ̃, ɑ̃t] *adj* intolerante
intonation [ɛ̃tɔnasjɔ̃] *nf* **1.** *(inflexion)* entoação *f* **2.** *(en phonétique) MUS* intonação *f*
intoxication [ɛ̃tɔksikasjɔ̃] *nf* • **intoxication alimentaire** intoxicação *f* alimentar
intoxiquer [ɛ̃tɔksike] *vt* intoxicar ◆ **s'intoxiquer** *vp* intoxicar-se
intraduisible [ɛ̃tʀadɥizibl] *adj* intraduzível
intransigeant, e [ɛ̃tʀɑ̃ziʒɑ̃, ɑ̃t] *adj* intransigente
intransitif, ive [ɛ̃tʀɑ̃zitif, iv] *adj* intransitivo(va)
intraveineux, euse [ɛ̃tʀavɛnø, øz] *adj* intravenoso(osa)
intrépide [ɛ̃tʀepid] *adj* intrépido(da)
intrigue [ɛ̃tʀig] *nf* enredo *m*
intriguer [ɛ̃tʀige] *vt* intrigar
introduction [ɛ̃tʀɔdyksjɔ̃] *nf* introdução *f*
introduire [ɛ̃tʀɔdɥiʀ] *vt* introduzir ◆ **s'introduire** *vp* introduzir-se
introduit, e [ɛ̃tʀɔdɥi, it] *pp* ➤ **introduire**
introuvable [ɛ̃tʀuvabl] *adj* impossível de encontrar
introverti, e [ɛ̃tʀɔvɛʀti] *adj & nm, f* introvertido(da)
intrus, e [ɛ̃tʀy, yz] *nm, f* intruso *m*, -sa *f*
intrusion [ɛ̃tʀyzjɔ̃] *nf* intrusão *f*
intuitif, ive [ɛ̃tɥitif, iv] *adj* intuitivo(va) ◇ *nm, f* pessoa *f* intuitiva
intuition [ɛ̃tɥisjɔ̃] *nf* intuição *f*
inusable [inyzabl] *adj* • **c'est inusable** não se gasta
inusité, e [inyzite] *adj* inusitado(da)
in utero [inyteʀɔ] *loc adj & loc adv* in útero
inutile [inytil] *adj* inútil
inutilisable [inytilizabl] *adj* • **c'est inutilisable** não se pode utilizar
invalide [ɛ̃valid] *nmf* inválido *m*, -da *f*
invariable [ɛ̃vaʀjabl] *adj* invariável
invasion [ɛ̃vazjɔ̃] *nf* invasão *f*
invendable [ɛ̃vɑ̃dabl] *adj* invendável
invendu [ɛ̃vɑ̃dy] *nm* artigo *m* não vendido
inventaire [ɛ̃vɑ̃tɛʀ] *nm* inventário *m* • **faire l'inventaire de qqch** fazer o inventário de algo
inventer [ɛ̃vɑ̃te] *vt* inventar
inventeur, trice [ɛ̃vɑ̃tœʀ, tʀis] *nm, f* inventor *m*, -ra *f*
invention [ɛ̃vɑ̃sjɔ̃] *nf* invenção *f*
inverse [ɛ̃vɛʀs] *nm* inverso *m* • **à l'inverse** pelo contrário • **à l'inverse de** ao contrário de
inversement [ɛ̃vɛʀsəmɑ̃] *adv* inversamente • **et inversement** e inversamente

inverser [ɛ̃vɛʀse] *vt* inverter
invertébré, e [ɛ̃vɛʀtebʀe] *adj* invertebrado(da) ◆ **invertébré** *nm* invertebrado *m*
investir [ɛ̃vɛstiʀ] *vt* investir ◆ **s'investir dans** *vp + prép* dedicar-se, investir-se
investissement [ɛ̃vɛstismɑ̃] *nm* investimento *m*
invétéré, e [ɛ̃veteʀe] *adj* inveterado(da)
invincible [ɛ̃vɛ̃sibl] *adj* **1.** *(gén)* invencível **2.** *(difficulté, fatigue)* insuperável
invisible [ɛ̃vizibl] *adj* invisível
invitation [ɛ̃vitasjɔ̃] *nf* convite *m*
invité, e [ɛ̃vite] *nm, f* convidado *m*, -da *f*
inviter [ɛ̃vite] *vt* convidar ● **inviter qqn à faire qqch** convidar alguém a fazer algo
invivable [ɛ̃vivabl] *adj* **1.** *(personne, situation)* insuportável **2.** *(lieu)* inabitável
involontaire [ɛ̃vɔlɔ̃tɛʀ] *adj* involuntário(ria)
invoquer [ɛ̃vɔke] *vt* invocar
invraisemblable [ɛ̃vʀɛsɑ̃blabl] *adj* inverosímil
iode [jɔd] *nm* ➤ **teinture**
ion [jɔ̃] *nm* ião *m*
ira ➤ **aller**
Irak [iʀak] *nm* ● **l'Irak** o Iraque
Iran [iʀɑ̃] *nm* ● **l'Iran** o Irão
irascible [iʀasibl] *adj* irascível
iris [iʀis] *nm* íris *f inv*
irlandais, e [iʀlɑ̃dɛ, ɛz] *adj* irlandês(esa) ◆ **Irlandais, e** *nm, f* irlandês *m*, -esa *f*
Irlande [iʀlɑ̃d] *nf* ● **l'Irlande du Nord** a Irlanda do Norte ● **la République d'Irlande** a República da Irlanda
IRM [iɛʀɛm] (*abr de Imagerie par résonance magnétique*) *nm MÉD* RM *f (Rossonância Magnética)*, IRM *f (Imagem por RM)*
ironie [iʀɔni] *nf* ironia *f*
ironique [iʀɔnik] *adj* irónico(ca)
irradier [iʀadje] *vi* irradiar ◇ *vt* expor a radiações
irrationnel, elle [iʀasjɔnɛl] *adj* irracional
irrécupérable [iʀekypeʀabl] *adj* irrecuperável
irréductible [iʀedyktibl] *adj* & *nmf* irredutível
irréel, elle [iʀeɛl] *adj* irreal
irréfutable [iʀefytabl] *adj* irrefutável
irrégulier, ère [iʀegylje, ɛʀ] *adj* irregular
irrémédiable [iʀemedjabl] *adj* irremediável
irremplaçable [iʀɑ̃plasabl] *adj* insubstituível
irréparable [iʀepaʀabl] *adj* **1.** *(moteur, vêtement)* que não tem conserto **2.** *(erreur)* irreparável
irrépressible [iʀepʀesibl] *adj* *(sout)* irreprimível
irréprochable [iʀepʀɔʃabl] *adj* irrepreensível
irrésistible [iʀezistibl] *adj* irresistível
irrespirable [iʀɛspiʀabl] *adj* *(air)* irrespirável
irresponsable [iʀɛspɔ̃sabl] *nmf* irresponsável *mf* ◇ *adj* **1.** *(immature, léger)* irresponsável **2.** *DR* inimputável
irréversible [iʀevɛʀsibl] *adj* irreversível
irrigation [iʀigasjɔ̃] *nf* irrigação *f*
irriguer [iʀige] *vt* irrigar
irritable [iʀitabl] *adj* irritável
irritation [iʀitasjɔ̃] *nf* irritação *f*

irriter [iʀite] *vt* irritar
irruption [iʀypsjɔ̃] *nf* irrupção *f* • **faire irruption dans** *(lieu)* irromper por ; *(vie)* entrar de repente em
islam [islam] *nm* • **l'islam** o Islão
islamique [islamik] *adj* islâmico(ca)
isolant, e [izɔlɑ̃, ɑ̃t] *adj* isolador(ra) ◇ *nm* isolador *m*
isolation [izɔlasjɔ̃] *nf* isolação *f*
isolé, e [izɔle] *adj* isolado(da)
isoler [izɔle] *vt* isolar ◆ **s'isoler** *vp* isolar-se
isotherme [izɔtɛʀm] *adj* isotérmico(ca)
Israël [isʀaɛl] *n* Israel
israélien, enne [isʀaeljɛ̃, ɛn] *adj* israelita ◆ **Israélien, enne** *nm, f* israelita *mf*
issu, e [isy] *adj* • **être issu de** *(famille)* vir de ; *(processus, théorie)* resultar de
issue [isy] *nf (sortie)* saída *f* ▼ **voie sans issue** estrada sem saída ▼ **issue de secours** saída de emergência
isthme [ism] *nm* istmo *m*
Italie [itali] *nf* • **l'Italie** a Itália
italien, enne [italjɛ̃, ɛn] *adj* italiano(na) ◇ *nm (langue)* italiano *m* ◆ **Italien, enne** *nm, f* italiano *m*, -na *f*
italique [italik] *nm* itálico *m*
itinéraire [itineʀɛʀ] *nm* itinerário *m* • **itinéraire bis** itinerário secundário *itinerário alternativo para facilitar a circulação*
ivoire [ivwaʀ] *nm* marfim *m*
ivre [ivʀ] *adj* embriagado(da)
ivresse [ivʀɛs] *nf* embriaguez *f* • **ivresse de qqch** *(fig)* embriaguez de algo
ivrogne [ivʀɔɲ] *nmf* bêbedo *m*, -da *f*

jJ

j' ➤ **je**
jachère [ʒaʃɛʀ] *nf* • **en jachère** em pousio
jacinthe [ʒasɛ̃t] *nf* jacinto *m*
jade [ʒad] *nm* jade *m*
jadis [ʒadis] *adv* outrora
jaguar [ʒagwaʀ] *nm* jaguar *m*
jaillir [ʒajiʀ] *vi* **1.** *(eau)* jorrar **2.** *(source)* brotar
jalon [ʒalɔ̃] *nm* baliza *f* • **poser les (premiers) jalons de qqch** *(fig)* lançar os alicerces de algo
jalonner [ʒalɔne] *vt* **1.** balizar **2.** *(succès)* estar marcado por • **être jalonné de** *(arbres, piquets)* estar ladeado de
jalousie [ʒaluzi] *nf* **1.** inveja *f* **2.** *(amoureuse)* ciúme *m*
jaloux, ouse [ʒalu, uz] *adj* **1.** *(possessif)* ciumento(ta) **2.** *(envieux)* invejoso(osa) • **être jaloux de** estar com inveja de ; *(en amour)* ter ciúmes de
jamais [ʒamɛ] *adv* nunca • **je ne vais jamais au théâtre** nunca vou ao teatro • **je ne reviendrai jamais plus** nunca mais volto • **c'est le plus long voyage que j'aie jamais fait** foi a viagem mais longa que já fiz • **plus que jamais** mais do que nunca • **si jamais...** se por acaso...
jambe [ʒɑ̃b] *nf* perna *f*

jambon [ʒɑ̃bɔ̃] *nm* fiambre *m* • **jambon blanc** fiambre *m* • **jambon cru** presunto *m*
jambonneau [ʒɑ̃bɔno] (*pl* **-x**) *nm* presunto *m* York
jante [ʒɑ̃t] *nf* jante *f*
janvier [ʒɑ̃vje] *nm* Janeiro *m* • **en janvier** em Janeiro • **au mois de janvier** no mês de Janeiro • **début janvier** em princípios de Janeiro • **fin janvier** em fins de Janeiro • **le quinze janvier** no dia quinze de Janeiro
Japon [ʒapɔ̃] *nm* • **le Japon** o Japão
japonais, e [ʒapɔnɛ, ɛz] *adj* japonês(esa) ◇ *nm* (*langue*) japonês *m* ♦ **Japonais, e** *nm, f* japonês *m*, -esa *f*
japper [ʒape] *vi* latir
jardin [ʒaʀdɛ̃] *nm* jardim *m* • **jardin d'enfants** infantário *m* • **jardin public** jardim público
jardinage [ʒaʀdinaʒ] *nm* jardinagem *f*
jardinier, ère [ʒaʀdinje, ɛʀ] *nm, f* jardineiro *m*, -ra *f*
jardinière [ʒaʀdinjɛʀ] *nf* jardineira *f*, ➤ **jardinier** • **jardinière de légumes** jardineira
jargon [ʒaʀgɔ̃] *nm* **1.** (*langage spécialisé*) gíria *f* **2.** (*fam*) (*charabia*) algaravia *f*
jarret [ʒaʀɛ] *nm* • **jarret de veau** jarrete *m* de vitela
jaser [ʒaze] *vi* dar à língua
jasmin [ʒasmɛ̃] *nm* jasmim *m*
jauge [ʒoʒ] *nf* indicador *m* • **jauge d'essence** indicador do nível de combustível
jauger [ʒoʒe] *vt* avaliar
jaune [ʒon] *adj* amarelo(la) ◇ *nm* amarelo *m* • **jaune d'œuf** gema *f* do ovo
jaunir [ʒoniʀ] *vi* amarelecer
jaunisse [ʒonis] *nf* icterícia *f*
java [ʒava] *nf INFORM* java *f* • **faire la java** (*fam & fig*) andar na boa vai ela
Javel [ʒavɛl] *nf* • **(eau de) Javel** lixívia *f*
javelot [ʒavlo] *nm* dardo *m*
jazz [dʒaz] *nm* jazz *m*
je [ʒə] *pron* eu
jean [dʒin] *nm* calças *fpl* de ganga
Jeep® [dʒip] *nf* jipe *m*
jérémiades [ʒeʀemjad] *nfpl* (*fam*) choradeiras *fpl*
jerrican [ʒeʀikan] *nm* jerrican *m*
jersey [ʒɛʀzɛ] *nm* jersey *m*
jésuite [ʒezɥit] *nm* jesuíta *m*
Jésus-Christ [ʒezykʀi] *nm* Jesus Cristo • **après Jésus-Christ** depois de Cristo • **avant Jésus-Christ** antes de Cristo
¹jet [ʒɛ] *nm* jacto *m* • **jet d'eau** repuxo *m*
²jet [dʒɛt] *nm* avião *m* a jacto
jet-set [dʒɛtsɛt] (*pl* **jet-sets**) *nf* Jet7 *f*
jetable [ʒətabl] *adj* • **un rasoir jetable** uma lâmina de deitar fora
jetée [ʒəte] *nf* quebra-mar *m*
jeter [ʒəte] *vt* **1.** (*lancer*) atirar **2.** (*mettre à la poubelle*) deitar fora ♦ **se jeter** *vp* • **se jeter dans** (*rivière*) desaguar em • **se jeter sur** atirar-se a
jeton [ʒətɔ̃] *nm* ficha *f*
jeu [ʒø] (*pl* **-x**) *nm* **1.** jogo *m* **2.** (*au tennis*) partida *f* • **le jeu** (*au casino*) o jogo • **jeu de cartes** (*distraction*) partida de cartas ; (*paquet*) baralho *m* • **jeu d'échecs** jogo de xadrez • **jeu de mots** trocadilho *m* • **jeu de société** jogo de tabuleiro • **jeu vidéo** jogo de vídeo • **les Jeux olympiques** os Jogos Olímpicos

jeudi [ʒødi] *nm* quinta-feira *f* • **nous sommes** ou **c'est jeudi** é quinta-feira • **jeudi 13 août** quinta-feira, 13 de Agosto • **nous sommes partis jeudi** nós fomos embora na quinta-feira • **jeudi dernier** na quinta-feira passada • **jeudi prochain** na quinta-feira que vem • **jeudi matin** na quinta-feira de manhã • **le jeudi** às quintas-feiras • **à jeudi !** até quinta-feira!

jeun [ʒœ̃] ◆ **à jeun** *adj* em jejum

jeune [ʒœn] *adj & nmf* jovem • **jeune fille** jovem *f* • **jeune homme** jovem *m* • **les jeunes** os jovens

jeûne [ʒøn] *nm* jejum *m*

jeûner [ʒøne] *vi* jejuar

jeunesse [ʒœnɛs] *nf* juventude *f*

jingle [dʒingœl] *nm* jingle *m*

joaillier, ère [ʒɔaje, ɛʀ] *nm, f* joalheiro *m*

job [dʒɔb] *nm* (*fam*) emprego *m*

jockey [ʒɔkɛ] *nmf* jóquei *m*

jogging [dʒɔgiŋ] *nm* **1.** (*vêtement*) fato *m* de treino **2.** (*course*) jogging *m* • **faire du jogging** fazer jogging

joie [ʒwa] *nf* alegria *f*

joindre [jwɛ̃dʀ] *vt* **1.** (*relier*) juntar **2.** (*contacter*) contactar • **joindre qqch à** juntar algo a • **joindre un fichier à un message électronique** *INFORM* anexar um ficheiro a uma mensagem electrónica ◆ **se joindre à** *vp + prép* juntar-se a

joint, e [ʒwɛ̃, ɛ̃t] *pp* ➤ **joindre** ◇ *nm* **1.** *TECH* junta *f* **2.** (*fam*) (*drogue*) charro *m* **3.** (*do motor*) • **joint de culasse** junta da cabeça

joker [ʒɔkɛʀ] *nm* joker *m* (*Port*), curinga *m* (*Br*)

joli, e [ʒɔli] *adj* bonito(ta) • **jolie mentalité !** linda mentalidade!

jonc [ʒɔ̃] *nm* junco *m*

joncher [ʒɔ̃ʃe] *vt* juncar • **être jonché de qqch** estar juncado de algo

jonction [ʒɔ̃ksjɔ̃] *nf* junção *f*

jongler [ʒɔ̃gle] *vi* **1.** (*avec des balles*) fazer malabarismos **2.** (*fig*) (*avec des difficultés*) brincar

jongleur, euse [ʒɔ̃glœʀ, øz] *nm, f* malabarista *mf*

jonquille [ʒɔ̃kij] *nf* junquilho *m*

joual [ʒwal] *nm* (*Québec*) *dialecto franco-canadiano falado na região do Quebeque*

joue [ʒu] *nf* bochecha *f*

jouer [ʒwe] *vi* **1.** (*enfant*) brincar **2.** (*musicien*) tocar **3.** (*acteur*) representar ◇ *vt* **1.** (*carte*) jogar **2.** (*somme*) apostar **3.** (*rôle, pièce*) representar **4.** (*mélodie, sonate*) tocar • **jouer à** (*tennis, foot*) jogar ; (*cartes*) jogar a • **jouer de** (*instrument*) tocar • **jouer un rôle dans qqch** (*fig*) desempenhar um papel em algo • **la porte a joué** a porta empenou

jouet [ʒwɛ] *nm* brinquedo *m*

joueur, euse [ʒwœʀ, øz] *nm, f* jogador *m*, -ra *f* • **être mauvais joueur** ser mau perdedor • **joueur de cartes** jogador de cartas • **joueur de flûte** tocador *m* de flauta • **joueur de foot** jogador de futebol

joufflu, e [ʒufly] *adj* bochechudo(da)

joug [ʒu] *nm* jugo *m*

jouir [ʒwiʀ] *vi* atingir o orgasmo • **jouir de** (*apprécier*) gozar ; (*bénéficier de*) usufruir de

jour [ʒuʀ] *nm* dia *m* • **il fait jour** é de dia • **jour de l'an** dia do Ano Novo • **jour**

férié feriado *m* • **jour ouvrable** dia útil • **huit jours** oito dias • **quinze jours** quinze dias • **de jour** de dia • **du jour au lendemain** de um dia para o outro • **de nos jours** hoje em dia • **être à jour** estar em dia • **mettre qqch à jour** pôr algo em dia

journal [ʒuʀnal] (*pl* **-aux**) *nm* jornal *m* • **journal (intime)** diário *m* • **journal télévisé** telejornal *m*

journalier, **ère** [ʒuʀnalje, ɛʀ] *adj* diário(ria)

journalisme [ʒuʀnalism] *nm* jornalismo *m*

journaliste [ʒuʀnalist] *nmf* jornalista *mf*

journée [ʒuʀne] *nf* dia *m* • **dans la journée** durante o dia • **toute la journée** o dia todo

jovial [ʒɔvjal] *adj* jovial

joyau [ʒwajo] (*pl* **-x**) *nm* jóia *f*

joyeux, **euse** [ʒwajø, øz] *adj* feliz • **joyeux anniversaire !** parabéns! • **joyeux Noël !** feliz Natal!

jubiler [ʒybile] *vi* (*fam*) estar na maior

judéo-chrétien, **enne** [ʒydeɔkʀetjɛ̃, ɛn] (*mpl* **judéo-chrétiens**) *adj* judaico-cristão(ã)

judiciaire [ʒydisjɛʀ] *adj* judicial

judicieux, **euse** [ʒydisjø, øz] *adj* judicioso(osa)

judo [ʒydo] *nm* judo *m*

juge [ʒyʒ] *nm, f* **1.** (*magistrat*) juiz *m*, juíza *f* **2.** SPORT árbitro *m* • **juge d'enfants** juiz de menores

jugement [ʒyʒmɑ̃] *nm* **1.** (*procès, opinion*) julgamento *m* **2.** (*condamnation, sentence*) sentença *f* **3.** (*discernement*) juízo *m* • **le Jugement dernier** o Juízo Final • **jugement de valeur** juízo de valor

jugeote [ʒyʒɔt] *nf* (*fam*) tininho *m* • **manquer de jugeote** (*fam*) não ter tininho nenhum

juger [ʒyʒe] *vt* julgar

juif, **ive** [ʒɥif, ʒɥiv] *adj* judeu(dia) ◆ **Juif**, **ive** *nm, f* judeu *m*, -dia *f*

juillet [ʒɥijɛ] *nm* Julho *m* • **en juillet, au mois de juillet** em Julho, no mês de Julho • **début juillet** em princípios de Julho • **fin juillet** em fins de Julho • **le deux juillet** no dia dois de Julho • **le 14 Juillet** o 14 de Julho *feriado nacional francês*

Le 14 Juillet

O dia 14 de Julho é a data do feriado nacional francês, pois comemora-se o aniversário da tomada da Bastilha, que ocorreu em 1789. Durante vários dias, em todo o país, bailes públicos, fogos de artifício e solenidades oficiais marcam esta data. Em Paris, na manhã de 14 de Julho, pode-se assistir a um grande desfile militar em presença do Presidente da República.

juin [ʒɥɛ̃] *nm* Junho *m* • **en juin, au mois de juin** em Junho, no mês de Junho • **début juin** em princípios de Junho • **fin juin** em fins de Junho • **le cinq juin** no dia cinco de Junho

juke-box [dʒukbɔks] *nm inv* juke-box *f*

julienne [ʒyljɛn] *nf* juliana *f*

jumeau, **elle**, **eaux** [ʒymo, ɛl, o] *adj* (*maisons*) geminado(da) ◇ *nm, f* gémeo *m*, -mea *f* • **frère jumeau** irmão gémeo

jumelé, e [ʒymle] *adj* geminado(da) ▼ **ville jumelée avec...** cidade geminada com...
jumeler [ʒymle] *vt* geminar
jumelle [ʒymɛl] *nf* ➤ **jumeau** ◆ **jumelles** *nfpl* binóculos *mpl*
jument [ʒymɑ̃] *nf* égua *f*
jungle [ʒœ̃gl] *nf* selva *f*
junior [ʒynjɔʀ] *adj inv* júnior
junte [ʒœ̃t] *nf* junta *f*
jupe [ʒyp] *nf* saia *f* • **jupe droite** saia direita • **jupe plissée** saia com pregas
jupe-culotte [ʒypkylɔt] (*pl* **jupes-culottes**) *nf* saia-calça *f*
jupon [ʒypɔ̃] *nm* saiote *m*
juré, e [ʒyʀe] *adj* jurado(da) • **ennemi juré** inimigo jurado ◆ **juré** *nm* jurado *m*
jurer [ʒyʀe] *vi* jurar ◇ *vt* • **jurer (à qqn) que** jurar (a alguém) que • **jurer de faire qqch** jurar fazer algo
juridique [ʒyʀidik] *adj* jurídico(ca)
jurisprudence [ʒyʀispʀydɑ̃s] *nf* jurisprudência *f* • **faire jurisprudence** fazer jurisprudência
juriste [ʒyʀist] *nmf* jurista *mf*
juron [ʒyʀɔ̃] *nm* palavrão *m*
jury [ʒyʀi] *nm* júri *m*
jus [ʒy] *nm* **1.** *(de fruit)* sumo *m* *(Port)*, suco *m* *(Br)* **2.** *(de viande)* molho *m* • **jus d'orange** sumo de laranja
jusque [ʒysk(ə)] ◆ **jusqu'à** *prép* • **allez jusqu'à l'église** vá até à igreja • **jusqu'à ce que je parte** até eu me ir embora • **jusqu'à présent** até hoje ◆ **jusqu'ici** *adv* até aqui ◆ **jusque-là** *adv* **1.** *(dans l'espace)* até ali **2.** *(dans le temps)* até lá
justaucorps [ʒystokɔʀ] *nm* fato *m* de ginástica
juste [ʒyst] *adj* **1.** *(équitable)* justo(ta) **2.** *(addition, raisonnement)* correcto(ta) **3.** *(note, voix)* afinado(da) **4.** *(vêtement)* apertado(da) **5.** *(seulement)* só **6.** *(exactement)* precisamente • **au juste** ao certo • **chanter juste** cantar afinadamente • **être juste** mal dar
justement [ʒystəmɑ̃] *adv* precisamente
justesse [ʒystɛs] ◆ **de justesse** *adv* por pouco
justice [ʒystis] *nf* justiça *f*
justificatif, ive [ʒystifikatif, iv] *adj* justificativo(va) ◆ **justificatif** *nm* justificativa *f*
justification [ʒystifikasjɔ̃] *nf* justificação *f*
justifier [ʒystifje] *vt* justificar ◆ **se justifier** *vp* justificar-se
jute [ʒyt] *nm* • **(toile de) jute** (tecido de) juta *f*
juteux, euse [ʒytø, øz] *adj* sumarento(ta)
juvénile [ʒyvenil] *adj* juvenil
juxtaposer [ʒykstapoze] *vt* justapor

kK

K7 [kasɛt] *nf* (*abr écrite de cassette*) K7 *f*
kaki [kaki] *adj inv* cor de barro
kaléidoscope [kaleidɔskɔp] *nm* caleidoscópio *m*

kamikaze [kamikaz] *nm* kamikaze *m*
kangourou [kɑ̃guʀu] *nm* canguru *m*
karaoké [kaʀaɔke] *nm* karaokê *m*
karaté [kaʀate] *nm* karaté *m*
kart [kaʀt] *nm* kart *m*
karting [kaʀtiŋ] *nm* karting *m*
kayak [kajak] *nm* **1.** *(bateau)* canoa *f* **2.** *(sport)* canoagem *f*
képi [kepi] *nm* quépi *m*
kermesse [kɛʀmɛs] *nf* quermesse *f*

La kermesse

Em França, a *kermesse* é uma festa organizada ao ar livre em benefício de um colégio, paróquia ou obra de caridade. Encontram-se aí geralmente tendas com jogos, lotarias, doces caseiros, etc. Na Flandres, a *kermesse* é uma grande feira organizada pela paróquia no dia do santo padroeiro da cidade.

kérosène [keʀɔzɛn] *nm* querosene *m*
ketchup [kɛtʃœp] *nm* ketchup *m*
kg (*abr écrite de kilogramme*) kg *(quilograma)*
kidnapper [kidnape] *vt* raptar
kilo(gramme) [kilɔ(gram)] *nm* quilo(grama) *m*
kilométrage [kilɔmetʀaʒ] *nm* quilometragem *f* • **kilométrage illimité** quilometragem ilimitada
kilomètre [kilɔmɛtʀ] *nm* quilómetro *m* • **100 kilomètres à l'heure** 100 quilómetros à hora
kilowatt [kilɔwat] *nm* quilowatt *m*
kilt [kilt] *nm* kilt *m*
kiné *(fam)* [kine] (*abr de kinésithérapeute*) *nmf* fisioterapeuta *mf*
kinésithérapeute [kineziteʀapøt] *nmf* fisioterapeuta *mf*
kiosque [kjɔsk] *nm* quiosque *m* • **kiosque à journaux** quiosque de jornais *(Port)*, banca *f* de jornais *(Br)*
kir [kiʀ] *nm aperitivo composto por vinho branco e licor de cássis* • **kir royal** *aperitivo composto por champanhe e licor de cássis*
kirsch [kiʀʃ] *nm* aguardente *f* de cereja
kit [kit] *nm* kit *m* • **en kit** em kit • **kit mains libres** *(pour téléphone)* kit mãos livres
kitchenette [kitʃənɛt] *nf* kitchenette *f*
kiwi [kiwi] *nm (fruit)* kiwi *m*
Klaxon® [klaksɔn] *nm* buzina *f*
klaxonner [klaksɔne] *vi* buzinar
Kleenex® [klinɛks] *nm* lenço *m* de papel
kleptomane [klɛptɔman] *adj* cleptomaníaco(ca)
km (*abr écrite de kilomètre*) km *(quilómetro)*
km/h (*abr écrite de kilomètre par heure*) km/h
K.-O. *adj inv* KO
kosovar, e [kɔsɔvar] *adj* Kosovar
kouglof [kuglɔf] *nm brioche com passas e amêndoas originário da Alsácia*
krach [kʀak] *nm* crash *m* • **krach boursier** crash bolsista
K-way® [kawɛ] *nm inv* kispo® *m*
kyrielle [kiʀjɛl] *nf* aranzel *m*
kyste [kist] *nm* quisto *m*

L

l (*abr écrite de litre*) l (*litro*)
l' ➤ **le**
la [la] ➤ **le**
là [la] *adv* ali • **par là** por ali • **cette fille-là** aquela rapariga • **ce jour-là** nesse dia
là-bas [laba] *adv* ali
label [labɛl] *nm* rótulo *m*
laboratoire [labɔʀatwaʀ] *nm* laboratório *m*
laborieux, euse [labɔʀjø, øz] *adj* laborioso(osa)
labourer [labuʀe] *vt* lavrar
labyrinthe [labiʀɛ̃t] *nm* labirinto *m*
lac [lak] *nm* lago *m*
lacer [lase] *vt* atar
lacérer [laseʀe] *vt* lacerar
lacet [lasɛ] *nm* **1.** (*de chaussures*) atacador *m* **2.** (*virage*) curva *f*
lâche [laʃ] *adj* **1.** (*peureux*) cobarde **2.** (*nœud, corde*) largo(ga) ◇ *nmf* cobarde *mf*
lâcher [laʃe] *vt* **1.** soltar **2.** (*desserrer*) largar ◇ *vi* largar
lâcheté [laʃte] *nf* cobardia *f*
lacrymogène [lakʀimɔʒɛn] *adj* lacrimogénio(nia)
lacune [lakyn] *nf* lacuna *f*
là-dedans [laddɑ̃] *adv* **1.** (*lieu*) ali dentro **2.** (*dans cela*) nisto tudo
là-dessous [ladsu] *adv* **1.** (*lieu*) ali debaixo **2.** (*dans cette affaire*) por detrás disto
là-dessus [ladsy] *adv* **1.** (*lieu*) ali por cima **2.** (*à ce sujet*) acerca disto
lagon [lagɔ̃] *nm* lagoa *f*
lagune [lagyn] *nf* laguna *f*
là-haut [lao] *adv* ali em cima
laid, e [lɛ, lɛd] *adj* feio (feia)
laideur [lɛdœʀ] *nf* fealdade *f*
lainage [lɛnaʒ] *nm* casaco *m* de lã • **les lainages** as lãs
laine [lɛn] *nf* lã *f* • **en laine** de lã
laïque [laik] *adj* laico(ca)
laisse [lɛs] *nf* trela *f* • **tenir un chien en laisse** segurar um cão pela trela
laisser [lese] *vt* deixar ◇ *v aux* • **laisser qqn faire qqch** deixar alguém fazer algo • **laisser tomber** (*objet*) deixar cair ; (*fig*) (*projet, personne*) abandonar ◆ **se laisser** *vp* deixar-se • **se laisser aller** desleixar-se • **se laisser faire** (*par lâcheté*) deixar que aconteça ; (*se laisser tenter*) deixar-se levar
laisser-aller [lɛseale] *nm inv* desleixo *m*
laisser-passer [lɛsepase] *nm inv* passe *m*
lait [lɛ] *nm* leite *m* • **lait démaquillant** leite desmaquilhante • **lait de toilette** leite de toilette • **au lait** com leite
laitage [lɛtaʒ] *nm* lacticínio *m*
laitier [lɛtje] *adj m* ➤ **produit**
laiton [lɛtɔ̃] *nm* latão *m*
laitue [lety] *nf* alface *f*
laïus [lajys] *nm* (*fam*) espiche *m* • **faire un laïus** fazer um espiche
lambeau [lɑ̃bo] (*pl* **-x**) *nm* farrapo *m*
lambic [lɑ̃bik] *nm* (*Belg*) *cerveja forte à base de frumento e malte*
lambris [lɑ̃bʀi] *nm* lambril *m*
lame [lam] *nf* **1.** lâmina *f* **2.** (*vague*) onda *f* • **lame de rasoir** lâmina de barbear

lamelle [lamɛl] *nf* fatia *f*
lamentable [lamɑ̃tabl] *adj* lamentável
lamentation [lamɑ̃tasjɔ̃] *nf* lamentação *f*
lamenter [lamɑ̃te] ♦ **se lamenter** *vp* lamentar-se
lampadaire [lɑ̃padɛʀ] *nm* **1.** *(dans un appartement)* candeeiro *m (Port)*, luminária *f* de pé *(Br)* **2.** *(dans la rue)* lampadário *m*
lampe [lɑ̃p] *nf* candeeiro *m (Port)*, luminária *f*, abajur *m (Br)* • **lampe de chevet** candeeiro de cabeceira • **lampe de poche** lanterna *f* de bolso
lampion [lɑ̃pjɔ̃] *nm* lampião *m*
lance [lɑ̃s] *nf* lança *f* • **lance d'incendie** mangueira *f*
lancée [lɑ̃se] *nf* • **sur sa/ma lancée** na sua/minha lançada
lance-flammes [lɑ̃sflam] *nm inv* lança-chamas *m inv*
lancement [lɑ̃smɑ̃] *nm* lançamento *m*
lance-pierres [lɑ̃spjɛʀ] *nm inv* fisga *f*
lancer [lɑ̃se] *vt* **1.** *(jeter)* atirar **2.** *(produit, mode)* lançar ♦ **se lancer** *vp* **1.** *(se jeter)* atirar-se **2.** *(oser)* lançar-se • **se lancer dans qqch** meter-se em algo
lancinant, e [lɑ̃sinɑ̃, ɑ̃t] *adj* **1.** *(douleur, souvenir)* lancinante **2.** *(musique)* enfadonho(nha)
landau [lɑ̃do] *nm* carrinho *m* de bebé
lande [lɑ̃d] *nf* planície *f*
langage [lɑ̃gaʒ] *nm* linguagem *f*
lange [lɑ̃ʒ] *nm* fralda *f* (de pano)
langer [lɑ̃ʒe] *vt* mudar a fralda a
langoureux, euse [lɑ̃guʀø, øz] *adj* lânguido(da)
langouste [lɑ̃gust] *nf* lagosta *f*
langoustine [lɑ̃gustin] *nf* lagostim *m*
langue [lɑ̃g] *nf* língua *f* • **langue étrangère** língua estrangeira • **langue maternelle** língua materna • **langue officielle** língua oficial • **langue vivante** língua viva

Les langues régionales

As principais línguas regionais faladas em França são o basco, o bretão, o catalão, o corso e o occitano. Podem ser estudadas tanto no ensino público como no privado. O occitano, nas suas diversas variantes, é a mais falada de todas embora esteja, como todas as línguas regionais, em constante declínio.

langue-de-chat [lɑ̃gdəʃa] (*pl* **langues-de-chat**) *nf* línguas-de-gato *fpl*
languette [lɑ̃gɛt] *nf (de chaussures)* lingueta *f*
languir [lɑ̃giʀ] *vi* **1.** *(sout) (manquer d'énergie)* esmorecer **2.** *(attendre)* • **faire languir qqn** fazer esperar alguém • **languir de** penar de ♦ **se languir** *vp* ter saudades
lanière [lanjɛʀ] *nf (de cuir)* correia *f*
lanterne [lɑ̃tɛʀn] *nf (lampe)* lanterna *f* • **les lanternes** *AUTO (feu de position)* os mínimos
laper [lape] *vt & vi* beber com a língua
lapider [lapide] *vt* apedrejar
lapin [lapɛ̃] *nm* coelho *m*
lapsus [lapsys] *nm* lapso *m* • **faire un lapsus** cometer um lapso
laque [lak] *nf* **1.** *(pour coiffer)* laca *f (Port)*, laquê *m (Br)* **2.** *(peinture)* laca *f*
laqué [lake] *adj m* ➤ **canard**

laquelle [lakɛl] ➤ **lequel**
larcin [laʀsɛ̃] *nm* (*sout*) furto *m*
lard [laʀ] *nm* toucinho *m*
lardon [laʀdɔ̃] *nm* tira *f* de toucinho
large [laʀʒ] *adj* **1.** largo(ga) **2.** (*généreux*) generoso(osa) **3.** (*tolérant*) aberto(ta) ◇ *nm* alto mar *m* ◇ *adv* por alto • **ça fait 2 mètres de large** mede dois metros de largura • **au large de** à altura de
largement [laʀʒəmɑ̃] *adv* **1.** (*amplement*) largamente **2.** (*au minimum*) pelo menos
largeur [laʀʒœʀ] *nf* largura *f*
larguer [laʀge] *vt* largar • **sa femme l'a largué** (*fam*) a mulher largou-o
larme [laʀm] *nf* lágrima *f* • **être en larmes** estar lavado em lágrimas
larmoyant, **e** [laʀmwajɑ̃, ɑ̃t] *adj* lacrimoso(osa)
larve [laʀv] *nf* larva *f*
laryngite [laʀɛ̃ʒit] *nf* laringite *f*
larynx [laʀɛ̃ks] *nm* laringe *f*
las, **lasse** [la, las] (*sout*) *adj* **1.** (*fatigué*) fatigado(da) **2.** (*dégoûté, ennuyé*) enfastiado(da) • **être las de qqch/de faire qqch** estar cansado de algo/de fazer algo
lasagne(s) [lazaɲ] *nfpl* lasanha *f*
lascar [laskaʀ] *nm* **1.** (*fam*) malandro *m* **2.** (*enfant*) maroto *m*
lascif, **ive** [lasif, iv] *adj* lascivo(va)
laser [lazɛʀ] *nm* laser *m*
lassant, **e** [lasɑ̃, ɑ̃t] *adj* cansativo(va)
lasser [lase] *vt* cansar ◆ **se lasser de** *vp* + *prép* cansar-se de
lassitude [lasityd] *nf* (*sout*) lassidão *f*
lasso [laso] *nm* laço *m*
latent, **e** [latɑ̃, ɑ̃t] *adj* latente
latéral, **e**, **aux** [lateʀal, o] *adj* lateral
latex [latɛks] *nm* látex *m*
latin [latɛ̃] *nm* latim *m*
latitude [latityd] *nf* latitude *f*
latte [lat] *nf* ripa *f*
lauréat, **e** [lɔʀea, at] *nm, f* laureado *m*, -da *f*
laurier [lɔʀje] *nm* **1.** (*arbuste*) loureiro *m* **2.** (*condiment*) louro *m*
lavable [lavabl] *adj* lavável
lavabo [lavabo] *nm* pia *f* ◆ **lavabos** *nmpl* casa *f* de banho
lavage [lavaʒ] *nm* lavagem *f*
lavande [lavɑ̃d] *nf* lavanda *f*
lave-glace [lavglas] (*pl* **lave-glaces**) *nm* lava-pára-brisas *m inv*
lave-linge [lavlɛ̃ʒ] *nm inv* máquina *f* de lavar roupa
laver [lave] *vt* lavar ◆ **se laver** *vp* lavar-se • **se laver les dents** lavar os dentes • **se laver les mains** lavar as mãos
laverie [lavʀi] *nf* • **laverie (automatique)** lavandaria *f* (automática)
lavette [lavɛt] *nf* esfregona *f*
laveur, **euse** [lavœʀ, øz] *nm, f* lavador *m*, -ra *f* • **laveur de carreaux/de voitures** lavador de vidros/de carros
lave-vaisselle [lavvesɛl] *nm inv* máquina *f* de lavar louça
lavoir [lavwaʀ] *nm* lavadouro *m*
laxatif [laksatif] *nm* laxante *m*
laxisme [laksism] *nm* laxismo *m*
layette [lɛjɛt] *nf* enxoval *m* de recém-nascido
le, **la** [lə, la] (*pl* **les** [lɛ]) *art* **1.** (*gén*) o (a) • **le lac** o lago • **la fenêtre** a janela • **l'homme** o homem • **les livres** os livros • **les roses** as rosas • **j'adore le thé** adoro chá • **se laver les mains** lavar as mãos • **elle a les yeux bleus** ela tem

olhos azuis • **brosse-toi les cheveux** penteia o cabelo • **j'ai levé les yeux** levantei os olhos

2. *(désigne le moment)* • **le matin/samedi** *(habituellement)* de manhã/aos sábados ; *(moment précis)* de manhã/no sábado • **Bruxelles, le 9 juillet 1994** Bruxelas, 9 de Julho de 1994

3. *(chaque)* • **les pommes font 2 euros le kilo** as maçãs custam 2 euros o quilo • **c'est 40 euros la nuit** são 40 euros por noite • **6 euros l'un, 10 euros les deux** 6 euros cada um, dois por 10 euros

◇ *pron*

1. *(représente une personne, une chose, un animal)* • **regarde-le/la** olha para ele/ela • **laissez-les nous** deixem-os connosco

2. *(reprend un mot, une phrase)* • **si tu ne le fais pas tout de suite, je me fâche!** se não o fizeres imediatamente, zango-me! • **je l'avais entendu dire** eu tinha ouvido dizer isso

leader [lidœʀ] *nm* líder *m* ◇ *adj* • **être leader** ser o líder do mercado

lèche-bottes [lɛʃbɔt] *nmf inv* *(fam)* lambe-botas *mf inv*

lécher [leʃe] *vt* lamber

lèche-vitrines [lɛʃvitʀin] *nm inv* *(fam)* • **faire du lèche-vitrines** andar a ver as montras

leçon [ləsɔ̃] *nf* **1.** *(cours, devoirs)* aula *f* **2.** *(conclusion)* lição *f* • **faire la leçon à qqn** pregar um sermão a alguém

lecteur, trice [lɛktœʀ, tʀis] *nm, f* leitor *m*, -ra *f* ◇ *nm* leitor *m* • **lecteur de cassettes** leitor de cassetes • **lecteur laser** ou **de CD** leitor de CDs

lecture [lɛktyʀ] *nf* leitura *f*

légal, e, aux [legal, o] *adj* legal

légaliser [legalize] *vt* **1.** *(rendre légal)* legalizar **2.** *(certifier)* autenticar *(Port)*, legalizar *(Br)*

légendaire [leʒɑ̃dɛʀ] *adj* lendário(ria)

légende [leʒɑ̃d] *nf* **1.** *(conte)* lenda *f* **2.** *(d'une photo, d'un schéma)* legenda *f*

léger, ère [leʒe, ɛʀ] *adj* **1.** leve **2.** *(café, cigarette)* fraco(ca) **3.** *(peu important)* ligeiro(ra) • **à la légère** irreflectidamente

légèrement [leʒɛʀmɑ̃] *adv* **1.** *(un peu)* ligeiramente **2.** *(s'habiller)* à fresquinha

légèreté [leʒɛʀte] *nf* **1.** *(faible poids)* leveza *f* **2.** *(insouciance)* despreocupação *f*

légiférer [leʒifeʀe] *vi* legislar

légionnaire [leʒjɔnɛʀ] *nm* legionário *m*

légionnellose [leʒjɔnɛloz] *nf MÉD* legionelose *f*

législatif, ive [leʒislatif, iv] *adj* legislativo(va) ◆ **législatif** *nm* legislativo *m* ◆ **législatives** *nfpl* • **les législatives** as legislativas

législation [leʒislasjɔ̃] *nf* legislação *f*

légitime [leʒitim] *adj* legítimo(ma) • **légitime défense** legítima defesa

léguer [lege] *vt* legar

légume [legym] *nm* legume *m* • **légumes verts** legumes verdes

leitmotiv [lajtmɔtif] *nm* leitmotiv *m*

lendemain [lɑ̃dmɛ̃] *nm* • **le lendemain (de)** no dia a seguir • **le lendemain matin** na manhã seguinte

lent, e [lɑ̃, lɑ̃t] *adj* lento(ta)

lentement [lɑ̃tmɑ̃] *adv* lentamente

lenteur [lɑ̃tœʀ] *nf* lentidão *f*

lentille [lɑ̃tij] *nf* **1.** *(légume)* lentilha *f* **2.** *(verre de contact)* lente *f*

léopard [leɔpaʀ] *nm* leopardo *m*

lèpre [lɛpʀ] *nf* lepra *f*

lequel, **laquelle** [ləkɛl, lakɛl] (*mpl* **lesquels** [lekɛl], *fpl* **lesquelles** [lekɛl]) *pron* **1.** o qual (a qual) **2.** *(interrogatif)* qual • **l'homme auquel j'ai parlé/duquel on m'a parlé** o homem a quem falei/de quem me falaram • **lequel veux-tu ?** qual queres?

les ➤ **le**

léser [leze] *vt* lesar

lésiner [lezine] *vi* • **ne pas lésiner sur** não poupar em

lésion [lezjɔ̃] *nf* lesão *f*

lesquelles [lekɛl] ➤ **lequel**

lesquels [lekɛl] ➤ **lequel**

lessive [lɛsiv] *nf* **1.** *(poudre, liquide)* detergente *m (para a roupa)* **2.** *(linge)* roupa *f* por lavar • **faire la lessive** lavar a roupa

lessiver [lɛsive] *vt* **1.** *(nettoyer)* lavar **2.** *(fam) (fatiguer)* deixar de rastos

lest [lɛst] *nm* lastro *m* • **lâcher du lest** largar lastro ; *(fig)* fazer concessões

leste [lɛst] *adj (agile)* ágil

léthargie [letaʀʒi] *nf* letargia *f*

lettre [lɛtʀ] *nf* **1.** *(de l'alphabet)* letra *f* **2.** *(courrier)* carta *f* • **en toutes lettres** por extenso • **lettre de motivation** carta de motivação

La lettre professionnelle

Au Portugal, on indique le prénom suivi du nom de famille, précédé de *para* pour marquer le respect. Avant le prénom d'une femme, on écrit *D.* (*dona*) ou, s'il y a lieu, son titre académique (*Dr.a, Eng.a, Arq.ta,* etc.). On indique ensuite, dans l'ordre, le nom de la rue, le numéro de l'immeuble, l'étage et la situation sur le palier : *D.to* (droite)/*E.do* (gauche). Enfin, on indique le code postal, le nom de la ville et le pays. Les nom et adresse de l'expéditeur s'inscrivent en haut à gauche de l'enveloppe.

Au Brésil, on ne met pas de ponctuation dans l'adresse. Pour une entreprise, ou dans un cadre formel, on indique *Senhor* ou *Senhora* suivi du prénom et du nom de famille ou le nom de l'entreprise indiqué le plus complètement possible.

Entre amis ou proches, on indique le prénom suivi du nom de famille.

On peut abréger *Rua, Avenida, Alameda,* et *Rodovia* (au Brésil), etc.

Le nom de la ville est de préférence écrit en capitales avec accents. *Rua (R.), Avenida (Av.), Alameda (Al.), Rodovia (Rd.).*

Le nom de la ville est suivi du nom de l'État abrégé *São Paulo - SP.*

leucémie [løsemi] *nf* leucemia *f*

leur [lœʀ] *adj* dele (dela) • **ils ont vendu leur maison** eles venderam a casa deles • **je vais leur montrer le chemin** vou mostrar-lhes o caminho • **tu devrais le leur renvoyer** deverias mandar-lhes isso de volta ♦ **le leur**, **la leur** (*pl* **les leurs**)

pron o deles (a deles) • **je préfère la leur** prefiro a deles • **cet argent est le leur** este é o dinheiro deles
leurrer [lœʀe] *vt* iludir ◆ **se leurrer** *vp* iludir-se
levain [ləvɛ̃] *nm* fermento *m*
levant [ləvɑ̃] *adj m* ➤ **soleil**
levé, e [ləve] *adj* levantado(da)
levée [ləve] *nf (du courrier)* recolha *f*
lever [ləve] *vt* levantar ◇ *nm* levantar *m* • **le lever du jour** o amanhecer • **le lever du soleil** o nascer do sol ◆ **se lever** *vp* **1.** *(personne)* levantar-se **2.** *(jour)* amanhecer **3.** *(soleil)* nascer **4.** *(temps)* clarear
levier [ləvje] *nm* alavanca *f* • **levier de vitesse** alavanca das mudanças
lévitation [levitasjɔ̃] *nf* levitação *f*
lèvre [lɛvʀ] *nf* lábio *m*
lévrier [levʀije] *nm* galgo *m*
levure [ləvyʀ] *nf* fermento *m* em pó
lexique [lɛksik] *nm* léxico *m*
lézard [lezaʀ] *nm* lagarto *m*
lézarder [lezaʀde] ◆ **se lézarder** *vp* rachar-se
liaison [ljɛzɔ̃] *nf* **1.** ligação *f* **2.** *(amoureuse)* relação *f* • **être en liaison avec** estar em contacto com
liane [ljan] *nf* liana *f (Port)*, cipó *m (Br)*
liasse [ljas] *nf* maço *m*
Liban [libɑ̃] *nm* • **le Liban** o Líbano
libellule [libelyl] *nf* libélula *f*, libelinha *f*
libéral, e, aux [libeʀal, o] *adj* liberal
libéraliser [libeʀalize] *vt* liberalizar
libéralisme [libeʀalism] *nm* liberalismo *m*
libération [libeʀasjɔ̃] *nf* libertação *f*
libérer [libeʀe] *vt* libertar ◆ **se libérer** *vp* libertar-se
liberté [libɛʀte] *nf* liberdade *f* • **en liberté** *(animaux)* em liberdade
libertin, e [libɛʀtɛ̃, in] *nm, f* libertino *m*, -na *f*
libido [libido] *nf* libido *f*
libraire [libʀɛʀ] *nmf* livreiro *m*, -ra *f*
librairie [libʀɛʀi] *nf* livraria *f*
libre [libʀ] *adj* livre • **être libre de faire qqch** ser livre de fazer algo
libre-échange [libʀeʃɑ̃ʒ] *(pl* **libres-échanges)** *nm* livre-câmbio *m*
librement [libʀəmɑ̃] *adv* livremente
libre-service [libʀəsɛʀvis] *(pl* **libres-services)** *nm* self-service *m*
licence [lisɑ̃s] *nf* **1.** autorização *f* **2.** *(diplôme) diploma universitário que se obtém depois de três anos de estudos* ≃ Licenciatura *f*
licencié, e [lisɑ̃sje] *adj & nm, f* licenciado(da)
licenciement [lisɑ̃simɑ̃] *nm* despedimento *m*
licencier [lisɑ̃sje] *vt* despedir • **se faire licencier** despedir, ser despedido
licorne [likɔʀn] *nf* unicórnio *m*
lie [li] *nf* **1.** *(dépôt)* pé *m* (em vinho) **2.** *(fig & sout) (rebut)* ralé *f*
liège [ljɛʒ] *nm* cortiça *f*
liégeois [ljeʒwa] *adj m* ➤ **café, chocolat**
lien [ljɛ̃] *nm* **1.** *(ruban, sangle)* laço *m* **2.** *(relation)* vínculo *m*
lier [lje] *vt* **1.** ligar **2.** *(attacher)* atar • **lier conversation avec qqn** meter conversa com alguém ◆ **se lier** *vp* • **se lier (d'amitié) avec qqn** fazer amizade com alguém
lierre [ljɛʀ] *nm* hera *f*
liesse [ljɛs] *nf* • **en liesse** jubiloso(osa)

lieu [ljø] (*pl* -x) *nm* lugar *m* • **avoir lieu** ter lugar, realizar-se • **au lieu de** em vez de

lieutenant, e [ljøtnɑ̃, ɑ̃t] *nm, f* tenente *m*

lièvre [ljɛvʀ] *nm* lebre *f*

lifting [liftiŋ] *nm* operação *f* plástica ao rosto

ligament [ligamɑ̃] *nm* ligamento *m*

ligne [liɲ] *nf* **1.** linha *f* **2.** *(téléphonique)* ligação *f* • **garder la ligne** manter a linha • **aller à la ligne** abrir parágrafo • **ligne blanche** linha contínua • **(en) ligne droite** (em) linha recta ▼ **grandes lignes** *principais eixos ferroviários*

lignée [liɲe] *nf* linhagem *f*

ligoter [ligɔte] *vt* atar

ligue [lig] *nf* liga *f*

liguer [lige] ◆ **se liguer** *vp* aliar-se • **se liguer contre qqn** aliar-se contra alguém

lilas [lila] *nm* lilás *m*

limace [limas] *nf* lesma *f*

limande [limɑ̃d] *nf* solha *f*

lime [lim] *nf* lima *f* • **lime à ongles** lima das unhas

limer [lime] *vt* limar

limitation [limitasjɔ̃] *nf* limitação *f* • **limitation de vitesse** limite *m* de velocidade

limite [limit] *nf* limite *m* ◇ *adj* limite • **à la limite** em último caso

limiter [limite] *vt* limitar ◆ **se limiter à** *vp + prép* limitar-se a

limitrophe [limitʀɔf] *adj* limítrofe • **être limitrophe de** ser limítrofe com

limoger [limɔʒe] *vt* destituir

limon [limɔ̃] *nm* limo *m*

limonade [limɔnad] *nf* gasosa *f*

limpide [lɛ̃pid] *adj* **1.** *(eau)* límpido(da) **2.** *(raisonnement)* claro(ra)

lin [lɛ̃] *nm* linho *m*

linceul [lɛ̃sœl] *nm* mortalha *f*

linéaire [lineɛʀ] *adj* linear

linge [lɛ̃ʒ] *nm* roupa *f* • **linge de maison** roupa branca

lingerie [lɛ̃ʒʀi] *nf* **1.** *(sous-vêtements)* lingerie *f* **2.** *(local)* loja *f* de lingerie

lingette [lɛ̃ʒet] *nf* toalhete *m* • **lingette antibactérienne** toalhetes antibacterianos

lingot [lɛ̃go] *nm* • **lingot (d'or)** lingote *m* (de ouro)

linguistique [lɛ̃gɥistik] *nf* linguística *f* ◇ *adj* linguístico(ca)

lino(léum) [lino, linɔleɔm] *nm* oleado *m*

lion [ljɔ̃] *nm* leão *m* ◆ **Lion** *nm* Leão *m*

lipide [lipid] *nm* lípido *m*

liqueur [likœʀ] *nf* licor *m*

liquidation [likidasjɔ̃] *nf* ▼ **liquidation totale** liquidação total

liquide [likid] *adj* líquido(da) ◇ *nm* líquido *m* • **(argent) liquide** dinheiro *m* • **payer en (argent) liquide** pagar a dinheiro • **liquide de frein** óleo *m* dos travões • **liquide vaisselle** detergente para a louça

liquider [likide] *vt* liquidar

liquidité [likidite] *nf* liquidez *f* ◆ **liquidités** *nfpl* liquidez *f*

lire [liʀ] *vt & vi* ler

lis [lis] *nm* açucena *f*

Lisbonne [lisbɔn] *nf* Lisboa

liseré [lizʀe] *nm* debrum *m*

liseron [lizʀɔ̃] *nm* campainha *f (flor)*

lisible [lizibl] *adj* legível

lisière [lizjɛʀ] *nf* orla *f*

lisse [lis] *adj* liso(sa)
lisser [lise] *vt* alisar
liste [list] *nf* lista *f* • **liste d'attente** lista de espera • **être sur liste d'attente** estar na lista de espera • **(être sur) liste rouge** estar na condição de confidencialidade
listériose [listerjoz] *nf MÉD* listeriose
listing [listiŋ] *nm* listagem *f*
lit [li] *nm* **1.** *(pour dormir)* cama *f* **2.** *(d'une rivière)* leito *m* • **aller au lit** ir para a cama • **lit de camp** cama de acampamento • **lit double, grand lit** cama de casal • **lit simple, lit à une place, petit lit** cama de solteiro • **lits jumeaux** camas iguais • **lits superposés** beliche *m*
litanie [litani] *nf* ladainha *f*
litchi [litʃi] *nm* lichia *f*
literie [litʀi] *nf estrados e colchões*
litière [litjɛʀ] *nf* areia *f* para gatos
litige [litiʒ] *nm* litígio *m*
litigieux, euse [litiʒjø, øz] *adj* litigioso(osa)
litre [litʀ] *nm* litro *m*
littéraire [liteʀɛʀ] *adj* literário(ria)
littéral, e, aux [liteʀal, o] *adj* literal
littérature [liteʀatyʀ] *nf* literatura *f*
littoral [litɔʀal] (*pl* **-aux**) *nm* litoral *m*
livide [livid] *adj* lívido(da)
living(-room), livings ou **living-rooms** [liviŋ(rum)] *nm* sala *f* de estar
livraison [livʀɛzɔ̃] *nf* entrega *f* • **livraison à domicile** entrega ao domicílio ▾ **livraison des bagages** recolha de bagagem
[1]**livre** [livʀ] *nm* livro *m* • **livre de français** livro de francês
[2]**livre** [livʀ] *nf* **1.** *(demi-kilo)* meio-quilo *m* **2.** *(monnaie)* libra *f* • **livre sterling** libra esterlina
livrer [livʀe] *vt* entregar
livret [livʀɛ] *nm* caderneta *f* • **livret (de caisse) d'épargne** caderneta de poupança • **livret de famille** ≃ cédula *f* • **livret scolaire** caderneta do aluno
livreur, euse [livʀœʀ, øz] *nm, f* **1.** estafeta *mf* **2.** *(de meubles)* carregador *m*
lobby [lɔbi] (*pl* **lobbies**) *nm* lobby *m*
lobe [lɔb] *nm* lóbulo *m*
local, e, aux [lɔkal, o] *adj* local ◇ *nm* local *m*
localiser [lɔkalize] *vt* localizar
locataire [lɔkatɛʀ] *nmf* inquilino *m*, -na *f*
location [lɔkasjɔ̃] *nf* **1.** aluguer *m* **2.** *(d'un billet)* reservação *f* ▾ **location de voitures** aluguer de viaturas
location-vente [lɔkasjɔ̃vɑ̃t] (*pl* **locations-ventes**) *nf* locação *f* financeira imobiliária
locomotive [lɔkɔmɔtiv] *nf* locomotiva *f*
locution [lɔkysjɔ̃] *nf* locução *f*
loft [lɔft] *nm sótão convertido em apartamento*
loge [lɔʒ] *nf* **1.** *(de concierge)* casa *f* do porteiro **2.** *(d'acteur)* camarim *m*
logement [lɔʒmɑ̃] *nm* **1.** *(hébergement)* alojamento *m* **2.** *(appartement)* casa *f* • **le logement** o imobiliário
loger [lɔʒe] *vt* alojar ◇ *vi* morar ◆ **se loger** *vp* alojar-se
logiciel [lɔʒisjɛl] *nm INFORM* software *m*
logique [lɔʒik] *adj* lógico(ca) ◇ *nf* lógica *f*
logiquement [lɔʒikmɑ̃] *adv* logicamente
logistique [lɔʒistik] *nf* logística *f* ◇ *adj* logístico(ca)

logo [logo] *nm* logotipo *m*
loi [lwa] *nf* lei *f* • **la loi** a lei
loin [lwɛ̃] *adv* longe • **au loin** ao longe • **de loin** de longe • **loin de** longe de • **loin de là** longe disso
lointain, e [lwɛ̃tɛ̃, ɛn] *adj* **1.** longínquo(qua) **2.** *(hautain)* distante ◇ *nm* • **dans le lointain** ao longe
loir [lwaʀ] *nm* arganaz *m* • **dormir comme un loir** dormir como uma pedra
Loire [lwaʀ] *nf* • **la Loire** *(fleuve)* o Loire
loisirs [lwaziʀ] *nmpl* tempos *mpl* livres
Londonien, enne [lɔ̃dɔnjɛ̃, ɛn] *nm, f* londrino *m*, -na *f*
Londres [lɔ̃dʀ] *n* Londres
long, longue [lɔ̃, lɔ̃g] *adj* **1.** *(dans l'espace)* comprido(da) **2.** *(dans le temps)* longo(ga) • **ça fait 10 mètres de long** mede 10 metros de comprimento • **le long de** ao longo de • **de long en large** de um lado para o outro • **à la longue** com o tempo
longeole [lɔ̃ʒɔl] *nf* (*Helv*) *salsicha defumada típica de Genebra*
longer [lɔ̃ʒe] *vt* ladear
longitude [lɔ̃ʒityd] *nf* longitude *f*
longtemps [lɔ̃tɑ̃] *adv* muito tempo
longue ➤ **long**
longuement [lɔ̃gmɑ̃] *adv* longamente
longueur [lɔ̃gœʀ] *nf* **1.** *(d'une route, d'une table)* comprimento *m* **2.** *(d'un voyage, d'un discours)* duração *f* **3.** *RADIO* • **longueur d'onde** comprimento de onda **4.** *SPORT* • **saut en longueur** salto em comprimento • **à longueur de journée** todo o dia
longue-vue [lɔ̃gvy] (*pl* **longues-vues**) *nf* óculo *m*
look [luk] *nm* (*fam*) visual *m* • **avoir un look** ter um visual
lopin [lɔpɛ̃] *nm* pequena parcela *f* • **lopin de terre** pequena parcela de terreno
loquace [lɔkas] *adj* loquaz • **(être) peu loquace** (ser) pouco loquaz
loque [lɔk] *nf* farrapo *m* • **en loques** em farrapos
loquet [lɔkɛ] *nm* trinco *m*
lorraine [lɔʀɛn] *adj f* ➤ **quiche**
lors [lɔʀ] ◆ **lors de** *prép* durante
lorsque [lɔʀskə] *conj* quando
losange [lɔzɑ̃ʒ] *nm* losango *m*
lot [lo] *nm* **1.** *(de loterie)* prémio *m* **2.** *COMM* lote *m*
loterie [lɔtʀi] *nf* lotaria *f*
loti, e [lɔti] *adj* • **être bien/mal loti** ser favorecido/desfavorecido
lotion [lɔsjɔ̃] *nf* loção *f*
lotissement [lɔtismɑ̃] *nm* lote *m*
loto [lɔto] *nm* *(national)* ≃ totoloto *m* • **le loto sportif** ≃ o totobola

Le loto

Neste jogo de azar administrado pelo Estado podem-se ganhar grandes somas em dinheiro. Os apostadores escolhem certos números em grelhas impressas (que se podem comprar nas tabacarias) e o preço da aposta varia em função da quantidade de números escolhidos. A seguir, comparam-se os números em que se apostou com os do sorteio transmitido em directo pela televisão. O *loto sportif* (totobola) é a aposta nos resultados de uma série de jogos de futebol.

lotte [lɔt] *nf* lota *f* • **lotte à l'américaine** lota à americana
louange [lwɑ̃ʒ] *nf* louvor *m* • **chanter les louanges de qqn** (*fig*) tecer louvores a alguém
louche [luʃ] *adj* **1.** (*bizarre*) esquisito(ta) **2.** (*personne*) duvidoso(osa) ◇ *nf* concha *f* (de sopa)
loucher [luʃe] *vi* ser vesgo(ga)
louer [lwe] *vt* **1.** (*maison*) arrendar **2.** (*voiture, télévision*) alugar ▼ **à louer** aluga-se
loufoque [lufɔk] *adj* (*fam*) **1.** (*histoire*) espatafúrdio(dia) **2.** (*personne*) adoidado(da)
loup [lu] *nm* lobo *m*
loupe [lup] *nf* lupa *f*
louper [lupe] *vt* **1.** (*fam*) (*examen*) chumbar em **2.** (*train*) perder
lourd, e [luʀ, luʀd] *adj* **1.** pesado(da) **2.** (*sans finesse*) grosseiro(ra) **3.** (*dépenses, traitement*) importante **4.** (*temps*) abafado(da) ◇ *adv* • **peser lourd** pesar muito
lourdement [luʀdəmɑ̃] *adv* **1.** (*tomber*) pesadamente **2.** (*se tromper*) redondamente
lourdeur [luʀdœʀ] *nf* • **avoir des lourdeurs d'estomac** ter o estômago pesado
louve [luv] *nf* loba *f*
louveteau [luvto] *nm* **1.** (*animal*) lobinho *m* **2.** (*scout*) lobito *m*
louvoyer [luvwaje] *vi* **1.** *NAUT* bordejar **2.** (*fig*) (*biaiser*) andar com rodeios
Louvre [luvʀ] *nm* • **le Louvre** o museu do Louvre

Le Louvre

Este é um dos museus mais importantes do mundo. Contém valiosas colecções de antiguidades, escultura e pintura. Algumas das salas do antigo Ministério da Economia foram incorporadas ao museu e procedeu-se a uma restauração total dos arredores daquilo a que hoje se chama o *Grand Louvre*. Entre as duas alas do edifício ergue-se uma pirâmide de cristal, que constitui a nova via de acesso ao museu. No subsolo existem, entre outros, um centro comercial e um parque de estacionamento.

loyal, e, aux [lwajal, o] *adj* leal
loyauté [lwajote] *nf* lealdade *f*
loyer [lwaje] *nm* renda *f* (*Port*), aluguer *m* (*Br*)
lu, e [ly] *pp* ➤ **lire**
lubie [lybi] *nf* veneta *f*
lubrifiant [lybʀifjɑ̃] *nm* lubrificante *m*
lubrifier [lybʀifje] *vt* lubrificar
lubrique [lybʀik] *adj* lúbrico(ca)
lucarne [lykaʀn] *nf* clarabóia *f*
lucide [lysid] *adj* lúcido(da)
lucratif, ive [lykʀatif, iv] *adj* lucrativo(va)
ludique [lydik] *adj* lúdico(ca)
lueur [lɥœʀ] *nf* **1.** (*lumière*) clarão *m* **2.** (*de bougie*) luz *f* **3.** (*dans le regard*) brilho *m*
luge [lyʒ] *nf* trenó *m* • **faire de la luge** andar de trenó
lugubre [lygybʀ] *adj* lúgubre

[1]lui [lɥi] *pron*
1. *(gén)* ele • **j'en ai eu moins que lui** tive menos que ele • **et lui, qu'est-ce qu'il en pense ?** e ele, o que é que ele acha? • **c'est lui qui nous a renseignés** foi ele que nos informou • **c'est lui-même qui l'a dit** foi ele próprio quem o disse • **il se contredit lui-même** ele contradiz-se a ele próprio
2. *(complément d'objet indirect)* lhe • **dites-le lui tout de suite** diga-lho imediatamente • **je lui ai serré la main** dei-lhe um aperto de mão

[2]lui [lɥi] *pp* ➤ **luire**

luire [lɥiʀ] *vi* luzir

luisant, e [lɥizɑ̃, ɑ̃t] *adj* reluzente

lumbago [lɔ̃bago] *nm* lumbago *m*

lumière [lymjɛʀ] *nf* luz *f*

luminaire [lyminɛʀ] *nm* artigo *m* de iluminação

lumineux, euse [lyminø, øz] *adj* **1.** *(éclairé)* luminoso(osa) **2.** *(teint, sourire)* resplandecente **3.** *(explication)* claro(ra)

luminosité [lyminozite] *nf* luminosidade *f*

lunatique [lynatik] *adj* temperamental

lunch [lœnʃ] (*pl* **-s** OU **-es**) *nm* bufete *m*

lundi [lœ̃di] *nm* segunda-feira *f* • **nous sommes** OU **c'est lundi** é segunda-feira • **lundi 13 septembre** segunda-feira, 13 de Setembro • **nous sommes partis lundi** nós fomos embora na segunda-feira • **lundi dernier** na segunda-feira passada • **lundi prochain** na segunda-feira que vem • **lundi matin** na segunda-feira de manhã • **le lundi** às segundas-feiras • **à lundi!** até segunda-feira!

lune [lyn] *nf* lua *f* • **lune de miel** lua de mel • **pleine lune** lua cheia

lunette [lynɛt] *nf* luneta *f* • **lunette arrière** vidro *m* de trás (do carro) ◆ **lunettes** *nfpl* óculos *mpl* • **lunettes de soleil** óculos de sol

luron [lyʀɔ̃] *nm* *(fam)* • **joyeux luron** galhofeiro *m*

lusophone [lyzɔfɔn] *adj* lusófono(na)

lustre [lystʀ] *nm* lustre *m*

lustrer [lystʀe] *vt* **1.** *(faire briller)* dar brilho a **2.** *(user)* coçar

luth [lyt] *nm* alaúde *m*

lutin [lytɛ̃] *nm* duende *m*

lutte [lyt] *nf* luta *f*

lutter [lyte] *vi* lutar • **lutter contre** lutar contra

luxation [lyksasjɔ̃] *nf* luxação *f*

luxe [lyks] *nm* luxo *m* • **de (grand) luxe** de luxo

Luxembourg [lyksɑ̃buʀ] *nm* • **le Luxembourg** o Luxemburgo

Luxembourgeois, e [lyksɑ̃buʀʒwa, az] *nm, f* luxemburguês *m*, -esa *f*

luxueux, euse [lyksɥø, øz] *adj* luxuoso(osa)

luxure [lyksyʀ] *nf* luxúria *f*

luzerne [lyzɛʀn] *nf* luzerna *f*

lycée [lise] *nm* escola *f* secundária • **lycée professionnel** escola profissional

lycéen, enne [liseɛ̃, ɛn] *nm, f* aluno *m*, -na *f* da escola secundária

Lycra® [likʀa] *nm* lycra® *f*

lyncher [lɛ̃ʃe] *vt* linchar
lynx [lɛ̃ks] *nm* lince *m*
Lyon [ljɔ̃] *n* Lyon
lyophilisé, e [ljɔfilize] *adj* liofilizado(da)
lyre [liʀ] *nf* lira *f*
lyrique [liʀik] *adj* lírico(ca)

mM

m (*abr écrite de mètre*) m (*metro*)
m' ➤ **me**
M. (*abr écrite de Monsieur*) Sr
ma [ma] ➤ **mon**
macabre [makabʀ] *adj* macabro(bra)
macadam [makadam] *nm* macadame *m*
macaron [makaʀɔ̃] *nm* (*gâteau*) suspiro *m* recheado
macaronis [makaʀɔni] *nmpl* macarrão *m*
macédoine [masedwan] *nf* • **macédoine (de légumes)** macedónia *f* de legumes • **macédoine de fruits** macedónia *f* de frutas
macérer [maseʀe] *vi* macerar
mâche [maʃ] *nf* erva-benta *f*
mâcher [maʃe] *vt* mastigar
machin [maʃɛ̃] *nm* (*fam*) coisa *f*
machinal, e, aux [maʃinal, o] *adj* maquinal
machination [maʃinasjɔ̃] *nf* maquinação *f*
machine [maʃin] *nf* máquina *f* • **machine à coudre** máquina de costura • **machine à écrire** máquina de escrever • **machine à laver** máquina de lavar • **machine à sous** slot-machine *f*
machine-outil [maʃinuti] (*pl* **machines-outils**) *nf* máquina-ferramenta *f*
machiniste [maʃinist] *nm, f* (*d'autobus*) motorista *mf* ▾ **faire signe au machiniste** faça sinal ao motorista
machisme [matʃism] *nm* (*péj*) machismo *m*
mâchoire [maʃwaʀ] *nf* maxila *f*
mâchonner [maʃɔne] *vt* **1.** (*mâcher lentement*) mastigar lentamente **2.** (*mordiller*) morder
maçon [masɔ̃] *nm* pedreiro *m*
maçonnerie [masɔnʀi] *nf* alvenaria *f*
macro [makro] *nf INFORM* macro *mf* (instrução)
madame [madam] (*pl* **mesdames** [medam]) *nf* • **madame X** a senhora ou dona Isabelle X • **bonjour madame/mesdames !** bom dia minha senhora/minhas senhoras! • **Madame,** (*dans une lettre*) Exma. Senhora, • **Madame !** (*pour appeler le professeur*) Senhora professora!
madeleine [madlɛn] *nf* madalena *f*
mademoiselle [madmwazɛl] (*pl* **mesdemoiselles** [medmwazɛl]) *nf* • **mademoiselle X** menina Isabelle X • **bonjour mademoiselle/mesdemoiselles !** bom dia menina/meninas! • **Mademoiselle,** (*dans une lettre*) Exma. Senhora, • **Mademoiselle !** (*pour appeler le professeur*) Senhora professora!
madère [madɛʀ] *nm* ➤ **sauce**
maf(f)ia [mafja] *nf* máfia *f* • **la Maf(f)ia** a Máfia

magasin [magazɛ̃] *nm* loja *f* • **en magasin** em armazém
magazine [magazin] *nm* revista *f*
Maghreb [magʀɛb] *nm* • **le Maghreb** o Magrebe
Maghrébin, e [magʀebɛ̃, in] *nm, f* habitante *mf* do Magrebe
magicien, enne [maʒisjɛ̃, ɛn] *nm, f* mágico *m*, -ca *f*
magie [maʒi] *nf* magia *f*
magique [maʒik] *adj* mágico(ca)
magistral, e, aux [maʒistʀal, o] *adj* **1.** *(excellent, doctoral)* magistral **2.** *(très fort)* fenomenal
magistrat, e [maʒistʀa, at] *nm, f* magistrado *m*
magistrature [maʒistʀatyʀ] *nf* magistratura *f*
magnat [magna] *nm* magnata *mf*
magnésium [maɲezjɔm] *nm* magnésio *m*
magnétique [maɲetik] *adj* magnético(ca)
magnétisme [maɲetism] *nm* magnetismo *m*
magnétophone [maɲetɔfɔn] *nm* gravador *m*
magnétoscope [maɲetɔskɔp] *nm* vídeo *m*
magnifique [maɲifik] *adj* magnífico(ca)
magot [mago] *nm* *(fam)* pé-de-meia *m*
magret [magʀɛ] *nm* • **magret (de canard)** filete *m* de carne de pato
mai [mɛ] *nm* Maio *m* • **en mai** em Maio • **au mois de mai** no mês de Maio • **début mai** em princípios de Maio • **fin mai** em fins de Maio • **le dix mai** no dia dez de Maio • **le premier mai** o dia 1 de Maio

Le premier mai

Neste feriado comemora-se o Dia do Trabalhador e realizam-se os tradicionais desfiles organizados por diversos sindicatos franceses. Também neste dia é costume oferecer-se um ramo de *muguet* para dar sorte. Nesta época, tais flores são vendidas em toda a parte por vendedores ambulantes ocasionais.

maigre [mɛgʀ] *adj* magro(gra)
maigreur [mɛgʀœʀ] *nf* magreza *f*
maigrir [megʀiʀ] *vi* emagrecer
mail [mɛl] *nm INFORM* e-mail *m*, mail *m*

Écrire un mail

Dans un cadre un peu formel on peut écrire comme pour une lettre.
Normalement, on utilise simplement *Bom dia* quand on ne sait pas à qui l'on s'adresse.
Dans le cadre amical ou entre collègues directs, on utilise normalement *Caro(a)* ou *Querido(a)* suivi du prénom suivi d'une virgule.
De façon un peu plus soutenue, on écrit *Exmo.(a) Senhor(a)* au Portugal et *Prezado(a) Sr.(a)* au Brésil, suivi du prénom, du nom de famille puis d'une virgule.
La formule d'ouverture est toujours suivie d'une virgule.
Entre amis, ou de façon très détendue, on peut trouver *Meu*

querido, *Minha querida*, et ensuite tout est possible, depuis les *Olá* au Portugal et *Oi*, jusqu'au *Hi*, au Brésil.

Dans une réponse, vous pouvez omettre la formule d'ouverture, les relations professionnelles étant très décontractées. C'est le cas entre collègues ayant des relations quasi amicales, entre amis ou entre proches (ce sera selon votre niveau d'intimité) et s'il s'agit d'une suite d'échanges pour éviter de retrouver à chaque fois une formule.

Signer un mail

La signature est en général assez informelle. On peut reprendre les formules utilisées pour une lettre, mais la plus usuelle est *Cordialmente*, la plus informelle *Até breve*. Dans un cadre amical, on écrit généralement *Beijos*, *Beijinhos* ou *Mil beijos*, ou encore ce qui vous passe par la tête.

La ponctuation est absente ou sans règle précise.

mailing [mɛliŋ] *nm* mailing *m*

maille [maj] *nf* malha *f*

maillon [majɔ̃] *nm* elo *m*

maillot [majo] *nm* **1.** fato *m* **2.** *(de football)* camisola *f* • **maillot (de bain) (une pièce)** fato de banho *(Port)*, maiô *m (Br)* • **maillot (de bain) deux pièces** biquini • **maillot jaune** *(cyclisme)* camisola amarela • **maillot de corps** camisola interior • **maillot jaune** *(du Tour de France)* camisola amarela

main [mɛ̃] *nf* mão *f* • **à main gauche** do lado esquerdo • **se donner la main** dar a mão um ao outro • **fait (à la) main** feito à mão • **mains libres** *(téléphone, kit)* mãos livres • **prendre qqch en main** encarregar-se de algo

main-d'œuvre [mɛ̃dœvʀ] *(pl* **mains-d'œuvre***)* *nf* mão-de-obra *f*

mainmise [mɛ̃miz] *nf* • **avoir la mainmise sur qqch** controlar algo

maint, e [mɛ̃, mɛ̃t] *adj (sout)* • **maintes fois** inúmeras vezes

maintenance [mɛ̃tnɑ̃s] *nf* manutenção *f*

maintenant [mɛ̃tnɑ̃] *adv* agora

maintenir [mɛ̃tniʀ] *vt* manter ♦ **se maintenir** *vp* manter-se

maintenu, e [mɛ̃tny] *pp* ➤ **maintenir**

maire [mɛʀ] *nmf* Presidente *mf* da Câmara *(Port)*, prefeito *m (Br)*

mairie [meʀi] *nf (bâtiment)* câmara *f* municipal *(Port)*, prefeitura *f (Br)*

mais [mɛ] *conj* mas • **mais non !** claro que não!

maïs [mais] *nm* milho *m*

maison [mɛzɔ̃] *nf* casa *f* ◇ *adj inv* casei-ro(ra) • **à la maison** em casa • **maison de campagne** casa de campo • **maison des jeunes et de la culture** *centro cultural para jovens*

maître, esse [mɛtʀ, mɛtʀɛs] *nm, f* dono *m*, -na *f* • **maître (d'école)** professor *m* • **maître d'hôtel** chefe *m* de mesa *(Port)*, maître *m (Br)* • **maître nageur** nadador *m* salvador

maîtresse [mɛtʀɛs] *nf (amie)* amante *f* ➤ **maître**

maîtrise [metʀiz] *nf (diplôme)* ≃ mestrado *m*

maîtriser [metʀize] *vt* dominar

majesté [maʒɛste] *nf* majestade *f* • **Sa/Votre Majesté** Sua/Vossa Majestade

majestueux, euse [maʒɛstɥø, øz] *adj* majestoso(osa)

majeur, e [maʒœʀ] *adj* **1.** *(adulte)* maior de idade **2.** *(principal)* principal ◇ *nm* dedo *m* médio • **la majeure partie (de)** a maior parte (de)

majoration [maʒɔʀasjɔ̃] *nf* majoração *f*

majorer [maʒɔʀe] *vt* aumentar

majorette [maʒɔʀɛt] *nf* majorette *f*

majoritaire [maʒɔʀitɛʀ] *adj* maioritário(ria)

majorité [maʒɔʀite] *nf* **1.** *(âge)* maioridade *f* **2.** *(plus grand nombre)* maioria *f* • **en majorité** em maioria • **la majorité de** a maioria de

majuscule [maʒyskyl] *nf* maiúscula *f*

mal [mal] *(pl* **maux** [mo]) *nm (contraire du bien)* mal *m* ◇ *adv* mal • **avoir mal** doer • **avoir mal au cœur** estar enjoado • **j'ai mal aux dents** doem-me os dentes • **j'ai mal au dos** doem-me as costas • **j'ai mal à la gorge** dói-me a garganta • **j'ai mal à la tête** dói-me a cabeça • **j'ai mal au ventre** dói-me a barriga • **ça fait mal** isso magoa • **faire mal à qqn** aleijar alguém • **se faire mal** aleijar-se • **se donner du mal (pour faire qqch)** esforçar-se (por fazer algo) • **mal de gorge** dor *f* de garganta • **mal de mer** enjoo *m* • **maux de tête** dores *mpl* de cabeça • **mal à l'aise** pouco à vontade, intimidado • **être/se sentir mal à l'aise** sentir-se pouco à vontade • **il n'est pas mal** *(fam)* não está nada mal • **pas mal de** *(fam)* bastante • **pas mal de voitures** bastantes carros

malade [malad] *adj* **1.** doente **2.** *(sur un bateau)* enjoado(da) ◇ *nmf* doente *mf* • **malade mental** doente mental

maladie [maladi] *nf* doença *f* • **maladie contagieuse** doença contagiosa • **maladie héréditaire** doença hereditária • **maladie sexuellement transmissible** doença sexualmente transmissível

maladresse [maladʀɛs] *nf* falta *f* de jeito

maladroit, e [maladʀwa, at] *adj* **1.** *(personne, geste)* desajeitado(da) **2.** *(réponse, expression)* despropositado(da)

malaise [malɛz] *nm* **1.** *MÉD* indisposição *f* **2.** *(angoisse)* mal-estar *m* • **avoir un malaise** desmaiar

malaudition [malodisjɔ̃] *nf MÉD* surdez, perda da audição

malaxer [malakse] *vt* amassar

malbouffe [malbuf] *nf (fam)* comida hipercalórica ou de plástico *fast-food denominado "junk food"*

malchance [malʃɑ̃s] *nf* má sorte *f*

malchanceux, euse [malʃɑ̃sø, øz] *adj & nm, f* azarado(da)

mâle [mal] *adj & nm* macho

malédiction [malediksjɔ̃] *nf* maldição *f*

maléfique [malefik] *adj (sout)* maléfico(ca)

malencontreux, euse [malɑ̃kɔ̃tʀø, øz] *adj* infeliz

malentendant, e [malɑ̃tɑ̃dɑ̃, ɑ̃t] *adj & nm, f* deficiente auditivo

malentendu [malɑ̃tɑ̃dy] *nm* mal-entendido *m*

malfaiteur [malfɛtœʀ] *nm* malfeitor *m*, -ra *f*
malfamé, e [malfame] *adj* mal-afamado(da)
malformation [malfɔʀmasjɔ̃] *nf* deformação *f* congénita
malfrat [malfʀa] *nm (fam)* vigarista *mf*
malgré [malgʀe] *prép* apesar de • **malgré tout** apesar de tudo
malheur [malœʀ] *nm* **1.** *(malchance)* infelicidade *f* **2.** *(événement)* desgraça *f*
malheureusement [malœʀøzmɑ̃] *adv* infelizmente
malheureux, euse [malœʀø, øz] *adj* infeliz
malhonnête [malɔnɛt] *adj* desonesto(ta)
malhonnêteté [malɔnɛtte] *nf* desonestidade *f*
Mali [mali] *nm* • **le Mali** o Mali
malice [malis] *nf* malícia *f* • **sans malice** sem malícia
malicieux, euse [malisjø, øz] *adj* malicioso(osa)
malin, igne [malɛ̃, iɲ] *adj (habile, intelligent)* esperto(ta)
malingre [malɛ̃gʀ] *adj* enfezado(da)
malle [mal] *nf* mala *f (baú)*
malléable [maleabl] *adj* maleável
mallette [malɛt] *nf* pasta *f*
malmener [malməne] *vt* maltratar
malnutrition [malnytʀisjɔ̃] *nf* má nutrição *f*
malotru, e [malɔtʀy] *nm, f* • **quel malotru !** que bruto!
malpoli, e [malpɔli] *adj* malcriado(da)
malsain, e [malsɛ̃, ɛn] *adj* doentio(tia)
malt [malt] *nm* malte *m*
maltraiter [maltʀete] *vt* maltratar
malus [malys] *nm* agravamento *m*
malveillant, e [malvɛjɑ̃, ɑ̃t] *adj* malévolo(la)
malversation [malvɛʀsasjɔ̃] *nf* malversação *f*
malvoyant, e [malvwajɑ̃, ɑ̃t] *adj & nm, f* deficiente visual
maman [mamɑ̃] *nf* mamã *f*
mamelle [mamɛl] *nf* teta *f*
mamie [mami] *nf (fam)* vovó *f*
mammifère [mamifɛʀ] *nm* mamífero *m*
mammographie [mamɔgʀafi] *nf* mamografia *f*
mammouth [mamut] *nm* mamute *m*
manager [manadʒɛʀ] *nm* manager *m*
manche [mɑ̃ʃ] *nf* **1.** *(de vêtement)* manga *f* **2.** *(de jeu, de match)* parte *f* ◇ *nm* cabo *m* • **à manches courtes/longues** de manga curta/comprida
Manche [mɑ̃ʃ] *nf* • **la Manche** o Canal da Mancha
manchette [mɑ̃ʃɛt] *nf (d'une manche)* punho *m* da camisa
manchot, e [mɑ̃ʃo, ɔt] *adj* maneta
mandarine [mɑ̃daʀin] *nf* tangerina *f*
mandat [mɑ̃da] *nm (postal)* vale *m* postal
mandataire [mɑ̃datɛʀ] *nmf* mandatário *m*, -ria *f*
mandibule [mɑ̃dibyl] *nf* mandíbula *f*
mandoline [mɑ̃dɔlin] *nf* bandolim *m*
manège [manɛʒ] *nm* **1.** *(attraction)* carrossel *m* **2.** *(d'équitation)* picadeiro *m*
manette [manɛt] *nf* alavanca *f* • **manette de jeux** joystick *m*
manga [mɑ̃ga] *nm* manga *f*
manganèse [mɑ̃ganɛz] *nm* manganésio *m*

mangeoire [mɑ̃ʒwaʀ] *nf* manjedoura *f*
manger [mɑ̃ʒe] *vt & vi* comer • **donner à manger à qqn** dar de comer a alguém
mangue [mɑ̃g] *nf* manga *f (fruto)*
maniable [manjabl] *adj* manejável
maniaque [manjak] *adj* maníaco(ca)
manie [mani] *nf* mania *f*
manier [manje] *vt* manejar
manière [manjɛʀ] *nf* maneira *f* • **de manière à** de maneira a • **de toute manière** de qualquer maneira ◆ **manières** *nfpl (attitude)* modos *mpl* • **faire des manières** estar com cerimónias
maniéré, e [manjeʀe] *adj* de modos afectados
manif [manif] *nf (fam)* manifestação *f*
manifestant, e [manifɛstɑ̃, ɑ̃t] *nm, f* manifestante *mf*
manifestation [manifɛstasjɔ̃] *nf* **1.** *(défilé)* manifestação *f (Port)*, passeata *f (Br)* **2.** *(culturelle)* manifestação *f*
manifester [manifɛste] *vt & vi* manifestar ◆ **se manifester** *vp* manifestar-se
manigancer [manigɑ̃se] *vt* tramar
manioc [manjɔk] *nm* mandioca *f*
manipulation [manipylasjɔ̃] *nf* **1.** manipulação *f* **2.** *(d'un outil)* manejo *m*
manipuler [manipyle] *vt* **1.** manipular **2.** *(outil)* manejar
manivelle [manivɛl] *nf* manivela *f*
mannequin [mankɛ̃] *nm* **1.** *(de défilé)* modelo *mf* **2.** *(de vitrine)* manequim *m*
manœuvre [manœvʀ] *nf* manobra *f*
manœuvrer [manœvʀe] *vt & vi* manobrar
manoir [manwaʀ] *nm* solar *m*
manquant, e [mɑ̃kɑ̃, ɑ̃t] *adj* que falta
manque [mɑ̃k] *nm* • **le manque de** a falta de
manquer [mɑ̃ke] *vt* **1.** *(train, occasion)* perder **2.** *(cible)* falhar ◇ *vi* **1.** *(échouer)* falhar **2.** *(être absent)* faltar • **elle nous manque** temos saudades ou sentimos falta dela • **il me manque dix euros** faltam-me dez euros • **manquer de qqch** ter falta de algo • **il a manqué (de) se faire écraser** por pouco era atropelado
mansarde [mɑ̃saʀd] *nf* mansarda *f*
mansardé, e [mɑ̃saʀde] *adj* no sótão
mansuétude [mɑ̃sɥetyd] *nf (sout)* mansuetude *f*
manteau [mɑ̃to] (*pl* **-x**) *nm* casaco *m* (comprido)
manucure [manykyʀ] *nmf* manicura *f*
manuel, elle [manɥɛl] *adj* manual ◇ *nm* manual *m*
manufacturé, e [manyfaktyʀe] *adj* manufacturado(da)
manuscrit [manyskʀi] *nm* manuscrito *m*
manutention [manytɑ̃sjɔ̃] *nf* armazenagem *f*
manutentionnaire [manytɑ̃sjɔnɛʀ] *nmf* condutor *m*, -ra *f* de empilhadora
mappemonde [mapmɔ̃d] *nf* **1.** *(carte)* mapa-múndi *m* **2.** *(globe)* globo *m*
maquereau [makʀo] (*pl* **-x**) *nm* cavala *f*
maquette [makɛt] *nf* maquete *f*
maquillage [makijaʒ] *nm* maquilhagem *f*
maquiller [makije] ◆ **se maquiller** *vp* maquilhar-se
maquis [maki] *nm* **1.** *(végétation)* matagal *m* **2.** *(lieu de la Résistance)* maquis *m* • **prendre le maquis** passar à clandestinidade

maraîcher, ère [maʀɛʃe, ɛʀ] *adj* hortense ◇ *nm, f* hortelão *m*, horteloa *f*
marais [maʀɛ] *nm* pântano *m*

Le Marais

Este bairro do 4° *arrondissement* de Paris está situado entre a Bastilha e o *Hôtel de Ville* (Câmara Municipal). Constitui o centro histórico da capital e é célebre pelo grande número de palacetes, chamados *hôtels particuliers*. Os mais prestigiosos encontram-se à volta da *Place des Vosges*. Tradicionalmente, é o sítio onde vive grande parte da comunidade judaica e homossexual.

marasme [maʀasm] *nm* marasmo *m*
marathon [maʀatɔ̃] *nm* maratona *f*
marbre [maʀbʀ] *nm* mármore *m*
marbré, e [maʀbʀe] *adj m* ➤ **gâteau**
marchand, e [maʀʃɑ̃, ɑ̃d] *nm, f* vendedor *m*, -ra *f* • **marchand ambulant** vendedor ambulante • **marchand de fruits et légumes** ou **de primeurs** vendedor de fruta • **marchand de journaux** vendedor de jornais
marchander [maʀʃɑ̃de] *vi* regatear
marchandise [maʀʃɑ̃diz] *nf* mercadoria *f*
marche [maʀʃ] *nf* **1.** *(à pied)* passeio *m* **2.** *(d'escalier)* degrau *m* **3.** *(fonctionnement)* funcionamento *m* • **marche silencieuse** marcha silenciosa • **marche arrière** *AUTO* marcha *f* atrás (*Port*), marcha à ré (*Br*) • **en marche** *(machine)* em funcionamento ; *(train)* em andamento ; *(troupes)* em marcha
marché [maʀʃe] *nm* **1.** *(lieu de vente)* mercado *m* **2.** *(contrat)* trato *m* • **faire son marché** ir ao mercado • **marché couvert** mercado coberto • **marchés financiers** mercados financeiros • **marché aux puces** feira *f* da ladra • **bon marché** barato(ta) • **par-dessus le marché** ainda por cima

Le marché

Em França, quase todas as cidades, por mais pequenas que sejam, têm um mercado, coberto ou ao ar livre, onde se vendem produtos alimentares frescos, flores, roupa e quinquilharias. Alguns deles são especializados, como os de flores, queijos ou os de patos, no sudoeste. Os comerciantes alugam um local fixo por um ano. Tais mercados realizam-se uma ou duas vezes por semana.

marchepied [maʀʃəpje] *nm* estribo *m*
marcher [maʀʃe] *vi* **1.** *(à pied)* andar **2.** *(fonctionner)* funcionar **3.** *(bien fonctionner)* correr • **faire marcher qqch** pôr algo a funcionar • **faire marcher qqn** *(fam)* meter-se com alguém
mardi [maʀdi] *nm* terça-feira *f* • **mardi gras** Terça-feira de Carnaval • **nous sommes** ou **c'est mardi** é terça-feira • **mardi 18 septembre** terça-feira, 18 de Setembro • **nous sommes partis mardi** nós fomos embora na terça-feira • **mardi dernier** na terça-feira passada • **mardi prochain** na terça-feira que vem • **mardi matin** na terça-feira de manhã • **le mardi**

às terças-feiras • **à mardi !** até terça-feira!
mare [maʀ] *nf* poça *f*
marécage [maʀekaʒ] *nm* pântano *m*
marécageux, euse [maʀekaʒø, øz] *adj* **1.** *(terrain)* pantanoso(osa) **2.** *(plante)* que cresce nos pântanos
maréchal, e [maʀeʃal, o] *(mpl* **-aux,** *fpl* **-ales)** *nm, f* marechal *m,* -la *f*
marée [maʀe] *nf* maré *f* • **(à) marée basse** (durante a) maré-baixa • **(à) marée haute** (durante a) maré-alta
marelle [maʀɛl] *nf* macaca *f (jogo)*
margarine [maʀgaʀin] *nf* margarina *f*
marge [maʀʒ] *nf* margem *f*
marginal, e, aux [maʀʒinal, o] *nm, f* marginal *mf*
marguerite [maʀgəʀit] *nf* malmequer *m*
mari [maʀi] *nm* marido *m*
mariage [maʀjaʒ] *nm* casamento *m*
marié, e [maʀje] *adj* casado(da) ◇ *nm, f* noivo *m,* -va *f* • **jeunes mariés** recém-casados *mpl*
marier [maʀje] ◆ **se marier** *vp* casar
marijuana [maʀiʒɥana] *nf* marijuana *f*
marin, e [maʀɛ̃, in] *adj* **1.** *(courant, carte, météo)* marítimo(ma) **2.** *(animal)* marinho(nha) ◇ *nm* marinheiro *m*
marine [maʀin] *adj inv* & *nm* azul-marinho ◇ *nf* marinha *f*
mariner [maʀine] *vi* marinar
marinière [maʀinjɛʀ] *nf* ➤ **moule**
marionnette [maʀjɔnɛt] *nf* marionete *f*
maritime [maʀitim] *adj* marítimo(ma)
mark [maʀk] *nm* marco *m*
marketing [maʀkɛtiŋ] *nm* marketing *m*
marmaille [maʀmaj] *nf* canalhada *f*
marmelade [maʀməlad] *nf* doce *m* de laranja
marmite [maʀmit] *nf* panela *f*
marmonner [maʀmɔne] *vt* falar por entre dentes
marmotte [maʀmɔt] *nf* marmota *f*
Maroc [maʀɔk] *nm* • **le Maroc** Marrocos *mpl*
marocain, e [maʀɔkɛ̃, ɛn] *adj* marroquino(na) ◆ **Marocain, e** *nm, f* marroquino *m,* -na *f*
maroquinerie [maʀɔkinʀi] *nf* marroquinaria *f*
marquant, e [maʀkɑ̃, ɑ̃t] *adj* marcante
marque [maʀk] *nf* **1.** marca *f* **2.** *(nombre de points)* resultado *m*
marqué, e [maʀke] *adj* **1.** *(différence, tendance)* acentuado(da) **2.** *(traits, visage)* marcado(da)
marquer [maʀke] *vt* **1.** marcar **2.** *(écrire)* anotar ◇ *vi (stylo)* escrever
marqueur [maʀkœʀ] *nm* marcador *m*
marquis, e [maʀki, iz] *nm, f* marquês *m,* -esa *f*
marraine [maʀɛn] *nf* madrinha *f*
marrant, e [maʀɑ̃, ɑ̃t] *adj (fam)* engraçado(da)
marre [maʀ] *adv* • **en avoir marre (de)** *(fam)* estar farto(ta)(de)
marrer [maʀe] ◆ **se marrer** *vp* **1.** *(fam) (rire)* fartar-se de rir **2.** *(s'amuser)* divertir-se
marron [maʀɔ̃] *adj inv* castanho(nha) ◇ *nm* **1.** *(fruit)* castanha *f* **2.** *(couleur)* castanho *m* • **marron glacé** *bombom requintado de castanha coberta com açúcar*
marronnier [maʀɔnje] *nm* castanheiro *m*

mars [maʀs] *nm* Março *m* • **en mars, au mois de mars** em Março, no mês de Março • **début mars** em princípios de Março • **fin mars** em fins de Março • **le six mars** no dia seis de Março
Marseille [maʀsɛj] *n* Marselha
marteau [maʀto] (*pl* **-x**) *nm* martelo *m* • **marteau piqueur** OU **pneumatique** *(techn)* martelo pneumático
marteler [maʀtəle] *vt* martelar
martial, e, aux [maʀsjal, o] *adj* marcial
martien, enne [maʀsjɛ̃, ɛn] *adj* marciano(na) ◆ **Martien, enne** *nm, f* marciano *m*, -na *f*
martiniquais, e [maʀtinikɛ, ɛz] *adj* martinicano(na)
Martinique [maʀtinik] *nf* • **la Martinique** a Martinica
martyr, e [maʀtiʀ] *adj & nm, f* mártir
martyre [maʀtiʀ] *nm (douleur, peine)* martírio *m*
martyriser [maʀtiʀize] *vt* martirizar
marxisme [maʀksism] *nm* marxismo *m*
mascara [maskaʀa] *nm* rímel® *m*
mascarade [maskaʀad] *nf* mascarada *f*
mascotte [maskɔt] *nf* mascote *f*
masculin, e [maskylɛ̃, in] *adj* masculino(na) ◇ *nm* masculino *m*
masochisme [mazɔʃim] *nm* masoquismo *m*
masque [mask] *nm* máscara *f*
masquer [maske] *vt* tapar
massacre [masakʀ] *nm* massacre *m*
massacrer [masakʀe] *vt* massacrar
massage [masaʒ] *nm* massagem *f*
masse [mas] *nf* **1.** *(bloc)* massa *f* **2.** *(outil)* maça *f* • **une masse** OU **des masses de** um monte OU montes de • **une arrivée en masse** uma chegada em massa
masser [mase] *vt* **1.** *(dos, personne)* massajar **2.** *(grouper)* agrupar ◆ **se masser** *vp* agrupar-se
masseur, euse [masœʀ, øz] *nm, f* massagista *mf*
massif, ive [masif, iv] *adj* maciço(ça) ◇ *nm* maciço *m* • **le Massif central** o Maciço Central
massivement [masivmɑ̃] *adv* em peso
massue [masy] *nf* maça *f*
mastic [mastik] *nm* mastique *m*
mastiquer [mastike] *vt (mâcher)* mastigar
masturbation [mastyʀbasjɔ̃] *nf* masturbação *f*
mat, e [mat] *adj* mate ◇ *adj m inv (aux échecs)* mate
mât [ma] *nm* mastro *m*
match [matʃ] (*pl* **-s** OU **-es**) *nm* jogo *m* • **faire match nul** empatar a zero
matelas [matla] *nm* colchão *m* • **matelas pneumatique** colchão pneumático
matelassé, e [matlase] *adj* acolchoado(da)
matelot [matlo] *nm* marinheiro *m*
mater [mate] *vt* reprimir
matérialiser [mateʀjalize] ◆ **se matérialiser** *vp* materializar-se
matérialiste [mateʀjalist] *adj & nmf* materialista
matériau [mateʀjo] (*pl* **-x**) *nm* material *m* ◆ **matériaux** *nmpl* **1.** *(dans le bâtiment)* materiais *mpl* **2.** *(documents)* material *m* • **matériaux de construction** materiais de construção

matériel, elle [materjɛl] *adj* material ◇ *nm* **1.** *(outillage)* material *m* **2.** *INFORM* hardware *m* • **matériel de camping** material de campismo

maternel, elle [matɛrnɛl] *adj* **1.** *(femme, amour)* maternal **2.** *(grands-parents)* materno(na)

maternelle [matɛrnɛl] *nf* • **(école) maternelle** jardim-de-infância *m*

maternité [matɛrnite] *nf* maternidade *f*

mathématicien, enne [matematisjɛ̃, ɛn] *nm, f* matemático *m*, -ca *f*

mathématiques [matematik] *nfpl* matemática *f*

maths [mat] *nfpl (fam)* matemática *f*

matière [matjɛr] *nf* **1.** matéria *f* **2.** *(matériau)* material *m* **3.** *SCOL* disciplina *f* • **matière première** matéria-prima *f* • **matières grasses** gordura *f*

Matignon [matiɲɔ̃] *n* • **(l'hôtel) Matignon** *residência do primeiro-ministro francês*

matin [matɛ̃] *nm* manhã *f* • **le matin** de manhã

matinal, e, aux [matinal, o] *adj* **1.** *(réveil)* matinal **2.** *(personne)* madrugador(ra)

matinée [matine] *nf* **1.** *(matin)* manhã *f* **2.** *(spectacle)* matinée *f*

matraque [matrak] *nf* cassetete *m*

matraquer [matrake] *vt* matraquear

matricule [matrikyl] *nm* número *m* de matrícula ◇ *nf* registo *m*

matrimonial, e, aux [matrimɔnjal, o] *adj* matrimonial

maturité [matyrite] *nf* **1.** *(d'un fruit)* maturação *f* **2.** *(d'une personne)* maturidade *f* **3.** *(d'une idée)* amadurecimento *m*

maudire [modir] *vt* amaldiçoar

maudit, e [modi, it] *pp* ➤ **maudire** ◇ *adj* maldito(ta)

Maurice ➤ **île**

mausolée [mozɔle] *nm* mausoléu *m*

maussade [mosad] *adj* aborrecido(da)

mauvais, e [movɛ, ɛz] *adj* **1.** mau (má) **2.** *(faux)* errado(da) • **il fait mauvais** está mau tempo • **être mauvais en qqch** ser fraco em algo

mauve [mov] *adj* lilás

mauviette [movjɛt] *nf (fam)* lingrinhas *mf inv*

maux [mo] ➤ **mal**

max. (*abr écrite de maximum*) máximo

maxillaire [maksilɛr] *nm* maxilar *m*

maximal, e, aux [maksimal, o] *adj* **1.** *(température)* máximo(ma) **2.** *(degré)* mais alto(ta)

maxime [maksim] *nf* máxima *f*

maximum [maksimɔm] *nm* máximo *m* ◇ *adj* máximo(ma) • **au maximum** no máximo

mayonnaise [majɔnɛz] *nf* maionese *f*

mazout [mazut] *nm* fuel *m*

me [mə] *pron* me • **je me lève** levanto-me

méandre [meɑ̃dr] *nm* meandro *m*

mec [mɛk] *nm (fam)* gajo *m*

mécanicien, enne [mekanisjɛ̃, ɛn] *nm, f* mecânico *m*, -ca *f*

mécanique [mekanik] *adj* mecânico(ca) ◇ *nf* **1.** *(mécanisme)* mecanismo *m* **2.** *(automobile)* mecânica *f*

mécanisme [mekanism] *nm* mecanismo *m*

mécène [mesɛn] *nm* mecenas *mf inv*

méchamment [meʃamɑ̃] *adv* com maldade

méchanceté [meʃɑ̃ste] *nf* maldade *f*
méchant, e [meʃɑ̃, ɑ̃t] *adj* mau (má)
mèche [mɛʃ] *nf* **1.** *(de cheveux)* madeixa *f* **2.** *(de lampe)* mecha *f* **3.** *(d'explosif)* rastilho *m*
méchoui [meʃwi] *nm comida típica do Norte de África que consiste em carne de carneiro assada*
méconnaissable [mekɔnɛsabl] *adj* irreconhecível
méconnu, e [mekɔny] *adj* desconhecido(da)
mécontent, e [mekɔ̃tɑ̃, ɑ̃t] *adj* descontente
médaille [medaj] *nf* medalha *f*
médaillon [medajɔ̃] *nm* medalhão *m*
médecin [mɛdsɛ̃] *nm* médico *mf*, -ca *f* • **médecin traitant** médico de família
médecine [mɛdsin] *nf* medicina *f*
médias [medja] *nmpl* mass media *mpl*, meios *mpl* de comunicação social
médiateur, trice [medjatœʀ, tʀis] *adj & nm, f* mediador(ra) ◆ **médiateur** *nm* árbitro *m* ◆ **médiatrice** *nf* mediatriz *f*
médiathèque [medjatɛk] *nf* mediateca *f*
médiatique [medjatik] *adj (personnalité)* mediático(ca)
médiatiser [medjatize] *vt* mediatizar
médical, e, aux [medikal, o] *adj* médico(ca)
médicament [medikamɑ̃] *nm* medicamento *m*
médicinal, e, aux [medisinal, o] *adj* medicinal
médiéval, e, aux [medjeval, o] *adj* medieval
médiocre [medjɔkʀ] *adj* medíocre
médire [mediʀ] *vi* maldizer • **médire de qqn** dizer mal de alguém
médisant, e [medizɑ̃, ɑ̃t] *adj* maldizente
méditation [meditasjɔ̃] *nf* meditação *f*
méditer [medite] *vt & vi* meditar
Méditerranée [mediteʀane] *nf* • **la (mer) Méditerranée** o (mar) Mediterrâneo
méditerranéen, enne [meditɛʀaneɛ̃, ɛn] *adj* mediterrânico(ca)
médium [medjɔm] *nm, f* **1.** *(personne)* médium *mf* **2.** *MUS* som *m* médio
méduse [medyz] *nf* medusa *f*
méduser [medyze] *vt* deixar atónito(ta)
meeting [mitiŋ] *nm* **1.** *POL* comício *m* **2.** *SPORT* encontro *m*
méfait [mefɛ] *nm* malefício *m*
méfiance [mefjɑ̃s] *nf* desconfiança *f*
méfiant, e [mefjɑ̃, ɑ̃t] *adj (personne, regard)* desconfiado(da) *(Port)*, ressabiado(da) *(Br)*
méfier [mefje] ◆ **se méfier** *vp* desconfiar • **se méfier de** desconfiar de
mégalomane [megalɔman] *adj & nmf* megalómano(na)
megaoctet [megaɔktɛ] *nm INFORM* megabyte *m*
mégapole [megapɔl] *nf* megalópole *f*
mégarde [megaʀd] ◆ **par mégarde** *loc adv* inadvertidamente
mégot [mego] *nm* beata *f*
meilleur, e [mɛjœʀ] *adj & nm, f* melhor
mél [mel] *nm INFORM* correio electrónico
mélancolie [melɑ̃kɔli] *nf* melancolia *f*
mélange [melɑ̃ʒ] *nm* mistura *f*
mélanger [melɑ̃ʒe] *vt* **1.** *(mêler)* misturar **2.** *(confondre)* baralhar
Melba [mɛlba] *adj inv* ➤ **pêche**

mêlée [mele] *nf* formação *f*
mêler [mele] *vt* misturar • **mêler qqn à qqch** envolver alguém em algo ♦ **se mêler** *vp* • **se mêler à qqch** misturar-se com algo • **se mêler de qqch** meter-se em algo
mélo [melo] (*fam*) *nm* dramalhão *m*
mélodie [melɔdi] *nf* melodia *f*
mélodieux, euse [melɔdjø, øz] *adj* melodioso(osa)
mélodrame [melɔdʀam] *nm* melodrama *m*
mélomane [melɔman] *adj* & *nmf* melómano(na)
melon [məlɔ̃] *nm* **1.** meloa *f* **2.** (*d'Espagne*) melão *m*
membrane [mɑ̃bʀan] *nf* membrana *f*
membre [mɑ̃bʀ] *nm* membro *m*
mémé [meme] *nf* (*fam*) vovó *f*
même [mɛm] *adj*
1. (*identique*) mesmo (mesma) • **nous avons les mêmes places qu'à l'aller** temos os mesmos lugares do que na ida • **j'ai le même pull que toi** tenho um pulôver igual ao teu
2. (*sert à renforcer*) • **c'est cela même** é isso mesmo • **cette fille, c'est la gentillesse même** esta rapariga é a gentileza em pessoa
◇ *pron* • **le/la même (que)** o mesmo/a mesma (que) • **j'ai le même!** tenho um igual!
◇ *adv*
1. (*sert à renforcer*) • **même les sandwichs sont chers ici** até as sandes são caras aqui • **il n'y a même pas de cinéma** nem sequer há cinema • **c'est étonnant, incroyable même** é surpreendente, é mesmo incrível • **j'irai même si tu restes** irei mesmo se ficares
2. (*exactement*) mesmo • **c'est aujourd'hui même** é hoje mesmo
3. (*dans des expressions*) • **coucher à même le sol** dormir mesmo no chão • **être à même de faire qqch** ser capaz de fazer algo • **bon appétit! - vous de même** bom apetite! - igualmente • **faire de même** fazer o mesmo • **de même que** do mesmo modo que
mémento [memɛ̃to] *nm* memento *m*
mémoire [memwaʀ] *nf* memória *f* • **de mémoire** de cor • **mémoire morte** memória ROM • **mémoire vive** memória RAM
mémorable [memɔʀabl] *adj* memorável
menaçant, e [mənasɑ̃, ɑ̃t] *adj* ameaçador(ra)
menace [mənas] *nf* ameaça *f*
menacer [mənase] *vt* & *vi* ameaçar • **la pluie menace** o tempo ameaça chuva • **menacer de faire qqch** ameaçar fazer algo
ménage [menaʒ] *nm* **1.** (*rangement*) limpeza *f* **2.** (*famille*) lar *m* **3.** (*couple*) casal *m* • **faire le ménage** fazer a limpeza
[1]**ménager** [menaʒe] *vt* poupar
[2]**ménager, ère** [menaʒe, ɛʀ] *adj* doméstico(ca)
ménagère [menaʒɛʀ] *nf* faqueiro *m*
ménagerie [menaʒʀi] *nf conjunto de animais para exposição*
mendiant, e [mɑ̃djɑ̃, ɑ̃t] *nm, f* mendigo *m*, -ga *f* ◇ *nm bolacha com frutos secos*
mendier [mɑ̃dje] *vi* pedir esmola

mener [məne] *vt* **1.** *(conduire)* ir dar a **2.** *(accompagner)* levar **3.** *(diriger)* dirigir ◊ *vi SPORT* ir à frente (de)
menhir [meniʀ] *nm* menir *m*
méningite [menɛ̃ʒit] *nf* meningite *f*
ménopause [menɔpoz] *nf* menopausa *f*
menottes [mənɔt] *nfpl* algemas *fpl*
mensonge [mɑ̃sɔ̃ʒ] *nm* mentira *f*
mensualité [mɑ̃sɥalite] *nf* mensalidade *f*
mensuel, elle [mɑ̃sɥɛl] *adj* mensal ◊ *nm* jornal *m* mensal
mensurations [mɑ̃syʀasjɔ̃] *nfpl* medidas *fpl*
mental, e, aux [mɑ̃tal, o] *adj* mental
mentalité [mɑ̃talite] *nf* mentalidade *f*
menteur, euse [mɑ̃tœʀ, øz] *nm, f* mentiroso *m*, -osa *f*
menthe [mɑ̃t] *nf* **1.** *(feuilles, plante)* hortelã *f* **2.** *(parfum)* menta *f* • **menthe à l'eau** *refresco de menta*
mention [mɑ̃sjɔ̃] *nf* distinção *f* ▾ **rayer les mentions inutiles** riscar o que não interessa
mentionner [mɑ̃sjɔne] *vt* mencionar
mentir [mɑ̃tiʀ] *vi* mentir
menton [mɑ̃tɔ̃] *nm* queixo *m*
menu, e [məny] *adj* pequeno(na) ◊ *adv* fino ◊ *nm* menu *m* • **menu gastronomique** menu gastronómico • **menu touristique** ementa *f* turística
menuisier, ère [mənɥizje, ɛʀ] *nm, f* carpinteiro *m*
méprendre [mepʀɑ̃dʀ] • **se méprendre** *vp* *(sout)* • **se méprendre sur qqch/qqn** enganar-se acerca de algo/alguém • **à s'y méprendre** que até confunde
mépris [mepʀi] *nm* desprezo *m*
méprisable [mepʀizabl] *adj* desprezível
méprisant, e [mepʀizɑ̃, ɑ̃t] *adj* desprezador(ra)
mépriser [mepʀize] *vt* desprezar
mer [mɛʀ] *nf* mar *m* • **en mer** no mar • **la mer du Nord** o mar do Norte
mercantile [mɛʀkɑ̃til] *adj (péj)* mercantil
mercerie [mɛʀsəʀi] *nf (boutique)* retrosaria *f*
merci [mɛʀsi] *interj* obrigado(da) • **merci beaucoup!** muito obrigado! • **merci de...** obrigado por...
mercredi [mɛʀkʀədi] *nm* quarta-feira *f* • **nous sommes** ou **c'est mercredi** é quarta-feira • **mercredi 5 septembre** quarta-feira, 5 de Setembro • **nous sommes partis mercredi** nós fomos embora na quarta-feira • **mercredi dernier** na quarta-feira passada • **mercredi prochain** na quarta-feira que vem • **mercredi matin** na quarta-feira de manhã • **le mercredi** às quartas-feiras • **à mercredi !** até quarta-feira!
mercure [mɛʀkyʀ] *nm* mercúrio *m*
merde [mɛʀd] *interj (vulg)* merda! ◊ *nf (vulg)* merda *f*
mère [mɛʀ] *nf* mãe *f* • **mère biologique** *MÉD* mãe biológica
merguez [mɛʀgɛz] *nf salsicha picante típica do Norte de África*
méridien [meʀidjɛ̃] *nm* meridiano *m*
méridional, e, aux [meʀidjɔnal, o] *adj* meridional
meringue [məʀɛ̃g] *nf* suspiro *m*
mérite [meʀit] *nm* mérito *m* • **avoir du mérite** ter mérito
mériter [meʀite] *vt* merecer

merlan [mɛʀlɑ̃] *nm* badejo *m*
merle [mɛʀl] *nm* melro *m*
merlu [mɛʀly] *nm* pescada *f*
merveille [mɛʀvɛj] *nf* **1.** maravilha *f* **2.** *(beignet)* ≃ orelha-de-abade *f*
merveilleux, euse [mɛʀvɛjø, øz] *adj* maravilhoso(osa)
mes ➤ **mon**
mésange [mezɑ̃ʒ] *nf* chapim *m* • **mésange bleue** chapim-azul • **mésange charbonnière** chapim-carvoeiro
mésaventure [mezavɑ̃tyʀ] *nf* desventura *f*
mesdames ➤ **madame**
mesdemoiselles ➤ **mademoiselle**
mesquin, e [mɛskɛ̃, in] *adj* mesquinho(nha)
message [mɛsaʒ] *nm* **1.** mensagem *f* **2.** *(écrit, sur répondeur)* recado *m*
messager, ère [mɛsaʒe, ɛʀ] *nm, f* mensageiro *m*, -ra *f*
messagerie [mɛsaʒʀi] *nf* • **messagerie électronique** *serviço de recados electrónico*
messe [mɛs] *nf* missa *f*
messie [mɛsi] *nm* messias *m inv* ◆ **Messie** *nm* • **le Messie** o Messias
messieurs ➤ **monsieur**
mesure [məzyʀ] *nf* **1.** medida *f* **2.** *(rythme)* cadência *f* • **mesure de sécurité** medida(s) de segurança • **sur mesure** à medida • **dans la mesure du possible** na medida do possível • **(ne pas) être en mesure de faire qqch** (não) poder fazer algo
mesuré, e [məzyʀe] *adj* moderado(da)
mesurer [məzyʀe] *vt* medir • **il mesure 1,80 mètre** mede 1,80 m
met ➤ **mettre**
métabolisme [metabɔlism] *nm* metabolismo *m*
métal [metal] (*pl* **-aux**) *nm* metal *m*
métallique [metalik] *adj* metálico(ca)
métallisé, e [metalize] *adj* metalizado(da)
métallurgie [metalyʀʒi] *nf* metalurgia *f*
métamorphose [metamɔʀfoz] *nf* metamorfose *f*
métaphore [metafɔʀ] *nf* metáfora *f*
métayer, ère [meteje, ɛʀ] *nm, f* caseiro *m*, -ra *f*
météo [meteo] *nf* • **la météo** o tempo • **météo marine** meteorologia *f* marítima • **les prévisions météo** previsões meteorológicas
météore [meteɔʀ] *nm* meteoro *m*
météorologique [meteɔʀɔlɔʒik] *adj* meteorológico(ca)
méthane [metan] *nm* metano *m*
méthode [metɔd] *nf* método *m*
méthodique [metɔdik] *adj* metódico(ca)
méticuleux, euse [metikylø, øz] *adj* meticuloso(osa)
métier [metje] *nm* profissão *f*
métis, isse [metis] *nm, f* mestiço *m*, -ça *f*
mètre [mɛtʀ] *nm* **1.** *(mesure)* metro *m* **2.** *(ruban)* fita *f* métrica
métro [metʀo] *nm* metro *m* • **métro aérien** metro de superfície

Le métro

Esta rede ferroviária subterrânea foi criada em 1900. Conta com 14 linhas e espalha-se por toda a cidade de Paris. O acesso às estações denomina-se *bouche de métro*. Este é o meio de transporte mais rápido para deslocações na capital. Funciona ininterruptamente das cinco e meia à uma da manhã. Outras cidades, tais como Lyon, Marselha e Lille, também dispõem de metro, que neste caso é completamente automático.

métropole [metʀɔpɔl] *nf* metrópole *f*
mets [mɛ] *nm* (*sout*) iguaria *f*
metteur, euse [mɛtœʀ, øz] *nm, f* • **metteur en scène** encenador *m*, -ra *f*
mettre [mɛtʀ] *vt*
1. (*placer, poser*) pôr • **mettre qqch debout** pôr algo em pé
2. (*vêtement*) vestir • **mettre une écharpe** pôr uma écharpe • **mettre un pull** vestir uma camisola • **qu'est-ce que tu mets pour aller au théâtre ?** que fato vestes para ir ao teatro?
3. (*temps*) levar • **nous avons mis deux heures par l'autoroute** levámos duas horas pela auto-estrada
4. (*argent*) gastar • **combien voulez-vous y mettre ?** quanto pretende gastar? • **je ne mettrai pas plus de 50 euros pour une robe** não gastarei mais de 50 euros num vestido
5. (*déclencher*) ligar • **mettre le chauffage** ligar o aquecimento • **mettre le contact** ligar o contacto • **mettre le réveil** pôr o despertador a tocar
6. (*dans un état différent*) • **mettre qqn en colère** enfurecer alguém • **mettre qqch en marche** pôr algo a funcionar
7. (*écrire*) dizer
◆ **se mettre** *vp*
1. (*se placer*) pôr-se • **se mettre debout** pôr-se de pé • **se mettre au lit** ir para a cama • **mets-toi sur cette chaise** senta-te nesta cadeira
2. (*dans un état différent*) • **se mettre en colère** enfurecer-se • **se mettre d'accord** pôr-se de acordo
3. (*vêtement*) vestir-se
4. (*maquillage*) • **elle s'est mis du rouge à lèvres** ela pôs batom
5. (*commencer*) • **se mettre à faire qqch** pôr-se a fazer algo • **se mettre au travail** pôr-se a trabalhar • **s'y mettre** pôr mãos à obra
meuble [mœbl] *nm* móvel *m*
meublé [mœble] *nm* apartamento *m* mobilado
meubler [mœble] *vt* mobilar
meugler [møgle] *vi* mugir
meule [møl] *nf* (*de foin*) meda *f*
meunier, ère [mønje, ɛʀ] *nm, f* moleiro *m*, -ra *f*
meunière [mønjɛʀ] *nf* ➤ **sole**
meurt [mœʀ] ➤ **mourir**
meurtre [mœʀtʀ] *nm* assassínio *m*
meurtrier, ère [mœʀtʀije, ɛʀ] *nm, f* assassino *m*, -na *f*
meurtrière [mœʀtʀijɛʀ] *nf* seteira *f* ➤ **meurtrier**
meurtrir [mœʀtʀiʀ] *vt* magoar
meurtrissure [mœʀtʀisyʀ] *nf* **1.** (*blessure*) ferida *f* **2.** (*sur un fruit*) golpe *m*
meute [møt] *nf* matilha *f*
mexicain, e [mɛksikɛ̃, ɛn] *adj* mexicano(na) ◆ **Mexicain, e** *nm, f* mexicano *m*, -na *f*

Mexique [mɛksik] *nm* • **le Mexique** o México
mezzanine [mɛdzanin] *nf* mezanino *m*
mi- [mi] *préf* meio (meia) • **à la mi-mars** em meados de Março • **à mi-chemin** a meio do caminho • **à mi-hauteur** a meia altura • **à mi-jambes** até ao meio das pernas
miauler [mjole] *vi* miar
mi-bas [miba] *nm inv* mini-meias *fpl*
miche [miʃ] *nf pão grande*
mi-clos, e [miklo, kloz] *adj* semicerrado(da)
micro [mikʀo] *nm* micro *m*
microbe [mikʀɔb] *nm* micróbio *m*
microclimat [mikʀɔklima] *nm* microclima *m*
microcosme [mikʀɔkɔsm] *nm* microcosmo *m*
micro-informatique [mikʀɔɛ̃fɔʀmatik] *nf* microinformática *f*
micro-ondes [mikʀɔɔ̃d] *nm inv* • **(four à) micro-ondes** (forno) microondas *m*
micro-ordinateur [mikʀɔɔʀdinatœʀ] (*pl* **micro-ordinateurs**) *nm* microcomputador *m*
microprocesseur [mikʀɔpʀɔsesœʀ] *nm* microprocessador *m*
microscope [mikʀɔskɔp] *nm* microscópio *m*
microscopique [mikʀɔskɔpik] *adj* microscópico(ca)
midi [midi] *nm* meio-dia *m* • **à midi** ao meio-dia • **le Midi** o Sul da França
mie [mi] *nf* miolo *m*
miel [mjɛl] *nm* mel *m*
mielleux, euse [mjɛlø, øz] *adj* meloso(osa)
mien [mjɛ̃] ◆ **le mien, la mienne** [lamjɛn] (*mpl* **les miens** [lemjɛ], *fpl* **les miennes** [lemjɛn]) *pron* o meu (a minha)
miette [mjɛt] *nf* migalha *f* • **en miettes** em migalhas
mieux [mjø] *adv & adj* melhor • **c'est ce qu'il fait le mieux** é o que ele faz melhor • **le mieux situé des deux hôtels** o mais bem situado dos dois hotéis • **aller mieux** estar melhor • **ça vaut mieux** é melhor • **de mieux en mieux** cada vez melhor • **c'est le mieux des deux/de tous** *(le plus beau)* é o melhor dos dois/de todos • **c'est le mieux** *(la meilleure chose à faire)* é o melhor
mièvre [mjɛvʀ] *adj* amaneirado(da)
mignon, onne [miɲɔ̃, ɔn] *adj* querido(da)
migraine [migʀɛn] *nf* enxaqueca *f*
migrateur, trice [migʀatœʀ, tʀis] *adj* migrador(ra)
mijoter [miʒɔte] *vi* cozer a lume brando
milice [milis] *nf* milícia *f*
milieu [miljø] (*pl* **-x**) *nm* meio *m* • **au milieu (de)** no meio (de)
militaire [militɛʀ] *adj & nmf* militar
militant, e [militɑ̃, ɑ̃t] *nm, f* militante *mf*
militer [milite] *vi* militar • **militer pour qqn/qqch** militar a favor de alguém /por algo • **militer contre qqn/qqch** militar contra alguém/algo
milk-shake [milkʃɛk] (*pl* **milk-shakes**) *nm* batido *m*
mille [mil] *num* mil
mille-feuille [milfœj] (*pl* **mille-feuilles**) *nm* mil-folhas *m inv*
millénaire [milenɛʀ] *nm* milénio *m* ◇ *adj* milenário(ria)

mille-pattes [milpat] *nm inv* centopeia *f*
millésime [milezim] *nm* **1.** *(date)* data *f* **2.** *(vin)* vintage *m*
milliard [miljaʀ] *nm* • **um milliard de** mil milhões de
milliardaire [miljaʀdɛʀ] *nmf* multimilionário *m*, -ria *f*
millier [milje] *nm* milhar *m* • **des milliers de** milhares de
milligramme [miligʀam] *nm* miligrama *m*
millilitre [mililitʀ] *nm* mililitro *m*
millimètre [milimɛtʀ] *nm* milímetro *m*
millimétré, e [milimetʀe] *adj* milimétrico(ca)
million [miljɔ̃] *nm* milhão *m*
millionnaire [miljɔnɛʀ] *nmf* milionário *m*, -ria *f*
mime [mim] *nm* **1.** *(acteur)* mimo *m* **2.** *(art)* mímica *f*
mimer [mime] *vt* mimar
mimétisme [mimetism] *nm* mimetismo *m*
mimique [mimik] *nf* **1.** *(grimace)* careta *f* **2.** *(expression)* mímica *f*
mimosa [mimɔza] *nm* mimosa *f*
min (*abr écrite de minute*) min *(minuto)*
min. (*abr écrite de minimum*) mínimo *m*
minable [minabl] *adj* (*fam*) medíocre • **c'est minable** está uma porcaria
mince [mɛ̃s] *adj* **1.** *(personne)* magro(gra) **2.** *(tissu, tranche)* fino(na) ◇ *interj* raios! *(fam)*
minceur [mɛ̃sœʀ] *nf* **1.** *(de personne)* gracilidade *f* **2.** *(finesse)* finura *f* **3.** (*fig*) *(insuffisance)* magreza *f*
mincir [mɛ̃siʀ] *vi* emagrecer
mine [min] *nf* **1.** mina *f* **2.** *(visage)* cara *f* • **avoir bonne/mauvaise mine** estar com bom/mau aspecto • **faire mine de faire qqch** fingir fazer algo
miner [mine] *vt* **1.** minar **2.** (*fig*) consumir
minerai [minʀɛ] *nm* minério *m*
minéral, e, aux [mineʀal, o] *adj* mineral ◇ *nm* mineral *m*
minéralogie [mineʀalɔʒi] *nf* mineralogia *f*
minéralogique [mineʀalɔʒik] *adj* ➤ **plaque**
mineur, e [minœʀ] *nm, f (enfant)* menor *mf* ◇ *nm (ouvrier)* mineiro *m*
miniature [minjatyʀ] *adj* em miniatura ◇ *nf* miniatura *f* • **en miniature** em miniatura
minibar [minibaʀ] *nm* **1.** *(de train)* bar *m* **2.** *(d'hôtel)* mini-bar *m*
minibus [minibys] *nm* autocarro *m* pequeno
minichaîne [miniʃɛn] *nf* aparelhagem *f* mini
minidisque [minidisk] *nm* minidisco *m*
minier, ère [minje, ɛʀ] *adj* mineiro(ra)
minijupe [miniʒyp] *nf* mini-saia *f*
minimal, e, aux [minimal, o] *adj* **1.** *(température)* mínimo(ma) **2.** *(degré)* mais baixo(xa)
minime [minim] *nmf* infantil *mf* ◇ *adj* mínimo(ma)
minimiser [minimize] *vt* minimizar
minimum [minimɔm] *adj* mínimo(ma) ◇ *nm* mínimo *m* • **au minimum** no mínimo
ministère [ministɛʀ] *nm* ministério *m*
ministériel, elle [ministeʀjɛl] *adj* ministerial

ministre [ministʀ] *nm, f* ministro *m*, ministra *f*
Minitel® [minitɛl] *nm rede francesa de videotexto*
minoritaire [minɔʀitɛʀ] *adj* minoritário(ria)
minorité [minɔʀite] *nf* minoria *f*
minuit [minɥi] *nm* meia-noite *f*
minuscule [minyskyl] *adj* minúsculo(la)
minute [minyt] *nf* minuto *m*
minuter [minyte] *vt* cronometrar
minuterie [minytʀi] *nf* temporizador *m*
minuteur [minytœʀ] *nm* conta-minutos *m inv*
minutie [minysi] *nf* minúcia *f* • **avec minutie** com minúcia
minutieux, euse [minysjø, øz] *adj* minucioso(osa)
mirabelle [miʀabɛl] *nf* ameixa *f* mirabela
miracle [miʀakl] *nm* milagre *m*
miraculeux, euse [miʀakylø, øz] *adj* **1.** *(surnaturel)* miraculoso(osa) **2.** *(extraordinaire)* milagroso(osa)
mirage [miʀaʒ] *nm* miragem *f*
mirifique [miʀifik] *adj* mirífico(ca)
miroir [miʀwaʀ] *nm* espelho *m*
miroiter [miʀwate] *vi* espelhar • **faire miroiter qqch à qqn** (*fig*) acenar com algo a alguém
mis, e [mi, miz] *pp* ➤ **mettre**
misanthrope [mizɑ̃tʀɔp] *nmf* misantropo *m* ◇ *adj* misantrópico(ca)
mise [miz] *nf* aposta *f* • **mise en plis** permanente *f* • **mise en scène** encenação *f*
miser [mize] ◆ **miser sur** *vp + prép* **1.** *(au jeu)* apostar em **2.** *(compter sur)* contar com
misérable [mizeʀabl] *adj* miserável
misère [mizɛʀ] *nf (pauvreté)* miséria *f*
miséricorde [mizeʀikɔʀd] *nf* misericórdia *f*
misogyne [mizɔʒin] *nmf* misógino *m* ◇ *adj* misógino
missile [misil] *nm* míssil *m*
mission [misjɔ̃] *nf* missão *f*
missionnaire [misjɔnɛʀ] *nmf* missionário *m*, -ria *f*
missive [misiv] *nf* missiva *f*
mistral [mistʀal] *nm* mistral *m*
mitaine [mitɛn] *nf* mitene *f*
mite [mit] *nf* traça *f*
mi-temps [mitɑ̃] *nf inv* **1.** *(moitié d'un match)* parte *f* **2.** *(pause)* intervalo *m* • **travailler à mi-temps** trabalhar em part-time
miteux, euse [mitø, øz] *adj* **1.** *(personne)* pelintra **2.** *(hôtel, quartier)* reles
mitigé, e [mitiʒe] *adj* mitigado(da)
mitonner [mitɔne] *vt* **1.** *CULIN* apurar **2.** (*fig*) *(préparer)* cozinhar ◇ *vi CULIN* ir apurando
mitoyen, enne [mitwajɛ̃, ɛn] *adj* **1.** *(mur)* meio (meia) **2.** *(maisons)* pegado(da) • **la maison mitoyenne de la nôtre** a casa de paredes meias com a nossa
mitrailler [mitʀaje] *vt* **1.** metralhar **2.** (*fam*) *tirar fotografias em série de*
mitraillette [mitʀajɛt] *nf* arma *f* automática
mitrailleuse [mitʀajøz] *nf* metralhadora *f*
mixage [miksaʒ] *nm* mistura *f*
mixe(u)r [miksœʀ] *nm* varinha *f* mágica
mixer [mikse] *vt* triturar

mixte [mikst] *adj (école, équipe)* misto(ta)
mixture [mikstyʀ] *nf* **1.** mistura *f* **2.** *(péj) (mélange)* mistela *f*
MJC (*abr de maison des jeunes et de la culture*) *nf centro cultural para jovens*
ml (*abr écrite de millilitre*) ml *(mililitro)*
Mlle (*abr écrite de mademoiselle*) Menina
mm (*abr écrite de millimètre*) mm *(milímetro)*
Mme (*abr écrite de madame*) Sra
mnémotechnique [mnemotɛknik] *adj* mnemotécnico(ca)
mobile [mɔbil] *adj* **1.** *(cloison, pièce)* móvel **2.** *(regard)* vivaz **3.** *(visage)* expressivo(va) ◇ *nm* móbil *m*
mobilier [mɔbilje] *nm* mobiliário *m*
mobiliser [mɔbilize] *vt* mobilizar
Mobylette® [mɔbilɛt] *nf* motocicleta *f*
mocassin [mɔkasɛ̃] *nm* mocassim *m*
moche [mɔʃ] *adj (fam)* feio (feia)
modalité [mɔdalite] *nf* modalidade *f* • **modalités de paiement** modalidades de pagamento
mode [mɔd] *nf* moda *f* ◇ *nm* modo *m* • **à la mode** na moda • **mode d'emploi** modo de usar
modèle [mɔdɛl] *nm* modelo *m* • **modèle réduit** modelo reduzido
modeler [mɔdle] *vt* moldar
modélisme [mɔdelism] *nm* modelismo *m*
modem [mɔdɛm] *nm* modem *m*
modération [mɔdeʀasjɔ̃] *nf* moderação *f* ▾ **à consommer avec modération** consumir com moderação
modéré, e [mɔdeʀe] *adj* moderado(da)
modérer [mɔdeʀe] *vt* moderar ◆ **se modérer** *vp* moderar-se
moderne [mɔdɛʀn] *adj* moderno(na)
moderniser [mɔdɛʀnize] *vt* modernizar
modeste [mɔdɛst] *adj* modesto(ta)
modestie [mɔdɛsti] *nf* modéstia *f*
modification [mɔdifikasjɔ̃] *nf* modificação *f*
modifier [mɔdifje] *vt* modificar
modique [mɔdik] *adj* módico(ca)
modulation [mɔdylasjɔ̃] *nf* • **modulation de fréquence** frequência *f* modulada
module [mɔdyl] *nm* **1.** *(élément)* módulo *m* **2.** *(à l'université)* opção *f*
moduler [mɔdyle] *vt* modular
moelle [mwal] *nf* medula *f* • **moelle épinière** medula espinal
moelleux, euse [mwalø, øz] *adj* fofo(fa)
mœurs [mœʀ(s)] *nfpl* costumes *mpl*
mohair [mɔɛʀ] *nm* mohair *m*
moi [mwa] *pron* **1.** *(objet direct, indirect)* -me **2.** *(après prép ou comparaison)* mim **3.** *(pour insister)* eu • **il est à moi** é meu • **moi-même** eu próprio(pria) • **regarde-moi** olha para mim • **donne-le-moi** dá-mo • **c'est pour moi** é para mim • **il est comme moi** ele é como eu • **moi je crois que...** eu acho que...
moindre [mwɛ̃dʀ] *adj* menor • **le moindre...** o menor...
moine [mwan] *nm* monge *m*
moineau [mwano] (*pl* **-x**) *nm* pardal *m*
moins [mwɛ̃] *adv* menos • **moins ancien (que)** menos antigo (do que) • **moins vite (que)** menos rápido (do que) • **c'est la nourriture qui coûte le moins** é a comida o mais barato • **la ville la moins intéressante que nous ayons visitée** a cidade

menos interessante que visitámos • **fatiguez-vous le moins possible** canse-se o menos possível • **ils ont accepté de gagner moins** eles aceitaram ganhar menos • **moins de** *(une quantité inférieure de)* menos ; *(en deçà de)* menos de • **moins de viande/touristes** menos carne/turistas • **en moins de dix minutes** em menos de dez minutos • **à moins d'un imprévu** a menos que haja um imprevisto • **à moins de rouler** ou **que nous roulions toute la nuit...** a menos que viajemos a noite inteira... • **au moins** pelo menos • **de** ou **en moins** a menos • **j'ai deux ans de moins qu'elle** tenho dois anos a menos que ela • **de moins en moins** cada vez menos • **moins tu y penseras, mieux ça ira** quanto menos pensares nisso, melhor

◇ *prép*

1. *(pour indiquer l'heure, soustraire)* menos • **il est trois heures moins le quart** são três (horas) menos um quarto *(Port)*, são quinze (minutos) para as três (horas) *(Br)*

2. *(pour indiquer la température)* • **il fait moins 2°C** estão 2 graus negativos

mois [mwa] *nm* mês *m* • **au mois de...** no mês de...

moisi, e [mwazi] *adj* bolorento(ta) ◇ *nm* bolor *m* • **sentir le moisi** cheirar a mofo

moisir [mwaziʀ] *vi* ganhar bolor

moisissure [mwazisyʀ] *nf (moisi)* bolor *m*

moisson [mwasɔ̃] *nf* ceifa *f*

moissonner [mwasɔne] *vt* ceifar

moissonneuse [mwasɔnøz] *nf* ceifeira *f*

moissonneuse-batteuse [mwasɔnøzbatøz] (*pl* **moissonneuses-batteuses**) *nf* ceifeira-debulhadora *f*

moite [mwat] *adj* húmido(da)

moitié [mwatje] *nf* metade *f* • **dormir à moitié** estar meio a dormir • **la moitié de** a metade de • **à moitié** a meio ; *(faire qqch)* pela metade • **à moitié cassé** estragado • **à moitié plein** meio cheio • **à moitié prix** a metade do preço

moka [mɔka] *nm (gâteau) bolo de massa leve com camadas de creme e café* ≃ bolo *m* de bolacha

molaire [mɔlɛʀ] *nf* molar *m*

molécule [mɔlekyl] *nf* molécula *f*

molle ➤ **mou**

mollement [mɔlmɑ̃] *adv* molemente

mollet [mɔlɛ] *nm* barriga *f* da perna

molletonné, e [mɔltɔne] *adj* acolchoado(da)

mollir [mɔliʀ] *vi* **1.** *(physiquement)* ficar mole **2.** *(matière)* amolecer **3.** *NAUT* abrandar **4.** *(moralement)* fraquejar

mollusque [mɔlysk] *nm* molusco *m*

môme [mom] *nmf (fam)* miúdo *m*, -da *f*

moment [mɔmɑ̃] *nm* momento *m* • **c'est le moment de...** é altura de... • **au moment où** no momento em que • **du moment que** desde que • **en ce moment** neste momento • **par moments** às vezes • **pour le moment** por agora

momentané, e [mɔmɑ̃tane] *adj* momentâneo(nea)

momentanément [mɔmɑ̃tanemɑ̃] *adv* momentaneamente

momie [mɔmi] *nf* múmia *f*

mon, ma [mɔ̃, ma] (*pl* **mes** [me]) *adj* meu (minha)

monacal, e, aux [mɔnakal, o] *adj* monacal
Monaco [mɔnako] *n* Mónaco
monarchie [mɔnaʀʃi] *nf* monarquia *f*
monarque [mɔnaʀk] *nm* monarca *m*
monastère [mɔnastɛʀ] *nm* mosteiro *m*
mondain, e [mɔ̃dɛ̃, ɛn] *adj* mundano(na)
mondanités [mɔ̃danite] *nfpl* **1.** *(événements mondains)* vida *f* social **2.** *(comportements, paroles)* cerimónias *fpl*
monde [mɔ̃d] *nm* mundo *m* • **il y a du monde** ou **beaucoup de monde** está aqui muita gente • **tout le monde** toda a gente *(Port)*, todo (o) mundo *(Br)*
mondial, e, aux [mɔ̃djal, o] *adj* mundial
mondialement [mɔ̃djalmɑ̃] *adv* mundialmente
mondialiste [mɔ̃djalist] *adj* mundialista
monétaire [mɔnetɛʀ] *adj* monetário(ria)
mongolien, enne [mɔ̃gɔljɛ̃, ɛn] *adj* & *nm, f* mongolóide
moniteur, trice [mɔnitœʀ, tʀis] *nm, f* **1.** *(de colonie)* monitor *m*, -ra *f* **2.** *(d'auto-école)* instrutor *m*, -ra *f* ◇ *nm* monitor *m*
monnaie [mɔnɛ] *nf* **1.** *(argent)* dinheiro *m* **2.** *(devise)* moeda *f* **3.** *(pièces)* trocos *mpl* • **vous avez la monnaie de 20 euros ?** pode-me destrocar 20 euros? • **faire de la monnaie** destrocar dinheiro • **rendre la monnaie à qqn** dar o troco a alguém
monnayer [mɔnɛje] *vt* **1.** *(vendre)* fazer dinheiro com **2.** *(fig)* *(acheter)* comprar
monoculture [mɔnɔkyltyʀ] *nf* monocultura *f*
monologue [mɔnɔlɔg] *nm* monólogo *m*
monoparental, e, aux [mɔnɔpaʀɑ̃tal, o] *adj* monoparental
monopole [mɔnɔpɔl] *nm* monopólio *m* • **avoir le monopole de** ter o monopólio de • **monopole d'État** monopólio do Estado
monopoliser [mɔnɔpɔlize] *vt* monopolizar
monoski [mɔnɔski] *nm* monoesqui *m*
monotone [mɔnɔtɔn] *adj* monótono(na)
monotonie [mɔnɔtɔni] *nf* monotonia *f*
monsieur [məsjø] (*pl* **messieurs** [mesjø]) *nm* senhor *m* • **monsieur X** o senhor Pierre X • **bonjour monsieur/messieurs !** bom dia meu senhor/meus senhores! • **Monsieur,** *(dans une lettre)* Exmo. Senhor, • **Monsieur !** *(pour appeler le professeur)* Senhor professor!
monstre [mɔ̃stʀ] *nm* monstro *m* ◇ *adj* *(fam)* descomunal
monstrueux, euse [mɔ̃stʀyø, øz] *adj* monstruoso(osa)
mont [mɔ̃] *nm* monte *m* • **le mont Blanc** o Mont Blanc • **le Mont Saint-Michel** o Monte Saint-Michel

Le Mont Saint-Michel

Pequena ilha rochosa situada no Canal da Mancha, o *Mont Saint-Michel*, cercado de água aquando da maré-alta e ligado ao continente por um dique, constitui um sítio impressionante, classificado pela UNESCO de Património Cultural da Humanidade. Nele se encontra a famosa abadia beneditina de estilo gótico que domina a ilha. O prato *omelette de la mère Poulard*, nome da dona de um restaurante instalado no Monte Saint-Michel no século XIX, também contribui para a excelente reputação do local.

montage [mɔ̃taʒ] *nm* montagem *f*
montagne [mɔ̃taɲ] *nf* montanha *f* • **à la montagne** na montanha • **montagnes russes** montanha-russa *f*
montagneux, euse [mɔ̃taɲø, øz] *adj* montanhoso(osa)
montant, e [mɔ̃tɑ̃, ɑ̃t] *adj* **1.** *(marée)* a encher **2.** *(col)* alto(ta) ◇ *nm* **1.** *(somme)* montante *m* **2.** *(d'une fenêtre)* caixilho *m* **3.** *(d'une échelle)* banzo *m*
monte-charge [mɔ̃tʃaʀʒ] *nm inv* monta-cargas *m inv*
montée [mɔ̃te] *nf* subida *f*
monter [mɔ̃te] *vi (aux être)* subir ◇ *vt* **1.** *(aux avoir)* montar **2.** *(escalier, côte)* subir **3.** *(porter en haut)* levar para cima **4.** *(son, chauffage, prix)* aumentar **5.** *(coup)* preparar **6.** *CULIN* bater • **monter les blancs en neige** bater as claras em castelo • **ça monte** é a subir • **monter à bord (d'un avion)** subir a bordo (de um avião) • **monter à cheval** montar a cavalo • **monter en voiture** entrar para o carro • **monter sur une échelle** subir a uma escada ◆ **se monter à** *vp + prép* elevar-se a
monticule [mɔ̃tikyl] *nm* montículo *m*
montre [mɔ̃tʀ] *nf* relógio *m* de pulso
montrer [mɔ̃tʀe] *vt* mostrar • **montrer qqch à qqn** mostrar algo a alguém • **montrer qqch/qqn du doigt** apontar com o dedo para algo/alguém ◆ **se montrer** *vp* mostrar-se • **se montrer courageux** mostrar-se corajoso
monture [mɔ̃tyʀ] *nf* **1.** *(de lunettes)* armação *f* **2.** *(cheval)* montada *f*
monument [mɔnymɑ̃] *nm* monumento *m* • **monument aux morts** monumento aos mortos em combate
monumental, e, aux [mɔnymɑ̃tal, o] *adj* **1.** *(grand, énorme)* monumental **2.** *(fig)* *(impressionnant)* espantoso(osa)
moquer [mɔke] ◆ **se moquer de** *vp + prép* **1.** *(plaisanter)* gozar com, fazer pouco de **2.** *(ignorer)* querer lá saber de *(fam)* • **je m'en moque** quero lá saber disso *(fam)*
moquerie [mɔkʀi] *nf* gozo *m*
moques [mɔk] *nfpl (Belg) rodelas de massa perfumadas com cravo e cobertas com açúcar cristalizado*
moquette [mɔkɛt] *nf* alcatifa *f*
moqueur, euse [mɔkœʀ, øz] *adj* trocista
moral, e, aux [mɔʀal, o] *adj* moral ◇ *nm* moral *m (Port)*, astral *m (Br)* • **avoir le moral** estar bem disposto • **avoir le moral à zéro** estar deprimido, estar de rastos
morale [mɔʀal] *nf* moral *f* • **faire la morale à qqn** dar uma lição de moral a alguém
moralement [mɔʀalmɑ̃] *adv* moralmente
moralisateur, trice [mɔʀalizatœʀ, tʀis] *adj* moralizador(ra)
moralité [mɔʀalite] *nf* **1.** moralidade *f* **2.** *(enseignement)* moral *f* da história
moratoire [mɔʀatwaʀ] *nm* moratória *f* ◇ *adj* de mora
morbide [mɔʀbid] *adj* mórbido(da)

morceau [mɔʀso] (*pl* -x) *nm* 1. (*partie*) pedaço *m* 2. (*de musique*) trecho *m* • **morceau de sucre** torrão *m* de açúcar • **en mille morceaux** em mil pedaços
morceler [mɔʀsəle] *vt* fragmentar ◆ **se morceler** *vp* fragmentar-se
mordiller [mɔʀdije] *vt* mordiscar
mordre [mɔʀdʀ] *vt* morder • **mordre (sur)** pisar
morfondre [mɔʀfɔ̃dʀ] ◆ **se morfondre** *vp* estar a morrer de tédio
morgue [mɔʀg] *nf* 1. (*attitude*) altivez *f* 2. (*lieu*) morgue *f*
moribond, e [mɔʀibɔ̃, ɔ̃d] *adj* moribundo(da)
morille [mɔʀij] *nf* *cogumelo esponjoso comestível*
morose [mɔʀoz] *adj* 1. (*triste*) macambúzio(zia) 2. (*tendu*) marcado(da) pela apatia
morphine [mɔʀfin] *nf* morfina *f*
morphologie [mɔʀfɔlɔʒi] *nf* morfologia *f*
mors [mɔʀ] *nm* freio *m*
morse [mɔʀs] *nm* 1. (*animal*) morsa *f* 2. (*code*) morse *m*
morsure [mɔʀsyʀ] *nf* mordedela *f*
mort, e [mɔʀ, mɔʀt] *pp* ➤ **mourir** ◇ *adj* 1. morto(ta) 2. (*piles, radio*) gasto(ta) ◇ *nm, f* morto *m*, -ta *f* ◇ *nf* morte *f* • **être mort de peur** (*fig*) estar morto de medo • **être en danger de mort** correr perigo de morte
mortadelle [mɔʀtadɛl] *nf* mortadela *f*
mortalité [mɔʀtalite] *nf* mortalidade *f* • **mortalité infantile** mortalidade infantil
mort-aux-rats [mɔʀoʀa] *nf inv* mata-ratos *m inv*
mortel, elle [mɔʀtɛl] *adj* 1. (*qui peut mourir*) mortal 2. (*qui tue*) mortífero(ra)
mortuaire [mɔʀtɥɛʀ] *adj* 1. fúnebre 2. (*chapelle*) mortuário(ria)
morue [mɔʀy] *nf* bacalhau *m*
mosaïque [mɔzaik] *nf* mosaico *m*
Moscou [mɔsku] *n* Moscovo
mosquée [mɔske] *nf* mesquita *f*
mot [mo] *nm* 1. (*terme*) palavra *f* 2. (*message*) mensagem *f* • **mot à mot** à letra • **mot de passe** senha *f* • **mots croisés** palavras cruzadas • **avoir le dernier mot** ter a última palavra
motard [mɔtaʀ] *nm, f* 1. (*motocycliste*) motoqueiro *m* 2. (*gendarme, policier*) polícia *m* da brigada motorizada
motel [mɔtɛl] *nm* motel *m*
moteur [mɔtœʀ] *nm* motor *m*
motif [mɔtif] *nm* motivo *m*
motion [mɔsjɔ̃] *nf* moção *f* • **motion de censure** moção de censura
motivation [mɔtivasjɔ̃] *nf* motivação *f*
motivé, e [mɔtive] *adj* motivado(da)
moto [mɔto] *nf* moto *f*
motocross [mɔtɔkʀɔs] *nm* motocross *m*
motocycliste [mɔtɔsiklist] *nmf* motociclista *mf*
motorisé, e [mɔtɔʀize] *adj* motorizado(da) • **être motorisé** (*fam*) ter carro
motte [mɔt] *nf* 1. (*de terre*) torrão *m* 2. (*de beurre*) porção *f* 3. (*de gazon*) tufo *m*
mou, molle [mu, mɔl] *adj* mole
mouche [muʃ] *nf* mosca *f*
moucher [muʃe] ◆ **se moucher** *vp* assoar-se
moucheron [muʃʀɔ̃] *nm* mosquito *m*
mouchoir [muʃwaʀ] *nm* lenço *m* • **mouchoir en papier** lenço de papel

moudre [mudʀ] *vt* moer
moue [mu] *nf* beicinho *m* • **faire la moue** fazer beicinho
mouette [mwɛt] *nf* gaivota *f*
moufle [mufl] *nf* luva *f (com um só dedo)*
mouillé, e [muje] *adj* molhado(da)
mouiller [muje] *vt* molhar ◆ **se mouiller** *vp* **1.** molhar-se **2.** (*fam*) queimar-se
mouillette [mujɛt] *nf pedaço de pão com manteiga que se empapa em ovo quente*
moulage [mulaʒ] *nm* moldagem *f*
moulant, e [mulɑ̃, ɑ̃t] *adj* justo(ta)
[1]**moule** [mul] *nm* **1.** (*industriel*) molde *m* **2.** (*à pâtisserie*) forma *f* • **moule à gâteau** forma para bolos
[2]**moule** [mul] *nf* mexilhão *m* • **moules marinière** *mexilhões cozidos em vinho branco*
mouler [mule] *vt* **1.** (*statue*) moldar **2.** (*suj: vêtement*) apertar
moulin [mulɛ̃] *nm* moinho *m* • **moulin à café** moinho de café • **moulin à poivre** moinho de pimenta • **moulin à vent** moinho de vento
moulinet [mulinɛ] *nm* molinete *m*
Moulinette® [mulinɛt] *nf* picadora *f*
moulu, e [muly] *adj* moído(da)
moulure [mulyʀ] *nf* moldura *f*
mourant, e [muʀɑ̃, ɑ̃t] *adj* moribundo(da)
mourir [muʀiʀ] *vi* **1.** (*décéder*) morrer **2.** (*disparaître*) extinguir-se • **mourir de faim** morrer de fome • **mourir d'envie de faire qqch** estar morto por fazer algo
moussaka [musaka] *nf carne moída e rodelas de beringela gratinadas* moussaka *f*
moussant, e [musɑ̃, ɑ̃t] *adj* de espuma
mousse [mus] *nf* **1.** (*bulles*) espuma *f* **2.** (*plante*) musgo *m* **3.** CULIN mousse *f* • **mousse à raser** espuma de barbear • **mousse au chocolat** mousse de chocolate
mousseline [muslin] *nf* musselina *f* ◇ *adj inv* • **purée** ou **pommes mousseline** puré de batata muito leve • **sauce mousseline** *molho à base de gemas de ovo, de manteiga e natas batidas*
mousser [muse] *vi* fazer espuma
mousseux, euse [musø, øz] *adj* cremoso(osa) ◇ *nm* • **du (vin) mousseux** espumante *m*
mousson [musɔ̃] *nf* monção *f*
moustache [mustaʃ] *nf* bigode *m* • **des moustaches** bigodes
moustachu, e [mustaʃy] *adj* com bigode
moustiquaire [mustikɛʀ] *nf* mosquiteiro *m*
moustique [mustik] *nm* melga *f* (*Port*), pernilongo *m* (*Br*)
moutarde [mutaʀd] *nf* mostarda *f*
mouton [mutɔ̃] *nm* carneiro *m*
mouvance [muvɑ̃s] *nf* • **dans la mouvance du parti** na esfera de influência do partido
mouvants [muvɑ̃] *adj m pl* ➤ **sable**
mouvement [muvmɑ̃] *nm* movimento *m*
mouvementé, e [muvmɑ̃te] *adj* movimentado(da)
moyen, enne [mwajɛ̃, ɛn] *adj* **1.** médio(dia) **2.** (*passable*) mais ou menos ◇ *nm* meio *m* • **il n'y a pas moyen de** não há meio de • **moyen de transport** meio de transporte • **au moyen de qqch** (*d'une*

action) através de algo ; *(d'un objet)* com a ajuda de algo ◆ **moyens** *nmpl* **1.** *(ressources)* posses *fpl* **2.** *(capacités)* capacidades *fpl* ● **avoir les moyens de faire qqch** ter posses para fazer algo ● **perdre ses moyens** perder a calma

Moyen Âge [mwajɛnaʒ] *nm* ● **le Moyen Âge** a Idade Média

moyenne [mwajɛn] *nf* média *f* ● **en moyenne** em média

Moyen-Orient [mwajɛnɔʀjɑ̃] *nm* ● **le Moyen-Orient** o Médio Oriente

mue [my] *nf* muda *f*

muer [mɥe] *vi* **1.** *(animal)* estar na muda **2.** *(voix, personne)* mudar

muet, muette [mɥɛ, ɛt] *adj* mudo(da)

mufle [myfl] *nm* besta *f* *(fam)*

mugir [myʒiʀ] *vi* mugir

muguet [mygɛ] *nm* lírio-do-vale *m*

Le Muguet

Por ocasião do 1° de Maio, é costume em França oferecer-se um ramo de *muguet* para dar sorte. Nesta época, vendedores ambulantes vendem o *muguet* pelas ruas.

mule [myl] *nf* **1.** *(animal)* mula *f* **2.** *(chaussure)* chinela *f*

mulet [mylɛ] *nm* mulo *m*

mulot [mylo] *nm* rato-do-campo *m*

multicolore [myltikɔlɔʀ] *adj* multicolor

multicoque [myltikɔk] *adj & nm* multicasco *(Br)*

multilatéral, e, aux [myltilateʀal, o] *adj* multilateral

multinational [myltinasjɔnal] *nf* multinacional *f*

multiple [myltipl] *adj* múltiplo(pla) ◇ *nm* múltiplo *m*

multiplication [myltiplikasjɔ̃] *nf* multiplicação *f*

multiplier [myltiplije] *vt* multiplicar ● **2 multiplié par 9** 2 multiplicado por 9 ◆ **se multiplier** *vp* multiplicar-se

multipropriété [myltipʀɔpʀijete] *nf* time-sharing *m*, direito *m* real de habitação periódica

multirisque [myltiʀisk] *adj* multirrisco

multitude [myltityd] *nf* ● **une multitude de** uma multidão de

municipal, e, aux [mynisipal, o] *adj* municipal

municipalité [mynisipalite] *nf* municipalidade *f*

munir [myniʀ] *vt* ● **munir qqn/qqch de** munir alguém/algo de ◆ **se munir de** *vp + prép* munir-se de

munitions [mynisjɔ̃] *nfpl* munições *fpl*

muqueuse [mykøz] *nf* mucosa *f*

mur [myʀ] *nm* **1.** parede *f* **2.** *(extérieur)* muro *m* ● **faire le mur** *(fig)* escapulir-se ● **mur du son** barreira *f* de som

mûr, e [myʀ] *adj* *(fruit)* maduro(ra)

muraille [myʀaj] *nf* muralha *f*

mural, e, aux [myʀal, o] *adj* mural

mûre [myʀ] *nf* amora *f*

murer [myʀe] *vt* entaipar

mûrier [myʀje] *nm* amoreira *f*

mûrir [myʀiʀ] *vi* amadurecer

murmure [myʀmyʀ] *nm* murmúrio *m*

murmurer [myʀmyʀe] *vi* murmurar

muscade [myskad] *nf* • **(noix) muscade** noz-moscada *f*
muscadet [myskadɛ] *nm vinho branco seco da região de Nantes*
muscat [myska] *nm* **1.** *(raisin)* uva *f* moscatel **2.** *(vin)* moscatel *m*
muscle [myskl] *nm* músculo *m*
musclé, e [myskle] *adj* musculoso(osa), musculado(da)
muscler [myskle] *vt* desenvolver os músculos de ◆ **se muscler** *vp* • **se muscler (qqch)** desenvolver os músculos (de algo)
musculaire [myskylɛʀ] *adj* muscular
musculation [myskylasjɔ̃] *nf* musculação *f*
muse [myz] *nf* musa *f* ◆ **Muse** *nf* Musa *f*
museau [myzo] (*pl* **-x**) *nm* **1.** *(de chien, de renard)* focinho *m* **2.** CULIN *paté de cabeça de porco*
musée [myze] *nm* museu *m*
museler [myzle] *vt* **1.** *(animal)* açaimar **2.** *(fig)* *(empêcher de s'exprimer)* amordaçar
muselière [myzəljɛʀ] *nf* açaime *m*
musical, e, aux [myzikal, o] *adj* musical
music-hall [myzikol] (*pl* **music-halls**) *nm* **1.** *(théâtre)* teatro *m* de variedades **2.** *(spectacle)* espectáculo *m* de variedades
musicien, enne [myzisjɛ̃, ɛn] *nm, f* músico *m*
musique [myzik] *nf* música *f* • **musique de chambre** música de câmara • **musique classique** música clássica • **musique de film** música de filme
musulman, e [myzylmɑ̃, an] *adj & nm, f* muçulmano(na)
mutant, e [mytɑ̃, ɑ̃t] *adj* mutante ◆ **mutant** *nm* mutante *m*
mutation [mytasjɔ̃] *nf (d'un employé)* transferência *f*
muter [myte] *vt* transferir
mutiler [mytile] *vt* mutilar
mutinerie [mytinʀi] *nf* motim *m*
mutisme [mytism] *nm* mutismo *m*
mutualité [mytɥalite] *nf* mutualidade *f*
mutuel, elle [mytɥɛl] *adj* mútuo(tua)
mutuelle [mytɥɛl] *nf* seguro *m* complementar
mutuellement [mytɥɛlmɑ̃] *adv* mutuamente
mycose [mikoz] *nf* micose *f*
myopathie [mjɔpati] *nf* miopatia *f*
myope [mjɔp] *adj* míope
myosotis [mjozɔtis] *nm* miosótis *m inv*
myrtille [miʀtij] *nf* mirtilo *m*
mystère [mistɛʀ] *nm* mistério *m* • **Mystère®** *gelado redondo de baunilha e merengue coberto com pedaços de amêndoa*
mystérieusement [misteʀjøzmɑ̃] *adv* misteriosamente
mystérieux, euse [misteʀjø, øz] *adj* misterioso(osa)
mysticisme [mistisism] *nm* misticismo *m*
mystique [mistik] *adj & nmf* místico(ca)
mythe [mit] *nm* mito *m*
mythique [mitik] *adj* mítico(ca)
mythologie [mitɔlɔʒi] *nf* mitologia *f*
mythomane [mitɔman] *adj & nmf* mitómano(na)

nN

n' ➤ **ne**
N (*abr écrite de nord*) N (*Norte*)
nacre [nakʀ] *nf* madrepérola *f*
nage [naʒ] *nf* • **à la nage** a nado • **en nage** banhado em suor
nageoire [naʒwaʀ] *nf* barbatana *f*
nager [naʒe] *vt & vi* nadar
nageur, euse [naʒœʀ, øz] *nm, f* nadador *m*, -ra *f*
naïf, naïve [naif, iv] *adj* ingénuo(nua)
nain, e [nɛ̃, nɛn] *adj & nm, f* anão (anã) • **nain de jardin** anão de jardim
naissance [nɛsɑ̃s] *nf* nascimento *m*
naissant, e [nɛsɑ̃, ɑ̃t] *adj* nascente
naître [nɛtʀ] *vi* nascer • **je suis né le... à...** eu nasci no dia... em...
naïve ➤ **naïf**
naïveté [naivte] *nf* ingenuidade *f*
nana [nana] *nf* (*fam*) miúda *f*
nanti, e [nɑ̃ti] *nm, f* rico *m*, -ca *f* • **les nantis** os ricos
nappe [nap] *nf* **1.** (*linge*) toalha *f* (de mesa) **2.** (*souterraine*) lençol *m* **3.** (*en mer*) mancha *f* **4.** (*de brouillard*) cortina *f*
nappé, e [nape] *adj* • **nappé de** coberto de
napper [nape] *vt* cobrir
napperon [napʀɔ̃] *nm* napperon *m*
narcissisme [naʀsisism] *nm* narcisismo *m*
narguer [naʀge] *vt* fazer inveja a
narine [naʀin] *nf* narina *f*
narrateur, trice [naʀatœʀ, tʀis] *nm, f* narrador *m*, -ra *f*
nasal, e, aux [nazal, o] *adj* nasal
naseaux [nazo] *nmpl* ventas *fpl*
natal, e [natal] *adj* natal
natalité [natalite] *nf* natalidade *f*
natation [natasjɔ̃] *nf* natação *f* • **faire de la natation** praticar natação
natif, ive [natif, iv] *adj* • **natif de** natural de
nation [nasjɔ̃] *nf* nação *f*
national, e, aux [nasjɔnal, o] *adj* nacional
nationale [nasjɔnal] *nf* • **(route) nationale** (estrada) nacional *f*
nationaliser [nasjɔnalize] *vt* nacionalizar
nationalisme [nasjɔnalism] *nm* nacionalismo *m*
nationalité [nasjɔnalite] *nf* nacionalidade *f*
native ➤ **natif**
natte [nat] *nf* **1.** (*tresse*) trança *f* **2.** (*tapis*) esteira *f*
naturaliser [natyʀalize] *vt* naturalizar
nature [natyʀ] *nf* natureza *f* ◇ *adj inv* **1.** (*yaourt*) natural **2.** (*omelette, thé*) simples • **nature morte** natureza morta
naturel, elle [natyʀɛl] *adj & nm* natural
naturellement [natyʀɛlmɑ̃] *adv* naturalmente
naturisme [natyʀism] *nm* naturismo *m*
naturiste [natyʀist] *nmf* naturista *mf*
naufrage [nofʀaʒ] *nm* naufrágio *m* • **faire naufrage** naufragar
naufragé, e [nofʀaʒe] *nm, f* náufrago *m*, -ga *f*

nauséabond, e [nozeabɔ̃, ɔ̃d] *adj* nauseabundo(da)
nausée [noze] *nf* náusea *f* • **avoir la nausée** estar agoniado
nautique [notik] *adj* náutico(ca)
naval, e [naval] *adj* naval
navarin [navaʀɛ̃] *nm guisado de carneiro com legumes*
navet [navɛ] *nm* **1.** *(légume)* nabo *m* **2.** *(fam) (mauvais film)* fiasco *m*
navette [navɛt] *nf* **1.** *(d'aéroport)* navette *f* de transporte **2.** *(spatiale)* vaivém *m* espacial • **faire la navette (entre)** ir e vir (entre)
navigable [navigabl] *adj* navegável
navigateur, trice [navigatœʀ, tʀis] *nm, f* navegador *m*, -ra *f*
navigation [navigasjɔ̃] *nf* navegação *f* • **naviguer sur Internet** *INFORM* navegar na Internet • **navigation de plaisance** navegação de recreio
naviguer [navige] *vi* navegar
navire [naviʀ] *nm* navio *m*
navré, e [navʀe] *adj* • **je suis navré** sinto muito
nazisme [nazism] *nm* nazismo *m*
NB (*abr écrite de nota bene*) NB
ne [nə] não ➤ **jamais, pas, personne, plus, que, rien**
né, e [ne] *pp* ➤ **naître**
néanmoins [neɑ̃mwɛ̃] *adv* todavia
néant [neɑ̃] *nm* nada *m* • **réduire qqch à néant** reduzir algo a nada ▾ **néant** *num impresso, indica que não há nenhuma particularidade a assinalar*
nécessaire [nesesɛʀ] *adj* necessário(ria) ◇ *nm* **1.** *(ce qui est indispensable)* necessário *m* **2.** *(ustensiles)* estojo *m* • **il est nécessaire de faire qqch** é necessário fazer algo • **nécessaire de toilette** estojo de toilette
nécessité [nesesite] *nf* necessidade *f*
nécessiter [nesesite] *vt* necessitar de
nécessiteux, euse [nesesitø, øz] *nm, f* necessitado *m*, -da *f*
nécrologique [nekʀɔlɔʒik] *adj* necrológico(ca)
nectar [nɛktaʀ] *nm* néctar *m* • **nectar d'abricot /de pêche** néctar de alperce/de pêssego
nectarine [nɛktaʀin] *nf* pêssego *m* careca
néerlandais, e [neɛʀlɑ̃dɛ, ɛz] *adj* neerlandês(esa) ◇ *nm (langue)* neerlandês *m* ◆ **Néerlandais, e** *nm, f* neerlandês *m*, -esa *f*
nef [nɛf] *nf* nave *f*
néfaste [nefast] *adj* nefasto(ta)
négatif, ive [negatif, iv] *adj* negativo(va) ◇ *nm* negativo *m*
négation [negasjɔ̃] *nf* negação *f*
négligé, e [negliʒe] *adj* desleixado(da) ◆ **négligé** *nm* **1.** *(laisser-aller)* desleixo *m* **2.** *(peignoir)* roupão *m*
négligeable [negliʒabl] *adj* desprezável
négligence [negliʒɑ̃s] *nf* negligência *f* • **par négligence** por descuido
négligent, e [negliʒɑ̃, ɑ̃t] *adj* negligente
négliger [negliʒe] *vt* negligenciar
négoce [negɔs] *nm* negócio *m*
négociant, te [negɔsjɑ̃, ɑ̃t] *nm, f* • **négociant en vins** negociante *mf* de vinhos
négociation [negɔsjasjɔ̃] *nf* negociação *f* • **négociations au sommet** negociações

ao mais alto nível • **négociations de paix** negociações de paz

négociations [negɔsjasjɔ̃] *nfpl* negociações *fpl*

négocier [negɔsje] *vt* **1.** *(discuter de)* negociar **2.** *(virage)* dar bem ◇ *vi* negociar

neige [nɛʒ] *nf* neve *f*

neiger [neʒe] *v impers* • **il neige** está a nevar

neigeux, euse [nɛʒø, øz] *adj* coberto(ta) de neve

nénuphar [nenyfaʀ] *nm* nenúfar *m*

néologisme [neɔlɔʒism] *nm* neologismo *m*

néon [neɔ̃] *nm (tube)* néon *m*

néophyte [neɔfit] *nmf* neófito *m*, -ta *f*

nerf [nɛʀ] *nm* nervo *m* • **du nerf !** *(fig)* coragem! • **être à bout de nerfs** estar à beira de um ataque de nervos

nerveusement [nɛʀvøzmɑ̃] *adv* nervosamente

nerveux, euse [nɛʀvø, øz] *adj* nervoso(osa)

nervosité [nɛʀvozite] *nf* nervosismo *m*

n'est-ce pas [nɛspa] *adv* não é?

net, nette [nɛt] *adj* **1.** nítido(da) **2.** *(propre)* limpo(pa) **3.** *(prix, salaire)* líquido(da) ◇ *adv* **1.** *(se casser)* ao meio **2.** *(s'arrêter)* de repente

netéconomie [nɛtekɔnomi] *nf* neteconomia *f*, economia *f* digital

nettement [nɛtmɑ̃] *adv* **1.** *(clairement)* claramente **2.** *(beaucoup, très)* muito

netteté [nɛtte] *nf* nitidez *f*

nettoyage [netwajaʒ] *nm (ménage)* limpeza *f* • **nettoyage à sec** limpeza a seco

nettoyer [nɛtwaje] *vt* limpar • **faire nettoyer un vêtement** mandar limpar uma peça de roupa

neuf, neuve [nœf, nœv] *adj* novo (nova) ◇ *num* nove • **remettre qqch à neuf** renovar algo • **quoi de neuf ?** quais são as novidades? • **il a neuf ans** ele tem nove anos • **il est neuf heures** são nove horas • **le neuf janvier** no dia nove de Janeiro • **page neuf** página nove • **ils étaient neuf** eram nove • **le neuf de pique** o nove de espadas • **(au) neuf rue Lepic** (na) rua Lepic, número nove

neurodégénératif, ive [nørɔdeʒeneratif, iv] *adj MÉD* neurodegenerativa

neurologie [nøʀɔlɔʒi] *nf* neurologia *f*

neutraliser [nøtʀalize] *vt* neutralizar

neutralité [nøtʀalite] *nf* neutralidade *f*

neutre [nøtʀ] *adj* neutro(tra)

neutron [nøtʀɔ̃] *nm* neutrão *m*

neuvième [nœvjɛm] *num* nono(na) ◇ *nm* **1.** *(fraction)* nono *m* **2.** *(étage)* nono andar *m*

neveu [nəvø] (*pl* **-x**) *nm* sobrinho *m*

névrose [nevʀoz] *nf* neurose *f*

névrosé, e [nevʀoze] *adj* neurótico(ca)

nez [ne] *nm* nariz *m* • **se trouver nez à nez avec qqn** encontrar-se cara a cara com alguém

NF (*abr écrite de norme française*) norma francesa

ni [ni] *conj* • **ni... ni** nem...nem • **je n'aime ni la guitare ni le piano** não gosto nem de guitarra nem de piano • **ni l'un ni l'autre ne sont français** nem um nem outro são franceses • **elle n'est ni mince ni grosse** ela não é nem magra nem gorda

niais, e [njɛ, njɛz] *adj* pateta

niche [niʃ] *nf* **1.** *(à chien)* casota *f* **2.** *(dans un mur)* nicho *m*

nicher [niʃe] *vi* **1.** *(oiseaux)* fazer o ninho **2.** *(fam)* *(habiter)* morar ◆ **se nicher** *vp* meter-se

nickel [nikɛl] *nm* níquel *m* ◇ *adj inv (fam)* *(impeccable)* nos trinques

niçoise [niswaz] *adj f* ➤ **salade**

nicotine [nikɔtin] *nf* nicotina *f*

nid [ni] *nm* ninho *m*

nid-de-poule [nidpul] (*pl* **nids-de-poule**) *nm* buraco *m* (na estrada)

nièce [njɛs] *nf* sobrinha *f*

nier [nje] *vt* negar ● **nier avoir fait qqch** negar ter feito algo ● **nier que** negar que

Nil [nil] *nm* ● **le Nil** o Nilo

n'importe [nɛ̃pɔʀt] ➤ **importer**

nippon, one [nipɔ̃, ɔn] *adj* nipónico(ca) ◆ **Nippon, one** *nm, f* japonês *m*, -esa *f*

nitrate [nitʀat] *nm* nitrato *m*

niveau [nivo] (*pl* **-x**) *nm* nível *m* ● **au niveau de** ao nível de ● **niveau d'huile** nível do óleo ● **niveau de vie** nível de vida

niveler [nivle] *vt* nivelar

n° (*abr écrite de numéro*) n°

noble [nɔbl] *adj & nmf* nobre

noblesse [nɔblɛs] *nf (nobles)* nobreza *f*

noce [nɔs] *nf* boda *f* ● **noces d'or** bodas de ouro

nocif, ive [nɔsif, iv] *adj* nocivo(va)

noctambule [nɔktɑ̃byl] *adj & nmf* noctívago(ga)

nocturne [nɔktyʀn] *adj* nocturno(na) ◇ *nf (d'un magasin)* abertura *f* nocturna

Noël [nɔɛl] *nm* Natal *m* ◇ *nf* ● **la Noël** *(jour)* o dia de Natal ; *(période)* o Natal

Le jour de Noël

A festa de Natal começa no dia 24 de Dezembro à noite, com o *réveillon*, ceia em que tradicionalmente se come peru com castanhas e, a seguir, uma espécie de pão-de-ló com creme, chamado *bûche*. Antigamente, as crianças colocavam os sapatos diante da chaminé e, no dia 25, pela manhã, descobriam aí os presentes que o Pai Natal lhes tinha deixado. Hoje em dia, a distribuição dos presentes faz-se cada vez mais na noite do *réveillon*, à volta da árvore de Natal. Os católicos praticantes assistem à missa-do-galo. Em geral, o dia de Natal passa-se com a família.

nœud [nø] *nm* **1.** nó *m* **2.** *(ruban)* laço *m* ● **nœud papillon** laço *m (gravata)*

noir, e [nwaʀ] *adj* **1.** *(couleur)* preto(ta) **2.** *(sombre)* escuro(ra) ◇ *nm* **1.** *(couleur)* preto *m* **2.** *(obscurité)* escuro *m* ● **il fait noir** está escuro ● **dans le noir** no escuro ◆ **Noir, e** *nm, f* negro *m*, -gra *f*

noircir [nwaʀsiʀ] *vt & vi* escurecer

noisetier [nwaztje] *nm* aveleira *f*

noisette [nwazɛt] *nf* avelã *f* ◇ *adj inv* cor de avelã ● **une noisette de beurre** um bocadinho de manteiga

noix [nwa] *nf* **1.** *(fruit)* noz *f* **2.** *(morceau)* um pouco ● **noix de cajou** acaju *m* (*Port*), castanha *f* de caju (*Br*) ● **noix de coco** coco *m*

nom [nɔ̃] *nm* **1.** *(de personne, de chose)* nome *m* **2.** *GRAMM* substantivo *m* • **nom commun** substantivo comum • **nom de famille** apelido *m* *(Port)*, sobrenome *m* *(Br)* • **nom de jeune fille** apelido de solteira • **nom propre** nome próprio
nomade [nɔmad] *nmf* nómada *mf*
nombre [nɔ̃bʀ] *nm* número *m* • **un grand nombre de** um grande número de
nombreux, euse [nɔ̃bʀø, øz] *adj* numeroso(osa) • **peu nombreux** pouco numeroso
nombril [nɔ̃bʀil] *nm* umbigo *m*
nominal, e, aux [nɔminal, o] *adj* nominal
nomination [nɔminasjɔ̃] *nf* nomeação *f*
nommer [nɔme] *vt* **1.** *(appeler)* chamar **2.** *(à un poste)* nomear ◆ **se nommer** *vp* chamar-se
non [nɔ̃] *adv* não • **non ?** não? • **non plus** também não • **non seulement..., mais...** não só...mas...
nonante [nɔnɑ̃t] *num* *(Belg & Helv)* noventa
nonchalant, e [nɔ̃ʃalɑ̃, ɑ̃t] *adj* indolente
non-fumeur, euse [nɔ̃fymœʀ, øz] *nm, f* não-fumador *m*, -ra *f* *(Port)*, não-fumante *mf* *(Br)*
non-lieu [nɔ̃ljø] *(pl* **non-lieux***)* *nm* improcedência *f* • **bénéficier d'un non-lieu** ser absolvido por falta de provas • **rendre un non-lieu** pronunciar o arquivamento dos autos por falta de provas
non-sens [nɔ̃sɑ̃s] *nm inv* **1.** *(absurdité)* absurdo *m* **2.** *(contresens)* contra-senso *m*
non-violence [nɔ̃vjɔlɑ̃s] *nf* não-violência *f*
non-voyant, e [nɔ̃vwajɑ̃, ɑ̃t] *nm, f* cego *m*, -ga *f*
nord [nɔʀ] *adj inv & nm inv* norte • **au nord (de)** a norte (de)
nord-est [nɔʀɛst] *adj inv & nm inv* nordeste • **au nord-est (de)** a nordeste (de)
nordique [nɔʀdik] *adj* **1.** nórdico(ca) **2.** *(Québec)* do norte do Canadá
nord-ouest [nɔʀwɛst] *adj inv & nm inv* noroeste • **au nord-ouest (de)** a noroeste (de)
normal, e, aux [nɔʀmal, o] *adj* normal • **ce n'est pas normal** *(pas juste)* não é justo
normale [nɔʀmal] *nf* • **la normale** o normal
normalement [nɔʀmalmɑ̃] *adv* normalmente
normaliser [nɔʀmalize] *vt* normalizar ◆ **se normaliser** *vp* normalizar-se
normand, e [nɔʀmɑ̃, ɑ̃d] *adj* normando(da)
Normandie [nɔʀmɑ̃di] *nf* • **la Normandie** a Normandia
norme [nɔʀm] *nf* norma *f*
Norvège [nɔʀvɛʒ] *nf* • **la Norvège** a Noruega
norvégien, enne [nɔʀveʒjɛ̃, ɛn] *adj* norueguês(esa) ◇ *nm* *(langue)* norueguês *m* ◆ **Norvégien, enne** *nm, f* norueguês *m*, -esa *f*
nosocomial, e [nɔzɔkɔmjal, o] *(mpl* **-aux***)* *adj* nosocomial
nos [no] ➤ **notre**
nostalgie [nɔstalʒi] *nf* nostalgia *f* • **avoir la nostalgie de** ter saudades de
notable [nɔtabl] *adj & nm* notável
notaire [nɔtɛʀ] *nm* notário *m*

notamment [nɔtamɑ̃] *adv* nomeadamente
note [nɔt] *nf* nota *f* • **prendre des notes** tirar apontamentos • **note de frais** despesas, encargos, gastos
noter [nɔte] *vt* **1.** notar **2.** *(écrire)* anotar
notice [nɔtis] *nf (mode d'emploi)* instruções *fpl* de uso
notifier [nɔtifje] *vt* • **notifier qqch à qqn** notificar algo a alguém
notion [nɔsjɔ̃] *nf* noção *f* • **avoir des notions de** ter umas noções de
notoire [nɔtwaʀ] *adj* notório(ria)
notoriété [nɔtɔʀjete] *nf* notoriedade *f*
notre [nɔtʀ] (*pl* **nos** [no]) *adj* nosso(a)
nôtre [notʀ] ◆ **le nôtre, la nôtre** [lanotʀ] (*pl* **les nôtres**) [lenotʀ] *pron* o nosso (a nossa)
nouer [nwe] *vt* **1.** *(lacet, cravate)* fazer o nó de **2.** *(cheveux)* apertar
noueux, euse [nwø, øz] *adj* nodoso(osa)
nougat [nuga] *nm* ≃ torrão *m* de alicante
nougatine [nugatin] *nf pasta dura feita com caramelo e amêndoas*
nouilles [nuj] *nfpl* **1.** *(type de pâtes)* cotovelos *mpl* **2.** *(fam)* *(pâtes)* massa *f*
nourrice [nuʀis] *nf* ama *f*
nourrir [nuʀiʀ] *vt* **1.** *(alimenter)* alimentar **2.** *(entretenir)* manter ◆ **se nourrir (de)** *vp + prép* alimentar-se (de)
nourrissant, e [nuʀisɑ̃, ɑ̃t] *adj* nutritivo(va)
nourrisson [nuʀisɔ̃] *nm* bebé *m* de mama
nourriture [nuʀityʀ] *nf (régime alimentaire)* alimentação *f*
nous [nu] *pron* **1.** -nos **2.** *(sujet)* nós • **nous-mêmes** nós próprios(prias) • **il nous en a parlé** ele falou-nos disso • **ils nous regardent** eles estão a olhar para nós • **ils nous ont vus** eles viram-nos • **nous nous sommes habillés** nós vestimo-nos • **nous nous sommes parlés** nós falámos um com o outro • **nous sommes sœurs** nós somos irmãs
nouveau, elle [nuvo, nuvɛl] (*mpl* **nouveaux** [nuvo]) (nouvel [nuvɛl] *devant voyelle ou h muet*) *adj* novo (nova) ◇ *nm, f* **1.** *(dans une classe)* aluno *m* novo, aluna *f* nova **2.** *(dans un club)* membro *m* novo • **rien de nouveau** nada de novo • **le nouvel an** o Ano Novo • **à** ou **de nouveau** de novo
nouveau-né, e [nuvone] (*mpl* **nouveau-nés**, *fpl* **nouveau-nées**) *nm, f* recém-nascido *m*, -da *f*
nouveauté [nuvote] *nf* novidade *f*
nouvel ➤ **nouveau**
nouvelle [nuvɛl] *nf* **1.** *(information)* notícia *f* **2.** *(roman)* novela *f* • **les nouvelles** as notícias • **avoir des nouvelles de qqn** ter notícias de alguém
Nouvelle-Calédonie [nuvɛlkaledɔni] *nf* • **la Nouvelle-Calédonie** a Nova Caledónia
Nouvelle-Zélande [nuvɛlzelɑ̃d] *nf* • **la Nouvelle-Zélande** a Nova Zelândia
novateur, trice [nɔvatœʀ, tʀis] *adj* inovador(ra)
novembre [nɔvɑ̃bʀ] *nm* Novembro *m* • **en novembre, au mois de novembre** em Novembro, no mês de Novembro • **début novembre** em princípios de Novembro • **fin novembre** em fins de Novem-

bro • **le trois novembre** no dia três de Novembro

novice [nɔvis] *adj & nmf* noviço(ça)

noyade [nwajad] *nf* afogamento *m*

noyau [nwajo] (*pl* -x) *nm* **1.** (*de fruit*) caroço *m* **2.** (*petit groupe*) núcleo *m*

noyé, e [nwaje] *nm, f* afogado *m*, -da *f*

noyer [nwaje] *nm* nogueira *f* ◇ *vt* afogar ◆ **se noyer** *vp* afogar-se

NPI (*abr de nouveaux pays industriels*) *nmpl* NPI *mpl* (*Novos Países Industrializados*)

nu, e [ny] *adj* **1.** (*personne, jambes*) nu (nua) (*Port*), pelado(da) (*Br*) **2.** (*pièce*) vazio(zia) **3.** (*arbre*) despido(da) • **pieds nus** descalço(ça) • **tout nu** nu em pêlo • **à l'œil nu** a olho nu • **nu-tête** em cabelo

nuage [nɥaʒ] *nm* nuvem *f*

nuageux, euse [nɥaʒø, øz] *adj* nublado(da), enevoado(da)

nuance [nɥɑ̃s] *nf* **1.** (*teinte*) matiz *f* **2.** (*différence*) nuance *f*

nucléaire [nykleɛʀ] *adj* nuclear

nudisme [nydism] *nm* nudismo *m*

nudiste [nydist] *nmf* nudista *mf*

nuée [nɥe] *nf* **1.** (*multitude*) • **une nuée de** (*insectes*) uma nuvem de ; (*touristes*) uma multidão de **2.** (*sout*) (*gros nuage*) nuvem *f* negra

nues [ny] *nfpl* • **tomber des nues** (*fig*) cair das nuvens

nui [nɥi] *pp* ➤ **nuire**

nuire [nɥiʀ] ◆ **nuire à** *vp + prép* prejudicar

nuisible [nɥizibl] *adj* nocivo(va) • **nuisible à** nocivo para

nuit [nɥi] *nf* noite *f* • **la nuit** à noite • **bonne nuit !** boa noite! • **il fait nuit** é de noite • **passer une nuit blanche** (*ne pas se coucher*) fazer uma directa ; (*ne pas trouver le sommeil*) passar uma noite em branco • **de nuit** (*travail, poste*) nocturno(na) ; (*travailler, voyager*) de noite

nul, nulle [nyl] *adj* **1.** péssimo(ma) **2.** (*fam*) zero à esquerda • **être nul en qqch** ser uma nulidade em algo • **nulle part** em lado nenhum

nullité [nylite] *nf* **1.** (*médiocrité*) *DR* nulidade *f* **2.** (*péj*) (*personne*) zero *m* à esquerda

numérique [nymeʀik] *adj* digital

numéro [nymeʀo] *nm* número *m* • **numéro de compte** número de conta • **numéro d'immatriculation** número de matrícula • **numéro de poste** número de posto • **numéro de téléphone** número de telefone • **numéro vert** chamada *f* grátis

numéroter [nymeʀɔte] *vt* numerar • **place numérotée** lugar numerado

nu-pieds [nypje] *nm inv* chinelo *m*

nuptial, e, aux [nypsjal, o] *adj* nupcial

nuque [nyk] *nf* nuca *f*

nutritif, ive [nytʀitif, iv] *adj* nutritivo(va)

nutritionniste [nytʀisjɔnist] *adj & nmf* nutricionista *mf*

Nylon® [nilɔ̃] *nm* nylon *m*

nymphomane [nɛ̃fɔman] *nf* ninfomaníaca *f* ◇ *adj* ninfomaníaco(ca)

O

O (*abr écrite de ouest*) O *(Oeste)*
oasis [ɔazis] *nf* oásis *m*
obéir [ɔbeiʀ] *vi* obedecer • **obéir à** obedecer a
obéissance [ɔbeisɑ̃s] *nf* obediência *f* • **devoir obéissance à qqn** dever obediência a alguém
obéissant, e [ɔbeisɑ̃, ɑ̃t] *adj* obediente
obèse [ɔbɛz] *adj* obeso(sa)
obésité [ɔbezite] *nf* obesidade *f*
objecteur [ɔbʒɛktœʀ] *nm* • **objecteur de conscience** objector *m* de consciência
objectif, ive [ɔbʒɛktif, iv] *adj* objectivo(va) ◇ *nm* **1.** *(but)* objectivo *m* **2.** *(d'appareil photo)* objectiva *f*
objection [ɔbʒɛksjɔ̃] *nf* objecção *f*
objectivité [ɔbʒɛktivite] *nf* objectividade *f*
objet [ɔbʒɛ] *nm* **1.** objecto *m* **2.** *(but)* finalidade *f* **3.** *(d'une recherche, d'un débat)* assunto *m* • **(bureau des) objets trouvés** (secção de) perdidos e achados • **objets de valeur** objectos de valor
obligation [ɔbligasjɔ̃] *nf* obrigação *f*
obligatoire [ɔbligatwaʀ] *adj* obrigatório(ria)
obligé, e [ɔbliʒe] *adj* *(fam)* inevitável • **être obligé de faire qqch** ser obrigado a fazer algo
obliger [ɔbliʒe] *vt* • **obliger qqn à faire qqch** obrigar alguém a fazer algo
oblique [ɔblik] *adj* oblíquo(qua)
obliquer [ɔblike] *vi* obliquar
oblitérer [ɔbliteʀe] *vt (ticket)* validar
obnubiler [ɔbnybile] *vt* obnubilar • **être obnubilé par qqn/qqch** estar obcecado com alguém/algo
obscène [ɔpsɛn] *adj* obsceno(na)
obscénité [ɔpsenite] *nf* obscenidade *f*
obscur, e [ɔpskyʀ] *adj* obscuro(ra)
obscurantisme [ɔpskyʀɑ̃tism] *nm* obscurantismo *m*
obscurcir [ɔpskyʀsiʀ] ◆ **s'obscurcir** *vp* obscurecer-se
obscurité [ɔpskyʀite] *nf* obscuridade *f*
obsédé, e [ɔpsede] *adj* obcecado(da) ◇ *nm, f* • **obsédé (sexuel)** tarado *m* (sexual)
obséder [ɔpsede] *vt* obcecar
obsèques [ɔpsɛk] *nfpl* *(sout)* exéquias *fpl*
observateur, trice [ɔpsɛʀvatœʀ, tʀis] *adj* observador(ra)
observation [ɔpsɛʀvasjɔ̃] *nf* observação *f*
observatoire [ɔpsɛʀvatwaʀ] *nm* observatório *m*
observer [ɔpsɛʀve] *vt* observar
obsession [ɔpsesjɔ̃] *nf* obsessão *f*
obsolète [ɔpsɔlɛt] *adj* obsoleto(ta)
obstacle [ɔpstakl] *nm* obstáculo *m*
obstination [ɔpstinasjɔ̃] *nf* obstinação *f*
obstiné, e [ɔpstine] *adj* obstinado(da)
obstiner [ɔpstine] ◆ **s'obstiner** *vp* obstinar-se • **s'obstiner à faire qqch** obstinar-se a fazer algo
obstruer [ɔpstʀye] *vt* obstruir
obtempérer [ɔptɑ̃peʀe] *vi* • **obtempérer à qqch** obtemperar a algo
obtenir [ɔptəniʀ] *vt* obter
obtention [ɔptɑ̃sjɔ̃] *nf* obtenção *f*

obtenu, e [ɔptəny] *pp* ➤ **obtenir**
obturateur [ɔptyʀatœʀ] *nm* (*d'appareil photo*) obturador *m*
obtus, e [ɔpty, yz] *adj* obtuso(sa)
obus [ɔby] *nm* obus *m*
OC (*abr écrite de ondes courtes*) OC (*ondas curtas*)
occasion [ɔkazjɔ̃] *nf* **1.** (*chance*) oportunidade *f* **2.** (*bonne affaire*) pechincha *f* • **avoir l'occasion de faire qqch** ter oportunidade de fazer algo • **à l'occasion de** pela ocasião de • **d'occasion** em segunda mão
occasionnel, elle [ɔkazjɔnɛl] *adj* ocasional
occasionner [ɔkazjɔne] *vt* (*sout*) ocasionar
Occident [ɔksidɑ̃] *nm* • **l'Occident** o Ocidente
occidental, e, aux [ɔksidɑ̃tal, o] *adj* ocidental
occulte [ɔkylt] *adj* oculto(ta)
occulter [ɔkylte] *vt* ocultar
occupation [ɔkypasjɔ̃] *nf* ocupação *f*
occupé, e [ɔkype] *adj* ocupado(da) • **ça sonne occupé** está ocupado
occuper [ɔkype] *vt* ocupar • **ça l'occupe** isso entretém-no ◆ **s'occuper** *vp* entreter-se • **s'occuper de** tratar de
occurrence [ɔkyʀɑ̃s] ◆ **en l'occurrence** *adv* neste caso
océan [ɔseɑ̃] *nm* oceano *m*
Océanie [ɔseani] *nf* • **l'Océanie** a Oceânia
océanique [ɔseanik] *adj* oceânico(ca)
ocre [ɔkʀ] *adj inv* ocre
octane [ɔktan] *nm* • **indice d'octane** índice *m* de octana
octante [ɔktɑ̃t] *num* (*Belg & Helv*) oitenta
octave [ɔktav] *nf* oitava *f*
octet [ɔktɛ] *nm* byte *m*
octobre [ɔktɔbʀ] *nm* Outubro *m* • **en octobre, au mois d'octobre** em Outubro, no mês de Outubro • **début octobre** em princípios de Outubro • **fin octobre** em fins de Outubro • **le cinq octobre** no dia cinco de Outubro
octroyer [ɔktʀwaje] *vt* outorgar • **octroyer qqch à qqn** outorgar algo a alguém ◆ **s'octroyer** *vp* outorgar-se
oculaire [ɔkylɛʀ] *nm* ocular *f* ◇ *adj* ocular
oculiste [ɔkylist] *nmf* oculista *mf*
odeur [ɔdœʀ] *nf* cheiro *m*
odieux, euse [ɔdjø, øz] *adj* odioso(osa)
odorant, e [ɔdɔʀɑ̃, ɑ̃t] *adj* cheiroso(osa)
odorat [ɔdɔʀa] *nm* olfacto *m*
œdème [edɛm] *nm* edema *m* • **œdème pulmonaire** edema pulmonar
œil [œj] (*pl* **yeux** [jø]) *nm* olho *m* • **à l'œil** (*fam*) de borla • **avoir qqn à l'œil** (*fam*) ter alguém debaixo de olho • **mon œil!** (*fam*) morde aqui para ver se eu deixo!
œillet [œjɛ] *nm* **1.** (*fleur*) cravo *m* **2.** (*de chaussure*) buraco *m*
œnologue [enɔlɔg] *nmf* enologista *mf*
œsophage [ezɔfaʒ] *nm* esófago *m*
œuf [œf] (*pl* **œufs** [ø]) *nm* ovo *m* • **œuf à la coque** ovo quente • **œuf dur** ovo cozido • **œuf de Pâques** ovo de Páscoa • **œuf poché** ovo escalfado • **œuf sur le plat** ovo estrelado • **œufs brouillés** ovos mexidos • **œufs à la neige** *doce frio à base de leite creme e claras de ovo cobertas com caramelo*

œuvre [œvʀ] *nf* obra *f* • **mettre qqch en œuvre** pôr algo em prática • **œuvre d'art** obra de arte
offense [ɔfɑ̃s] *nf* ofensa *f*
offenser [ɔfɑ̃se] *vt* ofender
offensif, ive [ɔfɑ̃sif, iv] *adj* ofensivo(va) ◆ **offensive** *nf* ofensiva *f* • **lancer une offensive** lançar uma ofensiva • **passer à l'offensive** passar à ofensiva • **prendre l'offensive** tomar a ofensiva
offert, e [ɔfɛʀ, ɛʀt] *pp* ➤ **offrir**
office [ɔfis] *nm* **1.** *(organisme)* organismo *m* **2.** *(messe)* ofício *m* • **faire office de** servir de • **office de tourisme** posto *m* de turismo • **d'office** de ofício
officialiser [ɔfisjalize] *vt* oficializar
officiel, elle [ɔfisjɛl] *adj* oficial
officiellement [ɔfisjɛlmɑ̃] *adv* oficialmente
officier [ɔfisje] *nm (militaire)* oficial *m*
officieux, euse [ɔfisjø, øz] *adj* oficioso(osa)
offrande [ɔfʀɑ̃d] *nf* oferenda *f*
offre [ɔfʀ] *nf* oferta *f* • **offres d'emploi** ofertas de emprego ▾ **offre spéciale** oferta especial
offrir [ɔfʀiʀ] *vt* • **offrir qqch à qqn** oferecer algo a alguém • **offrir à qqn de faire qqch** propor a alguém que faça algo • **offrir de faire qqch** propor-se a fazer algo ◆ **s'offrir** *vp* oferecer a si próprio
offusquer [ɔfyske] *vt* ofender ◆ **s'offusquer** *vp* ofender-se • **s'offusquer de** ofender-se com
ogre [ɔgʀ] *nm* papão *m*
oie [wa] *nf* ganso *m*
oignon [ɔɲɔ̃] *nm* **1.** *(légume)* cebola *f* **2.** *(de fleur)* bolbo *m* • **petits oignons** cebolinhas *fpl*
oiseau [wazo] (*pl* **-x**) *nm* pássaro *m*
oisif, ive [wazif, iv] *adj* ocioso(osa)
oisillon [wazijɔ̃] *nm* passarinho *m*
oisiveté [wazivte] *nf* ociosidade *f*
OK [ɔkɛ] *interj* OK!
ola [ɔla] *nf* olá, onda • **faire la ola** fazer o olá
oléoduc [ɔleɔdyk] *nm* oleoduto *m*
oligarchie [ɔligaʀʃi] *nf* oligarquia *f*
olive [ɔliv] *nf* azeitona *f* • **olive noire/verte** azeitona preta/verde
olivier [ɔlivje] *nm* oliveira *f*
olympique [ɔlɛ̃pik] *adj* olímpico(ca)
ombilical, e, aux [ɔ̃bilikal, o] *adj* umbilical
omble (chevalier) [ɔ̃blaʃavalje] *nm (Helv) peixe fino especialmente do lago Leman*
ombragé, e [ɔ̃bʀaʒe] *adj* sombreado(da)
ombre [ɔ̃bʀ] *nf* sombra *f* • **à l'ombre (de)** à sombra (de) • **ombres chinoises** sombras chinesas • **ombre à paupières** sombra (para os olhos)
ombrelle [ɔ̃bʀɛl] *nf* sombrinha *f*
omelette [ɔmlɛt] *nf* omelete *f* • **omelette norvégienne** *sobremesa de massa leve com licor, coberta com gelado de baunilha e merengue*
omettre [ɔmɛtʀ] *vt (sout)* omitir • **omettre de faire qqch** esquecer-se de fazer algo
omis, e [ɔmi, iz] *pp* ➤ **omettre**
omission [ɔmisjɔ̃] *nf* omissão *f*
omnibus [ɔmnibys] *nm* • **(train) omnibus** ≃ comboio *m* regional

omniprésent, e [ɔmniprezɑ̃, ɑ̃t] *adj* omnipresente
omnivore [ɔmnivɔr] *nm* omnívoro *m* ◇ *adj* omnívoro(ra)
omoplate [ɔmɔplat] *nf* omoplata *f*
on [ɔ̃] *pron* • **on a frappé** bateram à porta • **autrefois, on vivait mieux** antigamente, vivia-se melhor • **on s'en va** vamos embora • **on ne sait jamais** nunca se sabe
oncle [ɔ̃kl] *nm* tio *m*
onctueux, euse [ɔ̃ktɥø, øz] *adj* untuoso(osa)
onde [ɔ̃d] *nf* onda *f* • **grandes ondes** ondas longas • **ondes courtes/moyennes** ondas curtas/médias
ondée [ɔ̃de] *nf* pancada *f* de água
ondulé, e [ɔ̃dyle] *adj (cheveux)* ondulado(da)
onduler [ɔ̃dyle] *vt & vi* ondular
onéreux, euse [ɔnerø, øz] *adj (sout)* oneroso(osa)
ongle [ɔ̃gl] *nm* unha *f*
onomatopée [ɔnɔmatɔpe] *nf* onomatopeia *f*
ont [ɔ̃] ➤ **avoir**
ONU [ɔny] *nf (abr de Organisation des Nations Unies)* ONU *f*
onze [ɔ̃z] *num* onze • **il a onze ans** ele tem onze anos • **il est onze heures** são onze horas • **le onze janvier** no dia onze de Janeiro • **page onze** página onze • **ils étaient onze** eram onze • **(au) onze rue Lepic** (na) rua Lepic, número onze
onzième [ɔ̃zjɛm] *num* décimo primeiro (décima primeira) ◇ *nm (étage)* décimo primeiro andar *m*
opaque [ɔpak] *adj* opaco(ca)
opéra [ɔpera] *nm* ópera *f*
opérateur, trice [ɔperatœr, tris] *nm, f (au téléphone)* telefonista *mf*
opération [ɔperasjɔ̃] *nf* operação *f*
opérationnel, elle [ɔperasjɔnɛl] *adj* operacional
opérer [ɔpere] *vt & vi* operar • **se faire opérer (de)** ser operado (a)
opérette [ɔperɛt] *nf* opereta *f*
ophtalmologiste [ɔftalmɔlɔʒist] *nmf* oftalmologista *mf*
Opinel® [ɔpinɛl] *nm navalha com cabo de madeira*
opinion [ɔpinjɔ̃] *nf* opinião *f* • **l'opinion (publique)** a opinião pública
opium [ɔpjɔm] *nm* ópio *m*
opportun, e [ɔpɔrtœ̃, yn] *adj* oportuno(na)
opportuniste [ɔpɔrtynist] *adj* oportunista
opportunité [ɔpɔrtynite] *nf* oportunidade *f*
opposant, e [ɔpozɑ̃, ɑ̃t] *adj* da oposição ◇ *nm, f* opositor *m*, -ra *f* • **opposant à** opositor a
opposé, e [ɔpoze] *adj* **1.** oposto(osta) **2.** *(opinion)* contrário(ria) ◇ *nm* • **l'opposé** o oposto • **opposé à** *(inverse)* oposto a ; *(hostile à)* contra • **à l'opposé de** *(du côté opposé à)* do lado oposto a ; *(contrairement à)* contrariamente a
opposer [ɔpoze] *vt* opor ◆ **s'opposer** *vp* opor-se • **s'opposer à** opor-se a
opposition [ɔpozisjɔ̃] *nf* oposição *f* • **faire opposition (à un chèque)** cancelar (um cheque)
oppresser [ɔprese] *vt* oprimir

oppresseur [ɔpʀesœʀ] *nm* opressor *m*, -ra *f*
oppression [ɔpʀesjɔ̃] *nf* opressão *f*
opprimé, e [ɔpʀime] *adj & nm, f* oprimido(da)
opprimer [ɔpʀime] *vt* oprimir
opter [ɔpte] *vi* • **opter pour qqch/qqn** optar por algo/alguém • **opter entre qqch et qqch** optar entre algo e algo
opticien, enne [ɔptisjɛ̃, ɛn] *nm, f* oculista *mf*
optimal, e, aux [ɔptimal, o] *adj* óptimo(ma)
optimiser [ɔptimize] *vt* optimizar
optimisme [ɔptimism] *nm* optimismo *m*
optimiste [ɔptimist] *adj & nmf* optimista
option [ɔpsjɔ̃] *nf* opção *f*
optionnel, elle [ɔpsjɔnɛl] *adj* opcional
optique [ɔptik] *adj* óptico(ca) ◇ *nf (point de vue)* óptica *f*
opulence [ɔpylɑ̃s] *nf* opulência *f* • **vivre** ou **nager dans l'opulence** nadar em dinheiro
or [ɔʀ] *conj* porém ◇ *nm* ouro *m* • **en or** de ouro
orage [ɔʀaʒ] *nm* trovoada *f*
orageux, euse [ɔʀaʒø, øz] *adj* de trovoada
oral, e, aux [ɔʀal, o] *adj* oral ◇ *nm* oral *f* ▼ **voie orale** via oral
oralement [ɔʀalmɑ̃] *adv* oralmente
orange [ɔʀɑ̃ʒ] *adj inv* cor-de-laranja ◇ *nm* cor-de-laranja *f* ◇ *nf* laranja *f*
orangeade [ɔʀɑ̃ʒad] *nf* laranjada *f*
oranger [ɔʀɑ̃ʒe] *nm* ➤ **fleur**
oranger [ɔʀɑ̃ʒe] *nm* laranjeira *f*
Orangina® [ɔʀɑ̃ʒina] *nm* ≃ Sumol® *m*
orang-outan [ɔʀɑ̃utɑ̃] (*pl* **orangs-outans**) *nm* orangotango *m*
orateur, trice [ɔʀatœʀ, tʀis] *nm, f* orador *m*, -ra *f*
orbite [ɔʀbit] *nf* órbita *f*
orchestre [ɔʀkɛstʀ] *nm* orquestra *f*
orchestrer [ɔʀkɛstʀe] *vt* orquestrar
orchidée [ɔʀkide] *nf* orquídea *f*
ordinaire [ɔʀdinɛʀ] *adj* **1.** *(normal)* do costume **2.** *(banal)* vulgar ◇ *nm* gasolina *f* normal • **sortir de l'ordinaire** sair do vulgar • **d'ordinaire** de costume
ordinateur [ɔʀdinatœʀ] *nm* computador *m*
ordonnance [ɔʀdɔnɑ̃s] *nf (médicale)* receita *f* (médica)
ordonné, e [ɔʀdɔne] *adj* arrumado(da)
ordonner [ɔʀdɔne] *vt* **1.** *(commander)* ordenar **2.** *(ranger)* arrumar • **ordonner à qqn de faire qqch** ordenar a alguém que faça algo
ordre [ɔʀdʀ] *nm* ordem *f* • **donner l'ordre (à qqn) de faire qqch** dar ordem (a alguém) para fazer algo • **jusqu'à nouvel ordre** até nova ordem • **en ordre** em ordem • **mettre de l'ordre dans qqch** pôr ordem em algo • **dans l'ordre** por ordem • **à l'ordre de** à ordem de
ordures [ɔʀdyʀ] *nfpl* lixo *m*
orée [ɔʀe] ♦ **à l'orée de** *loc prép* na orla de
oreille [ɔʀɛj] *nf* orelha *f*
oreiller [ɔʀeje] *nm* almofada *f*
oreillons [ɔʀɛjɔ̃] *nmpl* papeira *f*
orfèvrerie [ɔʀfɛvʀəʀi] *nf* ourivesaria *f*
organe [ɔʀgan] *nm* órgão *m*
organigramme [ɔʀganigʀam] *nm* organigrama *m*

organique [ɔʀganik] *adj* orgânico(ca)
organisateur, trice [ɔʀganizatœʀ, tʀis] *nm, f* organizador *m*, -ra *f*
organisation [ɔʀganizasjɔ̃] *nf* organização *f*
organisé, e [ɔʀganize] *adj* organizado(da)
organiser [ɔʀganize] *vt* organizar ♦ **s'organiser** *vp* organizar-se
organisme [ɔʀganism] *nm* organismo *m*
orgasme [ɔʀgasm] *nm* orgasmo *m*
orge [ɔʀʒ] *nf* ➤ **sucre**
orgie [ɔʀʒi] *nf* orgia *f* • **faire une orgie de qqch** (*fig*) empanturrar-se com algo
orgue [ɔʀg] *nm* órgão *m* • **orgue de Barbarie** realejo *m*
orgueil [ɔʀgœj] *nm* orgulho *m*
orgueilleux, euse [ɔʀgœjø, øz] *adj* orgulhoso(osa)
Orient [ɔʀjɑ̃] *nm* • **l'Orient** o Oriente
oriental, e, aux [ɔʀjɑ̃tal, o] *adj* oriental
orientation [ɔʀjɑ̃tasjɔ̃] *nf* orientação *f*
orienter [ɔʀjɑ̃te] *vt* orientar ♦ **s'orienter** *vp* orientar-se • **s'orienter vers** (*se tourner vers*) orientar-se em direcção a ; *SCOL* orientar-se para
orifice [ɔʀifis] *nm* orifício *m*
originaire [ɔʀiʒinɛʀ] *adj* • **originaire de** oriundo(da) de
original, e, aux [ɔʀiʒinal, o] *adj* original ◇ *nm, f* excêntrico *m*, -ca *f* ◇ *nm* original *m*
originalité [ɔʀiʒinalite] *nf* originalidade *f*
origine [ɔʀiʒin] *nf* origem *f* • **être à l'origine de qqch** estar na origem de algo • **à l'origine** no início • **d'origine** (*ancien*) de origem • **pays d'origine** país de origem
ORL *nmf* (*abr de oto-rhino-laryngologiste*) otorrino (*otorrinolaringologista*) *mf*
orme [ɔʀm] *nm* olmo *m*
ornement [ɔʀnəmɑ̃] *nm* adorno *m*
orner [ɔʀne] *vt* adornar • **orner qqch de** adornar algo com
ornière [ɔʀnjɛʀ] *nf* cova *f*
orphelin, e [ɔʀfəlɛ̃, in] *nm, f* órfão *m*, -ã *f*
orphelinat [ɔʀfəlina] *nm* orfanato *m*
Orsay [ɔʀsɛ] *n* • **le musée d'Orsay** *museu parisiense dedicado à arte do século XIX*
orteil [ɔʀtɛj] *nm* dedo *m* do pé • **gros orteil** dedo grande do pé (*Port*), dedão *m* (*Br*)
orthodontiste [ɔʀtɔdɔ̃tist] *nmf* ortodontista *m*
orthodoxe [ɔʀtɔdɔks] *adj* & *nmf* ortodoxo(xa) • **peu orthodoxe** pouco ortodoxo
orthographe [ɔʀtɔgʀaf] *nf* ortografia *f*
orthophoniste [ɔʀtɔfɔnist] *nmf* terapeuta *mf* da fala
ortie [ɔʀti] *nf* urtiga *f*
os [ɔs] (*pl* **os** [o]) *nm* osso *m*
oscariser [ɔskarize] *vt* oscarizar
oscillation [ɔsilasjɔ̃] *nf* oscilação *f*
osciller [ɔsile] *vi* oscilar
osé, e [oze] *adj* atrevido(da)
oseille [ozɛj] *nf* azedas *fpl*
oser [oze] *vt* atrever-se • **oser faire qqch** atrever-se a fazer algo
osier [ozje] *nm* vime *m*
ossature [ɔsatyʀ] *nf* **1.** *ANAT* ossatura *f* **2.** (*fig*) (*structure*) estrutura *f*
ossements [ɔsmɑ̃] *nmpl* ossadas *fpl*
ostensible [ɔstɑ̃sibl] *adj* ostensivo(va)
ostéopathe [ɔsteɔpat] *nmf* osteopata *mf*

ostréiculture [ɔstʀeikyltyʀ] *nf* ostreicultura *f*
otage [ɔtaʒ] *nmf* refém *mf* • **prendre qqn en otage** tomar alguém como refém
OTAN [ɔtɑ̃] (*abr de Organisation du traité de l'Atlantique Nord*) *nf* NATO *f* (*North Atlantic Treaty Organization*)
otarie [ɔtaʀi] *nf* otária *f*
ôter [ote] *vt* tirar • **ôter qqch à qqn** tirar algo a alguém • **ôter qqch de qqch** tirar algo de algo • **3 ôté de 10 égale 7** 10 menos 3 é igual a 7
otite [ɔtit] *nf* otite *f*
oto-rhino(-laryngologiste) [ɔtɔʀinɔlaʀɛ̃gɔlɔʒist] (*pl* **-s**) *nmf* otorrinolaringologista *mf*
ou [u] *conj* ou • **c'est l'un ou l'autre** é um ou o outro • **ou bien** ou então • **ou... ou** ou... ou
où [u] *adv* onde • **où habitez-vous ?** onde mora? • **d'où êtes-vous ?** donde é você? • **par où faut-il passer ?** é preciso ir por onde? • **nous ne savons pas où dormir/où aller** não sabemos onde dormir/aonde ir
◇ *pron*
1. (*spatial*) onde • **le village où j'habite** a aldeia onde vivo • **le pays d'où je viens** o país de onde venho • **les endroits où nous sommes allés** os sítios aonde fomos • **la ville par où nous venons de passer** a cidade por onde acabámos de passar
2. (*temporel*) em que • **le jour où...** o dia em que... • **juste au moment où...** mesmo no instante em que...
ouate [wat] *nf* algodão *m* em rama
oubli [ubli] *nm* esquecimento *m*
oublier [ublije] *vt* **1.** esquecer-se de **2.** (*omettre*) esquecer-se • **oublier de faire qqch** esquecer-se de fazer algo
oubliettes [ublijɛt] *nfpl* masmorra *f*
ouest [wɛst] *adj inv* & *nm inv* oeste • **à l'ouest (de)** a oeste (de)
ouf [uf] *interj* ufa!
oui [wi] *adv* sim
ouï-dire [widiʀ] *nm inv* boato *m* • **par ouï-dire** por ouvir dizer
ouïe [wi] *nf* ouvido *m* ◆ **ouïes** *nfpl* guelras *fpl*
ouragan [uʀagɑ̃] *nm* furacão *m*
ourlet [uʀlɛ] *nm* bainha *f*
ours [uʀs] *nm* urso *m* • **ours en peluche** urso de peluche
oursin [uʀsɛ̃] *nm* ouriço-do-mar *m*
ourson [uʀsɔ̃] *nm* ursozinho *m*
outil [uti] *nm* **1.** ferramenta *f* **2.** (*fig*) instrumento *m* • **boîte** ou **caisse à outils** caixa de ferramentas
outillage [utijaʒ] *nm* ferramentas *fpl*
outrage [utʀaʒ] *nm* ultraje *m* • **outrage aux bonnes mœurs** ofensa aos bons costumes
outrance [utʀɑ̃s] *nf* exagero *m* • **à outrance** em excesso
outre [utʀ] *prép* além de • **en outre** além disso • **outre mesure** por aí além
outré, e [utʀe] *adj* indignado(da)
outre-Atlantique [utʀatlɑ̃tik] *adv* além-Atlântico
outre-Manche [utʀəmɑ̃ʃ] *adv* do outro lado do Canal da Mancha
outremer [utʀəmɛʀ] *adj inv* ultramar
outre-mer [utʀəmɛʀ] *adv* no ultramar
outrepasser [utʀəpase] *vt* exceder

ouvert, **e** [uvɛʀ, ɛʀt] *pp* ➤ **ouvrir** ◇ *adj* aberto(ta) ▾ **ouvert le lundi** aberto às segundas-feiras

ouvertement [uvɛʀtəmɑ̃] *adv* abertamente

ouverture [uvɛʀtyʀ] *nf* abertura *f* • **ouverture d'esprit** abertura de espírito

ouvrable [uvʀabl] *adj* ➤ **jour**

ouvrage [uvʀaʒ] *nm* obra *f*

ouvre-boîtes [uvʀəbwat] *nm inv* abre-latas *m inv* (*Port*), abridor *m* de lata (*Br*)

ouvre-bouteilles [uvʀəbutɛj] *nm inv* saca-rolhas *m inv* (*Port*), abridor *m* de garrafa (*Br*)

ouvreur, **euse** [uvʀœʀ, øz] *nm, f* arrumador *m*, -ra *f*

ouvrier, **ère** [uvʀije, ɛʀ] *adj & nm, f* operário(ria)

ouvrir [uvʀiʀ] *vt & vi* abrir ◆ **s'ouvrir** *vp* **1.** (*porte*) abrir-se **2.** (*fleur*) desabrochar

ovaire [ɔvɛʀ] *nm* ovário *m*

ovale [ɔval] *adj* oval

ovation [ɔvasjɔ̃] *nf* ovação *f* • **faire une ovation à qqn** ovacionar alguém

ovationner [ɔvasjɔne] *vt* ovacionar

overbooking [ɔvœʀbukiŋ] *nm* overbooking *m*, excesso *m* de reservas

overdose [ɔvœʀdoz] *nf* overdose *f*

OVNI [ɔvni] (*abr de objet volant non identifié*) *nm* OVNI *m* (*objecto volante não identificado*)

oxyde [ɔksid] *nm* óxido *m* • **oxyde de carbone** óxido de carbono

oxyder [ɔkside] *vt* oxidar ◆ **s'oxyder** *vp* oxidar-se

oxyder [ɔkside] ◆ **s'oxyder** *vp* oxidar-se

oxygène [ɔksiʒɛn] *nm* oxigénio *m*

oxygénée [ɔksiʒene] *adj f* ➤ **eau**

ozone [ozɔn] *nm* ozono *m*

pP

pacemaker [pɛsmekœʀ] *nm* pacemaker *m*

pachyderme [paʃidɛʀm] *nm* paquiderme *m*

pacifique [pasifik] *adj* pacífico(ca) • **l'océan Pacifique** o oceano Pacífico • **le Pacifique** o Pacífico

pacifiste [pasifist] *adj & nmf* pacifista

pack [pak] *nm* (*de bouteilles*) pack *m*

packaging [pakadʒiŋ] *nm* embalagem *f*

pacotille [pakɔtij] *nf* pacotilha *f* • **de pacotille** de pacotilha

PACS (*abr de Pacte civil de solidarité*) [paks] *nm* união *f* de facto

pacsé, **e** [pakse] *nm ou nf* (*fam*) • **pacsés** unidos de facto

pacser [pakse] ◆ **se pacser** (*fam*) [pakse] *vp* assinar um PACS

pacte [pakt] *nm* pacto *m*

pactiser [paktize] *vi* • **pactiser avec** pactuar com

pactole [paktɔl] *nm* • **ramasser le pactole** fazer uma fortuna

paella [paela] *nf* ≃ arroz *m* à valenciana

pagaie [pagɛ] *nf* pangaia *f*

pagaille [pagaj] *nf* (*fam*) bagunça *f* • **en pagaille** (*en quantité*) aos pontapés • **être en pagaille** (*chambre*) estar uma bagunça

pagayer [pageje] *vi* remar (*com remo de pá larga e haste curta*)

page [paʒ] *nf* **1.** página *f* **2.** INFORM • **page précédente** página anterior, pagina

precedente • **page suivante** página seguinte • **page Web** página Web • **page de garde** guarda *f* • **les pages jaunes** as páginas amarelas
pagne [paɲ] *nm* tanga *f*
pagode [pagɔd] *nf* pagode *m*
paie [pɛ] = **paye**
paiement [pɛmɑ̃] *nm* pagamento *m*
païen, enne [pajɛ̃, ɛn] *adj & nm, f* pagão(ã)
paillasson [pajasɔ̃] *nm* tapete *m* para limpar os pés
paille [paj] *nf* **1.** *(de blé)* palha *f* **2.** *(pour boire)* palhinha *f*
paillette [pajɛt] *nf* lantejoula *f*
pain [pɛ̃] *nm* pão *m* • **pain au chocolat** pão de chocolate • **pain complet** pão integral • **pain doré** *(Québec)* = **pain perdu** • **pain d'épice** ≃ broa *f* doce • **pain de mie** pão de forma • **pain perdu** ≃ rabanadas *fpl* • **pain aux raisins** caracol *m*

Le pain

Em França, é impossível imaginar-se uma refeição sem pão. O pão é comprado nas padarias e tem diversas formas : *ficelle, baguette, bâtard, pain de 400 g* ou *miche*. O pão mais comum é preparado com farinha de trigo. Existem também os pães especiais, que contêm cereais ou germe de trigo. Cortado em fatias, o pão constitui o essencial do pequeno-almoço.

pair, e [pɛʀ] *adj* par ◇ *nm* • **jeune fille au pair** jovem au pair
paire [pɛʀ] *nf* par *m*
paisible [pezibl] *adj* sossegado(da)
paître [pɛtʀ] *vi* pastar
paix [pɛ] *nf* paz *f* • **avoir la paix** ter paz • **laisser qqn en paix** deixar alguém em paz
Pakistan [pakistɑ̃] *nm* • **le Pakistan** o Paquistão
pakistanais, e [pakistanɛ, ɛz] *adj* paquistanês(esa)
palace [palas] *nm* hotel *m* de luxo
palais [palɛ] *nm* **1.** *(résidence)* palácio *m* **2.** *ANAT* céu-da-boca *m* • **Palais de justice** Palácio da Justiça
pâle [pal] *adj* pálido(da)
palette [palɛt] *nf* **1.** *(de peintre)* paleta *f* **2.** *(viande)* pá *f*
pâleur [palœʀ] *nf* palidez *f*
palier [palje] *nm* patamar *m*
pâlir [paliʀ] *vi* empalidecer
palissade [palisad] *nf* paliçada *f*
palliatif, ive [paljatif, iv] *adj* paliativo(va) ◆ **palliatif** *nm* paliativo *m*
pallier [palje] *vt* paliar
palmarès [palmaʀɛs] *nm* **1.** *(de victoires)* quadro *m* de honra **2.** *(de chansons)* top *m*
palme [palm] *nf* barbatana *f (de nadador)*
palmé, e [palme] *adj* espalmado(da)
palmier [palmje] *nm* **1.** *(arbre)* palmeira *f* **2.** *(gâteau)* palmier *m*
palmipède [palmipɛd] *adj & nm* palmípede
palombe [palɔ̃b] *nf* pombo *m* bravo ou torcaz
palourde [paluʀd] *nf* amêijoa *f*
palper [palpe] *vt* apalpar
palpitant, e [palpitɑ̃, ɑ̃t] *adj* empolgante

palpitation [palpitasjɔ̃] *nf* palpitação *f*
palpiter [palpite] *vi* palpitar
paludisme [palydism] *nm* paludismo *m*
pamphlet [pɑ̃flɛ] *nm* panfleto *m*
pamplemousse [pɑ̃pləmus] *nm* toranja *f*
pan [pɑ̃] *nm* **1.** *(de mur)* parte *f* **2.** *(de chemise)* fralda *f*
panache [panaʃ] *nm* **1.** *(de plumes, de fumée)* penacho *m* **2.** *(éclat)* brilho *m* • **avoir du panache** ter classe
panaché [panaʃe] *nm* • **(demi) panaché** panaché *m*
panaris [panaʀi] *nm* panarício *m*
pan-bagnat [pɑ̃baɲa] (*pl* **pans-bagnats**) *nm sandes de alface, tomates, anchovas, ovo cozido, atum ou frango*
pancarte [pɑ̃kaʀt] *nf* letreiro *m*
pancréas [pɑ̃kʀeas] *nm* pâncreas *m inv*
pané, e [pane] *adj* panado(da)
paner [pane] *vt* panar
panier [panje] *nm* **1.** cesto *m* **2.** *(point)* ponto *m* • **panier à provisions** cesto das compras
panier-repas [panjeʀəpa] (*pl* **paniers-repas**) *nm* merenda *f*
panique [panik] *nf* pânico *m*
paniquer [panike] *vt* assustar ◇ *vi* entrar em pânico, assustar-se
panne [pan] *nf* avaria *f* • **être en panne** *(voiture)* estar avariado(da) ; *(voyageurs)* ter uma avaria • **tomber en panne** ter uma avaria • **panne d'électricité** ou **de courant** corte *m* de electricidade • **avoir une panne d'essence** ou **sèche** ficar sem gasolina ▼ **en panne** avariado
panneau [pano] (*pl* **-x**) *nm* **1.** *(d'indication)* tabuleta *f* **2.** *(de bois, de verre)* painel *m* • **panneau publicitaire** cartaz *m* publicitário *(Port)*, outdoor *m* *(Br)* • **panneau de signalisation** sinal *m* de trânsito, placa *f* de sinalização
panoplie [panɔpli] *nf (déguisement)* disfarce *m* infantil
panorama [panɔʀama] *nm* panorama *m*
panoramique [panɔʀamik] *adj* panorâmico(ca)
pansement [pɑ̃smɑ̃] *nm* penso *m* • **pansement adhésif** penso rápido
panser [pɑ̃se] *vt* **1.** *(une plaie)* ligar **2.** *(un cheval)* tratar de
pantacourt [pɑ̃takur] *nm* calça *m* corsário
pantalon [pɑ̃talɔ̃] *nm* calças *fpl*
panthère [pɑ̃tɛʀ] *nf* pantera *f*
pantin [pɑ̃tɛ̃] *nm* marionete *f*
pantoufle [pɑ̃tufl] *nf* pantufa *f*
PAO (*abr de Publication assistée par ordinateur*) *nf* publicação *f* assistida por computador
paon [pɑ̃] *nm* pavão *m*
papa [papa] *nm* papá *m*
pape [pap] *nm* papa *m*
paperasse [papʀas] *nf* papelada *f*
papet [papɛ] *nm (Helv)* • **papet vaudois** *cozido com alhos franceses, batatas e salsichas de couve e de fígado de porco, típico do cantão de Vaud*
papeterie [papɛtʀi] *nf* **1.** *(magasin)* papelaria *f* **2.** *(usine)* fábrica *f* de papel
papi [papi] *nm* vovô *m*
papier [papje] *nm* papel *m* • **papier aluminium** papel de alumínio • **papier cadeau** papel de embrulho para prendas • **papier d'emballage** papel de embrulho • **papier à en-tête** papel timbrado • pa-

pier hygiénique ou **toilette** papel higiénico • **papier à lettres** papel de carta • **papier peint** papel de parede • **papier de verre** lixa *f* • **papiers (d'identité)** documentos *mpl* (de identidade)
papier-calque [papjekalk] (*pl* **papiers-calques**) *nm* papel *m* vegetal
papillon [papijɔ̃] *nm* borboleta *f* • **(brasse) papillon** mariposa *f (estilo de natação)*
papillote [papijɔt] *nf* • **en papillote** *embrulhado numa folha de alumínio*
papoter [papɔte] *vi* (*fam*) tagarelar
paprika [papʀika] *nm* colorau *m*
paquebot [pakbo] *nm* paquete *m (navio)*
pâquerette [pakʀɛt] *nf* margarida *f*
Pâques [pak] *nm* Páscoa *f*
paquet [pakɛ] *nm* **1.** (*colis*) embrulho *m* **2.** (*de cigarettes*) maço *m* **3.** (*de chewing-gum*) pacote *m* **4.** (*de cartes*) baralho *m* • **je vous fais un paquet-cadeau ?** quer que embrulhe?
par [paʀ] *prép*
1. (*gén*) por • **passer par** passar por • **regarder par le trou de la serrure/la fenêtre** espreitar pelo buraco da fechadura/pela janela • **par correspondance** por correspondência • **faire qqch par intérêt/amitié** fazer algo por interesse/amizade • **deux comprimés par jour** dois comprimidos por dia • **25 euros par personne** 25 euros por pessoa • **deux par deux** dois a dois
2. (*indique le moyen de transport*) • **voyager par (le) train** viajar de comboio
3. (*dans des expressions*) • **par endroits** aqui e ali • **par moments** por vezes • **par-ci par-là** aqui e ali
parabole [paʀabɔl] *nf* parábola *f*
parabolique [paʀabɔlik] *adj* ➤ **antenne**
paracétamol [paʀasetamɔl] *nm* paracetamol *m*
parachute [paʀaʃyt] *nm* pára-quedas *m inv*
parachutiste [paʀaʃytist] *nmf* pára-quedista *mf*
parade [paʀad] *nf* (*défilé*) parada *f*
paradis [paʀadi] *nm* paraíso *m*
paradoxal, e, aux [paʀadɔksal, o] *adj* paradoxal
paradoxe [paʀadɔks] *nm* paradoxo *m*
paraffine [paʀafin] *nf* parafina *f*
parages [paʀaʒ] *nmpl* • **dans les parages** por aqui • **il est dans les parages** ele anda por aí
paragraphe [paʀagʀaf] *nm* parágrafo *m*
Paraguay [paʀagwɛ] *nm* • **le Paraguay** o Paraguai
paraître [paʀɛtʀ] *vi* **1.** (*sembler*) parecer **2.** (*apparaître*) aparecer **3.** (*livre*) ser publicado(da) • **il paraît que** parece que
parallèle [paʀalɛl] *adj* paralelo(la) ◇ *nm* paralelo *m* • **parallèle à** paralelo a
parallélisme [paʀalelism] *nm* paralelismo *m*
paralyser [paʀalize] *vt* paralisar
paralysie [paʀalizi] *nf* paralisia *f*
paramédical, e, aux [paʀamedikal, o] *adj* paramédico(ca)
paramètre [paʀamɛtʀ] *nm* parâmetro *m*
parano [paʀano] (*abr de paranoïaque*) *adj* (*fam*) paranóico(ca)
paranoïaque [paʀanɔjak] *adj* paranóico(ca)
parapente [paʀapɑ̃t] *nm* parapente *m*
parapet [paʀapɛ] *nm* parapeito *m*

parapher [paʀafe] *vt* rubricar
paraphrase [paʀafʀaz] *nf* paráfrase *f*
paraplégique [paʀapleʒik] *adj* paraplégico(ca)
parapluie [paʀaplɥi] *nm* guarda-chuva *m*
parasite [paʀazit] *nm* parasita *m* ◆ **parasites** *nmpl* interferência *f*
parasol [paʀasɔl] *nm* guarda-sol *m*
paratonnerre [paʀatɔnɛʀ] *nm* pára-raios *m inv*
paravent [paʀavɑ̃] *nm* pára-vento *m*
parc [paʀk] *nm* parque *m* ● **parc d'attractions** parque de diversões ● **parc de stationnement** parque de estacionamento ● **parc zoologique** jardim *m* zoológico ◆ **parc des Princes** *n* Parque dos Príncipes

Les parcs nationaux

Em França existem seis parques nacionais. Os mais conhecidos são o de *Vanoise*, nos Alpes, o de *Cévennes*, no sudoeste do país, e o de *Mercantour*, ao sul dos Alpes. Nestas zonas, a flora e a fauna são rigorosamente protegidas. Entretanto, existe, na periferia, um *pré-parc*, no qual é permitida a instalação de infra-estruturas turísticas.

Les parcs naturels régionaux

Nestes parques naturais sob vigilância associa-se a protecção da natureza ao desenvolvimento do turismo e do lazer. Em França existem mais de 20 parques naturais regionais, entre os quais cabe mencionar a *Brière*, ao sul da Bretanha ; a *Camargue* e o *Lubéron*, no sudoeste, assim como o *Morvan*, no centroeste.

parcelle [paʀsɛl] *nf* parcela *f*
parce que [paʀsk(ə)] *conj* porque
parchemin [paʀʃəmɛ̃] *nm* pergaminho *m*
parcmètre [paʀkmɛtʀ] *nm* parquímetro *m*
parcourir [paʀkuʀiʀ] *vt* **1.** percorrer **2.** *(livre, article)* ler por alto
parcours [paʀkuʀ] *nm* percurso *m* ● **parcours santé** *percurso desportivo sinalizado num parque*
parcouru, e [paʀkuʀy] *pp* ➤ **parcourir**
par-derrière [paʀdɛʀjɛʀ] *adv & prép* por trás
par-dessous [paʀdəsu] *adv & prép* por baixo
pardessus [paʀdəsy] *nm* sobretudo *m*
par-dessus [paʀdəsy] *adv & prép* por cima
par-devant [paʀdəvɑ̃] *adv & prép* perante
pardon [paʀdɔ̃] *nm* perdão *m* ● **demander pardon à qqn** pedir desculpas a alguém ● **pardon !** desculpe!

Les pardons

Pardon é o equivalente bretão de peregrinação. Existem cerca de cinquenta *pardons*. Os mais importantes reúnem peregrinos vindos de toda a Bretanha. Durante estas festas, além das missas e procissões nas quais os fiéis usam fatos tradicionais, são organizadas feiras, bailes, etc. Os *pardons* realizam-se de Março a Setembro.

pardonner [paRdɔne] *vt* perdoar • **pardonner (qqch) à qqn** perdoar (algo) a alguém • **pardonner à qqn d'avoir fait qqch** perdoar alguém por ter feito algo

pare-balles [paRbal] *adj inv* à prova de bala

pare-brise [paRbRiz] *nm inv* pára-brisas *m inv*

pare-chocs [paRʃɔk] *nm inv* pára-choques *m inv*

pareil, eille [paRɛj] *adj* igual ◇ *adv (fam)* igual • **une somme pareille** uma tal quantia

parent, e [paRɑ̃, ɑ̃t] *nm, f* familiar *m* • **les parents** os pais

parenté [paRɑ̃te] *nf* **1.** *(lien familial, rapport)* parentesco *m* **2.** *(ensemble de la famille)* parentes *mpl*

parenthèse [paRɑ̃tɛz] *nf* parêntese *m* • **entre parenthèses** *(mot)* entre parênteses ; *(d'ailleurs)* aliás

parer [paRe] *vt (éviter)* aparar

paresse [paRɛs] *nf* preguiça *f*

paresser [paRɛse] *vi* preguiçar

paresseux, euse [paRɛsø, øz] *adj & nm, f* preguiçoso(osa)

parfait, e [paRfɛ, ɛt] *adj* perfeito(ta) ◇ *nm sobremesa à base de natas, geralmente com sabor a café*

parfaitement [paRfɛtmɑ̃] *adv* perfeitamente

parfois [paRfwa] *adv* às vezes

parfum [paRfœ̃] *nm* **1.** perfume *m* **2.** *(goût)* aroma *m*

parfumé, e [paRfyme] *adj* perfumado(da)

parfumer [paRfyme] *vt* **1.** *(pièce, mouchoir)* perfumar **2.** *(aliment)* aromatizar • **parfumé au citron** com sabor a limão ♦ **se parfumer** *vp* perfumar-se

parfumerie [paRfymRi] *nf* perfumaria *f*

pari [paRi] *nm* aposta *f* • **faire un pari** fazer uma aposta

paria [paRja] *nm* pária *m*

parier [paRje] *vt & vi* apostar • **je (te) parie que...** aposto (contigo) que... • **parier sur** apostar em

Paris [paRi] *n* Paris

paris-brest [paRibRɛst] *nm inv pastel recheado com caramelo e coberto com amêndoas raladas*

parisien, enne [paRizjɛ̃, ɛn] *adj* parisiense ♦ **Parisien, enne** *nm, f* parisiense *mf*

parité [paRite] *nf* paridade *f*

parjure [paRʒyR] *adj & nmf* perjuro(ra) ◇ *nm* perjúrio *m*

parka [paRka] *nm & nf* parka *f*

parking [paRkiŋ] *nm* parque *m* de estacionamento

parlante *adj f* ➤ **horloge**

parlement [paRləmɑ̃] *nm* parlamento *m*

parlementaire [paRləmɑ̃tɛR] *adj & nmf* parlamentar *mf*

parlementer [paRləmɑ̃te] *vi* parlamentar

parler [paʀle] *vt & vi* falar • **parler à qqn de** falar a alguém de
parloir [paʀlwaʀ] *nm* parlatório *m*
Parmentier [paʀmɑ̃tje] ➤ **hachis**
parmesan [paʀməzɑ̃] *nm* parmesão *m*
parmi [paʀmi] *prép* entre
parodie [paʀɔdi] *nf* paródia *f*
paroi [paʀwa] *nf* **1.** *(mur)* parede *f* **2.** *(montagne)* rocha *f* **3.** *(d'un objet)* lado *m (interior)*
paroisse [paʀwas] *nf* paróquia *f*
paroissien, enne [paʀwasjɛ̃, ɛn] *nm, f* paroquiano *m*, -na *f*
parole [paʀɔl] *nf* palavra *f* • **adresser la parole à qqn** dirigir a palavra a alguém • **couper la parole à qqn** cortar a palavra a alguém • **prendre la parole** tomar a palavra • **tenir (sa) parole** cumprir o prometido ◆ **paroles** *nfpl* letra *f*
paroxysme [paʀɔksism] *nm* paroxismo *m*
parquer [paʀke] *vt* fechar
parquet [paʀkɛ] *nm (plancher)* parquet *m*
parrain [paʀɛ̃] *nm* padrinho *m*
parrainer [paʀɛne] *vt* patrocinar
parsemer [paʀsəme] *vt* • **parsemer qqch de qqch** espalhar algo por algo
part [paʀ] *nf* **1.** *(de gâteau)* fatia *f* **2.** *(d'un héritage)* parte *f* • **prendre part à** participar em • **à part** *(sauf)* tirando • **de la part de** da parte de • **d'une part..., d'autre part...** por um lado..., por outro lado... • **autre part** noutro sítio • **nulle part** em lado nenhum • **quelque part** algures
partage [paʀtaʒ] *nm* partilha *f*
partager [paʀtaʒe] *vt* partilhar ◆ **se partager** *vp* • **se partager qqch** partilhar algo
partance [paʀtɑ̃s] *nf* • **en partance pour** com destino a
partant, e [paʀtɑ̃, ɑ̃t] *adj* • **être partant pour faire qqch** concordar em fazer algo • **je suis partante!** por mim tudo bem!
partenaire [paʀtənɛʀ] *nmf* **1.** *(au jeu)* parceiro *m*, -ra *f* **2.** *(à la danse)* par *m* **3.** *(en affaires)* sócio *m*, -cia *f*
partenariat [paʀtənaʀja] *nm* parceria *f*
parterre [paʀtɛʀ] *nm* **1.** *(fam) (sol)* chão *m* **2.** *(de fleurs)* canteiro *m* **3.** *(au théâtre)* plateia *f*
parti [paʀti] *nm* partido *m* • **prendre parti pour** tomar o partido de • **tirer parti de qqch** tirar partido de algo • **parti pris** ideia *f* preconcebida
partial, e, aux [paʀsjal, o] *adj* parcial
partialité [paʀsjalite] *nf* parcialidade *f*
participant, e [paʀtisipɑ̃, ɑ̃t] *nm, f* concorrente *mf*
participation [paʀtisipasjɔ̃] *nf* participação *f*
participe [paʀtisip] *nm* particípio *m* • **participe passé/présent** particípio passado/presente
participer [paʀtisipe] ◆ **participer à** *vp + prép* participar em
particularité [paʀtikylaʀite] *nf* particularidade *f*
particule [paʀtikyl] *nf* partícula *f*
particulier, ère [paʀtikylje, ɛʀ] *adj* particular • **en particulier** *(surtout)* particularmente
particulièrement [paʀtikyljɛʀmɑ̃] *adv* particularmente
partie [paʀti] *nf* **1.** *(part, élément)* parte *f* **2.** *(au jeu, en sport)* partida *f* • **en partie** em

parte • **faire partie de** fazer parte de • **ce n'est que partie remise** encontro adiado

partiel, elle [paʀsjɛl] *adj* parcial

partiellement [paʀsjɛlmɑ̃] *adv* parcialmente

partir [paʀtiʀ] *vi* **1.** partir **2.** *(moteur)* arrancar **3.** *(tache)* sair • **être bien/mal partir** começar bem/mal • **partir de** partir de • **à partir de** a partir de

partisan, e [paʀtizɑ̃, an] *nm, f* partidário *m*, -ria *f* ◇ *adj* • **être partisan de qqch** ser partidário(ria)de algo

partition [paʀtisjɔ̃] *nf* partitura *f*

partout [paʀtu] *adv* em todo o lado

paru, e [paʀy] *pp* ➤ **paraître**

parure [paʀyʀ] *nf* **1.** *(de bijoux)* conjunto *m* **2.** *(de linge)* jogo *m*

parution [paʀysjɔ̃] *nf* publicação *f*

parvenir [paʀvəniʀ] ◆ **parvenir à** *vp + prép* chegar a • **parvenir à faire qqch** conseguir fazer algo

parvenu, e [paʀvəny] *pp* ➤ **parvenir**

parvis [paʀvi] *nm* adro *m*

[1]**pas** [pa] *adv* não • **je n'aime pas les épinards** não gosto de espinafres • **elle ne dort pas encore** ela ainda não está a dormir • **je n'ai pas terminé** não acabei • **il n'y a pas de train pour Oxford aujourd'hui** não há comboio para Oxford hoje • **les passagers sont priés de ne pas fumer** pede-se aos passageiros que não fumem • **tu viens ou pas ?** vens ou não? • **elle a aimé l'exposition, moi pas** ou **pas moi** ela gostou da exposição, eu não • **c'est un endroit pas très agréable** não é um sítio lá muito agradável • **non, pas du tout** não, de modo algum • **pas tellement** nem por isso • **pas possible !** não é possível!

[2]**pas** [pa] *nm* passo *m* • **à deux pas de** a dois passos de • **pas à pas** passo a passo • **sur le pas de la porte** na porta

pashmina [paʃmina] *nm* pashmina *f*

passable [pasabl] *adj* **1.** *(performance)* razoável **2.** *(résultat)* suficiente

passage [pasaʒ] *nm* passagem *f* • **être de passage** estar de passagem • **passage clouté** ou **(pour) piétons** passadeira *f* • **passage à niveau** passagem de nível • **passage protégé** *entroncamento ou cruzamento com estrada sem prioridade* • **passage souterrain** passagem subterrânea ▼ **premier passage** *horário do primeiro autocarro*

passager, ère [pasaʒe, ɛʀ] *adj & nm, f* passageiro(ra) • **passager clandestin** passageiro clandestino

passant, e [pasɑ̃, ɑ̃t] *nm, f* transeunte *mf* ◇ *nm* anel *m*

passe [pas] *nf* passe *m*

passé, e [pase] *adj* **1.** *(terminé)* passado(da) **2.** *(décoloré)* descorado(da) ◇ *nm* passado *m*

passe-droit [pasdʀwa] (*pl* **passe-droits**) *nm* favor *m* ilícito

passe-partout [paspaʀtu] *nm inv* *(clé)* chave *f* mestra

passe-passe [paspas] *nm inv* • **tour de passe-passe** truque *m* de prestidigitação

passeport [paspɔʀ] *nm* passaporte *m*

passer [pase] *vi*

1. *(aux être)* *(gén)* passar • **passer par** passar por • **passer voir qqn** passar para ver alguém • **je ne fais que passer** estou de passagem • **laisser passer qqn** deixar

passar alguém • **ta douleur est-elle passée ?** a dor passou-te? • **je passe en 3e** vou para o 9º ano
2. *(à la télé, à la radio, au cinéma)* dar • **qu'est-ce qui passe cette semaine au théâtre ?** o que é que está em cartaz no teatro esta semana? • **cet écrivain est passé à la télévision** este escritor foi à televisão
3. *(couleur)* desbotar
4. *(vitesse)* • **passer en seconde** meter a segunda
5. *(dans des expressions)* • **passons!** passemos adiante! • **en passant** de passagem
◇ *vt*
1. *(aux avoir) (gén)* passar • **nous avons passé l'après-midi à chercher un hôtel** passámos a tarde à procura de um hotel • **passer son tour** passar a vez • **passer qqch à qqn** *(objet)* passar algo a alguém ; *(maladie)* pegar algo a alguém • **je vous le passe** *(au téléphone)* já lho passo
2. *(obstacle)* ultrapassar
3. *(rivière)* atravessar
4. *(vitesse)* meter
5. *(mettre, faire passer)* • **passer le bras par la portière** pôr o braço fora da porta • **passer l'aspirateur** aspirar
6. *(filtrer)* coar
◆ **passer pour** *vp + prép* passar por • **se faire passer pour** fazer-se passar por
◆ **se passer** *vp*
1. *(arriver)* passar-se • **qu'est-ce qui se passe ?** o que é que se passa?
2. *(se dérouler)* • **se passer bien/mal** correr bem/mal
3. *(crème, eau)* pôr • **se passer de l'huile solaire sur les jambes** pôr óleo de bronzear nas pernas • **se passer de l'eau sur le visage** passar a cara por água
◆ **se passer de** *vp + prép* privar-se de

passerelle [pasʀɛl] *nf* **1.** *(pont)* ponte *f* **2.** *(d'embarquement, sur un bateau)* pontão *m* de embarque

passe-temps [pastɑ̃] *nm inv* passatempo *m*

passible [pasibl] *adj* • **passible de** passível de

passif, ive [pasif, iv] *adj* passivo(va) ◇ *nm GRAMM* passiva *f*

passion [pasjɔ̃] *nf* paixão *f*

passionnant, e [pasjɔnɑ̃, ɑ̃t] *adj* apaixonante

passionné, e [pasjɔne] *adj* apaixonado(da) • **passionné de musique** apaixonado por música

passionner [pasjɔne] *vt* apaixonar ◆ **se passionner pour** *vp + prép* apaixonar-se por

passoire [paswaʀ] *nf* passador *m*

pastel [pastɛl] *adj inv* pastel

pastèque [pastɛk] *nf* melancia *f*

pasteurisé, e [pastœʀize] *adj* pasteurizado(da)

pastille [pastij] *nf* pastilha *f*

pastis [pastis] *nm* anis *m*

patate [patat] *nf (fam)* batata *f* • **patates pilées** *(Québec)* puré *m* de batata

patauger [patoʒe] *vi* chafurdar

pâte [pat] *nf* massa *f* • **pâte d'amandes** massa de amêndoa • **pâte brisée** massa quebrada • **pâte feuilletée** massa folhada • **pâte de fruits** doce *m* de fruta *(Port)*, jujuba *f (Br)* • **pâte sablée** massa amanteigada • **pâte à modeler** plasticina *f*
◆ **pâtes** *nfpl* massa *f*

pâté [pate] *nm* **1.** *(charcuterie)* paté *m* **2.** *(de sable)* bolo *m* de areia **3.** *(tache)* borrão *m* • **pâté chinois** (*Québec*) *picadinho de carne com batatas e milho gratinado* • **pâté de maisons** quarteirão *m*
pâtée [pate] *nf* comida *f (para cães)*
paternalisme [patɛʀnalism] *nm* paternalismo *m*
paternel, elle [patɛʀnɛl] *adj* **1.** paterno(na) **2.** *(amour)* paternal
paternité [patɛʀnite] *nf* paternidade *f*
pâteux, euse [patø, øz] *adj* pastoso(osa)
pathétique [patetik] *nm* patético *m* ◇ *adj* patético(ca)
pathologie [patɔlɔʒi] *nf* patologia *f*
patiemment [pasjamɑ̃] *adv* pacientemente
patience [pasjɑ̃s] *nf* paciência *f* • **prendre son mal en patience** ter paciência
patient, e [pasjɑ̃, ɑ̃t] *adj* paciente ◇ *nm, f* paciente *mf*
patienter [pasjɑ̃te] *vi* pacientar
patin [patɛ̃] *nm* • **patins à glace** patins *mpl (para o gelo)* • **patins à roulettes** patins *mpl (de rodas)*
patinage [patinaʒ] *nm* patinagem *f* (*Port*), patinação *f* (*Br*) • **patinage artistique** patinagem artística
patiner [patine] *vi* patinar
patineur, euse [patinœʀ, øz] *nm, f* patinador *m*, -ra *f*
patinoire [patinwaʀ] *nf* rinque *m* de patinagem
pâtisserie [patisʀi] *nf* **1.** *(magasin)* pastelaria *f* **2.** *(gâteau)* doce *m* • **la pâtisserie** a doçaria
pâtissier, ère [patisje, ɛʀ] *nm, f* pasteleiro *m*, -ra *f*
patois [patwa] *nm* patoá *m*
patrie [patʀi] *nf* pátria *f*
patrimoine [patʀimwan] *nm* património *m*
patriote [patʀijɔt] *nmf* patriota *mf*
patriotique [patʀijɔtik] *adj* patriótico(ca)
patron, onne [patʀɔ̃, ɔn] *nm, f* patrão *m*, -troa *f* ◇ *nm* molde *m*
patronal, e, aux [patʀɔnal, o] *adj* **1.** *(intérêt, organisation)* patronal **2.** *(fête)* do santo padroeiro
patronat [patʀɔna] *nm* patronato *m*
patrouille [patʀuj] *nf* patrulha *f*
patrouiller [patʀuje] *vi* patrulhar
patte [pat] *nf* **1.** *(d'animal)* pata *f* **2.** *(languette)* lingueta *f* **3.** *(favori)* suíça *f*
pâturage [patyʀaʒ] *nm* pasto *m*
pâture [patyʀ] *nf* pasto *m* • **jeter qqn en pâture aux lions** atirar alguém aos leões
paume [pom] *nf* palma *f*
paumé, e [pome] (*fam*) *adj* perdido(da) ◇ *nm, f* desgraçado *m*, -da *f*
paumer [pome] *vt* (*fam*) perder ◆ **se paumer** *vp* (*fam*) perder-se
paupière [popjɛʀ] *nf* pálpebra *f*
paupiette [popjɛt] *nf pequeno rolo de carne recheado*
pause [poz] *nf* pausa *f* ▼ **pause** pausa
pause-café [pozkafe] (*pl* **pauses-café**) *nf* pausa *f* para o café
pauvre [povʀ] *adj* **1.** *(sans argent)* pobre **2.** *(malheureux)* coitado(da)
pauvreté [povʀəte] *nf* pobreza *f*
pavaner [pavane] ◆ **se pavaner** *vp* pavonear-se

pavé, e [pave] *adj* pavimentado(da) ◇ *nm* paralelo *m* • **pavé numérique** *INFORM* teclado *m* numérico
pavillon [pavijɔ̃] *nm* pavilhão *m*
pavot [pavo] *nm* dormideira *f*
payant, e [pɛjɑ̃, ɑ̃t] *adj* a pagar
paye [pɛj] *nf* salário *m*
payer [peje] *vt* pagar • **bien/mal payé** bem/mal pago • **payer qqch à qqn** (*fam*) oferecer algo a alguém ▾ **payez ici** pague aqui
pays [pei] *nm* país *m* • **les gens du pays** (*de la région*) as pessoas da região • **de pays** regional • **le pays de Galles** o País de Gales
paysage [peizaʒ] *nm* paisagem *f*
paysagiste [peizaʒist] *nmf* paisagista *mf* ◇ *adj* paisagístico(ca)
paysan, anne [peizɑ̃, an] *nm, f* camponês *m*, -esa *f*
Pays-Bas [peiba] *nmpl* • **les Pays-Bas** os Países Baixos
PC *nm* **1.** (*abr de Parti communiste*) PC *m* (*Partido Comunista*) **2.** (*abr de ordinateur*) PC *m*
PCV *nm* • **appeler en PCV** fazer uma chamada a cobrar
P-DG *nmf* (*abr de président-directeur général*) Presidente *mf* geral
péage [peaʒ] *nm* portagem *f* (*Port*), pedágio *m* (*Br*)
peau [po] (*pl* **-x**) *nf* **1.** pele *f* **2.** (*de fruit*) casca *f* • **peau de chamois** camurça *f*
péché [peʃe] *nm* pecado *m*
pêche [pɛʃ] *nf* **1.** (*fruit*) pêssego *m* **2.** (*activité*) pesca *f* • **aller à la pêche (à la ligne)** ir à pesca (com cana) • **pêche en mer** pesca em alto mar • **pêche Melba** *sobremesa de pêssego servida com gelado de baunilha e chantilly*
pécher [peʃe] *vi* pecar • **pécher par** pecar por
pêcher [peʃe] *vt & vi* pescar ◇ *nm* pessegueiro *m*
pêcheur, euse [pɛʃœʀ, øz] *nm, f* pescador *m*, -ra *f*
pédagogie [pedagɔʒi] *nf* (*qualité*) pedagogia *f*
pédagogue [pedagɔg] *nmf* pedagogo *m*, -ga *f* ◇ *adj* pedagógico(ca)
pédale [pedal] *nf* pedal *m*
pédaler [pedale] *vi* pedalar
pédalier [pedalje] *nm* pedaleiro *m*
Pédalo® [pedalo] *nm* gaivota *f*
pédant, e [pedɑ̃, ɑ̃t] *adj* pedante
pédéraste [pedeʀast] *nm* pederasta *m*
pédestre [pedɛstʀ] *adj* ➤ **randonnée**
pédiatre [pedjatʀ] *nmf* pediatra *mf*
pédicure [pedikyʀ] *nmf* calista *mf*
pedigree [pedigʀe] *nm* pedigree *m*
pédopsychiatre [pedɔpsikjatʀ] *nmf* pedopsiquiatra *mf*
peigne [pɛɲ] *nm* **1.** (*pour démêler*) pente *m* **2.** (*pour retenir*) travessa *f*
peigner [peɲe] *vt* pentear ◆ **se peigner** *vp* pentear-se
peignoir [pɛɲwaʀ] *nm* roupão *m* • **peignoir de bain** roupão de banho
peindre [pɛ̃dʀ] *vt* pintar • **peindre qqch en blanc** pintar algo de branco
peine [pɛn] *nf* **1.** (*tristesse*) tristeza *f* **2.** (*effort*) dificuldade *f* **3.** (*sanction*) pena *f* • **avoir de la peine** estar triste • **avoir de la peine à faire qqch** custar a alguém fazer algo • **faire de la peine à qqn** entristecer alguém • **ce n'est pas la peine (de)**

não vale a pena • **valoir la peine** valer a pena • **sous peine de** sob pena de • **peine de mort** pena de morte • **il l'a à peine regardé** ele mal olhou para ela
peiner [pene] *vt* afligir ◇ *vi* ver-se negro(gra)
peint, e [pɛ̃, pɛ̃t] *pp* ➤ **peindre**
peintre [pɛ̃tʀ] *nmf* pintor *m*, -ra *f*
peinture [pɛ̃tyʀ] *nf* **1.** *(matière)* tinta *f* **2.** *(œuvre d'art)* quadro *m* **3.** *(art)* pintura *f*
péjoratif, ive [peʒɔʀatif, iv] *adj* pejorativo(va)
pelage [pəlaʒ] *nm* pelagem *f*
pêle-mêle [pɛlmɛl] *adv* a monte
peler [pəle] *vt* & *vi* pelar
pèlerin [pɛlʀɛ̃] *nm* peregrino *m*, -na *f*
pèlerinage [pɛlʀinaʒ] *nm* peregrinação *f*
pélican [pelikɑ̃] *nm* pelicano *m*
pelle [pɛl] *nf* pá *f*
pellicule [pelikyl] *nf* **1.** *(de film, de photos)* rolo *m* **2.** *(couche)* película *f* ◆ **pellicules** *nfpl* caspa *f*
pelote [pəlɔt] *nf* novelo *m*
peloton [plɔtɔ̃] *nm* *(de cyclistes)* pelotão *m*
pelotonner [pəlɔtɔne] ◆ **se pelotonner** *vp* aconchegar-se
pelouse [pəluz] *nf* relva *f* ▼ **pelouse interdite** é proibido pisar a relva
peluche [pəlyʃ] *nf* *(jouet)* peluche *m* • **animal en peluche** animal de peluche
pelure [pəlyʀ] *nf* casca *f*
pénal, e, aux [penal, o] *adj* penal
pénaliser [penalize] *vt* penalizar
penalty [penalti] (*pl* **penaltys** OU **penalties**) *nm* penalty *m*
penchant [pɑ̃ʃɑ̃] *nm* • **avoir un penchant pour** ter um fraco por
pencher [pɑ̃ʃe] *vt* inclinar ◇ *vi* estar inclinado(da) • **pencher pour** estar inclinado para ◆ **se pencher** *vp* debruçar-se
pendant [pɑ̃dɑ̃] *prép* durante • **pendant que** enquanto
pendentif [pɑ̃dɑ̃tif] *nm* pingente *m*
penderie [pɑ̃dʀi] *nf* guarda-fatos *m inv*
pendre [pɑ̃dʀ] *vt* **1.** *(suspendre)* pendurar **2.** *(condamné)* enforcar ◇ *vi* pender ◆ **se pendre** *vp* enforcar-se
pendule [pɑ̃dyl] *nf* relógio *m* de parede
pénétrer [penetʀe] *vi* • **pénétrer dans** penetrar em
pénible [penibl] *adj* **1.** penoso(osa) **2.** (*fam*) *(agaçant)* maçador(ra)
péniche [peniʃ] *nf* lanchão *m*
pénicilline [penisilin] *nf* penicilina *f*
péninsule [penɛ̃syl] *nf* península *f*
pénis [penis] *nm* pénis *m inv*
pénitence [penitɑ̃s] *nf* penitência *f*
pénombre [penɔ̃bʀ] *nf* penumbra *f*
pense-bête [pɑ̃sbɛt] (*pl* **pense-bêtes**) *nm* sinal *m (para se recordar)*
pensée [pɑ̃se] *nf* **1.** pensamento *m* **2.** *(fleur)* amor-perfeito *m*
penser [pɑ̃se] *vt* & *vi* pensar • **qu'est-ce que tu en penses ?** o que pensas acerca disso? • **penser faire qqch** pensar fazer algo • **penser à** pensar em • **penser à faire qqch** lembrar-se de fazer algo
pensif, ive [pɑ̃sif, iv] *adj* pensativo(va)
pension [pɑ̃sjɔ̃] *nf* **1.** *(hôtel)* pensão *f* **2.** *(allocation)* abono *m* • **être en pension** estar num colégio interno • **pension complète** pensão completa • **pension de famille** pensão residencial
pensionnaire [pɑ̃sjɔnɛʀ] *nmf* pensionista *mf*

pensionnat [pɑ̃sjɔna] *nm* pensionato *m*
pente [pɑ̃t] *nf* encosta *f* • **en pente** inclinado(da)
Pentecôte [pɑ̃tkot] *nf* Pentecostes *m*
pénurie [penyʀi] *nf* penúria *f*
people [pipol] *adj* celebridades
pépé [pepe] *nm* (*fam*) vovô *m*
pépin [pepɛ̃] *nm* **1.** *(graine)* pevide *f* **2.** (*fam*) *(ennui)* sarilho *m* (*Port*), amolação *f* (*Br*)
pépinière [pepinjɛʀ] *nf* viveiro *m*
pépite [pepit] *nf* pepita *f*
perçant, e [pɛʀsɑ̃, ɑ̃t] *adj* **1.** *(cri)* agudo(da) **2.** *(vue)* penetrante
percepteur, trice [pɛʀsɛptœʀ, tʀis] *nm, f* cobrador *m*, -ra *f* de impostos
perceptible [pɛʀsɛptibl] *adj* perceptível
perception [pɛʀsɛpsjɔ̃] *nf* **1.** *(sensation)* percepção *f* **2.** *(recouvrement)* cobrança *f* **3.** *(bureau)* repartição *f* de finanças
percer [pɛʀse] *vt* **1.** furar **2.** *(mystère)* elucidar ◇ *vi (dent)* nascer
perceuse [pɛʀsøz] *nf* berbequim *m*
percevoir [pɛʀsəvwaʀ] *vt* **1.** *(son, nuance)* distinguir **2.** *(argent)* receber
perche [pɛʀʃ] *nf (tige)* vara *f*
percher [pɛʀʃe] ◆ **se percher** *vp* empoleirar-se
perchoir [pɛʀʃwaʀ] *nm* poleiro *m*
perçu, e [pɛʀsy] *pp* ➤ **percevoir**
percussions [pɛʀkysjɔ̃] *nfpl* instrumentos *mpl* de percussão
percuter [pɛʀkyte] *vt* esbarrar com
perdant, e [pɛʀdɑ̃, ɑ̃t] *nm, f* perdedor *m*, -ra *f*
perdre [pɛʀdʀ] *vt & vi* perder • **perdre qqn de vue** perder alguém de vista ◆ **se perdre** *vp* perder-se
perdreau [pɛʀdʀo] (*pl* **-x**) *nm* perdigoto *m*
perdrix [pɛʀdʀi] *nf* perdiz *f*
perdu, e [pɛʀdy] *adj (village, coin)* perdido(da)
père [pɛʀ] *nm* **1.** *(parent)* pai *m* **2.** *(religieux)* padre *m* • **le père Noël** o Pai Natal
péremptoire [peʀɑ̃ptwaʀ] *adj* peremptório(ria)
perfection [pɛʀfɛksjɔ̃] *nf* perfeição *f*
perfectionné, e [pɛʀfɛksjɔne] *adj* aperfeiçoado(da)
perfectionnement [pɛʀfɛksjɔnmɑ̃] *nm* aperfeiçoamento *m*
perfectionner [pɛʀfɛksjɔne] *vt* aperfeiçoar ◆ **se perfectionner** *vp* aperfeiçoar-se
perfide [pɛʀfid] *adj* pérfido(da)
perforer [pɛʀfɔʀe] *vt* perfurar
performance [pɛʀfɔʀmɑ̃s] *nf (d'un sportif)* performance *f* • **performances** *(d'un ordinateur, d'une voiture)* capacidades *fpl*
performant, e [pɛʀfɔʀmɑ̃, ɑ̃t] *adj* **1.** *(personne)* eficiente **2.** *(machine, entreprise)* com um bom desempenho **3.** *(technique)* eficaz
perfusion [pɛʀfyzjɔ̃] *nf* perfusão *f*
périph (*fam*) [peʀif] (*abr de périphérique*) periférico *m*
péril [peʀil] *nm* perigo *m* • **en péril** em perigo
périlleux, euse [peʀijø, øz] *adj* perigoso(osa)
périmé, e [peʀime] *adj* caducado(da)
périmètre [peʀimɛtʀ] *nm* perímetro *m*
période [peʀjɔd] *nf* período *m* • **période blanche/bleue** *período durante o qual se pode comprar um bilhete de comboio com*

20%/50% de redução ≃ dia *m* azul • **période rouge** *período durante o qual não há reduções nos bilhetes de comboio*
périodique [peʀjɔdik] *adj* periódico(ca) ◇ *nm* periódico *m*
péripéties [peʀipesi] *nfpl* peripécias *fpl*
périphérie [peʀifeʀi] *nf* periferia *f*
périphérique [peʀifeʀik] *adj* periférico(ca) ◇ *nm* periférico *m* • **le (boulevard) périphérique** a estrada periférica
périphrase [peʀifʀaz] *nf* perífrase *f*
périple [peʀipl] *nm* **1.** *(navigation)* périplo *m* **2.** *(voyage)* viagem *f*
périr [peʀiʀ] *vi (sout)* perecer
périssable [peʀisabl] *adj* perecível
perle [pɛʀl] *nf* pérola *f*
permanence [pɛʀmanɑ̃s] *nf* **1.** abertura *f* **2.** *(bureau)* escritório *m* **3.** *SCOL* sala *f* de estudo • **de permanence** de serviço • **en permanence** permanentemente
permanent, e [pɛʀmanɑ̃, ɑ̃t] *adj* permanente
permanente [pɛʀmanɑ̃t] *nf* permanente *f*
perméable [pɛʀmeabl] *adj* permeável
permettre [pɛʀmɛtʀ] *vt* permitir • **permettre à qqn de faire qqch** *(autoriser)* permitir a alguém que faça algo ; *(rendre possible)* permitir a alguém de fazer algo ◆ **se permettre** *vp* • **se permettre de faire qqch** permitir-se fazer algo • **pouvoir se permettre de faire qqch** poder dar-se ao luxo de fazer algo
permis, e [pɛʀmi, iz] *pp* ➤ **permettre** ◇ *nm* licença *f* • **il est permis de...** é permitido... • **permis à points** carta de condução por pontos • **permis de conduire** carta *f* de condução *(Port)*, carteira *f* de motorista *(Br)* • **permis de pêche** licença de pesca
permission [pɛʀmisjɔ̃] *nf* **1.** *(autorisation)* permissão *f* **2.** *MIL* licença *f* • **demander la permission de faire qqch** pedir autorização para fazer algo
permuter [pɛʀmyte] *vt & vi* permutar
perpendiculaire [pɛʀpɑ̃dikylɛʀ] *adj* perpendicular
perpétrer [pɛʀpetʀe] *vt (sout)* perpetrar
perpétuel, elle [pɛʀpetɥɛl] *adj* perpétuo(tua)
perpétuer [pɛʀpetɥe] *vt* perpetuar ◆ **se perpétuer** *vp* perpetuar-se
perpétuité [pɛʀpetɥite] *nf* perpetuidade *f* • **à perpétuité** a prisão perpétua
perplexe [pɛʀplɛks] *adj* perplexo(xa)
perquisition [pɛʀkizisjɔ̃] *nf* busca *f*
perron [pɛʀɔ̃] *nm* **1.** *(escalier)* escadaria *f* **2.** *(plate-forme)* patamar *m*
perroquet [pɛʀɔkɛ] *nm* papagaio *m*
perruche [pɛʀyʃ] *nf* periquito *m*
perruque [pɛʀyk] *nf* peruca *f*
persécuter [pɛʀsekyte] *vt* perseguir
persécution [pɛʀsekysjɔ̃] *nf* perseguição *f*
persévérant, e [pɛʀseveʀɑ̃, ɑ̃t] *adj* perseverante
persévérer [pɛʀseveʀe] *vi* perseverar
persienne [pɛʀsjɛn] *nf* persiana *f*
persil [pɛʀsi] *nm* salsa *f (Port)*, cheiro-verde *m (Br)*
persillé, e [pɛʀsije] *adj* **1.** *(au persil)* com salsa **2.** *(fromage)* com manchas esverdeadas
persistant, e [pɛʀsistɑ̃, ɑ̃t] *adj* persistente

persister [pεʀsiste] *vi* persistir • **persister à faire qqch** persistir em fazer algo
perso [pεʀso] (*fam*) *adj* (*abr de personnel*) pessoal
personnage [pεʀsɔnaʒ] *nm* personagem *m f* • **personnage principal** personagem principal
personnaliser [pεʀsɔnalize] *vt* personalizar
personnalité [pεʀsɔnalite] *nf* personalidade *f*
personne [pεʀsɔn] *nf* pessoa *f* ◇ *pron* ninguém • **il n'y a personne** não está cá ninguém • **en personne** em pessoa • **par personne** por pessoa ou cabeça • **personne âgée** pessoa idosa
personnel, elle [pεʀsɔnεl] *adj* pessoal ◇ *nm* pessoal *m*
personnellement [pεʀsɔnεlmɑ̃] *adv* pessoalmente
personnifier [pεʀsɔnifje] *vt* personificar
perspective [pεʀspεktiv] *nf* perspectiva *f*
perspicace [pεʀspikas] *adj* perspicaz
persuader [pεʀsɥade] *vt* persuadir • **persuader qqn de faire qqch** persuadir alguém a fazer algo
persuasif, ive [pεʀsɥazif, iv] *adj* persuasivo(va)
perte [pεʀt] *nf* perda *f* • **perte de temps** perda de tempo
pertinent, e [pεʀtinɑ̃, ɑ̃t] *adj* pertinente
perturbation [pεʀtyʀbasjɔ̃] *nf* perturbação *f*
perturber [pεʀtyʀbe] *vt* perturbar
pervenche [pεʀvɑ̃ʃ] *adj inv* azul violeta ◇ *nf* **1.** (*fleur*) pervinca *f* **2.** (*fam*) (*contractuelle*) *polícia de trânsito cujo uniforme é azul violeta e que se encarrega de fazer cumprir as regras de estacionamento*
pervers, e [pεʀvεʀ, εʀs] *adj* perverso(sa) ◇ *nm, f* pessoa *f* perversa
perversion [pεʀvεʀsjɔ̃] *nf* perversão *f*
pervertir [pεʀvεʀtiʀ] *vt* perverter
pesant, e [pəzɑ̃, ɑ̃t] *adj* pesado(da)
pesanteur [pəzɑ̃tœʀ] *nf* gravidade *f*
pèse-personne [pεzpεʀsɔn] *nm inv* balança *f* (*de casa de banho*)
peser [pəze] *vt* & *vi* pesar • **peser lourd** pesar muito
pessimisme [pesimism] *nm* pessimismo *m*
pessimiste [pesimist] *adj* & *nmf* pessimista
peste [pεst] *nf* peste *f*
pestilentiel, elle [pεstilɑ̃sjεl] *adj* (*sout*) pestilento(ta)
pétale [petal] *nm* pétala *f*
pétanque [petɑ̃k] *nf* ≃ chinquilho *m*
pétard [petaʀ] *nm* bomba *f* de Carnaval
péter [pete] *vi* **1.** (*fam*) (*se casser*) pifar **2.** (*personne*) peidar-se • **péter les plombs** ou **un boulon** (*fam*) descontrolar-se, perder a cabeça
pétillant, e [petijɑ̃, ɑ̃t] *adj* **1.** (*vin, eau*) com borbulhas **2.** (*yeux*) cintilante
pétiller [petije] *vi* **1.** (*champagne*) borbulhar **2.** (*yeux*) cintilar
petit, e [p(ə)ti, it] *adj* pequeno(na) ◇ *nm* cria *f* • **petit à petit** pouco a pouco • **petit ami** namorado *m* • **petite amie** namorada *f* • **petit déjeuner** pequeno-almoço *m* (*Port*), café *m* da manhã (*Br*) • **petit pain** pãozinho *m* • **petit pois** ervilha *f* (*Port*), petit-pois *m* (*Br*) • **petit pot** frasco *m* de comida (para bebé)

petit-beurre [p(ə)tibœʀ] (*pl* **petits-beurre**) *nm biscoito de forma rectangular feito à base de manteiga*
petite-fille [p(ə)titfij] (*pl* **petites-filles**) *nf* neta *f*
petit-fils [p(ə)tifis] (*pl* **petits-fils**) *nm* neto *m*
petit-four [p(ə)tifuʀ] (*pl* **petits-fours**) *nm pastel pequenino doce ou salgado*
pétition [petisjɔ̃] *nf* petição *f*
petits-enfants [p(ə)tizɑ̃fɑ̃] *nmpl* netos *mpl*
petit-suisse [p(ə)tisɥis] (*pl* **petits-suisses**) *nm queijinho fresco*
pétrifier [petʀifje] *vt* petrificar
pétrir [petʀiʀ] *vt* **1.** *(malaxer, palper)* amassar **2.** (*fig & sout*) *(façonner)* modelar
pétrole [petʀɔl] *nm* petróleo *m*
pétrolier [petʀɔlje] *nm* petroleiro *m*
pétrolifère [petʀɔlifɛʀ] *adj* petrolífero(ra)
peu [pø] *adv*
1. *(gén)* pouco • **j'ai peu voyagé** viajei pouco • **ils sont peu nombreux** eles são pouco numerosos • **peu après** pouco depois • **il y a peu** há bocado • **sous** ou **d'ici peu** dentro de ou daqui a pouco
2. *(avec un nom)* • **peu de gens** pouca gente • **peu de temps** pouco tempo • **peu de livres** poucos livros
3. *(dans des expressions)* • **à peu près** mais ou menos • **peu à peu** pouco a pouco
◇ *nm* • **un peu** um pouco • **un (tout) petit peu** um pouquinho • **un peu de** um pouco de
peuple [pœpl] *nm* povo *m*
peuplement [pœpləmɑ̃] *nm* **1.** *(action)* povoamento *m* **2.** *(démographie)* população *f*
peupler [pœple] *vt* povoar
peuplier [pøplije] *nm* choupo *m*
peur [pœʀ] *nf* medo *m* • **avoir peur** ter medo • **avoir peur de qqch** ter medo de algo • **faire peur (à)** meter medo (a)
peureux, euse [pœʀø, øz] *adj* medroso(osa)
peut [pø] ➤ **pouvoir**
peut-être [pøtɛtʀ] *adv* talvez • **peut-être qu'elle ne viendra pas** talvez ela não venha
peux [pø] ➤ **pouvoir**
phalange [falɑ̃ʒ] *nf* falange *f*
phallus [falys] *nm* falo *m*
pharaon [faʀaɔ̃] *nm* faraó *m*
phare [faʀ] *nm* farol *m*
pharmaceutique [faʀmasøtik] *adj* farmacêutico(ca)
pharmacie [faʀmasi] *nf* **1.** *(magasin)* farmácia *f* **2.** *(armoire)* armário *m* de farmácia
pharmacien, enne [faʀmasjɛ̃, ɛn] *nm, f* farmacêutico *m*, -ca *f* (*Port*), boticário *m*, -ria *f* (*Br*)
pharynx [faʀɛ̃ks] *nm* faringe *f*
phase [faz] *nf* fase *f* • **phase terminale** *MÉD* fase terminal
phénoménal, e, aux [fenɔmenal, o] *adj* fenomenal
phénomène [fenɔmɛn] *nm* fenómeno *m*
philatélie [filateli] *nf* filatelia *f*
philosophe [filɔzɔf] *adj & nmf* filósofo(fa) • **être très philosophe** tomar as coisas com filosofia
philosophie [filɔzɔfi] *nf* filosofia *f*

phobie [fɔbi] *nf* fobia *f*
phonétique [fɔnetik] *adj* fonético(ca)
phoque [fɔk] *nm* foca *f*
phosphate [fɔsfat] *nm* fosfato *m*
phosphore [fɔsfɔʀ] *nm* fósforo *m (corpo simples)*
phosphorescent, e [fɔsfɔʀesɑ̃, ɑ̃t] *adj* fosforescente
photo [fɔto] *nf* **1.** *(image)* foto *f* **2.** *(art)* fotografia *f* • **prendre qqn/qqch en photo** tirar fotos a alguém/algo • **prendre une photo (de)** tirar uma foto (a)
photocopie [fɔtɔkɔpi] *nf* fotocópia *f* *(Port)*, xerox *m* *(Br)*
photocopier [fɔtɔkɔpje] *vt* fotocopiar *(Port)*, xeroxar *(Br)*
photocopieuse [fɔtɔkɔpjøz] *nf* fotocopiadora *f*
photoélectrique [fɔtɔelɛktʀik] *adj* fotoeléctrico(ca)
photogénique [fɔtɔʒenik] *adj* fotogénico(ca)
photographe [fɔtɔgʀaf] *nmf* fotógrafo *m*, -fa *f*
photographie [fɔtɔgʀafi] *nf* fotografia *f*
photographier [fɔtɔgʀafje] *vt* fotografar
Photomaton® [fɔtɔmatɔ̃] *nm* photomaton® *m*
phrase [fʀaz] *nf* frase *f*
physicien, enne [fizisjɛ̃, ɛn] *nm, f* físico *m*, -ca *f*
physionomie [fizjɔnɔmi] *nf* fisionomia *f*
physionomiste [fizjɔnɔmist] *adj* • **être physionomiste** ter memória para caras
physique [fizik] *adj* físico(ca) ◇ *nf* física *f* ◇ *nm* físico *m*
physiquement [fizikmɑ̃] *adv* fisicamente
piailler [pjaje] *vi* **1.** *(oiseau)* piar **2.** *(fam)* *(enfant)* berrar
pianiste [pjanist] *nmf* pianista *mf*
piano [pjano] *nm* piano *m*
pic [pik] *nm* *(montagne)* pico *m* • **à pic** *(descendre, couler)* a pique ; *(fig)* *(tomber, arriver)* mesmo a calhar
pichet [piʃɛ] *nm* jarro *m*
pickpocket [pikpɔkɛt] *nm* carteirista *m*
picorer [pikɔʀe] *vt* debicar
picotement [pikɔtmɑ̃] *nm* picadas *fpl*
picoter [pikɔte] *vt* picar
pie [pi] *nf* pega *f (ave)*
pièce [pjɛs] *nf* **1.** *(argent)* moeda *f* **2.** *(salle)* assoalhada *f* **3.** *(sur un vêtement)* remendo *m* **4.** *(morceau)* retalho *m* • **20 euros pièce** 20 euros cada • **(maillot de bain) une pièce** fato *m* de banho • **pièce d'identité** documento *m* de identidade • **pièce de monnaie** moeda • **pièce montée** *bolo em forma de pirâmide, montado com pastéis recheados com creme que se serve em grandes ocasiões* • **pièce de rechange** peça *f* (de substituição) • **pièce (de théâtre)** peça *f* de teatro
pied [pje] *nm* **1.** *(ANAT)* pé *m* **2.** *(d'une montagne)* sopé *m* • **à pied** a pé • **au pied de** junto a ; *(d'une montagne)* no sopé de • **avoir pied** ter pé • **mettre sur pied** montar
pied-à-terre [pjetatɛʀ] *nm inv* casa *f*
piédestal [pjedɛstal] (*pl* **-aux**) *nm* pedestal *m* • **mettre qqn sur un piédestal** *(fig)* pôr alguém num pedestal
pied-noir, e [pjenwaʀ] *adj dos franceses que viviam na Argélia antes da sua inde-*

pendência ◆ **pied-noir** (*pl* **pieds-noirs**) *nmf francês que vivia na Argélia antes da sua independência*

piège [pjɛʒ] *nm* **1.** *(pour animaux)* armadilha *f* **2.** (*fig*) *(tromperie)* esparrela *f*

piéger [pjeʒe] *vt* **1.** *(animal)* caçar com armadilha **2.** *(tromper)* fazer cair na esparrela **3.** *(voiture, valise)* armadilhar

pierre [pjɛʀ] *nf* pedra *f* ● **pierre précieuse** pedra preciosa

piétiner [pjetine] *vt* espezinhar ◇ *vi* **1.** *(foule)* não avançar **2.** (*fig*) *(enquête)* estar parado(da)

piéton, **onne** [pjetɔ̃, ɔn] *nm, f* peão *m (pessoa)* ◇ *adj* = **piétonnier**

piétonnier, **ère** [pjetɔnje, ɛʀ] *adj* reservado(da)aos peões

piètre [pjɛtʀ] *adj* bastante medíocre

pieu [pjø] (*pl* **-x**) *nm* estaca *f*

pieuvre [pjœvʀ] *nf* polvo *m*

pieux, **euse** [pjø, øz] *adj* **1.** *(personne)* piedoso(osa) **2.** *(image)* sagrado(da)

pigeon [piʒɔ̃] *nm* pombo *m*

pigment [pigmɑ̃] *nm* pigmento *m*

pilaf [pilaf] *nm* ➤ **riz**

pile [pil] *nf* pilha *f* ◇ *adv* mesmo a tempo ● **jouer qqch à pile ou face** jogar algo a caras ou coroas ● **pile ou face ?** cara ou coroa? ● **s'arrêter pile** estacar ● **3 h pile** 3 h em ponto

piler [pile] *vt* esmagar ◇ *vi* (*fam*) travar bruscamente

pilier [pilje] *nm* pilar *m*

pillard, **e** [pijaʀ, aʀd] *nm, f* saqueador *m*, -ra *f*

piller [pije] *vt* pilhar

pilonner [pilɔne] *vt* **1.** *(écraser)* esmagar (com pilão) **2.** MIL bombardear intensamente

pilotage [pilɔtaʒ] *nm* pilotagem *f* ● **pilotage automatique** pilotagem automática

pilote [pilɔt] *nm, f* piloto *mf*

piloter [pilɔte] *vt* pilotar

pilotis [pilɔti] *nm* estacaria *f* (*Port*), palafita *f* (*Br*)

pilule [pilyl] *nf* pílula *f* ● **prendre la pilule** tomar a pílula

piment [pimɑ̃] *nm (condiment)* piripiri *m* ● **piment doux** pimento *m* ● **piment rouge** malagueta *f*

pimenté, **e** [pimɑ̃te] *adj* apimentado(da)

pin [pɛ̃] *nm* **1.** *(arbre)* pinheiro *m* **2.** *(bois)* pinho *m*

pinard [pinaʀ] *nm* (*fam*) pinga *f*

pince [pɛ̃s] *nf* **1.** *(outil)* alicate *m* **2.** *(de crabe)* pinça *f* **3.** *(de vêtement)* prega *f* ● **pince à cheveux** mola *f* (para o cabelo) ● **pince à épiler** pinça (para depilar) ● **pince à linge** mola *f* da roupa

pinceau [pɛ̃so] (*pl* **-x**) *nm* pincel *m*

pincée [pɛ̃se] *nf* pitada *f*

pincer [pɛ̃se] *vt* **1.** *(serrer)* beliscar **2.** (*fam*) *(coincer)* entalar

pingouin [pɛ̃gwɛ̃] *nm* pinguim *m*

ping-pong [piŋpɔ̃g] (*pl* **ping-pongs**) *nm* pingue-pongue *m*

pin's [pins] *nm inv* pin *m*

pintade [pɛ̃tad] *nf* galinha-d'angola *f*

pinte [pɛ̃t] *nf* (*Helv*) *(café)* café *m*

pioche [pjɔʃ] *nf* picareta *f*

piocher [pjɔʃe] *vi* ir ao baralho

pion [pjɔ̃] *nm* peão *m (de jogo)*

pionnier, ère [pjɔnje, ɛʀ] *nm, f* pioneiro *m*, -ra *f*
pipe [pip] *nf* cachimbo *m*
pipeline [pajplajn] (*pl* **pipe-lines**) *nm* **1.** (*de pétrole*) oleoduto *m* **2.** (*de gaz*) gasoduto *m*
pipi [pipi] *nm* (*fam*) • **faire pipi** fazer chichi
piquant, e [pikɑ̃, ɑ̃t] *adj* picante ◇ *nm* espinho *m*
pique [pik] *nf* (*remarque*) boca *f* ◇ *nm* espadas *fpl*
pique-assiette [pikasjɛt] (*pl* **pique-assiettes**) *nm* (*péj*) papa-jantares *mf inv*
pique-nique [piknik] (*pl* **pique-niques**) *nm* piquenique *m*
pique-niquer [piknike] *vi* fazer um piquenique
piquer [pike] *vt & vi* picar
piquet [pikɛ] *nm* estaca *f*
piqueur [pikœʀ] *adj m* ➤ **marteau**
piqûre [pikyʀ] *nf* **1.** (*d'insecte*) picada *f* **2.** *MÉD* injecção *f* • **piqûre de rappel** *MÉD* advertência ; (*fam & fig*) advertência, chamada de atenção
piratage [piʀataʒ] *nm* piratagem *f*
pirate [piʀat] *adj & nm* pirata • **pirate de l'air** pirata do ar
pirater [piʀate] *vt* piratear
pire [piʀ] *adj* pior ◇ *nm* • **le pire** o pior
pirogue [piʀɔg] *nf* piroga *f*
pirouette [piʀwɛt] *nf* pirueta *f*
pis [pi] *nm* úbere *m*
pisciculture [pisikyltyʀ] *nf* piscicultura *f*
piscine [pisin] *nf* piscina *f*
pissenlit [pisɑ̃li] *nm* dente-de-leão *m*
pisser [pise] *vi* (*fam*) mijar
pistache [pistaʃ] *nf* pistácio *m*
piste [pist] *nf* pista *f* • **piste (d'atterrissage)** pista (de aterragem) • **piste cyclable** pista obrigatória para velocípedes • **piste de danse** pista de dança • **jeu de piste** jogo de pistas • **piste verte** pista verde *(muito fácil)* • **piste bleue** pista azul *(fácil)* • **piste rouge** pista vermelha *(difícil)* • **piste noire** pista preta *(muito difícil)*
pistil [pistil] *nm* pistilo *m*
pistolet [pistɔlɛ] *nm* pistola *f*
piston [pistɔ̃] *nm* pistão *m*, êmbolo *m*
pistonner [pistɔne] *vt* (*fam*) • **pistonner qqn** arranjar um emprego a alguém • **se faire pistonner** (*fig*) meter cunha
pithiviers [pitivje] *nm tarte folhada recheada com creme de amêndoa*
pitié [pitje] *nf* piedade *f* • **avoir pitié de qqn** ter piedade de alguém • **faire pitié à qqn** provocar piedade em alguém
pitoyable [pitwajabl] *adj* **1.** (*triste*) lastimoso(osa) **2.** (*méprisable*) lastimável
pitre [pitʀ] *nm* palhaço *m* • **faire le pitre** fazer palhaçadas
pitrerie [pitʀəʀi] *nf (gén pl)* palhaçada *f*
pittoresque [pitɔʀɛsk] *adj* pitoresco(ca)
pivot [pivo] *nm* pivô *m*
pivoter [pivɔte] *vi* girar
pizza [pidza] *nf* pizza *f*
pizzeria [pidzeʀja] *nf* pizzaria *f*
placard [plakaʀ] *nm* armário *m*
placarder [plakaʀde] *vt* afixar
place [plas] *nf* **1.** lugar *m* **2.** (*d'une ville*) praça *f* **3.** (*de théâtre*) bilhete *m* **4.** (*emploi*) emprego *m* • **changer qqch de place** mudar algo de lugar • **à la place de** em vez

de • **sur place** no mesmo sítio • **place assise/debout** lugar sentado/de pé ◆ **sur place** *loc adv* no próprio local

placement [plasmɑ̃] *nm* investimento *m*

placenta [plasɛ̃ta] *nm* placenta *f*

placer [plase] *vt* **1.** *(mettre)* pôr **2.** *(argent)* investir ◆ **se placer** *vp* **1.** *(se mettre)* pôr-se **2.** *(se classer)* situar-se

plafond [plafɔ̃] *nm* **1.** *(d'une salle)* tecto *m* **2.** *(limite)* plafond *m*

plafonner [plafɔne] *vi* atingir o limite máximo

plafonnier [plafɔnje] *nm* lâmpada *f* de tecto

plage [plaʒ] *nf* **1.** *(de sable)* praia *f* **2.** *(de disque)* faixa *f* • **plage arrière** tablete *f* da bagageira

plagiat [plaʒja] *nm* plágio *m*

plagier [plaʒje] *vt* plagiar

plaider [plede] *vt* defender ◇ *vi* defender uma causa • **plaider contre qqn** defender uma causa contra alguém • **plaider pour qqn** *(avocat)* defender a causa de alguém ; *(jouer en faveur de)* abonar em favor de alguém

plaidoirie [plɛdwaʀi] *nf* defesa *f*

plaie [plɛ] *nf* ferida *f*

plaindre [plɛ̃dʀ] *vt* lastimar ◆ **se plaindre** *vp* queixar-se • **se plaindre de** queixar-se de

plaine [plɛn] *nf* planície *f*

plain-pied [plɛ̃pje] ◆ **de plain-pied** *adv* **1.** *(pièce)* ao mesmo nível **2.** *(fig)* *(directement)* directamente ◇ *adj* • **une maison de plain-pied** uma casa térrea

plaint, e [plɛ̃, plɛ̃t] *pp* ➤ **plaindre**

plainte [plɛ̃t] *nf* **1.** *(gémissement)* queixume *m* **2.** *(en justice)* queixa *f* • **porter plainte** apresentar queixa

plaintif, ive [plɛ̃tif, iv] *adj* queixoso(osa)

plaire [plɛʀ] *vi* agradar • **plaire à qqn** agradar a alguém • **s'il vous/te plaît** se faz favor/fazes favor ◆ **se plaire** *vp* sentir-se bem

plaisance [plɛzɑ̃s] *nf* ➤ **navigation, port**

plaisanter [plɛzɑ̃te] *vi* brincar

plaisanterie [plɛzɑ̃tʀi] *nf* brincadeira *f*

plaisir [pleziʀ] *nm* prazer *m* • **faire plaisir à qqn** agradar a alguém • **avec plaisir!** com muito gosto!

plan [plɑ̃] *nm* **1.** plano *m* **2.** *(d'une maison, d'un bâtiment)* planta *f* • **au premier/second plan** no primeiro/segundo plano • **plan d'eau** lago *m* • **plan d'épargne** plano poupança • **plan vigipirate** plano Vigipirate

planche [plɑ̃ʃ] *nf* tábua *f* • **faire la planche** boiar • **planche à roulettes** skate *m* • **planche à voile** prancha *f* de windsurf

plancher [plɑ̃ʃe] *nm* **1.** *(d'une voiture)* chão *m* **2.** *(d'une maison)* soalho *m*

plancton [plɑ̃ktɔ̃] *nm* plâncton *m*

planer [plane] *vi* planar

planétaire [planetɛʀ] *adj* planetário(ria)

planétarium [planetaʀjɔm] *nm* planetário *m*

planète [planɛt] *nf* planeta *m*

planeur [planœʀ] *nm* planador *m*

planifier [planifje] *vt* planificar

planning [planiŋ] *nm* planificação *f*

plant [plɑ̃] *nm* **1.** *(jeune plante)* pé *m* *(de planta)* **2.** *(culture)* plantio *m*

plantaire [plɑ̃tɛʀ] *adj* plantar

plantation [plɑ̃tasjɔ̃] *nf* plantação *f* • **des plantations** uma plantação
plante [plɑ̃t] *nf* planta *f* • **plante des pieds** planta dos pés • **plante grasse** planta carnuda • **plante verte** planta de interior
planter [plɑ̃te] *vt* **1.** *(graines)* plantar **2.** *(enfoncer)* espetar
plaque [plak] *nf* **1.** placa *f* **2.** *(de verglas)* camada *f* **3.** *(de chocolat)* tablete *f* **4.** *(de beurre)* pacote *m* **5.** *(tache)* mancha *f* • **plaque chauffante** placa eléctrica • **plaque d'immatriculation** ou **minéralogique** matrícula *f*
plaqué, e [plake] *adj* • **plaqué or/argent** com banho de ouro/de prata
plaquer [plake] *vt* **1.** *(aplatir)* achatar **2.** *(au rugby)* placar
plaquette [plakɛt] *nf* **1.** *(de beurre)* pacote *m* **2.** *(de chocolat)* tablete *f* • **plaquette de frein** calço *m* de travão
plastifié, e [plastifje] *adj* plastificado(da)
plastique [plastik] *nm* plástico *m* • **sac en plastique** saco de plástico
plat, e [pla, plat] *adj* **1.** *(terrain)* plano(na) **2.** *(poitrine)* achatado(da) **3.** *(chaussure)* raso(sa) **4.** *(eau)* sem gás ◇ *nm* **1.** prato *m* **2.** *(récipient)* travessa *f* • **à plat** *(pneu)* vazio(zia) ; *(batterie)* gasto(ta) ; (*fam*) *(fatigué)* arrasado(da) • **à plat ventre** de barriga para baixo • **plat cuisiné** prato já cozinhado • **plat du jour** prato do dia • **plat de résistance** prato principal
platane [platan] *nm* plátano *m*
plateau [plato] (*pl* **-x**) *nm* **1.** *(de cuisine)* bandeja *f* **2.** *(plaine)* planalto *m* **3.** *(de télévision, de cinéma)* estúdio *m* • **plateau à fromages** prato *m* para o queijo • **plateau de fromages** prato *m* de queijos
plateau-repas [platoʀəpa] (*pl* **plateaux-repas**) *nm refeição servida num tabuleiro*
plate-bande [platbɑ̃d] (*pl* **plates-bandes**) *nf* platibanda *f*
plate-forme [platfɔʀm] (*pl* **plates-formes**) *nf* plataforma *f*
platine [platin] *nf* • **platine cassette** leitor *m* de cassetes (*Port*), toca-fitas *m inv* (*Br*) • **platine laser** leitor *m* de CDs
platonique [platɔnik] *adj* platónico(ca)
plâtre [platʀ] *nm* gesso *m*
plâtrer [platʀe] *vt* engessar
plausible [plozibl] *adj* plausível
play-back [plɛbak] *nm inv* play-back *m*
plébiscite [plebisit] *nm* (*Helv*) referendo *m*
plein, e [plɛ̃, plɛn] *adj* **1.** *(rempli)* cheio (cheia) **2.** *(complet)* completo(ta) ◇ *nm* • **faire le plein (d'essence)** atestar • **plein de** *(rempli de)* cheio de ; (*fam*) *(beaucoup de)* muito • **en plein air** ao ar livre • **en plein devant moi** mesmo à minha frente • **en pleine forme** em grande forma • **en pleine nuit** a meio da noite • **en plein milieu** mesmo no meio • **pleins phares** máximos *mpl* • **pleins pouvoirs** plenos poderes • **travailler à plein temps** trabalhar a tempo inteiro
plénitude [plenityd] *nf* (*sout*) plenitude *f*
pleurer [plœʀe] *vi* chorar
pleureur [plœʀœʀ] *adj m* ➤ **saule**
pleurnicher [plœʀniʃe] *vi* choramingar

pleurs [plœʀ] *nmpl* (*sout*) pranto *m* • **être en pleurs** estar em lágrimas
pleut [plø] ➤ **pleuvoir**
pleuvoir [pløvwaʀ] *vi* chover ◇ *v impers* • **il pleut** está a chover • **il pleut à verse** está a chover a cântaros
Plexiglas® [plɛksiglas] *nm* plexiglás *m*
pli [pli] *nm* **1.** *(d'un papier, d'une carte)* dobra *f* **2.** *(d'une jupe)* prega *f* **3.** *(d'un pantalon)* vinco *m* **4.** *(aux cartes)* vaza *f* • **(faux) pli** vinco
pliant, e [plijɑ̃, ɑ̃t] *adj* dobrável ◇ *nm* cadeira *f* dobrável
plier [plije] *vt* **1.** dobrar **2.** *(lit)* fechar ◇ *vi* dobrar-se
plinthe [plɛ̃t] *nf* rodapé *m*
plissé, e [plise] *adj* pregueado(da)
plisser [plise] *vt* **1.** *(papier)* dobrar **2.** *(tissu)* preguear **3.** *(yeux)* semicerrar
plomb [plɔ̃] *nm* **1.** chumbo *m* **2.** *(fusible)* fusível *m*
plombage [plɔ̃baʒ] *nm* chumbo *m*
plomberie [plɔ̃bʀi] *nf* canalização *f*
plombier [plɔ̃bje] *nm* canalizador *m*
plombières [plɔ̃bjɛʀ] *nf gelado de baunilha guarnecido com pedaços de fruta cristalizada*
plonge [plɔ̃ʒ] *nf* • **faire la plonge** lavar pratos num restaurante
plongeant, e [plɔ̃ʒɑ̃, ɑ̃t] *adj* **1.** *(décolleté)* muito decotado(da) **2.** *(vue)* de cima
plongée [plɔ̃ʒe] *nf* • **plongée (sous-marine)** mergulho *m*
plongeoir [plɔ̃ʒwaʀ] *nm* prancha *f* de saltos
plongeon [plɔ̃ʒɔ̃] *nm* mergulho *m*
plonger [plɔ̃ʒe] *vt & vi* mergulhar ◆ **se plonger dans** *vp + prép* absorver-se em
plongeur, euse [plɔ̃ʒœʀ, øz] *nm, f* mergulhador *m*, -ra *f*
ployer [plwaje] *vt & vi* (*sout*) vergar
plu [ply] *pp* ➤ **plaire, pleuvoir**
pluie [plɥi] *nf* chuva *f*
plumage [plymaʒ] *nm* plumagem *f*
plume [plym] *nf* pena *f*
plumer [plyme] *vt* **1.** *(une volaille)* depenar **2.** (*fam*) *(personne)* deixar liso(sa)
plupart [plypaʀ] *nf* • **la plupart (de)** a maior parte (de) • **la plupart du temps** na maior parte do tempo
pluriel [plyʀjɛl] *nm* plural *m*
plus [ply(s)] *adv & prép* mais • **plus intéressant (que)** mais interessante (do que) • **plus simplement (que)** de forma mais simples (do que) • **c'est ce qui me plaît le plus ici** é o que mais me agrada aqui • **l'hôtel le plus confortable où nous ayons logé** o hotel mais confortável onde ficámos • **le plus souvent** as mais das vezes • **fais le plus vite possible** despacha-te o mais rápido possível • **parle-lui le plus patiemment possible** fala com ele da maneira mais paciente possível • **je ne veux pas dépenser plus** não quero gastar mais • **plus d'argent/de vacances** mais dinheiro/férias • **plus de la moitié** mais de metade • **un peu plus de glace** um pouco mais de gelado • **je ne regarde plus la télé** já não vejo mais televisão • **je n'en veux plus, merci** não quero mais, obrigado • **de plus** *(en supplément)* a mais ; *(d'autre part)* além do mais • **il a deux ans de plus que moi** ele tem dois anos a mais (do) que eu • **de plus en plus (de)** cada vez mais • **en plus** *(en supplément)* a mais ; *(d'autre part)* além do mais

• **en plus de** para além de • **plus ou moins** mais ou menos • **plus tu y penseras, pire ce sera** quanto mais pensares nisso, pior será

plusieurs [plyzjœʀ] *adj & pron* vários(rias)

plus-que-parfait [plyskəpaʀfɛ] *nm* pretérito *m* mais-que-perfeito

plus-value [plyvaly] (*pl* **plus-values**) *nf* mais-valia *f*

plutôt [plyto] *adv* **1.** (*de préférence*) antes **2.** (*assez*) bastante • **plutôt que (de) faire qqch** em vez de fazer algo

pluvieux, euse [plyvjø, øz] *adj* chuvoso(osa)

PME (*abr de petite et moyenne entreprise*) *nf* PME *f* (*empresa pequena e média*)

PMI (*abr de petite et moyenne industrie*) *nf* PMI *f* (*indústria pequena e média*)

PMU *nm* **1.** (*système*) *jogo de apostas hípicas* **2.** (*bar*) *bar onde se fazem apostas hípicas*

pneu [pnø] *nm* pneu *m*

pneumatique [pnømatik] *adj* ➤ **canot, matelas**

pneumonie [pnømɔni] *nf* pneumonia *f*

PO (*abr écrite de petites ondes*) OC (*ondas curtas*)

poche [pɔʃ] *nf* bolso *m* • **de poche** de bolso

poché, e [pɔʃe] *adj* inchado(da)

pocher [pɔʃe] *vt* CULIN escalfar

pochette [pɔʃɛt] *nf* **1.** bolsa *f* **2.** (*de disque*) capa *f* **3.** (*mouchoir*) lenço *m* do casaco

podium [pɔdjɔm] *nm* pódio *m*

[1]**poêle** [pwal] *nm* fogão *m* de sala • **poêle à mazout** fogão de sala a fuel

[2]**poêle** [pwal] *nf* • **poêle (à frire)** frigideira *f*

poème [pɔɛm] *nm* poema *m*

poésie [pɔezi] *nf* poesia *f*

poète [pɔɛt] *nm* poeta *m*

poètesse [pɔɛtɛs] *nf* poeta *m*

poétique [pɔetik] *adj* poético(ca)

poids [pwa] *nm* peso *m* • **perdre/prendre du poids** perder/ganhar peso • **poids lourd** veículo *m* pesado

poignard [pwaɲaʀ] *nm* punhal *m*

poignarder [pwaɲaʀde] *vt* apunhalar

poignée [pwaɲe] *nf* **1.** (*de porte*) maçaneta *f* **2.** (*de valise*) asa *f* **3.** (*de sable, de bonbons*) punhado *m* • **une poignée de** um punhado de • **poignée de main** aperto *m* de mão

poignet [pwaɲɛ] *nm* **1.** ANAT pulso *m* **2.** (*de vêtement*) punho *m*

poil [pwal] *nm* pêlo *m* • **à poil** (*fam*) nu em pêlo • **au poil** (*fam*) de trás da orelha

poilu, e [pwaly] *adj* peludo(da)

poinçon [pwɛ̃sɔ̃] *nm* **1.** (*outil*) punção *m* **2.** (*sceau*) contraste *m*

poinçonner [pwɛ̃sɔne] *vt* picar

poing [pwɛ̃] *nm* punho *m*

point [pwɛ̃] *nm* ponto *m* • **point de côté** pontada *f* • **point de départ** ponto de partida • **point d'exclamation** ponto de exclamação • **point faible** ponto fraco • **point final** ponto final • **point (final) !** e ponto final! • **point d'interrogation** ponto de interrogação • **(au) point mort** (em) ponto morto • **point de repère** ponto de referência • **points cardinaux** pontos cardeais • **points de suspension**

reticências *fpl* • **points (de suture)** pontos (de sutura) • **à point** no ponto • **au point** perfeito(ta) • **au point** ou **à tel point que** ao ponto de ou a tal ponto que • **mal en point** num estado lastimável • **être sur le point de faire qqch** estar prestes a fazer algo

point de vue [pwɛ̃dvy] (*pl* **points de vue**) *nm* ponto *m* de vista

pointe [pwɛ̃t] *nf* **1.** *(extrémité)* ponta *f* **2.** *(clou)* prego *m* • **sur la pointe des pieds** na ponta dos pés • **de pointe** de ponta • **en pointe** em bico ◆ **pointes** *nfpl* sapatos *mpl* de ballet

pointer [pwɛ̃te] *vt* apontar ◇ *vi* marcar o ponto

pointillé [pwɛ̃tije] *nm* picotado *m*

pointu, e [pwɛ̃ty] *adj* **1.** *(couteau)* pontiagudo(da) **2.** *(nez)* bicudo(da)

pointure [pwɛ̃tyʀ] *nf* número *m* • **quelle est votre pointure ?** que número calça?

point-virgule [pwɛ̃viʀgyl] (*pl* **points-virgules**) *nm* ponto *m* e vírgula

poire [pwaʀ] *nf* pêra *f* • **poire Belle-Hélène** *pêra de conserva coberta com chocolate quente e servida com gelado de baunilha*

poireau [pwaʀo] (*pl* **-x**) *nm* alho *m* francês

poirier [pwaʀje] *nm* pereira *f*

pois [pwa] *nm* *(rond)* bola *f* • **à pois** às bolas • **pois chiche** grão-de-bico *m*

poison [pwazɔ̃] *nm* veneno *m* • **poisons du lac** (*Helv*) *peixes do Lago Leman (sobretudo percas)*

poisse [pwas] *nf* (*fam*) • **quelle poisse !** que azar! • **porter la poisse (à qqn)** dar azar (a alguém)

poisseux, euse [pwasø, øz] *adj* peganhento(ta)

poisson [pwasɔ̃] *nm* peixe *m* • **poisson d'avril !** hoje é o dia das mentiras! • **faire un poisson d'avril à qqn** pregar uma partida a alguém no dia das mentiras • **poisson rouge** peixinho vermelho ◆ **Poissons** *nmpl* Peixes *mpl*

poissonnerie [pwasɔnʀi] *nf* peixaria *f*

poissonnier, ère [pwasɔnje, ɛʀ] *nm, f* peixeiro *m*, -ra *f*

poitrine [pwatʀin] *nf* **1.** peito *m* **2.** *(de porc)* toncinho *m*

poivre [pwavʀ] *nm* pimenta *f*

poivré, e [pwavʀe] *adj* apimentado(da)

poivrier [pwavʀije] *nm* pimenteira *f*

poivrière [pwavʀijɛʀ] *nf* = **poivrier**

poivron [pwavʀɔ̃] *nm* pimento *m*

poker [pɔkɛʀ] *nm* póquer *m*

polaire [pɔlɛʀ] *adj* polar ◇ *nf* *(textile) (vêtement)* polar

Polaroid® [pɔlaʀɔid] *nm* **1.** *(appareil)* Polaroid® *f* **2.** *(photo)* fotografia *f* Polaroid

pôle [pol] *nm* pólo *m* • **pôle Nord/Sud** pólo Norte/Sul

polémique [pɔlemik] *nf* polémica *f* ◇ *adj* polémico(ca)

poli, e [pɔli] *adj* **1.** *(bien élevé)* educado(da) **2.** *(verre, bois)* polido(da)

police [pɔlis] *nf* polícia *f* • **police d'assurance** apólice *f* de seguros • **police secours** *polícia que se encarrega de dar os primeiros socorros*

policier, ère [pɔlisje, ɛʀ] *adj* policial ◇ *nm* polícia *mf* (*Port*), policial *mf* (*Br*)

poliment [pɔlimɑ̃] *adv* educadamente

polio [pɔljo] (*abr de poliomyélite*) *nf* poliomielite *f*

polir [pɔliʀ] *vt* polir

politesse [pɔlitɛs] *nf* cortesia *f*

Les formules de politesse

D'une façon générale, les Portugais sont assez formels et naturellement polis quand ils s'adressent aux autres. Ils utilisent les expressions *Senhor* ou *Senhora/Dona* (s'il y a une certaine distance). Cette formalité s'applique également aux titres professionnels que les Portugais, d'une certaine manière, survalorisent.

Il faut absolument mentionner leur fonction : *o senhor professor* M. le Professeur... au risque, sinon, de les froisser grandement.

D'ailleurs on termine encore les lettres par la formule de politesse *Vossa Excelência* Votre Excellence.

Quand on s'adresse à une ou plusieurs personnes, entre familiers, amis ou proches, on emploie *tu* ou *vocês* (le verbe étant à la troisième personne du pluriel).

Vocês, qui n'est pas un pronom mais qui en assume véritablement les fonctions, peut coexister dans le nord du Portugal avec le pronom *vós*. Bien que celui-ci soit considéré comme un régionalisme, on peut l'employer, dans la langue écrite soignée, précédé d'une préposition : *Lembranças para vós* Meilleurs souvenirs.

politicien, enne [pɔlitisjɛ̃, ɛn] *nm, f* político *m*

politique [pɔlitik] *adj* político(ca) ◇ *nf* política *f* • **un homme/une femme politique** homem político/mulher política

politiser [pɔlitize] *vt* politizar

pollen [pɔlɛn] *nm* pólen *m*

pollué, e [pɔlɥe] *adj* poluído(da)

polluer [pɔlɥe] *vt* poluir

pollution [pɔlysjɔ̃] *nf* poluição *f*

polo [pɔlo] *nm (vêtement)* polo *m*

polochon [pɔlɔʃɔ̃] *nm* travesseiro *m*

Pologne [pɔlɔɲ] *nf* • **la Pologne** a Polónia

polonais, e [pɔlɔnɛ, ɛz] *adj* polaco(ca) ♦ **polonais** *nm (langue)* polaco *m* ♦ **Polonais, e** *nm, f* polaco *m*, -ca *f*

polycopié [pɔlikɔpje] *nm* sebenta *f* *(Port)*, apostila *f* *(Br)*

polyester [pɔliɛstɛʀ] *nm* poliéster *m*

polygamie [pɔligami] *nf* poligamia *f*

polyglotte [pɔliglɔt] *adj* & *nmf* poliglota

Polynésie [pɔlinezi] *nf* • **la Polynésie** a Polinésia • **la Polynésie française** a Polinésia francesa

polysémique [pɔlisemik] *adj* polissémico(ca)

polystyrène [pɔlistiʀɛn] *nm* esferovite *m* *(Port)*, isopor *m* *(Br)*

Polytechnique [pɔlitɛknik] *nf* • **l'école Polytechnique** *escola de engenharia parisiense de grande prestígio*

polyvalent, e [pɔlivalɑ̃, ɑ̃t] *adj* polivalente

POM [pɔm] *(abr de Pays d'outre-mer)* *nmpl territórios ultramarinos franceses*

pommade [pɔmad] *nf* pomada *f*

pomme [pɔm] *nf* **1.** *(fruit)* maçã *f* **2.** *(de douche)* chuveiro *m* **3.** *(d'arrosoir)* ralo *m* • **tomber dans les pommes** (*fam*) ter um fanico • **pomme de pin** pinha *f* • **pommes dauphine** *bolinhas de puré de batata* • **pommes noisettes** *bolinhas de batata coradas*
pomme de terre [pɔmdətɛʀ] (*pl* **pommes de terre**) *nf* batata *f*
pommette [pɔmɛt] *nf* maçaneta *f*
pommier [pɔmje] *nm* macieira *f*
pompe [pɔ̃p] *nf* bomba *f* • **pompe à essence** bomba de gasolina • **pompe à vélo** bomba de bicicleta • **pompes funèbres** agência *f* funerária
pomper [pɔ̃pe] *vt* **1.** *(air)* aspirar **2.** *(eau)* tirar com uma bomba
pompier [pɔ̃pje] *nm* bombeiro *m*
pompiste [pɔ̃pist] *nmf* abastecedor *m*, -ra *f*
pompon [pɔ̃pɔ̃] *nm* pompom *m*
pomponner [pɔ̃pɔne] *vt* embonecar ◆ **se pomponner** *vp* embonecar-se
poncer [pɔ̃se] *vt* lixar
ponceuse [pɔ̃søz] *nf* lixadeira *f*
ponction [pɔ̃ksjɔ̃] *nf* **1.** *MÉD* punção *f* **2.** (*fig*) *(prélèvement)* corte *m*
ponctualité [pɔ̃ktɥalite] *nf* pontualidade *f*
ponctuation [pɔ̃ktɥasjɔ̃] *nf* pontuação *f*
ponctuel, elle [pɔ̃ktɥɛl] *adj* pontual
pondre [pɔ̃dʀ] *vt* pôr *(ovos)*
poney [pɔnɛ] *nm* pónei *m*
pont [pɔ̃] *nm* ponte *f* • **faire le pont** fazer ponte
pont-levis [pɔ̃ləvi] (*pl* **ponts-levis**) *nm* ponte *f* levadiça
ponton [pɔ̃tɔ̃] *nm* pontão *m*
pop [pɔp] *adj inv* & *nf* pop
pop-corn [pɔpkɔʀn] *nm inv* pipoca *f*
populaire [pɔpylɛʀ] *adj* popular
populariser [pɔpylaʀize] *vt* popularizar
popularité [pɔpylaʀite] *nf* popularidade *f*
population [pɔpylasjɔ̃] *nf* população *f*
porc [pɔʀ] *nm* porco *m*
porcelaine [pɔʀsəlɛn] *nf (matériau)* porcelana *f*
porche [pɔʀʃ] *nm* **1.** *(d'une église)* pórtico *m* **2.** *(d'un immeuble)* alpendre *m*
porcherie [pɔʀʃəʀi] *nf* **1.** *(bâtiment)* pocilga *f* **2.** (*péj*) *(lieu sale)* chiqueiro *m*
pore [pɔʀ] *nm* poro *m*
poreux, euse [pɔʀø, øz] *adj* poroso(osa)
pornographie [pɔʀnɔgʀafi] *nf* pornografia *f*
pornographique [pɔʀnɔgʀafik] *adj* pornográfico(ca)
port [pɔʀ] *nm* porto *m* • **port de pêche** porto de pesca • **port de plaisance** marina *f* ▼ **port payé** porte pago
portable [pɔʀtabl] *adj* portátil
portail [pɔʀtaj] *nm* **1.** *(porte)* portão *m* **2.** *INFORM* portal *m*
portant, e [pɔʀtɑ̃, ɑ̃t] *adj* • **être bien/mal portant** estar bem/mal de saúde • **à bout portant** à queima-roupa
portatif, ive [pɔʀtatif, iv] *adj* portátil
porte [pɔʀt] *nf* porta *f* • **mettre qqn à la porte** pôr alguém na rua • **porte (d'embarquement)** porta (de embarque) • **porte d'entrée** porta da entrada
porte-à-porte [pɔʀtapɔʀt] *nm inv* venda *f* de porta em porta • **faire du porte-à-porte** vender de porta em porta

porte-avions [pɔʀtavjɔ̃] *nm inv* porta-aviões *m inv*
porte-bagages [pɔʀtbagaʒ] *nm inv* bagageira *f*
porte-bébé [pɔʀtbebe] (*pl* **porte-bébés**) *nm* porta-bebé *m*
porte-bonheur [pɔʀtbɔnœʀ] *nm inv* amuleto *m*
porte-clefs [pɔʀtəkle] = **porte-clés**
porte-clés [pɔʀtəkle] *nm inv* porta-chaves *m inv*
porte-documents [pɔʀtdɔkymɑ̃] *nm inv* pasta *f*
portée [pɔʀte] *nf* **1.** *(d'un son, d'une arme)* alcance *m* **2.** *(d'une femelle)* ninhada *f* **3.** *MUS* pauta *f* • **à la portée de qqn** *(intellectuelle)* ao alcance de alguém • **à portée de (la) main** ao alcance da mão • **à portée de voix** ao alcance da voz
porte-fenêtre [pɔʀtfənɛtʀ] (*pl* **portes-fenêtres**) *nf* porta *f* envidraçada
portefeuille [pɔʀtəfœj] *nm* carteira *f*
porte-jarretelles [pɔʀtʒaʀtɛl] *nm inv* cinto *m* de ligas
portemanteau [pɔʀtmɑ̃to] (*pl* **-x**) *nm* cabide *m*
porte-monnaie [pɔʀtmɔnɛ] *nm inv* porta-moedas *m inv*
porte-parole [pɔʀtpaʀɔl] *nmf inv* porta-voz *mf*
porter [pɔʀte] *vt* **1.** levar **2.** *(vêtement, lunettes)* trazer **3.** *(nom, date, marque)* ter **4.** *(fig) (responsabilité)* arcar com ◇ *vi* surtir efeito • **porter bonheur/malheur** dar sorte/azar • **porter sur** tratar de ◆ **se porter** *vp* • **se porter bien** andar bom (boa) • **se porter mal** andar mal
porte-savon [pɔʀtsavɔ̃] (*pl* **-s**) *nm* saboneteira *f*
porte-serviette [pɔʀtsɛʀvjɛt] (*pl* **-s**) *nm* toalheiro *m*
porteur, euse [pɔʀtœʀ, øz] *nm, f* **1.** *(de bagages)* carregador *m*, -ra *f* **2.** *(d'une maladie)* portador *m*, -ra *f*
portier, ère [pɔʀtje, ɛʀ] *nm, f* porteiro *m*, -a *f*
portière [pɔʀtjɛʀ] *nf* porta *f*
portillon [pɔʀtijɔ̃] *nm* portinhola *f* • **portillon automatique** porta *f* automática
portion [pɔʀsjɔ̃] *nf* porção *f*
portique [pɔʀtik] *nm* suporte *m* metálico
porto [pɔʀto] *nm* vinho *m* do Porto
portrait [pɔʀtʀɛ] *nm* retrato *m*
portrait-robot [pɔʀtʀɛʀɔbo] (*pl* **portraits-robots**) *nm* retrato *m* robô
portuaire [pɔʀtɥɛʀ] *adj* portuário(ria)
portugais, e [pɔʀtygɛ, ɛz] *adj* português(esa) ◇ *nm (langue)* português *m* ◆ **Portugais, e** *nm, f* português *m*, -esa *f*
Portugal [pɔʀtygal] *nm* • **le Portugal** Portugal *m*
pose [poz] *nf* **1.** *(d'une moquette, d'une vitre)* colocação *f* **2.** *(attitude)* pose *f* • **prendre la pose** fazer pose
posé, e [poze] *adj* pausado(da)
poser [poze] *vt* **1.** *(objet)* pousar **2.** *(installer)* instalar **3.** *(question)* fazer **4.** *(problème)* pôr ◇ *vi* fazer pose ◆ **se poser** *vp* pousar
positif, ive [pozitif, iv] *adj* positivo(va)
position [pozisjɔ̃] *nf* posição *f*
posologie [pozɔlɔʒi] *nf* posologia *f*
posséder [pɔsede] *vt* possuir

possessif, ive [pɔsesif, iv] *adj* possessivo(va)
possibilité [pɔsibilite] *nf* possibilidade *f* • **avoir la possibilité de faire qqch** ter a possibilidade de fazer algo ◆ **possibilités** *nfpl* **1.** *(financières)* posses *fpl* **2.** *(intellectuelles)* faculdades *fpl*
possible [pɔsibl] *adj* possível ◇ *nm* • **faire son possible (pour faire qqch)** fazer o possível (para fazer algo) • **le plus de... possible** o maior número possível de... ; *(d'argent, d'eau)* a maior quantidade de... possível • **dès que possible, le plus tôt possible** logo que possível, o mais cedo possível • **si possible** se possível
postal, e, aux [pɔstal, o] *adj* postal
[1]**poste** [pɔst] *nm* **1.** *(emploi)* posto *m* **2.** *(de ligne téléphonique)* extensão *f* • **poste (de police)** posto (de polícia) • **poste de radio** rádio *m* • **poste de télévision** televisão *f*
[2]**poste** [pɔst] *nf* correios *mpl* • **poste restante** posta-restante *f*
[1]**poster** [pɔste] *vt (lettre)* pôr no correio
[2]**poster** [pɔstɛʀ] *nm* poster *m*
postérieur, e [pɔsteʀjœʀ] *adj* posterior ◇ *nm* traseiro *m*
posteriori [pɔsteʀjɔʀi] ◆ **a posteriori** *loc adv* a posteriori
postériorité [pɔsteʀjɔʀite] *nf* posteridade *f*
posthume [pɔstym] *adj* póstumo(ma)
postiche [pɔstiʃ] *nm* **1.** *(perruque)* cabeleira *f* postiça **2.** *(barbe)* barba *f* postiça ◇ *adj (faux)* postiço(ça)
postier, ère [pɔstje, ɛʀ] *nm, f* empregado *m*, -da *f* dos correios
postillonner [pɔstijɔne] *vi* lançar perdigotos
post-scriptum [pɔstskʀiptɔm] *nm inv* post-scriptum *m inv*
postuler [pɔstyle] *vi* • **postuler à qqch** concorrer a algo ◇ *vt* postular
posture [pɔstyʀ] *nf* postura *f*
pot [po] *nm* frasco *m* • **pot d'échappement** tubo *m* de escape • **pot de fleurs** vaso *m* • **pot à lait** leiteira *f*
potable [pɔtabl] *adj* ➤ **eau**
potage [pɔtaʒ] *nm* sopa *f*
potager [pɔtaʒe] *nm* • **(jardin) potager** horta *f*
potassium [pɔtasjɔm] *nm* potássio *m*
pot-au-feu [pɔtofø] *nm inv* ≃ cozido *m* à portuguesa
pot-de-vin [podvɛ̃] (*pl* **pots-de-vin**) *nm* luvas *fpl (dinheiro)*
poteau [pɔto] (*pl* **-x**) *nm* poste *m* • **poteau indicateur** poste indicador
potée [pɔte] *nf cozido à base de couve* ≃ cozido *m* à portuguesa
potentiel, elle [pɔtɑ̃sjɛl] *adj* potencial ◇ *nm* potencial *m*
poterie [pɔtʀi] *nf* **1.** *(art)* olaria *f* **2.** *(objet)* peça *f* de barro
potier, ère [pɔtje, ɛʀ] *nm, f* oleiro *m*, -ra *f*
potin [pɔtɛ̃] *nm (fam)* mexerico *m*
potion [posjɔ̃] *nf* poção *f*
potiron [pɔtiʀɔ̃] *nm* abóbora-menina *f*
pot-pourri [popuʀi] (*pl* **pots-pourris**) *nm* flores *fpl* secas
pou [pu] (*pl* **-x**) *nm* piolho *m*
poubelle [pubɛl] *nf* **1.** *(à ordures)* caixote *m* do lixo **2.** INFORM reciclagem • **mettre qqch à la poubelle** pôr algo no lixo

pouce [pus] *nm* polegar *m*
pouding [pudiŋ] *nm* *bolo à base de pão ensopado e passas* • **pouding de cochon** (*Québec*) *bolo de carne e de fígado de porco*
poudre [pudʀ] *nf* 1. (*substance*) pó *m* 2. (*maquillage*) pó-de-arroz *m* 3. (*explosif*) pólvora *f* • **en poudre** em pó
poudreux, euse [pudʀø, øz] *adj* leve
pouf [puf] *nm* puf *m*
pouffer [pufe] *vi* • **pouffer (de rire)** estourar (de riso)
poulailler [pulaje] *nm* galinheiro *m*, capoeira *f*
poulain [pulɛ̃] *nm* potro *m*
poule [pul] *nf* galinha *f* • **poule au pot** *galinha recheada cozida com legumes*
poulet [pulɛ] *nm* frango *m* • **poulet basquaise** *frango salteado com tomate, pimentão e alhos*
poulie [puli] *nf* roldana *f*
poulpe [pulp] *nm* polvo *m*
pouls [pu] *nm* pulso *m* • **prendre le pouls à qqn** medir ou tirar o pulso a alguém
poumon [pumɔ̃] *nm* pulmão *m*
poupe [pup] *nf* popa *f* • **avoir le vent en poupe** (*fig*) ir de vento em popa
poupée [pupe] *nf* boneca *f*
pouponnière [pupɔnjɛʀ] *nf* berçário *m*
pour [puʀ] *prép*
1. (*gén*) para • **c'est pour vous** é para si • **pour rien** (*inutilement*) para nada ; (*gratuitement*) de graça • **pour faire qqch** para fazer algo • **pour que** para que • **le vol pour Londres** o voo para Londres • **partir pour** partir para
2. (*en raison de*) por • **pour avoir fait qqch** por ter feito algo • **elle a été hospitalisée pour un cancer** ela foi hospitalizada em virtude de um cancro • **faire qqch pour de l'argent** fazer algo por dinheiro
3. (*exprime la durée*) por • **pour longtemps** por muito tempo • **pour toujours** para sempre
4. (*somme*) • **je voudrais pour cinq euros de bonbons** queria cinco euros de bombons • **nous en avons eu pour 120 euros** ficou-nos por 120 euros
5. (*en ce qui concerne*) • **pour moi** (*à mon avis*) por mim • **et pour le loyer, qu'est-ce que je fais ?** e quanto à renda de casa, o que é que eu faço?
6. (*à la place de*) por • **signe pour moi** assina por mim
7. (*en faveur de*) • **être pour (qqch)** ser a favor (de algo)
8. (*envers*) por • **avoir de la sympathie pour qqn** ter simpatia por alguém
pourboire [puʀbwaʀ] *nm* gorjeta *f*
pourcentage [puʀsɑ̃taʒ] *nm* percentagem *f*
pourchasser [puʀʃase] *vt* acossar
pourparlers [puʀpaʀle] *nmpl* conversações *fpl*
pourquoi [puʀkwa] *adv* • **je ne sais pas pourquoi il n'est pas rentré** não sei porque é que ele não voltou • **il le sait et il te dira pourquoi** ele sabe-o e dir-te-á porquê • **c'est pourquoi...** é por isso que... • **pourquoi pas ?** porque não?
pourra ➤ **pouvoir**
pourri, e [puʀi] *adj* 1. (*fruit, légume*) podre 2. (*personne*) corrupto(ta) 3. (*enfant*) estragado(da) com mimos
pourrir [puʀiʀ] *vi* apodrecer
pourriture [puʀityʀ] *nf* podre *m*

poursuite [puʀsɥit] *nf* perseguição *f* • **se lancer à la poursuite de qqn** lançar-se na perseguição de alguém • **poursuites** *nfpl* acção *f*

poursuivi, e [puʀsɥivi] *pp* ➤ **poursuivre**

poursuivre [puʀsɥivʀ] *vt* **1.** *(voleur)* perseguir **2.** *DR* intentar uma acção contra **3.** *(continuer)* prosseguir • **se poursuivre** *vp* prosseguir

pourtant [puʀtɑ̃] *adv* no entanto

pourtour [puʀtuʀ] *nm* **1.** *(circonférence)* perímetro *m* **2.** *(abords)* • **sur le pourtour de qqch** à volta de algo

pourvoir [puʀvwaʀ] *vt* **1.** *(munir)* • **pourvoir qqn/qqch de** dotar alguém/algo de ou com **2.** *(subvenir)* • **pourvoir à** prover a • **se pourvoir** *vp* **1.** *(se munir)* prover-se **2.** *DR* apelar

pourvu [puʀvy] • **pourvu que** *conj* **1.** *(condition)* desde que **2.** *(souhait)* oxalá

pousse [pus] *nf* **1.** *(croissance)* crescimento *m* **2.** *(bourgeon)* rebento *m* **3.** *(d'ail)* grelo *m* • **pousses de bambou** rebentos de bambu

pousse-pousse [puspus] *nm inv* *(Helv)* cadeirinha *f* de bebé

pousser [puse] *vt* **1.** empurrar **2.** *(déplacer)* afastar **3.** *(cri)* dar ◇ *vi* **1.** empurrar **2.** *(plante)* crescer • **pousser qqn à faire qqch** levar alguém a fazer algo • **faire pousser qqch** fazer crescer algo ▼ **poussez** empurre • **se pousser** *vp* empurrar-se

poussette [pusɛt] *nf* cadeirinha *f* de bebé

poussière [pusjɛʀ] *nf* **1.** *(sur un meuble)* pó *m* **2.** *(sur la route)* poeira *f*

poussiéreux, euse [pusjeʀø, øz] *adj* **1.** *(vêtement)* empoeirado(da) **2.** *(meuble)* cheio (cheia)de pó

poussin [pusɛ̃] *nm* pintainho *m*

poutine [putin] *nf* *(Québec)* *batatas fritas recobertas com bolinhas de queijo e molho picante*

poutre [putʀ] *nf* **1.** *(de toit)* viga *f* **2.** *(de gymnastique)* barra *f*

poutrelle [putʀɛl] *nf* vigota *f*

pouvoir [puvwaʀ] *nm* poder *m* • **le pouvoir** o poder • **les pouvoirs publics** os poderes públicos
◇ *vt* poder • **pouvoir faire qqch** poder fazer algo • **pourriez-vous... ?** podia...? • **je fais ce que je peux** faço o que posso • **tu aurais pu faire ça avant !** podias ter feito isso antes! • **je n'en peux plus** *(je suis fatigué)* já não posso mais ; *(j'ai trop mangé)* já não posso comer mais • **je n'y peux rien** não posso fazer nada • **attention, tu pourrais te blesser** tem cuidado, podes magoar-te
• **se pouvoir** *vp* • **il se peut que...** é possível que... • **ça se pourrait (bien)** é bem possível (que sim)

pragmatique [pʀagmatik] *adj* pragmático(ca)

prairie [pʀeʀi] *nf* pradaria *f*

praline [pʀalin] *nf* **1.** *(confiserie)* *amêndoa torrada coberta com açúcar* **2.** *(Belg)* *(chocolat)* bombom *m* de chocolate

praliné, e [pʀaline] *adj com sabor a avelã*

praticable [pʀatikabl] *adj* **1.** *(route)* transitável **2.** *(sport, plan)* praticável

praticien, enne [pʀatisjɛ̃, ɛn] *nm, f* médico *m*, -ca *f*

pratiquant, e [pʀatikɑ̃, ɑ̃t] *adj* praticante

pratique [pʀatik] *adj* prático(ca) ◇ *nf* prática *f*

pratiquement [pʀatikmɑ̃] *adv (presque)* praticamente

pratiquer [pʀatike] *vt* praticar

pré [pʀe] *nm* prado *m*

préalable [pʀealabl] *nm* condição *f* prévia ◇ *adj* prévio(via) • **préalable à** anterior a • **au préalable** previamente

préambule [pʀeɑ̃byl] *nm* preâmbulo *m*

préau [pʀeo] (*pl* **-x**) *nm* recreio *m*

préavis [pʀeavi] *nm* pré-aviso *m*

précaire [pʀekɛʀ] *adj* precário(ria)

précariser [prekarize] *vt* precarizar

précaution [pʀekosjɔ̃] *nf* precaução *f* • **prendre des précautions** tomar precauções • **avec précaution** com precaução

précédent, e [pʀesedɑ̃, ɑ̃t] *adj* precedente

précéder [pʀesede] *vt* preceder

prêcher [pʀeʃe] *vt* **1.** *RELIG* pregar **2.** *(recommander)* • **prêcher qqch (à qqn)** *(fig)* recomendar algo (a alguém) ◇ *vi* pregar

précieux, euse [pʀesjø, øz] *adj* precioso(osa)

précipice [pʀesipis] *nm* precipício *m*

précipitation [pʀesipitasjɔ̃] *nf* precipitação *f* ◆ **précipitations** *nfpl* precipitação *f*

précipiter [pʀesipite] *vt* precipitar ◆ **se précipiter** *vp* precipitar-se • **se précipiter dans/vers/sur** precipitar-se para dentro de/em direcção de/sobre

précis, e [pʀesi, iz] *adj* preciso(sa) • **à cinq heures précises** às cinco (horas) em ponto

précisément [pʀesizemɑ̃] *adv* **1.** *(gén)* precisamente **2.** *(avec précision)* com precisão **3.** *(dans une réponse)* exactamente

préciser [pʀesize] *vt* precisar ◆ **se préciser** *vp* concretizar-se

précision [pʀesizjɔ̃] *nf* precisão *f*

précoce [pʀekɔs] *adj* precoce

préconçu, e [pʀekɔ̃sy] *adj* preconcebido(da)

préconiser [pʀekɔnize] *vt* preconizar • **préconiser de faire qqch** aconselhar que alguém faça algo • **préconiser que qqn fasse qqch** aconselhar que alguém faça algo

précurseur [pʀekyʀsœʀ] *adj* & *nm* precursor(ra)

prédateur, trice [pʀedatœʀ, tʀis] *adj* predador(ra) ◆ **prédateur** *nm* predador *m*

prédécesseur [pʀedesesœʀ] *nm* predecessor *m*

prédiction [pʀediksjɔ̃] *nf* previsão *f*

prédilection [pʀedilɛksjɔ̃] *nf* predilecção *f* • **avoir une prédilection pour qqch/qqn** ter uma predilecção especial por algo/alguém • **de prédilection** predilecto(ta)

prédire [pʀediʀ] *vt* adivinhar

prédisposition [pʀedispozisjɔ̃] *nf* • **prédisposition à** predisposição para

prédit, e [pʀedi, it] *pp* ➤ **prédire**

prédominer [pʀedɔmine] *vi* predominar

préfabriqué, e [pʀefabʀike] *adj* pré-fabricado(da)

préface [pʀefas] *nf* prefácio *m*

préfecture [pʀefɛktyʀ] *nf* **1.** *(bâtiment)* ≃ governo *m* civil **2.** *(ville)* ≃ capital *f* de distrito

préférable [preferabl] *adj* preferível
préféré, e [prefere] *adj & nm, f* preferido(da)
préférence [preferɑ̃s] *nf* preferência *f* • **de préférence** de preferência
préférentiel, elle [preferɑ̃sjɛl] *adj* preferencial
préférer [prefere] *vt* preferir • **préférer faire qqch** preferir fazer algo • **je préférerais qu'elle s'en aille** eu preferia que ela se fosse embora
préfet [prefɛ] *nm* ≃ governador *m*, governadora *f* civil
préfixe [prefiks] *nm* prefixo *m*
préhistoire [preistwar] *nf* pré-história *f*
préhistorique [preistɔrik] *adj* pré-histórico(ca)
préjudice [preʒydis] *nm* prejuízo *m* • **porter préjudice à qqn** prejudicar alguém
préjugé [preʒyʒe] *nm* (*péj*) preconceito *m*
prélèvement [prelɛvmɑ̃] *nm* **1.** *(d'argent)* levantamento *m* **2.** *(de sang)* recolha *f*
prélever [preləve] *vt* **1.** *(somme, part)* levantar **2.** *(sang)* tirar
préliminaire [preliminɛr] *adj* preliminar ◆ **préliminaires** *nmpl* preliminares *mpl*
prématuré, e [prematyre] *adj* prematuro(ra) ◇ *nm* bebé *m* prematuro
préméditation [premeditasjɔ̃] *nf* premeditação *f* • **avec préméditation** premeditadamente
prémédité, e [premedite] *adj* premeditado(da)
premier, ère [prəmje, ɛr] *adj & nm, f* primeiro(ra) • **en premier** em primeiro lugar • **le premier de l'an** o dia um de Janeiro • **Premier ministre** primeiro-ministro *m*
première [prəmjɛr] *nf* **1.** *SCOL* ≃ décimo primeiro ano *m* do ensino secundário **2.** *(vitesse, en train)* primeira *f* • **voyager en première (classe)** viajar em primeira (classe)
premièrement [prəmjɛrmɑ̃] *adv* primeiro
prémisse [premis] *nf* premissa *f*
prémonition [premɔnisjɔ̃] *nf* premonição *f*
prémunir [premynir] *vt* • **prémunir qqn contre** precaver alguém contra ◆ **se prémunir** *vp* precaver-se • **se prémunir contre** precaver-se contra
prenais ➤ **prendre**
prendre [prɑ̃dr] *vt*
1. *(dans sa main)* pegar ; *(un cadeau)* ficar com
2. *(emporter)* levar
3. *(aller, chercher)* • **passer prendre qqn** ir buscar alguém • **prendre un auto-stoppeur** dar boleia a alguém
4. *(enlever)* • **prendre qqch à qqn** tirar algo a alguém
5. *(repas, boisson, notes, mesures)* tomar • **qu'est-ce que vous prendrez ?** *(à boire)* o que é que toma? • **prendre un verre** tomar um copo
6. *(utiliser)* • **quelle route dois-je prendre ?** por que estrada é que devo ir? • **prendre l'avion/le train** apanhar o avião/o comboio

7. *(attraper, surprendre)* apanhar • **se faire prendre** ser apanhado
8. *(air, ton)* • **elle a pris un air innocent** ela fez-se de inocente • **ne prends pas ton air de martyre !** não te faças de mártir!
9. *(considérer)* • **prendre qqn pour** *(par erreur)* tomar alguém por
10. *(photo)* tirar
11. *(poids)* engordar
12. *(dans des expressions)* • **prendre feu** incendiar-se • **qu'est-ce qui te prend ?** o que é que tens?
◇ *vi*
1. *(sauce, ciment)* ficar consistente
2. *(feu)* pegar
3. *(se diriger)* • **prenez à droite** vire à direita
◆ **se prendre** *vp*
1. *(se considérer)* • **se prendre pour** tomar-se por
2. *(dans des expressions)* • **s'en prendre à qqn** descarregar em alguém • **s'y prendre bien** dar-se bem • **s'y prendre mal** fazer algo mal

prenne ➤ **prendre**

prénom [prenɔ̃] *nm* nome *m* (de baptismo)

préoccupation [preɔkypasjɔ̃] *nf* preocupação *f*

préoccupé, e [preɔkype] *adj* preocupado(da)

préoccuper [preɔkype] *vt* preocupar ◆ **se préoccuper de** *vp + prép* preocupar-se com

préparatifs [preparatif] *nmpl* preparativos *mpl*

préparation [preparasjɔ̃] *nf* **1.** *(d'un repas)* confecção *f* **2.** *(d'un départ)* preparação *f*

préparatoire [preparatwar] *adj* **1.** *(travail)* preparatório(ria) **2.** *(classe) que visa preparar os alunos para o ingresso nas escolas superiores francesas*

préparer [prepare] *vt* preparar ◆ **se préparer** *vp* preparar-se • **se préparer à faire qqch** preparar-se para fazer algo

préposition [prepozisjɔ̃] *nf* preposição *f*

préretraite [prerətrɛt] *nf* reforma *f* antecipada

prérogative [prerɔgativ] *nf* prerrogativa *f*

près [prɛ] *adv* • **de près** de perto • **tout près** aqui perto • **près de** perto de ; *(presque)* cerca de

présage [prezaʒ] *nm* presságio *m*

présager [prezaʒe] *vt* pressagiar

presbytère [prɛsbitɛr] *nm* presbitério *m*, residência *f* paroquial

prescription [prɛskripsjɔ̃] *nf* **1.** *DR* prescrição *f* **2.** *MÉD* receita *f*

prescrire [prɛskrir] *vt* receitar

prescrit, e [prɛskri, it] *pp* ➤ **prescrire**

préséance [preseɑ̃s] *nf* precedência *f*

préselectionner [preselɛksjɔne] *vt* pré-seleccionar

présence [prezɑ̃s] *nf* presença *f* • **en présence de** em presença de

présent, e [prezɑ̃, ɑ̃t] *adj* presente ◇ *nm* presente *m* • **à présent (que)** agora (que)

présentable [prezɑ̃tabl] *adj* apresentável

présentateur, trice [prezɑ̃tatœr, tris] *nm, f* apresentador *m*, -ra *f*

présentation [prezɑ̃tasjɔ̃] *nf* apresentação *f* ◆ **présentations** *nfpl* • **faire les présentations** fazer as apresentações

présenter [prezɑ̃te] *vt* apresentar • **présenter qqn à qqn** apresentar alguém a alguém ◆ **se présenter** *vp* **1.** apresentar-se **2.** *(occasion, difficulté)* surgir • **se présenter bien/mal** apresentar-se bem/mal
présentoir [prezɑ̃twar] *nm* expositor *m*
préservatif [prezɛrvatif] *nm* preservativo *m*
préserver [prezɛrve] *vt* preservar • **préserver qqn/qqch de** preservar alguém/algo de
président, e [prezidɑ̃, ɑ̃t] *nm, f* presidente *mf* • **le président de la République** o Presidente da República
présidentiel, elle [prezidɑ̃sjɛl] *adj* presidencial
présider [prezide] *vt* presidir a
présomption [prezɔ̃psjɔ̃] *nf* • **présomption d'innocence** *DR* presunção *m* de inocência
presque [prɛsk] *adv* quase • **il n'y a presque pas de neige** não há quase neve nenhuma
presqu'île [prɛskil] *nf* península *f*
pressant, e [prɛsɑ̃, ɑ̃t] *adj* urgente
presse [prɛs] *nf (journaux)* imprensa *f* • **presse à sensation** imprensa sensacionalista
pressé, e [prese] *adj* **1.** *(voyageur)* apressado(da) **2.** *(urgent)* urgente **3.** *(citron, orange)* espremido(da) • **être pressé de faire qqch** estar com pressa de fazer algo
presse-citron [prɛssitrɔ̃] *nm inv* espremedor *m*
pressentiment [presɑ̃timɑ̃] *nm* pressentimento *m*
pressentir [presɑ̃tir] *vt* **1.** *(une chose)* pressentir **2.** *(une personne)* auscultar
presse-papiers [prɛspapje] *nm inv* pisa-papéis *m inv*
presse-purée [prɛspyre] *nm inv* passe-vite *m*
presser [prese] *vt* **1.** *(fruit)* espremer **2.** *(bouton)* carregar em **3.** *(faire se dépêcher)* apressar ◇ *vi* • **le temps presse** o tempo urge • **rien ne presse** não há pressa ◆ **se presser** *vp* apressar-se
pressing [presiŋ] *nm* lavandaria *f*
pression [prɛsjɔ̃] *nf* **1.** pressão *f* **2.** *(bouton)* mola *f* de pressão • **(bière) pression** fino *m*
pressurisé, e [presyrize] *adj* pressurizado(da)
prestataire [prɛstatɛr] *nmf* • **prestataire (de service)** prestador *m* de serviços
prestidigitateur, trice [prɛstidiʒitatœr, tris] *nm, f* prestidigitador *m*, -ra *f*
prestige [prɛstiʒ] *nm* prestígio *m*
prestigieux, euse [prɛstiʒjø, øz] *adj* **1.** *(magnifique)* prodigioso(osa) **2.** *(réputé)* prestigioso(osa)
présumé, e [prezyme] *adj* presumível •**... ou présumé tel...** ou presumido como tal • **être présumé coupable/innocent** ser presumido culpado/inocente
présumer [prezyme] *vt* presumir ◇ *vi* • **présumer de qqch** sobrestimar algo • **présumer que** presumir que
prêt, e [prɛ, prɛt] *adj* pronto(ta) ◇ *nm* empréstimo *m* • **prêt bancaire** empréstimo bancário • **être prêt à faire qqch** estar pronto a fazer algo
prêt-à-porter [prɛtapɔrte] (*pl* **prêts-à-porter**) *nm* pronto-a-vestir *m inv*

prétendre [pʀetɑ̃dʀ] *vt* • **prétendre que** afirmar que • **il prétend qu'il est le meilleur** ele pretende ser o melhor
prétentieux, euse [pʀetɑ̃sjø, øz] *adj* pretensioso(osa)
prétention [pʀetɑ̃sjɔ̃] *nf* pretensão *f*
prêter [pʀete] *vt* emprestar • **prêter qqch à qqn** emprestar algo a alguém • **prêter attention à** prestar atenção a
prétérit [pʀeteʀit] *nm* pretérito *m*
prétexte [pʀetɛkst] *nm* pretexto *m* • **sous prétexte que** com o pretexto que
prétexter [pʀetɛkste] *vt* dar como pretexto
prétimbré, e [pʀetɛ̃bʀe] *adj* pré-selado
prêtre [pʀɛtʀ] *nm* padre *m*
preuve [pʀœv] *nf* prova *f* • **faire preuve de** dar provas de • **faire ses preuves** *(méthode)* dar provas de eficácia ; *(employé)* dar provas de eficiência
prévaloir [pʀevalwaʀ] *vi* *(sout)* prevalecer
prévenir [pʀevniʀ] *vt* prevenir
préventif, ive [pʀevɑ̃tif, iv] *adj* preventivo(va)
prévention [pʀevɑ̃sjɔ̃] *nf* prevenção *f* • **prévention routière** prevenção rodoviária
prévenu, e [pʀevny] *pp* ➤ **prévenir**
prévisible [pʀevizibl] *adj* previsível
prévision [pʀevizjɔ̃] *nf* previsão *f* • **en prévision de** em previsão de • **prévisions météo(rologiques)** previsões meteorológicas
prévoir [pʀevwaʀ] *vt* prever • **comme prévu** como previsto
prévoyant, e [pʀevwajɑ̃, ɑ̃t] *adj* precavido(da)
prévu, e [pʀevy] *pp* ➤ **prévoir**
prier [pʀije] *vt & vi* rezar • **prier qqn de faire qqch** pedir a alguém para fazer algo • **les passagers sont priés d'attacher leur ceinture** é favor apertarem os cintos • **suivez-moi, je vous prie** siga-me se faz favor • **je peux fumer ? - je vous en prie !** posso fumar? - faça favor! • **merci - je vous en prie** obrigado - ora essa
prière [pʀijɛʀ] *nf* oração *f* ▼ **prière de ne pas fumer** é favor não fumar
primaire [pʀimɛʀ] *adj* primário(ria)
prime [pʀim] *nf* **1.** *(d'assurance)* prémio *m* **2.** *(de salaire)* gratificação *f* • **en prime** *(avec un achat)* com a oferta de
primer [pʀime] *vi* ser mais importante ◇ *vt* **1.** *(être supérieur à)* ser mais importante do que **2.** *(récompenser)* premiar • **primer sur** ser mais importante do que
primeurs [pʀimœʀ] *nfpl frutos ou legumes temporãos*
primevère [pʀimvɛʀ] *nf* primavera *m*, pão-e-queijo *m*
primitif, ive [pʀimitif, iv] *adj* primitivo(va)
primordial, e, aux [pʀimɔʀdjal, o] *adj* primordial
prince [pʀɛ̃s] *nm* príncipe *m*
princesse [pʀɛ̃sɛs] *nf* princesa *f*
principal, e, aux [pʀɛ̃sipal, o] *adj* principal ◇ *nm* director *m*, directora *f (de um colégio)* • **le principal** *(l'essentiel)* o principal
principalement [pʀɛ̃sipalmɑ̃] *adv* principalmente
principe [pʀɛ̃sip] *nm* *(règle de conduite)* princípio *m* • **en principe** em princípio

printanier, ère [prɛ̃tanje, ɛr] *adj* primaveril
prion [prijɔ̃] *nm (en biologie, médecine)* prião
printemps [prɛ̃tɑ̃] *nm* Primavera *f*
priori ➤ **a priori**
prioritaire [prijɔritɛr] *adj* prioritário(ria)
priorité [prijɔrite] *nf* prioridade *f* • **priorité à droite** prioridade à direita • **laisser la priorité** ceder a prioridade ▼ **vous n'avez pas la priorité** deve ceder a prioridade
pris, e [pri, iz] *pp* ➤ **prendre**
prise [priz] *nf* **1.** *(à la pêche)* peixe *m* **2.** *(point d'appui)* apoio *m* • **prise (de courant)** *(dans le mur)* tomada *f*; *(fiche)* ficha *f* • **prise multiple** tomada múltipla • **prise de sang** análise *f* de sangue • **se faire faire une prise de sang** ir tirar sangue
prisé, e [prize] *adj* apreciado(da)
prison [prizɔ̃] *nf* prisão *f* • **en prison** na prisão
prisonnier, ère [prizɔnje, ɛr] *nm, f* prisioneiro *m*, -ra *f*
privation [privasjɔ̃] *nf* privação *f* ♦ **privations** *nfpl* privações *fpl*
privatisation [privatizasjɔ̃] *nf* privatização *f*
privatiser [privatize] *vt* privatizar
privé, e [prive] *adj* privado(da) • **en privé** em privado
priver [prive] *vt* • **priver qqn de qqch** privar alguém de algo ♦ **se priver** *vp* privar-se • **se priver de qqch** privar-se de algo
privilège [privilɛʒ] *nm* privilégio *m*
privilégié, e [privileʒje] *adj* **1.** privilegiado(da) **2.** *(matériellement)* abastado(da)
prix [pri] *nm* **1.** *(d'un produit)* preço *m* **2.** *(récompense)* prémio *m* • **à tout prix** custe o que custar
probabilité [prɔbabilite] *nf* probabilidade *f*
probable [prɔbabl] *adj* provável
probablement [prɔbabləmɑ̃] *adv* provavelmente
problème [prɔblɛm] *nm* problema *m*
procédé [prɔsede] *nm* **1.** *(méthode)* procedimento *m* **2.** *(de fabrication)* processo *m*
procéder [prɔsede] *vi* proceder • **procéder à** proceder a • **procéder de** *(sout)* proceder de • **procédons par ordre** vamos por ordem
procédure [prɔsedyr] *nf* processo *m*
procès [prɔsɛ] *nm* processo *m*
processeur [prɔsesœr] *nm INFORM* processador *m*
procession [prɔsesjɔ̃] *nf* procissão *f* • **en procession** em procissão
processus [prɔsesys] *nm* processo *m*
procès-verbal [prɔsɛvɛrbal] (*pl* **procès-verbaux** [o]) *nm* **1.** *(contravention)* multa *f* **2.** *(acte officiel)* acta *f*
prochain, e [prɔʃɛ̃, ɛn] *adj* próximo(ma) • **la semaine prochaine** na semana que vem
prochainement [prɔʃɛnmɑ̃] *adv* brevemente
proche [prɔʃ] *adj* • **être proche** *(dans le temps)* estar próximo(ma) ; *(dans l'espace)* estar perto • **être proche de** *(lieu, but)* estar perto de ; *(personne, ami)* ser

chegado(da) de • **le Proche-Orient** o Próximo Oriente

Proche-Orient [pRɔʃɔRjɑ̃] *nm* • **le Proche-Orient** o Próximo Oriente

proclamer [pRɔklame] *vt* proclamar

procuration [pRɔkyRasjɔ̃] *nf* procuração *f*

procréation [pRɔkReasjɔ̃] *nf* procriação *f* • **procréation médicalement assistée** Procriação Medicamente Assistida

procurer [pRɔkyRe] ◆ **se procurer** *vp* obter

procureur, e [pRɔkyRœR] *nm, f* procurador *m*, -a *f* • **procureur général** magistrado *m* do Ministério Público • **procureur de la République** procurador *m* da República

prodige [pRɔdiʒ] *nm* prodígio *m* • **un prodige de la technique** um prodígio da tecnologia

prodigieux, euse [pRɔdiʒjø, øz] *adj* prodigioso(osa)

prodiguer [pRɔdige] *vt* **1.** *(donner)* não poupar **2.** *(sout) (gaspiller)* prodigalizar • **prodiguer qqch à qqn** prestar algo a alguém

producteur, trice [pRɔdyktœR, tRis] *nm, f* produtor *m*, -ra *f*

productif, ive [pRɔdyktif, iv] *adj* produtivo(va)

production [pRɔdyksjɔ̃] *nf (de marchandises)* produção *f*

productivité [pRɔdyktivite] *nf* produtividade *f*

produire [pRɔdɥiR] *vt* produzir ◆ **se produire** *vp* ocorrer

produit, e [pRɔdɥi, it] *pp* ➤ **produire** ◇ *nm* produto *m* • **produits de beauté** produtos de beleza • **produits laitiers** lacticínios *mpl*

proéminent, e [pRɔeminɑ̃, ɑ̃t] *adj* proeminente

prof [pRɔf] *nmf (fam)* prof *mf*

profane [pRɔfan] *adj & nmf* **1.** *(non religieux)* profano(na) **2.** *(novice)* leigo(ga)

profaner [pRɔfane] *vt* profanar

proférer [pRɔfeRe] *vt* proferir

professeur [pRɔfɛsœR] *nm (aussi: professeure nf)* professor *m*, -ra *f* • **professeur d'anglais/de piano** professor de inglês/de piano

profession [pRɔfɛsjɔ̃] *nf* profissão *f* • **profession libérale** profissão liberal

professionnel, elle [pRɔfɛsjɔnɛl] *adj & nm, f* profissional

profil [pRɔfil] *nm* perfil *m* • **de profil** de perfil • **profil utilisateur** *INFORM* perfil do utilizador

profit [pRɔfi] *nm* **1.** *(avantage)* proveito *m* **2.** *(d'une entreprise)* lucro *m* • **tirer profit de qqch** tirar proveito de algo

profitable [pRɔfitabl] *adj* proveitoso(osa) • **être profitable à qqn** ser proveitoso para alguém

profiter [pRɔfite] *vi* **1.** *(jouir de)* • **profiter de qqch** aproveitar algo **2.** *(abuser de)* • **profiter de qqn** aproveitar-se de alguém **3.** *(tirer parti de)* • **profiter de qqch pour faire qqch** aproveitar algo para fazer algo **4.** *(servir)* • **profiter à qqn** dar jeito a alguém • **en profiter** aproveitar • **il en a profité pour le lui dire** aproveitou para lho dizer

profiterole [pRɔfitRɔl] *nf* profiterole *m* *bolinha de massa recheada com gelado de baunilha*

profond, e [pʀɔfɔ̃, ɔ̃d] *adj* profundo(da)
profondément [pʀɔfɔ̃demɑ̃] *adv* profundamente
profondeur [pʀɔfɔ̃dœʀ] *nf* profundidade *f* • **à 10 mètres de profondeur** a 10 metros de profundidade
profusion [pʀɔfyzjɔ̃] *nf (abondance)* • **une profusion de** uma profusão de • **à profusion** com abundância
programmable [pʀɔgʀamabl] *adj* programável
programmateur [pʀɔgʀamatœʀ] *nm* programador *m*
programme [pʀɔgʀam] *nm* programa *m*
programmer [pʀɔgʀame] *vt* programar
programmeur, euse [pʀɔgʀamœʀ, øz] *nm, f* programador *m*, -ra *f*
progrès [pʀɔgʀɛ] *nm* progresso *m* • **en progrès** a progredir • **faire des progrès** fazer progressos
progresser [pʀɔgʀese] *vi* progredir
progressif, ive [pʀɔgʀesif, iv] *adj* progressivo(va)
progression [pʀɔgʀesjɔ̃] *nf* **1.** *(essor)* aumento *m* **2.** *(avancée)* progressão *f* **3.** *(développement)* propagação *f*
progressivement [pʀɔgʀesivmɑ̃] *adv* progressivamente
prohiber [pʀɔibe] *vt (sout)* proibir
proie [pʀwa] *nf* presa *f*
projecteur [pʀɔʒɛktœʀ] *nm* projector *m*
projectile [pʀɔʒɛktil] *nm* projéctil *m*
projection [pʀɔʒɛksjɔ̃] *nf (de films, de diapositives)* projecção *f*
projectionniste [pʀɔʒɛksjɔnist] *nmf* projeccionista *mf*
projet [pʀɔʒɛ] *nm* projecto *m*
projeter [pʀɔʒte] *vt* projectar • **projeter de faire qqch** planear fazer algo
proliférer [pʀɔlifeʀe] *vi* proliferar
prologue [pʀɔlɔg] *nm* prólogo *m*
prolongation [pʀɔlɔ̃gasjɔ̃] *nf* prolongamento *m* ◆ **prolongations** *nfpl* prolongamentos *mpl*
prolongement [pʀɔlɔ̃ʒmɑ̃] *nm* prolongamento *m* • **dans le prolongement de** no prolongamento de
prolonger [pʀɔlɔ̃ʒe] *vt* prolongar ◆ **se prolonger** *vp* prolongar-se
promenade [pʀɔmnad] *nf* passeio *m* • **faire une promenade** dar um passeio
promener [pʀɔmne] *vt* passear ◆ **se promener** *vp* passear
promesse [pʀɔmɛs] *nf* promessa *f*
prometteur, euse [pʀɔmɛtœʀ, øz] *adj* prometedor(ra)
promettre [pʀɔmɛtʀ] *vt* • **promettre qqch à qqn** prometer algo a alguém • **il lui a promis d'aller le voir** ele prometeu-lhe que o ia visitar • **c'est promis !** está prometido! • **ça promet !** *(fam)* isto promete!
promis, e [pʀɔmi, iz] *pp* ➤ **promettre**
promiscuité [pʀɔmiskɥite] *nf* falta *f* de privacidade
promoteur, trice [pʀɔmɔtœʀ, tʀis] *nm, f* **1.** *(constructeur)* imobiliária *f* **2.** *(novateur)* promotor *m*, -ra *f*
promotion [pʀɔmɔsjɔ̃] *nf* promoção *f* • **en promotion** em promoção
promouvoir [pʀɔmuvwaʀ] *vt* promover
prompt, e [pʀɔ̃, pʀɔ̃t] *adj* rápido(da) • **prompt à faire qqch** rápido a fazer algo
promulguer [pʀɔmylge] *vt* promulgar
prôner [pʀone] *vt (sout)* preconizar

pronom [pʀɔnɔ̃] *nm* pronome *m*
pronominal, e, aux [pʀɔnɔminal, o] *adj* pronominal
prononcer [pʀɔnɔ̃se] *vt* pronunciar ♦ **se prononcer** *(un médecin, un jury, une cour)* pronunciar, pronunciar-se
prononciation [pʀɔnɔ̃sjasjɔ̃] *nf* pronunciação *f*
pronostic [pʀɔnɔstik] *nm* prognóstico *m*
propagande [pʀɔpagɑ̃d] *nf* propaganda *f*
propager [pʀɔpaʒe] *vt* propagar ♦ **se propager** *vp* propagar-se
prophète, prophétesse [pʀɔfɛt, pʀɔfetɛs] *nm, f* **1.** *(d'un culte)* profeta *m*, -tisa *f* **2.** *(fig) (médium)* adivinho *m*, -nha *f*
prophétie [pʀɔfesi] *nf* profecia *f*
propice [pʀɔpis] *adj* propício(cia)
proportion [pʀɔpɔʀsjɔ̃] *nf* proporção *f*
proportionnel, elle [pʀɔpɔʀsjɔnɛl] *adj* • **proportionnel à** proporcional a
propos [pʀɔpo] *nmpl* palavras *fpl* ◇ *nm* • **à propos,...** a propósito,... • **à propos de** a respeito de
proposer [pʀɔpoze] *vt* propor • **proposer à qqn de faire qqch** propor a alguém fazer algo
proposition [pʀɔpozisjɔ̃] *nf* proposta *f*
propre [pʀɔpʀ] *adj* **1.** próprio(pria) **2.** *(linge, pièce)* limpo(pa) • **avec ma propre voiture** com o meu próprio carro
proprement [pʀɔpʀəmɑ̃] *adv* decentemente • **à proprement parler** a bem dizer
propreté [pʀɔpʀəte] *nf* limpeza *f*
propriétaire [pʀɔpʀijetɛʀ] *nmf* **1.** *(d'un chien, d'une voiture)* dono *m*, -na *f* **2.** *(d'une maison)* proprietário *m*, -ria *f*
propriété [pʀɔpʀijete] *nf* propriedade *f*
▾ **propriété privée** propriedade privada
propulser [pʀɔpylse] *vt* **1.** *(moteur)* propulsionar **2.** *(fusée, personne)* lançar ♦ **se propulser** *vp* **1.** *(avancer)* propulsionar-se **2.** *(fig) (atteindre)* saltar
prorata [pʀɔʀata] ♦ **au prorata de** *loc prép* em proporção de
prose [pʀoz] *nf* prosa *f*
prospecter [pʀɔspɛkte] *vt* **1.** *(région, sol)* prospectar **2.** *(clientèle)* arranjar
prospectus [pʀɔspɛktys] *nm* prospecto *m*
prospère [pʀɔspɛʀ] *adj* próspero(ra)
prospérité [pʀɔspeʀite] *nf* prosperidade *f*
prostate [pʀɔstat] *nf* próstata *f*
prosterner [pʀɔstɛʀne] ♦ **se prosterner** *vp* prostrar-se • **se prosterner devant qqn/qqch** prostrar-se perante alguém/algo
prostituée [pʀɔstitɥe] *nf* prostituta *f*
prostituer [pʀɔstitɥe] ♦ **se prostituer** *vp* prostituir-se
prostitution [pʀɔstitysjɔ̃] *nf* prostituição *f*
protagoniste [pʀɔtagɔnist] *nmf* protagonista *mf*
protection [pʀɔtɛksjɔ̃] *nf* protecção *f*
protectionnisme [pʀɔtɛksjɔnism] *nm* proteccionismo *m*
protège-cahier [pʀɔtɛʒkaje] *(pl* **protège-cahiers)** *nm* capa *f (para cadernos)*
protège-poignets [prɔtɛʒpwanjɛ] *nm inv* protector *m* pulso, suporte *m* de pulso
protéger [pʀɔteʒe] *vt* proteger • **protéger qqn de** ou **contre qqch** proteger

alguém de ou contra algo ◆ **se protéger de** *vp + prép* proteger-se de
protéine [pʀɔtein] *nf* proteína *f*
protestant, e [pʀɔtɛstɑ̃, ɑ̃t] *adj & nm, f* protestante
protestation [pʀɔtɛstasjɔ̃] *nf* protesto *m*
protester [pʀɔtɛste] *vi* protestar
prothèse [pʀɔtɛz] *nf* prótese *f*
protide [pʀɔtid] *nm* prótido *m*
protocole [pʀɔtɔkɔl] *nm* protocolo *m*
prototype [pʀɔtɔtip] *nm* protótipo *m*
prouesse [pʀuɛs] *nf* proeza *f*
prouver [pʀuve] *vt* provar
provenance [pʀɔvnɑ̃s] *nf* proveniência *f* • **en provenance de** procedente de
provençal, e, aux [pʀɔvɑ̃sal, o] *adj* provençal
Provence [pʀɔvɑ̃s] *nf* • **la Provence** a Provença • **herbes de Provence** ervas de Provence
provenir [pʀɔvniʀ] ◆ **provenir de** *vp + prép* provir de
proverbe [pʀɔvɛʀb] *nm* provérbio *m*
providence [pʀɔvidɑ̃s] *nf* providência *f* ◆ **Providence** *nf* Providência *f*
province [pʀɔvɛ̃s] *nf* província *f* • **la province** *(hors Paris)* a província
provincial, e, aux [pʀɔvɛ̃sjal, o] *adj* provinciano(na) ◇ *nm* • **le provincial** (*Québec*) *o governo de uma província*
proviseur, e [pʀɔvizœʀ] *nm, f* presidente *mf* do conselho directivo
provisions [pʀɔvizjɔ̃] *nfpl* **1.** provisões *fpl* **2.** *(achats)* compras *fpl*
provisoire [pʀɔvizwaʀ] *adj* provisório(ria)
provocant, e [pʀɔvɔkɑ̃, ɑ̃t] *adj* provocante
provocation [pʀɔvɔkasjɔ̃] *nf* provocação *f*
provoquer [pʀɔvɔke] *vt* provocar
proxénète [pʀɔksenɛt] *nmf* proxeneta *mf*
proximité [pʀɔksimite] *nf* • **à proximité (de)** nas proximidades (de) • **de proximité** de proximidade
prudemment [pʀydamɑ̃] *adv* com prudência
prudence [pʀydɑ̃s] *nf* prudência *f* • **avec prudence** com prudência
prudent, e [pʀydɑ̃, ɑ̃t] *adj* prudente
prune [pʀyn] *nf* ameixa *f*
pruneau [pʀyno] (*pl* **-x**) *nm* ameixa *f* seca
prunier [pʀynje] *nm* ameixeira *f* • **secouer qqn comme un prunier** (*fig*) apertar bem com alguém
PS *nm (abr de post-scriptum, parti socialiste)* PS *m (Partido Socialista)*, P.S. *m (post-scriptum)*
pseudonyme [psødɔnim] *nm* pseudónimo *m*
psychanalyse [psikanaliz] *nf* psicanálise *f*
psychanalyste [psikanalist] *nmf* psicanalista *mf*
psychiatre [psikjatʀ] *nmf* psiquiatra *mf*
psychique [psiʃik] *adj* psíquico(ca)
psychologie [psikɔlɔʒi] *nf* psicologia *f*
psychologique [psikɔlɔʒik] *adj* psicológico(ca)
psychologue [psikɔlɔg] *nmf* psicólogo *m*, -ga *f*
psychose [psikoz] *nf* psicose *f*

psychosomatique [psikɔsɔmatik] *adj* psicossomático(ca)
psychothérapie [psikɔteʀapi] *nf* psicoterapia *f*
PTT [petete] (*abr de Poste, télégraphe et téléphone*) *nfpl antiga designação dos Correios franceses* ≃ CTT *mpl*
pu [py] *pp* ➤ **pouvoir**
puanteur [pɥɑ̃tœʀ] *nf* fedor *m*
[1]**pub** [pœb] *nm* pub *m*
[2]**pub** [pyb] *nf* (*fam*) publicidade *f*
puberté [pybɛʀte] *nf* puberdade *f*
pubis [pybis] *nm* púbis *f*
public, ique [pyblik] *adj* público(ca) ◇ *nm* público *m*, plateia *f* • **en public** em público
publication [pyblikasjɔ̃] *nf* publicação *f*
publicitaire [pyblisitɛʀ] *adj* publicitário(ria)
publicité [pyblisite] *nf* publicidade *f*
publier [pyblije] *vt* publicar
puce [pys] *nf* **1.** (*insecte*) pulga *f* **2.** *INFORM* chip *m*
puceau [pyso] (*pl* **-x**) (*fam*) *nm* rapaz *m* virgem
pucelle [pysɛl] (*fam*) *nf* donzela *f*
pudding [pudiŋ] = **pouding**
pudeur [pydœʀ] *nf* pudor *m*
pudique [pydik] *adj* pudico(ca)
puer [pɥe] *vi* feder ◇ *vt* tresandar a
puéricultrice [pɥeʀikyltʀis] *nf* puericultora *f*
puéril, e [pɥeʀil] *adj* pueril
puis [pɥi] *adv* depois
puiser [pɥize] *vt* (*de l'eau*) tirar • **puiser dans** (*emprunter*) recorrer a ; (*se servir*) ir buscar a
puisque [pɥiskə] *conj* já que
puissance [pɥisɑ̃s] *nf* **1.** potência *f* **2.** (*pouvoir*) poder *m*
puissant, e [pɥisɑ̃, ɑ̃t] *adj* **1.** (*influent*) poderoso(osa) **2.** (*fort*) potente
puisse ➤ **pouvoir**
puits [pɥi] *nm* (*à eau*) poço *m*
pull [pyl] (*pl* **pulls**) *nm* pulôver *m*
pull-over (*pl* **pull-overs**) = **pull**
pulmonaire [pylmɔnɛʀ] *adj* pulmonar
pulpe [pylp] *nf* polpa *f*
pulsation [pylsasjɔ̃] *nf* pulsação *f*
pulsion [pylsjɔ̃] *nf* pulsão *f*
pulvérisateur [pylveʀizatœʀ] *nm* pulverizador *m*
pulvériser [pylveʀize] *vt* pulverizar
puma [pyma] *nm* puma *m*
punaise [pynɛz] *nf* **1.** (*insecte*) percevejo *m* **2.** (*clou*) pionés *m*
[1]**punch** [pɔ̃ʃ] *nm* (*boisson*) ponche *m*
[2]**punch** [pœnʃ] *nm* (*fam*) (*énergie*) speed *m*
punching-ball [pœnʃiŋbol] (*pl* **punching-balls**) *nm* punching-ball *m*
punir [pyniʀ] *vt* **1.** (*coupable, crime*) punir **2.** (*élève, enfant*) castigar
punition [pynisjɔ̃] *nf* castigo *m*
pupille [pypij] *nf* pupila *f*
pupitre [pypitʀ] *nm* **1.** (*bureau*) carteira *f* **2.** (*à musique*) estante *f* (*de música*)
pur, e [pyʀ] *adj* puro(ra)
purée [pyʀe] *nf* puré *m* • **purée (de pommes de terre)** puré (de batata)
purement [pyʀmɑ̃] *adv* puramente • **purement et simplement** pura e simplesmente

pureté [pyʀte] *nf* pureza *f*

purgatoire [pyʀgatwaʀ] *nm* **1.** *RELIG* purgatório *m* **2.** (*fig*) (*châtiment*) inferno *m*

purger [pyʀʒe] *vt* **1.** purgar **2.** (*radiateur, tuyau*) esvaziar

purifier [pyʀifje] *vt* purificar

puritain, e [pyʀitɛ̃, ɛn] *adj & nm, f* puritano(na)

pur-sang [pyʀsɑ̃] *nm inv* puro-sangue *m inv*

pus [py] *nm* pus *m*

putain [pytɛ̃] *nf* (*vulg*) (*prostituée*) puta *f* • **putain d'ordinateur, il ne marche pas !** (*fig*) este raio de computador não funciona! • **putain de porte, elle n'ouvre pas !** (*fig*) esta puta desta porta não abre! • **putain !** foda-se!

putsch [putʃ] *nm* golpe *m* de Estado militar

puzzle [pœzl] *nm* puzzle *m*

PV *nm* (*abr de procès-verbal*) multa *f*

PVC [pevese] (*abr de polyvinylchloride*) *nm* PVC *m* (*policloreto de vinila*)

Pygmée [pigme] *nmf* pigmeu *m*, -meia *f*

pyjama [piʒama] *nm* pijama *m*

pylône [pilon] *nm* poste *m*

pyramide [piʀamid] *nf* pirâmide *f* ◆ **Pyramide du Louvre** *n* Pirâmide do Louvre

Pyrénées [piʀene] *nfpl* • **les Pyrénées** os Pireneús

Pyrex® [piʀɛks] *nm* pírex® *m*

pyromane [piʀɔman] *nmf* pirómano *m*, -na *f*

python [pitɔ̃] *nm* pitão *m*, píton *m*

qQ

QCM (*abr de questionnaire à choix multiple*) *nm* teste *m* de escolha múltipla

QG (*abr de quartier général*) *nm* quartel-general *m*

QI *nm* (*abr de quotient intellectuel*) Q.I. *m* (*quociente intelectual*)

quad [kwad] *nm* (*moto*) quad *m*, Moto4 *m*, Motoquatro *m*

quadra [kwadʀa] (*fam*) *nmf* (*abr de quadragénaire*) quadragenário *m*, -a *f*

quadragénaire [kwadʀaʒenɛʀ] *nmf* quadragenário *m*, -ria *f*

quadrilatère [kwadʀilatɛʀ] *nm* quadrilátero *m*

quadrillé, e [kadʀije] *adj* quadriculado(da)

quadriller [kadʀije] *vt* **1.** (*du papier*) quadricular **2.** (*une ville*) esquadrinhar

quadrupède [k(w)adʀypɛd] *nm* quadrúpede *m*

quadruple [k(w)adʀypl] *nm* • **le quadruple (de)** o quádruplo (de)

quadrupler [k(w)adʀyple] *vt & vi* quadruplicar

quai [kɛ] *nm* cais *m inv*

qualificatif, ive [kalifikatif, iv] *adj* qualificativo(va) ◆ **qualificatif** *nm* qualificativo *m*

qualification [kalifikasjɔ̃] *nf* qualificação *f*

qualifié, e [kalifje] *adj* qualificado(da)

qualifier [kalifje] *vt* • **qualifier qqn/qqch de** qualificar alguém/algo de ◆ **se qualifier** *vp* qualificar-se

qualité [kalite] *nf* qualidade *f* • **de (bonne) qualité** de (boa) qualidade

quand [kɑ̃] *conj* & *adv* quando • **quand même** mesmo assim • **quand même !** até que enfim! ; *(exprime l'indignation)* realmente! • **je me demande quand il va arriver** pergunto-me quando é que ele vai chegar

quant [kɑ̃] ◆ **quant à** *prép* quanto a

quantifier [kɑ̃tifje] *vt* quantificar

quantité [kɑ̃tite] *nf* quantidade *f* • **une quantité** OU **des quantités de** uma quantidade de

quarantaine [kaʀɑ̃tɛn] *nf* quarentena *f* • **une quarantaine (de)** cerca de quarenta • **avoir la quarantaine** ter cerca de quarenta anos

quarante [kaʀɑ̃t] *num* quarenta

quarantième [kaʀɑ̃tjɛm] *num* quadragésimo(ma)

quart [kaʀ] *nm* quarto *m* • **cinq heures et quart** cinco (horas) e um quarto • **cinq heures moins le quart** um quarto para as cinco • **un quart d'heure** um quarto de hora

quartier [kaʀtje] *nm* **1.** *(portion)* bocado *m* **2.** *(d'une ville)* bairro *m*

Le quartier Latin

Este bairro situado na margem esquerda do Sena é o sítio em que se concentram os estudantes de Paris. Está situado entre o 5º e o 6º *arrondissements* e, no seu centro, encontra-se a Sorbona. Além das suas faculdades e liceus importantes, este bairro é famoso pelas suas livrarias e bibliotecas, assim como pelos seus bares e cinemas.

quart-monde [kaʀmɔ̃d] *nm* quarto-mundo *m*

quartz [kwaʀts] *nm* quartzo *m* • **montre à quartz** relógio de quartzo

quasiment [kazimɑ̃] *adv* quase

quatorze [katɔʀz] *num* catorze • **il a quatorze ans** ele tem catorze anos • **il est quatorze heures** são catorze horas • **le quatorze janvier** no dia catorze de Janeiro • **page quatorze** página catorze • **ils étaient quatorze** eram catorze • **(au) quatorze rue Lepic** (na) rua Lepic, número catorze

quatorzième [katɔʀzjɛm] *num* décimo quarto (décima quarta)

quatrain [katʀɛ̃] *nm* quadra *f*

quatre [katʀ] *num* quatro • **monter les escaliers quatre à quatre** subir as escadas de quatro em quatro • **à quatre pattes** de gatas • **il a quatre ans** ele tem quatro anos • **il est quatre heures** são quatro horas • **le quatre janvier** no dia quatro de Janeiro • **page quatre** página quatro • **ils étaient quatre** eram quatro • **le quatre de pique** o quatro de espadas • **(au) quatre rue Lepic** (na) rua Lepic, número quatro

quatre-quarts [katkaʀ] *nm inv* pão-de-ló *m*

quatre-quatre [kat(ʀə)katʀ] *nm inv* veículo *m* com tracção às quatro rodas

quatre-vingt [katʀəvɛ̃] = **quatre-vingts**

quatre-vingt-dix [katʀəvɛ̃dis] *num* noventa

quatre-vingt-dixième [katʀəvɛ̃dizjɛm] *num* nonagésimo(ma)

quatre-vingtième [katʀəvɛ̃tjɛm] *num* octogésimo(ma)

quatre-vingts [katʀəvɛ̃] *num* oitenta

quatrième [katʀijɛm] *num* quarto(ta) ◇ *nf* **1.** *SCOL* ≃ oitavo ano *m* do ensino básico **2.** *(vitesse)* quarta *f*

quatuor [kwatɥɔʀ] *nm* quarteto *m*

que [kə] *conj*
1. *(gén)* que • **voulez-vous que je ferme la fenêtre ?** quer que feche a janela? • **je sais que tu es là** eu sei que estás aí • **que nous partions aujourd'hui ou demain...** que nós partamos hoje ou amanhã...
2. *(dans une comparaison)* ➤ **aussi, autant, même, moins, plus**
3. *(remplace une autre conjonction)* • **comme il pleut et que je n'ai pas de parapluie...** como está a chover e como não tenho guarda-chuva...
4. *(exprime une restriction)* • **ne... que** só • **je n'ai qu'une sœur** só tenho uma irmã
◇ *pron rel* que • **la personne qu'ils voient là-bas** a pessoa que eles vêem acolá • **le train que nous prenons part dans 10 minutes** o comboio que nós vamos apanhar parte dentro de 10 minutos • **les livres qu'il m'a prêtés** os livros que ele me emprestou
◇ *pron interr* que • **qu'a-t-il dit ?** o que disse ele? • **qu'est-ce qu'il a dit ?** o que é que ele disse? • **qu'est-ce qui ne va pas ?** o que é que não está bem? • **je ne sais plus que faire** já não sei o que fazer
◇ *adv (dans une exclamation)* • **que c'est beau !** que bonito! • **qu'est-ce que c'est beau !** que bonito que é!

Québec [kebɛk] *nm* • **le Québec** o Quebeque

québécois, e [kebekwa, az] *adj* do Quebeque ◆ **Québécois, e** *nm, f* habitante *mf* do Quebeque

quel, quelle [kɛl] *adj* **1.** *(interrogatif)* qual **2.** *(exclamatif)* que **3.** *(avec "que")* • **tous les Français quels qu'ils soient** todos os franceses quem quer que sejam • **quel que soit le temps...** qualquer que seja o tempo... ◇ *pron interr* qual • **quel est ton vin préféré ?** qual é o teu vinho preferido? • **quels amis comptez-vous aller voir ?** quais são os amigos que tem a intenção de ir visitar? • **quelle est la vendeuse qui vous a conseillé ?** qual foi a vendedora que o aconselhou? • **quelle heure est-il ?** que horas são? • **quel beau temps !** que tempo óptimo! • **quel est le plus intéressant des deux musées ?** qual dos dois museus é o mais interessante?

quelconque [kɛlkɔ̃k] *adj* • **si pour une raison quelconque, tu dois t'absenter...** se por uma razão qualquer te devas ausentar... • **une personne quelconque** uma pessoa qualquer

quelque [kɛlk(ə)] *adj* **1.** *(un peu de)* algum (alguma) **2.** *(avec "que")* qualquer • **dans quelque temps** dentro de algum tempo • **quelque route que je prenne** qualquer que seja a estrada pela qual eu siga ◆ **quelques** *adj* **1.** *(plusieurs)* alguns (algumas) **2.** *(dans des expressions)*

• **50 euros et quelques** 50 e tantos euros • **il est midi et quelques** é meio-dia e picos • **j'ai quelques lettres à écrire** tenho algumas cartas para escrever • **j'ai quelques vieux livres à donner** tenho alguns livros para dar

quelque chose [kɛlkəʃoz] *pron* alguma coisa • **il y a quelque chose de bizarre** há alguma coisa de esquisito

quelquefois [kɛlkəfwa] *adv* às vezes

quelque part [kɛlkəpaʀ] *adv* em algum lado

quelques-uns, quelques-unes [kɛlkəzœ̃, kɛlkəzyn] *pron* alguns (algumas)

quelqu'un [kɛlkœ̃] *pron* alguém

quémander [kemɑ̃de] *vt* pedinchar

qu'en-dira-t-on [kɑ̃diʀatɔ̃] *nm inv* • **le qu'en-dira-t-on** o que as pessoas vão dizer

quenelle [kənɛl] *nf rolo cozido, geralmente de peixe*

querelle [kəʀɛl] *nf* querela *f* • **chercher querelle à qqn** provocar alguém

quereller [kəʀele] ◆ **se quereller** *vp* (*sout*) discutir

qu'est-ce que [kɛskə] ➤ **que**

qu'est-ce qui [kɛski] ➤ **que**

question [kɛstjɔ̃] *nf* **1.** *(interrogation)* pergunta *f* **2.** *(sujet)* questão *f* • **l'affaire en question** o assunto em questão • **il est question de qqch** fala-se de algo • **il est question de faire qqch** fala-se de fazer algo • **(il n'en est) pas question !** nem pensar! • **remettre qqch en question** pôr algo em questão

questionnaire [kɛstjɔnɛʀ] *nm* questionário *m*

questionner [kɛstjɔne] *vt* questionar

quête [kɛt] *nf (d'argent)* colecta *f* • **faire la quête** fazer a colecta

quêter [kete] *vi* colectar

quetsche [kwɛtʃ] *nf* ameixa *f* preta

queue [kø] *nf* **1.** *(d'un animal, avion)* cauda *f* **2.** *(d'un train, d'un peloton)* parte *f* de trás **3.** *(file d'attente)* fila *f* • **faire la queue** pôr-se na bicha • **à la queue leu leu** em fila indiana • **faire une queue de poisson à qqn** atravessar-se na frente do carro de alguém

queue-de-cheval [kødʃəval] (*pl* **queues-de-cheval**) *nf* rabo-de-cavalo *m*

qui [ki] *pron rel*

1. *(sujet)* que • **les passagers qui doivent changer d'avion** os passageiros que devem mudar de avião • **la route qui mène à Calais** a estrada que vai até Calais

2. *(complément d'objet direct, indirect)* quem • **tu vois qui je veux dire** estás a ver a quem me refiro • **invite qui tu veux** convida quem quiseres • **la personne à qui j'ai parlé** a pessoa com quem falei

3. *(quiconque)* • **qui que ce soit** quem quer que seja

4. *(dans des expressions)* • **qui plus est,...** ainda por cima...

◇ *pron interr* quem • **qui êtes-vous ?** quem é você? • **je voudrais savoir qui viendra** gostaria de saber quem virá • **qui demandez-vous ?** com quem deseja falar? • **qui est-ce que vous demandez ?** com quem é que deseja falar? • **dites-moi qui vous demandez** diga-me com quem é que deseja falar • **à qui dois-je m'adresser ?** a quem é que me devo dirigir?

quiche [kiʃ] *nf* • **quiche (lorraine)** *tarte confeccionada com ovos, natas e bocadinhos de toucinho*
quiconque [kikɔ̃k] *pron* quem quer que seja que
quiétude [kjetyd] *nf* (*sout*) quietude *f*
quignon [kiɲɔ̃] *nm* (*fam*) naco *m*
quille [kij] *nf* **1.** (*de jeu*) fito *m* **2.** (*d'un bateau*) quilha *f*
quincaillerie [kɛ̃kajʀi] *nf* (*boutique*) loja *f* de ferragens
quinine [kinin] *nf* quinino *m*
quinquagénaire [kɛ̃kaʒenɛʀ] *nmf* quinquagenário *m*, -ria *f*
quinquennal, e, aux [kɛ̃kenal, o] *adj* quinquenal
quinquennat [kɛ̃kena] *nm* mandato *m* presidencial para cinco anos, mandato *m* quinquenal
quintal [kɛ̃tal] (*pl* **-aux**) *nm* quintal *m* (*medida*)
quinte [kɛ̃t] *nf* • **quinte de toux** ataque *m* de tosse
quintuple [kɛ̃typl] *nm* • **le quintuple (de)** o quíntuplo (de)
quinzaine [kɛ̃zɛn] *nf* (*deux semaines*) quinzena *f* • **une quinzaine (de)** uma quinzena (de)
quinze [kɛ̃z] *num* quinze • **il a quinze ans** ele tem quinze anos • **il est quinze heures** são quinze horas • **le quinze janvier** no dia quinze de Janeiro • **page quinze** página quinze • **ils étaient quinze** eram quinze • **(au) quinze rue Lepic** (na) rua Lepic, número quinze
quinzième [kɛ̃zjɛm] *num* décimo quinto (décima quinta)
quiproquo [kipʀɔko] *nm* quiproquó *m*
quittance [kitɑ̃s] *nf* recibo *m*
quitte [kit] *adj* • **nous sommes quittes** estamos quites • **quitte à y aller à pied** nem que tenhamos de lá ir a pé
quitter [kite] *vt* **1.** deixar **2.** *INFORM* sair • **ne quittez pas** (*au téléphone*) não desligue ♦ **se quitter** *vp* **1.** despedir-se **2.** (*pour toujours*) separar-se
qui-vive [kiviv] *nm inv* • **être sur le qui-vive** estar de sobreaviso
quoi [kwa] *pron interr*
1. (*employé seul*) • **c'est quoi ?** (*fam*) o que é? • **quoi de neuf ?** o que há de novo? • **quoi ?** (*fam*) o quê?
2. (*complément d'objet direct*) que • **je ne sais pas quoi dire** não sei (o) que dizer
3. (*après une préposition*) • **de quoi avez-vous besoin ?** de que é que precisa? • **à quoi penses-tu ?** estás a pensar em quê? • **à quoi bon ?** para quê? • **sur quoi est-ce que je peux écrire ?** onde posso escrever?
4. (*fam*) (*exclamatif*) • **allez, quoi !** anda lá!
5. (*dans des expressions*) • **tu viens ou quoi ?** (*fam*) vens ou quê? • **si tu as besoin de quoi que ce soit, fais-moi signe** se precisares do que quer que seja, avisa-me • **j'irai quoi qu'il dise** eu irei, independentemente do que ele diga • **quoi qu'il en soit,...** seja como for,...
◇ *pron rel* (*après une préposition*) • **sans quoi** senão • **ce à quoi je pense** aquilo em que penso • **avoir de quoi manger/vivre** ter de que comer /viver • **avez-vous de quoi écrire ?** tem com que escrever? • **merci - il n'y a pas de quoi** obrigado - não tem de quê

quoique [kwakə] *conj* embora
quota [k(w)ɔta] *nm* quota *f*
quotidien, enne [kɔtidjɛ̃, ɛn] *adj* quotidiano(na) ◇ *nm (journal)* diário *m*
quotient [kɔsjɑ̃] *nm* quociente *m* • **quotient intellectuel** quociente de inteligência

rR

rabâcher [ʀabaʃe] *vt (fam)* repisar
rabais [ʀabɛ] *nm* desconto *m*
rabaisser [ʀabɛse] *vt* rebaixar
rabat [ʀaba] *nm* **1.** *(de poche)* pala *f* **2.** *(d'enveloppe)* dobra *f*
rabat-joie [ʀabajwa] *nm inv* desmancha-prazeres *mf inv*
rabattre [ʀabatʀ] *vt* **1.** *(replier)* dobrar **2.** *(gibier)* levantar ◆ **se rabattre** *vp (automobiliste)* encostar • **se rabattre sur** conformar-se com
rabbin [ʀabɛ̃] *nm* rabino *m*
rabot [ʀabo] *nm* plaina *f*
raboter [ʀabɔte] *vt* aplainar
rabougri, e [ʀabugʀi] *adj* enfezado(da)
raccommoder [ʀakɔmɔde] *vt* remendar
raccompagner [ʀakɔ̃paɲe] *vt* acompanhar
raccord [ʀakɔʀ] *nm* ligação *f*
raccordement [ʀakɔʀdəmɑ̃] *nm* ligação *f*
raccorder [ʀakɔʀde] *vt* ligar • **raccorder qqch à qqch** ligar algo a algo ◆ **se raccorder** *vp* • **se raccorder par qqch** ter ligação através de algo • **se raccorder à qqch** ter ligação com algo
raccourci [ʀakuʀsi] *nm* atalho *m* • **raccourci clavier** INFORM atalhos de teclado
raccourcir [ʀakuʀsiʀ] *vt* encurtar ◇ *vi* diminuir
raccrocher [ʀakʀɔʃe] *vt* pendurar outra vez ◇ *vi (au téléphone)* desligar
race [ʀas] *nf* raça *f* • **de race** de raça
rachat [ʀaʃa] *nm* **1.** *(transaction)* compra *f* **2.** RELIG redenção *f*
racheter [ʀaʃte] *vt* comprar mais • **racheter qqch à qqn** comprar algo a alguém
rachitique [ʀaʃitik] *adj* raquítico(ca)
racial, e, aux [ʀasjal, o] *adj* racial
racine [ʀasin] *nf* **1.** raiz *f* **2.** INFORM nó *m*, raiz *f* • **racine carrée** raiz quadrada
racisme [ʀasism] *nm* racismo *m*
raciste [ʀasist] *adj* racista
racket [ʀakɛt] *nm* extorsão *f*
raclée [ʀakle] *nf (fam)* tareia *f*
racler [ʀakle] *vt* raspar ◆ **se racler** *vp* • **se racler la gorge** aclarar a garganta
raclette [ʀaklɛt] *nf prato típico suíço à base de queijo fundido*
racoler [ʀakɔle] *vt* **1.** *(péj) (attirer)* arranjar **2.** *(suj: prostituée)* engatar
racoleur, euse [ʀakɔlœʀ, øz] *adj (péj)* aliciador(ra)
racontars [ʀakɔ̃taʀ] *nmpl (fam)* mexericos *mpl*
raconter [ʀakɔ̃te] *vt* contar • **raconter qqch à qqn** contar algo a alguém • **raconter à qqn que** *(décrire)* contar a alguém que ; *(péj) (prétendre)* andar por aí a dizer a alguém que
radar [ʀadaʀ] *nm* radar *m*

radeau [Rado] (*pl* -x) *nm* jangada *f*
radiateur [RadjatœR] *nm* **1.** *(de chauffage)* aquecedor *m* **2.** *(d'automobile)* radiador *m*
radiations [Radjasjɔ̃] *nfpl* radiações *fpl*
radical, e, aux [Radikal, o] *adj* radical ◇ *nm* radical *m*
radicaliser [Radikalize] *vt* radicalizar ◆ **se radicaliser** *vp* radicalizar-se
radier [Radje] *vt* **1.** *(d'une liste)* riscar **2.** *(d'une profession)* expulsar
radieux, euse [Radjø, øz] *adj* **1.** *(soleil)* radioso(osa) **2.** *(sourire)* radiante
radin, e [Radɛ̃, in] *adj (fam)* forreta
radio [Radjo] *nf* **1.** rádio *m* **2.** *MÉD* radiografia *f* ● **à la radio** na rádio ● **radio locale/privée/libre** rádio local/privada/pirata
radioactif, ive [Radjɔaktif, iv] *adj* radioactivo(va)
radioactivité [Radjɔaktivite] *nf* radioactividade *f*
radiocassette [Radjɔkasɛt] *nf* rádio *m*
radiodiffuser [Radjɔdifyze] *vt* radiodifundir
radiographie [RadjɔgRafi] *nf* radiografia *f*
radiologue [Radjɔlɔg] *nmf* radiologista *mf*
radio-réveil [RadjɔRevɛj] (*pl* **radios-réveils**) *nm* rádio-despertador *m*
radiotélévisé, e [Radjɔtelevize] *adj transmitido em simultâneo pela rádio e pela televisão*
radis [Radi] *nm* rabanete *m*
radium [Radjɔm] *nm* rádio *m (metal)*
radius [Radjys] *nm* rádio *m (osso)*
radoter [Radɔte] *vi* disparatar
radoucir [RadusiR] ◆ **se radoucir** *vp* suavizar-se
rafale [Rafal] *nf* rajada *f*
raffermir [RafɛRmiR] *vt* fortalecer
raffinage [Rafinaʒ] *nm* refinação *f*
raffiné, e [Rafine] *adj* **1.** *(personne, manières)* requintado(da) **2.** *(sucre, pétrole)* refinado(da)
raffinement [Rafinmɑ̃] *nm* requinte *m*
raffiner [Rafine] *vt* refinar
raffinerie [RafinRi] *nf* refinaria *f*
raffoler [Rafɔle] ◆ **raffoler de** *vp* + *prép* ser doido(da) por
raffut [Rafy] *nm (fam)* barulheira *f* ● **faire du raffut** *(fig)* armar uma confusão
rafistoler [Rafistɔle] *vt (fam)* consertar
rafle [Rafl] *nf* **1.** *(fam) (vol)* roubo *m* **2.** *(de police)* rusga *f*
rafler [Rafle] *vt (fam) (emporter)* açambarcar
rafraîchir [RafRɛʃiR] *vt* **1.** *(atmosphère, boisson)* refrescar **2.** *(vêtement, coiffure)* retocar ◆ **se rafraîchir** *vp* **1.** *(boire)* refrescar-se **2.** *(temps)* arrefecer
rafraîchissant, e [RafRɛʃisɑ̃, ɑ̃t] *adj* refrescante
rafraîchissement [RafRɛʃismɑ̃] *nm* refresco *m*
rage [Raʒ] *nf* raiva *f* ● **rage de dents** forte dor *m* de dentes
rager [Raʒe] *vi (fam)* ficar com raiva
ragots [Rago] *nmpl (fam)* boatos *mpl (Port)*, fofocas *fpl (Br)*
ragoût [Ragu] *nm* guisado *m*
raid [Rɛd] *nm* raid *m* ● **raid aérien** raid aéreo
raide [Rɛd] *adj* **1.** *(corde, cheveux)* liso(sa) **2.** *(personne, démarche)* rígido(da)

3. *(pente)* íngreme ◇ *adv* • **tomber raide mort** cair morto
raidir [ʀediʀ] *vt* endurecer ◆ **se raidir** *vp* ficar rígido(da)
raie [ʀɛ] *nf* **1.** risca *f* **2.** *(poisson)* raia *f*
raillerie [ʀajʀi] *nf (sout)* escárnio *m*
rails [ʀaj] *nmpl* carris *mpl*
rainure [ʀɛnyʀ] *nf* ranhura *f*
raisin [ʀɛzɛ̃] *nm* uva *f* • **raisins secs** passas *fpl*
raison [ʀɛzɔ̃] *nf* razão *f* • **à raison de** na proporção de • **avoir raison (de faire qqch)** ter razão (em fazer algo) • **en raison de** por causa de
raisonnable [ʀɛzɔnabl] *adj* razoável
raisonnement [ʀɛzɔnmɑ̃] *nm* raciocínio *m*
raisonner [ʀɛzɔne] *vi* raciocinar ◇ *vt* chamar à razão
rajeunir [ʀaʒœniʀ] *vi* rejuvenescer ◇ *vt* • **rajeunir qqn** rejuvenescer alguém
rajouter [ʀaʒute] *vt* acrescentar
râle [ʀal] *nm* estertor *m*
ralenti [ʀalɑ̃ti] *nm* **1.** *(d'un moteur)* ralenti *m* **2.** *(au cinéma)* câmara *f* lenta • **au ralenti** *(fonctionner)* a uma velocidade reduzida ; *(passer une scène)* em câmara lenta
ralentir [ʀalɑ̃tiʀ] *vt* **1.** *(mouvement)* abrandar **2.** *(véhicule)* afrouxar ◇ *vi* afrouxar
ralentissement [ʀalɑ̃tismɑ̃] *nm* **1.** *(freinage)* afrouxamento *m* **2.** *(embouteillage)* abrandamento *m* **3.** *(diminution)* diminuição *f*
râler [ʀale] *vi (fam)* mandar vir
râleur, euse [ʀalœʀ, øz] *nm, f (fam)* resmungão *m*, -gona *f*
rallier [ʀalje] *vt* **1.** *(rassembler, convaincre)* reunir **2.** *(rejoindre)* voltar para ◆ **se rallier** *vp* reunir-se • **se rallier à** aderir a
rallonge [ʀalɔ̃ʒ] *nf* **1.** *(de table)* tábua *f* **2.** *(électrique)* extensão *f*
rallonger [ʀalɔ̃ʒe] *vt* **1.** *(vêtement)* descer a bainha de **2.** *(parcours, voyage)* prolongar ◇ *vi (jours)* aumentar
rallumer [ʀalyme] *vt* reacender
rallye [ʀali] *nm* rali *m*
RAM [ʀam] *(abr de Random Access Memory) nf inv (INFORM)* RAM *f*
ramadan [ʀamadɑ̃] *nm* ramadão *m*
ramassage [ʀamasaʒ] *nm* • **ramassage scolaire** transporte *m* escolar
ramasser [ʀamase] *vt* apanhar
rambarde [ʀɑ̃baʀd] *nf* grades *fpl*
rame [ʀam] *nf* remo *m* • **une rame (de métro)** um metro
rameau [ʀamo] *(pl* **-x**) *nm* ramo *m* ◆ **Rameaux** *nmpl* • **les Rameaux** Domingo *m* de Ramos
ramener [ʀamne] *vt* **1.** *(raccompagner)* levar **2.** *(souvenir, pain)* trazer **3.** *(amener de nouveau)* trazer de volta • **ramener à** *(baisser)* reduzir a
ramequin [ʀamkɛ̃] *nm* **1.** *(récipient) pequeno recipiente de barro utilizado para cozinhar no forno* **2.** CULIN pastel *m* de queijo
ramer [ʀame] *vi* remar
ramification [ʀamifikasjɔ̃] *nf* ramificação *f*
ramollir [ʀamɔliʀ] *vt* amolecer ◆ **se ramollir** *vp* amolecer
ramoner [ʀamɔne] *vt* limpar
ramoneur [ʀamɔnœʀ] *nm* limpa-chaminés *m inv*

rampe [ʀɑ̃p] *nf* **1.** *(d'escalier)* corrimão *m* **2.** *(d'accès)* rampa *f*
ramper [ʀɑ̃pe] *vi* rastejar
rampon [ʀɑ̃pɔ̃] *nm* *(Helv)* valerianela *f*
rance [ʀɑ̃s] *adj* rançoso(osa)
ranch [ʀɑ̃tʃ] *(pl* **ranchs** OU **ranches***)* *nm* rancho *m (quinta)*
rancir [ʀɑ̃siʀ] *vi* ficar rançoso(osa)
rancœur [ʀɑ̃kœʀ] *nf* rancor *m*
rançon [ʀɑ̃sɔ̃] *nf* resgate *m*
rancune [ʀɑ̃kyn] *nf* rancor *m* • **sans rancune !** sem ressentimentos!
rancunier, ère [ʀɑ̃kynje, ɛʀ] *adj* rancoroso(osa)
rando [ʀɑ̃dɔ] *(fam)* *nf* *(abr de randonnée)* passeio
randonnée [ʀɑ̃dɔne] *nf* passeio *m* • **faire de la randonnée (pédestre)** dar passeios (a pé)
randonneur, euse [ʀɑ̃dɔnœʀ, øz] *nm, f* caminhante *mf*
rang [ʀɑ̃] *nm* **1.** *(rangée)* fila *f* **2.** *(place)* posição *f* • **se mettre en rangs** pôr-se em fila
rangé, e [ʀɑ̃ʒe] *adj* arrumado(da)
rangée [ʀɑ̃ʒe] *nf* fila *f*
rangement [ʀɑ̃ʒmɑ̃] *nm* *(placard)* arrumação *f* • **faire du rangement** dar uma arrumação
ranger [ʀɑ̃ʒe] *vt* arrumar ◆ **se ranger** *vp* *(en voiture)* encostar
ranimer [ʀanime] *vt* **1.** *(blessé)* reanimar **2.** *(feu)* atiçar
rap [ʀap] *nm* rap *m*
rapace [ʀapas] *nm* ave *f* de rapina
rapatrier [ʀapatʀije] *vt* repatriar
râpe [ʀap] *nf* **1.** ralador *m* **2.** *(plate)* raspador *m* **3.** *(Helv)* *(fam)* forreta *mf*
râpé, e [ʀape] *adj* **1.** CULIN ralado(da) **2.** *(usagé)* coçado(da) **3.** *(fam)* *(raté)* • **c'est râpé !** já é tarde demais!
râper [ʀape] *vt* **1.** *(fromage)* ralar **2.** *(carottes)* raspar
rapetisser [ʀaptise] *vi* minguar
râpeux, euse [ʀapø, øz] *adj* **1.** *(rugueux)* áspero(ra) **2.** *(vin)* carrascão(ã)
raphia [ʀafja] *nm* ráfia *f*
rapide [ʀapid] *adj* rápido(da)
rapidement [ʀapidmɑ̃] *adv* rapidamente
rapidité [ʀapidite] *nf* rapidez *f*
rapiécer [ʀapjese] *vt* remendar
rappel [ʀapɛl] *nm* aviso *m* ▼ **rappel** atenção
rappeler [ʀaple] *vt* **1.** *(faire revenir)* chamar de volta **2.** *(au téléphone)* telefonar mais tarde • **rappeler qqch à qqn** *(redire)* relembrar algo a alguém ; *(évoquer)* lembrar algo a alguém ◆ **se rappeler** *vp* lembrar-se
rapport [ʀapɔʀ] *nm* **1.** *(compte-rendu)* relatório *m* **2.** *(point commun)* ligação *f* • **par rapport à** em relação a ◆ **rapports** *nmpl* relações *fpl*
rapporter [ʀapɔʀte] *vt* **1.** trazer **2.** *(rendre)* devolver **3.** *(argent)* render ◇ *vi* **1.** *(être avantageux)* dar lucro **2.** *(répéter)* contar ◆ **se rapporter à** *vp + prép* referir-se a
rapprochement [ʀapʀɔʃmɑ̃] *nm* **1.** *(contact, réconciliation)* aproximação *f* **2.** *(comparaison)* ligação *f* • **faire le rapprochement** fazer a ligação
rapprocher [ʀapʀɔʃe] *vt* aproximar ◆ **se rapprocher** *vp* aproximar-se • **se rapprocher de** aproximar-se de

rapt [ʀapt] *nm* rapto *m*
raquette [ʀakɛt] *nf* **1.** *(de tennis, de ping-pong)* raquete *f* **2.** *(pour la neige)* raquete *f* de neve
rare [ʀaʀ] *adj* raro(ra)
raréfier [ʀaʀefje] *vt* rarefazer ◆ **se raréfier** *vp* rarefazer-se
rarement [ʀaʀmɑ̃] *adv* raramente
ras, e [ʀa, ʀaz] *adj* **1.** *(très court)* curtinho(nha) **2.** *(verre, cuillère)* raso(sa) ◇ *adv* ● **(à) ras** rente ● **au ras de** rente a ● **à ras bord** até cima ● **en avoir ras le bol** *(fam)* estar pelos cabelos
rasade [ʀazad] *nf* copo *m* cheio
raser [ʀaze] *vt* **1.** *(barbe, personne)* fazer a barba a **2.** *(cheveux)* rapar **3.** *(frôler)* roçar ◆ **se raser** *vp* barbear-se
ras-le-bol [ʀalbɔl] *nm inv* *(fam)* ● **en avoir ras-le-bol** já estar pelos cabelos
rasoir [ʀazwaʀ] *nm* gilete *f* ● **rasoir électrique** máquina *f* de barbear
rassasié, e [ʀasazje] *adj* saciado(da)
rassasier [ʀasazje] *vt* saciar
rassemblement [ʀasɑ̃bləmɑ̃] *nm* **1.** ajuntamento *m* **2.** *MIL* toque *m* de reunir
rassembler [ʀasɑ̃ble] *vt* juntar ◆ **se rassembler** *vp* juntar-se
rasseoir [ʀaswaʀ] ◆ **se rasseoir** *vp* tornar a sentar-se
rasséréner [ʀaseʀene] *vt* *(sout)* sossegar
rassis, e [ʀasi, iz] *pp* ➤ **rasseoir** ◇ *adj* duro(ra)
rassurant, e [ʀasyʀɑ̃, ɑ̃t] *adj* tranquilizante
rassurer [ʀasyʀe] *vt* tranquilizar
rat [ʀa] *nm* ratazana *f*
ratatiné, e [ʀatatine] *adj* **1.** *(pomme)* engelhado(da) **2.** *(personne)* definhado(da)
ratatouille [ʀatatuj] *nf* *guisado de beringelas, courgettes e tomates típico da Provença*
rate [ʀat] *nf* baço *m*
râteau [ʀato] *(pl* **-x***)* *nm* ancinho *m*
rater [ʀate] *vt* **1.** *(cible)* falhar **2.** *(examen)* reprovar em **3.** *(train)* perder ◇ *vi* fracassar
ratifier [ʀatifje] *vt* ratificar
ration [ʀasjɔ̃] *nf* ração *f*
rationaliser [ʀasjɔnalize] *vt* racionalizar
rationnel, elle [ʀasjɔnɛl] *adj* racional
rationnement [ʀasjɔnmɑ̃] *nm* racionamento *m*
rationner [ʀasjɔne] *vt* racionar
ratisser [ʀatise] *vt* limpar com o ancinho
RATP *(abr de Régie Autonome des Transports Parisiens)* *nf companhia de transportes parisienses*
rattacher [ʀataʃe] *vt* ● **rattacher qqch à** *(attacher)* voltar a prender algo a ; *(relier)* ligar algo a ● **rattacher ses lacets** apertar os atacadores
ratte [ʀat] *nf* *(pomme de terre)* batata nova
rattrapage [ʀatʀapaʒ] *nm* recuperação *f*
rattraper [ʀatʀape] *vt* **1.** apanhar **2.** *(retard)* recuperar ◆ **se rattraper** *vp* **1.** *(se retenir)* agarrar-se **2.** *(d'une erreur)* corrigir-se **3.** *(sur le temps perdu)* recuperar
rature [ʀatyʀ] *nf* rasura *f*
rauque [ʀok] *adj* rouco(ca)
ravager [ʀavaʒe] *vt* arrasar
ravages [ʀavaʒ] *nmpl* ● **faire des ravages** fazer estragos

ravalement [Ravalmɑ̃] *nm* restauração *f*
ravaler [Ravale] *vt (façade)* restaurar
ravi, e [Ravi] *adj* encantado(da)
ravigoter [Ravigɔte] *vt (fam)* revigorar
ravin [Ravɛ̃] *nm* ravina *f*
ravioli(s) [Ravjɔli] *nmpl* raviolis *mpl*
ravir [RaviR] *vt* **1.** *(charmer)* encantar **2.** (*sout*) *(arracher)* • **ravir qqch à qqn** arrebatar algo a alguém • **être ravi de qqch/de faire qqch** estar encantado com algo/por fazer algo • **je suis ravi qu'il vienne** estou encantado com o facto de ele vir • **à ravir** ás mil maravilhas
raviser [Ravize] ◆ **se raviser** *vp* mudar de ideias
ravissant, e [Ravisɑ̃, ɑ̃t] *adj* encantador(ra)
ravisseur, euse [RavisœR, øz] *nm, f* raptor *m*, -ra *f*
ravitaillement [Ravitajmɑ̃] *nm* **1.** *(action)* abastecimento *m* **2.** *(provisions)* provisões *fpl*
ravitailler [Ravitaje] *vt* abastecer • **se ravitailler** abastecer-se
raviver [Ravive] *vt* reavivar
rayé, e [Rɛje] *adj* **1.** *(tissu)* às riscas **2.** *(disque, verre)* riscado(da)
rayer [Rɛje] *vt* riscar
rayon [Rɛjɔ̃] *nm* **1.** raio *m* **2.** *(de grand magasin)* secção *f* • **rayons X** raios X
rayonnage [Rɛjɔnaʒ] *nm* prateleiras *fpl*
rayonnant, e [Rɛjɔnɑ̃, ɑ̃t] *adj* radiante • **rayonnant de** radiante de
rayonnement [Rɛjɔnmɑ̃] *nm* **1.** radiação *f* **2.** (*fig*) *(éclat)* esplendor *m* **3.** (*fig*) *(bonheur)* irradiação *f*
rayonner [Rɛjɔne] *vi* irradiar • **rayonner autour de** deslocar-se nos arredores de
rayure [RɛjyR] *nf* **1.** *(sur un tissu)* risca *f* **2.** *(sur un disque, du verre)* risco *m* • **à rayures** às riscas
raz(-)de(-)marée [RadmaRe] *nm inv* maremoto *m*
razzia [Razja] *nf* razia *f* • **faire une razzia sur qqch** (*fam*) fazer uma razia em algo
réacheminer [reaʃmine] *vt* encaminhar
réacteur [ReaktœR] *nm* reactor *m*
réaction [Reaksjɔ̃] *nf* reacção *f*
réactionnaire [ReaksjɔnɛR] *adj & nmf* (*péj*) reaccionário(ria)
réactualiser [Reaktɥalize] *vt* reactualizar
réadapter [Readapte] *vt* readaptar ◆ **se réadapter** *vp* • **se réadapter à qqch** readaptar-se a algo
réaffirmer [ReafiRme] *vt* reafirmar
réagir [ReaʒiR] *vi* reagir
réalisable [Realizabl] *adj* realisável
réalisateur, trice [RealizatœR, tRis] *nm, f* realizador *m*, -ra *f*
réaliser [Realize] *vt* **1.** realizar **2.** *(comprendre)* dar-se conta de ◆ **se réaliser** *vp* realizar-se
réaliste [Realist] *adj* realista
réalité [Realite] *nf* realidade *f* • **en réalité** na realidade • **réalité virtuelle** realidade virtual
réanimation [Reanimasjɔ̃] *nf* reanimação *f*
réanimer [Reanime] *vt* reanimar
rébarbatif, ive [RebaRbatif, iv] *adj* rebarbativo(va)
rebelle [Rəbɛl] *adj & nmf* rebelde • **être rebelle à** ser rebelde a
rebeller [Rəbɛle] ◆ **se rebeller** *vp* rebelar-se

rébellion [rebɛljɔ̃] *nf* **1.** *(collective)* rebelião *f* **2.** *(individuelle)* rebeldia *f*
reboiser [rəbwaze] *vt* rearborizar
rebondir [rəbɔ̃diʀ] *vi* saltar
rebondissement [rəbɔ̃dismɑ̃] *nm* novo acontecimento *m*
rebord [rəbɔʀ] *nm* parapeito *m*
reboucher [rəbuʃe] *vt* tapar de novo
rebours [rəbuʀ] ◆ **à rebours** *loc adv* **1.** *(brosser, caresser)* a contrapelo **2.** *(fig) (faire, comprendre)* ao contrário
rebrousse-poil [rəbʀuspwal] ◆ **à rebrousse-poil** *adv (caresser)* em sentido contrário
rebrousser [rəbʀuse] *vt* ● **rebrousser chemin** voltar atrás
rébus [rebys] *nm jogo onde desenhos representam sílabas de palavras*
récalcitrant, e [rekalsitʀɑ̃, ɑ̃t] *adj* recalcitrante
recaler [rəkale] *vt (fam)* chumbar
récapituler [rekapityle] *vt* recapitular
recel [rəsɛl] *nm* receptação *f*
receleur, euse [rəsəlœʀ, øz] *nm, f* receptador *m*, -ra *f*
récemment [resamɑ̃] *adv* recentemente
recensement [rəsɑ̃smɑ̃] *nm* censo *m*
recenser [rəsɑ̃se] *vt* recensear
récent, e [resɑ̃, ɑ̃t] *adj* recente
récépissé [resepise] *nm* recibo *m*
récepteur [resɛptœʀ] *nm* receptor *m*
réception [resɛpsjɔ̃] *nf* recepção *f*

À la réception

Quand on est seul, pour se présenter, on donne son prénom et son nom et l'on dit de quelle entreprise on vient ainsi que la personne que l'on doit rencontrer : *Eu sou da empresa XXX, tenho um encontro com o Senhor* (ou *Senhora*) *YYY*. ou *Por favor, poderia avisar o Senhor* (ou *Senhora*) *YYY que já cheguei?*
En groupe, vous pouvez simplement dire quelle entreprise vous représentez et demander à voir la personne que vous devez rencontrer : *Bom dia, somos de xxx, temos um encontro com o Senhor Martim, poderia avisá-lo que chegámos?*
Dans un hôtel, vous déclinez vos noms et prénoms : *Reservei um apartamento em nome de José de Lima.*

réceptionner [resɛpsjɔne] *vt* receber
réceptionniste [resɛpsjɔnist] *nmf* recepcionista *mf*
récession [resesjɔ̃] *nf* recessão *f*
recette [rəsɛt] *nf* receita *f*
receveur, euse [rəsəvœʀ, øz] *nm, f* cobrador *m* ● **receveur des postes** chefe *mf* dos correios
recevoir [rəsəvwaʀ] *vt* **1.** receber **2.** *(balle, coup)* levar **3.** *(candidat)* aprovar
rechange [rəʃɑ̃ʒ] ◆ **de rechange** *adj* **1.** *(vêtement, solution)* de reserva **2.** *(pneu)* sobresselente
réchapper [reʃape] *vi* ● **réchapper de** escapar de ● **en réchapper** escapar desta
recharge [rəʃaʀʒ] *nf* recarga *f*
rechargeable [rəʃaʀʒabl] *adj* recarregável
recharger [rəʃaʀʒe] *vt* recarregar

réchaud [ʀeʃo] *nm* fogão *m* • **réchaud à gaz** fogão a gás
réchauffement [ʀeʃofmɑ̃] *nm* sobreaquecimento *m* • **réchauffement de la planète** aquecimento global do planeta
réchauffer [ʀeʃofe] *vt* aquecer ◆ **se réchauffer** *vp* aquecer • **se réchauffer les mains** aquecer as mãos
rêche [ʀɛʃ] *adj* áspero(ra)
recherche [ʀəʃɛʀʃ] *nf* pesquisa *f* • **faire des recherches** pesquisar • **être à la recherche de** andar à procura de
rechercher [ʀəʃɛʀʃe] *vt* procurar
rechute [ʀəʃyt] *nf* recaída *f*
rechuter [ʀəʃyte] *vi* ter uma recaída
récidiver [ʀesidive] *vi* reincidir
récif [ʀesif] *nm* recife *m* (*Port*), arrecife *m* (*Br*)
récipient [ʀesipjɑ̃] *nm* recipiente *m*
réciproque [ʀesipʀɔk] *adj* recíproco(ca)
réciproquement [ʀesipʀɔkmɑ̃] *adv* reciprocamente • **et réciproquement** e vice-versa
récit [ʀesi] *nm* **1.** narração *f* **2.** (*genre*) narrativa *f*
récital [ʀesital] *nm* recital *m*
récitation [ʀesitasjɔ̃] *nf* declamação *f*
réciter [ʀesite] *vt* recitar
réclamation [ʀeklamasjɔ̃] *nf* reclamação *f*
réclame [ʀeklam] *nf* anúncio *m* • **en réclame** em promoção
réclamer [ʀeklame] *vt* reclamar
réclusion [ʀeklyzjɔ̃] *nf* reclusão *f* • **réclusion à perpétuité** prisão perpétua
recoiffer [ʀəkwafe] *vt* tornar a pentear ◆ **se recoiffer** *vp* pentear-se outra vez, voltar a pentear-se
recoin [ʀəkwɛ̃] *nm* recanto *m*
recoller [ʀəkɔle] *vt* colar
récolte [ʀekɔlt] *nf* colheita *f*
récolter [ʀekɔlte] *vt* **1.** (*fruits*) colher **2.** (*céréales*) apanhar
recommandation [ʀəkɔmɑ̃dasjɔ̃] *nf* recomendação *f*
recommandé, e [ʀəkɔmɑ̃de] *adj* registado(da) ◇ *nm* • **envoyer qqch en recommandé** mandar algo registado
recommander [ʀəkɔmɑ̃de] *vt* recomendar ◆ **se recommander** *vp* (*Helv*) insistir
recommencer [ʀəkɔmɑ̃se] *vt* recomeçar ◇ *vi* recomeçar • **recommencer à faire qqch** voltar a fazer algo
récompense [ʀekɔ̃pɑ̃s] *nf* recompensa *f*
récompenser [ʀekɔ̃pɑ̃se] *vt* recompensar
réconciliation [ʀekɔ̃siljasjɔ̃] *nf* reconciliação *f*
réconcilier [ʀekɔ̃silje] *vt* reconciliar ◆ **se réconcilier** *vp* reconciliar-se
reconduire [ʀəkɔ̃dɥiʀ] *vt* acompanhar
reconduit, e [ʀəkɔ̃dɥi, it] *pp* ➤ **reconduire**
réconfort [ʀekɔ̃fɔʀ] *nm* reconforto *m* • **chercher réconfort dans** procurar consolação em
réconfortant, e [ʀekɔ̃fɔʀtɑ̃, ɑ̃t] *adj* reconfortante
réconforter [ʀekɔ̃fɔʀte] *vt* reconfortar
reconnaissance [ʀəkɔnɛsɑ̃s] *nf* reconhecimento *m*
reconnaissant, e [ʀəkɔnɛsɑ̃, ɑ̃t] *adj* grato(ta)
reconnaître [ʀəkɔnɛtʀ] *vt* reconhecer
reconnu, e [ʀəkɔny] *pp* ➤ **reconnaître**
reconquête [ʀəkɔ̃kɛt] *nf* reconquista *f*

reconsidérer [rəkɔ̃sidere] *vt* reconsiderar
reconstituer [rəkɔ̃stitɥe] *vt* reconstituir
reconstruire [rəkɔ̃stʀɥiʀ] *vt* reconstruir
reconstruit, e [rəkɔ̃stʀɥi, it] *pp* ➤ **reconstruire**
reconversion [rəkɔ̃vɛʀsjɔ̃] *nf* reconversão *f*
reconvertir [rəkɔ̃vɛʀtiʀ] ◆ **se reconvertir** *vp* mudar de ramo
recopier [rəkɔpje] *vt* tornar a copiar
record [rəkɔʀ] *nm* recorde *m*
recoucher [rəkuʃe] ◆ **se recoucher** *vp* tornar a deitar-se
recoudre [rəkudʀ] *vt* **1.** tornar a coser **2.** *(bouton)* pregar
recoupement [rəkupmɑ̃] *nm* verificação *f* ● **par recoupement** por reconstituição
recourbé, e [rekuʀbe] *adj* encurvado(da)
recourir [rəkuʀiʀ] *vi* ● **recourir à qqn/qqch** recorrer a alguém/algo
recours [rəkuʀ] *nm* ● **avoir recours à** recorrer a
recouvert, e [rəkuvɛʀ, ɛʀt] *pp* ➤ **recouvrir**
recouvrir [rəkuvʀiʀ] *vt* cobrir ● **recouvrir qqch de** cobrir algo com
recracher [rəkʀaʃe] *vt* cuspir
récréation [rekʀeasjɔ̃] *nf* recreio *m*
récrimination [rekʀiminasjɔ̃] *nf* recriminação *f*
recroqueviller [rəkʀɔkvije] ◆ **se recroqueviller** *vp* **1.** *(personne)* encolher-se **2.** *(feuille)* encarquilhar-se
recrudescence [rəkʀydesɑ̃s] *nf* recrudescência *f*
recrutement [rəkʀytmɑ̃] *nm* recrutamento *m*
recruter [rəkʀyte] *vt* recrutar
rectangle [ʀɛktɑ̃gl] *nm* rectângulo *m*
rectangulaire [ʀɛktɑ̃gylɛʀ] *adj* rectangular
rectifier [ʀɛktifje] *vt* rectificar
rectiligne [ʀɛktiliɲ] *adj* rectilíneo(nea)
recto [ʀɛkto] *nm* recto *m* ● **recto verso** dos dois lados
rectorat [ʀɛktɔʀa] *nm* reitoria *f*
rectum [ʀɛktɔm] *nm* recto *m*
reçu, e [rəsy] *pp* ➤ **recevoir** ◇ *nm* recibo *m*
recueil [rəkœj] *nm* colectânea *f*
recueillir [rəkœjiʀ] *vt* recolher ◆ **se recueillir** *vp* meditar
recul [rəkyl] *nm* coice *m (de arma)* ● **prendre du recul** ganhar balanço
reculer [rəkyle] *vt* **1.** *(dans l'espace)* recuar **2.** *(date)* adiar ◇ *vi* recuar
reculons [rəkylɔ̃] ◆ **à reculons** *adv* às arrecuas
récupération [rekypeʀasjɔ̃] *nf* recuperação *f*
récupérer [rekypeʀe] *vt* **1.** *(reprendre)* reaver **2.** *(pour réutiliser)* recuperar **3.** *(heures, journées de travail)* compensar ◇ *vi (sportif)* recuperar
récurer [rekyʀe] *vt* esfregar
récuser [rekyze] *vt* **1.** *DR* recusar **2.** *(refuser)* rejeitar
recyclage [rəsiklaʒ] *nm* reciclagem *f*
recycler [rəsikle] *vt (déchets)* reciclar
rédacteur, trice [redaktœʀ, tʀis] *nm, f* redactor *m*, -ra *f* ● **rédacteur en chef** redactor-chefe *m*
rédaction [redaksjɔ̃] *nf* redacção *f*

redéfinir [ʀədefiniʀ] *vt* redefinir
redemander [ʀədəmɑ̃de] *vt* tornar a pedir
redémarrer [rədemare] *vt INFORM* reiniciar
redescendre [ʀədesɑ̃dʀ] *vi* tornar a descer
redevable [ʀədəvabl] *adj* • **être redevable de qqch à qqn** dever algo a alguém
redevance [ʀədəvɑ̃s] *nf* taxa *f*
rédhibitoire [ʀedibitwaʀ] *adj* **1.** *(prix)* proibitivo(va) **2.** *(condition, obstacle)* impeditivo(va)
rediffusion [ʀədifyzjɔ̃] *nf (émission)* reposição *f*
rédiger [ʀediʒe] *vt* redigir
redimensionner [rədimɑ̃sjɔne] *vt INFORM* redimensionar
redire [ʀədiʀ] *vt* tornar a dizer
redistribuer [ʀədistʀibɥe] *vt* redistribuir
redonner [ʀədɔne] *vt* • **redonner qqch à qqn** *(rendre)* devolver algo a alguém ; *(donner à nouveau)* voltar a dar algo a alguém
redoublant, e [ʀədublɑ̃, ɑ̃t] *nm, f* repetente *mf*
redoubler [ʀəduble] *vt* reprovar ◇ *vi* **1.** *SCOL* reprovar **2.** *(pluie)* intensificar-se
redoutable [ʀədutabl] *adj* temível
redouter [ʀədute] *vt* temer
redoux [ʀədu] *nm* aumento *m* de temperatura
redressement [ʀədʀɛsmɑ̃] *nm* recuperação *f*
redresser [ʀədʀɛse] *vt* **1.** *(relever)* levantar **2.** *(remettre droit)* endireitar ◇ *vi* endireitar o carro ◆ **se redresser** *vp* endireitar-se
réduction [ʀedyksjɔ̃] *nf* **1.** redução *f* **2.** *(sur un prix)* redução *f (Port)*, abatimento *m (Br)*
réduire [ʀedɥiʀ] *vt (transformer) INFORM* reduzir • **réduire la fenêtre** *INFORM* reduzir a janela • **réduire qqch en miettes** fazer algo em fanicos • **réduire qqch en poudre** reduzir algo a pó
réduit, e [ʀedɥi, it] *pp* ➤ **réduire** ◇ *adj* reduzido(da)
réécrire [ʀeekʀiʀ] *vt* reescrever
rééducation [ʀeedykasjɔ̃] *nf* reeducação *f*
réel, elle [ʀeɛl] *adj* real
réellement [ʀeɛlmɑ̃] *adv* realmente
rééquilibrer [ʀeekilibʀe] *vt* reequilibrar
réévaluer [ʀeevalɥe] *vt* reavaliar
réexaminer [ʀeɛgzamine] *vt* reexaminar
réexpédier [ʀeɛkspedje] *vt* reexpedir
refaire [ʀəfɛʀ] *vt* refazer
refait, e [ʀəfɛ, ɛt] *pp* ➤ **refaire**
réfectoire [ʀefɛktwaʀ] *nm* refeitório *m*
référence [ʀefeʀɑ̃s] *nf* referência *f* • **faire référence à** fazer referência a
référendum [ʀefeʀɛ̃dɔm] *nm* referendo *m (Port)*, plebiscito *m (Br)*
référer [ʀefeʀe] *vi* • **en référer à qqn** consultar alguém ◆ **se référer** *vp* • **se référer à qqn/qqch** *(se rapporter à)* referir-se a alguém/algo ; *(recourir à)* recorrer a alguém/algo
refermer [ʀəfɛʀme] *vt* fechar ◆ **se refermer** *vp* fechar-se
réfléchi, e [ʀefleʃi] *adj* reflexo(xa)
réfléchir [ʀefleʃiʀ] *vt* & *vi* reflectir ◆ **se réfléchir** *vp* reflectir-se
reflet [ʀəflɛ] *nm* reflexo *m*

refléter [ʀəflete] *vt* reflectir ◆ **se refléter** *vp* reflectir-se
réflexe [ʀeflɛks] *nm* reflexo *m*
réflexion [ʀeflɛksjɔ̃] *nf* **1.** *(pensée)* reflexão *f* **2.** *(remarque)* observação *f* **3.** *(critique)* reparo *m*
refluer [ʀəflye] *vi* **1.** *(liquide)* refluir **2.** *(foule)* retroceder
reflux [ʀəfly] *nm* refluxo *m*
réforme [ʀefɔʀm] *nf* reforma *f (modificação)*
réformé, e [ʀefɔʀme] *nm* ● **les réformés ne font pas leur service** os que são dispensados não vão à tropa
réformer [ʀefɔʀme] *vt* **1.** *(transformer)* reformar **2.** *MIL* dispensar
refoulé, e [ʀəfule] *adj* recalcado(da)
refouler [ʀəfule] *vt* **1.** *(foule)* fazer recuar **2.** *(sentiment)* recalcar **3.** *(larmes)* conter
réfractaire [ʀefʀaktɛʀ] *adj* refractário(ria) ● **être réfractaire à** ser refractário a
refrain [ʀəfʀɛ̃] *nm* refrão *m*
refréner [ʀəfʀene] *vt* refrear ◆ **se refréner** *vp* refrear-se
réfrigérateur [ʀefʀiʒeʀatœʀ] *nm* frigorífico *m*
refroidir [ʀəfʀwadiʀ] *vt* **1.** *(aliment)* arrefecer **2.** *(décourager)* desanimar ◇ *vi* arrefecer ◆ **se refroidir** *vp* arrefecer
refroidissement [ʀəfʀwadismɑ̃] *nm* **1.** *(de la température)* arrefecimento *m* **2.** *(rhume)* constipação *f (Port)*, resfriado *m (Br)*
refuge [ʀəfyʒ] *nm* refúgio *m*
réfugié, e [ʀefyʒje] *nm, f* refugiado *m*, -da *f*
réfugier [ʀefyʒje] ◆ **se réfugier** *vp* refugiar-se
refus [ʀəfy] *nm* recusa *f*
refuser [ʀəfyze] *vt* recusar ● **refuser qqch à qqn** recusar algo a alguém ● **refuser de faire qqch** recusar-se a fazer algo
réfuter [ʀefyte] *vt* refutar
regagner [ʀəgaɲe] *vt* **1.** *(reprendre)* recuperar **2.** *(rejoindre)* voltar para
regain [ʀəgɛ̃] *nm (activité, intérêt)* ● **un regain de** uma recrudescência de ● **connaître un regain de jeunesse** rejuvenescer
régal [ʀegal] (*pl* **-als**) *nm* regalo *m*
régaler [ʀegale] ◆ **se régaler** *vp* regalar-se
regard [ʀəgaʀ] *nm* olhar *m*
regarder [ʀəgaʀde] *vt* **1.** *(observer)* olhar para **2.** *(concerner)* dizer respeito a ● **ça ne te regarde pas** isso não te diz respeito
régate [ʀegat] *nf* regata *f*
régénérer [ʀeʒeneʀe] *vt* regenerar ◆ **se régénérer** *vp* regenerar-se
régenter [ʀeʒɑ̃te] *vt (péj)* querer mandar em tudo
reggae [ʀege] *nm* reggae *m*
régie [ʀeʒi] *nf* régie *f*
régime [ʀeʒim] *nm* **1.** *(alimentaire)* dieta *f* **2.** *(d'un moteur) POL* regime *m* **3.** *(de bananes)* cacho *m* ● **être/se mettre au régime** estar de/começar a fazer dieta
régiment [ʀeʒimɑ̃] *nm* regimento *m*
région [ʀeʒjɔ̃] *nf* região *f*
régional, e, aux [ʀeʒjɔnal, o] *adj* regional
régir [ʀeʒiʀ] *vt* reger

régisseur, euse [ʀeʒisœʀ, øz] *nm, f* **1.** *(intendant)* administrador *m*, -ra *f* **2.** *(de cinéma, théâtre)* responsável *mf* pela régie
registre [ʀəʒistʀ] *nm (livre)* registo *m*
réglable [ʀeglabl] *adj* regulável
réglage [ʀeglaʒ] *nm* regulação *f*
règle [ʀɛgl] *nf* **1.** *(instrument)* régua *f* **2.** *(loi)* regra *f* ● **être en règle** estar em ordem ● **en règle générale** em regra geral ● **règles du jeu** regras do jogo ◆ **règles** *nfpl* menstruação *f*, período *m*
règlement [ʀɛgləmɑ̃] *nm* **1.** *(lois)* regulamento *m* **2.** *(paiement)* pagamento *m*
réglementaire [ʀɛgləmɑ̃tɛʀ] *adj* regulamentar
réglementation [ʀɛgləmɑ̃tasjɔ̃] *nf* regulamentação *f*
réglementer [ʀɛgləmɑ̃te] *vt* regulamentar
régler [ʀegle] *vt* **1.** *(appareil, moteur)* afinar **2.** *(payer)* pagar **3.** *(problème)* resolver
réglisse [ʀeglis] *nf* alcaçuz *m*
règne [ʀɛɲ] *nm* reinado *m*
régner [ʀeɲe] *vi* reinar
regonfler [ʀəgɔ̃fle] *vt* **1.** *(pneu, ballon)* tornar a encher **2.** *(fam) (personne)* dar ânimo a
regorger [ʀəgɔʀʒe] ◆ **regorger de** *vp + prép* estar repleto(ta) de
régresser [ʀegʀese] *vi* regredir
regret [ʀəgʀɛ] *nm* pesar *m* ● **avoir des regrets de** arrepender-se de
regrettable [ʀəgʀɛtabl] *adj* lamentável
regretter [ʀəgʀete] *vt* **1.** *(erreur, décision)* lamentar **2.** *(personne)* sentir falta de ● **regretter de faire qqch** lamentar fazer algo ● **regretter que** lamentar que
regrouper [ʀəgʀupe] *vt* reagrupar ◆ **se regrouper** *vp* reagrupar-se
régulariser [ʀegylaʀize] *vt* regularizar
régulier, ère [ʀegylje, ɛʀ] *adj* regular
régulièrement [ʀegyljɛʀmɑ̃] *adv* regularmente
réhabiliter [ʀeabilite] *vt* **1.** reabilitar **2.** *(rénover)* restaurar ◆ **se réhabiliter** *vp* reabilitar-se
rehausser [ʀəose] *vt* **1.** *(mur, maison)* aumentar **2.** *(prestige, tenue)* realçar
rein [ʀɛ̃] *nm* rim *m* ◆ **reins** *nmpl* rins *mpl*
réincarnation [ʀeɛ̃kaʀnasjɔ̃] *nf* reencarnação *f*
réincarner [reɛ̃karne] ◆ **se réincarner** *vp* reincarnar-se
reine [ʀɛn] *nf* **1.** rainha *f* **2.** *(aux cartes)* dama *f*
réinsertion [ʀeɛ̃sɛʀsjɔ̃] *nf* reinserção *f*
réintégrer [ʀeɛ̃tegʀe] *vt* **1.** *(rejoindre)* regressar a **2.** *DR* reintegrar
rejaillir [ʀəʒajiʀ] *vi* **1.** *(liquide)* esguichar **2.** *(fig) (faire tache)* ● **rejaillir sur qqn** manchar o bom nome de alguém
rejet [ʀəʒɛ] *nm* **1.** *(refus)* *MÉD* rejeição *f* **2.** *(jeune pousse)* rebento *m*
rejeter [ʀəʒte] *vt* **1.** *(renvoyer)* rejeitar **2.** *(refuser)* recusar
rejoindre [ʀəʒwɛ̃dʀ] *vt* **1.** *(personne)* ir ter com **2.** *(lieu)* chegar a
rejoint, e [ʀəʒwɛ̃, ɛ̃t] *pp* ➤ **rejoindre**
réjouir [ʀeʒwiʀ] ◆ **se réjouir** *vp* alegrar-se ● **se réjouir de qqch** alegrar-se com algo ● **se réjouir de faire qqch** alegrar-se por fazer algo
réjouissant, e [ʀeʒwisɑ̃, ɑ̃t] *adj* alegre

relâcher [ʀəlaʃe] *vt* soltar ◆ **se relâcher** *vp* **1.** *(corde)* soltar-se **2.** *(discipline)* relaxar-se

relais [ʀəlɛ] *nm* **1.** *(auberge)* albergue *m* **2.** *SPORT* estafeta *f* ● **prendre le relais de qqn** substituir alguém ● **relais routier** restaurante *m* à beira da estrada

relance [ʀəlɑ̃s] *nf* **1.** *(reprise)* retoma *f* **2.** *(au jeu)* parada *f*

relancer [ʀəlɑ̃se] *vt* **1.** *(balle)* voltar a lançar **2.** *(solliciter)* voltar a contactar com **3.** *INFORM* lançar de novo

relatif, ive [ʀəlatif, iv] *adj* relativo(va) ● **relatif à** relativo a

relation [ʀəlasjɔ̃] *nf* relação *f* ● **être/entrer en relation(s) avec qqn** estar/entrar em contacto com alguém

relativement [ʀəlativmɑ̃] *adv* relativamente

relativiser [ʀəlativize] *vt* tornar relativo(va)

relax [ʀəlaks] *adj* (*fam*) **1.** *(décontracté)* nas calmas **2.** *(détendu)* descontraído(da)

relaxant, e [ʀəlaksɑ̃, ɑ̃t] *adj* relaxante

relaxation [ʀəlaksasjɔ̃] *nf* relaxamento *m*

relaxer [ʀəlakse] ◆ **se relaxer** *vp* relaxar-se

relayer [ʀəlɛje] *vt* revezar ◆ **se relayer** *vp* ● **se relayer (pour faire qqch)** revezar-se (para fazer algo)

reléguer [ʀəlege] *vt* relegar

relent [ʀəlɑ̃] *nm* (*péj*) **1.** *(odeur)* mau cheiro *m* **2.** (*fig*) *(trace)* vestígio *m*

relevé, e [ʀəlve] *adj* picante ◇ *nm* ● **relevé de compte** número *m* de identificação bancária

relève [ʀəlɛv] *nf* revezamento *m* ● **prendre la relève** *(médecin)* revezar ; *(garde)* render ; (*fig*) *(successeur)* continuar o trabalho

relever [ʀəlve] *vt* **1.** *(tête, col)* levantar **2.** *(remarquer)* notar **3.** *(épicer)* temperar **4.** *(remettre debout)* levantar ◆ **se relever** *vp* levantar-se

relief [ʀəljɛf] *nm* relevo *m* ● **en relief** em relevo

relier [ʀəlje] *vt* ligar

religieuse [ʀəliʒjøz] *nf pequeno bolo redondo recheado com creme de café ou de chocolate* ➤ **religieux**

religieux, euse [ʀəliʒjø, øz] *adj* **1.** *(fête)* religioso(osa) **2.** *(musique)* litúrgico(ca) ◇ *nm, f* religioso *m*, -osa *f*

religion [ʀəliʒjɔ̃] *nf* religião *f*

relique [ʀəlik] *nf* relíquia *f*

relire [ʀəliʀ] *vt* reler

reliure [ʀəljyʀ] *nf (couverture)* encadernação *f*

relu, e [ʀəly] *pp* ➤ **relire**

reluire [ʀəlɥiʀ] *vi* reluzir ● **faire reluire qqch** fazer com que algo reluza

remake [ʀimɛk] *nm* remake *m*, nova versão *f*

remaniement [ʀəmanimɑ̃] *nm* remodelação *f* ● **remaniement ministériel** remodelação ministerial

remanier [ʀəmanje] *vt* modificar

remarquable [ʀəmaʀkabl] *adj* notável

remarque [ʀəmaʀk] *nf* observação *f*

remarquer [ʀəmaʀke] *vt* reparar ● **remarque,...** repára,... ● **se faire remarquer** dar nas vistas

rembobiner [ʀɑ̃bɔbine] *vt* rebobinar

rembourré, e [rɑ̃buʀe] *adj* **1.** *(fauteuil)* estofado(da) **2.** *(veste)* acolchoado(da)
remboursement [rɑ̃buʀsəmɑ̃] *nm* reembolso *m*
rembourser [rɑ̃buʀse] *vt* reembolsar • **se faire rembourser** reembolsar
remède [ʀəmɛd] *nm* remédio *m*
remédier [ʀəmedje] ◆ **remédier à** *vp + prép* remediar
remémorer [ʀəmemɔʀe] ◆ **se remémorer** *vp* (*sout*) recordar-se de
remerciements [ʀəmɛʀsimɑ̃] *nmpl* agradecimentos *mpl* • **avec tous mes remerciements** com os meus agradecimentos
remercier [ʀəmɛʀsje] *vt* agradecer • **remercier qqn de** ou **pour qqch** agradecer a alguém algo • **remercier qqn d'avoir fait qqch** agradecer a alguém por ter feito algo
remettre [ʀəmɛtʀ] *vt* **1.** *(reposer)* repor **2.** *(vêtement)* tornar a vestir **3.** *(retarder)* adiar • **remettre qqch à qqn** entregar algo a alguém • **remettre qqch en état** consertar algo ◆ **se remettre** *vp* restabelecer-se • **se remettre à faire qqch** pôr-se a fazer algo • **se remettre de qqch** restabelecer-se de algo
remis, e [ʀəmi, iz] *pp* ➤ **remettre**
remise [ʀəmiz] *nf* **1.** *(abri)* arrecadação *f* **2.** *(rabais)* desconto *m* • **faire une remise à qqn** fazer um desconto a alguém
remix [ʀəmiks] *nm MUS* remix
remontant [ʀəmɔ̃tɑ̃] *nm* tónico *m*
remontée [ʀəmɔ̃te] *nf* • **remontées mécaniques** teleféricos *mpl*
remonte-pente [ʀəmɔ̃tpɑ̃t] (*pl* **remonte-pentes**) *nm* ascensor *m* de montanha
remonter [ʀəmɔ̃te] *vt* **1.** *(aux avoir)* *(mettre plus haut)* pôr mais para cima **2.** *(côte, escalier)* tornar a subir **3.** *(moteur, pièces)* tornar a montar **4.** *(montre)* dar corda a ◇ *vi (aux être)* tornar a subir • **remonter à** *(dater de)* remontar a
remords [ʀəmɔʀ] *nm* remorso *m*
remorque [ʀəmɔʀk] *nf* reboque *m*
remorquer [ʀəmɔʀke] *vt* rebocar
remorqueur [ʀəmɔʀkœʀ] *nm* rebocador *m*
rémoulade [ʀemulad] *nf* ➤ **céleri**
remous [ʀəmu] *nm* redemoinho *m*
rempart [ʀɑ̃paʀ] *nm* muralha *f*
remparts [ʀɑ̃paʀ] *nmpl* muralhas *fpl*
remplaçant, e [ʀɑ̃plasɑ̃, ɑ̃t] *nm, f* **1.** *(de sportif)* suplente *mf* **2.** *(d'enseignant)* substituto *m*, -ta *f*
remplacement [ʀɑ̃plasmɑ̃] *nm* substituição *f* • **faire des remplacements** assegurar substituições
remplacer [ʀɑ̃plase] *vt* substituir • **remplacer qqn/qqch par** substituir alguém/algo por
remplir [ʀɑ̃pliʀ] *vt* **1.** *(verre, salle)* encher **2.** *(questionnaire)* preencher • **remplir qqch de** encher algo de ◆ **se remplir (de)** *vp + prép* encher-se de
remporter [ʀɑ̃pɔʀte] *vt* **1.** *(reprendre)* tornar a levar **2.** *(gagner)* ganhar
remuant, e [ʀəmɥɑ̃, ɑ̃t] *adj* irrequieto(ta)
remue-ménage [ʀəmymenaʒ] *nm inv* desarrumação *f*
remuer [ʀəmɥe] *vt* **1.** *(bouger)* remexer **2.** *(mélanger)* mexer **3.** *(émouvoir)* transtornar

rémunération [ʀemyneʀasjɔ̃] *nf* remuneração *f*
rémunérer [ʀemyneʀe] *vt* remunerar
renaissance [ʀənɛsɑ̃s] *nf* renascimento *m* • **la Renaissance** o Renascimento
renaître [ʀənɛtʀ] *vi* renascer • **renaître à** renascer para
rénal, e, aux [ʀenal, o] *adj* **1.** renal **2.** *(calcul)* nos rins
renard [ʀənaʀ] *nm* raposa *f*
renchérir [ʀɑ̃ʃeʀiʀ] *vi* **1.** *(surenchérir)* • **renchérir sur qqch** aumentar algo **2.** *(sout) (augmenter)* encarecer
rencontre [ʀɑ̃kɔ̃tʀ] *nf* encontro *m* • **aller à la rencontre de qqn** ir ao encontro de alguém
rencontrer [ʀɑ̃kɔ̃tʀe] *vt* **1.** *(par hasard)* encontrar **2.** *(faire la connaissance de)* conhecer **3.** *(équipe adverse)* enfrentar ◆ **se rencontrer** *vp* **1.** *(par hasard)* encontrar-se **2.** *(faire connaissance)* conhecer-se
rendement [ʀɑ̃dmɑ̃] *nm* rendimento *m*
rendez-vous [ʀɑ̃devu] *nm* encontro *m* • **rendez-vous chez moi à 14 h** encontro marcado às 14h em minha casa • **avoir rendez-vous avec qqn** ter encontro marcado com alguém • **donner rendez-vous à qqn** marcar um encontro com alguém • **prendre rendez-vous** ou **se donner rendez-vous** marcar um encontro ; *(chez le médecin)* marcar uma consulta
rendormir [ʀɑ̃dɔʀmiʀ] ◆ **se rendormir** *vp* tornar a adormecer
rendre [ʀɑ̃dʀ] *vt* **1.** devolver **2.** *(santé)* restituir **3.** *(faire devenir)* deixar ◇ *vi (vomir)* deitar fora • **rendre la pareille** pagar na mesma moeda • **rendre visite à qqn** visitar alguém ◆ **se rendre** *vp* render-se • **se rendre à** *(sout)* dirigir-se a • **se rendre utile** ser útil • **se rendre malade** ficar doente
renégocier [ʀənegɔsje] *vt* renegociar
rênes [ʀɛn] *nfpl* rédeas *fpl*
renfermé, e [ʀɑ̃fɛʀme] *adj (caractère)* reservado(da) ◇ *nm* • **sentir le renfermé** cheirar a mofo
renfermer [ʀɑ̃fɛʀme] *vt* conter
renflouer [ʀɑ̃flue] *vt* **1.** *(un bâteau)* desencalhar **2.** *(fig) (une entreprise, une personne)* emprestar dinheiro a ◆ **se renflouer** *vp (fam & fig)* encher os bolsos
renfoncement [ʀɑ̃fɔ̃smɑ̃] *nm* recôncavo *m*
renforcer [ʀɑ̃fɔʀse] *vt* **1.** reforçar **2.** *(fig)* aumentar
renforts [ʀɑ̃fɔʀ] *nmpl* reforços *mpl*
renfrogné, e [ʀɑ̃fʀoɲe] *adj* carrancudo(da)
rengaine [ʀɑ̃gɛn] *nf* lengalenga *f*
renier [ʀənje] *vt* renegar
renifler [ʀənifle] *vi* fungar
renne [ʀɛn] *nm* rena *f*
renom [ʀənɔ̃] *nm* renome *m* • **de grand renom** de grande renome
renommé, e [ʀənɔme] *adj* famoso(osa)
renommée [ʀənɔme] *nf* fama *f*
renoncer [ʀənɔ̃se] ◆ **renoncer à** *vp + prép* **1.** *(abandonner)* desistir de **2.** *(refuser)* renunciar a • **renoncer à faire qqch** desistir de fazer algo ; *(refuser)* renunciar a fazer algo
renouer [ʀənwe] *vt* reatar ◇ *vi* • **renouer avec qqn** reatar com alguém
renouveau [ʀənuvo] *(pl* **-x***)* *nm* renovação *f*
renouvelable [ʀənuvlabl] *adj* renovável

renouveler [ʀənuvle] *vt* renovar ◆ **se renouveler** *vp* repetir-se
renouvellement [ʀənuvɛlmɑ̃] *nm* renovação *f*
rénovation [ʀenɔvasjɔ̃] *nf* restauração *f*
rénover [ʀenɔve] *vt* restaurar
renseignement [ʀɑ̃sɛɲəmɑ̃] *nm* informação *f* • **les renseignements** as informações
renseigner [ʀɑ̃seɲe] *vt* • **renseigner qqn (sur)** informar alguém (sobre) ◆ **se renseigner (sur)** *vp + prép* informar-se (sobre)
rentabiliser [ʀɑ̃tabilize] *vt* rentabilizar
rentabilité [ʀɑ̃tabilite] *nf* rentabilidade *f* • **seuil de rentabilité** ponto *m* de equilíbrio
rentable [ʀɑ̃tabl] *adj* rentável
rente [ʀɑ̃t] *nf* rendimento *m*
rentier, ère [ʀɑ̃tje, ɛʀ] *nm, f* • **être un rentier** viver dos seus rendimentos
rentrée [ʀɑ̃tʀe] *nf* • **rentrée (d'argent)** entrada *f* (de dinheiro) • **rentrée (des classes)** início *m* das aulas
rentrer [ʀɑ̃tʀe] *vi* **1.** *(aux être) (entrer)* entrar **2.** *(chez soi)* regressar **3.** *(être contenu)* caber ◇ *vt* **1.** *(aux avoir)* meter **2.** *(dans la maison)* entrar • **rentrer dans** chocar com • **rentrer le ventre** meter a barriga para dentro ◆ **se rentrer** *vp* • **se rentrer dedans** *(fam)* estampar-se
renverse [ʀɑ̃vɛʀs] ◆ **à la renverse** *adv* de costas
renversement [ʀɑ̃vɛʀsəmɑ̃] *nm* **1.** inversão *f* **2.** *(d'un régime)* derrubamento *m*
renverser [ʀɑ̃vɛʀse] *vt* **1.** *(liquide)* entornar **2.** *(piéton)* atropelar **3.** *(gouvernement)* derrubar • **se faire renverser** ser atropelado (a) ◆ **se renverser** *vp* entornar-se
renvoi [ʀɑ̃vwa] *nm* **1.** *(d'un élève)* expulsão *f* **2.** *(d'un salarié)* despedimento *m* **3.** *(rot)* arroto *m*
renvoyer [ʀɑ̃vwaje] *vt* **1.** *(balle, lettre)* devolver **2.** *(image, rayon)* reflectir **3.** *(élève)* expulsar **4.** *(salarié)* despedir
réorganisation [ʀeɔʀganizasjɔ̃] *nf* reorganização *f*
réorganiser [ʀeɔʀganize] *vt* reorganizar
réouverture [ʀeuvɛʀtyʀ] *nf* reabertura *f*
repaire [ʀəpɛʀ] *nm* covil *m*
répandre [ʀepɑ̃dʀ] *vt* **1.** *(renverser)* derramar **2.** *(nouvelle)* espalhar ◆ **se répandre** *vp* **1.** *(liquide)* derramar-se **2.** *(nouvelle, maladie)* espalhar-se
répandu, e [ʀepɑ̃dy] *adj* corrente
réparateur, trice [ʀepaʀatœʀ, tʀis] *nm, f* reparador *m*, -ra *f*
réparation [ʀepaʀasjɔ̃] *nf* reparação *f* • **en réparation** no conserto
réparer [ʀepaʀe] *vt* reparar • **faire réparer qqch** mandar reparar algo
repartie [ʀəpaʀti] *nf* réplica *f* • **avoir de la repartie** ter resposta pronta
repartir [ʀəpaʀtiʀ] *vi* **1.** *(partir)* voltar a partir **2.** *(rentrer)* voltar
répartir [ʀepaʀtiʀ] *vt* repartir
répartition [ʀepaʀtisjɔ̃] *nf* partilha *f*
repas [ʀəpa] *nm* refeição *f*
repassage [ʀəpasaʒ] *nm* • **faire du repassage** passar a ferro
repasser [ʀəpase] *vt (aux avoir)* passar a ferro ◇ *vi (aux être)* voltar
repêchage [ʀəpeʃaʒ] *nm* repescagem *f*
repêcher [ʀəpeʃe] *vt* **1.** *(retirer de l'eau)* repescar **2.** *(à un examen)* puxar a nota de

repeindre [ʀəpɛ̃dʀ] *vt* tornar a pintar
repeint, e [ʀəpɛ̃, ɛ̃t] *pp* ➤ **repeindre**
repentir [ʀəpɑ̃tiʀ] *nm* arrependimento *m* ◆ **se repentir** *vp* arrepender-se ● **se repentir de qqch/d'avoir fait qqch** arrepender-se de algo/de ter feito algo
répercussions [ʀepɛʀkysjɔ̃] *nfpl* repercussões *fpl*
répercuter [ʀepɛʀkyte] *vt* **1.** *(son)* repercutir **2.** *(ordre)* transmitir ● **répercuter qqch sur** repercutir algo em ◆ **se répercuter** *vp* repercutir-se ● **se répercuter sur** repercutir-se em
repère [ʀəpɛʀ] *nm* referência *f*
repérer [ʀəpeʀe] *vt* encontrar ◆ **se repérer** *vp* orientar-se
répertoire [ʀepɛʀtwaʀ] *nm* **1.** *(carnet)* agenda *f* **2.** *(d'un acteur, d'un musicien)* repertório *m* **3.** *INFORM* directoria *f*
répertorier [ʀepɛʀtɔʀje] *vt* repertoriar
répéter [ʀepete] *vt* **1.** repetir **2.** *(rôle, œuvre)* ensaiar ◆ **se répéter** *vp (se reproduire)* repetir-se
répétitif, ive [ʀepetitif, iv] *adj* repetitivo(va)
répétition [ʀepetisjɔ̃] *nf* **1.** *(dans un texte)* repetição *f* **2.** *(au théâtre)* ensaio *m* ● **répétition générale** ensaio geral
répit [ʀepi] *nm* sossego *m* ● **sans répit** sem parar
replacer [ʀəplase] *vt* repor
repli [ʀəpli] *nm* **1.** *(d'un ourlet, d'une rivière)* dobra *f* **2.** *MIL* retirada *f* **3.** *(recul)* recuo *m*
replier [ʀəplije] *vt* dobrar
réplique [ʀeplik] *nf* réplica *f*
répliquer [ʀeplike] *vt & vi* replicar
replonger [ʀəplɔ̃ʒe] *vt* ● **replonger qqch/qqn dans** tornar a mergulhar algo/alguém em ◇ *vi* mergulhar de novo ◆ **se replonger** *vp* ● **se replonger dans** mergulhar de novo em
répondeur [ʀepɔ̃dœʀ] *nm* ● **répondeur (téléphonique** ou **automatique)** atendedor *m* de chamadas *(Port)*, secretária *f* eletrônica *(Br)*
répondre [ʀepɔ̃dʀ] *vi* **1.** *(à une question, à une lettre)* responder **2.** *(freins)* obedecer ◇ *vt* responder ● **répondre à qqn** responder a alguém
réponse [ʀepɔ̃s] *nf* resposta *f*
report [ʀəpɔʀ] *nm* **1.** *(renvoi)* ● **report de qqch (à)** adiamento de algo (para) **2.** *(transcription)* transcrição *f*
reportage [ʀəpɔʀtaʒ] *nm* reportagem *f*
[1]**reporter** [ʀəpɔʀtɛʀ] *nmf* repórter *mf* ● **grand reporter** grande repórte
[2]**reporter** [ʀəpɔʀte] *vt* **1.** *(rapporter)* devolver **2.** *(date, réunion)* adiar
repos [ʀəpo] *nm* repouso *m* ● **c'est mon jour de repos** é o meu dia de folga
reposant, e [ʀəpozɑ̃, ɑ̃t] *adj* repousante
reposer [ʀəpoze] *vt* repor ◆ **se reposer** *vp* repousar-se
repositionnable [rapɔzisjɔnabl] *adj* repositicionàvel ● **étiquettes repositionnables** etiquetas autocolantes
repoussant, e [ʀəpusɑ̃, ɑ̃t] *adj* repulsivo(va)
repousser [ʀəpuse] *vt* **1.** *(faire reculer)* repelir **2.** *(retarder)* adiar ◇ *vi* voltar a crescer
répréhensible [ʀepʀeɑ̃sibl] *adj* repreensível

reprendre [RəpRɑ̃dR] *vt* **1.** *(revenir chercher)* vir buscar **2.** *(objet donné)* levar **3.** *(activité)* recomeçar **4.** *(prisonnier)* recapturar **5.** *(se resservir)* repetir **6.** *(corriger)* emendar • **reprendre sa place** retomar o seu lugar • **reprendre son souffle** retomar fôlego ◆ **se reprendre** *vp* **1.** *(se ressaisir)* recompor-se **2.** *(se corriger)* retractar-se

représailles [RəpRezaj] *nfpl* represálias *fpl*

représentant, e [RəpRezɑ̃tɑ̃, ɑ̃t] *nm, f* representante *mf* • **représentant (de commerce)** caixeiro *m* viajante

représentatif, ive [RəpRezɑ̃tatif, iv] *adj* representativo(va)

représentation [RəpRezɑ̃tasjɔ̃] *nf* representação *f*

représenter [RəpRezɑ̃te] *vt* representar

répression [RepResjɔ̃] *nf* repressão *f*

réprimander [RepRimɑ̃de] *vt* repreender

réprimer [RepRime] *vt* reprimir

repris, e [RəpRi, iz] *pp* ➤ **reprendre**

reprise [RəpRiz] *nf* **1.** *(couture)* remendo *m* **2.** *(économique)* retoma *f* **3.** *(d'un appareil, d'une voiture)* troca *f* • **à plusieurs reprises** por várias vezes

repriser [RəpRize] *vt* remendar

réprobateur, trice [RepRɔbatœR, tRis] *adj* reprovador(ra)

reproche [RəpRɔʃ] *nm* censura *f*

reprocher [RəpRɔʃe] *vt* • **reprocher qqch à qqn** censurar algo a alguém

reproduction [RəpRɔdyksjɔ̃] *nf* reprodução *f*

reproduire [RəpRɔdɥiR] *vt* reproduzir ◆ **se reproduire** *vp* **1.** *(avoir de nouveau lieu)* voltar a acontecer **2.** *(animaux)* reproduzir-se

reproduit, e [RəpRɔdɥi, it] *pp* ➤ **reproduire**

reptile [Rɛptil] *nm* réptil *m*

repu, e [Rəpy] *adj* saciado(da)

république [Repyblik] *nf* república *f*

répudier [Repydje] *vt* repudiar

répugnant, e [Repyɲɑ̃, ɑ̃t] *adj* repugnante

répulsion [Repylsjɔ̃] *nf* **1.** *(sentiment)* repulsa *f* **2.** *(phénomène physique)* repulsão *f*

réputation [Repytasjɔ̃] *nf* reputação *f*

réputé, e [Repyte] *adj* reputado(da)

requérir [RəkeRiR] *vt* necessitar

requête [Rəkɛt] *nf* **1.** *(sout) (prière)* pedido *m* **2.** *DR* requerimento *m* **3.** *INFORM* selecção *f* • **à** ou **sur la requête de qqn** a pedido de alguém

requin [Rəkɛ̃] *nm* tubarão *m*

requis, e [Rəki, iz] *pp* ➤ **requérir** ◇ *adj* requisitado(da)

réquisitionner [Rekizisjɔne] *vt* **1.** *(biens)* requisitar **2.** *(fam & fig) (demander l'aide de)* recrutar

RER *(abr de Réseau express régional)* *nm rede parisiense de comboios rápidos*

Le RER

O *Réseau Express Régional* é uma rede ferroviária que atravessa a região Ile-de-France. Pelas suas principais linhas (A, B, C, D e E) circulam comboios com paragem tanto nas estações fora da cidade como nos aeroportos e em algumas das mais importantes estações do metro parisiense. Graças ao *RER*, os habitantes dos arredores de Paris podem ter rápido acesso à capital.

rescapé, e [ʀɛskape] *nm, f* sobrevivente *mf*

rescousse [ʀɛskus] *nf* • **appeler qqn à la rescousse** pedir socorro a alguém • **aller à la rescousse de qqn** ir em socorro de alguém

réseau [ʀezo] (*pl* -x) *nm* rede *f*

réservation [ʀezɛʀvasjɔ̃] *nf* reserva *f*

réserve [ʀezɛʀv] *nf* reserva *f* • **en réserve** de reserva

réservé, e [ʀezɛʀve] *adj* reservado(da)

réserver [ʀezɛʀve] *vt* reservar • **réserver qqch à qqn** reservar algo para alguém ◆ **se réserver** *vp* guardar-se

réservoir [ʀezɛʀvwaʀ] *nm* depósito *m*

résidence [ʀezidɑ̃s] *nf* residência *f* • **résidence secondaire** residência secundária

résidentiel, elle [ʀezidɑ̃sjɛl] *adj* residencial

résider [ʀezide] *vi* (*sout*) residir

résidu [ʀezidy] *nm* resíduo *m* ◆ **résidus** *nmpl* resíduos *mpl*

résigner [ʀeziɲe] ◆ **se résigner** *vp* resignar-se • **se résigner à qqch** resignar-se com algo • **se résigner à faire qqch** resignar-se a fazer algo

résilier [ʀezilje] *vt* rescindir

résine [ʀezin] *nf* resina *f*

résistance [ʀezistɑ̃s] *nf* resistência *f*

résistant, e [ʀezistɑ̃, ɑ̃t] *adj* & *nm, f* resistente

résister [ʀeziste] ◆ **résister à** *vp* + *prép* resistir a

résolu, e [ʀezɔly] *pp* ➤ **résoudre** ◇ *adj* determinado(da)

résolument [ʀezɔlymɑ̃] *adv* resolutamente

résolution [ʀezɔlysjɔ̃] *nf* (*décision*) resolução *f*

résonner [ʀezɔne] *vi* ressoar

résorber [ʀezɔʀbe] *vt* **1.** (*faire disparaître*) acabar com **2.** MÉD reabsorver ◆ **se résorber** *vp* **1.** (*disparaître*) desaparecer **2.** MÉD reabsorver-se

résoudre [ʀezudʀ] *vt* resolver

respect [ʀɛspɛ] *nm* respeito *m*

respectable [ʀɛspɛktabl] *adj* **1.** (*honorable*) respeitável **2.** (*important*) considerável

respecter [ʀɛspɛkte] *vt* respeitar

respectif, ive [ʀɛspɛktif, iv] *adj* respectivo(va)

respectueux, euse [ʀɛspɛktɥø, øz] *adj* respeitador(ra) • **être respectueux de** mostrar-se respeitador de

respiration [ʀɛspiʀasjɔ̃] *nf* respiração *f*

respiratoire [ʀɛspiʀatwaʀ] *adj* respiratório(ria)

respirer [ʀɛspiʀe] *vt* & *vi* respirar

resplendissant, e [ʀɛsplɑ̃disɑ̃, ɑ̃t] *adj* resplandecente • **resplendissant de** radiante de • **être resplendissant de santé** estar a vender saúde

responsabiliser [ʀɛspɔ̃sabilize] *vt* tornar responsável

responsabilité [ʀɛspɔ̃sabilite] *nf* responsabilidade *f*

responsable [ʀɛspɔ̃sabl] *adj & nmf* responsável • **être responsable de qqch** ser responsável por algo
resquiller [ʀɛskije] *vi (fam)* **1.** *(dans le bus)* andar de borla **2.** *(au spectacle)* entrar de borla
ressaisir [ʀəseziʀ] • **se ressaisir** *vp* dominar-se
ressasser [ʀəsase] *vt* **1.** *(ruminer)* cismar em, remoer **2.** *(rabâcher)* repisar
ressemblance [ʀəsɑ̃blɑ̃s] *nf* semelhança *f*
ressemblant, e [ʀəsɑ̃blɑ̃, ɑ̃t] *adj* parecido(da)
ressembler [ʀəsɑ̃ble] • **ressembler à** *vp + prép* parecer-se com • **se ressembler** *vp* ser parecido(da)
ressemeler [ʀəsəmle] *vt* pôr meias solas
ressentiment [ʀəsɑ̃timɑ̃] *nm* ressentimento *m*
ressentir [ʀəsɑ̃tiʀ] *vt* sentir
resserrer [ʀəseʀe] *vt* apertar • **se resserrer** *vp* ficar mais estreito(ta)
resservir [ʀəsɛʀviʀ] *vt & vi* voltar a servir • **se resservir** *vp* • **se resservir (de)** *(plat)* voltar a servir-se (de)
ressort [ʀəsɔʀ] *nm* mola *f*
ressortir [ʀəsɔʀtiʀ] *vi* **1.** *(sortir à nouveau)* tornar a sair **2.** *(se détacher)* sobressair
ressortissant, e [ʀəsɔʀtisɑ̃, ɑ̃t] *nm, f* nacional *mf*
ressource [ʀəsuʀs] *nf* recurso *m* • **il a de la ressource** *(fig)* é um homem de recursos • **ressources** *nfpl* recursos *mpl* • **être sans ressources** não ter recursos • **ressources naturelles** recursos naturais
ressusciter [ʀesysite] *vi* ressuscitar
restant, e [ʀɛstɑ̃, ɑ̃t] *adj* ➤ **poste** ◇ *nm* restante *m*
restaurant [ʀɛstɔʀɑ̃] *nm* restaurante *m* • **restaurant universitaire** restaurante universitário
restaurateur, trice [ʀɛstɔʀatœʀ, tʀis] *nm, f* **1.** CULIN dono *m*, -na *f* de um restaurante **2.** *(de tableaux)* restaurador *m*, -ra *f*
restauration [ʀɛstɔʀasjɔ̃] *nf* restauração *f*
restaurer [ʀɛstɔʀe] *vt* restaurar
reste [ʀɛst] *nm* resto *m* • **un reste de** um resto de • **les restes** os restos
rester [ʀɛste] *vi* **1.** *(dans un lieu)* ficar **2.** *(subsister)* restar **3.** *(continuer à être)* permanecer • **il n'en reste que deux** só restam dois
restituer [ʀɛstitɥe] *vt* restituir
resto [ʀɛsto] *nm (fam)* restaurante *m* • **les restos du cœur** ≃ sopa *f* dos pobres
restreindre [ʀɛstʀɛ̃dʀ] *vt* restringir
restreint, e [ʀɛstʀɛ̃, ɛ̃t] *pp* ➤ **restreindre** ◇ *adj* restrito(ta)
restriction [ʀɛstʀiksjɔ̃] *nf* restrição *f* • **sans restriction** sem restrições • **restrictions** *nfpl* restrições *fpl*
restructuration [ʀəstʀyktyʀasjɔ̃] *nf* reestruturação *f*
résultat [ʀezylta] *nm* resultado *m*
résulter [ʀezylte] • **résulter de** *vp + prép* resultar de • **il en résulte que** daí resulta que
résumé [ʀezyme] *nm* resumo *m* • **en résumé** em resumo
résumer [ʀezyme] *vt* resumir

résurgence [ʀezyʀʒɑ̃s] *nf* **1.** *(d'une rivière)* ressurgência *f* **2.** *(fig)* *(d'une doctrine)* ressurgimento *m*

rétablir [ʀetabliʀ] *vt* restabelecer ◆ **se rétablir** *vp* restabelecer-se

rétablissement [ʀetablismɑ̃] *nm* restabelecimento *m*

retard [ʀətaʀ] *nm* atraso *m* ● **avoir du retard** estar atrasado ● **avoir une heure de retard** estar com uma hora de atraso ● **être en retard (sur)** estar atrasado (em relação a)

retardataire [ʀətaʀdatɛʀ] *nmf* retardatário *m*, -ria *f*

retarder [ʀətaʀde] *vi* ● **ma montre retarde (de cinq minutes)** o meu relógio atrasa (cinco minutos)

retenir [ʀətniʀ] *vt* **1.** *(empêcher de partir)* reter **2.** *(empêcher de tomber)* segurar **3.** *(empêcher d'agir)* deter **4.** *(réserver)* reservar **5.** *(se souvenir de)* fixar ● **retenir son souffle** reter a respiração ● **je retiens 1** *(dans une opération)* e vai 1 ◆ **se retenir** *vp* ● **se retenir (à qqch)** agarrar-se (a algo) ● **se retenir (de faire qqch)** conter-se (para não fazer algo)

retentir [ʀətɑ̃tiʀ] *vi* ressoar ● **la salle retentit d'applaudissements** os aplausos ressoavam na sala ● **retentir sur qqch** *(fig)* reflectir-se em algo

retentissant, e [ʀətɑ̃tisɑ̃, ɑ̃t] *adj* **1.** *(sonore)* retumbante **2.** *(éclatant, frappant)* estrondoso(osa)

retenu, e [ʀətny] *pp* ➤ **retenir**

retenue [ʀətny] *nf* **1.** SCOL castigo *m* **2.** *(dans une opération)* número *m* que vai

réticence [ʀetisɑ̃s] *nf* relutância *f* ● **avec/sans réticence** com/sem relutância

réticent, e [ʀetisɑ̃, ɑ̃t] *adj* reticente

rétine [ʀetin] *nf* retina *f*

retirer [ʀətiʀe] *vt* **1.** *(extraire)* tirar **2.** *(vêtement)* despir **3.** *(argent, billet, colis, bagages)* levantar ● **retirer qqch à qqn** tirar algo a alguém ; *(permis)* apreender algo a alguém

retomber [ʀətɔ̃be] *vi* **1.** *(tomber à nouveau)* voltar a cair **2.** *(après un saut)* cair **3.** *(pendre)* vir até ● **retomber malade** ficar outra vez doente

rétorquer [ʀetɔʀke] *vt* retorquir ● **rétorquer à qqn que** retorquir a alguém que

retors, e [ʀətɔʀ, ɔʀs] *adj* manhoso(osa)

retouche [ʀətuʃ] *nf* retoque *m*

retour [ʀətuʀ] *nm* **1.** volta *f* **2.** *(d'une personne)* regresso *m* ● **être de retour** estar de regresso ● **au retour** na volta

retourner [ʀətuʀne] *vt* **1.** *(aux avoir)* *(mettre à l'envers)* virar do avesso **2.** *(renvoyer)* devolver ◇ *vi* *(aux être)* voltar para ◆ **se retourner** *vp* **1.** *(voiture, bateau)* virar-se **2.** *(tourner la tête)* voltar-se para trás

retracer [ʀətʀase] *vt* **1.** *(tracer de nouveau)* tornar a traçar **2.** *(raconter)* reconstituir

rétracter [ʀetʀakte] *vt* **1.** *(contracter)* encolher **2.** *(sout)* *(nier)* retractar ◆ **se rétracter** *vp* **1.** *(se contracter)* retrair-se **2.** *(se dédire)* retractar-se

retrait [ʀətʀɛ] *nm* levantamento *m* ● **faire un retrait** levantamento, fazer um levantamento

retraite [ʀətʀɛt] *nf* reforma *f* *(Port)*, aposentadoria *f* *(Br)* ● **être à la retraite** estar reformado ● **prendre sa retraite**

reformar-se • **retraite complémentaire** pensão complementar

retraité, e [ʀətʀɛte] *nm, f* reformado *m*, -da *f*

retransmission [ʀətʀɑ̃smisjɔ̃] *nf (à la radio)* retransmissão *f*

rétrécir [ʀetʀesiʀ] *vi* encolher ◆ **se rétrécir** *vp* ficar mais estreito(ta)

rétribution [ʀetʀibysjɔ̃] *nf* retribuição *f*

rétro [ʀetʀo] *adj inv* antiquado(da) ◇ *nm (fam)* retrovisor *m*

rétroactif, ive [ʀetʀɔaktif, iv] *adj* retroactivo(va)

rétrograder [ʀetʀɔgʀade] *vi* meter uma mudança inferior

rétroprojecteur [ʀetʀɔpʀɔʒɛktœʀ] *nm* retroprojector *m*

rétrospective [ʀetʀɔspɛktiv] *nf* retrospectiva *f*

rétrospectivement [ʀetʀɔspɛktivmɑ̃] *adv* retrospectivamente

retrousser [ʀətʀuse] *vt* arregaçar

retrouvailles [ʀətʀuvaj] *nfpl* reencontro *m*

retrouver [ʀətʀuve] *vt* **1.** *(objet perdu)* encontrar **2.** *(personne perdue de vue)* reencontrar **3.** *(rejoindre)* ir ter com ◆ **se retrouver** *vp* **1.** encontrar-se **2.** *(dans une situation, un lieu)* dar consigo

rétroviseur [ʀetʀɔvizœʀ] *nm* retrovisor *m*

réunification [ʀeynifikasjɔ̃] *nf* reunificação *f*

réunion [ʀeynjɔ̃] *nf* reunião *f* • **la Réunion** a ilha da Reunião

Réunionnais, e [ʀeynjɔnɛ, ɛz] *nmf* habitante *mf* da ilha da Reunião

réunir [ʀeyniʀ] *vt* reunir ◆ **se réunir** *vp* reunir-se

réussi, e [ʀeysi] *adj* bom (boa) • **être réussi** correr bem

réussir [ʀeysiʀ] *vi* **1.** *(tentative)* correr bem **2.** *(socialement, professionnellement)* sair-se bem ◇ *vt* • **j'ai réussi la photo/le repas** a fotografia/a comida saiu bem • **réussir (à) un examen** passar num exame • **réussir à faire qqch** conseguir fazer algo • **réussir à qqn** fazer bem a alguém

réussite [ʀeysit] *nf* **1.** *(succès)* êxito *m* **2.** *(jeu)* paciência *f*

réutiliser [ʀeytilize] *vt* reutilizar

revaloriser [ʀəvalɔʀize] *vt* revalorizar

revanche [ʀəvɑ̃ʃ] *nf* desforra *f* • **en revanche** em compensação

rêve [ʀɛv] *nm* sonho *m*

rêvé, e [ʀɛve] *adj* ideal

réveil [ʀevɛj] *nm* despertador *m* • **à son réveil** ao despertar

réveiller [ʀeveje] *vt* acordar ◆ **se réveiller** *vp* **1.** *(sortir du sommeil)* acordar **2.** *(douleur, souvenir)* despertar

réveillon [ʀevɛjɔ̃] *nm* **1.** *(repas du 24 décembre)* consoada *f* **2.** *(repas du 31 décembre)* jantar *m* da passagem de ano **3.** *(fête du 24 décembre)* festa *f* de Natal **4.** *(fête du 31 décembre)* réveillon *m*

Le réveillon

Este termo designa a noite de 24 de Dezembro e, principalmente, a de 31 de Dezembro. Durante esta última, também denominada São Silvestre, realiza-se uma ceia, geralmente entre amigos. Quando soa a meia-noite, os convivas beijam-se, abraçam-se, bebem champanhe e desejam-se mutuamente *bonne année* (bom ano). Pelas ruas, o Ano Novo é festejado ao o som das buzinas dos automóveis.

réveillonner [revɛjɔne] *vi* **1.** *(faire un repas le 24 décembre)* consoar **2.** *(faire un repas le 31 décembre)* jantar na passagem de ano **3.** *(participer à la fête du 24 décembre)* festejar o Natal **4.** *(participer à la fête du 31 décembre)* festejar a passagem de ano

révélateur, trice [revelatœr, tris] *adj* revelador(ra)

révélation [revelasjɔ̃] *nf* revelação *f*

révéler [revele] *vt* revelar ◆ **se révéler** *vp (s'avérer)* revelar-se

revenant, e [rəvnɑ̃, ɑ̃t] *nm, f* alma *f* do outro mundo

revendeur, euse [rəvɑ̃dœr, øz] *nm, f* revendedor *m*, -ra *f*

revendication [rəvɑ̃dikasjɔ̃] *nf* reivindicação *f*

revendiquer [rəvɑ̃dike] *vt* reivindicar

revendre [rəvɑ̃dr] *vt* revender

revenir [rəvnir] *vi* **1.** *(venir à nouveau)* regressar **2.** *(d'où l'on arrive)* voltar (para trás) • **faire revenir qqch** refogar algo • **revenir cher** ficar caro • **ça nous est revenu à 2000 euros** isto ficou-nos por 2000 euros • **ça me revient maintenant** agora me lembro • **ça revient au même** vai dar no mesmo • **je n'en reviens pas** custa-me a crer • **revenir sur sa décision** voltar atrás • **revenir sur ses pas** voltar para trás

revenu, e [rəvny] *pp* ➤ **revenir** ◇ *nm* rendimento *m*

rêver [rɛve] *vi* **1.** *(en dormant)* sonhar **2.** *(être distrait)* sonhar acordado(da) ◇ *vt* • **rêver que** sonhar que • **rêver de** sonhar com • **rêver de faire qqch** sonhar fazer algo

réverbération [revɛrberasjɔ̃] *nf* reverberação *f*

réverbère [revɛrbɛr] *nm* candeeiro *m* (de iluminação pública)

rêverie [rɛvri] *nf* devaneio *m*

revers [rəvɛr] *nm* **1.** *(d'une pièce)* coroa *f* **2.** *(de la main)* costas *fpl* **3.** *(d'une veste, d'un pantalon)* avesso *m* **4.** *SPORT* esquerda *f*

réversible [revɛrsibl] *adj* reversível

revêtement [rəvɛtmɑ̃] *nm* revestimento *m*

rêveur, euse [rɛvœr, øz] *adj* sonhador(ra)

revirement [rəvirmɑ̃] *nm* mudança *f* • **revirement de situation** reviravolta *f*

réviser [revize] *vt (leçons)* rever • **faire réviser sa voiture** mandar o carro à revisão

révision [revizjɔ̃] *nf (d'une voiture)* revisão *f* ◆ **révisions** *nfpl* revisões *fpl*

révisionnisme [revizjɔnism] *nm* revisionismo *m*

revoir [rəvwar] *vt* **1.** *(retrouver)* voltar a ver **2.** *(leçons)* rever • **au revoir !** adeus!

révoltant, e [revɔltɑ̃, ɑ̃t] *adj* revoltante

révolte [revɔlt] *nf (émeute)* revolta *f*

révolter [revɔlte] *vt* revoltar ◆ **se révolter** *vp* revoltar-se

révolu, e [revɔly] *adj* **1.** *(qui n'existe plus)* volvido(da) **2.** *(complet)* feito(ta)

révolution [Revɔlysjɔ̃] *nf* revolução *f* • **la Révolution (française)** a Revolução francesa
révolutionnaire [Revɔlysjɔnɛʀ] *adj & nmf* revolucionário(ria)
revolver [Revɔlvɛʀ] *nm* revólver *m*
révoquer [Revɔke] *vt* **1.** *(destituer)* destituir **2.** *(annuler)* revogar
revue [Rəvy] *nf* revista *f* • **passer qqch en revue** passar algo em revista
rez-de-chaussée [Redʃose] *nm inv* rés-do-chão *m inv*
rhabiller [Rabije] *vt* tornar a vestir ◆ **se rhabiller** *vp* tornar a vestir-se • **tu peux aller te rhabiller** (*fam & fig*) não dás uma para a caixa
rhésus [Rezys] *nm* rhesus *m* • **rhésus positif/négatif** rhesus positivo/negativo
rhétorique [Retɔrik] *nf* retórica *f*
Rhin [Rɛ̃] *nm* • **le Rhin** o Reno
rhinocéros [Rinɔserɔs] *nm* rinoceronte *m*
rhino-pharyngite [Rinɔfarɛ̃ʒit] (*pl* **rhino-pharyngites**) *nf* rinofaringite *f*
Rhône [Ron] *nm* • **le Rhône** o Ródano
rhubarbe [Rybarb] *nf* ruibarbo *m*
rhum [Rɔm] *nm* rum *m*
rhumatismes [Rymatism] *nmpl* reumatismo *m* • **avoir des rhumatismes** ter reumatismo
rhume [Rym] *nm* constipação *f* (*Port*), resfriado *m* (*Br*) • **avoir un rhume** estar com uma constipação • **rhume des foins** febre-dos-fenos *f*
ri [Ri] *pp* ➤ **rire**
ribambelle [Ribɑ̃bɛl] *nf* • **une ribambelle de qqch** uma catrefada de algo
ricaner [Rikane] *vi* fazer chacota (*fam*)
riche [Riʃ] *adj* rico(ca) ◇ *nmf* • **les riches** os ricos • **riche en** rico em
richesse [Riʃɛs] *nf* riqueza *f* ◆ **richesses** *nfpl* riquezas *fpl*
ricocher [Rikɔʃe] *vi* ricochetear
ricochet [Rikɔʃɛ] *nm* • **faire des ricochets** fazer ricochete
ride [Rid] *nf* ruga *f*
ridé, e [Ride] *adj* **1.** *(personne)* enrugado(da) **2.** *(pomme)* engelhado(da)
rideau [Rido] (*pl* **-x**) *nm* **1.** cortina *f* **2.** *(au théâtre)* pano *m*
ridicule [Ridikyl] *adj* ridículo(la)
ridiculiser [Ridikylize] *vt* ridicularizar ◆ **se ridiculiser** *vp* ridicularizar-se
rien [Rjɛ̃] *pron* nada • **ne... rien** não... nada • **je ne fais rien le dimanche** não faço nada ao domingo • **ça ne fait rien** não faz mal • **de rien** de nada • **pour rien** *(gratuitement)* a troco de nada ; *(inutilement)* para nada • **rien d'intéressant** nada de interessante • **rien du tout** nada de nada • **rien que** só
rigide [Riʒid] *adj* rígido(da)
rigole [Rigɔl] *nf* **1.** *(caniveau)* rego *m* **2.** *(eau)* riacho *m*
rigoler [Rigɔle] *vi* **1.** (*fam*) *(rire)* rir **2.** *(s'amuser)* divertir-se **3.** *(plaisanter)* estar a brincar
rigolo, ote [Rigɔlo, ɔt] *adj* **1.** (*fam*) *(amusant)* engraçado(da) **2.** *(bizarre)* esquisito(ta)
rigoureux, euse [Riguʀø, øz] *adj* rigoroso(osa)
rigueur [Rigœʀ] *nf* rigor *m* • **être de rigueur** ser de rigor • **tenir rigueur de qqch à qqn** guardar rancor a alguém por algo • **à la rigueur** quando muito

rillettes [Rijɛt] *nfpl paté de carne de porco frita em banha*
rime [Rim] *nf* rima *f*
rimer [Rime] *vi* rimar • **rimer avec** rimar com • **ça ne rime à rien** (*fig*) isso não tem sentido
rinçage [Rɛ̃saʒ] *nm* enxaguadela *f*
rincer [Rɛ̃se] *vt* enxaguar
ring [Riŋ] *nm* **1.** (*de boxe*) ringue *m* **2.** (*Belg*) (*route*) estrada *f* de circunvalação
riposter [Ripɔste] *vi* **1.** (*en paroles*) replicar **2.** (*militairement*) ripostar
rire [RiR] *nm* riso *m* ◇ *vi* **1.** (*de joie*) rir **2.** (*s'amuser*) rir-se • **rire aux éclats** rir às gargalhadas • **tu veux rire ?** estás a brincar? • **pour rire** a brincar
ris [Ri] *nmpl* • **ris de veau** moleja *f* de vitela
risée [Rize] *nf* troça *f* • **être la risée de** ser alvo de troça de
risotto [Rizɔto] *nm* risotto *m*
risque [Risk] *nm* risco *m*
risqué, e [Riske] *adj* arriscado(da)
risquer [Riske] *vt* arriscar ♦ **risquer de** *vp + prép* correr o risco de • **il risque de ne pas venir** pode ser que ele não venha
rissolé, e [Risɔle] *adj* dourado(da)
rite [Rit] *nm* rito *m*
rituel, elle [Ritɥɛl] *adj* ritual ♦ **rituel** *nm* ritual *m*
rivage [Rivaʒ] *nm* costa *f*
rival, e, aux [Rival, o] *adj & nm, f* rival
rivaliser [Rivalize] *vi* • **rivaliser avec qqn/qqch** rivalizar com alguém/algo • **rivaliser de** (*fig*) rivalizar em
rivalité [Rivalite] *nf* rivalidade *f*
rive [Riv] *nf* margem *f* • **la rive gauche/droite** (*à Paris*) *bairros parisienses situados respectivamente na margem esquerda e na margem direita do Sena*
river [Rive] *vt* **1.** (*fixer*) • **river qqch à** pregar algo a **2.** (*assembler*) rebitar • **être rivé à** estar colado a
riverain, e [RivRɛ̃, ɛn] *nm, f* (*d'une rue*) morador *m*, -ra *f* ▼ **sauf riverains** excepto moradores
rivet [Rivɛ] *nm* rebite *m*
rivière [RivjɛR] *nf* rio *m*
riz [Ri] *nm* arroz *m* • **riz cantonais** arroz xau-xau • **riz au lait** arroz-doce *m* • **riz pilaf** ≃ arroz branco • **riz sauvage** (*Québec*) arroz selvagem
rizière [RizjɛR] *nf* arrozal *m*
RMI *nm* (*abr de revenu minimum d'insertion sociale*) *subsídio de inserção social concedido às pessoas sem recursos*
RMiste [ɛRɛmist] *nmf pessoa que beneficia do subsídio de inserção social*
RN *nf* (*abr de route nationale*) EN *f* (*estrada nacional*)
robe [Rɔb] *nf* **1.** (*vêtement de femme*) vestido *m* **2.** (*d'un cheval*) pêlo *m* • **robe de chambre** robe *m* • **robe du soir** vestido de noite
robinet [Rɔbinɛ] *nm* torneira *f*
robot [Rɔbo] *nm* **1.** (*industriel*) robô *m* **2.** (*ménager*) robô *m* de cozinha
robotique [Rɔbɔtik] *nf* robótica *f*
robuste [Rɔbyst] *adj* robusto(ta)
roc [Rɔk] *nm* rochedo *m*
rocade [Rɔkad] *nf* estrada *f* de circunvalação
rocaille [Rɔkaj] *nf* **1.** rocalha *f* **2.** (*jardin*) *jardim composto por rochas e plantas*

rocambolesque [ʀɔkɑ̃bɔlɛsk] *adj* rocambolesco(ca)
roche [ʀɔʃ] *nf* rocha *f*
rocher [ʀɔʃe] *nm* **1.** *(bloc, matière)* rochedo *m* **2.** *(au chocolat) bombom de chocolate redondo coberto com bocadinhos de avelã*
rocheux, euse [ʀɔʃø, øz] *adj* rochoso(osa)
rock [ʀɔk] *nm* rock *m*
rodage [ʀɔdaʒ] *nm* rodagem *f*
rodé, e [ʀɔde] *adj* **1.** *AUTO que já terminou a fase de rodagem* **2.** *(fig) (personne)* que conhece os cantos à casa
rôder [ʀode] *vi* **1.** *(par ennui)* vaguear **2.** *(pour attaquer)* rondar
rôdeur, euse [ʀodœʀ, øz] *nm, f* vadio *m*, -dia *f*
rœsti [ʀøʃti] *nmpl (Helv) tortilhas de batatas raladas*
rogne [ʀɔɲ] *nf (fam)* mau humor • **être/se mettre en rogne** estar /ficar de mau humor
rogner [ʀɔɲe] *vt* **1.** *(couper)* aparar **2.** *(diminuer)* • **rogner sur** cortar em
rognons [ʀɔɲɔ̃] *nmpl* rins *mpl (de animal)*
roi [ʀwa] *nm* rei *m* • **la fête des Rois** o dia de Reis
Roland-Garros [ʀɔlɑ̃gaʀɔs] *n* • **(le tournoi de) Roland-Garros** (o torneio de) Roland Garros
rôle [ʀol] *nm* papel *m* • **jeu de rôle** representação de papéis
ROM [ʀɔm] *nf (abr de read only memory) (INFORM)* ROM *f*
romain, e [ʀɔmɛ̃, ɛn] *adj* romano(na)
roman, e [ʀɔmɑ̃, an] *adj* românico(ca) ◇ *nm* romance *m* • **roman policier** romance policial
romancier, ère [ʀɔmɑ̃sje, ɛʀ] *nm, f* romancista *mf*
romanesque [ʀɔmanɛsk] *adj* romanesco(ca)
roman-feuilleton [ʀɔmɑ̃fœjtɔ̃] (*pl* **romans-feuilletons**) *nm* **1.** *(à épisodes)* folhetim *m* **2.** *(fig) (sans fin)* telenovela *f*
roman-photo [ʀɔmɑ̃fɔto] (*pl* **romans-photos**) *nm* fotonovela *f*
romantique [ʀɔmɑ̃tik] *adj* romântico(ca)
romantisme [ʀɔmɑ̃tism] *nm* romantismo *m*
romarin [ʀɔmaʀɛ̃] *nm* rosmaninho *m*
rompre [ʀɔ̃pʀ] *vi* romper o namoro
rompu, e [ʀɔ̃py] *pp* ➤ **rompre** ◇ *adj* • **être rompu à** ter muita prática em
romsteck [ʀɔmstɛk] *nm* bife *m* de lombo de vaca
ronces [ʀɔ̃s] *nfpl* silvas *fpl*
rond, e [ʀɔ̃, ʀɔ̃d] *adj* **1.** redondo(da) **2.** *(gros)* forte ◇ *nm* círculo *m* • **en rond** em círculo
ronde [ʀɔ̃d] *nf (de policiers)* ronda *f*
rondelle [ʀɔ̃dɛl] *nf* **1.** *(tranche)* rodela *f* **2.** *TECH* anilha *f*
rondeur [ʀɔ̃dœʀ] *nf* **1.** *(forme)* redondeza *f* **2.** *(partie charnue)* curva *f* **3.** *(du caractère)* franqueza *f*
rond-point [ʀɔ̃pwɛ̃] (*pl* **ronds-points**) *nm* rotunda *f*
ronflement [ʀɔ̃fləmɑ̃] *nm* ronco *m*
ronfler [ʀɔ̃fle] *vi* ressonar

ronger [rɔ̃ʒe] *vt* **1.** *(os)* roer **2.** *(suj : rouille)* corroer ♦ **se ronger** *vp* • **se ronger les ongles** roer as unhas
ronronner [rɔ̃rɔne] *vi* ronronar
roquefort [rɔkfɔr] *nm* queijo *m* Roquefort
ROR [ɛrɔɛr] *nm* (*abr de rougeole oreillons rubéole*) VASPR *m* (vacina contra o sarampo, papeira e rubéola), SPR *m*
rosace [rozas] *nf (vitrail)* rosácea *f*
rosbif [rɔzbif] *nm* rosbife *m*
rose [roz] *adj & nm* cor-de-rosa ◇ *nf (fleur)* rosa *f*
rosé, e [roze] *adj* rosado(da) ◇ *nm* rosé *m*
roseau [rozo] (*pl* **-x**) *nm* junco *m*
rosée [roze] ➤ **rosé** ◇ *nf* orvalho *m*
rosier [rozje] *nm* roseira *f*
rossignol [rɔsiɲɔl] *nm* rouxinol *m*
Rossini [rɔsini] ➤ **tournedos**
rot [ro] *nm* arroto *m*
rotation [rɔtasjɔ̃] *nf* rotação *f*
roter [rote] *vi* arrotar
rôti [roti] *nm* assado *m*
rôtie [roti] *nf* (*Québec*) torrada *f*
rotin [rɔtɛ̃] *nm* rotim *m*
rôtir [rotir] *vt* estar a assar ◇ *vi* assar
rôtisserie [rotisri] *nf* churrascaria *f*
rôtissoire [rotiswar] *nf (électrique)* assadeira *f*
rotonde [rɔtɔ̃d] *nf* **1.** *(bâtiment)* rotunda *f* **2.** *(dans un autobus) parte de trás de certos autocarros ao ar livre*
rotule [rɔtyl] *nf* rótula *f*
rouage [rwaʒ] *nm (gén pl)* **1.** *(d'un mécanisme)* rodagem *f* **2.** *(fig) (de l'État)* máquina *f* (administrativa)
rouble [rubl] *nm* rublo *m*
roucouler [rukule] *vi* arrulhar
roue [ru] *nf* roda *f* • **roue de secours** pneu *m* sobresselente (*Port*), estepe *m* (*Br*) • **(la) grande roue** roda gigante
rouer [rwe] *vt* • **rouer qqn de coups** espancar alguém
rouge [ruʒ] *adj* **1.** vermelho(lha) **2.** *(fer)* em brasa ◇ *nm* **1.** *(couleur)* vermelho *m* **2.** *(vin)* tinto *m* • **le feu est passé au rouge** o semáforo ficou vermelho • **rouge à lèvres** batom *m*
rouge-gorge [ruʒgɔrʒ] (*pl* **rouges-gorges**) *nm* pintarroxo *m*
rougeole [ruʒɔl] *nf* sarampo *m*
rougeur [ruʒœr] *nf* **1.** *(teinte, de la peau)* vermelhidão *f* **2.** *(du visage)* rubor *m* ♦ **rougeurs** *nfpl* manchas *fpl* vermelhas
rougir [ruʒir] *vi* corar
rouille [ruj] *nf* **1.** *(du fer)* ferrugem *f* **2.** *(sauce) molho de alho e pimenta vermelha para acompanhar pratos de peixe*
rouillé, e [ruje] *adj* enferrujado(da)
rouiller [ruje] *vi* enferrujar
roulade [rulad] *nf* cambalhota *f*
roulant [rulɑ̃] *adj m* ➤ **fauteuil, tapis**
rouleau [rulo] (*pl* **-x**) *nm* **1.** rolo *m* **2.** *(vague)* vaga *f* • **rouleau à pâtisserie** rolo da massa • **rouleau de printemps** crepe *m* chinês
roulement [rulmɑ̃] *nm* turno *m* • **roulement à billes** rolamento *m* • **roulement de tambour** rufo *m*
rouler [rule] *vt* enrolar ◇ *vi* **1.** circular **2.** *(balle, caillou)* rolar • **rouler les r** enrolar os erres ▾ **roulez au pas** circule devagar ♦ **se rouler** *vp* rebolar-se
roulette [rulɛt] *nf* rodinha *f* • **la roulette** a roleta

roulis [ʀuli] *nm* balanço *m*
roulotte [ʀulɔt] *nf* roulotte *f*
Roumanie [ʀumani] *nf* • **la Roumanie** a Roménia
rousse ➤ **roux**
rousseur [ʀusœʀ] *nf* ➤ **tache**
roussi [ʀusi] *nm* • **ça sent le roussi** cheira a chamusco
routage [ʀutaʒ] *nm* distribuição *f*
route [ʀut] *nf* estrada *f* • **mettre qqch en route** pôr algo em andamento • **se mettre en route** pôr-se a caminho • **route départementale** estrada nacional ▾ **route barrée** estrada cortada ao trânsito
routier, ère [ʀutje, ɛʀ] *adj* **1.** *(carte)* da estrada **2.** *(transports)* rodoviário(ria) ◇ *nm* **1.** *(camionneur)* camionista *m* **2.** *(restaurant)* restaurante *m* à beira da estrada
routine [ʀutin] *nf (péj)* rotina *f*
routinier, ère [ʀutinje, ɛʀ] *adj* rotineiro(ra)
roux, rousse [ʀu, ʀus] *adj* **1.** ruivo(va) **2.** *(arbre, chat)* amarelado(da) ◇ *nm, f* ruivo *m*, -va *f*
royal, e, aux [ʀwajal, o] *adj* **1.** *(famille, pouvoir)* real **2.** *(cadeau)* sumptuoso(osa) **3.** *(pourboire)* fabuloso(osa)
royalement [ʀwajalmɑ̃] *adv* **1.** *(vivre, traiter)* magnificamente **2.** *(fig) (se moquer)* extremamente **3.** *(offrir)* nobremente
royaliste [ʀwajalist] *adj & nmf* monarquista
royaume [ʀwajom] *nm* reino *m*
Royaume-Uni [ʀwajomyni] *nm* • **le Royaume-Uni** o Reino Unido
royauté [ʀwajɔte] *nf* realeza *f*
RPR (*abr de Rassemblement pour la République*) *nm partido político francês de direita*
RTT [ɛʀtete] (*abr de réduction du temps de travail*) *nf* RTT *f (redução do tempo de trabalho)*
ruade [ʀyad] *nf* coice *m*
ruban [ʀybɑ̃] *nm* fita *f* • **ruban adhésif** fita-cola *f*, fita *f* adesiva
rubéole [ʀybeɔl] *nf* rubéola *f*
rubis [ʀybi] *nm* rubi *m*
rubrique [ʀybʀik] *nf* **1.** *(catégorie)* categoria *f* **2.** *(de journal)* rubrica *f*
ruche [ʀyʃ] *nf* colmeia *f*
rude [ʀyd] *adj* **1.** *(climat)* rigoroso(osa) **2.** *(travail)* penoso(osa) **3.** *(voix)* áspero(ra)
rudesse [ʀydɛs] *nf* rudeza *f*
rudimentaire [ʀydimɑ̃tɛʀ] *adj* rudimentar
rue [ʀy] *nf* rua *f* • **rue piétonne** ou **piétonnière** rua pedonal
ruée [ʀɥe] *nf* corrida *f*
ruelle [ʀɥɛl] *nf* ruela *f*
ruer [ʀɥe] *vi* escoicinhar ◆ **se ruer** *vp* • **se ruer dans/sur** atirar-se a
rugby [ʀygbi] *nm* râguebi *m*
rugir [ʀyʒiʀ] *vi* rugir
rugueux, euse [ʀygø, øz] *adj* rugoso(osa)
ruine [ʀɥin] *nf* ruína *f* • **en ruine** em ruínas • **tomber en ruine** ficar em ruínas ◆ **ruines** *nfpl* ruínas *fpl*
ruiné, e [ʀɥine] *adj* arruinado(da)
ruiner [ʀɥine] *vt* arruinar ◆ **se ruiner** *vp* arruinar-se
ruineux, euse [ʀɥinø, øz] *adj* ruinoso(osa)

ruisseau [ʀɥiso] (*pl* **-x**) *nm* ribeiro *m* (*Port*), ribeirão *m* (*Br*)
ruisseler [ʀɥisle] *vi* (*liquide*) correr • **ruisseler de** estar banhado em
rumeur [ʀymœʀ] *nf* rumor *m*
ruminer [ʀymine] *vi* ruminar
rupture [ʀyptyʀ] *nf* **1.** (*de relations diplomatiques*) ruptura *f* **2.** (*d'une relation amoureuse*) rompimento *m*
rural, e, aux [ʀyʀal, o] *adj* rural
ruse [ʀyz] *nf* **1.** (*habileté*) astúcia *f* **2.** (*procédé*) artimanha *f*
rusé, e [ʀyze] *adj* astuto(ta)
russe [ʀys] *adj* russo(a) ◇ *nm* (*langue*) russo *m* ◆ **Russe** *nmf* russo *m*, -a *f*
Russie [ʀysi] *nf* • **la Russie** a Rússia
Rustine® [ʀystin] *nf* remendo *m* (*em câmara-de-ar*)
rustique [ʀystik] *adj* rústico(ca)
rythme [ʀitm] *nm* ritmo *m*
rythmer [ʀitme] *vt* ritmar

S

s' ➤ **se**
S (*abr écrite de sud*) S (*Sud*)
sa [sa] ➤ **son** (*adj*)
SA *nf* (*abr de société anonyme*) SA *f*
sabbatique [sabatik] *adj* sabático(ca)
sable [sabl] *nm* areia *f* • **sables mouvants** areia movediça
sablé, e [sable] *adj* • **pâte sablée** *massa à base de farinha, ovos e açúcar, muito friável* ◇ *nm* bolo *m* seco
sablier [sablije] *nm* ampulheta *f*
sablonneux, euse [sablɔnø, øz] *adj* arenoso(osa)
sabot [sabo] *nm* **1.** (*de cheval, de vache*) casco *m* **2.** (*chaussure*) tamanco *m* • **sabot de Denver** *dispositivo utilizado pela polícia para bloquear as rodas de um veículo mal estacionado*
sabotage [sabɔtaʒ] *nm* sabotagem *f*
saboter [sabɔte] *vt* **1.** (*faire échouer*) sabotar **2.** (*fig*) (*bâcler*) fazer depressa e mal
sabre [sabʀ] *nm* sabre *m*
sac [sak] *nm* saco *m* • **sac de couchage** saco-cama *m* • **sac à dos** mochila *f* • **sac à main** carteira *f* • **sac (en) plastique** saco de plástico • **sac poubelle** saco do lixo
saccadé, e [sakade] *adj* **1.** (*gestes*) brusco(ca) **2.** (*respiration*) entrecortado(da)
saccager [sakaʒe] *vt* saquear
sacerdoce [sasɛʀdɔs] *nm* sacerdócio *m*
sachant [saʃɑ̃] *p prés* ➤ **savoir**
sache ➤ **savoir**
sachet [saʃɛ] *nm* saco *m* • **sachet de thé** saquinho *m* de chá • **soupe en sachet** sopa instantânea
sacoche [sakɔʃ] *nf* sacola *f*
sac-poubelle [sakpubɛl] (*pl* **sacs-poubelle**) *nm* saco *m* do lixo
sacré, e [sakʀe] *adj* **1.** (*temple, texte*) sagrado(da) **2.** (*musique, art*) sacro(cra) • **c'est un sacré menteur !** (*fam*) (*maudit*) é um mentiroso dos diabos! ; (*fam*) (*important, excellent*) extraordinário(ria)
sacrement [sakʀəmɑ̃] *nm* sacramento *m* • **les derniers sacrements** os últimos sacramentos
sacrifice [sakʀifis] *nm* (*effort*) sacrifício *m*

sacrifier [sakʀifje] *vt (renoncer à)* sacrificar ◆ **se sacrifier** *vp* sacrificar-se
sacrilège [sakʀilɛʒ] *nm* sacrilégio *m*
sacristie [sakʀisti] *nf* sacristia *f*
sadique [sadik] *adj* sádico(ca)
safari [safaʀi] *nm* safari *m*
safran [safʀɑ̃] *nm* açafrão *m*
saga [saga] *nf* saga *f*
sage [saʒ] *adj* **1.** *(avisé)* sensato(ta) **2.** *(obéissant)* bem-comportado(da)
sage-femme [saʒfam] *(pl* **sages-femmes***) nf* parteira *f*
sagesse [saʒɛs] *nf* **1.** *(raison)* sabedoria *f* **2.** *(prudence)* sensatez *f*
Sagittaire [saʒitɛʀ] *nm* Sagitário *m*
saignant, e [sɛɲɑ̃, ɑ̃t] *adj (viande)* mal-passado(da)
saignement [sɛɲmɑ̃] *nm* • **saignement de nez** hemorragia *f* nasal
saigner [seɲe] *vi* sangrar • **saigner du nez** deitar sangue pelo nariz
saillant, e [sajɑ̃, ɑ̃t] *adj* saliente
saillie [saji] *nf (avancée)* saliência *f* • **en saillie** saliente
sain, e [sɛ̃, sɛn] *adj* **1.** *(physiquement)* sadio(dia) **2.** *(mentalement)* são (sã) **3.** *(nourriture, climat)* saudável • **sain et sauf** são e salvo
saint, e [sɛ̃, sɛ̃t] *adj & nm, f* santo(ta) • **la Saint-François** o dia de São Francisco
sainteté [sɛ̃tte] *nf* santidade *f* • **Sa Sainteté** Sua Santidade
saint-honoré [sɛ̃tɔnɔʀe] *nm inv bolo rodeado de pastéis com creme*
Saint-Jacques [sɛ̃ʒak] ➤ **coquille**
Saint-Michel [sɛ̃miʃɛl] ➤ **mont**
Saint-Père [sɛ̃pɛʀ] *nm* • **le Saint-Père** o Santo Padre
Saint-Sylvestre [sɛ̃silvɛstʀ] *nf* • **la Saint-Sylvestre** a noite de São Silvestre
sais ➤ **savoir**
saisie [sezi] *nf* **1.** DR penhora *f* **2.** INFORM introdução *f* de dados • **erreur de saisie** erro de introdução de dados
saisir [seziʀ] *vt* **1.** *(prendre)* apanhar **2.** *(occasion)* agarrar **3.** *(comprendre)* alcançar **4.** DR *(biens)* penhorar **5.** INFORM introduzir em
saisissant, e [sezisɑ̃, ɑ̃t] *adj* surpreendente
saison [sɛzɔ̃] *nf* **1.** estação *f* **2.** *(période)* época *f* • **basse saison** época baixa • **haute saison** época alta
saisonnier, ère [sɛzɔnje, ɛʀ] *adj* sazonal ◇ *nm, f* trabalhador *m*, -ra *f* sazonal
salade [salad] *nf* **1.** *(verte)* alface *f* **2.** *(plat en vinaigrette)* salada *f* • **salade composée** salada composta • **champignons en salade** salada de cogumelos • **salade de fruits** salada de fruta • **salade mêlée** *(Helv)* salada mista • **salade mixte** salada mista • **salade niçoise** *salada com tomates, batatas, anchovas e ovo*
saladier [saladje] *nm* saladeira *f*
salaire [salɛʀ] *nm* salário *m*
salami [salami] *nm* salame *m*
salant [salɑ̃] *adj m* • **marais salant** salina *f*
salarial, e, aux [salaʀjal, o] *adj* salarial • **masse salariale** massa salarial
salarié, e [salaʀje] *nm, f* assalariado *m*, -da *f*
salaud [salo] *nm (vulg)* cabrão *m*
sale [sal] *adj* **1.** *(linge, mains, etc)* sujo(ja) **2.** *(fam) (temps, histoire)* horrível **3.** *(fam) (mentalité)* deturpado(da)

salé, e [sale] *adj* salgado(da) ◇ *nm* • **petit salé aux lentilles** *carne de porco salgada servida com lentilhas*
saler [sale] *vt* **1.** (*plat*) salgar **2.** (*chaussée*) pôr sal em
saleté [salte] *nf* **1.** sujidade *f* **2.** (*chose sale*) (*fam*) porcaria *f*
salière [saljɛʀ] *nf* saleiro *m*
salir [saliʀ] *vt* sujar ◆ **se salir** *vp* sujar-se
salissant, e [salisɑ̃, ɑ̃t] *adj* que se suja facilmente
salive [saliv] *nf* saliva *f*
saliver [salive] *vi* **1.** salivar **2.** (*fig*) crescer água na boca
salle [sal] *nf* sala *f* • **salle d'attente** sala de espera • **salle de bains** casa *f* de banho (*Port*), banheiro *m* (*Br*) • **salle de classe** sala de aula • **salle d'embarquement** sala de embarque • **salle à manger** sala de jantar • **salle d'opération** sala de operações
salon [salɔ̃] *nm* salão *m* • **salon de coiffure** salão de cabeleireira • **salon de thé** salão de chá (*Port*), confeitaria *f* (*Br*)
salope [salɔp] *nf* (*vulg*) cabra *f*
saloperie [salɔpʀi] *nf* (*fam*) porcaria *f*
salopette [salɔpɛt] *nf* **1.** (*d'ouvrier*) fato-macaco *m* **2.** (*en jean, etc*) macacão *m*
salsifis [salsifi] *nmpl* cercefi *m*
saltimbanque [saltɛ̃bɑ̃k] *nmf* saltimbanco *m*
salubre [salybʀ] *adj* salubre
saluer [salɥe] *vt* **1.** cumprimentar **2.** (*dire au revoir à*) despedir-se de **3.** MIL fazer continência a
salut [saly] *nm* **1.** (*pour dire bonjour*) cumprimento *m* **2.** (*de la tête*) aceno *m* de cabeça **3.** (*pour dire au revoir*) despedida *f* **4.** MIL continência *f* ◇ *interj* **1.** (*fam*) (*bonjour*) olá! (*Port*), oi! (*Br*) **2.** (*au revoir*) adeus!
salutaire [salytɛʀ] *adj* salutar
salutation [salytasjɔ̃] *nf* saudação *f*
◆ **salutations** *nfpl* • **salutations distinguées** respeitosos cumprimentos • **avec mes sincères salutations** com os melhores cumprimentos
salve [salv] *nf* **1.** (*d'arme à feu*) salva *f* **2.** (*d'applaudissements*) salva *f* (de palmas)
samaritain [samaʀitɛ̃] *nm* (*Helv*) socorrista *m*
samedi [samdi] *nm* sábado *m* • **nous sommes** ou **c'est samedi** é sábado • **samedi 13 septembre** sábado, 13 de Setembro • **nous sommes partis samedi** nós fomos embora no sábado • **samedi dernier** no sábado passado • **samedi prochain** no sábado que vem • **samedi matin** no sábado de manhã • **le samedi** aos sábados • **à samedi !** até sábado!
SAMU [samy] *nm serviço médico de urgências* • **le SAMU social** ≃ Cruz Vermelha Portuguesa
sanction [sɑ̃ksjɔ̃] *nf* sanção *f*
sanctionner [sɑ̃ksjɔne] *vt* sancionar
sanctuaire [sɑ̃ktɥɛʀ] *nm* santuário *m*
sandale [sɑ̃dal] *nf* sandália *f*
sandwich [sɑ̃dwitʃ] *nm* sandes *f inv*
sandwicherie [sɑ̃dwitʃ(a)ri] *nf* sanduíche-bar
sang [sɑ̃] *nm* sangue *m* • **en sang** a sangrar • **se faire du mauvais sang** apoquentar-se
sang-froid [sɑ̃fʀwa] *nm inv* sangue-frio *m*

sanglant, e [sɑ̃glɑ̃, ɑ̃t] *adj* **1.** *(couvert de sang)* ensanguentado(da) **2.** *(meurtrier)* sangrento(ta)
sangle [sɑ̃gl] *nf* correia *f*
sanglier [sɑ̃glije] *nm* javali *m*
sanglot [sɑ̃glo] *nm* soluço *m*
sangloter [sɑ̃glɔte] *vi* soluçar
sangria [sɑ̃gʀija] *nf* sangria *f*
sangsue [sɑ̃sy] *nf* **1.** *(animal)* sanguessuga *f*. **2.** *(fam & fig) (personne importune)* melga *f* **3.** *(fig) (personne avide)* chaga *f*
sanguin [sɑ̃gɛ̃] *adj m* ➤ **groupe**
sanguinaire [sɑ̃ginɛʀ] *adj* sanguinário(ria)
sanguine [sɑ̃gin] *nf (orange)* laranja *f* sanguínea
Sanisette® [sanizɛt] *nf casa de banho pública automática*
sanitaire [sanitɛʀ] *adj* sanitário(ria) ♦ **sanitaires** *nmpl* sanitários *mpl*
sans [sɑ̃] *prép* sem • **sans faire qqch** sem fazer algo • **sans que personne ne s'en rende compte** sem que ninguém dê por isso
sans-abri [sɑ̃zabʀi] *nmf inv* sem-abrigo *mf inv*
sans-emploi [sɑ̃zɑ̃plwa] *nmf inv* desempregado *m*, -da *f*
sans-gêne [sɑ̃ʒɛn] *adj inv* descarado(da) ◇ *nm inv* à vontade *m*
santé [sɑ̃te] *nf* saúde *f* • **en bonne/mauvaise santé** de boa/má saúde • **(à ta) santé !** saúde!
saoul, e [su, sul] = **soûl**
saouler [sule] = **soûler**
saphir [safiʀ] *nm* **1.** *(pierre)* safira *f* **2.** *(d'un électrophone)* agulha *f*
sapin [sapɛ̃] *nm* abeto *m* • **sapin de Noël** árvore *f* de Natal
sarcasme [saʀkasm] *nm* sarcasmo *m*
sarcastique [saʀkastik] *adj* sarcástico(ca)
sardine [saʀdin] *nf* sardinha *f*
SARL *nf (abr de société à responsabilité limitée)* SARL *f (sociedade anónima de responsabilidade limitada)*
sarrasin [saʀazɛ̃] *nm* trigo-sarraceno *m*
sas [sas] *nm* **1.** *(de décompression)* câmara *f* **2.** *(d'écluse)* represa *f*
satellite [satelit] *nm* satélite *m* • **satellite artificiel** satélite artificial • **satellite météorologique** satélite metereológico • **satellite de télécommunications** satélite de telecomunicações, satélite de radiodifusão directa
satiété [sasjete] *nf* saciedade *f* • **à satiété** com fartura
satin [satɛ̃] *nm* cetim *m*
satiné, e [satine] *adj* acetinado(da)
satire [satiʀ] *nf* sátira *f*
satirique [satiʀik] *adj* satírico(ca)
satisfaction [satisfaksjɔ̃] *nf* satisfação *f*
satisfaire [satisfɛʀ] *vt* satisfazer ♦ **se satisfaire de** *vp + prép* contentar-se com
satisfaisant, e [satisfəzɑ̃, ɑ̃t] *adj* satisfatório(ria)
satisfait, e [satisfɛ, ɛt] *pp* ➤ **satisfaire** ◇ *adj* satisfeito(ta) • **être satisfait de** estar satisfeito com
saturation [satyʀasjɔ̃] *nf* saturação *f*
saturé, e [satyʀe] *adj* saturado(da)
satyre [satiʀ] *nm* sátiro *m*
sauce [sos] *nf* molho *m* • **en sauce** com molho • **sauce blanche** molho branco • **sauce chasseur** *molho de cogumelos,*

vinho branco e tomate • **sauce madère** *molho de vinho da madeira* • **sauce tartare** molho tártaro • **sauce tomate** molho de tomate

saucer [sose] *vt* molhar o pão em

saucisse [sosis] *nf* salsicha *f* • **saucisse sèche** chouriço *m*

saucisson [sosisɔ̃] *nm* paio *m*

sauf, **sauve** [sof, sov] *adj* ➤ **sain** ◇ *prép* menos • **sauf erreur** se não me engano

sauge [soʒ] *nf* salva *f*

saugrenu, **e** [sogʀəny] *adj* escanifobético(ca) *(fam)*

saule [sol] *nm* salgueiro *m* • **saule pleureur** salgueiro-chorão *m*

saumon [somɔ̃] *nm* salmão *m* ◇ *adj inv* • **(rose) saumon** salmão • **saumon fumé** salmão defumado

sauna [sona] *nm* sauna *f*

saupoudrer [sopudʀe] *vt* • **saupoudrer qqch de** polvilhar algo com

saur [sɔʀ] *adj m* ➤ **hareng**

saura ➤ **savoir**

saut [so] *nm* salto *m* • **faire un saut chez qqn** dar um pulo a casa de alguém • **saut en hauteur** salto em altura • **saut en longueur** salto em comprimento • **saut périlleux** salto mortal

saute [sot] *nf* • **saute d'humeur** mudança *f* de humor

sauté, **e** [sote] *adj* salteado(da) ◇ *nm* • **sauté de veau** *carne de vitela salteada*

saute-mouton [sotmutɔ̃] *nm inv* • **jouer à saute-mouton** jogar ao eixo

sauter [sote] *vi* **1.** rebentar **2.** *(bondir)* saltar ◇ *vt* **1.** saltar **2.** *(classe)* passar • **sauter son tour** passar a sua vez • **faire sauter qqch** *(faire exploser)* fazer explodir algo ; *CULIN* saltear algo

sauterelle [sotʀɛl] *nf* gafanhoto *m*

sautiller [sotije] *vi* saltitar

sauvage [sovaʒ] *adj* **1.** selvagem **2.** *(enfant, caractère)* insociável ◇ *nmf* **1.** *(barbare)* selvagem *mf* **2.** *(personne farouche)* pessoa *f* insociável

sauvagerie [sovaʒʀi] *nf* **1.** *(férocité)* selvajaria *f* **2.** *(insociabilité)* descortesia *f*

sauvegarde [sovgaʀd] *nf* salvaguarda *f* • **sauvegarde automatique** salvaguarda automática

sauvegarder [sovgaʀde] *vt* salvaguardar

sauver [sove] *vt* salvar • **sauver qqn/qqch de qqch** salvar alguém/algo de algo ♦ **se sauver** *vp* escapar

sauvetage [sovtaʒ] *nm* salvamento *m*

sauveteur [sovtœʀ] *nm* salvador *m*, -ra *f*

SAV *nm* (*abr de* **service après-vente**) serviço *m* pós-venda

savant, **e** [savɑ̃, ɑ̃t] *adj* sábio(bia) ◇ *nm* cientista *mf*

savarin [savaʀɛ̃] *nm bolo embebido em rum com natas ao centro*

saveur [savœʀ] *nf* sabor *m*

savoir [savwaʀ] *vt* saber • **savoir faire qqch** saber fazer algo • **je n'en sais rien** não faço ideia • **on ne sait jamais** nunca se sabe

savoir-faire [savwaʀfɛʀ] *nm inv* know-how *m*

savoir-vivre [savwaʀvivʀ] *nm inv* saber viver *m*

savon [savɔ̃] *nm* sabão *m* • **savon de Marseille** sabão de Marselha

savonner [savɔne] *vt* ensaboar

savonnette [savɔnɛt] *nf* sabonete *m*
savourer [savuʀe] *vt* saborear
savoureux, euse [savuʀø, øz] *adj (aliment)* saboroso(osa)
savoyarde [savwajaʀd] *adj f* ➤ **fondue**
saxophone [saksɔfɔn] *nm* saxofone *m*
saxophoniste [saksɔfɔnist] *nmf* saxofonista *mf*
sbrinz [ʃbʀints] *nm* (*Helv*) *queijo duro de vaca, geralmente ralado*
scabreux, euse [skabʀø, øz] *adj* escabroso(osa)
scalpel [skalpɛl] *nm* escalpelo *m*
scandale [skɑ̃dal] *nm* escândalo *m* • **faire du** ou **un scandale** fazer (um) escândalo • **faire scandale** causar um escândalo
scandaleux, euse [skɑ̃dalø, øz] *adj* escandaloso(osa)
scandaliser [skɑ̃dalize] *vt* escandalizar ◆ **se scandaliser** *vp* escandalizar-se
scandinave [skɑ̃dinav] *adj* escandinavo(va)
Scandinavie [skɑ̃dinavi] *nf* • **la Scandinavie** a Escandinávia
scanner [skanɛʀ] *nm* scanner *m*
scaphandre [skafɑ̃dʀ] *nm* escafandro *m*
scarole [skaʀɔl] *nf* escarola *f*
sceau [so] (*pl* **-x**) *nm* **1.** (*cachet*) selo *m* **2.** (*fig*) (*marque*) cunho *m* • **sous le sceau du secret** (*fig*) sob condição de guardar segredo
sceller [sele] *vt* (*cimenter*) selar
scénario [senaʀjo] *nm* cenário *m*
scénariste [senaʀist] *nmf* argumentista *mf*
scène [sɛn] *nf* **1.** cena *f* **2.** (*estrade*) palco *m* • **faire une scène (à qqn)** fazer uma cena (a alguém) • **mettre qqch en scène** encenar algo
sceptique [sɛptik] *adj* céptico(ca)
sceptre [sɛptʀ] *nm* ceptro *m*
schéma [ʃema] *nm* esquema *m*
schématique [ʃematik] *adj* esquemático(ca)
schématiser [ʃematize] *vt* **1.** (*présenter en schéma*) esquematizar **2.** (*péj*) (*généraliser*) generalizar
schisme [ʃism] *nm* cisma *m*
schizophrène [skizɔfʀɛn] *adj* esquizofrénico(ca)
schublig [ʃublig] *nm* (*Helv*) *tipo de salsicha*
sciatique [sjatik] *nf* ciática *f*
scie [si] *nf* serra *f*
sciemment [sjamɑ̃] *adv* conscientemente
science [sjɑ̃s] *nf* ciência *f* • **sciences naturelles** ciências naturais
science-fiction [sjɑ̃sfiksjɔ̃] (*pl* **sciences-fictions**) *nf* ficção *f* científica
scientifique [sjɑ̃tifik] *adj* científico(ca) ◇ *nmf* cientista *mf*
scier [sje] *vt* serrar
scinder [sɛ̃de] *vt* cindir • **scinder en** cindir em ◆ **se scinder** *vp* cindir-se • **se scinder en** cindir-se em
scintiller [sɛ̃tije] *vi* cintilar
scission [sisjɔ̃] *nf* cisão *f*
sciure [sjyʀ] *nf* serradura *f*
sclérose [skleʀoz] *nf* esclerose *f* • **sclérose en plaques** esclerose em placas
scolaire [skɔlɛʀ] *adj* escolar
scolarité [skɔlaʀite] *nf* escolaridade *f*

scoop [skup] *nm* **1.** *(journalistique)* cacha *f* jornalística **2.** *(nouvelle incroyable)* bomba *f*
scooter [skutœʀ] *nm* scooter *f* • **scooter des mers** mota *f* de água, jet ski *m*
score [skɔʀ] *nm* pontuação *f*
scorpion [skɔʀpjɔ̃] *nm* escorpião *m* ◆ **Scorpion** *nm* Escorpião *m*
scotch [skɔtʃ] *nm* scotch *m*
Scotch® [skɔtʃ] *nm* fita-cola *f inv*
scotché, e (*fam* & *fig*) [skɔtʃe] *adj* agarrado, colado • **être scotché devant la télévision** estar colado frente à televisão, agarrado à televisão
scotcher [skɔtʃe] *vt* colar com fita-cola
scout, e [skut] *nm, f* escuteiro *m*, -ra *f*
script [skʀipt] *nm* **1.** *(écriture)* letra *f* de imprensa **2.** *(scénario)* guião *m*
scrupule [skʀypyl] *nm* escrúpulo *m*
scrupuleux, euse [skʀypylø, øz] *adj* escrupuloso(osa)
scruter [skʀyte] *vt* escrutar
scrutin [skʀytɛ̃] *nm* escrutínio *m*
sculpter [skylte] *vt* esculpir
sculpteur [skyltœʀ] *(aussi : sculptrice nf)* *nm* escultor *m*, -ra *f*
sculpture [skyltyʀ] *nf* escultura *f*
SDF *nmf* (*abr de sans domicile fixe*) pessoa *f* sem domicílio fixo
se [sə] *pron*
1. *(gén)* -se • **elle se regarde dans le miroir** ela olha-se no espelho • **se faire mal** magoar-se • **se regarder** olhar-se • **ils s'écrivent toutes les semaines** eles escrevem-se todas as semanas • **se décider** decidir-se • **se mettre à faire qqch** pôr-se a fazer algo • **ce produit se vend bien/partout** este produto vende-se bem /em todo o lado
2. *(à valeur de possessif)* • **se laver les mains** lavar as mãos • **se couper le doigt** cortar-se no dedo
séance [seɑ̃s] *nf* sessão *f* • **séance tenante** na hora
seau [so] (*pl* **-x**) *nm* balde *m* • **seau à champagne** balde do gelo
sec, sèche [sɛk, sɛʃ] *adj* **1.** seco(ca) **2.** *(whisky)* puro(ra) • **à sec** seco(ca) • **au sec** em sítio seco • **d'un coup sec** com um golpe seco
sécateur [sekatœʀ] *nm* tesoura *f* de podar
sécession [sesesjɔ̃] *nf* secessão *f* • **faire sécession** separar-se
séchage [seʃaʒ] *nm* secagem *f*
sèche ➤ **sec**
sèche-cheveux [sɛʃʃəvø] *nm inv* secador *m* de cabelo
sèche-linge [sɛʃlɛ̃ʒ] *nm inv* máquina *f* de secar
sèchement [sɛʃmɑ̃] *adv* secamente
sécher [seʃe] *vt* **1.** *(linge, peau, cheveux)* secar **2.** (*fam*) *(cours)* faltar a ◇ *vi* **1.** *(linge, peinture, cheveux)* estar a secar **2.** (*fam*) *(à un examen)* bloquear
sécheresse [sɛʃʀɛs] *nf* seca *f*
séchoir [seʃwaʀ] *nm* • **séchoir (à cheveux)** secador *m (de cabelo)* • **séchoir (à linge)** estendal *m* ; *(électrique)* máquina *f* de secar
second, e [səgɔ̃, ɔ̃d] *adj* segundo(da)
secondaire [səgɔ̃dɛʀ] *adj* secundário(ria)
seconde [səgɔ̃d] *nf* **1.** *(unité de temps)* segundo *m* **2.** *SCOL* ≃ décimo ano *m* do en-

sino secundário **3.** *(vitesse)* segunda *f* • **voyager en seconde (classe)** viajar em segunda classe
seconder [səgɔ̃de] *vt* secundar
secouer [səkwe] *vt* **1.** *(agiter)* sacudir **2.** *(bouleverser)* abalar **3.** *(inciter à agir)* picar
secourir [səkuʀiʀ] *vt* socorrer
secourisme [səkuʀism] *nm* socorrismo *m*
secouriste [səkuʀist] *nmf* socorrista *mf*
secours [səkuʀ] *nm* socorro *m* • **appeler au secours** pedir socorro • **au secours !** socorro! • **secours d'urgence** socorro de emergência • **premiers secours** primeiros socorros
secouru, e [səkuʀy] *pp* ➤ **secourir**
secousse [səkus] *nf* **1.** *(en voiture, train)* abanão *m* **2.** *(sismique)* tremor *m*
secret, ète [səkʀɛ, ɛt] *adj* secreto(ta) ◇ *nm* segredo *m* • **en secret** em segredo
secrétaire [səkʀetɛʀ] *nmf* secretário *m*, -ria *f* ◇ *nm (meuble)* secretária *f*
secrétariat [səkʀetaʀja] *nm* **1.** *(bureau)* secretaria *f* **2.** *(métier)* secretariado *m*
sectaire [sɛktɛʀ] *adj* sectário(ria) *(intolerante)*
secte [sɛkt] *nf* seita *f*
secteur [sɛktœʀ] *nm* sector *m* • **fonctionner sur secteur** funcionar a electricidade
section [sɛksjɔ̃] *nf* **1.** *(portion)* secção *f* **2.** *(de ligne d'autobus)* zona *f*
sectionner [sɛksjɔne] *vt* seccionar
Sécu [seky] *nf (fam)* • **la Sécu** a Segurança Social
séculaire [sekylɛʀ] *adj* secular
sécuriser [sekyʀize] *vt* sossegar
sécurité [sekyʀite] *nf* segurança *f* • **en sécurité** em segurança • **la sécurité routière** a segurança nas estradas • **la Sécurité sociale** a Segurança Social
sédatif [sedatif] *nm* sedativo *m*
sédentaire [sedɑ̃tɛʀ] *adj & nmf* sedentário(ria)
sédiment [sedimɑ̃] *nm* sedimento *m*
séduire [sedɥiʀ] *vt* seduzir
séduisant, e [sedɥizɑ̃, ɑ̃t] *adj* sedutor(ra)
séduit, e [sedɥi, it] *pp* ➤ **séduire**
segment [sɛgmɑ̃] *nm* segmento *m*
segmenter [sɛgmɑ̃te] *vt* segmentar
ségrégation [segʀegasjɔ̃] *nf* segregação *f*
seigle [sɛgl] *nm* centeio *m*
seigneur [sɛɲœʀ] *nm* senhor *m* • **le Seigneur** o Senhor
sein [sɛ̃] *nm* seio *m* • **au sein de** no seio de
Seine [sɛn] *nf* • **la Seine** *(fleuve)* o Sena
séisme [seism] *nm* sismo *m*
seize [sɛz] *num* dezasseis • **il a seize ans** ele tem dezasseis anos • **il est seize heures** são dezasseis horas • **le seize janvier** no dia dezasseis de Janeiro • **page seize** página dezasseis • **ils étaient seize** eram dezasseis • **(au) seize rue Lepic** (na) rua Lepic, número dezasseis
seizième [sɛzjɛm] *num* décimo sexto (décima sexta)
séjour [seʒuʀ] *nm* estadia *f* • **(salle de) séjour** sala *f* de estar
séjourner [seʒuʀne] *vi* ficar
sel [sɛl] *nm* sal *m* • **sels de bain** sais de banho
sélection [selɛksjɔ̃] *nf* selecção *f*

sélectionner [selɛksjɔne] *vt* seleccionar
self-service [sɛlfsɛʀvis] (*pl* **self-services**) *nm* **1.** *(restaurant)* self-service *m* **2.** *(station-service)* estação *f* de serviço
selle [sɛl] *nf* **1.** *(de cheval)* sela *f* **2.** *(de vélo)* selim *m*
seller [sele] *vt* selar
selon [səlɔ̃] *prép* segundo • **nous sortirons ou nous resterons selon qu'il fera beau ou pas** saímos ou ficamos conforme fizer bom ou mau tempo
semaine [səmɛn] *nf* semana *f* • **en semaine** durante a semana
sémantique [semɑ̃tik] *nf* semântica *f* ◇ *adj* semântico(ca)
semblable [sɑ̃blabl] *adj* semelhante • **semblable à** semelhante a
semblant [sɑ̃blɑ̃] *nm* • **faire semblant** fazer de conta • **il fait semblant de travailler** ele faz de conta que está a trabalhar
sembler [sɑ̃ble] *vi* parecer • **il semble que...** parece que... • **il me semble que...** parece-me que...
semelle [səmɛl] *nf* **1.** *(de chaussure)* sola *f* **2.** *(intérieure)* palmilha *f*
semence [səmɑ̃s] *nf* **1.** *(graine)* semente *f* **2.** *(sperme)* sémen *m*
semer [səme] *vt* **1.** *(graines)* semear **2.** *(se débarrasser de)* despistar
semestre [səmɛstʀ] *nm* semestre *m*
semestriel, elle [səmɛstʀijɛl] *adj* semestral
séminaire [seminɛʀ] *nm* seminário *m*
semi-remorque [səmiʀəmɔʀk] (*pl* **semi-remorques**) *nm* semi-reboque *m*
semis [səmi] *nm* sementeira *f*
semoule [səmul] *nf* sêmola *f*
sempiternel, elle [sɑ̃pitɛʀnɛl] *adj* mesmo(ma) de sempre
sénat [sena] *nm* senado *m*
sénateur, trice [senatœr, tris] *nm, f* senador *m*, -a *f*
Sénégal [senegal] *nm* • **le Sénégal** o Senegal
sénile [senil] *adj* senil
senior [senjɔr] *adj (tourisme, clientèle, menu)* sénior
sens [sɑ̃s] *nm* sentido *m* • **dans le sens (inverse) des aiguilles d'une montre** no sentido (inverso) dos ponteiros de um relógio • **en sens inverse** em sentido contrário • **avoir du bon sens** ter bom-senso • **sens giratoire** sentido giratório • **sens interdit** sentido proibido • **(rue à) sens unique** sentido único • **sens dessus dessous** de pernas para o ar
sensation [sɑ̃sasjɔ̃] *nf* sensação *f* • **faire sensation** fazer sensação
sensationnel, elle [sɑ̃sasjɔnɛl] *adj (formidable)* sensacional
sensibiliser [sɑ̃sibilize] *vt* sensibilizar
sensibilité [sɑ̃sibilite] *nf* sensibilidade *f*
sensible [sɑ̃sibl] *adj* **1.** sensível **2.** *(perceptible)* perceptível • **sensible à** sensível a
sensiblement [sɑ̃sibləmɑ̃] *adv* sensivelmente
sensoriel, elle [sɑ̃sɔʀjɛl] *adj* sensorial
sensualité [sɑ̃sɥalite] *nf* sensualidade *f*
sensuel, elle [sɑ̃sɥɛl] *adj* sensual
sentence [sɑ̃tɑ̃s] *nf* sentença *f*
senteur [sɑ̃tœʀ] *nf* *(sout)* odor *m*
sentier [sɑ̃tje] *nm* carreiro *m*
sentiment [sɑ̃timɑ̃] *nm* **1.** *(impression)* impressão *f* **2.** *(émotion)* sentimento *m*

• **sentiments dévoués** ou **respectueux** *(à l'écrit)* com os melhores cumprimentos
sentimental, e, aux [sɑ̃timɑ̃tal, o] *adj* sentimental
sentinelle [sɑ̃tinɛl] *nf* sentinela *f*
sentir [sɑ̃tiʀ] *vt* **1.** sentir **2.** *(odeur)* cheirar **3.** *(avoir une odeur de)* cheirar a • **sentir bon** cheirar bem • **sentir mauvais** cheirar mal • **ne pas pouvoir sentir qqn** *(fam)* não poder com alguém ◆ **se sentir** *vp* • **se sentir mal** sentir-se mal • **se sentir bizarre** sentir-se esquisito
séparation [sepaʀasjɔ̃] *nf* separação *f*
séparatiste [sepaʀatist] *nmf* separatista *mf*
séparément [sepaʀemɑ̃] *adv* separadamente
séparer [sepaʀe] *vt* separar • **séparer qqn/qqch de** separar alguém/algo de ◆ **se séparer** *vp* separar-se • **se séparer de qqn** *(conjoint)* separar-se de alguém ; *(employé)* despedir alguém
sept [sɛt] *num* sete • **il a sept ans** ele tem sete anos • **il est sept heures** são sete horas • **le sept janvier** no dia sete de Janeiro • **page sept** página sete • **ils étaient sept** eram sete • **le sept de pique** o sete de espadas • **(au) sept rue Lepic** (na) rua Lepic, número sete
septante [sɛptɑ̃t] *num (Belg & Helv)* setenta
septembre [sɛptɑ̃bʀ] *nm* Setembro *m* • **en septembre, au mois de septembre** em Setembro, no mês de Setembro • **début septembre** em princípios de Setembro • **fin septembre** em fins de Setembro • **le deux septembre** no dia dois de Setembro
septennat [sɛptena] *nm* septenato *m*
septième [sɛtjɛm] *num* sétimo(ma) ◇ *nm* **1.** *(fraction)* sétimo *m* **2.** *(étage)* sétimo andar *m*
sépulture [sepyltyʀ] *nf* sepultura *f*
séquelles [sekɛl] *nfpl* sequelas *fpl*
séquence [sekɑ̃s] *nf (de film)* sequência *f*
séquestrer [sekɛstʀe] *vt* **1.** *(enfermer)* sequestrar **2.** *DR* pôr em sequestro
sera ➤ **être**
séré [seʀe] *nm (Helv) tipo de queijo fresco*
serein, e [səʀɛ̃, ɛn] *adj* sereno(na)
sérénité [seʀenite] *nf* serenidade *f*
sergent [sɛʀʒɑ̃] *nm* sargento *m*
série [seʀi] *nf* série *f* • **série (télévisée)** série (televisiva)
sérieusement [seʀjøzmɑ̃] *adv* **1.** seriamente **2.** *(sans plaisanter)* a sério
sérieux, euse [seʀjø, øz] *adj* sério(ria) ◇ *nm* • **avec sérieux** *(travailler)* a sério • **garder son sérieux** ficar sério • **prendre qqch au sérieux** levar algo a sério
serin [səʀɛ̃] *nm* canário *m*
seringue [səʀɛ̃g] *nf* seringa *f*
serment [sɛʀmɑ̃] *nm* juramento *m* • **prêter serment** prestar juramento • **sous serment** sob juramento
sermon [sɛʀmɔ̃] *nm* sermão *m*
séronégatif, ive [seʀɔnegatif, iv] *adj* seronegativo(va)
séropositif, ive [seʀɔpozitif, iv] *adj* seropositivo(va)
serpent [sɛʀpɑ̃] *nm* cobra *f*
serpenter [sɛʀpɑ̃te] *vi* serpentear
serpentin [sɛʀpɑ̃tɛ̃] *nm (de fête)* serpentina *f*
serpillière [sɛʀpijɛʀ] *nf* serapilheira *f*

serre [sɛʀ] *nf* estufa *f* *(para plantas)*
serré, e [seʀe] *adj* apertado(da)
serrer [seʀe] *vt* **1.** apertar **2.** *(dans ses bras)* abraçar **3.** *(poings, dents)* cerrar • **serrer la main à qqn** dar um aperto de mão a alguém ▾ **serrez à droite** desvie-se para a direita ♦ **se serrer** *vp* apertar-se • **se serrer contre qqn** aconchegar-se contra alguém
serre-tête [sɛʀtɛt] *nm inv* bandelete *f*
serrure [seʀyʀ] *nf* fechadura *f*
serrurier [seʀyʀje] *nm* serralheiro *m*
sers ➤ **servir**
sérum [seʀɔm] *nm* soro *m* • **sérum physiologique** soro fisiológico
servante [sɛʀvɑ̃t] *nf* criada *f*
serveur, euse [sɛʀvœʀ, øz] *nm, f* empregado *m*, -da *f* de mesa (*Port*), garçom *m*, garçonete *f* (*Br*)
serviable [sɛʀvjabl] *adj* prestável
service [sɛʀvis] *nm* **1.** serviço *m* **2.** *(faveur)* favor *m* • **faire le service** servir *(à mesa)* • **rendre service à qqn** fazer um favor a alguém • **être de service** estar de serviço • **premier/deuxième service** primeiro/segundo serviço • **service après-vente** serviço pós-venda • **service militaire** serviço militar ▾ **service compris/non compris** serviço incluído/não incluído
serviette [sɛʀvjɛt] *nf (cartable)* pasta *f* • **serviette hygiénique** penso *m* higiénico • **serviette (de table)** guardanapo *m* • **serviette (de toilette)** toalha *f*
serviette-éponge [sɛʀvjɛtepɔ̃ʒ] (*pl* **serviettes-éponges**) *nf* toalha *f* em turco
servile [sɛʀvil] *adj* servil
servir [sɛʀviʀ] *vt* **1.** servir **2.** *(client)* atender ◇ *vi* servir • **servir qqch à qqn** servir algo a alguém • **qu'est-ce que je vous sers ?** o que é que lhe sirvo? • **servir à (faire) qqch** servir para (fazer) algo • **ça ne sert à rien d'insister** não adianta nada insistir • **ce livre de grammaire a beaucoup servi** este livro de gramática foi muito usado • **servir (à qqn) de qqch** servir (a alguém) de algo • **à toi de servir** *(aux cartes)* é a tua vez de dar ▾ **servir frais** servir frio ♦ **se servir** *vp* servir-se ♦ **se servir de** *vp + prép* servir-se de
serviteur [sɛʀvitœʀ] *nm* servo *m*
ses ➤ **son** *(adj)*
sésame [sezam] *nm (graines)* sésamo *m*
session [sesjɔ̃] *nf* **1.** *(assemblée)* sessão *f* **2.** *(d'examen)* época *f*
set [sɛt] *nm* set *m* • **set (de table)** jogo *m* (de mesa)
seuil [sœj] *nm* entrada *f*
seul, e [sœl] *adj* **1.** só **2.** *(unique)* único(ca) ◇ *nm, f* • **le seul** o único • **un seul** só um • **(tout) seul** sozinho
seulement [sœlmɑ̃] *adv* **1.** *(uniquement)* só **2.** *(mais)* só que • **non seulement... mais encore** ou **en plus** não só... mas também ou como também • **si seulement...** se ao menos...
sève [sɛv] *nf* seiva *f*
sévère [sevɛʀ] *adj* **1.** *(professeur, regard, sentence)* severo(ra) **2.** *(vêtements, aspect)* austero(ra) **3.** *(échec, pertes)* grave
sévérité [seveʀite] *nf* severidade *f*
sévices [sevis] *nmpl* sevícias *fpl*
sévir [seviʀ] *vi* **1.** *(punir)* castigar **2.** *(épidémie, crise)* fazer estragos
sevrer [səvʀe] *vt* desmamar

sexe [sɛks] *nm* sexo *m*
sexiste [sɛksist] *adj* sexista
sexologue [sɛksɔlɔg] *nmf* sexologista *mf*, sexólogo *m*, -ga *f*
sex-shop [sɛksʃɔp] (*pl* **sex-shops**) *nm* sex-shop *f*
sexualité [sɛksɥalite] *nf* sexualidade *f*
sexuel, elle [sɛksɥɛl] *adj* sexual
sexy [sɛksi] *adj inv* (*fam*) sexy
seyant, e [sɛjɑ̃, ɑ̃t] *adj* que fica bem
Seychelles [sɛʃɛl] *nfpl* • **les Seychelles** as Seicheles
shampo(o)ing [ʃɑ̃pwɛ̃] *nm* champô *m*
shit (*fam*) [ʃit] *nm* hax *m*
short [ʃɔʀt] *nm* calções *mpl*
show [ʃo] *nm* espectáculo *m*
show-business [ʃobiznɛs] *nm* mundo *m* do espectáculo
si [si] *conj* se • **si tu veux, on y va** se tu quiseres nós vamos • **ce serait bien si vous pouviez** seria óptimo se vocês pudessem • **si j'avais su...** se eu soubesse... • **(et) si on allait à la piscine ?** (e) se fôssemos à piscina? • **si seulement tu m'en avais parlé avant !** se ao menos me tivesses falado disso antes! • **dites-moi si vous venez** diga-me se vem ou não • **si..., c'est que...** se..., é porque...
◇ *adv*
1. (*tellement*) tão • **si... que** tão... que • **ce n'est pas si facile que ça** não é assim tão fácil • **si bien que** de tal modo que
2. (*oui*) sim
siamois, e [sjamwa, az] *adj* siamês(esa) • **frères siamois** irmãos siameses • **sœurs siamoises** irmãs siamesas
SICAV [sikav] (*abr de Société d'investissements à capital variable*) *nf inv* (*titre*) fundo *m* de investimento
SIDA [sida] *nm* SIDA *f* (*Port*), AIDS *m* (*Br*)
side-car [sidkaʀ] (*pl* **side-cars**) *nm* side-car *m*
sidéré, e [sideʀe] *adj* siderado(da)
sidérurgie [sideʀyʀʒi] *nf* siderurgia *f*
siècle [sjɛkl] *nm* século *m* • **au vingtième siècle** no século vinte
siège [sjɛʒ] *nm* **1.** (*chaise, fauteuil*) assento *m* **2.** (*aux élections*) lugar *m* **3.** (*d'une banque, d'une association*) sede *f*
siéger [sjeʒe] *vi* **1.** (*personne*) ter assento **2.** (*tenir séance*) reunir-se **3.** (*se situer*) ter a sua sede **4.** (*mal*) residir
sien [sjɛ̃] ◆ **le sien, la sienne** [lasjɛn] (*mpl* **les siens** [lesjɛ̃], *fpl* **les siennes** [lesjɛn]) *pron* o seu (a sua)
sieste [sjɛst] *nf* sesta *f* • **faire la sieste** fazer a sesta
sifflement [sifləmɑ̃] *nm* assobio *m*
siffler [sifle] *vi* assobiar ◇ *vt* **1.** assobiar **2.** (*chien*) assobiar a **3.** (*femme*) mandar um assobio a
sifflet [siflɛ] *nm* **1.** (*instrument*) apito *m* **2.** (*au spectacle*) assobio *m*
sigle [sigl] *nm* sigla *f*
signal [siɲal] (*pl* **-aux**) *nm* sinal *m* • **signal d'alarme** sinal de alarme
signalement [siɲalmɑ̃] *nm* descrição *f*
signaler [siɲale] *vt* assinalar
signalétique [siɲaletik] *adj* de identificação
signalisation [siɲalizasjɔ̃] *nf* sinalização *f*

signataire [siɲatɛʀ] *nmf* signatário *m*, -ria *f*
signature [siɲatyʀ] *nf* assinatura *f*

La signature

Les formules les plus courantes sont : au Portugal *Sem mais de momento* et au Brésil : *Sendo só para o momento, Nada mais havendo a tratar* ou *Sem mais,* suivies de *subscrevo-me.*
La phrase de fin est toujours suivie d'une virgule.
La formule la plus usitée est *Atenciosamente* suivie d'une virgule et la moins formelle est *Cordialmente* suivie d'une virgule.
De façon informelle, pour des amis ou des proches : *Abraços* ou de façon amicale : *Até breve, Beijos.*
Très informel et pour des amis : *Beijão* (au Brésil), *Mil beijos, Beijinhos* (au Portugal).
On place la signature à droite.

signe [siɲ] *nm* sinal *m* • **faire signe à qqn (de faire qqch)** fazer sinal a alguém (para fazer algo) • **c'est bon/mauvais signe** é bom/mau sinal • **faire le signe de croix** benzer-se • **signe du zodiaque** signo do Zodíaco
signer [siɲe] *vt* & *vi* assinar ◆ **se signer** *vp* benzer-se
signet [siɲɛ] *nm* marcador *m (de livro)*
significatif, ive [siɲifikatif, iv] *adj* significativo(va)
signification [siɲifikasjɔ̃] *nf* significado *m*
signifier [siɲifje] *vt* significar
silence [silɑ̃s] *nm* silêncio *m* • **en silence** em silêncio
silencieux, euse [silɑ̃sjø, øz] *adj* silencioso(osa)
silex [silɛks] *nm* sílex *m*
silhouette [silwɛt] *nf* silhueta *f*
sillage [sijaʒ] *nm* **1.** NAUT esteira *f* **2.** (*fig*) (*d'une personne*) rasto *m*
sillon [sijɔ̃] *nm* sulco *m*
sillonner [sijɔne] *vt* sulcar
silo [silo] *nm* silo *m*
simagrées [simagʀe] *nfpl* (*péj*) fitas *fpl* • **faire des simagrées** fazer fitas
similaire [similɛʀ] *adj* similar
similitude [similityd] *nf* similitude *f*
simple [sɛ̃pl] *adj* simples
simplement [sɛ̃pləmɑ̃] *adv* simplesmente
simplicité [sɛ̃plisite] *nf* simplicidade *f*
simplifier [sɛ̃plifje] *vt* simplificar
simpliste [sɛ̃plist] *adj* (*péj*) simplista
simulacre [simylakʀ] *nm* simulacro *m*
simulateur [simylatœʀ] *nm* simulador *m*
simulation [simylasjɔ̃] *nf* simulação *f*
simuler [simyle] *vt* simular
simultané, e [simyltane] *adj* simultâneo(nea)
simultanément [simyltanemɑ̃] *adv* simultaneamente
sincère [sɛ̃sɛʀ] *adj* sincero(ra)
sincèrement [sɛ̃sɛʀmɑ̃] *adv* sinceramente
sincérité [sɛ̃seʀite] *nf* sinceridade *f*
sine qua non [sinekwanɔn] *loc adj inv* • **condition sine qua non** condição sine qua non

singe [sɛ̃ʒ] *nm* macaco *m*
singer [sɛ̃ʒe] *vt* **1.** *(imiter)* arremedar **2.** *(feindre)* imitar
singulariser [sɛ̃gylaʀize] *vt* singularizar ◆ **se singulariser** *vp* singularizar-se
singulier [sɛ̃gylje] *nm* singular *m*
sinistre [sinistʀ] *adj* sinistro(tra) ◇ *nm* *(catastrophe)* sinistro *m*
sinistré, e [sinistʀe] *adj & nm, f* sinistrado(da)
sinon [sinɔ̃] *conj* senão
sinueux, euse [sinɥø, øz] *adj* sinuoso(osa)
sinus [sinys] *nm* **1.** ANAT seio *m (cavidade óssea)* **2.** MATH seno *m*
sinusite [sinyzit] *nf* sinusite *f*
siphon [sifɔ̃] *nm* sifão *m*
sirène [siʀɛn] *nf (d'alarme, de police)* sirene *f*
sirop [siʀo] *nm* xarope *m* ● **sirop d'érable** xarope de ácer ● **sirop de fruits** xarope de fruta
siroter [siʀɔte] *vt* bebericar
site [sit] *nm* local *m* ● **site touristique** local turístico
situation [sitɥasjɔ̃] *nf* situação *f*
situé, e [sitɥe] *adj* situado(da) ● **bien/mal situé** bem/mal situado
situer [sitɥe] ◆ **se situer** *vp* situar-se
six [sis] *adj* seis ◇ *nm* seis *m* ● **il a six ans** ele tem seis anos ● **il est six heures** são seis horas ● **le six janvier** no dia seis de Janeiro ● **page six** página seis ● **ils étaient six** eram seis ● **le six de pique** o seis de espadas ● **(au) six rue Lepic** (na) rua Lepic, número seis
sixième [sizjɛm] *adj & pron* sexto(ta) ◇ *nf* SCOL ≃ sexto ano *m* do ensino básico ◇ *nm* **1.** *(fraction)* sexto *m* **2.** *(étage)* sexto andar *m*
Skaï® [skaj] *nm* napa *f*
skateboard [skɛtbɔʀd] *nm* skate *m*
sketch [skɛtʃ] *nm* sketch *m*
ski [ski] *nm* esqui *m* ● **faire du ski** fazer esqui ● **ski alpin** esqui alpino ● **ski de fond** esqui de fundo ● **ski nautique** esqui aquático
skier [skje] *vi* esquiar
skieur, euse [skjœʀ, øz] *nm, f* esquiador *m*, -ra *f*
skipper [skipœʀ] *nm* **1.** *(capitaine)* capitão *m*, -ã *f* **2.** *(barreur)* timoneiro *m*, -ra *f*
slalom [slalɔm] *nm* slalon *m*
slave [slav] *adj* eslavo(va) ◇ *nm (langue)* eslavo *m* ◆ **Slave** *nmf* eslavo *m*, -va *f*
slip [slip] *nm* cuecas *fpl* ● **slip de bain** calções *mpl* de banho (*Port*), sunga *f* (*Br*)
slogan [slɔgɑ̃] *nm* slogan *m*
slow [slo] *nm* slow *m*
SMIC [smik] (*abr de salaire minimum de croissance*) *nm* salário *m* mínimo
smoking [smɔkiŋ] *nm* smoking *m*
snack [snak] (*pl* **snacks**) *nm* snack-bar *m*
snack-bar (*pl* **snack-bars**) = **snack**
SNCF (*abr de Société nationale des chemins de fer français*) *nf* ≃ CP *f companhia francesa de caminhos-de-ferro*
snob [snɔb] *adj & nmf* snobe
snober [snɔbe] *vt* desprezar
snobisme [snɔbism] *nm* snobismo *m*
sobre [sɔbʀ] *adj* sóbrio(bria)
sobriété [sɔbʀijete] *nf* sobriedade *f*
sociable [sɔsjabl] *adj* sociável
social, e, aux [sɔsjal, o] *adj* social
socialisme [sɔsjalism] *nm* socialismo *m*
socialiste [sɔsjalist] *adj & nmf* socialista

sociétaire [sɔsjetɛʀ] *nmf* societário *m*, -ria *f*
société [sɔsjete] *nf* sociedade *f*
sociologie [sɔsjɔlɔʒi] *nf* sociologia *f*
sociologue [sɔsjɔlɔg] *nmf* sociólogo *m*, -ga *f*
socle [sɔkl] *nm* pedestal *m*
socquette [sɔkɛt] *nf* soquete *m*
soda [sɔda] *nm* gasosa *f*
sodium [sɔdjɔm] *nm* sódio *m*
sœur [sœʀ] *nf* irmã *f*
sofa [sɔfa] *nm* sofá *m*
soi [swa] *pron* si • **en soi** em si • **cela va de soi** é evidente
soi-disant [swadizɑ̃] *adj inv* suposto(ta) ◇ *adv* supostamente
soie [swa] *nf* seda *f*
soif [swaf] *nf* sede *f* • **avoir soif** ter sede • **ça (me) donne soif** dá(-me) sede
soigné, e [swaɲe] *adj* **1.** *(minutieux, élégant)* cuidado(da) **2.** *(fam) (carabiné)* das boas
soigner [swaɲe] *vt* **1.** cuidar de **2.** *(malade, maladie)* curar
soigneusement [swaɲøzmɑ̃] *adv* cuidadosamente
soigneux, euse [swaɲø, øz] *adj* cuidadoso(osa)
soin [swɛ̃] *nm* cuidado *m* • **prendre soin de qqch** ter cuidado com algo • **prendre soin de faire qqch** ter o cuidado de fazer algo ◆ **soins** *nmpl* cuidados *mpl* • **premiers soins** primeiros cuidados
soir [swaʀ] *nm* noite *f* • **le soir** à noite
soirée [swaʀe] *nf* **1.** *(soir)* noite *f* **2.** *(réception)* recepção *f*
sois, soit [swa] ➤ **être**
soit [swa(t)] *conj* • **soit... soit** quer... quer
soixante [swasɑ̃t] *num* sessenta
soixante-dix [swasɑ̃tdis] *num* setenta
soixante-dixième [swasɑ̃tdizjɛm] *num* septuagésimo(ma)
soixantième [swasɑ̃tjɛm] *num* sexagésimo(ma)
soja [sɔʒa] *nm* soja *f*
sol [sɔl] *nm* **1.** *(d'une maison)* chão *m* **2.** *(dehors, terrain)* solo *m*
solaire [sɔlɛʀ] *adj* solar
solarium [sɔlaʀjɔm] *nm* solário *m*
soldat [sɔlda] *nm* soldado *m*
solde [sɔld] *nm* saldo *m* • **en solde** em saldo ◆ **soldes** *nmpl* saldos *mpl*
soldé, e [sɔlde] *adj* saldado(da)
solder [sɔlde] *vt* saldar ◆ **se solder** *vp* • **se solder par** saldar-se por
sole [sɔl] *nf* linguado *m* • **sole meunière** *linguado cozinhado numa frigideira com manteiga e limão e servido com esse molho*
soleil [sɔlɛj] *nm* sol *m* • **il y a du soleil** está sol • **au soleil** ao sol • **au soleil levant/couchant** ao nascer/pôr do Sol
solennel, elle [sɔlanɛl] *adj* solene
solfège [sɔlfɛʒ] *nm* solfejo *m*
solidaire [sɔlidɛʀ] *adj* solidário(ria) • **être solidaire de qqn** ser solidário para com alguém
solidarité [sɔlidaʀite] *nf* solidariedade *f*
solide [sɔlid] *adj* **1.** *(matériau, construction)* sólido(da) **2.** *(personne, santé)* robusto(ta)
solidifier [sɔlidifje] ◆ **se solidifier** *vp* solidificar-se
solidité [sɔlidite] *nf* solidez *f*
soliste [sɔlist] *nmf* solista *mf*

solitaire [sɔlitɛʀ] *adj & nmf* solitário(ria)
solitude [sɔlityd] *nf* solidão *f*
solliciter [sɔlisite] *vt* **1.** *(suj: mendiant)* mendigar **2.** *(entrevue, faveur)* solicitar
sollicitude [sɔlisityd] *nf* solicitude *f*
solo [sɔlo] *nm* solo *m* • **en solo** a solo
solstice [sɔlstis] *nm* • **solstice d'hiver/d'été** solstício *m* de Inverno/de Verão
soluble [sɔlybl] *adj* solúvel
solution [sɔlysjɔ̃] *nf* solução *f*
solvable [sɔlvabl] *adj* solvente
solvant [sɔlvɑ̃] *nm* dissolvente *m*
sombre [sɔ̃bʀ] *adj* **1.** *(ciel, pièce)* sombrio(bria) **2.** *(couleur)* escuro(ra) **3.** *(visage, humeur, avenir)* triste
sombrer [sɔ̃bʀe] *vi* **1.** *(bateau)* soçobrar **2.** *(fig) (personne)* • **sombrer dans** *(folie, oubli)* cair em ; *(sommeil)* mergulhar em
sommaire [sɔmɛʀ] *adj* sumário(ria) ◇ *nm* sumário *m*
sommation [sɔmasjɔ̃] *nf* **1.** *(assignation)* notificação *f* **2.** *(ordre)* aviso *m*
somme [sɔm] *nf* **1.** *MATH* soma *f* **2.** *(d'argent)* quantia *f* ◇ *nm* • **faire un somme** dormir um bocado *(Port)*, tirar um cochilo *(Br)* • **faire la somme de** fazer a soma de • **en somme** em suma • **somme toute** no fim de contas
sommeil [sɔmɛj] *nm* sono *m* • **avoir sommeil** ter sono
sommelier, ère [sɔməlje, ɛʀ] *nm, f* copeiro *m*, -ra *f*
sommes [sɔm] ➤ **être**
sommet [sɔmɛ] *nm* cimo *m*
sommier [sɔmje] *nm* estrado *m*
sommité [sɔmite] *nf* sumidade *f*
somnambule [sɔmnɑ̃byl] *adj & nmf* sonâmbulo(la)
somnifère [sɔmnifɛʀ] *nm* sonífero *m*
somnoler [sɔmnɔle] *vi* dormitar
somptueux, euse [sɔ̃ptɥø, øz] *adj* sumptuoso(osa)
[1]**son, sa** [sɔ̃, sa] *(pl* **ses** [se]) *adj* seu (sua)
[2]**son** [sɔ̃] *nm* **1.** *(bruit)* som *m* **2.** *(de blé)* farelo *m* • **son et lumière** espectáculo de som e luz
sonate [sɔnat] *nf* sonata *f*
sondage [sɔ̃daʒ] *nm* sondagem *f*
sonde [sɔ̃d] *nf MÉD* sonda *f*
sonder [sɔ̃de] *vt* sondar
songe [sɔ̃ʒ] *nm* (*sout*) sonho *m* • **en songe** em sonhos
songer [sɔ̃ʒe] ◆ **songer à** *vp + prép (envisager de)* pensar em
songeur, euse [sɔ̃ʒœʀ, øz] *adj* pensativo(va)
sonner [sɔne] *vi* tocar ◇ *vt* **1.** *(cloche)* tocar **2.** *(suj: horloge)* dar
sonnerie [sɔnʀi] *nf* **1.** campainha *f* **2.** *(son de cloches)* repique *m*
sonnet [sɔnɛ] *nm* soneto *m*
sonnette [sɔnɛt] *nf* campainha *f* • **sonnette d'alarme** *(dans un train)* campainha de alarme
sono [sɔno] *nf* (*fam*) aparelhagem *f*
sonore [sɔnɔʀ] *adj* sonoro(ra)
sonorisation [sɔnɔʀizasjɔ̃] *nf* sonorização *f*
sonorité [sɔnɔʀite] *nf* sonoridade *f*
sont [sɔ̃] ➤ **être**
Sopalin® [sɔpalɛ̃] *nm* papel de cozinha
sophistiqué, e [sɔfistike] *adj* sofisticado(da)

soporifique [sɔpɔʀifik] *adj* **1.** *(qui endort)* soporífico(ca) **2.** *(fig) (ennuyeux)* bom para dormir ◇ *nm* soporífero *m*
soprano [sɔpʀano] *nm (voix)* soprano *m* ◇ *nmf (personne)* soprano *mf*
sorbet [sɔʀbɛ] *nm* gelado *m*
sorcellerie [sɔʀsɛlʀi] *nf* bruxaria *f*
sorcier, ère [sɔʀsje, ɛʀ] *nm, f* bruxo *m*, -xa *f*
sordide [sɔʀdid] *adj (crime, affaire)* sórdido(da)
sort [sɔʀ] *nm* **1.** sorte *f* **2.** *(malédiction)* praga *f* • **tirer au sort** tirar à sorte
sorte [sɔʀt] *nf* espécie *f* • **une sorte de** uma espécie de • **de (telle) sorte que** *(afin que)* de maneira que • **en quelque sorte** de certa forma
sortie [sɔʀti] *nf* **1.** saída *f* **2.** *(excursion)* passeio *m* ▾ **sortie de secours** saída de emergência ▾ **sortie de véhicules** saída de viaturas
sortilège [sɔʀtilɛʒ] *nm* sortilégio *m*
sortir [sɔʀtiʀ] *vi* **1.** *(aux être)* sair **2.** *(aller au cinéma, au restaurant)* sair (à noite) ◇ *vt* **1.** *(aux avoir) (chien)* passear **2.** *(livre, film)* sair • **sortir de** sair de ; *(école, université)* vir de ◆ **s'en sortir** *vp (fam)* safar-se
SOS [ɛsoɛs] *(abr de Save our souls) nm* SOS *m* • **SOS Médecins** *organismo de urgências médicas* • **SOS-Racisme** SOS Racismo
sosie [sɔzi] *nm* sósia *mf*
sottise [sɔtiz] *nf* burrice *f*
sou [su] *nm* • **ne plus avoir un sou** já não ter um tostão ◆ **sous** *nmpl (fam)* dinheiro *m*
souche [suʃ] *nf* **1.** *(d'arbre)* cepo *m* **2.** *(de carnet)* talão *m* de recibo
souci [susi] *nm* preocupação *f* • **se faire du souci (pour)** preocupar-se (com)
soucier [susje] ◆ **se soucier de** *vp + prép* preocupar-se com
soucieux, euse [susjø, øz] *adj* preocupado(da)
soucoupe [sukup] *nf* pires *m inv* • **soucoupe volante** disco *m* voador
soudain, e [sudɛ̃, ɛn] *adj* repentino(na) ◇ *adv* de repente
souder [sude] *vt* soldar
soudoyer [sudwaje] *vt* subornar
soudure [sudyʀ] *nf* soldadura *f*
souffert [sufɛʀ] *pp* ➤ **souffrir**
souffle [sufl] *nm* sopro *m* • **un souffle d'air** ou **de vent** uma aragem • **être à bout de souffle** estar ofegante
soufflé [sufle] *nm* soufflé *m*
souffler [sufle] *vt* soprar ◇ *vi* **1.** *(expirer)* expirar **2.** *(haleter)* ofegar **3.** *(vent)* soprar • **souffler qqch à qqn** *(à un examen)* dizer baixo algo a alguém
soufflet [suflɛ] *nm* fole *m*
souffrance [sufʀɑ̃s] *nf* sofrimento *m*
souffrant, e [sufʀɑ̃, ɑ̃t] *adj (sout)* indisposto(osta)
souffre-douleur [sufʀədulœʀ] *nm inv* • **c'est leur souffre-douleur** ele é um boneco nas mãos deles
souffrir [sufʀiʀ] *vi* sofrer • **souffrir de** *(maladie)* sofrer de ; *(chaleur, froid)* sofrer com
soufre [sufʀ] *nm* enxofre *m*
souhait [swɛ] *nm* desejo *m* • **à tes souhaits !** santinho!
souhaitable [swɛtabl] *adj* desejável
souhaiter [swete] *vt* • **souhaiter que** desejar que • **souhaiter faire qqch** desejar

fazer algo • **souhaiter bonne chance à qqn** desejar boa sorte a alguém • **souhaiter bon anniversaire à qqn** dar os parabéns a alguém
souiller [suje] *vt* (*sout*) conspurcar
souillon [sujɔ̃] *nf* (*péj*) estafermo *m*
soûl, e [su, sul] *adj* embriagado(da)
soulagement [sulaʒmɑ̃] *nm* alívio *m*
soulager [sulaʒe] *vt* aliviar
soûler [sule] ◆ **se soûler** *vp* embriagar-se
soulèvement [sulɛvmɑ̃] *nm* levantamento *m*
soulever [sulve] *vt* **1.** levantar **2.** (*enthousiasme, protestations*) originar ◆ **se soulever** *vp* **1.** (*se redresser*) levantar-se **2.** (*se rebeller*) revoltar-se
soulier [sulje] *nm* sapato *m*
souligner [suliɲe] *vt* sublinhar
soumettre [sumɛtʀ] *vt* • **soumettre qqn à qqch** submeter alguém a algo • **soumettre qqch à qqn** submeter algo a alguém ◆ **se soumettre à** *vp + prép* submeter-se a
soumis, e [sumi, iz] *pp* ➤ **soumettre** ◇ *adj* submisso(a)
soupape [supap] *nf* válvula *f*
soupçon [supsɔ̃] *nm* suspeita *f*
soupçonner [supsɔne] *vt* suspeitar
soupçonneux, euse [supsɔnø, øz] *adj* desconfiado(da)
soupe [sup] *nf* sopa *f* • **soupe à l'oignon** sopa de cebola • **soupe de légumes** sopa de legumes
souper [supe] *nm* **1.** (*dernier repas*) ceia *f* **2.** (*dîner*) jantar *m* ◇ *vi* **1.** (*très tard*) cear **2.** (*dîner*) jantar
soupeser [supəze] *vt* pesar
soupière [supjɛʀ] *nf* terrina *f*
soupir [supiʀ] *nm* suspiro *m* • **pousser un soupir** dar um suspiro
soupirail [supiʀaj] (*pl* **-aux**) *nm* respiradouro *m*
soupirant [supiʀɑ̃] *nm* pretendente *m*
soupirer [supiʀe] *vi* suspirar
souple [supl] *adj* flexível
souplesse [suplɛs] *nf* flexibilidade *f*
source [suʀs] *nf* **1.** (*d'eau*) nascente *f* **2.** (*de chaleur, de lumière*) fonte *f*
sourcil [suʀsi] *nm* sobrancelha *f*
sourciller [suʀsije] *vi* pestanejar • **sans sourciller** sem pestanejar
sourd, e [suʀ, suʀd] *adj* surdo(da)
sourdine [suʀdin] *nf* surdina *f* • **en sourdine** (*sans bruit*) em surdina ; (*secrètement*) pela calada
sourd-muet, sourde-muette [suʀmɥɛ, suʀdmuɛt] (*mpl* **sourds-muets**, *fpl* **sourdes-muettes**) *nm, f* surdo-mudo *m*, surda-muda *f*
souriant, e [suʀjɑ̃, ɑ̃t] *adj* sorridente
souricière [suʀisjɛʀ] *nf* ratoeira *f*
sourire [suʀiʀ] *nm* sorriso *m* ◇ *vi* sorrir
souris [suʀi] *nf* rato *m*
sournois, e [suʀnwa, az] *adj* dissimulado(da)
sous [su] *prép* debaixo de • **sous enveloppe** num envelope • **sous peu** dentro em breve
sous-bois [subwa] *nm* vegetação *f* rasteira
souscription [suskʀipsjɔ̃] *nf* subscrição *f*
souscrire [suskʀiʀ] *vt* subscrever ◇ *vi* • **souscrire à qqch** subscrever algo

sous-développé, e [sudevlɔpe] *adj* subdesenvolvido(da)
sous-directeur, trice [sudiʀɛktœʀ, tʀis] *nm, f* subdirector *m*, -ra *f*
sous-ensemble [suzɑ̃sɑ̃bl] *nm* subconjunto *m*
sous-entendre [suzɑ̃tɑ̃dʀ] *vt* subentender
sous-entendu [suzɑ̃tɑ̃dy] *nm* subentendido *m*
sous-équipé, e [suzekipe] *adj* mal equipado(da)
sous-estimer [suzɛstime] *vt* subestimar
sous-jacent, e [suʒasɑ̃, ɑ̃t] *adj* subjacente
sous-louer [sulwe] *vt* subarrendar
sous-marin, e [sumaʀɛ̃] *adj* submarino(na) ◇ *nm* **1.** submarino *m* **2.** *(Québec)* CULIN *sandes longa de carne pastrami, servida com batatas fritas e salada*
sous-préfecture [supʀefɛktyʀ] *nf subdivisão administrativa francesa*
sous-pull [supyl] *nm* camisola *f*
sous-répertoire [surepertwar] *nm* INFORM sub-directórios
soussigné, e [susiɲe] *adj* ● **je soussigné** eu abaixo assinado
sous-sol [susɔl] *nm (d'une maison)* cave *f*
sous-titre [sutitʀ] *nm* **1.** *(d'un film)* legenda *f* **2.** *(d'un livre)* subtítulo *m*
sous-titré, e [sutitʀe] *adj* legendado(da)
soustraction [sustʀaksjɔ̃] *nf* subtracção *f*
soustraire [sustʀɛʀ] *vt* subtrair
sous-traitance [sutʀɛtɑ̃s] *nf* subcontratação *f*
sous-traitant, e [sutʀɛtɑ̃, ɑ̃t] *adj* subcontratado(da) ◆ **sous-traitant** (*pl* **sous-traitants**) *nm* subempreiteiro *m*
sous-verre [suvɛʀ] *nm inv* caixilho *m*
sous-vêtements [suvɛtmɑ̃] *nmpl* roupa *f* interior
soutane [sutan] *nf* sotaina *f*
soute [sut] *nf* paiol *m* ● **soute à bagages** porta-bagagem *m*
soutenance [sutnɑ̃s] *nf* defesa *f*
soutenir [sutniʀ] *vt* **1.** *(porter)* suster **2.** *(défendre)* apoiar ● **soutenir que** suster que
souterrain, e [sutɛʀɛ̃, ɛn] *adj* subterrâneo(nea) ◇ *nm* subterrâneo *m*
soutien [sutjɛ̃] *nm* apoio *m*
soutien-gorge [sutjɛ̃gɔʀʒ] (*pl* **soutiens-gorge**) *nm* soutien *m*
soutirer [sutiʀe] *vt* ● **soutirer qqch à qqn** subtrair algo a alguém
souvenir [suvniʀ] *nm* lembrança *f* ◆ **se souvenir de** *vp + prép* lembrar-se de
souvent [suvɑ̃] *adv* **1.** *(fréquemment)* amiúde **2.** *(généralement)* geralmente
souvenu, e [suvny] *pp* ➤ **souvenir**
souverain, e [suvʀɛ̃, ɛn] *nm, f* soberano *m*, -na *f*
souveraineté [suvʀɛnte] *nf* **1.** soberania *f* **2.** *(économique)* supremacia *f*
soviétique [sɔvjetik] *adj* soviético(ca)
soyeux, euse [swajø, øz] *adj* sedoso(osa)
soyons [swajɔ̃] ➤ **être**
SPA (*abr de Société protectrice des animaux*) *nf* SPA *f (Sociedade de Protecção dos Animais)*
spacieux, euse [spasjø, øz] *adj* espaçoso(osa)

spaghetti(s) [spageti] *nmpl* esparguete *m*
sparadrap [sparadra] *nm* penso *m* (*Port*), esparadrapo *m* (*Br*)
spasme [spasm] *nm* espasmo *m*
spatial, e, aux [spasjal, o] *adj* espacial
spatule [spatyl] *nf* espátula *f*
spätzli [ʃpetsli] *nm* (*Helv*) *pedaços de massa fervida, geralmente servidos como acompanhamento de carne*
spécial, e, aux [spesjal, o] *adj* **1.** *(particulier)* especial **2.** *(bizarre)* esquisito(ta)
spécialement [spesjalmɑ̃] *adv* especialmente • **pas spécialement** não especialmente
spécialisé, e [spesjalize] *adj* especializado(da)
spécialiser [spesjalize] *vt* especializar ◆ **se spécialiser** *vp* especializar-se • **se spécialiser dans** especializar-se em
spécialiste [spesjalist] *nmf* especialista *mf*
spécialité [spesjalite] *nf* especialidade *f*
spécificité [spesifisite] *nf* especificidade *f*
spécifier [spesifje] *vt* especificar
spécifique [spesifik] *adj* específico(ca)
spécimen [spesimɛn] *nm* espécime *m*
spectacle [spɛktakl] *nm* espectáculo *m*
spectaculaire [spɛktakylɛr] *adj* espectacular
spectateur, trice [spɛktatœr, tris] *nm, f* espectador *m*, -ra *f*
spectre [spɛktr] *nm* espectro *m*
spéculation [spekylasjɔ̃] *nf* especulação *f*
spéculer [spekyle] *vi* • **spéculer sur** especular sobre
speculo(o)s [spekylos] *nmpl* (*Belg*) *bolacha seca em forma de boneco, feita com açúcar amarelo e canela*
speed [spid] *adj* (*fam*) speed
spéléologie [speleɔlɔʒi] *nf* espeleologia *f*
spermatozoïde [spɛrmatɔzɔid] *nm* espermatozóide *m*
sperme [spɛrm] *nm* esperma *m*
sphère [sfɛr] *nf* esfera *f*
sphérique [sferik] *adj* esférico(ca)
spirale [spiral] *nf* espiral *f* • **en spirale** em espiral
spirituel, elle [spiritɥɛl] *adj* **1.** *(de l'âme)* espiritual **2.** *(personne, remarque)* engraçado(da)
spiritueux [spiritɥø] *nm* bebida *f* espirituosa
splendide [splɑ̃did] *adj* esplêndido(da)
sponsor [spɔ̃sɔr] *nm* patrocinador *m*, patrocinadora *f*
sponsoriser [spɔ̃sɔrize] *vt* patrocinar
spontané, e [spɔ̃tane] *adj* espontâneo(nea)
spontanéité [spɔ̃taneite] *nf* espontaneidade *f*
sporadique [spɔradik] *adj* esporádico(ca)
sport [spɔr] *nm* desporto *m* • **sports d'hiver** desportos de Inverno
sportif, ive [spɔrtif, iv] *adj* desportivo(va) ◇ *nm, f* desportista *mf*
spot [spɔt] *nm* holofote *m* • **spot publicitaire** spot *m* publicitário
sprint [sprint] *nm* sprint *m*
square [skwar] *nm* **1.** parque *m* **2.** *(en ville)* praceta *f*, jardim *m* público
squash [skwaʃ] *nm* squash *m*

¹squatter [skwatœʀ] *nm* ocupante *mf* ilegal
²squatter [skwate] *vt* ocupar ilegalmente
squelette [skəlɛt] *nm* esqueleto *m*
squelettique [skəletik] *adj* **1.** *(corps)* esquelético(ca) **2.** *(fig)* *(peu fourni)* limitado(da) **3.** *(fig)* *(peu développé)* pobre
St (*abr écrite de saint*) S *(são)*
stabiliser [stabilize] *vt* estabilizar ◆ **se stabiliser** *vp* estabilizar-se
stable [stabl] *adj* estável
stade [stad] *nm* **1.** *(de sport)* estádio *m* **2.** *(période)* estado *m*
stage [staʒ] *nm* estágio *m* ● **faire un stage** fazer um estágio
stagiaire [staʒjɛʀ] *nmf* estagiário *m*, -ria *f*
stagner [stagne] *vi* estagnar
stalactite [stalaktit] *nf* estalactite *f*
stalagmite [stalagmit] *nf* estalagmite *f*
stand [stɑ̃d] *nm* stand *m*
standard [stɑ̃daʀ] *adj inv* standard ◇ *nm* *(téléphonique)* PBX *m*
standardiste [stɑ̃daʀdist] *nmf* telefonista *mf*
star [staʀ] *nf* estrela *f*
starter [staʀtɛʀ] *nm* starter *m* (*Port*), afogador *m* (*Br*)
start-up [staʀtɛp] *nf inv* start(-)up *f*
station [stasjɔ̃] *nf* estação *f* ● **station balnéaire** estação balnear ● **station de sports d'hiver** ou **de ski** estação de desportos de Inverno ● **station de taxis** praça *f* de táxis (*Port*), ponto *m* de táxi (*Br*) ● **station thermale** termas *fpl* (*Port*), estância *f* hidromineral (*Br*)
stationnaire [stasjɔnɛʀ] *adj* estacionário(ria)
stationnement [stasjɔnmɑ̃] *nm* estacionamento *m* ▼ **stationnement payant** estacionamento a pagar
stationner [stasjɔne] *vi* estacionar
station-service [stasjɔ̃sɛʀvis] (*pl* **stations-service**) *nf* estação *f* de serviço
statique [statik] *adj* ➤ **électricité**
statistiques [statistik] *nfpl* estatísticas *fpl*
statue [staty] *nf* estátua *f*
statuer [statɥe] *vi* ● **statuer (sur)** decidir
statuette [statɥɛt] *nf* estatueta *f*
statu quo [statykwo] *nm inv* statu quo *m inv*
statut [staty] *nm* estatuto *m*
Ste (*abr écrite de sainte*) Sta *(santa)*
Sté (*abr écrite de société*) sociedade *f*
steak [stɛk] *nm* bife *m* ● **steak frites** bife com batatas fritas ● **steak haché** hambúrger *m* ● **steak tartare** bife tártaro
sténo [steno] *nf* estenografia *f*
sténodactylo [stenɔdaktilo] *nf* estenodactilógrafa *f*
stéréo [steʀeo] *adj inv* estéreo ◇ *nf* ● **en stéréo** em estéreo
stérile [steʀil] *adj* **1.** *(femme, homme)* estéril **2.** *(milieu, compresse)* esterilizado(da)
stérilet [steʀilɛ] *nm* DIU *m*, dispositivo *m* intra-uterino, diafragma *m*
stériliser [steʀilize] *vt* esterilizar
sterling [stɛʀliŋ] *adj* ➤ **livre**
sternum [stɛʀnɔm] *nm* esterno *m*
steward [stiwaʀt] *nm* comissário *m* de bordo

stimulant, e [stimylɑ̃, ɑ̃t] *adj* estimulante ◆ **stimulant** *nm* **1.** *(remontant)* estimulante *m* **2.** *(motivation)* estímulo *m*
stimuler [stimyle] *vt* estimular
stipuler [stipyle] *vt* ● **stipuler qqch** estipular algo ● **stipuler que** estipular que
stock [stɔk] *nm* stock *m* ● **en stock** em stock
stocker [stɔke] *vt* armazenar
stoïque [stɔik] *adj* estóico(ca)
stop [stɔp] *nm* **1.** *(panneau)* stop *m* **2.** *(phare)* luz *f* de travagem ◇ *interj* alto! ● **faire du stop** pedir boleia
stopper [stɔpe] *vt & vi* parar
store [stɔʀ] *nm* **1.** *(extérieur)* toldo *m* **2.** *(intérieur)* estore *m*
STP (*abr écrite de s'il te plaît*) sff (se faz favor)
strabisme [stʀabism] *nm* estrabismo *m*
strapontin [stʀapɔ̃tɛ̃] *nm* assento *m* dobradiço
stratagème [stʀataʒɛm] *nm* estratagema *m*
stratégie [stʀateʒi] *nf* estratégia *f*
stress [stʀɛs] *nm* stress *m*
stressé, e [stʀese] *adj* tenso(sa)
stresser [stʀese] *vi* ficar tenso(sa) ◇ *vt* deixar tenso(sa)
stretching [stʀɛtʃiŋ] *nm* stretching *m*
strict, e [stʀikt] *adj* severo(ra)
strictement [stʀiktəmɑ̃] *adv (absolument)* estritamente
strident, e [stʀidɑ̃, ɑ̃t] *adj* estridente
strié, e [stʀije] *adj* estriado(da)
strip-tease [stʀiptiz] (*pl* **strip-teases**) *nm* strip-tease *m*
strophe [stʀɔf] *nf* estrofe *f*
structure [stʀyktyʀ] *nf* estrutura *f*
studieux, euse [stydjø, øz] *adj* estudioso(osa)
studio [stydjo] *nm* **1.** *(logement)* estúdio *m* *(Port)*, conjugado *m* *(Br)* **2.** *(de cinéma, de photo)* estúdio *m*
stupéfaction [stypefaksjɔ̃] *nf* estupefacção *f*
stupéfait, e [stypefɛ, ɛt] *adj* estupefacto(ta)
stupéfiant, e [stypefjɑ̃, ɑ̃t] *adj* espantoso(osa) ◇ *nm* estupefaciente *m*
stupide [stypid] *adj* estúpido(da)
stupidité [stypidite] *nf* **1.** *(caractère)* estupidez *f* **2.** *(parole)* parvoíce *f*
style [stil] *nm* estilo *m* ● **meuble de style** móvel de estilo
styliste [stilist] *nmf* estilista *mf*
stylo [stilo] *nm* caneta *f* ● **stylo (à) bille** esferográfica *f* ● **stylo (à) plume** caneta de tinta permanente
stylo-feutre [stilofotʀ] (*pl* **stylos-feutres**) *nm* caneta *f* de feltro
su, e [sy] *pp* ➤ **savoir**
suave [sɥav] *adj* suave
subalterne [sybaltɛʀn] *adj & nmf* subalterno(na)
subconscient, e [sybkɔ̃sjɑ̃, ɑ̃t] *adj* subconsciente ◆ **subconscient** *nm* subconsciente *m*
subir [sybiʀ] *vt* **1.** sofrer **2.** *(opération)* fazer
subit, e [sybi, it] *adj* súbito(ta)
subitement [sybitmɑ̃] *adv* subitamente
subjectif, ive [sybʒɛktif, iv] *adj* subjectivo(va)
subjonctif [sybʒɔ̃ktif] *nm* conjuntivo *m* *(Port)*, subjuntivo *m* *(Br)*
subjuguer [sybʒyge] *vt* subjugar

sublime [syblim] *adj* sublime
submerger [sybmɛʀʒe] *vt* **1.** *(suj: eau)* submergir **2.** *(suj: travail, responsabilités)* encher
subordonné, e [sybɔʀdɔne] *adj & nm, f* subordinado(da) ◆ **subordonnée** *nf* subordinada *f*
subsidiaire [sybzidjɛʀ] *adj* subsidiário(ria)
subsister [sybziste] *vi* subsistir
substance [sypstɑ̃s] *nf* substância *f*
substantiel, elle [sypstɑ̃sjɛl] *adj* substancial
substantif, ive [sypstɑ̃tif, iv] *adj* substantivado(da) ◆ **substantif** *nm* substantivo *m*
substituer [sypstitɥe] *vt* ● **substituer qqch à qqch** substituir algo por algo ◆ **se substituer à** *vp + prép* substituir
subterfuge [sypteʀfyʒ] *nm* subterfúgio *m*
subtil, e [syptil] *adj* subtil
subtiliser [syptilize] *vt* surripiar
subtilité [syptilite] *nf* subtileza *f*
subvenir [sybvəniʀ] ◆ **subvenir à** *vp + prép* fazer face a ● **subvenir aux besoins de qqn** fazer face às necessidades de alguém
subvention [sybvɑ̃sjɔ̃] *nf* subvenção *f*
subventionner [sybvɑ̃sjɔne] *vt* subvencionar
subversif, ive [sybvɛʀsif, iv] *adj* subversivo(va)
succéder [syksede] ◆ **succéder à** *vp + prép* suceder a ◆ **se succéder** *vp* suceder-se
succès [syksɛ] *nm* sucesso *m* ● **avoir du succès** ter sucesso
successeur [syksesœʀ] *nm* sucessor *m*
successif, ive [syksesif, iv] *adj* sucessivo(va)
succession [syksesjɔ̃] *nf* sucessão *f*
succinct, e [syksɛ̃, ɛ̃t] *adj* **1.** *(discours)* sucinto(ta) **2.** *(repas)* ligeiro(ra)
succomber [sykɔ̃be] *vi* sucumbir ● **succomber à** sucumbir a
succulent, e [sykylɑ̃, ɑ̃t] *adj* suculento(ta)
succursale [sykyʀsal] *nf* sucursal *f*
sucer [syse] *vt* **1.** *(un bonbon)* chupar **2.** *(son pouce)* chuchar em
sucette [sysɛt] *nf* **1.** *(bonbon)* chupa-chupa *m* **2.** *(de bébé)* chupeta *f*
sucre [sykʀ] *nm* **1.** *(produit)* açúcar *m* **2.** *(morceau)* torrão *m* de açúcar ● **sucre en morceaux** açúcar em cubos ● **sucre d'orge** açúcar mascavo ● **sucre en poudre** açúcar ● **sucre roux** ou **brun** açucar amarelo
sucré, e [sykʀe] *adj* **1.** *(fruit)* doce **2.** *(yaourt, café)* açucarado(da)
sucrer [sykʀe] *vt* açucarar
sucreries [sykʀəʀi] *nfpl* doces *mpl*
Sucrette® [sykʀɛt] *nf* adoçante *m*, sacarina *f*
sucrier [sykʀije] *nm* açucareiro *m*
sud [syd] *adj inv & nm inv* sul ● **au sud (de)** a sul (de)
sud-africain, e, s [sydafʀikɛ̃, ɛn] *adj* sul-africano(na)
sud-est [sydɛst] *adj inv & nm inv* sudeste ● **au sud-est (de)** a sudeste de
sud-ouest [sydwɛst] *adj inv & nm inv* sudoeste ● **au sud-ouest (de)** a sudoeste de
Suède [sɥɛd] *nf* ● **la Suède** a Suécia

suédois, e [sɥedwa, az] *adj* sueco(ca) ◇ *nm (langue)* sueco *m* ◆ **Suédois, e** *nm, f* sueco *m*, -ca *f*

suer [sɥe] *vi* suar

sueur [sɥœʀ] *nf* suor *m* • **être en sueur** estar (todo) transpirado • **avoir des sueurs froides** ter suores frios

suffire [syfiʀ] *vi (être assez)* bastar • **ça suffit !** basta! • **suffire à qqn** bastar a alguém • **il suffit de qqch pour** basta algo para • **il (te) suffit de faire qqch** basta fazer(es) algo

suffisamment [syfizamɑ̃] *adv* bastante • **suffisamment de** bastante • **suffisamment de livres** bastantes livros • **il n'y a pas suffisamment de gens** não há pessoas que cheguem

suffisant, e [syfizɑ̃, ɑ̃t] *adj* suficiente

suffixe [syfiks] *nm* sufixo *m*

suffocant, e [syfɔkɑ̃, ɑ̃t] *adj* sufocante

suffoquer [syfɔke] *vi* sufocar

suffrage [syfʀaʒ] *nm* sufrágio *m* • **suffrage universel/indirect** sufrágio universal/indirecto

suggérer [sygʒeʀe] *vt* sugerir • **suggérer à qqn de faire qqch** sugerir a alguém que faça algo

suggestif, ive [sygʒɛstif, iv] *adj* sugestivo(va)

suggestion [sygʒɛstjɔ̃] *nf* sugestão *f*

suicidaire [sɥisidɛʀ] *adj* suicida

suicide [sɥisid] *nm* suicídio *m*

suicider [sɥiside] ◆ **se suicider** *vp* suicidar-se

suie [sɥi] *nf* fuligem *f*

suinter [sɥɛ̃te] *vi* ressumar

suis [sɥi] ➤ **être, suivre**

suisse [sɥis] *adj* suíço(ça) ◆ **Suisse** *nmf* suíço *m*, -ça *f* ◇ *nf* • **la Suisse** a Suíça

suite [sɥit] *nf* **1.** *(série, succession)* série *f* **2.** *(d'une histoire, d'un film)* continuação *f* • **à la suite** de seguida • **à la suite de** *(à cause de)* por causa de • **de suite** de seguida • **par suite de** devido a ◆ **suites** *nfpl* repercussões *fpl*

suivant, e [sɥivɑ̃, ɑ̃t] *adj & nm, f* seguinte ◇ *prép* segundo • **au suivant !** o seguinte!

suivi, e [sɥivi] *pp* ➤ **suivre**

suivre [sɥivʀ] *vt* **1.** seguir **2.** *(succéder à)* seguir-se a **3.** *(cours)* assistir a • **suivi de** seguido de • **faire suivre** ao cuidado de ▼ **à suivre** continua

sujet [syʒɛ] *nm* **1.** *(thème)* assunto *m* **2.** GRAMM sujeito *m* **3.** *(d'un roi)* súbdito *m* • **au sujet de** a propósito de

Sup de Co (*abr de École Supérieure de Commerce*) *nf* Instituto Superior de Comércio

super [sypɛʀ] *adj inv (fam) (formidable)* porreiro(ra) ◇ *nm (carburant)* gasolina *f* super

super- [sypɛʀ] *préf (fam)* super-

superbe [sypɛʀb] *adj* espectacular

supercherie [sypɛʀʃəʀi] *nf* trapaça *f*

supérette [sypeʀɛt] *nf* mini-mercado *m*

superficie [sypɛʀfisi] *nf* superfície *f*

superficiel, elle [sypɛʀfisjɛl] *adj* superficial

superflu, e [sypɛʀfly] *adj* supérfluo(flua)

supérieur, e [sypeʀjœʀ] *adj* superior ◇ *nm, f* superior *m*, -ra *f* • **supérieur à** superior a

supériorité [sypeʀjɔʀite] *nf* superioridade *f*
superlatif [sypeʀlatif] *nm* superlativo *m*
supermarché [sypɛʀmaʀʃe] *nm* supermercado *m*
superposer [sypɛʀpoze] *vt* sobrepor
superproduction [sypɛʀpʀɔdyksjɔ̃] *nf* superprodução *f*
superpuissance [sypɛʀpɥisɑ̃s] *nf* superpotência *f*
superstitieux, euse [sypɛʀstisjø, øz] *adj* supersticioso(osa)
superstition [sypɛʀstisjɔ̃] *nf* superstição *f*
superviser [sypɛʀvize] *vt* supervisionar
supplanter [syplɑ̃te] *vt* suplantar
suppléant, e [sypleɑ̃, ɑ̃t] *adj & nm, f* suplente
supplément [syplemɑ̃] *nm* suplemento *m* • **en supplément** em suplemento
supplémentaire [syplemɑ̃tɛʀ] *adj* suplementar
supplice [syplis] *nm* suplício *m*
supplier [syplije] *vt* • **supplier qqn (de faire qqch)** suplicar a alguém (que faça algo)
support [sypɔʀ] *nm* suporte *m*
supportable [sypɔʀtabl] *adj* suportável
¹**supporter** [sypɔʀte] *vt* **1.** suportar **2.** *(soutenir)* suster
²**supporter** [sypɔʀtɛʀ] *nm* adepto *m*, -ta *f (Port)*, torcedor *m*, -ra *f (Br)*
supposer [sypoze] *vt* supor • **à supposer que...** supondo que...
supposition [sypozisjɔ̃] *nf* suposição *f*
suppositoire [sypozitwaʀ] *nm* supositório *m*
suppression [sypʀesjɔ̃] *nf* supressão *f*
supprimer [sypʀime] *vt* **1.** *(faire disparaître)* suprimir **2.** *(tuer)* eliminar **3.** *INFORM* limpar
suprématie [sypʀemasi] *nf* supremacia *f*
suprême [sypʀɛm] *nm* • **suprême de volaille** *peito de frango com molho*
sur [syʀ] *prép*
1. *(dessus)* em, em cima de • **sur la table** em cima da mesa
2. *(au-dessus de)* sobre
3. *(indique la direction)* a • **tournez sur la droite** vire à direita • **on remonte sur Paris** voltamos para Paris
4. *(indique la distance)* ao longo de ▾ **travaux sur 10 kilomètres** obras ao longo dos próximos 10 quilómetros
5. *(au sujet de)* sobre • **un dépliant sur l'Auvergne** um folheto sobre a Auvergne
6. *(dans une mesure)* por • **un mètre de large sur deux mètres de long** um metro de largura por dois metros de comprimento
7. *(dans une proportion)* em • **9 personnes sur 10** 9 em cada 10 pessoas • **un jour sur deux** um em cada dois dias
sûr, e [syʀ] *adj* **1.** *(sans danger)* seguro(ra) **2.** *(digne de confiance)* de confiança • **je suis sûre de réussir/qu'il viendra** tenho certeza que vou conseguir/que ele vem • **je suis sûre de lui** tenho confiança nele • **être sûr de soi** estar seguro de si
surbooking [syʀbukiŋ] *nm* reservas *fpl* em excesso
surcharge [syʀʃaʀʒ] *nf* **1.** *(de travail, de ratures)* sobrecarga *f* **2.** *(de poids)* excesso *m* de peso **3.** *(d'ornements)* superabundância *f*
surcharger [syʀʃaʀʒe] *vt* sobrecarregar

surchauffé, e [syʀʃofe] *adj* sobreaquecido(da)
surchemise [syrʃəmiz] *nf* camisa *f* aos quadrados
surcroît [syʀkʀwa] *nm* acréscimo *m* • **de** OU **par surcroît** (*sout*) além disso
surdité [syʀdite] *nf* surdez *f*
surdoué, e [syʀdwe] *adj* sobredotado(da)
sureffectif [syʀefɛktif] *nm* • **être en sureffectif** ter pessoal a mais
surélever [syʀɛlve] *vt* aumentar a altura de • **surélever une maison** acrescentar um andar a uma casa
sûrement [syʀmɑ̃] *adv* certamente • **sûrement pas !** certamente que não!
surenchère [syʀɑ̃ʃɛʀ] *nf* **1.** *DR* sobrelanço *m* **2.** (*fig*) (*exagération*) redobramento *m* • **faire de la surenchère** prometer mundos e fundos
surendetté, e [syʀɑ̃dɛte] *adj* bastante endividado(da)
surestimer [syʀɛstime] *vt* sobrestimar
sûreté [syʀte] *nf* • **mettre qqch en sûreté** pôr algo a salvo
surexcité, e [syʀeksite] *adj* irrequieto(ta)
surf [sœʀf] *nm* surf *m*
surface [syʀfas] *nf* superfície *f*
surfait, e [syʀfɛ, ɛt] *adj* supervalorizado(da)
surgelé, e [syʀʒəle] *adj* ultracongelado(da) ◇ *nm* ultracongelado *m*
surgir [syʀʒiʀ] *vi* surgir
surimi [syrimi] *nm* surimi *m*
sur-le-champ [syʀləʃɑ̃] *adv* imediatamente
surlendemain [syʀlɑ̃dmɛ̃] *nm* • **le surlendemain** dois dias depois
surligner [syʀliɲe] *vt* marcar (com marcador fluorescente)
surligneur [syʀliɲœʀ] *nm* marcador *m* (de feltro)
surmenage [syʀmənaʒ] *nm* esgotamento *m*
surmené, e [syʀməne] *adj* esgotado(da)
surmené, e [syʀməne] *adj* estafado(da)
surmonter [syʀmɔ̃te] *vt* superar
surnaturel, elle [syʀnatyʀɛl] *adj* sobrenatural
surnom [syʀnɔ̃] *nm* alcunha *f*
surnommer [syʀnɔme] *vt* apelidar
surpasser [syʀpase] *vt* superar ♦ **se surpasser** *vp* superar-se
surpeuplé, e [syʀpœple] *adj* superpovoado(da)
surplace [syʀplas] *nm* • **faire du surplace** (*fig*) marcar passo
surplomber [syʀplɔ̃be] *vt* dominar
surplus [syʀply] *nm* excedente *m*
surprenant, e [syʀpʀənɑ̃, ɑ̃t] *adj* surpreendente
surprendre [syʀpʀɑ̃dʀ] *vt* surpreender
surpris, e [syʀpʀi, iz] *pp* ➤ **surprendre** ◇ *adj* surpreendido(da) • **je suis surpris de le voir ici** surpreende-me vê-lo aqui
surprise [syʀpʀiz] *nf* surpresa *f* • **faire une surprise à qqn** fazer uma surpresa a alguém • **par surprise** de surpresa
surréalisme [syʀʀealism] *nm* surrealismo *m*
surréservation [syʀʀezɛʀvasjɔ̃] *nf* = **surbooking**
sursaut [syʀso] *nm* • **se réveiller en sursaut** acordar em sobressalto

sursauter [syʀsote] *vi* sobressaltar-se
sursis [syʀsi] *nm* **1.** *(délai)* prorrogação *f* **2.** *DR* pena *f* suspensa • **6 mois avec sursis** 6 meses com pena suspensa
surtaxe [syʀtaks] *nf* sobretaxa *f*
surtout [syʀtu] *adv* sobretudo • **surtout, fais bien attention !** sobretudo, tem muito cuidado! • **surtout que** sobretudo porque
survécu [syʀveky] *pp* ➤ **survivre**
surveillance [syʀvɛjɑ̃s] *nf* vigilância *f* • **être sous surveillance** estar sob vigilância
surveillant, e [syʀvɛjɑ̃, ɑ̃t] *nm, f* auxiliar *mf* da acção educativa
surveiller [syʀveje] *vt* **1.** *(observer)* vigiar **2.** *(prendre soin de)* cuidar de ◆ **se surveiller** *vp (faire un régime)* cuidar-se
survenir [syʀvəniʀ] *vi* sobrevir
survêtement [syʀvɛtmɑ̃] *nm* fato *m* de treino
survie [syʀvi] *nf* sobrevivência *f*
survivant, e [syʀvivɑ̃, ɑ̃t] *nm, f* sobrevivente *mf*
survivre [syʀvivʀ] *vi* sobreviver • **survivre à** sobreviver a
survol [syʀvɔl] *nm* **1.** *(vol au-dessus de)* sobrevoo *m* **2.** *(fig) (examen rapide)* vista *f* de olhos
survoler [syʀvɔle] *vt* sobrevoar
sus [sy(s)] ◆ **en sus** *adv* a mais
susceptible [sysɛptibl] *adj* susceptível • **être susceptible de faire qqch** ser capaz de fazer algo
susciter [sysite] *vt* suscitar
suspect, e [syspɛ, ɛkt] *adj* & *nm, f* suspeito(ta)
suspecter [syspɛkte] *vt* suspeitar de
suspendre [syspɑ̃dʀ] *vt* suspender
suspens [syspɑ̃] ◆ **en suspens** *loc adv* em suspenso
suspense [syspɛns] *nm* suspense *m*
suspension [syspɑ̃sjɔ̃] *nf* **1.** *(d'une voiture)* suspensão *f* **2.** *(lampe)* candeeiro *m* de tecto
suture [sytyʀ] *nf* ➤ **point**
svelte [zvɛlt] *adj* esbelto(ta)
SVP (*abr écrite de s'il vous plaît*) s.f.f *(se faz favor)*
sweat-shirt [switʃœʀt] (*pl* **sweat-shirts**) *nm* sweat-shirt *f*
syllabe [silab] *nf* sílaba *f*
symbole [sɛ̃bɔl] *nm* símbolo *m*
symbolique [sɛ̃bɔlik] *adj* simbólico(ca)
symboliser [sɛ̃bɔlize] *vt* simbolizar
symétrie [simetʀi] *nf* simetria *f*
symétrique [simetʀik] *adj* simétrico(ca)
sympa [sɛ̃pa] *adj* (*fam*) fixe
sympathie [sɛ̃pati] *nf* • **éprouver** OU **avoir de la sympathie pour qqn** sentir OU ter simpatia por alguém
sympathique [sɛ̃patik] *adj* simpático(ca)
sympathiser [sɛ̃patize] *vi* simpatizar • **ils ont sympathisé** eles simpatizaram um com o outro
symphonie [sɛ̃fɔni] *nf* sinfonia *f*
symphonique [sɛ̃fɔnik] *adj* sinfónico(ca)
symptomatique [sɛ̃ptɔmatik] *adj* sintomático(ca)
symptôme [sɛ̃ptom] *nm* sintoma *m*
synagogue [sinagɔg] *nf* sinagoga *f*
synchronisé, e [sɛ̃kʀɔnize] *adj* sincronizado(da)
synchroniser [sɛ̃kʀɔnize] *vt* sincronizar
syncope [sɛ̃kɔp] *nf MÉD* síncope *f*

syndic [sɛ̃dik] *nm* **1.** *(personne)* administrador *m*, -ra *f* de condomínio **2.** *(entreprise)* empresa *f* gestora de condomínios
syndical, e, aux [sɛ̃dikal, o] *adj (mouvement, revendications)* sindical
syndicaliste [sɛ̃dikalist] *nmf* sindicalista *mf*
syndicat [sɛ̃dika] *nm* sindicato *m* • **syndicat d'initiative** centro *m* de turismo
syndiqué, e [sɛ̃dike] *adj* sindicalizado(da)
syndrome [sɛ̃dʀom] *nm* síndrome *f* • **syndrome immunodéficitaire acquis** Síndrome de Imuno-deficiência Adquirida
synergie [sinɛʀʒi] *nf* sinergia *f*
synonyme [sinɔnim] *nm* sinónimo *m*
syntaxe [sɛ̃taks] *nf* sintaxe *f*
synthèse [sɛ̃tɛz] *nf* síntese *f*
synthétique [sɛ̃tetik] *adj* sintético(ca) ◇ *nm* tecido *m* sintético
synthétiseur [sɛ̃tetizœʀ] *nm* sintetizador *m*
systématique [sistematik] *adj* sistemático(ca)
système [sistɛm] *nm* sistema *m* • **système d'exploitation** sistema operacional • **système monétaire européen** Sistema Monetário Europeu

tT

t' ➤ **te**
ta [ta] ➤ **ton** *(adj)*
tabac [taba] *nm* **1.** *(plante, produit)* tabaco *m* **2.** *(magasin)* tabacaria *f*

Les tabacs

Nos *débits de tabac* (postos de venda autorizados) ou *bureaux de tabac* (tabacarias) vendem-se cigarros, charutos e tabaco, mas também se encontram selos de correio, selos fiscais, matrizes de *loto*, etc. Na província, também é possível adquirir jornais e revistas nestes estabelecimentos.

tabagie [tabaʒi] *nf (Québec)* tabacaria *f*
tabagisme [tabaʒism] *nm* tabagismo *m*
table [tabl] *nf* **1.** *(meuble)* mesa *f* **2.** *(tableau)* quadro *m* • **mettre la table** pôr a mesa • **être/se mettre à table** estar à/ir para a mesa • **à table !** para a mesa! • **table de chevet** ou **de nuit** mesa-de-cabeceira *f* • **table à langer** mesa de vestir • **table des matières** índice *m* • **table d'opération** mesa de operações • **table d'orientation** plano *m* de orientação • **table à repasser** tábua *f* de passar a ferro
tableau [tablo] (*pl* **-x**) *nm* **1.** *(peinture, grille)* quadro *m* **2.** *(panneau)* painel *m* • **tableau de bord** painel de instrumentos • **tableau (noir)** quadro (preto)
tabler [table] *vi* • **tabler sur** contar com
tablette [tablɛt] *nf* prateleira *f* • **tablette de chocolat** tablete *f* de chocolate
tableur [tablœʀ] *nm* folha *f* de cálculo
tablier [tablije] *nm* avental *m*
tabou, e [tabu] *adj* tabu ◆ **tabou** *nm* tabu *m*
taboulé [tabule] *nm prato libanês à base de trigo partido, tomate, salsa e hortelã*

tabouret [tabuʀɛ] *nm* mocho *m*, banco *m*
tache [taʃ] *nf* mancha *f* • **taches de rousseur** sardas *fpl*
tâche [taʃ] *nf* tarefa *f*
tacher [taʃe] *vt* manchar
tâcher [taʃe] *vi* • **je vais tâcher de finir ce soir** vou ver se acabo esta noite ◇ *vt* • **tâche que ça ne se reproduise plus** vê lá se isto não se repete
tacheté, e [taʃte] *adj* manchado(da)
tacite [tasit] *adj* tácito(ta)
taciturne [tasityʀn] *adj* taciturno(na)
tact [takt] *nm* tacto *m*
tactique [taktik] *nf* táctica *f*
tag [tag] *nm* grafito *m*
tagine [taʒin] *nm prato à base de carne, sobretudo de carneiro, típico do Norte de África*
taguer [tage] *vt* desenhar grafitos em
taie [tɛ] *nf* • **taie d'oreiller** fronha *f* (de almofada)
taille [taj] *nf* **1.** *(dimension)* tamanho *m* **2.** *(mensuration)* medida *f* **3.** *(partie du corps)* cintura *f*
taille-crayon [tajkʀɛjɔ̃] (*pl* **taille-crayons**) *nm* afiadeira *f* (*Port*), apontador *m* (*Br*)
tailler [taje] *vt* **1.** *(arbre)* podar **2.** *(tissu)* cortar **3.** *(crayon)* afiar
tailleur [tajœʀ] *nm* **1.** *(couturier)* alfaiate *m* **2.** *(vêtement)* fato *m* de saia e casaco • **s'asseoir en tailleur** sentar-se com as pernas cruzadas
taillis [taji] *nm* mata *f* (de corte)
tain [tɛ̃] *nm* aço *m (para espelhos)*
taire [tɛʀ] ◆ **se taire** *vp* calar-se • **tais-toi !** cala-te!
talc [talk] *nm* pó *m* de talco
talent [talɑ̃] *nm* talento *m*
talentueux, euse [talɑ̃tɥø, øz] *adj* talentoso(osa)
talisman [talismɑ̃] *nm* talismã *m*
talkie-walkie [tɔkiwɔki] (*pl* **talkies-walkies**) *nm* walkie-talkie *m*
talon [talɔ̃] *nm* **1.** *(du pied)* calcanhar *m* **2.** *(d'une chaussure)* salto *m* **3.** *(d'un chèque)* talão *m* • **talons hauts** saltos altos • **talons plats** saltos baixos ou rasos
talonner [talɔne] *vt* **1.** *(suivre)* ir no encalço de **2.** *(harceler)* atormentar
talus [taly] *nm* talude *m*
tambour [tɑ̃buʀ] *nm (instrument)* tambor *m*
tambourin [tɑ̃buʀɛ̃] *nm* tamboril *m* (*Port*), pandeiro *m* (*Br*)
tambouriner [tɑ̃buʀine] *vt* tamborilar ◇ *vi* • **tambouriner sur/à/contre** tamborilar em/a/contra
tamis [tami] *nm* peneira *f*
Tamise [tamiz] *nf* • **la Tamise** o Tamisa
tamisé, e [tamize] *adj* ténue
tamiser [tamize] *vt* peneirar
tampon [tɑ̃pɔ̃] *nm* **1.** *(cachet)* carimbo *m* **2.** *(de tissu, de coton)* pano *m* • **tampon (hygiénique)** tampão *m*
tamponner [tɑ̃pɔne] *vt* **1.** *(document)* carimbar **2.** *(heurter)* bater em **3.** *(plaie)* limpar ao de leve
tamponneuse [tɑ̃pɔnøz] *adj f* ➤ **auto**
tam-tam [tamtam] (*pl* **tam-tams**) *nm* tantã *m*
tandem [tɑ̃dɛm] *nm (vélo)* tandem *m*
tandis [tɑ̃di] ◆ **tandis que** *conj* **1.** *(pendant que)* enquanto **2.** *(alors que)* ao passo que

tangent, e [tɑ̃ʒɑ̃, ɑ̃t] *adj* **1.** *MATH* tangente **2.** *(juste)* à tangente ◆ **tangente** *nf* tangente *f*
tango [tɑ̃go] *nm* tango *m*
tanguer [tɑ̃ge] *vi* baloiçar
tanière [tanjɛʀ] *nf* **1.** *(d'ours)* caverna *f* **2.** *(de renard)* covil *m* **3.** *(fig) (de personne)* toca *f*
tank [tɑ̃k] *nm* tanque *m*
tanner [tane] *vt* **1.** *(peau)* curtir **2.** *(fam) (embêter)* azucrinar o juízo a
tant [tɑ̃] *adv*
1. *(tellement)* tanto • **il l'aime tant (que)** ele ama-a tanto (que) • **tant de... (que)** tanto... (que) • **tant de gens (que)** tanta gente (que)
2. *(autant)* • **tant que** tanto quanto • **tant qu'il peut** tanto quanto pode
3. *(temporel)* • **tant que nous resterons ici** enquanto ficarmos aqui
4. *(dans des expressions)* • **en tant que** como • **on est arrivés à finir tant bien que mal** conseguimos acabar como pudémos • **tant mieux** ainda bem • **tant pis** pouco importa • **tant pis pour lui** pior para ele
tante [tɑ̃t] *nf* tia *f*
tantôt [tɑ̃to] *adv* • **tantôt... tantôt** ora... ora
taon [tɑ̃] *nm* moscardo *m*
tapage [tapaʒ] *nm* algazarra *f*
tape [tap] *nf* palmada *f*
tape-à-l'œil [tapalœj] *adj inv* espampanante ◇ *nm inv* fachada *f*
tapenade [tapənad] *nf condimento à base de azeitonas, anchovas e alcaparras trituradas com azeite e ervas aromáticas*
taper [tape] *vt* **1.** *(frapper)* bater **2.** *(code)* marcar • **taper (qqch) à la machine** bater (algo) à máquina • **taper des pieds** bater com os pés no chão • **taper sur** bater em
tapioca [tapjɔka] *nm* tapioca *f*
tapis [tapi] *nm* **1.** carpete *f* **2.** *(d'escalier)* passadeira *f* • **tapis roulant** tapete rolante • **tapis de sol** *lona que cobre o chão de uma tenda de campismo*
tapisser [tapise] *vt* forrar
tapisserie [tapisʀi] *nf* **1.** *(à l'aiguille, arts décoratifs)* tapeçaria *f* **2.** *(papier peint)* papel *m* de parede
tapoter [tapɔte] *vt* dar pancadinhas em
taquin, e [takɛ̃, in] *adj* arreliador(ra)
taquiner [takine] *vt* arreliar
tarama [taʀama] *nm ovas de peixe misturadas com miolo de pão, azeite e sumo de limão*
tard [taʀ] *adv* tarde • **plus tard** *(après, dans l'avenir)* mais tarde • **à plus tard !** até logo! • **au plus tard** o mais tardar
tarder [taʀde] *vi* • **elle ne va pas tarder (à arriver)** ela não vai tardar (a chegar) • **tarder à faire qqch** tardar a fazer algo • **il me tarde de partir** estou ansioso por partir
tardif, ive [taʀdif, iv] *adj* tardio(dia)
tare [taʀ] *nf* **1.** *(d'une balance, d'une personne)* tara *f* **2.** *(d'une société, d'un système)* defeito *m*
tarif [taʀif] *nm* **1.** *(liste des prix)* tabela *f* de preços **2.** *(prix)* tarifa *f* • **tarif plein** preço *m* normal • **tarif réduit** preço *m* reduzido • **à tarif réduit** tarifa reduzida
tarir [taʀiʀ] *vi* secar
tarot [taʀo] *nm* *(jeu)* tarô *m*
tartare [taʀtaʀ] *adj* ➤ **sauce, steak**
tarte [taʀt] *nf* tarte *f* • **tarte aux fraises** tarte de morango • **tarte au maton** *(Belg)*

tarte de leite coalhado com amêndoas • **tarte au sucre** (*Belg*) tarte de açúcar • **tarte Tatin** *tarte de maçã caramelizada*
tartelette [taʀtəlɛt] *nf* pequena tarte *f*
tartiflette [tartiflɛt] *nf* tartiflette
tartine [taʀtin] *nf* fatia *f* de pão (com manteiga ou compota)
tartiner [taʀtine] *vt* barrar • **fromage/pâte à tartiner** queijo/creme de barrar
tartre [taʀtʀ] *nm* **1.** *(sur les dents)* tártaro *m* **2.** *(calcaire)* calcário *m*
tas [ta] *nm* monte *m* • **mettre qqch en tas** amontoar algo • **un** ou **des tas de** (*fam*) um monte ou montes de
tasse [tas] *nf* chávena *f* • **boire la tasse** engolir água • **tasse à café** chávena para o café • **tasse à thé** chávena para o chá
tasser [tase] *vt* apertar ◆ **se tasser** *vp* **1.** *(s'affaisser)* abater **2.** *(dans une voiture)* apertar-se
tâter [tate] *vt* apalpar ◆ **se tâter** *vp* hesitar
tâtonner [tatɔne] *vi* tactear
tâtons [tatɔ̃] ◆ **à tâtons** *adv* às apalpadelas
tatouage [tatwaʒ] *nm* tatuagem *f*
tatouer [tatwe] *vt* tatuar
taudis [todi] *nm* **1.** *(logement misérable)* pardieiro *m* **2.** (*fig & péj*) *(maison ou pièce mal tenue)* chiqueiro *m*
taule [tol] *nf* (*fam*) *(prison)* pildra *f*
taupe [top] *nf* toupeira *f*
taureau [tɔʀo] (*pl* **-x**) *nm* touro *m* ◆ **Taureau** *nm* Touro *m*
tauromachie [tɔʀɔmaʃi] *nf* tauromaquia *f*
taux [to] *nm* taxa *f* • **taux de change** taxa de câmbio
taverne [tavɛʀn] *nf* (*Québec*) café *m*
taxe [taks] *nf* imposto *m* • **taxe d'habitation** IMI *m* (Imposto Municipal sobre Imóveis) • **toutes taxes comprises** com IVA
taxer [takse] *vt* lançar um imposto sobre
taxi [taksi] *nm* táxi *m*
Tchécoslovaquie [tʃekɔslɔvaki] *nf* • **la Tchécoslovaquie** a Checoslováquia
te [tə] *pron* -te
technicien, enne [tɛknisjɛ̃, ɛn] *nm, f* técnico *m*, -ca *f*
technico-commercial, e [tɛknikokɔmɛʀsjal] (*mpl* **technico-commerciaux** [tɛknikokɔmɛʀsjo]) *adj* • **un ingénieur technico-commercial** um técnico de vendas
technique [tɛknik] *adj* técnico(ca) ◇ *nf* técnica *f*
technocrate [tɛknɔkʀat] *nm* (*péj*) tecnocrata *m*
technologie [tɛknɔlɔʒi] *nf* tecnologia *f*
technologique [tɛknɔlɔʒik] *adj* tecnológico(ca)
tee-shirt [tiʃœʀt] (*pl* **tee-shirts**) *nm* T-shirt *f* (*Port*), camiseta *f* (*Br*)
teindre [tɛ̃dʀ] *vt* tingir • **se faire teindre (les cheveux)** pintar o cabelo
teint, e [tɛ̃, tɛ̃t] *pp* ➤ **teindre** ◇ *nm* tez *f*
teinte [tɛ̃t] *nf* cor *f*
teinter [tɛ̃te] *vt* pintar
teinture [tɛ̃tyʀ] *nf* tinta *f* • **teinture d'iode** tintura *f* de iodo
teinturerie [tɛ̃tyʀʀi] *nf* tinturaria *f*
teinturier, ère [tɛ̃tyʀje, ɛʀ] *nm, f* tintureiro *m*, -ra *f*

tel, telle [tɛl] *adj* **1.** *(semblable)* tal **2.** *(si grand)* tanto (tanta) • **tel que** tal como • **tel quel** tal e qual • **tel ou tel** tal ou tal

tél. (*abr écrite de téléphone*) tel

télé [tele] *nf (fam)* televisão *f* • **à la télé** na televisão

télécharger [teleʃarʒe] *vt INFORM* telecarregar

téléachat [teleaʃa] *nm* telecompra *f*

télécabine [telekabin] *nf* teleférico *m*

Télécarte® [telekaʀt] *nf* Credifone® *m*

télécommande [telekɔmɑ̃d] *nf* telecomando *m*

télécommunications [telekɔmynikasjɔ̃] *nfpl* telecomunicações *fpl*

téléconférence [telekɔ̃feʀɑ̃s] *nf* teleconferência *f*

télécopie [telekɔpi] *nf* fax *m (documento)*

télécopieur [telekɔpjœʀ] *nm* fax *m (aparelho)*

téléfilm [telefilm] *nm* telefilme *m*

télégramme [telegʀam] *nm* telegrama *m* • **télégramme téléphoné** telegrama por telefone (*Port*), telegrama fonado (*Br*)

téléguidé, e [telegide] *adj* teleguiado(da)

téléguider [telegide] *vt* **1.** *(un engin)* teleguiar **2.** *(fig) (une opération)* comandar à distância

télématique [telematik] *nf* telemática *f*

téléobjectif [teleɔbʒɛktif] *nm* teleobjectiva *f*

télépathie [telepati] *nf* telepatia *f*

téléphérique [telefeʀik] *nm* teleférico *m*

téléphone [telefɔn] *nm* telefone *m* (*Port*), fone *m* (*Br*) • **au téléphone** ao telefone • **téléphone à carte** telefones públicos a cartão • **téléphone mobile** telemóvel *m* • **téléphone portable** telemóvel • **téléphone sans fil** telefone sem fio • **téléphone de voiture** telemóvel *m (versão fixa)*

Au téléphone

Au Portugal, on décroche en disant *Estou, sim ?* et au Brésil en disant simplement *Alô*. En appelant, si vous demandez à qui vous vous adressez, on vous répondra *sou eu* ou *pode falar ; ele mesmo, ela mesma* de façon plus formelle.
Normalement, c'est la personne qui a appelé qui met fin à la conversation. Dans un cadre formel, on met fin à la conversation sur un simple *Até logo* ou *Até logo e obrigado(a)*.
Dans un cadre amical, on termine sur *beijos*, ou *beijinhos*.

téléphoner [telefɔne] *vi* telefonar • **téléphoner à qqn** telefonar a alguém

téléphonique [telefɔnik] *adj* ➤ **cabine, carte**

téléréalité [telerealite] *nf* reality show *m*

télescope [teleskɔp] *nm* telescópio *m*

télescoper [teleskɔpe] ◆ **se télescoper** *vp* enfaixar-se

télescopique [teleskɔpik] *adj* telescópico(ca)

télésiège [telesjɛʒ] *nm* teleférico *m*

téléski [teleski] *nm* telesqui *m*

téléspectateur, trice [telespɛktatœʀ, tʀis] *nm, f* telespectador *m*, -ra *f*
télévente [televɑ̃t] *nf* televenda *f*
télévisé, e [televize] *adj* televisivo(va)
téléviseur [televizœʀ] *nm* televisor *m*
télévision [televizjɔ̃] *nf* televisão *f* • **à la télévision** na televisão • **télévision par satellite** televisão por satélite
télévision-réalité [televizjɔ̃realite] *nf TV* • **une émission de télévision-réalité** uma emissão de reality show
télex [telɛks] *nm inv* telex *m*
telle ➤ **tel**
tellement [tɛlmɑ̃] *adv* **1.** *(tant)* tanto **2.** *(si)* tão • **tellement de** tanto (tanta) • **pas tellement** nem tanto
téméraire [temeʀɛʀ] *adj* temerário(ria)
témoignage [temwaɲaʒ] *nm* testemunho *m*
témoigner [temwaɲe] *vi* testemunhar
témoin [temwɛ̃] *nm* **1.** *(spectateur)* testemunha *f* **2.** *SPORT* testemunho *m* • **être témoin de** ser testemunha de
tempe [tɑ̃p] *nf* têmpora *f*
tempérament [tɑ̃peʀamɑ̃] *nm* temperamento *m*
température [tɑ̃peʀatyʀ] *nf* **1.** *(niveau de chaleur)* temperatura *f* **2.** *(fièvre)* febre *f*
tempérer [tɑ̃peʀe] *vt* **1.** *(adoucir)* temperar **2.** *(atténuer)* atenuar **3.** *(fig) (calmer)* moderar
tempête [tɑ̃pɛt] *nf* tempestade *f*
temple [tɑ̃pl] *nm* templo *m*
tempo [tɛmpo] *nm* tempo *m*
temporaire [tɑ̃pɔʀɛʀ] *adj* temporário(ria)
temporairement [tɑ̃pɔʀɛʀmɑ̃] *adv* temporariamente
temps [tɑ̃] *nm* tempo *m* • **avoir le temps de faire qqch** ter tempo de fazer algo • **il est temps de/que** está na hora de • **à temps** a tempo • **de temps en temps** de tempos a tempos • **en même temps** ao mesmo tempo • **à temps complet** a tempo inteiro • **à temps partiel** em part-time • **un temps partiel** tempo parcial
tenace [tənas] *adj* **1.** tenaz **2.** *(colle)* resistente **3.** *(tache)* difícil de sair **4.** *(odeur, maladie)* persistente
tenailler [tənaje] *vt* atazanar
tenailles [tənaj] *nfpl* tenazes *fpl*
tendance [tɑ̃dɑ̃s] *nf* tendência *f* • **avoir tendance à faire qqch** ter tendência a fazer algo
tendeur [tɑ̃dœʀ] *nm* esticador *m*
tendinite [tɑ̃dinit] *nf* inflamação *f* dos tendões
tendon [tɑ̃dɔ̃] *nm* tendão *m*
tendre [tɑ̃dʀ] *adj* terno(na) ◇ *vt* esticar • **tendre qqch à qqn** estender algo a alguém • **tendre la main à qqn** estender a mão a alguém • **tendre l'oreille** prestar atenção • **tendre un piège à qqn** armar uma armadilha a alguém ◆ **se tendre** *vp* esticar-se
tendresse [tɑ̃dʀɛs] *nf* ternura *f*
tendu, e [tɑ̃dy] *adj* tenso(sa)
ténèbres [tenɛbʀ] *nfpl* *(sout)* trevas *fpl*
teneur [tənœʀ] *nf* teor *m* • **teneur en** teor de
tenir [təniʀ] *vt*
1. *(à la main, dans ses bras)* segurar ; *(garder)* manter • **tenir un plat au chaud** manter um prato quente
2. *(promesse, engagement)* cumprir
3. *(magasin, bar)* ter

4. *(dans des expressions)* • **tiens !, tenez !** toma!, tome! • **tiens !** *(exprime la surprise)* olha!
◇ *vi*
1. *(résister)* resistir • **la neige n'a pas tenu** a neve derreteu
2. *(rester)* ficar • **tenir debout** ficar direito • **tu ne tiens plus debout** *(de fatigue)* tu já não te aguentas em pé
3. *(être contenu)* caber
◆ **tenir à** *vp + prép (être attaché à)* • **tenir à qqch** dar valor a algo • **tenir à qqn** ser apegado a alguém • **tenir à faire qqch** fazer questão de fazer algo
◆ **tenir de** *vp + prép (ressembler à)* sair a
◆ **se tenir** *vp*
1. *(avoir lieu)* realizar-se
2. *(s'accrocher)* segurar-se • **se tenir à** segurar-se a
3. *(être, rester)* ficar • **se tenir droit** ficar direito • **se tenir tranquille** ficar quieto
4. *(se comporter)* • **bien/mal se tenir** comportar-se bem /mal

tennis [tenis] *nm* ténis *m inv* ◇ *nfpl* ténis *mpl*, sapatilhas *fpl* • **tennis de table** ténis de mesa

ténor [tenɔʀ] *adj* tenor ◇ *nm* **1.** *(chanteur)* tenor *m* **2.** *(fig) (vedette)* vulto *m*

tension [tɑ̃sjɔ̃] *nf* tensão *f* • **avoir de la tension** ter a tensão alta

tentaculaire [tɑ̃takylɛʀ] *adj* tentacular

tentacule [tɑ̃takyl] *nm* tentáculo *m*

tentant, e [tɑ̃tɑ̃, ɑ̃t] *adj* tentador(ra)

tentation [tɑ̃tasjɔ̃] *nf* tentação *f*

tentative [tɑ̃tativ] *nf* tentativa *f*

tente [tɑ̃t] *nf* tenda *f*

tenter [tɑ̃te] *vt* tentar • **tenter de faire qqch** tentar fazer algo

tenu, e [təny] *pp* ➤ **tenir**

tenue [təny] *nf* roupa *f* • **tenue de soirée** traje *m* de noite

ter [tɛʀ] *adv indica que há 3 números iguais numa rua* • **11 ter** 11 c

TER (*abr de Train Express Régional*) *nm* Comboios *m* Regionais e Inter-Regionais

Tergal® [tɛʀgal] *nm* terilene *m*

terme [tɛʀm] *nm* termo *m* • **à court terme** a curto prazo • **à long terme** a longo prazo

terminaison [tɛʀminɛzɔ̃] *nf* terminação *f*

terminal [tɛʀminal] (*pl* **-aux**) *nm* terminal *m*

terminale [tɛʀminal] *nf* ≃ décimo segundo ano *m* do ensino secundário

terminer [tɛʀmine] *vt* terminar ◆ **se terminer** *vp* terminar

terminologie [tɛʀminɔlɔʒi] *nf* terminologia *f*

terminus [tɛʀminys] *nm* término *m*

termite [tɛʀmit] *nf* térmita *f*

terne [tɛʀn] *adj* baço(ça)

ternir [tɛʀniʀ] *vt* **1.** *(salir)* sujar **2.** *(fig) (flétrir)* denegrir ◆ **se ternir** *vp (se salir)* ficar baço(ça)

terrain [tɛʀɛ̃] *nm* terreno *m* • **terrain de camping** parque *m* de campismo • **terrain de foot** campo *m* de futebol • **terrain de jeux** campo *m* de jogos • **terrain vague** terreno baldio

terrasse [tɛʀas] *nf* **1.** *(d'une maison, d'un appartement)* terraço *m* **2.** *(de café)* esplanada *f*

terrasser [tɛʀase] *vt* **1.** *(vaincre)* derrubar **2.** *(venir à bout de)* erradicar **3.** *(fig) (foudroyer)* abalar

terre [tɛʀ] *nf* **1.** terra *f* **2.** *(argile)* barro *m* • **la Terre** a Terra • **par terre** no chão
terreau [tɛʀo] *nm* terriço *m*
terre-plein [tɛʀplɛ̃] (*pl* **terre-pleins**) *nm* terrapleno *m* • **terre-plein central** separador *m*
terrestre [tɛʀɛstʀ] *adj* terrestre
terreur [tɛʀœʀ] *nf* terror *m*
terrible [tɛʀibl] *adj* **1.** *(catastrophe, accident)* terrível **2.** (*fam*) *(excellent)* extraordinário(ria) • **pas terrible** (*fam*) não é nada de especial
terriblement [tɛʀibləmɑ̃] *adv* terrivelmente • **il a eu terriblement peur** ele sentiu um medo terrível • **il a terriblement changé** ele mudou muitíssimo
terrien, enne [tɛʀjɛ̃, ɛn] *adj* • **un propriétaire terrien** um latifundiário ◇ *nm, f* terráqueo *m*, -quea *f*
terrier [tɛʀje] *nm (de lapin)* toca *f*
terrifier [tɛʀifje] *vt* aterrar
terrine [tɛʀin] *nf* **1.** *(récipient) recipiente para o paté* **2.** CULIN paté *m* caseiro
territoire [tɛʀitwaʀ] *nm* território *m*
territorial, e, aux [tɛʀitɔʀjal, o] *adj* territorial
terroriser [tɛʀɔʀize] *vt* aterrorizar
terrorisme [tɛʀɔʀism] *nm* terrorismo *m*
terroriste [tɛʀɔʀist] *nmf* terrorista *mf*
tertiaire [tɛʀsjɛʀ] *adj* terciário(ria) ◇ *nm* sector *m* terciário
tes ➤ **ton**
test [tɛst] *nm* teste *m* • **test de dépistage** teste de despistagem
testament [tɛstamɑ̃] *nm* testamento *m*
tester [tɛste] *vt* testar
testicule [tɛstikyl] *nm* testículo *m*
tétanos [tetanos] *nm* tétano *m*
têtard [tɛtaʀ] *nm* girino *m*
tête [tɛt] *nf* **1.** ANAT cabeça *f* **2.** *(visage)* cara *f* **3.** *(partie avant)* frente *f* • **de tête** *(wagon)* da frente • **être en tête** estar à frente • **faire la tête** amuar • **en tête à tête** a sós • **tête de liste** cabeça de lista • **tête de série** cabeça de série • **tête de veau** cabeça de vitela
tête-à-queue [tɛtakø] *nm inv* reviravolta *f*
tête-à-tête [tɛtatɛt] *nm inv* encontro *m* a sós • **en tête-à-tête** a sós
tête-bêche [tɛtbɛʃ] *adv* • **les enfants ont dormi tête-bêche** as crianças dormiram um com os pés para cima e outro com os pés para baixo
tétée [tete] *nf* mamada *f*
téter [tete] *vi* mamar
tétine [tetin] *nf* **1.** *(de biberon)* tetina *f* **2.** *(sucette)* chupeta *f*
têtu, e [tety] *adj* teimoso(osa)
texte [tɛkst] *nm* texto *m*
textile [tɛkstil] *nm* têxtil *m*
texto [tɛksto] *nm (SMS)* enviar, mensagens de texto, receber texto
texture [tɛkstyʀ] *nf* textura *f*
TF1 [teɛfœ̃] (*abr de Télévision française 1*) *n canal privado da televisão francesa*
TGV [te ph ˬ'evḍ (*abr de Train à grande vitesse*) *nm comboio francês de alta velocidade*

Le TGV

O *Train à Grande Vitesse* (Comboio de Alta Velocidade), possuidor do recorde mundial de velocidade sobre carris, foi inaugurado em França na linha Paris-Lyon. Hoje tem paragem em várias cidades, tais como Nice, Marselha, Rennes, Nantes, Bordéus ou Lille. O número de paragens e de lugares é limitado, o que faz com que a reserva seja obrigatória.

thalassothérapie [talasɔteʀapi] *nf* talassoterapia *f*
théâtral, **e**, **aux** [teatʀal, o] *adj* teatral
théâtre [teatʀ] *nm* teatro *m*
théière [tejɛʀ] *nf* bule *m* do chá
thématique [tematik] *adj* temático(ca)
thème [tɛm] *nm* **1.** *(d'une exposition, d'un film)* tema *m* **2.** *(traduction)* retroversão *f*
théologie [teɔlɔʒi] *nf* teologia *f*
théorème [teɔʀɛm] *nm MATH* teorema *m*
théorie [teɔʀi] *nf* teoria *f* • **en théorie** em teoria
théorique [teɔʀik] *adj* teórico(ca)
théoriquement [teɔʀikmɑ̃] *adv (normalement)* teoricamente
thérapie [teʀapi] *nf* terapia *f* • **thérapie génique** terapia génica
thermal, **e**, **aux** [tɛʀmal, o] *adj* termal
Thermidor [tɛʀmidɔʀ] *nm* ➤ **homard**
thermomètre [tɛʀmɔmɛtʀ] *nm* termómetro *m*
Thermos® [tɛʀmos] *nf* • **(bouteille) Thermos** termo *m*
thermostat [tɛʀmɔsta] *nm* termóstato *m*
thèse [tɛz] *nf* tese *f*
thon [tɔ̃] *nm* atum *m*
thorax [tɔʀaks] *nm* tórax *m*
thym [tɛ̃] *nm* tomilho *m*
thyroïde [tiʀɔid] *nf* tiróide *f*
tibia [tibja] *nm* tíbia *f*
tic [tik] *nm* **1.** *(mouvement)* tique *m* **2.** *(habitude)* mania *f*
ticket [tikɛ] *nm* bilhete *m* • **ticket de caisse** talão *m* das compras • **ticket de métro** bilhete de metro
tiède [tjɛd] *adj* morno (morna)
tien [tjɛ̃] ♦ **le tien**, **la tienne** [latjɛn] (*mpl* **les tiens** [letjɛ̃], *fpl* **les tiennes** [letjɛn]) *pron* o teu (a tua) • **à la tienne !** à tua!
tiendra ➤ **tenir**
tienne ➤ **tenir**
tiens ➤ **tenir**
tiercé [tjɛʀse] *nm jogo de apostas hípicas*
tiers [tjɛʀ] *nm* terço *m*
tiers-monde [tjɛʀmɔ̃d] *nm* terceiro mundo *m*
tige [tiʒ] *nf* **1.** *(de plante)* caule *m* **2.** *(de métal, de bois)* vara *f*
tigre [tigʀ] *nm* tigre *m*
tigresse [tigʀɛs] *nf* **1.** *(animal)* tigre *m* fêmea **2.** *(fig) (femme)* fera *f*
tilleul [tijœl] *nm* **1.** *(arbre)* tília *f* **2.** *(tisane)* chá *m* de tília
tilsit [tilsit] *nm (Helv) queijo mole de vaca*
timbale [tɛ̃bal] *nf* **1.** *(gobelet)* copo *m* de metal **2.** *CULIN* timbale *m*
timbre(-poste) [tɛ̃bʀ(əpɔst)] (*pl* **timbres(-poste)**) *nm* selo *m* (do correio)
timbrer [tɛ̃bʀe] *vt* pôr um selo em
timide [timid] *adj* tímido(da)
timidité [timidite] *nf* timidez *f*
tinter [tɛ̃te] *vi* tilintar
tir [tiʀ] *nm* tiro *m* • **tir à l'arc** tiro ao arco • **tir de roquette** tiro de missil, tiro de roquete

tirage [tiʀaʒ] *nm* sorteio *m* • **tirage au sort** sorteio *m*

tirailler [tiʀaje] *vt* puxar • **être tiraillé entre** sentir-se dividido entre

tire-bouchon [tiʀbuʃɔ̃] (*pl* **tire-bouchons**) *nm* saca-rolhas *m inv*

tirelire [tiʀliʀ] *nf* mealheiro *m*

tirer [tiʀe] *vt*

1. *(gén)* puxar
2. *(tiroir, rideau)* abrir
3. *(trait)* traçar
4. *(avec une arme)* disparar ; *(sortir)* • **tirer qqn/qqch de** tirar alguém/algo de • **tirer une conclusion de qqch** tirar uma conclusão de algo • **tirer la langue à qqn** pôr a língua de fora a alguém • **les numéros du loto sont tirés tous les samedis à 20 h** os números do totoloto são sorteados todos os sábados às 20 h

◇ *vi*

1. *(gén)* atirar • **tirer sur** atirar em
2. *(vers soi, vers le bas, etc)* • **tirer sur qqch** puxar algo

◆ **se tirer** *vp* (*fam*) *(s'en aller)* pirar-se

◆ **s'en tirer** *vp* *(se débrouiller)* (*fam*) desenrascar-se ; *(survivre)* escapar

tiret [tiʀɛ] *nm* travessão *m*

tirette [tiʀɛt] *nf* (*Belg*) fecho *m*

tireur, euse [tiʀœʀ, øz] *nm, f* atirador *m*, -ra *f* • **tireur d'élite** excelente atirador

tiroir [tiʀwaʀ] *nm* gaveta *f*

tiroir-caisse [tiʀwaʀkɛs] (*pl* **tiroirs-caisses**) *nm* caixa *f* registradora

tisane [tizan] *nf* tisana *f*

tisonnier [tizɔnje] *nm* atiçador *m*

tisser [tise] *vt* tecer

tissu [tisy] *nm* tecido *m*

titre [titʀ] *nm* título *m* • **titre de transport** bilhete *m*

tituber [titybe] *vi* cambalear

titulaire [titylɛʀ] *adj & nmf* titular

titulariser [titylaʀize] *vt* tornar titular

toast [tost] *nm* torrada *f* • **porter un toast à qqn** brindar à saúde de alguém

toboggan [tɔbɔgɑ̃] *nm* escorrega *m*

toc [tɔk] *nm* fantasia *f* • **en toc** de fantasia

TOC [tɔk] *nmpl* MÉD (*abr de troubles obsessionnels compulsifs*) Perturbações obsessivo-compulsivas

toi [twa] *pron* **1.** *(objet direct)* te **2.** *(après prép)* ti **3.** *(après comparaison, pour insister)* tu • **lève-toi** levanta-te • **toi-même** *(sujet)* tu ; *(objet)* ti próprio

toile [twal] *nf* **1.** *(tissu)* lona *f* **2.** *(tableau)* tela *f* • **toile d'araignée** teia *f* de aranha

toilette [twalɛt] *nf* traje *m* • **faire sa toilette** lavar-se ◆ **toilettes** *nfpl* casa *f* de banho (*Port*), banheiro *m*, toalete *m* (*Br*)

toiser [twaze] *vt* olhar de alto a baixo

◆ **se toiser** *vp* olhar-se de alto a baixo

toit [twa] *nm* tecto *m*

toiture [twatyʀ] *nf* telhado *m*

tôle [tol] *nf* chapa *f* • **tôle ondulée** chapa ondulada

tolérant, e [tɔleʀɑ̃, ɑ̃t] *adj* tolerante

tolérer [tɔleʀe] *vt* tolerar

tollé [tɔle] *nm* onda *f* de protestos • **soulever un tollé général** provocar uma onda geral de protestos

tomate [tɔmat] *nf* tomate *m* • **tomates farcies** tomates recheados

tombe [tɔ̃b] *nf* campa *f*

tombeau [tɔ̃bo] (*pl* -x) *nm* túmulo *m* • **rouler à tombeau ouvert** (*fig*) andar à doida

tombée [tɔ̃be] *nf* • **à la tombée de la nuit** ao cair da noite

tomber [tɔ̃be] *vi* **1.** cair **2.** (*date, fête*) calhar • **ça tombe bien !** calha bem! • **laisser tomber** (*études, projet*) desistir de ; (*ami*) abandonar • **tomber amoureux** apaixonar-se • **tomber malade** adoecer • **tomber en panne** avariar-se

tombola [tɔ̃bɔla] *nf* tômbola *f*

tome [tɔm] *nm* tomo *m*

tomme [tɔm] *nf* **1.** (*de savoie*) *queijo de leite de vaca* **2.** (*Helv*) • **tomme vaudoise** *queijo de vaca com cominhos*

[1]**ton, ta** [tɔ̃, ta] (*pl* **tes** [te]) *adj* o teu (a tua)

[2]**ton** [tɔ̃] *nm* tom *m*

tonalité [tɔnalite] *nf* tonalidade *f*

tondeuse [tɔ̃døz] *nf* • **tondeuse (à gazon)** máquina *f* de cortar relva

tondre [tɔ̃dʀ] *vt* **1.** (*gazon*) cortar **2.** (*cheveux*) rapar

tongs [tɔ̃g] *nfpl* chinelos *mpl (de meter o dedo)*

tonifier [tɔnifje] *vt* tonificar

tonique [tɔnik] *adj* tónico(ca) • **accent tonique** acento tónico

tonne [tɔn] *nf* tonelada *f*

tonneau [tɔno] (*pl* -x) *nm* **1.** (*de vin*) pipa *f* **2.** (*grand*) tonel *m* • **faire des tonneaux** capotar

tonnelle [tɔnɛl] *nf* caramanchão *m*

tonnerre [tɔnɛʀ] *nm* trovão *m* • **coup de tonnerre** trovão *m*

tonus [tɔnys] *nm* tónus *m*

top model [tɔpmɔdɛl] *nmf* top(-)model *mf*

top modèle [tɔpmɔdɛl] *nf* top(-)model *f*

topographie [tɔpɔgʀafi] *nf* topografia *f*

toque [tɔk] *nf* **1.** (*coiffure*) gorro *m* **2.** (*de cuisinier*) chapéu *m* **3.** (*cuisinier*) cozinheiro *m*, -ra *f*

torche [tɔʀʃ] *nf* tocha *f* • **torche électrique** lanterna *f*

torchon [tɔʀʃɔ̃] *nm* pano *m (da cozinha)*

tordre [tɔʀdʀ] *vt* torcer ◆ **se tordre** *vp* • **se tordre la cheville** torcer o tornozelo • **se tordre de douleur** contorcer-se de dor • **se tordre de rire** partir-se a rir

tordu, e [tɔʀdy] *pp* ➤ **tordre** ◇ *adj* & *nm, f* (*fam*) destrambelhado(da)

tornade [tɔʀnad] *nf* tornado *m*

torpeur [tɔʀpœʀ] *nf* torpor *m*

torpille [tɔʀpij] *nf* **1.** *MIL* torpedo *m* **2.** (*poisson*) tremelga *f*

torréfaction [tɔʀefaksjɔ̃] *nf* torrefacção *f*

torrent [tɔʀɑ̃] *nm* torrente *f* • **il pleut à torrents** está a chover a cântaros

torrentiel, elle [tɔʀɑ̃sjɛl] *adj* torrencial

torride [tɔʀid] *adj* tórrido(da)

torsade [tɔʀsad] *nf* • **pull à torsades** camisola *f* com torcidos

torse [tɔʀs] *nm* tronco *m* • **torse nu** tronco nu

tort [tɔʀ] *nm* • **avoir tort** não ter razão • **avoir tort (de faire qqch)** fazer mal (em fazer algo) • **causer** ou **faire du tort à qqn** causar prejuízo a alguém, prejudicar alguém • **donner tort à qqn** não dar razão a alguém • **être dans son tort, être en tort** ter a culpa • **à tort** sem razão

• **parler à tort et à travers** falar a torto e a direito

torticolis [tɔʀtikɔli] *nm* torcicolo *m*

tortiller [tɔʀtije] *vt* contorcer ◆ **se tortiller** *vp* contorcer-se

tortionnaire [tɔʀsjɔnɛʀ] *nmf* torcionário *m*, -ria *f*

tortue [tɔʀty] *nf* tartaruga *f*

tortueux, euse [tɔʀtɥø, øz] *adj* tortuoso(osa)

torture [tɔʀtyʀ] *nf* tortura *f*

torturer [tɔʀtyʀe] *vt* torturar

tôt [to] *adv* **1.** *(de bonne heure)* cedo **2.** *(vite)* rápido • **tôt ou tard** mais cedo ou mais tarde • **au plus tôt** o quanto antes

total, e, aux [tɔtal, o] *adj* total ◇ *nm* total *m*

totalement [tɔtalmɑ̃] *adv* totalmente

totaliser [tɔtalize] *vt* totalizar

totalitaire [tɔtalitɛʀ] *adj* totalitário(ria)

totalitarisme [tɔtalitaʀism] *nm* totalitarismo *m*

totalité [tɔtalite] *nf* • **la totalité de** a totalidade de • **en totalité** *(rembourser)* na totalidade

toubib [tubib] *nmf* (*fam*) médico *m*, -ca *f*

touchant, e [tuʃɑ̃, ɑ̃t] *adj* tocante

touche [tuʃ] *nf* **1.** *(de piano, d'ordinateur, de téléphone)* tecla *f* **2.** *SPORT (ligne)* linha *f*

toucher [tuʃe] *vt* **1.** *(entrer en contact avec)* tocar **2.** *(argent, chèque)* receber **3.** *(cible)* atingir **4.** *(émouvoir)* comover • **toucher à** *(objet)* tocar em ; *(nourriture)* provar ◆ **se toucher** *vp* tocar-se

touffe [tuf] *nf* tufo *m*

toujours [tuʒuʀ] *adv* **1.** *(tout le temps)* sempre **2.** *(encore)* ainda • **pour toujours** para sempre

toupie [tupi] *nf* pião *m*

tour [tuʀ] *nm* volta *f* • **faire un tour** dar uma volta • **faire le tour de qqch** dar uma volta a algo • **jouer un tour à qqn** pregar uma partida a alguém • **c'est ton tour (de faire qqch)** é a tua vez (de fazer algo) • **à tour de rôle** à vez • **le Tour (de France)** a Volta à França (em bicicleta) • **tour de magie** truque *m* de magia

Le Tour de France

Esta prova de ciclismo mundialmente famosa foi instituída em 1903. Trata-se de uma competição, dividida em etapas, de vários milhares de quilómetros, cujo trajecto varia todos os anos e que termina por volta de 14 de Julho, na avenida dos Campos Elíseos. Um público numeroso assiste a esta prova ao longo de todo o seu trajecto. Também existe, desde 1984, um *Tour de France* feminino.

tour [tuʀ] *nf* torre *f* • **tour de contrôle** torre de controlo • **la Tour Eiffel** a Torre Eiffel

La Tour Eiffel

Construída por Gustave Eiffel para a exposição universal de 1889, a Torre Eiffel é, desde então, o símbolo de Paris. Trata-se de um dos monumentos mais visitados do mundo. Do topo desta estrutura metálica de 320 m à qual se sobe por elevadores, vê-se a cidade inteira e uma parte dos arredores.

tourbillon [turbijɔ̃] *nm* turbilhão *m*
tourbillonner [turbijɔne] *vi* revolutear
tourelle [turɛl] *nf* torrinha *f*
tourisme [turism] *nm* turismo *m* • **faire du tourisme** fazer turismo
touriste [turist] *nmf* turista *mf*
touristique [turistik] *adj* turístico(ca)
tourmente [turmɑ̃t] *nf* (*sout*) tormenta *f*
tourmenté, e [turmɑ̃te] *adj* **1.** (*personne*) atormentado(da) **2.** (*mer, période*) turbulento(ta)
tourmenter [turmɑ̃te] *vt* atormentar ◆ **se tourmenter** *vp* atormentar-se
tournage [turnaʒ] *nm* filmagens *fpl*
tournant [turnɑ̃] *nm* curva *f*
tourne-disque [turnədisk] (*pl* **tourne-disques**) *nm* gira-discos *m inv* (*Port*), toca-discos *m inv* (*Br*)
tournedos [turnədo] *nm* filete *m* de lombo de vaca • **tournedos Rossini** *filete de lombo de vaca com paté e trufas*
tournée [turne] *nf* **1.** (*d'un chanteur*) digressão *f* **2.** (*du facteur*) volta *f* **3.** (*au bar*) rodada *f*
tourner [turne] *vt* **1.** (*clé, manivelle*) dar a **2.** (*sauce, soupe, salade*) mexer **3.** (*tête, regard, page*) virar **4.** (*film*) filmar ◇ *vi* **1.** (*manège, roue*) girar **2.** (*route*) virar **3.** (*moteur, machine*) estar em andamento **4.** (*lait*) azedar **5.** (*acteur*) entrar • **tournez à gauche/droite** vire à esquerda/direita • **tourner autour de** andar à volta de • **avoir la tête qui tourne** ter a cabeça que anda à roda • **mal tourner** (*affaire*) acabar mal ◆ **se tourner** *vp* virar-se • **se tourner vers** (*dans l'espace*) virar-se para ; (*fig*) (*activité*) dedicar-se a
tournesol [turnəsɔl] *nm* girassol *m*
tournevis [turnəvis] *nm* chave-de-fendas *f*
tourniquet [turnikɛ] *nm* (*du métro*) torniquete *m*
tournis [turni] *nm* (*fam*) (*vertige*) • **avoir le tournis** ter a cabeça a andar à roda • **donner le tournis à qqn** pôr a cabeça a andar à roda
tournoi [turnwa] *nm* torneio *m*
tournoyer [turnwaje] *vi* revolutear
tournure [turnyr] *nf* (*expression*) expressão *f*
tourte [turt] *nf* tarte *f* folhada
tourteau [turto] (*pl* **-x**) *nm* **1.** (*crabe*) sapateira *f* **2.** (*aliment pour bétail*) bagaço *m*
tourterelle [turtərɛl] *nf* rola *f*
tourtière [turtjɛr] *nf* (*Québec*) *torta de carne moída e cebola*
tous ➤ **tout**
Toussaint [tusɛ̃] *nf* • **la Toussaint** o dia de Todos os Santos

La Toussaint

Por ocasião desta festa, que se realiza no dia um de Novembro, decoram-se com flores os túmulos dos entes queridos. O crisântemo é a flor típica do Dia de Todos os Santos. Por outro lado, como este período coincide com as férias escolares, o tráfego é particularmente intenso, o que faz dele um dos mais mortais do ano.

tousser [tuse] *vi* tossir

tout, e [tu, tut] (*mpl* **tous** [tus], *fpl* **toutes** [tut]) *adj*
1. *(avec un substantif singulier)* todo (toda) • **tout le vin** o vinho todo • **tout un gâteau** o bolo inteiro • **toute la journée** o dia todo • **toute la famille** toda a família • **tout le monde** toda a gente (*Port*), todo (o) mundo (*Br*) • **tout le temps** o tempo todo
2. *(avec un pronom démonstratif)* tudo • **tout ça** OU **cela** tudo isto, isto tudo
3. *(avec un substantif pluriel)* todos (todas) • **tous les gâteaux** todos os bolos • **toutes les maisons** todas as casas • **tous les trois** os três • **toutes les deux** as duas • **tous les deux ans** de dois em dois anos
4. *(n'importe quel)* • **tout homme a le droit de...** todos os homens têm direito a... • **déjeuner servi à toute heure** almoço servido a todas as horas • **à toute heure du jour ou de la nuit** a qualquer hora do dia ou da noite
◇ *pron*
1. *(la totalité)* tudo • **je t'ai tout dit** disse-te tudo • **c'est tout** é tudo • **ce sera tout ?** *(dans un magasin)* mais alguma coisa? • **en tout** ao todo
2. *(au pluriel : tout le monde)* • **ils voulaient tous la voir** eles queriam todos vê-la
◇ *adv*
1. *(très, complètement)* muito • **tout jeune** muito jovem • **tout près** muito perto • **ils étaient tout seuls** eles estavam sozinhos • **tout en haut** bem lá em cima
2. *(avec un gérondif)* • **tout en marchant** ao mesmo tempo que andava
3. *(dans des expressions)* • **tout à coup** de repente • **tout à fait** perfeitamente • **tout à l'heure** *(avant)* há bocado ; *(après)* daqui a bocado • **à tout à l'heure !** até logo! • **tout de même** *(malgré tout)* mesmo assim ; *(exprime l'indignation)* realmente ; *(l'impatience)* até que enfim • **tout de suite** imediatamente
◇ *nm* • **le tout** ao todo • **le tout est de...** o importante é... • **pas du tout** de modo nenhum • **il n'est pas du tout sympathique** ele não é mesmo nada simpático

tout-à-l'égout [tutalegu] *nm inv* rede *f* de esgotos

toutefois [tutfwa] *adv* todavia

tout-petit [tup(ə)ti] (*pl* **tout-petits**) *nm* pequenino *m*, -na *f*

tout-terrain [tutɛʀɛ̃] (*pl* **tous-terrains**) *adj* todo-o-terreno

toux [tu] *nf* tosse *f*

toxicomane [tɔksikɔman] *nmf* toxicómano *m*, -na *f*

toxine [tɔksin] *nf* toxina *f*

toxique [tɔksik] *adj* tóxico(ca)

TP (*abr de travaux pratiques*) *nmpl* trabalhos *mpl* práticos

trac [tʀak] *nm* • **avoir le trac** estar nervoso(osa)

traçabilité [trasabilite] *nf* traçabilidade

tracas [tʀaka] *nm* preocupação *f*

tracasser [tʀakase] *vt* inquietar ◆ **se tracasser** *vp* inquietar-se

trace [tʀas] *nf* **1.** *(de pas)* pegada *f* **2.** *(de sang)* vestígio *m*

tracé [tʀase] *nm* traçado *m*
tracer [tʀase] *vt* traçar
tract [tʀakt] *nm* panfleto *m*
tractations [tʀaktasjɔ̃] *nfpl* negociações *fpl* secretas
tracteur [tʀaktœʀ] *nm (agricole)* tractor *m*
tradition [tʀadisjɔ̃] *nf* tradição *f*
traditionnel, elle [tʀadisjɔnɛl] *adj* tradicional
traducteur, trice [tʀadyktœʀ, tʀis] *nm, f* tradutor *m*, -ra *f*
traduction [tʀadyksjɔ̃] *nf* tradução *f*
traduire [tʀadɥiʀ] *vt* traduzir
trafic [tʀafik] *nm* **1.** *(circulation)* tráfego *m* **2.** *(commerce)* tráfico *m*
trafiquant, e [tʀafikɑ̃, ɑ̃t] *nm, f* traficante *mf*
trafiquer [tʀafike] *vt* **1.** *(vin)* falsificar **2.** *(moteur)* mexer em **3.** *(fam) (manigancer)* andar a tramar ◇ *vi* traficar
tragédie [tʀaʒedi] *nf (épisode dramatique)* tragédia *f*
tragi-comédie [tʀaʒikɔmedi] *nf* tragicomédia *f*
tragique [tʀaʒik] *adj* trágico(ca)
trahir [tʀaiʀ] *vt* trair ◆ **se trahir** *vp* trair-se
trahison [tʀaizɔ̃] *nf* traição *f*
train [tʀɛ̃] *nm* comboio *m (Port)*, trem *m (Br)* ● **être en train de faire qqch** estar a fazer algo ● **train d'atterrissage** trem *m* de aterragem ● **train de banlieue** comboio dos subúrbios ● **train-couchettes** comboio com carruagens-cama ● **train rapide** comboio rápido
traîne [tʀɛn] *nf* cauda *f* ● **être à la traîne** estar atrás
traîneau [tʀɛno] *(pl* **-x***)* *nm* trenó *m*
traînée [tʀene] *nf (trace)* rasto *m*
traîner [tʀene] *vt* arrastar ◇ *vi* **1.** *(par terre)* arrastar-se **2.** *(prendre du temps, s'attarder)* demorar **3.** *(péj) (affaires, dans la rue, dans les bars)* andar por aí ◆ **se traîner** *vp* arrastar-se
train-train [tʀɛ̃tʀɛ̃] *nm inv* rotina *f*
traire [tʀɛʀ] *vt* ordenhar
trait [tʀɛ] *nm* traço *m* ● **d'un trait** *(boire)* de um trago ● **trait d'union** hífen *m* ◆ **traits** *nmpl* traços *mpl*
traite [tʀɛt] *nf* ● **d'une (seule) traite** de uma (só) vez
traité [tʀete] *nm* tratado *m*
traitement [tʀɛtmɑ̃] *nm* tratamento *m* ● **traitement de texte** processamento *m* de texto
traiter [tʀete] *vt* **1.** tratar **2.** *(affaire)* tratar de ● **traiter qqn de qqch** chamar algo a alguém ◆ **traiter de** *vp + prép* tratar de
traiteur [tʀɛtœʀ] *nm comércio de pratos já preparados*
traître [tʀɛtʀ] *nm* traidor *m*
trajectoire [tʀaʒɛktwaʀ] *nf* trajectória *f*
trajet [tʀaʒɛ] *nm* trajecto *m*
trame [tʀam] *nf* trama *f*
trampoline [tʀɑ̃pɔlin] *nm* trampolim *m*
tramway [tʀamwɛ] *nm* eléctrico *m (Port)*, bonde *m (Br)*
tranchant, e [tʀɑ̃ʃɑ̃, ɑ̃t] *adj* cortante ◇ *nm* gume *m*
tranche [tʀɑ̃ʃ] *nf* **1.** *(morceau)* fatia *f* **2.** *(d'un livre)* lombada *f*
tranchée [tʀɑ̃ʃe] *nf* trincheira *f*
trancher [tʀɑ̃ʃe] *vt (couper)* cortar ◇ *vi* **1.** *(décider)* decidir **2.** *(ressortir)* sobressair

tranquille [tʀɑ̃kil] *adj* **1.** *(endroit)* tranquilo(la) **2.** *(enfant)* sossegado(da) • **laisser qqn/qqch tranquille** deixar algo/alguém em paz • **rester tranquille** ficar sossegado • **soyez tranquille** *(ne vous inquiétez pas)* fique tranquilo

tranquillisant [tʀɑ̃kilizɑ̃] *nm* tranquilizante *m*

tranquilliser [tʀɑ̃kilize] *vt* tranquilizar ◆ **se tranquilliser** *vp* tranquilizar-se

tranquillité [tʀɑ̃kilite] *nf* tranquilidade *f* • **en toute tranquillité** na maior das tranquilidades

transaction [tʀɑ̃zaksjɔ̃] *nf* *(bancaire)* transacção *f*

transat [tʀɑ̃zat] *nm* espreguiçadeira *f* ◇ *nf* NAUT regata *f (disputada no oceano Atlântico)*

transe [tʀɑ̃s] *nf* • **être en transe** ficar em transe ; *(fig)* ficar extasiado(da)

transférer [tʀɑ̃sfeʀe] *vt* transferir

transfert [tʀɑ̃sfɛʀ] *nm* transferência *f*

transfigurer [tʀɑ̃sfigyʀe] *vt* transfigurar

transformateur [tʀɑ̃sfɔʀmatœʀ] *nm* transformador *m*

transformation [tʀɑ̃sfɔʀmasjɔ̃] *nf* transformação *f*

transformer [tʀɑ̃sfɔʀme] *vt* transformar • **transformer qqch en qqch** transformar algo em algo ◆ **se transformer** *vp* transformar-se • **se transformer en qqch** transformar-se em algo

transfuge [tʀɑ̃sfyʒ] *nmf* trânsfuga *mf*

transfusion [tʀɑ̃sfyzjɔ̃] *nf* • **transfusion (sanguine)** transfusão *f* (de sangue)

transgresser [tʀɑ̃sgʀese] *vt* transgredir

transistor [tʀɑ̃zistɔʀ] *nm (radio)* transistor *m*

transit [tʀɑ̃zit] *nm* • **passagers en transit** passageiros com ligação para

transiter [tʀɑ̃zite] *vi* **1.** *(marchandises)* passar em trânsito **2.** *(voyageurs)* estar em trânsito • **transiter par** transitar por

translucide [tʀɑ̃slysid] *adj* translúcido(da)

transmettre [tʀɑ̃smɛtʀ] *vt* • **transmettre qqch à qqn** transmitir algo a alguém ◆ **se transmettre** *vp* transmitir-se

transmis, e [tʀɑ̃smi, iz] *pp* ➤ **transmettre**

transmissible [tʀɑ̃smisibl] *adj* transmissível

transmission [tʀɑ̃smisjɔ̃] *nf* transmissão *f*

transparent, e [tʀɑ̃spaʀɑ̃, ɑ̃t] *adj* transparente

transpercer [tʀɑ̃spɛʀse] *vt* traspassar

transpiration [tʀɑ̃spiʀasjɔ̃] *nf* transpiração *f*

transpirer [tʀɑ̃spiʀe] *vi* transpirar

transplanter [tʀɑ̃splɑ̃te] *vt* *(plante)* transplantar

transport [tʀɑ̃spɔʀ] *nm* transporte *m* • **les transports (en commun)** os transportes (públicos)

transporter [tʀɑ̃spɔʀte] *vt* transportar

transporteur [tʀɑ̃spɔʀtœʀ] *nm* transportador *m*, transportadora *f* • **transporteur routier** transportador rodoviário

transposer [tʀɑ̃spoze] *vt* transpor

transsexuel, elle [tʀɑ̃ssɛksɥɛl] *adj & nm, f* transsexual

transvaser [tʀɑ̃svaze] *vt* transvasar

transversal, e, aux [tʀɑ̃svɛʀsal, o] *adj* transversal

trapèze [tʀapɛz] *nm (de cirque)* trapézio *m*
trapéziste [tʀapezist] *nmf* trapezista *mf*
trappe [tʀap] *nf* alçapão *m*
trapu, e [tʀapy] *adj* atarracado(da)
traquer [tʀake] *vt* **1.** *(animal, personne)* acossar **2.** *(fig) (erreur)* andar à cata de
traumatiser [tʀomatize] *vt* traumatizar
traumatisme [tʀomatism] *nm* traumatismo *m* • **traumatisme crânien** traumatismo craniano
travail [tʀavaj] *(pl* **-aux***)* *nm* trabalho *m* ◆ **travaux** *nmpl* **1.** *(agricoles)* trabalhos *mpl* **2.** *(ménagers)* tarefas *fpl* **3.** *(de construction)* obras *fpl* • **travaux pratiques** trabalhos *mpl* práticos ▼ **travaux** obras na estrada
travailler [tʀavaje] *vi* trabalhar ◇ *vt* **1.** *(matière scolaire, passage musical)* estudar **2.** *(bois, pierre)* trabalhar
travailleur, euse [tʀavajœʀ, øz] *adj & nm, f* trabalhador(ra) • **travailleur émigré** trabalhador emigrado • **travailleur indépendant** trabalhador por conta própria
traveller's check [tʀavlœʀʃɛk] *(pl* **traveller's checks***)* *nm* cheque *m* de viagem
traveller's cheque [tʀavlœʀʃɛk] *(pl* **traveller's cheques***)* = **traveller's check**
travers [tʀavɛʀ] *nm* • **à travers** através de • **de travers** de lado • **aller de travers** *(fig)* estar a dar para o torto • **avaler de travers** engasgar-se • **être en travers (de)** estar atravessado em • **travers de porc** costeletas *fpl* de porco
traversée [tʀavɛʀse] *nf (en bateau)* travessia *f*
traverser [tʀavɛʀse] *vt & vi* atravessar
traversin [tʀavɛʀsɛ̃] *nm* travesseiro *m*
travesti, e [travɛsti] *adj* • **bal travesti** baile de máscaras ◆ **travesti** *nm* travesti
trébucher [tʀebyʃe] *vi* tropeçar
trèfle [tʀɛfl] *nm* **1.** *(plante)* trevo *m* **2.** *(aux cartes)* paus *mpl*
treillis [tʀɛji] *nm* **1.** *(clôture)* rede *f* decorativa **2.** *(toile)* linhagem *f* **3.** *MIL* camuflado *m*
treize [tʀɛz] *num* treze • **il a treize ans** ele tem treze anos • **il est treize heures** são treze horas • **le treize janvier** no dia treze de Janeiro • **page treize** página treze • **ils étaient treize** eram treze • **(au) treize rue Lepic** (na) rua Lepic, número treze
treizième [tʀɛzjɛm] *num* décimo terceiro (décima terceira)
trekking [tʀɛkiŋ] *nm* caminhada *f* em alta montanha
tréma [tʀema] *nm* trema *m*
tremblant, e [tʀɑ̃blɑ̃, ɑ̃t] *adj* trémulo(la) • **être tremblant de froid** estar a tremer de frio • **être tout tremblant** estar todo a tremer
tremblement [tʀɑ̃bləmɑ̃] *nm* • **tremblement de terre** tremor *m* de terra • **tremblements** *(frissons)* arrepios *mpl*
trembler [tʀɑ̃ble] *vi* tremer • **trembler de peur/froid** tremer de medo/frio
trémousser [tʀemuse] ◆ **se trémousser** *vp* mexer-se
trempé, e [tʀɑ̃pe] *adj (mouillé)* encharcado(da)
tremper [tʀɑ̃pe] *vt & vi* molhar • **faire tremper qqch** pôr algo de molho
tremplin [tʀɑ̃plɛ̃] *nm* trampolim *m*

trentaine [tʀɑ̃tɛn] *nf* • **une trentaine de** uma trintena de • **avoir la trentaine** andar pelos trinta (anos)
trente [tʀɑ̃t] *num* trinta
trente-trois-tours [tʀɑ̃ttʀwatuʀ] *nm inv* trinta e três rotações *m*
trentième [tʀɑ̃tjɛm] *num* trigésimo(ma)
trépied [tʀepje] *nm* **1.** *(support)* tripé *m* **2.** *(meuble)* tripeça *f*
très [tʀɛ] *adv* muito • **avoir très peur/faim** ter muito medo/muita fome • **très malade** muito doente • **très bien** muito bem
trésor [tʀezɔʀ] *nm* tesouro *m*
trésorerie [tʀezɔʀʀi] *nf* tesouraria *f*
trésorier, ère [tʀezɔʀje, ɛʀ] *nm* tesoureiro *m*, -ra *f*
tresse [tʀɛs] *nf* **1.** trança *f* **2.** *(Helv)* CULIN pão *m* trançado
tresser [tʀese] *vt* entrançar
tréteau [tʀeto] (*pl* **-x**) *nm* cavalete *m*
treuil [tʀœj] *nm* guindaste *m*
trêve [tʀɛv] *nf* • **trêve de...** basta de...
tri [tʀi] *nm* • **faire un tri parmi** fazer uma selecção entre • **tri sélectif (des ordures ménagères)** colecta ou recolha selectiva
triangle [tʀijɑ̃gl] *nm* triângulo *m*
triangulaire [tʀijɑ̃gylɛʀ] *adj* triangular
triathlon [tʀiatlɔ̃] *nm* triatlo *m*
tribord [tʀibɔʀ] *nm* estibordo *m* • **à tribord** a estibordo
tribu [tʀiby] *nf* tribo *f*
tribunal [tʀibynal] (*pl* **-aux**) *nm* tribunal *m*
tribune [tʀibyn] *nf* tribuna *f*
tributaire [tʀibytɛʀ] *adj* • **être tributaire de qqch/qqn** depender de algo/alguém
tricher [tʀiʃe] *vi* **1.** *(au jeu)* fazer batota **2.** *(à un examen)* copiar
tricherie [tʀiʃʀi] *nf* **1.** *(au jeu)* batota *f* *(fam)* **2.** *(tromperie)* trapaça *f*
tricheur, euse [tʀiʃœʀ, øz] *nm, f* batoteiro *m*, -ra *f*
tricolore [tʀikɔlɔʀ] *adj* **1.** *(à trois couleurs)* tricolor **2.** *(équipe, drapeau)* francês(esa)
tricot [tʀiko] *nm* **1.** *(ouvrage)* tricô *m* **2.** *(pull)* camisola *f* de malha • **tricot de corps** camisola *f* interior
tricoter [tʀikɔte] *vt & vi* tricotar
tricycle [tʀisikl] *nm* triciclo *m*
trier [tʀije] *vt* **1.** *(sélectionner)* seleccionar **2.** *(classer)* classificar
trilingue [tʀilɛ̃g] *adj* trilingue
trimestre [tʀimɛstʀ] *nm* trimestre *m*
trimestriel, elle [tʀimɛstʀijɛl] *adj* trimestral
tringle [tʀɛ̃gl] *nf* varão *m* • **tringle à rideaux** varão para cortinados
trinquer [tʀɛ̃ke] *vi* brindar
trio [tʀijo] *nm* trio *m*
triomphal, e, aux [tʀijɔ̃fal, o] *adj* triunfal
triomphe [tʀijɔ̃f] *nm* triunfo *m*
triompher [tʀijɔ̃fe] *vi* triunfar • **triompher de** *(adversaire)* vencer
tripes [tʀip] *nfpl* CULIN tripas *fpl*
triple [tʀipl] *adj* **1.** *(exemplaire)* triplicado **2.** *(dose)* triplo(pla) ◇ *nm* • **le triple (de)** o triplo (de)
tripler [tʀiple] *vt & vi* triplicar
triplés [tʀiple] *nmpl* trigémeos *mpl*

tripoter [tʀipɔte] *vt (objet) (fam)* mexer em

triste [tʀist] *adj* triste

tristesse [tʀistɛs] *nf* tristeza *f*

trivial, e, aux [tʀivjal, o] *adj* **1.** *(banal)* trivial **2.** *(péj) (vulgaire)* grosseiro(ra)

troc [tʀɔk] *nm (échange)* troca *f*

trognon [tʀɔɲɔ̃] *nm (de pomme, de poire)* caroço *m*

trois [tʀwa] *num* três • **il a trois ans** ele tem três anos • **il est trois heures** são três horas • **le trois janvier** no dia três de Janeiro • **page trois** página três • **ils étaient trois** eram três • **le trois de pique** o três de espadas • **(au) trois rue Lepic** (na) rua Lepic, número três

troisième [tʀwazjɛm] *num* terceiro(ra) ◇ *nf* **1.** *SCOL* ≃ nono ano *m* do ensino básico **2.** *(vitesse)* terceira *f* ◇ *nm (étage)* terceiro andar *m*

trois-quarts [tʀwakaʀ] *nm* casaco *m* 3/4

trombe [tʀɔ̃b] *nf* • **des trombes d'eau** trombas *fpl* de água • **en trombe** *(fig)* de rompão

trombone [tʀɔ̃bɔn] *nm* **1.** *(agrafe)* clipe *m* **2.** *MUS* trombone *m*

trompe [tʀɔ̃p] *nf (d'éléphant)* tromba *f*

trompe-l'œil [tʀɔ̃plœj] *nm inv* **1.** *(peinture)* trompe-l'œil *m inv* **2.** *(apparence trompeuse)* fogo de vista • **en trompe-l'œil** em trompe-l'œil

tromper [tʀɔ̃pe] *vt* enganar ◆ **se tromper** *vp* enganar-se • **se tromper de** enganar-se de

trompette [tʀɔ̃pɛt] *nf* trompete *m*

trompettiste [tʀɔ̃petist] *nmf* trompetista *mf*

trompeur, euse [tʀɔ̃pœʀ, øz] *adj* enganador(ra)

tronc [tʀɔ̃] *nm* • **tronc (d'arbre)** tronco *m* (de árvore)

tronçon [tʀɔ̃sɔ̃] *nm* troço *m*

tronçonneuse [tʀɔ̃sɔnøz] *nf* motoserra *f*

trône [tʀon] *nm* trono *m*

trôner [tʀone] *vi* **1.** *(siéger sur un trône)* tronar **2.** *(être à la place d'honneur, en évidence)* dominar **3.** *(fig) (faire l'important)* julgar-se rei e senhor

trop [tʀo] *adv* demais • **trop de travail** trabalho a mais • **de** ou **en trop** a mais

trophée [tʀɔfe] *nm* troféu *m*

tropical, e, aux [tʀɔpikal, o] *adj* tropical

tropique [tʀɔpik] *nm* trópico *m* • **le tropique du Cancer/du Capricorne** o trópico de Câncer/de Capricórnio ◆ **tropiques** *nmpl* os trópicos *mpl*

trop-plein [tʀɔplɛ̃] *(pl* **trop-pleins***) nm* **1.** excesso *m* **2.** *(déversoir)* desaguadoiro *m*

trot [tʀo] *nm* trote *m* • **au trot** a trote

trotter [tʀɔte] *vi* trotar

trotteuse [tʀɔtøz] *nf* ponteiro *m* dos segundos

trottinette [tʀɔtinɛt] *nf* trotinete *f*

trottoir [tʀɔtwaʀ] *nm* passeio *m (de uma rua)*

trou [tʀu] *nm* buraco *m* • **avoir un trou de mémoire** ter uma falha de memória

troublant, e [tʀublɑ̃, ɑ̃t] *adj* **1.** *(déconcertant)* espantoso(osa) **2.** *(femme, décolleté)* perturbador(ra)

trouble [tʀubl] *adj* turvo(va) ◇ *adv* • **voir trouble** ter a vista turva

troubler [tʀuble] *vt* **1.** *(liquide, vue)* turvar **2.** *(silence, sommeil, réunion)* perturbar **3.** *(esprit, raison)* transtornar **4.** *(inquiéter)* inquietar **5.** *(émouvoir)* emocionar ♦ **se troubler** *vp* **1.** *(eau, vue)* ficar turvo(va) **2.** *(s'inquiéter)* atrapalhar-se

trouer [tRue] *vt* esburacar

trouille [tRuj] *nf (fam)* • **avoir la trouille** estar borrado(da) de medo

troupe [tRup] *nf (de théâtre)* companhia *f* de teatro

troupeau [tRupo] *(pl* **-x**) *nm* rebanho *m*

trousse [tRus] *nf* estojo *m* • **trousse de secours** estojo de primeiros socorros • **trousse de toilette** estojo de toilette

trousseau [tRuso] *(pl* **-x**) *nm (de clefs)* molho *m* de chaves

trouvaille [tRuvaj] *nf* achado *m*

trouver [tRuve] *vt* achar • **je trouve que** acho que ♦ **se trouver** *vp* encontrar-se • **se trouver mal** sentir-se mal

truand [tRyɑ̃] *nm* mafioso *m*

truc [tRyk] *nm* **1.** *(fam) (objet)* coisa *f* **2.** *(astuce)* truque *m*

trucage [tRykaʒ] *nm* trucagem *f*

truffe [tRyf] *nf* **1.** *(d'un animal)* focinho *m* **2.** *(champignon)* trufa *f* • **truffe (en chocolat)** *bolinha de chocolate com manteiga*

truffer [tRyfe] *vt* **1.** CULIN trufar **2.** *(fig) (remplir)* • **truffer qqch de** rechear algo de ou com

truie [tRɥi] *nf* porca *f (animal)*

truite [tRɥit] *nf* truta *f* • **truite aux amandes** truta com amêndoas

truquage [tRykaʒ] = **trucage**

truquer [tRyke] *vt* **1.** *(dés)* viciar **2.** *(élections)* falsificar os resultados de

T-shirt [tiʃœRt] = **tee-shirt**

tsigane [tsigan] *adj* cigano(na) ♦ **Tsigane** *nmf* cigano *m*, -na *f*

TSVP (*abr écrite de tournez s'il vous plaît*) v.s.f.f *(vire se faz favor)*

TTC *adj* (*abr de toutes taxes comprises*) c/IVA *(com Imposto sobre o Valor acrescentado)*

[1]**tu** [ty] *pron* tu

[2]**tu, e** [ty] *pp* ➤ **taire**

tuba [tyba] *nm* tubo *m (de mergulho)*

tube [tyb] *nm* **1.** tubo *m* **2.** *(fam) (musique)* êxito *m*

tuberculose [tybɛRkyloz] *nf* tuberculose *f*

tuer [tɥe] *vt* matar ♦ **se tuer** *vp* matar-se

tuerie [tyRi] *nf* chacina *f*

tue-tête [tytɛt] ♦ **à tue-tête** *adv* a altos berros

tueur, euse [tɥœR, øz] *nm, f* **1.** *(meurtrier)* assassino *m*, -na *f* **2.** *(dans un abattoir)* magarefe *m* • **tueur à gages** assassino profissional

tuile [tɥil] *nf* telha *f* • **tuile aux amandes** biscoito *m* de amêndoa

tulipe [tylip] *nf* túlipa *f*

tulle [tyl] *nm* tule *m*

tumeur [tymœR] *nf* tumor *m*

tumulte [tymylt] *nm* **1.** *(bruit)* tumulto *m* **2.** *(sout) (agitation)* desordem *f*

tuner [tynɛR] *nm* rádio *m*

tunique [tynik] *nf* túnica *f*

Tunisie [tynizi] *nf* • **la Tunisie** a Tunísia

tunisien, enne [tynizjɛ̃, ɛn] *adj* tunisiano(na) ♦ **Tunisien, enne** *nm, f* tunisiano *m*, -na *f*

tunnel [tynɛl] *nm* túnel *m* • **le tunnel sous la Manche** o túnel do Canal da Mancha

Le tunnel sous la Manche

Este túnel, cavado na rocha sob o fundo do mar, liga Coquelles, em França, a Cheriton, em Inglaterra. Os veículos e os passageiros são transportados a bordo de um comboio chamado *Shuttle*. Além disso, existe uma linha regular de passageiros do comboio *Eurostar*, que vai de Paris ou Lille até Londres.

turban [tyʀbɑ̃] *nm* turbante *m*
turbine [tyʀbin] *nf* turbina *f*
turbo [tyʀbo] *adj inv* turbo ◇ *nf* turbo *m*
turbot [tyʀbo] *nm* pregado *m*
turbulences [tyʀbylɑ̃s] *nfpl* turbulência *f*
turbulent, e [tyʀbylɑ̃, ɑ̃t] *adj* turbulento(ta)
turc, turque [tyʀk] *adj* turco(ca)
Turquie [tyʀki] *nf* • **la Turquie** a Turquia
turquoise [tyʀkwaz] *adj inv* azul-turquesa ◇ *nf* turquesa *f*
tutelle [tytɛl] *nf* tutela *f*
tuteur, trice [tytœʀ, tʀis] *nm, f* tutor *m*, -ra *f* ◆ **tuteur** *nm* estaca *f (para uma planta)*
tutoyer [tytwaje] *vt* tratar por tu ◆ **se tutoyer** *vp* tratar-se por "tu"
tutu [tyty] *nm* tutu *m*
tuyau [tɥijo] (*pl* **-x**) *nm* tubo *m* • **tuyau d'arrosage** mangueira *f* • **tuyau d'échappement** tubo de escape
tuyauterie [tɥijotʀi] *nf* tubagem *f*
TV (*abr écrite de télévision*) TV *f (televisão)*
TVA *nf* (*abr de taxe sur la valeur ajoutée*) ICM/S *m* (*Br*) *(Imposto sobre circulação de mercadorias e prestação de serviços)*, IVA *m* (*Port*) *(Imposto sobre o Valor acrescentado)*
tweed [twid] *nm* tweed *m*
tympan [tɛ̃pɑ̃] *nm* tímpano *m*
type [tip] *nm* tipo *m*
typé, e [tipe] *adj* tipificado(da)
typhon [tifɔ̃] *nm* tufão *m*
typique [tipik] *adj* típico(ca)
typographie [tipɔgʀafi] *nf* tipografia *f*
tyran [tiʀɑ̃] *nm* tirano *m*, -na *f*
tyrannique [tiʀanik] *adj* tirânico(ca)
tyranniser [tiʀanize] *vt* tiranizar

uU

UDF (*abr de Union pour la démocratie française*) *nf partido político francês de direita*
ulcère [ylsɛʀ] *nm* úlcera *f*
ULM (*abr de Ultra-léger motorisé*) *nm* ultraleve *m*
ultérieur, e [ylteʀjœʀ] *adj* ulterior
ultérieurement [ylteʀjœʀmɑ̃] *adv* ulteriormente
ultimatum [yltimatɔm] *nm* ultimato *m*
ultime [yltim] *adj* último(ma)
ultra- [yltʀa] *préf* ultra-
ultramoderne [yltʀamɔdɛʀn] *adj* ultramoderno(na)

ultrason [yltʀasɔ̃] *nm* ultra-som *m*
ultraviolet, ette [yltʀavjɔlɛ, ɛt] *adj* ultravioleta ◆ **ultraviolet** *nm* raio *m* ultravioleta
UMP [yɛmpe] *nf POL (abr de Union pour un mouvement populaire) partido político* — printed: *partido politíco francês de direita*
un, une [œ̃, yn] (*pl* **des** [de]) *art* um (uma) ● **un homme** um homem ● **une femme** uma mulher ● **une pomme** uma maçã ● **des voitures** (uns) carros ● **des valises** (umas) malas
◇ *pron* um (uma) ● **(l')un de mes amis/des plus intéressants** um dos meus amigos /dos mais interessantes ● **l'un l'autre** um ao outro ● **l'un..., l'autre...** um..., o outro... ● **l'un et l'autre** tanto um como o outro ● **l'un ou l'autre** um ou outro ● **ni l'un ni l'autre** nem um nem outro
◇ *num* um ● **il a un an** ele tem um ano ● **(au) un rue Lepic** (na) rua Lepic, número um
unanime [ynanim] *adj* unânime
unanimité [ynanimite] *nf* unanimidade *f* ● **à l'unanimité** por unanimidade
Unetelle ➤ **Untel**
uni, e [yni] *adj* **1.** *(tissu, couleur)* liso(sa) **2.** *(famille, couple)* unido(da)
uniforme [ynifɔʀm] *adj* uniforme ◇ *nm* **1.** *(civil)* uniforme *m* **2.** *(militaire)* farda *f*
uniformiser [ynifɔʀmize] *vt* uniformizar
union [ynjɔ̃] *nf* união *f* ● **l'Union européenne** a União Europeia ● **l'Union soviétique** a União Soviética
unique [ynik] *adj* único(ca)
uniquement [ynikmɑ̃] *adv* unicamente
unir [yniʀ] *vt* unir ◆ **s'unir** *vp* unir-se
unisson [ynisɔ̃] *nm* ● **à l'unisson** em uníssono
unitaire [ynitɛʀ] *adj* unitário(ria)
unité [ynite] *nf* **1.** unidade *f* **2.** *COMM* artigo *m* ● **à l'unité** por unidade ● **unité centrale** unidade central
univers [ynivɛʀ] *nm* universo *m*
universel, elle [ynivɛʀsɛl] *adj* universal
universitaire [ynivɛʀsitɛʀ] *adj* universitário(ria)
université [ynivɛʀsite] *nf* universidade *f*
Untel, Unetelle [œ̃tɛl, yntɛl] *nm, f* fulano *m*, -na *f*
uranium [yʀanjɔm] *nm* urânio *m*
urbain, e [yʀbɛ̃, ɛn] *adj* urbano(na)
urbaniser [yʀbanize] *vt* urbanizar ◆ **s'urbaniser** *vp* urbanizar-se
urbanisme [yʀbanism] *nm* urbanismo *m*
urgence [yʀʒɑ̃s] *nf* **1.** *(d'une action)* urgência *f* **2.** *MÉD* emergência *f* ● **d'urgence** de urgência ● **(service des) urgences** (serviço das) urgências
urgent, e [yʀʒɑ̃, ɑ̃t] *adj* urgente
urgentiste [yrʒɑ̃tist] *nmf MÉD* urgentista *mf*
urine [yʀin] *nf* urina *f*
uriner [yʀine] *vi* urinar
urinoir [yʀinwaʀ] *nm* urinol *m*
urne [yʀn] *nf* urna *f*
urticaire [yʀtikɛʀ] *nf* urticária *f*
USA (*abr de United States of America*) *nmpl* ● **les USA** os EUA
usage [yzaʒ] *nm* uso *m* ▼ **usage externe** uso externo ▼ **usage interne** uso interno
usagé, e [yzaʒe] *adj (ticket)* usado(da)
usager, ère [yzaʒe, ɛʀ] *nm, f* utente *mf*
usé, e [yze] *adj* gasto(ta)
user [yze] *vt* gastar ◆ **s'user** *vp* gastar-se

usine [yzin] *nf* fábrica *f*
USP *nf MÉD* (*abr écrite de unité de soins palliatifs*) Unidade de Cuidados Paliativos
ustensile [ystɑ̃sil] *nm* utensílio *m*
usufruit [yzyfʀɥi] *nm* usufruto *m*
usure [yzyʀ] *nf* **1.** *(détérioration, affaiblissement)* desgaste *m* **2.** *(intérêt)* usura *f*
usurpateur, trice [yzyʀpatœʀ, tʀis] *nm, f* usurpador *m*, -ra *f*
usurper [yzyʀpe] *vt* usurpar
utérus [yteʀys] *nm* útero *m*
utile [ytil] *adj* útil
utilisateur, trice [ytilizatœʀ, tʀis] *nm, f* utilizador *m*, -ra *f*
utilisation [ytilizasjɔ̃] *nf* utilização *f*
utiliser [ytilize] *vt* utilizar
utilitaire [ytilitɛʀ] *adj* utilitário(ria) ◇ *nm* utilitário *m*
utilité [ytilite] *nf* • **être d'une grande utilité** ser de uma grande utilidade
utopie [ytɔpi] *nf* utopia *f*
UV *nmpl* (*abr de ultraviolets*) U.V. *mpl* *(ultravioleta)*

V v

va [va] ➤ **aller**
vacances [vakɑ̃s] *nfpl* férias *fpl* • **être/partir en vacances** estar/ir de férias • **prendre des vacances** tirar férias • **vacances scolaires** férias escolares
vacancier, ère [vakɑ̃sje, ɛʀ] *nm, f* **1.** pessoa *f* que está de férias **2.** *(d'été)* veraneante *mf*
vacant, e [vakɑ̃, ɑ̃t] *adj* **1.** *(libre)* vago(ga) **2.** *(inoccupé)* desocupado(da)
vacarme [vakaʀm] *nm* barulhão *m*
vacataire [vakatɛʀ] *adj* temporário(ria)
vacation [vakasjɔ̃] *nf* **1.** *(travail) desempenho de uma função durante um certo espaço de tempo* **2.** *(rémunération)* honorários *mpl*
vaccin [vaksɛ̃] *nm* vacina *f*
vaccination [vaksinasjɔ̃] *nf* vacinação *f*
vacciner [vaksine] *vt* • **vacciner qqn contre qqch** vacinar alguém contra algo
vache [vaʃ] *nf* vaca *f* ◇ *adj (fam) (méchant)* ordinário(ria)
vachement [vaʃmɑ̃] *adv (fam)* à brava *(Port)*, à beça *(Br)* • **c'est vachement bien** é giríssimo
vacherin [vaʃʀɛ̃] *nm* **1.** *(gâteau) bolo gelado com camadas de merengue e chantilly* **2.** *(Helv) (fromage) queijo cremoso de vaca*
vaciller [vasije] *vi* **1.** *(personne)* vacilar **2.** *(lumière)* tremeluzir **3.** *(mémoire)* falhar
va-et-vient [vaevjɛ̃] *nm inv* • **faire le va-et-vient entre** fazer o trajecto entre
vagabond, e [vagabɔ̃, ɔ̃d] *adj* errante ◇ *nm, f* vagabundo *m*, -da *f*
vagin [vaʒɛ̃] *nm* vagina *f*
vague [vag] *adj* vago(ga) ◇ *nf* onda *f* • **vague de chaleur** onda de calor
vaguement [vagmɑ̃] *adv* vagamente
vaille ➤ **valoir**
vain, e [vɛ̃, vɛn] *adj* vão (vã) • **en vain** em vão
vaincre [vɛ̃kʀ] *vt* vencer

vaincu, e [vɛ̃ky] *nm, f (équipe, sportif)* perdedor *m*, -ra *f*
vainement [vɛnmɑ̃] *adv* em vão
vainqueur [vɛ̃kœʀ] *nm* vencedor *m*, -ra *f*
vais [vɛ] ➤ **aller**
vaisseau [vɛso] (*pl* -x) *nm (veine)* vaso *m* • **vaisseau spatial** nave *f* espacial
vaisselle [vɛsɛl] *nf* louça *f* • **faire la vaisselle** lavar a louça
valable [valabl] *adj* válido(da)
valait [valɛ] ➤ **valoir**
valent [val] ➤ **valoir**
valet [valɛ] *nm (aux cartes)* valete *m*
valeur [valœʀ] *nf* valor *m*
valide [valid] *adj* válido(da)
valider [valide] *vt (ticket)* validar
validité [validite] *nf* validade *f* • **date limite de validité** prazo de validade
valise [valiz] *nf* mala *f* • **faire ses valises** fazer as malas
vallée [vale] *nf* vale *m*
vallon [valɔ̃] *nm* pequeno vale *m*
vallonné, e [valɔne] *adj* sulcado(da) por vales
valoir [valwaʀ] *vi* **1.** *(coûter)* custar **2.** *(avoir comme qualité)* valer ◇ *v impers* • **il vaut mieux faire qqch** é melhor fazer algo • **il vaut mieux que tu restes** é melhor ficares • **ça vaut combien ?** quanto custa? • **ça vaut la peine (de faire qqch)** vale a pena (fazer algo)
valoriser [valɔʀize] *vt* valorizar
valse [vals] *nf* valsa *f*
valu [valy] *pp* ➤ **valoir**
valve [valv] *nf* válvula *f*
vampire [vɑ̃piʀ] *nm* vampiro *m*
vandale [vɑ̃dal] *nm* vândalo *m*
vandalisme [vɑ̃dalism] *nm* vandalismo *m*
vanille [vanij] *nf* baunilha *f*
vanité [vanite] *nf* vaidade *f*
vaniteux, euse [vanitø, øz] *adj* vaidoso(osa)
vanne [van] *nf* **1.** *(dispositif)* comporta *f* **2.** *(fam) (remarque)* boca *f*
vantard, e [vɑ̃taʀ, aʀd] *adj* • **être vantard** ser um gabarola
vanter [vɑ̃te] ◆ **se vanter** *vp* gabar-se
vapeur [vapœʀ] *nf* barco *m* a vapor • **à vapeur** a vapor • **(à la) vapeur** a vapor
vaporisateur [vapɔʀizatœʀ] *nm* vaporizador *m*
vaporiser [vapɔʀize] *vt* vaporizar
varappe [vaʀap] *nf* escalada *f*
variable [vaʀjabl] *adj* variável
variante [vaʀjɑ̃t] *nf* variante *f*
variation [vaʀjasjɔ̃] *nf* **1.** variação *f* **2.** *(de température)* mudança *f*
varicelle [vaʀisɛl] *nf* varicela *f*
varices [vaʀis] *nfpl* varizes *fpl*
varié, e [vaʀje] *adj* variado(da) • **hors-d'œuvre variés** entradas variadas
varier [vaʀje] *vt & vi* variar
variété [vaʀjete] *nf* variedade *f* • **variétés** variedades *fpl*
variole [vaʀjɔl] *nf* varíola *f*
vas [va] ➤ **aller**
vase [vaz] *nf* lodo *m* ◇ *nm* vaso *m*
vaseline [vazlin] *nf* vaselina *f*
vaste [vast] *adj* vasto(ta)
Vatican [vatikɑ̃] *nm* • **le Vatican** o Vaticano
vaudra [vodʀa] ➤ **valoir**
vaut [vo] ➤ **valoir**
vautour [votuʀ] *nm* abutre *m*

veau [vo] (*pl* **-x**) *nm* **1.** *(animal)* bezerro *m* **2.** *CULIN* vitela *f*
vecteur [vɛktœʀ] *nm* vector *m*
vécu, e [veky] *pp* ➤ **vivre** ◇ *adj* vivido(da)
vedette [vədɛt] *nf* **1.** *(acteur, sportif)* vedeta *f* **2.** *(bateau)* lancha *f*
végétal, e, aux [veʒetal, o] *adj* vegetal ◇ *nm* vegetal *m*
végétarien, enne [veʒetaʀjɛ̃, ɛn] *adj & nm, f* vegetariano(na)
végétation [veʒetasjɔ̃] *nf* vegetação *f* ◆ **végétations** *nfpl MÉD* adenóides *fpl*
végéter [veʒete] *vi (péj & fig)* vegetar
véhémence [veemɑ̃s] *nf* veemência *f*
véhicule [veikyl] *nm* veículo *m*
veille [vɛj] *nf* véspera *f*
veillée [veje] *nf* serão *m*
veiller [veje] *vi* velar ● **veiller à faire qqch** procurar fazer algo ● **veiller à ce que** fazer com que ● **veiller sur qqn** cuidar de alguém
veilleur [vejœʀ] *nm* ● **veilleur de nuit** guarda-nocturno *m*
veilleuse [vejøz] *nf* **1.** *(lampe)* lamparina *f* **2.** *AUTO* mínimos *mpl* ou luzes de presença **3.** *(flamme)* piloto *m*
veinard, e [venaʀ, aʀd] *adj & nm, f (fam)* sortudo(da)
veine [vɛn] *nf* veia *f* ● **avoir de la veine** *(fam)* ter sorte
Velcro® [vɛlkʀo] *nm* velcro® *m*
véliplanchiste [veliplɑ̃ʃist] *nmf* windsurfista *mf*
vélo [velo] *nm* bicicleta *f* ● **faire du vélo** andar de bicicleta ● **vélo de course** bicicleta de corrida ● **vélo tout terrain** bicicleta todo terreno
vélodrome [velɔdʀom] *nm* velódromo *m*
vélomoteur [velɔmɔtœʀ] *nm* velocípede *m* com motor
velours [vəluʀ] *nm* veludo *m* ● **velours côtelé** bombazina *f*
velouté [vəlute] *nm* ● **velouté d'asperges** *sopa cremosa de espargos*
vénal, e, aux [venal, o] *adj* venal
vendanges [vɑ̃dɑ̃ʒ] *nfpl* vindimas *fpl*
vendeur, euse [vɑ̃dœʀ, øz] *nm, f* vendedor *m*, -ra *f*
vendre [vɑ̃dʀ] *vt* vender ● **vendre qqch à qqn** vender algo a alguém ▼ **à vendre** vende-se
vendredi [vɑ̃dʀədi] *nm* sexta-feira *f* ● **nous sommes** ou **c'est vendredi** é sexta-feira ● **vendredi 18 septembre** sexta-feira, 18 de Setembro ● **nous sommes partis vendredi** nós fomos embora na sexta-feira ● **vendredi dernier** na sexta-feira passada ● **vendredi prochain** na sexta-feira que vem ● **vendredi matin** na sexta-feira de manhã ● **le vendredi** às sextas-feiras ● **à vendredi !** até sexta-feira! ● **vendredi saint** Sexta-Feira Santa
vénéneux, euse [venenø, øz] *adj* venenoso(osa)
vénérable [veneʀabl] *adj* venerável
vénérer [veneʀe] *vt* venerar
vénérien, enne [veneʀjɛ̃, ɛn] *adj* venéreo(rea)
vengeance [vɑ̃ʒɑ̃s] *nf* vingança *f*
venger [vɑ̃ʒe] ◆ **se venger** *vp* vingar-se
venimeux, euse [vənimø, øz] *adj* venenoso(osa)
venin [vənɛ̃] *nm* veneno *m*

venir [vəniʀ] *vi* vir • **venir de** vir de • **venir de faire qqch** acabar de fazer algo • **faire venir qqn** mandar vir alguém
vent [vɑ̃] *nm* vento *m* • **vent d'ouest** vento de oeste
vente [vɑ̃t] *nf* venda *f* • **être/mettre qqch en vente** estar/pôr algo à venda • **vente par correspondance** venda pelo correio • **vente aux enchères** leilão *m* • **vente par téléphone** venda por telefone • **vente en ligne** venda em linha, venda on-line
ventilateur [vɑ̃tilatœʀ] *nm* ventoinha *f*
ventilation [vɑ̃tilasjɔ̃] *nf* ventilação *f*
ventouse [vɑ̃tuz] *nf* ventosa *f*
ventre [vɑ̃tʀ] *nm* barriga *f*
ventriloque [vɑ̃tʀilɔk] *nmf* ventríloquo *m*, -qua *f*
venu, **e** [vəny] *pp* ➤ **venir**
ver [vɛʀ] *nm* **1.** verme *m* **2.** *(de fruit)* bicho *m* • **ver luisant** pirilampo *m* *(Port)*, vaga-lume *m* *(Br)* • **ver (de terre)** minhoca *f*
véranda [veʀɑ̃da] *nf* marquise *f*
verbal, **e**, **aux** [vɛʀbal, o] *adj* verbal
verbe [vɛʀb] *nm* verbo *m*
verdict [vɛʀdikt] *nm* veredicto *m*
verdoyant, **e** [vɛʀdwajɑ̃, ɑ̃t] *adj* verdejante
verdure [vɛʀdyʀ] *nf* verdura *f*
véreux, **euse** [veʀø, øz] *adj* com bicho
verge [vɛʀʒ] *nf* pénis *m inv*
verger [vɛʀʒe] *nm* pomar *m*
vergeture [vɛʀʒətyʀ] *nf* estria *f*
verglacé, **e** [vɛʀglase] *adj* coberto(ta) de gelo
verglas [vɛʀgla] *nm* gelo *m (na estrada)*
véridique [veʀidik] *adj* verídico(ca)
vérification [veʀifikasjɔ̃] *nf* verificação *f*
vérifier [veʀifje] *vt* verificar
véritable [veʀitabl] *adj* verdadeiro(ra)
véritablement [veʀitabləmɑ̃] *adv* **1.** *(réellement)* de facto **2.** *(absolument)* verdadeiramente
vérité [veʀite] *nf* verdade *f* • **dire la vérité** dizer a verdade
vermicelle [vɛʀmisɛl] *nm* aletria *f*
vermine [vɛʀmin] *nf* **1.** *(parasites)* parasitas *mpl* **2.** *(fig & péj)* *(personne)* corja *f*
verni, **e** [vɛʀni] *adj* envernizado(da)
vernir [vɛʀniʀ] *vt* envernizar
vernis [vɛʀni] *nm* verniz *m* • **vernis à ongles** verniz das unhas
vernissage [vɛʀnisaʒ] *nm* **1.** *(action de vernir)* envernizamento *m* **2.** *(réception)* inauguração *f*
verra ➤ **voir**
verre [vɛʀ] *nm* **1.** copo *m* **2.** *(matière)* vidro *m* • **boire** OU **prendre un verre** beber ou tomar um copo • **verre à pied** cálice *m* • **verre à vin** copo para o vinho • **verres de contact** lentes *fpl* de contacto
verrière [vɛʀjɛʀ] *nf* vidraça *f*
verrou [vɛʀu] *nm* ferrolho *m*
verrouiller [vɛʀuje] *vt* aferrolhar
verrue [vɛʀy] *nf* verruga *f*
vers [vɛʀ] *nm* verso *m* ◇ *prép* **1.** *(direction)* em direcção a **2.** *(époque)* lá para
Versailles [vɛʀsaj] *n* • **le château de Versailles** o palácio de Versalhes

Le château de Versailles

No início, no reinado de Luís XIII, Versalhes era um simples pavilhão de caça. Luís XIV (a partir de 1661) transformou-o num imponente palácio de arquitectura clássica. A *Galerie des Glaces*, composta por 75 m de espelhos, e os jardins à francesa, decorados com lagos e jactos de água, são duas das suas partes mais conhecidas.

versant [vɛʀsɑ̃] *nm* encosta *f*
versatile [vɛʀsatil] *adj* imprevisível
verse [vɛʀs] ◆ **à verse** *adv* a cântaros
Verseau [vɛʀso] *nm* Aquário *m*
versement [vɛʀsəmɑ̃] *nm* **1.** *(d'argent)* pagamento *m* **2.** *(crédit)* prestação *f* **3.** *(à la banque)* depósito *m*
verser [vɛʀse] *vt* **1.** *(liquide)* deitar **2.** *(argent)* dar **3.** *(à la banque)* depositar
verseur [vɛʀsœʀ] *adj m* ➤ **bec**
version [vɛʀsjɔ̃] *nf* versão *f* ● **(en) version française** (em) versão francesa ● **(en) version originale** (em) versão original
verso [vɛʀso] *nm* verso *m (página)*
vert, e [vɛʀ, vɛʀt] *adj* verde ◇ *nm* verde *m*
vertébrale [vɛʀtebʀal] *adj f* ➤ **colonne**
vertèbre [vɛʀtɛbʀ] *nf* vértebra *f*
vertébré, e [vɛʀtebʀe] *adj* vertebrado(da)
vertical, e, aux [vɛʀtikal, o] *adj* vertical
vertige [vɛʀtiʒ] *nm* ● **avoir le vertige** ter vertigens
vertigineux, euse [vɛʀtiʒinø, øz] *adj* vertiginoso(osa)
vertu [vɛʀty] *nf* virtude *f* ● **de petite vertu** de moral duvidosa ● **en vertu de** em virtude de
verve [vɛʀv] *nf* verve *f*
verveine [vɛʀvɛn] *nf* **1.** *(plante)* verbena *f* **2.** *(infusion)* chá *m* de verbena
vésicule [vezikyl] *nf* vesícula *f*
vessie [vesi] *nf* bexiga *f*
veste [vɛst] *nf* casaco *m*
vestiaire [vɛstjɛʀ] *nm* **1.** *(d'un musée, d'un théâtre)* vestiário *m* **2.** *(d'un stade, d'une piscine)* balneário *m*
vestibule [vɛstibyl] *nm* vestíbulo *m*
vestiges [vɛstiʒ] *nmpl* vestígios *mpl*
veston [vɛstɔ̃] *nm* casaco *m (Port)*, paletó *m (Br)*
vétéciste [vetesist] *nmf* betetista
vêtements [vɛtmɑ̃] *nmpl* roupa *f*
vétéran [veteʀɑ̃] *nm* **1.** *MIL* veterano *m* **2.** *(ancien)* veterano *m*, -na *f*
vétérinaire [veteʀinɛʀ] *nmf* veterinário *m*, -ria *f*
vêtir [vetiʀ] *vt* vestir ◆ **se vêtir** *vp* vestir-se
veto [veto] *nm* veto *m* ● **mettre son veto** vetar ; *(fig)* opor-se
vétuste [vetyst] *adj* vetusto(ta)
veuf, veuve [vœf, vœv] *adj & nm, f* viúvo(va)
veuille ➤ **vouloir**
veuve ➤ **veuf**
veux ➤ **vouloir**
vexant, e [vɛksɑ̃, ɑ̃t] *adj* que ofende
vexer [vɛkse] *vt* ofender ◆ **se vexer** *vp* ofender-se
VF (*abr de version française*) *nf* versão *f* francesa
via [vja] *prép* via
viable [vjabl] *adj* viável
viaduc [vjadyk] *nm* viaduto *m (Port)*, elevado *m (Br)*

viager, ère [vjaʒe, ɛʀ] *adj* vitalício(cia) ◆ **viager** *nm* renda *f* vitalícia ● **en viager** em troca de uma renda vitalícia
viande [vjɑ̃d] *nf* carne *f* ● **viande séchée des Grisons** (*Helv*) *carne de vaca seca e salgada*
vibration [vibʀasjɔ̃] *nf* vibração *f*
vibrer [vibʀe] *vi* vibrar
vibreur [vibʀœʀ] *nm* (*de téléphone*) vibrador, opção de toque por vibração, vibracall
vice [vis] *nm* vício *m*
vice-président, e [vispʀezidɑ̃, ɑ̃t] (*mpl* vice-présidents, *fpl* vice-présidentes) *nm, f* vice-presidente *mf*
vice versa [vis(e)vɛʀsa] *adv* vice versa
vicié, e [visje] *adj* viciado(da)
vicieux, euse [visjø, øz] *adj* **1.** (*pervers*) depravado(da) **2.** (*cercle*) vicioso(osa)
victime [viktim] *nf* vítima *f* ● **être victime de** ser vítima de
victoire [viktwaʀ] *nf* vitória *f*
victorieux, euse [viktɔʀjø, øz] *adj* vitorioso(osa)
vidange [vidɑ̃ʒ] *nf* (*d'une auto*) mudança *f* de óleo
vidanger [vidɑ̃ʒe] *vt* esvaziar
vide [vid] *adj* vazio(zia) ◇ *nm* **1.** (*espace*) vazio *m* **2.** (*absence d'air*) vácuo *m* ● **sous vide** (*aliment*) a vácuo ● **vide juridique** *DR* vazio jurídico
vidéo [video] *adj inv* de vídeo ◇ *nf* **1.** (*appareils*) vídeo *m* **2.** (*film*) cassete *f* de vídeo
vidéocassette [videɔkasɛt] *nf* videocassete *f*
vidéodisque [videɔdisk] *nm* videodisco *m*
vide-ordures [vidɔʀdyʀ] *nm inv* conduta *f* do lixo
vidéoprojecteur [videɔprɔʒektœr] *nm* video projector
vidéothèque [videɔtɛk] *nf* videoteca *f*
vide-poches [vidpɔʃ] *nm inv compartimento para objectos nas portas do carro*
vider [vide] *vt* **1.** esvaziar **2.** (*poulet, poisson*) limpar ◆ **se vider** *vp* esvaziar-se
videur [vidœʀ] *nm* segurança *m*
vie [vi] *nf* vida *f* ● **en vie** em vida
vieil ➤ **vieux**
vieillard [vjɛjaʀ] *nm* velho *m*
vieille ➤ **vieux**
vieillesse [vjejɛs] *nf* velhice *f*
vieillir [vjejiʀ] *vi* envelhecer ◇ *vt* ● **ça le vieillit** isso faz com que ele pareça mais velho
vieillissement [vjejismɑ̃] *nm* envelhecimento *m*
viendra ➤ **venir**
viens ➤ **venir**
vierge [vjɛʀʒ] *adj* (*cassette*) virgem ◆ **Vierge** *nf* (*signe du zodiaque*) Virgem *f*
Vietnam [vjɛtnam] *nm* ● **le Vietnam** o Vietname
vieux, vieille [vjø, vjɛj] (*mpl* vieux [vjø]) (*vieil* [vjɛj] *devant voyelle ou h muet*) *adj* velho(lha) ● **il est vieux jeu** ele é à antiga ● **salut, mon vieux/ma vieille !** (*fam*) olá meu/minha!
vif, vive [vif, viv] *adj* **1.** vivo(va) **2.** (*geste*) apressado(da)
vigilant, e [viʒilɑ̃, ɑ̃t] *adj* atento(ta)
vigile [viʒil] *nm* vigia *m*
vigne [viɲ] *nf* vinha *f*
vigneron, onne [viɲʀɔ̃, ɔn] *nm, f* vinhateiro *m*, -ra *f*

vignette [viɲɛt] *nf* **1.** *(automobile)* selo *m* **2.** *(de médicament)* vinheta *f*
vignoble [viɲɔbl] *nm* vinhedo *m*
vigoureux, euse [viguʀø, øz] *adj* vigoroso(osa)
vigueur [vigœʀ] *nf* • **les prix en vigueur** os preços em vigor • **entrer en vigueur** entrar em vigor
VIH, V.I.H. (*abr de Virus d'Immunodéficience Humaine*) VIH (Vírus de Imunodeficiência Humana)
vilain, e [vilɛ̃, ɛn] *adj* **1.** *(méchant)* mau (má) **2.** *(laid)* feio (feia)
villa [vila] *nf* vivenda *f*
village [vilaʒ] *nm* aldeia *f*
ville [vil] *nf* cidade *f* • **aller en ville** ir à cidade
Villette [vilɛt] *nf* • **(le parc de) la Villette** *centro cultural a norte de Paris que inclui um museu de ciências e tecnologia*
vin [vɛ̃] *nm* vinho *m* • **vin blanc** vinho branco • **vin doux** vinho doce • **vin rosé** vinho rosé • **vin rouge** vinho tinto • **vin sec** vinho seco • **vin de table** vinho de mesa

Le vin

A França é um grande produtor de vinho, bebida que tradicionalmente acompanha as refeições. As principais regiões vinícolas são a Borgonha, a zona de Bordéus, a região do rio Loire e a região de Beaujolais, onde se produzem vinhos tintos e brancos. Na Alsácia predomina o vinho branco, enquanto na Provença se produz principalmente vinho rosé. Os vinhos classificam-se em quatro categorias especificadas nas etiquetas : os *AOC*, vinhos com denominação de origem, conhecidos pela sua alta qualidade e cuja proveniência é garantida ; os *VDQS*, vinhos de boa qualidade produzidos por uma determinada região ; os *vins de pays*, vinhos de mesa nos quais a proveniência é indicada, e os *vins de table*, vinhos de mesa que podem ser misturados e nos quais a proveniência não está indicada.

vinaigre [vinɛgʀ] *nm* vinagre *m*
vinaigrette [vinɛgʀɛt] *nf* vinagreta *m*
vingt [vɛ̃] *num* vinte • **il a vingt ans** ele tem vinte anos • **il est vingt heures** são vinte horas • **le vingt janvier** no dia vinte de Janeiro • **page vingt** página vinte • **ils étaient vingt** eram vinte • **(au) vingt rue Lepic** (na) rua Lepic, número vinte
vingtaine [vɛ̃tɛn] *nf* • **une vingtaine (de)** cerca de vinte
vingtième [vɛ̃tjɛm] *num* vigésimo(ma)
vinicole [vinikɔl] *adj* vinícola
viol [vjɔl] *nm* violação *f*
violation [vjɔlasjɔ̃] *nf* violação *f (infracção)*
violemment [vjɔlamɑ̃] *adv* com violência
violence [vjɔlɑ̃s] *nf* violência *f* • **violence routière** condução agressiva
violent, e [vjɔlɑ̃, ɑ̃t] *adj* violento(ta)
violer [vjɔle] *vt* violar

violet, ette [vjɔlɛ, ɛt] *adj* violeta ◇ *nm* violeta *m*
violette [vjɔlɛt] *nf* violeta *f*
violon [vjɔlɔ̃] *nm* violino *m*
violoncelle [vjɔlɔ̃sɛl] *nm* violoncelo *m*
violoniste [vjɔlɔnist] *nmf* violinista *mf*
vipère [vipɛʀ] *nf* víbora *f*
virage [viʀaʒ] *nm* curva *f*
viral, e, aux [viʀal, o] *adj* viral
virée [viʀe] *nf (fam)* giro *m* • **faire une virée** dar uma volta
virement [viʀmɑ̃] *nm* transferência *f* • **virement automatique** levantamento automático
virer [viʀe] *vt* transferir
virginité [viʀʒinite] *nf* **1.** *(physique)* virgindade *f* **2.** *(fig) (candeur)* pureza *f*
virgule [viʀgyl] *nf* vírgula *f*
viril, e [viʀil] *adj* viril
virilité [viʀilite] *nf* virilidade *f*
virtuelle [viʀtɥɛl] *adj f* ➤ **réalité**
virtuose [viʀtɥoz] *nmf* virtuoso *m*
virulent, e [viʀylɑ̃, ɑ̃t] *adj* virulento(ta)
virus [viʀys] *nm* vírus *m*
vis [vis] *nf* parafuso *m*
visa [viza] *nm* visto *m*
visage [vizaʒ] *nm* rosto *m*
vis-à-vis [vizavi] ◆ **vis-à-vis de** *prép (envers)* com respeito a
viscéral, e, aux [viseʀal, o] *adj* visceral
viscères [visɛʀ] *nmpl* vísceras *fpl*
viscose [viskoz] *nf* viscose *f*
viser [vize] *vt* **1.** *(cible)* apontar a **2.** *(concerner)* dizer respeito a
viseur [vizœʀ] *nm* **1.** *(de carabine)* mira *f* **2.** *(d'appareil photo)* visor *m*
visibilité [vizibilite] *nf* visibilidade *f*
visible [vizibl] *adj* visível
visiblement [viziblәmɑ̃] *adv* visivelmente
visière [vizjɛʀ] *nf* pala *f*
vision [vizjɔ̃] *nf* visão *f*
visionnaire [vizjɔnɛʀ] *adj & nmf* visionário(ria)
visionner [vizjɔne] *vt* visionar
visionneuse [vizjɔnøz] *nf* projector *m*
visite [vizit] *nf* visita *f* • **rendre visite à qqn** fazer uma visita a alguém • **visite guidée** visita guiada • **visite médicale** visita médica
visiter [vizite] *vt* visitar
visiteur, euse [vizitœʀ, øz] *nm, f* **1.** *(touriste)* visitante *mf* **2.** *(invité)* visita *f*
vison [vizɔ̃] *nm* **1.** *(animal)* visão *m* **2.** *(fourrure, manteau)* vison *m*
visqueux, euse [viskø, øz] *adj* viscoso(osa)
visser [vise] *vt* aparafusar
visualiser [vizɥalize] *vt* visualizar
visuel, elle [vizɥɛl] *adj* visual
vital, e, aux [vital, o] *adj* vital
vitalité [vitalite] *nf* vitalidade *f*
vitamine [vitamin] *nf* vitamina *f*
vitaminé, e [vitamine] *adj* vitaminado(da)
vite [vit] *adv* depressa
vitesse [vitɛs] *nf* **1.** *(rapidité)* velocidade *f* **2.** *TECH (d'une voiture, d'un vélo)* mudança *f (Port)*, marcha *f (Br)* • **à toute vitesse** a toda a velocidade
viticole [vitikɔl] *adj* vitícola
viticulteur, trice [vitikyltœʀ, tʀis] *nm, f* viticultor *m*, -ra *f*
vitrail [vitʀaj] *(pl* **-aux**) *nm* vitral *m*
vitre [vitʀ] *nf* vidro *m*
vitré, e [vitʀe] *adj* envidraçado(da)

vitrifier [vitʀifje] *vt* **1.** *(parquet)* envernizar **2.** *(matériau)* vitrificar
vitrine [vitʀin] *nf* montra *f* • **en vitrine** na montra • **faire les vitrines** ver as montras
vivacité [vivasite] *nf* vivacidade *f*
vivant, e [vivɑ̃, ɑ̃t] *adj* **1.** *(en vie)* vivo(va) **2.** *(animé)* animado(da)
vive [viv] ➤ **vif** ◇ *interj* viva!
vivement [vivmɑ̃] *adv* energicamente ◇ *interj* • **vivement demain !** oxalá amanhã chegue depressa!
vivisection [vivisɛksjɔ̃] *nf* vivissecção *f*
vivre [vivʀ] *vt* & *vi* viver
VO *nf* (*abr de version originale*) • **en VO** VO, versão original
vocabulaire [vɔkabylɛʀ] *nm* vocabulário *m*
vocales [vɔkal] *adj f pl* ➤ **corde**
vocalise [vɔkaliz] *nf* • **faire des vocalises** fazer vocalizos
vocation [vɔkasjɔ̃] *nf* vocação *f* • **avoir pour vocation de faire qqch** ter como missão fazer algo
vociférer [vɔsifeʀe] *vt* & *vi* vociferar • **vociférer contre qqn** vociferar contra alguém
vodka [vɔdka] *nf* vodka *f*
vœu [vø] (*pl* **-x**) *nm* votos *mpl* • **meilleurs vœux !** votos de boas festas!
vogue [vɔg] *nf* fama *f* • **en vogue** em voga
voici [vwasi] *prép* • **voici votre clef** aqui está a sua chave • **voici ma fille** aqui está a minha filha • **le voici** ei-lo
voie [vwa] *nf* via *f* • **en voie de** em vias de • **voie ferrée** via-férrea *f* ▼ **voie sans issue** beco *m* sem saída ▼ **par voie orale** por via oral
voilà [vwala] *prép* • **voilà ce qui s'est passé** eis o que aconteceu • **voilà Pierre** aqui está o Pierre
voile [vwal] *nm* véu *m* ◇ *nf* vela *f* • **faire de la voile** andar de barco à vela
voilé, e [vwale] *adj* *(roue)* torto (torta)
voilier [vwalje] *nm* veleiro *m*
voir [vwaʀ] *vt* ver • **ça n'a rien à voir (avec)** não tem nada a ver (com) • **voyons !** olha lá! • **faire voir qqch à qqn** mostrar algo a alguém ◆ **se voir** *vp* ver-se
voire [vwaʀ] *adv* e mesmo
voirie [vwaʀi] *nf* **1.** *(administration)* ≃ ministério *m* dos transportes **2.** *(réseau) vias de comunicações estatais* **3.** *(décharge)* aterro *m* sanitário
voisin, e [vwazɛ̃, in] *adj* & *nm, f* vizinho(nha)
voisinage [vwazinaʒ] *nm* **1.** *(entourage, voisins)* vizinhança *f* **2.** *(environs)* vizinhanças *fpl*
voiture [vwatyʀ] *nf* **1.** *(automobile)* carro *m* **2.** *(wagon)* carruagem *f* • **voiture de sport** carro de desporto
voix [vwa] *nf* **1.** *(organe)* voz *f* **2.** *(vote)* voto *m* • **à voix basse/haute** em voz baixa/alta
vol [vɔl] *nm* **1.** *(délit)* roubo *m* **2.** *(trajet en avion)* voo *m* **3.** *(groupe d'oiseaux)* bando *m* • **attraper qqch au vol** apanhar algo no ar • **à vol d'oiseau** em linha recta • **en vol** durante o voo • **vol charter** voo charter • **vol régulier** voo regular
volage [vɔlaʒ] *adj* (*sout*) volúvel
volaille [vɔlaj] *nf* **1.** ave *f* **2.** *(collectif)* aves *fpl*

volant [vɔlɑ̃] *nm* **1.** *(de voiture)* volante *m* **2.** *(de nappe)* franja *f* **3.** *(de badminton)* volante *m* *(Port)*, peteca *f* *(Br)* • **à volants** *(jupe)* com folhos
volante [vɔlɑ̃t] *adj f* ➤ **soucoupe**
volatiliser [vɔlatilize] ◆ **se volatiliser** *vp* volatilizar-se
vol-au-vent [vɔlovɑ̃] *nm inv* vol-au-vent *m*
volcan [vɔlkɑ̃] *nm* vulcão *m*
volcanique [vɔlkanik] *adj* vulcânico(ca)
volée [vɔle] *nf* **1.** *(de coups)* sova *f* **2.** *(fam)* *(gifle)* lamparina *f* • **à la volée** *(en sport)* no ar
voler [vɔle] *vt* roubar ◇ *vi* **1.** *(oiseau, avion)* voar **2.** *(commettre un vol)* roubar
volet [vɔlɛ] *nm* **1.** *(de fenêtre)* persiana *f* *(Port)*, veneziana *f* *(Br)* **2.** *(d'imprimé)* folha *f*
voleur, euse [vɔlœʀ, øz] *nm, f* ladrão *m*, ladra *f*
volière [vɔljɛʀ] *nf* aviário *m*
volley(-ball) [vɔlɛ(bol)] *nm* voleibol *m*
volontaire [vɔlɔ̃tɛʀ] *adj & nmf* voluntário(ria)
volontairement [vɔlɔ̃tɛʀmɑ̃] *adv* voluntariamente
volontariat [vɔlɔ̃taʀja] *nm* voluntariado *m*
volonté [vɔlɔ̃te] *nf* vontade *f* • **bonne/mauvaise volonté** boa/má vontade
volontiers [vɔlɔ̃tje] *adv* com muito gosto
volt [vɔlt] *nm* volt *m*
volte-face [vɔltəfas] *nf inv* **1.** *(demi-tour)* meia-volta *f* **2.** *(revirement)* volte-face *m*
voltige [vɔltiʒ] *nf* **1.** *(au trapèze)* volteio *m* **2.** *(à cheval)* acrobacia *f* **3.** *(en avion)* acrobacia *f* aérea • **haute voltige** acrobacia *f*; *(fig)* *(tour de force)* malabarismo *m*
voltiger [vɔltiʒe] *vi* **1.** *(acrobate)* fazer acrobacias **2.** *(voleter, flotter)* esvoaçar
volume [vɔlym] *nm* volume *m*
volumineux, euse [vɔlyminø, øz] *adj* voluminoso(osa)
volupté [vɔlypte] *nf* volúpia *f*
voluptueux, euse [vɔlyptɥø, øz] *adj* voluptuoso(osa)
vomi [vɔmi] *nm* *(fam)* vomitado *m*
vomir [vɔmiʀ] *vt & vi* vomitar
vomitif, ive [vɔmitif, iv] *adj* emético (a) ◇ *nm* emético *m*
vont [vɔ̃] ➤ **aller**
vorace [vɔʀas] *adj* voraz
voracité [vɔʀasite] *nf* voracidade *f*
vos ➤ **votre**
vote [vɔt] *nm* voto *m*
voter [vɔte] *vi* votar
votre [vɔtʀ] (*pl* **vos** [vo]) *adj* **1.** o vosso (a vossa) **2.** *(en vouvoyant une personne)* o seu (a sua)
vôtre [votʀ] ◆ **le vôtre, la vôtre** [lavotʀ] (*pl* **les vôtres**) [levotʀ] *pron* **1.** *(collectif)* o vosso (a vossa) **2.** *(de vouvoiement)* o seu (a sua) • **à la vôtre !** à vossa!
voudra ➤ **vouloir**
vouer [vwe] *vt* • **vouer qqn à** *(destiner à)* predestinar alguém para • **vouer qqch à qqn** *(sentiment)* votar algo a alguém • **vouer qqch à** *(vie, temps)* consagrar algo a • **être voué à** estar condenado a ◆ **se vouer** *vp* • **se vouer à qqch** dedicar-se a algo
vouloir [vulwaʀ] *vt* querer • **voulez-vous boire quelque chose ?** quer beber alguma coisa? • **vouloir que** querer que • **si tu veux** se quiseres • **sans le vouloir** sem querer • **je voudrais...** eu queria... • **que**

me voulez-vous ? que quer de mim? • **je veux bien** sim, quero • **veuillez vous asseoir** queira sentar-se • **ne pas vouloir de qqn/qqch** não querer alguém /algo • **en vouloir à qqn** estar ressentido(da) com alguém • **vouloir dire** querer dizer • **si on veut** é possível
◆ **s'en vouloir** *vp* • **s'en vouloir (de faire qqch)** arrepender-se (de ter feito algo)

voulu, **e** [vuly] *pp* ➤ **vouloir**

vous [vu] *pron* **1.** *(sujet, pour tutoyer plusieurs personnes)* vocês **2.** *(sujet, pour vouvoyer une personne)* o senhor (a senhora) **3.** *(sujet, pour vouvoyer plusieurs personnes)* os senhores (as senhoras) **4.** *(objet direct, pour tutoyer plusieurs personnes)* -vos **5.** *(objet direct, pour vouvoyer une personne)* -o (-a) **6.** *(objet direct, pour vouvoyer plusieurs personnes)* -vos **7.** *(objet indirect, pour tutoyer plusieurs personnes)* -vos **8.** *(objet indirect, pour vouvoyer une personne)* -lo (-la) **9.** *(objet indirect, pour vouvoyer plusieurs personnes)* -los (-las) **10.** *(après préposition, comparatif pour tutoyer plusieurs personnes)* vocês **11.** *(après préposition, comparatif pour vouvoyer une personne)* o senhor (a senhora) **12.** *(après préposition, comparatif pour vouvoyer plusieurs personnes)* os senhores (as senhoras) **13.** *(réfléchi)* -se **14.** *(réciproque)* se • **vous-même** si próprio • **vous-mêmes** vocês próprios

voûte [vut] *nf* abóbada *f*

voûté, **e** [vute] *adj* curvado(da)

voûter [vute] *vt* abobadar ◆ **se voûter** *vp* curvar-se

vouvoyer [vuvwaje] *vt* tratar por você ◆ **se vouvoyer** *vp* tratar-se por "você"

voyage [vwajaʒ] *nm* viagem *f* • **bon voyage !** boa viagem! • **partir en voyage** fazer uma viagem • **voyage de noces** viagem de núpcias • **voyage organisé** viagem organizada

voyager [vwajaʒe] *vi* viajar

voyageur, **euse** [vwajaʒœʀ, øz] *nm, f* viajante *mf*

voyance [vwajɑ̃s] *nf* vidência *f*

voyant, **e** [vwajɑ̃, ɑ̃t] *adj* vistoso(osa) ◇ *nm* • **voyant lumineux** indicador *m* luminoso

voyelle [vwajɛl] *nf* vogal *f*

voyeur, **euse** [vwajœʀ, øz] *nm, f* mirone *m*

voyons [vwajɔ̃] ➤ **voir**

voyou [vwaju] *nm* arruaceiro *m*, -ra *f*

vrac [vʀak] *nm* • **en vrac** *(en désordre)* ao monte ; *(sans emballage)* avulso

vrai, **e** [vʀɛ] *adj* **1.** *(exact)* verdade **2.** *(véritable)* verdadeiro(ra) • **à vrai dire** para dizer a verdade

vraiment [vʀɛmɑ̃] *adv* mesmo

vraisemblable [vʀɛsɑ̃blabl] *adj* verosímil

vraisemblance [vʀɛsɑ̃blɑ̃s] *nf* verosimilhança *f* • **selon toute vraisemblance** ao que tudo indica

vrille [vʀij] *nf* **1.** *(de plante)* gavinha *f* **2.** *(outil)* verruma *f*

vrombir [vʀɔ̃biʀ] *vi* vibrar

vrombissement [vʀɔ̃bismɑ̃] *nm* barulho *m*

VTT *nm* (*abr de vélo tout terrain*) BTT *f* *(bicicleta todo o terreno)*

vu, **e** [vy] *pp* ➤ **voir** ◇ *prép* dado(da) ◇ *adj* • **être bien/mal vu (de qqn)** ser bem/mal visto (aos olhos de alguém) • **vu que** visto que

vue [vy] *nf* vista *f* • **avec vue sur...** com vista sobre... • **connaître qqn de vue** conhecer alguém de vista • **en vue de faire qqch** com a intenção de fazer algo • **à vue d'œil** a olhos vistos
vulgaire [vylgɛʀ] *adj* **1.** *(grossier)* ordinário(ria) **2.** *(quelconque)* vulgar
vulgairement [vylgɛʀmɑ̃] *adv* **1.** *(grossièrement)* de uma maneira vulgar **2.** *(couramment)* vulgarmente
vulgarisation [vylgaʀizasjɔ̃] *nf* vulgarização *f*
vulgariser [vylgaʀize] *vt* vulgarizar
vulgarité [vylgaʀite] *nf* vulgaridade *f*
vulnérable [vylneʀabl] *adj* vulnerável

wW

wagon [vagɔ̃] *nm* carruagem *f*
wagon-lit [vagɔ̃li] (*pl* **wagons-lits**) *nm* vagão-cama *m*
wagon-restaurant [vagɔ̃ʀɛstɔʀɑ̃] (*pl* **wagons-restaurants**) *nm* vagão-restaurante *m*
Walkman® [wɔkman] *nm* walkman® *m*
wallon, onne [walɔ̃, ɔn] *adj* valão(lona)
◆ **Wallon, onne** *nm, f* valão *m*, -lona *f*
Washington [waʃiŋtɔn] *n* Washington
water-polo [watɛʀpɔlo] *nm* pólo *m* aquático
waters [watɛʀ] *nmpl* sanitários *mpl*
waterzoi [watɛʀzɔj] *nm* *(Belg)* *ensopado de peixe ou de frango com carne*
watt [wat] *nm* watt *m*
W-C [vese] *nmpl* WC *mpl*
web, Web [wɛb] *nm* • **le web** a web *f*
webcam [wɛbkam] *nf* câmara *f* videoconferência, Webcam *f*
webmestre [wɛbmɛstʀ] *nmf* INFORM gestor *m* da Web, webmaster *m*
week-end [wikɛnd] (*pl* **week-ends**) *nm* fim-de-semana *m* • **bon week-end !** bom fim-de-semana!
western [wɛstɛʀn] *nm* western *m*
whisky [wiski] *nm* uísque *m*
white-spirit [wajtspiʀit] (*pl* **white-spirits**) *nm* aguarrás *f*

xX

xénophobie [gzenɔfɔbi] *nf* xenofobia *f*
xérès [gzeʀɛs] *nm* xerez *m*
xylophone [ksilɔfɔn] *nm* xilofone *m*

yY

y [i] *adv*
1. *(gén)* lá • **j'y vais demain** vou lá amanhã • **mets-y du sel** põe sal • **va voir sur la table si les clefs y sont** vai ver em cima da mesa se as chaves lá estão
2. *(indique le lieu où l'on est)* aqui • **nous y resterons une semaine** ficaremos aqui uma semana

◇ *pron* isso • **pensez-y** *(réfléchissez-y)* pense nisso ; *(souvenez-vous-en)* lembre-se disso • **que veux-tu que j'y fasse ?** o que queres tu que eu faça? • **n'y comptez pas** não conte com isso ➤ **aller, avoir**
yacht [jot] *nm* iate *m*
yaourt [jauʀt] *nm* iogurte *m*
yen [jɛn] *nm* iene *m*
yeux ➤ **œil**
yiddish [jidiʃ] *adj inv* & *nm inv* yiddish *m inv*
yoga [jɔga] *nm* ioga *m*
yoghourt [jɔguʀt] = **yaourt**
Yougoslavie [jugɔslavi] *nf* • **la Yougoslavie** a Jugoslávia
Yo-Yo® [jojo] *nm inv* iô-iô *m*

Z

zapper [zape] *vi* mudar constantemente de canal
zèbre [zɛbʀ] *nm* zebra *f*
zèle [zɛl] *nm* zelo *m* • **faire du zèle** *(péj)* mostrar-se excessivamente zeloso
zen [zɛn] *adj inv* zen
zénith [zenit] *nm* zénite *m*
zéro [zeʀo] *nm* zero *m*
zeste [zɛst] *nm* casca *f*
zigzag [zigzag] *nm* ziguezague *m* • **en zigzag** *(route)* em ziguezague ; *(marcher)* aos ziguezagues
zigzaguer [zigzage] *vi* **1.** *(route)* ziguezaguear **2.** *(voiture)* andar aos ziguezagues
zinc [zɛ̃g] *nm* **1.** *(matière)* zinco *m* **2.** *(fam)* *(comptoir)* balcão *m* **3.** *(fam)* *(avion)* avião *m*
zipper [zipe] *vt INFORM* zipar
zizi [zizi] *nm* *(fam)* pilinha *f*
zodiaque [zɔdjak] *nm* ➤ **signe**
zone [zon] *nf* zona *f* • **zone industrielle** zona industrial • **zone piétonne** ou **piétonnière** zona pedestre • **zone verte** zona verde
zoo [zo(o)] *nm* jardim *m* zoológico
zoologie [zɔɔlɔʒi] *nf* zoologia *f*
zoologique [zɔɔlɔʒik] *adj* ➤ **parc**
zoom [zum] *nm* zoom *m*
zut [zyt] *interj* bolas! *(fam)*

GRAMMAIRE

GRAMÁTICA

1. Le nom

En général, sont masculins les noms qui se terminent en *-o* atone et féminins ceux qui finissent en *-a* atone :

o livro le livre a casa la maison

Mais certains noms terminés en *-a* sont masculins :

o dia le jour o problema le problème

Quelques mots de même origine que leurs équivalents français ont un genre différent :

a árvore l'arbre o dente la dent
a viagem le voyage

Certains noms ne suivent pas ces règles générales et présentent au féminin des formes très irrégulières, voire des formes dont le radical est complètement différent :

o rapaz/a rapariga le garçon/la fille
o cão/a cadela le chien/la chienne

1.1. Formation du féminin : règles générales

Les noms terminés en *-o* ont au féminin une terminaison en *-a* :

lobo/loba papagaio/papagaia

Les noms terminés en *-l*, *-r*, *-s* font leur féminin en *-a* :

espanhol/espanhola cantor/cantora
português/portuguesa.

Les noms terminés en *-a*, *-e* gardent la même forme au féminin :

dentista, pianista, estudante, comerciante

Les noms terminés en *-ão* font leur féminin en *-ã*, *-oa*, *-ona* :

irmão/irmã, leão/leoa, solteirão/solteirona

1.2. Formation du pluriel

Règle générale : on ajoute un *-s* aux mots singuliers :

disco/discos, problema/problemas

Les mots qui se terminent en *-ão* forment leur pluriel de trois façons : *-ão/-ões*, *-ão/-ães*, *-ão/-ãos*.

leão/leões lion/lions pão/pães pain/pains
mão/mãos main/mains

Aux mots qui se terminent en *-r*, *-z*, *-n*, on ajoute *-es* :

mar/mares mer/mers

rapaz/rapazes garçon/garçons
abdómen/abdómenes abdomen/abdomens

Les mots qui se terminent en *-s* forment leur pluriel de deux façons :

• en ajoutant *-es*, s'ils sont accentués sur la dernière syllabe (voir Accent, 6.1) :

ananás/ananases português/portugueses

• ils restent invariables, s'ils sont accentués sur l'avant-dernière syllabe (voir Accent, 6.1) :

um lápis/dois lápis un crayon/deux crayons.

Les mots terminés en *-al*, *-el*, *-ol*, *-ul* changent le *-l* en *-is* :

animal/animais	animal/animaux
formidável/formidáveis	formidable/formidables
caracol/caracóis	escargot/escargots
azul/azuis	bleu/bleus

Les mots qui se terminent en *-il* forment leur pluriel de deux façons :

• si l'accent est sur la dernière syllabe, le *-l* change en *-is* :

funil/funis entonnoirs

• si l'accent est sur l'avant-dernière syllabe, le pluriel est en *-eis* :

fértil/férteis fertiles

Les mots qui se terminent en *-m* forment leur pluriel en changeant le *-m* en *-ns* : homem/homens hommes.

1.3. Pluriel des noms composés

On doit considérer plusieurs cas :

• verbe + nom. Le verbe ne change pas, le nom est au pluriel :

guarda-chuva/guarda-chuvas parapluie/parapluies

• nom + nom. Les deux noms changent au pluriel :

couve-flor/couves-flores chou-fleur/choux-fleurs

• nom + adjectif. Les deux mots sont au pluriel :

guarda-nocturno/guardas-nocturnos
gardien de nuit/gardiens de nuit

• si le nom composé intègre la préposition *de*, seul le nom avant la préposition change :

chapéu-de-sol/chapéus-de-sol parasol/parasols

2. Article

2.1. L'article défini et indéfini

	Article défini		Article indéfini	
	Singulier	Pluriel	Singulier	Pluriel
Masculin	*o* libro	*os* libros	*um* carro	*uns* carros
Féminin	*a* casa	*as* casas	*uma* carta	*umas* cartas

2.2. L'article défini

L'article défini s'emploie :

- devant le prénom ou le nom de famille (langage familier) :

  A Carolina saiu com o Pedro.

  Caroline est sortie avec Pierre.

- généralement devant les noms de ville, si l'origine du nom est un nom commun :

  o Porto (le port) **a Baía** (la baie)

- devant un nom qui indique l'heure ou l'âge, s'il s'agit d'un complément circonstanciel introduit par la préposition *a* :

  Ao domingo, a Ana sai com os amigos.

  Le dimanche, Ana sort avec ses amis.

- devant les pronoms et les adjectifs possessifs (Portugal) :

  o meu primo mon cousin.

2.3. L'article indéfini

Le pluriel *uns*, *umas* peut être omis pour exprimer un partitif :

Enviei-lhe uma mensagem.

Je lui ai envoyé un message.

Enviei-lhe mensagens.

Je lui ai envoyé des messages.

L'usage explicite du pluriel *uns*, *umas* peut exprimer une valeur approximative :

Esperei uns bons dez minutos.

J'ai attendu une bonne dizaine de minutes.

2.4. Formes contractées

Les prépositions *a*, *de*, *em* et *por* peuvent se contracter avec les articles définis et indéfinis :

	Articles définis	Articles indéfinis
a	*ao, à, aos, às*	
de	*do, da, dos, das*	*dum, duma, duns, dumas*
em (n-)	*no, na, nos,nas*	*num, numa, nums, numas*
por (pel-)	*pelo, pela, pelos, pelas*	

3. Les pronoms personnels

Sujet	COD	COI		Réfléchi
		Sans préposition	Avec préposition	
eu (je)	*me*	*me*	*min*	*me*
tu (tu)	*te*	*te*	*ti*	*te*
ele/ela/você (il/elle/vous)	*o/a*	*lhe*	*ele/ela/si*	*se*
nós (nous)	*nos*	*nos*	*nós*	*nos*
vós (vous)	*vos*	*vos*	*vós*	*vos*
eles/elas/vocês (ils/elles/vous)	*os/as*	*lhes*	*eles/elas/vocês*	*se*

L'emploi du pronom personnel sujet n'est pas obligatoire. Une des caractéristiques de la langue portugaise est l'effacement du sujet (la plupart du temps, la terminaison verbale indique la personne).

escolho je choisis   escolhem ils (elles) choisissent.

L'emploi est cependant nécessaire pour éviter toute ambiguïté.

O director falou com o Pedro e comigo e quer que *eu* organise a reunião.

Le directeur nous a parlé à Pierre et à moi, il veut que j'organise la réunion.

3.1. Pronoms personnels compléments - place

En portugais du Portugal, ils sont placés, avant le verbe (proclise), après le verbe (enclise) ou encore entre les deux parties d'un verbe lorsque celui-ci est à un temps composé (cas du futur et du conditionnel).

1. En règle générale, ils sont placés après le verbe :

Nós dissemos-*lhe* a verdade.

Nous lui avons dit la vérité.

Ils sont reliés au verbe par un trait d'union :

Ela piscou-*lhe* o olho.

Elle lui a fait un clin d'œil.

Si le verbe est à un temps composé, ils viennent après l'auxiliaire :

Eles tinham-se falado durante um mês.

Ils s'étaient parlé pendant un mois.

2. Les pronoms sont placés avant le verbe :

- quand il est précédé d'une forme négative :

Nenhum livro *me* agradou.

Aucun bouquin ne m'a plu.

- quand il est précédé d'un mot interrogatif ou exclamatif :

Quem *a* viu hoje?

Qui l'a vue aujourd'hui ?

- quand il est précédé d'un pronom ou d'un adjectif indéfini :

Alguém o ouviu cantar no espectáculo?

Quelqu'un l'a entendu chanter pendant le spectacle ?

- quand il est précédé de ces adverbes ou locutions adverbiales : *ainda, apenas, até, bastante, bem, já, muitas vezes, quase, raramente, sempre, só, também, talvez*... :

Ainda me lembro do que me disseste.

Je me souviens encore de ce que tu m'as dit.

- quand le pronom complément est dans une subordonnée :

Fiquei apaixonado quando *a* vi!

Je suis tombé amoureux quand je l'ai vue !

3.2. Pronoms personnels compléments : o, a, os, as

Quand ces pronoms suivent le verbe dont ils sont compléments, ils subissent des transformations si le verbe se termine :

- par un son nasal, on leur ajoute une consonne nasale au début :

Viram-*nas* sair do recreio.

On les a vues sortir de la cour.

- par un *-s*, le *s* tombe et les pronoms prennent un *l* :

  Tu rega-*las* de manha cedo.

  Tu les arroses tôt le matin.

- par un -*z* ou un -*r*, le -*z* et le -*r* tombent, en laissant un accent et les pronoms prennent un -*l* :

  Ele fá-*lo* com rapidez. Il le fait rapidement.

  Vou convidá-*la*. Je vais l'inviter.

3.3. Pronoms personnels compléments contractés

Quand deux pronoms personnels sont compléments d'objet d'un même verbe, ils se contractent. Le pronom complément indirect précède alors le pronom complément direct :

me + o, a, os, as	*mo, ma, mos, mas*
te + o, a, os, as	*to, ta, tos, tas*
lhe/lhes + o, a	*lho, lha, lhos, lhas*

Ele emprestou-*mos* ontem.

Il me les a prêtés hier.

Devolvi-*lhos* no dia seguinte.

Je les lui ai rendus le lendemain.

4. Adjectif

4.1. Le genre et le nombre

L'adjectif s'accorde en genre et en nombre avec le nom.

Le féminin et le pluriel se forment comme ceux des noms.

Les adjectifs terminés en *-a*, *-e*, *-l*, *-m*, *-r*, *-s*, *-z* n'ont qu'une seule forme pour le masculin et le féminin (invariables en genre) :

careca, triste, azul, comum, melhor, simples, feliz :

Esta máquina é *eficaz*.

Cette machine est efficace.

Mais :

espanhol / espanhola.

Le féminin des adjectifs *bom* et *mau* est *boa* et *má* :

A Rita é uma *boa* colega.

Rita est une bonne camarade.

Dans les adjectifs composés, le premier élément reste invariable ; seul le dernier élément prend la forme du pluriel :

músicas afro-brasileiras musiques afro-brésiliennes

4.2. Les degrés des adjectifs

Comparatif d'égalité : *tão... como*

Elas são *tão* desportistas *como* eles.
Elles sont aussi sportives qu'eux.

Comparatif de supériorité : *mais... (do) que*

Ele é *mais* novo *que* ela.
Il est plus jeune qu'elle.

Comparatif d'infériorité : *menos... (do) que*

Estão *menos* atentos *que* os outros.
Ils sont moins attentifs que les autres.

Superlatif absolu : *muito* + adj. / adj. + *-íssimo*

muito elegante/elegantíssimo
très élégant.

Superlatif relatif : *o mais* + adj. / *o menos* + adj.

o mais / o menos sorridente
le plus / le moins souriant.

Quatre adjectifs ont des formes irrégulières au comparatif et au superlatif :

	Comp. de supériorité	Sup. absolu	Sup. relatif
bom	*melhor*	*óptimo*	*o melhor*
mau	*pior*	*péssimo*	*o pior*
grande	*maior*	*máximo*	*o maior / o máximo*
pequeno	*menor*	*mínimo*	*o menor / o mínimo*

On ne répète pas l'article devant le superlatif relatif s'il est déjà placé devant le nom :

A Sílvia é a jovem *mais loira* da turma.
Sylvie est la jeune fille la plus blonde de la classe.

4.3. Adjectifs de couleur

Ils suivent les mêmes règles que les adjectifs et les noms :
Les adjectifs composés qui indiquent une couleur et *(cor-de-)rosa*, *(cor-de-)laranja*, *violeta* et *antracite* restent invariables :

vestidos *azul-escuro* robes *bleu foncé*

4.4. Démonstratifs

Adjectifs et pronoms. Indicateurs de lieu associés.

Adjectifs et pronoms		Pronoms			Adverbes de lieu
Masc.	Fém.	Masc.	Dém.	Invariable	Associés
este(s) esse(s) aquele(s)	esta(s) essa(s) aquela(s)	os (s)	a(s)	isto isso aquilos	aquiaí ali, lá, acolá, além

4.5. Formes contractées

Les prépositions *a*, *de*, *em* et *por* peuvent se contracter avec les démonstratifs (voir aussi Adverbes de lieu, 5.2) :

	Démonstratifs
a	àquele, àquela, àqueles, àquelas, àquilo
de	deste, desta, destes, disto, desse, dessa, desses, dessas, disso, daquele, daquela, daqueles, daquelas, daquilo
em(n-)	neste, nesta, nestes, nestas, nisto, nesse, nessa, nesses, nessas, nisso naquele, naquela, naqueles, naquelas, naquilo

Este(s), *esta(s)*, *isto* indiquent ce qui est proche du locuteur (*eu / nós*). L'adverbe qui lui correspond est *aqui*.

Este livro que está *aqui* é da Teresa.
Le livre qui est ici est à Teresa.

Esse(s), *essa(s)*, *isso* indiquent ce qui est proche de la personne à qui s'adresse le locuteur (*tu / vós / você(s)*).
L'adverbe correspondant est *aí*.

Esse livro que você tem *aí*.
Le livre que vous avez là.

Aquele(s), *aquela(s)*, *aquilo* indiquent ce qui est éloigné à la fois du locuteur et de son interlocuteur.
Les adverbes correspondants sont *ali*, *acolá*, *além*.

Sabes quem é *aquele* rapaz que está *ali*?
Tu sais qui est ce garçon qui est là-bas ?

Les démonstratifs servent aussi à :

- rappeler ce qui a été dit précédemment :

Isso é simplesmente inacreditável.
Cela (ce que tu viens de dire) est tout simplement incroyable.

• à mettre en relief ce qui va être dit :

Diz-lhe *isto* : que não me telefone mais.

Dis lui ceci : qu'il (elle) ne m'appelle plus.

O, a, os, as sont considérés comme des pronoms démonstratifs lorsqu'ils précèdent *que* ou *de* et peuvent être remplacés par *aquele(s), aquela(s), aquilo*.

Fiz tudo o *(aquilo)* que queria.

J'ai fait tout ce que je voulais.

5. Adverbe

5.1. Adverbes de manière

Les adverbes terminés en *-mente* se forment en ajoutant le suffixe *-mente* au féminin des adjectifs :

súbito → súbita → subitamente.

Si l'adjectif est invariable en genre (*feliz, prudente, simples*...), on ajoute le suffixe *-mente* :

alegre → alegremente.

Si l'adjectif porte un accent graphique, celui-ci disparaît, car la syllabe tonique de l'adverbe ainsi formé est *-men-* :

rápido → rapidamente,

(tous les adverbes en *-mente* sont accentués sur l'avant-dernière syllabe, voir Accent, 6).

Mais :

vã → vãmente,

(car le *til* n'est pas vraiment un accent voir **Accent, 6.2**).

Lorsque deux ou plusieurs adverbes se suivent, seul le dernier prend la forme en *-mente*, et ceux qui sont devant se présentent comme des adjectifs au féminin singulier :

Ela olhava atenta, *triste* e *ansiosamente.*

Elle regardait attentivement, tristement et anxieusement.

5.2. Adverbes de lieu

Le système de certains adverbes de lieu est très différent du système français.

Il est lié à celui des démonstratifs (voir **Démonstratifs, 4.5**) et est associé à l'espace proche du locuteur, proche du récepteur ou éloigné.

	Proche du locuteur	Récepteur	Éloigné
Adverbes de lieu	aqui	aí	ali, lá, acolá, além

5.3. Formes contractées

Les prépositions *a*, *de*, *em* et *por* peuvent se contracter avec les adverbes de lieu :

	Adverbes de lieu
a de	aonde donde, daqui, dali, daí

5.4. Adverbe et adjectif – *muito* et *pouco*

Muito et *pouco*, quand ils sont des adverbes quantitatifs, restent invariables. Ils précèdent des adverbes, des adjectifs ou des verbes.

Ele lia o texto muito lentamente.
Il lisait le texte très lentement.

Quand ils sont des adjectifs de quantité, *muito* et *pouco* s'accordent en genre et en nombre avec le mot qui suit. Ils précèdent des noms.

Ela tinha *muita* coisa que fazer.
Elle avait beaucoup de choses à faire.

On ne peut contracter si ces mots font partie d'une proposition infinitive.

O facto de ele comer demasiado agravou a situação.
Le fait qu'il mange trop a aggravé la situation

6. Accent tonique et accent graphique

6.1. Accent tonique

Tous les mots portugais à plusieurs syllabes ont une syllabe fortement accentuée : la *syllabe tonique*.

Elle peut être :

- la dernière (*palavras agudas* ou *oxítonas*) : *cantar*, *maçã*, *comeu* ;
- l'avant-dernière (*palavras graves* ou *paroxítonas*) : *cinema*, *trabalho*, *caderno* ;
- ou l'antépénultième (*palavras esdrúxulas* ou *proparoxítonas*) : *lágrima*, *catástrofe*.

6.2. Accent graphique

La *syllabe tonique* ne porte pas d'accent écrit dans les cas suivants :

1. mots accentués sur l'avant-dernière syllabe et terminés par *-a(s), -e(s), -o(s), -am, -em, -ens* :

rosas, paragens, quadros, dançam (voir aussi 3 et 4) ;

2. mots accentués sur la dernière syllabe et terminés par *-l, -n, -r, -x, -z, -i, -u* ou par des diphtongues :

papel, jornal, controlar, sagaz, colibri, amou, apareceu ;

La syllabe tonique porte un accent écrit dans ces cas précis :

3. mots accentués sur l'antépénultième syllabe.

Ces mots portent toujours un accent graphique :
– aigu (marquant l'ouverture de la voyelle)
– circonflexe (indiquant sa fermeture)

água, ídolo, cómodo, estômago (Port), *cômodo* (Br) ;

4. mots accentués sur l'avant-dernière syllabe portant un accent graphique pour contrarier :

la règle 1 (*cantará, ninguém, maré, japonês*)
ou la règle 2 (*fácil, túnel, abdómen, lápis, ágeis*) ;

5. pour signaler les diphtongues (*éi, éu, ói*) toniques ouvertes au Portugal et au Brésil :

heróico, bóia, chapéu ;

6. pour distinguer des mots homographes :

pára (verbe) / *para* (prép.) ;

7. les monosyllabes toniques avec une voyelle ouverte ou semi-ouverte :

má (mauvaise) ; *lá* (là) / *dá* (donne).

Le portugais n'utilise que deux accents graphiques : l'accent aigu (´) et l'accent circonflexe (^).

Le *til* tilde (~) n'est pas vraiment un accent, mais quand il est présent, il sert généralement d'accent et marque la syllabe tonique :

limão, terão, avião.

Les mots portugais ne portent qu'un seul accent.

Il est possible de trouver des mots avec un tilde et un autre accent graphique, et c'est celui-ci qui marque l'accent tonique :

órgão (organe, orgue) *zângão* (bourdon).

L'accent grave (`), sert uniquement à marquer la contraction de la préposition a avec l'article défini (*a*, *as*) ou avec les démonstratifs (*aquele*, *aquela*...).
Il n'apparaît que dans *à*, *às*, *àquele*, *àquela*, *àqueles*, *àquelas*, *àquilo*.

7. Le vouvoiement

Lorsqu'on vouvoie une personne, on emploie *você* (le verbe étant à la 3e personne du singulier).
Il s'agit d'un vouvoiement familier entre personnes du même milieu socioculturel ou entre un subordonné et son supérieur :

Carlos, *você* quer vir comigo ao teatro?
Carlos, vous voulez venir avec moi au théâtre ?

L'usage de *você* est considéré comme peu élégant. Bien des personnes n'apprécient guère d'être vouvoyées ainsi.
Leurs interlocuteurs utilisent donc d'autres formes : le nom ou le prénom, ou encore *o senhor/a senhora*, *o(a) menino(a)* :
On a recours aussi à la 3e personne (sing. ou plur.) mais sans sujet :

Desejam um bilhete de ida e volta?
Souhaitez-vous un billet aller/retour?

8. Le verbe « être »

Le verbe « être » se traduit en portugais par *ser*, *estar* ou *ficar*. D'une façon générale, *ser* exprime l'existence, *estar* l'état et *ficar*, le résultat d'une action.
1. *Ser* exprime une qualité permanente, essentielle.
On emploie toujours *ser* :

- devant un nom ou un pronom attribut :

  O meu professor *é* aquele.
  C'est lui (là-bas qui est) mon professeur.

- pour définir, identifier, classer :

  A água *é* um bem precioso.
  L'eau est un bien précieux.

- pour dire l'heure :

São oito horas.	*É* meio-dia.
Il est huit heures.	Il est midi.

• dans les formes d'insistance ou de mise en relief : *ser... que* (*fui*... que, *foi... que*, etc.) :

Foi a nós que eles escreveram.
C'est à nous qu'ils ont écrit.

• pour former la voix passive des verbes d'action :

Este anel foi comprado pela minha avó.
Cette bague a été achetée par ma grand-mère.

2. On emploie *ser* ou *ficar*

• pour situer ce qui a une place fixe, qui ne peut être déplacé :

A casa dele *é/fica* no centro da cidade.
Sa maison est dans le centre-ville.

Mais :

O hotel *está/fica* situado num bairro tranquilo.
L'hôtel est situé dans un quartier tranquille.

3. On emploie toujours *estar*

• avec un infinitif précédé de la préposition *a* (Portugal), ou avec un gérondif (régionalisme ou portugais du Brésil) :

Estão a dormir/*estão* dormindo.
Ils sont en train de dormir.

• avec un adverbe de manière : ***bem, melhor, mal, pior, assim*** :

Estou bem aqui.
Je suis bien ici.

• pour situer dans l'espace ce qui peut se déplacer ou être déplacé :

A televisão *está* na sala.
La télévision est dans la salle.

• devant un adjectif ou un participe passé, pour exprimer un état ou une situation susceptible de changer :

Os alunos *estão* sentados.
Les élèves sont assis.

4. On peut employer *ser* ou *estar*

• pour exprimer le temps ; *ser* définit la date, le jour, le mois, la saison :

O Natal é em Dezembro.
Noël est en décembre.

Estar sert à se situer dans le temps (avec le pronom sujet *nós*) :

Estamos em 2008.
Nous sommes en 2008.

• devant certains adjectifs ou participes passés mais avec une nuance, voire un changement important de sens :

ser vivo être vif / *estar vivo* être vivant

5. On emploie *ficar*

• pour exprimer le résultat d'une action :

Ontem apanhei frio e *fiquei* doente.
Hier, j'ai pris froid et je suis tombé malade.

• pour situer un objet qui ne peut être déplacé voir le point 2.

9. Les verbes

9.1 Le futur du subjonctif

Ce temps, propre au portugais, est couramment utilisé.
Il permet d'envisager dans le futur une action ou un état comme hypothétiques et cependant réalisables.
Il s'emploie dans des propositions relatives introduites par des pronoms relatifs : *quem*, *que*, *onde*, etc. :
Ganhará (futur de l'indicatif) a corrida quem *chegar* (futur du subj.) primeiro.
Gagnera la course celui qui arrivera le premier.
Quem *quiser* (futur du subj.), poderá (futur de l'indicatif) vir à festa.
Celui qui voudra, pourra venir à la fête.
ou dans des propositions conjonctives introduites par des conjonctions de subordination : *se*, *quando*, *como*, etc.
Le verbe de la principale est, soit au présent ou au futur de l'indicatif, soit à l'impératif :
Faz (impératif) o que *puderes* (futur du subj.). Fais ce que tu pourras.
On retrouve aussi ce temps dans des locutions indéfinies avec une valeur de propositions concessives (idée de restriction avec la répétition du verbe) :

Aconteça o que *acontecer* (futur du subj.) não saio daqui.
Quoi qu'il arrive, je ne sors pas d'ici.

9.2 L'infinitif

Il existe deux infinitifs en portugais :
1. Un infinitif impersonnel, invariable, comme en français. On l'utilise pour exprimer une action ou un état :

Saber escrever é fundamental.
Savoir écrire est fondamental.

• dans des formes verbales complexes avec des verbes auxiliaires de temps, d'aspect ou de mode :

Vou *tomar* banho.

Je vais prendre un bain.

• dans des propositions complétives à caractère générique :

Fumar faz muito mal à saúde.

Fumer nuit gravement à la santé.

• dans des subordonnées circonstancielles quand le sujet est exprimé seulement dans la principale :

Eles tomaram um duche antes de *sair*.

Ils ont pris une douche avant de sortir.

2. Un infinitif personnel avec un sujet, forme propre au portugais, que l'on peut conjuguer aux différentes personnes. On l'utilise :

• dans des subordonnées circonstancielles de but, avec ou sans sujet exprimé, introduites par *para/a fim de* :

Trouxemos este filme para o *vermos* hoje à noite.

On a pris ce film pour le regarder ce soir.

• dans des subordonnées temporelles commencées par *depois de/antes de/até* :

Antes de sairmos, *telefonamos* à Marta.

Avant de sortir, on téléphonera à Marta.

9.3. Le prétérit parfait simple et prétérit parfait composé

Le prétérit parfait simple (*pretérito perfeito simples*) fait référence à une action complètement achevée dans le passé. Il se traduit par le passé simple ou le passé composé.

Eles *encontraram* a Carolina.

Ils rencontrèrent (ont rencontré) Caroline.

Le *pretérito perfeito composto* apporte des nuances.

Il situe une action ou un événement dans un passé proche ou éloigné toujours en relation avec le moment présent.

Il a souvent une valeur de durée ou de répétition.

Il peut se traduire en français par un présent ou un passé composé :

Eles têm *encontrado* a Carolina à saída do cinema.

Ils ont souvent rencontré Caroline à la sortie du cinéma.

Ultimamente, *tenho trabalhado* no romance que escrevo.
Actuellement, je travaille sur le roman que je suis en train d'écrire.

10. Le subjonctif

Le subjonctif est très utilisé en portugais aussi bien à l'écrit qu'à l'oral. Il exprime une idée incertaine, douteuse, hypothétique, éventuelle, voire irréelle ou absurde. Dans des propositions indépendantes, il peut exprimer un souhait ou une éventualité :
après *talvez* (peut-être) placé avant le verbe

Talvez te *diga afinal* a verdade toda.
Je te dirai peut-être toute la vérité.

ou *oxalá* (pourvu que) :

Oxalá ele *tivesse recebido* a carta.
Pourvu qu'il ait reçu la lettre.

Le subjonctif est surtout employé dans des propositions subordonnées complétives :

• introduites par *que* ; le verbe de la principale exprimant la volonté, le souhait, l'ordre :

Espero que consigas terminar tudo a tempo.
J'espère que tu réussiras à tout terminer à temps.

• après certains verbes à la forme négative :
achar (trouver), *pensar* (penser), *julgar* (croire, juger, trouver), *crer* (croire) [exprimant ainsi le doute et l'incertitude] :

Ela não pensa que isso *possa acontecer*.
Elle ne pense pas que cela puisse arriver.

• après certains verbes qui expriment l'appréciation, des sentiments, la crainte :

Lamento que *tenhas perdido* o teu anel!
Je regrette que tu aies perdu ta bague !

• Et enfin, après quelques expressions impersonnelles :

ser possível/impossível	être possible/impossible ;
ser necessário	être nécessaire.

É possível que *tenhas* sorte!
Il se peut que tu aies de la chance !

➤ Les formes en gras signalent les transformations morpho-phonétiques subies par le verbe et par le pronom.

Verbes auxiliaires

---

ter :

indicatif

présent : eu tenho, tu tens, ele tem, nós temos, vós tendes, eles têm • *imparfait :* eu tinha, tu tinhas, ele tinha, nós tínhamos, vós tínheis, eles tinham • *parfait simple :* eu tive, tu tiveste, ele teve, nós tivemos, vós tivestes, eles tiveram • *parfait composé :* eu tenho tido, tu tens tido, ele tem tido, nós temos tido, vós tendes tido, eles têm tido • *plus-que-parfait :* eu tinha tido, tu tinhas tido, ele tinha tido, nós tínhamos tido, vós tínheis tido, eles tinham tido • *futur simple :* eu terei, tu terás, ele terá, nós teremos, vós tereis, eles terão • *futur composé :* eu terei tido, tu terás tido, ele terá tido, nós teremos tido, vós tereis tido, eles terão tido

conditionnel

• *simple :* eu teria, tu terias, ele teria, nós teríamos, vós teríeis, eles teriam • *composé :* eu teria tido, tu terias tido, ele teria tido, nós teríamos tido, vós teríeis tido, eles teriam tido

impératif

• *affirmatif :* tem, tenha, tenhamos, tende, tenham • *négatif :* não tenhas, não tenha, não tenhamos, não tenhais, não tenham

subjonctif

• *présent :* (que) eu tenha, (que) tu tenhas, (que) ele tenha, (que) nós tenhamos, (que) vós tenhais, (que) eles tenham • *imparfait :* (que) eu tivesse, (que) tu tivesses, (que) ele tivesse, (que) nós tivéssemos, (que) vós tivésseis, (que) eles tivessem • *parfait :* (que) eu tenha tido, (que) tu tenhas tido, (que) ele tenha tido, (que) nós tenhamos tido, (que) vós tenhais tido, (que) eles tenham tido • *plus-que-parfait :* (que) eu tivesse tido, (que) tu tivesses tido, (que) ele tivesse tido, (que) nós tivéssemos tido, (que) vós tivésseis tido, (que) eles tivessem tido • *futur :* (quando) eu tiver, (quando) tu tiveres, (quando) ele tiver, (quando) nós tivermos, (quando) vós tiverdes, (quando) eles tiverem

infinitif

• *impersonnel composé :* ter tido, personnel simple, ter, teres, ter, termos, terdes, terem • *personnel composé :* ter tido, teres tido, ter tido, termos tido, terdes tido, terem tido

gérondif

• *simple :* tendo • *composé :* tendo tido

participe

tido

---

ser :

indicatif

présent : eu sou, tu és, ele é, nós somos, vós sois, eles são • *imparfait :* eu era, tu eras, ele era, nós éramos, vós éreis, eles eram • *parfait simple :* eu fui, tu foste, ele foi, nós fomos, vós fostes, eles foram • *parfait composé :* eu tenho sido, tu tens sido, ele tem sido, nós temos sido, vós tendes sido, eles têm sido • *plus-que-parfait :* eu tinha tido, tu tinhas tido, ele tinha tido, nós tínhamos tido, vós tínheis tido, eles tinham tido • *futur simple :* eu serei, tu serás, ele será, nós seremos, vós sereis, eles serão • *futur composé :* eu terei sido, tu terás sido, ele terá sido, nós teremos sido, vós tereis sido, eles terão sido

conditionnel

• *simple :* eu seria, tu serias, ele seria, nós seríamos, vós seríeis, eles seriam • *composé :* eu teria sido, tu terias sido, ele teria sido, nós teríamos sido, vós teríeis sido, eles teriam sido

impératif

• *affirmatif :* sê, seja, sejamos, sede, sejam • *négatif :* não sejas, não seja, não sejamos, não sejais, não sejam

subjonctif

• *présent :* (que) eu seja, (que) tu sejas, (que) ele seja, (que) nós sejamos, (que) vós sejais, (que) eles sejam • *imparfait :* (que) eu fosse, (que) tu fosses, (que) ele fosse, (que) nós fôssemos, (que) vós fôsseis, (que) eles fossem • *futur :* (quando) eu for, (quando) tu fores, (quando) ele for, (quando) nós formos, (quando) vós fordes, (quando) eles forem • *parfait :* (que) eu tenha sido, (que) tu tenhas sido, (que) ele tenha sido, (que) nós tenhamos sido, (que) vós tenhais sido, (que) eles tenham sido • *plus-que-parfait :* (que) eu tivesse sido, (que) tu tivesses sido, (que) ele tivesse sido, (que) nós tivéssemos sido, (que) vós tivésseis sido, (que) eles tivessem sido

infinitif

• *impersonnel composé :* ter sido, • *personnel simple :* ser, seres, ser, sermos, serdes, serem • *personnel composé :* ter sido, teres sido, ter sido, termos sido, terdes sido, terem sido

gérondif

• *simple :* sendo • *composé :* tendo sido

participe

sido

Verbes réguliers

1re conjugaison en ar

---

andar :

indicatif

présent : eu **an**do, tu **an**das, ele **an**da, nós and**a**mos, vós and**ais**, eles **an**dam • *imparfait :* eu and**a**va, tu and**a**vas, ele and**a**va, nós and**á**vamos, vós and**á**veis, eles and**a**vam • *parfait simple :* eu and**ei**, tu and**a**ste, ele an**dou**, nós and**á**mos, vós and**a**stes, eles and**a**ram • *parfait composé :* eu **tenho** and**a**do, tu **tens** and**a**do, ele **tem** and**a**do, nós **temos** and**a**do, vós **ten**des and**a**do, eles **têm** and**a**do • *plus-que-parfait :* eu tinha and**a**do, tu tinhas and**a**do, ele tinha and**a**do, nós tínhamos and**a**do, vós tínheis and**a**do, eles tinham and**a**do • *futur simple :* eu andar**ei**, tu andar**ás**, ele andar**á**, nós andar**e**mos, vós andar**e**is, eles andar**ão** • *futur composé :* eu ter**ei** and**a**do, tu ter**ás** and**a**do, ele ter**á** and**a**do, nós ter**e**mos and**a**do, vós ter**e**is and**a**do, eles ter**ão** and**a**do

conditionnel

• *simple :* eu andaria, tu andarias, ele andaria, nós andaríamos, vós andaríeis, eles andariam • *composé :* eu teria and**a**do, tu terias and**a**do, ele teria and**a**do, nós teríamos and**a**do, vós teríeis and**a**do, eles teriam and**a**do

impératif

• *affirmatif :* **an**da, **an**de, and**e**mos, and**ai**, **an**dem • *négatif :* não **an**des, não **an**de, não andemos, não andeis, não andem

subjonctif

• *présent :* (que) eu ande, (que) tu andes, (que) ele ande, (que) nós andemos, (que) vós andeis, (que) eles andem • *imparfait :* (que) eu andasse, (que) tu andasses, (que) ele andasse, (que) nós andássemos, (que) vós andásseis, (que) eles andassem • *futur :* (quando) eu andar, (quando) tu andares, (quando) ele andar, (quando) nós andarmos, (quando) vós andardes, (quando) eles andarem • *parfait :* (que) eu tenha andado, (que) tu tenhas andado, (que) ele tenha andado, (que) nós tenhamos andado, (que) vós tenhais andado, (que) eles tenham andado • *plus-que-parfait :* (que) eu tivesse andado, (que) tu tivesses andado, (que) ele tivesse andado, (que) nós tivéssemos andado, (que) vós tivésseis andado, (que) eles tivessem andado

infinitif

• *impersonnel composé :* ter andado, • *personnel :* andar, andares, andar, andarmos, andardes, andarem

gérondif

• *simple :* andando
• *composé :* tendo andado

participe

andado

Verbes réguliers

2e conjugaison en er

---

viver : indicatif

présent : eu vivo, tu vives, ele vive, nós vivemos, vós viveis, eles vivem • *imparfait :* eu vivia, tu vivias, ele vivia, nós vivíamos, vós vivíeis, eles viviam • *parfait simple :* eu vivi, tu viveste, ele viveu, nós vivemos, vós vivestes, eles viveram • *parfait composé :* eu tenho vivido, tu tens vivido, ele tem vivido, nós temos vivido, vós tendes vivido, eles têm vivido • *plus-que-parfait :* eu tinha vivido, tu tinhas vivido, ele tinha vivido, nós tínhamos vivido, vós tínheis vivido, eles tinham vivido • *futur simple :* eu viverei, tu viverás, ele viverá, nós viveremos, vós vivereis, eles viverão • *futur composé :* eu terei vivido, tu terás vivido, ele terá vivido, nós teremos vivido, vós tereis vivido, eles terão vivido

conditionnel

• *simple :* eu viveria, tu viverias, ele viveria, nós viveríamos, vós viveríeis, eles viveriam • *composé :* eu teria vivido, tu terias vivido, ele teria vivido, nós teríamos vivido, vós teríeis vivido, eles teriam vivido

impératif

• *affirmatif :* vive, viva, vivamos, vivei, vivam • *négatif :* não vivas, não viva, não vivamos, não vivais, não vivam

subjonctif

• *présent :* (que) eu viva, (que) tu vivas, (que) ele viva, (que) nós vivamos, (que) vós vivais, (que) eles vivam • *imparfait :* (que) eu vivesse, (que) tu vivesses, (que) ele vivesse, (que) nós vivêssemos, (que) vós vivêsseis, (que) eles vivessem • *futur :* (quando) eu viver, (quando) tu viveres, (quando) ele viver, (quando) nós vivermos, (quando) vós viverdes, (quando) eles viverem • *parfait :* (que) eu tenha vivido, (que) tu tenhas vivido, (que) ele tenha vivido, (que) nós tenhamos vivido, (que) vós tenhais vivido, (que) eles tenham vivido • *plus-que-parfait :* (que) eu tivesse vivido, (que) tu tivesses vivido, (que) ele tivesse vivido, (que) nós tivéssemos vivido, (que) vós tivésseis vivido, (que) eles tivessem vivido

infinitif

• *impersonnel composé :* ter vivido • *personnel :* viver, viveres, viver, vivermos, viverdes, viverem

gérondif

• *simple :* vivendo • *composé :* tendo vivido

participe

vivido

Verbes réguliers 3e conjugaison en ir

---

partir : indicatif

présent : eu parto, tu partes, ele parte, nós partimos, vós partis, eles partem • *imparfait :* eu partia, tu partias, ele partia, nós partíamos, vós partíeis, eles partiam • *parfait simple :* eu parti, tu partiste, ele partiu, nós partimos, vós partistes, eles partiram • *parfait composé :* eu tenho partido, tu tens partido, ele tem partido, nós temos partido, vós tendes partido, eles têm partido • *plus-que-parfait :* eu tinha partido, tu tinhas partido, ele tinha partido, nós tínhamos partido, vós tínheis partido, eles tinham partido • *futur simple :* eu partirei, tu partirás, ele partirá, nós partiremos, vós partireis, eles partirão • *futur composé :* eu terei partido, tu terás partido, ele terá partido, nós teremos partido, vós tereis partido, eles terão partido

conditionnel
• *simple :* eu partiria, tu partirias, ele partiria, nós partiríamos, vós partiríeis, eles partiriam • *composé :* eu teria partido, tu terias partido, ele teria partido, nós teríamos partido, vós teríeis partido, eles teriam partido

impératif
• *affirmatif :* parte, parta, partamos, parti, partam • *négatif :* não partas, não parta, não partamos, não partais, não partam

subjonctif
• *présent :* (que) eu parta, (que) tu partas, (que) ele parta, (que) nós partamos, (que) vós partais, (que) eles partam • *imparfait :* (que) eu partisse, (que) tu partisses, (que) ele partisse, (que) nós partíssemos, (que) vós partísseis, (que) eles partissem • *futur :* (quando) eu partir, (quando) tu partires, (quando) ele partir, (quando) nós partirmos, (quando) vós partirdes, (quando) eles partirem • *parfait :* (que) eu tenha partido, (que) tu tenhas partido, (que) ele tenha partido, (que) nós tenhamos partido, (que) vós tenhais partido, (que) eles tenham partido • *plus-que-parfait :* (que) eu tivesse partido, (que) tu tivesses partido, (que) ele tivesse partido, (que) nós tivéssemos partido, (que) vós tivésseis partido, (que) eles tivessem partido

infinitif
• *impersonnel composé :* ter par-

tido • *personnel :* partir, partires, partir, partirmos, partirdes, partirem

gérondif
• *simple :* partindo • *composé :* tendo partido

participe
partido

Verbes à alternance vocalique (phonétique et graphique)

prevenir :
indicatif
présent : eu previno, tu prevines, ele previne, nós prevenimos, vós prevenis, eles previnem

impératif
• *affirmatif :* previne, previna, previnamos, preveni, previnam • *négatif :* não previnas, não previna, não previnamos, não previnais, não previnam

subjonctif
previne, previna, previnamos, preveni, previnam • *négatif :* não previnas, não previna, não previnamos, não previnais, não previnam

➤ Ainsi se conjuguent : **agredir, progredir, transgredir**

dormir :
indicatif
présent : eu durmo, tu dormes, ele dorme, nós dormimos, vós dormis, eles dormem

impératif
• *affirmatif :* dorme, durma, durmamos, dormi, durmam • *négatif :* não durmas, não durma, não durmamos, não durmais, não durmam

subjonctif
• *présent :* (que) eu durma, (que) tu durmas, (que) ele durma, (que) nós durmamos, (que) vós durmais, (que) eles durmam

➤ Ainsi se conjuguent : **cobrir, engolir, tossir**. Les **o** toniques sont ouverts.

seguir :
indicatif
présent : eu sigo, tu segues, ele segue, nós seguimos, vós seguis, eles seguem

impératif
• *affirmatif :* segue, siga, sigamos, segui, sigam • *négatif :* não sigas, não siga, não sigamos, não sigais, não sigam

subjonctif
• *présent :* (que) eu siga, (que) tu sigas, (que) ele siga, (que) nós sigamos, (que) vós sigais, (que) eles sigam

➤ Ainsi se conjuguent : **conseguir** et **prosseguir**.

servir :
indicatif
présent : eu s**i**rvo, tu s**e**rves, ele s**e**rve, nós serv**i**mos, vós serv**i**s, eles s**e**rvem

impératif
• *affirmatif :* s**e**rve, s**i**rva, sirv**a**mos, serv**i**, s**i**rvam • *négatif :* não s**i**rvas, não s**i**rva, não sirv**a**mos, não sirv**a**is, não s**i**rvam

subjonctif
• *présent :* (que) eu s**i**rva, (que) tu s**i**rvas, (que) ele s**i**rva, (que) nós sirv**a**mos, (que) vós sirv**a**is, (que) eles s**i**rvam

➤ Ainsi se conjuguent : **sentir, mentir, vestir, repetir, sugerir.** Les **e** toniques sont ouverts.

subir :
indicatif
présent : eu s**u**bo, tu s**o**bes, ele s**o**be, nós sub**i**mos, vós sub**i**s, eles s**o**bem

impératif
• *affirmatif :* s**o**be, s**u**ba, sub**a**mos, sub**i**, s**u**bam • *négatif :* não s**u**bas, não s**u**ba, não sub**a**mos, não sub**a**is, não s**u**bam

subjonctif
• *présent :* (que) eu s**u**ba, (que) tu s**u**bas, (que) ele s**u**ba, (que) nós sub**a**mos, (que) vós sub**a**is, (que) eles s**u**bam

➤ Ainsi se conjuguent : **fugir, acudir, sacudir.** Les **o** toniques sont ouverts.

Verbes en -ear, -iar, -air, -uir

passear :
indicatif
présent : eu pass**ei**o, tu pass**ei**as, ele pass**ei**a, nós passe**a**mos, vós passe**a**is, eles pass**ei**am • *parfait :* eu passe**ei**, tu passe**a**ste, ele passe**ou**, nós passe**á**mos, vós passe**a**stes, eles passe**a**ram

subjonctif
• *présent :* (que) eu pass**ei**e, (que) tu pass**ei**es, (que) ele pass**ei**e, (que) nós passe**e**mos, (que) vós passe**e**is, (que) eles pass**ei**em • *imparfait :* (que) eu passe**a**sse, (que) tu passe**a**sses, (que) ele passe**a**sse, (que) nós passe**á**ssemos, (que) vós passe**á**sseis, (que) eles passe**a**ssem

➤ Quand le **e** qui précède la terminaison est tonique on ajoute un **i** entre les deux.

odiar :
indicatif
présent : eu od**ei**o, tu od**ei**as, ele od**ei**a, nós odi**a**mos, vós odi**a**is, eles od**ei**am • *parfait :* eu odi**ei**, tu odi**a**ste, ele

odi**ou**, nós odi**á**mos, vós odi**a**stes, eles odi**a**ram

subjonctif
• *présent :* (que) eu od**eie**, (que) tu od**eie**s, (que) ele od**eie**, (que) nós odi**e**mos, (que) vós odi**ei**s, (que) eles od**eie**m • *imparfait :* (que) eu odi**a**sse, (que) tu odi**a**sses, (que) ele odi**a**sse, (que) nós odi**á**ssemos, (que) vós odi**á**sseis, (que) eles odi**a**ssem

➤ Les verbes en **-iar** sont généralement réguliers, mais **odiar, incendiar, ansiar** et **remediar** suivent le modèle de **passear**.

---

sair :
indicatif
présent : eu s**a**io, tu s**a**is, ele s**a**i, nós s**a**ímos, vós s**a**ís, eles s**a**em • *imparfait :* eu s**a**ía, tu s**a**ías, ele s**a**ía, nós s**a**íamos, vós s**a**íeis, eles s**a**íam • *parfait :* eu s**a**í, tu s**a**íste, ele s**a**iu, nós s**a**íamos, vós s**a**ístes, eles s**a**íram

impératif
• *affirmatif :* s**ai**, s**ai**a, s**a**iamos, s**a**í, s**ai**am • *négatif :* não s**ai**as, não s**ai**a, não s**a**iamos, não s**a**iais, não s**ai**am

subjonctif
• *présent :* (que) eu s**ai**a, (que) tu s**ai**as, (que) ele s**ai**a, (que) nós s**a**iamos, (que) vós s**a**iais, (que) eles s**ai**am • *imparfait :* (que) eu s**a**ísse, (que) tu s**a**ísses, (que) ele s**a**ísse, (que) nós s**a**íssemos, (que) vós s**a**ísseis, (que) eles s**a**íssem • *futur :* (quando) eu s**a**ir, (quando) tu s**a**íres, (quando) ele s**a**ir, (quando) nós s**a**irmos, (quando) vós s**a**irdes, (quando) eles s**a**írem

➤ Ainsi se conjuguent : **cair, distrair, contrair**. Le **i** de la terminaison est maintenu dans toute la conjugaison, sauf à la 3e personne du pluriel du présent de l'indicatif.

---

diluir :
indicatif
présent : eu dil**u**o, tu dil**u**is, ele dil**ui**, nós dilu**í**mos, vós dilu**í**s, eles dil**u**em

impératif
• *affirmatif :* dil**ui**, dil**u**a, dilu**a**mos, dilu**í**, dil**u**am • *négatif :* não dil**u**as, não dil**u**a, não dilu**a**mos, não dilu**ai**s, não dil**u**am

subjonctif
• *présent :* (que) eu dil**u**a, (que) tu dil**u**as, (que) ele dil**u**a, (que) nós dilu**a**mos, (que) vós dilu**ai**s, (que) eles dil**u**am

➤ Ainsi se conjuguent : **concluir, influir, distribuir, retribuir**. Le **i** de la terminaison est maintenu à la 2e et 3e personnes du présent de l'indicatif et à la 2e personne de l'impératif.

Verbes irréguliers

---

dar :

indicatif

présent : eu d**ou**, tu d**á**s, ele d**á**, nós d**a**mos, vós d**ai**s, eles d**ão** • *imparfait :* eu d**a**va, tu d**a**vas, ele d**a**va, nós d**á**vamos, vós d**á**veis, eles d**a**vam • *parfait :* eu d**ei**, tu d**e**ste, ele d**eu**, nós d**e**mos, vós d**e**stes, eles d**e**ram

impératif

• *affirmatif :* d**á**, d**ê**, d**e**mos, d**ai**, d**ê**em • *négatif :* não d**ê**s, não d**ê**, não d**e**mos, não d**ei**s, não d**ê**em

subjonctif

• *présent :* (que) eu d**ê**, (que) tu d**ê**s, (que) ele d**ê**, (que) nós d**e**mos, (que) vós d**ei**s, (que) eles d**ê**em • *imparfait :* (que) eu d**e**sse, (que) tu d**e**sses, (que) ele d**e**sse, (que) nós d**é**ssemos, (que) vós d**é**sseis, (que) eles d**e**ssem • *futur :* (quando) eu d**e**r, (quando) tu d**e**res, (quando) ele d**e**r, (quando) nós d**e**rmos, (quando) vós d**e**rdes, (quando) eles d**e**rem

participe

dado

---

estar :

indicatif

présent : eu est**ou**, tu est**á**s, ele est**á**, nós est**a**mos, vós est**ai**s, eles est**ão** • *imparfait :* eu est**a**va, tu est**a**vas, ele est**a**va, nós est**á**vamos, vós est**á**veis, eles est**a**vam • *parfait :* eu estive, tu estiveste, ele es**te**ve, nós estiv**e**mos, vós estiv**e**stes, eles estiv**e**ram

impératif

• *affirmatif :* est**á**, est**e**ja, estej**a**mos, est**ai**, est**e**jam • *négatif :* não est**e**jas, não est**e**ja, não estej**a**mos, não estej**ai**s, não est**e**jam

subjonctif

• *présent :* (que) eu est**e**ja, (que) tu est**e**jas, (que) ele est**e**ja, (que) nós estej**a**mos, (que) vós estej**ai**s, (que) eles est**e**jam • *imparfait :* (que) eu estiv**e**sse, (que) tu estiv**e**sses, (que) ele estiv**e**sse, (que) nós estiv**é**ssemos, (que) vós estiv**é**sseis, (que) eles estiv**e**ssem • *futur :* (quando) eu estiv**e**r, (quando) tu estiv**e**res, (quando) ele estiv**e**r, (quando) nós estivermos, (quando) vós estiverdes, (quando) eles estiverem

participe
estado

caber :
indicatif
présent : eu caibo, tu cabes, ele cabe, nós cabemos, vós cabeis, eles cabem • *imparfait :* eu cabia, tu cabias, ele cabia, nós cabíamos, vós cabíeis, eles cabiam • *parfait :* eu coube, tu coubeste, ele coube, nós coubemos, vós coubestes, eles couberam

subjonctif
• *présent :* (que) eu caiba, (que) tu caibas, (que) ele caiba, (que) nós caibamos, (que) vós caibais, (que) eles caibam • *imparfait :* (que) eu coubesse, (que) tu coubesses, (que) ele coubesse, (que) nós coubéssemos, (que) vós coubésseis, (que) eles coubessem • *futur :* (quando) eu couber, (quando) tu couberes, (quando) ele couber, (quando) nós coubermos, (quando) vós couberdes, (quando) eles couberem

infinitif
• *personnel :* caber, caberes, caber, cabermos, caberdes, caberem

dizer :
indicatif
présent : eu digo, tu dizes, ele diz, nós dizemos, vós dizeis, eles dizem • *parfait :* eu disse, tu disseste, ele disse, nós dissemos, vós dissestes, eles disseram • *futur :* eu direi, tu dirás, ele dirá, nós diremos, vós direis, eles dirão

conditionnel
eu diria, tu dirias, ele diria, nós diríamos, vós diríeis, eles diriam

subjonctif
• *présent :* (que) eu diga, (que) tu digas, (que) ele diga, (que) nós digamos, (que) vós digais, (que) eles digam • *imparfait :* (que) eu dissesse, (que) tu dissesses, (que) ele dissesse, (que) nós disséssemos, (que) vós dissésseis, (que) eles dissessem • *futur :* (quando) eu disser, (quando) tu disseres, (quando) ele disser, (quando) nós dissermos, (quando) vós disserdes, (quando) eles disserem

fazer :
indicatif
présent : eu faço, tu fazes, ele faz, nós fazemos, vós fazeis, eles fazem

• *parfait :* eu fiz, tu fizeste, ele fez, nós fizemos, vós fizestes, eles fizeram • *futur :* eu farei, tu farás, ele fará, nós faremos, vós fareis, eles farão

conditionnel
eu faria, tu farias, ele faria, nós faríamos, vós faríeis, eles fariam

subjonctif
• *présent :* (que) eu faça, (que) tu faças, (que) ele faça, (que) nós façamos, (que) vós façais, (que) eles façam • *imparfait :* (que) eu fizesse, (que) tu fizesses, (que) ele fizesse, (que) nós fizéssemos, (que) vós fizésseis, (que) eles fizessem • *futur :* (quando) eu fizer, (quando) tu fizeres, (quando) ele fizer, (quando) nós fizermos, (quando) vós fizerdes, (quando) eles fizerem

haver :

indicatif
présent : eu hei, tu hás, ele há, nós havemos, vós haveis, eles hão • *imparfait :* eu havia, tu havias, ele havia, nós havíamos, vós havíeis, eles haviam • *parfait :* houve • *parfait composé :* tem havido

subjonctif
• *présent :* (que) haja • *imparfait :* (que) houvesse • *plus-que-parfait :* (que) tivesse havido • *futur :* (quando) houver

➤ Le verbe **haver** au sens de **exister** est impersonnel et ne s'emploie qu'à la 3e personne du singulier. **Haver-de + infinitif** s'emploie presque exclusivement au présent et à l'imparfait de l'indicatif, et se conjugue à toutes les personnes

ler :

indicatif
présent : eu leio, tu lês, ele lê, nós lemos, vós ledes, eles lêem • *imparfait :* eu lia, tu lias, ele lia, nós líamos, vós líeis, eles liam • *parfait :* eu li, tu leste, ele leu, nós lemos, vós lestes, eles leram

impératif
• *affirmatif :* lê, leia, leiamos, lede, leiam • *négatif :* não leias, não leia, não leiamos, não leiais, não leiam

subjonctif
• *présent :* (que) eu leia, (que) tu leias, (que) ele leia, (que) nós leiamos, (que) vós leiais, (que) eles leiam • *imparfait :* (que) eu lesse, (que) tu lesses, (que) ele lesse, (que) nós lêssemos, (que) vós lêsseis, (que) eles lessem • *futur :* (quando)

eu ler, (quando) tu leres, (quando) ele ler, (quando) nós lermos, (quando) vós lerdes, (quando) eles lerem

infinitif
• *personnel :* ler, leres, ler, lermos, lerdes, lerem

---

perder :
indicatif
présent : eu perco, tu perdes, ele perde, nós perdemos, vós perdeis, eles perdem

impératif
• *affirmatif :* perde, perca, percamos, perdei, percam • *négatif :* não perca, não perca, não percamos, não percais, não percam

subjonctif
• *présent :* (que) eu perca, (que) tu percas, (que) ele perca, (que) nós percamos, (que) vós percais, (que) eles percam

infinitif
• *personnel :* perder, perderes, perder, perdermos, perderdes, perderem

---

poder :
indicatif
présent : eu posso, tu podes, ele pode, nós podemos, vós podeis, eles podem • *imparfait :* eu podia, tu podias, ele podia, nós podíamos, vós podíeis, eles podiam • *parfait :* eu pude, tu pudeste, ele pôde, nós pudemos, vós pudestes, eles puderam

impératif
inusité

subjonctif
• *présent :* (que) eu possa, (que) tu possas, (que) ele possa, (que) nós possamos, (que) vós possais, (que) eles possam • *imparfait :* (que) eu pudesse, (que) tu pudesses, (que) ele pudesse, (que) nós pudéssemos, (que) vós pudésseis, (que) eles pudessem • *futur :* (quando) eu puder, (quando) tu puderes, (quando) ele puder, (quando) nós pudermos, (quando) vós puderdes, (quando) eles puderem

infinitif
• *personnel :* poder, poderes, poder, podermos, poderdes, poderem

---

pôr :
indicatif
présent : eu ponho, tu pões, ele põe, nós pomos, vós pondes, eles põem • *imparfait :* eu punha, tu punhas, ele punha, nós púnhamos, vós púnheis, eles punham • *parfait :* eu pus, tu puseste, ele pôs, nós pusemos, vós pusestes, eles puseram

impératif
• *affirmatif* : põe, ponha, ponhamos, ponde, ponham • *négatif* : não ponhas, não ponha, não ponhamos, não ponhais, não ponham

subjonctif
• *présent* : (que) eu ponha, (que) tu ponhas, (que) ele ponha, (que) nós ponhamos, (que) vós ponhais, (que) eles ponham • *imparfait* : (que) eu pusesse, (que) tu pusesses, (que) ele pusesse, (que) nós puséssemos, (que) vós pusésseis, (que) eles pusessem • *futur* : (quando) eu puser, (quando) tu puseres, (quando) ele puser, (quando) nós pusermos, (quando) vós puserdes, (quando) eles puserem

participe
posto

---

querer :

indicatif
présent : eu quero, tu queres, ele quer, nós queremos, vós quereis, eles querem • *imparfait* : eu queria, tu querias, ele queria, nós queriamos, vós queríeis, eles queriam • *parfait* : eu quis, tu quiseste, ele quis, nós quisemos, vós quisestes, eles quiseram

impératif
inusité

subjonctif
• *présent* : (que) eu queira, (que) tu queiras, (que) ele queira, (que) nós queiramos, (que) vós queirais, (que) eles queiram • *imparfait* : (que) eu quisesse, (que) tu quisesses, (que) ele quisesse, (que) nós quiséssemos, (que) vós quisésseis, (que) eles quisessem • *futur* : (quando) eu quiser, (quando) tu quiseres, (quando) ele quiser, (quando) nós quisermos, (quando) vós quiserdes, (quando) eles quiserem

infinitif
• *personnel* : querer, quereres, querer, querermos, quererdes, quererem

➤ La 3e personne du singulier du présent de l'indicatif suivie des pronoms personnels compléments **o/a** s'écrit **quere-o/a**.

---

saber :

indicatif
présent : eu sei, tu sabes, ele sabe, nós sabemos, vós sabeis, eles sabem • *imparfait* : eu sabia, tu sabias, ele sabia, nós sabíamos, vós sabíeis, eles sabiam • *parfait* : eu soube, tu soubeste,

ele soube, nós soubemos, vós soubestes, eles souberam

subjonctif
• *présent :* (que) eu saiba, (que) tu saibas, (que) ele saiba, (que) nós saibamos, (que) vós saibais, (que) eles saibam • *imparfait :* (que) eu soubesse, (que) tu soubesses, (que) ele soubesse, (que) nós soubéssemos, (que) vós soubésseis, (que) eles soubessem • *futur :* (quando) eu souber, (quando) tu souberes, (quando) ele souber, (quando) nós soubermos, (quando) vós souberdes, (quando) eles souberem

---

trazer :
indicatif
présent : eu trago, tu trazes, ele traz, nós trazemos, vós trazeis, eles trazem • *parfait :* eu trouxe, tu trouxeste, ele trouxe, nós trouxemos, vós trouxestes, eles trouxeram • *futur :* eu trarei, tu trarás, ele trará, nós traremos, vós trareis, eles trarão

impératif
• *affirmatif :* traz, traga, tragamos, trazei, tragam • *négatif :* não tragas, não traga, não tragamos, não tragais, não tragam

subjonctif
• *présent :* (que) eu traga, (que) tu tragas, (que) ele traga, (que) nós tragamos, (que) vós tragais, (que) eles tragam • *imparfait :* (que) eu trouxesse, (que) tu trouxesses, (que) ele trouxesse, (que) nós trouxéssemos, (que) vós trouxésseis, (que) eles trouxessem

---

ver :
indicatif
présent : eu vejo, tu vês, ele vê, nós vemos, vós vedes, eles vêem • *imparfait :* eu via, tu vias, ele via, nós víamos, vós víeis, eles viam • *parfait :* eu vi, tu viste, ele viu, nós vimos, vós vistes, eles viram

subjonctif
• *présent :* (que) eu veja, (que) tu vejas, (que) ele veja, (que) nós vejamos, (que) vós vejais, (que) eles vejam • *imparfait :* (que) eu visse, (que) tu visses, (que) ele visse, (que) nós víssemos, (que) vós vísseis, (que) eles vissem • *futur :* (quando) eu vir, (quando) tu vires, (quando) ele vir, (quando) nós virmos, (quando) vós virdes, (quando) eles virem

ir :
indicatif
présent : eu vou, tu vais, ele vai, nós vamos, vós ides, eles vão • *imparfait :* eu ia, tu ias, ele ia, nós íamos, vós íeis, eles iam • *parfait :* eu fui, tu foste, ele foi, nós fomos, vós fostes, eles foram

impératif
• *affirmatif :* vai, vá, vamos, ide, vão • *négatif :* não vás, não vá, não vamos, não vades, não vão

subjonctif
• *présent :* (que) eu vá, (que) tu vás, (que) ele vá, (que) nós vamos, (que) vós vades, (que) eles vão • *imparfait :* (que) eu fosse, (que) tu fosses, (que) ele fosse, (que) nós fôssemos, (que) vós fôsseis, (que) eles fossem • *futur :* (quando) eu for, (quando) tu fores, (quando) ele for, (quando) nós formos, (quando) vós fordes, (quando) eles forem

participe
ido

ouvir :
indicatif
présent : eu ouço, tu ouves, ele ouve, nós ouvimos, vós ouvis, eles ouvem

impératif
• *affirmatif :* ouve, ouça, ouçamos, ouvi, ouçam • *négatif :* não ouças, não ouça, não ouçamos, não ouçais, não ouçam

subjonctif
• *présent :* (que) eu ouça, (que) tu ouças, (que) ele ouça, (que) nós ouçamos, (que) vós ouçais, (que) eles ouçam

participe
ouvido

pedir :
indicatif
présent : eu peço, tu pedes, ele pede, nós pedimos, vós pedis, eles pedem

impératif
• *affirmatif :* pede, peça, peçamos, pedi, peçam • *négatif :* não peças, não peça, não peçamos, não peçais, não peçam

subjonctif
• *présent :* (que) eu peça, (que) tu peças, (que) ele peça, (que) nós peçamos, (que) vós peçais, (que) eles peçam

participe
pedido

rir :
indicatif
présent : eu rio, tu ris, ele ri, nós rimos, vós rides, eles riem

impératif

• *affirmatif :* ri, ria, riamos, ride, riam • *négatif :* não rias, não ria, não riamos, não riais, não riam

subjonctif

• *présent :* (que) eu ria, (que) tu rias, (que) ele ria, (que) nós riamos, (que) vós riais, (que) eles riam

participe

rido

---

vir :

indicatif

présent : eu venho, tu vens, ele vem, nós vimos, vós vindes, eles vêm • *imparfait :* eu vinha, tu vinhas, ele vinha, nós vínhamos, vós vínheis, eles vinham • *parfait :* eu vim, tu vieste, ele veio, nós viemos, vós viestes, eles vieram

impératif

• *affirmatif :* vem, venha, venhamos, vinde, venham • *négatif :* não venhas, não venha, não venhamos, não venhais, não venham

subjonctif

• *présent :* (que) eu venha, (que) tu venhas, (que) ele venha, (que) nós venhamos, (que) vós venhais, (que) eles venham • *imparfait :* (que) eu viesse, (que) tu viesses, (que) ele viesse, (que) nós viéssemos, (que) vós viésseis, (que) eles viessem • *futur :* (quando) eu vier, (quando) tu vieres, (quando) ele vier, (quando) nós viermos, (quando) vós vierdes, (quando) eles vierem

participe

vindo

➤ **Ganhar, Gastar, Pagar, Escrever, Abrir, Cobrir.** Ces verbes ne sont irréguliers qu'au participe : **ganho, gasto, pago, escrito, aberto, coberto.**

Verbe conjugué avec le pronom O

---

levar + o :

indicatif

présent : eu levo-o, tu **leva-lo**, ele leva-o, nós **levamo-lo**, vós levai-lo, eles levam-**no** • *présent :* eu o levo, tu o levas, ele o leva, nós o levamos, vós o levais, eles o levam • *futur :* eu **levá-lo-ei**, tu **levá-lo-ás**, ele **levá-lo-á**, nós **levá-lo-emos**, vós **levá-lo-eis**, eles **levá-lo-ão** • *futur :* eu o levarei, tu o levarás, ele o levará, nós o levaremos, vós o levareis, eles o levarão • *parfait composé :* eu tenho-o levado, tu **tem-lo** levado, ele tem-**no** levado, nós **temo-lo** levado, vós tende-lo levado, eles têm-**no** levado • *parfait composé :* eu o tenho levado, tu o tens levado, ele o tem levado, nós o temos levado, vós o tendes levado, eles o têm levado

conditionnel
eu **levá-lo-ia**, tu **levá-lo-ias**, ele **levá-lo-ia**, nós **levá-lo-íamos**, vós **levá-lo-íeis**, eles **levá-lo-iam** • *conditionnel :* eu o levaria, tu o levarias, ele o levaria, nós o levaríamos, vós o levaríeis, eles o levariam

impératif
• *affirmatif :* leva-o, leve-o, **levemo-lo**, **levai-o**, **levem-no** • *négatif :* não o leves, não o leve, não o levemos, não o leveis, não o levem

infinitif
• *personnel :* **levá-lo**, **levare-lo**, **levá-lo**, **levarmo-lo**, **levarde-lo**, levarem-**no** • *personnel :* o levar, o levares, o levar, o levarmos, o levardes, o levarem

infinitif impersonnel
• *simple :* **levá-lo**, o levar • *composé :* **tê-lo** levado, o ter levado

gérondif
• *simple :* levando-o, o levando • *composé :* tendo-o levado, o tendo levado

Verbe pronominal réfléchi

---

lavar-se :

indicatif
présent : eu lavo-me, tu lavas-te, ele lava-se, nós **lavamo**-nos, vós **lavai**-vos, eles lavam-se • *présent :* eu me lavo, tu te lavas, ele se lava, nós nos lavamos, vós vos lavais, eles se lavam • *futur :* eu **lavar-me-ei**, tu **lavar-te-ás**, ele **lavar-se-á**, nós **lavar-nos-emos**, vós **lavar-vos-eis**, eles **lavar-se-ão** • *futur :* eu me lavarei, tu te lavarás, ele se lavará, nós nos lavaremos, vós vos lavareis, eles se lavarão • *parfait composé :* eu tenho-me lavado, tu tens-te lavado, ele tem-se lavado, nós **temo**-nos lavado, vós tendevos lavado, eles têm-se lavado • *parfait composé :* eu me tenho lavado, tu te tens lavado, ele se tem lavado, nós nos temos lavado, vós vos tendes lavado, eles se têm lavado

infinitif
• *personnel :* lavar-me, lavares-te, lavar-se, **lavarmo**-nos, **lavarde**-vos,

lavarem-se, • *personnel :* me lavar, te lavares, se lavar, nos lavarmos, vos lavardes, se lavarem

➤ Les formes en gras signalent les transformations morpho-phonétiques subies par le verbe et par le pronom.

Verbe à la voix passive

---

ser pago : indicatif

présent : eu sou pago/a, tu és pago/a, ele é pago/a, nós somos pagos/as, vós sois pagos/as, eles são pagos/as • *imparfait :* eu era pago/a, tu eras pago/a, ele era pago/a, nós éramos pagos/as, vós éreis pagos/as, eles eram pagos/as • *parfait composé :* eu tenho sido pago/a, tu tens sido pago/a, ele tem sido pago/a, nós temos sido pagos/as, vós tendes sido pagos/as, eles têm sido pagos/as

➤ Le participe passé s'accorde en genre et en nombre avec le sujet du verbe.

Verbes ne se conjuguant qu'à la 3e personne du singulier

haver au sens de *exister :*
Na festa havia pessoas simpáticas.
À la fête il y avait des gens sympathiques.

fazer ou haver quand ils indiquent un temps écoulé ou une action située dans le passé :
Faz dez anos que não a vejo.
Je ne l'ai pas vue depuis dix ans.
Há dois anos, o João foi ao Brasil.
Il y a deux ans, Jean est allé au Brésil.

Verbes ne se conjuguant qu'aux 3e personnes du singulier et du pluriel

apetecer *avoir envie,* **acontecer** *arriver,* **doer** *avoir mal :*
Apetece-me ir passear.
J'ai envie d'aller me promener.
Apetecem-te estes bolos ?
Est-ce que tu as envie de ces gâteaux ?
Aconteceu uma desgraça. Aconteceram coisas desagradáveis.
Il est arrivé un malheur. Il est arrivé des choses désagréables.
Doem-me as pernas. Dói-me a cabeça.
J'ai mal aux jambes. J'ai mal à la tête.

GUIDE
DE CONVERSATION

GUIA
DE CONVERSAÇÃO

Sommaire

Índice

saluer quelqu'un	cumprimentar
bonjour	bom dia [le matin] boa tarde [l'après-midi]
bonsoir	boa noite
salut !	olá! viva!
comment vas-tu ? / comment allez-vous ?	como estás? / como está?
(très) bien, merci	(muito) bem, obrigado(a)
et toi ?	e tu? / e você? (Br)
(bien,) et vous ?	(bem,) e você? (bem,) e o (a) senhor(a)? [politesse]
ça va ? [sans attendre de réponse]	tudo bem?

se présenter	apresentar-se
je m'appelle Pierre	chamo-me Pierre
je suis français / française	sou francês / francesa
je viens de Paris	sou de Paris
salut, moi c'est Marc	olá, sou o Marc
je me présente, je m'appelle Lola	apresento-me, chamo-me Lola
je ne crois pas que nous nous connaissons	acho que não nos conhecemos

présenter quelqu'un	apresentar alguém
je vous présente M. Durand	apresento-lhe o Sr Durand
enchanté(e)	muito prazer
ravi de vous connaître / faire votre connaissance	muito prazer em conhecê-lo
j'espère que vous avez fait bon voyage	espero que tenha(m) feito uma boa viagem
bienvenue	bem vindo(a)
je vais faire les présentations : ...	vou fazer as apresentações : ...

prendre congé	despedir-se
au revoir	adeus
salut	tchau!
à tout à l'heure	até logo
à bientôt	até breve
à plus	até a vista
à un de ces jours	até à próxima
bonsoir	boa noite
bonne nuit	boa noite
je vous souhaite un bon voyage	desejo-lhe uma boa viagem

heureux d'avoir fait votre connaissance	foi um prazer conhecê-lo(a)
je vais devoir vous laisser	vou ter que o(s) / a(s) deixar
salut la compagnie !	olá pessoal!
mes amitiés à...	os meus cumprimentos a...
bonne continuation	boa continuação
remercier	**agradecer**
merci (beaucoup)	(muito) obrigado(a)
merci, vous de même	obrigado(a), igualmente
je vous remercie de votre aide	agradeço-lhe a sua ajuda
je vous remercie de votre chaleureux accueil	obrigado(a) pela maneira simpática como me recebeu
un grand merci pour tout	muito obrigado(a) por tudo
je ne sais comment vous remercier	não sei como hei de agradecê-lo(a)
répondre à des remerciements	**responder a agradecimentos**
il n'y a pas de quoi	não tem de quê
de rien	de nada
je t'en/vous en prie	por amor de Deus!
c'est la moindre des choses	é o mínimo que eu possa fazer

présenter ses excuses	desculpar-se
excusez-moi	desculpe
pardon	desculpe com licença
je suis (vraiment) désolé(e)	sinto muito tenho muita pena
désolé(e)	desculpe
je suis désolé(e) d'être en retard	desculpe o atraso
je suis désolé(e) de vous déranger	desculpe incomodá-lo(a)
j'ai bien peur de devoir annuler le rendez-vous	creio que vou ter de anular o encontro

accepter des excuses	aceitar desculpas
ce n'est pas grave	não tem importância
ça ne fait rien	não faz mal
c'est oublié	está esquecido
n'en parlons plus	não falemos mais disso
ne vous excusez pas	não tem de pedir desculpas

exprimer des vœux	fazer votos
bonne chance !	boa sorte!
amuse-toi bien !	diverte-te bem!
bon appétit !	bom apetite!
bon anniversaire !	feliz aniversário! parabéns!
joyeuses Pâques !	boa Páscoa!
joyeux Noël !	feliz Natal!
bonne année !	bom ano!
bon week-end !	bom fim de semana!
bonnes vacances !	boas férias!
meilleurs vœux !	boas festas! muitas felicidades!
passe une bonne journée !	passa um bom dia!
(à votre) santé !	(à sua) saúde!
félicitations !	parabéns!

le temps	o tempo
il fait très beau aujourd'hui	hoje está muito bom tempo
il fait beau	está bom tempo
il ne fait pas beau	não está bom tempo
il y a du soleil	está sol
il pleut	chove

il neige	neva
le ciel est couvert	o céu está encoberto
on annonce de la pluie pour demain	anunciam chuva para amanhã
quel temps épouvantable !	que tempo fraco!
il fait (très) chaud / froid	está (muito) calor / frio
quel temps fait-il ?	que tempo está?
il y a une éclaircie	o tempo está a abrir
le temps est humide	o tempo está húmido
le temps est très lourd	o tempo está muito abafado
pensez-vous que les températures vont remonter ?	pensa que as temperaturas vão aumentar?
quelle est la température en cette saison ?	qual é a temperatura nesta época?
faut-il prévoir des vêtements chauds ?	é preciso prever agasalhos?
quelle est la meilleure saison pour se rendre à... ?	qual é a melhor época para ir a...?
quels sont les mois les plus pluvieux ?	em que meses é que chove mais?
peut-on se baigner à cette époque de l'année ?	podem-se tomar banhos de mar nesta época de ano?
j'espère que le temps va changer !	espero que o tempo vai mudar!

exprimer une opinion	exprimir uma opinião
ça me plaît	isso agrada-me
ça ne me plaît pas	isso não me agrada
oui, volontiers	sim, com muito gosto
c'est amusant	é engraçado
je le / la trouve très sympathique	acho-o / a muito simpático(a)
la visite guidée est très intéressante	a visita guiada é muito interessante
non merci	não obrigado(a)
cela vous dirait-il de venir au parc avec nous ?	quer vir ao parque connosco?
je ne suis pas d'accord	não estou de acordo
je suis totalement de votre avis	estou completamente de acordo consigo
je préférerais quelque chose d'autre	preferia outra coisa
j'adore la voile	adoro a vela
à mon avis, ...	na minha opinião, ...
en ce qui me concerne, ...	no que me diz respeito, ...

au téléphone	ao telefone
allô ! [personne qui appelle]	está lá?
Jean Martin à l'appareil	daqui o Jean Martin
je voudrais parler à Isabel Santos	queria falar com a Isabel Santos
j'appelle de la part de Mme Santos	estou a ligar da parte da Sra Santos
je rappellerai dans dix minutes	volto a chamar / ligar daqui dez minutos
je préfère patienter	prefiro esperar
puis-je lui laisser un message ?	posso deixar-lhe um recado?
excusez-moi, j'ai dû faire un mauvais numéro	desculpe, devo ter feito um número errado
qui est à l'appareil ?	quem fala?
ne quittez pas, je vous le passe	não desligue, vou passá-lo
pouvez-vous rappeler dans une heure ?	pode ligar daqui uma hora?
elle est sortie	saiu
elle est absente jusqu'à demain	está ausente até amanhã
je pense que vous faites erreur	deve ser um engano

relations professionnelles	relações profissionais
bonjour, je fais partie de Biotech SA	bom dia, faço parte da Biotech SA
j'ai rendez-vous avec M. Martin à 14 h 30	tenho um encontro marcado com o Sr Martin às 14h30
voici ma carte de visite	é o meu cartão de visita
je voudrais voir le directeur	queria ver o director
mon adresse e-mail est paul@easyconnect.com	o meu endereço e-mail é paul@easyconnect.com
j'appelle pour prendre rendez-vous	estou a ligar para marcar um encontro
seriez-vous libre pour déjeuner ?	está livre para almoçar?
ma secrétaire vous rappellera pour fixer une date	a minha secretária ligar-lhe-á para marcar uma data

louer une voiture	alugar um carro
je voudrais louer une voiture avec l'air conditionné	queria alugar um carro com ar condicionado
quel est le tarif pour une journée ?	qual é o preço por um dia?
le kilométrage est-il illimité ?	a quilometragem é ilimitada?
combien coûte l'assurance tous risques ?	quanto custa o seguro contra todos os riscos?
pourrais-je rendre la voiture à l'aéroport ?	posso devolver o carro no aeroporto?
voici mon permis de conduire	é a minha carta de condução

circuler en voiture	andar de carro
comment rejoint-on le centre-ville / l'autoroute ?	como se vai para o centro da cidade / a autoestrada?
y a-t-il un parking près d'ici ?	há um parque de estacionamento perto daqui?
est-ce que je peux stationner ici ?	posso estacionar aqui?
je cherche une station-service	onde há uma estação de serviço?
où se trouve le garage le plus proche ?	onde é a oficina mais próxima?
est-ce bien la direction de la gare ?	é bem a direcção da estação?
est-ce que c'est loin en voiture ?	fica longe de carro?

à la station-service	na estação de serviço
je suis en panne d'essence	estou sem gasolina
le plein, s'il vous plaît	encha o depósito/ateste, se faz favor
je voudrais vérifier la pression des pneus	queria verificar a pressão dos pneus
pompe (numéro) 3	bomba (número) 3
vous ne vendez pas de GPL ?	não vende GPL?
je voudrais une paire d'essuie-glace	queria um par de limpa-pára-brisas

chez le garagiste	na oficina
je suis en panne	o meu carro tem uma avaria
l'air conditionné ne marche pas	o ar condicionado não funciona
j'ai perdu le pot d'échappement	perdi o tubo de escape
ma voiture perd de l'huile	o carro está a perder óleo
le moteur chauffe	o motor aquece
le moteur fait un drôle de bruit	o motor faz um barulho esquisito
pourriez-vous vérifier les freins ?	pode ver os travões?
pourriez-vous vérifier le niveau d'eau ?	pode ver o nível de água?
la batterie est à plat	a bateria está descarregada
j'ai crevé	furei um pneu
il faut réparer le pneu	é preciso reparar o pneu
combien vont coûter les réparations ?	quanto é que vão custar as reparações?

prendre un taxi	apanhar um taxi
pourriez-vous m'appeler un taxi ?	pode chamar-me um táxi?
où est la station de taxis la plus proche?	onde é a estação de táxi mais próxima?
je voudrais réserver un taxi pour 8 heures	queria reservar um táxi para as 8 horas

combien coûte un taxi d'ici au centre-ville ?	quanto custa um táxi daqui até ao centro da cidade?
combien de temps met-on pour aller à l'aéroport ?	quanto tempo leva para ir ao aeroporto?
puis-je monter devant ?	posso subir à frente?
conduisez-moi à la gare routière / à la gare / à l'aéroport / à cette adresse, s'il vous plaît	para a estação / o aeroporto / esta morada, se faz favor
veuillez vous arrêtez ici / au feu / au coin de la rue	pare aqui / no semáforo / à esquina da rua
pourriez-vous m'attendre ?	pode esperar por mim?
je vous dois combien ?	quanto é se faz favor?
pourrais-je avoir une fiche ?	queria um recibo
gardez la monnaie	pode ficar com o troco

prendre le car	apanhar o autocarro
quand part le prochain car pour Lisbonne ?	quando parte o próximo autocarro para Lisboa?
combien de temps met le car pour Porto ?	quanto tempo leva o autocarro para ir ao Porto?
combien coûte un aller-retour pour Lisbonne ?	quanto custa uma ida e volta para Lisboa?
vous avez des tarifs réduits ?	fazem preços reduzidos?

y a-t-il des toilettes dans le car ?	há casa de banho no autocarro?
le car est-il climatisé ?	o autocarro tem climatização?
excusez-moi, cette place est-elle occupée ?	desculpe, este lugar está ocupado?
cela vous ennuie si je baisse le store ?	incomoda-se se eu baixar o estore?
arrêt demandé	paragem (solicitada)

prendre le train	viajar de comboio
où se trouvent les guichets ?	onde são as bilheteiras?
à quelle heure part le prochain train pour Paris ?	a que horas parte o próximo comboio para Paris?
de quel quai part-il ?	de que linha parte?
combien coûte un aller-retour pour Porto ?	quanto custa uma ida e volta para o Porto?
y a-t-il un tarif jeune ?	há uma tarifa jovem?
y a-t-il une consigne ?	há algum lugar para depositar a bagagem?
une place côté fenêtre (dans un wagon) non-fumeur(s), s'il vous plaît	um lugar do lado da janela (numa carruagem) não-fumadores, se faz favor
je voudrais réserver une couchette dans le train de 21 heures pour Paris	queria reservar uma couchette no comboio das 21 horas para Paris

où puis-je composter mon billet ?	onde posso validar o bilhete?
excusez-moi, cette place est-elle libre ?	desculpe, este lugar está livre?
où est la voiture restaurant ?	onde é o vagão-restaurante?
à l'aéroport	**viajar de avião**
où se trouve le terminal 1 / la porte 2 ?	onde é o terminal 1 / a porta 2?
où est le comptoir d'Air France ?	onde é o balcão da Air France?
où dois-je enregistrer mes bagages ?	onde posso fazer o check-in?
j'aimerais une place côté couloir / hublot	queria um lugar do lado do corredor / da janela
à quelle heure est l'embarquement ?	a que horas é o embarque?
j'ai raté ma correspondance, quand est le prochain vol pour Porto ?	perdi o transbordo, quando é o próximo voo para o Porto?
j'ai perdu ma carte d'embarquement	perdi o meu cartão de embarque
où récupère-t-on les bagages ?	onde se podem recuperar as malas?
je n'ai qu'un bagage à main	só tenho uma bagagem de mão
combien de temps dure l'escale?	quanto tempo dura a escala?
peut-on acheter des produits hors taxes dans cet avion ?	podem-se comprar produtos sem taxas neste avião?
y a-t-il une navette pour se rendre au centre-ville ?	há uma navette para o centro da cidade?

demander son chemin	perguntar o caminho
pourriez-vous m'indiquer où nous sommes sur le plan ?	pode indicar-me aqui na planta onde nos encontramos?
où est la gare / le syndicat d'initiative ?	onde é a estação / o centro de turismo?
où se trouve la gare routière ?	onde é a estação rodoviária?
où se trouve la poste ?	onde são os correios?
excusez-moi, comment rejoint-on la cathédrale ?	desculpe, como se vai para a catedral?
est-ce que je dois continuer tout droit pour le musée d'art moderne ?	devo continuar em frente para o museu de arte moderna?
est-ce loin ?	é longe?
est-ce bien la direction du métro ?	é bem a direcção do metro?
peut-on y aller à pied ?	pode-se ir a pé?
faut-il prendre le bus / le métro ?	é preciso ir de autocarro / de metro?
où est la station de métro la plus proche ?	onde fica a estação de metro mais próxima?
y a-t-il un arrêt de bus à proximité ?	há uma paragem de autocarro perto daqui?
pourriez-vous m'aider ? Je crois que je me suis perdu	pode ajudar-me? acho que me perdi

se déplacer en ville	deslocar-se na cidade
quels sont les bus qui mènent au centre-ville ?	quais são os autocarros que vão para o centro da cidade?
quel est le bus qui mène à l'aéroport ?	qual é o autocarro que vai para o aeroporto?
où puis-je prendre le bus pour la gare ?	onde posso apanhar o autocarro para a estação?
j'aimerais un aller simple / un aller-retour pour Lisbonne	queria uma ida simples / uma ida e volta para Lisboa
pourriez-vous me prévenir quand nous serons arrivés / à cet arrêt ?	pode avisar-me quando chegarmos / a esta paragem?
est-ce que ce bus va à la gare ?	este autocarro vai para a estação?
où faut-il prendre la ligne (de métro) vers le stade ?	onde se deve apanhar a linha (de metro) para o estádio?
à quelle heure est le dernier métro ?	a que horas é o último metro?
je voudrais un ticket / un carnet (de tickets)	queria um módulo / uma caderneta
vendez-vous des cartes de transport pour la journée / la semaine ?	vende passes diários / semanais?
Pourriez-vous m'indiquer où je dois descendre ?	pode dizer-me onde devo apear-me?

au café	no café
cette table / chaise est-elle libre ?	esta mesa / cadeira não tem ninguém?
s'il vous plaît !	se faz favor!
pourriez-vous nous apporter la carte des consommations ?	poderia trazer-nos a lista das bebidas?
un café noir / au lait, s'il vous plaît	uma bica / um garoto, se faz favor
un café allongé / un déca	uma bica cheia / um descafeinado
je voudrais une pression, s'il vous plaît	queria um fino, se faz favor
un thé / au lait	um chá preto / com leite
un thé et deux toast	um chá e duas torradas
qu'est-ce que vous avez comme boissons chaudes / fraîches ?	o que tem como bebidas quentes / frescas?
avez-vous des boissons light ?	tem bebidas light?
avez-vous des sandwichs / des pâtisseries ?	tem sandes / bolos?
la carte des glaces, s'il vous plaît	a lista dos gelados, se faz favor
auriez-vous une table en terrasse à l'ombre ?	tem uma mesa na esplanada, à sombra?
pourrais-je avoir des glaçons ?	pode trazer-me gelo?
un jus d'orange / une eau minérale	um sumo de laranja / uma água mineral
puis-je avoir une autre bière ?	pode trazer-me outra cerveja?

pourriez-vous m'indiquer les toilettes / le téléphone ?	onde são os lavabos? / onde é o telefone?
pourriez-vous m'indiquer le téléphone ?	onde é o telefone?
y a-t-il une zone fumeur ?	há um espaço fumadores?
au restaurant	**no restaurante**
j'aimerais réserver une table pour 20 heures	queria reservar uma mesa para as 20 horas
j'ai réservé une table pour quatre personnes au nom de Martin	reservei uma mesa para quatro pessoas no nome de Martin
nous voudrions une table dans une zone non-fumeurs	queríamos uma mesa no espaço não-fumadores
voulez-vous quelque chose à boire / à manger ?	deseja alguma coisa para beber / para comer?
avez-vous un menu enfant / végétarien ?	tem um menu para crianças / vegetariano?
nous aimerions prendre un apéritif	queríamos tomar um aperitivo
une bouteille / un verre de vin blanc / rouge de la cuvée du patron, s'il vous plaît	uma garrafa / um copo de vinho branco / tinto da casa, se faz favor
quelle est votre spécialité ?	qual é a especialidade da casa?
quel est le plat du jour ?	qual é o prato do dia?
qu'est-ce que le bacalhau à Brás ?	o que é o bacalhau à Brás?

saignant / à point / bien cuit	mal passado / no ponto / bem passado
je voudrais voir la carte des vins, s'il vous plaît	queria ver a lista dos vinhos, se faz favor
bon appétit !	bom apetite!
qu'est-ce que vous avez comme desserts ?	de sobremesa, o que é que há?
l'addition, s'il vous plaît	a conta, se faz favor
acceptez-vous les cartes de crédit ?	aceita os cartões de crédito?
à l'hôtel	**no hotel**
nous voudrions une chambre double / deux chambres simples	queríamos um quarto de casal / dois quartos individuais
j'aimerais une chambre pour deux nuits	queria um quarto para duas noites
j'ai réservé une chambre au nom de Martin	reservei um quarto no nome de Martin
j'ai réservé une chambre avec douche / avec salle de bains	reservei um quarto com duche / casa de banho
y a-t-il un garage / parking réservé aux clients de l'hôtel ?	há uma garagem / um parque de estacionamento reservado aos clientes do hotel?
la clé de la chambre 121, s'il vous plaît	a chave do quarto 121, se faz favor

pourrais-je avoir un oreiller / une couverture supplémentaire ?	pode dar-me uma almofada / um cobertor suplementar?
est-ce qu'il y a des messages pour moi ?	há mensagens para mim?
à quelle heure est le petit déjeuner ?	a que horas servem o pequeno-almoço?
j'aimerais prendre le petit déjeuner dans ma chambre	queria tomar o pequeno-almoço no meu quarto
pourriez-vous me réveiller à 7 heures ?	pode acordar-me às sete horas?
je voudrais régler	queria pagar
les chambres sont-elles climatisées ?	os quartos têm climatização?
pouvez-vous ajouter un lit d'enfant dans la chambre ?	pode acrescentar uma cama de criança no quarto?
comment fonctionne le radiateur ?	como funciona o aquecedor?
les achats	as compras
combien ça coûte ? / c'est combien ?	quanto custa? / quanto é?
je cherche des lunettes de soleil / un maillot de bain	queria comprar óculos de sol / um fato de banho
je fais du 38	o meu número é o 38
je chausse du 40	calço 40
bonjour, est-ce que je peux essayer ce pantalon ?	bom dia, posso experimentar estas calças?

est-ce que je peux l'échanger ?	posso trocá-las?
est-ce que je peux faire rembourser le pantalon ?	as calças podem ser reembolsadas?
où se trouvent les cabines d'essayage ?	onde são as cabines de provas?
avez-vous la taille au-dessus / en dessous ?	tem o tamanho acima / mais pequeno?
l'avez-vous en une autre couleur ?	tem noutra cor?
vendez-vous des enveloppes / des cartes routières ?	vende envelopes / mapas de estrada?
une pellicule photo, s'il vous plaît	um rolo de fotografias, se faz favor
à quelle heure fermez-vous ?	a que horas fecha?
à quelle heure ferment les magasins ?	a que horas fecham as lojas?
où est la caisse ?	onde é a caixa?
c'est trop petit / trop grand	está muito apertado / muito largo
à l'office de tourisme	**no centro de turismo**
quelles sont les heures d'ouverture des musées ?	a que horas abrem os museus?
est-il possible de faire une visite guidée du vieux centre ?	é possível ter uma visita guiada do centro histórico?
où se trouve la piscine la plus proche ?	onde é a piscina mais próxima?

où peut-on prendre la ligne 2 du tramway ?	onde se pode apanhar o eléctrico 2?
d'où partent les navettes pour l'aéroport ?	donde partem as navettes para o aeoporto?
pourriez-vous m'indiquer le chemin pour l'église ?	pode indicar-me o caminho para a igreja?
y a-t-il un cinéma près d'ici ?	há um cinema perto daqui?
à quelle distance se trouve la plage ?	a que distância fica a praia?
avez-vous un plan de la ville ?	tem uma planta da cidade?
je cherche un hôtel pas trop cher	queria um hotel que não fosse muito caro
pouvez-vous me recommander un hôtel près du centre ?	pode recomendar-me um hotel perto do centro?
avez-vous un guide des restaurants de la ville ?	tem um guia dos restaurantes da cidade?
pouvez-vous me donner une liste d'hôtels dans l'Algarve ?	podia dar-me uma lista dos hotéis no Algarve?
y a-t-il des campings près des plages ?	há parques de campismo perto das praias?
avez-vous un programme des spectacles ?	tem o programa dos espectáculos?
j'ai besoin de recharger ma carte (de téléphone)	preciso carregar o meu cartão (de telefone)

le sport	desporto
nous aimerions voir un match de football, y en a-t-il un ce soir ?	gostaríamos de ver um jogo de futebol, há um logo à noite?
où se trouve le stade ?	onde é o estádio?
où peut-on louer des vélos ?	onde se pode alugar bicicletas?
je voudrais réserver un court (de tennis) pour 19 heures	queria reservar um campo (de ténis) para as 19 horas
c'est combien pour une heure de cours ?	quanto custa uma hora de aula?
la piscine est-elle ouverte tous les jours ?	a piscina está aberta todos os dias?
où peut-on se changer ?	onde se pode trocar de roupa?
peut-on louer du matériel ?	pode-se alugar material?
est-ce que vous louez des bateaux ?	aluga barcos?
où peut-on faire un bowling par ici ?	onde se pode jogar ao bowling por aqui?
j'aimerais faire une randonnée (à vélo)	gostaria de dar passeios (de bicicleta)

à la banque	no banco
en petites coupures, s'il vous plaît	em notas pequenas, se faz favor
quel est le taux de change ?	qual é a taxa de câmbio?
quel est le montant de la commission ?	qual é o montante da comissão?
je voudrais encaisser ce chèque, s'il vous plaît	queria levantar este cheque, se faz favor
je voudrais acheter des chèques de voyage en euros	queria comprar cheques de viagem em euros
je voudrais faire un transfert d'argent	queria fazer uma transferência de dinheiro
où y a-t-il un distributeur de billets ?	onde é que há um multibanco
le distributeur a avalé ma carte de crédit	o multibanco engoliu o meu cartão de crédito
ma carte de crédit ne fonctionne pas	o meu cartão de crédito não funciona
ma carte de crédit est restée coincée dans le distributeur	o meu cartão de crédito ficou detido no multibanco
j'ai perdu ma carte de crédit. Quel numéro dois-je composer pour faire opposition ?	perdi o meu cartão de crédito. Para onde devo ligar para fazer oposição?

au bureau de poste	nos correios
combien ça coûte pour envoyer une lettre / une carte postale à Paris ?	quanto custa para mandar uma carta / um postal para Paris?
je voudrais dix timbres pour la France	queria dez selos para a França
avez-vous des timbres de collection ?	tem selos de colecção?
je voudrais envoyer ce paquet en recommandé	queria mandar esta encomenda registada
quel est le tarif pour un courrier urgent ?	qual é o preço por expresso?
combien de temps mettra-t-il pour arriver ?	quanto tempo leva para chegar?
combien de temps met une lettre pour arriver à Paris ?	quanto tempo leva uma carta para Paris?
j'aurais voulu une télécarte à 50 unités	queria um cartão telefónico de 50 unidades
est-ce que vous vendez des télécartes ?	vende cartões telefónicos?
puis-je envoyer un fax ?	é possível mandar um fax?
je voudrais envoyer un e-mail, pouvez-vous m'indiquer un cybercentre ?	queria mandar um e-mail. Pode indicar-me um cibercentro?
je voudrais consulter l'annuaire de Lisbonne	queria consultar a lista dos telefones de Lisboa

chez le médecin	no médico
j'ai vomi	vomitei
j'ai la diarrhée	estou com diarreia
j'ai mal là	dói-me aqui
je ne me sens pas bien et j'ai mal à la tête	não me sinto bem e dói-me a cabeça
j'ai mal à la tête	dói-me a cabeça
j'ai mal à la gorge	dói-me a garganta
j'ai mal au ventre	dói-me a barriga
je ne peux plus marcher	não posso andar
mon fils tousse	o meu filho tosse
il a de la fièvre	tem febre
je suis allergique à la pénicilline	sou alérgico(a) à penicilina
je ne supporte pas bien les antibiotiques	não me dou com os antibióticos
je crois que j'ai une otite	acho que tenho uma otite
je souffre d'hypertension	sofro de hipertensão
je suis diabétique	sou diabético

je crois que je me suis cassé le poignet	acho que parti o pulso
jusqu'à quand dois-je suivre le traitement ?	até quando devo continuar o tratamento?
je suis tombé et mon bras droit me fait très mal	caí e o meu braço direito dói-me muito
chez le dentiste	**no dentista**
j'ai une rage de dents	estou com uma forte dor de dentes
c'est une molaire qui me fait mal	dói-me um molar
j'ai perdu un plombage	perdi o chumbo de um dente
j'ai certainement une carie	devo ter uma cárie
une de mes incisives s'est cassée	um dos meus incisivos partiu
mes dents de sagesse me font souffrir	os meus dentes de siso fazem-me sofrer
j'ai perdu mon appareil dentaire	perdi o meu aparelho dentário
pourriez-vous me faire une anesthésie locale ?	pode fazer-me uma anestesia local?

à la pharmacie	na farmácia
je voudrais un médicament contre les maux de tête / le mal de gorge / la diarrhée	queria um remédio para as dores de cabeça / de garganta / a diarreia?
il me faudrait de l'aspirine / des pansements	queria aspirina / pensos
j'aurais voulu une crème solaire haute protection	preciso de um creme solar alta protecção
auriez-vous une lotion contre les piqûres d'insectes ?	tem uma loção contra as picadas de mosquitos?
j'ai une ordonnance de mon médecin français	tenho uma receita do meu médico francês
vendez-vous ce médicament sans ordonnance ?	vende este remédio sem receita médica?
pourriez-vous me recommander un médecin ?	pode recomendar-me um médico?
quel est le médecin de garde ?	qual é o médico de serviço?

urgences	urgências
appelez un médecin / les pompiers / la police !	por favor, chame um médico / os bombeiros / a polícia!
appelez une ambulance !	chame uma ambulância!
pouvez-vous nous emmener aux urgences ?	pode levar-nos às urgências?
où est l'hôpital le plus proche ?	onde é o hospital mais próximo?
le groupe sanguin de mon fils est O+	o grupo sanguíneo do meu filho é o O+
je dois voir un médecin / un dentiste de toute urgence	tenho de ver um médico / um dentista, de urgência
j'ai été victime d'un vol	fui vítima de um roubo
il y a eu un accident	houve um acidente
on m'a volé ma voiture	roubaram o meu carro
nous avons été agressés	fomos agredidos

LES CHIFFRES ET L'HEURE

OS NÚMEROS E AS HORAS

Nombres cardinaux / Números cardinais		
zéro	0	zero
un	1	um
deux	2	dois
trois	3	três
quatre	4	quatro
cinq	5	cinco
six	6	seis
sept	7	sete
huit	8	oito
neuf	9	nove
dix	10	dez
onze	11	onze
douze	12	doze
treize	13	treze
quatorze	14	catorze
quinze	15	quinze
seize	16	dezasseis
dix-sept	17	dezassete
dix-huit	18	dezoito
dix-neuf	19	dezanove
vingt	20	vinte
vingt et un	21	vinte e um
vingt-deux	22	vinte e dois
vingt-trois	23	vinte e três
vingt-quatre	24	vinte e quatro
vingt-cinq	25	vinte e cinco
vingt-six	26	vinte e seis
vingt-sept	27	vinte e sete

Nombres cardinaux / Números cardinais		
vingt-huit	28	vinte e oito
vingt-neuf	29	vinte e nove
trente	30	trinta
trente et un	31	trinta e um
trente-deux	32	trinta e dois
quarante	40	quarenta
quarante et un	41	quarenta e um
quarante-deux	42	quarenta e dois
cinquante	50	cinquenta
cinquante et un	51	cinquenta e um
soixante	60	sessenta
soixante et un	61	sessenta e um
soixante-dix	70	setenta
soixante et onze	71	setenta e um
quatre-vingts	80	oitenta
quatre-vingt-un	81	oitenta e um
quatre-vingt-dix	90	noventa
quatre-vingt-onze	91	noventa e um
cent	100	cem
cent un	101	cento e um
cent dix	110	cento e dez
deux cents	200	duzentos
mille	1 000	mil
mille vingt	1 020	mil e vinte
mille cinq cent six	1 506	mil e quinhentos e seis
deux mille	2 000	dois mil
un million	1 000 000	um milhão
un milliard	1 000 000 000	mil milhões

Nombres Ordinaux / Números ordinais		
premier	1er/1°	primeiro
deuxième	2e/2do	segundo
troisième	3e/3°	terceiro
quatrième	4e/4°	quarto
cinquième	5e/5°	quinto
sixième	6e/6°	sexto
septième	7e/7°	sétimo
huitième	8e/8°	oitavo
neuvième	9e/9°	nono
dixième	10e/10°	décimo
onzième	11e/11°	décimo primeiro
douzième	12e/12°	décimo segundo
treizième	13e/13°	décimo terceiro
quatorzième	14e/14°	décimo quarto
quinzième	15e/15°	décimo quinto
seizième	16e/16°	décimo sexto
dix-septième	17e/17°	décimo sétimo
dix-huitième	18e/18°	décimo oitavo
dix-neuvième	19e/19°	décimo nono
vingtième	20e/20°	vigésimo
vingt et unième	21e/21°	vigésimo primeiro
vingt-deuxième	22e/22°	vigésimo segundo
vingt-troisième	23e/23°	vigésimo terceiro
vingt-quatrième	24e/24°	vigésimo quarto
vingt-cinquième	25e/25°	vigésimo quinto

Nombres Ordinaux / Números ordinais		
vingt-sixième	26e/26°	vigésimo sexto
vingt-septième	27e/27°	vigésimo sétimo
vingt-huitième	28e/28°	vigésimo oitavo
vingt-neuvième	29e/29°	vigésimo nono
trentième	30e/30°	trigésimo
trente et unième	31e/31°	trigésimo primeiro
trente-deuxième	32e/32°	trigésimo segundo
quarantième	40e/40°	quadragésimo
quarante et unième	41e/41°	quadragésimo primeiro
quarante-deuxième	42e/42°	quadragésimo segundo
cinquantième	50e/50°	quinquagésimo
cinquante et unième	51e/51°	quinquagésimo primeiro
soixantième	60e/60°	sexagésimo
soixante et unième	61e/61°	sexagésimo primeiro
soixante-dixième	70e/70°	septuagésimo
soixante et onzième	71e/71°	septuagésimo primeiro
quatre-vingtième	80e/80°	octagésimo
quatre-vingt unième	81e/81°	octagésimo primeiro
quatre-vingt dixième	90e/90°	nonagésimo
quatre-vingt onzième	91e/91°	nonagésimo primeiro
centième	100e/100°	centésimo
cent unième	101e/101°	centésimo primeiro
millième	1 000e/1 000°	milésimo

Valeurs mathématiques / Valores matemáticos		
un demi	½	um meio
deux tiers	2/3	dois terços
trois quarts	¾	três quartos
six cinquièmes	6/5	seis quintos
un dixième	1/10	um décimo
un centième	1/100	um centésimo
zéro virgule un	0,1	zero vírgula um
deux virgule cinq	2,5	dois vírgula cinco
six virgule zéro trois	6,03	seis vírgula zero três
moins un	-1	menos um
moins douze	-12	menos doze

une demie tasse	*meia chávena*
une majorité des deux tiers	*uma maioria de dois terços*
quatre multiplié par moins trois fait moins douze	*quatro multiplicado por menos três dá menos doze*
moins trois (degré Celsius)	*menos três (graus Celsius)*

Le calcul / O cálculo		
huit plus deux égal dix huit et deux font dix	8+2=10	oito mais dois dá dez
neuf moins trois égal six/ trois ôté de neuf égal six	9-3=6	nove menos três dá seis
sept fois trois égal vingt et un	7x3=21	setes vezes três dá vinte e um
vingt divisé par quatre égal cinq	20:4=5	vinte divido por quatro dá cinco

Le calcul / O cálculo		
la racine carrée de neuf est trois	racine carrée de 9=3	a raiz quadrada de nove é três
cinq au carré égal vingt-cinq	$5^2=25$	cinco au quadrado dá vinte e cinco
quatre puissance vingt-neuf	4^{29}	quatro elevado a vinte e nove
f est supérieur à *x*	$f>x$	*f* é superior a *x*
f est inférieur à *x*	$f<x$	*f* é inferior a *x*

Les pourcentages / As percentagens		
dix pour cent	10 %/10%	dez porcentos

Le chômage a augmenté de 0,2 %.	*O desemprego aumentou de 0,2%.*

La date / As datas		
seize octobre (mille neuf cent) soixante-quinze	16/10/1975	dezasseis de Outubro de mil novecentos e setenta e cinco
mille quatre cent quatre-vingt-douze	1492	mil quatrocentos e noventa e dois
deux mille quatre	2004	dois mil e quatro
les années soixante-dix	70	os anos setenta
le premier siècle	Ier siècle/séc. I	século primeiro
le quinzième siècle	XVe s./séc. XV	o século quinze
le dix-huitième siècle	XVIIIe s./séc. XVIII	o século dezoito

La semaine / A semana	
aujourd'hui	hoje
demain	amanhã
hier	ontem
après-demain	depois de amanhã
avant-hier	anteontem
le lendemain	o dia seguinte
la veille	a véspera
ce matin	esta manhã
ce soir	esta noite
demain après-midi	amanhã de tarde
hier soir	ontem à noite
après-demain matin	depois de amanhã de manhã

Quel jour sommes-nous ?	*Em que dia estamos?*
Aujourd'hui, nous sommes le 5 février.	*Hoje, estamos a cinco de Fevereiro.*
En quelle année ?	*Em que ano?*
En 1923.	*Em mil novecentos e vinte e três.*
Je suis né(e) en juillet.	*Nasci em Julho.*
Quelle est ta date de naissance ?	*Qual é a tua data de nascimento?*
Le 1er mai, c'est la fête du travail.	*No primeiro de Maio, é a festa do trabalho.*
Pâques tombe le douze mai.	*A Páscoa calha no (dia) doze de Maio.*
Le 25 décembre, c'est le jour de Noël.	*No vinte e cinco de Dezembro, é o dia de Natal.*

L'heure / As horas		
cinq heures		cinco horas
sept heures cinq		sete horas e cinco
huit heures dix		oito horas e dez
neuf heures et quart/ neuf heures quinze		nove horas e um quarto/nove horas e quinze
dix heures vingt		dez horas e vinte
onze heures et demie		onze horas e meia
midi		meio-dia
midi et demie		meio-dia e meia
une heure		uma hora
deux heures/quatorze heures		duas horas/catorze horas
quatre heures moins le quart/ quinze heures quarante-cinq		quatro horas menos um quarto/ quinze horas e quarenta cinco

cinq ou dix-sept heures vingt-trois		cinco ou dezassete horas e vinte e três
minuit		meia-noite
une heure (du matin)		uma hora (da manhã)

matin	*manhã*
après-midi	*tarde*
soir/soirée	*noite*
nuit	*noite*
Il est quelle heure ?/ Est-ce que vous avez l'heure ?	*Que horas são?/Tem horas?*
À quelle heure ?	*A que horas?*
À/vers/aux environs de trois/ dix heures.	*Às/perto/cerca das três/dez horas.*
Quand ?	*Quando?*
Il y a une demi-heure.	*Há meia-hora.*
Dans trois quarts d'heure.	*Daqui a três quartos de hora.*

PORTUGUÊS-FRANCÊS

PORTUGAIS-FRANÇAIS

a A

a [ɐ] *prep*

1. *(ger)* à • **dar algo a alguém** donner qqch à qqn • **diz ao João que venha** dis à João de venir • **mostrar algo a alguém** montrer qqch à qqn • **nós vamos ao cinema** nous allons au cinéma • **fomos à praia** nous sommes allés à la plage • **vou ao Egipto/ao Japão/aos Estados Unidos** je vais en Égypte/au Japon/aux États-Unis • **fica à saída do teatro** c'est à la sortie du théâtre • **é à esquerda/direita** c'est à gauche/droite • **fica a dez quilómetros** c'est à dix kilomètres • **subir a uma árvore** monter à un arbre • **ele atirou-se ao comer** il s'est jeté sur la nourriture • **aos centos/às dezenas** par centaines/dizaines • **a quanto...?** à combien... ? • **a quanto está a vender as peras?** à combien vendez-vous les poires ? • **vendo ao metro** je vends au mètre • **ganhámos por dois a um** nous avons gagné deux à un • **entraram um a um** ils sont entrés un par un • **feito à mão** fait (à la) main • **escrever à máquina** taper à la machine • **sal a gosto** sel à volonté • **ele ia a cem à hora** il allait à cent à l'heure • **conduzir a 60 km/h** conduire à 60 km/h • **abertura às oito horas** ouverture à huit heures • **é a dez minutos daqui** c'est à dix minutes d'ici • **de... a...** de... à... • **a loja tem de tudo, desde pregos a máquinas de lavar** cette boutique vend de tout, des clous aux machines à laver

2. *(indica frequência)* • **três vezes ao dia** trois fois par jour • **estou lá às terças e quintas-feiras** j'y suis tous les mardis et jeudis • **de tempos a tempos** de temps en temps

3. *(seguido de infinitivo)* en • **engasgou-se ao comer** il s'est étouffé en mangeant • **a ler gagueja** il bégaye en lisant • **chegou a gritar** il est arrivé en criant • **partiu a chorar** il est parti en pleurant

4. *(em locuções)* • **a não ser que** à moins que

à [a] = **a + a ; ➤ a**

aba ['abɐ] *f* **1.** *(de chapéu)* aile *f* **2.** *(corte de carne)* côte *f*

abacate [ɐbɐ'katə] *m* avocat *m (fruit)*

abacaxi [ɐbɐka'ʃi] *m* ananas *m*

abadia [ɐbɐ'diɐ] *f* abbaye *f*

abafado, da [ɐbɐ'fadu, dɐ] *adj (ar, tempo)* lourd(e)

abafar [ɐbɐ'far] *vt & vi* étouffer

abaixar [ɐbai'ʃar] *vt (cabeça, braço)* baisser ◆ **abaixar-se** *vp* se baisser

abaixo [ɐ'baiʃu] *adv* au-dessous ◇ *interj* • **abaixo o governo!** à bas le gouvernement ! • **mais abaixo** plus bas • **deitar abaixo** *(árvore)* abattre ; *(argumento)* démolir • **ir-se abaixo** *(motor)* caler • **abaixo de** *(em espaço)* après ; *(em hierarquia)* au-dessous de

abaixo-assinado [ɐˌbaiʃuɐsi'nadu] (*pl* **abaixo-assinados** [ɐˌbaiʃuɐsi'naduʃ]) *m* pétition *f*

abajur [ɐba'ʒur] (*pl* **-es** [əʃ]) *m* abat-jour *m inv*

abalar [ɐbɐ'lar] *vt* secouer ◇ *vi* s'en aller

abalo [ɐ'ƀalu] *m* • **abalo (sísmico** ou **de terra)** secousse *f* (sismique)

abanar [ɐƀɐ'nar] *vt* **1.** *(cabeça)* secouer **2.** *(rabo)* remuer ◇ *vi (dente)* bouger

abandonado, da [ɐƀẽndu'nađu, đɐ] *adj* abandonné(e)

abandonar [ɐƀẽndu'nar] *vt* abandonner

abandono [ɐƀẽn'donu] *m* abandon *m* • **ao abandono** à l'abandon

abarcar [ɐƀɐr'kar] *vt* **1.** *(abranger)* comprendre **2.** *(temas)* recouvrir

abarrotado, da [ɐƀɐʀu'tađu, đɐ] *adj* plein(e) à craquer

abarrotar [ɐƀɐʀu'tar] *vi* • **a abarrotar de** bourré de

abastecer [ɐƀɐʃtə'ser] *vt (fornecer)* approvisionner ◆ **abastecer-se** *vp* s'approvisionner

abastecimento [ɐƀɐʃtəsi'mẽntu] *m* approvisionnement *m*

abater [ɐƀɐ'ter] *vt* **1.** *(preço)* baisser **2.** *(derrubar, matar)* abattre

abatimento [ɐƀɐti'mẽntu] *m (desconto)* réduction *f* • **abatimento de terra** affaissement *m* de terrain

abcesso [ɐƀ'sɛsu] *m* abcès *m*

abdicar [ɐƀdi'kar] *vi* abdiquer • **abdicar de algo** *(de direito, cargo)* renoncer à qqch

abdome [ab'domi] *(Br)* = **abdómen**

abdómen [ɐƀ'dɔmɛn] *m (Port)* abdomen *m*

abdômen [ab'domẽ] *m (Br)* = **abdómen**

abdominal [ɐƀdumi'nał] *(pl* **-ais** [aiʃ]) *adj* abdominal(e) ◆ **abdominais** *mpl* • **fazer abdominais** faire des abdominaux

á-bê-cê [aƀe'se] *m* B.A.-Ba *m*

abecedário [ɐƀəsə'đarju] *m* alphabet *m*

abeirar-se [ɐƀɐi'rarsə] ◆ **abeirar-se de** *vp + prep* s'approcher de

abelha [ɐ'ƀɐʎɐ] *f* abeille *f*

abelhudo, da [ɐƀə'ʎuđu, đɐ] *adj* fouineur(euse)

aberração [ɐƀəʀɐ'sẽu] *(pl* **-ões** [õiʃ]) *f* aberration *f*

aberto, ta [ɐ'ƀɛrtu, tɐ] *pp* ➤ **abrir** ◇ *adj* ouvert(e) ▾ **aberto** ouvert

abertura [ɐƀər'turɐ] *f* ouverture *f* ▾ **abertura fácil** ouverture facile

abeto [ɐ'ƀetu] *m* sapin *m*

abismo [ɐ'ƀiʒmu] *m* abîme *m*

abóbada [ɐ'ƀɔƀɐdɐ] *f* voûte *f*

abóbora [ɐ'ƀɔƀurɐ] *f* citrouille *f*

abóbora-menina [ɐˌƀɔƀurɐmə'ninɐ] *(pl* **abóboras-meninas** [ɐˌƀɔƀurɐʒmə'ninɐʃ]) *f* potiron *m*

abobrinha [ɐƀu'ƀriɲɐ] *f* courgette *f*

abolir [ɐƀu'lir] *vt* abolir

abominar [ɐƀumi'nar] *vt* exécrer

abono [ɐ'ƀonu] *m* • **abono de família** *(Port)* allocations *fpl* familiales

abordagem [ɐƀur'đaʒẽi] *(pl* **-ns** [ʃ]) *f* approche *f*

abordar [ɐƀur'đar] *vt* aborder

aborígene [ɐƀu'riʒənə] *adj & mf* aborigène

aborrecer [ɐƀuʀə'ser] *vt* ennuyer ◆ **aborrecer-se** *vp* s'ennuyer

aborrecido, da [ɐƀuʀə'siđu, đɐ] *adj* **1.** *(chato)* ennuyeux(euse) **2.** *(zangado)* ennuyé(e)

aborrecimento [ɐƀuʀəsi'mẽntu] *m* ennui *m*

abortar [ɐbur'tar] *vi* **1.** *(espontaneamente)* faire une fausse couche **2.** *(intencionalmente)* avorter

aborto [ɐ'bortu] *m* **1.** *(espontâneo)* fausse couche *f* **2.** *(intencional)* avortement *m*

abotoar [ɐbu'twar] *vt* boutonner

abraçar [ɐbrɐ'sar] *vt* serrer dans ses bras ◆ **abraçar-se** *vp* s'étreindre

abraço [ɐ'brasu] *m* embrassade *f* • **um abraço** *(em carta, postal)* affectueusement

abrandar [ɐbrɐ̃n'dar] *vt (passo)* ralentir ◇ *vi (vento, chuva)* se calmer ▼ **abrande (a marcha)** ralentissez

abranger [ɐbrɐ̃'ʒer] *vt* **1.** *(abarcar)* comprendre **2.** *(temas)* recouvrir

abre-latas [ˌabrə'latɐʃ] *m inv (Port)* ouvre-boîtes *m inv*

abreviação [ɐbrəvjɐ'sɐ̃u] *(pl* **-ões** [õiʃ]*)* *f* abréviation *f (action)*

abreviatura [ɐbrəvjɐ'turɐ] *f* abréviation *f (résultat)*

abridor [abri'dox] *(pl* **-es** [iʃ]*)* *m (Br)* • **abridor de garrafa** ouvre-bouteilles *m inv* • **abridor de lata** ouvre-boîtes *m inv*

abrigar [ɐbri'gar] *vt* abriter ◆ **abrigar-se** *vp* s'abriter

abrigo [ɐ'brigu] *m* abri *m* • **ao abrigo de** à l'abri de

abril [a'briu] *m (Br)* = **Abril**

Abril [ɐ'bril] *m (Port)* avril *m* • **o 25 de Abril** *date de la révolution des œillets* • **durante o mês de Abril** au mois d'avril • **em Abril** en avril • **em meados de Abril** à la mi-avril • **este mês de Abril** le mois d'avril • **no passado/próximo mês de v** en avril dernier/prochain • **no princípio/final de Abril** début/fin avril • **o um de Abril** le 1er avril

O 25 de Abril

Le 25 avril 1974, le Mouvement des Forces armées (MFA) renverse le régime du parti unique, autoritaire, inspiré du fascisme et soutenu par la police politique (*PIDE*), que Salazar avait mis en place 48 ans auparavant. Une grande majorité de la population portugaise exprime alors son adhésion au coup d'État militaire et apporte un soutien enthousiaste à ses auteurs qui rétablissent les libertés démocratiques. Cette révolution, menée à bien sans effusion de sang, est symbolisée par les œillets rouges que les militaires arboraient sur le canon de leurs armes, c'est pourquoi elle est souvent appelée la « révolution des œillets ».

abrir [ɐ'brir] *vt* ouvrir ◇ *vi* **1.** *(começar)* ouvrir **2.** *(desabrochar)* s'ouvrir • **abrir o apetite** ouvrir l'appétit • **abrir a boca** bâiller • **abrir mão de algo** *(fig)* renoncer à qqch • **abrir os olhos** *(fig)* ouvrir les yeux ◆ **abrir-se** *vp* • **abrir-se com alguém** se confier à qqn

absinto [ɐb'sĩntu] *m* absinthe *f*

absolutamente [ɐbsuˌlutɐ'mẽntə] *adv* complètement

absoluto, ta [ɐbsu'lutu, tɐ] *adj* absolu(e)

absolver [ɐbsoɫ'ver] *vt* **1.** absoudre **2.** *JUR* acquitter

absorção [ɐbsɔr'sɐ̃u] *f* absorption *f*

absorvente [ɐbsɔr'vẽntə] *adj* absorbant(e) ◆ **absorventes** *mpl* ● **absorventes diários** protège-slips *mpl*
absorver [ɐbsɔr'ver] *vt* absorber
abstémio, mia [ɐbʃ'tɛmju, mjɐ] *adj* *(Port)* ● **ele é abstémio** il ne boit pas d'alcool
abstêmio, mia [abʃ'temju, mjɐ] *adj* *(Br)* = **abstémio**
abstenção [abʃtẽ'sɐ̃w] *f* abstention *f*
abstracto, ta [ɐbʃ'tratu, tɐ] *adj* *(Port)* abstrait(e)
abstrato, ta [abʃ'tratu, tɐ] *adj* *(Br)* = **abstracto**
absurdo, da [ɐb'surđu, đɐ] *adj* absurde ◇ *m* absurdité *f*
abundância [ɐbũn'dɐ̃sjɐ] *f* abondance *f*
abundante [ɐbũn'dɐ̃ntə] *adj* abondant(e)
abusado, da [abu'zadu, dɐ] *adj* *(Br)* effronté(e)
abusar [ɐbu'zar] *vi* abuser ● **abusar de algo** *(álcool, droga)* abuser de qqch ● **abusar de alguém** abuser de qqn
abuso [ɐ'buzu] *m* abus *m*
a.C. (*abrev de antes de Cristo*) av. J.-C. *(avant Jésus-Christ)*
a/c (*abrev de ao cuidado de*) att *(à l'attention de)*
acabamento [ɐkɐbɐ'mẽntu] *m* finition *f*
acabar [ɐkɐ'bar] *vt & vi* finir ● **acabou a água** il n'y a plus d'eau ● **acabar com algo** en finir avec qqch ● **acaba com o barulho!** arrête de faire du bruit ! ● **acabar com alguém** achever qqn ● **acabar de fazer algo** venir de faire qqch ● **acabar em bem** finir bien ● **acabar por fazer algo** finir par faire qqch ◆ **acabar-se** *vp* ● **acabou-se o pão** il n'y a plus de pain ● **acabou-se!** ça suffit !
acácia [ɐ'kasjɐ] *f* acacia *m*
academia [ɐkɐđə'miɐ] *f* **1.** *(escola)* école *f* **2.** *(sociedade)* académie *f* ● **academia de belas-artes** école des beaux-arts ● **academia de ginástica** club *m* de gymnastique
açafrão [ɐsɐ'frɐ̃w] *m* safran *m*
acalmar [ɐkaɫ'mar] *vt* calmer ◇ *vi* se calmer ◆ **acalmar-se** *vp* se calmer
acampamento [ɐkɐ̃mpɐ'mẽntu] *m* campement *m*
acampar [ɐkɐ̃m'par] *vi* camper
acanhado, da [ɐkɐ'ɲađu, đɐ] *adj* timide
acanhar-se [ɐkɐ'ɲarsə] *vp* être intimidé(e)
ação [a'sɐ̃w] (*pl* **-ões** [õiʃ]) *f* *(Br)* = **acção**
acarajé [akara'ʒɛ] *m* *(Br)* *beignet à la pâte de haricot, farci aux crevettes*
acariciar [ɐkɐri'sjar] *vt* caresser
acaso [ɐ'kazu] *m* hasard *m* ● **ao acaso** au hasard ● **por acaso** par hasard
acastanhado, da [ɐkɐʃtɐ'ɲađu, đɐ] *adj* **1.** qui tire sur le marron **2.** *(cabelo)* châtain
acatar [ɐkɐ'tar] *vt* respecter
acção [a'sɐ̃w] (*pl* **-ões** [õiʃ]) *f* *(Port)* action *f* ● **entrar em acção** entrer en action
accionar [ɐsju'nar] *vt* actionner
accionista [ɐsju'niʃtɐ] *mf* *(Port)* actionnaire *mf*
acções ➤ **acção**
aceder [ɐsə'đer] *vi* consentir
aceitar [ɐsɐi'tar] *vt* accepter
aceite [ɐ'sɐitə] *pp* ➤ **aceitar**
acelerador [ɐsələrɐ'đor] (*pl* **-es** [əʃ]) *m* accélérateur *m*

acelerar [ɐsəlɘ'rar] *vt & vi* accélérer
acenar [ɐsə'nar] *vi* faire signe
acendedor [(*Port*) ɐsẽndə'dor (*Br*), asẽnde'do(x)] *m (de fogão a gás)* allume-gaz *m inv*
acender [ɐsẽn'der] *vt* allumer
aceno [ɐ'senu] *m* signe *m (de la main, de la tête)*
acento [ɐ'sẽntu] *m* accent *m* • **acento agudo/grave** accent aigu/grave • **acento circunflexo** accent circonflexe
acepção [ɐsɛ(p)'sɐ̃w] (*pl* **-ões** [õiʃ]) *f* acception *f*
acepipes [ɐsə'pipəʃ] *mpl* **1.** *(aperitivos)* amuse-gueule(s) *mpl* **2.** *(entrada)* hors-d'œuvre *m inv*
acerca [a'serkɐ] ◆ **acerca de** *prep* au sujet de • **falar acerca de** parler de
acerola [ase'rɔɫa] *f* acerola *f (cerise)*
acertar [ɐsər'tar] *vt (relógio)* mettre à l'heure ◇ *vi* **1.** *(em alvo, com sítio)* viser juste **2.** *(em resposta)* trouver
acervo [ɐ'servu] *m* fonds *m (de musée)*
aceso, sa [ɐ'sezu, zɐ] *pp* ➤ **acender** ◇ *adj* **1.** *(luz, lume)* allumé(e) **2.** *(discussão)* enflammé(e)
acessível [ɐsə'sivɛɫ] (*pl* **-eis** [ɐiʃ]) *adj* **1.** accessible **2.** *(preço)* abordable
acesso [ɐ'sɛsu] *m* **1.** *(a local, de raiva)* accès *m* **2.** *(de histeria)* crise *f* • **de fácil acesso** facile d'accès
acessório [ɐsə'sɔrju] *m* accessoire *m (de mode, de voiture)*
acetona [ɐsə'tonɐ] *f* dissolvant *m*
achado [ɐ'ʃađu] *m* **1.** *(descoberta)* trouvaille *f* **2.** *(pechincha)* (bonne) affaire *f*
achar [ɐ'ʃar] *vt* **1.** *(coisa, pessoa perdida)* retrouver **2.** *(descobrir)* trouver • **achar que** penser que • **acho que não** je ne crois pas • **acho que sim** oui, je crois
acidentado, da [ɐsiđẽn'tađu, đɐ] *adj* **1.** *(terreno)* accidenté(e) **2.** *(viagem, férias)* mouvementé(e)
acidental [ɐsiđẽn'taɫ] (*pl* **-ais** [aiʃ]) *adj* **1.** accidentel(elle) **2.** *(encontro, descoberta)* fortuit(e)
acidentalmente [ɐsiđẽntaɫ'mẽntə] *adv* par accident
acidente [ɐsi'đẽntə] *m* accident *m*
acidez [ɐsi'đeʃ] *f* acidité *f*
ácido, da ['asiđu, đɐ] *adj* acide ◇ *m* acide *m* • **ácido cítrico** acide citrique • **ácido sulfúrico** acide sulfurique
acima [ɐ'simɐ] *adv* au-dessus • **mais acima** plus haut • **acima de** *(em espaço)* au-dessus de ; *(em hierarquia)* au-dessus de • **acima de tudo** par-dessus tout
acionar [asjo'na(x)] (*Br*) = **accionar**
acionista [asjo'niʃtɐ] *mf* (*Br*) = **accionista**
acne ['aknə] *f* acné *f*
aço ['asu] *m* acier *m* • **aço inoxidável** acier inoxydable
acocorar-se [ɐkuku'rarsə] *vp* s'accroupir
ações [a'sõjʃ] ➤ **ação**
acolá [ɐkulɐ] *adv* là, là-bas
acolhedor, a [(*Port*) ɐkuʎəgɐ'đor, rɐ (*Br*), akoʎe'do(x), ra] *adj* accueillant(e)
acolhimento [ɐkuʎi'mẽntu] *m* accueil *m (hospitalité)*
acompanhamento [ɐkõmpɐɲɐ'mẽntu] *m* **1.** *(de evolução, situação)* suivi *m*

2. *(de prato)* garniture *f* **3.** *MÚS* accompagnement *m*
acompanhante [ɐkõmpɐ'ɲẽntə] *mf* **1.** *(parceiro)* compagnon *m*, compagne *f* **2.** *(de grupo)* accompagnateur *m*, -trice *f*
acompanhar [ɐkõmpɐ'ɲar] *vt* **1.** accompagner **2.** *(programa, situação)* suivre
aconchegador, ra [ɐkõʃəgɐ'đor, rɐ] (*mpl* **-es** [əʃ], *fpl* **-s** [ʃ]) *adj* accueillant(e)
aconchegante [akõʃe'gɐ̃ntʃi] *adj* réconfortant(e)
aconselhar [ɐkõsə'ʎar] *vt* conseiller ◆ **aconselhar-se** *vp* demander conseil
aconselhável [ɐkõsə'ʎavɛɫ] (*pl* **-eis** [ɐiʃ]) *adj* conseillé(e) • **é pouco aconselhável** il est déconseillé de
acontecer [ɐkõntə'ser] *vi* **1.** arriver **2.** *(acidente)* se produire • **o que é que te aconteceu ?** que t'est-il arrivé ? • **acontece que** il se trouve que • **aconteça o que acontecer** quoi qu'il arrive
acontecimento [ɐkõntəsi'mẽntu] *m* événement *m*
açorda [ɐ'sorđɐ] *f soupe au pain* ≃ panade *f* • **açorda alentejana** panade alentéjane (à l'ail) • **açorda de bacalhau** panade de morue • **açorda de marisco** panade de fruits de mer
acordar [ɐkur'đar] *vt* réveiller ◇ *vi* se réveiller
acorde [ɐ'kɔrđə] *m MÚS* accord *m*
acordeão [ɐkur'đjɐ̃u] (*pl* **-ões** [õiʃ]) *m* accordéon *m*
acordo [ɐ'korđu] *m* accord *m* • **de acordo!** d'accord ! • **de acordo com** d'après • **estar de acordo com** être d'accord avec
Açores [ɐ'sorəʃ] *mpl* • **os Açores** les Açores *fpl*

Os Açores

L'archipel des Açores, région autonome, se compose de trois groupes d'îles : les îles orientales (*São Miguel* et *Santa Maria*), centrales (*Faial*, *Pico*, *São Jorge*, *Terceira* et *Graciosa*) et occidentales (*Flores* et *Corvo*). La ville d'*Angra do Heroísmo*, dans l'île de *Terceira*, est classée patrimoine mondial.
Du fait de son origine volcanique, l'archipel est particulièrement sujet aux secousses sismiques, même s'il ne reste de ses deux volcans que les cratères éteints, les roches volcaniques et les cheminées.
Durant de nombreuses années, la chasse à la baleine a été l'une des principales sources de travail et de revenu des habitants.

açoriano, na [ɐsu'rjɐnu, nɐ] *adj* des Açores ◇ *m, f* Açorien *m*, -enne *f*
acorrentar [ɐkuʀẽn'tar] *vt* enchaîner
acostamento [akoʃta'mẽntu] *m* (*Br*) bas-côté *m*
acostumado, da [ɐkuʃtu'mađu, đɐ] *adj* • **estar acostumado a algo** être habitué à qqch
acostumar-se [ɐkuʃtu'marsə] *vp* s'habituer • **acostumar-se com algo** s'habituer à qqch • **acostumar-se a fazer algo** s'habituer à faire qqch
açougue [a'sogi] *m* (*Br*) boucherie *f*
açougueiro, ra [aso'gɐiru, rɐ] *m, f* (*Br*) boucher *m*, -ère *f*

A.C.P. (*abrev de Automóvel Clube de Portugal*) *Automobile Club du Portugal* ≃ ACF *m*
acre ['akrə] *adj* âcre
Acre ['akrə] *m* • **o Acre** l'Acre *m*
acreditar [ɐkrəđi'tar] *vi* croire • **acreditar em Deus** croire en Dieu • **acreditar no Pai Natal** croire au Père Noël
acrescentar [ɐkrəʃẽn'tar] *vt* ajouter
acréscimo [ɐ'krɛʃsimu] *m* **1.** *(aumento)* ajout *m* **2.** *(no preço)* augmentation *f*
acrílica [ɐ'krilikɐ] *adj f* ➤ **fibra**
acrobata [ɐkru'ƀatɐ] *mf* acrobate *mf*
actividade [atəvi'đađə] *f* **1.** activité *f* **2.** *(cultural)* animation *f*
activo, va [a'tivu, vɐ] *adj (Port)* actif(ive)
acto ['atu] *m (Port)* acte *m*
actor, triz [a'tor, triʃ] (*mpl* **-es** [əʃ], *fpl* **-es** [əʃ]) *m, f (Port)* acteur *m*, -trice *f*
actuação [atwɐ'sɐ̃u] (*pl* **-ões** [õiʃ]) *f* **1.** *(procedimento)* action *f* **2.** *(em espectáculo)* jeu *m*
actual [ɐ'twał] (*pl* **-ais** [aiʃ]) *adj (Port)* actuel(elle)
actualizar [ɐtwɐli'zar] *vt* **1.** actualiser **2.** *INFORM* mettre à jour
actualmente [ɐtwał'mẽntə] *adv* actuellement
actuar [a'twar] *vi* **1.** *(Port) (agir)* agir **2.** *(representar)* jouer
açúcar [ɐ'sukar] *m* sucre *m* • **açúcar amarelo** sucre roux • **açúcar branco** sucre blanc • **açúcar em cubos** sucre en morceaux • **açúcar mascavo** cassonade *f* • **açúcar em pó** sucre glace
açucareiro [ɐsukɐ'rɐiru] *m* sucrier *m*
acumulação [ɐkumulɐ'sɐ̃u] (*pl* **-ões** [õiʃ]) *f* accumulation *f*
acumular [ɐkumu'lar] *vt* accumuler
acupunctura [ɐkupũn'turɐ] *(Port) f* acupuncture *f*, acuponcture *f*
acupuntura [akupũn'tura] *(Br)* = **acupunctura**
acusação [ɐkuzɐ'sɐ̃u] (*pl* **-ões** [õiʃ]) *f* accusation *f*
acusar [ɐku'zar] *vt* accuser
A.D. (*abrev de Anno Domini*) AD
adaptação [ɐđɐptɐ'sɐ̃u] (*pl* **-ões** [õiʃ]) *f* adaptation *f*
adaptado, da [ɐđɐp'tađu, đɐ] *adj* adapté(e)
adaptador [ɐđɐptɐ'đor] (*pl* **-es** [əʃ]) *m* adaptateur *m* • **adaptador de rede** *INFORM* adaptateur de réseau
adaptar [ɐđɐp'tar] *vt* adapter ◆ **adaptar-se** *vp* • **adaptar-se a** s'adapter à
adega [ɐ'đɛgɐ] *f* cave *f* • **adega cooperativa** cave coopérative
adepto, ta [ɐ'đɛptu, tɐ] *m, f* supporteur *m*, -trice *f*, ou supporter *m*
adequado, da [ɐđə'kwađu, đɐ] *adj* adéquat(e)
adereço [ɐđə'resu] *m* accessoire *m (de théâtre)*
aderente [ɐđə'rẽntə] *adj* adhésif(ive) ◇ *mf* adhérent *m*, -e *f*
aderir [ɐđə'rir] *vi* adhérer • **aderir a algo** adhérer à qqch
adesão [ɐđə'zɐ̃u] (*pl* **-ões** [õiʃ]) *f (fig)* adhésion *f*
adesivo, va [ɐđə'zivu, vɐ] *adj* adhésif(ive) ◇ *m (Port)* adhésif *m*
adesões ➤ **adesão**

adeus [ɐ'đeuʃ] *m* adieu *m* ◇ *interj* **1.** au revoir ! **2.** *(para sempre)* adieu ! • **dizer adeus** dire au revoir ; *(para sempre)* dire adieu

adiamento [ɐđjɐ'mẽntu] *m* report *m (de réunion)*

adiantado, da [ɐđjẽn'tađu, đɐ] *adj* avancé(e) ◇ *adv* • **chegar adiantado** être en avance • **estar adiantado** avancer • **pagar adiantado** payer d'avance

adiantar [ɐđjẽn'tar] *vt & v impess* avancer • **de que adianta...?** à quoi bon... ? • **não adianta nada!** ça n'avance à rien ! ◆ **adiantar-se** *vp* s'avancer

adiante [ɐ'đjẽntə] *adv* devant ◇ *interj* en avant ! • **mais adiante** plus loin • **passar adiante** passer à autre chose • **e por aí adiante** et ainsi de suite

adiar [ɐ'đjar] *vt* reporter *(une réunion)*

adição [ɐđi'sɐ̃u] *(pl* **-ões** [õiʃ]) *f* addition *f (somme)*

adicionar [ɐđisju'nar] *vt* **1.** *(acrescentar)* ajouter **2.** *(somar)* additionner

adições ➤ **adição**

adivinha [ɐđə'viɲɐ] *f* devinette *f*

adivinhar [ɐđəvi'ɲar] *vt* **1.** *(decifrar)* deviner **2.** *(futuro)* prédire

adjectivo [ɐđʒɛ'tivu] *m* adjectif *m*

adjetivo [adʒɛ'tʃivu] [adʒɛ'tʃivu] *(Br)* = **adjectivo**

adjunto, ta [ɐđ'ʒũntu, tɐ] *adj & m, f* adjoint(e)

administração [ɐđməniʃtrɐ'sɐ̃u] *f* administration *f*

administrador, ra [ɐđməniʃtrɐ'đor, rɐ] *(mpl* **-es** [əʃ], *fpl* **-s** [ʃ]) *m, f* administrateur *m*, -trice *f*

administrar [ɐđməniʃ'trar] *vt* **1.** *(empresa, negócio)* gérer **2.** *(injecção, curativo)* administrer

admiração [ɐđmirɐ'sɐ̃u] *f* **1.** *(espanto)* étonnement *m* **2.** *(respeito, estima)* admiration *f*

admirador, ra [ɐđmirɐ'đor, rɐ] *(mpl* **-es** [əʃ], *fpl* **-s** [ʃ]) *m, f* admirateur *m*, -trice *f*

admirar [ɐđmi'rar] *vt* **1.** *(contemplar)* admirer **2.** *(espantar)* étonner ◆ **admirar-se** *vp* s'étonner

admirável [ɐđmi'ravɛɫ] *(pl* **-eis** [ɐiʃ]) *adj* admirable

admissão [ɐđmi'sɐ̃u] *(pl* **-ões** [õiʃ]) *f* admission *f*

admitir [ɐđmi'tir] *vt* admettre

adoçante [ɐđu'sẽntə] *m* édulcorant *m*

adoção [ado'sɐ̃w] *(Br)* = **adopção**

adoçar [ɐđu'sar] *vt* sucrer

adoecer [ɐđwi'ser] *vi* tomber malade

adolescência [ɐđuləʃ'sẽsjɐ] *f* adolescence *f*

adolescente [ɐđuləʃ'sẽntə] *mf* adolescent *m*, -e *f*

adopção [ɐđɔ'sɐ̃u] *(pl* **-ões** [õiʃ]) *f* adoption *f*

adoptado, da [ɐđɔ'tađu, đɐ] *adj* adopté(e)

adoptar [ɐđɔ'tar] *vt* adopter

adorar [ɐđu'rar] *vt* adorer

adorável [ɐđu'ravɛɫ] *(pl* **-eis** [ɐiʃ]) *adj* adorable

adormecer [ɐđurmə'ser] *vt* endormir ◇ *vi* s'endormir

adornar [ɐđur'nar] *vt* orner

adotado [ado'tadu] *(Br)* = **adoptado**

adotar [ado'ta(x)] [ado'ta(x)] *(Br)* = **adoptar**

adquirir [ɐđki'rir] *vt* acquérir
adrenalina [ɐđrənɐ'linɐ] *f* adrénaline *f*
adulterar [ɐđułtə'rar] *vt* altérer
adultério [ɐđuł'tɛrju] *m* adultère *m*
adulto, ta [ɐ'đułtu, tɐ] *adj & m, f* adulte
advérbio [ɐđ'vɛrƀju] *m* adverbe *m*
adversário, ria [ɐđvər'sarju, rjɐ] *adj* adverse ◇ *m, f* adversaire *mf*
advertência [ɐđvər'tẽsjɐ] *f* avertissement *m*
advogado, da [ɐđvu'gađu, đɐ] *m, f* avocat *m*, -e *f*
a-e-i-o-u [aɛiɔu] *(Br)* = **á-é-í-ó-ú**
á-é-í-ó-ú [aɛiɔu] *m* • **aprender o á-é-í-ó-u** *(as vogais)* apprendre les voyelles ; *(o essencial de algo)* apprendre le B.A.-Ba
aéreo, rea [ɐ'ɛrju, rjɐ] *adj* **1.** aérien(enne) **2.** *(fig)* *(distraído)* tête en l'air
aerobarco [aero'baxku] *m* *(Br)* hovercraft *m*
aerodinâmico, ca [ɐɛrɔđi'nɐmiku, kɐ] *adj* aérodynamique
aeródromo [ɐɛ'rɔđrumu] *m* aérodrome *m*
aerograma [aɛrɔ'grɐmɐ] *m* *(Br)* télégramme *m*
aeromoça [aero'mosa] *f* *(Br)* hôtesse *f* de l'air
aeromodelismo [ɐˌɛrɔmuđə'liʒmu] *m* aéromodélisme *m*
aeronáutica [ɐɛrɔ'nautikɐ] *f* **1.** aéronautique *f* **2.** *(Br)* *(força aérea)* armée *f* de l'air
aeroporto [ɐɛrɔ'portu] *m* aéroport *m*
aerossol [ɐɛrɔ'sɔł] *(pl* **-óis** [ɔiʃ]) *m* aérosol *m*
afagar [ɐfɐ'gar] *vt* caresser
afastado, da [ɐfɐʃ'tađu, đɐ] *adj* **1.** *(parente, lugar)* éloigné(e) **2.** *(suspeita)* écarté(e) **3.** *(aldeia)* reculé(e)
afastar [ɐfɐʃ'tar] *vt* **1.** *(desviar)* écarter **2.** *(apartar)* éloigner ◆ **afastar-se** *vp* **1.** *(desviar-se)* s'écarter **2.** *(distanciar-se)* s'éloigner • **afastar-se de** s'éloigner de
afável [ɐ'favɛł] *(pl* **-eis** [ɐiʃ]) *adj* **1.** *(pessoa)* charmant(e) **2.** *(animal)* doux (douce)
afectar [ɐfɛ'tar] *vt* affecter
afectivo, va [ɐfɛ'tivu, vɐ] *adj* **1.** *(pessoa)* affectueux(euse) **2.** *(problemas, vida)* affectif(ive)
afecto [ɐ'fɛtu] *m* *(Port)* affection *f*
afectuoso, osa [ɐfɛ'tuozu, ɔzɐ] *adj* *(Port)* affectueux(euse)
afeição [ɐfɐi'sɐ̃u] *f* **1.** affection *f* **2.** *(inclinação)* goût *m* • **ter afeição por algo** aimer bien qqch
afetar [afe'ta(x)] *(Br)* = **afectar**
afetivo [afe'tʃivu] *(Br)* = **afectivo**
afeto [a'fɛtu] *m* *(Br)* = **afecto**
afetuoso [afe'tuozu] *(Br)* = **afectuoso**
afiadeira [ɐfjɐ'đɐirɐ] *f* *(Port)* taille-crayon *m*
afiado, da [ɐ'fjađu, đɐ] *adj* aiguisé(e)
afiambrado [ɐfjẽm'brađu] *m* *sorte de mortadelle*
afiar [ɐ'fjar] *vt* **1.** *(faca)* aiguiser **2.** *(lápis)* tailler
aficionado, da [ɐfisju'nađu, đɐ] *m, f* aficionado *m*
afilhado, da [ɐfi'ʎađu, đɐ] *m, f* filleul *m*, -e *f*
afim [ɐ'fĩ] *(pl* **-ns** [ʃ]) *adj* **1.** *(gostos)* commun(e) **2.** *(ideias)* voisin(e) **3.** *(produtos)* similaire ◇ *m* parent *m* par alliance

afinado, da [ɐfi'nadu, dɐ] *adj* **1.** *(instrumento musical)* accordé(e) **2.** *(motor)* réglé(e)
afinal [ɐfi'naɫ] *adv* finalement • **afinal de contas** en fin de compte
afinar [ɐfi'nar] *vt* **1.** *(instrumento musical)* accorder **2.** *(motor)* régler • **afinar os travões** régler les freins
afinidade [ɐfəni'dadə] *f* **1.** affinité *f* **2.** *JUR* parenté *f* par alliance
afins [a'fĩʃ] ➤ **afim**
afirmação [ɐfirmɐ'sɐ̃u] (*pl* **-ões** [õiʃ]) *f* affirmation *f*
afirmar [ɐfir'mar] *vt* affirmer
afirmativo, va [ɐfirmɐ'tivu, vɐ] *adj* affirmatif(ive)
afixação [ɐfiksa'sɐ̃u] *f* affichage *f* ▼ **afixação proibida** défense d'afficher
afixar [ɐfik'sar] *vt (cartaz, aviso)* afficher
aflição [ɐfli'sɐ̃u] (*pl* **-ões** [õiʃ]) *f* peine *f*
afligir [ɐfli'ʒir] *vt* **1.** *(suj: doença, dor)* affliger **2.** *(suj: perigo)* affoler ◆ **afligir-se** *vp* s'affoler • **afligir-se com** être affligé par
aflito, ta [ɐ'flitu, tɐ] *pp* ➤ **afligir**
aflorar [ɐflu'rar] *vt (assunto, tema)* effleurer ◇ *vi* affleurer
afluência [ɐflu'ẽsjɐ] *f* affluence *f*
afluente [ɐflu'ẽntə] *m* affluent *m*
afobado, da [afo'badu, dɐ] *adj (Br)* **1.** *(apressado)* pressé(e) **2.** *(atrapalhado)* affolé(e) **3.** *(cansado)* fatigué(e)
afogado, da [ɐfu'gadu, dɐ] *adj & m, f* noyé(e)
afogador [afoga'dox] (*pl* **-es** [iʃ]) *m (Br)* starter *m*
afogamento [ɐfugɐ'mẽntu] *m* noyade *f*
afogar [ɐfu'gar] *vt* noyer ◆ **afogar-se** *vp* se noyer
afónico, ca [ɐ'fɔniku, kɐ] *adj (Port)* aphone
afônico, ca [a'foniku, kɐ] *adj (Br)* = **afónico**
afortunado, da [ɐfurtu'nadu, dɐ] *adj* chanceux(euse) • **ele é uma pessoa afortunada** il a de la chance
afresco [a'freʃku] *m (Br)* fresque *f*
África ['afrikɐ] *f* • **a África** l'Afrique *f* • **a África do Sul** l'Afrique du Sud
africano, na [ɐfri'kɐnu, nɐ] *adj* africain(e) ◇ *m, f* Africain *m*, -e *f*
afro-brasileiro, ra [ˌafrɔbrɐzi'lɐiru, rɐ] *adj* afro-brésilien(enne) ◇ *m, f* Afro-Brésilien *m*, -enne *f*
afronta [ɐ'frõntɐ] *f* affront *m*
afrouxar [ɐfro'ʃar] *vt* • **afrouxar o carro** ralentir
afta ['aftɐ] *f* aphte *m*
afugentar [ɐfuʒẽn'tar] *vt* faire fuir
afundar [ɐfũn'dar] *vt* couler ◆ **afundar-se** *vp* couler
agachar-se [ɐga'ʃarsə] *vp* se baisser
agarrar [ɐgɐ'ʀar] *vt* **1.** attraper **2.** *(segurar)* tenir ◆ **agarrar-se** *vp* • **agarrar-se a** *(segurar-se a)* s'accrocher à, se tenir à ; *(pegar-se a)* attacher à ; *(dedicar-se a)* se consacrer à • **agarrar-se aos livros** *(fam)* bûcher
agasalhar-se [ɐgɐzɐ'ʎarsə] *vp* se couvrir
agasalho [ɐgɐ'zaʎu] *m (peça de roupa)* vêtement *m* chaud
ágeis ['aʒejʃ] ➤ **ágil**
agência [ɐ'ʒẽsjɐ] *f* agence *f* • **agência bancária** agence bancaire • **agência de câmbio** bureau *m* de change • **agência de correios** *(Br)* bureau *m* de poste

• **agência funerária** pompes *fpl* funèbres • **agência imobiliária** agence immobiliaire • **agência de viagens** agence de voyages

agenda [ɐ'ʒẽndɐ] *f* **1.** *(livro)* agenda *m* **2.** *(plano de reunião)* ordre *m* du jour

agente [ɐ'ʒẽntə] *mf* **1.** *(de polícia)* agent *m* **2.** *(de vendas)* commercial *m*, -e *f* • **agente funerário** croque-mort • **agente autorizado** *(aviso em quiosque) vendeur agréé de billets de loto* • **agente secreto** *(espião)* agent secret

ágil ['aʒił] *(pl* **ágeis** ['aʒɐiʃ]) *adj* agile

agilidade [ɐʒəli'đađə] *f* agilité *f*

ágio ['aʒju] *m* agio *m*

agir [ɐ'ʒir] *vi* agir

agitação [ɐʒitɐ'sɐ̃u] *f* agitation *f*

agitado, da [ɐʒi'tađu, đɐ] *adj* agité(e)

agitar [ɐʒi'tar] *vt (líquido)* agiter ▼ **agitar antes de abrir** agiter avant d'ouvrir ◆ **agitar-se** *vp* s'agiter

aglomeração [ɐglumərɐ'sɐ̃u] *(pl* **-ões** [õiʃ]) *f* **1.** *(de pessoas)* attroupement *m* **2.** *(de detritos)* amas *m*

aglomerar [ɐglumə'rar] *vt* rassembler

agonia [ɐgu'niɐ] *f* **1.** *(angústia)* angoisse *f* **2.** *(náusea)* nausée *f* **3.** *(antes da morte)* agonie *f*

agoniado, a [ago'njadu, da] *adj* • **estar agoniado** avoir la nausée

agora [ɐ'gɔrɐ] *adv* maintenant • **chega aqui agora mesmo!** viens ici tout de suite ! • **ele saiu agora mesmo** il est sorti à l'instant • **agora que** maintenant que • **essa agora!** ça alors ! • **por agora** pour le moment • **só agora reparei que...** je viens de m'apercevoir que... • **só agora!** ce n'est pas trop tôt ! • **é agora ou nunca** c'est maintenant ou jamais

agosto [a'goʃtu] *m (Br)* = **Agosto**

Agosto [ɐ'goʃtu] *m (Port)* août *m* • **durante o mês de Agosto** au mois d'août • **em Agosto** en août • **em meados de Agosto** à la mi-août • **este mês de Agosto** le mois d'août • **no passado/próximo mês de Agosto** en août dernier/prochain • **no princípio/final de Agosto** début/fin août • **o um de Agosto** le 1er août

agradar [ɐgrɐ'đar] *vi* • **agradar a alguém** plaire à qqn

agradável [ɐgrɐ'đavɛł] *(pl* **-eis** [ɐiʃ]) *adj* agréable

agradecer [ɐgrɐđə'ser] *vt & vi* remercier • **agradecer algo a alguém, agradecer a alguém por algo** remercier qqn de qqch

agradecido, da [ɐgrɐđə'siđu, đɐ] *adj* reconnaissant(e) • **mal agradecido** ingrat • **muito agradecido!** merci beaucoup !

agradecimento [ɐgrɐđəsi'mẽntu] *m* remerciement *m*

agrafador [ɐgrɐfɐ'đor] *(pl* **-es** [əʃ]) *m (Port)* agraffeuse *f*

agrafo [ɐ'grafu] *m (Port)* agrafe *f*

agravamento [ɐgrɐvɐ'mẽntu] *m* aggravation *f*

agravante [ɐgrɐ'vẽntə] *adj* aggravant(e) ◇ *m & f* circonstance *f* aggravante

agravar [ɐgrɐ'var] *vt* aggraver ◆ **agravar-se** *vp* s'aggraver

agredir [ɐgrə'đir] *vt* agresser

agregado [ɐgrə'gađu] *m* • **agregado familiar** foyer *m* fiscal

agressão [ɐgrə'sɐ̃u] (*pl* -ões [õiʃ]) *f* agression *f*
agressivo, va [ɐgrə'sivu, vɐ] *adj* agressif(ive)
agressões ➤ **agressão**
agreste [ɐ'grɛʃtə] *adj* **1.** *(paisagem)* champêtre **2.** *(tempo)* rigoureux(euse)
agrião [ɐgri'ɐ̃u] (*pl* -ões ['õiʃ]) *m* cresson *m*
agrícola [ɐ'grikuɫɐ] *adj* agricole
agricultor, ra [ɐgrikuɫ'tor, rɐ] (*mpl* -es [əʃ], *fpl* -s [ʃ]) *m, f* agriculteur *m*, -trice *f*
agricultura [ɐgrikuɫ'turɐ] *f* agriculture *f*
agridoce [ɪgri'đosə] *adj* aigre-doux(ce)
agriões ➤ **agrião**
agronomia [ɐgrunu'miɐ] *f* agronomie *f*
agrupar [ɐgru'par] *vt* grouper
água ['agwɐ] *f* eau *f* • **água benta** eau bénite • **água de Carvalhelhos**® *eau gazeuse de type Perrier*® • **água corrente** eau courante • **água destilada** eau distillée • **água mineral** eau minérale • **água mineral com gás** OU **gaseificada** eau gazeuse • **água mineral sem gás** eau plate • **água das pedras**® ≃ Badoit® *f* • **água potável** eau potable • **água sanitária** (*Br*) eau de Javel • **água tónica** Schweppes® *m* • **de fazer crescer água na boca** qui met l'eau à la bouche
aguaceiro [ɐgwɐ'sɐiru] *m* averse *f*
água-de-colónia [ˌagwɐđəku'lɔnjɐ] *f* eau *f* de Cologne
água-de-colônia [ˌagwadʒiko'lonja] (*Br*) = **água de colónia**
aguado, da [ɐ'gwađu, đɐ] *adj* coupé(e) *(avec de l'eau)*
água-oxigenada [ˌagw(ɐ)ɔksiʒə'nađɐ] *f* eau *f* oxygénée
água-pé [ˌagwɐ'pɛ] *f* marc *m*
aguardar [ɐgwɐr'đar] *vt* attendre
aguardente [agwɐr'đēntə] *f* eau-de-vie *f* • **aguardente de cana** eau-de-vie de canne à sucre • **aguardente de pêra** eau-de-vie de poire • **aguardente velha** vieille eau-de-vie
aguarela [ɐgwɐ'rɛlɐ] *f* (*Port*) aquarelle *f*
aguarrás [agwɐ'ʀaʃ] *f* white-spirit *m*
água-viva [ˌagwɐ'vivɐ] (*pl* **águas-vivas** [ˌagwɐʒ'vivɐʃ]) *f* marée *f* de vive eau
aguçado, da [ɐgu'sađu, đɐ] *adj* aiguisé(e)
aguçar [ɐgu'sar] *vt* aiguiser
agudo, da [ɐ'guđu, đɐ] *adj* aigu(ë)
aguentar [ɐgwēn'tar] *vt* **1.** *(dor, sofrimento)* supporter **2.** *(desgaste)* résister à **3.** *(fig) (suportar)* endurer • **aguentar com** porter • **já não aguento mais !** je n'en peux plus !
agüentar [agwēn'ta(x)] *vt* (*Br*) supporter, endurer, subir
águia ['agjɐ] *f* aigle *m*
agulha [ɐ'guʎɐ] *f* **1.** aiguille *f* **2.** *(de tricô)* aiguille *f* à tricoter
agulheta [ɐgu'ʎetɐ] [agu'ʎeta] *f* lance *f* *(de tuyau d'arrosage)*
ai ['ai] *interj* aïe !
aí [ɐ'i] *adv* **1.** là **2.** *(então)* à ce moment-là • **por aí** par là • **anda por aí alguém que...** il y a quelqu'un qui...
AIDS [ajdʒs] *f* (*Br*) SIDA *m*
ainda [ɐ'īndɐ] *adv* encore • **ainda agora** à peine • **ainda assim não compreendo** je ne comprends toujours pas • **ainda bem** tant mieux • **ainda bem que** heureusement que • **ainda não** pas encore • **ainda por cima** en plus • **ainda que** bien que

aipim [ai'pĩ] (*pl* **-ns** [ʃ]) *m* (*Br*) manioc *m*
aipo ['aipu] *m* céleri *m*
ajeitar [ɐʒɐi'tar] *vt* arranger ◆ **ajeitar-se** *vp* (*acomodar-se*) s'installer • **ajeitar-se com algo** (*saber lidar com*) se faire à qqch
ajoelhar-se [ɐʒwe'ʎarsə] *vp* s'agenouiller
ajuda [ɐ'ʒuđɐ] *f* aide *f* • **pedir ajuda** demander de l'aide • **ajuda recíproca** entraide
ajudante [ɐʒu'đẽntə] *mf* assistant *m*, -e *f*
ajudar [ɐʒu'đar] *vt* **1.** (*auxiliar*) aider **2.** (*socorrer*) porter secours à
ajuste [ɐ'ʒuʃtə] *m* • **ajuste de contas** règlement *m* de compte(s)
Al. (*abrev de alameda*) bd (*boulevard*)
ala ['alɐ] *f* **1.** (*fileira*) rangée *f* **2.** (*de edifício*) aile *f*
Alagoas [ɐlɐ'goɐʃ] *m* • **o Alagoas** l'Alagoas *m*
alambique [ɐlẽm'bikə] *m* alambic *m*
alameda [ɐlɐ'međɐ] *f* allée *f*
alargar [ɐlɐr'gar] *vt* **1.** (*em espaço*) élargir **2.** (*em tempo*) prolonger **3.** (*fig*) (*expandir*) agrandir
alarido [ɐlɐ'riđu] *m* vacarme *m*
alarmante [ɐlɐr'mẽntə] *adj* alarmant(e)
alarme [ɐ'larmə] *m* **1.** alarme *f* **2.** (*susto*) frayeur *f* • **falso alarme, alarme falso** fausse alerte *f*
alastrar [ɐlɐʃ'trar] *vt* répandre ◆ **alastrar-se** *vp* s'étendre
alavanca [ɐlɐ'vẽŋkɐ] *f* levier *m*
Albânia [aɫ'ƀɐnjɐ] *f* • **a Albânia** l'Albanie *f*
albergue [aɫ'ƀɛrgə] *m* auberge *f*
albufeira [aɫƀu'fɐirɐ] *f* **1.** (*de mar*) lagune *f* **2.** (*artificial*) retenue *f* d'eau
álbum ['aɫƀũ] (*pl* **-ns** [ʃ]) *m* album *m*
alça ['aɫsɐ] *f* **1.** (*de vestido, combinação*) bretelle *f* **2.** (*de saco, arma*) bandoulière *f*
alcachofra [aɫkɐ'ʃofrɐ] *f* artichaut *m*
alcançar [aɫkẽ'sar] *vt* **1.** atteindre **2.** (*apanhar*) attraper **3.** (*obter*) obtenir **4.** (*compreender*) saisir
alcance [aɫ'kẽsə] *m* portée *f* • **ao alcance de** à la portée de • **fora do alcance de** hors de la portée de
alçapão [aɫsɐ'pẽu] (*pl* **-ões** [õiʃ]) *m* trappe *f*
alcaparras [aɫkɐ'paʀɐʃ] *fpl* câpres *fpl*
alçapões ➤ **alçapão**
alcateia [aɫkɐ'tɐiɐ] *f* meute *f*
alcatéia [awka'teja] *f* bande *f*
alcatifa [aɫkɐ'tifɐ] *f* moquette *f*
alcatra [aɫ'katrɐ] [aw'katra] *f* culotte *f*
alcatrão [aɫkɐ'trẽu] *m* goudron *m*
álcool ['aɫk(w)ɔɫ] *m* alcool *m* • **álcool etílico** alcool à 90°
alcoólatra [aw'kɔlatra] *mf* alcoolique *mf*
alcoólico, ca [aɫ'kwɔliku, kɐ] *adj* & *m, f* alcoolique
Alcorão [aɫku'rẽu] *m* Coran *m*
alcunha [aɫ'kuɲɐ] *f* surnom *m*
aldeia [aɫ'đɐiɐ] *f* village *m*
alecrim [ɐlə'krĩ] *m* romarin *m*
alegação [ɐləgɐ'sẽu] (*pl* **-ões** [õiʃ]) *f* **1.** allégation *f* **2.** (*prova*) affirmation *f*
alegar [ɐlə'gar] *vt* **1.** alléguer **2.** *JUR* citer
alegoria [ɐləgu'riɐ] *f* allégorie *f*
alegórico [ɐlə'gɔriku] *adj m* ➤ **carro**
alegrar [ɐlə'grar] *vt* **1.** (*pessoa*) réjouir **2.** (*ambiente, casa, festa*) égayer ◆ **alegrar-se** *vp* se réjouir

alegre [ɐ'lɛgrə] *adj* **1.** joyeux(euse) **2.** *(roupa, cor)* gai(e) **3.** *(fig)* *(bêbado)* éméché(e)

alegria [ɐlə'griɐ] *f* joie *f*

aleijado, da [ɐlɐi'ʒađu, đɐ] *adj* blessé(e)

aleijar [ɐlɐi'ʒar] *vt* blesser ◆ **aleijar-se** *vp* se blesser

além [a'lẽi] *adv* là-bas ◇ *m* ● **o além** l'au-delà *m* ● **além disso** en plus ● **mais além** plus loin

alemã ➤ **alemão**

alemães ➤ **alemão**

Alemanha [ɐlə'mɐɲɐ] *f* ● **a Alemanha** l'Allemagne *f*

alemão, ã [ɐlə'mɐ̃u, ɐ̃] (*mpl* **-ães** [ɐ̃iʃ], *fpl* **-s** [ʃ]) *adj* allemand (e) ◇ *m, f* Allemand *m*, -e *f* ◆ **alemão** *m (língua)* allemand *m*

além-mar [alẽi'mar] *adv* & *m* outre-mer

alentejano, na [ɐlẽntə'ʒɐnu, nɐ] *adj* de l'Alentejo ◇ *m, f* habitant *m*, -e *f* de l'Alentejo

Alentejo [ɐlẽn'tɛʒu] *m* ● **o Alentejo** l'Alentejo

Alentejo

Cette province de grande dimension mais peu peuplée, s'étend sur près d'un tiers du territoire portugais. Considéré comme le grenier du Portugal, l'Alentejo est cependant en proie à la sécheresse pendant la majeure partie de l'année. Les maisons y sont petites et badigeonnées de blanc pour se protéger de la chaleur et de la lumière. Les chants de l'Alentejo (dont les chœurs masculins sont la forme la plus caractéristique) s'inspirent de la dureté du travail, et par là rappelle un peu les negro spirituals. L'Alentejo se distingue aussi par la richesse de sa cuisine, avec des plats typiques comme l'*açorda* (soupe au pain), et de son artisanat, avec la production de ses célèbres tapis d'*Arraiolos*.

alergia [ɐlər'ʒiɐ] *f* allergie *f*

alérgico, ca [ɐ'lɛrʒiku, kɐ] *adj* allergique

alerta [ɐ'lɛrtɐ] *adv* sur ses gardes ◇ *m* alerte *f*

aletria [ɐlə'triɐ] *f* vermicelle *m*

alfa ['aɫfɐ] *m* ➤ **comboio**

alfabético, ca [aɫfɐ'ƀɛtiku, kɐ] *adj* alphabétique

alfabeto [aɫfɐ'ƀɛtu] *m* alphabet *m*

alface [aɫ'fasə] *f* laitue *f*

alfacinha [aɫfɐ'siɲɐ] *mf (fam) surnom donné aux habitants de Lisbonne*

alfaiate [aɫfɐ'jatə] *m* tailleur *m*

alfândega [aɫ'fɐ̃ndəgɐ] *f* douane *f*

alfazema [aɫfɐ'zemɐ] *f* lavande *f*

alfinete [aɫfi'netə] *m* **1.** *(de costura)* épingle *f* **2.** *(jóia)* broche *f* ● **alfinete de gravata** épingle à cravate

alfinete-de-ama [ɫfi,netə'đjɐmɐ] (*pl* **alfinetes-de-ama** [aɫfi,netəʒ'đjɐmɐ]) *m* épingle *f* à nourrice

alforreca [aɫfu'ʀɛkɐ] *f* méduse *f*

alga ['aɫgɐ] *f* algue *f*

algarismo [aɫgɐ'riʒmu] *m* chiffre *m*

Algarve [aɫ'garvə] *m* • **o Algarve** l'Algarve *f*

Algarve

Province la plus méridionale du Portugal, l'Algarve (de l'arabe *al-Gharb*, l'Occident) est la dernière à avoir été reconquise par le roi Alphonse III, en 1249. La culture musulmane y a donc exercé une forte influence.
Jouissant d'un climat assez agréable, l'Algarve se prête au tourisme, grâce notamment à de grandes plages de sable blanc et à une mer qui, en raison de sa proximité avec la Méditerranée, est tiède et très calme. Au cours des dernières décennies, la fréquentation massive de touristes étrangers a fait de l'Algarve une des régions du Portugal qui dispose des installations les plus sophistiquées pour les accueillir.

algarvio, via [aɫgɐr'viu, 'viɐ] *adj* de l'Algarve ◇ *m, f* Algarvien *m*, -enne *f*

algazarra [aɫgɐ'zaʀɐ] *f* hurlements *mpl*

álgebra ['aɫʒəƀrɐ] *f* algèbre *f*

algemas [aɫ'ʒemɐʃ] *fpl* menottes *fpl*

algibeira [aɫʒi'ƀɐirɐ] *f* poche *f*

algo ['aɫgu] *pron* quelque chose

algodão [aɫgu'đɐ̃u] *m* coton *m* • **algodão doce** barbe *f* à papa

alguém [aɫ'gɐ̃i] *pron* quelqu'un • **ser alguém** être quelqu'un

algum, ma [aɫ'gũ, mɐ] (*mpl* **-ns** [ʃ], *fpl* **-s** [ʃ]) *adj (ger)* un (une), quelque ; *(em negativas)* aucun (aucune)
◇ *pron (indicando pessoa)* quelqu'un ; *(indicando coisa)* quelque ; *(em interrogativas) (indicando pessoa)* quelqu'un ; *(indicando coisa)* • **queres algum/alguns?** tu en veux un/quelques-uns ? • **algum dia** un jour • **algumas vezes** quelquefois • **em alguns casos** dans certains cas • **tens algum problema?** tu as un problème ? • **alguns não vieram** certains ne sont pas venus • **alguma coisa** quelque chose • **alguma vez te hás-de enganar** tu finiras par te tromper • **não há melhora alguma** il n'y a aucune amélioration
◆ **alguma** *f (evento, feito)* quelque chose

algures [aɫ'gurəʃ] *adv* quelque part

alheio, alheia [ɐ'ʎɐju, ɐ'ʎɐjɐ] *adj* **1.** *(de outrem)* d'autrui **2.** *(desconhecido)* étranger(ère) **3.** *(distraído)* distrait(e)

alheira [ɐ'ʎɐirɐ] *f saucisse à l'ail*

alho ['aʎu] *m* ail *m* • **alho francês** poireau *m*

alho-poró [aʎupo'rɔ] *(Br)* = **alho-poro**

alho-porro [ˌaʎu'poʀu] (*pl* **alhos-porros** [ˌaʎuʃ'poʀuʃ]) *m* poireau *m*

ali [ɐ'li] *adv* là, là-bas • **ele nasceu ali** c'est là qu'il est né • **ali ao fundo** là-bas au fond • **aqui e ali** çà et là • **até ali** jusque là • **logo ali** à cet endroit-là • **por ali** par là

aliado, da [ɐ'ljađu, đɐ] *adj & m, f* allié(e)

aliança [ɐ'ljɐ̃sɐ] *f* alliance *f*

aliar [ɐ'ljar] *vt* allier ◆ **aliar-se** *vp* s'allier

aliás [ɐ'ljaʃ] *adv* d'ailleurs

álibi ['aliƀi] *m* alibi *m*

alicate [ɐli'katə] *m* pince *f (outil)* • **alicate de unhas** *(Br)* coupe-ongles *m inv*
alice [a'lisi] *f (Br)* anchois *m*
alicerce [ɐli'sɛrsə] *m* fondations *fpl*
aliche [ali'ʃe] *(Br)* = **anchovas**
aliciante [ɐli'sjẽntə] *adj* alléchant(e)
aliciar [ɐli'sjar] *vt* allécher
alienado, da [ɐlje'nađu, đɐ] *adj* aliéné(e)
alimentação [ɐlimẽntɐ'sɐ̃u] *f* alimentation *f*
alimentar [ɐlimẽn'tar] *(pl* **-es** [əʃ]) *adj* alimentaire ◇ *vt* **1.** *(pessoa, animal)* nourrir **2.** *(máquina)* alimenter ◆ **alimentar-se** *vp* se nourrir, s'alimenter
alimentício, cia [ɐlimẽn'tisju, sjɐ] *adj* **1.** nourrissant(e) **2.** *(massas, géneros)* alimentaire
alimento [ɐli'mẽntu] *m* **1.** *(comida)* aliment *m* **2.** *(nutrição)* nourriture *f* ◆ **alimentos** *mpl (Port)* JUR pension *f* alimentaire
alinhado, da [ɐli'ɲađu, đɐ] *adj* **1.** *(em linha)* aligné(e) **2.** *(sério)* rangé(e)
alinhamento [ɐliɲɐ'mẽntu] *m* INFORM alignement *m*
alinhar [ɐli'ɲar] *vt* aligner
alinhavar [ɐliɲɐ'var] *vt* faufiler
alisar [ɐli'zar] *vt* lisser
alistar [ɐliʃ'tar] *vt* enrôler ◆ **alistar-se** *vp* **1.** *(em exército)* s'engager **2.** *(em partido)* entrer
aliviar [ɐli'vjar] *vt* **1.** *(peso)* alléger **2.** *(dor)* soulager
alívio [ɐ'livju] *m* **1.** allègement *m* **2.** *(de dor, preocupação)* soulagement *m*
alma ['ałmɐ] *f* âme *f*
almoçar [ałmu'sar] *vi* déjeuner ◇ *vt* prendre au déjeuner
almoço [ał'mosu] *m* déjeuner *m*
almofada [ałmu'fađɐ] *f* **1.** *(de cama)* oreiller *m* **2.** *(de sofá)* coussin *m* **3.** *(de carimbo)* tampon *m* encreur
almôndega [ał'mõndəgɐ] *f* boulette *f (de viande)*
alô [a'lo] *interj* **1.** *(Br) (ao telefone)* allô ! **2.** *(saudação)* salut !
alojamento [ɐluʒɐ'mẽntu] *m* logement *m*
alojar [ɐlu'ʒar] *vt* loger ◆ **alojar-se** *vp* se loger
alpargata [aw'paxgata] *f* espadrille *f*
alpendre [ɐłpẽndrə] *m* **1.** *(telheiro)* auvent *m* **2.** *(pórtico)* porche *m*
alpercata [ałpər'katɐ] *f* espadrille *f*
alperce [ałpɛrsə] *m* abricot *m*
Alpes ['ałpəʃ] *mpl* • **os Alpes** les Alpes *fpl*
alpinismo [ałpi'niʒmu] *m* alpinisme *m* • **fazer alpinismo** faire de l'alpinisme
alpinista [ałpi'niʃtɐ] *mf* alpiniste *mf*
alta ['ałtɐ] *f* **1.** *(de preço, valor)* hausse *f* **2.** *(de doença) fin de l'arrêt maladie* **3.** *(de cidade)* ville *f* haute • **ter alta** *(de hospital)* avoir l'autorisation de sortie
altar [ał'tar] *(pl* **-es** [əʃ]) *m* autel *m*
alteração [ałtərɐ'sɐ̃u] *(pl* **-ões** [õiʃ]) *f* changement *m* • **sem alteração** inchangé
alterar [ałtə'rar] *vt* modifier, changer
alternar [ałtər'nar] *vt* alterner
alternativa [ałtərnɐ'tivɐ] *f* alternative *f*
altifalante [ałtifɐ'lẽntə] *m (Port)* haut-parleur *m*
altitude [ałti'tuđə] *f* altitude *f*
altivez [ałti'veʃ] *f* suffisance *f*

altivo, va [aɫ'tivu, vɐ] *adj* hautain(e)
alto, ta ['aɫtu, tɐ] *adj* **1.** *(pessoa)* grand(e) **2.** *(objecto, qualidade)* haut(e) **3.** *(preço)* élevé(e) **4.** *(som, voz)* fort(e) ◇ *m* haut *m* ◇ *adv* **1.** fort **2.** *(relativo a posição)* haut ◇ *interj* halte ! • **alta costura** haute couture • **ao alto** debout • **do alto de** du haut de • **por alto** en diagonale
alto-falante [,autufa'lẽtʃi] *m* *(Br)* = **altifalante**
altura [aɫ'turɐ] *f* **1.** hauteur *f* **2.** *(de pessoa)* taille *f* **3.** *(de som)* puissance *f* **4.** *(ocasião, momento)* moment *m* **5.** *(época)* époque *f* • **ter um metro de altura** mesurer un mètre de haut • **a certa** ou **dada altura** à un moment donné • **nessa altura** à l'époque • **por altura de** au moment de • **estar à altura de** être à la hauteur de
alucinação [ɐlusinɐ'sɐ̃w] *(pl* **-ões** [õiʃ]) *f* hallucination *f*
alucinante [ɐlusi'nẽntə] *adj* hallucinant(e)
aludir [ɐlu'đir] ◆ **aludir a** *v + prep* faire allusion à, évoquer
alugar [ɐlu'gar] *vt* louer ◆ **alugar-se** *vp* ▼ **aluga-se** à louer ▼ **alugam-se quartos** chambres à louer
aluguel [alu'gɛu] *(pl* **-éis** [ɛiʃ]) *m* *(Br)* = **aluguer**
aluguer [ɐlu'gɛr] *(pl* **-es** [əʃ]) *m* *(Port)* loyer *m*
aluir [ɐ'lwir] *vi* s'écrouler
alumiar [ɐlu'mjar] *vt* éclairer
alumínio [ɐlu'minju] *m* aluminium *m*
aluno, na [ɐ'lunu, nɐ] *m, f* élève *mf*
alusão [ɐlu'zɐ̃w] *(pl* **-ões** [õiʃ]) *f* allusion *f* • **fazer alusão a** faire allusion à
alvejar [aɫvə'ʒar] *vt* **1.** viser **2.** *(atirar)* tirer
alvo ['aɫvu] *m* cible *f*
alvorada [aɫvu'rađɐ] *f* aube *f*
alvoroço [aɫvu'rosu] *m* **1.** *(gritaria)* vacarme *m* **2.** *(excitação)* agitation *f*
amabilidade [ɐmɐbəli'đađə] *f* amabilité *f*
amaciador [ɐmɐsjɐ'đor] *(pl* **-es** [əʃ]) *m* **1.** *(de cabelo)* après-shampooing *m* **2.** *(para roupa)* assouplissant *m*
amaciante [ama'sjɐ̃ntʃi] *(Br)* *m* assouplissant *m*, assouplisseur *m*
amador, ra [ɐmɐ'đor, rɐ] *(mpl* **-es** [əʃ], *fpl* **-s** [ʃ]) *adj & m, f* amateur *m*, -trice *f*
amadurecer [ɐmɐđurə'ser] *vi* mûrir
âmago ['ɐmɐgu] *m* cœur *m* *(du problème)*
amainar [ɐmai'nar] *vt* amener *(voile)* ◇ *vi* se calmer *(tempête)*
amaldiçoar [ɐmaɫđi'swar] *vt* maudire
amálgama [ɐ'maɫgɐmɐ] *f* *(fig)* mélange *m*
amalgamar [ɐmaɫgɐ'mar] *vt* mélanger
amamentar [ɐmɐmẽn'tar] *vt* allaiter
amanhã [amɐ'ɲɐ̃] *adv* demain ◇ *m* • **o amanhã** l'avenir *m*
amanhecer [ɐmɐɲə'ser] *m* lever *m* du jour ◇ *v impess* • **amanhece** le jour se lève
amansar [ɐmɐ̃'sar] *vt* dompter
amante [ɐ'mẽntə] *mf* amant *m*, maîtresse *f* ◇ *adj* • **amante de** amateur de
amanteigado, da [ɐmẽntɐi'gađu, đɐ] *adj* **1.** *(queijo)* fait(e) **2.** *(molho)* au beurre
Amapá [ama'pa] *m* *(Br)* • **o Amapá** l'Amapá *m*
amar [ɐ'mar] *vt* aimer

amarelado, da [ɐmɐrə'ladu, dɐ] *adj* jaunâtre
amarelinha [amare'liɲɐ] *f* (*Br*) marelle *f*
amarelo, la [ɐmɐ'rɛlu, lɐ] *adj* jaune ◇ *m* jaune *m*
amargar [ɐmɐr'gar] *vi* avoir un goût amer
amargo, ga [ɐ'margu, gɐ] *adj* amer(ère)
amarrar [ama'xa(x)] *vt* **1.** (*barco*) amarrer **2.** (*pessoa, animal*) s'attacher
amarrar [ɐmɐ'ʀar] *vt* **1.** attacher **2.** (*barco*) amarrer
amarrotado, da [ɐmɐʀu'tadu, dɐ] *adj* froissé(e)
amarrotar [ɐmɐʀu'tar] *vt* froisser
amassar [ɐmɐ'sar] *vt* **1.** (*farinha, pão*) pétrir **2.** (*cimento*) malaxer **3.** (*carro*) cabosser
amável [ɐ'mavɛɫ] (*pl* **-eis** [ɐiʃ]) *adj* aimable
Amazonas [ɐmɐ'zonɐʃ] *m* • **o Amazonas** l'Amazone *m*
Amazónia [ɐmɐ'zɔnjɐ] *f* (*Port*) • **a Amazónia** l'Amazonie *f*

Amazónia

L'Amazonie, avec une superficie de cinq millions de kilomètres carrés, est la plus grande forêt équatoriale du monde. Elle représente un tiers du territoire brésilien et s'étend aussi sur le Pérou, la Colombie et le Venezuela. Ce réservoir biologique, où l'on trouve des milliers d'espèces animales et végétales, n'en est pas moins constamment menacé par les grandes entreprises qui en exploitent le bois et le sous-sol.

Amazônia [ama'zonjɐ] *f* (*Br*) = **Amazónia**
âmbar ['ẽmbar] *m* ambre *m*
ambição [ẽmbi'sɐ̃u] (*pl* **-ões** [õiʃ]) *f* ambition *f*
ambientador [ẽmbjẽntɐ'dor] (*pl* **-es** [əʃ]) *m* **1.** parfum *m* d'ambiance **2.** (*vaporizador*) désodorisant *m*
ambiental [ɐ̃mbjẽn'taw] (*pl* **-ais** [ajʃ]) *adj* environnemental(e)
ambientalista [ɐ̃mbjẽnta'liʃta] *mf* écologiste *mf*
ambiente [ẽm'bjẽntə] *adj* ambiant(e) ◇ *m* **1.** (*ar*) atmosphère *f* **2.** (*meio social*) milieu *m* **3.** (*atmosfera*) ambiance *f*
ambiguidade [ẽmbigwi'dadə (*Port*)], **ambigüidade** [ɐ̃mbigwi'dadʒi] (*Br*) *f* ambiguité *f*
ambíguo, gua [ẽm'bigwu, gwɐ] *adj* ambigu(uë)
âmbito ['ẽmbitu] *m* cadre *m* (*limites*)
ambos, bas ['ẽmbuʃ, bɐʃ] *adj pl* les deux ◇ *pron pl* tous les deux (toutes les deux)
ambrosia [ẽmbrɔ'ziɐ] *f* (*Br*) *gâteau de type baba cuit dans du sirop*
ambulância [ẽmbu'lẽsjɐ] *f* ambulance *f*
ambulante [ẽmbu'lẽntə] *adj* ambulant(e)
ambulatório [ẽmbula'tɔrju] *m* (*Br*) **1.** (*de hospital*) service *m* de consultations externes **2.** (*de escola, fábrica*) infirmerie *f*
ameaça [ɐ'mjasɐ] *f* menace *f* • **sob ameaça** sous la menace
ameaçar [ɐmjɐ'sar] *vt* menacer
amedrontar [ɐmədrõn'tar] *vt* effrayer

amêijoa [ɐ'mɐiʒwɐ] *f* palourde *f* • **amêijoas à Bulhão Pato** *palourdes mijotées à l'ail et au citron* • **amêijoas na cataplana** *palourdes à la viande de porc*
ameixa [ɐ'mɐiʃɐ] *f* prune *f*
amêndoa [ɐ'mẽndwɐ] *f* amande *f* • **amêndoa amarga** *liqueur d'amande amère*
amendoeira [ɐmẽn'dwɐirɐ] *f* amandier *m*
amendoim [ɐmẽn'dwĩ] (*pl* **-ns** [ʃ]) *m* cacahuète *f* • **amendoim torrado** cacahuète grillée
ameno, na [ɐ'menu, nɐ] *adj* agréable
América [ɐ'mɛrikɐ] *f* • **a América** l'Amérique *f* • **a América Central** l'Amérique centrale • **a América do Norte** l'Amérique du Nord • **a América do Sul** l'Amérique du Sud • **a América Latina** l'Amérique latine
americano, na [ɐməri'kɐnu, nɐ] *adj* américain(e) ◇ *m, f* Américain *m*, -e *f*
ametista [ɐmə'tiʃtɐ] *f* améthyste *f*
amianto [ɐ'mjɐ̃ntu] *m* amiante *m*
amido [ɐ'miđu] *m* amidon *m* • **amido de milho** amidon de maïs
amieiro [ɐ'mjɐiru] *m* aulne *m*
amigável [ɐmi'gavɛɫ] (*pl* **-eis** [ɐiʃ]) *adj* amiable
amígdalas [ɐ'migdɐlɐʃ] *fpl* • **as amígdalas** les amygdales *fpl*
amigdalite [ɐmigdɐ'litə] *f* amygdalite *f*
amigo, ga [ɐ'migu, gɐ] *adj* **1.** ami(e) **2.** *(gesto, palavra)* amical(e) ◇ *m, f* ami *m*, -e *f* • **ser amigo de ajudar** aider volontiers
amistoso, osa [ɐmiʃ'tozu, ɔzɐ] *adj* amical(e)
amizade [ɐmi'zađə] *f* amitié *f*
amnésia [ɐm'nɛzjɐ] *f* amnésie *f*
amnistia [ɐmnəʃ'tiɐ] *f* (*Port*) amnistie *f*
amolação [amola'sɐ̃u] (*pl* **-ões** [õiʃ]) *f* (*Br*) *(maçada)* ennui *m (problème)*
amolar [ɐmu'lar] *vt* **1.** *(carro, metal)* bosseler **2.** *(afiar)* aiguiser **3.** (*Br*) *(aborrecer)* ennuyer
amolecer [ɐmulə'ser] *vt* amollir
amoníaco [ɐmu'niɐku] *m* ammoniac *m*
amontoar [ɐmõn'twar] *vt* **1.** *(papéis)* entasser **2.** *(riquezas)* amasser **3.** *(trabalho)* accumuler ◆ **amontoar-se** *vp* **1.** *(folhas)* s'amonceler **2.** *(papéis)* s'entasser **3.** *(trabalho)* s'accumuler
amor [ɐ'mor] (*pl* **-es** [əʃ]) *m* amour *m* • **fazer amor** faire l'amour
amora [ɐ'mɔrɐ] *f* mûre *f*
amordaçar [ɐmurđɐ'sar] *vt* bâillonner
amoroso, osa [ɐmu'rozu, ɔzɐ] *adj* **1.** *(carinhoso, lindo)* attachant(e) **2.** *(ligação, conquista)* amoureux(euse)
amor-perfeito [ɐ,morpər'fɐitu] (*pl* **amores-perfeitos** [ɐ,morəʃpər'fɐituʃ]) *m* *(flor)* pensée *f*
amor-próprio [ɐ,mor'prɔpriu] *m* amour-propre *m*
amortecedor [ɐmurtəsə'đor] (*pl* **-es** [əʃ]) *m* amortisseur *m*
amortização [ɐmurtizɐ'sɐ̃u] (*pl* **-ões** [õiʃ]) *f* amortissement *m (en économie)*
amortizar [ɐmurti'zar] *vt* amortir *(en économie)*
amostra [ɐ'mɔʃtrɐ] *f* **1.** *(de produto)* échantillon *m* **2.** *(prova)* preuve *f* • **amostra grátis** échantillon gratuit

amparar [ẽmpɐ'rar] *vt* **1.** *(ao cair)* retenir **2.** *(numa desgraça)* soutenir **3.** *(os pobres)* aider

amparo [ẽm'paru] *m* soutien *m*

ampliação [ẽmpliɐ'sɐ̃u] *(pl* **-ões** [õiʃ]*) f (de fotografia)* agrandissement *m*

ampliar [ẽmpli'ar] *vt (fotografia)* agrandir

amplificador [ẽmpləfikɐ'đor] *(pl* **-es** [əʃ]*) m (de som)* amplificateur *m*

amplificar [ẽmpləfi'kar] *vt (som)* amplifier

amplitude [ẽmpli'tuđə] *f* ampleur *f*

amplo, pla ['ẽmplu, plɐ] *adj* **1.** *(quarto, quintal)* grand(e) **2.** *(estrada, maioria)* large

ampola [ẽm'polɐ] *f* ampoule *f (médicament)*

amputar [ẽmpu'tar] *vt* amputer

amuado, da [ɐ'mwađu, đɐ] *adj* boudeur(euse)

amuar [ɐ'mwar] *vi* bouder

anã [a'nɐ̃] ➤ **anão**

anacronismo [ɐnɐkru'niʒmu] *m* anachronisme *m*

anagrama [ɐnɐ'grɐmɐ] *m* anagramme *f*

analfabetismo [anawfabe'tʃiʒmu] *m* analphabétisme *m*

analfabeto, ta [ɐnaɫfɐ'bɛtu, tɐ] *adj & m, f* analphabète

analgésico [ɐnaɫ'ʒɛziku] *m* analgésique *m*

analisar [ɐnɐli'zar] *vt (examinar)* analyser

análise [ɐ'nalizə] *f* analyse *f* • **fazer análises** faire des analyses • **em última análise** en dernière analyse

analista [ɐnɐ'liʃtɐ] *mf* analyste *mf*

analogia [ɐnɐlu'ʒiɐ] *f* analogie *f*

ananás [ɐnɐ'naʃ] *(pl* **-ases** [azəʃ]*) m* ananas *m*

anão, ã [ɐ'nɐ̃u, ɐ̃] *(mpl* **-ões** [õiʃ], *fpl* **-s** [ʃ]*) m, f* nain *m*, -e *f*

anarquia [ɐnɐr'kiɐ] *f* anarchie *f*

ANATEL *(abrev de Agencia Nacional de Telecomunicações) m* ANATEL *m (Agence Nationale de Télécommunications brésilienne)*

anatomia [ɐnɐtu'miɐ] *f* anatomie *f*

anca ['ɐ̃ŋkɐ] *f* hanche *f*

anchovas [ɐ̃'ʃovɐʃ] *fpl* anchois *mpl*

ancinho [ɐ̃'siɲu] *m* râteau *m*

âncora ['ɐ̃ŋkurɐ] *f* ancre *f*

andaime [ɐ̃n'daimə] *m* échafaudage *m*

andamento [ɐ̃ndɐ'mẽntu] *m* **1.** *(rumo)* cours *m* **2.** *(de conversa)* tour *m* **3.** *(de acontecimento)* tournure *f* **4.** *(velocidade)* allure *f* **5.** *MÚS* andante *m* • **em andamento** *(em progresso)* en cours ; *(comboio)* en marche

andar [ɐ̃n'dar] *(pl* **-es** [əʃ]*) m* **1.** *(de edifício)* étage *m* **2.** *(maneira de caminhar)* démarche *f* ◇ *vi* **1.** *(caminhar)* marcher **2.** *(estar)* être ◇ *vt (caminhar)* parcourir • **ele hoje anda triste** il est triste aujourd'hui • **ele anda por aí** il est quelque part par là • **ele anda a construir uma casa** il est en train de construire une maison • **andar de avião** voyager en avion • **andar de bicicleta** faire du vélo • **andar a cavalo** faire du cheval • **andar a pé** marcher • **o andar de baixo** l'étage du dessous • **o andar de cima** l'étage du dessus

andebol [ɐ̃ndə'bɔɫ] *m* handball *m*

Andes ['ɐ̃ndəʃ] *mpl* • **os Andes** les Andes *fpl*

andorinha [ɐ̃ndu'riɲɐ] *f (ave)* hirondelle *f*

Andorra [ɐ̃n'doʀɐ] *s* Andorre *f*

anedota [ɐnəˈđɔtɐ] *f* **1.** *(pequena história)* anecdote *f* **2.** *(pessoa)* phénomène *m*

anel [ɐˈnɛɫ] *(pl* **-éis** [ɛiʃ]) *m* **1.** *(com pedra)* bague *f* **2.** *(sem pedra)* anneau *m* **3.** *(de cabelo)* boucle *f* **4.** *(de corrente)* maillon *m* • **anel de noivado** bague de fiançailles

anemia [ɐnəˈmiɐ] *f* anémie *f*

anestesia [ɐnəʃtəˈziɐ] *f* anesthésie *f* • **anestesia geral** anesthésie générale • **anestesia local** anesthésie locale

anestesiar [ɐnəʃtəˈzjar] *vt* anesthésier

anexar [ɐnɛkˈsar] *vt* mettre en annexe • **anexar a** joindre à • **anexar um arquivo** *INFORM* joindre un dossier

anexo, xa [ɐˈnɛksu, ksɐ] *adj* annexe ◇ *m* **1.** annexe *f* **2.** *INFORM* pièce *f* jointe

anfiteatro [ɐ̃fiˈtjatru] *m* amphithéâtre *m*

angariar [ɐ̃ŋgɐˈrjar] *vt (dinheiro)* collecter

angina [ɐ̃ˈʒinɐ] *f* • **angina de peito** angine *f* de poitrine ◆ **anginas** *fpl* angine *f*

anglicano, na [ɐ̃ŋgliˈkɐnu, nɐ] *adj* anglican(e)

Angola [ɐ̃ŋˈgɔlɐ] *s* Angola *m*

angolano, na [ɐ̃ŋguˈlɐnu, nɐ] *adj* angolais(e) ◇ *m, f* Angolais *m*, -e *f*

angra [ˈɐ̃ŋgrɐ] *f* anse *f (baie)*

angu [ɐ̃ŋˈgu] *m (Br)* ≃ polenta *f*

ângulo [ˈɐ̃ŋgulu] *m* angle *m*

angústia [ɐ̃ŋˈguʃtjɐ] *f* angoisse *f*

animação [ɐnimɐˈsɐ̃u] *f* animation *f*

animado, da [ɐniˈmađu, đɐ] *adj* animé(e)

animador, ra [ɐnimɐˈđor, rɐ] *(mpl* **-es** [əʃ], *fpl* **-s** [ʃ]) *adj* encourageant(e)

animal [ɐniˈmaɫ] *(pl* **-ais** [aiʃ]) *m* animal *m* • **animal doméstico** animal domestique • **animal selvagem** animal sauvage

animar [ɐniˈmar] *vt* **1.** *(alegrar, organizar)* animer **2.** *(dar ânimo a)* encourager ◆ **animar-se** *vp (alegrar-se)* s'animer

ânimo [ˈɐnimu] *m* courage *m*

aniquilar [ɐnikiˈlar] *vt* anéantir

anis [ɐˈniʃ] *(pl* **-es** [zəʃ]) *m* **1.** *(licor)* anisette *f* **2.** *(planta)* anis *m*

anistia [aniʃˈtʃiɐ] *f (Br)* = **amnistia**

aniversário [ɐnivərˈsarju] *m* anniversaire *m* • **feliz aniversário!** bon anniversaire !

anjo [ˈɐ̃ʒu] *m* ange *m*

ano [ˈɐnu] *m* année *f* • **quantos anos tens?** quel âge as-tu ? • **faço anos amanhã** demain, c'est mon anniversaire • **ano bissexto** année bissextile • **ano lectivo** année scolaire • **Ano Novo** nouvel an • **ano após ano** d'année en année

anoitecer [ɐnoitəˈser] *m* • **ao anoitecer** à la tombée de la nuit ◇ *v impess* • **anoitece** la nuit tombe

anomalia [ɐnɔmɐˈliɐ] *f* anomalie *f*

anoraque [ɐnɔˈrakə] *m* anorak *m*

anorexia [ɐnurɛkˈsiɐ] *f* anorexie *f*

anormal [ɐnɔrˈmaɫ] *(pl* **-ais** [aiʃ]) *adj* & *mf* anormal(e)

anormalidade [ɐnɔrmɐliˈđađə] *f* anormalité *f*

anotação [ɐnutɐˈsɐ̃u] *(pl* **-ões** [õiʃ]) *f* note *f (remarque)*

anotar [ɐnuˈtar] *vt* noter

ânsia [ˈɐ̃sjɐ] *f* anxieté *f*

ansiar [ɐ̃ˈsjar] ◆ **ansiar por** *v + prep* aspirer à

ansiedade [ɐ̃sje'đađə] *f* anxiété *f*
ansioso, **osa** [ɐ̃'sjozu, ɔzɐ] *adj* anxieux(euse) • **estar ansioso por fazer algo** avoir envie de faire qqch
Antárctico [ɐ̃n'tartiku] *m* • **o (oceano) Antárctico** l'(océan) Antarctique
antebraço [ɐ̃ntə'ƀrasu] *m* avant-bras *m inv*
antecedência [ɐ̃ntəsə'đẽsjɐ] *f* antériorité *f* • **com antecedência** à l'avance
antecedente [ɐ̃ntəsə'đẽntə] *adj* précédent(e) ◆ **antecedentes** *mpl* antécédents *mpl*
antecipação [ɐ̃ntəsipɐ'sɐ̃u] (*pl* **-ões** [õiʃ]) *f* anticipation *f*
antecipadamente [ɐ̃ntəsi,pađɐ'mẽntə] *adv* à l'avance
antecipar [ɐ̃ntəsi'par] *vt* avancer ◆ **antecipar-se** *vp* prendre les devants
antemão [ɐ̃ntə'mɐ̃u] ◆ **de antemão** *adv* auparavant
antena [ɐ̃n'tenɐ] *f* antenne *f* • **antena parabólica** antenne parabolique
anteontem [ɐ̃n'tjõntɐ̃i] *adv* avant-hier
antepassado [ɐ̃ntəpɐ'sađu] *m* ancêtre *m*
anterior [ɐ̃ntə'rjor] (*pl* **-es** [əʃ]) *adj* précédent(e), d'avant • **anterior a** antérieur à
antes ['ɐ̃ntəʃ] *adv* **1.** avant **2.** *(de preferência)* plutôt • **antes assim** c'est mieux ainsi • **antes de** avant de • **antes de mais (nada)** d'abord • **o quanto antes** dès que possible
antever [ɐ̃ntə'ver] *vt* prévoir
antiaderente ['ɐ̃ntjɐđə'rẽntə] *adj* (*Port*) antiadhésif(ive)
anti-aderente [(*Br*) ɑ̃ntʃiade'rẽntʃi (*Port*) 'ɐ̃ntjɐđə'rẽntə] (*pl* [əʃ]) *adj* anti-adhérent(e)
antibiótico [ɐ̃nti'ƀjɔtiku] *m* antibiotique *m*
anticaspa [ɐ̃nti'kaʃpɐ] *adj inv* antipelliculaire
anticoncepcional [ɐ̃ntikõsɛpsju'nał] (*pl* **-ais** [aiʃ]) *adj* contraceptif(ive)
anticonceptivo [ɐ̃ntikõsɛp'tivu] *m* contraceptif *m*
anticongelante [ɐ̃ntikõʒə'lẽntə] *adj* antigivrant(e) ◇ *m* antigel *m*
anticorpo [ɐ̃nti'korpu] *m* anticorps *m*
antidepressivo [ɐ̃ntiđəprə'sivu] *m* antidépresseur *m*
antídoto [ɐ̃n'tiđutu] *m* antidote *m*
antigamente [ɐ̃,tigɐ'mẽntə] *adv* autrefois
antigo, **ga** [ɐ̃n'tigu, gɐ] *adj* ancien(enne)
antiguidade [ɐ̃ntigwi'đađə] *f* ancienneté *f* • **a Antiguidade** l'Antiquité *f* ◆ **antiguidades** *fpl* antiquités *fpl*
Antilhas [ɐ̃n'tiʎɐʃ] *fpl* • **as Antilhas** les Antilles
antipatia [ɐ̃ntipɐ'tiɐ] *f* antipathie *f*
antipático, **ca** [ɐ̃nti'patiku, kɐ] *adj* antipathique
antipatizar [ɐ̃ntipɐti'zar] *vi* • **eu antipatizo com ele** il m'est antipathique
antiquado, **da** [ɐ̃nti'kwađu, đɐ] *adj* **1.** *(pessoa)* vieux jeu **2.** *(objecto)* démodé(e) **3.** *(ideia)* dépassé(e)
antiquário, **ria** [ɐ̃nti'kwarju, rja] *mf inv* antiquaire *mf*
anti-séptico, **ca** [ɐnti'sɛptiku, kɐ] *adj* antiseptique

antisséptico [ˌɐ̃ntʃi'sɛptʃiku] (*Br*) = **anti-séptico**
antologia [ɐ̃ntulu'ʒiɐ] *f* anthologie *f*
anual [ɐ'nwaɫ] (*pl* **-ais** [aiʃ]) *adj* annuel(elle)
anuir [ɐ'nwir] *vi* acquiescer
anulação [ɐnulɐ'sɐ̃u] (*pl* **-ões** [õiʃ]) *f* annulation *f*
anular [ɐnu'lar] *vt* annuler ◇ *m* annulaire *m*
anunciar [ɐnũ'sjar] *vt* **1.** annoncer **2.** *(produto)* faire de la publicité pour
anúncio [ɐ'nũsju] *m* **1.** *(aviso)* annonce *f* **2.** *(de produto)* publicité *f*
ânus ['ɐnuʃ] *m* **1.** anus *m* **2.** (*fam*) cul *m*
anzol [ɐ̃'zɔɫ] (*pl* **-óis** [ɔiʃ]) *m* hameçon *m*
ao [au] = **a** + **o** ; ➤ **a**
aonde [ɐ'õndə] *adv* où • **aonde quer que...** où que...
aos [auʃ] = **a** + **os** ; ➤ **a**
apagado, **da** [ɐpɐ'gadu, dɐ] *adj* **1.** éteint(e) **2.** *(escrita, pessoa)* effacé(e)
apagar [ɐpɐ'gar] *vt* **1.** éteindre **2.** *(escrita, desenho)* effacer
apaixonado, **da** [ɐpaiʃu'nadu, dɐ] *adj* **1.** *(enamorado)* amoureux(euse) **2.** *(exaltado)* passionné(e) • **estar apaixonado por** être amoureux de
apaixonante [ɐpaiʃu'nɐ̃ntə] *adj* passionnant(e)
apaixonar [ɐpaiʃu'nar] *vt* passionner ◆ **apaixonar-se** *vp* tomber amoureux(euse) • **apaixonar-se por** tomber amoureux de
apalermado, **da** [ɐpɐlər'madu, dɐ] *adj* abruti(e)
apalpar [ɐpaɫ'par] *vt* tâter • **apalpar o terreno** tâter le terrain
apanhar [ɐpɐ'ɲar] *vt* **1.** *(levantar do chão)* ramasser **2.** *(agarrar, contrair)* attraper **3.** *(surpreender, pescar)* prendre • **apanhar chuva** prendre la pluie • **apanhar sol** prendre le soleil
aparador [ɐpɐrɐ'dor] (*pl* **-es** [əʃ]) *m* buffet *m*
apara-lápis [ɐˌparɐ'lapiʃ] *m inv* taille-crayon *m*
aparar [ɐpɐ'rar] *vt* **1.** retenir **2.** *(barba)* tailler **3.** *(sebe, lápis)* tailler
aparecer [ɐpɐrə'ser] *vi* **1.** *(apresentar-se)* venir **2.** *(surgir)* apparaître **3.** *(algo perdido)* réapparaître
aparelhagem [ɐpɐrə'ʎaʒɐ̃i] (*pl* **-ns** [ʃ]) *f* • **aparelhagem (de som)** chaîne *f* (hi-fi)
aparelho [ɐpɐ'rɐʎu] *m* appareil *m* • **aparelho digestivo** appareil digestif • **aparelho para os dentes** appareil dentaire
aparência [ɐpɐ'rẽsjɐ] *f* apparence *f*
aparentar [ɐpɐrẽn'tar] *vt* avoir l'air • **ele não aparenta ter a idade que tem** il ne fait pas son âge
aparente [ɐpɐ'rẽntə] *adj* apparent(e)
Apart. (*abrev de* **apartamento**) appt *(appartement)*
apartado [ɐpɐr'tadu] *m* (*Port*) boîte *f* postale
apartamento [ɐpɐrtɐ'mẽntu] *m* appartement *m*
apatia [ɐpɐ'tiɐ] *f* apathie *f*
apavorado, **da** [ɐpɐvu'radu, dɐ] *adj* épouvanté(e)
apeadeiro [ɐpjɐ'dɐiru] *m* (*Port*) halte *f*
apear-se [ɐ'pjarsə] *vp* • **apear-se de** *(veículo)* descendre de

apelar [ɐpə'lar] *vi* • **apelar para** *JUR* faire appel en ; *(compreensão, bondade)* faire appel à

apelido [ɐpə'liđu] *m* nom *m* (de famille)

apelo [ɐ'pelu] *m* appel *m* • **fazer um apelo a** faire un appel à

apenas [ɐ'penɐʃ] *adv (somente)* juste ◇ *conj (logo que)* dès que

apêndice [ɐ'pẽndisə] *m* appendice *m (organe)*

apendicite [ɐpẽndi'sitə] *f* appendicite *f*

aperceber-se [ɐpərsə'bersə] *vp* • **aperceber-se de algo** se rendre compte de qqch • **aperceber-se de que** se rendre compte que

aperfeiçoamento [ɐpərfɐiswɐ'mẽntu] *m* perfectionnement *m*

aperfeiçoar [ɐpərfɐi'swar] *vt* perfectionner

aperitivo [ɐpəri'tivu] *m* apéritif *m*

apertado, da [ɐpər'tađu, đɐ] *adj* serré(e)

apertar [ɐpər'tar] *vt* **1.** *(interruptor)* appuyer sur **2.** *(casaco, vestido)* fermer **3.** *(cordões)* attacher **4.** *(comprimir)* serrer

aperto [ɐ'pertu] *m* **1.** *(de parafuso)* serrage *m* **2.** *(aglomeração)* foule *f* **3.** *(fig) (dificuldade)* situation *f* difficile • **aperto de mão** poignée *f* de main

apesar [ɐpə'zar] ◆ **apesar de** *prep* bien que

apetecer [ɐpətə'ser] *vt* avoir envie de • **apetece-me um bolo** j'ai envie d'un gâteau

apetite [ɐpə'titə] *m* appétit *m* • **bom apetite!** bon appétit !

apetitoso, osa [ɐpəti'tozu, ɔzɐ] *adj* **1.** *(gostoso)* délicieux(euse) **2.** *(tentador)* appétissant(e)

apetrecho [ɐpə'trɐiʃu] *m* attirail *m* • **apetrechos de pesca** attirail de pêche

apimentado, da [ɐpimẽn'tađu, đɐ] *adj* **1.** *(com pimenta)* poivré(e) **2.** *(picante)* relevé(e)

apinhado, da [ɐpi'ɲađu, đɐ] *adj* • **apinhado de** bourré de

apitar [ɐpi'tar] *vi* **1.** *(carro)* klaxonner **2.** *(comboio, árbitro)* siffler

apito [ɐ'pitu] *m* sifflet *m*

aplaudir [ɐplau'đir] *vt* & *vi* applaudir

aplauso [ɐ'plauzu] *m* applaudissements *mpl*

aplicação [ɐplikɐ'sɐ̃u] (*pl* **-ões** [õiʃ]) *f* application *f*

aplicado, da [ɐpli'kađu, đɐ] *adj* appliqué(e)

aplicar [ɐpli'kar] *vt* **1.** appliquer **2.** *(curativo)* administrer **3.** *(injecção)* faire

aplique [apli'ki] *m (Br)* moumoute *f*

apoderar-se [ɐpuđə'rarsə] ◆ **apoderar-se de** *vp* + *prep* s'emparer de

apodrecer [ɐpuđrə'ser] *vt* & *vi* pourrir

apoiar [ɐpo'jar] *vt* **1.** soutenir **2.** *(ideia)* défendre • **apoiar algo em algo** appuyer qqch sur qqch ◆ **apoiar-se** *vp* s'appuyer • **apoiar-se em** s'appuyer sur

apoio [ɐ'poju] *m* **1.** *(físico)* support *m* **2.** *(verbal, económico)* soutien *m* **3.** *(de cadeira)* accoudoir *m* **4.** *(para a cabeça)* appui-tête *m* **5.** *(de escadas)* rampe *f*

apólice [ɐ'pɔlisə] *f* • **apólice (de seguro)** police *f* d'assurance

apontador [apõnta'dox] (*pl* **-es** [iʃ]) *m (Br) (de lápis)* taille-crayon *m*

apontamento [ɐpõntɐ'mẽntu] *m* note *f* • **tirar apontamentos** prendre des notes

apontar [ɐpõn'tar] *vt* **1.** *(arma)* pointer **2.** *(com dedo, ponteiro)* montrer **3.** *(tomar nota de)* noter **4.** *(razões, argumentos)* avancer

aporrinhação [apoxiɲa'sɐ̃u] *(pl* **-ões** [õiʃ]) *f (Br) (fam) (aborrecimento)* • **é uma aporrinhação** c'est embêtant

após [ɐ'pɔʃ] *prep (depois de)* après ◇ *adv (depois)* après

após-barba [apɔiʒ'baxbɐ] *adj (Br)* ➤ **loção**

aposentado, da [apozẽn'tadu, dɐ] *adj & m, f (Br)* retraité(e)

aposentadoria [apozẽntado'riɐ] *f (Br)* retraite *f*

aposento [ɐpu'zẽntu] *m* **1.** *(de casa)* chambre *f* **2.** *(do Rei)* appartements *mpl*

aposta [ɐ'pɔʃtɐ] *f* pari *m*

apostar [ɐpuʃ'tar] *vt* parier

apostila [apoʃ'tʃilɐ] *f (Br) (em universidade)* polycopié *m*

apóstrofo [ɐ'pɔʃtrufu] *m* apostrophe *f*

aprazível [ɐprɐ'zivɛɫ] *(pl* **-eis** [ɐiʃ]) *adj* plaisant(e)

apreciação [ɐprəsjɐ'sɐ̃u] *(pl* **-ões** [õiʃ]) *f* appréciation *f*

apreciar [ɐprə'sjar] *vt* **1.** *(avaliar)* estimer **2.** *(observar)* observer **3.** *(gostar)* apprécier

apreender [ɐpriẽn'der] *vt* saisir

apreensão [ɐpriẽ'sɐ̃u] *(pl* **-ões** [õiʃ]) *f* **1.** *(de bens, produtos)* saisie *f* **2.** *(de novos conhecimentos)* acquisition *f* **3.** *(preocupação)* appréhension *f*

apreensivo, va [ɐpriẽ'sivu, vɐ] *adj* inquiet(ète)

aprender [ɐprẽn'der] *vt & vi* apprendre • **aprender a fazer algo** apprendre à faire qqch

aprendiz [ɐprẽn'diʃ] *(pl* **-es** [zəʃ]) *m* apprenti *m*

aprendizagem [ɐprẽndi'zaʒɐ̃i] *f* apprentissage *m*

apresentação [ɐprəzẽntɐ'sɐ̃u] *(pl* **-ões** [õiʃ]) *f* présentation *f*

apresentador, ra [ɐprəzẽntɐ'đor, rɐ] *(mpl* **-es** [əʃ], *fpl* **-s** [ʃ]) *m, f* présentateur *m*, -trice *f*

apresentar [ɐprəzẽn'tar] *vt* présenter ◆ **apresentar-se** *vp* se présenter • **apresentar-se a alguém** se présenter à qqn

apressado, da [ɐprə'sađu, đɐ] *adj* **1.** *(pessoa)* pressé(e) **2.** *(decisão)* hâtif(ive) **3.** *(conclusão)* hâtif(ive)

apressar-se [ɐprə'sarsə] *vp* se presser

aprofundar [ɐprufũn'dar] *vt* approfondir

aprovação [ɐpruvɐ'sɐ̃u] *(pl* **-ões** [õiʃ]) *f* **1.** *(consentimento)* approbation *f* **2.** *(em exame)* réussite *f*

aprovado, da [ɐpru'vađu, đɐ] *adj* • **ser aprovado** *EDUC* être reçu

aprovar [ɐpru'var] *vt* **1.** *(autorizar)* approuver **2.** *(em exame)* recevoir

aproveitador, ra [ɐpruvɐitɐ'đor, rɐ] *(mpl* **-es** [əʃ], *fpl* **-s** [ʃ]) *adj (pej) (abusador)* profiteur(euse) ◇ *m, f* profiteur *m*, -euse *f*

aproveitamento [ɐpruvɐitɐ'mẽntu] *m* **1.** *CULIN* utilisation des restes **2.** *EDUC* • **ter bom/mau aproveitamento** bien/mal travailler *(à l'école)*

aproveitar [ɐpruvɐi'tar] *vt* **1.** *(ocasião, férias)* profiter de **2.** *(utilizar)* se servir de

• **aproveitem a ocasião** saisissez/sautez sur l'occasion ♦ **aproveitar-se de** *vp + prep (pej)* profiter de
aproximadamente [ɐprɔsi,maɗɐ'mẽntə] *adv* à peu près
aproximado, da [ɐprɔsi'maɗu, ɗɐ] *adj* approximatif(ive)
aproximar [ɐprɔsi'mar] *vt* rapprocher ♦ **aproximar-se** *vp* s'approcher • **aproximar-se de** s'approcher de
aptidão [ɐpti'ɗɐ̃u] (*pl* **-ões** [õiʃ]) *f* aptitude *f*
apto, ta ['aptu, tɐ] *adj* apte
Apto. (*Br*) (*abrev de apartamento*) appt
apunhalar [ɐpuɲɐ'lar] *vt* poignarder
apuração [ɐpurɐ'sɐ̃u] (*pl* **-ões** [õiʃ]) *f* **1.** *(em prova)* sélection *f* **2.** *(de votos)* décompte *m*
apurado, da [ɐpu'raɗu, ɗɐ] *adj* sélectionné(e)
apurar [ɐpu'rar] *vt* **1.** *(seleccionar)* sélectionner **2.** *(contas, factos)* éplucher
apuro [ɐ'puru] *m (fig) (dificuldade)* problème *m* • **estar em apuros** *(fam)* être dans le pétrin • **meter-se em apuros** *(fam)* se mettre dans le pétrin
aquarela [akwa'rɛlɐ] *f (Br)* aquarelle *f*
aquário [ɐ'kwarju] *m* aquarium *m* ♦ **Aquário** *m* Verseau *m*
aquático, ca [ɐ'kwatiku, kɐ] *adj* aquatique
aquecedor [ɐkɛsə'ɗor] (*pl* **-es** [əʃ]) *m* radiateur *m*
aquecer [ɐkɛ'ser] *vt & vi* réchauffer ♦ **aquecer-se** *vp* se réchauffer
aquecimento [ɐkesi'mẽntu] *m* chauffage *m* • **aquecimento central** chauffage central
aqueduto [ɐkə'ɗutu] *m* aqueduc *m*
àquela ['akɛla] = **a** + **aquela** ; ➤ **aquele**
aquele, aquela [ɐ'kelə, ɐ'kɛlɐ] *adj* ce (celle)
◇ *pron* celui (celle) • **aquele que** celui qui • **pede àquele homem/àquela mulher** demande à cet homme-là/cette femme-là
àquele ['akeli] = **a** + **aquele** ; ➤ **aquele**
aqui [ɐ'ki] *adv* ici • **até aqui** jusqu'ici • **logo aqui** juste ici • **por aqui** par ici
aquilo [ɐ'kilu] *pron* cela • **aquilo que** ce que
àquilo ['akilu] ➤ **a** + **aquilo** ; = **aquilo**
aquisição [ɐkəzi'sɐ̃u] (*pl* **-ões** [õiʃ]) *f* acquisition *f*
ar ['ar] (*pl* **-es** [əʃ]) *m* air *m* • **ter ar de** avoir l'air • **ele tem ar de estar doente** il a l'air malade • **ar condicionado** air conditionné • **ao ar** en l'air • **ao ar livre** en plein air • **por ar** par la voie des airs • **mudar de ares** changer d'air
árabe ['arɐƀə] *adj* arabe ◇ *m (língua)* arabe *m* ♦ **árabe** *mf* Arabe *mf*
Arábia [a'rabjɐ] *f* • **a Arábia** l'Arabie *f* • **a Arábia Saudita** l'Arabie Saoudite *f*
aragem [ɐ'raʒɐ̃i] (*pl* **-ns** [ʃ]) *f* brise *f*
arame [ɐ'rɐmə] *m* fil *m* de fer • **arame farpado** fil de fer barbelé • **ir aos arames** *(fam)* monter sur ses grands chevaux
aranha [ɐ'rɐɲɐ] *f* araignée *f*
arara [ɐ'rarɐ] *f* ara *m*
arbitragem [ɐrƀi'traʒɐ̃i] (*pl* **-ns** [ʃ]) *f* arbitrage *m*
arbitrar [ɐrƀi'trar] *vt* arbitrer
árbitro ['arƀitru] *m* arbitre *m*
arborizado, da [ɐrƀuri'zaɗu, ɗɐ] *adj* **1.** *(área)* boisé(e) **2.** *(rua, alameda)*

bordé(e) d'arbres **3.** *(jardim)* planté(e) d'arbres
arbusto [ɐr'ƀuʃtu] *m* arbuste *m*
arca ['arkɐ] *f* coffre *m*
arcaico, ca [ɐr'kaiku, kɐ] *adj* archaïque
archote [ɐr'ʃɔtə] *m* flambeau *m*
arco ['arku] *m* **1.** arc *m* **2.** *(brinquedo)* cerceau *m*
arco-íris [ar'kwiriʃ] (*pl* **arcos-íris** [ˌarku'ziriʃ]) *m* arc-en-ciel *m*
Árctico ['artiku] *m* • **o (oceano) Árctico** l'(océan) Arctique *m*
ardência [ax'dẽnsja] *f* *(paixão)* ardeur *m* ; *(no estômago)* brûlure *f*
ardente [ɐr'đẽntə] *adj* ardent(e)
arder [ɐr'đer] *vi* brûler
ardor [ɐr'đor] (*pl* **-es** [əʃ]) *m* **1.** *(de pele)* brûlure *f* **2.** *(de estômago)* brûlure *f* d'estomac **3.** (*fig*) *(paixão)* ardeur *f*
ardósia [ɐr'đɔzjɐ] *f* ardoise *f*
árduo, dua ['arđwu, đwɐ] *adj* ardu(e)
área ['arjɐ] *f* **1.** zone *f* **2.** (*fig*) *(campo de acção)* domaine *m* • **(grande) área** surface *f* de réparation • **área de serviço** aire *f* de repos • **área de campismo** (*Br*) camping *m*
areal [ɐ'rjał] (*pl* **-ais** [aiʃ]) *m* grève *f* *(rivage)*
areia [ɐ'rɐjɐ] *f* sable *m*
arejar [ɐrə'ʒar] *vt* aérer ◇ *vi* prendre l'air
arena [ɐ'renɐ] *f* **1.** *(de circo)* piste *f* **2.** *(de praça de touros)* arène *f*
arenoso, osa [ɐrə'nozu, ɔzɐ] *adj* sablonneux(euse)
arenque [ɐ'rẽŋkə] *m* hareng *m*
ares ➤ **ar**
Argélia [ɐr'ʒɛljɐ] *f* • **a Argélia** l'Algérie *f*
argelino, na [ɐrʒə'linu, ɐrʒə'linɐ] *adj* algérien (enne) ◆ **argelino, na** *mf* Algérien *m*, -enne *f*
Argentina [ɐrʒẽn'tinɐ] *f* • **a Argentina** l'Argentine *f*
argentino, na [ɐrʒẽn'tinu, nɐ] *adj* argentin(e) ◆ **argentino, na** *mf* Argentin *m*, -e *f*
argila [ɐr'ʒilɐ] *f* argile *f*
argola [ɐr'gɔlɐ] *f* **1.** *(anel)* anneau *m* **2.** *(de porta)* heurtoir *m* ◆ **argolas** *fpl* anneaux *mpl*
argumentação [ɐrgumẽntɐ'sɐ̃u] (*pl* **-ões** [õiʃ]) *f* argumentation *f*
argumentar [ɐrgumẽn'tar] *vt* soutenir ◇ *vi* discuter
argumento [ɐrgu'mẽntu] *m* **1.** argument *m* **2.** *(de filme)* scénario *m*
ária ['arjɐ] *f* aria *f*
árido, da ['ariđu, đɐ] *adj* aride
Áries ['ariʃ] *m* (*Br*) Bélier *m*
arma ['armɐ] *f* arme *f* • **arma branca** arme blanche • **arma de fogo** arme à feu
armação [ɐrmɐ'sɐ̃u] (*pl* **-ões** [õiʃ]) *f* **1.** armature *f* **2.** *(de animal)* bois *mpl* **3.** *(de óculos)* monture *f*
armadilha [ɐrmɐ'điʎɐ] *f* piège *m*
armado, da [ɐr'mađu, đɐ] *adj* armé(e)
armadura [ɐrmɐ'đurɐ] *f* **1.** *(de cavaleiro)* armure *f* **2.** *(de edifício)* ossature *f* **3.** *(em cimento)* armature *f*
armamento [ɐrmɐ'mẽntu] *m* armement *m*
armar [ɐr'mar] *vt* **1.** *(munir de armas)* armer **2.** *(tenda)* monter ◆ **armar-se** *vp* • **armar-se em valente** jouer les durs
armário [ɐr'marju] *m* armoire *f*

armazém [ɐrmɐ'zẽi] (*pl* **-ns** [ʃ]) *m* **1.** *(de mercadorias)* magasin *m* **2.** *(de venda a grosso)* halle *f* • **grande armazém** grand magasin

Arménia [ar'mˈʒɛnjɐ] *f* • **a Arménia** l'Arménie *f*

aro ['aru] *m* **1.** *(de janela)* montant *m* **2.** *(de roda)* jante *f*

aroma [ɐ'romɐ] *m* arôme *m* • **com aroma de** aromatisé à

arpão [ɐr'pɐ̃u] (*pl* **-ões** [õiʃ]) *m* harpon *m*

arqueologia [ɐrkjulu'ʒiɐ] *f* archéologie *f*

arquibancada [axkibẽŋ'kadɐ] *f* *(Br)* *(de estádio)* gradins *mpl*

arquipélago [ɐrki'pɛlɐgu] *m* archipel *m*

arquitecto, ta [ɐrki'tɛtu, tɐ] *m, f* *(Port)* architecte *mf*

arquitectura [ɐrkitɛ'turɐ] *f* *(Port)* architecture *f*

arquiteto, ta [axki'tɛtu, tɐ] *m, f* *(Br)* = **arquitecto**

arquitetura [axki'tɛturɐ] *f* *(Br)* = **arquitectura**

arquivo [ɐr'kivu] *m* **1.** *(local)* archives *fpl* **2.** *(móvel)* classeur *m* à tiroirs **3.** *(Br)* *INFORM* fichier *m*

arraial [ɐʀɐ'jaɫ] (*pl* **-ais** [aiʃ]) *m* fête *f* foraine

arrancar [ɐʀẽŋ'kar] *vt* arracher ◇ *vi* démarrer • **arrancar algo das mãos de alguém** arracher qqch des mains à qqn • **arrancar de** quitter

arranha-céus [ɐˌʀɐɲɐ'sɛuʃ] *m inv* gratte-ciel *m inv*

arranhão [ɐʀɐ'ɲɐ̃u] (*pl* **-ões** [õiʃ]) *m* **1.** *(em pele)* égratignure *f* **2.** *(em carro)* éraflure *f*

arranhar [ɐʀɐ'ɲar] *vt* **1.** *(pele)* égratigner **2.** *(parede, carro)* érafler **3.** *(fig)* *(instrumento)* gratter **4.** *(fig)* *(língua)* baragouiner ◆ **arranhar-se** *vp* s'égratigner

arranhões ➤ **arranhão**

arranjar [axɐ̃'ʒa(x)] *vt* *(quarto)* ranger ; *(dinheiro)* se procurer de

arranque [ɐ'ʀẽŋkə] *m* démarrage *m* ➤ **motor**

arrasar [ɐʀɐ'zar] *vt* **1.** *(destruir)* ravager **2.** *(fig)* *(emocionalmente)* anéantir

arrastadeira [ɐʀɐʃtɐ'dɐirɐ] *f* bassin *m* *(urinoir)*

arrastar [ɐʀɐʃ'tar] *vt* traîner

arrecadar [ɐʀəkɐ'dar] *vt* **1.** *(objecto)* ranger **2.** *(dinheiro)* ramasser

arredondado, da [ɐʀədõn'dadu, dɐ] *adj* **1.** *(forma)* arrondi(e) **2.** *(fig)* *(valor)* rond(e)

arredondar [ɐʀədõn'dar] *vt* arrondir

arredores [ɐʀə'dorəʃ] *mpl* environs *mpl*

arrefecer [ɐʀəfɛ'ser] *vi* **1.** *(tempo, ar)* se rafraîchir **2.** *(comida)* refroidir **3.** *(fig)* *(entusiasmo)* retomber

arregaçar [ɐʀəgɐ'sar] *vt* retrousser

arreios [ɐ'ʀɐjuʃ] *mpl* harnais *m*

arremedar [ɐʀəmə'dar] *vt* singer

arremessar [ɐʀəmə'sar] *vt* lancer

arrendamento [ɐʀẽndɐ'mẽntu] *m* location *f*

arrendar [ɐʀẽn'dar] *vt* louer

arrendatário, ria [ɐʀẽndɐ'tarju, rjɐ] *m, f* locataire *mf*

arrepender-se [ɐʀəpẽn'dersə] *vp* • **arrepender-se de (ter feito) algo** regretter (d'avoir fait) qqch

arrepiar [ɐʀə'pjar] *vt* *(pêlo)* hérisser ◆ **arrepiar-se** *vp* frissonner

arrepio [ɐʀə'piu] *m* frisson *m*
arriscado, da [ɐʀiʃ'kađu, đɐ] *adj* **1.** *(perigoso)* risqué(e) **2.** *(corajoso)* audacieux(euse)
arriscar [ɐʀiʃ'kar] *vt (pôr em risco)* risquer ♦ **arriscar-se** *vp* ● **arriscar-se a** prendre le risque de, risquer de
arroba [axo'ba] *f INFORM* arobase *f*
arrogância [ɐʀu'gɐ̃sjɐ] *f* arrogance *f*
arrogante [ɐʀu'gɐ̃ntə] *adj* arrogant(e)
arrombar [ɐʀõm'bar] *vt* forcer *(une porte)*
arrotar [ɐʀu'tar] *vi* **1.** roter **2.** *(bebé)* faire un rot
arroto [ɐ'ʀotu] *m* rot *m*
arroz [ɐ'ʀoʃ] *m* riz *m* ● **arroz de cabidela** *riz au sang* ● **arroz de lampreia** *riz à la lamproie* ● **arroz de pato** *riz au canard* ● **arroz à valenciana** ≃ paella *f*
arroz-doce [ɐʀoz'dosə] *m* riz *m* au lait
arruaça [ɐ'ʀwasɐ] *f* chahut *m*
arruaceiro, ra [ɐʀwɐ'sɐiru, rɐ] *m, f* chahuteur *m*, -euse *f*
arrufada [ɐʀu'fađɐ] *f* ● **arrufada (de Coimbra)** *galette dorée*
arrumado, da [ɐʀu'mađu, đɐ] *adj* **1.** *(pessoa)* ordonné(e) **2.** *(em ordem)* rangé(e) **3.** *(fig) (resolvido)* classé(e)
arrumar [ɐʀu'mar] *vt* ranger
arte ['artə] *f* art *m* ● **artes marciais** arts martiaux ● **a sétima arte** le septième art
artéria [ɐr'tɛrjɐ] *f* artère *f*
arterial [ɐrtə'rjał] *(pl* **-ais** [aiʃ]) *adj* artériel(elle) ➤ **pressão, tensão**
artesanal [*(Port)* ɐrtəzɐ'nał *(Br)*, axteza'naw] *adj* artisanal(e)
artesanato [ɐrtəzɐ'natu] *m* artisanat *m*
artesão, sã [*(Port)* ɐrtəz'ɐ̃u, zɐ̃ *(Br)*, axte'zɐ̃w, zɐ̃] *m, f* artisan *m*, -e *f*
articulação [ɐrtikulɐ'sɐ̃u] *(pl* **-ões** [õiʃ]) *f* articulation *f*
artificial [ɐrtəfi'sjał] *(pl* **-ais** [aiʃ]) *adj* artificiel(elle)
artigo [ɐr'tigu] *m* article *m* ● **artigos de primeira necessidade** articles de première nécessité ● **artigo de fundo** article de fond ▼ **artigos a declarar** marchandises à déclarer
artista [ɐr'tiʃtɐ] *mf* artiste *mf*
artístico, ca [ɐr'tiʃtiku, kɐ] *adj* artistique
artrite [ɐr'tritə] *f* arthrite *f*
árvore ['arvurə] *f* arbre *m*
as [ɐʃ] ➤ **a**
ás ['aʃ] *(pl* **ases** ['azəʃ]) *m* as *m* ● **ser um ás** être un as
às [aʃ] = **a** + **as** ; ➤ **a**
asa ['azɐ] *f* **1.** *(de ave, avião)* aile *f* **2.** *(de utensílio)* anse *f*
asa-delta [ˌazɐ'đɛłtɐ] *(pl* **asas-delta** [ˌazɐʒ'dɛłtɐ]) *f* delta-plane *m*
ascensor [aʃẽ'sox] *(pl* **-es** [iʃ]) *m* **1.** *(Br)* ascenseur *m* **2.** *(em rua, encosta)* funiculaire *m*
asco ['aʃku] *m* dégoût *m*
ases ➤ **ás**
asfalto [ɐʃ'fałtu] *m* asphalte *m*
asfixia [ɐʃfik'siɐ] *f* asphyxie *f*
Ásia ['azjɐ] *f* ● **a Ásia** l'Asie *f*
asiático, ca [ɐ'zjatiku, kɐ] *adj* asiatique ◇ *m, f* Asiatique *mf*
asilo [aʃ'ilu] *m* asile *m* ● **asilo político** asile *m* politique
asma ['aʒmɐ] *f* asthme *m*

asmático, ca [ɐʒ'matiku, kɐ] *adj & m, f* asthmatique
asneira [ɐʒ'nɐirɐ] *f* **1.** *(tolice)* ânerie *f* **2.** *(obscenidade)* grossièreté *f*
asno ['aʒnu] *m (burro)* âne *m* ◇ *adj (fig) (estúpido)* bête
aspargo [aʃ'paxgu] *m (Br)* asperge *f*
aspecto [ɐʃ'pɛtu] *m* aspect *m*
áspero, ra ['aʃpəru, rɐ] *adj* **1.** *(pele, superfície)* rugueux(euse) **2.** *(tecido)* rêche
aspirador [ɐʃpirɐ'đor] *(pl* **-es** [əʃ]*)* *m* aspirateur *m*
aspirar [ɐʃpi'rar] *vt* aspirer ◆ **aspirar a** *v + prep (desejar)* aspirer à
aspirina® [ɐʃpi'rinɐ] *f* aspirine *f* ● **aspirina efervescente** aspirine effervescente
asqueroso, osa [ɐʃkə'rozu, ɔzɐ] *adj* répugnant(e)
assado, da [ɐ'sađu, đɐ] *adj* **1.** CULIN rôti(e) **2.** *(pele de bebé)* irrité(e) ◇ *m* **1.** *(de carne)* rôti *m* **2.** *(de peixe)* poisson *m* au four
assadura [ɐsɐ'đurɐ] *f* grillade *f*
assalariado, da [ɐsɐlɐ'rjađu, đɐ] *m, f* salarié *m*, -e *f*
assaltante [ɐsał'tẽntə] *mf* cambrioleur *m*
assaltar [ɐsał'tar] *vt* **1.** *(pessoa, banco)* attaquer **2.** *(casa)* cambrioler
assalto [ɐ'sałtu] *m* **1.** *(a pessoa, banco)* attaque *f* **2.** *(a casa)* cambriolage *m* **3.** *(em boxe)* round *m* ● **assalto à mão armada** attaque *f* à main armée
assar [ɐ'sar] *vt* rôtir
assassinar [ɐsɐsi'nar] *vt* assassiner
assassínio [ɐsɐ'sinju] *m* assassinat *m*
assassino, na [ɐsɐ'sinu, nɐ] *m, f* assassin *m*
assediar [ɐsə'đjar] *vt* harceler
assédio [ɐ'sɛđju] *m* harcèlement *m* ● **assédio sexual** harcèlement sexuel
assegurar [ɐsəgu'rar] *vt* assurer ◆ **assegurar-se** *vp* ● **assegurar-se de que** s'assurer que
asseio [ɐ'sɐju] *m* **1.** *(limpeza)* propreté *f* **2.** *(elegância)* soin *m*
assembleia [ɐsẽm'blɐjɐ] *f* assemblée *f* ● **assembleia geral** assemblée générale ● **Assembleia da República** *assemblée nationale portugaise* ≃ Assemblée *f* nationale
assembléia [asẽm'blɛja] *(Br)* = **assembleia**
assemelhar-se [ɐsəmə'ʎarsə] ◆ **assemelhar-se a** *vp + prep* ressembler à
assento [ɐ'sẽntu] *m* siège *m*
assim [ɐ'sĩ] *adv & conj* ainsi ● **assim, sim!** là, oui ! ● **como assim?** comment ça ? ● **assim mesmo** comme ça ● **assim, assim** comme ci, comme ça ● **assim que** dès que
assimilar [ɐsəmi'lar] *vt* assimiler
assinar [ɐsi'nar] *vt* s'abonner à ◇ *vi* signer ● **assinar o nome** signer
assinatura [ɐsinɐ'turɐ] *f* **1.** *(nome escrito)* signature *f* **2.** *(de revista, comboio)* abonnement *m*

A assinatura

A fórmula formal mais corrente é *Veuillez agréer,* (retomando a invocação inicial : *Madame, Monsieur,* etc.) *mes salutations distinguées* ou *l'expression de mes salutations distinguées.*

A frase final é sempre seguida de um ponto.
A fórmula informal mais comum é *Cordialement* seguida de vírgula; menos informal é *Salutations distinguées* seguida de ponto.
De modo informal, para amigos ou parentes : *Amitiés, Amicalement* ou de modo mais carinhoso : *Je t'embrasse. À bientôt.* Muito informal e para amigos : *Grosses bises.*
A assinatura é colocada à esquerda.

assistência [ɐsəʃ'tẽsjɐ] *f* assistance *f* • **assistência médica** soins *mpl*

assistir [ɐsəʃ'tir] *vt* assister ◆ **assistir a** *v + prep* assister à

assoalho [a'soaʎu] *m* (*Br*) parquet *m*

assoar [ɐ'swar] *vt* moucher ◆ **assoar-se** *vp* se moucher

assobiar [ɐsu'bjar] *vi* siffler

assobio [ɐsu'biu] *m* **1.** (*som*) sifflement *m* **2.** (*apito*) sifflet *m*

associação [ɐsusjɐ'sɐ̃u] (*pl* **-ões** [õiʃ]) *f* association *f* • **associação de ideias** association d'idées

assombrado, da [ɐsõm'bradu, dɐ] *adj* hanté(e)

assombro [ɐ'sõmbru] *m* étonnement *m*

assunto [ɐ'sũntu] *m* sujet *m* • **assunto encerrado!** c'est une affaire classée !

assustador, ra [ɐsuʃtɐ'dor, rɐ] (*mpl* **-es** [əʃ], *fpl* **-s** [ʃ]) *adj* effrayant(e)

assustar [ɐsuʃ'tar] *vt* faire peur ◆ **assustar-se** *vp* avoir peur

asterisco [ɐʃtə'riʃku] *m* astérisque *m*

astral [aʃ'trau] (*pl* **-ais** [aiʃ]) *m* (*Br*) (*fam*) moral *m*

astro ['aʃtru] *m* astre *m*

astrologia [ɐʃtrulu'ʒiɐ] *f* astrologie *f*

astronauta [ɐʃtrɔ'nautɐ] *mf* astronaute *mf*

astronomia [ɐʃtrunu'miɐ] *f* astronomie *f*

astúcia [ɐʃ'tusjɐ] *f* astuce *f*

atacadista [ɐtɐkɐ'diʃtɐ] *mf* (*Br*) grossiste *mf*

atacado [ɐtɐ'kadu] *m* (*Br*) • **por atacado** en gros

atacador [ɐtɐkɐ'dor] (*pl* **-es** [əʃ]) *m* (*Port*) lacet *m*

atacante [ɐtɐ'kẽntə] *adj* & *mf* attaquant(e)

atacar [ɐtɐ'kar] *vt* attaquer

atadura [ata'durɐ] *f* (*Br*) bandage *m*

atalho [ɐ'taʎu] *m* (*ger*) INFORM raccourci *m*

ataque [ɐ'takə] *m* **1.** attaque *f* **2.** (*de doença*) crise *f* • **ataque cardíaco** crise cardiaque

atar [ɐ'tar] *vt* **1.** attacher **2.** (*sapatos*) lacer

atarracado, da [ɐtɐʀɐ'kadu, dɐ] *adj* trapu(e)

até [ɐ'tɛ] *prep* jusque ◇ *adv* même • **vá até à igreja** allez jusqu'à l'église • **até ao meio-dia** jusqu'à midi • **até agora** jusqu'à présent • **até amanhã!** à demain ! • **até logo!** à tout à l'heure ! • **até mais!** à plus tard ! • **até que enfim!** enfin ! • **até porque** pour la bonne raison que

atear [ɐ'tjar] *vt* attiser • **atear o fogo a** mettre le feu à

ateia ➤ **ateu**

atéia [a'tɛja] ➤ **ateu**
ateliê [atə'lje] *m* (*Br*) = **atelier**
atelier [atə'lje] *m* (*Port*) atelier *m*
atemorizar [ɐtəmuri'zar] *vt* effrayer
atenção [ɐtẽ'sɐ̃u] (*pl* **-ões** [õiʃ]) *f* **1.** attention *f* **2.** (*cortesia*) attentions *fpl* ◇ *interj* attention ! • **chamar a atenção de alguém para algo** attirer l'attention de qqn sur qqch • **estar com atenção** être attentif
atendedor [ɐtẽndə'dor] *m* • **atendedor de chamadas** répondeur *m*
atender [ɐtẽn'der] *vt* **1.** (*telefone*) répondre à **2.** (*em loja*) servir **3.** (*em hospital*) s'occuper de ◇ *vi* répondre
atendimento [ɐtẽndi'mẽntu] *m* **1.** accueil *m* **2.** (*em hospital*) prise *f* en charge
atentado [ɐtẽn'tađu] *m* attentat *m*
atenuante [ɐtə'nwẽntə] *f* circonstance *f* atténuante
atenuar [ɐtə'nwar] *vt* atténuer
aterragem [ɐtə'ʀaʒẽi] (*pl* **-ns** [ʃ]) *f* (*Port*) atterrissage *m*
aterrar [ɐtə'ʀar] *vi* (*Port*) atterrir ◇ *vt* épouvanter
aterrissagem [atexi'saʒẽi] (*pl* **-ns** [ʃ]) *f* (*Br*) = **aterragem**
aterrissar [atexi'sax] *vi* (*Br*) = **aterrar**
aterro [ɐ'teʀu] *m* remblai *m*
aterrorizar [ɐtəʀuri'zar] *vt* terroriser
atestado [ɐtəʃ'tađu] *m* (*declaração escrita*) attestation *f* • **atestado médico** certificat *m* médical • **atestado de óbito** certificat *m* de décès
atestar [(*Port*) ɐtəʃ'tar (*Br*), ateʃ'ta(x)] *vt* **1.** certifier, attester **2.** *AUT* faire le plein (d'essence)
ateu, ateia [ɐ'teu, ɐ'tɐjɐ] *m, f* athée *mf*
atiçar [ɐti'sar] *vt* attiser
atingir [ɐtĩ'ʒir] *vt* **1.** atteindre **2.** (*afectar*) toucher **3.** (*compreender*) saisir **4.** (*abranger*) concerner
atirar [ɐti'rar] *vt* lancer ◇ *vi* tirer
atitude [ɐti'tuđə] *f* attitude *f*
atividade [atʃivi'dadʒi] (*Br*) = **actividade**
ativo [a'tivu] (*Br*) = **activo**
Atlântico [ɐt'lɐ̃ntiku] *m* • **o Atlântico** l'Atlantique *m*
atlas ['atlɐʃ] *m inv* atlas *m*
atleta [ɐt'lɛtɐ] *mf* athlète *mf*
atletismo [ɐtlɛ'tiʒmu] *m* athlétisme *m*
atmosfera [ɐtmuʃ'fɛrɐ] *f* atmosphère *f*
ato ['atu] *m* (*Br*) = **acto**
atómico, ca [ɐ'tɔmiku, kɐ] *adj* atomique
atômico [a'tomiku] (*Br*) = **atómico**
ator, atriz [a'tox, a'triʃ] (*mpl* **-es** [iʃ], *fpl* **-es** [iʃ]) *m, f* (*Br*) = **actor**
atordoado, da [ɐtur'đwađu, đɐ] *adj* étourdi(e)
atores (*Br*) ➤ **actor**
atormentado, da [ɐturmẽn'tađu, đɐ] *adj* tourmenté(e)
atração [atra'sɐ̃u] (*pl* **-ões** [õiʃ]) *f* (*Br*) = **atracção**
atracção [ɐtra'sɐ̃u] (*pl* **-ões** [õiʃ]) *f* **1.** (*Port*) (*de íman*) attraction *f* **2.** (*de local, espectáculo*) attrait *m* **3.** (*fig*) (*simpatia*) attirance *f*
atrações ➤ **atração**
atractivo, va [ɐtra'tivu, vɐ] *adj* **1.** (*Port*) (*pessoa*) séduisant(e) **2.** (*local*) attrayant(e) ◇ *m* (*encanto*) attrait *m*
atraente [ɐtrɐ'ẽntə] *adj* **1.** (*bonito*) attirant(e) **2.** (*agradável*) attrayant(e)

atraiçoar [ɐtrai'swar] *vt* trahir ♦ **atraiçoar-se** *vp* se trahir
atrair [ɐtrɐ'ir] *vt* attirer
atrapalhar [ɐtrɐpɐ'ʎar] *vt* **1.** *(confundir)* perturber **2.** *(dificultar)* gêner ♦ **atrapalhar-se** *vp* **1.** *(em discurso)* se troubler **2.** *(face ao perigo)* s'affoler
atrás [ɐ'traʃ] *adv* derrière • **há dias atrás** il y a quelques jours • **atrás de** *(no espaço)* derrière ; *(no tempo)* après • **ficar de pé atrás** *(fig)* se tenir sur ses gardes
atrasado, da [ɐtrɐ'zadu, dɐ] *adj* **1.** arriéré(e) **2.** *(comboio, autocarro)* en retard • **chegar atrasado** arriver en retard • **estar atrasado** être en retard
atrasar [ɐtrɐ'zar] *vi* avoir du retard ◇ *vt* **1.** *(trabalho)* prendre du retard dans **2.** *(fig)* *(prejudicar)* retarder ♦ **atrasar-se** *vp* être en retard
atraso [ɐ'trazu] *m* retard *m*
atrativo, va [atra'tʃivu, vɐ] *adj* *(Br)* = **atractivo**
através [ɐtrɐ'vɛʃ] ♦ **através de** *prep* **1.** *(pelo meio de)* à travers **2.** *(por meio de)* par
atravessar [ɐtrɐvə'sar] *vt* **1.** traverser **2.** *(pôr ao través)* mettre en travers
atrelado, da [ɐtrə'ladu, dɐ] *adj* attelé(e) ◇ *m* attelage *m*
atrever-se [ɐtrə'versə] ♦ **atrever-se a** *vp + prep* oser
atrevido, da [ɐtrə'vidu, dɐ] *adj* **1.** *(audaz)* hardi(e) **2.** *(malcriado)* effronté(e)
atrevimento [ɐtrəvi'mẽntu] *m* effronterie *f*
atribuir [ɐtri'bwir] *vt* attribuer
atributo [ɐtri'butu] *m* attribut *m*
átrio ['atriu] *m* **1.** entrée *f* **2.** *(de estação de metro)* salle *f* des guichets
atrito [ɐ'tritu] *m* frottement *m* ♦ **atritos** *mpl* frictions *fpl*
atriz [a'triʒ] *(Br)* ➤ **ator**
atropelado, a [ɐtrupə'ladu, dɐ] *adj* • **ser atropelado(a)** se faire renverser
atropelamento [ɐtrupəlɐ'mẽntu] *m* • **houve um atropelamento na rua** quelqu'un a été renversé par une voiture
atropelar [ɐtrupə'lar] *vt* renverser
attachment [a'tætʃmant] *m* INFORM lien *m*
atuação [atwa'sɐ̃w] *(Br)* = **actuação**
atual [a'twau] *(pl* **-ais** [aiʃ]) *adj* *(Br)* = **actual**
atualizar [atwali'za(x)] *(Br)* = **actualizar**
atualmente [atwaw'mẽntʃi] *(Br)* = **actualmente**
atuar [a'twax] *vi* *(Br)* = **actuar**
atum [ɐ'tũ] *m* thon *m*
aturdido, da [ɐtur'didu, dɐ] *adj* étourdi(e)
audácia [au'dasjɐ] *f* audace *f*
audição [audi'sɐ̃u] *(pl* **-ões** [õiʃ]) *f* audition *f*
audiência [au'djẽsjɐ] *f* JUR audience *f*
audiovisual [ˌaudjɔvi'zwał] *(pl* **-ais** [aiʃ]) *adj* audiovisuel(elle)
auditório [audi'tɔrju] *m* **1.** *(público ouvinte)* auditoire *m* **2.** *(casa de espectáculos)* auditorium *m*
auge ['auʒə] *m* *(de carreira)* sommet *m* • **no auge da festa** quand la fête battait son plein
aula ['aulɐ] *f* cours *m* *(leçon)*

aumentar [aumẽn'tar] *vt & vi* augmenter

aumento [au'mẽntu] *m* **1.** *(de preço)* hausse *f* **2.** *(de ordenado)* augmentation *f* **3.** *(de trabalho)* surcroît *m*

auréola [au'rɛulɐ] *f* auréole *f*

aurora [au'rɔrɐ] *f* aurore *f* ● **aurora boreal** aurore boréale

auscultador [auʃkułtɐ'đor] *m (de telefone)* écouteur *m* ◆ **auscultadores** *mpl (de hi-fi, walkman)* casque *m*

auscultar [auʃkuw'ta(x)] *vt* ausculter

ausência [au'zẽsjɐ] *f* absence *f*

ausentar-se [auzẽn'tarsə] *vp* s'absenter

ausente [au'zẽntə] *adj* absent(e)

Austrália [auʃ'traljɐ] *f* ● **a Austrália** l'Australie *f*

australiano, na [auʃtrɐ'ljɐnu, nɐ] *adj* australien(enne) ◇ *m, f* Australien *m*, -enne *f*

Áustria ['auʃtriɐ] *f* ● **a Áustria** l'Autriche *f*

austríaco, ca [auʃ'triɐku, kɐ] *adj* autrichien(enne) ◇ *m, f* Autrichien *m*, -enne *f*

autenticação [*(Port)* autẽntikɐ'sɐ̃u *(Br)*, awtẽntʃika'sɐ̃w] *f* authentification *f*

autenticar [autẽnti'kar] *vt JUR (documento, assinatura)* certifier

autêntico, ca [au'tẽntiku, kɐ] *adj* **1.** *(verdadeiro)* authentique **2.** *JUR* certifié(e)

autobrilhante [ˌautɔbri'ʎẽntə] *m (para sapatos)* polish *m*

autocaravana [ˌautɔkɐrɐ'vanɐ] *f* camping-car *m*

autocarro [ˌautɔ'kaʀu] *m* **1.** *(entre cidades)* car *m* **2.** *(em cidade)* bus *m* ● **apanhar o autocarro** prendre le bus/le car

autoclismo [ˌautɔ'kliʒmu] *m* chasse *f* d'eau ● **puxar o autoclismo** tirer la chasse

autocolante [ˌautɔku'łẽntə] *adj* autocollant(e) ◇ *m* autocollant *m*

autodomínio [ˌautɔđu'minju] *m* maîtrise *f* de soi

autódromo [au'tɔđrumu] *m* circuit *m* automobile

auto-escola [ˌawtoiʃ'kɔla] *f* auto-école *m*

auto-estima [ˌautɔəʃ'timɐ] *f* amour-propre *m*

auto-estrada [ˌautɔʃ'trađɐ] *f* autoroute *f*

autografar [autugrɐ'far] *vt* signer un autographe sur

autógrafo [au'tɔgrɐfu] *m* autographe *m*

autolocadora [ˌautoluka'dorɐ] *f (Br)* agence *f* de location de véhicules

automático, ca [autu'matiku, kɐ] *adj* automatique

automatização [autumɐtizɐ'sɐ̃u] *(pl* **-ões** [õiʃ]) *f* automatisation *f*

automobilismo [autumuƀi'liʒmu] *m* sport *m* automobile

automobilista [autumuƀi'liʃtɐ] *mf* automobiliste *mf*

automotora [ˌautɔmu'torɐ] *f* autorail *m*

automóvel [autu'mɔvɛł] *(pl* **-eis** [ɐiʃ]) *m* automobile *f*

autópsia [au'tɔpsjɐ] *f MED* autopsie *f*

autor, ra [au'tor, rɐ] *(mpl* **-es** [əʃ], *fpl* **-s** [ʃ]) *m, f* auteur *mf (aussi: auteure nf)*

auto-retrato [ˌautɔʀə'tratu] *m* autoportrait *m*

autoridade [auturi'đađə] *f* autorité *f*

autorização [auturizɐ'sɐ̃u] (*pl* **-ões** [õiʃ]) *f* autorisation *f*

autorizar [auturi'zar] *vt* autoriser

auto-serviço [ˌautosex'visu] *m* (*Br*) self-service *m*

auxiliar [ausə'ljar] (*pl* **-es** [əʃ]) *adj* auxiliaire ◇ *mf* **1.** auxiliaire *mf* **2.** (*em hospital*) aide-soignant *m*, -e *f* ◇ *vt* aider

auxílio [au'silju] *m* aide *f*

auxílio-desemprego [auˌsiljudʒizẽm'pregu] (*pl* **auxílios-desemprego** [auˌsiljuʒdʒizẽm'pregu]) *m* (*Br*) allocation *f* chômage

Av. (*abrev de avenida*) av. (*avenue*)

avalanche [ɐvɐ'lɐ̃ʃə] *f* avalanche *f*

avaliação [ɐvɐljɐ'sɐ̃u] (*pl* **-ões** [õiʃ]) *f* évaluation *f*

avaliar [ɐvɐ'ljar] *vt* évaluer ● **a avaliar por** (*a julgar por*) à en juger par

avançado, da [ɐvɐ̃'sađu, đɐ] *adj* **1.** (*país*) en avance **2.** (*método, sistema*) avancé(e) **3.** (*pessoa*) évolué(e) ◇ *m, f* DESP avant *m* ◇ *m* (*de caravana*) auvent *m*

avançar [ɐvɐ̃'sar] *vi* **1.** (*ir para a frente*) avancer **2.** (*aproximar-se*) s'avancer

avarento, ta [ɐvɐ'rẽntu, tɐ] *adj & mf inv* avare

avaria [ɐvɐ'riɐ] *f* panne *f*

avariado, da [ɐvɐ'rjađu, đɐ] *adj* en panne

ave ['avə] *f* oiseau *m*

aveia [ɐ'vɐjɐ] *f* avoine *f*

avelã [ɐvə'lɐ̃] *f* noisette *f*

avenca [ɐvẽŋkɐ] *f* cheveu-de-Vénus *m* (*fougère*)

avenida [ɐvə'niđɐ] *f* avenue *f*

avental [ɐvẽn'tał] (*pl* **-ais** [aiʃ]) *m* tablier *m*

aventura [ɐvẽn'turɐ] *f* aventure *f* ● **partir à aventura** partir à l'aventure

aventureiro, ra [ɐvẽntu'rɐiru, rɐ] *m, f* aventurier *m*, -ère *f*

averiguação [ɐvərigwɐ'sɐ̃u] (*pl* **-ões** [õiʃ]) *f* **1.** (*investigação*) recherche *f* **2.** (*inquérito policial*) enquête *f*

averiguar [ɐveri'gwar] *vt* **1.** (*investigar*) enquêter sur **2.** (*verdade*) vérifier

avesso [ɐ'vesu] *m* envers *m* ◇ *adj* ● **avesso a** hostile à ● **pelo avesso** à l'envers

avestruz [ɐvəʃ'truʃ] (*pl* **-es** [zəʃ]) *f* autruche *f*

avião [ɐ'vjɐ̃u] (*pl* **-ões** [õiʃ]) *m* avion *m* ▼ **por avião** par avion

ávido, da ['aviđu, đɐ] *adj* ● **ávido de** avide de

aviões ➤ **avião**

avisar [ɐvi'zar] *vt* avertir

aviso [ɐ'vizu] *m* **1.** (*sinal, letreiro*) écriteau *m* **2.** (*advertência*) avertissement *m* **3.** (*notificação*) avis *m* ● **aviso de recepção** accusé *m* de réception ● **aviso prévio** préavis *m*

avistar [ɐviʃ'tar] *vt* apercevoir

avô, avó [ɐ'vo, ɐ'vɔ] *m, f* grand-père *m*, grand-mère *f*

avós [ɐ'vɔʃ] *mpl* (*avó e avô*) grands-parents *mpl*

avulso, sa [ɐ'vułsu, sɐ] *adj* détaché(e) ◇ *adv* en vrac

axila [ɐk'silɐ] *f* aisselle *f*

azálea [aza'lɛja] *f* azalée *f*

azar [ɐ'zar] (*pl* **-es** [əʃ]) *m* **1.** *(falta de sorte)* malchance *f* **2.** *(acaso)* hasard *m* • **estar com azar** ne pas avoir de chance • **por azar** par malchance
azarado, da [ɐzɐ'radu, dɐ] *adj* malchanceux(euse)
azares ➤ **azar**
azedar [ɐzə'dar] *vi* tourner *(lait)*
azedo, da [ɐ'zedu, dɐ] *adj* **1.** *(sopa)* aigre **2.** *(laranja)* acide
azeite [ɐ'zɐitə] *m* huile *f* d'olive
azeitona [ɐzɐi'tonɐ] *f* olive *f* • **azeitonas pretas** olives noires • **azeitonas recheadas** olives farcies • **azeitonas retalhadas** olives concassées
azevinho [ɐzə'viɲu] *m* houx *m*
azinheira [ɐzi'ɲɐirɐ] *f* chêne *m* liège
azul [ɐ'zuɫ] (*pl* **azuis** [ɐ'zuiʃ]) *adj* bleu(e) ◇ *m* bleu *m*
azul-claro, azul-clara [ɐˌzuɫ'klaru, ɐˌzuɫ'klarɐ] (*mpl* **azul-claros** [ɐˌzuɫ'klaruʃ], *fpl* **azul-claras** [ɐˌzuɫ'klarɐʃ]) *adj* bleu clair *inv*
azulejo [ɐzu'lɐiʒu] *m* azulejo *m*

Os azulejos

Cet art a été introduit dans la péninsule ibérique par les Arabes. Ornant la quasi-totalité des monuments et des églises catholiques depuis les XVe et XVIe siècles, les *azulejos* ont beaucoup contribué à enrichir l'architecture portugaise religieuse et profane. Considérés comme une des principales richesses du patrimoine artistique du pays, de nombreux *azulejos* anciens peuvent être admirés au Musée national de l'*Azulejo*, hébergé par le Couvent de la Mère de Dieu, à Lisbonne.

azul-escuro, azul-escura [ɐˌzuləʃ'kuru, ɐˌzuləʃ'kurɐ] (*mpl* **azul-escuros** [ɐˌzuɫəʃ'kuruʃ], *fpl* **azul-escuras** [ɐˌzuɫəʃ'kurɐʃ]) *adj* bleu foncé *inv*
azul-marinho [ɐˌzuɫmɐ'riɲu] *adj inv* bleu marine
azul-turquesa [ɐˌzuɫtur'kezɐ] *adj inv* turquoise

b B

baba ['babɐ] *f* bave *f*
babá [ba'ba] *f* (*Br*) nourrice *f*
babar-se [bɐ'barsə] *vp* baver
baby-sitter [ˌbɐibi'sitɛr] *f* baby-sitter *f*
bacalhau [bɐkɐ'ʎau] *m* morue *f* • **bacalhau assado (na brasa)** morue grillée • **bacalhau à Brás** *hachis de morue et de frites* • **bacalhau cru desfiado** *morue crue à l'huile et au vinaigre* • **bacalhau à Gomes de Sá** *hachis de morue, de pommes de terre à l'eau et d'œufs durs en rondelles* • **bacalhau à Lagareiro** *tranches de morue panées et cuites au four* • **bacalhau com natas** morue à la crème • **bacalhau podre** *hors-d'œuvre à base de morue cou-*

pée en petits cubes • **bacalhau à Zé do Pipo** brandade *f* de morue

O bacalhau

Pêchée dans les mers glacées du Nord et séchée au soleil portugais, la morue est connue comme *o fiel amigo* (l'amie fidèle, celle sur qui on peut toujours compter).
Ce poisson, autrefois bon marché, a toujours été très prisé en cuisine dans tout le pays. Elle peut être apprêtée de bien des manières, de sorte que l'on a coutume de dire qu'il y a « cent façons de préparer un plat de morue ».
Au réveillon de Noël, la tradition portugaise veut que l'on mange de la morue cuite avec des pommes de terre, du chou et un œuf.

bacia [bɐ'siɐ] *f* **1.** bassin *m* **2.** *(recipiente)* bassine *f*
backbone [bak'boni] (*pl* **-s** [ʃ]) *m* épine *f* dorsale
backup [ba'kapi] (*pl* **-s** [ʃ]) *m* *INFORM* secours *m* informatique
baço, ça ['basu, sɐ] *adj* **1.** *(metal)* terni(e) **2.** *(sem brilho)* mat(e) • **o vidro está baço** on ne voit pas à travers la vitre
bacon ['bɐikɐn] *m* bacon *m*
bactéria [bɐk'tɛrjɐ] *f* bactérie *f*
badejo [ba'deʒu] *m* (*Br*) merlan *m*
badminton [bađ'mĩntɐn] *m* badminton *m*
bafo ['bafu] *m* haleine *f*
bafômetro [(*Br*) ba'fometru] *m* alcootest *m*
baforada [bɐfu'rađɐ] *f* bouffée *f*
bagaço [bɐ'gasu] *m* (*Port*) marc *m* (de raisin)
bagageira [bɐgɐ'ʒɐirɐ] *f* coffre *m*
bagageiro [bɐgɐ'ʒɐiru] *m* bagagiste *m*
bagagem [bɐ'gaʒẽi] (*pl* **-ns** [ʃ]) *f* bagage *m* • **depositar a bagagem** déposer les bagages • **despachar a bagagem** enregistrer les bagages
bagatela [bɐgɐ'tɛlɐ] *f* bagatelle *f*
bago ['bagu] *m* grain *m*
bagunça [ba'gũsɐ] *f* (*Br*) pagaille *f*
Bahia [bɐ'iɐ] *f* (*Br*) Bahia *f*

Bahia

On dit qu'à Bahia, au nord-est du Brésil, il y a 365 églises, une pour chaque jour de l'année. En réalité, il y en a beaucoup plus. Outre les sanctuaires religieux, l'État de Bahia compte de nombreux sanctuaires naturels qui s'étendent sur ses plus de 1000 kilomètres de plages, d'îles et de baies. Sa capitale, Salvador, est la Rome noire de l'Amérique latine. Les Afro-Brésiliens y ont développé leur culture, caractérisée par un heureux mariage entre catholicisme et cultes apportés du continent-mère, l'Afrique.

baía [bɐ'iɐ] *f* baie *f* ◆ **Baía** *f* (*Port*) = Bahia
bailado [bai'lađu] *m* ballet *m*
bailarino, na [bailɐ'rinu, nɐ] *m, f* danseur *m*, -euse *f*
baile ['bailə] *m* bal *m*

bainha [bɐ'iɲɐ] *f* **1.** *(de calças, saia)* ourlet *m* **2.** *(de espada)* fourreau *m*
Bairrada [bai'ʀađɐ] *f* • **a Bairrada** *région du centre du Portugal, réputée pour ses vins et son cochon de lait*
bairro ['baiʀu] *m* quartier *m* • **bairro da lata** (*Port*) bidonville *m*
baixa ['baiʃɐ] *f* **1.** *(de cidade)* ville *f* basse **2.** *(médica)* congé *m* (de) maladie **3.** *(de preço)* baisse *f* **4.** *(durante os saldos)* réduction *f*
baixar [bai'ʃar] *vt* & *vi* baisser ◆ **baixar-se** *vp* se baisser
baixar [baj'ʃa(x)] *vt INFORM (fazer download)* • **baixar um arquivo** télécharger un fichier
baixo, xa ['baiʃu, ʃɐ] *adj* **1.** bas (basse) **2.** *(pessoa)* petit(e) ◇ *adv* **1.** *(falar, rir)* tout bas **2.** *(relativo a posição)* bas ◇ *m (instrumento)* basse *f* • **em baixo** en bas • **mais baixo** plus bas ; *(pessoa, objecto)* plus petit ; *(falar)* moins fort • **o mais baixo/a mais baixa** le plus petit/la plus petite ; *(preço, valor)* le plus bas/la plus basse • **para baixo** en bas ; *(mais abaixo)* plus bas • **por baixo de** sous • **estar em baixo** (*Port*) ne pas avoir le moral
bajulador, ra [baʒula'do(x), ra] (*mpl* -es, *fpl* -s) *adj* flatteur(euse)
bajular [baʒu'la(x)] *vt* flatter
bala ['balɐ] *f* **1.** *(de arma)* balle *f* **2.** (*Br*) *(rebuçado)* bonbon *m* • **à prova de bala** pare-balles
balança [bɐ'lɐ̃sɐ] *f* balance *f* ◆ **Balança** *f* (*Port*) Balance *f*
balançar [bɐlɐ̃'sar] *vt* balancer ◇ *vi* **1.** *(baloiço)* se balancer **2.** *(barco)* tanguer
balancé [bɐlɐ̃'sɛ] *m* balançoire *f*
balanço [ba'lɐ̃su] *m* **1.** *(de criança)* balançoire *f* **2.** *(ação)* bilan *m*
balão [bɐ'lɐ̃u] (*pl* -ões [õiʃ]) *m* **1.** *(de borracha)* ballon *m* **2.** *(de transporte)* ballon *m* dirigeable • **soprar no balão** (*fam*) souffler dans le ballon
balbuciar [bałbu'sjar] *vt* & *vi* balbutier
balbúrdia [bał'burđjɐ] *f* **1.** (*fam*) *(desordem)* bazar *m* **2.** *(barulho)* vacarme *m*
balcão [bał'kɐ̃u] (*pl* -ões [õiʃ]) *m* **1.** *(de bar, loja)* comptoir *m* **2.** *(de teatro, casa)* balcon *m* • **balcão nobre** (*Br*) *(de teatro)* loge *f* • **balcão simples** (*Br*) *(de teatro)* balcon *m*
Balcãs [bał'kɐ̃ʃ] *mpl* • **os Balcãs** les Balkans
balde ['bałđə] *m* seau *m*
baldeação [baudja'sɐ̃u] (*pl* -ões [õiʃ]) *f* (*Br*) correspondance *f* • **fazer baldeação** prendre une correspondance
balé [ba'lɛ] *m* (*Br*) = **ballet**
baleia [bɐ'lɐjɐ] *f* baleine *f*
baliza [bɐ'lizɐ] *f DESP* buts *mpl*
ballet [ba'le] *m* (*Port*) ballet *m*
balneário [bał'njarju] *m* vestiaire *m*
balões [ba'lõjʃ] ➤ **balão**
balofo, fa [ba'lofu, fa] *adj* bouffi(e) ◇ *m, f* gros(grosse)
baloiço [bɐ'loisu] *m* balançoire *f*
bálsamo ['bałsɐmu] *m* baume *m*
báltico, ca ['bałtiku, kɐ] *adj* balte • **os países bálticos** les pays Baltes
bambu [bɐ̃m'bu] *m* bambou *m*
banal [bɐ'nał] (*pl* -ais [aiʃ]) *adj* banal(e)
banana [bɐ'nɐnɐ] *f* banane *f*
bananada [bana'nadɐ] *f* (*Br*) *pâte de fruit à la banane*
bananeira [bɐnɐ'nɐirɐ] *f* bananier *m*

banca ['bẽŋkɐ] *f* **1.** *(de cozinha)* plan *m* de travail **2.** *(de trabalho)* établi *m* **3.** *(de mercado)* étal *m* **4.** *FIN* banque *f* • **banca de jornais** *(Br)* kiosque *m* à journaux

bancada [bẽŋ'kađɐ] *f* *(Port)* gradins *mpl*

bancário, ria [bɑ̃ŋ'karju, rja] *adj* bancaire ◇ *m, f* employé *m*, -e *f* de banque

banco ['bẽŋku] *m* **1.** *(de cozinha)* tabouret *m* **2.** *(de carro)* siège *m* **3.** *FIN* banque *f* **4.** *(de hospital)* urgences *fpl* • **banco de areia** banc *m* de sable • **banco de dados** banque de données • **banco de jardim** banc *m*

banda ['bẽndɐ] *f* **1.** *(lado)* côté *m* **2.** *(margem)* rive *f* **3.** *(filarmónica)* fanfare *f* **4.** *(de rock)* groupe *m* • **pôr de banda** *(fam & fig)* mettre de côté • **banda desenhada** *(Port)* bande *f* dessinée • **banda larga** *INFORM* bande *f* passante, largeur *f* de bande • **banda sonora** bande-son *f* • **à banda** de travers

bandarilha [bẽndɐ'riʎɐ] *f* banderille *f*

bandeira [bẽn'dɐirɐ] *f* **1.** drapeau *m* **2.** *(em transporte público)* *panonceau actionné par le chauffeur du bus pour indiquer la direction* • **rir a bandeiras despregadas** *(fam)* rire à gorge déployée

bandeirinha [bɑ̃n'dejriɲa] *m* juge *m* de touche

bandeja [bẽn'dɐiʒɐ] *f* plateau *m*

bandejão [bẽnde'ʒɐ̃u] *(pl* **-ões** [õiʃ]*)* *f* *(Br)* plateau-repas *m*

bandido, da [bẽn'điđu, đɐ] *m, f* bandit *m*

bando ['bẽndu] *m* **1.** *(de aves)* volée *f* **2.** *(de criminosos)* bande *f*

bandolim [bẽndu'lĩ] *(pl* **-ns** [ʃ]*)* *m* mandoline *f*

bangaló [bẽŋgɐ'lɔ] *m* *(Port)* bungalow *m*

bangalô [bẽŋga'lo] *m* *(Br)* = **bangaló**

banha ['bɐɲɐ] *f* • **banha (de porco)** saindoux *m*

banheira [bɐ'ɲɐirɐ] *f* baignoire *f*

banheiro [bɐ'ɲɐiru] *m* **1.** *(de praia, piscina)* maître *m* nageur **2.** *(Br)* *(quarto de banho)* salle *f* de bains

banhista [bɐ'ɲiʃtɐ] *mf* baigneur *m*, -euse *f*

banho ['bɐɲu] *m* bain *m* • **tomar banho** prendre un bain • **tomar banhos de sol** prendre un bain de soleil

banho-maria [ˌbɐɲumɐ'riɐ] *m* bain-marie *m* • **cozer em banho-maria** cuire au bain-marie

banir [bɐ'nir] *vt* bannir *m*

banjo ['bẽʒu] *m* banjo *m*

banner ['banex] *(pl* **-s***)* *m* *INFORM* bannière *f*

banquete [bẽŋ'ketə] *m* banquet *m*

baptismo [ba'tiʒmu] *m* *(Port)* baptême *m (cérémonie)*

baptizado [bati'zađu] *m* *(Port)* baptême *m (réception)*

bar ['bar] *(pl* **-es** [əʃ]*)* *m* bar *m*

baralhar [bɐrɐ'ʎar] *vt* **1.** *(cartas de jogar)* battre **2.** *(confundir)* brouiller ◆ **baralhar-se** *vp* s'embrouiller

baralho [bɐ'raʎu] *m* • **baralho (de cartas)** jeu *m* de cartes

barão [bɐ'rɐ̃u] *(pl* **-ões** [õiʃ]*)* *m* baron *m*

barata [bɐ'ratɐ] *f* cafard *m*

barato, ta [bɐ'ratu, tɐ] *adj* pas cher (pas chère) ◇ *adv* **1.** *(comprar)* bon marché **2.** *(vender)* à bas prix ◇ *m* *(Br)* *(fam)* • **foi o maior barato** ça a été super • **o mais barato** le moins cher

barba ['barbɐ] *f* barbe *f* • **fazer a barba** se raser

barbante [bax'bẽntʃi] *m* (*Br*) ficelle *f*

barbatana [bɐrbɐ'tɐnɐ] *f* **1.** (*de peixe*) nageoire *f* **2.** (*de nadador*) palme *f*

barbeador [baxbjɐ'dox] (*pl* **-es** [iʃ]) *m* (*Br*) • **barbeador (elétrico)** rasoir *m* (électrique)

barbear-se [bɐr'bjarsə] *vp* se raser

barbeiro [bɐr'bɐiru] *m* coiffeur *m* pour hommes

barca ['baxkɐ] *f* **1.** (*Br*) barque *f* **2.** (*de travessia*) bac *m*

barco ['barku] *m* bateau *m* • **barco a motor** bateau à moteur • **barco rabelo** *bateau à fond plat qui descendait le Douro chargé de tonneaux de vin de Porto* • **barco a remos** bateau à rames • **barco à vela** bateau à voile

bares ➤ **bar**

barman ['barmẽn] (*pl* **-s** [ʃ]) *m* barman *m*

barões [ba'rõjʃ] ➤ **barão**

baronesa [bɐru'nezɐ] *f* baronne *f*

barra ['baʀɐ] *f* **1.** barre *f* **2.** (*Br*) (*de rio*) embouchure *f* **3.** (*Br*) (*fam*) (*situação*) galère *f* ◇ *m* (*fam*) • **ser um barra em** être fort en

barraca [bɐ'ʀakɐ] *f* **1.** (*de feira*) baraque *f* **2.** (*de bairro da lata*) baraquement *m* **3.** (*de campismo*) bungalow *m*

barraco [ba'xaku] *m* (*Br*) baraquement *m*

barragem [bɐ'ʀaʒẽi] (*pl* **-ns** [ʃ]) *f* barrage *m*

barranco [bɐ'ʀẽŋku] *m* ravin *m*

barrar [bɐ'ʀar] *vt* • **barrar pão com manteiga** beurrer du pain • **barrar com paté** tartiner du pâté

barreira [bɐ'ʀɐirɐ] *f* **1.** (*de rio, estrada*) bord *m* **2.** DESP haie *f* **3.** (*fig*) (*obstáculo*) embûche *f*

barrento, ta [bɐ'ʀẽntu, tɐ] *adj* boueux(euse)

barrete [bɐ'ʀetə] *m* bonnet *m* • **enfiar o barrete** (*Port*) (*fam*) se faire avoir

barriga [bɐ'ʀigɐ] *f* ventre *m* • **barriga da perna** mollet *m* • **de barriga para cima** sur le dos • **de barriga para baixo** sur le ventre • **ter a barriga a dar horas** (*fam*) avoir une faim de loup

barriga-de-freira [bɐ,ʀigɐdə'frɐirɐ] (*pl* **barrigas-de-freira** [bɐ,ʀigɐʒdə'frɐirɐ]) *f* *confiserie parfumée à la cannelle, riche en jaune d'œuf*

barril [bɐ'ʀiɫ] (*pl* **-is** [iʃ]) *m* **1.** (*de cerveja*) baril *m* **2.** (*de vinho*) tonneau *m*

barro ['baʀu] *m* terre *f* glaise

barroco, ca [bɐ'ʀoku, kɐ] *adj* baroque ◇ *m* baroque *m*

barulhento, ta [bɐru'ʎẽntu, tɐ] *adj* bruyant(e)

barulho [bɐ'ruʎu] *m* **1.** (*ruído*) bruit *m* **2.** (*confusão*) raffut *m* • **pouco barulho!** du calme !

base ['bazə] *f* **1.** (*suporte*) base *f* **2.** (*centro de operações*) base *f* (militaire) **3.** (*de maquilhagem*) fond *m* de teint • **base de dados** INFORM base de données

basebol [bɐizə'bɔɫ] *m* base-ball *m*

básico, ca ['baziku, kɐ] *adj* **1.** (*ensino*) obligatoire **2.** (*produto*) de base **3.** (*fundamental*) essentiel(elle)

basílica [bɐ'zilikɐ] *f* basilique *f*

basquete ['baʃkɛtə] *m* = **basquetebol**
basquetebol [ˌbaʃkɛtə'ɓɔł] *m* (*Port*) basket-ball *m*
basta ['baʃtɐ] *interj* ça suffit !
bastante [bɐʃ'tẽntə] *adj & adv* **1.** (*muito*) beaucoup **2.** (*suficiente*) assez • **tenho bastante frio** j'ai très froid • **bastantes vezes** souvent
bastar [bɐʃ'tar] *vi* suffire
bastidores [bɐʃti'đorəʃ] *mpl* coulisses *fpl*
bata ['batɐ] *f* blouse *f*
batalha [bɐ'taʎɐ] *f* bataille *f* • **batalha naval** bataille navale
batata [bɐ'tatɐ] *f* pomme *f* de terre • **batatas assadas** pommes de terre rissolées • **batatas cozidas** pommes de terre bouillies • **batata doce** patate *f* douce • **batatas fritas** frites *fpl* • **batata palha** pommes *fpl* allumettes
batata-doce [baˌtata'dosi] (*pl* **batatas-doces** [baˌtataʃ'dosəʃ]) *f* patate *f* douce
bate-chapas [ˌbatə'ʃapɐʃ] *m inv* carrossier *m*
batedeira [bɐtə'đeirɐ] *f* • **batedeira (eléctrica)** batteur *m* (électrique)
bátega ['batəgɐ] *f* averse *f*
batelada [bate'lada] *f* batelée *f*, tripotée *f* (*fam*)
batente [bɐ'tẽntə] *m* **1.** (*meia-porta*) battant *m* **2.** (*aldraba*) heurtoir *m*
bate-papo [ˌbatʃi'papu] (*pl* **bate-papos** [ˌbatʃi'papuʃ]) *m* (*Br*) (*fam*) causette *f*
bater [bɐ'ter] *vt & vi* battre • **bater a** (*porta, janela*) frapper à • **bater com algo contra/em algo** frapper qqch contre/sur qqch • **bati com a cabeça na parede** je me suis cogné la tête contre le mur • **bater os dentes** claquer des dents • **bater em** (*agredir*) frapper ; (*ir de encontro a*) rentrer dans • **bater à máquina** (*Br*) taper à la machine • **bater papo** (*Br*) discuter • **bater o pé** taper du pied • **bater com o pé** donner un coup de pied • **bater com a porta** claquer la porte • **bater a bota** (*fam*) casser sa pipe
bateria [bɐtə'riɐ] *f* batterie *f*
baterista [bɐtə'riʃtɐ] *mf* batteur *m*, -euse *f*
batida [ba'tʃidɐ] *f* **1.** (*Br*) (*de veículo*) accident *m* **2.** (*de polícia*) descente *f* **3.** (*bebida*) batida *f*, *cocktail à base d'eau-de-vie et de sucre de canne*
batido [bɐ'tiđu] *m* (*Port*) milk-shake *m*
batismo [ba'tʃiʒmu] *m* (*Br*) = **baptismo**
batizado [batʃi'zadu] *m* (*Br*) = **baptizado**
batom [ba'tõ] (*pl* **-ns** [ʃ]) *m* rouge *m* à lèvres • **batom para o cieiro** (*Port*) baume *m* protecteur pour les lèvres
batota [bɐ'tɔtɐ] *f* tricherie *f* • **fazer batota** tricher
batuque [ba'tuki] *m* (*Br*) *accompagnement de percussions dans la samba ou lors des cérémonies religieuses du candomblé*
baú [ba'u] *m* coffre *m*
baunilha [bau'niʎɐ] *f* vanille *f*
bazar [bɐ'zar] (*pl* **-es** [əʃ]) *m* bazar *m*
BCG (*abrev de bacille Calmette-Guérin*) *m* BCG *m*
beata ['bjatɐ] *f* mégot *m*
bêbado, da ['bebɐđu, đɐ] *adj* ivre ◇ *m, f* ivrogne *mf*
bebé [bɛ'ɓɛ] *m* (*Port*) bébé *m* ▼ **bebé a bordo** bébé à bord
bebê [be'be] *m* (*Br*) = **bebé**

bebedeira [bəbə'đeirɐ] *f* ivresse *f* • **apanhar uma bebedeira** (*fam*) se soûler
beber [bə'ƀer] *vt & vi* boire
bebida [bə'ƀiđɐ] *f* boisson *f* • **bebida alcoólica** boisson alcoolisée
beça ['bɛsɐ] ◆ **à beça** *adv* (*Br*) (*fam*) vachement
beco ['beku] *m* ruelle *f* • **beco sem saída** impasse *f*
bege ['bɛʒə] *adj inv* beige
begónia [bə'gɔnjɐ] *f* (*Port*) bégonia *m*
begônia [be'gonjɐ] *f* (*Br*) = **begónia**
beija-flor [ˌbɐiʒɐ'flor] (*pl* **beija-flores** [ˌbɐiʒɐ'florəʃ]) *m* colibri *m*
beijar [bɐi'ʒar] *vt* embrasser ◆ **beijar-se** *vp* s'embrasser
beijinho [bɐiʒiɲu] *m* bisou *m*
beijo ['bɐiʒu] *m* baiser *m*
beira ['bɐirɐ] *f* bord *m* • **à beira de** au bord de
beira-mar [ˌbɐirɐ'mar] *f* bord *m* de mer • **à beira-mar** au bord de la mer
beira-rio [ˌbɐirɐ'ʀiu] *f* • **à beira-rio** (*pequeno*) au bord de la rivière ; (*grande*) au bord du fleuve
beisebol [bejze'bɔw] (*Br*) = **basebol**
belas-artes [ˌbɛlɐ'zartəʃ] *fpl* beaux-arts *mpl*
beldade [bɛɫ'đađə] *f* beauté *f*
Belém [bə'l˜ɐi] *s* Belém, *quartier de Lisbonne*

Belém

C'est l'un des quartiers les plus connus de Lisbonne. Situé à l'embouchure du Tage, il abrite divers monuments importants, comme le monastère des Hiéronymites, les musées de la Marine, de l'Art populaire et, le plus visité de Lisbonne, celui des Carrosses. Initialement construite au XVe siècle comme fortification du Tage, la tour de Belém est un joyau d'architecture manuéline qui rend hommage aux découvertes de l'époque. Le quartier abrite également le palais de Belém, résidence officielle du président de la République. Belém est enfin le lieu d'origine des célèbres petits flans à la crème appelés *pastéis de Belém*.

beleza [bə'lezɐ] *f* **1.** beauté *f* **2.** (*Br*) (*festa*) merveille *f* **3.** (*Br*) (*comida*) régal *m* • **que beleza!** que c'est beau !
belga ['bɛɫgɐ] *adj* belge ◇ *mf* Belge *mf*
Bélgica ['bɛɫʒikɐ] *f* • **a Bélgica** la Belgique
beliche [bə'liʃə] *m* **1.** (*cama*) lits *mpl* superposés **2.** (*em comboio*) couchette *f*
beliscão [bəliʃ'kɐ̃u] (*pl* **-ões** [õiʃ]) *m* pincement *m*
beliscar [bəliʃ'kar] *vt* pincer
beliscões [beliʃ'kõjʃ] ➤ **beliscão**
belo, la ['bɛlu, lɐ] *adj* beau (belle)
bem ['bɐ̃i] *m* bien *m* • **praticar o bem** faire le bien
◇ *adv*
1. (*ger*) bien • **dormiu bem?** vous avez bien dormi ? • **fez bem!** vous avez bien fait ! • **sente-se bem?** vous vous sentez bien ? • **estar bem** être bien ; (*de saúde*) aller bien • **queria uma bebida bem gelada** je voudrais une boisson bien glacée

• **quero um quarto bem quente** je veux une chambre bien chaude • **é um quarto bem grande** c'est une chambre bien grande • **é um lugar bem bonito** c'est un endroit bien beau • **foi bem ali** c'était bien là • **não é bem assim** ce n'est pas tout à fait ça • **não é bem aqui, é mais para baixo** ce n'est pas tout à fait ici, c'est un peu plus bas
2. *(suficiente)* • **estar bem** suffire
3. *(com cheirar, saber)* bon • **souberam-me bem estas férias** ces vacances m'ont vraiment plu
4. *(com passar)* bon (bonne) • **passem bem meus senhores!** bonne continuation, messieurs ! • **passou bem, senhor Costa?** comment allez-vous, monsieur Costa ?
5. *(em locuções)* • **a bem ou a mal** bon gré, mal gré • **eu bem te avisei** je t'avais bien prévenu • **bem como** ainsi que • **bem feito!** bien fait ! • **está bem!** ça suffit ! • **muito bem!** très bien ! • **ou bem... ou bem...** ou bien... ou bien... • **se bem que** bien que
◇ *adj inv (pej)* • **gente bem** des gens bien • **menino bem** fils à papa
◆ **bens** *mpl* biens *mpl* • **bens imóveis** ou **de raiz** biens immobiliers • **bens de consumo** biens de consommation

bem-disposto, **osta** [bẽidiʃ'poʃtu, ɔʃtɐ] *adj* • **estar bem-disposto** être de bonne humeur

bem-estar [bẽiʃ'tar] *m* bien-être *m inv*

bem-vindo, **da** [bẽi'vĩndu, dɐ] *adj* bienvenu(e)

bendizer [bẽndi'zer] *vt* faire les louanges de

beneficência [bənəfi'sẽsjɐ] *f* bienfaisance *f*

beneficiar [bənəfi'sjar] *vt* avantager

benefício [bənə'fisju] *m* avantage *m*

benéfico, **ca** [bə'nɛfiku, kɐ] *adj* **1.** *(vantajoso)* avantageux(euse) **2.** *(saudável)* bénéfique

Benelux [bənə'luks] *m* • **o Benelux** le Benelux

benevolência [bənəvu'lẽsjɐ] *f* bienveillance *f*

benévolo, **la** [bene'volu, bene'vola] *adj* bénévole

bengala [bẽŋ'galɐ] *f* canne *f*

bengaleiro [bẽŋgɐ'lɐiru] *m* **1.** *(em casa de espectáculos)* vestiaire *m* **2.** *(cabide)* portemanteau *m*

benigno, **gna** [bə'nignu, gnɐ] *adj* bénin(igne)

benzer [bẽ'zer] *vt* bénir ◆ **benzer-se** *vp* se signer

berbequim [bərbə'kĩ] (*pl* **-ns** [ʃ]) *m* (*Port*) perceuse *f*

berbigão [bərbi'gẽu] (*pl* **-ões** [õiʃ]) *m* coque *f*

berço ['bersu] *m* berceau *m*

berimbau ['berĩbau] *m* (*Br*) *instrument musical de la capoeira en forme d'arc*

beringela [bərĩ'ʒɛlɐ] *f* (*Port*) aubergine *f*

berinjela [berĩ'ʒɛlɐ] *f* (*Br*) = **beringela**

berloque [bər'lɔkə] *m* breloque *f*

berma ['bermɐ] *f* bas-côté *m*

bermuda [bex'mudɐ] *f* (*Br*) = **bermudas**

bermudas [bər'mudɐʃ] *fpl* (*Port*) bermuda *m*

berrante [bex'ãntʃi] *adj* criard(e)

besouro [bə'zoru] *m* hanneton *m*

besta ['beʃtɐ] *f* bête *f* (de somme) • **que besta!** (*fam*) quel idiot !

besteira [beʃ'tɐirɐ] *f* (*Br*) (*fam*) **1.** (*asneira*) bêtise *f* **2.** (*insignificância*) broutille *f*

bestial [bəʃ'tjał] (*pl* **-ais** [aiʃ]) *adj* (*Port*) (*fam*) (*formidável*) génial(e)

besugo [bə'zugu] *m* daurade *f*

besuntar [bəzũn'tar] *vt* **1.** (*untar*) enduire **2.** (*sujar com gordura*) tacher de graisse • **besuntar algo com algo** enduire qqch de qqch

betão [bə'tɐ̃u] *m* (*Port*) béton *m*

beterraba [bətə'ʀaƀɐ] *f* betterave *f*

betoneira [bətu'nɐirɐ] *f* bétonnière *f*

bétula ['bɛtulɐ] *f* bouleau *m*

bexiga [bə'ʃigɐ] *f* vessie *f* • **bexigas doidas** (*fam*) varicelle *f*

bezerro, a [bə'zeʀu, ɐ] *m, f* veau *m*, génisse *f*

B.I. *m* (*Port*) (*abrev de Bilhete de Identidade*) CNI *f* (*Carte Nationale d'Identité*)

B.I. (*abrev de Bilhete de Identidade*) carte *f* d'identité

biberão [biƀə'rɐ̃u] (*pl* **-ões** [õiʃ]) *m* biberon *m*

Bíblia ['biƀliɐ] *f* Bible *f*

biblioteca [biƀliu'tɛkɐ] *f* bibliothèque *f* • **biblioteca itinerante** ≃ bibliobus *m*

bibliotecário, ria [bibljote'karju, rja] *mf* bibliothécaire *mf*

bica ['bikɐ] *f* **1.** (*de água*) fontaine *f* **2.** (*Port*) (*café*) express *m* • **bica cheia** (*Port*) café *m* allongé • **bica curta** (*Port*) café *m* serré

bicar [bi'kar] *vt* & *vi* picorer

bicha ['biʃɐ] *f* (*Port*) queue *f*

bicho ['biʃu] *m* bestiole *f*

bicho-da-seda [ˌbiʃuda'seda] *m* ver *m* à soie

bicicleta [bəsi'klɛtɐ] *f* bicyclette *f* • **andar de bicicleta** faire du vélo

bico ['biku] *m* **1.** pointe *f* **2.** (*de lápis*) mine *f* **3.** (*de ave*) bec *m* **4.** (*de sapato*) bout *m* **5.** (*de fogão*) feu *m*

bidé [bi'dɛ] *m* (*Port*) bidet *m*

bidê [bi'de] *m* (*Br*) = **bidé**

Bielorrússia [biɛlɔ'ʀusjɐ] *f* • **a Bielorrússia** la Biélorussie

bifana [bi'fɐnɐ] *f* *tranche de porc avec du riz, de la salade et des frites*

bife ['bifə] *m* **1.** (*de peixe*) filet *m* **2.** (*de vaca*) bifteck *m* **3.** (*de peru*) escalope *f*

bifurcação [bifurkɐ'sɐ̃u] (*pl* **-ões** [õiʃ]) *f* bifurcation *f*

bigode [bi'gɔđə] *m* moustache *f*

bijutaria [biʒutɐ'riɐ] *f* bijouterie *f*

bijuteria [biʒute'ria] *f* (*Br*) bijou *f*

bilha ['biʎɐ] *f* **1.** (*de água*) cruche *f* **2.** (*de gás*) bouteille *f*

bilhão [bi'ʎɐ̃u] (*pl* **-ões** [õiʃ]) *num* **1.** (*Port*) = **bilião** **2.** (*Br*) (*mil milhões*) milliard *m*

bilhar [bi'ʎar] (*pl* **-es** [əʃ]) *m* billard *m* • **jogar bilhar** jouer au billard

bilhete [bi'ʎetə] *m* billet *m* • **bilhete de ida** (*Port*) aller *m* • **bilhete de ida e volta** (*Port*) aller retour *m* • **bilhete de identidade** (*Port*) carte *f* d'identité • **bilhete postal** carte *f* postale • **bilhete simples** ticket *m*

bilheteira [biʎə'tɐirɐ] *f* (*Port*) guichet *m*

bilheteria [biʎete'riɐ] *f* (*Br*) = **bilheteira**

bilhões [bi'ʎõjʃ] ➤ **bilhão**

bilião [bi'ljɐ̃u] (*pl* **-ões** [õiʃ]) *num* **1.** (*Port*) (*milhão de milhões*) billion *m* **2.** (*Br*) = **bilhão**
bilingue [bi'lĩŋgə] *adj* (*Port*) bilingue
bilíngüe [bi'lĩŋgwi] *adj* (*Br*) = **bilingue**
biliões ➤ **bilião**
bílis ['biliʃ] *f* bile *f*
bingo ['bĩŋgu] *m* bingo *m*
binóculos [bin'ɔkuluʃ] *mpl* jumelles *fpl*
biografia [bjogra'fia] *f* biographie *f*
biologia [bjulu'ʒiɐ] *f* biologie *f*
biológico [bjo'lɔʒiku] *adj* (*produit*) bio
biólogo, **ga** ['bjɔlugu, gɐ] *m, f* biologiste *mf*
biombo ['bjõmbu] *m* paravent *m*
biopsia [bjɔp'siɐ] (*Br*), **biópsia** [bjɔp'sia] *f* biopsie *f*
biqueira [bi'kɐirɐ] *f* pointe *f*
biquíni [bi'kini] *m* bikini *m*
birra ['biʀɐ] *f* moue *f* ● **fazer birra** bouder
bis ['biʃ] *interj* bis !
bisavô, **vó** [bizɐ'vo, 'vɔ] *m, f* arrière-grand-père *m*, arrière-grand-mère *f*
bisavós [bizɐ'vɔʃ] *mpl* (*bisavô e bisavó*) arrière-grands-parents *mpl*
biscoito [biʃ'koitu] *m* biscuit *m*
bisnaga [biʒ'nagɐ] *f* tube *m*
bisneto, **ta** [biʒ'nɛtu, tɐ] *m, f* arrière-petit-fils *m*, arrière-petite-fille *f*
bispo ['biʃpu] *m* évêque *m*
bissexto [bi'sɐiʃtu] *adj m* ➤ **ano**
bisteca [biʃ'tɛkɐ] *f* (*Br*) bifteck *m*
bisturi [biʃtu'ri] *m* bistouri *m*
bit ['bitə] *m INFORM* bit *m*
bitmap ['bitimapi] *m INFORM* pixel *m*
bitoque [bi'tɔkə] *m bifteck avec un œuf à cheval, des frites, du riz et de la salade verte*
bizarro, **a** [bi'zaʀu, ɐ] *adj* (*Br*) bizarre
blasfemar [blɐʃfə'mar] *vi* blasphémer
blasfémia [blɐʃ'fɛmjɐ] *f* (*Port*) blasphème *m*
blasfêmia [blaʃ'femjɐ] *f* (*Br*) = **blasfémia**
blazer ['blɐizɛr] (*pl* **-es** [əʃ]) *m* blazer *m*
bloco ['blɔku] *m* **1.** bloc *m* **2.** (*de apontamentos, notas*) bloc-notes *m* **3.** (*de apartamentos*) immeuble *m*
bloqueado, **a** [blu'kjadu, dɐ] *adj* bloqué(e)
bloquear [blu'kjar] *vt* bloquer
blusa ['bluzɐ] *f* chemisier *m*
blusão [blu'zɐ̃u] (*pl* **-ões** [õiʃ]) *m* blouson *m*
[1]**boa** ['boa] ➤ **bom**
[2]**boa** ['boɐ] *f* boa *m*
boa-gente [ˌboa'ʒẽntʃi] *adj inv* les bonnes gens *fpl*
boa-noite [ˌboa'nojtʃi] *interj* bonne nuit ! ◇ *f* ● **dar boa-noite** souhaiter bonne nuit
boas-entradas [ˌboaʃˌẽn'tradaʃ] *interj* (*Port*) bonne année !
boas-festas [ˌboɐʃ'fɛʃtɐʃ] *fpl* ● **dar as boas-festas** adresser ses vœux
boas-noites [ˌboɐʃ'noitəʃ] *fpl* ● **dar as boas-noites** dire bonsoir
boas-vindas [ˌboɐʒ'vĩndɐʃ] *fpl* ● **dar as boas-vindas a alguém** souhaiter la bienvenue à qqn
boa-tarde [ˌboa'taxdʒi] *interj* bonne après-midi !
boate ['bwatʃi] *f* (*Br*) boîte *f*
boato ['bwatu] *m* bruit *m* (*rumeur*)
bobagem [bo'baʒẽi] (*pl* **-ns** [ʃ]) *f* (*Br*) (*tolice*) bêtise *f*

bobina [bɔ'ƀinɐ] *f* bobine *f*
bobo, ba ['boƀu, ƀɐ] *adj* (*fam*) idiot(e)
boca ['bokɐ] *f* **1.** *(de pessoa)* bouche *f* **2.** *(de animal)* gueule *f* **3.** *(de túnel)* entrée *f* **4.** *(de rua, caminho)* début *m* **5.** *(de rio)* embouchure *f* **6.** *(de forno, fogão)* feu *m* **7.** (*Port*) (*fam*) *(dito provocatório)* pique *f*
boca-de-incêndio [ˌbokɐđĩ'sẽndju] (*pl* **bocas-de-incêndio** [ˌbokɐʒdĩ'sẽndju]) *f* (*Port*) bouche *f* d'incendie
bocado [bu'kađu] *m* bout *m* • **há bocado** il y a un instant
bocal [bu'kaɫ] (*pl* **-ais** [aiʃ]) *m* embouchure *f (d'instrument)*
bocejar [busə'ʒar] *vi* bailler
bochecha [bu'ʃeʃɐ] *f* joue *f*
bochechar [buʃə'ʃar] *vi* se gargariser
boda ['bođɐ] *f* **1.** *(de casamento)* mariage *m (réception)* **2.** *(de baptizado)* baptême *m (réception)* • **bodas de ouro** noces *fpl* d'or • **bodas de prata** noces *fpl* d'argent
bode ['bɔđə] *m* bouc *m* • **bode expiatório** bouc émissaire
bofetada [bufə'tađɐ] *f* (*fam*) gifle *f*
boi ['boi] *m* bœuf *m*
bóia ['bɔjɐ] *f* **1.** *(de natação, barco)* bouée *f* **2.** *(de pesca, carburador)* flotteur *m*
boiada [bo'jada] *f* troupeau *m* de bœufs
boião [bo'jẽu] (*pl* **-ões** [õiʃ]) *m* pot *m*
boiar [bo'jar] *vi* faire la planche
boina ['bɔinɐ] *f* **1.** casquette *f* **2.** *(basca)* béret *m*
boiões ➤ **boião**
[1]**bola** ['bolɐ] ['bɔla] *f* • **bola de carne** *pain à la viande*
[2]**bola** ['bɔlɐ] ['bɔla] *f* **1.** *(de ténis)* balle *f* **2.** *(de futebol, rugby)* ballon *m* **3.** *(de bilhar)* boule *f* **4.** *(de sabão)* bulle *f* • **não estar bom da bola** (*fam*) ne pas tourner rond • **bola de Berlim** beignet *m*
bolacha [bu'laʃɐ] *f* biscuit *m* • **bolacha de água e sal** biscuit salé
bolbo ['boɫƀu] *m* bulbe *m*
boleia [bu'lɐjɐ] *f* (*Port*) auto-stop *m* • **apanhar uma boleia** être pris en stop ; *(suj: um conhecido)* être raccompagné • **dar uma boleia** prendre en stop ; *(suj: um conhecido)* raccompagner • **pedir boleia** faire du stop ; *(a colega, amigo)* demander à être raccompagné
boléia [bo'lɛja] (*Br*) *f (do motorista)* cabine *f* ; *(parte traseira)* plateforme *f*
boletim [bulə'tĩ] (*pl* **-ns** [ʃ]) *m* **1.** *(de notícias)* bulletin *m* (d'informations) **2.** *(revista)* bulletin *m* • **boletim meteorológico** bulletin météorologique
bolha ['boʎɐ] *f* **1.** *(em pele)* ampoule *f* **2.** *(em líquido)* bulle *f*
bolinho [bo'liɲa] *m* petit gâteau *m* • **bolinho de arroz** *petit gâteau à la farine de riz en forme de muffin* • **bolinho de bacalhau** acras de morue *m* • **bolinho de carne** boulette de viande *f*
Bolívia [bu'livjɐ] *f* • **a Bolívia** la Bolivie
boliviano, a [buli'vjɐnu, nɐ] *adj* bolivien(ne) ◆ **boliviano, a** *mf* Bolivien *m*, -ne *f*
bolo ['bolu] *m* gâteau *m* • **bolo inglês** cake *m* • **bolo rei** ≃ galette *f* des Rois
bolo-podre [ˌbolu'pođrə] (*pl* **bolos-podres** [ˌboluʃ'pođrəʃ]) *m* **1.** *(em Portugal)* *gâteau aux noix parfumé au porto et à la cannelle* **2.** *(no Brasil)* *gâteau au tapioca fait à base de farine de manioc ou de blé*
bolor [bu'lor] *m* moisissure *f*

bolota [bu'lɔtɐ] *f* gland *m*

bolsa ['bolsɐ] *f* **1.** *(para dinheiro)* bourse *f* **2.** *(mala)* sac *m* (à main) • **bolsa de estudos** bourse d'études • **bolsa de valores** bourse de valeurs • **bolsa de água quente** *(Br)* bouillotte *f*

bolso ['bolsu] *m* poche *f*

bom, boa ['bõ, 'boɐ] *(mpl* **bons** ['bõʃ], *fpl* **boas** ['boɐʃ]) *adj* **1.** bon (bonne) **2.** *(gesto, tempo)* beau (belle) • **o doente já está bom** le malade est guéri • **é bom para a saúde** c'est bon pour la santé • **sapatos boms para dançar** des chaussures bien pour danser • **seria bom se pudesses ficar** ce serait bien si tu pouvais rester • **tudo bom?** *(Br)* ça va ?

bomba ['bõmbɐ] *f* **1.** *(de ar)* pompe *f* **2.** *(de água)* pompe *f* (à eau) **3.** *(explosivo)* bombe *f* • **bomba atómica** bombe atomique • **bomba de gasolina** pompe à essence

bombardear [bõmbɐr'đjar] *vt* bombarder

bombazina [bõmbɐ'zinɐ] *f* velours *m* côtelé

bombeiro [bõm'bɐiru] *m* pompier *m* • **os bombeiros** les pompiers • **bombeiros voluntários** pompiers volontaires

bombo ['bõmbu] *m* grosse caisse *f*

bombom [bõm'bõ] *(pl* **-ns** [ʃ]) *m* bonbon *m*

bondade [bõn'dađə] *f* bonté *f*

bonde ['bõndʒi] *m* *(Br)* tramway *m* • **andar de bonde** prendre le tramway

bondoso, osa [bõn'dozu, ɔzɐ] *adj* bon (bonne)

boné [bɔ'nɛ] *m* casquette *f*

boneca [bu'nɛkɐ] *f* poupée *f* • **boneca de trapos** poupée de chiffon

boneco [bu'nɛku] *m* **1.** *(brinquedo)* jouet *m* **2.** *(desenho)* dessin *m* • **boneco de neve** bonhomme *m* de neige

bonito, ta [bu'nitu, tɐ] *adj* **1.** beau (belle) **2.** *(objecto, mulher)* joli(e) **3.** *(momento)* bon (bonne)

bons ['bõjʃ] ➤ **bom**

bónus ['bɔnuʃ] *m inv* **1.** *(Port)* *(de empresa)* prime *f* **2.** *(de loja)* cadeau *m* **3.** *(de caminho-de-ferro)* réduction *f*

bônus ['bonuʃ] *m inv* *(Br)* = **bónus**

bookmark ['bukmaːk] *m* signet *m*

boot ['buti] *(pl* **boots**) *m* INFORM *(inicialização)* réinitialisation *f* • **dar boot** réinitialiser

borboleta [burbu'letɐ] *f* papillon *m*

borbulha [bur'buʎɐ] *f* **1.** *(de pele)* bouton *m* **2.** *(de sumo, água, champanhe)* bulle *f*

borbulhar [burbu'ʎar] *vi* *(líquido)* pétiller

borda ['bɔrđɐ] *f* bord *m* • **à borda de água** au bord de l'eau

bordado, da [bur'đađu, đɐ] *adj* brodé(e) ◇ *m* broderie *f*

bordar [bur'đar] *vt & vi* broder

bordel [bur'đɛɫ] *(pl* **-eis** [ɛiʃ]) *m* maison *f* close

bordo ['bɔrđu] *m* bord *m* • **a bordo** à bord

borra ['boʀɐ] *f* **1.** *(de café)* marc *m* **2.** *(de vinho)* lie *f*

borracha [bu'ʀaʃɐ] *f* **1.** *(cauchu)* caoutchouc *m* **2.** *(de apagar)* gomme *f*

borracheiro [boxa'ʃeiru] *m* *(Br)* *garagiste spécialisé dans la réparation des pneus*

borrão [bu'ʀɐ̃u] *(pl* **-ões** [õiʃ]) *m* tâche *f*

borrasca [bu'ʀaʃkɐ] *f* bourrasque *f*
borrego, ga [bu'ʀegu, gɐ] *m, f* agneau *m*
borrifar [buʀi'far] *vt* ● **borrifar algo com algo** asperger qqch de qqch
borrões [bo'xõjʃ] ➤ **borrão**
bosque ['bɔʃkə] *m* bois *m*
bossa ['bɔsɐ] *f* bosse *f* ● **bossa nova** bossa-nova *f*

A bossa nova

La *bossa nova* est née à la fin des années 1950 à Rio de Janeiro. Ce style de musique dérive de la *samba* et est influencé par le jazz. Créée par des musiciens tels que Tom Jobim et João Gilberto, cette musique rythmée est à la fois intimiste et syncopée. Mondialement connue, la *Garota de Ipanema*, (Fille d'Ipanema), a été interprétée par Frank Sinatra et est la plus célèbre des chansons se rattachant à cette forme de musique.

bota ['bɔtɐ] *f* **1.** *(calçado)* bottine *f* **2.** *(de cano alto)* botte *f*
botânica [bu'tɐnikɐ] *f (ciência)* botanique *f* ➤ **botânico**
botânico, ca [bu'tɐniku, kɐ] *m, f* botaniste *mf* ◇ *adj* ➤ **jardim**
botão [bu'tɐ̃u] (*pl* **-ões** [õiʃ]) *m* bouton *m* ● **botão de punho** bouton de manchette
botar [bo'ta(x)] *vt* **1.** *(fam)* *(deitar fora)* jeter **2.** *(roupa)* mettre ● **botar banca** *(Br)* *(fam)* jouer gros jeu
bote ['bɔtə] *m* canot *m* ● **bote salva-vidas** canot de sauvetage
botequim [botʃi'kĩ] (*pl* **-ns** [ʃ]) *m* *(Br)* bistrot *m*
botija [bu'tiʒɐ] *f* **1.** *(Port)* *(de gás)* bonbonne *f* **2.** *(de água quente)* bouillotte *f*
botijão [botʃi'ʒɐ̃u] (*pl* **-ões** [õiʃ]) *m* ● **botijão de gás** *(Br)* bonbonne *f* de gaz
botões [bo'tõjʃ] ➤ **botão**
boutique [bu'tikə] *f* *(Port)* boutique *f*
boxe ['bɔksə] *m* pugilismo *f*
boxer ['bɔksər] *m* caleçon *m*
B.P. (*abrev de Banco de Portugal*) Banque *f* du Portugal
bps [bepe'esi] (*abrev de bit por segundo*) *INFORM* bit *m* par seconde
braçadeira [bresɐ'đɐirɐ] *f* **1.** *(de cano, mangueira)* collier *m* de serrage **2.** *(de cortina)* embrasse *f*
bracelete [brasə'lɛtə] *m* & *f* bracelet *m*
braço ['brasu] *m* **1.** *(de pessoa, rio, mar)* bras *m* **2.** *(de árvore)* branche *f* **3.** *(de viola, violino, violoncelo)* manche *m* ● **ver-se** ou **estar a braços com** se trouver ou être aux prises avec ● **de braço dado** bras dessus, bras dessous
bradar [brɐ'đar] *vt* crier ◇ *vi* hurler
braguilha [brɐ'giʎɐ] *f* braguette *f*
branco, ca ['brɐ̃ŋku, kɐ] *adj* blanc (blanche) ◇ *m, f* Blanc *m*, Blanche *f* ◇ *m* blanc *m* ● **em branco** en blanc
brandir [brɐ̃n'dir] *vt* brandir
brando, da ['brɐ̃ndu, dɐ] *adj* conciliant(e) ● **cozer em lume brando** cuire à feu doux
brasa ['brazɐ] *f* braise *f*
brasão [brɐ'zɐ̃u] (*pl* **-ões** [õiʃ]) *m* blason *m*
Brasil [brɐ'ziɫ] *m* ● **o Brasil** le Brésil

brasileiro, ra [brɐzi'lɐiru, rɐ] *adj* brésilien(enne) ◇ *m, f* Brésilien *m*, -enne *f*
Brasília [brɐ'ziljɐ] *s* Brasilia

Brasília

Capitale du Brésil, *Brasília* est en outre un monument à la gloire de l'architecture moderne. Fondée en 1960, elle a été placée très exactement au centre géographique du pays. Ses palais et ses édifices, aux lignes simples et élégantes, sont disséminés le long de ses larges avenues, symbolisant vitesse et efficacité. C'est à Brasília que se trouvent le palais du Planalto Central, siège du gouvernement, et les tours jumelles qui abritent le Congrès national brésilien.

brasões [bra'zõjʃ] ➤ **brasão**
bravio, via [brɐ'viu, 'viɐ] *adj* **1.** *(terreno)* en friche **2.** *(terra)* en jachère **3.** *(animal)* farouche
bravo, va ['bravu, vɐ] *adj* **1.** *(pessoa)* vaillant(e) **2.** *(animal)* sauvage **3.** *(mar)* démonté(e) **4.** *(Br) (fig) (furioso)* furieux(euse) ◇ *interj* bravo !
brejo ['brɛʒu] *m (Br)* marais *m*
breve ['brɛvə] *adj* bref (brève) • **em breve** bientôt • **até breve!** à bientôt !
brevemente [ˌbrɛvə'mẽntə] *adv* bientôt
briga ['brigɐ] *f* bagarre *f*
brigada [bri'gađɐ] *f* **1.** *(de trânsito)* brigade *f* **2.** *(de trabalhadores)* équipe *f*
brilhante [bri'ʎẽntə] *adj* brillant(e) ◇ *m* brillant *m*
brilhar [bri'ʎar] *vi* briller
brilho ['briʎu] *m* éclat *m*
brincadeira [brĩŋkɐ'đɐirɐ] *f* **1.** *(jogo)* jeu *m* **2.** *(gracejo)* blague *f*
brincalhão, lhona [brĩŋkɐ'ʎɐ̃u, ʎõnɐ] *(mpl* **-ões** [õiʃ], *fpl* **-s** [ʃ]) *adj & m, f* blagueur(euse)
brincar [brĩŋ'kar] *vi* **1.** *(criança)* jouer **2.** *(gracejar)* plaisanter
brinco ['brĩŋku] *m* boucle *f* d'oreille
brincos-de-princesa [ˌbrĩŋkuʒdəprĩ'sezɐ] *mpl* fuchsia *m*
brindar [brĩn'dar] *vt* offrir ◇ *vi* porter un toast • **brindar à saúde de alguém** boire à la santé de qqn
brinde ['brĩndə] *m* cadeau *m* • **fazer um brinde** porter un toast
brinquedo [brĩŋ'keđu] *m* jouet *m*
brisa ['brizɐ] *f* brise *f*
BRISA ['brizɐ] (*abrev de auto-estradas de Portugal*) *société d'exploitation des autoroutes portugaises*
britânico, ca [bri'tɐniku, kɐ] *adj* britannique ◇ *m, f* Britannique *mf*
broa ['broɐ] *f* **1.** pain *m* de maïs **2.** *CULIN* = **broinhas** • **broas de mel** *petits gâteaux au miel* • **broas de Natal** *(fam)* ≃ étrennes *fpl*
broca ['brɔkɐ] *f* fraise *f (outil)*
brocha ['brɔʃa] *f* brosse *f* de peintre
broche ['brɔʃə] *m* broche *f*
brochura [bru'ʃurɐ] *f* brochure *f*
brócolis ['brɔkoliʃ] *mpl (Br)* = **brócolos**
brócolos ['brɔkuluʃ] *mpl (Port)* brocoli *m*
broinhas [bru'iɲɐʃ] *fpl* • **broinhas (de Natal)** *confiseries de Noël à la citrouille et aux fruits secs*
bronca ['brõŋkɐ] *f* **1.** *(fam) (confusão)* histoire *f* **2.** *(Br) (repreensão)* leçon *f*

bronquite [brõŋ'kitə] *f* bronchite *f*
bronze ['brõzə] *m* bronze *m*
bronzeado, da [brõ'zjadu, dɐ] *adj* bronzé(e) ◇ *m* bronzage *m*
bronzeador [brõzjɐ'dor] (*pl* **-es** [əʃ]) *m* crème *f* solaire
bronzear-se [brõ'zjarsə] *vp* bronzer
brotar [bru'tar] *vi* **1.** *(água)* jaillir **2.** *(flor, planta)* pousser
broto [bro'tu] *m* *(Br)* *(fam & fig)* *(jovem)* jeune homme *m*
browser ['brauzər] *m INFORM* navigateur *m*
broxa [bro'ʃa] *f* brosse de peintre *f*
bruços ['brusuʃ] *mpl* brasse *f* • **de bruços** sur le ventre
bruma ['brumɐ] *f* brume *f*
brusco, ca ['bruʃku, kɐ] *adj* brusque
brushing ['brɐʃĩŋ] *m* brushing *m*
brutal [bru'taɫ] (*pl* **-ais** [aiʃ]) *adj* brutal(e)
bruto, ta ['brutu, tɐ] *adj* **1.** brut(e) **2.** *(estúpido)* abruti(e) • **à bruta** brutalement • **em bruto** brut(e)
bruxa ['bruʃɐ] *f* sorcière *f*
BTT (*abrev de Bicicleta Todo Terreno*) *f* VTT *m (Vélo Tout Terrain)*
bucho ['buʃu] *m panse de porc farcie*
búfalo ['bufɐlu] *m* buffle *m*
bufê [bu'fe] *m* *(Br)* = **bufete**
bufete [bu'fetə] *m* **1.** *(Port)* buffet *m* **2.** *(de teatro)* buvette *f*
buffer ['bufe(x)] (*pl* **-s**) *m INFORM* mémoire *f* tampon
bug ['bugi] (*pl* **-s**) *m INFORM* bogue *m*
bugigangas [buʒi'gẽŋgɐʃ] *fpl* bricoles *fpl*
bujão [bu'ʒɐ̃w] *m (de gás)* bonbonne *f*
bula ['bula] *f (de medicamento)* notice *f*; *(papal)* bulle *f*
bulbo ['buwbu] *m* bulbe *m*
buldôzer [buw'doze(x)] *(Br)* = **bulldozer**
bule ['bulə] *m* théière *f*
Bulgária [buɫ'garjɐ] *f* • **a Bulgária** la Bulgarie
búlgaro, ra ['buɫgɐru, rɐ] *adj* bulgare ◇ *m, f* Bulgare *mf* ◇ *m (língua)* bulgare *m*
bulldozer [buɫ'dɔzɛr] (*pl* **-es** [əʃ]) *m* bulldozer *m*
bunda ['bũndɐ] *f* *(Br)* *(fam)* fesses *fpl*
buraco [bu'raku] *m* trou *m*
burla ['burlɐ] *f* escroquerie *f*
burlão, lona [bur'lɐ̃u, lonɐ] (*mpl* **-ões** [õiʃ], *fpl* **-s** [ʃ]) *m, f* farceur *m*, -euse *f*
burocracia [burukrɐ'siɐ] *f* bureaucratie *f*
burro, a ['buʀu, ɐ] *m, f* âne *m*, ânesse *f* ◇ *adj* âne
busca ['buʃkɐ] *f* recherche *f* • **em busca de** à la recherche de
buscador [buʃka'do(x)] *m INFORM* moteur *m* de recherche
buscar [buʃ'kar] *vt* chercher • **ir buscar** aller chercher
bússola ['busulɐ] *f* boussole *f*
bustiê [buʃ'tʃie] *m* *(Br)* bustier *m*
busto ['buʃtu] *m* buste *m*
butique [bu'tʃiki] *f* *(Br)* = **boutique**
buzina [bu'zinɐ] *f* klaxon *m*
buzinar [buzi'nar] *vi* klaxonner
búzio ['buzju] *m* bulot *m*
B.V. (*abrev de Bombeiros Voluntários*) pompiers *mpl* bénévoles

C

c/ (*abrev de conta de banco*) compte *m* (*bancaire*)

C^ia^ (*abrev de Companhia*) Cie

C.a (*abrev de Companhia*) Cie

cá ['ka] *adv* ici • **andar de cá para lá** faire les cent pas

cabana [kɐ'ƀɐnɐ] *f* cabane *f*

cabaz [kɐ'ƀɐʃ] *m* cabas *m*, panier *m*

cabeça [kɐ'ƀesɐ] *f* **1.** tête *f* **2.** (*fig*) (*dirigente*) chef *m* • **por cabeça** par personne • **à cabeça de** à la tête de • **de cabeça para baixo** sens dessus dessous • **não ter pés nem cabeça** (*fam*) n'avoir ni queue ni tête • **perder a cabeça** perdre la tête • **ter a cabeça a andar à roda** avoir la tête qui tourne

cabeçada [kɐƀə'sađɐ] *f* **1.** (*pancada*) coup *m* de tête **2.** (*em futebol*) tête *f*

cabeçalho [kɐƀə'saʎu] *m* chapeau *m* (*dans un journal*)

cabeceira [kɐƀə'sɐirɐ] *f* **1.** (*de cama*) chevet *m* **2.** (*de mesa*) bout *m*

cabeçudo, da [kɐƀə'suđu, đɐ] *adj* (*fam*) têtu(e)

cabedal [kɐƀə'đał] (*pl* **-ais** [aiʃ]) *m* cuir *m*

cabeleira [kɐƀə'lɐirɐ] *f* **1.** (*verdadeira*) chevelure *f* **2.** (*postiça*) perruque *f*

cabeleireiro, ra [kɐƀəlɐi'rɐiru, rɐ] *m, f* coiffeur *m*, -euse *f* ◇ *m* salon *m* de coiffure • **ir ao cabeleireiro** aller chez le coiffeur

cabelo [kɐ'ƀelu] *m* cheveu *m* • **o cabelo** les cheveux • **ir cortar o cabelo** aller se faire couper les cheveux

caber [kɐ'ƀer] *vi* tenir • **a mala não cabe no armário** la valise ne rentre pas dans l'armoire • **não cabe mais ninguém** il n'y a plus de place ◆ **caber a** *v* + *prep* • **cabe-me a mim fazer esse trabalho** c'est à moi de faire ce travail

cabide [kɐ'ƀiđə] *m* porte-manteau *m*

cabidela [kɐƀi'đɛlɐ] *f poulet cuit dans son sang*

cabine [ka'ƀinə] *f* **1.** cabine *f* **2.** (*de avião*) cabine *f* de pilotage

cabisbaixo, xa [kɐƀiʒ'baiʃu, ʃa] *adj* (*fig*) abattu(e)

cabo ['kaƀu] *m* **1.** (*de utensílio*) manche *m* **2.** (*de terra*) cap *m* **3.** (*de electricidade*) câble *m* **4.** (*corda grossa*) corde *f* **5.** (*de exército*) caporal *m* • **até ao cabo** jusqu'au bout • **ao cabo de** au bout de • **o cabo do mundo** le bout du monde • **ao fim e ao cabo** au bout du compte • **dar cabo de algo** (*fam*) mettre qqch en l'air

Cabo-Verde [ˌkaƀu'verđə] *s* Cap-Vert *m*

cabo-verdiano, na [ˌkaƀuvər'đjɐnu, nɐ] *adj* cap-verdien(enne) ◇ *m, f* Cap-verdien *m*, -enne *f*

cabra ['kaƀrɐ] *f* chèvre *f*

cabrito [kɐ'ƀritu] *m* chevreau *m* • **cabrito assado** chevreau rôti

caça ['kasɐ] *f* **1.** (*acção*) chasse *f* **2.** (*animal caçado*) gibier *m* ◇ *m* avion *m* de chasse • **caça submarina** pêche *f* sous-marine

caçador, ra [kɐsɐ'đor, rɐ] (*mpl* **-es** [əʃ], *fpl* **-s** [ʃ]) *m, f* chasseur *m*, -euse *f*

cação [kɐ'sɐ̃u] *m* roussette *f*

caçar [kɐ'sar] *vt* chasser

caçarola [kɐsɐ'rɔlɐ] *f* **1.** *(de barro)* marmite *f* **2.** *(tacho)* casserole *f*
cacau [kɐ'kau] *m* cacao *m*
cacetada [kɐsə'tađɐ] *f* coup *m* de bâton
cacete [kɐ'setə] *m* **1.** *(pau)* trique *f* **2.** *(pão)* ≃ baguette *f*
cachaça [kɐ'ʃasɐ] *f eau-de-vie de canne à sucre*

A cachaça

La *cachaça* ou *pinga* est l'eau-de-vie que l'on tire de la canne à sucre et constitue l'une des passions des Brésiliens. Ayant une forte teneur en alcool, elle est également appelée *água-que-passarinho-não-bebe* (l'eau que ne boivent pas les petits oiseaux). Elle est utilisée dans de nombreux cocktails, comme la *caipirinha* avec du citron et du sucre ou les *batidas* avec des fruits. Quand on la boit pure, il est de tradition, avant d'avaler la première gorgée, d'en verser un petit peu sur le sol en offrande à son saint protecteur de la mythologie du candomblé.
Certaines marques ont des noms curieux comme *Levanta-Defunto*, lève-défunt, *Mata-Sogra*, tue-belle-mère ou *Xixi-do-Diabo*, pipi du diable.

caché [ka'ʃe] *m (Port)* cachet *m (d'artiste)*
cachê [ka'ʃe] *m* cachet *m*
cachê [ka'ʃe] *m (Br)* = **caché**
cachecol [kaʃə'kɔɫ] *(pl* **-óis** [ɔiʃ]) *m* écharpe *f*
cachimbo [kɐ'ʃĩmbu] *m* pipe *f*
cacho ['kaʃu] *m* **1.** *(de uvas)* grappe *f* **2.** *(de flores)* gerbe *f* **3.** *(de cabelo)* mèche *f* **4.** *(de banana)* régime *m*
cachorro [kɐ'ʃoʀu] *m* **1.** *(Port) (cão pequeno)* chiot *m* **2.** *(Br) (qualquer cão)* chien *m* • **cachorro (quente)** hot-dog *m*
cacifo [kɐ'sifu] *m* **1.** *(cofre)* coffre *m* **2.** *(armário)* casier *m*
caçoila [kɐ'soilɐ] *f* **1.** *(baixa)* poêle *f* **2.** *(alta)* casserole *f*
cacto ['katu] *m* cactus *m*
cada [ˌkɐđɐ] *adj* **1.** chaque **2.** *(com regularidade)* tous les (toutes les) • **cada dois dias** tous les deux jours • **uma pessoa em cada dez** une personne sur dix • **cada qual** chacun(e) • **cada um/uma** chacun/chacune • **um/uma de cada vez** un/une à la fois • **cada vez mais** de plus en plus • **cada vez menos** de moins en moins • **cada vez que** chaque fois que • **cada um por si** chacun pour soi
cadarço [ka'daxsu] *m (Br)* lacet *m*
cadastro [kɐ'đaʃtru] *m* casier *m* judiciaire
cadáver [kɐ'đavɛr] *(pl* **-es** [əʃ]) *m* cadavre *m*
cadê [ka'de] *adv (Br) (fam)* • **cadê...?** où est passé... ?
cadeado [kɐ'đjađu] *m* cadenas *m*
cadeia [kɐ'đɐjɐ] *f* **1.** *(prisão)* prison *f* **2.** *(fila)* chaîne *f*
cadeira [kɐ'đɐirɐ] *f* **1.** *(assento)* chaise *f* **2.** *(disciplina)* chaire *f* • **cadeira de rodas** fauteuil *m* roulant
cadela [kɐ'đɛlɐ] *f* chienne *f*

cadência [kɐ'đẽsjɐ] *f* cadence *f*

caderneta [kadɛr'nɛta] *f* carnet *m* • **caderneta de poupança** livret *m* d'épargne

caderno [kɐ'đɛrnu] *m* cahier *m*

caducado, a [kɐđu'kađu, ph`ɐ] *adj* périmé(e)

caducar [kɐđu'kar] *vi* **1.** *(passaporte, visa)* être périmé(e) **2.** *(prazo)* expirer

caduco, ca [kɐ'đuku, kɐ] *adj* gâteux(euse)

cães ['kãjʃ] ➤ **cão**

café [kɐ'fɛ] *m* café *m* • **café com leite** café au lait • **café da manhã** *(Br)* petit déjeuner *m* • **café moído** café moulu • **café solúvel** café soluble • **café forte** café serré • **café fraco** café allongé

O café

Après les repas ou au travail pendant les pauses, Portugais et Brésiliens ne peuvent se passer de leur café (*bica*, comme on dit le plus souvent au Portugal et *cafezinho* au Brésil).

Mais au Portugal, le café est aussi un endroit où l'on peut consommer diverses boissons et certains plats. Présent dans toutes les agglomérations, le café est en outre un lieu de convivialité fréquenté par tous les Portugais. De nombreux cafés, comme *A Brasileira*, dans le quartier du Chiado à Lisbonne, sont devenus célèbres, des mouvements littéraires, artistiques ou politiques y ayant vu le jour.

cafeína [kɐfə'inɐ] *f* caféine *f*

cafeteira [kɐfə'tɐirɐ] *f* cafetière *f*

cafezinho [kafe'ziɲu] *m* *(Br)* express *m*

cágado ['kagɐđu] *m* tortue *f* d'eau

cagar [kɐ'gar] *vi* *(vulg)* chier ◇ *vt* *(fam)* dégueulasser

caiar [kɐ'jar] *vt* blanchir à la chaux

caibo ['kaiƀu] ➤ **caber**

cãibra ['kɐ̃imbrɐ] *f* crampe *f*

caipira [kai'pirɐ] *adj* *(Br)* plouc ◇ *mf* *(Br)* péquenaud *m*, -e *f*

caipirinha [kaipi'riɲɐ] *f boisson à base d'alcool de canne à sucre et de citron*

cair [kɐ'ir] *vi* **1.** *(objecto, pessoa)* tomber **2.** *(roupa)* aller **3.** *(água, luz)* tomber • **cair bem** plaire • **cair mal** ne pas plaire ; *(comida)* ne pas digérer • **cair na realidade** se rendre à l'évidence • **cair em si** reprendre ses esprits • **nessa não caio eu!** *(fam)* on ne m'y prendra pas !

cais ['kaiʃ] *m inv* quai *m* • **cais de embarque** quai d'embarquement

caixa ['kaiʃɐ] *f* **1.** caisse *f* **2.** *(de papel)* boîte *f* **3.** *(de arma)* chargeur *m* ◇ *mf* caissier *m*, -ère *f* • **caixa alta** majuscule *f* • **caixa automática** caisse automatique • **caixa baixa** bas-de-casse *m* • **caixa de câmbio** ou **de mudanças** *(Br)* boîte de vitesses • **caixa craniana** boîte crânienne • **caixa de crédito** banque *f* de crédit • **caixa do correio** boîte aux lettres • **caixa de fósforos** boîte d'allumettes • **caixa de pagamento** caisse • **caixa registadora** caisse (enregistreuse) • **caixa toráxica** cage *f* thoracique • **caixa de velocidades** *(Port)* boîte de vitesses • **caixa de diálogo** *INFORM* boîte de dialogue

caixão [kai'ʃɐ̃u] (*pl* **-ões** [õiʃ]) *m* cercueil *m*
caixeiro [kai'ʃɐiru] *m* • **caixeiro viajante** représentant *m* (de commerce)
caixilho [kai'ʃiʎu] *m* cadre *m*
caixões [kaj'ʃõjʃ] ➤ **caixão**
caixote [kai'ʃɔtə] *m* caisse *f* • **caixote do lixo** poubelle *f*
caju [ka'ʒu] *m* noix *f* de cajou
cal ['kał] *f* chaux *f*
calado, da [kɐ'ladu, dɐ] *adj* silencieux(euse) • **está calado!** (*fam*) tais-toi !
calafrio [kɐlɐ'friu] *m* frisson *m*
calamidade [kɐlɐmi'dadə] *f* calamité *f*
calão [kɐ'lɐ̃u] *m* argot *m*
calar-se [kɐ'larsə] *vp* se taire • **cala-te!** tais-toi !
Calç. (*abrev de Calçada*) rue *f*
calça ['kausɐ] *m* (*Br*) = **calças**
calçada [kał'sadɐ] *f* (*rua calcetada*) rue *f* pavée
calçadeira [kałsɐ'dɐirɐ] *f* chausse-pied *m*
calçado, da [kał'sadu, dɐ] *adj* **1.** (*pessoa*) chaussé(e) **2.** (*rua*) pavé(e) ◇ *m* chaussure *f* • **muito calçado** beaucoup de chaussures
calcanhar [kałkɐ'ɲar] (*pl* **-es** [əʃ]) *m* talon *m*
calção [kaw'sɐ̃w] (*pl* **-ões** [õjʃ]) *m* caleçon *m* • **calção de banho** caleçon de bain *m*
calcar [kał'kar] *vt* (*pisar*) piétiner, tasser
calçar [kał'sar] *vt* **1.** (*sapatos*) mettre **2.** (*meias, luvas*) enfiler **3.** (*rua, passeio*) paver • **que número calça?** quelle est votre pointure ? • **calço 37** je chausse du 37 ◆ **calçar-se** *vp* se chausser
calcário [kał'karju] *m* calcaire *m*
calças ['kałsɐʃ] *fpl* (*Port*) pantalon *m*
calcinha [kau'siɲɐ] *f* (*Br*) culotte *f*
cálcio ['kałsju] *m* calcium *m*
calço ['kałsu] *m* (*cunha*) cale *f* • **calço de travão** plaquette *f* (de frein)
calções [kał'sõiʃ] *mpl* short *m* • **calções de banho** maillot *m* de bain
calculadora [kałkulɐ'dorɐ] *f* machine *f* à calculer • **calculadora de bolso** calculette *f*
calcular [kałku'lar] *vt* **1.** (*número, valor*) calculer **2.** (*conjecturar*) supposer
cálculo ['kałkulu] *m* calcul *m* • **pelos meus cálculos** d'après mes calculs
calda ['kałdɐ] *f* sirop *m*
caldeira [kał'dɐirɐ] *f* chaudière *f*
caldeirada [kałdɐi'radɐ] *f* ≃ bouillabaisse *f*
caldo ['kałdu] *m* **1.** bouillon *m* **2.** (*Br*) (*suco de fruto, planta*) jus *m* • **caldo de cana** (*Br*) sirop *m* de canne à sucre • **caldo verde** soupe *f* au chou
calendário [kɐlẽn'darju] *m* calendrier *m*
calhamaço [kɐʎɐ'masu] *m* (*fam*) pavé *m* (*livre*)
calhar [kɐ'ʎar] *vi* • **calhou viajarmos juntos** il se trouve que nous avons voyagé ensemble • **calha-me a mim lavar a louça** c'est à moi de faire la vaisselle • **calhar bem/mal** tomber bien/mal • **se calhar** si ça se trouve • **vir a calhar** tomber à pic
calhau [kɐ'ʎau] *m* grosse pierre *f*
calibragem [kɐli'braʒɐ̃i] (*pl* **-ns** [ʃ]) *f* équilibrage *m* des roues
calibre [kɐ'librə] *m* **1.** calibre *m* **2.** (*fig*) envergure *f*

cálice ['kalisə] *m* **1.** *(sagrado)* calice *m* **2.** *(copo)* verre *m* à pied
calista [kɐ'liʃtɐ] *mf* pédicure *mf*
calma ['kałmɐ] *f* calme *m* ◇ *interj* du calme ! • **ter calma** être calme
calmante [kał'mẽntə] *m* calmant *m* ◇ *adj* calmant(e)
calmo, ma ['kałmu, mɐ] *adj* calme
calo ['kalu] *m* **1.** *(de pé)* cor *m* **2.** *(de mão)* durillon *m*
caloiro, ra [kɐ'loiru, rɐ] *m, f* bizut *m*
calor [kɐ'lor] *m* chaleur *f* • **estar com calor** avoir chaud
caloria [kɐlu'riɐ] *f* calorie *f*
calorífero, ra [kɐlu'rifəru, rɐ] *adj* calorifère ◇ *m* calorifère *m*
calouro [ka'loru] *(Br)* = **caloiro**
calúnia [kɐ'lunjɐ] *f* calomnie *f*
calvo, va ['kałvu, vɐ] *adj* chauve
cama ['kɐmɐ] *f* lit *m* • **cama de bebé** berceau *m* • **cama de campismo** lit de camp • **cama de casal** lit double
cama-beliche [ˌkamabe'liʃi] *(pl* **camas-beliches** [ˌkamaʃbe'liʃəʃ]) *f* cabine-lit *f*
camada [kɐ'mađɐ] *f* **1.** couche *f* **2.** *(fam)* *(relativo a doença)* • **ele está com uma camada de febre** il a une sacrée fièvre • **a camada do ozono** la couche d'ozone
camaleão [kɐmɐ'ljẽu] *(pl* **-ões** [õiʃ]) *m* caméléon *m*
câmara ['kɐmɐrɐ] *f* • **câmara escura** chambre *f* noire • **câmara fotográfica** appareil *m* photo • **câmara municipal** municipalité *f*; *(edifício)* mairie *f* • **câmara de vídeo** Camescope® *m*
camarada [kɐmɐ'rađɐ] *mf* camarade *mf*
câmara-de-ar [ˌkɐmɐrɐ'đar] *(pl* **câmaras-de-ar** [ˌkɐmɐrɐʒ'dar]) *f* chambre *f* à air
camarão [kɐmɐ'rẽu] *(pl* **-ões** [õiʃ]) *m* crevette *f*
camarata [kɐmɐ'ratɐ] *f* dortoir *m*
camarim [kɐmɐ'rĩ] *(pl* **-ns** [ʃ]) *m* loge *f*
camarões ➤ **camarão**
camarote [kɐmɐ'rɔtə] *m* **1.** *(de navio)* cabine *f* **2.** *(de teatro)* loge *f*
cambalear [kẽmbɐ'ljar] *vi* tituber
cambalhota [kẽmbɐ'ʎɔtɐ] *f* **1.** *(intencional)* galipette *f* **2.** *(reviravolta)* bouleversement *m* • **dar uma cambalhota** tomber
câmbio ['kẽmbju] *m* **1.** change *m* **2.** *(Br)* *(de veículo)* vitesse *f*
Camboja [kẽm'bɔʒɐ] *m* • **o Camboja** le Cambodge
cambraia [kẽm'brajɐ] *f* batiste *f*
camelo [kɐ'melu] *m* *(animal)* chameau *m*
camelô [kamə'lo] *m* *(Br)* camelot *m*
camião [ka'mjẽu] *(pl* **-ões** [õiʃ]) *m* *(viatura)* camion *m*
caminhada [kɐmi'ɲađɐ] *f* *(caminho percorrido)* • **fazer uma caminhada** marcher
caminhão [kami'ɲɐ̃w] *(Br)* = **camião**
caminhar [kɐmi'ɲar] *vi* *(andar)* marcher
caminho [kɐ'miɲu] *m* chemin *m* • **a caminho** en route • **a caminho de** en route pour • **de caminho** *(seguidamente)* dans la foulée ; *(ao mesmo tempo)* au passage • **pelo caminho** en chemin
caminho-de-ferro [kɐˌmiɲuđə'fɛʀu] *(pl* **caminhos-de-ferro** [kɐˌmiɲuʒdə'fɛʀu]) *m* *(Port)* chemin *m* de fer
caminhões ➤ **caminhão**
caminhoneiro [kamiɲo'nejru] *(Br)* = **camionista**

caminhonete [kamjɲo'nɛtʃi] (*Br*) = camioneta
camiões ➤ camião
camioneta [kamju'nɛtɐ] *f* **1.** camionette *f* **2.** (*para passageiros*) car *m*
camionista [kamju'niʃtɐ] *mf* camionneur *m*
camisa [kɐ'mizɐ] *f* chemise *f* • **camisa (de dormir)** (*Port*) chemise de nuit
camisa-de-forças [kɐˌmizɐđə'forsɐʃ] (*pl* **camisas-de-forças** [kɐˌmizɐʒdə'forsɐʃ]) *f* camisole *f* de force
camisa-de-vênus [kaˌmizadʒi'venuʃ] (*pl* **camisas-de-vênus** [kaˌmizaʒdʒi'venuʃ]) *f* (*Br*) préservatif *m*
camiseta [kɐmi'zetɐ] *f* chemisette *f*
camisinha [kami'ziɲɐ] *f* (*Br*) (*fam*) capote *f* (anglaise)
camisola [kɐmi'zɔlɐ] *f* **1.** (*Port*) (*de lã, algodão*) pull(-over) *m* **2.** (*Br*) (*de dormir*) chemise *f* de nuit • **camisola de gola alta** (*Port*) pull à col roulé • **camisola interior** (*Port*) tricot *m* de corps • **camisola de manga curta** (*Port*) pull à manches courtes
camomila [kɐmu'milɐ] *f* camomille *f*
campainha [kɐ̃mpɐ'iɲɐ] *f* **1.** (*de porta, alarme*) sonnette *f* **2.** (*sino pequeno*) clochette *f*
campanário [kɐ̃mpɐ'narju] *m* clocher *m*
campanha [kɐ̃m'pɐɲɐ] *f* campagne *f* • **campanha eleitoral** campagne électorale • **campanha de Verão/Inverno** soldes *mpl* d'été/d'hiver
campeão, ã [kɐ̃m'pjɐ̃u, ɐ̃] (*mpl* **-ões** [õiʃ], *fpl* **-s** [ʃ]) *m, f* champion *m*, -onne *f*
campeonato [kɐ̃mpju'natu] *m* championnat *m*
campestre [kɐ̃m'pɛʃtrə] *adj* **1.** (*cenário*) champêtre **2.** (*flor*) des champs **3.** (*vida*) à la campagne
camping [kɑ̃m'pĩŋ] *m* camping *m*
campismo [kɐ̃m'piʒmu] *m* camping *m* • **campismo selvagem** camping sauvage
campista [kɐ̃m'piʃtɐ] *mf* campeur *m*, -euse *f*
campo ['kɐ̃mpu] *m* **1.** (*zona rural*) campagne *f* **2.** (*de desporto*) terrain *m* **3.** (*terreno*) champ *m* • **campo de futebol** terrain de football • **campo de golfe** terrain de golf • **campo de jogos** aire *f* de jeux • **campo de squash** (*Port*) salle *f* de squash • **campo de ténis** (*Port*) court *m* de tennis • **campo de tiro** champ de tir
camponês, esa [kɐ̃mpu'neʃ, ezɐ] (*mpl* **-eses** [ezəʃ], *fpl* **-s** [ʃ]) *m, f* paysan *m*, -anne *f*
camuflagem [kɐmu'flaʒɐ̃i] (*pl* **-ns** [ʃ]) *f* camouflage *m*
camuflar [kɐmu'flar] *vt* camoufler
camurça [kɐ'mursɐ] *f* daim *m*
cana ['kɐnɐ] *f* canne *f* • **cana de pesca** (*Port*) canne à pêche
Canadá [kɐnɐ'đa] *m* • **o Canadá** le Canada
cana-de-açúcar [ˌkɐnɐđɐ'sukar] (*pl* **canas-de-açúcar** [ˌkɐnɐʒdɐ'sukar]) *f* canne *f* à sucre
canadense [kana'dẽsi] *adj* & *mf* (*Br*) = canadiano
canadiana [kɐnɐ'đjɐnɐ] *f* **1.** (*viatura*) break *m* **2.** (*tenda*) canadienne *f* ➤ canadiano
canadiano, na [kɐnɐ'đjɐnu, nɐ] *adj* (*Port*) canadien(enne) ◇ *m, f* (*Port*) Canadien *m*, -enne *f*

canal [kɐ'naɫ] (*pl* **-ais** [aiʃ]) *m* **1.** canal *m* **2.** (*de televisão*) chaîne *f* • **o Canal da Mancha** la Manche

canalha [kɐ'naʎɐ] *f* (*Port*) (*fam*) marmaille *f* ◇ *mf* canaille *f*

canalização [kɐnɐlizɐ'sɐ̃u] (*pl* **-ões** [õiʃ]) *f* canalisation *f*

canalizador, ra [kɐnɐlizɐ'đor, rɐ] (*mpl* **-es** [əʃ], *fpl* **-s** [ʃ]) *m, f* (*Port*) plombier *m*

canalizar [kɐnɐli'zar] *vt* canaliser

canapé [kɐnɐ'pɛ] *m* canapé *m* (*siège*)

canapê [kana'pe] *m* (*Br*) canapé *m* (*apéritif*)

canário [kɐ'narju] *m* canari *m*

canastra [kɐ'naʃtrɐ] *f* corbeille *f*

canção [kɐ̃'sɐ̃u] (*pl* **-ões** [õiʃ]) *f* chanson *f*

cancela [kɐ̃'sɛlɐ] *f* **1.** (*de casa, jardim*) grille *f* **2.** (*de passagem de nível*) barrière *f*

cancelamento [kɐ̃səlɐ'mẽntu] *m* annulation *f*

cancelar [kɐ̃sə'lar] *vt* annuler

câncer ['kɐ̃sex] (*pl* **-es** [iʃ]) *m* (*Br*) = **cancro** ♦ **Câncer** *m* (*Br*) (*signo do Zodíaco*) Cancer *m*

cancerígeno, na [kɐ̃sə'riʒənu, nɐ] *adj* cancérigène

canções [kɑ̃n'sõjʃ] ➤ **canção**

cancro ['kɐ̃ŋkru] *m* (*Port*) cancer *m*

candeeiro [kɐ̃n'djɐiru] *m* **1.** lustre *m* **2.** (*de mesa*) lampe *f* • **candeeiro a petróleo** lampe à pétrole

candelabro [kɐ̃ndə'labru] *m* candélabre *m*

candidato, ta [kɐ̃ndi'đatu, tɐ] *m, f* candidat *m*, -e *f* • **ser candidato a algo** être candidat à qqch

candomblé [kɐ̃ndõm'blɛ] *m* candomblé *m, culte d'origine africaine, surtout pratiqué dans la région de Bahia au Brésil*

O candomblé

Le *candomblé* est la religion afro-brésilienne mêlée de spiritisme qui marie le catholicisme et les cultes de magie africains. Elle a été élaborée pendant la période de l'esclavage par des peuples d'origine yorouba, gêgê et bantoue. Son panthéon comprend diverses divinités – les *orixás* – toujours associées à un saint de l'église catholique. *Ogum*, par exemple, est associé à Saint-Georges, *Oxóssi* à Saint Sébastien, *Oxalá* à Jésus, et *Iemanjá*, la reine de la mer, à la Vierge Marie.

Les cérémonies du candomblé sont marquées par des transes et des possessions, avec la manifestation d'esprits attirés par les cantiques, les danses et le chant des *batuques* (percussions).

caneca [kɐ'nɛkɐ] *f* chope *f*

canela [kɐ'nɛlɐ] *f* **1.** (*condimento*) cannelle *f* **2.** (*da perna*) tibia *m*

caneta [kɐ'netɐ] *f* stylo *m* • **caneta de feltro** stylo feutre • **caneta de tinta permanente** stylo plume

caneta-tinteiro [ka,netatʃĩn'tejru] (*pl* **canetas-tinteiros** [ka,netaʒtʃĩn'tejruʃ]) *f* stylo-bille *m*

canga ['kɑ̃ŋga] (*Br*) *f* (*de praia*) couverture de plage *f*

cangalheiro [kẽŋgɐ'ʎɐiru] *m* croque-mort *m*
canguru [kẽŋgu'ru] *m* kangourou *m*
canhão [kɐ'ɲẽu] (*pl* **-ões** [õiʃ]) *m* canon *m (arme)*
canhoto, ota [kɐ'ɲotu, ɔɐ] *adj* & *m, f* gaucher(ère)
canibal [kɐni'ƀał] (*pl* **-ais** [aiʃ]) *mf* cannibale *mf*
caniço [kɐ'nisu] *m* jonc *m*
canil [kɐ'nił] (*pl* **-is** [iʃ]) *m* chenil *m*
caninha [ka'niɲɐ] *f* (*Br*) tafia *m, eau-de-vie de canne à sucre*
canis ➤ **canil**
canivete [kɐni'vɛtə] *m* canif *m*
canja ['kẽʒɐ] *f* • **canja (de galinha)** bouillon *m* de poule • **é canja!** (*fam*) c'est du gâteau !
cano ['kɐnu] *m* **1.** *(de água, gás)* conduite *f* **2.** *(de arma)* canon *m* **3.** *(de bota)* tige *f* • **cano de esgoto** conduite d'égout
canoa [kɐ'noɐ] *f* canot *m*
canoagem [kɐ'nwaʒẽi] *f* canoë *m* • **fazer canoagem** faire du canoë
cansaço [kẽ'sasu] *m* fatigue *f*
cansado, da [kẽ'sađu, đɐ] *adj* • **estar cansado** être fatigué
cansar [kẽ'sar] *vt* fatiguer ◆ **cansar-se** *vp* se fatiguer
cansativo, va [kẽsɐ'tivu, vɐ] *adj* fatigant(e)
cantar [kẽn'tar] *vt* & *vi* chanter
cântaro ['kẽntɐru] *m* cruche *f*
cantarolar [kẽntɐru'lar] *vt* & *vi* chantonner
cantiga [kẽn'tigɐ] *f* chanson *f*
cantil [kẽn'tił] (*pl* **-is** [iʃ]) *m* gourde *f*
cantina [kẽn'tinɐ] *f* cantine *f* • **cantina universitária** resto *m* U
cantis ➤ **cantil**
canto ['kẽntu] *m* **1.** *(esquina)* coin *m* **2.** *(forma de cantar)* chant *m*
cantor, ra [kẽn'tor, rɐ] (*mpl* **-es** [əʃ], *fpl* **-s** [ʃ]) *m, f* chanteur *m*, -euse *f*
canudinho [kanu'diɲu] *m* paille *f*
canudo [kɐ'nuđu] *m* **1.** *(tubo)* tuyau *m* **2.** (*fam*) *(diploma de curso)* parchemin *m*
cão ['kẽu] (*pl* **cães** ['kẽiʃ]) *m* chien *m* • **cão de guarda** chien de garde
caos ['kauʃ] *m* chaos *m*
caótico, ca [kɐ'ɔtiku, kɐ] *adj* chaotique
capa ['kapɐ] *f* **1.** *(peça de vestuário)* cape *f* **2.** *(de livro, caderno)* couverture *f* **3.** *(dossier escolar)* classeur *m* **4.** *(de plástico)* pochette *f* • **capa impermeável** cape imperméable
capacete [kɐpɐ'setə] *m (de protecção)* casque *m*
capacidade [kɐpɐsi'đađə] *f* capacité *f*
capar [kɐ'par] *vt* châtrer
capaz [kɐ'paʃ] (*pl* **-es** [zəʃ]) *adj* capable • **ser capaz de fazer algo** être capable de faire qqch • **é capaz de chover** il se peut qu'il pleuve • **sou capaz de não sair hoje** aujourd'hui, il se peut que je ne sorte pas
capela [kɐ'pɛlɐ] *f* chapelle *f*
capitã ➤ **capitão**
capitães ➤ **capitão**
capital [kɐpi'tał] (*pl* **-ais** [aiʃ]) *f* capitale *f* ◇ *m* capital *m*
capitalismo [kɐpitɐ'liʒmu] *m* capitalisme *m*
capitalista [kɐpitɐ'liʃtɐ] *adj* & *mf* capitaliste

capitão, ã [kɐpi'tɐ̃u, ɐ̃] (*mpl* **-ães** [ɐ̃iʃ], *fpl* **-s** [ʃ]) *m, f* capitaine *m*

capítulo [kɐ'pitulu] *m* chapitre *m*

capô [ka'po] *m* (*Br*) capot *m*

capoeira [kɐ'pwɐirɐ] *f* **1.** (*prática desportiva*) *combat-danse de Bahia* **2.** (*para galinhas*) poulailler *m*

A capoeira

La *capoeira* est un mélange entre la lutte, le jeu et la danse. Elle a été introduite au Brésil, lors de la période coloniale, par les esclaves venus d'Afrique. La *capoeira* était alors une forme de résistance à l'esclavage. Elle est aujourd'hui enseignée dans des écoles à travers tout le pays. Les participants jouent en cercle, deux par deux, au rythme du *berimbau* et des timbales, pendant que les autres chantent des chansons folkloriques.

capota [kɐ'pɔtɐ] *f* (*de carro*) capote *f*

capotar [kɐpu'tar] *vi* se renverser (*une voiture*)

capote [kɐ'pɔtə] *m* houppelande *f*

cappuccino [kɐpu'tʃinu] *m* cappuccino *m*

capricho [kɐ'priʃu] *m* caprice *m*

Capricórnio [kɐpri'kɔrnju] *m* Capricorne *m*

cápsula ['kapsulɐ] *f* capsule *f*

captar [kɐp'tar] *vt* capter

capuz [kɐ'puʃ] (*pl* **-es** [zəʃ]) *m* capuche *f*

caqui [ka'ki] *m* kaki *m* (*couleur*)

cáqui ['kaki] (*Br*) = **caqui**

cara ['karɐ] *f* **1.** (*de pessoa*) visage *m* **2.** (*aspecto*) air *m* ◇ *m* (*Br*) (*fam*) type *m* • **caras ou coroas?** pile ou face ? • **cara a cara** face à face • **dar de caras com** (*fig*) tomber sur • **ir à cara de alguém** (*fam*) casser la figure à qqn • **não vou com a cara dele** (*fam*) il ne me revient pas • **ter cara de poucos amigos** (*fam*) avoir une sale tête

carabina [kɐrɐ'binɐ] *f* carabine *f*

caracol [kɐrɐ'kɔł] (*pl* **-óis** [ɔiʃ]) *m* **1.** (*animal*) escargot *m* **2.** (*de cabelo*) boucle *f*

carácter [kɐ'ratɛr] (*pl* **caracteres** [kɐrɐ'tɛrəʃ]) *m* (*Port*) caractère *m*

característica [kɐrɐtə'riʃtikɐ] *f* caractéristique *f*

característico, ca [kɐrɐtə'riʃtiku, kɐ] *adj* caractéristique

Caraíbas [kɐrɐ' i'bɐʃ] *fpl* • **as Caraíbas** les Caraïbes

carambola [kɐrɐ̃m'bɔlɐ] *f* carambole *f* (*fruit*)

caramelo [kɐrɐ'mɛlu] *m* caramel *m*

caranguejo [kɐrɐ̃ŋ'gɐiʒu] *m* crabe *m* ◆ **Caranguejo** *m* (*Port*) Cancer *m*

caranguejo-aranha [karɑ̃ŋ'gejʒu'arɑ̃ɲa] *m* araignée *f* de mer

carapau [kɐrɐ'pau] *m* chinchard *m* • **carapaus assados** chinchards grillés • **carapaus de escabeche** chinchards à l'escabèche

caratê [kara'te] *m* (*Br*) = **karaté**

caráter [ka'ratex] *m* (*Br*) = **carácter**

caravana [kɐrɐ'vɐnɐ] *f* (*Port*) caravane *f*

caravela [kɐrɐ'vɛlɐ] *f* caravelle

carbonizado, da [kɐrƀuni'zađu, đɐ] *adj* carbonisé(e)

carbono [kɐr'ƀonu] *m* carbone *m*

carburador [kɐrƀurɐ'đor] (*pl* **-es** [əʃ]) *m* carburateur *m*

carcaça [kɐr'kasɐ] *f* (*pão*) petit pain *m*

cardápio [kax'dapju] *m* (*Br*) menu *m*

cardíaco, ca [kɐr'điɐku, kɐ] *adj* cardiaque

cardiologista [(*Port*) kɐrđjulu'ʒiʃtɐ (*Br*), kaxdʒolo'ʒiʃta] *mf* cardiologue *mf*

cardo ['karđu] *m* chardon *m*

cardume [kɐr'đumə] *m* banc *m* de poissons

careca [kɐ'rɛkɐ] *adj* **1.** (*pessoa*) chauve **2.** (*pneu*) lisse ◇ *f* calvitie *f*

carecer [kɐrə'ser] ◆ **carecer de** *v* + *prep* **1.** manquer de **2.** (*precisar de*) avoir besoin de

carência [kɐ'rẽsjɐ] *f* **1.** (*falta*) carence *f* **2.** (*necessidade*) manque *m*

careta [kɐ'retɐ] *f* grimace *f* ● **fazer caretas** faire des grimaces

carga ['kargɐ] *f* **1.** charge *f* **2.** (*de veículo*) cargaison *f* ● **carga máxima** charge maximum

cargo ['kargu] *m* **1.** (*função*) poste *m* **2.** (*responsabilidade*) charge *f* ● **estar/deixar a cargo de** être/laisser à la charge de ● **ter a cargo** avoir à charge

cariado, da [kɐ'rjađu, đɐ] *adj* carié(e)

caricatura [kɐrikɐ'turɐ] *f* caricature *f*

carícia [kɐ'risjɐ] *f* caresse *f*

caridade [kɐri'đađə] *f* charité *f*

cárie ['karjə] *f* carie *f*

caril [kɐ'riɫ] *m* curry *m*

carimbar [kɐrĩm'bar] *vt* tamponner *(un passeport)*

carimbo [kɐ'rĩmbu] *m* tampon *m*

carinho [kɐ'riɲu] *m* tendresse *f*

carioca [kɐ'rjɔkɐ] *mf* Carioca *mf* ◇ *m* (*Port*) café *m* léger ● **carioca de limão** (*Port*) *boisson chaude au zeste de citron servie dans une tasse à café*

carisma [kɐ'riʒmɐ] *m* charisme *m*

carnal [kɐr'naɫ] (*pl* **-ais** [aiʃ]) *adj* charnel(elle)

Carnaval [kɐrnɐ'vaɫ] *m* carnaval *m*

Le carnaval brésilien

La célébration populaire caractéristique du Brésil est certainement le carnaval. Pour le carnaval, presque tout s'arrête au Brésil pendant quatre jours. De la nuit du samedi au matin du mercredi des Cendres, les Brésiliens oublient la pauvreté et sortent dans les rues pour boire, chanter et danser.

Le carnaval brésilien ne se résume pas à celui de Rio : il est célébré en bien d'autres villes, et dans des formes qui varient selon les régions.

Cette fête religieuse, qui marquait l'entrée dans le carême, est avant tout le prétexte de réjouissances païennes. On profite de ces défilés, qui servent d'exutoire face à la dureté de la vie, pour critiquer les personnalités publiques et s'en moquer.

Le carnaval au Portugal

C'est sous l'influence de son modèle brésilien qu'au Portugal, on fête le mardi du carnaval avec des chars allégoriques, transportant des personnes diversement costumées, qui défilent en musique et font grand tapage.
Le roi et la reine des carnavals portugais sont en principe des vedettes de feuilletons télévisés brésiliens invitées pour l'occasion.

carne ['karnə] *f* **1.** *(tecido muscular)* chair *f* **2.** *(de comer)* viande *f* • **carne de borrego** agneau *m* • **carne estufada** estouffade *f* • **carnes frias** viande froide • **em carne e osso** en chair et en os • **carne picada** viande hachée • **carne de porco** viande de porc • **carne de porco à alentejana** *porc aux palourdes* • **carne de vaca** viande de bœuf

carnê [kax'ne] *m* *(Br)* carnet *m*

carneiro [kɐr'nɐiru] *m* **1.** *(animal)* bélier *m* **2.** *(carne)* mouton *m* ◆ **Carneiro** *m* *(Port)* Bélier *m*

carniceiro [kɐrni'sɐiru] *m* *(Port)* boucher *m*

carnudo, da [kɐr'nuđu, đɐ] *adj* charnu(e)

caro, ra ['karu, rɐ] *adj* cher(ère)

carochinha [kɐrɔ'ʃiɲɐ] *f* ➤ **história**

caroço [kɐ'rosu] *m* **1.** *(de fruto)* noyau *m* **2.** *(em corpo)* kyste *m*

carona [ka'ronɐ] *f* *(Br)* auto-stop *m* • **apanhar uma carona** être pris en stop • **dar uma carona** prendre en stop ; *(suj: um conhecido)* raccompagner • **pedir carona** faire du stop

carpete [kar'pɛtə] *f* tapis *m*

carpinteiro [kɐrpĩn'tɐiru] *m* charpentier *m*

carraça [kɐ'ʀasɐ] *f* tique *f*

carrapato [kaxa'patu] *m* tique *f*

carrapicho [kɐʀɐ'piʃu] *m* chignon *m*

carregado, da [kɐʀə'gađu, đɐ] *adj* **1.** chargé(e) **2.** *(cor)* foncé(e) **3.** *(tempo)* lourd(e)

carregador [kɐʀəgɐ'đor] *(pl* **-es** [əʃ]*)* *m* porteur *m*, porteuse *f*

carregar [kɐʀə'gar] *vt* **1.** charger **2.** *(transportar)* porter ◇ *vi* **1.** *(pesar)* peser **2.** *(fazer pressão em)* appuyer • **carregar em algo** appuyer sur qqch ▼ **carregue no botão** appuyez sur le bouton ▼ **carregue para abrir** pour ouvrir, appuyer

carreira [kɐ'ʀɐirɐ] *f* **1.** *(profissão)* carrière *f* **2.** *(fileira)* rangée *f* **3.** *(de transportes colectivos)* navette *f* **4.** *(pequena corrida)* course *f*

carreiro [kɐ'ʀɐiru] *m* **1.** *(caminho)* sentier *m* **2.** *(de formigas)* colonne *f*

carril [kɐ'ʀił] *(pl* **-is** [iʃ]*)* *m* rail *m*

carrinha [kɐ'ʀiɲɐ] *f* camionnette *f*

carrinho [kɐ'ʀiɲu] *m* • **carrinho de bebé** landau *m* • **carrinho de supermercado** chariot *m*, caddie® • **carrinhos de choque** autos *fpl* tamponneuses

carris ➤ **carril**

carro ['kaʀu] *m* voiture *f* • **carro alegórico** char *m* *(de carnaval)* • **carro de aluguer** voiture de location • **carro de corrida** voiture de course • **carro de praça** *(Port)* taxi *m*

carroça [kɐ'ʀɔsɐ] *f* charrette *f*

carroçaria [kɐʀusɐ'riɐ] *f* carrosserie *f*
carroceria [kaxosɛ'ria] *(Br)* = **carroçaria**
carrossel [kɐʀɔ'sɛɫ] *(pl* **-éis** [ɛiʃ]) *m* manège *m*
carruagem [kɐ'ʀwaʒɐ̃i] *(pl* **-ns** [ʃ]) *f* *(Port) (vagão)* voiture *f*
carruagem-cama [kɐˌʀwaʒɐ̃i'kɐmɐ] *(pl* **carruagens-cama** [kɐˌʀwaʒɐ̃iʃ'kɐmɐ]) *f* *(Port)* wagon-lit *m*
carruagem-restaurante [kɐˌʀwaʒɐ̃iʀəʃtau'rɐ̃ntə] *(pl* **carruagens-restaurante** [kɐˌʀwaʒɐ̃iʒʀəʃtau'rɐ̃ntə]) *f (Port)* wagon-restaurant *m*
carta ['kartɐ] *f* **1.** *(epístola)* lettre *f* **2.** *(mapa)* carte *f* **3.** *(de baralho)* carte *f* (à jouer) **4.** *(de curso)* diplôme *m* **5.** *(Br) (em restaurante)* menu *m* • **carta de apresentação** lettre de motivation • **carta (de condução)** *(Port)* permis *m* de conduire • **carta registada** lettre recommandée

Escrever uma carta

Em francês, começa-se uma carta por *Monsieur*, ou *Madame*, quando não se conhece a pessoa.
O feminino e o masculino são utilizados quando não se conhece o destinatário.
O plural é utilizado para escrever a uma empresa (*Mesdames, Messieurs*).
Cher é um pouco menos formal.
Emprega-se *Cher* (ou *Chère*) seguido por um nome quando se conhece a pessoa.
Ma chère ou *Mon cher* seguido pelo nome só é utilizado com parentes ou com amigos.
Quando a pessoa exerce uma função de responsabilidade, indicamos a função *Madame la Présidente*, sendo a mesma escrita com iniciais maiúsculas.
A expressão *Monsieur*, ou *Madame*, nunca é seguida do apelido.
A fórmula é sempre acompanhada por uma vírgula.

cartão [kɐr'tɐ̃u] *(pl* **-ões** [õiʃ]) *m* **1.** carte *f* **2.** *(papelão)* carton *m* • **cartão bancário** carte bancaire • **cartão de crédito** carte de crédit • **cartão de embarque/desembarque** carte d'embarquement/de débarquement • **cartão jovem** carte jeune • **cartão multibanco** *(Port)* carte de retrait • **cartão-postal** *(Br)* carte postale • **cartão telefónico** carte téléphonique
cartão-de-visita [kɐrˌtɐ̃udəvə'zitɐ] *(pl* **cartões-de-visita** [kɐrˌtõiʒdəvə'zitɐ]) *m* carte *f* de visite
cartaz [kɐr'taʃ] *(pl* **-es** [zəʃ]) *m (de publicidade)* affiche *f*
carteira [kɐr'tɐirɐ] *f* **1.** *(de dinheiro)* portefeuille *m* **2.** *(mala de senhora)* sac *m* à main **3.** *(de sala de aula)* pupitre *m* **4.** *(Br) (de identificação, profissional)* carte *f* • **carteira de identidade** *(Br)* carte d'identité • **carteira de motorista** *(Br)* permis *m* de conduire
carteirista [kɐrtɐi'riʃtɐ] *mf* pickpocket *m*
carteiro [kɐr'tɐiru] *m* facteur *m*, -trice *f*
cárter ['kartɛr] *(pl* **-es** [əʃ]) *m* carter *m*
cartões [kax'tõjʃ] ➤ **cartão**

cartolina [kɐrtu'linɐ] *f* bristol *m*
cartório [kɐr'tɔrju] *m* étude *f (de notaire)* • **Cartório Notarial** Étude *f*
cartucho [kɐr'tuʃu] *m* **1.** *(para mercadoria)* cornet *m* **2.** *(munição)* cartouche *f* **3.** *(embrulho)* paquet *m*
caruru [karu'ru] *m* (*Br*) CULIN *crevettes sautées à la sauce piquante*
carvalho [kɐr'vaʎu] *m* chêne *m*
carvão [kɐr'vɐ̃u] *m* charbon *m* • **carvão de lenha** charbon de bois
casa ['kazɐ] *f* **1.** maison *f* **2.** *(de botão)* boutonnière *f* • **casa de banho** (*Port*) salle *f* de bains ; *(em restaurante)* toilettes *fpl* • **casa de câmbio** (*Br*) bureau *m* de change • **casa de fado** *petit restaurant où l'on écoute du fado* • **casa de frios** (*Br*) charcuterie *f* • **casa de pasto** *restaurant bon marché* • **casa de saúde** maison de santé • **casa solarenga** (*Port*) manoir *m* • **casa da sorte** (*Port*) ≃ la Française des Jeux • **faça como se estivesse em sua casa!** faites comme chez vous !
casaco [kɐ'zaku] *m* veste *f* • **casaco comprido** manteau *m* • **casaco de malha** gilet *m*
casado, da [kɐ'zađu, đɐ] *adj* marié(e)
casal [kɐ'zał] (*pl* **-ais** [aiʃ]) *m* **1.** *(macho e fêmea)* couple *m* **2.** *(povoação)* hameau *m*
casamento [kɐzɐ'mẽntu] *m* mariage *m*
casar [kɐ'zar] *vt* marier ◇ *vi* se marier ◆ **casar-se** *vp* se marier
casca ['kaʃkɐ] *f* **1.** *(de fruto)* peau *f* **2.** *(de árvore, laranja)* écorce *f* **3.** *(de ovo)* coquille *f* **4.** *(de cebola)* pelure *f* **5.** *(de ervilha, feijão-verde)* cosse *f*
cascalho [kɐʃ'kaʎu] *m* gravier *m*
cascata [kɐʃ'katɐ] *f* cascade *f*
cascavel [kɐʃkɐ'vɛł] (*pl* **-éis** [ɛiʃ]) *f* serpent *m* à sonnette
casco ['kaʃku] *m* **1.** *(de vinho)* fût *m* **2.** *(de navio)* coque *f* **3.** *(de animal)* sabot *m*
caseiro, ra [kɐ'zeiru, rɐ] *adj* **1.** *(doce, comida, pão)* (fait) maison **2.** *(pessoa)* casanier(ère) ◇ *m, f* métayer *m*, -ère *f*
casino [kɐ'zinu] *m* casino *m*
caso ['kazu] *m* **1.** *(circunstância)* cas *m* **2.** *(acontecimento)* affaire *f* ◇ *conj* • **no caso de** au cas où ▼ **em caso de emergência...** en cas d'urgence... ▼ **em caso de incêndio...** en cas d'incendie... • **em todo o caso** en tout cas • **em último caso** en dernier ressort • **não fazer caso de algo/alguém** ne pas faire cas de qqch/qqn
caspa ['kaʃpɐ] *f* pellicule *f*
casquilho [kɐʃ'kiʎu] *m* douille *f*
casquinha [kɐʃ'kiɲɐ] *f* **1.** *(de prata, ouro)* plaqué *m* **2.** (*Br*) *(de sorvete)* cornet *m*
cassete [ka'sɛtə] *f* *(áudio)* cassette *f* • **cassete (de vídeo)** cassette vidéo
cassetete [kasə'tɛtə] *m* matraque *f*
cassino [ka'sinu] (*Br*) = **casino**
castanha [kɐʃ'tɐɲɐ] *f* **1.** *(fruto do castanheiro)* châtaigne *f* **2.** *(fruto do cajueiro)* noix *f* de cajou • **castanhas assadas** marrons *mpl* chauds
castanha-do-pará [kɐʃ'tɐɲɐdopa'ra] (*pl* **castanhas-do-pará**) *f* (*Br*) noix *f* du Para
castanheira [kaʃtɐ̃'ɲejra] (*Br*) = **castanheiro**
castanheiro [kɐʃtɐ'ɲɐiru] *m* châtaignier *m*
castanho, nha [kɐʃ'tɐɲu, ɲɐ] *adj* **1.** *(olhos, roupa)* marron **2.** *(cabelo)*

châtain ◇ *m* **1.** *(madeira)* châtaignier *m* **2.** *(cor)* marron *m*
castelo [kɐʃ'tɛlu] *m* château *m*
castiçal [kɐʃti'sał] (*pl* **-ais** [aiʃ]) *m* chandelier *m*
castidade [kɐʃti'đađə] *f* chasteté *f*
castigar [kɐʃti'gar] *vt* punir
castigo [kɐʃ'tigu] *m* **1.** *(punição)* punition *f* **2.** *(divino)* châtiment *m*
casto, ta ['kaʃtu, tɐ] *adj* chaste
castor [kɐʃ'tor] (*pl* **-es** [əʃ]) *m* castor *m*
castrar [kɐʃ'trar] *vt* castrer
casual [kɐ'zwał] (*pl* **-ais** [aiʃ]) *adj* fortuit(e)
casualidade [kɐzwɐli'đađə] *f* hasard *m* • **por casualidade** par hasard
casulo [kɐ'zulu] *m* cocon *m*
catacumbas [kɐtɐ'kũmbɐʃ] *fpl* catacombes *fpl*
catálogo [kɐ'talugu] *m* **1.** *(de vendas, produtos)* catalogue *m* **2.** *(Br)* *(de livros)* catalogue *m* (de bibliothèque) • **catálogo (de telefones)** *(Br)* annuaire *m* (téléphonique)
catamarã [kɐtɐmɐ'rɐ̃] *m* catamaran *m*
cataplana [kɐtɐ'plɐnɐ] *f sorte de poêle à paella*
catarata [kɐtɐ'ratɐ] *f* cataracte *f* • **as cataratas do Iguaçu** les chutes *fpl* d'Iguaçu

Cataratas do Iguaçu

Les chutes d'Iguaçu (on en dénombre 275) se situent à la frontière entre le Brésil, l'Argentine et le Paraguay, au milieu d'une dense forêt tropicale. Chaque chute a une hauteur moyenne de 65 mètres. D'étroits ponts en bois traversent les précipices, permettant ainsi aux visiteurs de s'approcher du spectacle.

catarro [kɐ'taʀu] *m* toux *f* (du fumeur)
catástrofe [kɐ'taʃtrufə] *f* catastrophe *f*
catatua [kɐtɐ'tuɐ] *f* cacatoès *m*
cata-vento [kɐtɐ'vẽntu] (*pl* **cata-ventos** [kɐtɐ'vẽntuʃ]) *m* girouette *f*
catedral [kɐtə'đrał] (*pl* **-ais** [aiʃ]) *f* cathédrale *f*
categoria [kɐtəgu'riɐ] *f* **1.** *(grupo, posição)* catégorie *f* **2.** *(qualidade)* classe *f* • **de categoria** de qualité
cativar [kɐti'var] *vt* captiver
cativeiro [kɐti'vɐiru] *m* • **em cativeiro** en captivité
catolicismo [katoli'siʒmu] *m* catholicisme *m*
católico, ca [kɐ'tɔliku, kɐ] *adj & m, f* catholique
catorze [kɐ'torzə] *num* quatorze • **ele tem catorze anos** il a quatorze ans • **eles eram catorze** ils étaient quatorze • **catorze de Janeiro** le quatorze janvier • **página catorze** page quatorze
catrapila [kɐtrɐ'pilɐ] *f* bulldozer *m*
caução [kau'sɐ̃u] (*pl* **-ões** [õiʃ]) *f* caution *f* • **pagar caução** payer une caution
cauda ['kauđɐ] *f* **1.** *(de animal, fila)* queue *f* **2.** *(de manto, vestido)* traîne *f* • **na cauda** en queue
caudal [kau'đał] (*pl* **-ais** [aiʃ]) *m* débit *m*
caule ['kaulə] *m* tige *f*
causa ['kauzɐ] *f* **1.** cause *f* **2.** *JUR* *(acção judicial)* affaire *f* • **por causa de** à cause de

causar [kau'zar] *vt* causer • **causar danos** faire des dégâts
cautela [kau'tɛlɐ] *f* **1.** *(cuidado)* précaution *f* **2.** *(de lotaria)* billet *m* • **ter cautela com** faire attention à • **com cautela** avec prudence • **à** ou **por cautela** par prudence
cauteloso, osa [kautə'lozu, ɔzɐ] *adj* prudent(e)
cavaca [kɐ'vakɐ] *f* **1.** *(biscoito) petit gâteau recouvert de sucre glace* **2.** *(de lenha)* copeau *m*
cavala [kɐ'valɐ] *f* maquereau *m*
cavalaria [kɐvɐlɐ'riɐ] *f* cavalerie *f*
cavaleiro, a [kɐvɐ'lɐiru, ɐ] *mf* **1.** *(que monta a cavalo)* cavalier *m*, -ère *f* **2.** *(em tourada)* torero *m*, torera *f* à cheval **3.** *(medieval)* chevalier *m*
cavalete [kɐvɐ'letə] *m* chevalet *m*
cavalgar [kɐvaɫ'gar] *vi* chevaucher ◇ *vt* **1.** *(égua, ginete)* chevaucher **2.** *(obstáculo, barreira)* sauter
cavalheiro [kɐvɐ'ʎɐiru] *m* gentleman *m*
cavalinho-de-pau [kɐvɐˌliɲuđə'pau] *(pl* **cavalinhos-de-pau** [kɐvɐˌliɲuʒdə'pau]) *m* cheval *m* à bascule
cavalo [kɐ'valu] *m* cheval *m*
cavalo-de-pau [kavaludʒi'paw] *(pl* **cavalos-de-pau**) *m* cheval *m* à bascule
cavalo de tróia [kɐˌvaludə'trɔjɐ] *m* cheval de Troie *m*
cavanhaque [kɐvɐ'ɲakə] *m* bouc *m* *(barbe)*
cavaquinho [kɐvɐ'kiɲu] *m* petite guitare *f*
cavar [kɐ'var] *vt* bêcher ◇ *vi (fam)* filer
cave ['kavə] *f (Port)* cave *f*
caveira [ka'vɐirɐ] *f* tête *f* de mort
caverna [kɐ'vɛrnɐ] *f* caverne *f*
caviar [ka'vjar] *m* caviar *m*
cavidade [kɐvi'đađə] *f* cavité *f*
caxemira [kɐʃə'mirɐ] *f* cachemire *m*
caxumba [ka'ʃũmba] *(Br)* = **papeira**
c/c *(abrev de* **conta corrente)** c.c *(compte courant)*
CD [se'de] *m (abrev de compact disc)* CD *m*
CD-i *m (abrev de compact disc-interactivo)* CD-I *m (compact disc-interactif)*
CD-ROM [seđe'rɔmə] *m* CD-ROM *m*
cear ['sjar] *vi* souper ◇ *vt* prendre au souper
Ceará [sja'ra] *m* • **o Ceará** le Ceará
cebola [sə'ƀolɐ] *f* oignon *m*
cebolada [səƀu'lađɐ] *f* sauce *f* à l'oignon
cebolinha [səƀu'liɲɐ] *f* **1.** petit oignon *m* **2.** *(Br)* ciboulette *f*
cebolinho [səƀu'liɲu] *m (Port)* ciboulette *f*
ceder [sə'đer] *vt* céder ◇ *vi* **1.** céder **2.** *(chuva)* se calmer **3.** *(vento)* tomber
▼ **ceder a passagem** cédez le passage
cedilha [sə'điʎɐ] *f* cédille *f*
cedo ['seđu] *adv* **1.** tôt **2.** *(depressa)* vite • **muito cedo** très tôt • **desde cedo** depuis longtemps • **mais cedo ou mais tarde** tôt ou tard
cedro ['sɛđru] *m* **1.** *(árvore)* cèdre *m* **2.** *(madeira)* bois *m* de cèdre
cegar [sə'gar] *vt* **1.** *(suj: luz, raiva)* aveugler **2.** *(suj: doença)* rendre aveugle ◇ *vi* devenir aveugle
cegarrega [sɛgɐ'ʀɛgɐ] *f* cigale *f*
cego, ga ['sɛgu, gɐ] *adj* **1.** *(pessoa)* aveugle **2.** *(faca)* émoussé(e) ◇ *m, f* aveugle *mf*
• **às cegas** à l'aveuglette

cegonha [sə'goɲɐ] *f* cigogne *f*
ceia ['sɐjɐ] *f* souper *m*
cela ['sɛlɐ] *f* cellule *f*
celebração [sələbrɐ'sɐ̃u] (*pl* **-ões** [õiʃ]) *f* célébration *f*
celebrar [sələ'brar] *vt* **1.** célébrer **2.** *(contrato)* passer
célebre ['sɛləbrə] *adj* célèbre
celebridade [sələbri'dadə] *f* célébrité *f*
celeiro [sə'lɐiru] *m* grenier *m (à grain)*
celibatário, ria [səlibɐ'tarju, rjɐ] *adj* célibataire
celibato [səli'batu] *m* célibat *m*
celofane [səlɔ'fɐnə] *m* Cellophane® *f*
célula ['sɛlulɐ] *f* ANAT cellule *f*
celular [selu'la(x)] (*Br*) = **telemóvel**
cem ['sɐ̃i] *num* cent
cemitério [səmi'tɛrju] *m* cimetière *m*
cena ['senɐ] *f* scène *f* • **estar em cena** être à l'affiche • **entrar em cena** entrer en scène
cenário [sə'narju] *m* **1.** *(de peça teatral, programa televisivo)* décor *m* **2.** *(panorama)* cadre *m*
cenoura [sə'norɐ] *f* carotte *f*
censo ['sẽsu] *m* recensement *m*
censura [sẽ'surɐ] *f* censure *f*
centavo [sẽn'tavu] *m* ≃ centime *m*
centeio [sẽn'tɐju] *m* seigle *m*
centelha [sẽn'teʎɐ] *f* étincelle *f*
centena [sẽn'tenɐ] *f* centaine *f*
centenário [sẽntə'narju] *m* centenaire *m*
centésimo, ma [sẽn'tɛzimu, mɐ] *num* centième
centígrado [sẽn'tigrɐdu] *adj m* ➤ **grau**
centímetro [sẽn'timətru] *m* centimètre *m*
cento ['sẽntu] *m* cent *m inv* • **por cento** pour cent
centopeia [sẽntu'pɐjɐ] *f* mille-pattes *m inv*
central [sẽn'traɫ] (*pl* **-ais** [aiʃ]) *adj* **1.** central(e) **2.** *(problema)* principal(e) ◇ *f* **1.** *(de instituição, organização)* siège *m* social **2.** *(de electricidade, energia atómica)* centrale *f* • **central eléctrica** (*Port*) centrale électrique • **central nuclear** (*Port*) centrale nucléaire • **central telefónica** central *m* téléphonique
centrar [sẽn'trar] *vt* **1.** *(atenção)* fixer **2.** *(esforço)* concentrer **3.** *(texto, página)* centrer
centro ['sẽntru] *m* centre *m* • **centro da cidade** centre-ville *m* • **centro comercial** centre commercial • **centro de saúde** dispensaire *m*
centroavante [ˌsẽntroa'vẽntʃi] *m* (*Br*) avant-centre *m*
CEP (*Br*) *m* (*abrev de código de endereçamento postal*) code *m* postal
céptico, ca ['sɛ(p)tiku, kɐ] *adj* & *m, f* sceptique
cera ['serɐ] *f* **1.** *(de vela, chão)* cire *f* **2.** *(de ouvido)* cérumen *m* • **cera depilatória** cire dépilatoire
cerâmica [sə'rɐmikɐ] *f* céramique *f*
ceramista [sərɐ'miʃtɐ] *mf* céramiste *mf*
cerca ['serkɐ] *f* clôture *f* ◇ *adv* • **cerca de** environ • **há cerca de uma semana** il y a environ une semaine
cercado, a [(*Port*) sər'kadu, dɐ (*Br*), se(x)'kadu, da] *adj (encerclé)* entouré(e)
cercar [sər'kar] *vt* entourer
cereal [sə'rjal] (*pl* **-ais** [aiʃ]) *m* céréale *f*
cérebro ['sɛrəbru] *m* cerveau *m*

cereja [sə'rɐiʒɐ] *f* cerise *f*
cerejeira [sere'ʒejra] *f* cerisier *m*
cerimónia [səri'mɔnjɐ] *f* (*Port*) cérémonie *f*
cerimônia [seri'monjɐ] *f* (*Br*) = **cerimónia**
cerrado, da [sə'ʀađu, đɐ] *adj* (*nevoeiro*) épais(aisse)
certeza [sər'tezɐ] *f* certitude *f* • **dar a certeza** confirmer • **ter a certeza de que** être certain(e) que • **de certeza** c'est sûr • **com certeza** certainement • **com certeza!** certainement !
certidão [sərti'đɐ̃u] (*pl* **-ões** [õiʃ]) *f* acte *m* (*document*)
certificado [sərtəfi'kađu] *m* certificat *m*
certificar-se [sərtəfi'karsə] *vp* s'assurer
certo, ta ['sɛrtu, tɐ] *adj* **1.** (*conta, resposta*) bon (bonne) **2.** (*horas*) juste **3.** (*resultado, vitória*) sûr(e) **4.** (*determinado*) certain(e) ◊ *adv* correctement ◊ *m* • **o certo é que...** ce qui est sûr, c'est que... • **ao certo** (*exactamente*) au juste ; (*provavelmente*) certainement • **dar certo** marcher • **não bater certo** (*conta*) ne pas tomber juste ; (*história*) ne pas tenir debout • **a certa altura** à un moment donné
cerveja [sər'vɐiʒɐ] *f* bière *f* • **cerveja imperial** (bière) pression *f* • **cerveja preta** bière brune
cervejaria [sərvəʒɐ'riɐ] *f* brasserie *f*
cervical [sərvi'kał] (*pl* **-ais** [aiʃ]) *adj* cervical(e)
cessar [sə'sar] *vi* s'achever ◊ *vt* cesser
cesta ['seʃtɐ] *f* panier *m*
cesto ['seʃtu] *m* corbeille *f* • **cesto do lixo** poubelle *f* • **cesto dos papéis** corbeille à papier • **cesto de vime** panier *m* en osier
cético, ca ['sɛtʃiku, kɐ] *adj & m, f* (*Br*) = **céptico**
cetim [sə'tĩ] *m* satin *m*
céu ['sɛu] *m* ciel *m* • **céu da boca** palais *m* • **a céu aberto** (*fig*) à ciel ouvert
cevada [sə'vađɐ] *f* **1.** (*planta*) orge *f* **2.** (*bebida*) chicorée *f*
chá ['ʃa] *m* thé *m* • **chá dançante** thé dansant • **chá com limão** thé citron • **chá de limão** thé au citron
chacal [ʃɐ'kał] (*pl* **-ais** [aiʃ]) *m* chacal *m*
chacota [ʃɐ'kɔtɐ] *f* moquerie *f*
chafariz [ʃɐfɐ'riʃ] (*pl* **-es** [zəʃ]) *m* fontaine *f* publique
chafurdar [ʃɐfur'đar] *vi* patauger
chaga ['ʃagɐ] *f* plaie *f*
chalé [ʃa'lɛ] *m* chalet *m*
chaleira [ʃɐ'lɐirɐ] *f* bouilloire *f*
chama ['ʃɐmɐ] *f* flamme *f*
chamada [ʃɐ'mađɐ] *f* **1.** (*de telefone*) appel *m* **2.** (*de exame*) session *f* • **fazer a chamada** faire l'appel • **chamada a cobrar** appel en PCV • **chamada interurbana** communication *f* interurbaine • **chamada local** communication *f* locale
chamar [ʃɐ'mar] *vt* appeler ◊ *vi* sonner
◆ **chamar-se** *vp* s'appeler • **como é que te chamas?** comment t'appelles-tu ? • **chamo-me...** je m'appelle...
chaminé [ʃɐmi'nɛ] *f* **1.** (*de casa, lareira*) cheminée *f* **2.** (*de fogão*) conduit *m* **3.** (*de candeeiro*) verre *m* de lampe
champanhe [ʃɐ̃m'pɐɲə] *m* champagne *m*
champô [ʃɐ̃m'po] *m* (*Port*) shampoing *m*
chamuscar [ʃɐmuʃ'kar] *vt* flamber

chance ['ʃẽsə] *f* occasion *f*
chanfana [ʃɐ̃'fɐnɐ] *f CULIN chèvre au vin servie en cassolette*
chantagear [ʃẽntɐ'ʒjar] *vt* faire du chantage à
chantagem [ʃẽn'taʒẽi] (*pl* **-ns** [ʃ]) *f* chantage *m*
chantili [ʃũnti'li] (*Br*) = **chantilly**
chantilly [ʃẽnti'li] *m* chantilly *f*
chão ['ʃɐ̃u] *m* sol *m* (*terre*)
chapa ['ʃapɐ] *f* **1.** (*Port*) (*carroçaria*) tôle *f* **2.** (*Br*) (*placa, matrícula*) plaque *f* d'immatriculation
chapéu [ʃɐ'pɛu] *m* **1.** (*de homem, senhora*) chapeau *m* **2.** (*de sol*) parasol *m* **3.** (*de chuva*) parapluie *m* • **é de se lhe tirar o chapéu** chapeau !
chapéu-coco [ʃa,pɛw'koku] (*pl* **chapéus-cocos** [ʃa,pɛwʒ'kokuʃ]) *m* chapeau melon *m*
chapéu-de-chuva [ʃɐ,pɛuđə'ʃuvɐ] (*pl* **chapéus-de-chuva** [ʃɐ,pɛuʒdə'ʃuvɐ]) *m* (*Br*) parapluie *m*
chapéu-de-sol [ʃɐ,pɛuđə'sɔɫ] (*pl* **chapéus-de-sol** [ʃɐ,pɛuʒdə'sɔɫ]) *m* (*Br*) parasol *m*
charco ['ʃarku] *m* **1.** (*poça de água*) flaque *f* **2.** (*lamaçal*) bourbier *m*
charcutaria [ʃɐrkutɐ'riɐ] *f* charcuterie *f* (*produits*)
charme ['ʃarmə] *m* charme *m*
charneca [ʃɐr'nɛkɐ] *f* lande *f*
charrete [ʃa'ʀɛtə] *f* (*Br*) charrette *f*
charro ['ʃaʀu] *m* (*Port*) (*fam*) (*de liamba*) pétard *m*
charter ['ʃartɛr] (*pl* **-es** [əʃ]) *m* • (**voo**) **charter** (vol) charter *m*
charuto [ʃɐ'rutu] *m* cigare *m*
chassi [ʃa'si] (*Br*) = **chassis**
chassis [ʃa'si] *m inv* châssis *m*
chat ['tʃat] *m INFORM* chat *m*
chatear [ʃɐ'tjar] *vt* embêter
chatice [ʃɐ'tisə] *f* (*fam*) barbe *f* • **que chatice!** quelle barbe !
chato, ta ['ʃatu, tɐ] *adj* **1.** (*prato, pé*) plat(e) **2.** (*fam*) (*aborrecido*) casse-pieds (*inv*)
chauvinista [ʃovi'niʃtɐ] *mf* chauvin *m*, -e *f*
chave ['ʃavə] *f* clé *f*
chave-de-fendas [,ʃavəđə'fẽndɐʃ] (*pl* **chaves-de-fendas** [,ʃavəʒdə'fẽndɐʃ]) *f* tournevis *m*
chave-de-ignição [,ʃavəđigni'sɐ̃u] (*pl* **chaves-de-ignição** [,ʃavəʒdigni'sɐ̃u]) *f* clé *f* de contact
chave-inglesa [,ʃavĩŋ'glezɐ] (*pl* **chaves-inglesas** [,ʃavəzĩŋ'glezɐʃ]) *f* clé *f* anglaise
chaveiro [ʃɐ'veiru] *m* porte-clés *m inv*
chávena ['ʃavənɐ] *f* tasse *f*
check-in [ʃɛ'kinə] (*pl* **check-ins** [ʃɛ'kinəʃ]) *m* enregistrement *m* des bagages • **fazer o check-in** enregistrer
check-up [ʃɛ'kɐpə] (*pl* **check-ups** [ʃɛ'kɐpəʃ]) *m* check-up *m inv*
chefe, fa ['ʃɛfə, fɐ] *m, f* chef *m*
chefe-de-estação, chefa-de-estação [,ʃɛfəđəʃtɐ'sɐ̃u, ,ʃɛfɐđəʃtɐ'sɐ̃u] (*mpl* **chefes-de-estação** [,ʃɛfəʒdəʃtɐ'sɐ̃u], *fpl* **chefas-de-estação** [,ʃɛfɐʒdəʃtɐ'sɐ̃u]) *m, f* chef *m* de gare
chegada [ʃə'gađɐ] *f* arrivée *f* ▾ **chegadas** arrivées ▾ **chegadas internacionais** arrivées des vols internationaux ▾ **che-**

gadas domésticas arrivées des vols nationaux
chegado, da [ʃə'gađu, đɐ] *adj* **1.** *(amigo, parente)* proche **2.** *(quarto, cadeira)* d'à côté
chegar [ʃə'gar] *vi* **1.** *(a lugar)* arriver **2.** *(momento, altura, hora)* venir **3.** *(ser suficiente)* suffire • **chegar bem** être bien arrivé(e) • **chegar ao fim** toucher à sa fin ◆ **chegar-se** *vp* **1.** *(aproximar-se)* s'approcher **2.** *(afastar-se)* se pousser • **chegar-se a** *(aproximar-se de)* s'approcher de
cheia ['ʃɐjɐ] *f* crue *f*
cheio, cheia ['ʃɐju, 'ʃɐjɐ] *adj* plein(e) • **cheio de** plein de • **estou cheio** *(fam)* *(saciado)* je n'en peux plus ; *(Br)* *(fig)* *(de situação, problema)* j'en ai assez
cheirar [ʃɐi'rar] *vt & vi* sentir • **cheirar bem** sentir bon • **cheirar mal** sentir mauvais
cheiro ['ʃɐiru] *m* odeur *f*
cheiroso, osa [ʃej'rosu, ʃej'rosa] *adj* odorant(e) • **ser** *(Port)* ou **estar** *(Br)* **cheiroso** être parfumé
cheiro-verde [ˌʃeju'vexdʒi] *m* fines herbes *fpl*
cheque ['ʃɛkə] *m* **1.** *(de banco)* chèque *m* **2.** *(em xadrez)* échec *m* • **cheque em branco** chèque en blanc • **cheque sem fundos** ou **sem provisão** chèque sans provision • **cheque pré-datado** chèque antidaté • **cheque de viagem** chèque de voyage • **cheque visado** chèque certifié
cheque-mate [ˌʃɛkə'matə] *(pl* **cheque-mates** [ˌʃɛkə'matəʃ]) *m* échec *m* et mat
cherne ['ʃɛrnə] *m* mérou *m*
chiar ['ʃjar] *vi* **1.** *(porta, portão)* grinçer **2.** *(pneu)* crisser **3.** *(rato, porco)* couiner
chiça ['ʃisɐ] *interj* *(fam)* mince !
chichi [ʃi'ʃi] *m* • **fazer chichi** faire pipi
chiclete [ʃi'klɛtʃi] *m* *(Br)* chewing-gum *m*
chicória [ʃikɔrjɐ] *f* chicorée *f*
chicote [ʃi'kɔtə] *m* fouet *m*
chifre ['ʃifrə] *m* corne *f*
Chile ['ʃilə] *m* • **o Chile** le Chili
chileno, na [ʃi'lenu, nɐ] *adj* chilien(enne) ◆ **chileno, a** *m, f* Chilien *m*, -enne *f*
chimarrão [ʃimɐ'ʀɐ̃u] *m* *(Br)* *maté corsé sans sucre*
chimpanzé [ʃĩmpɐ̃'zɛ] *m* chimpanzé *m*
China ['ʃinɐ] *f* • **a China** la Chine
chinelos [ʃi'nɛluʃ] *mpl* mules *fpl* • **chinelos (de quarto)** chaussons *mpl*
chinês, esa [ʃi'neʃ, ezɐ] (*mpl* **-es** [zeʃ], *fpl* **-s** [ʃ]) *adj* chinois(e) ◇ *m, f* Chinois *m*, -e *f* ◇ *m* *(língua)* chinois *m* • **isso para mim é chinês** ça, pour moi, c'est du chinois
chinó [ʃi'nɔ] *m* moumoute *f*
Chipre ['ʃiprə] *f* • **Chipre** Chypre *f*
chique ['ʃikə] *adj* chic
chiqueiro [ʃi'kejru] *(fam)* *m* porcherie *f*
chispalhada [ʃiʃpɐ'ʎađɐ] *f* *ragoût de pieds et d'oreilles de porc aux haricots*
chispe ['ʃiʃpə] *m* pied *m* de porc
chita ['ʃitɐ] *f* percale *f*
chiu ['ʃiu] *interj* chut !
chocalhar [ʃukɐ'ʎar] *vt* agiter ◇ *vi* tinter
chocalho [ʃu'kaʎu] *m* sonnaille *f*
chocante [ʃu'kẽntə] *adj* choquant(e)
chocar [ʃu'kar] *vi* **1.** se heurter **2.** *(veículos)* se rentrer dedans **3.** *(galinha)* couver ◇ *vt* **1.** choquer **2.** *(fam)* *(doença)* couver • **chocar com** heurter ; *(veículo)* rentrer dans
chocho, cha ['ʃoʃu, ʃɐ] *adj* desséché(e)

choco ['ʃoku] *m* seiche *f* • **chocos/choquinhos com tinta** seiches dans leur encre
chocolate [ʃuku'latə] *m* chocolat *m* • **chocolate branco** chocolat blanc • **chocolate de leite** chocolat au lait • **chocolate preto** ou **negro** chocolat noir • **chocolate em pó** chocolat en poudre
chofer [ʃo'fɛr] (*pl* **-es** [əʃ]) *m* chauffeur *m*
chope ['ʃopi] *m* (*Br*) demi *m* (*bière*)
choque ['ʃɔkə] *m* choc *m*
choramingar [ʃurɐmĩŋ'gar] *vi* pleurnicher
chorão [ʃu'rɐ̃u] (*pl* **-ões** [õiʃ]) *m* **1.** (*árvore*) saule *m* pleureur **2.** (*brinquedo*) baigneur *m*
chorar [ʃu'rar] *vt* & *vi* pleurer • **chorar de riso** pleurer de rire • **é de comer e chorar por mais** (*fam*) on en redemande
chorinho [ʃu'riɲu] *m musique instrumentale de Rio*
choro ['ʃoru] *m* pleurs *mpl*
chorões ➤ **chorão**
choupana [ʃo'pana] *f* cabane *f*
choupo ['ʃopu] *m* peuplier *m*
chouriça [ʃo'risɐ] *f* • **chouriça de carne** saucisse *f* • **chouriça de sangue** boudin *m* • **chouriça de vinho** *saucisse préparée avec du vin*
chouriço [ʃo'risu] *m* chorizo *m*
chover [ʃu'ver] *v impess* pleuvoir • **chover a cântaros** pleuvoir des cordes • **chover a potes** pleuvoir à verse
chuchu [ʃu'ʃu] *m* (*Br*) cristophine *f* (*légume tropical*) • **pra chuchu** (*fam*) vachement
chulé [ʃu'lɛ] *m* (*fam*) frometon *m*
chulo ['ʃulu] *m* (*Port*) (*fam*) maquereau *m* ◇ *adj* vulgaire
chumaço [ʃu'masu] *m* épaulette *f*
chumbar [ʃũm'bar] *vt* plomber ◇ *vi* (*fam*) être collé(e) • **ele chumbou no exame** il a été recalé à l'examen • **ele chumbou o ano** il a été collé
chumbo ['ʃũmbu] *m* **1.** (*material*) plomb *m* **2.** (*de dente*) plombage *m* **3.** (*fam*) (*reprovação*) recalage *m*
chupa-chupa [ˌʃupɐ'ʃupɐ] (*pl* **chupa-chupas** [ˌʃupɐ'ʃupɐʃ]) *m* sucette *f*
chupar [ʃu'par] *vt* sucer
chupeta [ʃu'petɐ] *f* tétine *f*
churrascaria [ʃuʀɐʃkɐ'riɐ] *f* grill *m* (*restaurant*)
churrasco [ʃu'ʀaʃku] *m* grillade *f*
churrasquinho [ʃuxaʃ'kiɲu] *m* (*Br*) brochette *f*
churro ['ʃuʀu] *m long beignet cylindrique*
chutar [ʃu'tar] *vt* shooter dans ◇ *vi* shooter
chuteira [ʃu'tɐirɐ] *f* chaussure *f* de football
chuva ['ʃuvɐ] *f* pluie *f* • **estar de chuva** être à la pluie • **chuva molha tolos** ou **molha parvos** crachin *m*
chuveiro [ʃu'vɐiru] *m* douche *f*
chuviscar [ʃuviʃ'kar] *vi* pleuviner
chuvoso, osa [ʃu'vozu, ɔzɐ] *adj* pluvieux(euse)
Cia. (*abrev de* **companhia**) Cie (*compagnie*)
cibercafé [sibex'kafe] *m* cybercafé *m*
ciberespaço [ˌsibɛrəʃ'pasu] *m* cyberespace *m*

cibernética [siƀər'nɛtikɐ] *f INFORM* cybernétique *f*
cibernético [siƀər'nɛtiku] *adj m* cyber-
cicatriz [sikɐ'triʃ] *(pl* **-es** [zəʃ]) *f* cicatrice *f*
cicatrizar [sikɐtri'zar] *vi (ferida)* cicatriser
cicatrizes ➤ **cicatriz**
cicerone [sisə'rɔnə] *m* guide *m*
ciclismo [si'kliʒmu] *m* cyclisme *m* • **fazer ciclismo** faire du cyclisme
ciclista [si'kliʃtɐ] *mf* cycliste *mf*
ciclo ['siklu] *m* cycle *m* • **primeiro/segundo ciclo** *EDUC* premier/deuxième cycle

Primeiro e segundo ciclo

Le système éducatif brésilien comporte deux cycles. Après un cours d'alphabétisation (CA), les enfants abordent le premier cycle, qui s'étale sur huit ans (de la première à la huitième). En ce qui concerne les enfants des classes pauvres, beaucoup ne franchissent pas cette étape et doivent abandonner l'école pour travailler.

Des milliers d'enfants n'arrivent même pas en quatrième : dès l'âge de sept ou huit ans, ils doivent déjà lutter pour survivre. Pour le petit nombre d'entre eux qui réussit à dépasser ce stade, le second cycle va de la première à la troisième. Ce n'est qu'alors que l'élève peut tenter d'entrer à l'université.

ciclomotor [ˌsiklɔmu'tor] *(pl* **-es** [əʃ]) *m* cyclomoteur *m*
ciclone [si'klɔnə] *m* cyclone *m*
cidadania [siđɐđɐ'niɐ] *f* citoyenneté *f*
cidadão, ã [siđɐ'đɐ̃u, ɐ̃] *(mpl* **-ãos** [ɐ̃uʃ], *fpl* **-s** [ʃ]) *m, f* citoyen *m*, -enne *f*
cidade [si'đađə] *f* ville *f* • **cidade universitária** cité *f* universitaire
cieiro ['sjɐiru] *m (Port)* gerçure *f*
ciência ['sjẽsjɐ] *f* science *f* • **ciências físico-químicas** physique-chimie *f* • **ciências naturais** sciences naturelles • **ciências da Terra e da vida** sciences de la vie et de la Terre
ciente ['sjẽntə] *adj* conscient(e) • **estar ciente de** être conscient de
científico, ca [sjẽn'tifiku, kɐ] *adj* scientifique
cientista [sjẽn'tiʃtɐ] *mf* scientifique *mf*
cifra ['sifrɐ] *f* **1.** *(número)* chiffre *m* **2.** *(cômputo total)* nombre *m*
cigano, na [si'gɐnu, nɐ] *m, f* Gitan *m*, -e *f*
cigarra [si'gaʀɐ] *f* cigale *f*
cigarreira [sigɐ'ʀɐirɐ] *f* porte-cigarettes *m inv*
cigarrilha [sigɐ'ʀiʎɐ] *f* cigarillo *m*
cigarro [si'gaʀu] *m* cigarette *f* • **cigarros com filtro/sem filtro** cigarettes filtre/sans filtre • **cigarros fortes/suaves** cigarettes fortes/légères • **cigarros gigantes** cigarettes longues • **cigarros mentolados** cigarettes mentholées
cilada [si'lađɐ] *f* traquenard *m* • **cair na cilada** tomber dans un traquenard
cilindro [si'lĩndru] *m* **1.** *(forma geométrica)* cylindre *m* **2.** *(rolo)* rouleau *m* **3.** *(de aquecimento de água)* chauffe-eau *m* électrique

cílio ['silju] *m* cil *m*
cima ['simɐ] *f* • **de cima** d'en haut ; *(vizinho)* du dessus • **de cima abaixo** de haut en bas • **de cima de** de • **sai de cima da mesa** descends de la table • **em cima** en haut • **em cima de** sur • **mais para cima** plus haut • **para cima de** *(no espaço)* sur ; *(quantidade)* plus de • **por cima de** par-dessus
cimbalino [sĩmbɐ'linu] *m* café *m*
cimeira [si'mɐirɐ] *f* sommet *m*
cimentar [simẽn'tar] *vt* cimenter
cimento [si'mẽntu] *m* ciment *m*
cimo ['simu] *m* haut *m*
cinco ['sĩŋku] *num* cinq • **às cinco** à cinq heures • **ele tem cinco anos** il a cinq ans • **eles eram cinco** ils étaient cinq • **são cinco horas** il est cinq heures • **cinco de Janeiro** le cinq janvier • **página cinco** page cinq • **trinta e cinco** trente-cinq • **o cinco de copas** le cinq de cœur • **de cinco em cinco dias** tous les cinq jours • **empataram a cinco** (ils ont fait) cinq partout • **cinco a zero** cinq à zéro
cineasta [si'njaʃtɐ] *mf* cinéaste *mf*
cinema [si'nemɐ] *m* cinéma *m*
cinemateca [sinəmɐ'tɛkɐ] *f* cinémathèque *f*
cinematográfico, ca [sinemato'grafiku, ka] *adj* cinémathographique
cine-teatro [ˌsinɛ'tjatru] (*pl* **cine-teatros** [ˌsinɛ'tjatruʃ]) *m salle qui peut servir à la fois de théâtre et de cinéma*
cínico, ca ['siniku, kɐ] *adj* cynique
cinismo [si'niʒmu] *m* cynisme *m*
cinquenta [sĩŋ'kwẽntɐ] *num* cinquante
cinqüenta [sĩŋ'kwẽnta] (*Br*) = **cinquenta**
cinta ['sĩntɐ] *f* **1.** *(de pessoa, vestido)* taille *f* **2.** *(peça de vestuário)* gaine *f*
cintilar [sĩnti'lar] *vi* scintiller
cinto ['sĩntu] *m* ceinture *f* • **cinto de segurança** ceinture de sécurité
cintura [sĩn'turɐ] *f* taille *f* • **cintura industrial** zone *f* industrielle • **cintura verde** ceinture *f* verte
cinturão [sĩntu'rɐ̃w] *m* ceinturon *m* • **cinturão industrial** (*Br*) zone *f* industrielle • **cinturão verde** ceinture *f* verte
cinza ['sĩzɐ] *f* cendre *f* ◇ *adj* (*Br*) gris(e) ◇ *m* (*Br*) gris *m* ◆ **cinzas** *fpl* cendres *fpl*
cinzeiro [sĩ'zɐiru] *m* cendrier *m*
cinzel [sĩ'zɛl] (*pl* **-éis** [ɛiʃ]) *m* ciseau *m*
cinzento, ta [sĩ'zẽntu, tɐ] *adj* gris(e) ◇ *m* gris *m*
cio ['siu] *m* rut *m*
cipreste [si'prɛʃtə] *m* cyprès *m*
cipriota [si'pri'ɔtɐ] *adj* chypriote
circo ['sirku] *m* cirque *m*
circuito [sir'kwitu] *m* circuit *m* • **circuito eléctrico** circuit électrique • **circuito turístico** circuit touristique
circulação [sirkulɐ'sɐ̃u] *f* circulation *f*
circular [sirku'lar] (*pl* **-es** [əʃ]) *adj (redondo)* circulaire ◇ *f (carta, documento)* circulaire *f* ◇ *vi* circuler ▼ **circule pela direita** serrez à droite
círculo ['sirkulu] *m* cercle *m* • **círculo polar** cercle polaire
circunferência [sirkũfə'rẽsjɐ] *f* circonférence *f*
circunflexo [sirkũ'flɛksu] *adj m* ➤ **acento**
circunstância [sirkũʃ'tɐ̃sjɐ] *f* circonstance *f* • **nas circunstâncias** dans ces circonstances

círio ['sirju] *m* cierge *m*
cirurgia [sirur'ʒiɐ] *f* chirurgie *f* • **cirurgia plástica** chirurgie plastique
cirurgião, **ã** [sirur'ʒjɐ̃u, ɐ̃] (*pl* **-ões** [õiʃ], *fpl* **-s** [ʃ]) *m*, *f* chirurgien(enne)
cirúrgico, **ca** [si'rurʒiku, kɐ] *adj* chirurgical(e)
cirurgiões ➤ **cirurgião**
cisco ['siʃku] *m* poussière *f (dans l'œil)*
cisma ['siʒmɐ] *f* fixation *f*
cisne ['siʒnə] *m* cygne *m*
cisterna [siʃ'tɛrnɐ] *f* citerne *f*
cistite [siʃ'titə] *f* cystite *f*
citação [sitɐ'sɐ̃u] (*pl* **-ões** [õiʃ]) *f* citation *f*
citar [si'tar] *vt* citer
cítrico ['sitriku] *adj m* ➤ **ácido**
cítricos ['sitrikuʃ] (*Br*) = **citrinos**
citrinos [si'trinuʃ] *mpl* agrumes *mpl*
ciúme ['sjumə] *m* jalousie *f* • **ter ciúmes de alguém** être jaloux de qqn
ciumento, **ta** [sju'mẽntu, tɐ] *adj* jaloux(ouse)
cívico, **ca** ['siviku, kɐ] *adj* civique
civil [si'viɫ] (*pl* **-is** [iʃ]) *adj* civil(e)
civilização [sivəlizɐ'sɐ̃u] (*pl* **-ões** [õiʃ]) *f* civilisation *f*
civilizar [sivəli'zar] *vt* civiliser
civis ➤ **civil**
cl. (*abrev de centilitro*) cl *(centilitre)*
clamar [klɐ'mar] *vi* **1.** *(protestar)* réclamer **2.** *(bradar)* crier
clamor [klɐ'mor] (*pl* **-es** [əʃ]) *m* clameur *f*
clandestino, **na** [klɐ̃ndəʃ'tinu, nɐ] *adj* & *m*, *f* clandestin(e)
claque ['klakə] *f* supporters *mpl*
clara ['klarɐ] *f* blanc *m* d'œuf
clarabóia [klɐrɐ'bɔjɐ] *f* œil *m* de bœuf
clarão [klɐ'rɐ̃u] (*pl* **-ões** [õiʃ]) *m* lueur *f*
clarear [klɐ'rjar] *vi* s'éclaircir
clarete [klɐ'retə] *m* clairette *f*
clareza [klɐ'rezɐ] *f* • **falar com clareza** parler clairement
claridade [klɐri'dadə] *f* clarté *f*
clarinete [klɐri'netə] *m* clarinette *f*
claro, **ra** ['klaru, rɐ] *adj* clair(e) ◇ *adv* clairement • **claro que sim!** bien sûr que oui ! • **é claro!** c'est sûr ! • **passar a noite em claro** passer une nuit blanche
clarões [kla'rõjʃ] ➤ **clarão**
classe ['klasə] *f* **1.** EDUC *(turma)* classe *f* **2.** *(categoria)* catégorie *f* • **ter classe** *(pessoa, carro)* avoir de la classe • **de primeira/segunda classe** première/deuxième classe • **classe social** classe sociale • **classe turística** classe loisirs
clássico, **ca** ['klasiku, kɐ] *adj* classique
classificação [klɐsəfikɐ'sɐ̃u] (*pl* **-ões** [õiʃ]) *f* classement *m*
classificado, **da** [klasifi'kadu] *adj (em exame, competição)* reçu(e) ◇ *m (em jornal)* classé(e) *(annonce classée)*
classificados [klɐsəfi'kaduʃ] *mpl* (*Br*) annonces *fpl* classées
classificar [klɐsəfi'kar] *vt* classer ◆ **classificar-se** *vp* se qualifier
claustro ['klauʃtru] *m* cloître *m*
cláusula ['klauzulɐ] *f* clause *f*
clave ['klavə] *f* clé *f* • **clave de sol** clé de sol
clavícula [klɐ'vikulɐ] *f* clavicule *f*
clemência [klə'mẽsjɐ] *f* clémence *f*
clero ['klɛru] *m* clergé *m*
cliché [kli'ʃe] *m* cliché *m*
clichê [kli'ʃe] (*Br*) = **cliché**

cliente [(*Port*) kli'ẽntə (*Br*), kli'ẽntʃi] *m* client *m*, -e *f*
clientela [kliẽn'tɛlɐ] *f* clientèle *f*
clima ['klimɐ] *m* climat *m*
clímax ['klimaks] *m inv* apogée *f* • **atingir o clímax** *(carreira)* atteindre son apogée ; *(festa)* battre son plein
clínica ['klinikɐ] *f* clinique *f* • **clínica dentária** cabinet *m* dentaire • **clínica geral** médecine *f* générale
clínico ['kliniku] *m* • **clínico (geral)** médecin *m* généraliste
clipe ['klipə] *m* trombone *m*
cloro ['klɔru] *m* chlore *m*
clube ['kluƀə] *m* club *m* • **clube de futebol** club de football • **clube de vídeo** vidéoclub *m*
cm. (*abrev de centímetro*) cm *(centimètre)*
coador [kwɐ'đor] (*pl* **-es** [əʃ]) *m* *(utensílio)* passoire *f*
coagir [kwɐ'ʒir] *vt* *(obrigar)* contraindre
coagular [kwɐgu'lar] *vt & vi* coaguler
coágulo ['kwagulu] *m* caillot *m*
coalhada [kwa'ʎada] *f* lait *m* caillé
coalhar [kwɐ'ʎar] *vt & vi* cailler
coar ['kwar] *vt* **1.** *(líquido)* filtrer **2.** *(leite)* passer
cobaia [ku'ƀajɐ] *f* cobaye *m*
cobarde [ku'ƀarđə] *adj & mf* lâche
cobardia [kuƀɐr'điɐ] *f* lâcheté *f*
coberta [ku'ƀɛrtɐ] *f* **1.** *(de cama)* couvre-lit *m* **2.** *(de navio)* pont *m*
coberto, ta [ku'ƀɛrtu, tɐ] *adj* couvert(e) ◇ *m* auvent *m* • **pôr a coberto** mettre à l'abri
cobertor [kuƀər'tor] (*pl* **-es** [əʃ]) *m* couverture *f*
cobertura [kuƀər'turɐ] *f* **1.** couverture *f* **2.** (*Br*) *(apartamento)* *appartement avec terrasse au dernier étage d'un immeuble*
cobiça [ku'ƀisɐ] *f* convoitise *f*
cobiçar [kuƀi'sar] *vt* convoiter
cobra ['kɔƀrɐ] *f* serpent *m*
cobrador, ra [kuƀrɐ'đor, rɐ] (*mpl* **-es** [əʃ], *fpl* **-s** [ʃ]) *m, f* receveur *m*, -euse *f*
cobrança [ku'ƀrɐ̃sɐ] *f* recouvrement *m* • **enviar algo à cobrança** envoyer qqch contre remboursement ▼ **cobrança pelo guarda-freio** *panonceau qui signale que le billet peut être vendu par le conducteur du tramway* ▼ **cobrança pelo motorista** *panonceau qui signale que le billet peut être vendu par le chauffeur du bus*
cobrar [ku'ƀrar] *vt* **1.** *(dinheiro)* encaisser **2.** *(impostos)* prélever **3.** *(dívida)* recouvrer
cobre ['kɔƀrə] *m* cuivre *m*
cobrir [ku'ƀrir] *vt* couvrir
cocada [ko'kadɐ] *f* *gâteau à la noix de coco* ≃ congolais *m*
coçado, da [ku'sađu, đɐ] *adj* râpé(e)
cocaína [kɔkɐ'inɐ] *f* cocaïne *f*
coçar [ku'sar] *vt* gratter ◆ **coçar-se** *vp* se gratter
cóccix ['kɔksis] *m inv* coccyx *m*
cócegas ['kɔsəgɐʃ] *fpl* chatouilles *fpl* • **fazer cócegas** faire des chatouilles • **ter cócegas** être chatouilleux(euse)
coceira [ku'sɐirɐ] *f* démangeaison *f*
coche ['koʃə] *m* carrosse *m*
cochichar [kuʃi'ʃar] *vt & vi* chuchoter
cochilo [ko'ʃilu] *m* (*Br*) • **tirar um cochilo** faire un somme
coco ['koku] *m* noix *f* de coco
cocô [ko'ko] *m* (*Br*) (*fam*) caca *m*

córoras ['kɔkurɐʃ] *fpl* • **de córoras** accroupi(e) • **pôr-se de córoras** s'accroupir
côdea ['kodjɐ] *f* croûte *f (de pain)*
código ['kɔđigu] *m* code *m* • **código de barras** code-barres *m* • **código civil** code civil • **código da estrada** code de la route • **código postal** code postal
código-fonte ['kɔdigu'f ntʃi] (*pl* **códigos-fonte**) *m INFORM* code *m* source
codorna [ko'dɔxna] (*Br*) = **codorniz**
codorniz [kuđur'niʃ] (*pl* **-es** [zəʃ]) *f* caille *f*
coelho ['kweʎu] *m* lapin *m* • **coelho à caçadora** *lapin sauté au vin blanc et à la tomate*
coentro [ko'ẽntru] *m* coriandre *f*
coentros ['kwẽntruʃ] *mpl* coriandre *f*
coerência [kwe'rẽsjɐ] *f* cohérence *f*
coerente [kwe'rẽntə] *adj* cohérent(e)
cofre ['kɔfrə] *m* coffre *m*
cofre-forte [ˌkɔfrə'fɔrte] (*pl* **cofres-fortes** [ˌkɔfrəʃ'fɔrtəʃ]) *m* coffre-fort *m*
cofre-nocturno [ˌkɔfrəno'turnu] (*pl* **cofres-nocturnos** [ˌkɔfrəʒno'turnuʃ]) *m* coffre *m* nocturne
cogitar [kuʒi'tar] *vt* réfléchir à ◇ *vi* réfléchir
cogumelo [kugu'mɛlu] *m* champignon *m* • **cogumelos salteados** champignons sautés à la poêle
coice ['koisə] *m* **1.** *(de cavalo, burro)* ruade *f* **2.** *(de arma)* recul *m*
coincidência [kwĩsi'đẽsjɐ] *f* coïncidence *f* • **por coincidência** par coïncidence
coincidir [kwĩsi'đir] *vi* coïncider ◆ **coincidir com** *v + prep* coïncider avec
coisa ['koizɐ] *f* chose *f* • **(deseja) mais alguma coisa?** vous désirez autre chose ? • **não ser grande coisa** ne pas valoir grand-chose • **alguma coisa** quelque chose • **coisa nenhuma** rien du tout • **coisa de** l'affaire de • **mais coisa menos coisa** à peu près
coitado, da [koi'tađu, đɐ] *adj* pauvre ◇ *interj* le pauvre !
cola ['kɔlɐ] *f* colle *f*
colaborar [kulɐƀu'rar] *vi* collaborer
colapso [ku'lapsu] *m* malaise *m*
colar [ko'la(x)] (*pl* **-es**) *vt INFORM* coller
colar [ku'lar] (*pl* **-es** [əʃ]) *m* collier *m* ◇ *vt & vi* coller ◆ **colar de** *v + prep* (*Br*) copier sur
colarinho [kulɐ'riɲu] *m* col *m*
colcha ['koɫʃɐ] *f* dessus-de-lit *m inv*
colchão [koɫ'ʃɐ̃u] (*pl* **-ões** [õiʃ]) *m* matelas *m* • **colchão de molas** matelas à ressorts • **colchão de palha** paillasse *f*
colcheia [koɫ'ʃɐjɐ] *f* croche *f*
colchete [koɫ'ʃetə] *m* **1.** *(de vestuário)* crochet *m* **2.** *(sinal de pontuação)* accolade *f*
colchões [kow'ʃõjʃ] ➤ **colchão**
coleção [kole'sɐ̃u] (*pl* **-ões** [õiʃ]) *f* (*Br*) = **colecção**
colecção [kulɛ'sɐ̃u] (*pl* **-ões** [õiʃ]) *f* (*Port*) collection *f* • **colecção de selos** collection de timbres • **fazer colecção de** faire la collection de
coleccionador, ra [kulɛsjunɐ'đor, rɐ] (*mpl* **-es** [əʃ], *fpl* **-s** [ʃ]) *m, f* (*Port*) collectionneur *m*, -euse *f*
coleccionar [kulɛsju'nar] *vt* (*Port*) collectionner
colecções ➤ **colecção**
colecionador [kolesjona'do(x)] (*Br*) = **coleccionador**

colecionar [kolesjo'nax] *vt* *(Br)* = **coleccionar**

coleções ➤ **coleção**

colectivo, va [kulɛ'tivu, vɐ] *adj* **1.** *(Port)* *(decisão)* collectif(ive) **2.** *(transporte)* en commun

colega [ku'lɛgɐ] *mf* collègue *mf* • **colega de carteira** voisin *m*, -e *f* de table • **colega de trabalho** collègue de travail • **colega de turma** camarade *mf* de classe

colégio [ku'lɛʒju] *m* collège *m* • **colégio interno** internat *m*

coleira [ku'lɐirɐ] *f* collier *m*

cólera ['kɔlɔrɐ] *f* **1.** *(raiva)* colère *f* **2.** MED choléra *m*

colérico, ca [ku'lɛriku, kɐ] *adj* colérique

colesterol [kuləʃtə'rɔɫ] *m* cholestérol *m*

coleta [ko'lɛta] *f* *(Br)* *(de lixo, passageiros)* ramassage *m*

colete [ku'letə] *m* gilet *m* • **colete salva-vidas** gilet de sauvetage

coletivo, va [kole'tʃivu, vɐ] *adj* *(Br)* = **colectivo**

colheita [ku'ʎɐitɐ] *f* **1.** *(de vinho)* cru *m* **2.** *(de cereal)* récolte *f*

[1]**colher** [ku'ʎer] *vt* cueillir

[2]**colher** [ku'ʎɛr] (*pl* **-es** [əʃ]) *f* **1.** *(utensílio doméstico)* cuiller *f* **2.** *(quantidade)* cuillerée *f* • **colher de café** cuiller à café • **colher de chá** *(utensílio)* petite cuiller ; *(quantidade)* cuiller à café • **colher de pau** cuiller en bois • **colher de sopa** cuiller à soupe

colibri [kuli'bri] *m* colibri *m*

cólica ['kɔlikɐ] *f* colique *f*

colidir [kuli'dir] *vi* se heurter • **colidir com** heurter

coligação [kuligɐ'sɐ̃u] (*pl* **-ões** [õiʃ]) *f* coalition *f*

colina [ku'linɐ] *f* colline *f*

colírio [ko'liriu] *m* collyre *m*

colisão [kuli'zɐ̃u] (*pl* **-ões** [õiʃ]) *f* collision *f*

collant [kɔ'lɐ̃] (*pl* **-s** [s]) *m* collant *m*

collants [kɔ'lɐ̃] *mpl* collants *mpl*

colmeia [koɫ'mɐjɐ] *f* ruche *f*

colo ['kɔlu] *m* giron *m* • **ao colo** dans les bras

colocação [kulukɐ'sɐ̃u] (*pl* **-ões** [õiʃ]) *f* *(emprego)* affectation *f*

colocar [kulu'kar] *vt* **1.** poser **2.** *(pôr num lugar)* mettre **3.** *(empregar pessoa)* placer

Colômbia [ku'lõmbjɐ] *f* • **a Colômbia** la Colombie

colombiano, na [kulõm'bjɐnu, nɐ] *adj* colombien(enne) ♦ **colombiano, a** *m, f* Colombien *m*, -enne *f*

cólon ['kɔlɔn] *m* côlon *m*

colónia [ku'lɔnjɐ] *f* **1.** *(Port)* colonie *f* **2.** *(perfume)* eau *f* de Cologne • **colónia de férias** colonie de vacances

colônia [ko'lonjɐ] *f* *(Br)* = **colónia**

coloquial [kulu'kjaɫ] (*pl* **-ais** [aiʃ]) *adj* familier(ère)

colóquio [ku'lɔkju] *m* colloque *m*

colorante [kulu'rẽntə] *m* colorant *m*

colorau [kulu'rau] *m* paprika *m*

colorido, da [kulu'riđu, đɐ] *adj* coloré(e)

colorir [kulu'rir] *vt* **1.** *(dar cor a)* colorer **2.** *(desenho, livro)* colorier

coluna [ku'lunɐ] *f* **1.** colonne *f* **2.** *(de rádio, hi-fi)* haut-parleur *m* • **coluna vertebral** colonne vertébrale

com [kõ] *prep* avec • **estar com dor de cabeça** avoir mal à la tête • **estar com fome** avoir faim • **estar com pressa** être pressé(e)

coma ['komɐ] *m* & *f* coma *m*

comadre [ko'madri] *f* bassin *m (urinoir)*

comandante [kumẽn'dẽntə] *m* commandant *m*

comandar [kumẽn'dar] *vt* commander

comando [ku'mẽndu] *m* **1.** commande *f* **2.** *(de exército, navio)* commandement *m* • **estar no comando de algo** être aux commandes de qqch ▼ **comando automático** ouverture des portes automatique ▼ **comando manual das portas** ouverture manuelle des portes

combate [kõm'batə] *m* combat *m* • **combate de boxe** combat de boxe

combater [kõmbɐ'ter] *vi* combattre

combinação [kõmbinɐ'sɐ̃u] *(pl* **-ões** [õiʃ]) *f* **1.** combinaison *f* **2.** *(acordo)* arrangement *m* **3.** *(plano)* plan *m*

combinar [kõmbi'nar] *vt* **1.** *(unir, misturar)* combiner **2.** *(planear)* prévoir ◇ *vi (cores, roupas)* être assorti(e) • **está combinado!** c'est entendu ! • **combinar com** être assorti à • **combinar algo com alguém** s'arranger avec qqn sur qqch

comboio [kõm'bɔju] *m (Port) (de caminho-de-ferro)* train *m* • **apanhar o comboio** prendre le train • **perder o comboio** rater le train • **comboio alfa** ≃ train Corail • **comboio directo** train direct • **comboio intercidades** *train desservant les grandes villes* • **comboio inter-regional** *train direct desservant une région* • **comboio rápido** train express • **comboio regional** ≃ train omnibus

combustível [kõmbuʃ'tivɛl] *(pl* **-eis** [ɐiʃ]) *m* combustible *m*

começar [kumə'sar] *vt* & *vi* commencer • **começar a fazer algo** commencer à faire qqch • **começar de** commencer (en partant) de • **começar por** commencer par • **começar por fazer algo** commencer par faire qqch • **para começar** pour commencer

começo [ku'mesu] *m* début *m*

comédia [ku'mɛdʒjɐ] *f* comédie *f*

comediante [kumə'dʒjẽntə] *mf* comédien *m*, -enne *f*

comemoração [(*Port*) kuməmurɐ'sɐ̃u (*Br*), komemora'sɐ̃w] *f* commémoration *f*

comemorar [kuməmu'rar] *vt* commémorer

comentar [kumẽn'tar] *vt* **1.** dire **2.** *(analisar)* commenter

comentário [kumẽn'tarju] *m* commentaire *m*

comentarista [(*Br*) komẽta'riʃta] *mf* commentateur *m*, -trice *f* • **comentarista esportivo** commentateur sportif

comer [ku'mer] *(pl* **-es** [əʃ]) *m* **1.** *(alimento)* nourriture *f* **2.** *(refeição)* repas *m* ◇ *vt* **1.** *(alimento)* manger **2.** *(em xadrez, damas)* souffler ◇ *vi (alimentar-se)* manger

comercial [kumər'sjaɫ] *(pl* **-ais** [aiʃ]) *adj* commercial(e)

comercialização [kumərsjɐlizɐ'sɐ̃u] *f* commercialisation *f*

comercializar [kumərsjɐli'zar] *vt* commercialiser

comerciante [kumər'sjẽntə] *mf* commerçant *m*, -e *f*

comércio [ku'mɛrsju] *m* commerce *m*

comeres ➤ **comer**

comestível [kuməʃ'tivɛɫ] (*pl* **-eis** [ɐiʃ]) *adj* comestible

cometer [kumə'ter] *vt* commettre

comichão [kumi'ʃɐ̃u] (*pl* **-ões** [õiʃ]) *f* démangeaison *f* • **fazer comichão** gratter

comício [ku'misju] *m* meeting *m*

cómico, ca ['kɔmiku, kɐ] *adj* (*Port*) comique

cômico, ca ['komiku, kɐ] *adj* (*Br*) = **cómico**

comida [ku'miđɐ] *f* **1.** (*alimento*) nourriture *f* **2.** (*refeição*) repas *m* • **comida para bebé** aliments *mpl* pour bébés • **comida congelada** produits *mpl* surgelés

comigo [ku'migu] *pron* avec moi

comilão, lona [kumi'lɐ̃u, lonɐ] (*mpl* **-ões** [õiʃ], *fpl* **-s** [ʃ]) *m, f* (*fam*) goinfre *mf*

cominhos [ku'miɲuʃ] *mpl* cumin *m*

comissão [kumi'sɐ̃u] (*pl* **-ões** [õiʃ]) *f* commission *f*

comissário [kumi'sarju] *m* **1.** (*de polícia*) commissaire *m* **2.** (*de navio*) commissaire *m* de la Marine • **comissário de bordo** steward *m*

comissões ➤ **comissão**

comité [kɔmi'tɛ] *m* (*Port*) comité *m*

comitê [komi'te] *m* (*Br*) = **comité**

como ['komu] *adv*

1. (*ger*) comme • **como quem não quer nada** mine de rien • **como se de nada fosse** comme si de rien n'était • **como ele é inteligente!** comme il est intelligent ! • **como é difícil arranjar lugar para estacionar!** comme il est difficile de trouver une place pour stationner ! • **como te enganas!** comme tu te trompes ! • **como o tempo passa depressa!** que le temps passe vite !

2. (*de que maneira*) comment • **como?** comment ? • **como está?** comment allez-vous ? • **a como são as maçãs?** à combien sont les pommes ? • **como se nada estivesse a acontecer** comme si de rien n'était • **fiz como tu** j'ai fait comme toi

◇ *conj* comme • **é bonita como a mãe** elle est jolie comme sa mère • **é tão alto como o irmão** il est aussi grand que son frère • **como queira!** comme vous voulez ! • **seja como for** n'importe comment • **as cidades grandes como Lisboa...** les grandes villes comme Lisbonne... • **como entrada quero uma sopa** je veux une soupe en entrée • **que tem como sobremesa?** qu'avez-vous en dessert ? • **como pai tenho uma opinião diferente** en tant que père, j'ai un avis différent • **como estávamos atrasados fomos de táxi** comme nous étions en retard, nous avons pris un taxi • **como não atendiam pensámos que não estavam** comme ils ne répondaient pas, nous avons pensé qu'ils n'étaient pas là • **como deve ser** comme il se doit

comoção [kumu'sɐ̃u] (*pl* **-ões** [õiʃ]) *f* émoi *m*

cómoda ['kɔmuđɐ] *f* (*Port*) commode *f*

cômoda ['komodɐ] *f* (*Br*) = **cómoda**

comodidade [kumuđi'đađə] *f* commodité *f*

comodismo [kumu'điʒmu] *m* • **ele age por comodismo** il ne fait que ce qui l'arrange

comodista [kumu'điʃtɐ] *mf* • **é um comodista** (*fam*) il ne fait que ce qui l'arrange
cómodo, da ['kɔmuđu, đɐ] *adj* (*Port*) confortable
cômodo, da ['komodu, dɐ] *adj* (*Br*) = **cómodo**
comovedor, ra [kumuvə'đor, rɐ] (*mpl* **-es** [əʃ], *fpl* **-s** [ʃ]) *adj* émouvant(e)
comovente [kumu'vẽntə] *adj* émouvant(e)
comover [kumu'ver] *vt* émouvoir ◆ **comover-se** *vp* s'émouvoir
comovido, da [kumu'viđu, đɐ] *adj* ému(e)
compactador [k mpak̃tado(x)] *m* *INFORM* compresseur *m*
compactar [k mpzk̃ta(x)] *vt* *INFORM* • **compactar arquivos** compresser des fichiers
compacto, ta [kõm'paktu, tɐ] *adj* **1.** compact(e) **2.** (*denso*) épais(aisse) ◇ *m* **1.** (*CD*) Compact Disc® *m* **2.** (*Br*) (*disco de vinil*) microsillon *m*
compaixão [kõmpai'ʃɐ̃u] *f* compassion *f*
companheiro, ra [kõmpɐ'ɲeiru, rɐ] *m, f* **1.** compagnon *m*, compagne *f* **2.** (*de turma, carteira*) camarade *mf*
companhia [kõmpɐ'ɲiɐ] *f* **1.** compagnie *f* **2.** (*de teatro, circo*) troupe *f* • **fazer companhia a alguém** tenir compagnie à qqn • **companhia de aviação** compagnie aérienne • **companhia de navegação** compagnie maritime • **companhia de seguros** compagnie d'assurance • **em companhia de alguém** en compagnie de qqn
comparação [kõmpɐrɐ'sɐ̃u] (*pl* **-ões** [õiʃ]) *f* comparaison *f* • **não ter comparação com** être sans comparaison avec • **em comparação com** par rapport à
comparar [kõmpɐ'rar] *vt* comparer • **comparar algo a** ou **com algo** comparer qqch à ou avec qqch
comparecer [kõmpɐrə'ser] *vi* **1.** venir **2.** (*perante o juiz*) comparaître • **comparecer a algo** assister à qqch
compartilhar [kõmpɐrti'ʎar] *vt* • **compartilhar algo com alguém** partager qqch avec qqn
compartimento [kõmpɐrti'mẽntu] *m* **1.** (*de carruagem*) compartiment *m* **2.** (*de casa*) pièce *f*
compartir [kõmpɐr'tir] *vt* répartir
compasso [kõm'pasu] *m* **1.** (*objecto*) compas *m* **2.** *MÚS* mesure *f*
compatível [kõmpɐ'tivɛɫ] (*pl* **-eis** [ɐiʃ]) *adj* • **compatível (com)** compatible (avec)
compatriota [kõmpɐtri'ɔtɐ] *mf* compatriote *mf*
compensação [kõmpẽsɐ'sɐ̃u] (*pl* **-ões** [õiʃ]) *f* **1.** (*vantagem*) compensation *f* **2.** (*indemnização*) dédommagement *m*
compensar [kõmpẽ'sar] *vt* **1.** (*indemnizar*) dédommager **2.** (*recompensar*) récompenser • **não compensa o esforço** le jeu n'en vaut pas la chandelle
competência [kõmpə'tẽsjɐ] *f* **1.** (*aptidão*) compétence *f* **2.** (*responsabilidade*) compétences *fpl*
competente [kõmpə'tẽntə] *adj* compétent(e)
competição [kõmpəti'sɐ̃u] (*pl* **-ões** [õiʃ]) *f* **1.** concurrence *f* **2.** (*desportiva*) compétition *f*

competir [kõmpə'tir] *vi* 1. *(em competição desportiva)* être en compétition 2. *(economicamente)* se faire concurrence • **competir com** *(pessoas)* rivaliser avec ; *(empresas)* être en concurrence avec

competitivo, va [kõmpəti'tivu, vɐ] *adj* *(preço)* compétitif(ive)

compilar [kõmpi'lar] *vt* compiler

complacente [kõmplɐ'sẽntə] *adj* complaisant(e)

complementar [kõmpləmẽn'tar] *(pl* **-es** [əʃ]) *adj* complémentaire

complemento [kõmplə'mẽntu] *m* 1. complément *m* 2. *(em comboio)* supplément *m*

completamente [krm,plɛtɐ'mẽntə] *adv* complètement

completar [kõmplə'tar] *vt* 1. *(preencher)* compléter 2. *(terminar)* finir

completo, ta [kõm'plɛtu, tɐ] *adj* 1. complet(ète) 2. *(terminado)* fini(e) ▾ **completo** complet

complexo, xa [kõm'plɛksu, sɐ] *adj* complexe ◇ *m* *(turístico, industrial, etc)* complexe *m*

complicação [kõmplikɐ'sɐ̃u] *(pl* **-ões** [õiʃ]) *f* complication *f*

complicado, da [kõmpli'kađu, đɐ] *adj* compliqué(e)

complicar [kõmpli'kar] *vt* compliquer ◆ **complicar-se** *vp* se compliquer

componente [kõmpu'nẽntə] *m* composant *m* ◇ *f* composante *f*

compor [kõm'por] *vt* 1. composer 2. *(consertar)* réparer 3. *(arrumar)* ranger ◆ **compor-se** *vp* s'arranger ◆ **compor-se de** *vp + prep* se composer de

comporta [kõm'pɔrtɐ] *f* vanne *f*

comportamento [kõmpurtɐ'mẽntu] *m* comportement *m*

comportar [kõmpur'tar] *vt* 1. *(conter em si)* comporter 2. *(admitir)* permettre ◆ **comportar-se** *vp* bien se conduire

composição [kõmpuzi'sɐ̃u] *(pl* **-ões** [õiʃ]) *f* composition *f*

compositor, ra [kõmpuzi'tor, rɐ] *(mpl* **-es** [əʃ], *fpl* **-s** [ʃ]) *m, f* compositeur *m*, -trice *f*

composto, osta [kõm'poʃtu ɔʃtɐ] *adj* composé(e) ◇ *m* composé *m* • **ser composto por** être composé de

compostura [kõmpuʃ'turɐ] *f* tenue *f* *(éducation)*

compota [kõm'pɔtɐ] *f* compote *f*

compra ['kõmprɐ] *f* achat *m* • **fazer compras** faire des courses • **ir às compras** aller faire les courses

comprar [kõm'prar] *vt* acheter

compreender [kõmpriẽn'der] *vt* comprendre

compreensão [kõmpriẽ'sɐ̃u] *f* compréhension *f*

compreensivo, va [kõmpriẽ'sivu, vɐ] *adj* compréhensif(ive)

compressa [kõm'prɛsɐ] *f* compresse *f* • **compressa esterilizada** compresse stérile

comprido, da [kõm'priđu, đɐ] *adj* long (longue) • **ao comprido** en long

comprimento [kõmpri'mẽntu] *m* longueur *f*

comprimido, da [kõmpri'miđu, đɐ] *adj* 1. *(reduzido)* comprimé(e) 2. *(apertado)* serré(e) ◇ *m* comprimé *m* • **comprimido para dormir** somnifère *m* • **comprimido**

para as dores antalgique *m* • **comprimido para o enjoo** anti-nauséeux *m*

comprimir [kõmpri'mir] *vt* **1.** *(apertar)* compresser **2.** *(reduzir de volume)* comprimer

comprometer [kõmprumə'ter] *vt* compromettre ◆ **comprometer-se** *vp* se compromettre • **comprometer-se a fazer algo** s'engager à faire qqch

compromisso [kõmpru'misu] *m* **1.** *(obrigação)* engagement *m* **2.** *(acordo)* compromis *m* • **tenho um compromisso** je ne suis pas libre

comprovação [kõmpruvɐ'sɐ̃w] (*pl* **-ões** [õiʃ]) *f* **1.** *(prova)* preuve *f* **2.** *(confirmação)* confirmation *f*

comprovante [kõmpro'vantʃi] *adj* probant(e) ◇ *m* (*Br*) reçu *m*

comprovar [kõmpru'var] *vt* **1.** *(provar)* prouver **2.** *(confirmar)* confirmer

computador [kõmputɐ'đor] (*pl* **-es** [əʃ]) *m* ordinateur *m* • **computador pessoal** PC *m*

comum [ku'mũ] (*pl* **-ns** [ʃ]) *adj* **1.** *(frequente)* courant(e) **2.** *(vulgar)* ordinaire **3.** *(partilhado)* commun(e)

comunhão [kumu'ɲɐ̃w] (*pl* **-ões** [õiʃ]) *f* **1.** RELIG communion *f* **2.** *(em casamento)* • **comunhão (de bens)** communauté *f* (de biens) • **comunhão de adquiridos** communauté légale ou réduite aux acquêts

comunicação [kumunikɐ'sɐ̃w] (*pl* **-ões** [õiʃ]) *f* **1.** communication *f* **2.** *(comunicado)* communiqué *m*

comunicado [kumuni'kađu] *m* communiqué *m*

comunicar [kumuni'kar] *vt* & *vi* communiquer • **comunicar a alguém algo** communiquer qqch à qqn • **comunicar com** communiquer avec

comunidade [kumuni'đađə] *f* **1.** *(grupo de pessoas)* communauté *f* **2.** *(local)* foyer *m* • **a Comunidade Europeia** la Communauté européenne

comunismo [kumu'niʒmu] *m* communisme *m*

comunista [kumu'niʃtɐ] *adj* & *mf* communiste

comuns ➤ **comum**

comutar [kumu'tar] *vt* *(pena)* commuer

conceber [kõsə'ƀer] *vt* concevoir

conceder [kõsə'đer] *vt* **1.** accorder **2.** *(prémio)* décerner

conceito [kõ'sɐitu] *m* concept *m*

conceituado, da [kõsɐi'twađu, đɐ] *adj* reconnu(e)

concelho [kõ'sɐʎu] *m* ≃ commune *f*

concentração [kõsẽntrɐ'sɐ̃w] (*pl* **-ões** [õiʃ]) *f* **1.** concentration *f* **2.** *(de pessoas)* tas *m*

concentrado, da [kõsẽn'trađu, đɐ] *adj* concentré(e) ◇ *m* • **concentrado de tomate** concentré *m* de tomate

concentrar [kõsẽn'trar] *vt* **1.** concentrer **2.** *(atenção)* fixer ◆ **concentrar-se** *vp* **1.** se concentrer **2.** *(agrupar-se)* se rassembler • **concentrar-se em algo** *(estudo, trabalho)* se concentrer sur qqch ; *(lugar)* se regrouper sur

concepção [kõsɛ'sɐ̃w] (*pl* **-ões** [õiʃ]) *f* conception *f*

concerto [kõ'sertu] *m* concert *m*

concessão [kõsə'sɐ̃w] (*pl* **-ões** [õiʃ]) *f* **1.** *(de prémio, bolsa)* attribution *f* **2.** *(de* *desconto)* accord *m* **3.** *(permissão)* autorisation *f*

concessionária [kõsesjo'narjɐ] *f* *(Br)* = **concessionário**

concessionário [kõsəsju'narju] *m* *(Port)* concessionnaire *mf* • **concessionário automóvel** concessionnaire automobile

concessões ➤ **concessão**

concha ['kõʃɐ] *f* **1.** *(molusco)* coquillage *m* **2.** *(de sopa)* louche *f*

conciliação [kõsiljɐ'sɐ̃u] *(pl* **-ões** [õiʃ]) *f* conciliation *f*

conciliar [kõsi'ljar] *vt* concilier • **conciliar o sono** trouver le sommeil

concluir [kõŋklu'ir] *vt* conclure

conclusão [kõŋklu'zɐ̃u] *(pl* **-ões** [õiʃ]) *f* conclusion *f* • **em conclusão** pour conclure

concordância [kõŋkur'đɐ̃sjɐ] *f* concordance *f* • **em concordância com** en accord avec

concordar [kõŋkur'đar] *vi* être d'accord • **concordar em fazer algo** être d'accord pour faire qqch • **concordar com** être d'accord avec

concorrência [kõŋku'ʀẽsjɐ] *f* concurrence *f*

concorrente [kõŋku'ʀẽntə] *adj* concurrent(e) ◇ *mf* **1.** *(em concurso, competição)* concurrent *m*, -e *f* **2.** *(em disputa)* adversaire *mf*

concorrer [kõŋku'ʀer] *vi* concourir • **concorrer a algo** *(a emprego)* postuler à

concretizar [kõŋkrəti'zar] *vt* concrétiser

concreto, ta [kõŋ'kretu, tɐ] *adj* concret(ète) ◇ *m* *(Br)* béton *m*

concurso [kõŋ'kursu] *m* **1.** concours *m* **2.** *(de televisão, rádio)* jeu *m*

conde ['kõndə] *m* comte *m*

condenação [kõndənɐ'sɐ̃u] *(pl* **-ões** [õiʃ]) *f* condamnation *f*

condenar [kõndə'nar] *vt* condamner

condensação [kõndẽsɐ'sɐ̃u] *f* condensation *f*

condensado [kõndẽ'sađu] *adj m* ➤ **leite**

condensar [kõndẽ'sar] *vt* condenser

condescendência [kõndəʃsẽn'dẽsjɐ] *f* condescendance *f*

condescendente [kõndəʃsẽn'dẽntə] *adj* condescendant(e)

condescender [kõndəʃsẽn'der] *vi* • **condescender em fazer algo** condescendre à faire qqch

condessa [kõn'desɐ] *f* comtesse *f*

condição [kõndi'sɐ̃u] *(pl* **-ões** [õiʃ]) *f* condition *f* • **estar em boas/más condições** être en bon/mauvais état

condicionado, da [kõndəsju'nađu, đɐ] *adj* réglementé(e)

condicionador [kõndʒisjo'nado(x)] *(pl* **-es**) *(Br)* *m* *(de cabelo)* après-shampooing *m* ; *(para roupa)* assouplissant *m*

condicional [kõndəsju'naɫ] *m* conditionnel *m*

condicionar [kõndəsju'nar] *vt* conditionner

condições ➤ **condição**

condimentado, a [kõndimẽn'tađu, đɐ] *adj* épicé(e)

condimentar [kõndimẽn'tar] *vt* assaisonner

condimento [kõndi'mẽntu] *m* condiment *m*

condizer [kõndi'zer] *vi* être assorti(e) • **condizer com** être assorti à

condolências [kõndu'lẽsjɐʃ] *fpl* condoléances *fpl* • **as minhas condolências** toutes mes condoléances

condomínio [kõndu'minju] *m* **1.** *(em prédio de andares)* syndicat *m* des copropriétaires **2.** *(taxas)* charges *fpl*

condómino [kõn'dɔminu] *m* *(Port)* copropriétaire *m*

condômino [kõndominu] *m* *(Br)* = **condómino**

condor [kõn'dor] *(pl* **-es** [əʃ]) *m* condor *m*

condução [kõndu'sɐ̃u] *f* conduite *f*

conduta [kõn'dutɐ] *f* **1.** *(tubo, cano)* conduit *m* **2.** *(comportamento)* conduite *f* • **conduta de gás** conduite de gaz • **conduta de lixo** vide-ordures *m inv*

conduto [kõn'dutu] *(Br)* = **conduta**

condutor, ra [kõndu'tor, rɐ] *(mpl* **-es** [əʃ], *fpl* **-s** [ʃ]) *adj* & *m, f* conducteur(trice)

conduzir [kõndu'zir] *vt* & *vi* conduire • **conduzir a** conduire à

cone ['kɔnə] *m* **1.** *(Port)* *(de gelado)* cornet *m* **2.** *(forma geométrica)* cône *m*

conectar [konek'ta(x)] *vt* connecter ◆ **conectar-se** *vp* se connecter • **conectarse à Internet** se connecter à Internet

conexão [kunɛk'sɐ̃u] *(pl* **-ões** [õiʃ]) *f* connexion *f*

confecção [kõfɛ(k)'sɐ̃u] *(pl* **-ões** [õiʃ]) *f* **1.** *(de peça de vestuário)* confection *f* **2.** *(de prato culinário)* préparation *f*

confeccionar [kõfɛ(k)sju'nar] *vt* **1.** *(peça de vestuário)* confectionner **2.** *(prato culinário)* préparer

confecções ➤ **confecção**

confeitaria [kõfɐitɐ'riɐ] *f* *(Port)* **1.** confiserie *f* **2.** *(Br)* salon *m* de thé

conferência [kõfə'rẽsjɐ] *f* conférence *f*

conferir [kõfə'rir] *vt* vérifier ◇ *vi* coïncider

confessar [kõfə'sar] *vt* avouer ◆ **confessar-se** *vp* se confesser

confessionário [kõfəsju'narju] *m* confessionnal *m*

confiança [kõ'fjɐ̃sɐ] *f* **1.** confiance *f* **2.** *(familiaridade)* familiarité *f* • **ter confiança em** avoir confiance en • **ele é de confiança** c'est quelqu'un de confiance

confiar [kõ'fjar] *vt* • **confiar algo/alguém a alguém** confier qqch/qqn à qqn ◆ **confiar em** *v + prep* **1.** *(pessoa)* avoir confiance en, faire confiance à **2.** *(futuro)* avoir confiance en **3.** *(resultados)* avoir confiance dans

confidência [kõfi'dẽsjɐ] *f* confidence *f*

confidencial [kõfidẽ'sjał] *(pl* **-ais** [aiʃ]) *adj* confidentiel(elle)

confirmação [kõfirmɐ'sɐ̃u] *(pl* **-ões** [õiʃ]) *f* confirmation *f*

confirmar [kõfir'mar] *vt* confirmer ◆ **confirmar-se** *vp* se confirmer

confiscar [kõfiʃ'kar] *vt* confisquer

confissão [kõfi'sɐ̃u] *(pl* **-ões** [õiʃ]) *f* confession *f*

conflito [kõ'flitu] *m* **1.** conflit *m* **2.** *(desavença)* démêlé *m*

conformar-se [kõfur'marsə] *vp* se résigner • **conformar-se com** se résigner à

conforme [kõ'fɔrmə] *conj* comme ◇ *prep* **1.** *(dependendo de como)* selon, d'après **2.** *(de acordo com)* conformément à

conformidade [kõfurmi'đađə] *f* conformité *f* • **em conformidade com** en conformité avec
confortar [kõfur'tar] *vt* réconforter
confortável [kõfur'tavɛɫ] (*pl* **-eis** [ɐiʃ]) *adj* confortable
conforto [kõ'fortu] *m* **1.** *(bem-estar)* confort *m* **2.** *(consolo)* réconfort *m*
confraternizar [kõfrɐtərni'zar] *vi* fraterniser • **confraternizar com** fraterniser avec
confrontação [kõfrõntɐ'sɐ̃u] (*pl* **-ões** [õiʃ]) *f* confrontation *f*
confrontar [kõfrõn'tar] *vt* **1.** *(enfrentar)* être confronté(e) à **2.** *(comparar)* confronter ♦ **confrontar-se** *vp* se confronter • **confrontar-se com** se confronter à
confronto [kõ'frõntu] *m* **1.** *(encontro conflituoso)* affrontement *m* **2.** *(comparação)* confrontation *f*
confundir [kõfũn'dir] *vt* confondre ♦ **confundir-se** *vp* se tromper • **confundir-se com** se confondre avec
confusão [kõfu'zɐ̃u] (*pl* **-ões** [õiʃ]) *f* confusion *f* • **armar confusão** causer des problèmes • **fazer confusão** confondre
confuso, sa [kõ'fuzu, zɐ] *adj* confus(e)
confusões ➤ **confusão**
congelado, da [kõʒə'lađu, đɐ] *adj* congelé(e)
congelador [kõʒəlɐ'đor] (*pl* **-es** [əʃ]) *m* *(Port)* congélateur *m*
congelar [kõʒə'lar] *vt* & *vi* congeler
congestão [kõʒəʃ'tɐ̃u] (*pl* **-ões** [õiʃ]) *f* congestion *f*
congestionado, da [kõʒəʃtju'nađu, đɐ] *adj* congestionné(e)
congestionamento [kõʒəʃtjunɐ'mẽntu] *m* *(de trânsito)* encombrement *m*
congestionar [kõʒəʃtju'nar] *vt* *(trânsito)* congestionner
congestões ➤ **congestão**
congratular [kõŋgrɐtu'lar] *vt* féliciter
congresso [kõŋ'grɛsu] *m* congrès *m*
conhaque [kɔ'ɲakə] *m* cognac *m*
conhecedor, ra [kuɲəsə'đor, rɐ] (*mpl* **-es** [əʃ], *fpl* **-s** [ʃ]) *m, f* connaisseur *m*, -euse *f*
conhecer [kuɲə'ser] *vt* **1.** connaître **2.** *(reconhecer)* reconnaître
conhecido, da [kuɲə'siđu, đa] *adj* connu(e) ◇ *m, f* connaissance *f*
conhecimento [kuɲəsi'mẽntu] *m* connaissance *f* • **dar conhecimento de algo a alguém** faire part de qqch à qqn • **tomar conhecimento de algo** prendre connaissance de qqch • **é do conhecimento de toda a gente que...** il est connu que... ♦ **conhecimentos** *mpl* **1.** *(contactos)* relations *fpl* **2.** *(cultura)* connaissances *fpl*
conjugado [kõʒu'gadu] *m* *(Br)* studio *m*
cônjuge ['kõʒuʒə] *mf* conjoint *m*
conjunção [kõʒũ'sɐ̃u] (*pl* **-ões** [õiʃ]) *f* conjonction *f*
conjuntiva [kõʒũn'tivɐ] *f* conjonctive *f*
conjuntivite [kõʒũnti'vitə] *f* conjonctivite *f*
conjuntivo [kõʒũn'tivu] *m* subjonctif *m*
conjunto [kõ'ʒũntu] *m* **1.** ensemble *m* **2.** *(de rock)* groupe *m* **3.** *(de copos, pratos)* service *m*
connosco [kõ'noʃku] *pron* *(Port)* avec nous

conosco [ko'noʃku] *pron (Br)* = **connosco**

conquanto [kõŋ'kwẽntu] *conj* quoique

conquista [kõŋ'kiʃtɐ] *f* conquête *f*

conquistar [kõŋkiʃ'tar] *vt* **1.** conquérir **2.** *(posição, trabalho)* obtenir

consciência [kõʃ'sjẽsjɐ] *f* conscience *f* • **ter consciência de algo** avoir conscience de qqch • **tomar consciência de algo** prendre conscience de qqch • **ter a consciência pesada** avoir mauvaise conscience

consciente [kõʃ'sjẽntə] *adj* conscient(e) ◇ *m* • **o consciente** le conscient • **estar consciente de algo** être conscient de qqch

consecutivo, va [kõsəku'tivu, vɐ] *adj* consécutif(ive)

conseguinte [kõsə'gĩntə] ◆ **por conseguinte** *conj* par conséquent

conseguir [kõsə'gir] *vt* obtenir • **conseguir fazer algo** réussir à faire qqch

conselho [kõ'sɐʎu] *m* conseil *m* • **dar conselhos** donner des conseils

consenso [kõ'sẽsu] *m* consensus *m*

consentimento [kõsẽnti'mẽntu] *m* consentement *m*

consentir [kõsẽn'tir] *vt* consentir

consequência *(Port)*, **conseqüência** *(Br)* [kõse'kwẽsja] *f* conséquence *f* • **em** ou **como consequência** par conséquent

consertar [kõsər'tar] *vt* réparer

conserto [kõ'sertu] *m* réparation *f*

conserva [kõ'sɛrvɐ] *f* • **de conserva** en conserve ◆ **conservas** *fpl* conserves *fpl*

conservação [kõsərvɐ'sɐ̃u] *f* **1.** conservation *f* **2.** *(da natureza, animais)* protection *f*

conservante [kõser'vɑ̃tʃi] *m* conservateur *m*

conservar [kõsər'var] *vt* **1.** *(natureza, animais)* protéger **2.** *(objecto, monumento, alimento)* conserver

conservatório [kõsərvɐ'tɔrju] *m* conservatoire *m*

consideração [kõsiđərɐ'sɐ̃u] *(pl* **-ões** [õiʃ]) *f* considération *f* • **ter algo em consideração** prendre qqch en considération

considerar [kõsiđə'rar] *vt* considérer • **considerar que** considérer que ◆ **considerar-se** *vp* se considérer comme

considerável [kõsiđə'ravɛɫ] *(pl* **-eis** [ɐiʃ]) *adj* considérable

consigo [kõ'sigu] *pron* **1.** *(com ele, ela)* avec lui (avec elle) **2.** *(com você)* avec vous **3.** *(com eles, elas)* avec eux (avec elles) • **consigo mesmo** ou **próprio** *(com ele)* avec lui • **ter dinheiro consigo** avoir de l'argent sur soi • **ele traz uma arma consigo** il a une arme sur lui

consistência [kõsiʃ'tẽsjɐ] *f* consistance *f*

consistente [kõsiʃ'tẽntə] *adj* consistant(e)

consistir [kõsəʃ'tir] ◆ **consistir em** *v + prep* **1.** *(ser composto por)* consister en **2.** *(basear-se em)* consister à

consoada [kõsu'adɐ] *f (no Natal)* réveillon *m (repas du 24 décembre)*

consoante [kõ'swẽntə] *f* consonne *f* ◇ *prep* selon

consola [kõ'sɔlɐ] *f* console *f*

consolar [kõsu'lar] *vt* consoler ◆ **consolar-se** *vp* se régaler

console [kõn'soli] *(Br)* = **consola**

consomé [kõsɔ'mɛ] *m* (*Port*) consommé *m*

consomê [kõso'me] *m* (*Br*) = **consomé**

conspícuo, cua [kõʃ'pikwu, kwɐ] *adj* manifeste

conspiração [kõʃpirɐ'sɐ̃u] (*pl* **-ões** [õiʃ]) *f* conspiration *f*

constante [kõʃ'tɐ̃ntə] *adj* constant(e)

constar [kõʃ'tar] *v impess* • **constar que** dire que ◆ **constar de** *v + prep* **1.** (*consistir em*) consister en **2.** (*figurar em*) figurer dans

constatar [kõʃtɐ'tar] *vt* • **constatar que** constater que

consternado, da [kõʃtər'nađu, đɐ] *adj* consterné(e)

constipação [kõʃtipɐ'sɐ̃u] (*pl* **-ões** [õiʃ]) *f* rhume *m*

constipado, da [kõʃti'pađu, đɐ] *adj* • **estar constipado** être enrhumé

constipar-se [kõʃti'parsə] *vp* s'enrhumer

constituição [kõʃtitwi'sɐ̃u] (*pl* **-ões** [õiʃ]) *f* constitution *f*

constituir [kõʃti'twir] *vt* constituer

constranger [kõʃtrɐ̃'ʒer] *vt* **1.** (*obrigar*) contraindre **2.** (*embaraçar*) gêner ◆ **constranger-se** *vp* se sentir gêné(e)

constrangimento [kõʃtrɐ̃ʒi'mẽntu] *m* **1.** (*obrigação*) contrainte *f* **2.** (*embaraço*) gêne *f*

construção [kõʃtru'sɐ̃u] (*pl* **-ões** [õiʃ]) *f* construction *f*

construído, da [kõʃtru'iđu, đɐ] *adj* construit(e) • **construído em...** construit en...

construir [kõʃtru'ir] *vt* construire

construtivo, va [kõʃtru'tivu, vɐ] *adj* constructif(ive)

construtor [kõʃtru'tor] (*pl* **-es** [əʃ]) *m* constructeur *m*, -trice *f*

cônsul ['kõsuł] (*pl* **-es** [əʃ]) *mf* consul *m*

consulado [kõsu'lađu] *m* consulat *m*

cônsules ['kõnsuliʃ] ➤ **cônsul**

consulta [kõ'sułtɐ] *f* consultation *f*

consultar [kõsuł'tar] *vt* consulter

consultoria [kõsuwto'ria] *f* bureau *m* de consultation = **consultório**

consultório [kõsuł'tɔrju] *m* cabinet *m* (*de consultation*)

consumidor, ra [kõsumi'đor, rɐ] (*mpl* **-es** [əʃ], *fpl* **-s** [ʃ]) *m, f* consommateur *m*, -trice *f*

consumir [kõsu'mi(x)] *vt* consommer ◇ *vi* **1.** (*gastar dinheiro*) dépenser (de l'argent) **2.** (*destruir*) consumer ◆ **consumir-se** *vp* se tourmenter

consumo [kõ'sumu] *m* consommation *f*

conta ['kõntɐ] *f* **1.** (*de restaurante, café*) addition *f* **2.** (*de banco*) compte *m* **3.** (*de colar*) perle *f* • **a conta, por favor** l'addition, s'il vous plaît • **abrir uma conta** ouvrir un compte • **dar-se conta de que** se rendre compte que • **fazer de conta que** faire comme si • **ter em conta** tenir compte de • **tomar conta de** surveiller • **conta bancária** compte bancaire • **conta corrente** compte courant • **conta à ordem** compte à vue • **à conta de** aux frais de • **vezes sem conta** à plusieurs reprises

contabilidade [kõntɐbəli'đađə] *f* comptabilité *f*

contabilista [kõntɐbə'liʃtɐ] *mf* comptable *mf*

contactar [kõntɐ(k)'tar] *vt* (*Port*) contacter

contacto [kõn'ta(k)tu] *m* (*Port*) contact *m* • **entrar em contacto com** prendre contact avec

contador [kõntɐ'đor] (*pl* **-es** [əʃ]) *m* compteur *m*

contagem [kõn'taʒẽi] (*pl* **-ns** [ʃ]) *f* **1.** (*de gasto de água, de luz*) relevé *m* **2.** (*de votos*) dépouillement *m*

contagiar [kõntɐ'ʒjar] *vt* contaminer

contágio [kõn'taʒju] *m* contagion *f*

contagioso, osa [kõntɐ'ʒjozu, ɔzɐ] *adj* contagieux(euse)

conta-gotas [ˌkõntɐ'gotɐʃ] *m inv* compte-gouttes *m inv*

contaminação [kõntɐminɐ'sɐ̃u] (*pl* **-ões** [õiʃ]) *f* contamination *f*

contaminar [kõntɐmi'nar] *vt* contaminer

conta-quilómetros [ˌkõntɐki'lɔmətruʃ] *m inv* compteur *m* (*kilométrique*)

contar [kõn'tar] *vt* **1.** compter **2.** (*narrar, explicar*) raconter ◇ *vi* compter • **contar algo a alguém** raconter qqch à qqn • **contar fazer algo** compter faire qqch • **contar com** compter sur

contatar [kõnta'ta(x)] (*Br*) = **contactar**

contato [kõn'tatu] *m* (*Br*) = **contacto**

contêiner [kõn'tejne(x)] (*Br*) = **contentor**

contemplar [kõntẽm'plar] *vt* **1.** (*paisagem, pintura*) contempler **2.** (*ideia, possibilidade*) envisager • **contemplar alguém com algo** récompenser qqn de qqch

contemporâneo, nea [kõntẽmpu'rɐnju, njɐ] *adj* & *m, f* contemporain(e)

contentamento [kõntẽntɐ'mẽntu] *m* joie *f*

contentar [kõntẽn'tar] *vt* faire plaisir ◆ **contentar a** *v + prep* faire plaisir à ◆ **contentar-se com** *vp + prep* se contenter de

contente [kõn'tẽntə] *adj* content(e)

contentor [kõntẽn'tor] (*pl* **-es** [əʃ]) *m* container *m* • **contentor do lixo** benne *f* à ordures

conter [kõn'ter] *vt* contenir ◆ **conter-se** *vp* se retenir

conterrâneo, nea [kõntə'ʀɐnju, njɐ] *m, f* concitoyen *m*, -enne *f*

contestação [kõntəʃtɐ'sɐ̃u] (*pl* **-ões** [õiʃ]) *f* **1.** (*resposta*) réponse *f* **2.** (*polémica*) contestation *f*

contestar [kõntəʃ'tar] *vt* **1.** (*replicar*) répondre **2.** (*refutar, JUR*) contester

conteúdo [kõn'tjuđu] *m* **1.** (*de recipiente*) contenu *m* **2.** (*de carta, texto*) teneur *f*

contexto [kõn'tɐiʃtu] *m* contexte *m*

contigo [kõn'tigu] *pron* avec toi

continente [kõnti'nẽntə] *m* continent *m*

continuação [kõntinwɐ'sɐ̃u] (*pl* **-ões** [õiʃ]) *f* suite *f*

continuamente [kõnˌtinwɐ'mẽntə] *adv* continuellement

continuar [kõnti'nwar] *vt* & *vi* continuer • **continuar a fazer algo** continuer à faire qqch • **continuar com algo** continuer qqch

contínuo, nua [kõn'tinwu, nwɐ] *adj* **1.** (*sem interrupção*) continu(e) **2.** (*repetido*) continuel(elle) ◇ *m, f* ≃ appariteur *m*

conto ['kõntu] *m* **1.** (*mil escudos*) mille escudos **2.** (*história*) conte *m*

conto-do-vigário ['kõntuduvi'garju] *m* (*fam*) • **levar (alguém) no conto-do-vigário** (*Port*) duper (qqn) • **passar o conto-do-vigário** (*Br*) duper • **cair no conto-do-vigário** tomber dans le panneau

contornar [kõntur'nar] *vt* contourner

contra ['kõntrɐ] *prep* contre ◇ *m* • **pesar ou ver os prós e os contras** peser le pour et le contre

contra-ataque [kõntra'takə] (*pl* **contra-ataques** [kõntra'takəʃ]) *m* contre-attaque *f*

contrabaixo [kõntrɐ'ƀaiʃu] *m* contrebasse *f*

contrabando [kõntrɐ'ƀẽndu] *m* **1.** (*de mercadorias*) contrebande *f* **2.** (*mercadoria*) produit *m* de contrebande

contracepção [ˌkõntrɐsɛ(p)'sɐ̃u] *f* contraception *f*

contraceptivo, va [ˌkõntrɐsɛ(p)'tivu, vɐ] *adj* contraceptif(ive) ◇ *m* contraceptif *m*

contradição [ˌkõntrɐđi'sɐ̃u] (*pl* **-ões** [õiʃ]) *f* contradiction *f*

contradizer [ˌkõntrɐđi'zer] *vt* contredire

contrafilé [kõntrafi'lɛ] *m* (*Br*) faux-filet *m*

contra-indicação [ˌkõntrɐĩndikɐ'sɐ̃u] (*pl* **contra-indicações** [ˌkõntrɐĩndikɐ'sõiʃ]) *f* (*de medicamento*) contre-indication *f*

contrair [kõntrɐ'ir] *vt* **1.** contracter **2.** (*vício, hábito*) prendre • **contrair matrimónio** se marier

contramão [kõntra'mɐ̃u] *f* sens *m* inverse • **ir contramão** rouler en sens inverse

contrapartida [ˌkõntrɐpɐr'tiđɐ] *f* contrepartie *f* • **em contrapartida** en contrepartie

contrariar [kõntrɐ'rjar] *vt* **1.** (*contradizer*) contredire **2.** (*aborrecer*) contrarier

contrariedade [kõntrɐrje'đađə] *f* contrariété *f*

contrário, ria [kõn'trarju, rjɐ] *adj* **1.** (*oposto*) contraire **2.** (*adversário*) adverse ◇ *m* • **o contrário** le contraire • **ser contrário a algo** être opposé à qqch • **de contrário** sinon • **muito pelo contrário** bien au contraire • **em sentido contrário** en sens inverse

contra-senso [ˌkõntrɐ'sẽsu] (*pl* **contra-sensos** [ˌkõntrɐ'sẽsuʃ]) *m* **1.** (*absurdo*) non-sens *m* **2.** (*em tradução*) contresens *m*

contrastar [kõntrɐʃ'tar] *vt* mettre en contraste ◇ *vi* contraster • **contrastar com** contraster avec

contraste [kõn'traʃtə] *m* contraste *m* • **em contraste com** en contraste avec

contratar [kõntrɐ'tar] *vt* **1.** (*pessoa*) engager **2.** (*serviço*) passer un contrat pour

contratempo [ˌkõntrɐ'tẽmpu] *m* contretemps *m*

contrato [kõn'tratu] *m* contrat *m*

contribuinte [kõntri'ƀwĩntə] *mf* contribuable *mf*

contribuir [kõntri'ƀwir] *vi* apporter une contribution • **contribuir para algo** contribuer à qqch • **contribuir com dinheiro (para)** participer financièrement (à)

controlado, da [kõntru'lađu, đɐ] *adj* contrôlé(e) ▼ **velocidade controlada por radar** vitesse contrôlée par radar

controlar [kõntru'lar] *vt* contrôler ◆ **controlar-se** *vp* se contrôler

controle [kõn'troli] *m* (*Br*) = **controlo**

controlo [kõn'trolu] *m* **1.** (*Port*) contrôle *m* **2.** (*comando*) commande *f* • **controlo remoto** télécommande *f*

controvérsia [kõntru'vɛrsjɐ] *f* controverse *f*

controverso, sa [kõntru'vɛrsu, sɐ] *adj* controversé(e)

contudo [kõn'tuđu] *conj* cependant

contusão [kõntu'zɐ̃u] (*pl* **-ões** [õiʃ]) *f* contusion *f*

convalescença [kõvɐləʃ'sẽsɐ] *f* convalescence *f*

convenção [kõvẽ'sɐ̃u] (*pl* **-ões** [õiʃ]) *f* convention *f*

convencer [kõvẽ'ser] *vt* convaincre • **convencer alguém a fazer algo** convaincre qqn de faire qqch • **convencer alguém de algo** convaincre qqn de qqch ◆ **convencer-se** *vp* être convaincu(e) • **convencer-se de que** être convaincu que

convencido, da [kõvẽ'siđu, đɐ] *adj* prétentieux(euse)

convencional [kõvẽsju'nał] (*pl* **-ais** [aiʃ]) *adj* **1.** (*pessoa*) conformiste **2.** (*regra, atitude, sinal*) conventionnel(elle)

convenções ➤ **convenção**

conveniente [kõvə'njẽntə] *adj* (*hora, momento*) opportun(e) • **é conveniente ir à reunião** il vaut mieux aller à la réunion

convento [kõ'vẽntu] *m* couvent *m*

conversa [kõ'vɛrsɐ] *f* conversation *f* • **conversa fiada** (*fam*) parlote *f* • **não ir na conversa** (*fam*) ne pas marcher (dans la combine)

conversar [kõvər'sar] *vi* discuter • **conversar com** discuter avec

conversível [kõvex'siveu] (*pl* **-eis** [ɐiʃ]) *m* (*Br*) décapotable *f*

converter [kõvər'ter] *vt* • **converter algo em** convertir qqch en • **converter alguém em algo** faire de qqn qqch ◆ **converter-se** *vp* se convertir • **converter-se a** se convertir à • **converter-se em** devenir

convés [kõ'vɛʃ] (*pl* **-eses** [ɛzəʃ]) *m* pont *m* supérieur

convidado, da [kõvi'đađu, đɐ] *adj* & *m, f* invité(e)

convidar [kõvi'đar] *vt* inviter

convir [kõ'vir] *vi* **1.** convenir **2.** (*admitir*) reconnaître • **convém analisar a situação** il serait bon d'analyser la situation

convite [kõ'vitə] *m* invitation *f*

convivência [kõvi'vẽsjɐ] *f* **1.** (*vida em comum*) cohabitation *f* **2.** (*familiaridade*) convivialité *f*

conviver [kõvi'ver] ◆ **conviver com** *v + prep* **1.** (*ter convivência com*) vivre avec **2.** (*amigos, colegas*) fréquenter

convívio [kõ'vivju] *m* **1.** (*convivência*) convivialité *f* **2.** (*festa*) fête *f*

convocar [kõvu'kar] *vt* convoquer • **convocar alguém para algo** convoquer qqn à qqch

convosco [kõ'voʃku] *pron* avec vous

convulsão [kõvuł'sɐ̃u] (*pl* **-ões** [õiʃ]) *f* **1.** (*física*) convulsion *f* **2.** (*social*) agitation *f*

cookie ['koki] (*pl* **cookies**) *m INFORM* cookie *m*

cooperação [kwopərɐ'sɐ̃u] (*pl* **-ões** [õiʃ]) *f* coopération *f*

cooperar [kwopə'rar] *vi* coopérer
cooperativa [kwopərɐ'tivɐ] *f* coopérative *f*
coordenar [kworđə'nar] *vt* coordonner
copa ['kɔpɐ] *f* **1.** *(divisão de casa)* office *m* **2.** *(de árvore)* cime *f* **3.** *(de chapéu)* calotte *f* **4.** *(Br)* *(torneio desportivo)* coupe *f* ◆ **copas** *fpl (naipe de cartas)* cœur *m*
cópia ['kɔpjɐ] *f* copie *f*
copiar [ku'pjar] *vt & vi* copier
copo ['kɔpu] *m* verre *m* • **tomar** ou **beber um copo** prendre ou boire un verre • **estar com os copos** *(fam)* avoir un coup dans l'aile
copo-d'água [,kɔpu'đagwɐ] *(pl* **copos-d'água** [,kɔpuʒ'dagwɐ]) *m* vin *m* d'honneur
coqueiro [ko'kɐiru] *m* cocotier *m*
coquetel [kɔkə'tɛł] *(pl* **-éis** [ɛiʃ]) *m* cocktail *m*
[1]**cor** ['kɔr] ◆ **de cor** *adv* • **aprender/saber algo de cor** apprendre/savoir qqch par cœur • **saber algo de cor e salteado** savoir qqch sur le bout des doigts
[2]**cor** ['kor] *(pl* **-es** [əʃ]) *f* couleur *f* • **mudar de cor** changer de couleur • **perder a cor** déteindre • **de cor** de couleur *(personne)*
coração [kurɐ'sɐ̃u] *(pl* **-ões** [õiʃ]) *m* cœur *m* • **ter bom coração** avoir bon cœur
corado, da [kɔ'rađu, đɐ] *adj* doré(e) • **ficar corado** *(pessoa)* rougir
coragem [ku'raʒɐ̃i] *f* courage *m* ◇ *interj* bon courage !
corais ➤ **coral**
corajoso, osa [kurɐ'ʒozu, ɔzɐ] *adj* courageux(euse)
coral [ku'rał] *(pl* **-ais** [aiʃ]) *m* **1.** *(organismo)* chorale *f* **2.** *(substância)* corail *m*
corante [kɔ'rɐ̃ntə] *m* colorant *m* ▼ **sem corantes nem conservantes** sans colorant ni conservateur
corar [kɔ'rar] *vi (ruborizar-se)* rougir ◇ *vt (frango, assado,etc)* faire dorer
Corcovado [kurku'vađu] *m* • **o Corcovado** le Corcovado

Le Corcovado

Au sommet du *morro do Corcovado*, colline du Corcovado, le Christ Rédempteur accueille Rio de Janeiro les bras ouverts. La statue, haute de trente mètres, a été offerte par la France aux habitants de Rio. Il faut monter au Corcovado pour comprendre pourquoi Rio est connue sous le nom de *cidade maravilhosa* ville merveilleuse.

corda ['kɔrđɐ] *f* **1.** corde *f* **2.** *(de relógio, brinquedo)* ressort *m* • **corda de saltar** corde à sauter • **cordas vocais** cordes vocales • **dar corda a** remonter
cordão [kur'đɐ̃u] *(pl* **-ões** [õiʃ]) *m* **1.** *(Port)* *(de sapatos)* lacet *m* **2.** *(jóia)* chaîne *f* • **cordão umbilical** cordon *m* ombilical
cordeiro [kur'đɐiru] *m* agneau *m*
cordel [kur'đɛł] *(pl* **-éis** [ɛiʃ]) *m* ficelle *f* • **cordel da roupa** corde *f* à linge
cor-de-laranja [,korđəlɐ'rɐ̃ʒɐ] *adj inv* orange
cor-de-rosa [,korđə'ʀɔzɐ] *adj inv* rose
cordial [kur'đjał] *(pl* **-ais** [aiʃ]) *adj* cordial(e)

cordilheira [kurđi'ʎeire] *f* cordillère *f*
cordões ➤ **cordão**
Coreia [ku'reje] *f* Corée *f*
cores ➤ **cor**
coreto [ko'retu] *m* kiosque *m*
corinto [ko'rĩntu] *m* raisin *m* de Corinthe
córnea ['kɔrnje] *f* cornée *f*
corneta [kur'nete] *f* cornet *m* (à pistons)
cornflakes® [kɔrn'fleiks] *mpl* corn flakes *mpl*
coro ['koru] *m* chœur *m* • **em coro** en chœur
coroa [ku'roe] *f* couronne *f*
corpo ['korpu] *m* corps *m*
corporal [kurpu'rał] (*pl* **-ais** [aiʃ]) *adj* ➤ **odor**
correção [koxe'sẽu] (*pl* **-ões** [õiʃ]) *f* (*Br*) = **correcção**
correcção [kurɛ'sẽu] (*pl* **-ões** [õiʃ]) *f* (*Port*) correction *f*
correções ➤ **correção**
correctamente [ku,rɛte'mẽntə] *adv* (*Port*) correctement
correcto, ta [ku'rɛtu, te] *adj* (*Port*) correct(e)
corrector [kurɛ'tor] (*pl* **-es** [əʃ]) *m* (*Port*) correcteur *m*, -trice *f*
corredor, ra [kurə'đor, re] (*mpl* **-es** [əʃ], *fpl* **-s** [ʃ]) *m*, *f* coureur *m*, -euse *f* ◇ *m* couloir *m*
correia [ku'reje] *f* courroie *f* • **correia da ventoinha** courroie du ventilateur
correio [ku'reju] *m* **1.** poste *f* **2.** (*pessoa*) facteur *m* **3.** (*correspondência*) courrier *m* • **correio azul** (*Port*) ≃ Chronopost *m* • **correio electrónico** courrier électronique • **correio expresso** courrier express • **pelo correio** par courrier, par la poste
corrente [ku'rẽntə] *adj* courant(e) ◇ *f* **1.** courant *m* **2.** (*de ar*) courant *m* d'air **3.** (*cadeia de metal, de bicicleta*) chaîne *f* • **estar ao corrente de algo** être au courant de qqch • **pôr alguém ao corrente de algo** mettre qqn au courant de qqch • **corrente alternada** courant alternatif
correr [ku'rer] *vi* **1.** courir **2.** (*água, lágrimas, rio*) couler **3.** (*tempo*) s'écouler ◇ *vt* courir • **correr as cortinas** tirer les rideaux • **correr com alguém** mettre qqn à la porte • **fazer algo a correr** faire qqch en vitesse
correspondência [kurəʃpõn'dẽsje] *f* correspondance *f*
correspondente [kurəʃpõn'dẽntə] *adj* & *mf* correspondant(e)
corresponder [koxeʃpõn'de(x)] *vi* correspondre • **corresponder a** correspondre à ◆ **corresponder-se com** *vp* + *prep* avoir une correspondance avec qqn
corresponder [kurəʃpõn'der] *vi* **1.** (*equivaler*) correspondre **2.** (*retribuir*) remercier • **corresponder a** correspondre à ◆ **corresponder-se** *vp* correspondre • **corresponder-se com alguém** correspondre avec qqn
corretamente [ko'xɛta'mẽntʃi] [ko'xɛta'mẽntʃi] (*Br*) = **correctamente**
correto [ko'xɛtu] *adj* (*Br*) = **correcto**
corretor, ra [kurə'tor, re] (*mpl* **-es** [əʃ], *fpl* **-s** [ʃ]) *m*, *f* courtier *m*, -ère *f*
corrida [ku'riđe] *f* **1.** (*de velocidade, táxi*) course *f* **2.** (*tourada*) corrida *f* • **corrida de automóveis** course automobile • **corrida de cavalos** course de chevaux • **corrida**

à Portuguesa *corrida sans mise à mort du taureau* • **de corrida** *(à pressa)* à toute vitesse ; *(por alto)* à la va-vite
corrigir [kuʀi'ʒir] *vt* corriger ◆ **corrigir-se** *vp* se corriger
corrimão [kuʀi'mɐ̃u] (*pl* **-s** [ʃ] OU **-ões** [õiʃ]) *m* **1.** *(de escada)* rampe *f* **2.** *(de varanda)* balustrade *f*
corrimento [kuʀi'mẽntu] *m (de vagina)* pertes *fpl*
corrimões ➤ **corrimão**
corroborar [kuʀuƀu'rar] *vt* corroborer
corromper [kuʀõm'per] *vt* corrompre
corrupção [kuʀup'sɐ̃u] (*pl* **-ões** [õiʃ]) *f* corruption *f* • **corrupção de menores** détournement *m* de mineur
corrupto, ta [ku'ʀuptu, tɐ] *adj* corrompu(e)
cortar [kur'tar] *vt* **1.** couper **2.** *(rua, estrada)* barrer ◇ *vi* couper • **cortar em algo** réduire qqch • **cortar relações (com alguém)** couper les ponts (avec qqn) • **cortar caminho** prendre un raccourci ◆ **cortar-se** *vp* se couper
corta-unhas [ˌkɔrtɐ'uɲɐʃ] *m inv* coupe-ongles *m inv*
corte ['kɔrte] *m* **1.** coupure *f* **2.** *(redução)* réduction *f* • **corte de cabelo** coupe *f* de cheveux
cortejar [koxte'ʒa(x)] [koxte'ʒa(x)] *vt* courtiser
cortejo [kur'tɐiʒu] *m* cortège *m* • **cortejo fúnebre** cortège funèbre
cortesia [kurtə'ziɐ] *f* courtoisie *f*
cortiça [kur'tisɐ] *f* liège *m*
cortiço [kox'tʃisu] *(Br)* = **colmeia**
cortina [kur'tinɐ] *f* rideau *m*
cortinados [kurti'nađuʃ] *mpl* rideaux *mpl*
coruja [ku'ruʒɐ] *f* chouette *f*
corvina [kur'vinɐ] *f* sciène *f (poisson)*
corvo ['korvu] *m* corbeau *m*
cós ['kɔʃ] *m inv* ceinture *f*
coser [ku'zer] *vt* & *vi* coudre
cosmético [kuʒ'mɛtiku] *m* cosmétique *m*
cosmopolita [kuʒmupu'litɐ] *adj* cosmopolite
costa ['kɔʃtɐ] *f* **1.** *(junto ao mar)* côte *f* **2.** *(de montanha)* pente *f* • **dar à costa** accoster ◆ **costas** *fpl* **1.** *(de pessoa, mão)* dos *m* **2.** *(de cadeira)* dossier *m*
Costa do Marfim [ˌkɔʃtɐđumɐr'fĩ] *f* • **a Costa do Marfim** la Côte-d'Ivoire
Costa Rica [ˌkɔʃtɐ'rikɐ] *m* • **a Costa Rica** le Costa Rica
costela [kuʃ'tɛlɐ] *f* côte *f*
costeleta [kuʃtəletɐ] *f* côtelette *f*
costumar [kuʃtu'mar] *vt* • **costumar fazer algo** avoir l'habitude de faire qqch • **costuma chover no Inverno** en général, il pleut en hiver
costume [kuʃ'tumə] *m* **1.** *(hábito)* habitude *f* **2.** *(uso social)* coutume *f* • **como de costume** comme d'habitude • **por costume** par habitude
costura [kuʃ'turɐ] *f* **1.** couture *f* **2.** *(de operação cirúrgica)* cicatrice *f*
costurar [kuʃtu'rar] *vt* coudre
cotação [kutɐ's'ɐ̃u] (*pl* **-ões** [õiʃ]) *f* **1.** *(de pergunta, em exame, teste)* barème *m* **2.** *(de mercadoria, moeda, título)* cours *m* **3.** *(actividade na Bolsa)* cotation *f*
cotidiano [kotʃi'dʒjɐnu] *adj* & *m* *(Br)* = **quotidiano**

cotonetes [kɔtɔ'nɛtəʃ] *mpl* Cotons-Tiges® *mpl*
cotovelada [kutuvə'lađɐ] *f* coup *m* de coude
cotovelo [kutu'velu] *m* coude *m*
cotovia [kutu'viɐ] *f* alouette *f*
coube ['koƀə] ➤ **caber**
couchette [ku'ʃɛtə] *f* couchette *f*
couraça [ko'rasɐ] *f (de tartaruga, cágado)* carapace *f*
courgette [kur'ʒɛtə] *f* courgette *f*
couro ['koru] *m* cuir *m* • **couro cabeludo** cuir chevelu
couve ['kovə] *f* chou *m* • **couve lombarda** chou vert de Milan • **couve à mineira** *chou en lanière frit à l'ail* • **couve portuguesa** chou moellier • **couve roxa** chou rouge
couve-de-Bruxelas [ˌkovəđəƀru'ʃɛlɐʃ] (*pl* **couves-de-Bruxelas** [ˌkovəʒdəƀru'ʃɛlɐʃ]) *f* chou *m* de Bruxelles
couve-flor [ˌkovə'flor] (*pl* **couves-flores** [ˌkovəʃ'florəʃ]) *f* chou-fleur *m*
couve-galega [ˌkovəgɐ'legɐ] (*pl* **couves-galegas** [ˌkovəʒgɐ'legɐʃ]) *f* chou *m* cavalier
couvert [ku'vɛr] *m* hors-d'œuvre *m inv*
cova ['kɔvɐ] *f* **1.** trou *m* **2.** *(sepultura)* fosse *f*
covarde [ko'vaxdʒi] *adj* lâche ◇ *mf* lâche *mf*
covardia [kovax'dʒia] *f* lâcheté *f*
coveiro [ku'vɐiru] *m* fossoyeur *m*
coxa ['koʃɐ] *f* cuisse *f* • **coxa de galinha** cuisse de poulet
coxia [ku'ʃiɐ] *f* **1.** *(em casa de espectáculos)* allée *f* **2.** *(cavalariça)* box *m*
coxo, xa ['koʃu, ʃɐ] *adj* boîteux(euse)
cozer [ku'zer] *vt* cuire
cozido, da [ku'ziđu, đɐ] *adj* cuit(e) ◇ *m* • **cozido (à portuguesa)** *sorte de pot-au-feu*
cozinha [ku'ziɲɐ] *f* cuisine *f*
cozinhar [kuzi'ɲar] *vt* cuisiner ◇ *vi* cuisiner, faire la cuisine
cozinheiro, ra [kuzi'ɲɐiru, rɐ] *m, f* cuisinier *m*, -ère *f*
CP *f* (*abrev de Caminhos de Ferro Portugueses*) ≃ SNCF *f (Société Nationale des Chemins de Fer)*
CPLP (*abrev de Comunidade dos Países de Língua Portuguesa*) *f* CPLP *f (Communauté des Pays de langue portugaise)*

A CPLP

Il s'agit de la Communauté des Pays de langue portugaise, créée en 1996. La « communauté lusophone » est l'équivalent de notre francophonie. Elle regroupe les États dont la langue officielle est le portugais. Ceux-ci sont, en plus du Portugal : le Brésil, le Cap-Vert, la Guinée-Bissau, l'Angola, le Mozambique, São Tomé et Principe, et le Timor-Oriental qui a rejoint la Communauté lors de son accession à l'indépendance en 2002.

crachá [kra'ʃa] *m* badge *m*
crack ['kraki] *m* crack *m*
crack ['kraki] (*pl* **cracks**) *m* INFORM s'introduire dans un système

cracker ['krakɛr] (*pl* **crackers**) *m* *INFORM* mordu *m* d'informatique, pirate *m* informatique
crânio ['krɐnju] *m* crâne *m*
craque ['krakə] *mf* (*fam*) bête *f*
cratera [krɐ'tɛrɐ] *f* cratère *m*
cravar [krɐ'var] *vt* **1.** (*unhas, dentes*) planter **2.** (*fam*) (*dinheiro*) taper **3.** (*fam*) (*cigarros*) taxer • **cravar os olhos em** fixer son regard sur
cravinho [krɐ'viɲu] *m* clou *m* de girofle
cravo ['kravu] *m* **1.** (*flor*) œillet *m* **2.** (*em pele*) verrue *f*
cravo-da-índia ['kravuda'ĩndʒja] (*Br*) = **cravinho**
creche ['krɛʃə] *f* crèche *f*
credencial [krədẽnsi'aɫ] (*pl* **-ais** [aiʃ]) *f* *autorisation qu'un médecin généraliste donne à son patient pour consulter un spécialiste*
crediário [kre'dʒjarju] *m* (*Br*) paiement *m* à crédit
Credifone® [krɛđi'fɔnə] *m* (*Port*) carte *f* téléphonique
crédito ['krɛđitu] *m* crédit *m* • **compra/venda a crédito** achat/vente à crédit
credor, ra [krɐ'đor, rɐ] (*mpl* **-es** [əʃ], *fpl* **-s** [ʃ]) *m, f* créancier *m*, -ère *f*
crédulo, la ['krɛđulu, ɫɐ] *adj* crédule
cremar [krə'mar] *vt* incinérer
crematório [krəmɐ'tɔrju] *m* crématorium *m*
creme ['krɛmə] *m* crème *f* • **creme da barba** crème à raser • **creme de base** fond *m* de teint • **creme hidratante** crème hydratante • **creme de limpeza** lait *m* démaquillant • **creme de noite** crème de nuit • **creme rinse** (*Br*) après-shampooing *m inv* • **creme de leite fresco** (*Br*) crème fraîche
cremoso, osa [krə'mozu, ɔzɐ] *adj* crémeux(euse)
crença ['krẽsɐ] *f* croyance *f*
crendice [krẽ'diʃi] *f* croyance *f* absurde
crente ['krẽntə] *mf* croyant *m*, -e *f*
crepe ['krɛpə] *m* **1.** *CULIN* crêpe *f* **2.** (*tecido*) crêpe *m*
crepúsculo [krə'puʃkulu] *m* crépuscule *m*
crer ['krer] *vt* • **crer que** croire que, croire • **é de crer que** il se peut que • **ver para crer** voir pour croire
crescente [krəʃ'sẽntə] *m* **1.** (*fase da lua*) croissant *m* **2.** (*fermento de pão*) levain *m*
crescer [krəʃ'ser] *vi* **1.** (*plantas*) pousser **2.** (*pessoas*) grandir **3.** (*subir*) augmenter **4.** (*aumentar*) monter **5.** (*sobejar*) rester
crescimento [(*Port*) krəʃi'mẽntu (*Br*), kresi'mẽntu] *m* croissance *f*
crespo, pa ['kreʃpu, pɐ] *adj* **1.** (*cabelo*) crépu(e) **2.** (*rugoso*) rèche
Creta ['krɛtɐ] *f* • **Creta** la Crète
cretino, na [krə'tinu, nɐ] *m, f* crétin *m*, -e *f*
cria ['kriɐ] *f* petit *m* (*d'un animal*)
criação [(*Port*) kriɐ'sɐ̃w (*Br*), krja'sɐ̃w] *f* création *f*
criado, da [kri'ađu, đɐ] *m, f* valet *m*, bonne *f* • **os criados** les domestiques • **criado de quarto** valet de chambre
criador, ra [kriɐ'đor, rɐ] (*mpl* **-es** [əʃ], *fpl* **-s** [ʃ]) *m, f* **1.** (*inventor*) créateur *m*, -trice *f* **2.** (*de animais*) éleveur *m*, -euse *f*
criança [kri'ɐ̃sɐ] *f* enfant *mf* • **criança de colo** enfant en bas âge • **em criança, eu...** (*na infância*) quand j'étais petit, je... • **ser**

uma criança se conduire comme un enfant

criar [kri'ar] *vt* **1.** élever **2.** *(inventar)* créer ◇ *vi* s'infecter ◆ **criar-se** *vp* **1.** *(produzir-se)* se former **2.** *(fundar-se)* se créer **3.** *(crescer)* grandir

criatividade [kriɐtəvi'đađə] *f* créativité *f*

criativo, va [kriɐ'tivu, vɐ] *adj* créatif(ive)

criatura [kriɐ'turɐ] *f* créature *f*

crime ['krimə] *m* crime *m*

criminalidade [kriminɐli'đađə] *f* criminalité *f*

criminoso, osa [krimi'nozu, ɔzɐ] *m, f* criminel *m*, -elle *f*

crina ['krinɐ] *f* crinière *f*

criptografar [kriptugrɐ'far] *vt* INFORM crypter

criptografia [kriptugra'fiɐ] *f* INFORM cryptage *m*

crisântemo [kri'zɐ̃ntəmu] *m* chrysanthème *m*

crise ['krizə] *f* crise *f*

crista ['kriʃtɐ] *f* crête *f* ● **estar na crista da onda** *(fam)* être dans le vent

cristã ➤ **cristão**

cristal [kriʃ'tał] *(pl* **-ais** [aiʃ]) *m* cristal *m*

cristaleira [kriʃtɐ'lɐirɐ] *f* vitrine *f (meuble)*

cristão, ã [kriʃ'tɐ̃u, ɐ̃] *adj & m, f* chrétien(enne)

critério [kri'tɛrju] *m* critère *m*

crítica ['kritikɐ] *f* critique *f*

criticar [kriti'kar] *vt* critiquer

crivo ['krivu] *m* **1.** *(de farinha, areia, etc)* crible *m* **2.** *(de regador)* pomme *f* d'arrosoir

Croácia [kru'asjɐ] *f* ● **a Croácia** la Croatie

crocante [krɔ'kɐ̃ntə] *adj* croustillant(e)

croché [krɔ'ʃɛ] *m (Port)* crochet *m (tricot)*

crochê [kro'ʃe] *m (Br)* = **croché**

crocodilo [kruku'đilu] *m* crocodile *m*

cromo ['krɔmu] *m* image *f*

crónica ['krɔnikɐ] *f (Port)* chronique *f*

crônica ['kronikɐ] *f (Br)* = **crónica**

crónico, ca ['krɔniku, kɐ] *adj (Port) (doença)* chronique

crônico, ca ['kroniku, kɐ] *adj (Br)* = **crónico**

cronológico, ca [krunu'łɔʒiku, kɐ] *adj* chronologique

cronometrar [krunumə'trar] *vt* chronométrer

cronómetro [kru'nɔmətru] *m (Port)* chronomètre *m*

cronômetro [kro'nometru] *m (Br)* = **cronómetro**

croquete [krɔ'kɛtə] *m* croquette *f*

crosta ['kroʃtɐ] *f* **1.** *(de ferida)* croûte *f* **2.** *(da Terra)* écorce *f*

cru, crua ['kru, 'kruɐ] *adj* cru(e)

crucial [kru'sjał] *(pl* **-ais** [aiʃ]) *adj* crucial(e)

crucifixo [krusə'fiksu] *m* crucifix *m*

cruel [kru'ɛł] *(pl* **-éis** ['ɛiʃ]) *adj* cruel(elle)

crustáceos [kruʃ'tasjuʃ] *mpl* crustacés *mpl*

cruz ['kruʃ] *(pl* **-es** [zəʃ]) *f* croix *f* ● **a Cruz Vermelha** la Croix-Rouge

cruzamento [kruzɐ'mẽntu] *m* **1.** croisement *m* **2.** *(na cidade)* carrefour *m*

cruzar [kru'zar] *vt* **1.** traverser **2.** *(pernas, braços)* croiser ◆ **cruzar-se** *vp* se croiser ● **cruzar-se com alguém** croiser qqn
cruzeiro [kru'zeiru] *m* **1.** *(de navio)* croisière *f* **2.** *(antiga unidade monetária)* cruzeiro *m*
CTT *mpl* (*abrev de Correios e Telecomunicações de Portugal*) ≃ la Poste
cu ['ku] *m* (*vulg*) cul *m*
Cuba ['kuɓɐ] *f* Cuba *f*
Cuba libre [,kuɓɐ'liɓrə] *f* rhum-Coca *m*
cúbico, ca ['kuɓiku, kɐ] *adj* **1.** *(metro)* cube **2.** *(raiz, forma)* cubique
cubículo [ku'ɓikulu] *m* réduit *m*
cubo ['kuɓu] *m* cube *m* ● **cubo de gelo** glaçon *m*
cuco ['kuku] *m* coucou *m*
cueca ['kwɛka] (*Br*) = **cuecas**
cuecas ['kwɛkɐʃ] *fpl* (*fam*) slip *m*
cuidado, da [kui'đađu, đɐ] *adj* soigné(e) ◇ *m* attention *f* ◇ *interj* attention ! ● **ter cuidado** faire attention ● **ao cuidado de alguém** à l'attention de qqn ; *(responsabilidade)* confié à qqn ● **com cuidado** en faisant attention ; *(conduzir)* prudemment ; *(trabalhar)* soigneusement
cuidar [kui'đar] ◆ **cuidar de** *v + prep* prendre soin de ◆ **cuidar-se** *vp* prendre soin de soi
cujo, ja ['kuʒu, ʒɐ] *pron* dont ● **o livro cuja capa...** le livre dont la couverture...
culinária [kuli'narjɐ] *f* art *m* culinaire
culminar [kułmi'nar] ◆ **culminar em** *v + prep* être couronné(e) par
culpa ['kułpɐ] *f* faute *f* ● **ter culpa de algo** être coupable de qqch ● **tenho a culpa** c'est de ma faute ● **por culpa de** à cause de
culpado, da [kuł'pađu, đɐ] *adj* coupable
cultivar [kułti'var] *vt* cultiver ◆ **cultivar-se** *vp* se cultiver
culto, ta ['kułtu, tɐ] *adj* cultivé(e) ◇ *m* culte *m*
cultura [kuł'turɐ] *f* culture *f*
cultural [kułtu'rał] (*pl* **-ais** [aiʃ]) *adj* culturel(elle)
culturismo [kułtu'riʒmu] *m* body-building *m*
cume ['kumə] *m* sommet *m*
cúmplice ['kũmplisə] *mf* complice *mf*
cumplicidade [kũmpləsi'đađə] *f* complicité *f*
cumprimentar [kũmprimẽn'tar] *vt* saluer
cumprimento [kũmpri'mẽntu] *m* salut *m* ◆ **cumprimentos** *mpl* salutations *fpl* ● **com os melhores cumprimentos** *(em carta)* sincères salutations ● **dar cumprimentos a alguém** présenter ses respects à qqn
cumprir [kũm'prir] *vt* **1.** *(tarefa, missão)* accomplir **2.** *(ordem)* exécuter **3.** *(promessa)* tenir **4.** *(pena)* purger **5.** *(lei)* respecter ◇ *v impess* ● **cumpre-lhe fazer as contas** c'est à lui de faire les comptes
cúmulo ['kumulu] *m* comble *m* ● **é o cúmulo!** c'est le comble ! ● **para cúmulo** qui plus est
cunha ['kuɲɐ] *f* **1.** coin *m* **2.** *(sala)* ● **à cunha** bondé(e) ● **ter uma cunha** *(fam)* se faire pistonner
cunhado, da [ku'ɲađu, đɐ] *m, f* beau-frère *m*, belle-sœur *f*
cunhar [ku'ɲar] *vt* frapper *(la monnaie)*

cupão [ku'pɐ̃u] (*pl* **-ões** [õiʃ]) *m* **1.** (*Port*) (*de loja*) bon *m* d'achat **2.** (*de acção, obrigação*) coupon *m*
cupom [ku'põ] (*pl* **-ns** [ʃ]) *m* (*Br*) = **cupão**
cúpula ['kupulɐ] *f* **1.** (*abóbada*) coupole *f* **2.** (*telhado*) dôme *m*
cura ['kurɐ] *f* **1.** (*de doença*) guérison *f* **2.** (*de queijo*) affinage *m* **3.** (*pelo fumo*) fumage *m* **4.** (*no sal*) salage *m* **5.** (*pelo calor*) séchage *m*
curar [ku'rar] *vt* **1.** (*doença, ferida*) guérir **2.** (*queijo*) affiner **3.** (*secar*) faire sécher **4.** (*fumar*) fumer **5.** (*salgar*) saler ◇ *vi* guérir ◆ **curar-se** *vp* guérir
curativo [kurɐ'tivu] *m* pansement *m*
curinga [ku'rĩŋga] *m* **1.** (*de jogo de cartas*) joker *m* **2.** (*Br*) (*em futebol*) polyvalent *m* **3.** INFORM ● **curinga** (caractère *m*) maigre *m*
curiosidade [kurjuzi'ðaðə] *f* curiosité *f*
curioso, osa [ku'rjozu, ɔzɐ] *adj* & *m, f* curieux(euse)
curral [ku'ʀał] (*pl* **-ais** [aiʃ]) *m* étable *f*
currículo [ku'ʀikulu] *m* CV *m*
currículum vitae [ku,xikulũn'vitaj] (*Br*) = **currículo**
curso ['kursu] *m* **1.** (*de especialização, universidade, etc*) année *f* **2.** (*alunos de um curso*) promotion *f* **3.** (*de rio*) cours *m* ● **ter um curso de algo** avoir un diplôme de qqch ● **curso intensivo** stage *m* intensif ● **curso superior** études *fpl* supérieures ● **em curso** en cours
cursor [kur'sor] (*pl* **-es** [əʃ]) *m* curseur *m*
curta-metragem [,kuxtametra'ʒẽ] (*pl* **curtas-metragens** [,kuxtaʒmetra'ʒẽʃ]) *f* court-métrage *m*
curtido, da [kur'tiđu, đɐ] *adj* (*Port*) (*fam*) génial(e)
curtir [kur'tir] *vt* **1.** (*peles, couros*) tanner **2.** (*fam*) (*gostar*) s'éclater
curto, ta ['kurtu, tɐ] *adj* court(e) ● **a curto prazo** à court terme
curto-circuito [,kurtusir'kwitu] (*pl* **curtos-circuitos** [,kurtuʃsir'kwituʃ]) *m* court-circuit *m*
curva ['kurvɐ] *f* **1.** (*de estrada, caminho*) virage *m* **2.** (*de corpo*) forme *f*, rondeur *f* ● **ir dar uma curva** (*fam*) aller faire un tour
curvar [kur'var] *vt* **1.** courber **2.** (*flexionar*) plier ◆ **curvar-se** *vp* **1.** se courber **2.** (*fig*) s'incliner
cuscuz [kuʃ'kuʃ] *m* **1.** (*tipo de massa alimentícia*) semoule *f* **2.** (*prato árabe*) couscous *m* **3.** (*prato brasileiro*) *gâteau salé à la farine de maïs cuit à la vapeur*
cuspe ['kuʃpi] (*Br*) = **cuspo**
cuspir [kuʃ'pir] *vt* & *vi* cracher
cuspo ['kuʃpu] *m* salive *f*
custa ['kuʃtɐ] ◆ **à custa de** *prep* **1.** (*de sacrifícios*) au prix de **2.** (*do Estado*) aux frais de ◆ **custas** *fpl* frais *mpl*
custar [kuʃ'tar] *vt* coûter ● **custa muito a fazer** c'est pénible à faire ● **quanto custa?** combien ça coûte ? ● **custe o que custar** coûte que coûte
custo ['kuʃtu] *m* **1.** coût *m* **2.** (*fig*) peine *f* ● **custo de vida** coût de la vie ● **a custo** avec peine
cutia [ku'tiɐ] *f* agouti *m*
cutícula [ku'tikulɐ] *f* cuticule *f*
c.v. *m* (*abrev de curriculum vitae*) CV *m*
c/v (*abrev de cave*) sous-sol *m*

dD

da [dɐ] = **de + a** ; ➤ **de**

dá ['da] ➤ **dar**

dactilografar [dɐ(k)tiluɡrɐ'far] *vt* (*Port*) dactylographier

dactilógrafo, fa [dɐ(k)ti'lɔɡrɐfu, fɐ] *m, f* (*Port*) dactylo *mf*

dádiva ['dađivɐ] *f* don *m*

dado, da ['dađu, đa] *adj* **1.** (*sociável*) ouvert(e) **2.** (*determinado*) donné(e) ◇ *m* **1.** (*ger*) donnée *f* **2.** (*de jogar*) dé *m* • **dado que** étant donné que ♦ **dados** *mpl* **1.** (*jogo*) dés *mpl* **2.** (*morada institucional*) coordonnées *fpl* (*professionnelles*) **3.** *INFORM* données *fpl* • **jogar dados** jouer aux dés

Dar os seus dados profissionais

Numa correspondência profissional, deve-se indicar no alto, à esquerda : o apelido, o cargo ocupado na empresa, o departamento ou sector da empresa, o endereço (como se fosse um envelope : número da rua, depois a rua ; na outra linha, o código postal e a seguir, a cidade : *75 000 PARIS*), o e-mail, o número de telefone.

Por vezes, as empresas também fornecem um *Cedex*, que é um código postal específico atribuído à empresa para permitir uma distribuição rápida da correspondência.

daí [dɐ'i] *adv* **1.** = **de + aí 2.** • **daí em** ou **por diante** depuis • **sai daí!** sors de là ! • **anda daí!** (*fam*) allez, viens ! • **daí a um mês/ano** un mois/an après • **e daí?** et alors ?

dali [dɐ'li] *adv* **1.** (*de + ali*) de là-bas **2.** • **dali a uma semana** une semaine plus tard • **dali em** ou **por diante** depuis

daltónico, ca [dał'tɔniku, kɐ] *adj & m, f* (*Port*) daltonien(enne)

daltônico, ca [dau'toniku, kɐ] *adj & m, f* (*Br*) = **daltónico**

dama ['dɐmɐ] *f* dame *f* • **dama de honor** (*Port*) demoiselle *f* d'honneur • **dama de honra** (*Br*) demoiselle *f* d'honneur ♦ **damas** *fpl* dames *fpl* • **jogar damas** jouer aux dames

damasco [dɐ'maʃku] *m* abricot *m*

dança ['dɐ̃sɐ] *f* danse *f* • **danças folclóricas** danses folkloriques

dançar [dɐ̃'sar] *vt & vi* danser

danceteria [dɐ̃sete'riɐ] *f* (*Br*) dancing *m*

danificar [dɐnəfi'kar] *vt* endommager

dano ['dɐnu] *m* dommage *m*

dantes ['dɐ̃ntəʃ] *adv* autrefois

dão ['dɐ̃u] ➤ **dar**

Dão ['dɐ̃u] *m fleuve du Portugal qui arrose la région de Beira Alta*

daquela [dɐ'kɛlɐ] = **de + aquela** ; ➤ **de**

daquele [dɐ'kelə] = **de + aquele** ; ➤ **de**

daqui [dɐ'ki] *adv* **1.** (*de + aqui*) d'ici **2.** • **daqui a um ano/mês** d'ici un an/

mois • **daqui a pouco** d'ici peu • **daqui em** ou **por diante** à partir de maintenant, dorénavant

daquilo [dɐ'kilu] = **de** + **aquilo** ; ➤ **aquilo**

dar ['dar] *vt*

1. *(ger)* donner • **dar algo a alguém** donner qqch à qqn • **ela dá aulas numa escola** elle donne des cours dans une école • **dar prazer/pena/medo** faire plaisir/de la peine/peur • **isto vai dar muito que fazer** ça va donner beaucoup de travail • **o passeio deu-me fome** la promenade m'a donné faim • **ele dá muitos problemas** il pose beaucoup de problèmes • **ainda não deu sinal de si** il n'a pas encore donné signe de vie • **ele começa a dar sinais de cansaço** il commence à donner des signes de fatigue • **dar um berro** pousser un cri • **dar um pontapé a alguém** donner un coup de pied à qqn • **dar um passeio** faire une promenade • **dar uma festa** faire une fête • **dar um empurrão a alguém** bousculer qqn

2. *(lucros, ganhos)* rapporter

3. *(filme, programa)* passer • **está a dar um bom filme** on passe un bon film

4. *(dizer)* dire • **ele deu-me as boas-noites** il m'a dit bonsoir

◇ *vi*

1. *(horas)* sonner • **já deram as cinco** cinq heures ont déjà sonné

2. *(condizer)* • **dar com** aller avec • **as cores não dão umas com as outras** les couleurs ne vont pas ensemble

3. *(proporcionar)* • **dar de beber a** donner à boire à • **dar de comer a** donner à manger à

4. *(em locuções)* • **dá igual** ou **no mesmo** c'est du pareil au même • **dá no mesmo se ele viu ou não** qu'il l'ait vu ou pas, ça n'a aucune importance • **dar-se ares de importante** faire l'important • **dar à língua** *(fam)* *(desvendar segredo)* ne pas savoir tenir sa langue ; *(falar)* bavarder • **dar de si** *(roupa)* se détendre ; *(sapatos)* s'élargir ; *(terreno)* céder • **dar nas vistas** se faire remarquer

◆ **dar com** *v + prep* *(encontrar, descobrir)* trouver • **nunca darei com o lugar** je ne trouverai jamais l'endroit

◆ **dar em** *v + prep* *(resultar)* se terminer ; *(tornar-se)* devenir • **vou dar em doido** je vais devenir fou • **isto vai acabar por dar em mal** ça va finir par mal tourner

◆ **dar para** *v + prep* *(servir para, ser útil para)* servir à ; *(suj: varanda, janela)* donner sur ; *(ser suficiente para)* (y) avoir assez de ; *(ser possível)* pouvoir • **o pão não dá para todos** il n'y a pas assez de pain pour tout le monde • **não vai dar para eu chegar a horas** je ne pourrai pas être à l'heure

◆ **dar por** *v + prep* *(aperceber-se de)* s'apercevoir • **dei por mim a gritar** je me suis surpris à crier • **não dei por nada** je ne m'en suis pas rendu compte

◆ **dar-se** *vp* • **dar-se bem/mal com algo** aimer/ne pas aimer qqch • **dar-se bem/mal com alguém** s'entendre bien/mal avec qqn • **dar-se por vencido** se considérer comme vaincu

dardo ['dardu] *m* javelot *m* ◆ **dardos** *mpl* fléchettes *fpl* • **jogar dardos** jouer aux fléchettes

das [dɐʃ] = **de** + **as** ; ➤ **de**

DAT (*abrev de digital audio tape*) *f* lecteur *m* audio digital
data ['datɐ] *f* date *f* • **data de nascimento** date de naissance
datar [(*Port*) da'tɐr (*Br*), da'ta(x)] *vt* dater
datilografar [datilogra'far] *vt* (*Br*) = **dactilografar**
datilógrafo [datʃi'lɔgrafu] (*Br*) = **dactilógrafo**
d.C. (*abrev de depois de Cristo*) ap. J.-C.
de [də] *prep*
1. (*ger*) de • **o carro daquele rapaz** la voiture de ce garçon • **a recepção do hotel** la réception de l'hôtel • **a casa é dela** la maison est à elle • **um copo de água** un verre d'eau • **fala-me de ti** parle-moi de toi • **um livro de inglês** un livre d'anglais • **os passageiros do avião** les passagers de l'avion • **um produto do Brasil** un produit du Brésil • **sou do Porto** je suis de Porto • **chegámos de madrugada** nous sommes arrivés de bonne heure • **partimos às três da tarde** nous sommes partis à trois heures de l'après-midi • **trabalho das nove às cinco** je travaille de neuf heures à cinq heures • **chorar de alegria** pleurer de joie • **morrer de frio** mourir de froid • **cheio de gente** plein de monde • **digno de atenção** digne d'attention • **lindo de morrer** beau à en mourir • **difícil de esquecer** difficile à oublier • **o melhor de todos** le meilleur de tous • **um destes dias volto** un de ces jours, je reviendrai • **um desses hotéis serve** l'un de ces hôtels fera l'affaire • **uma daquelas cadeiras é para mim** l'une de ces chaises est pour moi • **um filme de Manoel de Oliveira** un film de Manoel de Oliveira • **o último livro de Saramago** le dernier livre de Saramago
2. (*indica matéria*) en • **um relógio de ouro** une montre en or • **um bolo de bacalhau** une croquette de morue • **um bolo de chocolate** un gâteau au chocolat
3. (*usado em descrições, determinações*) en • **o senhor de negro** le monsieur en noir • **uma camisola de manga curta** un pull à manches courtes • **uma nota de dez euros** un billet de dix euros
4. (*indica uso*) à • **uma máquina de calcular** une machine à calculer • **a sala de espera** la salle d'attente • **a porta da entrada** la porte d'entrée
5. (*indica modo*) en • **viajou de jipe** il a voyagé en Jeep • **deitou-se de lado** il s'est couché sur le côté • **está tudo de pernas para o ar** tout est sens dessus dessous • **morreu de repente** il est mort subitement
6. (*introduz complemento directo*) • **desconfiar de alguém** se méfier de qqn • **gostar de algo/alguém** aimer qqch/qqn • **tenho de ir às compras** je dois aller faire des courses
7. (*em superlativos*) que ele • **é mais rápido do que este** il est plus rapide que celui-ci
8. (*indica série*) tout (toute) • **de dois em dois dias** tous les deux jours • **de quinze em quinze minutos** toutes les quinze minutes • **de três em três metros** tous les trois mètres
debaixo [də'ƀaiʃu] *adv* dessous • **debaixo de** sous
debate [də'ƀatə] *m* débat *m*

debater [dəbɐ'ter] *vt* débattre ◆ **debater-se** *vp* se débattre
débil ['dɛbił] (*pl* **-beis** [bɐiʃ]) *adj* faible ◇ *mf* ● **débil mental** débile *mf* mental, -e *f*
debitar [dəbi'tar] *vt* débiter
débito ['dɛbitu] *m* débit *m*
debruçar-se [dəbru'sarsə] *vp* se pencher ● **debruçar-se sobre algo** se pencher sur qqch
década ['dɛkɐdɐ] *f* décennie *f* ● **na década de oitenta/noventa** dans les années quatre-vingts/quatre-vingt-dix
decadência [dəkɐ'dẽsjɐ] *f* décadence *f*
decadente [dəkɐ'dẽntə] *adj* décadent(e)
decapitar [dəkɐpi'tar] *vt* décapiter
decência [də'sẽsjɐ] *f* décence *f*
decente [də'sẽntə] *adj* décent(e)
decepar [dəsə'par] *vt* tronquer
decepção [dəsɛ'sɐ̃u] (*pl* **-ões** [õiʃ]) *f* déception *f*
decidido, da [dəsi'didu, dɐ] *adj* décidé(e)
decidir [dəsi'dir] *vt* décider ● **decidir fazer algo** décider de faire qqch ◆ **decidir-se** *vp* se décider ● **decidir-se a fazer algo** se décider à faire qqch
decifrar [dəsi'frar] *vt* déchiffrer
decimal [dɛsi'mał] (*pl* **-ais** [aiʃ]) *adj* décimal(e)
décimo, ma ['dɛsimu, mɐ] *num* dixième ◇ *m* **1.** *dixième billet d'une série de 10 grâce auquel on peut gagner le dixième du gros lot* **2.** ● **o décimo/a décima** le/la dixième ● **chegar em décimo** arriver dixième ● **capítulo décimo** chapitre dix ● **em décimo lugar** en dixième ● **no décimo dia** le dixième jour ● **a décima parte** le dixième ● **o décimo segundo ano** (*Port*) *dernière année d'études secondaires* ≃ terminale *f*
decisão [dəsi'zɐ̃u] (*pl* **-ões** [õiʃ]) *f* décision *f*
declamar [dəklɐ'mar] *vt* réciter ◇ *vi* déclamer
declaração [dəklɐrɐ'sɐ̃u] (*pl* **-ões** [õiʃ]) *f* déclaration *f* ● **declaração amigável (de acidente automóvel)** constat *m* à l'amiable
declarar [dəkla'rar] *vt* déclarer ▼ **nada a declarar** rien à déclarer ◆ **declarar-se** *vp* se déclarer
declínio [də'klinju] *m* déclin *m*
declive [də'klivə] *m* pente *f*
DECO ['dɛku] *f* (*abrev de Defesa do Consumidor*) *association portugaise pour la défense des consommateurs*
decolagem [deko'laʒẽ] (*Br*) = **descolagem**
decolar [deko'lar] *vi* (*Br*) = **descolar**
decomposição [dəkõmpuzi'sɐ̃u] (*pl* **-ões** [õiʃ]) *f* décomposition *f*
decoração [dəkurɐ'sɐ̃u] (*pl* **-ões** [õiʃ]) *f* décoration *f*
decorar [dəku'rar] *vt* **1.** (*ornamentar*) décorer **2.** (*memorizar*) apprendre par cœur
decorativo, va [dəkurɐ'tivu, vɐ] *adj* décoratif(ive)
decorrente [dəku'ʀẽntə] *adj* ● **decorrente de** qui résulte de
decotado, da [deko'tadu, da] *adj* décolleté(e)
decote [də'kɔtə] *m* décolleté *m* ● **decote em bico** OU **em V** col *m* en V ● **decote redondo** col *m* rond

decrescente [(*Port*) dəkrəʃ'sẽntə (*Br*), dekre'sẽntʃi] *adj* décroissant(e)
decrescer [dəkrəʃ'ser] *vi* décroître
decretar [dəkrə'tar] *vt* décréter
decreto [də'krɛtu] *m* décret *m*
decreto-lei [dəˌkrɛtu'lɐi] (*pl* **decretos-lei** [dəˌkrɛtuʒ'lɐi]) *m* ordonnance *f*
decurso [də'kursu] *m* • **no decurso de** au cours de
dedal [də'daɫ] (*pl* **-ais** [aiʃ]) *m* dé *m* à coudre
dedão [de'dɐ̃w] (*pl* **-ões** [õiʃ]) *m* (*Br*) gros orteil *m*
dedicação [dədikɐ'sɐ̃w] (*pl* **-ões** [õiʃ]) *f* dévouement *m*
dedicar [dədi'kar] *vt* **1.** (*livro, música, obra*) dédier **2.** (*tempo, atenção, energias*) consacrer ♦ **dedicar-se a** *vp* + *prep* se consacrer à
dedicatória [(*Port*) dədi'kɐtɔrjɐ (*Br*), detʃika'tɔrja] *f* dédicace *f*
dedo ['dedu] *m* **1.** doigt *m* **2.** (*do pé*) doigt *m* de pied • **pôr o dedo no ar** lever le doigt
dedões [de'dõjʃ] ➤ **dedão**
dedução [dədu'sɐ̃w] (*pl* **-ões** [õiʃ]) *f* déduction *f*
deduzir [dədu'zir] *vt* déduire
default [dɪ'fɔːlt] *m* *INFORM* par défaut *m*
defeito [də'fɐitu] *m* défaut *m*
defeituoso, osa [dəfɐi'twozu, ɔzɐ] *adj* (*produto*) défectueux(euse)
defender [dəfẽn'der] *vt* défendre ♦ **defender-se** *vp* se défendre • **defender-se de** se défendre de
defensor, ra [dəfẽ'sor, rɐ] (*mpl* **-es** [əʃ], *fpl* **-s** [ʃ]) *m, f* défenseur *m*
deferimento [dəfəri'mẽntu] *m* autorisation *f* • **pede deferimento** *formule utilisée à la fin d'une demande administrative*
defesa [də'fezɐ] *f* **1.** défense *f* **2.** (*de tese*) soutenance *f*
défice ['dɛfisə] *m* déficit *m*
deficiência [dəfi'sjẽsjɐ] *f* **1.** (*de máquina*) défaillance *f* **2.** (*de vitaminas, renal*) déficience *f* **3.** (*física*) handicap *m*
deficiente [dəfi'sjẽntə] *adj* **1.** (*máquina*) défaillant(e) **2.** (*pessoa*) handicapé(e) ◇ *mf* handicapé *m*, -e *f* • **deficiente físico** handicapé physique • **deficiente mental** handicapé mental • **deficiente motor** handicapé moteur
deficit ['dɛfisitʃ] (*Br*) = **défice**
definição [dəfəni'sɐ̃w] (*pl* **-ões** [õiʃ]) *f* définition *f*
definir [dəfə'nir] *vt* définir ♦ **definir-se** *vp* se définir
definitivamente [dəfəniˌtivɐ'mẽntə] *adv* **1.** (*para sempre*) définitivement **2.** (*sem dúvida*) décidément
definitivo, va [dəfəni'tivu, vɐ] *adj* définitif(ive)
deformação [dəfurmɐ'sɐ̃w] (*pl* **-ões** [õiʃ]) *f* déformation *f* • **deformação profissional** déformation professionnelle
deformar [dəfur'mar] *vt* déformer
defrontar [defrõn'ta(x)] *vt* affronter ♦ **defrontar-se** *vp* (*deparar-se*) se mettre en face de, être vis à vis
defrontar [dəfrõn'tar] *vt* affronter
defronte [də'frõntə] *adv* en face • **defronte de** en face de
defumado, da [dəfu'madu, dɐ] *adj* fumé(e)
defumar [dəfu'mar] *vt* fumer

degelo [də'ʒelu] *m* dégel *m*
degolar [dəgu'lar] *vt* égorger
degradante [dəgrɐ'đẽntə] *adj* dégradant(e)
degradar [dəgrɐ'đar] *vt* avilir ◆ **degradar-se** *vp* **1.** *(danificar-se)* se dégrader **2.** *(aviltar-se)* s'avilir
degrau [də'grau] *m* marche *f*
degustação [dəguʃtɐ'sɐ̃u] *f* dégustation *f*
degustar [dəguʃ'tar] *vt* déguster
dei ['dɐi] ➤ **dar**
deitar [dɐi'tar] *vt* **1.** *(estender)* étendre **2.** *(pessoa)* allonger **3.** *(para dormir)* coucher **4.** (*Port*) *(verter)* fuir **5.** *(lançar)* lancer **6.** *(líquido)* verser **7.** *(sal)* mettre ◇ *vi (ferida)* suppurer • **deitar abaixo** *(derrubar)* abattre • **deitar cartas no correio** (*Port*) poster des lettres • **deitar ao chão** renverser • **deitar a fazer algo** (*Br*) se mettre à faire qqch • **deitar fora algo, deitar algo fora** (*Port*) *(pôr no lixo)* jeter qqch • **deitar fora** *(verter)* déborder ; *(vomitar)* rendre • **deitar sangue** (*Port*) *(sangrar)* saigner • **deitar sangue pelo nariz** (*Port*) saigner du nez ◆ **deitar-se** *vp* **1.** *(na cama)* se coucher **2.** *(no chão)* s'allonger
deixa ['dɐiʃɐ] *f* réplique *f*
deixar [dɐi'ʃar] *vt* **1.** laisser **2.** *(casa, mulher)* quitter **3.** *(estudos)* arrêter **4.** *(esperar)* attendre ◇ *vi* • **deixar de fazer algo** arrêter de faire qqch • **não deixar de fazer algo** ne pas oublier de faire qqch • **deixar alguém fazer algo** laisser qqn faire qqch • **deixar cair** laisser tomber *(un objet, un projet)* • **deixar algo por fazer** laisser qqch inachevé • **deixar algo para** *(adiar)* remettre qqch à ; *(guardar)* garder qqch pour • **deixar algo de lado** mettre qqch de côté • **deixar algo de parte** laisser qqch de côté • **deixar alguém/algo em paz** laisser qqn/qqch tranquille • **deixar alguém para trás** devancer qqn • **deixar algo para trás** laisser qqch de côté ◆ **deixar de** *v + prep (parar de)* arrêter de • **não deixar de fazer algo** ne pas manquer de faire qqch, ne pas cesser de ◆ **deixar-se** *vp* • **deixar-se fazer algo** laisser les choses se faire • **deixar-se levar por** *(emoção)* se laisser aller à ; *(enganar)* se faire avoir par • **deixar-se de algo** renoncer à qqch
dela ['dɛlɐ] = **de** + **ela** ; ➤ **de**
dele ['delə] = **de** + **ele** ; ➤ **de**
delegacia [delega'siɐ] *f* (*Br*) ≃ commissariat *m* (de police)
delegado, da [dele'gadu, dɐ] *m, f* **1.** (*Br*) *(de polícia)* commissaire *m* **2.** *(de turma)* délégué *m*, -e *f* **3.** *(de país, governo, instituição)* représentant *m*, -e *f*
deleitar [dəlɐi'tar] *vt* apprécier ◆ **deleitar-se com** *vp + prep* **1.** *(com comida)* se délecter de **2.** *(com música)* prendre du plaisir à
deles ['deləʃ] = **de** + **eles** ; ➤ **de**
delgado, da [dɛł'gađu, đɐ] *adj* mince
deliberação [dəliƀərɐ'sɐ̃u] (*pl* **-ões** [õiʃ]) *f* délibération *f*
deliberar [dəliƀə'rar] *vt* délibérer sur ◇ *vi* délibérer
delicadeza [dəlikɐ'đezɐ] *f* délicatesse *f*
delícia [də'lisjɐ] *f* délice *m*
delicioso, osa [dəli'sjozu, ɔzɐ] *adj* délicieux(euse)
delinear [dəli'njar] *vt* ébaucher

delinquência [dəlĩŋ'kwẽsjɐ] *f* (*Port*) délinquance *f* • **delinquência juvenil** délinquance juvénile
delinqüência [delĩŋ'kwẽsjɐ] *f* (*Br*) = **delinquência**
delinquente [dəlĩŋ'kwẽntə] *mf* (*Port*) délinquant *m*, -e *f*
delinqüente [delĩŋ'kwẽntʃi] (*Br*) = **delinquente**
delirante [dəli'rẽntə] *adj* (*fig*) délirant(e)
delirar [dəli'rar] *vi* délirer
delírio [də'lirju] *m* délire *m*
delito [də'litu] *m* délit *m*
demais [də'maiʃ] *adv* trop ◇ *pron* • **os/as demais** les autres • **isto já é demais!** trop, c'est trop ! • **ser demais** être super
demasia [dəmɐ'ziɐ] ♦ **em demasia** *adv* trop
demasiado, da [dəmɐ'zjađu, đɐ] *adj* trop de ◇ *adv* trop • **demasiados livros** trop de livres • **demasiada comida** trop à manger
demência [də'mẽsjɐ] *f* démence *f*
demente [də'mẽntə] *adj* & *mf* dément(e)
demissão [dəmi'sɐ̃u] (*pl* **-ões** [õiʃ]) *f* démission *f* • **pedir demissão** donner sa démission
demitir [dəmi'tir] *vt* démettre ♦ **demitir-se** *vp* démissionner
democracia [dəmukrɐ'siɐ] *f* démocratie *f*
democrata [dəmu'kratɐ] *adj* & *mf* démocrate
democrático, ca [dəmu'kratiku, kɐ] *adj* démocratique
demolição [dəmuli'sɐ̃u] (*pl* **-ões** [õiʃ]) *f* démolition *f*
demolir [dəmu'lir] *vt* démolir
demónio [də'mɔnju] *m* (*Port*) démon *m*
demônio [de'monju] *m* (*Br*) = **demónio**
demonstração [dəmõʃtrɐ'sɐ̃u] (*pl* **-ões** [õiʃ]) *f* **1.** (*exposição*) démonstration *f* **2.** (*prova*) preuve *f* **3.** (*Port*) (*manifestação*) manifestation *f*
demonstrar [dəmõʃ'trar] *vt* **1.** (*explicar*) montrer **2.** (*provar*) demontrer **3.** (*revelar*) faire preuve de
demora [də'mɔrɐ] *f* retard *m* • **sem demora** tout de suite
demorado, da [dəmu'rađu, đɐ] *adj* **1.** (*longo*) long (longue) **2.** (*lento*) lent(e)
demorar [dəmu'rar] *vi* **1.** (*levar tempo*) durer **2.** (*tardar*) tarder **3.** (*ocupar*) prendre du temps ◇ *vt* **1.** (*tardar*) mettre **2.** (*atrasar*) retenir ♦ **demorar-se** *vp* **1.** (*atrasar-se*) s'attarder **2.** (*levar tempo*) mettre longtemps **3.** (*ficar*) rester • **vais demorar muito?** tu en as pour longtemps ? • **não vou demorar** je ne serai pas long
dendê [dẽn'de] *m* (*Br*) huile *f* de palme
denegrir [dənə'grir] *vt* (*fig*) dénigrer
dengo [(*Br*) 'dẽgu] *m* coquetterie *f*
dengue ['dẽŋgə] *f* dengue *f* • **dengue hemorrágica** dengue hémorragique
denominação [dənuminɐ'sɐ̃u] (*pl* **-ões** [õiʃ]) *f* **1.** (*designação*) dénomination *f* **2.** (*para vinho*) appellation *f*
denotar [dənu'tar] *vt* témoigner de
densidade [dẽsi'đađə] *f* densité *f*
denso, sa ['dẽsu, sɐ] *adj* dense
dentada [dẽn'tađɐ] *f* • **dar uma dentada** croquer ; (*em pessoa*) mordre *f*
dentadura [dẽntɐ'đurɐ] *f* **1.** (*natural*) dentition *f* **2.** (*postiça*) dentier *m*

dente ['dẽtə] *m* **1.** dent *f* **2.** *(de elefante, elefante marinho)* défense *f* • **dente de alho** gousse *f* d'ail • **dentes postiços** dentier *m* • **dente do siso** dent de sagesse

dentifrício, cia [dẽtʃi'frisju, sja] *adj* • **dentifrício pasta de dentes** pâte dentifrice ◇ *m* dentifrice *m*

dentífrico, ca [dẽn'tifriku, kɐ] *adj* dentifrice ◇ *m* dentifrice *m*

dentista [dẽn'tiʃtɐ] *mf* dentiste *mf*

dentre ['dẽntrə] = **de** + **entre** ; ➤ **entre**

dentro ['dẽntru] *adv* dedans, à l'intérieur • **dentro de algo** dans qqch • **aí dentro** là-dedans • **dentro em pouco** ou **em breve** d'ici peu • **por dentro** à l'intérieur • **lavar o carro por dentro** laver l'intérieur de la voiture • **por dentro de casa** par la maison • **estar por dentro de algo** s'y connaître en qqch

denúncia [də'nũsjɐ] *f* **1.** dénonciation *f* **2.** *(de roubo)* déclaration *f*

denunciar [dənũ'sjar] *vt* **1.** dénoncer **2.** *(roubo)* déclarer

deparar [dəpɐ'rar] ◆ **deparar com** *v + prep* rencontrer ◆ **deparar-se com** *vp + prep* se trouver face à

departamento [dəpɐrtɐ'mẽntu] *m* département *m*

dependência [dəpẽn'dẽsjɐ] *f* dépendance *f*

dependente [dəpẽn'dẽntə] *adj* dépendant(e)

depender [dəpẽn'der] *vi* • **depende...** ça dépend... ◆ **depender de** *v + prep* **1.** être dépendant(e) de **2.** *(de circunstâncias, tempo)* dépendre de

depilar [dəpi'lar] *vt* épiler

depilatório, ria [dəpilɐ'tɔrju, rjɐ] *adj* dépilatoire ◇ *m* dépilatoire *m*

depoimento [dəpoi'mẽntu] *m* déposition *f*

depois [də'poiʃ] *adv* après • **depois de** après • **depois se vê!** on verra plus tard ! • **e depois?** et alors ? • **deixar algo para depois** remettre qqch à plus tard • **ficar para depois** laisser pour plus tard • **dias depois** quelques jours après • **semanas/anos depois** des semaines/des années après • **depois de amanhã** après-demain • **logo depois** tout de suite après • **depois que** depuis que

depor [də'por] *vi* faire une déposition ◇ *vt* démettre

depositar [dəpuzi'tar] *vt* déposer • **depositar confiança em alguém** placer sa confiance en qqn ◆ **depositar-se** *vp* se déposer

depósito [də'pɔzitu] *m* **1.** dépôt *m* **2.** *(reservatório)* réservoir *m* • **ateste** ou **encha o depósito, por favor** *(Port)* le plein, s'il vous plaît • **depósito de bagagens** *(Br)* consigne *f* automatique • **depósito de gasolina** *(Port)* réservoir *m* • **depósito a prazo** dépôt à terme

depravação [dəprɐvɐ'sɐ̃u] *(pl* **-ões** [õiʃ]*)* *f* dépravation *f*

depreciação [dəprəsjɐ'sɐ̃u] *(pl* **-ões** [õiʃ]*)* *f* dépréciation *f*

depressa [də'prɛsɐ] *adv* vite ◇ *interj* vite ! • **é preciso andar depressa com isso** il faut faire vite

depressão [dəprə'sɐ̃u] *(pl* **-ões** [õiʃ]*)* *f* dépression *f* • **depressão económica** crise *f* économique

deprimente [dəpri'mẽntə] *adj* déprimant(e)
deprimir [dəpri'mir] *vt* déprimer
deputado, da [dəpu'tađu, đɐ] *m, f* député *m*, -e *f*
deriva [də'rivɐ] *f* • **andar à deriva** aller à la dérive
derivar [dəri'var] *vi* dériver ◆ **derivar de** *v + prep* dériver de
dermatologista [dɛrmɐtulu'ʒiʃtɐ] *mf* dermatologue *mf*
derramamento [dəʀɐmɐ'mẽntu] *m* **1.** *(de líquido)* déversement *m* **2.** *(de lágrimas, sangue)* effusion *f*
derramar [dəʀɐ'mar] *vt* **1.** *(líquido)* renverser **2.** *(lágrimas, sangue)* verser **3.** *(farinha, feijão, batatas)* répandre
derrame [də'ʀɐmə] *m* hémorragie *f* cérébrale
derrapagem [dəʀɐ'paʒẽi] *(pl* **-ns** [ʃ]) *f* dérapage *m*
derrapar [dəʀɐ'par] *vi* déraper
derreter [dəʀə'ter] *vt* faire fondre ◆ **derreter-se** *vp* fondre
derretido, a [*(Port)* dəʀə'tɪđu *(Br)*, dexe'tʃidu] *adj* fondu(e)
derrota [də'ʀɔtɐ] *f* défaite *f*
derrotar [dəʀu'tar] *vt* **1.** *(vencer)* battre **2.** *MIL* vaincre
derrubar [dəʀu'ƀar] *vt* renverser
desabafar [dəzɐƀɐ'far] *vi* se confier
desabamento [dəzɐƀɐ'mẽntu] *m* **1.** *(de terra)* glissement *m* **2.** *(de pedras)* éboulis *m* **3.** *(de edifício)* effondrement *m*
desabar [dəza'ƀar] *vi* s'effondrer
desabitado, da [dəzɐƀi'tađu, đɐ] *adj* **1.** *(edifício)* inhabité(e) **2.** *(região)* dépeuplé(e)
desabotoar [dəzɐƀu'twar] *vt* déboutonner
desabrigado, da [dəzɐƀri'gađu, đɐ] *adj* **1.** *(sem casa, lar)* sans abri **2.** *(local)* inabrité(e), exposé(e)
desabrochar [dəzɐƀru'ʃar] *vi* éclore
desacompanhado, da [dəzɐkõmpɐ'ɲađu, đɐ] *adj* seul(e)
desaconselhar [dəzɐkõsə'ʎar] *vt* • **desaconselhar algo (a alguém)** déconseiller qqch (à qqn)
desaconselhável [dəzɐkõsə'ʎavɛɫ] *(pl* **-eis** [ɐiʃ]) *adj* déconseillé(e)
desacordado, da [dəzɐkur'đađu, dɐ] *adj* inconscient(e)
desacostumado, da [dəzɐkuʃtu'mađu, đɐ] *adj* • **estar desacostumado de fazer algo** perdre l'habitude de faire qqch
desacreditar [dəzɐkrəđi'tar] *vt* discréditer ◆ **desacreditar-se** *vp* se discréditer
desactualizado, da [dəzɐtwɐli'zađu, đɐ] *adj (Port)* dépassé(e)
desafinado, da [dəzɐfi'nađu, đɐ] *adj* **1.** *(instrumento musical)* désaccordé(e) **2.** *(voz)* faux (fausse)
desafinar [dəzɐfi'nar] *vi* **1.** *(pessoa)* chanter faux **2.** *(instrumento)* sonner faux
desafio [dəzɐ'fiu] *m* **1.** défi *m* **2.** *(Port) (de futebol, basquetebol, etc)* match *m*
desafortunado, da [dəzɐfurtu'nađu, đɐ] *adj* malheureux(euse)
desagradar [dəzɐgrɐ'đar] ◆ **desagradar a** *v + prep* déplaire à
desagradável [*(Port)* dəzɐgrɐ'đavɛɫ *(Br)*, dʒizagra'davew] *adj* désagréable
desaguar [dəza'gwar] *vi* • **desaguar em** se jeter dans

desajeitado, **da** [dəzɐʒɐi'tadu, dɐ] *adj* maladroit(e)

desalinhado, **da** [dəzɐli'ɲadu, dɐ] *adj* **1.** *(pessoa)* négligé(e) **2.** *(em desordem)* désordonné(e)

desalinho [dəzɐ'liɲu] *m* **1.** *(em forma de vestir)* négligence *f* **2.** *(desordem)* désordre *m* • **em desalinho** en désordre

desalojar [dəzɐlu'ʒar] *vt* déloger

desamarrar [dəzɐmɐ'ʀar] *vt* détacher

desamparado, **da** [dəzɐ̃mpɐ'radu, dɐ] *adj* délaissé(e)

desamparar [dəzɐ̃mpɐ'rar] *vt* délaisser

desanimado, **da** [dəzɐni'madu, dɐ] *adj* découragé(e)

desanimar [dʒizani'ma(x)] *vt* décourager ◆ **desanimar-se** *vp* se décourager

desânimo [də'zɐnimu] *m* découragement *m*

desanuviar [dəzɐnu'vjar] *vi* **1.** *(céu)* se dégager **2.** *(fig)* *(espairecer)* se changer les idées • **desanuviar o espírito** *(fig)* s'aérer l'esprit

desaparafusar [dəzɐpɐrɐfu'zar] *vt* dévisser

desaparecer [dəzɐpɐrə'ser] *vi* disparaître

desaparecido, **da** [dəzɐpɐrə'sidu, dɐ] *adj* & *m, f* disparu(e)

desaparecimento [dəzɐpɐrəsi'mẽntu] *m* disparition *f*

desapertar [dəzɐpər'tar] *vt* **1.** *(cinto, sapatos)* desserrer **2.** *(casaco)* déboutonner **3.** *(nó)* dénouer

desapontado, **da** [dəzɐpõn'tadu, dɐ] *adj* déçu(e)

desapontamento [dəzɐpõntɐ'mẽntu] *m* déception *f*

desapontar [dəzɐpõn'tar] *vt* décevoir

desarmamento [dəzɐrmɐ'mẽntu] *m* désarmement *m*

desarmar [dəzɐr'mar] *vt* **1.** désarmer **2.** *(tenda, cama, estante)* démonter

desarranjado, **da** [dəzɐʀɐ̃'ʒadu, dɐ] *adj* **1.** *(desordenado)* désordonné(e) **2.** *(transtornado)* dérangé(e)

desarranjar [dəzɐʀɐ̃'ʒar] *vt* déranger

desarrumado, **da** [dəzɐʀu'madu, dɐ] *adj* **1.** *(pessoa)* désordonné(e) **2.** *(em desordem)* dérangé(e)

desarrumar [dəzɐʀu'mar] *vt* déranger

desarticulado, **da** [dəzɐrtiku'ladu, dɐ] *adj* démis(e)

desassossego [dəzɐsu'segu] *m* **1.** *(inquietação)* tourment *m* **2.** *(perturbação)* trouble *m*

desastrado, **da** [dəzɐʃ'tradu, dɐ] *adj* gauche

desastre [də'zaʃtrə] *m* **1.** *(de automóvel)* accident *m* **2.** *(desgraça)* malheur *m*

desatar [dəzɐ'tar] *vt* défaire ◇ *vi* • **desatar a fazer algo** se mettre à faire qqch

desatento, **ta** [dəzɐ'tẽntu, tɐ] *adj* inattentif(ive)

desatino [dəzɐ'tinu] *m* *(fam)* poisse *f*

desatualizado [dʒizatwali'zadu] *(Br)* = **desactualizado**

desavença [dəzɐ'vẽsɐ] *f* dispute *f*

desavergonhado, **da** [dəzɐvərgu'ɲadu, dɐ] *adj* & *m, f* effronté(e)

desbaratar [dəʒbɐrɐ'tar] *vt* gaspiller

desbastar [dəʒbɐʃ'tar] *vt* *(cabelo)* désépaissir

desbotado, **da** [dəʒbu'tadu, dɐ] *adj* défraîchi(e)

desbotar [dəʒbu'tar] *vt* faire déteindre ◇ *vi* déteindre

desbravar [dəʒbrɐ'var] *vt* défricher

descabido, da [dəʃkɐ'ƀiđu, đɐ] *adj* déplacé(e)

descafeinado, da [dəʃkɐfəi'nađu, đɐ] *adj* décaféiné(e) ◇ *m* décaféiné *m*

descalçar [dəʃkał'sar] *vt* déchausser

descalço, ça [dəʃ'kałsu, sɐ] *pp* ➤ **descalçar** ◇ *adj* nu-pieds, pieds nus

descampado, da [dəʃkẽm'pađu, đɐ] *adj* découvert(e) ◇ *m* terrain *m* vague

descansado, da [dəʃkɐ̃'sađu, đɐ] *adj* tranquille • **fique descansado!** soyez tranquille ! • **dormir descansado** dormir sur ses deux oreilles

descansar [dəʃkɐ̃'sar] *vi* se reposer

descanso [dəʃ'kɐ̃su] *m* **1.** repos *m* **2.** dessous-de-plat *m inv*

descapotável [dəʃkɐpu'tavɛł] (*pl* **-eis** [ɐiʃ]) *adj* (*Port*) décapotable

descarado, da [dəʃkɐ'rađu, đɐ] *adj* effronté(e)

descaramento [dəʃkɐrɐ'mẽntu] *m* effronterie *f*

descarga [dʒiʃ'kaxgɐ] *f* **1.** (*Br*) (*de vaso sanitário*) chasse *f* d'eau **2.** (*descarregamento*) déchargement *m* **3.** (*de arma*) décharge *f* • **dar a descarga** (*Br*) tirer la chasse • **descarga eléctrica** décharge électrique

descarregar [dəʃkɐʀə'gar] *vt* décharger ◆ **descarregar-se** *vp* se décharger

descarrilamento [dəʃkɐʀilɐ'mẽntu] *m* déraillement *m*

descarrilar [dəʃkɐʀi'lar] *vi* dérailler

descartar-se [dəʃkɐr'tarsə] ◆ **descartar-se de** *vp* + *prep* se débarrasser de

descartável [dəʃkɐr'tavɛl] (*pl* **-eis** [ɐiʃ]) *adj* jetable

descascar [dəʃkɐʃ'kar] *vt* éplucher

descendência [dəʃsẽn'dẽsjɐ] *f* descendance *f*

descendente [dəʃsẽn'dẽntə] *mf* descendant *m*, -e *f*

descender [dəʃsẽn'der] ◆ **descender de** *v* + *prep* descendre de

descentralizar [dəʃsẽntrɐli'zar] *vt* décentraliser

descer [dəʃ'ser] *vt* **1.** (*escadas, rua, montanha*) descendre **2.** (*estores, cortinas*) baisser ◇ *vi* **1.** (*temperatura, preço*) baisser **2.** (*de cavalo, carro, autocarro*) descendre • **descer de** descendre de

descida [dəʃ'siđɐ] *f* **1.** descente *f* **2.** (*de preço, valor*) baisse *f* ▼ **descida perigosa** descente dangereuse

descoberta [dəʃku'ƀɛrtɐ] *f* découverte *f*

descobrimento [dəʃkuƀri'mẽntu] *m* découverte *f* • **os Descobrimentos** les grandes découvertes

Os Descobrimentos

L'âge d'or de l'histoire du Portugal commence avec la conquête de Ceuta en 1415. Il est jalonné par des événements comme le passage du Cap de Bonne Espérance par Bartolomeu Dias en 1487 et la découverte du Brésil par Pedro Álvares Cabral en 1500. Les Découvertes portugaises, initiées par Henri le Navigateur, ont largement contribué à l'histoire universelle puisque, grâce aux exploits de ses navigateurs, le peuple portugais découvrit des terres et des mers que les Européens ne connaissaient pas auparavant.

descobrir [dəʃku'brir] *vt* **1.** découvrir **2.** *(achar)* trouver

descolagem [dəʃku'laʒɐ̃i] *(pl* **-ns** [ʃ]) *f (Port)* décollage *m*

descolar [dəʃku'lar] *vt & vi* décoller

descoloração [dəʃkulurɐ'sɐ̃u] *(pl* **-ões** [õiʃ]) *f* décoloration *f*

descompor [dəʃkõm'por] *vt* réprimander

descompostura [dəʃkõmpuʃ'turɐ] *f* réprimande *f* • **passar uma descompostura a alguém** *(fam)* tirer les oreilles à qqn

descomunal [dəʃkumu'nał] *(pl* **-ais** [aiʃ]) *adj* immense

desconcentrar [dəʃkõsẽn'trar] *vt* déconcentrer

desconectar [dʒiʃkõ'ekta(x)] *vt (Br)* débrancher

desconfiar [dəʃkõ'fjar] *vt* • **desconfiar que** *(suspeitar que)* douter que ◆ **desconfiar de** *v + prep* **1.** *(não ter confiança em)* se méfier de **2.** *(suspeitar de)* douter de

desconfortável [dəʃkõfur'tavɛł] *(pl* **-eis** [ɐiʃ]) *adj* inconfortable

desconforto [dəʃkõ'fortu] *m* inconfort *m*

descongelar [dəʃkõʒə'lar] *vt* décongeler

desconhecer [dəʃkuɲə'ser] *vt* ignorer

desconhecido, da [dəʃkuɲə'siđu, đɐ] *adj & m, f* inconnu(e)

desconsolado, da [dəʃkõsu'lađu, đɐ] *adj* **1.** morose **2.** *(fam)* fade

descontar [dəʃkõn'tar] *vt* **1.** *(deduzir)* décompter **2.** *(cheque, letra)* escompter

descontentamento [dəʃkõntẽntɐ'mẽntu] *m* mécontentement *m*

desconto [dəʃ'kõntu] *m* **1.** *(dedução)* décompte *m* **2.** *(para reforma)* cotisation *f*

descontraído, da [dəʃkõntrɐ'iđu, đɐ] *adj* détendu(e)

descontrair [dəʃkõntrɐ'ir] *vt* détendre ◆ **descontrair-se** *vp* se détendre

descontrolado, da [dəʃkõntru'lađu, đɐ] *adj* **1.** *(agitado)* déchaîné(e) **2.** *(furioso)* hors-de-soi **3.** *(máquina)* déréglé(e)

descontrolar-se [dəʃkõntru'larsə] *vp* s'emporter

desconversar [dəʃkõvər'sar] *vi* détourner la conversation

descortinar [dəʃkurti'nar] *vt* distinguer

descoser [dəʃku'zer] *vt* découdre ◆ **descoser-se** *vp* se découdre

descrever [dəʃkrə'ver] *vt* décrire

descrição [dəʃkri'sɐ̃u] *(pl* **-ões** [õiʃ]) *f* description *f*

descuidado, da [dəʃkui'đađu, đɐ] *adj* négligé(e)

descuidar [dəʃkui'đar] *vt* négliger ◆ **descuidar-se** *vp* **1.** *(distrair-se)* ne pas faire attention **2.** *(esquecer-se de)* oublier

descuido [dəʃ'kuiđu] *m* moment *m* d'inattention

desculpa [dəʃ'kułpɐ] *f* excuse *f* • **pedir desculpa a alguém de** ou **por algo** s'excuser auprès de qqn de qqch

desculpar [dəʃkuł'par] *vt* excuser • **desculpe! magoei-o?** excusez-moi ! je vous ai fait mal ? • **desculpe, pode dizer-me as horas?** excusez-moi, pouvez-vous me

donner l'heure ? ◆ **desculpar-se** *vp* s'excuser ● **desculpar-se com** prétexter
desde ['deʒdə] *prep* **1.** de **2.** *(relativamente a tempo)* depuis ● **desde que** *(a partir do momento em que)* depuis que ; *(se)* à condition que
desdém [dəʒ'dẽi] *m* dédain *m*
desdenhar [dəʒdə'ɲar] *vt* dédaigner ◇ *vi* ● **desdenhar de algo** critiquer qqch
desdentado, da [dəʒdẽn'tađu, đɐ] *adj* édenté(e)
desdizer [dəʒdi'zer] *vt* contredire ◆ **desdizer-se** *vp* se dédire
desdobrar [dəʒdu'ƀrar] *vt* **1.** *(jornal, roupa, tecido)* déplier **2.** *(subdividir)* dédoubler
desdobrável [dəʒdu'ƀravəł] *adj* dépliant
desejar [dəzə'ʒar] *vt* **1.** désirer **2.** *(ansiar)* souhaiter ● **o que é que deseja?** que désirez-vous ? ● **deseja mais alguma coisa?** vous désirez autre chose ? ● **desejo-lhe boa sorte!** je vous souhaite bonne chance !
desejo [də'zɐiʒu] *m* **1.** *(vontade)* envie *f* **2.** *(anseio)* souhait *m* **3.** *(apetite sexual)* désir *m* ◇ *mpl* vœux *mpl* ● **com os nossos melhores desejos** avec nos meilleurs vœux
deselegante [dəzilə'gẽntə] *adj* **1.** *(comportamento)* inélégant(e) **2.** *(pessoa)* grossier(ère)
desembaciar [dəzẽmbɐ'sjar] *vt* **1.** *(vidro)* désembuer **2.** *(óculos)* nettoyer
desembaraçado, da [dəzẽmbɐrɐ'sađu, đɐ] *adj* *(expedito)* efficace
desembaraçar [dəzẽmbɐrɐ'sar] *vt* *(cabelo)* démêler ◆ **desembaraçar-se** *vp* se dépêcher ● **desembaraçar-se de algo** se débarasser de qqch
desembaraço [dəzẽmbɐ'rasu] *m* aisance *f*
desembarcar [dəzẽmbɐr'kar] *vt* & *vi* débarquer
desembarque [dəzẽm'barkə] *m* **1.** *(de carga, passageiros)* débarquement *m* **2.** *(Br)* *(de estação, aeroporto)* arrivées *fpl* ▼ **desembarque** *(Br)* arrivées
desembocar [dəzẽmbu'kar] *vi* ● **desembocar em** *(rua, caminho)* déboucher sur ; *(rio)* se jeter dans
desembolsar [dəzẽmboł'sar] *vt* *(fam)* débourser
desembrulhar [dəzẽmbru'ʎar] *vt* déballer
desempatar [dəzẽmpɐ'tar] *vt* départager
desempenhar [dəzẽmpə'ɲar] *vt* **1.** *(trabalho, tarefa)* accomplir **2.** *(função)* remplir **3.** *(papel em peça, filme)* jouer
desempenho [dəzẽm'pɐɲu] *m* **1.** *(de função, obrigação, trabalho)* accomplissement *m* **2.** *(de pessoa em filme, peça)* jeu *m* **3.** *(de máquina)* fonctionnement *m*
desemperrar [dəzẽmpə'ʀar] *vt* débloquer
desempregado, da [dəzẽmprə'gađu, đɐ] *m, f* chômeur *m*, -euse *f*
desemprego [dəzẽm'pregu] *m* chômage *m* ● **estar no desemprego** être au chômage
desencadear [dəzẽŋkɐ'đjar] *vt* déclencher ◆ **desencadear-se** *vp* se déchaîner
desencaixar [dəzẽŋkai'ʃar] *vt* retirer ◆ **desencaixar-se** *vp* se déboîter

desencaixotar [dəzẽŋkaiʃu'tar] *vt* dépaqueter
desencantar [dəzẽŋkẽn'tar] *vt* **1.** *(fig) (achar)* dénicher **2.** *(desiludir)* décevoir
desencontrar-se [dəzẽŋkõn'trarsə] *vp* se manquer
desencorajar [dəzẽŋkurɐ'ʒar] *vt* décourager
desencostar [dəzẽŋkuʃ'tar] *vt* écarter ◆ **desencostar-se** *vp* ● **desencostar-se de** s'écarter de
desenferrujar [dəzẽfəʀu'ʒar] *vt* **1.** *(tirar a ferrugem de)* dérouiller **2.** *(fig) (desentorpecer)* dégourdir **3.** *(fig) (língua)* délier
desenfreado, da [dəzẽfri'ađu, đɐ] *adj* effréné(e)
desenganado, da [dəzẽŋgɐ'nađu, đɐ] *adj (doente)* détrompé(e)
desenganar [dəzẽŋgɐ'nar] *vt* **1.** *(doente)* enlever tout espoir de guérison à **2.** *(tirar ilusões a)* détromper, ouvrir les yeux à
desengano [dʒizẽ'ganu] *m (sair do engano)* désabusement *m* ; *(falta de esperança)* désillusion *f*
desengonçado, da [dəzẽŋgõ'sađu, đɐ] *adj* **1.** *(pessoa)* dégingandé(e) **2.** *(desarticulado)* disloqué(e)
desenhar [dəzə'ɲar] *vt* dessiner ◆ **desenhar-se** *vp* se dessiner
desenho [də'zɐɲu] *m* dessin *m* ● **desenhos animados** dessins animés
desenlace [dəzẽ'lasə] *m* dénouement *m*
desenrascar-se [dəzẽʀaʃ'karsə] *vp* se débrouiller
desenrolar [dəzẽʀu'lar] *vt* dérouler ◆ **desenrolar-se** *vp* se dérouler
desentendido, da [dəzẽntẽn'diđu, đɐ] *adj* ● **fazer-se de desentendido** faire celui qui ne comprend pas
desenterrar [dəzẽntə'ʀar] *vt* déterrer
desentupir [dəzẽntu'pir] *vt* déboucher
desenvolver [dəzẽvoɫ'ver] *vt* **1.** *(país, economia)* développer **2.** *(esforço, capacidades)* déployer ◆ **desenvolver-se** *vp* se développer
desenvolvido, da [dəzẽvoɫ'viđu, đɐ] *adj* développé(e)
desenvolvimento [dəzẽvoɫvi'mẽntu] *m* développement *m*
desequilibrar-se [dəzikəli'brarsə] *vp* perdre l'équilibre
deserto, ta [də'zɛrtu, tɐ] *adj* **1.** *(despovoado)* désert(e) **2.** *(ansioso)* ● **estar deserto para fazer algo** *(fam)* avoir hâte de faire qqch ◇ *m* désert *m*
desesperado, da [dəzəʃpə'rađu, đɐ] *adj* désespéré(e)
desesperar [dəzəʃpə'rar] *vt* **1.** *(encolerizar)* exaspérer **2.** *(levar ao desespero)* désespérer
desfalecer [dəʃfɐlə'ser] *vi* défaillir
desfavorável [dəʃfɐvu'ravɛɫ] (*pl* **-eis** [ɐiʃ]) *adj* défavorable
desfazer [dəʃfɐ'zer] *vt* **1.** défaire **2.** *(dúvida, engano)* dissiper **3.** *(contrato, noivado)* rompre **4.** *(reduzir a polpa)* écraser ◆ **desfazer-se** *vp* se défaire ● **desfazer-se em** *(em pedaços)* se casser en ; *(em desculpas)* se confondre en ◆ **desfazer-se de** *vp + prep* se débarrasser de
desfecho [dəʃ'fɐiʃu] *m* issue *f*
desfeita [dəʃ'fɐitɐ] *f* offense *f*
desfeito, ta [dəʃ'fɐitu, tɐ] *adj* **1.** défait(e) **2.** *(em polpa)* écrasé(e) **3.** *(fig)*

(pessoa) décomposé(e) **4.** *(fig)* *(amassado)* cabossé(e)

desfiar [dəʃ'fjar] *vt* *(bacalhau)* effeuiller ◆ **desfiar-se** *vp* s'effilocher

desfigurar [dəʃfigu'rar] *vt* **1.** *(feições de pessoa)* défigurer **2.** *(fig)* *(verdade)* déformer

desfiladeiro [dəʃfilɐ'đɐiru] *m* défilé *m*

desfilar [dəʃfi'lar] *vi* défiler

desfile [dəʃ'filə] *m* défilé *m*

desfocado, da [dəʃfu' kađu, đɐ] *adj* flou(e)

desforra [dəʃ'fɔʀɐ] *f* revanche *f*

desfrutar [dəʃfru'tar] ◆ **desfrutar de** *v + prep* **1.** *(possuir)* disposer de **2.** *(tirar proveito de)* jouir de

desgastante [dəʒgɐʃ'tẽntə] *adj* épuisant(e)

desgastar [dəʒgɐʃ'tar] *vt* **1.** *(fig)* *(cansar)* épuiser **2.** *(gastar)* user ◆ **desgastar-se** *vp* s'user

desgostar [dəʒguʃ'tar] *vt* décevoir ● **não desgostar de** aimer bien ◆ **desgostar-se com** *vp + prep* ne pas plaire à ● **desgostei-me com o que ele fez** ce qu'il a fait ne m'a pas plu

desgosto [dəʒ'goʃtu] *m* **1.** *(infelicidade)* chagrin *m* **2.** *(mágoa)* peine *f*

desgraça [dəʒ'grasɐ] *f* malheur *m*

desgrenhado, da [dəʒgrə'ɲađu, đɐ] *adj* ébouriffé(e)

desidratação [dəziđrɐtɐ'sɐ̃u] (*pl* **-ões** [õiʃ]) *f* déshydratation *f*

desidratado, da [dəziđrɐ'tađu, đɐ] *adj* déshydraté(e)

desidratar [dəziđrɐ'tar] *vt* déshydrater ◆ **desidratar-se** *vp* se déshydrater

design [di'zainə] *m* design *m*

designação [dəzignɐ'sɐ̃u] (*pl* **-ões** [õiʃ]) *f* désignation *f*

designar [dəzig'nar] *vt* désigner

designer [di'zainɛr] *mf* designer *m*

desigualdade [(*Port*) dəzigwał'đađə/ (*Br*), dʒizigwaw'dadʒi] *f* inégalité *f*

desiludido, da [dəzilu'điđu, đɐ] *adj* déçu(e)

desiludir [dəzilu'đir] *vt* décevoir ◆ **desiludir-se com** *vp + prep* être déçu(e) de

desilusão [dəzilu'zɐ̃u] (*pl* **-ões** [õiʃ]) *f* désillusion *f*

desimpedido, da [dəzĩmpə'điđu, đɐ] *adj* libre

desimpedir [dəzĩmpə'đir] *vt* dégager

desinchar [dəzĩ'ʃar] *vi* dégonfler

desinfectante [dəzĩfɛ'tẽntə] *adj* *(Port)* désinfectant(e) ◇ *m* *(Port)* désinfectant *m* ● **desinfectante para a boca** bain *m* de bouche

desinfectar [dəzĩfɛ'tar] *vt* *(Port)* désinfecter

desinfetante [dʒizĩfɛ'tɐ̃ntʃi] *(Br)* = **desinfectante**

desinfetar [dʒizĩfe'tax] *vt* *(Br)* = **desinfectar**

desinibido, da [dəzini'biđu, đɐ] *adj* sans complexes

desintegrar-se [dəzĩntə'grarsə] *vp* se désintégrer

desinteressado, da [dəzĩntərə'sađu, đɐ] *adj* désintéressé(e)

desinteressar-se [dəzĩntərə'sarsə] ◆ **desinteressar-se de** *vp + prep* se désintéresser de

desinteresse [dəzĩntə'resə] *m* **1.** *(falta de interesse)* indifférence *f* **2.** *(abnegação)* désintérêt *m* **3.** *(pelo dinheiro)* désintéressement *m*

desistência [dəziʃ'tẽsjɐ] *f* **1.** *(de reserva, de voo)* annulation *f* **2.** *(de corrida)* désistement *m*

desistir [dəziʃ'tir] *vi* renoncer • **desistir de algo** annuler qqch • **desistir de fazer algo** arrêter de faire qqch • **desistir de estudar** abandonner les études

desktop ['desktɒp] *m* *INFORM* bureau *m*

desleal [dəʒ'ljał] (*pl* **-ais** [aiʃ]) *adj* déloyal(e)

desleixado, **da** [dəʒlɐi'ʃađu, đɐ] *adj* négligé(e)

desleixo [dəʒ'lɐiʃu] *m* négligence *f*

desligado, **da** [dəʒli'gađu, đɐ] *adj* **1.** *(da corrente)* débranché(e) **2.** *(apagado)* éteint(e) **3.** *(pessoa)* détaché(e)

desligar [dəʒli'gar] *vt* **1.** *(telefone)* raccrocher **2.** *(da corrente)* débrancher **3.** *(apagar)* éteindre

deslizar [dəʒli'zar] *vi* glisser

deslize [dəʒ'lizə] *m* (*fig*) maladresse *f*

deslocação [dəʒ'lukɐsɐ̃u] *f* déplacement *m*

deslocado, **da** [dəʒlu'kađu, đɐ] *adj* **1.** *(perna, pulso, osso)* démis(e) **2.** *(desambientado)* décalé(e)

deslocar [dəʒlu'kar] *vt* *(membro)* se démettre ◆ **deslocar-se** *vp* *(suj: membro)* se démettre • **deslocar-se a** se rendre à • **deslocar-se com** se déplacer avec • **deslocar-se de** se déplacer en

deslumbrante [dəʒlũm'brẽntə] *adj* éblouissant(e)

deslumbrar [dəʒlũm'brar] *vt* éblouir

desmaiado, **da** [dəʒmɐ'jađu, đɐ] *adj* **1.** *(desfalecido)* évanoui(e) **2.** *(desbotado)* passé(e)

desmaiar [dəʒmɐ'jar] *vi* s'évanouir

desmaio [dəʒ'maju] *m* évanouissement *m*

desmamar [dəʒmɐ'mar] *vt* sevrer

desmancha-prazeres [dəʒ,mɐ̃ʃɐprɐ'zerəʃ] *mf inv* rabat-joie *m inv*

desmanchar [dəʒmɐ̃'ʃar] *vt* **1.** *(desmontar)* défaire **2.** *(máquina)* démonter **3.** *(camisola)* détricoter **4.** *(bainha)* découdre **5.** *(penteado)* décoiffer **6.** *(casamento, noivado)* rompre ◆ **desmanchar-se** *vp* **1.** *(multidão)* se disperser **2.** *(mecanismo)* se démonter

desmarcar [dəʒmɐr'kar] *vt* **1.** *(consulta, reserva)* annuler **2.** *(encontro)* décommander

desmedido, **da** [dəʒmə'điđu, đɐ] *adj* démesuré(e)

desmentido [dəʒmẽn'tiđu] *m* démenti *m*

desmentir [dəʒmẽn'tir] *vt* **1.** *(negar)* démentir **2.** *(contradizer)* infirmer

desmesurado, **da** [dəʒməzu'rađu, đɐ] *adj* démesuré(e)

desmontar [dəʒmõn'tar] *vt* **1.** démonter **2.** (*fig*) dénouer ◆ **desmontar de** *v + prep* descendre de

desmoralizar [dəʒmurɐli'zar] *vt* démoraliser

desmoronamento [dəʒmurunɐ'mẽntu] *m* **1.** *(de terra)* éboulement *m* **2.** *(de casa)* écroulement *m*

desmoronar [dəʒmuru'nar] *vt* démolir ◆ **desmoronar-se** *vp* s'écrouler

desnatado [dəʒnɐ'tađu] *adj m* ➤ **leite**

desnecessário, ria [dəʒnəsə'sarju, rjɐ] *adj* **1.** *(dispensável)* superflu(e) **2.** *(inútil)* inutile

desnível [dəʒ'nivɛł] (*pl* **-eis** [ɐiʃ]) *m* **1.** *(de terreno)* dénivellation *f* **2.** *(de valor)* écart *m* **3.** *(cultural, social)* différence *f*

desobedecer [dəzoƀəđə'ser] ◆ **desobedecer a** *v + prep* **1.** *(pai, mãe, superior)* désobéir à **2.** *(leis, regras, ordens)* enfreindre

desobediência [dəzoƀə'đjẽsjɐ] *f* **1.** *(a pai, mãe, superior)* désobéissance *f* **2.** *(a leis, regras, ordens)* infraction *f*

desobediente [dəzoƀə'đjẽntə] *adj* désobéissant(e)

desobstruir [dəzoƀʃtru'ir] *vt* **1.** *(desimpedir)* dégager **2.** *(cano)* déboucher

desocupado, da [dəzoku'pađu, đɐ] *adj* inoccupé(e)

desocupar [dəzoku'par] *vt* libérer

desodorante [dʒizodo'rẽtʃi] *adj* & *m* *(Br)* = **desodorizante**

desodorizador [dʒizodo'rizado(x)] (*pl* **-es**) *(Br)* *m* parfum *m* d'ambiance ; *(vaporizador)* désodorisant *m*

desodorizante [dəzođuri'zẽntə] *adj* déodorant(e) ◇ *m* *(Port)* **1.** *(para o corpo)* déodorant *m* **2.** *(purificador de ambiente)* désodorisant *m*

desonesto, ta [dəzu'nɛʃtu, tɐ] *adj* malhonnête

desordem [də'zɔrđẽi] *f* désordre *m* ● **em desordem** en désordre

desorganizado, da [dəzorgɐni'zađu, đɐ] *adj* **1.** *(pessoa)* désordonné(e) **2.** *(papéis, quarto)* en désordre **3.** *(serviço)* désorganisé(e)

desorientação [dəzorjẽntɐ'sɐ̃u] *f* désorientation *f*

desorientado, da [dəzorjẽn'tađu, đɐ] *adj* **1.** *(sem saber a direcção)* perdu(e) **2.** *(desnorteado)* désorienté(e)

despachar [dəʃpɐ'ʃar] *vt* expédier ◆ **despachar-se** *vp* se dépêcher

despedida [dəʃpə'điđɐ] *f* adieux *mpl* ● **é a hora da despedida** c'est le moment de se dire au revoir

despedido, da [dəʒ pə'điđu, ph`ɐ] *adj* renvoyé(e)

despedir [dəʃpə'đir] *vt* renvoyer ◆ **despedir-se** *vp* **1.** *(dizer adeus)* dire au revoir **2.** *(demitir-se)* démissionner

despejar [dəʃpə'ʒar] *vt* **1.** *(de casa, apartamento)* expulser **2.** *(líquido, lixo)* vider

despejo [dəʃ'pɐiʒu] *m* *(de apartamento, casa)* expulsion *f* ◆ **despejos** *mpl* *(lixo)* ordures *fpl*

despensa [dəʃ'pẽsɐ] *f* **1.** office *m* **2.** *(pequena)* cagibi *m*

despenteado, da [dəʃpẽn'tjađu, đɐ] *adj* décoiffé(e)

despentear [dəʃpẽn'tjar] *vt* décoiffer ◆ **despentear-se** *vp* se décoiffer

despercebido, da [dəʃpərsə'ƀiđu, đɐ] *adj* inaperçu(e) ● **fazer-se de despercebido** faire semblant de ne pas comprendre ● **passar despercebido** passer inaperçu

desperdiçar [dəʃpərđi'sar] *vt* **1.** gaspiller **2.** *(oportunidade)* rater **3.** *(talento)* gâcher **4.** *(tempo)* perdre **5.** *(saúde)* user

desperdício [dəʃpər'đisju] *m* **1.** gaspillage *m* **2.** *(de oportunidade, talento)* gâchis *m* **3.** *(de tempo)* perte *f* ◆ **desperdícios** *mpl* déchets *mpl*

despertador [dəʃpərtɐ'đor] (*pl* **-es** [əʃ]) *m* réveil *m*

despertar [dəʃpər'tar] *vt* **1.** *(acordar)* réveiller **2.** *(fig) (estimular)* éveiller **3.** *(fig) (dar origem a)* déclencher ◇ *vi* se réveiller
despesa [dəʃ'pezɐ] *f* dépense *f* ◆ **despesas** *fpl* **1.** *(de empresa, organismo)* dépenses *fpl* **2.** *(de deslocação)* frais *mpl*
despido, **da** [dəʃ'piđu, đɐ] *adj (nu)* nu(e)
despir [dəʃ'pir] *vt* déshabiller ◆ **despir-se** *vp* se déshabiller
desportista [dəʃpur'tiʃtɐ] *mf* sportif *m*, -ive *f*
desportivo, **va** [dəʃpur'tivu, vɐ] *adj (Port)* sportif(ive)
desporto [dəʃ'portu] *m (Port)* sport *m*
despregar [dəʃprə'gar] *vt* arracher ◆ **despregar-se** *vp* tomber
desprender [dəʃprẽn'der] *vt* détacher ◆ **desprender-se** *vp* se détacher
despreocupado, **da** [dəʃprioku'pađu, đɐ] *adj* détendu(e)
desprevenido, **da** [dəʃprəvə'niđu, đɐ] *adj* pris(e) au dépourvu
desprezar [dəʃprə'zar] *vt* mépriser
desproporcionado, **da** [dəʃprupursju'nađu, đɐ] *adj* disproportionné(e)
desqualificar [dəʃkwɐləfi'kar] *vt* disqualifier
desquitado, **da** [dʒiʃki'tadu, dɐ] *adj (Br)* séparé(e)
dessa ['dɛsɐ] = **de** + **essa** ; ➤ **de**
desse ['desə] = **de** + **esse** ; ➤ **de**
desta ['dɛʃtɐ] = **de** + **esta** ; ➤ **de**
destacar [dəʃtɐ'kar] *vt* **1.** *(separar)* détacher **2.** *(enfatizar)* souligner ◆ **destacar-se** *vp* **1.** *(distinguir-se)* ressortir **2.** *(pessoa)* se distinguer
destacável [dəʃtɐ'kavɛɫ] (*pl* **-eis** [ɐiʃ]) *adj* détachable ◇ *m* **1.** *(de formulário)* partie *f* détachable **2.** *(de revista, jornal)* supplément *m*
destapar [dəʃtɐ'par] *vt* **1.** *(frasco)* ouvrir **2.** *(pescoço, panela)* découvrir
destaque [dəʃ'takə] *m (ênfase)* importance *f* ● **de destaque** marquant(e)
deste ['deʃtə] = **de** + **este** ; ➤ **de**
destemido, **da** [dəʃtə'miđu, đɐ] *adj* intrépide
destilada [dəʃti'lađɐ] *adj f* ➤ **água**
destilar [dəʃti'lar] *vt* distiller
destinar [dəʃti'nar] *vt* ● **destinar dinheiro para** mettre de l'argent de côté pour ● **destinar algo para** garder qqch pour ◆ **destinar-se a** *vp* + *prep* **1.** *(ter por fim)* être destiné(e) à **2.** *(ser endereçado a)* s'adresser à
destinatário, **ria** [dəʃtinɐ'tarju, rjɐ] *m, f* destinataire *mf*
destino [dəʃ'tinu] *m* **1.** *(de viagem)* destination *f* **2.** *(fim)* but *m* ● **o destino** le destin ● **com destino a** à destination de
destituir [dəʃti'twir] *vt* destituer
destrancar [dəʃtrẽŋ'kar] *vt* ouvrir
destreza [dəʃ'trezɐ] *f* adresse *f*
destro, **tra** ['deʃtru, trɐ] *adj* **1.** adroit(e) **2.** *(que usa a mão direita)* droitier(ère)
destrocar [dəʃtru'kar] *vt* ● **destrocar dinheiro** faire la monnaie
destroço [dʒiʃ'trɔsu] *m (destruir)* ravage *m*, saccage *m* ◇ *mpl (destruído)* ruines *fpl*, débris *mpl*
destroços [dəʃ'trɔsuʃ] *mpl* **1.** *(de naufrágio)* débris *mpl* **2.** *(de edifício)* gravats *mpl*
destruição [dəʃtrui'sɐ̃u] *f* destruction *f*
destruir [dəʃtru'ir] *vt* détruire

desuso [də'zuzu] *m* • **em desuso** vieilli(e)
desvalorização [dəʒvɐlurizɐ'sɐ̃u] (*pl* **-ões** [õiʃ]) *f* dévalorisation *f*
desvalorizar [dəʃvɐluri'zar] *vt* dévaluer ◆ **desvalorizar-se** *vp* se dévaluer
desvantagem [dəʒvɐ̃n'taʒɐ̃i] (*pl* **-ns** [ʃ]) *f* désavantage *m*
desviar [dəʒ'vjar] *vt* **1.** dévier **2.** *(dinheiro)* détourner ◆ **desviar-se** *vp (afastar-se do caminho)* faire un détour • **desviar-se de** *(perigo)* éviter ; *(assunto)* s'écarter de
desvio [dəʒ'viu] *m* **1.** *(estrada secundária)* déviation *f* **2.** *(de caminho)* détour *m* **3.** *(de dinheiro)* détournement *m*
detalhe [də'taʎə] *m* détail *m*
detectar [dətɛ'tar] *vt* détecter
detector [dətɛ'tor] (*pl* **-es** [əʃ]) *m* détecteur *m* • **detector de incêndios** détecteur d'incendie
detenção [dətẽ'sɐ̃u] (*pl* **-ões** [õiʃ]) *f* détention *f*
deter [də'ter] *vt* **1.** *(parar, prender)* arrêter **2.** *(conter)* retenir ◆ **deter-se** *vp* **1.** *(parar)* s'arrêter **2.** *(conter-se)* se retenir
detergente [dətər'ʒẽntə] *m* **1.** *(para louça)* liquide *m* vaisselle **2.** *(para roupa)* lessive *f*
deterioração [dətərjurɐ'sɐ̃u] *f* détérioration *f*
deteriorar [dətərju'rar] *vt* détériorer ◆ **deteriorar-se** *vp* se détériorer
determinação [dətərminɐ'sɐ̃u] (*pl* **-ões** [õiʃ]) *f* **1.** détermination *f* **2.** *(resolução)* résolution *f* **3.** *(ordem)* ordre *m*
determinar [dətərmi'nar] *vt* **1.** *(calcular)* déterminer **2.** *(decidir)* décider **3.** *(ordenar)* ordonner
detestar [dətəʃ'tar] *vt* détester
detrás [də'traʃ] *adv* **1.** *(relativo a espaço)* derrière **2.** *(relativo a tempo)* après • **detrás de** *(relativo a espaço)* derrière ; *(relativo a tempo)* après • **por detrás de** derrière
detrito [de'tritu] *m* **1.** *(lixo, restos, resíduos)* détritus *mpl* **2.** *(de comida)* restes *mpl*, reliefs *mpl*
detritos [də'trituʃ] *mpl* **1.** *(de edifício)* gravats *mpl* **2.** *(lixo)* déchets *mpl*
deturpar [dətur'par] *vt* déformer
deu ['deu] ➤ **dar**
deus, sa ['deuʃ, zɐ] (*mpl* **-es** [zəʃ], *fpl* **-s** [ʃ]) *m, f* dieu *m*, déesse *f* ◆ **Deus** *m* Dieu *m*
devagar [dəvɐ'gar] *adv* lentement
dever [də'ver] (*pl* **-es** [əʃ]) *m* devoir *m* ◇ *vt* • **dever algo a alguém** devoir qqch à qqn • **dever fazer algo** devoir faire qqch • **deves lavar os dentes** tu dois te laver les dents • **ele deve estar atrasado** il doit être en retard • **dever cívico** devoir civique ◆ **deveres** *mpl* devoirs *mpl*
devidamente [də,viđɐ'mẽntə] *adv* dûment
devido, da [də'viđu, đɐ] *adj* dû (due) • **devido a** à cause de
devolução [dəvulu'sɐ̃u] (*pl* **-ões** [õiʃ]) *f* **1.** *(de dinheiro)* remboursement *m* **2.** *(de cheque)* refus *m* **3.** *(de compra)* reprise *f* **4.** *(de produto, objecto perdido, emprestado)* retour *m*
devolver [dəvoɫ'ver] *vt* **1.** *(dinheiro)* rembourser **2.** *(cheque)* refuser **3.** *(produto)* retourner **4.** *(compra)* reprendre **5.** *(objecto perdido, emprestado)* rendre
devorar [dəvu'rar] *vt* dévorer

dez ['dɛʃ] *num* dix • **ele tem dez anos** il a dix ans • **eles eram dez** ils étaient dix • **são dez horas** il est dix heures • **dez de Janeiro** le dix janvier • **página dez** page dix • **o dez de copas** le dix de cœur • **de dez em dez dias** tous les dix jours

dezanove [dəzɐ'nɔvə] *num (Port)* dix-neuf • **ele tem dezanove anos** il a dix-neuf ans • **eles eram dezanove** ils étaient dix-neuf • **o dezanove de Janeiro** le dix-neuf janvier • **página dezanove** page dix-neuf

dezasseis [dəzɐ'sɐiʃ] *num (Port)* seize • **ele tem dezasseis anos** il a dix-neuf ans • **eles eram dezasseis** ils étaient seize • **o dezasseis de Janeiro** le seize janvier • **página dezasseis** page seize

dezassete [dəzɐ'sɛtə] *num (Port)* dix-sept • **ele tem dezassete anos** il a dix-neuf ans • **eles eram dezassete** ils étaient dix-sept • **o dezassete de Janeiro** le dix-sept janvier • **página dezassete** page dix-sept

dezembro [de'zẽmbru] *m (Br)* = **Dezembro**

Dezembro [də'zẽmbru] *m (Port)* décembre *m* • **durante o mês de Dezembro** au mois de décembre • **em Dezembro** en décembre • **em meados de Dezembro** à la mi-décembre • **este mês de Dezembro** le mois de décembre • **no passado/próximo mês de Dezembro** en décembre dernier/prochain • **no princípio/final de Dezembro** début/fin décembre • **o cinco de Dezembro** le cinq décembre

dezena [də'zenɐ] *f* dizaine *f*

dezenove [dize'nɔvi] *num (Br)* = **dezanove**

dezesseis [dize'seiʃ] *num (Br)* = **dezasseis**

dezessete [dize'sɛti] *num (Br)* = **dezassete**

dezoito [də'zɔitu] *num* dix-huit • **ele tem dezoito anos** il a dix-huit ans • **eles eram dezoito** ils étaient dix-huit • **dezoito de Janeiro** le dix-huit janvier • **página dezoito** page dix-huit

DF *(Br)* (*abrev de Distrito Federal*) DF

dia ['diɐ] *m* jour *m* • **bom dia!** bonjour ! • **do dia** du jour • **durante o dia** pendant la journée • **estar em dia** être à jour • **já é de dia** il fait jour • **qualquer dia** un de ces jours • **no dia seguinte** le lendemain • **no dia vinte** le vingt • **nos nossos dias** de nos jours • **por dia** par jour • **pôr algo em dia** *(actualizar)* mettre qqch à jour ; *(em conversa)* faire le point sur qqch • **pôr-se em dia** se mettre à jour • **todos os dias** tous les jours • **um dia destes** un de ces jours • **dia azul** ≃ période bleue/blanche • **dia de anos** anniversaire *m* • **o dia a dia** le quotidien • **dia de folga** jour de congé • **dia das mentiras** 1er avril • **Dia da República** *5 octobre, jour anniversaire de la première république portugaise* • **dia Santo** jour saint • **dia de semana** jour de la semaine • **dia de Todos-os-Santos** Toussaint *f* • **dia útil** jour ouvrable

Os dias da semana

Les jours de la semaine (sauf samedi et dimanche), se terminent par le mot *feira* (foire ou fête). Mais parfois il est sous entendu.

Segunda (feira) : lundi (traduction mot à mot : 2e jour de foire), abrégé parfois en : *seg.* ou *2a* ; *terça feira* : mardi ; *quarta feira* : mercredi ; *quinta feira* : jeudi ; *sexta feira* : vendredi. Pour la fin de semaine on dira : *sábado* : samedi ; *domingo* : dimanche.

diabetes [djɐ'ƀɛtəʃ] *f inv* diabète *m*

diabético, ca [djɐ'ƀɛtiku, kɐ] *adj & m, f* diabétique

diabo ['djaƀu] *m* diable *m* • **porque diabo?!** *(fam)* pourquoi donc ?

diafragma [djɐ'fragmɐ] *m* **1.** diaphragme *m* **2.** *(contraceptivo)* stérilet *m*

diagnóstico [djɐg'nɔʃtiku] *m* diagnostic *m*

dialecto [djɐ'lɛtu] *m* *(Port)* dialecte *m*

dialeto [dja'lɛtu] *m* *(Br)* = **dialecto**

dialogar [djɐlu'gar] *vi* dialoguer

diálogo ['djalugu] *m* dialogue *m*

dial-up ['daɪəlʌp] *m* INFORM composer un numéro

diamante [djɐ'mẽntə] *m* diamant *m*

diâmetro ['djɐmətru] *m* diamètre *m*

diante ['djẽntə] ◆ **diante de** *prep* **1.** *(à frente de em tempo)* avant **2.** *(à frente de em espaço)* devant **3.** *(perante)* face à

dianteira [djẽn'tɐirɐ] *f* avant *m* • **tomar a dianteira** prendre de l'avance ; *(antecipar-se)* prendre les devants

diapositivo [djɐpuzi'tivu] *m* diapositive *f*

diária ['djarjɐ] *f prix d'une nuit d'hôtel*

diariamente [ˌdjarjɐ'mẽntə] *adv* tous les jours

diário, ria ['djarju, rjɐ] *adj* quotidien(enne) ◇ *m* journal *m* (intime)

diarreia [djɐ'ʀɐjɐ] *f (Port)* diarrhée *f*

diarréia [dʒja'xɛjɐ] *f (Br)* = **diarreia**

dica ['dikɐ] *f (fam)* piste *f*

dicionário [disju'narju] *m* dictionnaire *m* • **dicionário de bolso** dictionnaire de poche

dictafone® [diktɐ'fɔnə] *m* dictaphone *m*

didáctico, ca [di'đatiku, kɐ] *adj (Port)* didactique

didático, ca [dʒi'datʃiku, kɐ] *adj (Br)* = **didáctico**

diesel ['dizɛɫ] *adj inv* diesel

dieta ['djɛtɐ] *f* régime *m*

dietético, ca [dje'tɛtiku, kɐ] *adj* diététique

difamar [difɐ'mar] *vt* diffamer

diferença [difə'rẽsɐ] *f* différence *f*

diferenciar [difərẽ'sjar] *vt* différencier

diferente [difə'rẽntə] *adj* différent(e)

difícil [di'fisiɫ] *(pl* **-ceis** [sɐiʃ]) *adj* difficile

dificuldade [dəfikuɫ'đađə] *f* difficulté *f*

dificultar [dəfikuɫ'tar] *vt* rendre difficile

difundir [difũn'dir] *vt* diffuser

difusão [difu'zɐ̃u] *f* diffusion *f*

digerir [diʒə'rir] *vt* digérer

digestão [diʒəʃ'tɐ̃u] *f* digestion *f*

digestivo, va [diʒəʃ'tivu, vɐ] *adj* digestif(ive) ◇ *m* digestif *m*

digital [diʒi'taɫ] *(pl* **-ais** [aiʃ]) *adj* digital(e), numérique

digitalizador [diʒitɐlizɐ'đor] (*pl* **-es** [əʃ]) *m* **1.** convertisseur *m* numérique **2.** *(de imagem)* scanner *m*
digitar [diʒi'tar] *vt* **1.** *(palavra)* taper **2.** *(número)* composer
dígito ['diʒitu] *m* chiffre *m*
dignidade [digni'đadə] *f* dignité *f*
dilatar [dilɐ'tar] *vt* **1.** *(metal)* dilater **2.** *(prazo)* prolonger ◆ **dilatar-se** *vp* se dilater
dilema [di'lemɐ] *m* dilemme *m*
diluir [di'lwir] *vt* diluer
dimensão [dimẽ'sɐ̃u] (*pl* **-ões** [õiʃ]) *f* dimension *f*
diminuir [dəmi'nwir] *vi* diminuer ◇ *vt* **1.** *(preço, som)* baisser **2.** *(velocidade, despesas)* réduire
diminutivo [dəminu'tivu] *m* diminutif *m*
Dinamarca [dinɐ'markɐ] *f* ● **a Dinamarca** le Danemark
dinamarquês, esa [dinɐmɐr'keʃ, ezɐ] (*mpl* **-eses** [ezəʃ], *fpl* **-s** [ʃ]) *adj* danois(e) ◇ *m, f* Danois *m*, -e *f* ◇ *m (língua)* danois *m*
dinâmico, ca [di'nɐmiku, kɐ] *adj* dynamique
dinamismo [dinɐ'miʒmu] *m* (*fig*) dynamisme
dinamite [dinɐ'mitə] *f* dynamite *f*
dínamo ['dinɐmu] *m* dynamo *f*
dinastia [dinɐʃ'tiɐ] *f* dynastie *f*
dinheiro [di'ɲɐiru] *m* argent *m* ● **ter dinheiro** avoir de l'argent ● **dinheiro miúdo** ou **trocado** monnaie *f*
dinossauro [dinɔ'sauru] *m* dinosaure *m*
dióspiro ['djɔʃpiru] *m* kaki *m (fruit)*
diploma [di'plomɐ] *m* diplôme *m*
dique ['dikə] *m* digue *f*
direção [dʒire'sɐ̃u] (*pl* **-ões** [õiʃ]) *f* (*Br*) = **direcção**
direcção [dirɛ'sɐ̃u] (*pl* **-ões** [õiʃ]) *f* **1.** direction *f* **2.** (*Port*) *(endereço)* adresse *f*
direções ➤ **direção**
directamente [di'rɛtamẽntə] *adv* directement
directo, ta [di'rɛtu, tɐ] *adj* (*Port*) direct(e) ● **em directo** en direct
director, ra [dirɛ'tor, rɐ] (*mpl* **-es** [əʃ], *fpl* **-s** [ʃ]) *m, f* directeur *m*, -trice *f*
direita [di'rɐitɐ] *f* ● **a direita** la droite ● **à direita** à droite ● **virar à direita** tourner à droite ● **pela direita** à droite ● **ser de direita** être de droite
direito, ta [di'rɐitu, tɐ] *adj* droit(e) ◇ *m* droit *m* ◇ *adv* (*Br*) correctement ● **ir direito a** aller droit à ● **pôr-se direito** se tenir droit ● **os direitos humanos** les droits de l'homme ● **a direito** tout droit ● **não há direito !** ce n'est pas juste !
direto, ta [dʒi'rɛtu, tɐ] *adj* (*Br*) = **directo**
diretor [dʒire'to(x)] (*Br*) = **director**
diretório [dʒire'tɔriu] *m INFORM* répertoire *m* ● **diretório raiz** répertoire racine
diretório [dʒire'tɔriu] *m* **1.** *(conselho)* directoire m **2.** *INFORM* répertoire de dossiers *m* ● **diretório acadêmico** conseil académique *m*
dirigente [diri'ʒẽntə] *mf* dirigeant *m*, -e *f*
dirigir [dəri'ʒir] *vt* **1.** diriger **2.** (*Br*) *(veículo)* conduire ◇ *vi* (*Br*) conduire ● **dirigir algo a alguém** adresser qqch à qqn ● **dirigir algo para** diriger qqch vers ◆ **dirigir-se a** *vp* + *prep* **1.** *(falar directamente a)*

s'adresser à 2. *(local)* se diriger vers • **dirigir-se para** se diriger vers ▼ **este aviso dirige-se a todos os utentes** avis à tous les usagers

dirigível [diri'ʒivɛɫ] (*pl* **-eis** [ɐiʃ]) *m* dirigeable *m*

discar [diʃ'kar] *vt* composer un numéro ◇ *vi* faire le numéro

disciplina [dəʃsi'plinɐ] *f* 1. *EDUC* matière *f* 2. *(ordem e respeito)* discipline *f*

disc-jóquei [disk'dʒɔkɐi] (*pl* **disc-jóqueis** [disk'dʒɔkɐiʃ]) *mf* disc-jockey *mf*

disco ['diʃku] *m* 1. disque *m* 2. *(de telefone)* cadran *m* • **discos de algodão** disques démaquillants • **disco compacto** Compact Disc® *m* • **disco rígido** disque dur • **disco voador** soucoupe *f* volante

discordar [diʃkur'đar] *vi* ne pas être d'accord • **discordar de alguém em algo** ne pas être d'accord avec qqn sur qqch

discórdia [diʃ'kɔrđjɐ] *f (desarmonia)* discorde *f*

discoteca [diʃku'tɛkɐ] *f* 1. discothèque *f* 2. *(local de venda)* disquaire *m*

discotecário, ria [dʒiʃkotɛ'kaxiu, dʒiʃkotɛ'kaxia] *mf* disquaire *m*

discreto, ta [diʃ'krɛtu, tɐ] *adj* discret(ète)

discriminação [diʃkrəminɐ'sɐ̃u] *f* discrimination *f*

discriminar [diʃkrəmi'nar] *vt* 1. *(distinguir)* différencier, faire une discrimination entre 2. *(detalhar)* détailler

discurso [diʃ'kursu] *m* discours *m* • **discurso directo/indirecto** discours direct/indirect

discussão [diʃku'sɐ̃u] (*pl* **-ões** [õiʃ]) *f* 1. *(debate)* discussion *f* 2. *(briga)* dispute *f*

discutir [diʃku'tir] *vt* discuter de ◇ *vi* se disputer

disenteria [dizẽntə'riɐ] *f* dysenterie *f*

disfarçar [diʃfɐr'sar] *vt* 1. *(encobrir)* masquer 2. *(medo)* cacher ◇ *vi* faire comme si de rien n'était • **isso, disfarça!** *(fam)* c'est ça, fais l'innocent ! ♦ **disfarçar-se** *vp* se déguiser • **disfarçar-se de** se déguiser en

disfarce [diʃ'farsə] *m* déguisement *m*

dislexia [diʒlɛk'siɐ] *f* dyslexie *f*

disléxico, ca [diʒ'lɛksiku, kɐ] *adj & m, f* dyslexique

disparador [diʃpɐrɐ'đor] (*pl* **-es** [əʃ]) *m* 1. *(de máquina fotográfica)* déclencheur *m* 2. *(de arma)* gachette *f*

disparar [diʃpɐ'rar] *vt* tirer ◇ *vi* 1. *(arma)* tirer 2. *(máquina fotográfica)* déclencher

disparatado, da [diʃpɐrɐ'tađu, đɐ] *adj* insensé(e)

disparate [diʃpɐ'ratə] *m* bêtise *f*

dispensar [diʃpẽ'sar] *vt* se passer de • **dispensar alguém de algo** dispenser qqn de qqch • **dispensar algo a alguém** donner qqch à qqn ; *(emprestar)* prêter qqch à qqn

dispensário [diʃpẽ'sarju] *m* dispensaire *m*

dispersar [diʃpər'sar] *vt* disperser ◇ *vi* se disperser ♦ **dispersar-se** *vp* se disperser

disperso, sa [diʃ'pɛrsu, sɐ] *pp* ➤ **dispersar**

disponível [diʃpu'nivɛɫ] (*pl* **-eis** [ɐiʃ]) *adj* 1. disponible 2. *(casa de banho)* libre

dispor [diʃ'por] *vt* disposer ♦ **dispor de** *v + prep* 1. disposer de 2. *(de posição, in-*

fluência) jouir de ◆ **dispor-se a** *vp + prep* se proposer de

dispositivo [diʃpuzi'tivu] *m* dispositif *m*

disposto, osta [diʃ'poʃtu, ɔʃtɐ] *adj* prêt(e) ● **estar disposto a fazer algo** être prêt à faire qqch ● **bem disposto** de bonne humeur ● **mal disposto** *(de mau humor)* de mauvaise humeur ; *(mal do estômago)* indisposé

disputa [diʃ'putɐ] *f* **1.** *(competição)* lutte *f* **2.** *(discussão)* dispute *f*

disputar [diʃpu'tar] *vt* disputer

disquete [diʃ'kɛtə] *f INFORM* disquette *f*

dissimular [disimu'lar] *vt* dissimuler

dissipar [disi'par] *vt* dissiper ◆ **dissipar-se** *vp* se dissiper

disso ['disu] = **de** + **isso** ; ➤ **isso**

dissolver [disoɫ'ver] *vt* dissoudre ◆ **dissolver-se** *vp* se dissoudre

dissuadir [diswɐ'ɗir] *vt* dissuader

distância [diʃ'tɐ̃sjɐ] *f* distance *f* ● **a que distância fica?** est-ce que c'est loin ? ; *(cidade)* c'est à combien de kilomètres ? ● **fica a um quilómetro de distância** c'est à un kilomètre

distanciar [diʃtɐ̃'sjar] *vt* **1.** *(separar)* éloigner **2.** *(por intervalos)* espacer ◆ **distanciar-se** *vp* s'éloigner ● **distanciar-se de** *(afastar-se de)* s'éloigner de ; *(de pelotão)* se détacher de ; *(diferenciar-se de)* être éloigné de

distante [diʃ'tɐ̃ntə] *adj* **1.** *(local)* éloigné(e) **2.** *(tempo)* reculé(e) **3.** *(pessoa)* distant(e)

distinção [dəʃtĩ'sɐ̃u] *(pl* **-ões** [õiʃ]) *f* **1.** distinction *f* **2.** *(em exame, estudos)* mention *f*

distinguir [dəʃtĩŋ'gir] *vt* distinguer ◆ **distinguir-se** *vp* se distinguer

distinto, ta [dəʃ'tĩntu, tɐ] *adj* **1.** distinct(e) **2.** *(pessoa)* distingué(e)

disto ['diʃtu] = **de** + **isto** ; ➤ **isto**

distorção [diʃtur'sɐ̃u] *(pl* **-ões** [õiʃ]) *f* **1.** *(de imagem, som)* distorsion *f* **2.** *(de verdade)* déformation *f*

distração [dʒiʃtra'sɐ̃u] *(pl* **-ões** [õiʃ]) *f* *(Br)* = **distracção**

distracção [diʃtra'sɐ̃u] *(pl* **-ões** [õiʃ]) *f* *(Port)* distraction *f*

distrações ➤ **distração**

distraído, da [diʃtrɐ'iɗu, ɗɐ] *adj* distrait(e)

distrair [diʃtrɐ'ir] *vt* distraire ◆ **distrair-se** *vp* **1.** *(divertir-se)* se distraire **2.** *(descuidar-se)* se laisser distraire

distribuição [dəʃtriɓwi'sɐ̃u] *(pl* **-ões** [õiʃ]) *f* distribution *f*

distribuidor, ra [deʃtriɓwi'ɗor, rɐ] *(mpl* **-es** [əʃ], *fpl* **-s** [ʃ]) *m, f* distributeur *m*, -trice *f*

distribuir [*(Port)* deʃtri'ɓwir *(Br)*, dʒiʃtri'bwi(x)] *vt* distribuer

distrito [dəʃ'tritu] *m* **1.** *(em Portugal)* ≃ département *m* **2.** *(no Brasil)* district *m* ● **Distrito Federal** capitale *f* administrative, *nom donné à Brasilia, capitale administrative du Brésil*

distúrbio [diʃ'turɓju] *m* trouble *m*

ditado [di'taɗu] *m* **1.** *(de texto, frase)* dictée *f* **2.** *(provérbio)* dicton *m*

ditador, ra [ditɐ'ɗor, rɐ] *(mpl* **-es** [əʃ], *fpl* **-s** [ʃ]) *m, f* dictateur *m*

ditadura [ditɐ'ɗurɐ] *f* dictature *f*

ditar [di'tar] *vt* dicter
dito, ta ['ditu, tɐ] *pp* ➤ **dizer**
ditongo [di'tõŋgu] *m* diphtongue *f*
DIU (*abrev de Dispositivo Intra Uterino*) *m* stérilet
diurno, na ['djurnu, nɐ] *adj* pendant la journée
divã [di'vɐ̃] *m* divan *m*
divagar [divɐ'gar] *vi* **1.** (*afastar-se do assunto*) faire des digressions **2.** (*devanear*) divaguer **3.** (*caminhar ao acaso*) errer
diversão [divər'sɐ̃u] (*pl* **-ões** [õiʃ]) *f* **1.** (*distracção*) distraction *f* **2.** (*em parque*) attraction *f* • **fazer uma manobra de diversão** faire diversion
diverso, sa [di'vɛrsu, sɐ] *adj* différent(e) ◆ **diversos, sas** *adj pl* **1.** (*vários*) divers(e) **2.** (*muitos*) plusieurs
diversões ➤ **diversão**
divertido, da [divər'tiđu, đɐ] *adj* drôle
divertimento [divərti'mẽntu] *m* divertissement *m*
divertir [divər'tir] *vt* amuser ◆ **divertir-se** *vp* s'amuser
dívida ['diviđɐ] *f* dette *f*
dividendo [dʒivi'dẽndu] *m* dividendes *mpl*
dividendos [dəvi'đẽnduʃ] *mpl* dividendes *mpl*
dividir [dəvi'đir] *vt* **1.** diviser **2.** (*repartir*) partager ◇ *vi* diviser ◆ **dividir-se** *vp* **1.** (*separar-se*) se séparer **2.** (*ramificar-se*) se diviser
divino, na [di'vinu, nɐ] *adj* **1.** divin(e) **2.** (*sublime*) exquis(e)
divisão [dəvi'zɐ̃u] (*pl* **-ões** [õiʃ]) *f* **1.** division *f* **2.** (*de casa*) pièce *f* **3.** (*de comida, bens, trabalho*) partage *m*
divisas [də'vizɐʃ] *fpl* devises *fpl*
divisões ➤ **divisão**
divorciado, da [divur'sjađu, đɐ] *adj* divorcé(e)
divorciar-se [divur'sjarsə] *vp* divorcer • **divorciar-se de alguém** divorcer de qqn
divórcio [di'vɔrsju] *m* divorce *m*
divulgar [divuɫ'gar] *vt* **1.** (*informação, ideia*) divulguer **2.** (*produto, serviço*) promouvoir
dizer [di'zer] *vt* dire • **dizer algo a alguém** dire qqch à qqn • **dizer a alguém que** dire à qqn de ou que • **eu disse-lhe que se calasse** je lui ai dit de se taire • **como se diz...?** comment dit-on... ?
DJ [di'ʒɐi] *mf* (*abrev de disc-jóquei*) DJ *mf* (*disc-jockey*)
do [du] = **de** + **o** ; ➤ **o**
doação [dwɐ'sɐ̃u] (*pl* **-ões** [õiʃ]) *f* donation *f*
doar ['dwar] *vt* faire don de
dobra ['dɔƀrɐ] *f* pli *m*
dobrada [du'ƀrađɐ] *f* tripes *fpl*
dobradiça [duƀrɐ'đisɐ] *f* charnière *f*
dobrado, da [du'ƀrađu, đɐ] *adj* **1.** (*papel, peça de roupa*) plié(e) **2.** (*Port*) (*filme, programa de TV*) doublé(e)
dobrar [du'ƀrar] *vt* **1.** plier **2.** (*costas*) courber **3.** (*Port*) (*filme, programa de TV*) doubler ◇ *vi* doubler • **dobrar a esquina** tourner au coin de la rue ◆ **dobrar-se** *vp* se courber
dobro ['doƀru] *m* • **o dobro** le double
doca ['dɔkɐ] *f* dock *m*
doçaria [dusɐ'riɐ] *f* pâtisserie *f* • **doçaria caseira** gâteaux *mpl* maison
doce ['dosə] *adj* **1.** (*bebida, comida*) sucré(e) **2.** (*pessoa*) doux (douce) ◇ *m* su-

crerie *f* • **doce de ovos** *crème riche en jaune d'œuf*

dóceis ➤ **dócil**

docente [du'sẽntə] *adj & mf* enseignant(e)

doceria [do'serja] *(Br)* = **doçaria**

dócil ['dɔsiɫ] *(pl* **-ceis** [sɐiʃ]) *adj* **1.** *(animal)* docile **2.** *(pessoa)* facile

documentação [dukumẽntɐ'sɐ̃u] *f* papiers *mpl*

documentário [dukumẽn'tarju] *m* documentaire *m*

documento [duku'mẽntu] *m* **1.** *(de identificação)* papier *m* **2.** *(testemunho escrito)* document *m* • **mostre-me os seus documentos, por favor** présentez-moi vos papiers, svp

doçura [du'surɐ] *f (fig)* douceur *f*

doença ['dwẽsɐ] *f* maladie *f* • **doença venérea** maladie vénérienne

doente ['dwẽntə] *adj & mf* malade • **doente mental** malade mental

doentio, tia [dwẽn'tiu, 'tiɐ] *adj* **1.** *(lugar, atmosfera)* malsain(e) **2.** *(pessoa)* maladif(ive)

doer ['dwer] *vi* faire mal

doido, da ['doiđu, đɐ] *adj & m, f* fou (folle) • **ser doido por** être fou de • **doido varrido** fou à lier

dois, duas ['doiʃ, 'duɐʃ] *num* deux • **dois a dois** deux par deux • **ele tem dois anos** il a deux ans • **eles eram dois** ils étaient deux • **dois de Janeiro** le deux janvier • **página dois** page deux • **trinta e dois** trente-deux • **o dois de copas** le deux de cœur • **de dois em dois dias** tous les deux jours • **empataram a dois** (ils ont fait) deux partout • **dois a zero** deux à zéro

dólar ['dɔlar] *(pl* **-es** [əʃ]) *m* dollar *m*

doleiro [do'lɐiru] *m (Br) revendeur de dollars au marché noir*

dolorido, da [dulu'riđu, đɐ] *adj* courbattu(e)

doloroso, osa [dulu'rozu, ɔzɐ] *adj* douloureux(euse)

dom ['dõ] *(pl* **-ns** [ʃ]) *m* don *m (qualité)*

domador, ra [dumɐ'đor, rɐ] *(mpl* **-es** [əʃ], *fpl* **-s** [ʃ]) *m, f* dompteur *m*, -euse *f*

doméstica [du'mɛʃtikɐ] *f* femme *f* au foyer

domesticado, da [duməʃti'kađu, đɐ] *adj* apprivoisé(e)

domesticar [duməʃti'kar] *vt* apprivoiser

doméstico, ca [du'mɛʃtiku, kɐ] *adj* **1.** domestique **2.** *(tarefa)* ménager(ère)

domicílio [dumi'silju] *m* domicile *m*

dominar [dumi'nar] *vt* **1.** maîtriser **2.** *(país)* dominer ◆ **dominar-se** *vp* se maîtriser

domingo [du'mĩŋgu] *m* dimanche *m* • **aos domingos** le dimanche • **até domingo** à dimanche • **ela vem domingo** elle vient dimanche • **este domingo** dimanche • **hoje é domingo** aujourd'hui nous sommes dimanche • **todos os domingo** tous les dimanches • **domingo de manhã/à tarde/à noite** dimanche matin/après-midi/soir • **domingo 13 de Junho** (le) dimanche 13 juin • **domingo passado** dimanche dernier • **domingoque vem** dimanche prochain

dominicano, na [dumini'kɐnu, nɐ] *adj* dominicain(e)

domínio [do'minju] *m* **1.** *INFORM* domaine *m* **2.** *(dominação)* • **domínio (sobre)** domination *f* **3.** *(posse)* pouvoir *m* **4.** *(controle)* commandement *m* **5.** *(conhecimento)* maîtrise *f* **6.** *(autoridade)* domination *f* **7.** *(sector, campo, território)* domaine *m*

dominó [dɔmi'nɔ] *m* domino *m* • **jogar dominó** jouer aux dominos

dona ['donɐ] *f* • **dona Isabel X** Madame X • **dona de casa** maîtresse *f* de maison ➤ **dono**

donde ['dõndə] *adv (forme contractée de* de + onde*)* *(de que lugar)* d'où

dono, na ['donu, nɐ] *m, f* **1.** propriétaire *mf* **2.** *(de cão)* maître *m*, -esse *f*

dons ➤ **dom**

dopar [du'par] *vt* doper

dor ['dor] *(pl* **-es** [əʃ]*)* *f* douleur *f* • **dor de barriga** mal *m* de ventre • **dor de cabeça** mal *m* de tête • **dor de costas** mal *m* au dos • **dor de dentes** mal *m* de dents • **dor de cotovelo** *(fig)* jalousie *f* • **dor de estômago** douleur d'estomac • **dor de garganta** mal *m* de gorge • **ter dor de ouvidos** avoir mal aux oreilles

dormente [dur'mẽntə] *adj* engourdi(e)

dormida [dur'miđɐ] *f* ▼ **dormida e pequeno almoço** nuit avec petit-déjeuner compris

dormir [dur'mir] *vi* dormir ◇ *vt* • **dormir a sesta** faire la sieste

dormitório [durmi'tɔrju] *m* dortoir *m*

dosagem [du'zaʒẽi] *(pl* **-ns** [ʃ]*)* *f* **1.** dose *f* **2.** *(operação)* dosage *m*

dose ['dɔzə] *f* **1.** dose *f* **2.** *(de comida)* part *f* • **uma dose** une portion • **meia dose** *la moitié d'une portion servie pour une personne au restaurant*

dossiê [do'sje] *m (Br)* = **dossier**

dossier [dɔ'sje] *m (Port)* dossier *m* • **dossier (escolar)** classeur *m*

dotado, da [du'tađu, đɐ] *adj* doué(e)

dou ['do] ➤ **dar**

dourado, da [do'rađu, đɐ] *adj* doré(e)

Douro ['doru] *m* • **o Douro** le Douro

Douro

Deuxième fleuve du Portugal, bien qu'il ait sa source en Espagne, il donne son nom à la région qu'il arrose, située au nord du pays entre les *Beiras* (au sud), le *Minho* (à l'ouest) et *Trás-Os-Montes* (à l'est). C'est une contrée de collines fertiles, où s'étendent les vignes qui ont donné naissance au célèbre porto, ainsi qu'à d'autres vins typiques de la région. Autrefois utilisé pour le transport de marchandises, le *Douro* est aujourd'hui parcouru par des bateaux de plaisance.

doutor, ra [do'tor, rɐ] *(mpl* **-es** [əʃ], *fpl* **-s** [ʃ]*)* *m, f* **1.** *(pessoa doutorada)* docteur *m* **2.** *(Br)* *(médico)* docteur *mf (aussi : docteure nf)*

Doutor e doutora

Habituellement, on appelle *doutor(a)* (abréviations pour l'usage écrit : *Sr. Dr., Sra Dra*) non seulement les médecins et les avocats

mais toute personne ayant obtenu un diplôme de fin d'études universitaires : enseignants du secondaire, chercheurs, de même pour les ingénieurs, etc.
Les portugais tiennent énormément à ces titres honorifiques et risquent d'être froissés s'ils ne sont pas utilisés à bon escient lorsque l'on s'adresse à eux.
Au Brésil, on appelle *Dr(a)* uniquement : les médecins, les avocats, les professeurs universitaires qui ont obtenu le doctorat, et les ingénieurs.

Doutor, ra [do'tor, rɐ] *m, f (forma de tratamento)* Docteur *m*
doutrina [do'trinɐ] *f* doctrine *f*
download [do'lodi] (*pl* **-s**) *m INFORM* téléchargement *m* • **fazer (um) download** télécharger
doze ['dozə] *num* douze • **ele tem doze anos** il a douze ans • **eles eram doze** ils étaient douze • **doze de Janeiro** le douze janvier • **página doze** page douze • **de doze em doze dias** tous les douze jours
Dr. (*abrev de* **Doutor**) (*Port*) *titre donné à tous les licenciés* • **Dr. João X** Monsieur X
Dra. (*abrev de* **Doutora**) (*Port*) *titre donné à toutes les licenciées* • **Dra. Isabel X** Madame X
dragão [drɐ'gɐ̃u] (*pl* **-ões** [õiʃ]) *m* dragon *m*
dragar [drɐ'gar] *vt* draguer *(une rivière)*
drágea ['draʒjɐ] *f* (*Br*) = **drageia**
drageia [drɐ'ʒɐjɐ] *f* (*Port*) dragée *f*
dragões ➤ **dragão**
drama ['drɐmɐ] *m* drame *m*
dramatizar [drɐmɐti'zar] *vt* faire un drame de
dramaturgo, ga [drɐmɐ'turgu, gɐ] *m, f* dramaturge *mf*
drástico, ca ['draʃtiku, kɐ] *adj* **1.** *(solução)* radical(e) **2.** *(medida)* draconien(enne)
drenar [drə'nar] *vt* drainer
dreno ['drenu] *m* drain *m*
driblar [dri'blar] *vt & vi* dribbler
drinque ['drĩŋki] *m* (*Br*) drink *m*
drive ['drivi] (*pl* **-s**) *m INFORM* unité *f* de disque
drive ['draivə] *f* lecteur *m*
driver ['drive(x)] (*pl* **-s**) *m INFORM* pilote *m*, gestionnaire *m* de périphérique • **driver de vídeo** driver *m* du magnétoscope • **driver de impressora** pilote de l'imprimante
droga ['drɔgɐ] *f* **1.** drogue *f* **2.** *(coisa de má qualidade)* cochonnerie *f* ◇ *interj* • **que droga!** mince !
drogado, da [dru'gadu, dɐ] *m, f* drogué *m*, -e *f*
drogar [dru'gar] *vt* droguer ◆ **drogar-se** *vp* se droguer
drogaria [drugɐ'riɐ] *f* droguerie *f*
dto. (*abrev de* **direito**) dte *(droite)*
duas ['duaʃ] ➤ **dois**
dublado [du'bladu] (*Br*) = **dobrado**
dublar [du'blax] *vt* (*Br*) = **dobrar**
ducha ['duʃɐ] *f* (*Br*) = **duche**
duchar-se [du'ʃarsə] *vp* (*Br*) se doucher

duche ['duʃə] *m* (*Port*) douche *f* • **tomar um duche** prendre une douche
duende ['dwẽndə] *m* lutin *m*
dum [dũ] = **de + um** ; ➤ **um**
duma ['dumɐ] = **de + uma** ; ➤ **um**
dumas ['dumɐʃ] = **de + umas** ; ➤ **um**
duna ['dunɐ] *f* dune *f*
duns [dũʃ] = **de + uns** ; ➤ **um**
dupla ['duplɐ] *f* **1.** (*par*) couple *m* **2.** (*Br*) (*em desporto*) double *m*
dúplex ['duplɛks] *m inv* duplex *m*
duplicado [dupli'kađu] *m* double *m* • **em duplicado** en double
duplicar [dupli'kar] *vt* & *vi* doubler
duplo, pla ['duplu, plɐ] *adj* double ◇ *m* • **o duplo** le double
duração [durɐ'sɐ̃u] *f* durée *f*
duradouro, ra [durɐ'doru, rɐ] *adj* durable
durante [du'rɐ̃ntə] *prep* pendant
durar [du'rar] *vi* durer
durex [du'rɛks] *adj* (*Br*) ➤ **fita**
dureza [du'rezɐ] *f* dureté *f*
durmo ['durmu] ➤ **dormir**
duro, ra ['duru, rɐ] *adj* dur(e)
dúvida ['duviđɐ] *f* doute *m* • **estar em dúvida** se demander • **pôr em dúvida** mettre en doute • **sem dúvida!** bien sûr ! • **tirar dúvidas** expliquer
duvidoso, osa [duvi'đozu, ɔzɐ] *adj* **1.** louche **2.** (*oferta*) douteux(euse)
duzentos, tas [du'zẽntuʃ, tɐʃ] *num* deux cents
dúzia ['duzjɐ] *f* douzaine *f* • **uma dúzia de ovos** une douzaine d'œufs • **vender à dúzia** vendre à la douzaine • **meia dúzia** une demi-douzaine

eE

e [i] *conj* et
E. (*abrev de* **este**) E (*est*)
é ['ɛ] ➤ **ser**
ébano ['ɛbɐnu] *m* **1.** (*árvore*) ébénier *m* **2.** (*madeira*) ébène *f*
ébrio, ébria ['ɛbriu, 'ɛbriɐ] *adj* ivre
ebulição [ibuli'sɐ̃u] *f* ébullition *f*
e-business [ɛbusi'nɛesi] *m* COM e-business *m*
echarpe [e'ʃaxpi] (*Br*) = **écharpe**
écharpe [e'ʃarpə] *f* écharpe *f*
eclipse [i'klipsə] *m* éclipse *f*
eco ['ɛku] *m* écho *m*
ecoar [i'kwar] *vi* résonner
ecografia ['ɛkɔgrɐ'fiɐ] *f* échographie *f*
ecologia [ikulu'ʒiɐ] *f* écologie *f*
ecológico, ca [iku'lɔʒiku, kɐ] *adj* écologique
e-commerce [ɛko'mɛxsi] *m* COM e-commerce *m*
economia [ikɔnu'miɐ] *f* économie *f* ◆ **economias** *fpl* économies *fpl*
económico, ca [iku'nɔmiku, kɐ] *adj* **1.** (*Port*) économique **2.** (*pessoa*) économe
econômico, ca [eko'nomiku, kɐ] *adj* (*Br*) = **económico**
economista [ikɔnu'miʃtɐ] *mf* économiste *mf*
economizar [ikunumi'zar] *vt* & *vi* économiser
ecoturismo [ekotu'riʒmu] *m* écotourisme *m*

ecrã ['ɛkrɐ̃] *m* écran *m*
écran ['ekrɑ̃n] *(Br)* = **ecrã**
ECT *f* (*abrev de Empresa Brasileira de Correios e Telégrafos*) ≃ La Poste
eczema [ɛg'zemɐ] *m* eczéma *m*
edição [iđi'sɐ̃u] *(pl* **-ões** [õiʃ]) *f* édition *f*
edifício [iđə'fisju] *m* immeuble *m*
edifício-garagem [edʒifisjuga'raʒẽi] (*pl* **edifícios-garagens** [edʒifisjuʒga'raʒẽi]) *m (Br)* parking *m*
editar [iđi'tar] *vt* éditer
editor, ra [iđi'tor, rɐ] (*mpl* **-es** [əʃ], *fpl* **-s** [ʃ]) *m, f* éditeur *m*, -trice *f*
editora [iđi'torɐ] *f* maison *f* d'édition ➤ **editor**
editores [iđi'torʃ] ➤ **editor**
EDP *f* (*abrev de Electricidade de Portugal*) ≃ EDF *(Électricité de France)*
edredão [iđrə'đɐ̃u] (*pl* **-ões** [õiʃ]) *m* **1.** *(Port)* édredon *m* **2.** *(espesso)* couette *f*
edredom [ɛdre'dõ] (*pl* **-ns** [ʃ]) *m (Br)* = **edredão**
educação [iđukɐ'sɐ̃u] *f* éducation *f*
educado, da [iđu'kađu, đɐ] *adj* bien élevé(e) • **ser bem educado** être bien élevé
educar [iđu'kar] *vt* éduquer
educativo, a [iđu'kativu, vɐ] *adj* éducatif(ive)

Sistema educativo

Le système éducatif portugais comprend l'éducation pré-scolaire (*educação pré-escolar*) et l'éducation scolaire. La fréquentation des établissements pré-scolaires, *jardins de infância* (jardins d'enfants), n'est pas obligatoire.
La scolarité obligatoire est de neuf ans et concerne les élèves de 6 à 15 ans. Cet enseignement de base obligatoire (appelé *ensino básico*) est divisé en trois cycles.
Le 1er cycle dure quatre ans (pour les élèves de 6 à 10 ans).
Le 2e cycle dure deux ans (pour les élèves de 10 à 12 ans).
Le 3e cycle dure trois ans (pour les élèves de 12 à 15 ans).
L'enseignement est dispensé dans des écoles de base (*escolas básicas*).
La fin du 3e cycle, est sanctionnée par un diplôme, mais il n'y a pas d'examen final de type Brevet des Collèges.
Les élèves peuvent ensuite suivre un enseignement secondaire (*ensino secundário*) d'une durée de trois ans.

efectivamente [ifɛˌtivɐ'mẽntə] *adv (Port)* effectivement
efectivo, va [ifɛ'tivu, vɐ] *adj* **1.** *(Port)* *(real)* effectif(ive) **2.** *(funcionário, empregado)* titulaire ◇ *m (Port)* *(categoria de professor)* professeur *m* titulaire
efectuar [ifɛ'twar] *vt (Port)* effectuer
efeito [i'fɐitu] *m* effet *m* • **com efeito** en effet • **sem efeito** sans effet ; *(contrato)* non avenu
efervescente [ifərvəʃ'sẽntə] *adj* ➤ **aspirina**
efetivamente [efɛˌtʃiva'mẽntʃi] *(Br)* = **efectivamente**

efetivo, **va** [efe'tʃivu, vɐ] *adj* (*Br*) = **efectivo**

efetuar [efe'twax] *vt* (*Br*) = **efectuar**

eficácia [ifi'kasjɐ] *f* efficacité *f*

eficaz [ifi'kaʃ] (*pl* **-es** [zəʃ]) *adj* efficace

eficiência [ifə'sjẽsjɐ] *f* efficacité *f*

eficiente [ifə'sjẽntə] *adj* efficace

efusivo, **va** [ifu'zivu, vɐ] *adj* expansif(ive)

egípcio, **cia** [i'ʒipsju, sjɐ] *adj* égyptien (enne)

Egipto [i'ʒiptu] *m* • **o Egipto** l'Égypte *f*

egoísmo [i'gwiʒmu] *m* égoïsme *m*

egoísta [i'gwiʃtɐ] *adj* & *mf* égoïste

égua ['ɛgwɐ] *f* jument *f*

eis ['ɐiʃ] *adv* voilà • **eis senão quando** et voilà que

eixo ['ɐiʃu] *m* **1.** (*de roda*) essieu *m* **2.** (*de máquina*) axe *m*

ejaculação [iʒɐkulɐ'sɐ̃u] (*pl* **-ões** [õiʃ]) *f* éjaculation *f*

ejacular [iʒɐku'lar] *vt* & *vi* éjaculer

ela ['ɛla] ➤ **ele**

elaboração [ilɐburɐ'sɐ̃u] *f* élaboration *f*

elaborar [ilɐbu'rar] *vt* **1.** élaborer **2.** (*lista*) établir

elasticidade [ilɐʃtəsi'đađə] *f* élasticité *f*

elástico, **ca** [i'laʃtiku, kɐ] *adj* élastique ◇ *m* élastique *m*

ele, **ela** ['elə, 'ɛlɐ] *pron* il (elle) ; (*com preposição*) lui (elle) • **é ele/ela** c'est lui/elle • **e ele/ela?** et lui/elle ? • **ele mesmo** ou **próprio/ela mesma** ou **própria** lui-même/elle-même • **para eles/elas** pour eux/elles

electricidade [ilɛtrəsi'đađə] *f* (*Port*) électricité *f*

electricista [ilɛtrə'siʃtɐ] (*Port*) *mf* électricien *m*, -enne *f*

eléctrico, **ca** [i'lɛtriku, kɐ] *adj* (*Port*) électrique ◇ *m* (*Port*) tramway *m*

electrizar [ilɛtri'zar] *vt* (*Port*) (*fig*) (*público*) chauffer

electrodoméstico [iˌlɛtrɔđu'mɛʃtiku] *m* (*Port*) électroménager *m*

electrónica [ilɛ'trɔnikɐ] *f* (*Port*) électronique *f*

electrónico, **ca** [ilɛ'trɔniku, kɐ] *adj* (*Port*) électronique

elefante [ilə'fɐ̃ntə] *m* éléphant *m*

elegância [ilə'gɐ̃sjɐ] *f* élégance *f*

elegante [ilə'gɐ̃ntə] *adj* **1.** (*esbelto*) mince **2.** (*distinto*) élégant(e)

eleger [ilə'ʒer] *vt* **1.** (*ministro, director, deputado*) élire **2.** (*sistema, método, manual*) choisir

eleição [ilɐi'sɐ̃u] (*pl* **-ões** [õiʃ]) *f* **1.** (*de ministro, director, Miss Mundo*) élection *f* **2.** (*sistema, método, manual*) choix *m* ◆ **eleições** *fpl* élections *fpl*

eleito, **ta** [i'lɐitu, tɐ] *pp* ➤ **eleger** ◇ *adj* élu(e)

eleitor, **ra** [ilɐi'tor, rɐ] (*mpl* **-es** [əʃ], *fpl* **-s** [ʃ]) *m*, *f* électeur *m*, -trice *f*

elementar [ilәmẽn'tar] (*pl* **-es** [əʃ]) *adj* élémentaire

elemento [ilə'mẽntu] *m* **1.** élément *m* **2.** (*de equipa, grupo*) membre *m* ◆ **elementos** *mpl* éléments *mpl*

eletricidade [eletrisi'dadʒi] *f* électricité *f*

eletricista [eletri'siʃta] (*Br*) *mf* = **electricista**

elétrico, ca [e'lɛtriku, kɐ] *adj & m* (*Br*) = **eléctrico**
eletrizar [eletri'za(x)] (*Br*) = **electrizar**
eletrodoméstico [e,letrodo'mɛʃtʃiku] (*Br*) = **electrodoméstico**
eletrônica [ele'tronikɐ] *f* (*Br*) = **electrónica**
eletrônico [ele'troniku] (*Br*) = **electrónico**
elevação [ilɘvɐ'sɐ̃u] (*pl* **-ões** [õiʃ]) *f* hauteur *f (en géographie)*
elevado, da [ilɘ'vađu, đɐ] *adj* élevé(e)
elevador [ilɘvɐ'đor] (*pl* **-es** [ɘʃ]) *m* (*Port*) ascenseur *m*
elevar [ilɘ'var] *vt* **1.** élever **2.** (*preço, imposto*) augmenter ◆ **elevar-se** *vp* s'élever • **elevar-se nos ares** s'envoler
eliminar [ilɘmi'nar] *vt* **1.** éliminer **2.** (*possibilidade, hipótese*) écarter
elite [ɛ'litɘ] *f* élite *f*
elo ['ɛlu] *m* chaînon *m* • **elo de ligação** (*fig*) lien *m*
elogiar [ilu'ʒjar] *vt* faire l'éloge de
elogio [ilu'ʒiu] *m* éloge *m*
eloquência (*Port*), **eloqüencia** (*Br*) [elo'kwẽsja] *f* éloquence *f*
eloquência [ilu'kwẽsjɐ] *f* (*Port*) éloquence *f*
eloquente [ilu'kwẽntɘ] *adj* (*Port*) éloquent(e)
eloqüente [elo'kwẽntʃi] *adj* (*Br*) = **eloquente**
em [ẽi] *prep*
1. (*no interior de*) dans • **vivo no norte** je vis dans le nord • **os papéis estão naquela gaveta** les papiers sont dans ce tiroir • **a chave está na fechadura** la clé est dans la serrure • **fica no nordeste** c'est au nord-est • **estou na cama** je suis au lit
2. (*em certo ponto de*) dans • **na rua** dans la rue • **em casa** à la maison • **no trabalho** au travail • **em minha casa** chez moi • **noutro sítio** ailleurs
3. (*sobre*) sur • **coloca uma jarra nesta mesa** mets un vase sur cette table • **a chave está na porta** la clé est sur la porte • **põe isso no chão** mets cela par terre
4. (*relativo a cidade, país*) à • **em Londres/Paris** à Londres/Paris • **no Brasil** au Brésil • **nos Estados Unidos** aux États-Unis • **em Portugal/França** au Portugal/en France
5. (*indica tempo*) en ; (*dia*) le ; (*época*) à • **ele nasceu em 1970/num sábado** il est né en 1970/un samedi • **no dia 25** le 25 • **vou de férias no Verão/Natal** je pars en vacances en été/à Noël • **estou de volta numa semana** je suis de retour dans une semaine • **leio muito nas férias** je lis beaucoup pendant les vacances • **nos nossos dias** de nos jours
6. (*indica modo*) en • **paguei em euros** j'ai payé en euros • **respondi-lhe em português** je lui ai répondu en portugais • **ele respondeu-me num tom muito seco** il m'a répondu d'un ton très sec • **em voz baixa** à voix basse • **sardinha grelhada na brasa** sardine grillée sur la braise
7. (*indica assunto*) en • **é um perito em economia** c'est un expert en économie • **nisso dos computadores, é o melhor** en matière d'ordinateurs, c'est le meilleur • **sou licenciada em Letras/Direito** je suis licenciée ès lettres/en droit • **doutorado em Medicina** docteur en médecine

8. *(indica estado)* en • **não descer com o comboio em movimento** ne pas descendre du train en marche
9. *(introduz complemento)* en • **cair em desuso** tomber en désuétude • **não penses nele** ne pense pas à lui
emagrecer [imɐgrə'ser] *vi* maigrir
e-mail ['imejw] *m INFORM* (e-)mail *m*, message *m* (électronique), courriel *m*

Escrever um e-mail

Num estilo um pouco formal, pode-se seguir o exemplo utilizado para as cartas.
Normalmente, utiliza-se simplesmente *Bonjour* quando não se conhece o destinatário.
Se houver uma relação de familiaridade entre colegas, normalmente utiliza-se *Cher* ou *Bonjour* seguido do nome e de uma vírgula.
De modo um pouco mais elaborado, escreve-se *Cher* seguido do apelido e de uma vírgula.
A fórmula é sempre acompanhada por uma vírgula.
Entre amigos ou de modo mais descontraído, pode-se encontrar *Salut*.
No meio profissional, essas fórmulas são dispensáveis quando o seu emprego não é tão necessário, ou seja, nos e-mails trocados entre colegas, cujas relações são quase de amizade, entre amigos ou pessoas mais chegadas. Isso dependerá do nível de familiaridade entre eles. Pode acontecer numa troca constante de correspondência, evitando-se assim, a cada resposta, o uso de uma fórmula.

Assinar um e-mail

Em geral, a assinatura é informal. Podemos usar as mesmas fórmulas utilizadas para as cartas, mas a mais usual é *Cordialement*. Mais informalmente, podemos usar *À bientôt*, e também, muito informalmente *A+*.
Entre amigos, empregamos, geralmente : *Bises*, *Bisous* ou *Grosses bises*, ou ainda o que nos passar pela cabeça.
A pontuação, nesses casos, é dispensável ou sem forma precisa.

emancipado, **da** [imẽsi'pađu, đɐ] *adj* émancipé(e)
emaranhado, **da** [imɐrɐ'ɲađu, đɐ] *adj* **1.** *(cabelo, fios)* emmêlé(e) **2.** *(vegetação)* enchevêtré(e)
embaçado [ẽnba'sadu] *(Br)* = **embaciado**
embaçar [ẽmba'sa(x)] *(Br)* = **embaciar**
embaciado, **da** [ẽmbɐ'sjađu, đɐ] *adj* embué(e)
embaciar [ẽmbɐ'sjar] *vt* embuer
embaixada [ẽmbai'ʃađɐ] *f* ambassade *f*
embaixador, **ra** [ẽmbaiʃɐ'đor, rɐ] *(mpl* **-es** [əʃ], *fpl* **-s** [ʃ]) *m, f* ambassadeur *m*, -drice *f*
embaixatriz [ẽmbaiʃɐ'triʃ] *(pl* **-es** [zəʃ]) *f* ambassadrice *f*

embaixo [ẽm'baiʃu] *adv* 1. (*Br*) (*em espaço*) en bas 2. (*em lista*) en dernier • **embaixo de** sous
embalagem [ẽmbɐ'laʒẽi] (*pl* -ns [ʃ]) *f* emballage *m*
embalar [ẽmbɐ'lar] *vt* 1. (*produto*) emballer 2. (*bebé*) bercer
embaraçar [ẽmbɐrɐ'sar] *vt* gêner ◆ **embaraçar-se** *vp* être gêné(e)
embaraço [ẽmbɐ'rasu] *m* gêne *f*
embarcação [ẽmbɐrkɐ'sɐ̃u] (*pl* -ões [õiʃ]) *f* embarcation *f*
embarcar [ẽmbɐr'kar] *vi* embarquer • **embarcar em** (*navio, avião*) embarquer à bord de ; (*comboio*) monter dans ; (*aventura, negócio*) s'embarquer dans
embarque [ẽm'barkə] *m* embarquement *m* • **zona/local de embarque** zone/salle d'embarquement
embebedar-se [ẽmbəbə'đarsə] *vp* se saoûler
embeber [ẽmbə'ber] *vt* imbiber • **embeber algo em algo** imbiber qqch de qqch
embelezar [ẽmbələ'zar] *vt* embellir
emblema [ẽm'blemɐ] *m* emblême *m*
embora [ẽm'bɔrɐ] *conj* bien que ◇ *adv* • **ir embora** s'en aller • **ir-se embora** s'en aller • **ele foi-se embora** il est parti
emboscada [ẽmbuʃ'kađɐ] *f* embuscade *f*
embraiagem [ẽmbrɐ'jaʒẽi] (*pl* -ns [ʃ]) *f* (*Port*) embrayage *m*
embreagem [ẽmbri'aʒẽi] (*pl* -ns [ʃ]) *f* (*Br*) = **embraiagem**
embriagado, a [ẽmbrja'gadu, da] *adj* soûl(e)
embriagar-se [ẽmbriɐ'garsə] *vp* se saoûler
embrulhar [ẽmbru'ʎar] *vt* 1. (*presente, produto*) emballer 2. (*agasalhar*) couvrir 3. (*misturar*) emmêler
embrulho [ẽm'bruʎu] *m* paquet *m*
embutido, da [ẽmbu'tʃidu, da] *adj* encastré (e) ◆ **embutidos** *fpl* charcuterie *f*
embutido, da [ẽmbu'tiđu, đɐ] *adj* encastré(e)
emenda [i'mẽnda] *f* correction *f*, amendement *m*
emendar [imẽn'dar] *vt* corriger ◆ **emendar-se** *vp* se corriger
ementa [i'mẽntɐ] *f* (*Port*) menu *m* • **ementa turística** menu touristique
emergência [imər'ʒẽsjɐ] *f* urgence *f*
Emergências [emex'ʒẽsja] (*Br*) = **urgências**
emigração [imigrɐ'sɐ̃u] *f* émigration *f*
emigrante [imi'grɐ̃ntə] *mf* émigrant *m*, -e *f*
emigrar [imi'grar] *vi* émigrer • **emigrar para** émigrer en
Emiratos Árabes Unidos [imi,ratuʃ 'arabeʃu,niđuʃ] *mpl* • **os Emiratos Árabes Unidos** les Émirats Arabes Unis
emissão [imi'sɐ̃u] (*pl* -ões [õiʃ]) *f* émission *f*
emissor, ra [imi'sor, rɐ] (*mpl* -es [əʃ], *fpl* -s [ʃ]) *adj* émetteur(trice) ◇ *m* émetteur *m*
emissora [imi'sorɐ] *f* station *f* (*de radio*)
emissores ➤ **emissor**
emitir [imi'tir] *vt* émettre
emoção [imu'sɐ̃u] (*pl* -ões [õiʃ]) *f* émotion *f*
emoldurar [imołđu'rar] *vt* encadrer
emoticon [emotʃi'cõn] *m* INFORM emoticon *f*

emotivo, va [imu'tivu, vɐ] *adj* émotif(ive)
empacotar [ẽmpɐku'tar] *vt* emballer
empada [ẽm'paɗɐ] *f* chausson *m* • **empada de galinha** *chausson au poulet*
empadão [ẽmpɐ'ɗɐ̃u] (*pl* **-ões** [õiʃ]) *m* hachis *m* Parmentier
empadinha [ẽmpa'dʒiɲɐ] *f* **1.** (*Br*) = **empada 2.** • **empadinha de camarão** *chausson aux crevettes* • **empadinha de palmito** *chausson aux cœurs de palmier* • **empadinha de queijo** *chausson au fromage*
empadões ➤ **empadão**
empalhar [ẽmpɐ'ʎar] *vt* empailler
empanturrar [ẽmpɐ̃ntu'ʀar] *vt* • **empanturrar alguém com algo** gaver qqn de qqch ◆ **empanturrar-se** *vp* se gaver
empatar [ẽmpɐ'tar] *vi* être à égalité ◇ *vt* **1.** (*estorvar*) gêner **2.** (*dinheiro*) immobiliser
empate [ẽm'patə] *m* match *m* nul • **empatea dois** deux partout
empenado, da [ẽmpə'naɗu, ɗɐ] *adj* **1.** (*porta*) qui a joué **2.** (*roda*) voilé(e)
empenhar [ẽmpə'ɲar] *vt* mettre en gage ◆ **empenhar-se** *vp* **1.** (*esforçar-se*) se mettre en quatre **2.** (*endividar-se*) s'endetter • **empenhar-se em algo** s'investir dans qqch
empestar [ẽmpɛʃ'tar] *vt* empester
empilhar [ẽmpi'ʎar] *vt* empiler
empinar-se [ẽmpi'narsə] *vp* se cabrer
emplastro [ẽm'plaʃtru] *m* emplâtre *m*
empobrecer [ẽmpuƀrə'ser] *vt* appauvrir ◇ *vi* s'appauvrir
empolgante [ẽmpoɫ'gẽntə] *adj* prenant(e)
empreender [ẽmpriẽn'der] *vt* entreprendre
empreendimento [ẽmpriẽndi'mẽntu] *m* entreprise *f*
empregado, da [ẽmprə'gaɗu, ɗɐ] *m, f* **1.** (*em casa*) employé *m*, -e *f* de maison **2.** (*em restaurante*) serveur *m*, -euse *f* **3.** (*em empresa*) employé *m*, -e *f* • **empregado de balcão** vendeur *m* (*au comptoir*) • **empregado de bar** serveur • **empregado doméstico** domestique *m* • **empregado de mesa** serveur
empregar [ẽmprə'gar] *vt* employer ◆ **empregar-se** *vp* **1.** (*arranjar emprego*) trouver un emploi **2.** (*utilizar-se*) s'employer
emprego [ẽm'pregu] *m* emploi *m* • **o emprego** l'emploi
empregue [ẽm'prɛgə] *pp* ➤ **empregar**
empresa [ẽm'prezɐ] *f* entreprise *f* • **empresa de consultoria** bureau *m* de consultation
emprestado, da [ẽmprəʃ'taɗu, ɗɐ] *adj* prêté(e) • **pedir algo emprestado** emprunter qqch
emprestar [ẽmprəʃ'tar] *vt* • **emprestar algo a alguém** prêter qqch à qqn
empréstimo [ẽm'prɛʃtimu] *m* prêt *m* • **fazer um empréstimo** (*cliente*) faire un emprunt ; (*banco*) faire un prêt
empunhar [ẽmpu'ɲar] *vt* empoigner
empurrão [ẽmpu'ʀɐ̃u] (*pl* **-ões** [õiʃ]) *m* coup *m* • **dar um empurrão** pousser
empurrar [ẽmpu'ʀar] *vt* pousser ▼ **empurre** poussez
empurrões ➤ **empurrão**

ENATUR [ɛna'tur] (*abrev de Empresa Nacional de Turismo*) *Office du tourisme portugais*
encabeçar [ẽŋkɐbə'sar] *vt* être à la tête de
encadernação [ẽŋkɐđərnɐ'sɐ̃u] (*pl* **-ões** [õiʃ]) *f* reliure *f*
encaixar [ẽŋkai'ʃar] *vt* **1.** (*meter em encaixe*) s'emboîter **2.** (*fig*) (*meter na cabeça*) se mettre dans la tête ◆ **encaixar-se** *vp* **1.** (*em encaixe*) s'emboîter **2.** (*enquadrar-se*) s'intégrer
encaixe [ẽŋ'kaiʃə] *m* jointure *f* • **encaixe do flash** glissière *f* porte-accessoires
encaixotar [ẽŋkaiʃu'tar] *vt* emballer
encalhar [ẽŋkɐ'ʎar] *vt* faire échouer ◇ *vi* s'échouer
encaminhar [ẽŋkami'ɲa(x)] *vt* (*fig*) guider • **encaminhar algo/alguém para** guider qqn/qqch vers ◆ **encaminhar-se** *vp* se rendre, s'acheminer
encaminhar [ẽŋkɐmi'ɲar] *vt* (*fig*) guider • **encaminhar algo/alguém para** orienter qqch/qqn vers • **encaminhar um pedido para alguém** faire parvenir une demande à qqn ◆ **encaminhar-se para** *vp + prep* se diriger vers
encanador, ra [ẽŋkana'dox, rɐ] (*mpl* **-es** [iʃ], *fpl* **-s** [ʃ]) *m, f* (*Br*) plombier *m*
encanamento [(*Br*) ẽŋkana'mẽntu] *m* tuyauterie *f*
encantador, ra [ẽŋkɐ̃ntɐ'đor, rɐ] (*mpl* **-es** [əʃ], *fpl* **-s** [ʃ]) *adj* charmant(e)
encantar [ẽŋkɐ̃n'tar] *vt* enchanter
encaracolado, da [ẽŋkɐrɐku'lađu, đɐ] *adj* bouclé(e)
encarar [ẽŋkɐ'rar] *vt* **1.** (*pessoa*) dévisager **2.** (*problema, situação, possibilidade*) affronter ◆ **encarar com** *v + prep* tomber sur
encardido, da [ẽŋkɐr'điđu, đɐ] *adj* jauni(e)
encarnado, da [ẽŋkɐr'nađu, đɐ] *adj* rouge
encarregado, da [ẽŋkɐʀə'gađu, đɐ] *m, f* responsable *mf*
encarregar [ẽŋkɐʀə'gar] *vt* • **encarregar alguém de fazer algo** charger qqn de faire qqch
encarte [(*Port*) ẽŋ'kɐʀtə (*Br*), ẽŋ'kaxtʃi] *m* (*de revista, jornal*) supplément *m*
encastrado, da [ẽŋkɐʃ'trađu, đɐ] (*Br*) *adj* **1.** (*embutido*) encastré(e) **2.** (*pedra em jóia*) incrusté(e)
encenação [ẽsənɐ'sɐ̃u] (*pl* **-ões** [õiʃ]) *f* mise *f* en scène
encenar [ẽsə'nar] *vt* mettre en scène
encerar [ẽsə'rar] *vt* cirer
encerrado, da [ẽsə'ʀađu, đɐ] *adj* clos(e) ▼ **encerrado** fermé
encerramento [ẽsəʀɐ'mẽntu] *m* **1.** (*de concerto, espectáculo*) clôture *f* **2.** (*de loja*) fermeture *f*
encerrar [ẽsə'ʀar] *vt* **1.** clore **2.** (*loja*) fermer
encharcar [ẽʃɐr'kar] *vt* inonder ◆ **encharcar-se** *vp* **1.** (*espaço*) s'inonder **2.** (*pessoa*) se tremper
enchente [ẽ'ʃẽntə] *f* **1.** inondation *f* **2.** (*de rio*) crue *f* **3.** (*de gente, coisas*) flot *m*
encher [(*Port*) ẽ'ʃer (*Br*), ẽn'ʃe(x)] *vt* remplir • **encher de ar** gonfler ◆ **encher-se** *vp* se remplir
enchidos [ẽ'ʃiđuʃ] (*Port*) *mpl* charcuterie *f*
enchova [ẽ'ʃovɐ] *f* tassergal *m* (*poisson*)

encoberto, ta [ẽŋku'bertu, tɐ] *adj* **1.** *(céu, tempo)* couvert(e) **2.** *(oculto)* caché(e)

encolher [ẽŋku'ʎer] *vt* **1.** *(ombros)* hausser **2.** *(pernas)* plier **3.** *(barriga)* rentrer ◇ *vi* *(roupa)* rétrécir ◆ **encolher-se** *vp* **1.** *(retrair-se)* être intimidé(e) **2.** *(para fazer algo)* ne pas oser ● **encolher-se no seu canto** rester dans son coin

encomenda [ẽŋku'mẽndɐ] *f* commande *f* ● **encomenda postal** colis *m* postal

encomendar [ẽŋkumẽn'dar] *vt* commander ● **encomendar algo a alguém** commander qqch à qqn

encontrar [ẽŋkõn'trar] *vt* **1.** *(objecto procurado)* trouver **2.** *(pessoa por acaso)* rencontrer ◆ **encontrar-se** *vp* se retrouver ● **encontrar-se com alguém** rencontrer qqn

encontro [ẽŋ'kõntru] *m* **1.** *(desportivo)* rencontre *f* **2.** *(compromisso)* rendez-vous *m*

encorajar [ẽŋkurɐ'ʒar] *vt* encourager

encorpado, da [ẽŋkur'paðu, ðɐ] *adj* **1.** *(pessoa)* corpulent(e) **2.** *(vinho)* corsé(e)

encosta [ẽŋ'kɔʃtɐ] *f* versant *m*

encostar [ẽŋkuʃ'tar] *vt* **1.** *(cabeça)* appuyer **2.** *(carro)* ranger **3.** *(porta)* pousser ● **encostar algo a algo** adosser qqch contre qqch ◆ **encostar-se** *vp* ● **encostar-se a** s'adosser à

encosto [ẽŋ'koʃtu] *m* dossier *m*

encruzilhada [ẽŋkruzi'ʎaðɐ] *f* carrefour *m*

endereço [ẽndə'resu] *m* adresse *f* ● **endereço** *(Port)* **electrónico** ou *(Br)* **eletrônico** adresse électronique

Dar o seu endereço

Para dar o seu endereço indica-se o número da rua, a rua, e depois, o código postal e a cidade.

Relativamente ao número de telefone, é informado por grupos de dois algarismos : *01 44 39 70 51* ; informando os zeros separadamente : *zéro un* ; *quarante-quatre* ; *trente-neuf* ; *soixante-dix* ; *cinquante et un*.

Comumente, os franceses fornecerão também o código digital que precede o interfone para ter acesso ao prédio e, a seguir, o andar.

endireitar [ẽndirɐi'tar] *vt* **1.** redresser **2.** *(pernas)* déplier **3.** *(objecto caído)* relever ◆ **endireitar-se** *vp* se redresser

endívia [ẽn'divja] *f* endive *f*

endoidecer [ẽndoiðə'ser] *vt* rendre fou (folle) ◇ *vi* devenir fou (folle)

endossar [ẽndu'sar] *vt* endosser

endurance [ẽndu'rẽsə] *m* endurance *f*

endurecer [ẽndurə'ser] *vt* & *vi* durcir

energia [inər'ʒiɐ] *f* énergie *f* ● **energia eólica** énergie éolienne ● **energia nuclear** énergie nucléaire ● **energia solar** énergie solaire

enervante [*(Port)* inər'vẽntə *(Br)*, enex'vɑ̃ntʃi] *adj* énervant(e)

enervar [*(Port)* inər'var *(Br)*, enex'va(x)] *vt* énerver ◆ **enervar-se** *vp* s'énerver

enevoado, da [inə'vwaðu, ðɐ] *adj* nuageux(euse)

enfarte [ẽ'fartə] *m* infarctus *m*

ênfase ['ẽfɐzə] *f* emphase *f*

enfatizar [ẽfɐti'zar] *vt* souligner
enfeitar [ẽfej'ta(x)] *vt* agrémenter, parer, embellir ◆ **enfeitar-se** *vp* se parer
enfeitiçar [ẽfɐiti'sar] *vt* ensorceler
enfermagem [ẽfər'maʒẽi] *f* ● **ela tirou um curso de enfermagem** elle a fait des études d'infirmière
enfermaria [ẽfərmɐ'riɐ] *f* infirmerie *f*
enfermeiro, ra [ẽfər'mɐiru, rɐ] *m, f* infirmier *m*, -ère *f*
enferrujar [ẽfəʀu'ʒar] *vt* & *vi* rouiller
enfiar [ẽ'fja(x)] *vt* *(peça de vestiário)* passer ● **enfiar algo em algo** enfiler ◆ **enfiar-se** *vp* s'engager
enfim [ẽ'fĩ] *adv* **1.** *(finalmente)* enfin **2.** *(em conclusão)* finalement
enforcar [ẽfur'kar] *vt* pendre ◆ **enforcar-se** *vp* se pendre
enfraquecer [ẽfrɐkə'ser] *vt* affaiblir ◇ *vi* s'affaiblir
enfrentar [ẽfrẽn'tar] *vt* affronter
enfurecer [ẽfurə'ser] *vt* mettre en colère ◆ **enfurecer-se** *vp* se mettre en colère
enganado, da [ẽŋgɐ'nađu, đɐ] *adj* ● **estar enganado** se tromper ● **ser enganado** être trompé
enganar [ẽŋgɐ'nar] *vt* tromper ◆ **enganar-se** *vp* se tromper ● **enganar-se em algo** se tromper de qqch
engano [ẽŋ'gɐnu] *m* erreur *f*
engarrafado, da [ẽŋgɐʀɐ'fađu, đɐ] *adj* **1.** *(líquido)* en bouteille **2.** *(trânsito)* embouteillé(e)
engarrafamento [ẽŋgɐʀɐfɐ'mẽntu] *m* **1.** *(de líquido)* mise *f* en bouteille **2.** *(de trânsito)* embouteillage *m*
engasgar-se [ẽŋgɐʒ'garsə] *vp* **1.** *(ao comer, beber)* s'étrangler **2.** *(ao falar)* bafouiller
engatar [(*Port*) ẽŋgɐ' (*Br*), ẽŋga'ta(x)] *vt* **1.** (*fam*) draguer **2.** *AUT* embrayer
engenharia [ẽʒəɲɐ'riɐ] *f* ingénierie *f*
engenheiro, ra [ẽʒə'ɲɐiru, rɐ] *m, f* ingénieur *m*
engenhoso, osa [ẽʒə'ɲozu, ɔzɐ] *adj* ingénieux(euse)
engessar [ẽʒə'sar] *vt* plâtrer
englobar [ẽŋglu'ƀar] *vt* englober
engodo [ẽŋ'gođu] *m* appât *m*
engolir [ẽŋgu'lir] *vt* avaler
engomar [ẽŋgu'mar] *vt* repasser
engordar [ẽŋgur'đar] *vi* **1.** *(pessoa)* grossir **2.** *(alimento)* faire grossir ◇ *vt* engraisser
engordurado, da [ẽŋgurđu'rađu, đɐ] *adj* gras (grasse)
engraçado, da [ẽŋgrɐ'sađu, đɐ] *adj* drôle
engravidar [ẽŋgrɐvi'đar] *vi* tomber enceinte ◇ *vt* mettre enceinte
engraxar [ẽŋgra'ʃar] *vt* **1.** *(calçado)* cirer **2.** (*Port*) (*fam*) fayoter avec
engraxate [ẽŋgra'ʃatʃi] *m* (*Br*) cireur *m* de chaussures
engrenagem [ẽŋgrə'naʒẽi] (*pl* **-ns** [ʃ]) *f* engrenage *m*
engrossar [ẽŋgru'sar] *vt* **1.** *(sopa)* épaissir **2.** *(molho)* lier ◇ *vi* épaissir
enguia [ẽŋ'giɐ] *f* anguille *f*
enguiçar [ẽŋgi'sar] *vi* tomber en panne
enigma [i'nigmɐ] *m* énigme *f*
enjoado, da [ẽ'ʒwađu, đɐ] *adj* qui a mal au cœur

enjoar [ẽ'ʒwar] *vi* **1.** *(em avião, autocarro)* avoir mal au cœur **2.** *(em barco)* avoir le mal de mer ◇ *vt (comida)* écœurer
enjoo [ẽ'ʒou] *m* **1.** (*Port*) nausée *f* **2.** *(em barco)* mal *m* de mer
enjôo [ẽ'ʒou] *m* (*Br*) = **enjoo**
enlatado, da [ẽlɐ'tađu, đɐ] *adj* **1.** *(comida)* en boîte **2.** (*Br*) *(cultura, filme) se dit des séries télévisées et de la culture d'importation de bas étage* ◆ **enlatados** *mpl* conserves *fpl*
enlouquecer [ẽlokə'ser] *vt* rendre fou (folle) ◇ *vi* devenir fou (folle)
enorme [i'nɔrmə] *adj* énorme
enquanto [ẽŋ'kwɐntu] *conj* pendant que ● **enquanto (que)** tandis que ● **por enquanto** pour l'instant
enraivecer [ẽʀaivə'ser] *vt* enrager
enraivecido, da [ẽʀaivə'siđu, đɐ] *adj* enragé(e)
enredo [ẽ'ʀeđu] *m* intrigue *f*
enriquecer [ẽʀikə'ser] *vt* **1.** *(tornar rico)* enrichir **2.** *(melhorar)* améliorer ◇ *vi* s'enrichir
enrolar [ẽʀu'lar] *vt* **1.** rouler **2.** *(cabelo)* mettre en plis
enroscar [ẽʀuʃ'kar] *vt* visser ◆ **enroscar-se** *vp* **1.** *(cobra, gato, cão)* se mettre en boule **2.** *(enrodilhar-se)* se recroqueviller
enrugar [ẽʀu'gar] *vt* **1.** *(roupa, papel)* chiffonner **2.** *(pele)* rider ◇ *vi* se rider
ensaiar [ẽsɐ'jar] *vt* **1.** *(peça, dança)* répéter **2.** *(sistema)* essayer
ensaio [ẽ'saju] *m* **1.** essai *m* **2.** *(de peça, dança)* répétition *f*
enseada [ẽ'sjađɐ] *f* anse *f (baie)*
ensinamento [ẽsinɐ'mẽntu] *m* enseignement *m*
ensinar [ẽsi'nar] *vt* **1.** *(em escola, universidade)* enseigner **2.** *(caminho, direcção)* indiquer ● **ensinar alguém a fazer algo** apprendre à qqn à faire qqch ● **ensinar algo a alguém** apprendre qqch à qqn
ensino [ẽ'sinu] *m* enseignement *m*
ensolarado, da [ẽsulɐ'rađu, đɐ] *adj* ensoleillé(e)
ensopado [ẽsu'pađu] *m ragoût servi sur du pain* ● **ensopado de borrego** *ragoût de mouton servi sur du pain*
ensopar [ẽsu'par] *vt* tremper ◆ **ensopar-se** *vp* se tremper
ensurdecedor, ra [ẽsurđəsə'đor, rɐ] *(mpl* **-es** [əʃ], *fpl* **-s** [ʃ]) *adj* assourdissant(e)
ensurdecer [ẽsurđə'ser] *vt* assourdir ◇ *vi* devenir sourd(e)
entalado, a [(*Port*) ẽntɐ'lɐđu (*Br*), ẽnta'ladu] *adj* coincé(e)
entalar [ẽntɐ'lar] *vt* **1.** *(dedo, pé)* se pincer **2.** *(lençol)* border
entanto [ẽn'tɐ̃ntu] ◆ **no entanto** *conj* cependant
então [ẽn'tɐ̃u] *adv* **1.** *(naquele tempo)* à l'époque **2.** *(nesse caso)* alors ◇ *interj* alors ! ● **desde então** depuis
entardecer [ẽtaxdʒi'se(x)] *vi* se faire tard ◇ *m* ● **ao entardecer** à la tombée du jour
enteado, da [ẽn'tjađu, đɐ] *m, f* beau-fils *m*, belle-fille *f*
entender [ẽntẽn'der] *vt* **1.** *(perceber)* comprendre **2.** *(ser da opinião que)* penser **3.** (*Br*) *(ouvir)* entendre ◇ *vi* comprendre ● **dar a entender que** faire comprendre que ◆ **entender de** *v + prep (saber de)* s'y connaître en ◆ **entender-se** *vp (chegar a*

acordo) s'entendre • **entender-se com alguém** s'entendre avec qqn • **entender-se com algo** se débrouiller avec qqch

entendido [*(Port)* ẽntẽn'diđu *(Br)*, ẽntẽn'dʒidu] *adj* entendu • **fica entendido** c'est entendu

enternecedor, ra [ẽntərnəsə'đor, rɐ] *(mpl* **-es** [əʃ], *fpl* **-s** [ʃ]) *adj* attendrissant(e)

enternecer [ẽntərnə'ser] *vt* attendrir

enterrar [ẽntə'ʀar] *vt* enterrer ◆ **enterrar-se** *vp* s'enfoncer

enterro [ẽn'teʀu] *m* enterrement *m*

entoação [ẽntwɐ'sɐ̃u] *(pl* **-ões** [õiʃ]) *f* intonation *f*

entonação [ẽntona'sɐ̃w] *(Br)* = **entoação**

entornar [ẽntur'nar] *vt* renverser

entorno [ẽn'tornu] *m (fam)* descente *f (alcool)*

entorse [ẽn'tɔrsə] *f* entorse *f*

entortar [ẽntur'tar] *vt* tordre

entrada [ẽn'trađɐ] *f* **1.** entrée *f* **2.** *(bilhete para espectáculo)* place *f* **3.** *(pagamento inicial)* acompte *m*, arrhes *fpl* • **boas entradas!** bonne année ! • **como entrada, o que deseja?** que désirez-vous en entrée ? ▼ **entrada** entrée ▼ **entrada livre** entrée libre ▼ **entrada proibida** entrée interdite

entranha [ẽn'traɲa] *f* entrailles *fpl* • **não ter entranhas** *(fam)* être insensible

entrar [ẽn'trar] *vi* rentrer • **entrar em algo** entrer dans qqch ; *(no carro)* monter dans qqch ; *(participar em)* participer à qqch ; *(ingressar em)* rentrer dans qqch • **entrar com algo** donner qqch • **entro em férias amanhã** je suis en vacances à partir de demain

entre ['ẽntrə] *prep* **1.** entre **2.** *(no meio de muitos)* parmi **3.** *(reciprocidade)* à nous tous • **aqui entre nós** entre nous • **entre si** entre eux • **entre os franceses** chez les Français

entreaberto, ta [ˌẽntriɐ'bɛrtu, tɐ] *adj* entrouvert(e)

entreajuda [ˌẽntriɐ'ʒuđɐ] *f* entraide *f*

entrecosto [ẽntrə'koʃtu] *m* travers *m* (de porc)

entrega [ẽn'trɛgɐ] *f* **1.** *(de encomenda, mercadoria, carta)* livraison *f* **2.** *(rendição)* reddition *f* **3.** *(de prémio, teste)* remise *f* • **entrega ao domicílio** livraison à domicile

entregar [ẽntrə'gar] *vt* • **entregar algo a alguém** remettre qqch à qqn ; *(encomenda)* livrer qqch à qqn ◆ **entregar-se** *vp* se rendre • **entregar-se a** *(abandonar-se a)* se livrer à ; *(dedicar-se a)* se consacrer à

entrelinha [ẽntrə'liɲɐ] *f* interligne *m*

entremeada [ẽntrə'mjađɐ] *f* poitrine *f*

entremeado, da [ẽntrə'mjađu, đɐ] *adj (carne, toucinho)* entrelardé(e)

entretanto [ẽntrə'tẽntu] *adv* entretemps ◇ *conj (Br)* cependant

entreter [ẽntrə'ter] *vt* distraire ◆ **entreter-se** *vp* **1.** *(divertir-se)* se distraire **2.** *(ocupar-se)* s'occuper

entrevado, da [ẽn'trɛvađu, đɐ] *adj* paralysé(e)

entrevista [ẽntrə'viʃtɐ] *f* **1.** *(conversa)* entretien *m* **2.** *(na imprensa)* interview *f*

entrevistador, ra [ẽntrə'viʃtɐđor, rɐ] *(mpl* **-es** [əʃ], *fpl* **-s** [ʃ]) *m, f* interviewer *m*

entristecer [ẽntriʃtə'ser] *vt* attrister ◇ *vi* s'attrister

entroncamento [ẽntrõŋkɐ'mẽntu] *m* **1.** *(de caminho-de-ferro)* poste *m* d'aiguillage **2.** *(de estrada)* embranchement *m*

Entrudo [ẽn'truđu] *m* • **o Entrudo** Mardi *m* gras

entupido, da [ẽntu'piđu, đɐ] *adj* bouché(e)

entupir [ẽntu'pir] *vt* boucher ◆ **entupir-se** *vp* se boucher

entusiasmar [ẽntuzjɐʒ'mar] *vt* enthousiasmer ◆ **entusiasmar-se** *vp* s'enthousiasmer

entusiasmo [ẽntu'zjaʒmu] *m* enthousiasme *m*

entusiasta [ẽntu'zjaʃtɐ] *adj* enthousiaste • **ser entusiasta de algo** être un passionné de qqch

enumeração [inumərɐ'sɐ̃u] *(pl* **-ões** [õiʃ]) *f* énumération *f*

enumerar [inumə'rar] *vt* énumérer

enunciado [inũ'sjađu] *m* énoncé *m*

enunciar [inũ'sjar] *vt* énoncer

envelhecer [ẽvəʎə'ser] *vt* & *vi* vieillir

envelope [ẽvə'lɔpə] *m* enveloppe *f*

Ler um envelope

Em França, não se utiliza pontuação no endereço.
Quando se sobrescreve um envelope para uma empresa ou quando um estilo formal é utilizado, empregam-se as fórmulas *Monsieur*, ou *Madame*, acompanhadas do apelido da pessoa ou do nome da empresa. O nome da empresa deve ser o mais completo possível. Entre amigos ou parentes, coloca-se o nome e o apelido.
O nome da cidade é, preferencialmente, escrito em letras maiúsculas, sem acentos.
Boulevard e *Avenue* podem ser, por vezes, abreviados. É muito raro para os nomes de rua e, as abreviaturas são, normalmente, escritas em minúsculas : *Boulevard* (*bd*), *Avenue* (*av.*).

envenenamento [ẽvənənɐ'mẽntu] *m* empoisonnement *m*

envenenar [ẽvənə'nar] *vt* empoisonner ◆ **envenenar-se** *vp* s'empoisonner

enveredar [ẽvərə'dar] ◆ **enveredar por** *v + prep* **1.** *(caminho)* prendre **2.** *(fig)* *(estudos)* opter pour

envergonhado, da [ẽvərgu'ɲađu, đɐ] *adj* timide • **ficar envergonhado** avoir honte

envergonhar [ẽvərgu'ɲar] *vt* faire honte à ◆ **envergonhar-se** *vp* **1.** *(ter vergonha)* avoir honte **2.** *(intimidar-se)* être intimidé(e)

envernizar [ẽvərni'zar] *vt* vernir

enviar [ẽ'vjar] *vt* envoyer

envidraçado, da [ẽvidrɐ'sađu, đɐ] *adj* vitré(e)

envio [ẽ'viu] *m* envoi *m*

enviuvar [ẽvju'var] *vi* devenir veuf (veuve)

envolver [ẽvoɫ'ver] *vt* **1.** *(incluir)* englober **2.** *(embrulhar)* envelopper **3.** *(misturar)* mélanger **4.** *(rodear)* entourer ◆ **envolver-se em** *vp + prep* être mêlé(e) à

enxada [ẽ'ʃađɐ] *f* pioche *f*
enxaguar [ẽʃɐ'gwar] *vt* rincer
enxame [ẽ'ʃɐmə] *m* essaim *m*
enxaqueca [ẽʃɐ'kɛkɐ] *f* migraine *f*
enxergar [ẽʃex'ga(x)] *vt (descortinar)* entrevoir ; *(avistar)* apercevoir ◆ **enxergar-se** *vp (fam) (julgar-se)* se croire
enxerto [ẽ'ʃertu] *m* greffe *f*
enxofre [ẽ'ʃofrə] *m* soufre *m*
enxotar [ẽʃu'tar] *vt* chasser *(faire fuir)*
enxugar [ẽʃu'gar] *vt* **1.** *(roupa)* faire sécher **2.** *(mãos)* se sécher ◇ *vi* sécher
enxurrada [ẽʃu'ʀađɐ] *f* torrent *m*
enxuto, ta [ẽ'ʃutu, tɐ] *adj* sec (sèche)
enzima [ẽ'zima] *f* enzyme *m*
eólica [e'ɔlikɐ] *adj f* ➤ **energia**
eosina® [i'ɔzinɐ] *f (Port)* éosine *f* ≃ Mercurochrome® *m*
epicentro [epi'sẽntru] *m* épicentre *m*
epidemia [ipiđə'miɐ] *f* épidémie *f*
epilepsia [ipilɛp'siɐ] *f* épilepsie *f*
epiléptico, a [epi'lɛptʃiku] *m, f & adj* épileptique
epílogo [i'pilugu] *m* épilogue *m*
episódio [ipi'zɔđju] *m* épisode *m*
epitáfio [ipi'tafju] *m* épitaphe *f*
época ['ɛpukɐ] *f* époque *f* ● **época alta/baixa** haute/basse saison *f* ● **época balnear** saison *f* d'été
equação [ikwɐ'sɐ̃u] *(pl* **-ões** [õiʃ]*)* *f* équation *f*
Equador [ikwɐ'đor] *m* ● **o Equador** l'Équateur *m*
equilibrar [ikəli'brar] *vt* équilibrer ◆ **equilibrar-se** *vp* s'équilibrer
equilíbrio [ikə'libriu] *m* équilibre *m*
equipa [i'kipɐ] *f (Port) (em desporto)* équipe *f*
equipamento [ikipɐ'mẽntu] *m* équipement *m*
equipar [iki'par] *vt* équiper ◆ **equipar-se** *vp DESP* s'équiper
equiparar [ikipɐ'rar] *vt* comparer ◆ **equiparar-se** *vp* ● **equiparar-se a** se comparer à
equipe [e'kipi] *f (Br)* = **equipa**
equitação [ikitɐ'sɐ̃u] *f* équitation *f*
equivalente [ikivɐ'lẽntə] *adj* équivalent(e) ◇ *m* ● **o equivalente** l'équivalent
equivocar-se [ikivu'karsə] *vp* se tromper
equívoco [i'kivuku] *m* erreur *f*
¹era ['ɛrɐ] *f* ère *f*
²era ['ɛrɐ] ➤ **ser**
erecto, ta [i'rɛktu, tɐ] *adj (Port)* **1.** *(em pé)* dressé(e) **2.** *(direito)* raide
ereto, ta [e'rɛtu, tɐ] *adj (Br)* = **erecto**
erguer [ir'ger] *vt* lever ◆ **erguer-se** *vp* **1.** *(pessoa)* se lever **2.** *(edifício)* se dresser
eriçado, da [iri'sađu, đɐ] *adj* **1.** *(pêlo)* hérissé(e) **2.** *(cabelo)* emmêlé(e)
erigir [irə'ʒir] *vt* ériger
ermida [ir'miđɐ] *f* petite église *f*
erosão [iru'zɐ̃u] *f* érosion *f*
erótico, ca [i'rɔtiku, kɐ] *adj* érotique
erotismo [iru'tiʒmu] *m* érotisme *m*
erradicar [iʀɐđi'kar] *vt* éradiquer
errado, da [i'ʀađu, đɐ] *adj* **1.** *(conta)* faux (fausse) **2.** *(decisão, estrada)* mauvais(e) **3.** *(raciocínio)* erroné(e)
errar [i'ʀar] *vt* **1.** *(em contas)* se tromper dans **2.** *(no caminho)* se tromper de ◇ *vi* **1.** *(enganar-se)* faire une erreur **2.** *(vaguear)* errer
erro ['eʀu] *m* **1.** *(engano)* erreur *f* **2.** *(ortográfico)* faute *f*

erróneo, nea [i'ʀɔnju, njɐ] *adj (Port)* erronné(e)
errôneo, nea [e'xonju, njɐ] *adj (Br)* = **erróneo**
erudição [iruđi'sɐ̃u] *f* érudition *f*
erudito, ta [iru'đitu, tɐ] *adj* érudit(e)
erupção [irup'sɐ̃u] (*pl* **-ões** [õiʃ]) *f* éruption *f*
erva ['ɛrvɐ] *f* herbe *f* • **ervas de molho** *garniture de légumes verts hachés*
erva-cidreira [ˌɛrvɐ'sidrɐirɐ] *f* mélisse *f*
erva-doce [ˌɛrvɐ'dosə] *f* **1.** *(para peixe)* fenouil *m* **2.** *(para bolos)* anis *m*
erva-mate [ˌɛrvɐ'matə] *f* maté *m*
ervanário [ɛrvɐ'narju] *m* herboriste *mf*
ervilhas [irˌ'viʎɐʃ] *fpl* petits pois *mpl*
ervilhas-de-cheiro [irˌviʎɐʒdə'ʃɐiru] *fpl* pois *mpl* de senteur
és ['ɛʃ] ➤ **ser**
esbaforido, da [əʒbɐfu'riđu, đɐ] *adj* essoufflé(e)
esbanjar [əʒbɐ̃'ʒar] *vt (dinheiro)* gaspiller
esbarrar [əʒbɐ'ʀar] *vi* • **esbarrar com** *(chocar com)* se heurter à ; *(deparar-se com)* se trouver face à • **esbarrar em algo** *(chocar com algo)* heurter qqch ; *(deparar-se com)* affronter
esbelto, ta [əʒ'bɛłtu, tɐ] *adj* svelte
esboço [əʒ'bosu] *m* esquisse *f*
esbofetear [əʒbufə'tjar] *vt* gifler
esburacar [əʒburɐ'kar] *vt* **1.** trouer **2.** *(parede, rua)* faire des trous dans ◆ **esburacar-se** *vp* se remplir de trous
escabeche [əʃkɐ'bɛʃə] *m* escabèche *f*
escada [əʃ'kađɐ] *f* **1.** *(de casa, edifício, etc)* escalier *m* **2.** *(portátil)* échelle *f* • **escada de caracol** escalier en colimaçon • **escada rolante** escalator *m*
escadote [əʃkɐ'đɔtə] *m* échelle *f*
escala [əʃ'kalɐ] *f* **1.** échelle *f* **2.** *(de avião, navio)* escale *f* **3.** *MÚS* gamme *f* • **fazer escala** faire escale • **em grande escala** à grande échelle
escalada [əʃkɐ'lađɐ] *f* escalade *f*
escalão [əʃkɐ'lɐ̃u] (*pl* **-ões** [õiʃ]) *m* échelon *m*
escalar [əʃkɐ'lar] *vt* escalader
escaldar [əʃkał'đar] *vt* blanchir ◇ *vi* brûler ◆ **escaldar-se** *vp* se brûler
escalfado, da [əʃkał'fađu, đɐ] *adj (Port) (ovo)* poché(e)
escalfar [əʃkał'far] *vt (Port) (ovo)* pocher
escalões ➤ **escalão**
escalope [əʃkɐ'lɔpə] *m* escalope *f* • **escalopes de novilho** escalope panée ; *(fritos)* escalope milanaise
escama [əʃ'kɐmɐ] *f* écaille *f*
escamar [əʃkɐ'mar] *vt* écailler
escandalizar [əʃkɐ̃dɐli'zar] *vt* scandaliser ◇ *vi* choquer ◆ **escandalizar-se** *vp* être scandalisé(e)
escândalo [əʃ'kɐ̃dɐlu] *m* scandale *m*
Escandinávia [əʃkɐ̃di'navjɐ] *f* • **a Escandinávia** la Scandinavie
escanear [iʃka'nea(x)] *vt INFORM* scanner
escangalhar [əʃkɐ̃ŋgɐ'ʎar] *vt* **1.** *(desmanchar)* démonter **2.** *(cama)* défaire ◆ **escangalhar-se** *vp* s'écrouler
escaninho [əʃkɐ'niɲu] *m* casier *m*
escanteio [iʃkɐ̃n'teju] *m (Br)* corner *m*
escapamento [iʃkapa'mẽntu] *(Br)* = **escape**
escapar [əʃkɐ'par] *vi* **1.** *(prisioneiro)* s'échapper **2.** *(gás, água)* fuir • **escapar a**

échapper à ◆ **escapar-se** *vp* **1.** *(escoar-se)* fuir **2.** *(fugir)* s'échapper
escape [əʃ'kapə] *m* pot *m* d'échappement
escapulir [iʃkapu'lix] *vi* *(Br)* fuir ◆ **escapulir-se** *vp* **1.** *(Port)* *(fugir)* s'échapper **2.** *(de uma maçada)* se défiler
escaravelho [əʃkɐrɐ'veʎu] *m* scarabée *m*
escarlate [əʃkɐr'latə] *adj* écarlate
escarlatina [əʃkɐrlɐ'tinɐ] *f* scarlatine *f*
escárnio [əʃ'karnju] *m* raillerie *f*
escarpado, da [əʃkɐr'pađu, đɐ] *adj* escarpé(e)
escarrar [əʃkɐ'ʀar] *vi* cracher
escassez [əʃkɐ'seʃ] *f* pénurie *f*
escasso, a [əʃ'kasu, ɐ] *adj* **1.** *(pouco)* rare **2.** *(produção, recursos)* limité(e)
escavação [əʃkɐvɐ'sɐ̃w] *(pl* **-ões** [õiʃ]) *f* fouilles *fpl*
escavar [əʃkɐ'var] *vt* creuser
esclarecer [əʃklɐrə'ser] *vt* **1.** *(pessoa)* comprendre, éclairer **2.** *(mistério)* éclaircir **3.** *(ponto)* clarifier
esclarecimento [əʃklɐrəsi'mẽntu] *m* **1.** *(informação)* renseignement *m* **2.** *(explicação)* éclaircissement *m*
escoar [əʃ'kwar] *vt* **1.** *(líquido)* faire couler **2.** *(produtos)* écouler ◆ **escoar-se** *vp* s'écouler
escocês, esa [əʃku'seʃ, ezɐ] *(mpl* **-eses** [ezəʃ], *fpl* **-s** [ʃ]) *adj* écossais(e) ◇ *m, f* Écossais *m*, -e *f*
Escócia [əʃ'kɔsjɐ] *f* ● **a Escócia** l'Écosse *f*
escola [əʃ'kɔlɐ] *f* école *f* ● **escola de condução** auto-école *f* ● **escola politécnica** *école supérieure d'enseignement technique* ● **escola primária** école primaire ● **escola pública** école publique ● **escola de samba** école de samba ● **escola secundária** lycée *m*
escolar [əʃku'lar] *(pl* **-es** [əʃ]) *adj* scolaire
escolha [əʃ'koʎɐ] *f* choix *m* ● **à escolha** au choix
escolher [əʃku'ʎer] *vt* & *vi* choisir
escombros [əʃ'kõmbruʃ] *mpl* décombres *mpl*
esconder [əʃkõn'der] *vt* cacher ◆ **esconder-se** *vp* se cacher
esconderijo [əʃkõndə'riʒu] *m* cachette *f*
escondidas [əʃkõn'diđɐʃ] ◆ **às escondidas** *adv* en cachette
escondido, da [əʃkõn'điđu, đɐ] *adj* caché(e)
escorar [əʃkɔ'rar] *vt* étayer
escorpião [əʃkur'pjɐ̃w] *(pl* **-ões** [õiʃ]) *m* scorpion *m* ◆ **Escorpião** *m* Scorpion *m*
escorrega [əʃku'ʀɛgɐ] *m* toboggan *m*
escorregadio, dia [əʃkuʀəgɐ'điu, điɐ] *adj* glissant(e)
escorregador [iʃkoxega'do(x)] *(Br)* = **escorrega**
escorregar [əʃkuʀə'gar] *vi* glisser
escorrer [əʃku'ʀer] *vt* égoutter ◇ *vi* goutter
escoteiro [iʃkõ'tejru] *(Br)* = **escuteiro**
escotilha [əʃku'tiʎɐ] *f* écoutille *f*
escova [əʃ'kovɐ] *f* brosse *f* ● **escova de dentes** brosse à dents ● **escova das unhas** brosse à ongles
escovar [əʃku'var] *vt* brosser
escravatura [əʃkrɐvɐ'turɐ] *f* esclavage *m*
escravidão [iʃkravi'dɐ̃w] *f* esclavage *m*
escravo, va [əʃ'kravu, vɐ] *m, f* esclave *mf*

escrever [əʃkrə'ver] *vt & vi* écrire • **escrever à máquina** taper à la machine ♦ **escrever-se** *vp* s'écrire
escrevinhar [əʃkrəvi'ɲar] *vt* griffonner
escrita [əʃ'kritɐ] *f (caligrafia)* écriture *f*
escrito, ta [əʃ'kritu, tɐ] *pp* ➤ **escrever** ◇ *adj* écrit(e) • **por escrito** par écrit
escritor, ra [əʃkri'tor, rɐ] (*mpl* **-es** [əʃ], *fpl* **-s** [ʃ]) *m, f* écrivain *m*
escritório [əʃkri'tɔrju] *m* **1.** bureau *m* **2.** *(de advogado)* cabinet *m*
escritura [əʃkri'turɐ] *f* acte *m (notarié)*
escrivaninha [əʃkrivɐ'niɲɐ] *f (móvel)* secrétaire *m*
escrúpulo [əʃ'krupulu] *m* scrupule *m* • **não ter escrúpulos** ne pas avoir de scrupules
escudo [əʃ'kuđu] *m* **1.** *(unidade monetária)* escudo *m* **2.** *(arma)* bouclier *m*
esculpir [əʃkuɫ'pir] *vt* sculpter
escultor, ra [əʃkuɫ'tor, rɐ] (*mpl* **-es** [əʃ], *fpl* **-s** [ʃ]) *m, f* sculpteur *m*, -trice *f*
escultura [əʃkuɫ'turɐ] *f* sculpture *f*
escuras [əʃ'kurɐʃ] ♦ **às escuras** *adv* dans le noir
escurecer [əʃkurə'ser] *vi* **1.** *(céu)* s'assombrir **2.** *(noite)* tomber ◇ *vt* **1.** *(cor)* foncer **2.** *(quarto)* faire le noir dans • **está a começar a escurecer** il commence à faire nuit
escuridão [əʃkuri'đɐ̃u] *f* obscurité *f*
escuro, ra [əʃ'kuru, rɐ] *adj* **1.** sombre **2.** *(cor)* foncé(e) **3.** *(sem luz)* obscur(e) ◇ *m* obscurité *f* • **ficar no escuro** *(fig)* ne rien comprendre
escutar [əʃku'tar] *vt* écouter ◇ *vi* ausculter
escuteiro, ra [əʃku'tɐiru, rɐ] *m, f* scout *m*, -e *f*
esfaquear [əʃfɐ'kjar] *vt* donner un coup de couteau à
esfarelar [əʃfɐrə'lar] *vt* émietter ♦ **esfarelar-se** *vp* s'émietter
esfarrapado, da [əʃfɐʀɐ'pađu, đɐ] *adj* déchiré(e)
esfera [əʃ'fɛrɐ] *f* sphère *f*
esférico, ca [əʃ'fɛriku, kɐ] *adj* sphérique ◇ *m (Port)* ballon *m* de football
esferográfica [əʃfɛrɔ'grafikɐ] *f* stylo *m*
esferovite [əʃfɛrɔ'vitə] *m* polystyrène *m*
esfoladela [əʃfulɐ'đɛlɐ] *f* écorchure *f*
esfolar [əʃfu'lar] *vt* écorcher
esfomeado, da [əʃfɔ'mjađu, đɐ] *adj* affamé(e)
esforçado, da [əʃfur'sađu, đɐ] *adj* travailleur(euse)
esforçar-se [əʃfur'sarsə] *vp* faire des efforts
esforço [(*Port*) əʃ'forsu (*Br*), iʃ'foxsu] *m* effort
esfregão [əʃfrə'gɐ̃u] (*pl* **-ões** [õiʃ]) *m (de louça)* tampon *m* à récurer
esfregar [əʃfrə'gar] *vt* **1.** frotter **2.** *(louça)* récurer
esfregões ➤ **esfregão**
esfregona [əʃfrə'gonɐ] *f* balai-serpillière *m*
esfriar [əʃfri'ar] *vi* **1.** *(Br)* refroidir **2.** *(tempo)* se refroidir
esfuziante [əʃfu'zjɐ̃ntə] *adj* débordant(e)
esganar [əʒgɐ'nar] *vt* étrangler
esganiçado, da [əʒgɐni'sađu, đɐ] *adj* **1.** *(voz)* perçant(e) **2.** *(som)* strident(e)

esgotado, da [ɘʒgu'tađu, đɐ] *adj* épuisé(e)
esgotamento [ɘʒgutɐ'mẽntu] *m* épuisement *m*
esgotar [ɘʒgu'tar] *vt* épuiser ◆ **esgotar-se** *vp* **1.** *(produto)* être épuisé(e) **2.** *(extenuar-se)* s'épuiser
esgoto [ɘʒ'gotu] *m* égoût *m*
esgrima [ɘʒ'grimɐ] *f* escrime *f*
esgueirar-se [ɘʒgɐi'rarsə] *vp* **1.** *(partir)* s'éclipser **2.** *(de uma maçada)* se défiler
esguichar [ɘʒgi'ʃar] *vt* asperger de ◇ *vi* gicler
esguicho [ɘʒ'giʃu] *m* **1.** *(jacto de água)* jet *m* d'eau **2.** *(repuxo)* fontaine *f* **3.** *(de mangueira)* jet *m*
esguio, guia [ɘʒ'giu, 'giɐ] *adj* elancé(e)
eslavo, va [ɘʒ'lavu, vɐ] *adj* slave ◇ *m, f* Slave *mf*
Eslováquia [ɘʃlu'vakiɐ] *f* ● **a Eslováquia** la Slovaquie
Eslovénia [ɘʃlu'vɛnjɐ] *f* ● **a Eslovénia** la Slovénie
esmagado, a [ɘʒmɐ'gɐ đu, đɐ] *adj* écrasé(e)
esmagador, ra [ɘʒmɐgɐ'đor, rɐ] *(mpl* **-es** [ɘʃ], *fpl* **-s** [ʃ]) *adj* écrasant(e)
esmagar [ɘʒmɐ'gar] *vt* écraser
esmalte [ɘʒ'maɫtə] *m* émail *m*
esmeralda [ɘʒmə'raɫđɐ] *f* émeraude *f*
esmerar-se [ɘʒmə'rarsə] *vp* s'appliquer
esmigalhar [ɘʒmigɐ'ʎar] *vt* **1.** *(pão, broa, bolo)* émietter **2.** *(vidro, porcelana)* briser ◆ **esmigalhar-se** *vp* **1.** *(pão, broa, bolo)* s'émietter **2.** *(vidro, porcelana)* se briser
esmola [ɘʒ'mɔlɐ] *f* aumône *f*
esmurrar [ɘʒmu'ʀar] *vt* **1.** donner des coups de poing à **2.** *(fam)* esquinter
espaçar [ɘʃpɐ'sar] *vt* espacer
espacial [ɘʃpɐ'sjaɫ] *(pl* **-ais** [aiʃ]) *adj* spatial(e)
espaço [ɘʃ'pasu] *m* espace *m* ● **o espaço** l'espace ● **há espaço para muitas pessoas** il y a beaucoup de place
espaçoso, osa [ɘʃpɐ'sozu, ɔzɐ] *adj* spacieux(euse)
espada [ə'ʃpađɐ] *f* épée *f* ◆ **espadas** *fpl* pique *m*
espadarte [ɘʃpɐ'đartə] *m* espadon *m*
espaguete [iʃpa'gɛtʃi] *m* *(Br)* = **esparguete**
espairecer [ɘʃpairə'ser] *vi* se changer les idées
espalhar [ɘʃpɐ'ʎar] *vt* **1.** *(dispersar)* éparpiller **2.** *(notícia)* répandre **3.** *(boato)* faire courir **4.** *(massa, manteiga)* étaler ◆ **espalhar-se** *vp* **1.** *(dispersar-se)* s'éparpiller **2.** *(fam)* *(estatelar-se)* s'étaler **3.** *(notícia)* se répandre **4.** *(boato)* courir
espanador [ɘʃpɐnɐ'đor] *(pl* **-es** [ɘʃ]) *m* plumeau *m (à poussière)*
espancar [ɘʃpẽŋ'kar] *vt* rouer de coups
Espanha [ɘʃ'pɐɲɐ] *f* ● **a Espanha** l'Espagne *f*
espanhol, la [ɘʃpɐ'ɲɔɫ, lɐ] *(mpl* **-óis** [ɔiʃ], *fpl* **-s** [ʃ]) *adj* espagnol(e) ◇ *m (língua)* espagnol *m* ◇ *m, f* Espagnol *m*, -e *f*
espantalho [ɘʃpẽn'taʎu] *m* épouvantail *m*
espantar [ɘʃpẽn'tar] *vt* **1.** *(causar espanto)* étonner **2.** *(afugentar)* faire fuir **3.** *(fig)* *(perturbar o sono)* faire perdre **4.** *(combater o sono)* lutter contre ◆ **espantar-se** *vp* **1.** *(admirar-se)* s'étonner **2.** *(fugir)* fuir
espanto [ɘʃ'pẽntu] *m* **1.** *(admiração)* étonnement *m* **2.** *(susto)* frayeur *f*

esparadrapo [iʃpara'drapu] *m* (*Br*) sparadrap *m*
espargo [əʃ'pargu] *m* asperge *f*
esparguete [əʃpar'gɛtə] *m* (*Port*) spaghetti *m*
esparregado [əʃpɐʀə'gađu] *m garniture de légumes verts hachés*
espartilho [əʃpɐr'tiʎu] *m* corset *m*
espasmo [əʃ'paʒmu] *m* spasme *m*
espátula [əʃ'patulɐ] *f* spatule *f*
especial [əʃpə'sjał] (*pl* **-ais** [aiʃ]) *adj* **1.** (*interesse, sabor, cor*) particulier(ère) **2.** (*edição, enviado, efeito*) spécial(e) **3.** (*pessoa, obra de arte*) extraordinaire • **em especial** en particulier, particulièrement
especialidade [əʃpəsjɐli'đađə] *f* spécialité *f*
especialista [əʃpəsjɐ'liʃtɐ] *adj & mf* spécialiste
especiarias [əʃpəsjɐ'riɐʃ] *fpl* épices *fpl*
espécie [əʃ'pɛsjə] *f* espèce *f* • **a espécie humana** l'espèce humaine • **uma espécie de** une espèce de
especificar [əʃpəsəfi'kar] *vt* **1.** (*explicar*) spécifier **2.** (*ponto*) préciser
espécime [əʃ'pɛsimə] *m* spécimen *m*
espectacular [əʃpɛtɐku'lar] (*pl* **-es** [əʃ]) *adj* (*Port*) spectaculaire
espectáculo [əʃpɛ'takulu] *m* (*Port*) spectacle *m* • **espectáculo de luzes e som** spectacle son et lumière • **espectáculo de variedades** spectacle de variétés
espectador, ra [əʃpɛ(k)tɐ'đor, rɐ] (*mpl* **-es** [əʃ], *fpl* **-s** [ʃ]) *m, f* spectateur *m*, -trice *f*
espectro [əʃ'pɛktru] *m* spectre *m*
especulação [əʃ'pɛkulɐsɐ̃u] (*pl* **-ões** [õiʃ]) *f* spéculation *f*
especular [əʃpɛku'lar] *vi* spéculer • **especular sobre** spéculer sur
espelho [əʃ'pɐʎu] *m* glace *f*, miroir *m* • **espelho retrovisor** rétroviseur *m*
espera [əʃ'pɛrɐ] *f* attente *f* • **estar à espera de algo** s'attendre à qqch • **estar à espera de alguém** attendre qqn
esperança [əʃpə'rɐ̃sɐ] *f* **1.** (*confiança*) espoir *m* **2.** (*expectativa*) espérance *f*
esperar [əʃpə'rar] *vt* **1.** (*aguardar*) attendre **2.** (*ter esperança em*) espérer ◇ *vi* attendre • **como era de esperar** comme il fallait s'y attendre • **esperar que** espérer que • **fazer alguém esperar** faire attendre qqn • **ir esperar alguém** aller attendre qqn
esperma [əʃ'pɛrmɐ] *m* sperme *m*
espertalhão, lhona [əʃpərtɐ'ʎɐ̃u, ʎonɐ] (*mpl* **-ões** [õiʃ], *fpl* **-s** [ʃ]) *m, f* malin *m*, -igne *f*
esperteza [əʃpər'tezɐ] *f* ruse *f*
esperto, ta [əʃ'pɛrtu, tɐ] *adj* **1.** (*astuto*) rusé(e) **2.** (*activo*) éveillé(e)
espesso, a [əʃ'pesu, ɐ] *adj* épais(aisse)
espessura [əʃpə'surɐ] *f* épaisseur *f*
espetacular [iʃpɛtaku'la(x)] (*Br*) = **espectacular**
espetáculo [iʃpe'takulu] *m* (*Br*) = **espectáculo**
espetada [əʃpə'tađɐ] *f* brochette *f* • **espetada mista** *brochette de viandes de bœuf et de porc mélangées*
espetar [əʃpə'tar] *vt* enfoncer ♦ **espetar-se** *vp* se piquer
espeto [əʃ'petu] *m* **1.** (*de ferro*) broche *f* **2.** (*de pau*) pieu *m*

espevitado, da [əʃpəvi'tađu, đɐ] *adj* (*fam*) vif (vive)
espezinhar [əʃpɛzi'ɲar] *vt* **1.** piétiner **2.** (*sujar*) salir
espia [əʃ'piɐ] *f* hauban *m* ➤ **espião**
espião, pia [əʃ'pjɐ̃u, 'piɐ] (*mpl* **-ões** [õiʃ], *fpl* **-s** [ʃ]) *m, f* espion *m*, -onne *f*
espiar [əʃ'pjar] *vt* épier
espiga [əʃ'pigɐ] *f* épi *m*
espinafre [əʃpi'nafrə] *m* épinard *m*
espingarda [əʃpĩŋ'garđɐ] *f* fusil *m*
espinha [əʃ'piɲɐ] *f* **1.** (*de pessoa*) dos *m* **2.** (*de peixe*) arête *f* • **espinha dorsal** colonne *f* vertébrale
espinho [əʃ'piɲu] *m* **1.** (*de rosa, silva*) épine *f* **2.** (*de porco-espinho*) piquant *m*
espiões ➤ **espião**
espiral [əʃpi'raɫ] (*pl* **-ais** [aiʃ]) *f* spirale *f* • **em espiral** en spirale
espírito [əʃ'piritu] *m* esprit *m*
Espírito Santo [əʃ'piritu,sẽntu] *m* • **o Espírito Santo** le Saint-Esprit
espiritual [əʃpiri'twaɫ] (*pl* **-ais** [aiʃ]) *adj* spirituel(elle)
espirrar [əʃpi'ʀar] *vi* **1.** (*dar espirros*) éternuer **2.** (*esguichar*) gicler
esplanada [əʃplɐ'nađɐ] *f* terrasse *f* (*de café*)
esplêndido, da [əʃ'plẽndiđu, đɐ] *adj* splendide
esplendor [əʃplẽn'dor] *m* splendeur *f*
espoleta [əʃpu'letɐ] *f* amorce *f* (*d'explosif*)
esponja [əʃ'põʒɐ] *f* éponge *f* • **passar uma esponja sobre algo** (*fig*) passer l'éponge sur qqch
espontaneidade [əʃpõntɐnei'đađə] *f* spontanéité *f*
espontâneo, nea [əʃpõn'tɐnju, njɐ] *adj* spontané(e)
espora [əʃ'pɔrɐ] *f* éperon *m*
esporádico, ca [əʃpu'rađiku, kɐ] *adj* sporadique
esporte [iʃ'pɔxtʃi] *m* (*Br*) = **desporto**
esportista [iʃ'pɔxtʃiʃtɐ] *mf* (*Br*) = **desportista**
esportivo, va [iʃ'pɔxtʃvu, vɐ] *adj* (*Br*) = **desportivo**
esposo, sa [əʃ'pozu, zɐ] *m, f* époux *m*, épouse *f*
espreguiçar-se [əʃprəgi'sarsə] *vp* s'étirer
espreita [əʃ'prɐitɐ] ◆ **à espreita** *adv* aux aguets
espreitar [əʃprɐi'tar] *vt* **1.** (*espiar*) épier **2.** (*presa*) guetter
espremedor [əʃprəmə'đor] (*pl* **-es** [əʃ]) *m* presse-citron *m inv*
espremer [əʃprə'mer] *vt* presser
espuma [əʃ'pumɐ] *f* **1.** (*de mar*) écume *f* **2.** (*de sabão, banho*) mousse *f*
espumante [əʃpu'mẽntə] *adj* (*vinho*) mousseux(euse) ◇ *m* mousseux *m*
espumoso, osa [əʃpu'mozu, ɔzɐ] *adj* & *m* = **espumante**
Esq. (*abrev de esquerdo*) gauche
esquadra [əʃ'kwađrɐ] *f* (*Port*) commissariat *m* (*de police*)
esquadro [əʃ'kwađru] *m* équerre *f*
esquecer [iʃke'se(x)] *vt* **1.** oublier **2.** (*fig*) s'oublier, se perdre ◆ **esquecer-se de** *vp + prep* oublier de
esquecer [əʃkɛ'ser] *vt* oublier ◆ **esquecer-se** *vp* oublier • **esquecer-se de algo/fazer algo** oublier qqch/de faire qqch

esquecido, da [əʃkɛ'siđu, đɐ] *adj & m, f* étourdi(e)
esquecimento [əʃkɛsi'mẽntu] *m* oubli *m*
esqueleto [əʃkə'letu] *m* **1.** *(de pessoa, animal)* squelette *m* **2.** *(armação)* ossature *f*
esquema [əʃ'kemɐ] *m* **1.** *(diagrama)* schéma *m* **2.** *(sistema)* moyen *m*
esquentador [əʃkẽntɐ'đor] *(pl* **-es** [əʃ]) *m* chauffe-eau *m inv*
esquentar [əʃkẽn'tar] *vt* chauffer
esquerda [əʃ'kerđɐ] *f* • **a esquerda** la gauche • **à esquerda** à gauche • **virar à esquerda** tourner à gauche • **pela esquerda** à gauche • **ser de esquerda** être de gauche
esquerdo, da [əʃ'kerđu, đɐ] *adj* gauche
esqui [əʃ'ki] *m* ski *m* • **esqui aquático** ski nautique
esquiar [əʃ'kjar] *vi* skier
esquilo [əʃ'kilu] *m* écureuil *m*
esquina [əʃ'kinɐ] *f* coin *m* • **fazer esquina (com)** faire l'angle (avec)
esquisito, ta [əʃkə'zitu, tɐ] *adj* **1.** *(estranho)* bizarre **2.** *(picuinhas)* difficile
esquivar-se [əʃki'varsə] *vp* s'esquiver • **esquivar-se a fazer algo** s'arranger pour ne pas faire qqch
esquivo, va [əʃ'kivu, vɐ] *adj* farouche
essa ['ɛsa] ➤ **esse**
esse, essa ['esə, 'ɛsɐ] *adj* ce (cette) ◇ *pron* celui-là (celle-là) • **essa é boa!** *(fam)* elle est bien bonne celle-là ! • **só faltava mais essa!** il ne manquait plus que ça !
essência [i'sẽsjɐ] *f* essence *f*
essencial [isẽ'sjał] *(pl* **-ais** [aiʃ]) *adj* essentiel(elle) ◇ *m* • **o essencial** l'essentiel *m*
esses ['esiʃ] ➤ **esse**
esta ['ɛʃta] ➤ **este**[1]
está [əʃ'ta] ➤ **estar**
estabelecer [əʃtɐbłə'ser] *vt* fixer ◆ **estabelecer-se** *vp* s'installer
estabelecimento [əʃtɐbłəsi'mẽntu] *m* établissement *m* • **estabelecimento de ensino** établissement *m scolaire*
estabilidade [əʃtɐbli'đađə] *f* stabilité *f*
estabilizador [əʃtɐblizɐ'đor] *(pl* **-es** [əʃ]) *m* • **estabilizador (de corrente)** stabilisateur *m* de courant
estábulo [əʃ'tabulu] *m* étable *f*
estaca [əʃ'takɐ] *f* piquet *m*
estação [əʃtɐ'sɐ̃u] *(pl* **-ões** [õiʃ]) *f* **1.** *(de comboio, autocarro)* gare *f* **2.** *(do ano, turismo, vendas)* saison *f* • **estação de águas** *(Br)* cure *f* thermale ; *(cidade)* station *f* thermale • **estação de correios** bureau *m* de poste • **estação de serviço** station-service *f*
estacionamento [əʃtɐsjunɐ'mẽntu] *m* **1.** *(acto)* stationnement *m* **2.** *(lugar)* place *f* ▼ **estacionamento privado** parking privé ▼ **estacionamento proibido** défense de stationner
estacionar [əʃtɐsju'nar] *vt* garer ◇ *vi* **1.** se garer **2.** *(inflação)* stagner
estações ➤ **estação**
estada [iʃ'tada] *(Br)* = **estadia**
estadia [əʃtɐ'điɐ] *f* séjour *m (temps passé)*
estádio [əʃ'tađju] *m* **1.** *(de futebol, atletismo)* stade *m* **2.** *(fase)* période *f*

estadista [ɘʃtɐ'điʃtɐ] *mf* homme *m* d'État

estado [ɘʃ'tađu] *m* état *m* • **em bom/mau estado** en bon/mauvais état • **estado civil** état civil • **estado físico** état de santé ◆ **Estado** *m* • **o Estado** l'État *m* • **os Estados Unidos** les États-Unis *mpl*

Estados Unidos [ɘʃ'tađuʃu,niđuʃ] *mpl* • **os Estados Unidos** les États-Unis

estágio [iʃ'taʒu] *m* stage *m*

estalagem [ɘʃtɐ'laʒẽi] (*pl* **-ns** [ʃ]) *f* hôtel-restaurant *m*

estalar [ɘʃtɐ'lar] *vi* **1.** *(porcelana, vidro, barro)* se fendre **2.** *(osso, lenha)* craquer **3.** *(lume)* crépiter ◇ *vt* • **estalar a língua** faire claquer sa langue • **estalar os dedos** claquer des doigts

estalido [ɘʃtɐ'liđu] *m* **1.** *(estalo agudo)* claquement *m* **2.** *(crepitação)* crépitement *m*

estalo [ɘʃ'talu] *m* **1.** craquement *m* **2.** *(fam)* baffe *f*

estampado, da [ɘʃtẽm'pađu, đɐ] *adj* imprimé(e)

estancar [ɘʃtẽŋ'kar] *vt (líquido)* étancher ◇ *vi (sangue)* arrêter de couler

estância [ɘʃ'tẽsjɐ] *f (Br) (quinta) grande exploitation agricole* • **estância balnear** station *f* balnéaire • **estância de férias** centre *m* touristique • **estância hidromineral** *(Br)* station *f* thermale • **estância termal** station *f* thermale

estande [iʃ'tandʒi] *(Br)* = **stand**

estanho [ɘʃ'tɐɲu] *m* étain *m*

estante [ɘʃ'tẽntɘ] *f* étagère *f*

estão [ɘʃ'tẽu] ➤ **estar**

estapafúrdio, dia [ɘʃtɐpɐ'furđju, đjɐ] *adj* **1.** *(excêntrico)* extravagant(e) **2.** *(esquisito)* biscornu(e)

estar [ɘʃ'tar] *vi*

1. *(ger)* être ; *(em casa)* être là • **ele estará lá à hora certa** il sera là à l'heure • **estarei no emprego às dez** je serai au bureau à dix heures • **o João não está** João n'est pas là • **não estou para ninguém** je n'y suis pour personne • **está avariado** il est en panne • **estar bem/mal de saúde** être en bonne/mauvaise santé • **está muito calor/frio** il fait très chaud/froid • **como está?** comment allez-vous ? • **estou com fome/medo/febre** j'ai faim/peur/de la fièvre • **ele estará de férias duas semanas** il sera en vacances pendant deux semaines • **estive em casa toda a tarde** je suis resté chez moi tout l'après-midi • **estive à espera uma hora** j'ai attendu pendant une heure

2. *(em locuções)* • **está bem!** ou **certo!** c'est ça ! • **está bem!** d'accord ! • **está lá?** *(ao telefone)* allô !

◆ **estar a** *v + prep (relativo a preço)* être à ; *(Port) (seguido de infinitivo)* être en train de • **a gasolina está a 1 euro o litro** l'essence est à 1 euro le litre • **está a chover** il pleut • **estou a estudar** je travaille

◆ **estar de** *v + prep* • **estar de baixa/férias** être en congé de maladie/en vacances • **estar de bebé** être enceinte • **estar de calças** être en pantalon • **estar de vigia** monter la garde

◆ **estar para** *v + prep* être sur le point de • **ele está para chegar** il est sur le point d'arriver • **estou para sair** je suis sur le point de sortir • **não estou para**

brincadeiras je ne suis pas d'humeur à plaisanter • **estava para te telefonar, mas esqueci-me** je comptais te téléphoner mais j'ai oublié • **estava mesmo agora para te telefonar** je m'apprêtais justement à te téléphoner
◆ **estar perante** *v + prep* être face à
◆ **estar por** *v + prep (apoiar)* être pour ; *(por realizar)* • **a cama está por fazer** le lit n'est pas fait
◆ **estar sem** *v + prep* ne pas avoir
estardalhaço [əʃtɐrđɐ'ʎasu] *m (fam)* tapage *m*
estarrecer [əʃtɐʀə'ser] *vt* terrifier
estatal [əʃtɐ'tał] *(pl* **-ais** [aiʃ]) *adj* d'État
estático, ca [əʃ'tatiku, kɐ] *adj (imóvel)* statique
estátua [əʃ'tatwɐ] *f* statue *f*
estatura [əʃtɐ'turɐ] *f* **1.** *(tamanho de pessoa)* stature *f* **2.** *(valor)* envergure *f*
estatuto [əʃtɐ'tutu] *m* statut *m*
[1]**este, esta** ['eʃtə, 'ɛʃtɐ] *adj* ce (cette) ◇ *pron* celui-ci (celle-ci) • **este mês/ano** ce mois-ci/cette année
[2]**este** ['ɛʃtə] *m* Est *m* • **a este** à l'est • **a este de** à l'est de • **no este** à l'est
esteira [əʃ'tɐirɐ] *f* natte *f*
estendal [əʃtẽn'dał] *(pl* **-ais** [aiʃ]) *m (Port)* séchoir *m* à linge
estender [əʃtẽn'der] *vt* **1.** *(braços, pernas)* tendre **2.** *(jornal)* ouvrir **3.** *(peça de roupa)* étendre **4.** *(prazo, estadia)* prolonger ◆ **estender-se** *vp* s'étendre
estendido, da [əʃtẽn'điđu, đɐ] *adj* étendu(e) • **estendido no chão** allongé par terre
estenografia [əʃtənugrɐ'fiɐ] *f* sténo *f*
estepe [əʃ'tɛpə] *f* steppe *f*
estéreis ➤ **estéril**
estereofónico, ca [əʃtɛrjɔ'fɔniku, kɐ] *adj (Port)* stéréophonique
estereofônico, ca [iʃterjo'foniku, kɐ] *adj (Br)* = **estereofónico**
estéril [əʃ'tɛrił] *(pl* **-reis** [rɐiʃ]) *adj* stérile
esterilizar [əʃtərəli'zar] *vt (desinfectar)* stériliser
estes ['eʃtʃiʃ] ➤ **este**
estética [əʃ'tɛtikɐ] *f* esthétique *f*
estetoscópio [əʃtɛtɔʃ'kɔpju] *m* stéthoscope *m*
esteve [əʃ'tevə] ➤ **estar**
estiar [əʃ'tjar] *vi* **1.** *(parar de chover)* arrêter de pleuvoir **2.** *(tempo)* se lever
estibordo [əʃti'bɔrđu] *m* tribord *m*
esticar [əʃti'kar] *vt* **1.** *(braço, perna)* étendre **2.** *(elástico, corda, fio)* tendre • **ir esticar as pernas** se dégourdir les jambes
◆ **esticar-se** *vp* s'étirer
estigma [əʃ'tigmɐ] *m* stigmate *m*
estilhaçar [əʃtiʎɐ'sar] *vt* briser ◆ **estilhaçar-se** *vp* se briser
estilhaço [əʃti'ʎasu] *m* éclat *m*
estilo [əʃ'tilu] *m* style *m*
estima [əʃ'timɐ] *f* estime *f*
estimar [əʃti'mar] *vt* estimer
estimativa [əʃtimɐ'tivɐ] *f* estimation *f*
estimulante [əʃtimu'lẽntə] *adj* **1.** *(incentivador)* encourageant(e) **2.** *(excitante)* stimulant(e) ◇ *m* stimulant *m*
estimular [əʃtimu'lar] *vt* stimuler
estipular [əʃtipu'lar] *vt* **1.** *(determinar)* fixer **2.** *(suj: lei)* stipuler
estivador, ra [əʃtivɐ'đor, rɐ] *(mpl* **-es** [əʃ], *fpl* **-s** [ʃ]) *m, f* arrimeur *m*
estive [əʃ'tivə] ➤ **estar**
estofo [əʃ'tofu] *m* rembourrage *m*

estojo [əʃ'toʒu] *m* étui *m* • **estojo (de lápis)** trousse *f* • **estojo de primeiros-socorros** trousse de secours
estômago [əʃ'tomɐgu] *m* estomac *m*
Estónia [əʃ'tɔnjɐ] *f* • **a Estónia** l'Estonie *f*
estónio, nia [əʃ'tɔnju, njɐ] *adj* estonien (enne)
estontear [əʃtõn'tjar] *vt* tourner la tête
estoque [iʃ'tɔki] *(Br)* = **stock**
estore [əʃ'tɔrə] *m* store *m*
estorninho [əʃtur'niɲu] *m* étourneau *m*
estou [əʃ'to] ➤ **estar**
estourado, da [əʃto'radu, dɐ] *adj (fam)* crevé(e)
estourar [əʃto'rar] *vt* **1.** *(balão, bola)* crever **2.** *(fam) (gastar)* claquer ◇ *vi* **1.** *(balão, bola, pneu)* crever **2.** *(bomba, explosivo)* éclater
estouro [əʃ'toru] *m* **1.** *(de bola, balão, pneu)* éclatement *m* **2.** *(detonação)* détonation *f* • **de estouro** *(fam)* du tonnerre
estrábico, ca [əʃ'trabiku, kɐ] *adj* • **ser estrábico** loucher
estrabismo [əʃtrɐ'biʒmu] *m* strabisme *m*
estrada [əʃ'tradɐ] *f* route *f* • **estrada de ferro** *(Br)* chemin *m* de fer • **estrada secundária** route secondaire
estrado [əʃ'tradu] *m* estrade *f*
estragado, da [əʃtrɐ'gadu, dɐ] *adj* **1.** *(leite)* tourné(e) **2.** *(carne)* avarié(e) **3.** *(iogurte)* périmé(e) **4.** *(fruta)* gâté(e) **5.** *(aparelho, máquina)* abîmé(e)
estragão [əʃtrɐ'gɐ̃u] *m* estragon *m*
estragar [əʃtrɐ'gar] *vt* **1.** *(aparelho, máquina)* abîmer **2.** *(desperdiçar)* gâcher ◆ **estragar-se** *vp* **1.** *(comida)* se gâter **2.** *(leite)* tourner
estrangeiro, ra [əʃtrɐ̃'ʒɐiru, rɐ] *adj* & *m, f* étranger(ère) ◇ *m* • **o estrangeiro** l'étranger *m* • **no estrangeiro** à l'étranger
estrangular [əʃtrɐ̃ŋgu'lar] *vt* étrangler
estranhar [əʃtrɐ'ɲar] *vt* sentir la différence de
estranho, nha [əʃ'trɐɲu, ɲɐ] *adj* étrange ◇ *m, f* étranger *m*, -ère *f (un inconnu)*
estratégia [əʃtrɐ'tɛʒjɐ] *f* stratégie *f*
estrear [əʃtri'ar] *vt* étrenner ◆ **estrear-se** *vp (filme)* sortir sur les écrans • **a peça estreia-se no sábado** la première de la pièce aura lieu samedi
estreia [əʃ'trɐjɐ] *f* **1.** *(Port) (de actor)* premier rôle *m* **2.** *(de peça teatral, filme)* première *f*
estréia [iʃ'trɛjɐ] *f (Br)* = **estreia**
estreitar [əʃtrɐi'tar] *vt (roupa)* faire rétrécir ◇ *vi* rétrécir
estreito, ta [əʃ'trɐitu, tɐ] *adj* **1.** étroit(e) **2.** *(roupa)* serré(e) ◇ *m* détroit *m*
estrela [əʃ'trelɐ] *f* **1.** étoile *f* **2.** *(de cinema, teatro)* star *f* • **estrela cadente** étoile filante • **ver estrelas** voir trente-six chandelles
estremecer [əʃtrəmə'ser] *vt* faire trembler ◇ *vi* **1.** *(tremer)* trembler **2.** *(assustar-se)* frémir
estresse [is'trɛsi] *m (Br)* = **stress**
estria [əʃ'triɐ] *f* **1.** *(em quadris)* vergeture *f* **2.** *(em superfície)* strie *f*
estribo [əʃ'tribu] *m* étrier *m*
estridente [əʃtri'dẽntə] *adj* strident(e)
estrofe [əʃ'trɔfə] *f* strophe *f*
estrondo [əʃ'trõndu] *m* fracas *m* • **de estrondo** *(fig)* du tonnerre

estropiar [əʃtru'pjar] *vt* estropier
estrume [əʃ'trumə] *m* fumier *m*
estrutura [əʃtru'turɐ] *f* structure *f*
estuário [əʃ'twarju] *m* estuaire *m*
estudante [əʃtu'đẽntə] *mf* étudiant *m*, -e *f*
estudar [əʃtu'đar] *vt & vi* étudier
estúdio [əʃ'tuđju] *m* **1.** studio *m* **2.** *(de pintor, escultor, arquitecto)* atelier *m*
estudioso, osa [əʃtu'đjozu, ɔzɐ] *adj* studieux(euse)
estudo [əʃ'tuđu] *m* • **os estudos** les études *fpl* ; *(análise)* étude *f* • **em estudo** à l'étude
estufa [əʃ'tufɐ] *f* **1.** *(de jardim)* serre *f* **2.** *(de fogão)* chauffe-assiettes *m inv* **3.** *(tipo de fogão)* poêle *m*
estufado, da [əʃtu'fađu, đɐ] *adj* en ragoût ◇ *m* **1.** ragoût *m* **2.** *(de coelho)* civet *m* **3.** *(de vitela)* blanquette *f*
estupefação [iʃtupefa'sẽu] *f (Br)* = **estupefacção**
estupefacção [əʃtupəfa'sẽu] *f (Port)* stupéfaction *f*
estupefaciente [əʃtupəfɐ'sjẽntə] *m* stupéfiant *m*
estupefacto, ta [əʃtupə'fa(k)tu, tɐ] *adj (Port)* stupéfait(e)
estupefato, ta [iʃtupe'fatu, tɐ] *adj (Br)* = **estupefacto**
estupendo, da [əʃtu'pẽndu, dɐ] *adj* **1.** *(extraordinário)* formidable **2.** *(óptimo)* parfait(e)
estupidez [əʃtupi'đeʃ] *f* stupidité *f*
estúpido, da [əʃ'tupiđu, đɐ] *m, f* idiot *m*, -e *f*
estupro [əʃ'tupru] *m* stupre *m*
estuque [əʃ'tukə] *m* stuc *m*
esvaziar [əʒvɐ'zjar] *vt* vider
esvoaçar [əʒvwɐ'sar] *vi (ave)* voltiger
etapa [i'tapɐ] *f* **1.** étape *f* **2.** *(de doença, estudo)* stade *m* • **fazer algo por etapas** faire qqch par étapes
éter ['ɛtɛr] *m* éther *m*
eternidade [itərni'đađə] *f* éternité • **demorar uma eternidade** durer une éternité • **esperar uma eternidade** attendre une éternité
eterno, na [i'tɛrnu, nɐ] *adj* éternel(elle)
Ethernet [etex'neti] *f INFORM* Ethernet®
ética ['ɛtikɐ] *f* éthique *f*
ético, ca ['ɛtiku, kɐ] *adj* éthique
etílico [i'tiliku] *adj m* ➤ **álcool**
etiqueta [iti'ketɐ] *f* **1.** *(social)* bienséance *f* **2.** *(rótulo)* étiquette *f*
étnico, ca ['ɛtniku, kɐ] *adj* ethnique
eu ['eu] *pron (sujeito)* je ; *(complemento)* moi • **sou eu** c'est moi • **e eu?** et moi ? • **eu mesmo** ou **próprio** moi-même
E.U.A. *mpl* (*abrev de Estados Unidos da América*) USA *mpl (United States of America)*
eucalipto [eukɐ'liptu] *m* eucalyptus *m*
eufemismo [eufə'miʒmu] *m* euphémisme *m*
euforia [eufu'riɐ] *f* euphorie *f*
euro ['ewru] *m* euro
Eurocheque® [eurɔ'ʃɛkə] *m* eurochèque *m*
Europa [eu'rɔpɐ] *f* • **a Europa** l'Europe • **a Europa de Leste** l'Europe de l'Est
europeu, eia [euru'peu, ɐjɐ] *adj* européen (enne) ◆ **europeias** *fpl POL* européennes *fpl* ◆ **europeu, eia** *m, f* Européen *m*, -enne *f*

evacuação [ivɐkwɐ'sɐ̃u] (*pl* **-ões** [õiʃ]) *f* évacuation *f*
evacuar [ivɐ'kwar] *vt* évacuer
evadir-se [iva'đirsə] *vp* s'évader
Evangelho [ivɐ̃'ʒɛʎu] *m* • **o Evangelho** l'Évangile *m*
evaporar [ivɐpu'rar] *vt* évaporer ◆ **evaporar-se** *vp* **1.** *(líquido)* s'évaporer **2.** *(fig)* *(desaparecer)* disparaître
evasão [iva'zɐ̃u] (*pl* **-ões** [õiʃ]) *f* **1.** évasion *f* **2.** *(evasiva)* détour *m*
evasiva [ivɐ'zivɐ] *f* échappatoire *f*
evasivo, va [ivɐ'zivu, vɐ] *adj* évasif(ive)
evasões ➤ **evasão**
evento [i'vẽntu] *m* événement *m*
eventual [ivẽn'twał] (*pl* **-ais** [aiʃ]) *adj* éventuel(elle)
evidência [ivi'đẽsjɐ] *f* évidence *f*
evidenciar [iviđẽ'sjar] *vt* mettre en évidence ◆ **evidenciar-se** *vp* **1.** *(tornar-se claro)* être évident(e) **2.** *(destacar-se)* se distinguer
evidente [ivi'đẽntə] *adj* évident(e) • **como é evidente** évidemment
evidentemente [(*Port*) iviđẽntə'mẽntə (*Br*), evidẽntʃi'mẽntʃi] *adv* évidemment
evitar [ivi'tar] *vt* éviter • **evitar que algo aconteça** éviter que qqch n'arrive
evocar [ivu'kar] *vt* évoquer
evolução [ivulu'sɐ̃u] *f* évolution *f*
evoluir [ivu'lwir] *vi* évoluer
exactamente [izata'mẽntə] (*Port*) *adv* exactement ◇ *interj* tout à fait
exactidão [(*Port*) izati'đɐ̃u] *f* exactitude *f* • **com exactidão** avec précision
exacto, ta [i'zatu, tɐ] (*Port*) *adj* **1.** précis(e) **2.** *(correcto)* exact(e)
exagerar [izɐʒə'rar] *vt* exagérer
exagero [izɐ'ʒeru] *m* exagération *f* • **sem exagero** sans exagérer • **é um exagero!** c'est exagéré !
exalar [izɐ'lar] *vt* exhaler
exaltado, da [izał'tađu, đɐ] *adj* en colère
exaltar [izał'tar] *vt* **1.** *(elogiar)* faire l'éloge de **2.** *(irritar)* énerver ◆ **exaltar-se** *vp* s'emporter
exame [i'zɐmə] *m* examen *m*
examinar [izɐmi'nar] *vt* examiner
exatamente [e,zata'mẽntʃi] (*Br*) *adv* & *interj* = **exactamente**
exatidão [ezatʃi'dɐ̃w] (*Br*) *f* = **exactidão**
exato, ta [e'zatu, ta] (*Br*) *adj* = **exacto**
exaustão [izauʃ'tɐ̃u] *f* épuisement *m*
exausto, ta [i'zauʃtu, tɐ] *adj* épuisé(e)
exaustor [izauʃ'tor] (*pl* **-es** [əʃ]) *m* hotte *f* *(de cuisine)*
exceção [e(ʃ)se'sɐ̃u] (*pl* **-ões** [õiʃ]) *f* (*Br*) = **excepção**
excedente [əʃsə'đẽntə] *m* excédent *m*
exceder [əʃsə'đer] *vt* dépasser ◆ **exceder-se** *vp* **1.** *(exagerar)* exagérer **2.** *(enfurecer-se)* s'emporter • **exceder-se no sal** mettre trop de sel • **exceder-se na bebida** boire trop
excelente [əʃsə'lẽntə] *adj* excellent(e)
excelentíssimo, ma [eselẽn'tʃisimu, ma] *adj* *titre d'honneur donné aux professeurs universitaires, députés, gouverneurs, etc.*
excêntrico, ca [əʃ'sẽntriku, kɐ] *adj* excentrique
excepção [əʃsɛ'sɐ̃u] (*pl* **-ões** [õiʃ]) *f* (*Port*) exception *f* • **à** ou **com a excepção**

de à l'exception de • **fora de excepção** sans exception
excepcional [əʃsɛsju'nał] (*pl* **-ais** [aiʃ]) *adj* exceptionnel(elle)
excepções ➤ **excepção**
excepto [əʃ'sɛtu] *prep* (*Port*) excepté • **todos os dias excepto ao domingo** tous les jours sauf le dimanche
excerto [əʃ'sertu] *m* extrait *m*
excessivo, **va** [əʃsə'sivu, vɐ] *adj* excessif(ive)
excesso [əʃ'sɛsu] *m* excès *m* • **em excesso** trop • **excesso de peso** (*relativo a bagagem*) surcharge *f* ; (*relativo a pessoa*) excès de poids • **excesso de velocidade** excès de vitesse
exceto [e(ʃ)'sɛtu] *prep* (*Br*) = **excepto**
excitação [əʃsitɐ'sɐ̃u] *f* excitation *f*
excitado, **da** [əʃsi'tađu, đɐ] *adj* excité(e)
excitante [əʃsi'tẽntə] *adj* excitant(e)
exclamação [əʃklɐmɐ'sɐ̃u] (*pl* **-ões** [õiʃ]) *f* exclamation *f*
exclamar [əʃklɐ'mar] *vi* s'exclamer, s'écrier
excluir [əʃklu'ir] *vt* exclure
exclusividade [iʃkluzivi'dadʒi] [iʃkluzivi'dadi] *f* exclusivité *f* • **ter a exclusividade de** avoir l'exclusivité de
exclusivo, **va** [əʃklu'zivu, vɐ] *adj* exclusif(ive) ◇ *m* exclusivité *f* • **ter o exclusivo de** avoir l'exclusivité de
excursão [əʃkur'sɐ̃u] (*pl* **-ões** [õiʃ]) *f* excursion *f*
execução [izəku'sɐ̃u] *f* **1.** (*de objecto*) fabrication *f* **2.** (*de trabalho, plano, projecto*) exécution *f* **3.** (*de prato culinário*) confection *f* • **pôr algo em execução** mettr qqch à exécution
executar [izəku'tar] *vt* **1.** exécute **2.** (*música, cena teatral*) interpréter
executivo, **va** [izəku'tivu, vɐ] *m,* cadre *mf*
exemplar [izẽm'plar] (*pl* **-es** [əʃ]) *a* exemplaire ◇ *m* **1.** (*de espécie, raça*) spéci men *m* **2.** (*de planta*) variété *f* **3.** (*de livr revista*) exemplaire *m* **4.** (*de colecção* pièce *f*
exemplo [i'zẽmplu] *m* exemple *m* • **po exemplo** par exemple • **a título de exemplo** à titre d'exemple
exercer [izər'ser] *vt* exercer
exercício [izər'sisju] *m* exercice *m*
exercitar [izərsi'tar] *vt* **1.** (*cão*) dresse **2.** (*pernas, braços*) faire bouger ◆ **exercitar-se** *vp* **1.** (*fazer exercício físico*) faire d l'exercice **2.** (*músculos*) faire travaille **3.** (*desportista*) s'entraîner **4.** (*pianista*, s'exercer
exército [i'zɛrsitu] *m* armée *f*
exibição [izəƀi'sɐ̃u] (*pl* **-ões** [õiʃ]) **1.** représentation *f* **2.** (*de quadros esculturas*) exposition *f* **3.** (*ostentação*, spectacle *m*
exibir [izə'ƀir] *vt* **1.** (*filme*) projete **2.** (*peça teatral*) représenter **3.** (*quadro, escultura*) exposer **4.** (*dotes, capacidades*) montrer ◆ **exibir-se** *vp* s'exhiber
exigência [izə'ʒẽsjɐ] *f* exigence *f*
exigir [izə'ʒir] *vt* exiger
existência [izəʃ'tẽsjɐ] *f* existence *f*
existir [izəʃ'tir] *vi* exister
êxito ['ɐizitu] *m* succès *m* • **ter êxito** avoir du succès

Exma. (*abrev de excelentíssima*) • **Exma. Senhora Directora** Madame la Directrice
Exmo. (*abrev de excelentíssimo*) • **Exmo. Senhor Director** Monsieur le Directeur
exorcismo [izur'siʒmu] *m* exorcisme *m*
exorcista [izur'siʃtɐ] *mf* exorciste *m*
exortação [izurtɐ'sɐ̃u] (*pl* **-ões** [õiʃ]) *f* exhortation *f*
exótico, ca [i'zɔtiku, kɐ] *adj* exotique
expansão [əʃpɐ̃'sɐ̃u] (*pl* **-ões** [õiʃ]) *f* **1.** (*progresso*) expansion *f* **2.** (*alegria*) débordement *m* **3.** (*alargamento*) extension *f*
expansivo, va [əʃpɐ̃'sivu, vɐ] *adj* expansif(ive)
expansões ➤ **expansão**
expectativa [əʃpɛ(k)tɐ'tivɐ] *f* expectative *f* • **estar/ficar na expectativa** être dans l'expectative
expediente [əʃpə'dʒjẽntə] *m* **1.** (*de repartição, estabelecimento comercial*) service *m* **2.** (*correspondência*) correspondance *f*
expedir [əʃpə'dʒir] *vt* expédier
expelir [iʃpe'li(x)] *vt* **1.** (*alguém*) expulser, chasser **2.** (*algo*) jeter, lancer
experiência [əʃpə'rjẽsjɐ] *f* expérience *f* • **com experiência** expérimenté(e)
experiente [əʃpə'rjẽntə] *adj* expérimenté(e)
experimentar [əʃpərimẽn'tar] *vt* **1.** essayer **2.** (*comida, bebida*) goûter **3.** (*emoção*) connaître **4.** (*sensação*) avoir
expirar [əʃpi'rar] *vt & vi* expirer
explicação [əʃplikɐ'sɐ̃u] (*pl* **-ões** [õiʃ]) *f* **1.** explication *f* **2.** (*aula privada*) cours *m* particulier
explicar [əʃpli'kar] *vt* expliquer ◆ **explicar-se** *vp* s'expliquer
explícito, ta [əʃ'plisitu, tɐ] *adj* explicite
explodir [əʃplu'dʒir] *vi* exploser
exploração [əʃplurɐ'sɐ̃u] *f* **1.** exploitation *f* **2.** (*investigação*) exploration *f*
explorador, a [(*Port*) əʃplurɐ'dor, rɐ (*Br*), iʃplora'do(x), ra] *m, f* explorateur *m*, -trice *f*
explorar [əʃplu'rar] *vt* **1.** (*investigar*) explorer **2.** (*abusar de*) exploiter
explosão [əʃplu'zɐ̃u] (*pl* **-ões** [õiʃ]) *f* explosion *f*
expor [əʃ'por] *vt* exposer ◆ **expor-se a** *vp + prep* s'exposer à
exportação [əʃpurtɐ'sɐ̃u] (*pl* **-ões** [õiʃ]) *f* exportation *f*
exportar [əʃpur'tar] *vt* exporter
exposição [əʃpuzi'sɐ̃u] (*pl* **-ões** [õiʃ]) *f* exposition *f* • **em exposição** en exposition
exposto, osta [əʃ'poʃtu, ɔʃtɐ] *adj* exposé(e)
expressão [əʃprə'sɐ̃u] (*pl* **-ões** [õiʃ]) *f* expression *f* • **expressão escrita/oral** expression écrite/orale
expressar [əʃprə'sar] *vt* exprimer ◆ **expressar-se** *vp* s'exprimer
expressivo, va [əʃprə'sivu, vɐ] *adj* expressif(ive)
expresso, a [əʃ'prɛsu, ɐ] *adj* **1.** (*correio*) express **2.** (*ordem*) formel(elle) **3.** (*vontade, desejo, ideia*) exprimé(e) ◇ *m* **1.** (*comboio*) express *m* **2.** (*autocarro*) autobus *m* direct
expressões ➤ **expressão**
exprimir [əʃpri'mir] *vt* exprimer ◆ **exprimir-se** *vp* s'exprimer

expropriar [əʃprupri'ar] *vt* exproprier
expulsar [əʃpuɫ'sar] *vt* expulser
expulso, sa [əʃ'puɫsu, sɐ] *pp* ➤ **expulsar** ◇ *adj* expulsé(e)
extensão [əʃtẽ'sɐ̃w] *f* **1.** *(dimensão espacial)* étendue *f* **2.** *(dimensão temporal)* durée *f* **3.** *(aumento espacial)* agrandissement *m* **4.** *(aumento temporal)* prolongation *f* **5.** *(eléctrica)* rallonge *f*
extenso, sa [əʃ'tẽsu, sɐ] *adj* **1.** long (longue) **2.** *(vasto)* étendu(e) ● **escrever algo por extenso** écrire qqch en toutes lettres
extensões ➤ **extensão**
extenuado, da [əʃtə'nwađu, đɐ] *adj* exténué(e)
extenuante [əʃtə'nwẽntə] *adj* exténuant(e)
exterior [əʃtə'rjor] (*pl* **-es** [əʃ]) *adj* extérieur(e) ◇ *m* **1.** *(parte exterior)* extérieur *m* **2.** *(aparência)* dehors *mpl* ● **o exterior** *(Br)* l'étranger *m*
externo, na [əʃ'tɛrnu, nɐ] *adj* *(Port)* extérieur(e)
extinção [əʃtĩn'sɐ̃w] *f* disparition *f* ● **em vias de extinção** en voie de disparition
extinguir [əʃtĩŋ'gir] *vt* **1.** *(fogo)* éteindre **2.** *(lei, norma)* abolir ◆ **extinguir-se** *vp* **1.** *(apagar-se)* s'éteindre **2.** *(desaparecer)* disparaître
extinto, ta [əʃ'tĩntu, tɐ] *pp* ➤ **extinguir** ◇ *adj* **1.** *(fogo)* éteint(e) **2.** *(norma, lei)* aboli(e) **3.** *(espécie animal, vegetal)* disparu(e)
extintor [əʃtĩn'tor] (*pl* **-es** [əʃ]) *m* extincteur *m*
extra ['ɐiʃtrɐ] *adj* supplémentaire ◇ *pref* extra ◇ *m* **1.** *(de automóvel)* option *f* **2.** *(em despesa)* extra *m* **3.** *(em emprego)* prime *f*
extração [iʃtra'sɐ̃w] (*pl* **-ões** [õiʃ]) *f* *(Br* = **extracção**
extracção [əʃtra'sɐ̃w] (*pl* **-ões** [õiʃ]) **1.** *(Port)* extraction *f* **2.** *(de lotaria)* tirag[e] *m* au sort
extrações ➤ **extração**
extracto [əʃ'tratu] *m* **1.** *(Port)* extrait *[m]* **2.** *(de conta bancária)* relevé *m*
extraditar [əʃtrɐđi'tar] *vt* extrader
extrair [əʃtrɐ'ir] *vt* **1.** extraire **2.** *(dente)* arracher **3.** *(órgão)* retirer **4.** *(número d[e] lotaria)* tirer au sort ● **extrair algo de alg[o]** tirer qqch de qqch
extranet [ejʃtra'neti] *f* INFORM extranet *m*
extraordinário, ria [əʃtrɐordi'narju rjɐ] *adj* extraordinaire
extrato [iʃ'tratu] *m* *(Br)* = **extracto**
extravagância [əʃtrɐvɐ'gɐ̃sjɐ] *f* *(capricho)* lubie *f*
extraviado, da [əʃtrɐ'vjađu, đɐ] *ad[j]* égaré(e)
extraviar [əʃtrɐ'vjar] *vt* égarer ◆ **extraviar-se** *vp* s'égarer
extremidade [əʃtrəmi'đađə] *f* extrémité *f*
extremo, ma [əʃ'tremu, mɐ] *adj* extrême ◇ *m* extrême *m* ● **de um extremo a[o] outro** d'un bout à l'autre ● **chegar ao[s] extremos de** en arriver à
extrovertido, da [əʃtrɔvər'tiđu, đɐ] *ad[j]* extraverti(e)
exuberante [izuƀə'rẽntə] *adj* **1.** exubérant(e) **2.** *(roupa)* excentrique
exumar [izu'mar] *vt* exhumer
ex-voto [ɛks'vɔtu] *m* ex-voto *m inv*

F

fábrica ['faƀrikɐ] *f* usine *f*
fabricante [fɐƀri'kɐ̃ntə] *m* fabricant *m*
fabricar [fɐƀri'kar] *vt* fabriquer
fabrico [fɐ'ƀriku] *m* fabrication *f*
fabuloso, osa [fɐƀu'lozu, ɔzɐ] *adj* fabuleux(euse)
faca ['fakɐ] *f* couteau *m*
face ['fasə] *f* **1.** *(rosto)* visage *m* **2.** *(de poliedro)* face *f* **3.** *(superfície)* surface *f* • **fazer face a** faire face à • **em face** en face • **em face de** face à • **face a face** face à face • **à face da Terra** à la surface de la Terre
fáceis ['fasejʃ] ➤ **fácil**
fachada [fɐ'ʃađɐ] *f* façade *f*
fácil ['fasiɫ] (*pl* **-ceis** [sɐiʃ]) *adj* facile
facilidade [fɐsəli'đađə] *f* facilité *f* • **com facilidade** facilement
facilitar [fɐsəli'tar] *vt* **1.** *(tornar fácil)* faciliter **2.** *(tornar possível)* entraîner • **facilitar algo a alguém** fournir qqch à qqn
faço ['fasu] ➤ **fazer**
facto ['fa(k)tu] *m* (*Port*) fait *m* • **ser facto consumado** être un fait accompli • **de facto** effectivement • **pelo facto de** du fait que
factor, ra [fa'tor, rɐ] (*mpl* **-es** [əʃ], *fpl* **-s** [ʃ]) *m, f employé de gare chargé de la livraison et de l'expédition des bagages* ◇ *m* MAT *(causa)* facteur *m*
factual [fɐk'twaɫ] (*pl* **-ais** [aiʃ]) *adj* (*Port*) basé(e) sur les faits
factura [fa'turɐ] *f* (*Port*) facture *f*
faculdade [fɐkuɫ'đađə] *f* faculté *f*
facultativo, va [fɐkuɫtɐ'tivu, vɐ] *adj* facultatif(ive)
fada ['fađɐ] *f* fée *f*
fadiga [fɐ'đigɐ] *f* fatigue *f*
fadista [fɐ'điʃtɐ] *mf* chanteur *m*, -euse *f* de fado
fado ['fađu] *m* **1.** *(música)* fado *m* **2.** *(destino)* destin *m*

Fado

Genre musical typiquement portugais, il est chanté en solo par les *fadistas*, avec accompagnement à la viole et à la guitare portugaise. Il existe deux principaux types de fado, celui de Lisbonne et celui de Coimbra, qui diffèrent par leur rythme et par leurs accords. Toutefois, l'un et l'autre se font l'écho du sentiment très portugais de la *saudade* (vague à l'âme).
Le *fado* de Coimbra est étroitement lié aux traditions académiques de son université qui est la plus ancienne du Portugal. Il est uniquement chanté par des hommes dans la rue ou en société.
À l'inverse, le fado de Lisbonne est chanté aussi bien par des hommes que par des femmes dans les typiques *casas de fado* (maisons du fado).

fagulha [fɐ'guʎɐ] *f* étincelle *f*
faia ['fajɐ] *f* hêtre *m*
faiança [fɐ'jɐ̃sɐ] *f* faïence *f*

faisão [fai'zɐ̃u] (*pl* **-ões** [õiʃ]) *m* faisan *m*
faísca [fɐ'iʃkɐ] *f* **1.** (*de metal, lume*) étincelle *f* **2.** (*raio*) foudre *f*
faisões ➤ **faisão**
faixa ['faiʃɐ] *f* **1.** (*em estrada*) voie *f* **2.** (*para cintura*) ceinture *f* (*en tissu*) **3.** (*ligadura*) bandage *m* **4.** (*de idades*) tranche *f* • **faixa (de pedestres)** (*Br*) rue *f* piétonne • **faixa de rodagem** chaussée *f*
fala ['falɐ] *f* **1.** (*dom de falar*) parole *f* **2.** (*em teatro*) réplique *f* • **ser de poucas falas** (*fam*) ne pas être très bavard
fala-barato [ˌfalɐƀɐ'ratu] *mf inv* (*fam*) moulin *m* à paroles
falador, ra [fɐlɐ'đor, rɐ] (*mpl* **-es** [əʃ], *fpl* **-s** [ʃ]) *adj* & *m, f* bavard(e)
falar [fɐ'lar] *vi* parler ◇ *vt* **1.** (*língua*) parler **2.** (*dizer*) dire • **falar com alguém** parler à qqn • **falar de** parler de • **para falar a verdade** à vrai dire • **sem falar em** sans parler de • **falar claro** parler clairement • **falar a sério** parler sérieusement • **falar pelos cotovelos** (*fam*) avoir la langue bien pendue
falcão [fał'kɐ̃u] (*pl* **-ões** [õiʃ]) *m* faucon *m*
falecer [fɐlə'ser] *vi* décéder
falecido, da [fɐlə'siđu, đɐ] *m, f* défunt *m*, -e *f*
falecimento [fɐləsi'mẽntu] *m* décès *m*
falência [fɐ'lẽsjɐ] *f* faillite *f* • **ir à falência** faire faillite
falésia [fa'lɛzja] *f* falaise *f*
falha ['faʎɐ] *f* **1.** (*lacuna*) manque *m* **2.** (*de luz*) coupure *f* **3.** (*de terreno*) faille *f* **4.** (*em sistema, programa*) défaillance *f*
falhar [fɐ'ʎar] *vt* **1.** (*tentativa, tiro*) rater **2.** (*encontro*) manquer ◇ *vi* **1.** (*não acertar*) rater son coup **2.** (*errar*) se trompe[r] **3.** (*máquina*) ne plus marcher **4.** (*travões*) lâcher **5.** (*motor*) avoir des ratés
falido, da [fɐ'liđu, đɐ] *adj* • **ele está falido** il a fait faillite
falir [fɐ'lir] *vi* faire faillite
falsário, ria [fał'sarju, rjɐ] *m, f* faussaire *mf*
falsidade [fałsi'đađə] *f* fausseté *f*
falsificar [fałsəfi'kar] *vt* falsifier
falso, sa ['fałsu, sɐ] *adj* faux (fausse) ◇ *adv* (*jurar*) faire un faux serment
falta ['fałtɐ] *f* **1.** faute *f* **2.** (*carência*) manque *m* **3.** (*de assistência, pontualidade*) absence *f* **4.** (*infracção*) infraction *f* • **falta de apetite** manque d'appétit • **falta de ar** manque d'air • **falta de atenção** inattention *f* • **fazer falta** manquer • **ter falta de algo** avoir besoin de qqch • **ele faz-me falta** il me manque • **sinto falta da minha família** ma famille me manque • **à falta de melhor** faute de mieux • **fazer algo sem falta** faire qqch sans faute • **por falta de** faute de
faltar [fał'tar] *vi* **1.** (*não haver*) manquer **2.** (*estar ausente*) être absent(e) • **falta muito para as férias** les vacances sont encore loin • **falta pouco para o comboio chegar** le train va bientôt arriver • **faltam 5 km para lá chegar** il reste 5 km à faire • **era só o que faltava!** il ne manquait plus que ça ! • **faltar às aulas** ne pas aller en cours • **faltar ao emprego** ne pas aller travailler
fama ['fɐmɐ] *f* **1.** (*reputação*) réputation *f* **2.** (*notoriedade*) célébrité *f* • **ter fama de** avoir la réputation de

família [fɐ'miljɐ] *f* famille *f* • **em família** en famille
familiar [fɐmə'ljar] (*pl* **-es** [əʃ]) *adj* **1.** familial(e) **2.** *(conhecido)* familier(ère) ◇ *m* membre *m* de la famille
faminto, ta [fɐ'mĩntu, tɐ] *adj* affamé(e)
famoso, osa [fɐ'mozu, ɔzɐ] *adj* célèbre
fanático, ca [fɐ'natiku, kɐ] *adj & m, f* fanatique
faneca [fɐ'nɛkɐ] *f* tacaud *m (poisson)*
fantasia [fɐ̃ntɐ'ziɐ] *f* **1.** fantaisie *f* **2.** *(disfarce)* déguisement *m*
fantasiar [fɑ̃nta'zja(x)] *vi* imaginer, inventer ◆ **fantasiar-se de** *vp + prep* se déguiser
fantasiar [fɐ̃ntɐ'zjar] *vi* rêver ◆ **fantasiar-se** *vp* se déguiser • **fantasiar-se de** se déguiser en
fantasma [fɐ̃n'taʒmɐ] *m* fantôme *m*
fantástico, ca [fɐ̃n'taʃtiku, kɐ] *adj* fantastique ◇ *interj* fantastique !
fantoche [fɐ̃n'tɔʃə] *m* marionnette *f*
farda ['fardɐ] *f* uniforme *m*
farei [fɐ'rɐi] ➤ **fazer**
farelo [fɐ'rɛlu] *m* son *m (céréale)*
faringe [fɐ'rĩʒə] *f* pharynx *m*
faringite [farĩ'ʒiti] *f* pharyngite *f*
farinha [fɐ'riɲɐ] *f* farine *f* • **farinha de centeio** farine de seigle • **farinha integral** farine complète • **farinha de milho** farine de maïs • **farinha de rosca** (*Br*) chapelure *f* • **farinha de trigo** farine de blé
farinheira [fɐri'ɲɐirɐ] *f saucisse de porc à base de farine ou de miettes de pain*
farmacêutico, ca [fɐrmɐ'seutiku, kɐ] *adj* pharmaceutique ◇ *m, f* pharmacien *m*, -enne *f*
farmácia [fɐr'masjɐ] *f* pharmacie *f*
faro ['faru] *m* flair *m*
farofa [fɐ'rɔfɐ] *f* (*Br*) *farine de manioc grillée ou cuite dans du beurre, souvent mélangée avec des œufs, des olives et de la viande*
farófias [fɐ'rɔfjɐʃ] *fpl* ≃ œufs *mpl* à la neige
farol [fɐ'rɔɫ] (*pl* **-óis** [ɔiʃ]) *m* phare *m* • **farol alto** (*Br*) feux *mpl* de route • **farol baixo** (*Br*) feux *mpl* de croisement
farolim [fɐru'lĩ] (*pl* **-ns** [ʃ]) *m* feu *m* arrière
farpa ['farpɐ] *f* **1.** *(de agulha)* pointe *f* **2.** *(em tourada)* banderille *f* **3.** *(em pele)* écharde *f*
farpado [fɐr'padu] *adj m* ➤ **arame**
farra ['faʀɐ] *f (fam) (divertimento)* foire *f*
farrapo [fɐ'ʀapu] *m* chiffon *m*
farsa ['farsɐ] *f* farce *f*
fartar-se [fax'taxsi] *vp + prep* **1.** *(comida)* se rassasier, se gaver **2.** *(cansar-se de)* en avoir assez, s'ennuyer **3.** • **a fartar** à foison • **até fartar** jusqu'à plus soif
fartar-se [fɐr'tarsə] *vp* **1.** *(comida)* se gaver **2.** *(cansar-se)* se lasser • **fartar-se-se de** *(comida)* se gaver de ; *(trabalho)* en avoir assez de
farto, ta ['fartu, tɐ] *adj* rassasié(e) • **estar farto de** en avoir assez de
fartura [fɐr'turɐ] *f* abondance *f* ◆ **farturas** *fpl longs beignets cylindriques vendus dans les fêtes foraines*
fascículo [fa'sikulu] *m* fascicule *m*
fascinante [fɐʃsi'nɐ̃ntə] *adj* fascinant(e)
fascinar [fɐʃsi'nar] *vt* fasciner
fascismo [fa'ʃiʒmu] *m* fascisme *m*
fascista [fa'ʃiʃtɐ] *adj & mf* fasciste
fase ['fazə] *f* phase *f*

fastidioso, osa [fɐʃti'đjozu, ɔzɐ] *adj* fastidieux(euse)

fatal [fɐ'tał] (*pl* **-ais** [aiʃ]) *adj* fatal(e)

fatalidade [fɐtɐli'đađə] *f* fatalité *f*

fatia [fɐ'tiɐ] *f* tranche *f*

fatiga [fa'tiga] *f* fatigue *f*

fatigante [fɐti'gẽntə] *adj* fatigant(e)

fatigar [fati'ga(x)] *vt* fatiguer, lasser, se donner du mal

Fátima ['fatimɐ] *s* Fatima

Fátima

Cette ville, où se dresse le plus grand sanctuaire catholique du pays, est située au centre du Portugal. On dit que le 13 mai 1917, Notre-Dame y est apparue à trois petits bergers et que d'autres apparitions ont suivi. Ce miracle a transformé Fatima en lieu de pèlerinage pour les chrétiens du monde entier, en particulier lors des jours anniversaires des miracles (13 mai et 13 octobre). Quatre millions de pèlerins s'y rendent chaque année.

fato ['fatu] *m* **1.** (*Port*) (*conjunto*) costume *m* **2.** (*de festa*) tenue *f* **3.** (*Br*) = **facto** • **fato de banho** (*Port*) maillot *m* de bain • **fato completo** (*Port*) complet *m* • **fato de ginástica** (*Port*) justaucorps *m* • **fato de mergulhador** (*Port*) combinaison *f* de plongée • **fato de treino** (*Port*) survêtement *m* • **não ter nenhum fato** ne rien avoir à se mettre

fato-macaco [ˌfatumɐ'kaku] (*pl* **fatos-macacos** [ˌfatuʒmɐ'kakuʃ]) *m* (*Port*) bleu *m* de travail

fator [fa'tox] (*pl* **-es** [iʃ]) *m* (*Br*) = **facto**r

fatura [fa'turɐ] *f* (*Br*) = **factura**

fauna ['faunɐ] *f* faune *f*

fava ['fava] *f* fève *f*

favas ['favɐʃ] *fpl* fèves *fpl* • **favas à portuguesa** *fèves cuisinées avec du chorizo et de la viande de porc*

favela [fa'vɛlɐ] *f* (*Br*) bidonville *m*

Favelas

Les *favelas* ne ressemblent en rien au Brésil des plages et de la forêt vierge. Elles se composent de pauvres cabanes agglutinées sur les versants des collines et expriment, de façon confuse mais toujours créative, la misère dans laquelle se débat une population décidée à survivre. Certaines de ces favelas comptent des centaines de milliers d'habitants. On n'y trouve ni eau courante, ni tout-à-l'égout, ni surveillance policière, ni infrastructures médicales et scolaires.

favor [fɐ'vor] (*pl* **-es** [əʃ]) *m* **1.** service *m* **2.** (*do público*) faveur *f* • **faça favor de entrar** entrez, je vous en prie • **faz favor** s'il vous plaît • **fazer um favor a alguém** rendre service à qqn • **ser a** OU **em favor de** être en faveur de ; (*partidário de*) être pour • **se faz favor** s'il vous plaît • **por favor** s'il vous plaît ▼ **é favor fechar a porta** prière de fermer la porte

favorável [fɐvu'ravɛł] (*pl* **-eis** [ɐiʃ]) *adj* **1.** *(resposta)* favorable **2.** *(tempo)* propice
favores ➤ **favor**
favorito, ta [fɐvu'ritu, tɐ] *adj* favori(ite)
fax ['faksə] (*pl* **-es** [əʃ]) *m* fax *m* • **enviar** ou **mandar um fax** envoyer un fax
fax-modem [(*Port*) ˌfaksə'mɔđem (*Br*), ˌfaksi'modẽ] (*pl* **-dens** [diʃ]) *m* fax-modem *m*
faz ['faʃ] ➤ **fazer**
fazenda [fɐ'zẽndɐ] *f* **1.** (*Br*) *(quinta)* exploitation *f* agricole **2.** (*Port*) *(terreno)* terre *f* **3.** *(tecido)* tissu *m*
fazendeiro, ra [fazẽn'deiru, rɐ] *m, f* (*Br*) exploitant *m*, -e *f* agricole
fazer [fɐ'zer] *vt*
1. *(ger)* faire • **fazer barulho** faire du bruit • **fazer uma pergunta** poser une question • **fazer planos/um vestido** faire des projets/une robe • **vamos fazer uma festa** nous allons faire une fête • **devias fazer mais exercício** tu devrais faire plus d'exercice • **fazer alguém rir/chorar** faire rire/pleurer qqn • **o chocolate faz borbulhas** le chocolat donne des boutons
2. *(transformar)* mettre, rendre • **fazer algo em pedaços** mettre qqch en pièces • **fazer alguém feliz** rendre qqn heureux
3. *(anos)* • **faço anos amanhã** demain, c'est mon anniversaire • **fazemos cinco anos de casados** ça fait cinq ans que nous sommes mariés
◇ *vi*
1. *(em teatro, cinema)* • **fazer de** jouer
2. *(aparentar)* • **fazer como se** faire comme si
3. *(causar)* • **fazer bem/mal a algo/alguém** faire du bien/du mal à qqch/qqn
4. *(obrigar)* • **fazer (com) que** faire (en sorte) que
◇ *v impess*
1. *(Br)* • **faz frio/calor** il fait froid/chaud
2. *(exprime tempo)* faire • **faz um ano que não o vejo** ça fait un an que je ne le vois pas • **faz tempo que estou à espera** ça fait longtemps que j'attends • **ele partiu faz três meses** ça fait trois mois qu'il est parti
3. *(importar)* • **não faz mal se está partido** ça ne fait rien si c'est cassé • **não te preocupes, não faz mal!** ne t'inquiète pas, ça ne fait rien ! • **tanto faz** c'est pareil
◆ **fazer-se** *vp* se faire • **fazer-se com** se faire avec
◆ **fazer-se de** *vp + prep* faire • **fazer-se de tolo/esperto** faire l'idiot/le malin • **fazer-se de desentendido** faire semblant de ne pas comprendre
fé ['fɛ] *f* foi *f* • **de boa/má fé** de bonne/mauvaise foi • **à falsa fé** en traître
febra ['feƀrɐ] *f* maigre *m* • **febras de porco** tranches *fpl* de porc
febre ['fɛƀrə] *f* fièvre *f*
febre-dos-fenos [ˌfɛƀrəđuʃ'fenuʃ] *f* rhume *m* des foins
fechado, da [fə'ʃađu, đɐ] *adj* **1.** fermé(e) **2.** *(luz)* éteint(e) **3.** *(couve)* pommé(e) **4.** *(negócio)* conclu(e) ▼ **fechado para balanço** fermé pour cause d'inventaire ▼ **fechado para férias** fermeture annuelle ▼ **fechado para obras** fermé pour travaux
fechadura [fəʃɐ'đurɐ] *f* serrure *f*
fechar [fə'ʃar] *vt* **1.** fermer **2.** *(luz)* éteindre **3.** *(negócio)* conclure ◇ *vi* **1.** *(ferida)* se cicatriser **2.** *(estabelecimento)* fermer

• **fechar algo à chave** fermer qqch à clef ♦ **fechar-se** *vp* **1.** *(encerrar-se)* s'enfermer **2.** *(calar-se)* se fermer

fecho ['fɐiʃu] *m* **1.** *(de porta)* loquet *m* **2.** *(de mala)* fermeture *f* **3.** *(de janela)* poignée *f* **4.** *(de colar)* fermoir *m* **5.** *(de peça de vestuário)* • **fecho (éclair)** fermeture *f* Éclair® **6.** *(de espectáculo, acontecimento)* fin *f*

fécula ['fɛkulɐ] *f* fécule *f* • **fécula de batata** fécule de pomme de terre

fecundar [fəkũn'dar] *vt* féconder

feder [fə'đer] *vi (fam)* empester

federação [fədərɐ'sɐ̃u] *(pl* **-ões** [õiʃ]*) f* fédération *f*

fedor [fə'đor] *m (fam)* puanteur *f*

feijão [fɐi'ʒɐ̃u] *(pl* **-ões** [õiʃ]*) m* haricot *m*

feijão-frade [fɐiʒɐ̃u'frađə] *(pl* **feijões-frades** [fɐiʒõiʃ'frađəʃ]*) m* dolic *m, sorte de haricot blanc*

feijão-fradinho [fejʒɐ̃wfra'dʒiɲu] *(Br)* = **feijão-frade**

feijão-mulatinho [fei,ʒɐ̃umula'tiɲu] *(pl* **feijões-mulatinhos** [fei,ʒõiʒmula'tiɲuʃ]*) m (Br) sorte de haricot rouge*

feijão-preto [fɐiʒɐ̃u'pretu] *(pl* **feijões-pretos** [fɐiʒõiʃ'pretuʃ]*) m* haricot *m* noir

feijão-tropeiro [fɐi,ʒɐ̃utru'pɐiru] *(pl* **feijões-tropeiros** [fɐi,ʒõiʃtru'pɐiruʃ]*) m (Br) plat de haricots noirs accompagné de farine de manioc*

feijão-verde [fɐiʒɐ̃u'verđə] *(pl* **feijões-verdes** [fɐiʒõiʒ'verđəʃ]*) m* haricot *m* vert

feijoada [fɐi'ʒwađɐ] *f plat de haricots secs, de viande de porc et de légumes souvent accompagné de riz* • **feijoada brasileira** *plat de haricots noirs servi avec du chou en lamelles, du porc et de la farine de manioc* • **feijoada à trasmontana** *feijoada servie avec beaucoup de légumes*

Feijoada

La *feijoada* à la brésilienne est composée de haricots noirs. On y ajoute de la viande de porc séchée, du lard, des côtelettes, du saucisson, de l'andouille, et quelques ingrédients moins ordinaires, tels l'oreille et le pied de porc. Elle est servie avec du riz blanc, de la *farofa*, farine de manioc, du chou et une orange pelée.

Plus qu'un plat typique, elle offre l'occasion de se rassembler. Traditionnellement servie le samedi matin, elle est arrosée de bière et de *caipirinha* et se déguste jusqu'à la nuit, de préférence au son des sambas.

Au Portugal, la feijoada est aussi un plat traditionnel, mais ses ingrédients sont légèrement différents. Elle est faite à base de haricots rouges ou blancs et de viande de porc de préférence salée (lard, tripes et saucisses). Dans certaines régions, on y met aussi du chou et de la carotte.

feijões ➤ **feijão**

feio, feia ['fɐjo, 'fɐjɐ] *adj* **1.** *(rosto, forma, objecto)* laid(e) **2.** *(atitude, comportamento)* vilain(e) **3.** *(situação, caso, problema)* sale

feira ['fɐirɐ] *f* **1.** *(de gado)* foire *f* **2.** *(de automóvel, livro)* salon *m* • **feira da ladra**

(*Port*) ≃ marché *m* aux puces • **feira popular** (*Port*) fête *f* foraine
feitiçaria [fɐitisɐ'riɐ] *f* sorcellerie *f*
feiticeiro, ra [fɐiti'sɐiru, rɐ] *m, f* sorcier *m*, -ère *f*
feitiço [fɐi'tisu] *m* sort *m* • **lançar um feitiço** jeter un sort
feitio [fɐi'tiu] *m* **1.** (*carácter*) caractère *m* **2.** (*de peça de vestuário*) modèle *m*
feito, ta ['fɐitu, tɐ] *pp* ➤ **fazer** ◇ *adj* fait(e) ◇ *m* exploit *m* • **está um homem feito** c'est devenu un homme • **feito à mão** fait à la main • **feito sob medida** fait sur mesure • **feito de** fait à base de • **dito e feito** aussitôt dit, aussitôt fait
feixe ['fɐiʃə] *m* **1.** (*de palha*) botte *f* **2.** (*de lenha*) fagot *m* **3.** (*Br*) (*de luz*) faisceau *m*
fel ['fɛɫ] *m* **1.** (*bílis*) bile *f* **2.** (*sabor amargo*) goût *m* amer
felicidade [fəlisi'đađə] *f* **1.** (*contentamento*) bonheur *m* **2.** (*boa sorte*) chance *f* • **felicidades!** bonne chance ! ; (*para os noivos*) tous nos vœux de bonheur !
felicitar [fəlisi'tar] *vt* féliciter • **felicitar alguém por algo** féliciter qqn pour qqch
felino, na [fe'linu, na] *adj* félin(e) ♦ **felinos** *mpl* félins *mpl*
felino [fə'linu] *m* félin *m*
feliz [fə'liʃ] (*pl* **-es** [zəʃ]) *adj* **1.** heureux(euse) **2.** (*bem executado*) réussi(e) • **feliz Ano Novo!** bonne année ! • **feliz Natal!** joyeux Noël !
felizmente [fəliʒ'mẽntə] *adv* heureusement
felpudo, da [fɛɫ'puđu, đɐ] *adj* **1.** (*toalha*) moelleux(euse) **2.** (*tapete, cão*) à poils longs
feltro ['feɫtru] *m* feutre *m*
fêmea ['femjɐ] *f* **1.** femelle *f* **2.** (*objecto*) prise *f* femelle
feminino, na [fəmə'ninu, nɐ] *adj* féminin(e) ◇ *m* féminin *m*
feminismo [fəmə'niʒmu] *m* féminisme *m*
feminista [fəmə'niʃtɐ] *mf* féministe *mf*
fenda ['fẽndɐ] *f* **1.** (*em terra, chão*) crevasse *f* **2.** (*em parede*) fente *f*
fender [fẽn'der] *vt* fendre ♦ **fender-se** *vp* se fendre
feno ['fenu] *m* foin *m*
fenomenal [fənumə'naɫ] (*pl* **-ais** [aiʃ]) *adj* phénoménal(e)
fenómeno [fə'nɔmənu] *m* (*Port*) phénomène *m*
fenômeno [fe'nomenu] *m* (*Br*) = **fenómeno**
fera ['fɛrɐ] *f* fauve *m*
feriado [fə'rjađu] *m* jour *m* férié • **feriado nacional** fête *f* nationale
férias ['fɛrjɐʃ] *fpl* vacances *fpl* • **ir/estar de** ou **em férias** partir/être en vacances
ferida [fə'riđɐ] *f* blessure *f* ➤ **ferido**
ferido, da [fə'riđu, đɐ] *adj* & *m, f* blessé(e)
ferimento [fəri'mẽntu] *m* blessure *f*
ferir [fə'rir] *vt* blesser ♦ **ferir-se** *vp* se blesser
fermentar [fərmẽn'tar] *vi* fermenter
fermento [fər'mẽntu] *m* levain *m* • **fermento em pó** levure *f*
feroz [fə'rɔʃ] (*pl* **-es** [zəʃ]) *adj* féroce
ferradura [fəʀɐ'đurɐ] *f* **1.** (*de cavalo*) fer *m* à cheval **2.** (*bolo*) *pâtisserie en forme de fer à cheval fourrée à la crème*
ferragens [fə'ʀaʒẽiʃ] *fpl* ➤ **loja**

ferramenta [fəʀɐ'mẽntɐ] *f* **1.** outil *m* **2.** *(conjunto de instrumentos)* outils *mpl*
ferrão [fə'ʀɐ̃u] *(pl* **-ões** [õiʃ]) *m* dard *m*
ferreiro [fə'ʀɐiru] *m* forgeron *m*
ferrinhos [fə'ʀiɲuʃ] *mpl* triangle *m (en musique)*
ferro ['fɛʀu] *m* **1.** *(de passar roupa)* fer *m* à repasser **2.** *(metal)* fer *m*
ferrões [fe'xõjʃ] ➤ **ferrão**
ferrolho [fə'ʀoʎu] *m* verrou *m*
ferro-velho [ˌfɛʀu'vɛʎu] *(pl* **ferros-velhos** [ˌfɛʀuʒ'vɛʎuʃ]) *m* ferrailleur *m*
ferrovia [fexo'viɐ] *f (Br)* chemin *m* de fer
ferrugem [fə'ʀuʒɐ̃i] *f* rouille *f*
ferry-boat [ˌfɛʀi'bout] *(pl* **ferry-boats** [ˌfɛʀi'bouts]) *m* ferry-boat *m*
fértil ['fɛrtił] *(pl* **-teis** [tɐiʃ]) *adj* fertile
fertilidade [fərtəli'ðaðə] *f* fertilité *f*
fertilizante [fərtəli'zɐ̃ntə] *m* engrais *m*
fervedor [fərvə'ðor] *(pl* **-es** [əʃ]) *m* pot *m* à lait
ferver [fər'ver] *vt* faire bouillir ◇ *vi* bouillir
fervor [fər'vor] *m* ferveur *f*
fervura [fər'vurɐ] *f* ébullition *f* • **até levantar fervura** jusqu'à ébullition
festa ['fɛʃtɐ] *f* fête *f* • **Boas festas!** joyeuses fêtes ! • **festas juninas** *(no Brasil)*, **festas dos Santos Populares** *(em Portugal) fêtes religieuses célébrées au mois de juin (Saint-Antoine, Saint-Jean, Saint-Pierre)* • **uma vez por festa** *(fig)* une fois tous les trente-six du mois ◆ **festas** *fpl* caresses *fpl* • **fazer festas a** caresser
festejar [fəʃtə'ʒar] *vt* fêter
festim [fəʃ'tĩ] *(pl* **-ns** [ʃ]) *m* festin *m*
festival [fəʃti'vał] *(pl* **-ais** [aiʃ]) *m* festival *m*
fétido, da ['fɛtiđu, đɐ] *adj* fétide
feto ['fɛtu] *m* **1.** *(planta)* fougère *f* **2.** *(embrião)* fœtus *m*
fevereiro [feve'reiru] *m (Br)* = **Fevereiro**
Fevereiro [fəvə'rɐiru] *m (Port)* février *m* • **durante o mês de Fevereiro** au mois de février • **em Fevereiro** en février • **em meados de Fevereiro** à la mi-février • **este mês de Fevereiro** le mois de février • **no passado/próximo mês de Fevereiro** en février dernier/prochain • **no princípio/final de Fevereiro** début/fin février • **o um de Fevereiro** le 1er février
fez ['feʃ] ➤ **fazer**
fezes ['fɛzəʃ] *fpl* selles *fpl*
fiação [fjɐ'sɐ̃u] *(pl* **-ões** [õiʃ]) *f* filature *f*
fiado ['fjadu] *adv* • **vender fiado** vendre à crédit • **comprar fiado** acheter à crédit
fiambre ['fjɐ̃mbrə] *m* jambon *m* blanc
fiar ['fjar] *vt* filer ◇ *vi* faire crédit ◆ **fiar-se em** *vp + prep* se fier à
fiasco ['fjaʃku] *m* fiasco *m*
fibra ['fibrɐ] *f* **1.** fibre *f* **2.** *(fig) (coragem)* cran *m* • **fibra (acrílica)** fibre acrylique • **fibra óptica** fibre *f* optique
ficar [fi'kar] *vi* **1.** rester **2.** *(estar situado)* être **3.** *(tornar-se)* devenir • **ficou corado** il est devenu tout rouge • **ficou triste com a notícia** la nouvelle l'a rendu triste • **ficou surpreendido** il a été surpris • **ficar bem/mal** *(maneiras)* être bien/mal ; *(roupa)* aller bien/mal • **ficar bem** *(aluno, bolo)* réussir • **ficar mal** *(aluno, bolo)* rater • **ficar a ler** lire • **ficar a trabalhar** travailler • **ficar com algo** *(adquirir)*

prendre qqch ; *(guardar)* garder qqch • **ficar de fazer algo** devoir faire qqch • **ficar em primeiro lugar** arriver en premier • **ficar por** revenir à • **ficar sem algo** perdre qqch ◆ **ficar-se por** *vp + prep (limitar-se a)* se contenter de • **eu fico-me por aqui** j'en reste là

ficção [fik'sɐ̃u] *f* fiction *f*

ficha ['fiʃɐ] *f* **1.** fiche *f* **2.** *(eléctrica)* prise *f* **3.** *EDUC (teste)* contrôle *m* • **ficha dupla/tripla** double/triple prise

fichário [fi'ʃarju] *m* fichier *m*

ficheiro [fi'ʃɐiru] *m* fichier *m*

fictício, cia [fik'tisju, sjɐ] *adj* fictif(ive)

fidelidade [fiđəli'đađə] *f* fidélité *f* • **fidelidade (conjugal)** fidélité

fiel ['fjɛɫ] (*pl* **-éis** [ɛiʃ]) *adj & m* fidèle

figa ['figaʃ] *f* amulette *f (en forme de main)* • **fazer figa** croiser les doigts

fígado ['figɐđu] *m* foie *m*

figas ['figɐʃ] *fpl* • **fazer figas** croiser les doigts

figo ['figu] *m* figue *f* • **figos secos** figues sèches

figueira [fi'gɐirɐ] *f* figuier *m*

figura [fi'gurɐ] *f* **1.** *(forma exterior)* silhouette *f* **2.** *(desenho, imagem)* figure *f* • **fazer boa/má figura** bien/mal s'en sortir • **fazer figura de urso** (*fam*) se casser les dents ; *(numa festa)* faire mauvais effet

figurante [figu'rɐ̃ntə] *mf* figurant *m*, -e *f*

figurar [figu'rar] ◆ **figurar em** *v + prep* **1.** *(em filme, peça teatral)* être figurant(e) dans **2.** *(em livro, dicionário)* figurer dans **3.** *(em lista)* figurer sur

figurino [figu'rinu] *m* magazine *m* de mode

fila ['filɐ] *f* **1.** file *f* **2.** *(de pessoas)* queue *f* • **em fila (indiana)** en file indienne ▾ **aguarde na fila** faites la queue

filarmónica [filɐr'mɔnikɐ] *f* (*Port*) orchestre *m* philharmonique

filarmônica [filax'monikɐ] *f* (*Br*) = **filarmónica**

filatelia [filɐtə'liɐ] *f* philatélie *f*

filé [fi'lɛ] *m* (*Br*) **1.** *(de peixe)* filet *m* **2.** *(de carne)* steak *m*

fileira [fi'lɐirɐ] *f* rangée *f*

filete [fi'letə] *m* **1.** (*Port*) *(de peixe)* filet *m* **2.** *(de carne)* bifteck *m* • **filetes (de pescada)** *filets de colin*

filho, lha ['fiʎu, ʎɐ] *m, f* fils *m*, fille *f* • **os filhos** les enfants • **filho da puta** (*vulg*) fils de pute

filhó [fi'ʎɔ] (*pl* **-oses** [ɔzəʃ]) *f beignet de potiron*

filhote [fi'ʎɔtə] *m* petit *m (d'un animal)*

filial [fi'ljaɫ] (*pl* **-ais** [aiʃ]) *f* filiale *f*

filigrana [fili'grɐnɐ] *f* filigrane *f*

Filipinas [fili'pinɐʃ] *fpl* • **as Filipinas** les Philippines

filmadora [fiuma'dorɐ] *f* (*Br*) • **filmadora (de vídeo)** Caméscope® *m*

filmar [fiɫ'mar] *vt* filmer

filme ['fiɫmə] *m* **1.** *(de cinema)* film *m* **2.** *(de máquina fotográfica)* pellicule *f* • **filme aderente** (*Br*) film adhésif

filosofia [filuzu'fiɐ] *f* philosophie *f*

filósofo, fa [fi'lɔzufu, fɐ] *m, f* philosophe *mf*

filtrar [fiɫ'trar] *vt* filtrer

filtro ['fiɫtru] *m* filtre *m*

fim ['fĩ] (*pl* **-ns** [ʃ]) *m* **1.** *(de filme, acção)* fin *f* **2.** *(de estrada)* bout *m* **3.** *(objectivo)* but *m* • **ter por fim** avoir pour but • **ter**

um fim em vista avoir un objectif en vue • o fim do mundo le bout du monde ; *RELIG* la fin du monde • a fim de afin de • no fim finalement • ao fim e ao cabo tout compte fait • um sem fim de une infinité de • estás a fim de ir ao cinema? (*Br*) ça te dit d'aller au cinéma ?

fim-de-semana [ˌfĩndəsə'mɐnɐ] (*pl* fins-de-semana [ˌfĩʒdəsə'mɐnɐ]) *m* week-end *m*

Finados [fi'nađuʃ] *mpl* • os Finados la Toussaint

final [fi'nał] (*pl* -ais [aiʃ]) *adj* 1. final(e) 2. (*esforço*) ultime ◇ *m* fin *f* ◇ *f* finale *f*

finalidade [finɐli'đađə] *f* 1. (*objectivo*) but *m* 2. (*de máquina*) fonction *f*

finalista [finɐ'liʃtɐ] *mf* élève *mf* de dernière année

finanças [fi'nɐ̃sɐʃ] *fpl* finances *fpl* • as Finanças l'hôtel *m* des Impôts

fingir [fĩ'ʒir] *vt* faire semblant de

finlandês, esa [fĩlẽn'deʃ, ezɐ] (*mpl* -eses [ezəʃ], *fpl* -s [ʃ]) *adj* finlandais(e) ◇ *m, f* Finlandais *m*, -e *f* ◇ *m* (*língua*) finnois *m*

Finlândia [fĩ'lẽndjɐ] *f* • a Finlândia la Finlande

fino, na ['finu, nɐ] *adj* 1. fin(e) 2. (*roupa de Verão*) léger(ère) 3. (*roupa, hotel, restaurante*) raffiné(e) 4. (*educado*) distingué(e) ◇ *m* (bière *f*) pression

fins [fĩʃ] ➤ fim

fio ['fiu] *m* 1. fil *m* 2. (*de líquido*) filet *m* • fio dental fil dentaire • fios de ovos *jaune d'œuf servant à décorer les pâtisseries* • perder o fio à meada perdre le fil

firewall [(*Port*) 'fajex'uɔw (*Br*), faɪəwɔːl] (*pl* -s [ʃ]) *m* *INFORM* pare-feu *m*

firma ['fixmɐ] *f* (*Br*) société *f*

firme ['firmə] *adj* 1. (*estável*) stable 2. (*sólido*) solide 3. (*fixo*) ferme

firmeza [fir'mezɐ] *f* 1. fermeté *f* 2. (*estabilidade*) stabilité *f* 3. (*solidez*) solidité *f*

fiscal [fiʃ'kał] (*pl* -ais [aiʃ]) *adj* fiscal(e) ◇ *mf* 1. contrôleur *m*, -euse *f* 2. (*das finanças*) inspecteur *m*, -trice *f* des impôts

fisco ['fiʃku] *m* fisc *m*

fisgada [fiʒʃgada] *f* saisie *f* • levá la fisgada (*fam*) avoir une arrière pensée

física ['fizikɐ] *f* physique *f* ➤ físico

físico, ca ['fiziku, kɐ] *adj* physique ◇ *m* physique *m* ◇ *m, f* physicien *m*, -enne *f*

fisionomia [fizjunu'miɐ] *f* physionomie *f*

fisioterapia [ˌfizjɔtərɐ'piɐ] *f* physiothérapie *f*

fita ['fitɐ] *f* 1. (*tira de tecido*) ruban *m* 2. (*fingimento*) feinte *f* 3. (*filme*) film *m* • fita adesiva (*Port*) ruban adhésif • fita (de cabelo) ruban *m* • fitadurex® (*Br*) Scotch® *m* • fita isoladora (*Port*) ruban isolant • fita (para máquina de escrever) ruban • fita métrica mètre *m* (*de couturière*) • fita de vídeo (*Br*) cassette *f* vidéo • fazer fitas (*fam*) faire semblant • fazer uma fita (*fam*) faire toute une histoire

fita-cola [ˌfitɐ'kɔlɐ] *f inv* (*Port*) Scotch® *m*

fitar [fi'tar] *vt* regarder fixement

fivela [fi'vɛlɐ] *f* boucle *f*

fixador [fiksɐ'đor] (*pl* -es [əʃ]) *m* fixateur *m*

fixar [fik'sar] *vt* 1. (*tornar fixo*) fixer 2. (*aprender de cor*) retenir ◆ fixar-se *vp* se fixer

fixe ['fiʃ] *adj* sympa

fixo ['fiksu] ➤ **fixar**
fixo, xa ['fiksu, ksɐ] *adj* fixe
fiz ['fiʃ] ➤ **fazer**
flagrante [fla'grɐ̃tʃi] *adj* flagrant(e) • **apanhar em flagrante** prendre en flagrant délit
flamengo [flɐ'mẽŋgu] *adj m* ➤ **queijo**
flamingo [flɐ'mĩŋgu] *m* flamant *m*
flanco ['flɐ̃ŋku] *m* flanc *m*
flanela [flɐ'nɛlɐ] *f* flanelle *f*
flash ['flaʃə] *m* flash *m*
flauta ['flautɐ] *f* flûte *f* • **flauta de bisel** flûte à bec • **flauta de pã** flûte de Pan
flecha ['flɛʃɐ] *f* flèche *f*
fleuma ['fleumɐ] *f* flegme *m*
flexível [flɛk'sivɛɫ] (*pl* **-eis** [ɐiʃ]) *adj* **1.** (*maleável*) flexible **2.** (*plástico, pessoa*) souple
flíper ['flipe(x)] (*Br*) = **flippers**
fliperama [(*Br*) flipe'rama] *m* flipper *m*
flippers ['flipɛrs] *mpl* flipper *m* • **jogar flippers** jouer au flipper
floco ['flɔku] *m* touffe *f* • **floco de neve** flocon *m* de neige • **flocos de aveia** flocons d'avoine • **flocos de milho** flocons de maïs
flor ['flor] (*pl* **-es** [əʃ]) *f* fleur *f* • **em flor** en fleur • **à flor da pele** à fleur de peau • **na flor da idade** dans la fleur de l'âge
flora ['flɔra] *f* flore *f*
floresta [flu'rɛʃtɐ] *f* forêt *f*
florido, da [flu'riđu, đɐ] *adj* **1.** (*árvores, campos, jardins*) fleuri(e) **2.** (*tecido, papel*) à fleurs
florista [flu'riʃtɐ] *mf* fleuriste *mf* ◇ *f* • **ir à florista** aller chez le fleuriste
fluência [flu'ẽsjɐ] *f* aisance *f*
fluentemente [flu͵ẽntə'mẽntə] *adv* couramment
fluido, da [flu'iđu, đɐ] *adj* fluide ◇ *m* fluide *m*
fluminense [flumi'nẽsə] *adj* de l'État de Rio de Janeiro
flúor ['fluɔr] *m* fluor *m*
fluorescente [flurəʃ'sẽntə] *adj* fluorescent(e)
flutuante [flu'twɐ̃ntə] *adj* **1.** (*objecto*) flottant(e) **2.** (*preço, inflação*) fluctuant(e) **3.** (*temperatura*) variable
flutuar [flu'twar] *vi* flotter
fluvial [flu'vjaɫ] (*pl* **-ais** [aiʃ]) *adj* fluvial(e)
fluxo ['fluksu] *m* **1.** flux *m* **2.** (*de imigração, emigração*) vague *f*
fobia [fu'ƀiɐ] *f* phobie *f*
focinho [fu'siɲu] *m* **1.** (*de animal*) museau *m* **2.** (*de porco*) groin *m*
foco ['fɔku] *m* **1.** foyer *m* **2.** (*de atenção*) centre *m* **3.** (*lâmpada*) spot *m*
foder [fu'đer] *vt* (*vulg*) baiser ◆ **foder-se** *vp* • **foda-se!** (*vulg*) putain ! • **vai-te foder!** (*vulg*) va te faire foutre !
fofo, fa ['fofu, fɐ] *adj* **1.** (*tecido, material*) doux (douce) **2.** (*colchão*) douillet(ette) **3.** (*bolo*) moelleux(euse) **4.** (*bibelot*) mignon(onne)
fofoca [fo'fɔkɐ] *f* (*Br*) ragots *mpl*
fogão [fu'gɐ̃u] (*pl* **-ões** [õiʃ]) *m* **1.** cuisinière *f* **2.** (*de sala*) poêle *m*
fogareiro [foga'rejru] *m petit réchaud à charbon*
foge ['fɔʒə] ➤ **fugir**
fogem ['fɔʒẽm] ➤ **fugir**
fogo ['fogu] *m* feu *m* • **fogo posto** incendie *m* d'origine criminelle

fogo-de-artifício [ˌfoguđɐrtə'fisju] (*pl* **fogos-de-artifício** [ˌfɔguʒdɐrtə'fisju]) *m* feu *m* d'artifice
fogões [fo'gõjʃ] ➤ **fogão**
fogueira [fu'gɐirɐ] *f* feu *m*
foguetão [fugə'tɐ̃u] (*pl* **-ões** [õiʃ]) *m* fusée *f*
foguete [fu'getə] *m* pétard *m*, fusée *f*
foguetões ➤ **foguetão**
foi ['foi] ➤ **ser, ir**
foice ['foisə] *f* faucille *f*
folar [fu'lar] (*pl* **-es** [əʃ]) *m gâteau décoré d'un œuf dur offert à Pâques*
folclore [foɫ'klɔrə] *m* folklore *m*
folclórico, ca [foɫ'klɔriku, kɐ] *adj* folklorique
fôlego ['foləgu] *m* souffle *m* • **tomar fôlego** prendre son souffle
folga ['fɔɫgɐ] *f* **1.** (*de trabalho*) coupure *f* **2.** (*espaço livre*) jeu *m* • **estar de folga** être en congé
folha ['foʎɐ] *f* **1.** (*de planta, árvore*) feuille *f* **2.** (*de jornal, livro, revista*) page *f* **3.** (*de serra, serrote*) lame *f* • **folha de alumínio** feuille d'aluminium • **folha de cálculo** feuille de calcul • **folha de linhas** feuille de papier rayé • **folha lisa** feuille blanche • **folha quadriculada** feuille quadrillée • **folha (de papel)** feuille (de papier)
folha-de-flandres [ˌfoʎɐđə'flẽndrəʃ] (*pl* **folhas-de-flandres** [ˌfoʎɐʒdə'flẽndrəʃ]) *f* fer-blanc *m*
folhado, da [fu'ʎađu, đɐ] *adj* feuilleté(e) ◇ *m* feuilleté *m*
folhagem [fu'ʎaʒɐ̃i] *f* feuillage *f*
folhear [fu'ʎjar] *vt* feuilleter
folheto [fu'ʎetu] *m* **1.** prospectus *m* **2.** (*livro*) brochure *f*
folia [fu'liɐ] *f* fête *f*
folião, liona [fu'ljɐ̃u, ljonɐ] (*mpl* **-ões** [õiʃ], *fpl* **-s** [ʃ]) *m, f* fêtard *m*, -e *f*
fome ['fɔmə] *f* faim *f* • **passar fome** connaître la faim
fone ['fɔni] *m* (*Br*) écouteur *m*
fonética [fu'nɛtikɐ] *f* phonétique *f*
fonte ['fõntə] *f* **1.** (*chafariz*) fontaine *f* **2.** (*de cabeça*) tempe *f* **3.** (*fig*) (*de texto, trabalho, informação*) source *f*
fora ['fɔrɐ] *adv* **1.** (*no exterior*) dehors **2.** (*no estrangeiro*) à l'étranger ◇ *prep* **1.** (*excepto*) excepté **2.** (*além de*) en dehors de ◇ *interj* dehors ! • **amanhã vou estar fora** demain, je ne serai pas là • **conduzir fora de mão** mordre sur la ligne blanche • **estar/ficar fora de si** être hors de soi • **ficar de fora de** ne pas prendre part à • **fora de série** hors du commun • **lá fora** (*no exterior*) dehors ; (*no estrangeiro*) à l'étranger • **por aí fora** par là ; (*e sucessivamente*) et ainsi de suite • **por esse país fora** à travers le pays • **dar um fora em alguém** (*Br*) (*fam*) envoyer promener qqn
foram [fo'rɐ̃u] ➤ **ser, ir**
força ['forsɐ] *f* force *f* • **as forças armadas** forces armées • **força de vontade** volonté *f* • **à força** par la force • **de força maior** de force majeure • **por força** à tout prix
forcado [fur'kađu] *m torero chargé d'immobiliser le taureau*
forçar [fur'sar] *vt* forcer
forjar [fur'ʒar] *vt* contrefaire
[1]**forma** ['fɔrmɐ] *f* **1.** forme *f* **2.** (*maneira*) façon *f* • **de forma que** si bien que • **de qualquer forma** de toute façon • **em for-**

ma de en forme de • **estar em forma** être en forme

[2]**forma** ['formɐ] *f* **1.** (*Port*) (*de bolos*) moule *m* **2.** (*de sapatos*) forme *f*

fôrma ['foxmɐ] *f* (*Br*) = **forma**[2]

formação [furmɐ'sɐ̃w] (*pl* **-ões** [õiʃ]) *f* formation *f*

formal [fur'maɫ] (*pl* **-ais** [aiʃ]) *adj* **1.** (*cerimonioso*) solennel(elle) **2.** (*categórico*) formel(elle) **3.** (*sério*) sérieux(euse) **4.** (*linguagem*) soutenu(e)

formalidade [furmɐli'đađə] *f* formalité *f*

formar [fur'mar] *vt* former ◆ **formar-se** *vp terminer ses études* (*à l'université*) • **formarse em** être diplômé en

formatar [furmɐ'tar] *vt* formater

formidável [furmi'đavɛɫ] (*pl* **-eis** [ɐiʃ]) *adj* formidable

formiga [fur'migɐ] *f* fourmi *f*

formoso, osa [fur'mozu, ɔzɐ] *adj* beau (belle)

fórmula ['fɔxmula] *f* formule *f* ◆ **Fórmula 1** *f DESP* Formule 1

formular [furmu'lar] *vt* formuler

formulário [furmu'larju] *m* formulaire *m*

fornecedor, ra [furnəsə'đor, rɐ] (*mpl* **-es** [əʃ], *fpl* **-s** [ʃ]) *m, f* **1.** fournisseur *m*, -euse *f* **2.** (*fam*) (*de droga*) revendeur *m*, -euse *f*

fornecer [furnə'ser] *vt* fournir • **fornecer algo a alguém** fournir qqch à qqn ◆ **fornecer-se** *vp* s'approvisionner

fornecimento [furnəsi'mẽntu] *m* approvisionnement *m*

forno ['fornu] *m* four *m*

forquilha [fur'kiʎɐ] *f* fourche *f*

forrar [fu'ʀar] *vt* **1.** (*peça de vestuário*) doubler **2.** (*livro*) couvrir **3.** (*gaveta*) recouvrir

forró [fo'xɔ] *m* (*Br*) bal *m* populaire

fortalecer [furtɐlə'ser] *vt* fortifier

fortaleza [furtɐ'lezɐ] *f* forteresse *f*

forte ['fɔrtə] *adj* **1.** fort(e) **2.** (*corda*) solide **3.** (*comida*) lourd(e) ◇ *m* fort *m* • **essa é forte!** elle est bien bonne !

fortuna [fur'tunɐ] *f* (*riqueza*) fortune *f*

fósforo ['fɔʃfuru] *m* allumette *f*

fossa ['fɔsɐ] *f* fosse *f* • **estar na fossa** (*fam & fig*) avoir le moral à zéro

fóssil ['fɔsiɫ] (*pl* **-eis** [ɐiʃ]) *m* fossile *m*

fosso ['fosu] *m* fossé *m*

foste ['foʃtə] ➤ **ser, ir**

foto ['fɔtu] *f* photo *f*

fotocópia [fɔtɔ'kɔpjɐ] *f* photocopie *f*

fotografar [futugrɐ'far] *vt* photographier

fotografia [futugrɐ'fiɐ] *f* photographie *f* • **fotografia tipo passe** photo *f* d'identité

fotógrafo, fa [fu'tɔgrɐfu, fɐ] *m, f* photographe *mf*

fotómetro [fu'tɔmətru] *m* posemètre *m*

fotômetro [fo'tɔmetru] (*Br*) = **fotómetro**

foz ['fɔʃ] *f* embouchure *f*

fração [fra'sɐ̃w] (*pl* **-ões** [õiʃ]) *f* (*Br*) = **fracção**

fracasso [frɐ'kasu] *m* échec *m*

fracção [fra'sɐ̃w] (*pl* **-ões** [õiʃ]) *f* (*Port*) fraction *f*

fraco, ca ['fraku, kɐ] *adj* **1.** faible **2.** (*pessoa*) chétif(ive) **3.** (*corda*) fin(e) **4.** (*chuva*) fin(e) **5.** (*bebida*) léger(ère) **6.** (*qualidade*) mauvais(e) • **ter um fraco por** (*fig*)

(paixão) avoir un faible pour • **não dar parte de fraco** ne pas s'avouer vaincu
frações ➤ **fração**
fractura [fra'turɐ] *f* fracture *f*
frade ['fraðə] *m* frère *m*
frágil ['fraʒił] (*pl* **-geis** [ʒɐiʃ]) *adj* fragile
fragmento [frag'mẽntu] *m* **1.** *(pedaço)* fragment *m* **2.** *(de obra literária, manuscrito)* extrait *m*
fragrância [frɐ'grẽsjɐ] *f* senteur *f*
fralda ['frałðɐ] *f* couche *f* • **fraldas descartáveis** couches-culottes *fpl*
framboesa [frẽm'bwezɐ] *f* framboise *f*
frame [freɪm] *f* cadre *m*
França ['frẽsɐ] *f* • **a França** la France
francamente [ˌfrẽŋkɐ'mẽntə] *adv* franchement ◇ *interj* franchement !
francês, esa [frẽ'seʃ, ezɐ] (*mpl* **-eses** [ezəʃ], *fpl* **-s** [ʃ]) *adj* français(e) ◇ *m, f* Français *m*, -e *f* ◇ *m (língua)* français *m*
franco, ca ['frẽŋku, kɐ] *adj (sincero)* franc (franche) • **para ser franco** pour être franc
frango ['frẽŋgu] *m* **1.** *(ave)* poulet *m* **2.** (*fam*) *(em futebol)* but *m* facile • **frango assado** poulet rôti • **frango de churrasco** *poulet grillé qui peut être accompagné de sauce piquante* • **frango na púcara** *poulet mijoté avec des oignons, des tomates et du porto*
franja ['frẽʒɐ] *f* frange *f*
franqueza [frẽŋ'kezɐ] *f* franchise *f* • **com franqueza** franchement
franquia [frẽŋ'kiɐ] *f* affranchissement *m*
franzino, na [frẽ'zinu, nɐ] *adj* chétif(ive)
fraqueza [frɐ'kezɐ] *f* **1.** faiblesse *f* **2.** *(fome)* faim *f* **3.** *(cansaço)* coup *m* de barre
frasco ['fraʃku] *m* flacon *m*
frase ['frazə] *f* phrase *f*
fratura [fra'tura] (*Br*) = **fractura**
fraude ['frauðə] *f* fraude *f*
frear [fre'ax] *vi* (*Br*) freiner
freeware [fri'wari] (*pl* **freewares**) *m* *INFORM* logiciel gratuit *m*
freezer [(*Br*) 'frizɛx] (*pl* **-s**) *m (de geladeira)* freezer *m* ; *(congelador)* congélateur *m*
freguês, esa [frɛ'geʃ, ezɐ] (*mpl* **-eses** [ezəʃ], *fpl* **-s** [ʃ]) *m, f* client *m*, -e *f*
freio ['frɐju] *m* **1.** *(de veículo)* frein *m* **2.** *(de cavalo)* mors *m*
a ['frejra] *f* religieuse *f*
freixo ['frɐiʃu] *m* frêne *m*
frenético, ca [frə'nɛtiku, kɐ] *adj* frénétique
frente ['frẽntə] *f* **1.** *(parte dianteira)* devant *m* **2.** *(de veículo)* avant *m* **3.** *(em meteorologia)* front *m* • **dar de frente com** tomber sur • **fazer frente** *(a um problema)* faire face ; *(a uma pessoa)* tenir tête • **ir para a frente com** faire avancer • **frente fria/quente** front froid/chaud • **à frente** en tête • **à frente de** *(no espaço)* devant ; *(no tempo)* avant • **de frente** *(olhar)* en face ; *(foto)* de face ; *(encontro)* nez à nez • **em frente** en face • **em frente de** en face de • **frente a** en face de • **frente a frente** face à face
frequência [frə'kwẽsjɐ] *f* fréquence *f* • **com frequência** fréquemment
freqüência [fre'kwẽsja] (*Br*) = **frequência**
frequentar [frəkwẽn'tar] *vt* **1.** fréquenter **2.** *(curso)* assister à
freqüentar [frekwẽn'ta(x)] (*Br*) = **frequentar**

frequentemente [frəˌkwẽntə'mẽntə] *adv* fréquemment

freqüentemente [freˌkwẽntʃi'mẽntʃi] (*Br*) = **frequentemente**

frescão [freʃ'kɐ̃u] (*pl* **-ões** [õiʃ]) *m* (*Br*) autocar *m* climatisé

fresco, ca ['freʃku, kɐ] *adj* **1.** frais (fraîche) **2.** (*pessoa*) sans-gêne **3.** (*licencioso*) grivois(e) ◇ *m* (*Port*) fresque *f* • **casado de fresco** jeune marié • **fresca ou natural?** vous désirez de l'eau glacée ou pas ? • **pôr-se ao fresco** (*fam*) se faire la malle ▾ **pintado de fresco** peinture fraîche

frescobol [freʃko'bɔu] *m* (*Br*) tennis *m* de plage

frescões [freʃ'kõjʃ] ➤ **frescão**

frescura [frəʃ'kurɐ] *f* fraîcheur *f*

fressura [frə'surɐ] *f* abats *mpl*

frete ['frɛtə] *m* **1.** fret *m* **2.** (*fam*) corvée *f*

frevo ['frevu] *m musique et danse du carnaval de Pernambouc*

friagem ['frjaʒẽ] *f inv* froidure *f*

fricção [frik'sɐ̃u] (*pl* **-ões** [õiʃ]) *f* **1.** (*esfregação*) friction *f* **2.** (*atrito*) frottement *m*

frieira [fri'ɐirɐ] *f* engelure *f*

frieza [fri'ezɐ] *f* froideur *f*

frigideira [friʒi'đɐirɐ] *f* poêle *f* (*à frire*)

frigorífico [frigu'rifiku] *m* réfrigérateur *m*

frio, fria ['friu, 'friɐ] *adj* froid(e) ◇ *m* froid *m* • **estar frio** faire froid • **ter frio** avoir froid • **um frio de rachar** (*fam*) un froid de canard ◆ **frios** *mpl* **1.** (*Br*) (*carnes frias*) charcuterie *f* **2.** (*comida fria*) hors-d'œuvre *m inv*

frisar [fri'zar] *vt* **1.** (*cabelo*) friser **2.** (*fig*) (*enfatizar*) souligner

fritar [fri'tar] *vt* frire

frito, ta ['fritu, tɐ] *adj* frit(e) • **estar frito** (*fam*) être dans de beaux draps ◆ **fritos** *mpl* friture *f*

fritura [fri'tura] (*Br*) = **fritos**

frízer ['frizɛx] (*pl* **-es** [iʃ]) *m* (*Br*) **1.** (*de geladeira*) freezer *m* **2.** (*congelador*) congélateur *m*

fronha ['froɲɐ] *f* taie *f* d'oreiller

fronte ['frõntə] *f* (*testa*) front *m*

fronteira [frõn'tɐirɐ] *f* frontière *f* • **além fronteiras** au-delà des frontières

frota ['frɔtɐ] *f* **1.** (*de navios, aviões*) flotte *f* **2.** (*de veículos*) parc *m*

frustrado, da [fruʃ'trađu, đɐ] *adj* **1.** (*pessoa*) frustré(e) **2.** (*tentativa*) avorté(e)

frustrante [fruʃ'trẽntə] *adj* frustrant(e)

fruta ['frutɐ] *f* fruits *mpl* • **fruta em calda** fruits au sirop • **fruta da época** fruits de saison

fruta-do-conde [ˌfrutɐđu'kõndə] (*pl* **frutas-do-conde** [ˌfrutɐʒdu'kõndə]) *f* anone *f*

frutaria [frutɐ'riɐ] *f* • **ir à frutaria** aller chez le marchand de fruits

fruto ['frutu] *m* fruit *m* • **frutos secos** fruits secs

FTP (*abrev de File Transmission Protocol*) *m INFORM* FTP *m* (*protocole de transfert de fichiers*)

fuga ['fugɐ] *f* fuite *f* • **pôr-se em fuga** prendre la fuite • **em fuga** en fuite

fugir [fu'ʒir] *vi* fuir • **fugir a fazer algo** éviter de faire qqch • **fugir a alguém** échapper à qqn • **fugir a algo** (*pergunta*) éluder qqch • **fugir de** s'enfuir de • **fugir a bom fugir** (*fam*) prendre ses jambes à son cou

fugitivo, va [fuʒi'tivu, vɐ] *adj & m, f* fugitif(ive)

fui ['fuĩ] ➤ **ser, ir**

fulano, na [fu'lɐnu, nɐ] *m, f* Untel *m*, Unetelle *f*

fuligem [fu'liʒẽi] *f* suie *f*

fulo, la ['fulu, lɐ] *adj* (*fam*) furax • **ficar fulo da vida** être en pétard

fumaça [fu'masɐ] *f* fumée *f* épaisse

fumado, da [fu'mađu, đɐ] *adj* fumé(e)

fumador, ra [fumɐ'đor, rɐ] (*mpl* **-es** [əʃ], *fpl* **-s** [ʃ]) *m, f* (*Port*) fumeur *m*, -euse *f*

fumante [fu'mẽntʃi] *mf* (*Br*) fumeur *m*, -euse *f*

fumar [fu'mar] *vt & vi* fumer

fumo ['fumu] *m* fumée *f*

função [fũ'sɐ̃u] (*pl* **-ões** [õiʃ]) *f* fonction *f* • **exercer a função de** exercer la fonction de • **função pública** fonction publique

funcho ['fũʃu] *m* fenouil *m*

funcionamento [fũsjunɐ'mẽntu] *m* **1.** (*de máquina*) fonctionnement *m* **2.** (*de estabelecimento*) ouverture *f* • **em funcionamento** en marche

funcionar [fũsju'nar] *vi* **1.** (*máquina*) fonctionner **2.** (*estabelecimento*) ouvrir • **funcionar a pilhas** marcher à piles

funcionário, ria [fũsju'narju, rjɐ] *m, f* employé *m*, -e *f* • **funcionário público** fonctionnaire *m*

funções [fũn'sõjʃ] ➤ **função**

fundação [fũndɐ'sɐ̃u] (*pl* **-ões** [õiʃ]) *f* **1.** (*instituição*) fondation *f* **2.** (*alicerce*) fondations *fpl*

fundamental [fũndɐmẽn'tał] (*pl* **-ais** [aiʃ]) *adj* fondamental(e)

fundamento [fũndɐ'mẽntu] *m* **1.** (*motivo*) motif *m* **2.** (*justificação*) fondement *m* • **sem fundamento** sans fondement

fundar [fũn'dar] *vt* fonder • **fundar algo em algo** fonder qqch sur qqch

fundido, da [fũn'diđu, đɐ] *adj* fondu(e)

fundir [fũn'dir] *vt* **1.** (*metal*) fondre **2.** (*empresas*) fusionner ◆ **fundir-se** *vp* **1.** fondre **2.** (*lâmpada*) griller

fundo, da ['fũndu, dɐ] *adj* profond(e) ◇ *m* **1.** (*de rio, piscina, poço*) fond *m* **2.** (*em economia*) fonds *m* • **ir ao fundo da questão** aller au fond du problème • **sem fundo** sans fond

fúnebre ['funəƀrə] *adj* funèbre

funeral [funə'rał] (*pl* **-ais** [aiʃ]) *m* funérailles *fpl*

fungo ['fũŋgu] *m* **1.** (*em pele, mucosa*) champignon *m* **2.** (*organismo vegetal*) moisissure *f*

funil [fu'nił] (*pl* **-is** [iʃ]) *m* entonnoir *m*

funileiro [(*Br*) fu'nileijru] *m* carrossier *m*

furacão [furɐ'kɐ̃u] (*pl* **-ões** [õiʃ]) *m* ouragan *m*

furadeira [fura'dɐirɐ] *f* (*Br*) perceuse *f*

furado, da [fu'rađu, đɐ] *adj* **1.** (*pneu*) crevé(e) **2.** (*saco, orelha*) percé(e)

furador [furɐ'đor] (*pl* **-es** [əʃ]) *m* perforeuse *f*

furar [fu'rar] *vt* **1.** (*folha*) perforer **2.** (*pneu*) crever **3.** (*saco, orelhas*) percer • **furar a bicha** resquiller

furgão [fur'gɐ̃u] (*pl* **-ões** [õiʃ]) *m* fourgon *m*
fúria ['furjɐ] *f* fureur *f*
furioso, a [fu'rjozu, zɐ] *adj* furieux(euse)
furnas ['furnɐʃ] *fpl* *geysers typiques de Madère*
furo ['furu] *m* **1.** *(em pneu)* crevaison *f* **2.** *(em saco, orelha)* trou *m*
furtar [fur'tar] *vt* voler ◆ **furtar-se a** *vp + prep* se dérober à
furúnculo [fu'rũŋkulu] *m* furoncle *m*
fusão [fu'zɐ̃u] (*pl* **-ões** [õiʃ]) *f* fusion *f*
fusíveis [fu'zivɐiʃ] *mpl* plombs *mpl*
fusível [fu'zivɛw] (*pl* **-eis** [ejʃ]) *m* fusible *m*
fuso ['fuzu] *m* • **fuso horário** fuseau *m* horaire
fusões [fu'zõjʃ] ➤ **fusão**
futebol [futə'bɔɫ] *m* football *m*

O Futebol

Ce sport est un des éléments qui définissent le Portugal. Il fait l'objet d'une véritable passion, voire, comme les joueurs qui y sont de véritables stars, d'un culte.
Les jours de matchs sont d'une intensité rare et les supporters se déplacent par familles entières.

fútil ['futiɫ] (*pl* **-teis** [tɐiʃ]) *adj* **1.** futile **2.** *(vão)* vain(e)
futilidade [futəli'dadə] *f* **1.** futilité *f* **2.** *(inutilidade)* inutilité *f*
futuro, ra [fu'turu, rɐ] *adj* futur(e) ◇ *m* **1.** futur *m* **2.** *(perspectivas)* avenir *m* • **de futuro** dorénavant • **no futuro** à l'avenir • **para o futuro** pour plus tard • **ter futuro** avoir de l'avenir
fuzil [fu'ziɫ] (*pl* **-is** [iʃ]) *m* fusil *m*
fuzileiro [fuzi'lɐiru] *m* fusilier *m*
fuzis ➤ **fuzil**

g G

g *(abrev de grama)* g
gabar [gɐ'bar] *vt* vanter ◆ **gabar-se** *vp* • **gabar-se de algo** se vanter de qqch
gabardina [gɐbɐr'dinɐ] *f* *(Port)* gabardine *f*
gabinete [gɐbi'netə] *m* **1.** *(compartimento)* bureau *m* **2.** *(escritório)* cabinet *m*
gado ['gadu] *m* bétail *m*
gaélico [gɐ'ɛliku] *m* gaélique *m*
gafanhoto [gɐfɐ'ɲotu] *m* sauterelle *f*
gafe ['gafə] *f* gaffe *f*
gagueira [ga'gejra] *f* bégaiement *m*
gaguejar [gɐgə'ʒar] *vi* bégayer
gaguez [gɐ'geʃ] *f* bégaiement *m*
gaiato, ta [gɐ'jatu, tɐ] *m, f* gamin *m*, -e *f*
gaio ['gaju] *m* geai *m*
gaiola [gɐ'jɔlɐ] *f* cage *f (à oiseaux)*
gaita ['gaitɐ] *f* pipeau *m* ◇ *interj (fam)* zut !
gaita-de-foles [ˌgaitɐdə'fɔləʃ] (*pl* **gaitas-de-foles** [ˌgaitɐʒdə'fɔləʃ]) *f* cornemuse *f*
gaivota [gai'vɔtɐ] *f* **1.** *(ave)* mouette *f* **2.** *(embarcação)* pédalo *m*

gajo, ja ['gaʒu, ʒɐ] *m, f* (*Port*) (*fam*) mec *m*, nana *f*
gala ['galɐ] *f* gala *m*
galão [gɐ'lɐ̃u] (*pl* **-ões** [õiʃ]) *m café au lait servi dans un grand verre*
galáxia [gɐ'laksjɐ] *f* galaxie *f*
galera [ga'lɛrɐ] *f* (*Br*) (*fam*) compagnie *f*
galeria [gɐlə'riɐ] *f* **1.** galerie *f* **2.** (*local para compras*) galerie *f* marchande • **galeria de arte** galerie d'art
galês, esa [gɐ'leʃ, ezɐ] (*mpl* **-eses** [ezəʃ], *fpl* **-s** [ʃ]) *adj* gallois(e) ◇ *m, f* Gallois *m*, -e *f* ◇ *m* (*língua*) gallois *m*
galeto [ga'letu] *m* (*Br*) coquelet *m*
galgo ['gałgu] *m* lévrier *m*
galheteiro [gɐʎə'tɐiru] *m* huilier *m*
galho ['gaʎu] *m* **1.** (*de árvore*) branche *f* **2.** (*de veado*) corne *f*
galinha [gɐ'liɲɐ] *f* poule *f*
galinheiro [gɐli'ɲɐiru] *m* poulailler *m*
galo ['galu] *m* **1.** coq *m* **2.** (*fam*) bosse *f*
galochas [gɐ'lɔʃɐʃ] *fpl* bottes *fpl* en caoutchouc
galões ➤ **galão**
galopar [gɐlu'par] *vi* galoper
gama ['gɐmɐ] *f* gamme *f*
gambá (*Br*) [gɑ̃'ba] *m* opossum *m* (*animal*)
gambas ['gɐ̃mbɐʃ] *fpl* gambas *fpl*
gamela [gɐ'mɛlɐ] *f* **1.** (*de porcos*) auge *f* **2.** (*para o pão*) pétrin *m*
gamo ['gɐmu] *m* daim *m*
gana ['gɐnɐ] *f* **1.** (*fam*) (*fome*) fringale *f* **2.** (*ódio*) rage *f* **3.** (*desejo*) envie *f* • **ter ganas de** avoir envie de • **ter ganas a alguém** en vouloir à mort à qqn
ganância [gɐ'nɐ̃sjɐ] *f* cupidité *f*
ganancioso, osa [gɐnɐ̃'sjozu, ɔzɐ] *adj* cupide
gancho ['gɐ̃ʃu] *m* **1.** (*peça curva*) crochet *m* **2.** (*de cabelo*) épingle *f* à cheveux
ganga ['gɐ̃ŋgɐ] *f* jean *m*
gangorra [gɐ̃ŋ'goxɐ] *f* (*Br*) balançoire *f*
gangrena [gɐ̃ŋ'grenɐ] *f* gangrène *f*
gangue ['gɐ̃ŋgi] *f* (*Br*) (*fam*) bande *f* (*de copains*)
ganhar [ga'ɲar] *vt* **1.** gagner **2.** (*medo, peso, velocidade*) prendre **3.** (*prémio*) remporter **4.** (*bolsa*) recevoir ◇ *vi* gagner • **ganhar a alguém** (*Port*) battre qqn • **ganhar de alguém** (*Br*) battre qqn • **ganhar com algo** y gagner • **isso vai fazer com que ele ganhe juízo** cela va lui mettre du plomb dans la cervelle • **ganhar respeito** respecter • **ganhara vida** ou **o pão** gagner sa vie
ganho ['gɐɲu] *m* gain *m*
ganir [gɐ'nir] *vi* glapir
ganso ['gɐ̃su] *m* **1.** (*fêmea*) oie *f* **2.** (*macho*) jars *m*
ganzado, da [gɐ̃'zađu, đɐ] *adj* (*fam*) fait(e)
garagem [gɐ'raʒɐ̃i] (*pl* **-ns** [ʃ]) *f* garage *m*
garanhão [gɐrɐ'ɲɐ̃u] (*pl* **-ões** [õiʃ]) *m* étalon *m*
garantia [gɐrɐ̃n'tiɐ] *f* garantie *f*
garantir [gɐrɐ̃n'tir] *vt* garantir • **garantir que** assurer que
garça ['garsɐ] *f* héron *m*
garçom [gax'sõ] (*pl* **-ns** [ʃ]) *m* (*Br*) = **garçon**
garçon [gar'sõ] *m* (*Port*) serveur *m*
garçonete [garso'nɛtʃi] *f* (*Br*) serveuse *f*
garçons ➤ **garçon**

gare ['garə] *f* quai *m* *(de gare)*

garfo ['garfu] *m* **1.** *(utensílio)* fourchette *f* **2.** *(de bicicleta)* fourche *f* • **ser um bom garfo** avoir un bon coup de fourchette

gargalhada [gɐrgɐ'ʎadɐ] *f* éclat *m* de rire • **dar uma gargalhada** éclater de rire

gargalo [gɐr'galu] *m* goulot *m*

garganta [gɐr'gɐ̃ntɐ] *f* gorge *f*

gargarejar [gɐrgɐrə'ʒar] *vi* se gargariser

gari [ga'ri] *m* *(Br)* balayeur *m*

garoto, ta [gɐ'rotu, tɐ] *m, f* **1.** *(miúdo)* gamin *m*, -e *f* **2.** *(Br)* *(namorado)* petit ami *m*, petite amie *f* ◇ *m* *(Port)* *café au lait servi dans une tasse*

garoupa [gɐ'ropɐ] *f* mérou *m*

garra ['gaʀɐ] *f* **1.** *(de animal)* griffe *f* **2.** *(fig)* *(talento, genica)* trempe *f* • **ter garra** en vouloir

garrafa [gɐ'ʀafɐ] *f* bouteille *f* • **garrafa térmica** Thermos® *m*

garrafão [gɐʀɐ'fɐ̃u] (*pl* **-ões** [õiʃ]) *m* bonbonne *f*

garrote [gɐ'ʀɔtə] *m* garrot *m*

garupa [gɐ'rupɐ] *f* croupe *f*

gás ['gaʃ] (*pl* **gases** ['gazəʃ]) *m* gaz *m* • **gás butano** butane *m* • **gás lacrimogénio** gaz lacrymogène • **a todo o gás** à toute allure ◆ **gases** *fpl* gaz *mpl*

gaseificada [gɐzeifi'kadɐ] *adj f* ➤ **água**

gases ➤ **gás**

gasóleo [ga'zɔlju] *m* diesel *m*, gazole *m*

gasolina [gɐzu'linɐ] *f* essence *f* • **gasolina sem chumbo** essence sans plomb • **gasolina super** super *m*

gasosa [gɐ'zɔzɐ] *f* limonade *f*

gastar [gɐʃ'tar] *vt* **1.** consommer **2.** *(dinheiro)* dépenser **3.** *(tempo)* mettre **4.** *(produto)* utiliser **5.** *(sola de sapato)* user ◆ **gastar-se** *vp* s'user • **o detergente gastou-se todo** il n'y a plus de lessive

gasto, ta ['gaʃtu, tɐ] *pp* ➤ **gastar** ◇ *adj* **1.** *(dinheiro)* dépensé(e) **2.** *(calças, sapatos)* usé(e) **3.** *(água, electricidade)* consommé(e) ◇ *m* dépense *f*

gástrico, ca ['gaʃtriku, kɐ] *adj* gastrique

gastrite [gɐʃ'tritə] *f* gastrite *f*

gastrónomo, ma [gɐʃ'trɔnumu, mɐ] *m, f* *(Port)* gastronome *mf*

gastrônomo, ma [gaʃ'tronumu, mɐ] *m, f* *(Br)* = **gastrónomo**

gateway [gejtʃi'wej] (*pl* **-s**) *m* INFORM passerelle *f*

gatilho [gɐ'tiʎu] *m* gâchette *f*

gatinhar [gɐti'ɲar] *vi* marcher à quatre pattes

gato, ta ['gatu, tɐ] *m, f* **1.** chat *m*, chatte *f* **2.** *(Br)* *(fam)* beau mec *m*, belle nana *f*

gatuno, na [gɐ'tunu, nɐ] *m, f* *(fam)* voleur *m*, -euse *f*

gaveta [gɐ'vetɐ] *f* tiroir *m*

gaze ['gazə] *f* gaze *f*

gazela [gɐ'zɛlɐ] *f* gazelle *f*

gazeta [gɐ'zetɐ] *f* gazette *f* • **fazer gazeta** *(Port)* *(fam)* sécher les cours

geada ['ʒjadɐ] *f* **1.** *(camada)* givre *m* **2.** *(baixa de temperatura)* gel *m*

gel [ʒɛl] *m* *(pour les cheveux)* gel *m*

geladeira [ʒela'deirɐ] *f* **1.** *(Br)* réfrigérateur *m* **2.** *(Port)* glacière *f*

gelado, da [ʒə'ladu, dɐ] *adj* **1.** *(mãos, pés)* gelé(e) **2.** *(sobremesa)* glacé(e) ◇ *m* glace *f*

gelar [ʒə'lar] *vt & vi* geler

gelataria [ʒəlɐtɐ'riɐ] *f* glacier *m*

gelatina [ʒəlɐ'tinɐ] *f* gélatine *f*

geleia [ʒə'lɐjɐ] *f* *(Port)* gelée *f*

geléia [ʒe'lɛjɐ] *f* (*Br*) = **geleia**
gelo ['ʒelu] *m* **1.** glace *f* **2.** (*de bebida*) glaçon *m* **3.** (*de água*) gel *m* **4.** (*na estrada*) verglas *m* • **de gelo** de glace • **quebrar o gelo** (*fig*) briser la glace
gema ['ʒemɐ] *f* jaune *m* d'œuf • **de gema** de souche
gémeo, mea ['ʒɛmju, mjɐ] *adj* (*Port*) jumeau(elle) ◇ *m, f* • **os gémeos** les jumeaux • **o meu irmão gémeo** mon frère jumeau ◆ **Gémeos** *m inv* Gémeaux *mpl*
gêmeo, mea ['ʒemju, mja] *adj* (*Br*) jumeaux *mpl* ◆ **gêmeos** *mpl* (*irmãos gêmeos*) frères *mpl* jumeaux ◆ **Gêmeos** *mpl* Gémeaux *mpl*
gêmeo, mea ['ʒemju, mjɐ] *adj* (*Br*) = **gémeo**
gemer [ʒə'mer] *vi* gémir
gemido [ʒə'miđu] *m* gémissement *m*
gene ['ʒɛnə] *m* gène *m*
genebra [ʒə'nɛbrɐ] *f* liqueur *f* de genièvre
general [gənə'raɫ] (*pl* **-ais** [aiʃ]) *m* général *m*
generalizar [gənərɐli'zar] *vt* & *vi* généraliser ◆ **generalizar-se** *vp* se généraliser
género ['ʒɛnəru] *m* (*Port*) genre *m* • **o género humano** le genre humain ◆ **géneros** *mpl* (*Port*) denrées *fpl* • **géneros alimentícios** denrées alimentaires • **géneros de luxo** articles de luxe • **pagar em géneros** payer en nature
gênero ['ʒeneru] *m* genre *m* • **o gênero humano** le genre humain *m* ◆ **gêneros** *mpl* (*Br*) genres *mpl* • **gêneros alimentícios** denrées *fpl* alimentaires
gênero ['ʒeneru] *m* (*Br*) = **género**
generosidade [ʒənəruzi'đađə] *f* générosité *f*
generoso, osa [ʒənə'rozu, ɔzɐ] *adj* généreux(euse)
genética [ʒə'nɛtikɐ] *f* génétique *f*
gengibre [ʒẽ'ʒibrə] *m* gingembre *m*
gengiva [ʒẽ'ʒiva] *f* gencive *f*
genial [ʒə'njaɫ] (*pl* **-ais** [aiʃ]) *adj* génial(e)
génio ['ʒɛnju] *m* **1.** (*Port*) (*pessoa*) génie *m* **2.** (*irascibilidade*) caractère *m* • **ter mau génio** avoir mauvais caractère
gênio ['ʒenju] *m* (*Br*) = **génio**
genital [ʒəni'taɫ] (*pl* **-ais** [aiʃ]) *adj* génital(e)
genro ['ʒẽʀu] *m* gendre *m*
gente ['ʒẽntə] *f* **1.** gens *mpl* **2.** (*fam*) (*família*) famille *f* • **a gente vai comer** on va manger • **toda a gente** tout le monde ◆ **gentes** *fpl* • **as gentes** les habitants *mpl*
gentil [ʒẽn'tiɫ] (*pl* **-is** [iʃ]) *adj* gentil(ille)
genuíno, na [ʒə'nwinu, nɐ] *adj* véritable
geografia [ʒjugrɐ'fiɐ] *f* géographie *f*
geográfico, a [(*Port*) ʒju'grɐ'fiku, kɐ (*Br*), ʒeo'grafiku] *adj* géographique
geologia [ʒjulu'ʒiɐ] *f* géologie *f*
geometria [ʒjumə'triɐ] *f* géométrie *f* • **geometria descritiva** géométrie descriptive
geração [ʒɛrɐ'sɐ̃u] (*pl* **-ões** [õiʃ]) *f* génération *f*
gerador [ʒɛrɐ'đor] (*pl* **-es** [əʃ]) *m* générateur *m*
geral [ʒə'raɫ] (*pl* **-ais** [aiʃ]) *adj* général(e) ◇ *f places les moins chères* ≃ poulailler *m* • **de um modo geral** en général • **em geral** en général • **no geral** en général

geralmente [ʒəraɫ'mẽntə] *adv* généralement
gerânio [ʒə'rɐnju] *m* géranium *m*
gerar [ʒə'rar] *vt* engendrer ◆ **gerar-se** *vp* s'engager
gerência [ʒə'rẽsjɐ] *f* gérance *f*
gerente [ʒə'rẽntə] *mf* gérant *m*, -e *f*
gerir [ʒə'rir] *vt* gérer
germe ['ʒɛrmə] *m* germe *m*
gesso ['ʒesu] *m* plâtre *m*
gesticular [ʒəʃtiku'lar] *vi* gesticuler
gesto ['ʒɛʃtu] *m* geste *m*
gestor, ra [ʒɛʃ'tor, rɐ] *mf* gestionnaire *mf*
gibi [ʒi'bi] *m* (*Br*) BD *f*
GIF [gif] (*abrev de Graphics Interchange Format*) *m* INFORM GIF *m* (*format des fichiers graphiques*)
gigabyte [giga'baijtʃi] (*pl* **-gigabyte**) *m* INFORM gigabite *m*
gigante [ʒi'gẽntə] *adj* géant(e) ◇ *m* géant *m*
gigantones [ʒigẽn'tonəʃ] *mpl* (*Br*) *personnages gigantesques traditionnels des défilés du carnaval*
gigolô [ʒigo'lo] (*Br*) = **cavala**
gilete [ʒi'lɛtə] *f* (*Port*) rasoir *m* (jetable)
gim ['ʒĩ] (*pl* **-ns** [ʃ]) *m* gin *m* ● **um gim tónico** gin tonic
gimnodesportivo [ˌʒimnɔdəʃpur'tivu] *adj m* ➤ **pavilhão**
ginásio [ʒi'nazju] *m* gymnase *m*
ginasta [ʒi'naʃtɐ] *mf* gymnaste *mf*
ginástica [ʒi'naʃtikɐ] *f* gymnastique *f* ● **fazer ginástica** faire de la gymnastique
gincana [ʒĩŋ'kɐnɐ] *f* gymkhana *m*
ginecologia [ˌʒinɛkulu'ʒiɐ] *f* gynécologie *f*
ginecologista [ˌʒinɛkulu'ʒiʃtɐ] *mf* gynécologue *mf*
ginja ['ʒĩʒɐ] *f* griotte *f*
ginjinha [ʒĩ'ʒiɲɐ] *f* kirsch *m*
gins ➤ **gim**
gira-discos [ˌʒirɐ'điʃkuʃ] *m inv* (*Port*) tourne-disque *m*
girafa [ʒi'rafɐ] *f* **1.** girafe *f* **2.** (*Port*) (*medida de cerveja*) chope *f*
girar [ʒi'rar] *vt & vi* tourner
girassol [ˌʒirɐ'sɔɫ] (*pl* **-óis** [ɔiʃ]) *m* tournesol *m*
gíria ['ʒirjɐ] *f* **1.** (*calão*) argot *m* **2.** (*médica, académica*) jargon *m*
giro, ra ['ʒiru, rɐ] *adj* (*Port*) (*fam*) (*bonito*) mignon(onne) ◇ *m* **1.** (*passeio*) tour *m* **2.** (*de polícia, vigilante*) ronde *f* ● **dar um giro** (*fam*) faire un tour
giz ['ʒiʃ] *m* craie *f*
glacial [glɐ'sjaɫ] (*pl* **-ais** [aiʃ]) *adj* glacial(e)
gladíolo [glɐ'điulu] *m* glaïeul *m*
glândula ['glẽndulɐ] *f* glande *f*
glaucoma [glau'komɐ] *m* glaucome *m*
glicerina [glisə'rinɐ] *f* glycérine *f*
global [glu'ƀaɫ] (*pl* **-ais** [aiʃ]) *adj* global(e)
globo ['gloƀu] *m* globe *m*
glóbulo ['glɔƀulu] *m* globule *m*
glória ['glɔrjɐ] *f* gloire *f*
glossário [glu'sarju] *m* glossaire *m*
glutão, tona [glu'tẽu, tonɐ] (*mpl* **-ões** [õiʃ], *fpl* **-s** [ʃ]) *m, f* glouton *m*, -onne *f*
G.N.R. *f* (*abrev de Guarda Nacional Republicana*) ≃ gendarmerie *f* ◇ *m* ≃ gendarme *m*
Goa ['goɐ] *s* Goa

goela ['gwelɐ] *f* gosier *m*
goiaba [go'jaƀɐ] *f* goyave *f*
goiabada [gojɐ'ƀađɐ] *f pâte de fruit à la goyave*
Goiás [go'jaʃ] *m* • **Goiás** Goiás *m*
gol ['gou] (*pl* **-es** [liʃ]) *m* (*Br*) = **golo**
gola ['gɔlɐ] *f* col *m*
gole ['gɔlə] *m* gorgée *f*
goleiro [go'leiru] *m* (*Br*) gardien *m* de but
goles ➤ **gol**
golfe ['goɫfə] *m* golf *m*
golfinho [goɫ'fiɲu] *m* dauphin *m*
golfo ['goɫfu] *m* golfe *m*
golo ['golu] *m* (*Port*) but *m*
golpe ['gɔɫpə] *m* **1.** coup *m* **2.** (*incisão*) coupure *f* **3.** (*ferimento*) blessure *f* • **golpe de Estado** coup d'État • **golpe de mestre** coup de maître
goma ['gomɐ] *f* **1.** (*de certos vegetais*) gomme *f* **2.** (*para roupa*) amidon *m*
gomo ['gomu] *m* quartier *m*
gôndola ['gõndulɐ] *f* gondole *f*
gongo ['gõŋgu] *m* gong *m*
gordo, da ['gorđu, đɐ] *adj* **1.** (*pessoa, animal*) gros (grosse) **2.** (*substância, alimento*) gras (grasse)
gordura [gur'đurɐ] *f* graisse *f*
gorduroso, osa [gurđu'rozu, ɔzɐ] *adj* gras (grasse)
gorila [gu'rilɐ] *m* gorille *m*
gorjeta [gur'ʒetɐ] *f* pourboire *m*

Gorjeta

Dans la plupart des restaurants, le service n'est pas compris et il faut laisser un pourboire (*gorjeta*) équivalent à environ 10 % du total de l'addition.

gorro ['goʀu] *m* bonnet *m*
gostar [guʃ'tar] ♦ **gostar de** *v + prep* aimer • **gostar de fazer algo** aimer faire qqch
gosto ['goʃtu] *m* **1.** (*sabor*) goût *m* **2.** (*apreciação*) plaisir *m* • **com todo o gosto!** avec plaisir ! • **gostos não se discutem** des goûts et des couleurs, on ne discute pas • **muito gosto em conhecê-lo** enchanté de faire votre connaissance • **dar gosto ver** faire plaisir • **fazer gosto em** être heureux de • **ter gosto de** (*Br*) avoir un goût de • **tomar o gosto a algo** prendre goût à qqch • **bom/mau gosto** bon/mauvais goût
gota ['gotɐ] *f* goutte *f* • **gotas para os olhos** gouttes pour les yeux • **gotas para o nariz** gouttes pour le nez • **gota a gota** goutte à goutte
goteira [gu'tɐirɐ] *f* **1.** (*cano*) gouttière *f* **2.** (*fenda*) fuite *f*
gotejar [gutə'ʒar] *vi* goutter
gótico, a [(*Port*) 'gɔtiku, kɐ, 'gɛtʃiku, ka] *adj* gothique
governo [gu'vernu] *m* gouvernement *m* • **governo civil** ≃ préfecture *f*
gozar [gu'zar] *vt* profiter de ◇ *vi* • **estás a gozar?** (*fam*) tu veux rire ? • **gozar com** (*fam*) se moquer de • **gozar de** jouir de, bénéficier de
gr. (*abrev de grama*) g (*gramme*)
Grã-Bretanha [ˌgrẽmbrə'tɐɲɐ] *f* • **a Grã-Bretanha** la Grande-Bretagne
graça ['grasɐ] *f* **1.** (*gracejo*) plaisanterie *f* **2.** (*humor*) humour *m* **3.** (*elegância, atracti-*

vidade) grâce *f* • **achar graça** trouver drôle • **deixar sem graça** décontenancer • **ter graça** être drôle • **graças a** grâce à • **de graça** gratuitement

gracejar [grɐsə'ʒar] *vi* plaisanter

gracejo [grɐ'sɐiʒu] *m* plaisanterie *f*

gracioso, osa [grɐ'sjozu, ɔzɐ] *adj* gracieux(euse)

grade ['gradə] *f* **1.** *(vedação)* grille *f* **2.** *(de cerveja, coca-cola)* caisse *f* • **filme aderente** *(Br)* film adhésif

graduação [grɐdwɐ'sɐ̃u] *(pl* **-ões** [õiʃ]) *f* **1.** graduation *f* **2.** *(em universidade)* *diplôme de fin d'études universitaires* ≃ licence *f* **3.** *(de bebida)* degré *m*

graduado, da [grɐ'dwadu, dɐ] *adj* gradué(e) ◇ *m, f* **1.** diplômé *m*, -e *f* **2.** *MIL* gradé *m*

gradual [grɐ'dwał] *(pl* **-ais** [aiʃ]) *adj* graduel(elle)

graduar-se [grɐ'dwarsə] *vp* obtenir un diplôme universitaire

grafia [grɐ'fiɐ] *f* **1.** *(maneira de escrever)* écriture *f* **2.** *(ortografia)* graphie *f*

gráfico ['grafiku] *m* graphique *m*

gralha ['graʎɐ] *f* **1.** *(ave)* corneille *f* **2.** *(erro tipográfico)* coquille *f*

¹grama ['grɐmɐ] *m* gramme *m*

²grama ['grɐmɐ] *f (Br)* gazon *m*

gramado [gra'madu] *m (Br)* pelouse *f*

gramar [grɐ'mar] *vt* **1.** *(Port)* *(fam)* *(gostar de)* adorer **2.** *(fam)* *(aguentar)* encaisser

gramática [grɐ'matikɐ] *f* grammaire *f*

gramofone [grɐmɔ'fɔnə] *m* phonographe *m*

grampeador [grɐ̃mpja'dox] *(pl* **-es** [iʃ]) *m (Br)* agrafeuse *f*

grampear [grɐ̃m'pjar] *vt* **1.** *(Br)* *(folhas, papéis)* agrafer **2.** *(telefone)* mettre sur écoute

grampo ['grɐ̃mpu] *m* **1.** *(Br)* *(de cabelo)* barrette *f* **2.** *(para grampeador)* agrafe *f*

granada [grɐ'nadɐ] *f* grenade *f (arme)*

grande ['grɐ̃ndə] *adj* grand(e) • **grande penalidade** penalty *m*

granito [grɐ'nitu] *m* granite *m*

granizo [grɐ'nizu] *m* grêle *f*

granulado, da [grɐnu'ladu, dɐ] *adj* granulé(e)

grão ['grɐ̃u] *m* **1.** *(grão-de-bico)* pois *m* chiche **2.** *(de arroz, trigo, cevada, café)* grain *m*

grão-de-bico [ˌgrɐ̃undə'biku] *m* pois *m* chiche

grapefruit [ˌgreip'frutʃi] *(Br)* = **toranja**

grasnar [grɐʒ'nar] *vi* **1.** *(corvo)* croasser **2.** *(ganso)* cacarder **3.** *(pato)* cancaner

gratidão [grɐti'dɐ̃u] *f* gratitude *f*

gratificação [grɐtəfikɐ'sɐ̃u] *(pl* **-ões** [õiʃ]) *f* **1.** *(gorjeta)* gratification *f* **2.** *(remuneração)* prime *f*

gratificante [grɐtəfi'kɐ̃ntə] *adj* gratifiant(e)

gratificar [grɐtəfi'kar] *vt* gratifier

gratinado, da [grɐti'nadu, dɐ] *adj* gratiné(e)

gratinar [grɐti'nar] *vi* gratiner

grátis ['gratiʃ] *adv* gratuitement ◇ *adj inv* gratuit(e)

grato, ta ['gratu, tɐ] *adj* reconnaissant(e)

gratuito, a [gra'twitu, tɐ] *adj* gratuit(e)

grau ['grau] *m* **1.** *(medida)* degré *m* **2.** *(título académico)* titre *m* • **graus centígrados** degrés centigrades

gravação [grɐvɐ'sɐ̃u] (*pl* **-ões** [õiʃ]) *f* enregistrement *m*
gravador [grɐvɐ'đor] (*pl* **-es** [əʃ]) *m* magnétophone *m*
gravar [grɐ'var] *vt* **1.** *(música, conversa)* enregistrer **2.** *(em metal, jóia)* graver
gravata [grɐ'vatɐ] *f* cravate *f*
gravata-borboleta [gra'vata] (*pl* **gravatas-borboletas**) *f* noeud-papillon *m*
grave ['gravə] *adj* grave
grávida ['graviđɐ] *adj f* enceinte
gravidade [grɐvi'đađə] *f* gravité *f*
gravidez [grɐvi'đeʃ] *f* grossesse *f*
gravura [grɐ'vurɐ] *f* gravure *f*
graxa ['graʃɐ] *f* cirage *m* • **dar graxa a** *(fam)* fayoter
Grécia ['grɛsjɐ] *f* • **a Grécia** la Grèce
grego, ga ['gregu, gɐ] *adj* grec (grecque) ◇ *m, f* Grec *m*, Grecque *f* ◇ *m (língua)* grec *m*
grelha ['greʎɐ] *f* **1.** *(de fogão, assar)* grille *f* **2.** *(de automóvel)* calandre *f* **3.** *(Port)* *(de televisão, rádio)* grille *f* de programmes • **grelha de partida** *(Port)* grille de départ
grelhado, da [grə'ʎađu, đɐ] *adj* grillé(e) ◇ *m* grillade *f*
grelhador [grəʎɐ'đor] (*pl* **-es** [əʃ]) *m* **1.** gril *m* **2.** *(de jardim)* barbecue *m*
grelhar [grə'ʎar] *vt* griller
grelo ['grelu] *m* **1.** *(de couve, batata, alho, etc.)* pousse *f* **2.** *(de estudante) ruban qui sert de signe distinctif aux étudiants d'avant-dernière année d'études* ◆ **grelos** *mpl* brocoli *m*
grená [grə'na] *adj* grenat *(inv)*
greta ['gretɐ] *f* fissure *f* ◆ **gretas** *fpl* gerçures *fpl*
gretado, da [grə'tađu, đɐ] *adj* gercé(e)
greve ['grɛvə] *f* grève *f* • **fazer greve** faire la grève • **em greve** en grève • **greve de fome** grève de la faim
grid [(*Br*) 'grid] *m* grille *m* • **grid de largada** grille de départ
grilo ['grilu] *m* grillon *m*
grinalda [gri'nałđɐ] *f* guirlande *f*
gripe ['gripə] *f* grippe *f*
grisalho, lha [gri'zaʎu, ʎɐ] *adj* grisonnant(e)
gritar [gri'tar] *vt & vi* crier • **gritar com alguém** crier sur qqn
grito ['gritu] *m* cri *m* • **de gritos** *(Port)* super
Gronelândia [gronə'lɐ̃nđjɐ] *f* • **a Gronelândia** le Groenland
groselha [grɔ'zeʎɐ] *f* groseille *f*
grosseiro, ra [gru'sɐiru, rɐ] *adj* grossier(ère)
grosso, ossa ['grosu, ɔsɐ] *adj* **1.** épais(aisse) **2.** *(livro, voz)* gros (grosse) **3.** *(Br)* *(mal-educado)* grossier(ère) **4.** *(Port)* *(fam)* *(embriagado)* fait(e)
grotesco, ca [gru'teʃku, kɐ] *adj* grotesque
grua ['gruɐ] *f* grue *f*
grunhido [gru'ɲiđu] *m* grognement *m*
grunhir [gru'ɲir] *vi* grogner
grupo ['grupu] *m* groupe *m* • **em grupo** en groupe • **grupo de discussão** groupe de discussion • **grupos de risco** population *f* à risque • **grupo sanguíneo** groupe sanguin
gruta ['grutɐ] *f* grotte *f*
guache ['gwaʃə] *m* gouache *f*
guaraná [gwara'na] *m* guarana *m*, *boisson riche en caféine* • **guaraná natural**

guarana naturel • **guaraná em pó** guarana en poudre

Guaraná

Le guarana est une graine aux propriétés stimulantes et thérapeutiques, découverte par les Indiens de la forêt amazonienne au Brésil. On en extrait de la poudre qui est ensuite dissoute dans de l'eau et utilisée pour préparer des rafraîchissements et des sirops. Ce produit naturel à forte teneur en caféine est employé contre la fatigue, la diarrhée et les névralgies.

guarda ['gwarđɐ] *mf* agent *m* de police ◇ *f* garde *f* • **a Guarda Nacional Republicana** ≃ gendarmerie *f* ◆ **guardas** *fpl* garde-corps *m inv*

guarda-chuva [ˌgwarđɐ'ʃuvɐ] (*pl* **guarda-chuvas** [ˌgwarđɐ'ʃuvɐʃ]) *m* parapluie *m*

guarda-costas [ˌgwarđɐ'kɔʃtɐʃ] *mf inv* garde *m* du corps

guarda-fatos [ˌgwarđɐ'fatuʃ] *m inv* (*Port*) penderie *f*

guarda-fiscal [ˌgwarđɐfiʃ'kał] (*pl* **guardas-fiscais** [ˌgwarđɐʃfiʃ'kaiʃ]) *mf* douanier *m*

guarda-florestal [ˌgwarđɐflurəʃ'tał] (*pl* **guardas-florestais** [ˌgwarđɐʃflurəʃ'taiʃ]) *mf* garde *m* forestier

guarda fluvial [gwarđɐflu'vjał] *m* garde-pêche *m*

guarda-freios [ˌgwarđɐ'frejuʃ] *mf inv* (*Port*) conducteur *m* de tramway

guarda-jóias [ˌgwarđɐ'ʒɔjɐʃ] *m inv* coffret *m* à bijoux

guarda-lamas [ˌgwarđɐ'lɐmɐʃ] *m inv* (*Port*) pare-chocs *m inv*

guarda-louça [ˌgwarđɐ'losɐ] (*pl* **guarda-louças** [ˌgwarđɐ'losɐʃ]) *m* buffet *m*

guardanapo [gwɐrđɐ'napu] *m* serviette *f* (de table) • **guardanapos de papel** serviettes en papier

guarda-nocturno [ˌgwarđɐno'turnu] (*pl* **guardas-nocturnos** [ˌgwarđɐʒno'turnuʃ]) *m* gardien *m* de nuit

guarda-noturno [ˌgwaxdano'tuxnu] (*Br*) = **guarda-nocturno**

guardar [gwɐr'đar] *vt* **1.** garder, conserver (quelque part) **2.** (*arrecadar*) ranger **3.** (*roupa*) rentrer **4.** (*vigiar*) surveiller ◆ **guardar-se** *vp* s'abstenir, se garder de

guarda-redes [ˌgwarđɐ'ʀeđəʃ] *m inv* (*Port*) gardien *m* de but

guarda-rios [ˌgwarđɐ'ʀiuʃ] *m inv* garde-pêche *m*

guarda-roupa [ˌgwarđɐ'ʀopɐ] (*pl* **guarda-roupas** [ˌgwarđɐ'ʀopɐʃ]) *m* **1.** (*móvel*) penderie *f* **2.** (*de peça teatral, filme*) costumes *mpl*

guarda-sol [ˌgwarđɐ'sɔł] (*pl* **guarda-sóis** [ˌgwarđɐ'sɔiʃ]) *m* parasol *m*

guarda-vassouras [ˌgwarđɐvɐ'sorɐʃ] *m inv* plinthe *f*

guarda-vestidos [ˌgwarđɐvəʃ'tiđuʃ] *m inv* penderie *f*

guarnecido, da [gwɐrnə'siđu, đɐ] *adj* garni(e)

guarnição [gwɐrni'sɐ̃u] (*pl* **-ões** [õiʃ]) *f* garniture *f*

Guatemala [gwɐtə'malɐ] *f* • **a Guatemala** le Guatemala

gude ['gudʒi] *m* (*Br*) *jeu d'enfant qui se joue avec des billes ou des pépins*

guelra ['gɛłʀɐ] *f* • **as guelras** les branchies *fpl*

guerra ['gɛʀɐ] *f* guerre *f* • **fazer guerra a** faire la guerre à • **em pé de guerra** sur le pied de guerre

guia ['giɐ] *mf* guide *mf* ◇ *m* guide *m* • **guia intérprete** guide *mf* interprète • **guia turístico** guide *m*

guiador [gjɐ'đor] (*pl* -**es** [əʃ]) *m* **1.** (*Port*) (*de automóvel*) volant *m* **2.** (*de bicicleta*) guidon *m*

guiar ['gjar] *vt* **1.** guider **2.** (*automóvel, autocarro*) conduire ◇ *vi* conduire

guiché [gi'ʃɛ] *m* (*Port*) guichet *m*

guichê [gi'ʃe] *m* (*Br*) = **guiché**

guidom [gi'dõ] (*pl* -**ns** [ʃ]) *m* (*Br*) = **guiador**

guilhotina [giʎu'tinɐ] *f* guillotine *f*

guincho ['gĩʃu] *m* **1.** (*som*) couinement *m* **2.** (*máquina*) treuil *m*

guindaste [gĩn'daʃtə] *m* grue *f*

Guiné-Bissau [gi,nɛƀi'sau] *f* • **a Guiné-Bissau** la Guinée-Bissau

guineense [gi'njẽsə] *adj* guinéen(enne) ◇ *mf* Guinéen *m*, -enne *f*

guisado, da [gi'zađu, đɐ] *adj* mijoté(e) ◇ *m* ragoût *m*

guisar [gi'zar] *vt* faire mijoter

guitarra [gi'taʀɐ] *f* guitare *f* • **guitarra portuguesa** guitare de fado

guitarrista [gitɐ'ʀiʃtɐ] *mf* guitariste *mf*

guizo ['gizu] *m* **1.** grelot *m* **2.** (*de bebé*) hochet *m*

gula ['gulɐ] *f* gourmandise *f*

guloseima [gulu'zɐimɐ] *f* friandise *f*

guloso, osa [gu'lozu, ɔzɐ] *adj* & *m, f* gourmand(e)

gume ['gumə] *m* tranchant *m*

guri, ria [gu'ri, riɐ] *m, f* (*Br*) (*fam*) enfant *mf*

h H

h. (*abrev de hora*) h (*heure*)

há ['a] ➤ **haver**

hábil ['aƀił] (*pl* -**beis** [ƀɐiʃ]) *adj* habile

habilidade [ɐƀəli'đađə] *f* habileté *f* ♦ **habilidades** *fpl* tours *mpl*

habilitação [ɐƀəlitɐ'sɐ̃u] *f* aptitude *f* ♦ **habilitações** *fpl* diplômes *mpl*

habitação [ɐƀitɐ'sɐ̃u] (*pl* -**ões** [õiʃ]) *f* habitation *f*

habitante [ɐƀi'tɐ̃ntə] *mf* habitant *m*, -e *f*

habitar [ɐƀi'tar] *vt* & *vi* habiter • **habitar em** habiter à • **habito na rua Luís de Camões** j'habite rue Luís de Camões

hábito ['aƀitu] *m* **1.** habitude *f* **2.** (*de religioso*) habit *m* • **como é hábito** comme d'habitude • **ter o hábito de fazer algo** avoir l'habitude de faire qqch • **por hábito** par habitude

habitual [ɐƀi'twał] (*pl* -**ais** [aiʃ]) *adj* habituel(elle)

habitualmente [ɐƀitwał'mẽntə] *adv* d'habitude

habituar [abi'twar] *vt* • **habituar alguém a algo/a fazer algo** habituer qqn à qqch/

qqn à faire qqch ◆ **habituar-se a** *vp + prep* s'habituer à

hacker [xaker] (*pl* **-hacker** [ʃ]) *m INFORM* pirate *m* informatique

hálito ['alitu] *m* haleine *f* ● **mau hálito** mauvaise haleine

hall ['ɔɫ] *m* **1.** (*de casa*) entrée *f* **2.** (*de teatro, hotel*) hall *m* ● **hall (da entrada)** hall (d'entrée)

haltere [aɫ'tɛrə] *m* haltère *m*

halterofilia [aɫtɛrɔfi'liɐ] *f* haltérophilie *f*

hambúrguer [ẽm'burgɛr] (*pl* **-es** [əʃ]) *m* **1.** steak *m* haché **2.** (*sandes*) hamburger *m*

hangar [ẽŋ'gar] (*pl* **-es** [əʃ]) *m* hangar *m*

hardware [ar'đwɛrə] *m INFORM* matériel *m*

harmonia [ɐrmu'niɐ] *f* harmonie *f*

harmónica [ɐr'mɔnikɐ] *f* (*Port*) harmonica *m*

harmônica [ax'monikɐ] *f* (*Br*) = **harmónica**

harpa ['arpɐ] *f* harpe *f*

haste ['aʃtə] *f* **1.** (*de bandeira*) hampe *f* **2.** (*de árvore*) branche *f*

haver [ɐ'ver] *v aux*

1. (*antes de verbos transitivos*) avoir ● **como ele não havia comido estava com fome** comme il n'avait pas mangé, il avait faim ● **havíamos reservado antes** nous avions réservé avant

2. (*antes de verbos de movimento, estado ou permanência*) être ● **ele havia chegado há pouco** il était arrivé depuis peu

◇ *v impess*

1. (*ger*) y avoir ● **há um café muito bom ao fim da rua** il y a un très bon café au bout de la rue ● **não há ninguém na rua** il n'y a personne dans la rue ● **não há correio amanhã** il n'y a pas de courrier demain

2. (*exprime tempo*) faire ● **estou à espera há dez minutos** ça fait dix minutes que j'attends ● **há séculos que lá não vou** ça fait des siècles que je n'y vais pas ● **há três dias que não o via** ça faisait trois jours que je ne le voyais pas

3. (*exprime obrigação*) ● **há que fazer algo** il faut faire qqch

4. (*em locuções*) ● **haja o que houver** quoiqu'il arrive ● **não há de quê!** il n'y a pas de quoi !

◆ **haver-se com** *vp + prep* ● **haver-se com alguém** avoir affaire à qqn

◆ **haver de** *v + prep* ● **ele havia de ter chegado mais cedo** il aurait dû arriver plus tôt ● **um dia, hei-de ir ao Brasil** un jour, j'irai au Brésil

◆ **haveres** *mpl* (*pertences*) affaires *fpl* ; (*bens*) biens *mpl*

haxixe [ɐ'ʃiʃə] *m* haschich *m*

HD (*abrev de Hard Disk*) *m* disque *m* dur

hectare [ɛk'tarə] *m* hectare *m*

hélice ['ɛlisə] *f* hélice *f*

helicóptero [ili'kɔptəru] *m* hélicoptère *m*

hélio ['ɛlju] *m* hélium *m*

hematoma [imɐ'tomɐ] *m* hématome *m*

hemofílico, ca [ɛmɔ'filiku, kɐ] *m, f* hémophile *mf*

hemorragia [imuʀɐ'ʒiɐ] *f* hémorragie *f* ● **hemorragia cerebral** hémorragie cérébrale ● **hemorragia nasal** saignement *m* de nez

hemorróidas [imu'ʀɔiđɐʃ] *fpl* hémorroïdes *fpl*

hepatite [ipa'titə] *f* hépatite *f*

hera ['ɛrɐ] *f* lierre *m*
herança [i'rɐ̃sɐ] *f* héritage *m*
herbicida [ɛrƀi'siđɐ] *m* désherbant *m*
herdar [ir'đar] *vt* hériter de
herdeiro, ra [ir'đɐiru, rɐ] *m, f* héritier *m*, -ère *f*
hermético, ca [ir'mɛtiku, kɐ] *adj* hermétique
hérnia ['ɛrnjɐ] *f* hernie *f*
herói [i'rɔi] *m* héros *m*
heroína [i'rwinɐ] *f* héroïne *f*
hesitação [izitɐ'sɐ̃u] (*pl* **-ões** [õiʃ]) *f* hésitation *f*
hesitar [izi'tar] *vi* hésiter
heterossexual [ˌɛtɛrɔsɛk'swał] (*pl* **-ais** [aiʃ]) *adj & mf* hétérosexuel(elle)
hibernar [iƀər'nar] *vi* hiberner
híbrido, da ['iƀriđu, đɐ] *adj* hybride
hidrante [(*Br*) i'drɐ̃ntʃi] *m* (*Br*) bouche *f* d'incendie
hidratante [iđrɐ'tɐ̃ntə] *adj* hydratant(e)
hidroavião [ˌiđrɔɐ'vjɐ̃u] (*pl* **-ões** [õiʃ]) *m* hydravion *m*
hidrófilo [i'đrɔfilu] *adj m* hydrophile
hidrogénio [iđrɔ'ʒɛnju] *m* (*Port*) hydrogène *m*
hidrogênio [idro'ʒenju] *m* (*Br*) = **hidrogénio**
hierarquia [jerɐr'kiɐ] *f* hiérarchie *f*
hífen ['ifɛn] (*pl* **-es** [əʃ]) *m* tiret *m*
hifenização [ifənizɐ'sɐ̃u] *f* césure *f*
hi-fi [ai'fai] *m* (*abrev de high-fidelity*) hi-fi *f*
higiene [i'ʒjɛnə] *f* hygiène *f*
hilariante [ilɐ'rjɐ̃ntə] *adj* hilarant(e)
hino ['inu] *m* hymne *m*
hiperdocumento [iper'dokumentu] *m* hypertexte *m*
hiperlink [iper'linki] *m INFORM* liaison *f* dynamique
hiperlynk [ipex'linki] (*Br*) = **hiperlink**
hipermercado [ˌipɛrmər'kađu] *m* hypermarché *m*
hipermídia [ipɛrmidia] *f* hypermédia *m*
hipertensão [ˌipɛrtẽ'sɐ̃u] *f* hypertension *f*
hipertexto [iper'tejʃtu] *m INFORM* hypertexte *m*
hípico, ca ['ipiku, kɐ] *adj* hippique
hipismo [i'piʒmu] *m* hippisme *m*
hipnotismo [ipnɔ'tiʒmu] *m* hypnotisme *m*
hipocondríaco, ca [ˌipɔkõn'driɐku, kɐ] *m, f* hypocondriaque *mf*
hipocrisia [ipɔkrə'ziɐ] *f* hypocrisie *f*
hipócrita [i'pɔkritɐ] *mf* hypocrite *mf*
hipódromo [i'pɔđrumu] *m* hippodrome *m*
hipopótamo [ipu'pɔtɐmu] *m* hippopotame *m*
hipoteca [ipu'tɛkɐ] *f* hypothèque *f*
hipótese [i'pɔtəzə] *f* **1.** (*suposição*) hypothèse *f* **2.** (*possibilidade*) chance *f* • **não ter hipótese** n'avoir aucune chance • **em hipótese alguma** en aucun cas • **na melhor das hipóteses** dans le meilleur des cas • **por hipótese** par exemple
hispano-americano, na [iʃ'pɐnuɐməriˌkɐnu, nɐ] *adj* hispano-américain(e)
histeria [iʃtə'riɐ] *f* hystérie *f*
histérico, ca [iʃ'tɛriku, kɐ] *adj* hystérique

história [iʃ'tɔrjɐ] *f* histoire *f* ● **história da Arte** histoire de l'Art ● **história da carochinha** histoire à dormir debout ● **histórias aos quadradinhos** bande *f* dessinée

hit ['iti] *m INFORM* occurrence *f*

hobby ['ɔbi] (*pl* **hobbies** ['ɔbiʃ]) *m* hobby *m*

hodômetro [(*Br*) o'dʒometru] *m inv* compteur *m*, odomètre *m*

hoje ['oʒə] *adv* aujourd'hui ● **hoje em dia** à l'heure actuelle ● **até hoje** jusqu'à présent ● **de hoje** d'aujourd'hui ● **de hoje a oito/quinze dias** d'ici huit/quinze jours ● **de hoje em diante** dorénavant ● **por hoje** aujourd'hui

Holanda [u'lɐ̃ndɐ] *f* ● **a Holanda** la Hollande

holandês, esa [ulɐ̃n'deʃ, ezɐ] (*mpl* **-eses** [ezəʃ], *fpl* **-s** [ʃ]) *adj* hollandais(e) ◇ *m, f* Hollandais *m*, -e *f*

holofote [ɔlɔ'fɔtə] *m* projecteur *m*

home banking ['xomib nkĩn] *m INFORM* banque *f* à domicile

homem ['ɔmɐ̃i] (*pl* **-ns** [ʃ]) *m* homme *m* ◆ **Homem** *m* ● **o Homem** l'Homme ▼ **homens** messieurs

homenagear [omənɐ'ʒjar] *vt* rendre hommage à

homenagem [omə'naʒɐ̃i] (*pl* **-ns** [ʃ]) *f* hommage *m*

homens ➤ **homem**

homeopatia [(*Port*) omjupɐ'tiɐ (*Br*), omjopa'tʃia] *f* homéopathie *f*

homicida [omi'siđɐ] *mf* meurtrier *m*, -ère *f*

homicídio [omi'siđju] *m* homicide *m* ● **homicídio involuntário** homicide involontaire

homossexual [ˌɔmɔsɛk'swał] (*pl* **-ais** [aiʃ]) *adj* & *mf* homosexuel(elle)

Honduras [õ'duraʃ] *fpl* ● **as Honduras** le Honduras

honestidade [onəʃti'đađə] *f* honnêteté *f*

honesto, ta [o'nɛʃtu, tɐ] *adj* honnête

honorário [onu'rarju] *adj* honoraire ◆ **honorários** *mpl* honoraires *mpl*

honra ['õʀɐ] *f* honneur *m* ● **ter a honra de fazer algo** avoir l'honneur de faire qqch ● **em honra de** en l'honneur de

honrado, da [õ'ʀađu, đɐ] *adj* honnête

honrar [õ'ʀar] *vt (dívida)* honorer ◆ **honrar-se de** *vp + prep* avoir l'honneur de

honroso, osa [õ'ʀozu, ɔzɐ] *adj* honorable

hóquei ['ɔkɐi] *m* hockey *m* ● **hóquei em patins** hockey sur patins ● **hóquei sobre o gelo** hockey sur glace

hora ['ɔrɐ] *f* heure *f* ● **que horas são?** quelle heure est-il ? ● **a que horas é...?** à quelle heure est... ? ● **são horas de...** il est l'heure de... ● **está na hora de...** il est temps de... ● **na hora H** à l'heure H ● **horas extraordinárias** heures supplémentaires ● **hora de ponta** (*Port*) heure de pointe ● **horas vagas** temps *m* libre ● **a horas** à l'heure ● **hora a hora** à toute heure ● **de hora em hora** toutes les heures ● **horas e horas** des heures et des heures ● **em cima da hora** juste ; *(na hora certa)* pile ● **à última da hora** au dernier moment

horário [o'rarju] *m* horaire *m* ● **horário de atendimento** heures *fpl* d'ouverture ● **horário de funcionamento** heures

d'ouverture • **horário nobre** heures de grande écoute
horizontal [orizõn'taɫ] (*pl* **-ais** [aiʃ]) *adj* horizontal(e)
horizonte [ori'zõntə] *m* horizon *m*
horóscopo [o'rɔʃkupu] *m* horoscope *m*
horrendo, da [u'ʀẽndu, dɐ] *adj* affreux(euse)
horripilante [oʀipi'lẽntə] *adj* terrifiant(e)
horrível [o'ʀivɛɫ] (*pl* **-eis** [ɐiʃ]) *adj* horrible
horror [o'ʀor] (*pl* **-es** [əʃ]) *m* horreur *f* • **que horror!** quelle horreur ! • **ter horror a algo** avoir horreur de qqch • **um horror de** un tas de • **dizer horrores de alguém** raconter des horreurs sur qqn
horta ['ɔrtɐ] *f* potager *m*
hortaliça [ortɐ'lisɐ] *f* légumes *mpl* (verts)
hortelã [ortə'lɐ̃] *f* menthe *f*
hortelã-pimenta [ortəˌlẽpi'mẽntɐ] *f* menthe *f* poivrée
hortênsia [or'tẽsjɐ] *f* hortensia *m*
horticultor, ra [ortikuɫ'tor, rɐ] (*mpl* **-es** [əʃ], *fpl* **-s** [ʃ]) *m, f* horticulteur *m*, -trice *f*
hortigranjeiros [oxtigrẽ'ʒeiruʃ] *mpl* (*Br*) *produits horticoles et de l'élevage*
hospedagem [oʃpə'đaʒẽi] *f* hébergement *m*
hospedar [oʃpə'đar] *vt* héberger ◆ **hospedar-se** *vp* **1.** loger **2.** *(em hotel)* descendre à • **hospedar-se em** loger chez
hospedaria [oʃpeda'ria] *f* auberge *f*
hóspede ['ɔʃpəđə] *mf* hôte *m*
hospedeira [oʃpə'đeirɐ] *f* (*Port*) • **hospedeira (de bordo)** hôtesse *f* de l'air
hospício [oʃ'pisju] *m* hospice *m*
hospital [oʃpi'taɫ] (*pl* **-ais** [aiʃ]) *m* hôpital *m*
hospitaleiro, ra [oʃpitɐ'lɐiru, rɐ] *adj* hospitalier(ère)
hospitalidade [oʃpitɐli'đađə] *f* hospitalité *f*
host ['xoʃtʃi] *m INFORM* hébergeur *m*
hostil [oʃ'tiɫ] (*pl* **-is** [iʃ]) *adj* hostile
hotel [o'tɛɫ] (*pl* **-éis** [ɛiʃ]) *m* hôtel *m*
houve ['ovə] ➤ **haver**
hovercraft [ˌover'kraftə] *m* hovercraft *m*
HTML (*abrev de Hypertext Markup Language*) *m INFORM* HTML *m*
HTTP (*abrev de Hypertext Transfer Protocol*) *m INFORM* HTTP *m*
humanidade [umɐni'đađə] *f* humanité *f* • **a humanidade** l'humanité ◆ **humanidades** *fpl* lettres *fpl* classiques
humanitário, ria [umani'tarju, rjɐ] *adj* humanitaire
humano, na [u'mɐnu, nɐ] *adj* humain(e) ◇ *m* humain *m*
humidade [umi'đađə] *f* (*Port*) humidité *f*
húmido, da ['umiđu, đɐ] *adj* (*Port*) humide
humildade [umiɫ'đađə] *f* humilité *f*
humilde [u'miɫđə] *adj* humble
humilhação [umiʎɐ'sɐ̃u] (*pl* **-ões** [õiʃ]) *f* humiliation *f*
humilhante [umi'ʎẽntə] *adj* humiliant(e)
humilhar [umi'ʎar] *vt* humilier ◆ **humilhar-se** *vp* s'humilier
humor [u'mor] *m* humour *m* • **estar de bom/mau humor** être de bonne/mauvaise humeur

humorista [umu'riʃtɐ] *mf* humoriste *mf*
húngaro, ra ['ũŋgɐru, rɐ] *adj* hongrois(e) ◇ *m, f* Hongrois *m*, -e *f* ◇ *m (língua)* hongrois *m*
Hungria [ũŋ'griɐ] *f* • **a Hungria** la Hongrie
hurra ['ʀʀɐ] *interj* hourra !

i I

ia ['iɐ] ➤ **ir**
iate ['jatə] *m* yacht *m*
Ibama [i'bɐmɐ] *m (Br) (abrev de Instituto Brasileiro do Meio Ambiente e Recursos Renováveis)* organisme brésilien pour la défense de l'environnement ; ≃ SNPN *f (Société Nationale de Protection de la Nature)*
ibérico, ca [i'bɛriku, kɐ] *adj* ibérique
ibero-americano, na [i,bɛrwɐməri'kɐnu, nɐ] *adj* latino-américain(e) ◇ *m, f* Latino-Américain *m*, -e *f*
içar [i'sar] *vt* hisser
ICM/S *m (Br) (abrev de Imposto sobre a circulação de Mercadorias e Serviços)* ≃ TVA *f (Taxe sur la Valeur Ajoutée)*
ícone ['ikɔnə] *m* icône *f*
icterícia [iktə'risjɐ] *f* jaunisse *f*
ida ['iđɐ] *f* **1.** *(partida)* allée *f* **2.** *(jornada)* voyage *m*
idade [i'đađə] *f* âge *m* • **de idade** âgé(e) • **de meia idade** d'âge mûr
ideal [i'đjał] *(pl* **-ais** [aiʃ]) *adj* idéal(e) ◇ *m* idéal *m*
idealista [iđjɐ'liʃtɐ] *adj & mf* idéaliste
ideia [i'đɐjɐ] *f (Port)* idée *f* • **que ideia!** quelle idée ! • **mudar de ideias** changer d'avis • **não fazer ideia** n'en avoir aucune idée
idéia [i'dɛjɐ] *f (Br)* = **ideia**
idêntico, ca [i'đẽntiku, kɐ] *adj* identique
identidade [iđẽnti'đađə] *f* identité *f*
identificação [iđẽntəfikɐ'sɐ̃u] *f* identification *f*
identificar [iđẽntəfi'kar] *vt* identifier ◆ **identificar-se** *vp* s'identifier
ideologia [iđjulu'ʒiɐ] *f* idéologie *f*
idílico, ca [i'điliku, kɐ] *adj* idyllique
idioma [i'đjomɐ] *m* langue *f*
idiota [i'đjɔtɐ] *adj & mf* idiot(e)
ídolo ['iđulu] *m* idole *f*
idóneo, nea [i'đɔnju, njɐ] *adj (Port)* de confiance
idôneo, nea [i'donju, njɐ] *adj (Br)* = **idóneo**
idoso, osa [i'đozu, ɔzɐ] *adj* âgé(e) ◇ *m, f* personne *f* âgée • **os idosos** les personnes âgées
igarapé [igara'pɛ] *m (Br)* bras *m* e rivière
ignição [igni'sɐ̃u] *f* contact *m (allumage)*
ignorado, da [ignu'rađu, đɐ] *adj* ignoré(e)
ignorância [ignu'rɐ̃sjɐ] *f* ignorance *f*
ignorante [ignu'rɐ̃ntə] *mf* ignorant *m*, -e *f*
ignorar [ignu'rar] *vt* • **ignorar algo** ignorer qqch • **ignorar alguém** ignorer qqn
igreja [i'grɐiʒɐ] *f* église *f*

igual [i'gwał] (*pl* **-ais** [aiʃ]) *adj* **1.** *(quantidade, preço, proporção)* égal(e) **2.** *(idêntico)* pareil(eille) **3.** *(parecido)* pareil(eille) ◇ *m* égal *m* • **igual a** pareil à • **sem igual** sans pareil

igualar [igwa'lar] *vt* égaler (qqn), égaliser (un terrain) ◆ **igualar-se a** *vp + prep* s'égaler

igualar [igwɐ'lar] *vt* égaler ◆ **igualar-se** *vp* se valoir • **os candidatos igualam-se** les candidats se valent • **igualar-se a** égaler

igualdade [igwał'đađə] *f* égalité *f*

igualmente [igwał'mẽntə] *adv* également ◇ *interj* vous de même !

ilegal [ilə'gał] (*pl* **-ais** [aiʃ]) *adj* illégal(e)

ilegalidade [iləgɐli'đađə] *f* illégalité *f*

ilegítimo, ma [ilə'ʒitimu, mɐ] *adj* illégitime

ilegível [ilə'ʒivɛł] (*pl* **-eis** [ɐiʃ]) *adj* illisible

ileso, sa [i'lezu, zɐ] *adj* indemne • **sair ileso de um acidente** sortir indemne d'un accident

ilha ['iʎɐ] *f* île *f*

ilícito, ta [i'lisitu, tɐ] *adj* illicite

ilimitado, da [iləmi'tađu, đɐ] *adj* illimité(e)

Ilma. *abrev de* **Ilustríssima**

Ilmo. *abrev de* **Ilustríssimo**

ilógico, ca [i'lɔʒiku, kɐ] *adj* illogique

iludir [ilu'đir] *vt* tromper ◆ **iludir-se** *vp* se faire des illusions

iluminação [ilumine'sɐ̃u] *f* éclairage *m*

iluminado, da [ilumi'nađu, đɐ] *adj* **1.** *(rua)* éclairé(e) **2.** *(árvore de Natal)* illuminé(e)

iluminar [ilumi'nar] *vt* **1.** *(sala, rua)* éclairer **2.** *(monumento)* illuminer

ilusão [ilu'zɐ̃u] (*pl* **-ões** [õiʃ]) *f* illusion *f* • **não ter ilusões** ne pas se faire d'illusions • **perder as ilusões** perdre ses illusions

ilustração [iluʃtrɐ'sɐ̃u] (*pl* **-ões** [õiʃ]) *f* illustration *f*

ilustrado, da [iluʃ'trađu, đɐ] *adj* illustré(e)

ilustrar [iluʃ'trar] *vt (exemplificar)* illustrer

ilustre [i'luʃtrə] *adj* illustre

ilustríssimo, ma [iluʃ'trisimu, mɐ] *adj* **1.** *(para senhores)* Monsieur **2.** *(para senhoras)* Madame

imã ['imɐ̃] *m (Port)* RELIG imam *m*

ímã ['imɐ̃] *m (Br)* = **íman**

imaculado, da [imɐku'lađu, đɐ] *adj* immaculé(e)

imagem [i'maʒɐ̃i] (*pl* **-ns** [ʃ]) *f* image *f*

imaginação [imɐʒinɐ'sɐ̃u] *f* imagination *f*

imaginar [imɐʒi'nar] *vt* imaginer ◆ **imaginar-se** *vp* s'imaginer

imaginativo, va [imɐʒinɐ'tivu, vɐ] *adj* imaginatif(ive)

imame [ĩ'mami] *m (Br)* = **imã**

íman ['imɐ̃n] (*pl* **-es** [ɐnəʃ]) *m (Port) (fer)* aimant *m*

imaturo, ra [imɐ'turu, rɐ] *adj* immature

imbatível [ĩmbɐ'tivɛł] (*pl* **-eis** [ɐiʃ]) *adj* imbattable

imbecil [ĩmbə'sił] (*pl* **-is** [iʃ]) *adj & mf* imbécile

imediações [iməđjɐ'sõiʃ] *fpl* alentours *mpl* • **nas imediações de** aux alentours de

imediatamente [imə,đjatɐ'mẽntə] *adv* immédiatement
imediato, ta [imə'đjatu, tɐ] *adj* immédiat(e) • **de imediato** *(imediatamente)* immédiatement ; *(neste momento)* dans l'immédiat
imenso, sa [i'mẽsu, sɐ] *adj* immense ◇ *adv* énormément
imergir [imər'ʒir] *vt* immerger
imigração [imigrɐ'sɐ̃u] *f* immigration *f*
imigrante [imi'grẽntə] *mf* immigrant *m*, -e *f*
imigrar [imi'grar] *vi* immigrer
iminente [imi'nẽntə] *adj* imminent(e)
imitação [imitɐ'sɐ̃u] (*pl* **-ões** [õiʃ]) *f* imitation *f*
imitar [imi'tar] *vt* imiter
imobiliária [imuƀə'ljarjɐ] *f* **1.** *(vendedor)* agence *f* immobilière **2.** *(constructor)* promoteur *m*
imobilizar [imuƀəli'zar] *vt* immobiliser ◆ **imobilizar-se** *vp* s'immobiliser
imoral [imu'rał] (*pl* **-ais** [aiʃ]) *adj* immoral(e)
imóvel [i'mɔvɛł] (*pl* **-eis** [ɐiʃ]) *adj* **1.** *(parado)* immobile **2.** *(bem)* immobilier(ère) ◇ *m* **1.** *(prédio)* immeuble *m* **2.** *(valor)* bien *m* immobilier
impaciência [ĩmpɐ'sjẽsjɐ] *f* impatience *f*
impaciente [ĩmpɐ'sjẽntə] *adj* impatient(e)
impacto [ĩm'paktu] *m* impact *m*
ímpar ['ĩmpar] (*pl* **-es** [əʃ]) *adj* **1.** *(número)* impair(e) **2.** *(objecto, acção)* unique
imparcial [ĩmpɐr'sjał] (*pl* **-ais** [aiʃ]) *adj* impartial(e)
impasse [ĩm'pasə] *m* impasse *f*
impecável [ĩmpə'kavɛł] (*pl* **-eis** [ɐiʃ]) *adj* impeccable
impedido, da [ĩmpə'điđu, đɐ] *adj* **1.** *(linha)* occupé(e) **2.** *(caminho, estrada)* coupé(e)
impedimento [ĩmpəđi'mẽntu] *m* empêchement *m*
impedir [ĩmpə'đir] *vt* couper • **impedir alguém de fazer algo** empêcher qqn de faire qqch
impelir [ĩmpə'lir] *vt* pousser
impenetrável [ĩmpənə'travɛł] (*pl* **-eis** [ɐiʃ]) *adj* impénétrable
impensável [ĩmpẽ'savɛł] (*pl* **-eis** [ɐiʃ]) *adj* impensable
imperador [ĩmpərɐ'đor] (*pl* **-es** [əʃ]) *m* empereur *m*
imperativo, va [ĩmpərɐ'tivu, vɐ] *adj* impératif(ive) ◇ *m* impératif *m*
imperatriz [ĩmpərɐ'triʃ] (*pl* **-es** [zəʃ]) *f* impératrice *f*
imperdoável [ĩmpər'đwavɛł] (*pl* **-eis** [ɐiʃ]) *adj* impardonnable
imperfeição [ĩmpərfɐi'sɐ̃u] (*pl* **-ões** [õiʃ]) *f* *(defeito)* imperfection *f*
imperfeito, ta [ĩmpər'fɐitu, tɐ] *adj* imparfait(e) ◇ *m* imparfait *m*
imperial [ĩmpə'rjał] (*pl* **-ais** [aiʃ]) *f* *(Port)* chope *f*, bière *f*
império [ĩm'pɛrju] *m* empire *m*
impermeável [ĩmpər'mjavɛł] (*pl* **-eis** [ɐiʃ]) *adj* & *m* imperméable
impertinente [ĩmpərti'nẽntə] *adj* impertinent(e)
imperturbável [ĩmpərtur'ƀavɛł] (*pl* **-eis** [ɐiʃ]) *adj* imperturbable
impessoal [ĩmpə'swał] (*pl* **-ais** [aiʃ]) *adj* impersonnel(elle)

impetuoso, **osa** [ĩmpə'twozu, ɔzɐ] *adj* impétueux(euse)
impiedade [ĩmpje'đađə] *f* impiété *f*
implacável [ĩmplɐ'kavɛɫ] (*pl* **-eis** [ɐiʃ]) *adj* implacable
implantação [ĩmplẽntɐ'sɐ̃u] *f* implantation *f*
implementar [ĩmpləmẽn'tar] *vt* **1.** *(lei)* mettre en application **2.** *(regime, sistema)* mettre en place
implicar [ĩmpli'kar] *vt* impliquer ◆ **implicar com** *v + prep* titiller
implícito, **ta** [ĩm'plisitu, tɐ] *adj* implicite
implorar [ĩmplu'rar] *vt* implorer
imponente [ĩmpu'nẽntə] *adj* imposant(e)
impopular [ĩmpupu'lar] (*pl* **-es** [əʃ]) *adj* impopulaire
impor [ĩm'por] *vt* imposer ◆ **impor-se** *vp* s'imposer ● **impor algo a alguém** imposer qqch à qqn
importação [ĩmpurtɐ'sɐ̃u] (*pl* **-ões** [õiʃ]) *f* importation *f*
importado, **da** [ĩmpur'tađu, đɐ] *adj* importé(e)
importância [ĩmpur'tɐ̃sjɐ] *f* importance *f*
importante [ĩmpur'tẽntə] *adj* important(e) ◇ *m* ● **o importante é...** l'important c'est...
importar [ĩmpur'tar] *vt* **1.** *(mercadoria, produto)* importer **2.** *(ideia)* prendre ◇ *vi* avoir de l'importance ◆ **importar-se** *vp* ● **importa-se de...?** ça ne vous dérange pas de... ? ● **não importa** ça n'a pas d'importance ● **não me importa** ça m'est égal ● **pouco importa** peu importe
imposição [ĩmpuzi'sɐ̃u] (*pl* **-ões** [õiʃ]) *f* imposition *f*
impossibilitar [ĩmpusibəlitar] *vt* rendre impossible
impossível [ĩmpu'sivɛɫ] (*pl* **-eis** [ɐiʃ]) *adj* impossible ◇ *m* ● **o impossível** l'impossible *m* ● **querer o impossível** vouloir l'impossible
imposto [ĩm'poʃtu] *m* impôt *m* ● **imposto de renda** (*Br*) impôt sur le revenu ● **imposto sobre os rendimentos** (*Port*) impôt sur le revenu ● **imposto sobre o valor acrescentado** (*Port*) taxe *f* sur la valeur ajoutée
impostor, **ra** [ĩmpuʃ'tor, rɐ] (*mpl* **-es** [əʃ], *fpl* **-s** [ʃ]) *m, f* imposteur *m*
impotente [ĩmpu'tẽntə] *adj* impuissant(e)
impraticável [ĩmprɐti'kavɛɫ] (*pl* **-eis** [ɐiʃ]) *adj (estrada, caminho)* impraticable
impreciso, **sa** [ĩmprə'sizu, zɐ] *adj* imprécis(e)
impregnar [ĩmprəg'nar] *vt* imprégner ◆ **impregnar-se de** *vp + prep* s'imprégner de
imprensa [ĩm'prẽsɐ] *f* presse *f*
imprescindível [ĩmprəʃsĩn'divɛɫ] (*pl* **-eis** [ɐiʃ]) *adj* indispensable
impressão [ĩmprə'sɐ̃u] (*pl* **-ões** [õiʃ]) *f* impression *f* ● **ter a impressão que** avoir l'impression que ● **impressão digital** empreinte *f* digitale ● **causar boa impressão** faire bonne impression
impressionante [ĩmprəsju'nẽntə] *adj* impressionnant(e)
impressionar [ĩmprəsju'nar] *vt* impressionner

impresso, a [ĩm'prɛsu, ɐ] *adj* imprimé(e) ◇ *m* formulaire *m*
impressões ➤ **impressão**
impressora [ĩmprə'sorɐ] *f* imprimante *f*
imprestável [ĩmprəʃ'tavɛɫ] (*pl* **-eis** [ɐiʃ]) *adj* **1.** (*não prestativo*) désobligeant(e) **2.** (*inútil*) inutilisable
imprevisível [ĩmprəvi'zivɛɫ] (*pl* **-eis** [ɐiʃ]) *adj* imprévisible
imprevisto, ta [ĩmprə'viʃtu, tɐ] *adj* imprévu(e) ◇ *m* imprévu *m*
imprimir [ĩmpri'mir] *vt* imprimer
impróprio, pria [ĩm'prɔpriu, priɐ] *adj* • **impróprio para beber** non potable • **impróprio para comer** impropre à la consommation • **impróprio para morar** insalubre
improvável [ĩmpru'vavɛɫ] (*pl* **-eis** [ɐiʃ]) *adj* improbable
improvisar [ĩmpruvi'zar] *vt* & *vi* improviser
improviso [ĩmpru'vizu] *m* improvisation *f* • **de improviso** à l'improviste
imprudente [ĩmpru'đẽntə] *adj* imprudent(e)
impulsionar [ĩmpuɫsju'nar] *vt* stimuler
impulsivo, va [ĩmpuɫ'sivu, vɐ] *adj* impulsif(ive)
impulso [ĩm'puɫsu] *m* **1.** (*incitamento*) impulsion *f* **2.** (*Port*) (*de chamada telefónica*) unité *f*
impune [ĩm'punə] *adj* impuni(e)
impureza [ĩmpu'rezɐ] *f* impureté *f*
impuro, ra [ĩm'puru, rɐ] *adj* impur(e)
imundície [imũn'disjə] *f* **1.** (*sujidade*) crasse *f* **2.** (*lixo*) immondices *fpl*
imune [i'munə] *adj* • **imune a** (*a doença*) immunisé(e) contre ; (*a ataques*) insensible à
inábil [i'nađiɫ] (*pl* **-beis** [đɐiʃ]) *adj* malhabile
inabitado, da [inɐđi'tađu, đɐ] *adj* inhabité(e)
inacabado, da [inɐkɐ'bađu, đɐ] *adj* inachevé(e)
inaceitável [inɐsɐi'tavɛɫ] (*pl* **-eis** [ɐiʃ]) *adj* inacceptable
inacessível [inɐsə'sivɛɫ] (*pl* **-eis** [ɐiʃ]) *adj* inaccessible
inacreditável [inɐkrəđi'tavɛɫ] (*pl* **-eis** [ɐiʃ]) *adj* incroyable
inactividade [inɐtəvi'đađə] *f* (*Port*) inactivité *f*
inactivo, va [ina'tivu, vɐ] *adj* **1.** (*Port*) (*máquina*) à l'arrêt **2.** (*vulcão*) éteint(e) **3.** (*pessoa*) inactif(ive)
inadequado, da [inɐđə'kwađu, đɐ] *adj* inadéquat(e)
inadiável [inɐ'đjavɛɫ] (*pl* **-eis** [ɐiʃ]) *adj* **1.** (*problema*) urgent(e) **2.** (*encontro, reunião*) qui ne peut être reporté(e)
inadvertido, da [inɐđvər'tiđu, đɐ] *adj* involontaire
inalador [inɐlɐ'đor] (*pl* **-es** [əʃ]) *m* inhalateur *m*
inalar [inɐ'lar] *vt* inhaler
inalcançável [inaɫkɐ̃'savɛɫ] (*pl* **-eis** [ɐiʃ]) *adj* inaccessible
inanimado, da [inɐni'mađu, đɐ] *adj* inanimé(e)
inaptidão [inɐpti'đɐ̃u] *f* inaptitude *f*
inapto, pta [i'naptu, ptɐ] *adj* inapte
inarticulado, da [inɐrtiku'lađu, đɐ] *adj* inarticulé(e)

INATEL [ina'tɛɫ] *m* (*Port*) (*abrev de Instituto Nacional de Tempos Livres*) *centre de loisirs national*
inatingível [inɐtĩ'ʒivɛɫ] (*pl* **-eis** [ɐiʃ]) *adj* inaccessible
inatividade [inatʃivi'dadʒi] *f* (*Br*) = **inactividade**
inativo [ina'tʃivu, va] (*Br*) = **inactivo**
inato, ta ['inatu, tɐ] *adj* inné(e)
inauguração [inaugurɐ'sɐ̃u] (*pl* **-ões** [õiʃ]) *f* inauguration *f*
inaugurar [inaugu'rar] *vt* inaugurer
incansável [ĩŋkɐ̃'savɛɫ] (*pl* **-eis** [ɐiʃ]) *adj* infatigable
incapacidade [ĩŋkɐpɐsi'đađə] *f* incapacité *f*
incapaz [ĩŋkɐ'paʃ] (*pl* **-es** [zəʃ]) *adj* incapable
incendiar [ĩsẽn'djar] *vt* mettre le feu à ◆ **incendiar-se** *vp* prendre feu
incêndio [ĩ'sẽndju] *m* incendie *m*
incenso [ĩ'sẽsu] *m* encens *m*
incentivar [ĩsẽnti'var] *vt* encourager
incentivo [ĩsẽn'tivu] *m* **1.** encouragement *m* **2.** (*dinheiro*) prime *f*
incerteza [ĩsər'tezɐ] *f* incertitude *f* ● **ficar na incerteza** être perplexe
incerto, ta [ĩ'sɛrtu, tɐ] *adj* incertain(e)
incesto [ĩ'seʃtu] *m* inceste *m*
inchação [ĩʃa'sɐ̃u] *f* (*Br*) = **inchaço**
inchaço [ĩ'ʃasu] *m* (*Port*) boursouflure *f*
inchado, da [ĩ'ʃađu, đɐ] *adj* **1.** (*tumefacto*) enflé(e) **2.** (*fig*) (*envaidecido*) infatué(e)
inchar [ĩ'ʃar] *vi* enfler
incidência [ĩsi'đẽsjɐ] *f* incidence *f*
incidente [ĩsi'đẽntə] *m* incident *m*
incineração [ĩsinərɐ'sɐ̃u] (*pl* **-ões** [õiʃ]) *f* incinération *f*
incisivo, va [ĩsi'zivu, vɐ] *adj* incisif(ive) ◇ *m* incisive *f*
incitar [ĩsi'tar] *vt* inciter
inclemente [ĩŋklə'mẽntə] *adj* sévère
inclinação [ĩŋklinɐ'sɐ̃u] (*pl* **-ões** [õiʃ]) *f* **1.** (*de objecto, linha, edifício*) inclinaison *f* **2.** (*fig*) (*propensão*) inclination *f*, penchant *m*
inclinado, da [ĩŋkli'nađu, đɐ] *adj* incliné(e)
inclinar [ĩŋkli'nar] *vt* incliner ◆ **inclinar-se** *vp* s'incliner
incluído, da [ĩŋklu'iđu, đɐ] *adj* inclus(e), compris(e)
incluir [ĩŋklu'ir] *vt* **1.** inclure **2.** (*conter*) comprendre
inclusivamente [ĩŋklu,zivɐ'mẽntə] *adv* même
inclusive [ĩŋklu'zivɛ] *adv* y compris
incoerente [ĩŋkwe'rẽntə] *adj* incohérent(e)
incógnita [ĩŋ'kɔgnitɐ] *f* inconnue *f*
incógnito, ta [ĩ'kɔgnitu, tɐ] *adj* inconnu(e)
incolor [ĩŋku'lor] (*pl* **-es** [əʃ]) *adj* incolore
incomodar [ĩŋkumu'đar] *vt* **1.** (*importunar*) déranger **2.** (*afligir*) affecter ▼ **não incomodar** ne pas déranger ◆ **incomodar-se** *vp* s'inquiéter ● **incomoda-se se eu fumar?** cela vous dérange si je fume ?
incómodo, da [ĩŋ'kɔmuđu, đɐ] *adj* (*Port*) pas confortable ◇ *m* (*Port*) dérangement *m*
incômodo, da [ĩŋ'komodu, dɐ] *adj* & *m* (*Br*) = **incómodo**

incomparável [ĩŋkõmpɐ'ravɛɫ] (*pl* **-eis** [ɐiʃ]) *adj* incomparable
incompatível [ĩŋkõmpɐ'tivɛɫ] (*pl* **-eis** [ɐiʃ]) *adj* incompatible
incompetente [ĩŋkõmpə'tẽntə] *adj* & *mf* incompétent(e)
incompleto, ta [ĩŋkõm'plɛtu, tɐ] *adj* incomplet(ète)
incomum [ĩŋku'mũ] (*pl* **-ns** [ʃ]) *adj* hors du commun
incomunicável [ĩŋkumuni'kavɛɫ] (*pl* **-eis** [ɐiʃ]) *adj* **1.** *(isolado)* injoignable **2.** *(bens)* intransmissible
incomuns ➤ **incomum**
inconcebível [ĩŋkõsə'ƀivɛɫ] (*pl* **-eis** [ɐiʃ]) *adj* inconcevable
incondicional [ĩŋkõndəsju'naɫ] (*pl* **-ais** [aiʃ]) *adj* **1.** *(proposta, contrato)* sans condition **2.** *(apoio, rendição, partidário)* inconditionnel(elle)
inconfidência [ĩŋkõfi'dẽsja] *f* indiscrétion *f*, infidélité *f*
inconfidente [ĩŋkõfi'dẽtʃi] *adj* indiscret (ète), infidèle
inconformado, da [ĩŋkõfur'mađu, đɐ] *adj* • **estar inconformado** ne pas se faire à l'idée de
inconfundível [ĩŋkõfũn'divɛɫ] (*pl* **-eis** [ɐiʃ]) *adj* **1.** *(voz, cheiro)* caractéristique **2.** *(casa, rua)* facilement repérable
inconsciência [ĩŋkõʃ'sjẽsjɐ] *f* inconscience *f*
inconsciente [ĩŋkõʃ'sjẽntə] *adj* inconscient(e) ◇ *m* inconscient *m*
incontestável [ĩŋkõntəʃ'tavɛɫ] (*pl* **-eis** [ɐiʃ]) *adj* incontestable
inconveniência [ĩŋkõvə'njẽsjɐ] *f* **1.** *(problema, desvantagem)* inconvénient *m* **2.** *(grosseria)* grossièreté *f*
inconveniente [ĩŋkõvə'njẽntə] *adj* **1.** *(pessoa)* grossier(ère) **2.** *(assunto)* déplacé(e) ◇ *m* inconvénient *m* • **não ver inconveniente em que** ne pas voir d'inconvénient à ce que
incorporar [ĩŋkurpu'rar] *vt* **1.** *(unir)* ajouter **2.** *(juntar)* incorporer
incorrecto, ta [ĩŋku'ʀɛtu, tɐ] *adj* *(Port)* incorrect(e)
incorreto, ta [ĩŋko'xɛtu, tɐ] *adj* *(Br)* = **incorrecto**
incorrigível [ĩŋkuʀə'ʒivɛɫ] (*pl* **-eis** [ɐiʃ]) *adj* incorrigible
incrédulo, la [ĩŋ'krɛđulu, lɐ] *adj* incrédule
incrível [ĩŋ'krivɛɫ] (*pl* **-eis** [ɐiʃ]) *adj* **1.** incroyable **2.** *(pessoa)* étonnant(e) **3.** *(lugar, espectáculo, paisagem)* fantastique
incubadora [ĩŋkuƀɐ'đorɐ] *f* couveuse *f*
inculto, ta [ĩŋ'kuɫtu, tɐ] *adj* inculte
incumbir [ĩŋkũm'bir] *vt* • **incumbir alguém de fazer algo** charger qqn de faire qqch ◆ **incumbir a** *v + prep* • **incumbir a alguém fazer algo** être à qqn de faire qqch ◆ **incumbir-se de** *vp + prep* • **incumbir-se de fazer algo** se charger de faire qqch
incurável [ĩŋku'ravɛɫ] (*pl* **-eis** [ɐiʃ]) *adj* incurable
indagar [ĩndɐ'gar] *vi* rechercher
indecente [ĩndə'sẽntə] *adj* indécent(e)
indecisão [ĩndəsi'zɐ̃u] (*pl* **-ões** [õiʃ]) *f* indécision *f*
indeciso, sa [ĩndə'sizu, zɐ] *adj* indécis(e) • **estar indeciso** hésiter

indecisões ➤ indecisão
indecoroso, **osa** [ĩndəku'rozo, ɔzɐ] *adj* indécent(e)
indefeso, **sa** [ĩndə'fezu, zɐ] *adj* sans défense
indefinido, **da** [ĩndəfə'nidu, đɐ] *adj* **1.** *(prazo)* indéterminé(e) **2.** *GRAM* indéfini(e)
indelicado, **da** [ĩndəli'kađu, đɐ] *adj* impoli(e)
indemnização [ĩndəmnizɐ'sɐ̃u] (*pl* **-ões** [õiʃ]) *f* **1.** (*Port*) indemnisation *f* **2.** *(pagamento)* indemnité *f* • **indemnização por perdas e danos** dommages et intérêts *mpl*
indemnizar [ĩndəmni'zar] *vt* (*Port*) indemniser
indenização [ĩndeniza'sɐ̃w] (*Br*) = **indemnização**
indenizar [ĩndeni'zax] *vt* (*Br*) = **indemnizar**
independência [ĩndəpẽn'dẽsjɐ] *f* indépendance *f*
independente [ĩndəpẽn'dẽntə] *adj* indépendant(e)
independentemente [ĩndəpẽnˌdẽntə'mẽntə] ◆ **independentemente de** *prep* indépendamment de
indescritível [indəʃkri'tivɛɫ] (*pl* **-eis** [ɐiʃ]) *adj* indescriptible
indesejável [ĩndəzə'ʒavɛɫ] (*pl* **-eis** [ɐiʃ]) *adj* **1.** *(pessoa)* indésirable **2.** *(situação)* gênant(e)
indestrutível [ĩndəʃtru'tivɛɫ] (*pl* **-eis** [ɐiʃ]) *adj* **1.** *(construção)* indestructible **2.** *(fig) (argumento)* irréfutable
indeterminado, **da** [ĩndətərmi'nađu, đɐ] *adj* indéterminé(e)
indevido, **da** [ĩndə'viđu, đɐ] *adj* **1.** *(comportamento)* déplacé(e) **2.** *(hora)* indu(e)
Índia [(*Port*) 'ĩndjɐ (*Br*), 'ĩndʒja] *f* • **a Índia** l'Inde *f*
indiano, **na** [(*Port*) ĩn'djɐnu, nɐ (*Br*), ĩn'dʒjanu, na] *adj* indien(enne) ◇ *m, f* Indien *m*, -enne *f (d'Inde)*
indicação [ĩndikɐ'sɐ̃u] (*pl* **-ões** [õiʃ]) *f* indication *f*
indicador [ĩndikɐ'đor] (*pl* **-es** [əʃ]) *m* **1.** *(dedo)* index *m* **2.** *(de temperatura, conta-quilómetros)* indicateur *m*
indicar [ĩndi'kar] *vt* indiquer
indicativo, **va** [ĩndikɐ'tivu, vɐ] *adj* indicatif(ive) ◇ *m* indicatif *m*
índice ['ĩndisə] *m* **1.** *(em livro)* table *f* des matières **2.** *(por ordem alfabética, dedo)* index *m* **3.** *(nível)* indice *m* • **índice de inflação** taux *m* d'inflation
indício [in'dʒisju] *m* indice *m*, indication *f*
Índico ['ĩndiku] *m* • **o (oceano) Índico** l'océan *m* Indien
indiferença [ĩndifə'rẽsɐ] *f* indifférence *f*
indiferente [ĩndifə'rẽntə] *adj* indifférent(e) • **é-me indiferente** ça m'est égal
indígena [ĩn'diʒənɐ] *adj & mf* indigène
indigestão [ĩndiʒəʃ'tɐ̃u] *f* indigestion *f*
indigesto, **ta** [ĩndi'ʒɛʃtu, tɐ] *adj* indigeste
indignação [ĩndignɐ'sɐ̃u] (*pl* **-ões** [õiʃ]) *f* indignation *f*
indigno, **gna** [ĩn'dignu, nɐ] *adj* indigne
índio, **dia** [(*Port*) 'ĩndju, djɐ (*Br*), dʒju, dʒja] *adj* indien(enne) ◇ *m, f* Indien *m*, -enne *f (d'Amérique)*
indirecta [ĩndi'rɛtɐ] *f* (*Port*) (*fig*) sous-entendu *m* • **mandar uma indirecta**

(*fam*) (*criticar*) lancer une pique ; (*insinuar*) faire une allusion
indirecto, ta [ĩndi'rɛtu, tɐ] *adj* (*Port*) indirect(e)
indireto, ta [ĩndʒi'rɛtu, tɐ] *adj* (*Br*) = **indirecto**
indisciplinado, da [ĩndəʃsipli'nađu, đɐ] *adj* indiscipliné(e)
indiscreto, ta [ĩndəʃ'krɛtu, tɐ] *adj* indiscret(ète)
indiscutível [ĩndəʃku'tivɛɫ] (*pl* **-eis** [ɐiʃ]) *adj* indiscutable
indispensável [ĩndəʃpẽ'savɛɫ] (*pl* **-eis** [ɐiʃ]) *adj* indispensable ◇ *m* • **o indispensável** l'indispensable *m*
indisposição [ĩndəʃpuzi'sɐ̃u] (*pl* **-ões** [õiʃ]) *f* malaise *m*
indisposto, osta [ĩndəʃ'poʃtu, ɔʃtɐ] *adj* indisposé(e)
indistinto, ta [ĩndəʃ'tĩntu, tɐ] *adj* indistinct(e)
individual [ĩndəvi'đwaɫ] (*pl* **-ais** [aiʃ]) *adj* individuel(elle)
indivíduo [ĩndə'viđwu] *m* **1.** (*pessoa*) individu *m* **2.** (*fam*) (*homem*) type *m*
índole ['ĩndulə] *f* nature *f* (*caractère*)
indolência [ĩndo'lẽsja] *f* indolence *f*
indolente [ĩndo'lẽntʃi] *adj* indolent(e)
indolor [ĩndu'lor] (*pl* **-es** [əʃ]) *adj* indolore
Indonésia [ĩndɔ'nɛzjɐ] *f* • **a Indonésia** l'Indonésie *f*
indulgência [ĩnduɫ'ʒẽsjɐ] *f* indulgence *f*
indulgente [ĩnduɫ'ʒẽntə] *adj* indulgent(e)
indumentária [ĩndumẽn'tarjɐ] *f* (*pej*) accoutrement *m*
indústria [ĩn'duʃtriɐ] *f* industrie *f*
induzir [ĩndu'zir] *vt* • **induzir alguém a fazer algo** pousser qqn à faire qqch • **induzir alguém em erro** induire qqn en erreur
inédito, ta [i'nɛđitu, tɐ] *adj* **1.** (*filme, peça de teatro, livro*) inédit(e) **2.** (*acontecimento*) inouï(e)
ineficaz [inəfi'kaʃ] (*pl* **-es** [zəʃ]) *adj* inefficace
inegável [inə'gavɛɫ] (*pl* **-eis** [ɐiʃ]) *adj* indéniable
inércia [i'nɛrsjɐ] *f* inertie *f*
inerte [i'nɛrtə] *adj* inerte
inesgotável [inəʒgu'tavɛɫ] (*pl* **-eis** [ɐiʃ]) *adj* inépuisable
inesperado, da [inəʃpə'rađu, đɐ] *adj* inattendu(e)
inesquecível [inəʃkɛ'sivɛɫ] (*pl* **-eis** [ɐiʃ]) *adj* inoubliable
inestimável [inəʃti'mavɛɫ] (*pl* **-eis** [ɐiʃ]) *adj* inestimable
inevitável [inəvi'tavɛɫ] (*pl* **-eis** [ɐiʃ]) *adj* inévitable
inexequível [ineze'kwivɛw] (*pl* **-eis** [ejʃ]) *adj* irréalisable
inexistência [inəziʃ'tẽsjɐ] *f* inexistence *f*
inexperiência [inəʃpə'rjẽsjɐ] *f* inexpérience *f*, manque *m* d'expérience
inexperiente [inəʃpə'rjẽntə] *adj* **1.** (*sem experiência*) inexpérimenté(e) **2.** (*fig*) (*inocente*) novice
infalível [ĩfɐ'livɛɫ] (*pl* **-eis** [ɐiʃ]) *adj* **1.** (*método, sistema, plano*) infaillible **2.** (*inevitável*) garanti(e)
infâmia [ĩ'fɐmjɐ] *f* calomnie *f*
infância [ĩ'fɐ̃sjɐ] *f* enfance *f*
infantário [ĩfɐ̃n'tarju] *m* (*Port*) crèche *f*

infantil [ĩfẽn'tiɫ] (*pl* **-is** [iʃ]) *adj* **1.** *(literatura, programa)* pour enfants **2.** *(pej) (imaturo)* infantile **3.** *(jogo, linguagem)* enfantin(e)
infecção [ĩfɛ'sɐ̃u] (*pl* **-ões** [õiʃ]) *f* infection *f*
infeccioso, osa [ĩfɛ'sjozu, ɔzɐ] *adj* infectieux(euse)
infecções ➤ **infecção**
infectado, da [ĩfɛ'tađu, đɐ] *adj* infecté(e)
infectar [ĩfɛ'tar] *vt* infecter
infelicidade [ĩfəlisi'đađə] *f* malheur *m* • **mas que infelicidade!** quel malheur ! • **tive a infelicidade de** j'ai eu le malheur de
infeliz [ĩfə'liʃ] (*pl* **-es** [zəʃ]) *adj* & *mf* malheureux(euse) • **ser infeliz** être malheureux
infelizmente [ĩfəliʒ'mẽntə] *adv* malheureusement
inferior [ĩfə'rjor] (*pl* **-es** [əʃ]) *adj* inférieur(e) • **um número inferior de** moins de • **piso** ou **andar inferior** étage du dessous
inferno [ĩ'fɛrnu] *m* • **o Inferno** l'enfer *m* • **isto é um inferno!** c'est l'enfer ! • **vá para o inferno!** *(fam)* allez au diable !
infertilidade [ĩfextʃili'dadʒi] *f* infertile
infestar [ĩfəʃ'tar] *vt* infester
infetado [ĩfe'tadu] *(Br)* = **infectado**
infetar [ĩfe'ta(x)] *(Br)* = **infectar**
infiel [ĩ'fjɛɫ] (*pl* **-éis** [ɛiʃ]) *adj* infidèle
infiltrar-se [ĩfiɫ'trarsə] *vp* s'infiltrer
ínfimo, ma ['ĩfimu, mɐ] *adj* **1.** *(muito pequeno)* infime **2.** *(fig) (reles, sem importância)* misérable
infindável [ĩfĩn'davɛɫ] (*pl* **-eis** [ɐiʃ]) *adj* interminable
infinidade [ĩfəni'đađə] *f* infinité *f*
infinitivo [ĩfəni'tivu] *m* infinitif *m*
infinito, ta [ĩfə'nitu, tɐ] *adj* infini(e) ◇ *m* infini *m*
inflação [ĩfla'sɐ̃u] *f* inflation *f*
inflamação [ĩflɐmɐ'sɐ̃u] (*pl* **-ões** [õiʃ]) *f* inflammation *f*
inflamado, da [ĩflɐ'mađu, đɐ] *adj* enflammé(e)
inflamar [ĩflɐ'mar] *vt* enflammer
inflamável [ĩflɐ'mavɛɫ] (*pl* **-eis** [ɐiʃ]) *adj* inflammable ▼ **inflamável** inflammable
inflável [ĩ'flavɛw] *(Br)* = **insuflável**
inflexível [ĩflɛk'sivɛɫ] (*pl* **-eis** [ɐiʃ]) *adj* inflexible
influência [ĩflu'ẽsjɐ] *f* influence *f* • **ter influência** avoir de l'influence
influente [ĩflu'ẽntə] *adj* influent(e)
influir [ĩflu'ir] ◆ **influir em** *v + prep* influer sur
informação [ĩfurmɐ'sɐ̃u] (*pl* **-ões** [õiʃ]) *f* information *f* ◆ **informações** *fpl* renseignements *mpl*
informal [ĩfur'maɫ] (*pl* **-ais** [aiʃ]) *adj* **1.** *(linguagem)* courant(e) **2.** *(roupa)* décontracté(e)
informalidade [ĩfoxmali'dadʒi] *f* caractère *m* informel de qqch • **informalidade da economia** économie *f* informelle
informar [ĩfur'mar] *vt* informer • **informar alguém de** ou **sobre algo** informer qqn de ou au sujet de qqch ◆ **informar-se** *vp* s'informer • **informar-se sobre** se renseigner sur
informática [ĩfur'matikɐ] *f* informatique *f*

informativo, va [ĩfurmɐ'tivu, vɐ] *adj* d'information
informatizar [ĩfurmɐti'zar] *vt* informatiser
infortúnio [ĩfur'tunju] *m* malheur *m*
infração [ĩfra'sɐ̃u] (*pl* **-ões** [õiʃ]) *f* (*Br*) = **infracção**
infracção [ĩfra'sɐ̃u] (*pl* **-ões** [õiʃ]) *f* (*Port*) infraction *f*
infrações ➤ **infração**
infractor, ra [ĩfra'tor, rɐ] (*mpl* **-es** [əʃ], *fpl* **-s** [ʃ]) *m, f* (*Port*) contrevenant *m*, -e *f*
infrator, ra [ĩfra'tox, rɐ] (*mpl* **-es** [iʃ], *fpl* **-s** [ʃ]) *m, f* (*Br*) = **infractor**
infravermelho, lha [ĩfrɐvər'mɐʎu, ʎɐ] *adj* infrarouge
infringir [ĩfrĩ'ʒir] *vt* enfreindre
infrutífero, ra [ĩfru'tifəru, rɐ] *adj* infructueux(euse)
infundado, da [ĩfũn'dađu, đɐ] *adj* infondé(e)
infusão [(*Port*) ĩfu'zɐ̃u (*Br*), ĩfu'zɑ̃w] *f* tisane *f*
ingenuidade [ĩʒənwi'dađə] *f* naïveté *f*
ingénuo, nua [ĩ'ʒɛnwu, nwɐ] *adj & m, f* naïf (naïve)
ingênuo [ĩ'ʒenwu] (*Br*) = **ingénuo**
ingerir [ĩʒə'rir] *vt* absorber
Inglaterra [(*Port*) ĩŋglɐ'tɛʀɐ (*Br*), ĩŋgla'tɛxa] *f* • **a Inglaterra** l'Angleterre
inglês, esa [ĩŋ'gleʃ, eza] *adj* anglais (e) ◇ *m* (*língua*) anglais *m* ♦ **inglês, esa** *m, f* Anglais *m*, -e *f* • **para inglês ver** en mettre plein la vue
ingratidão [ĩŋgrɐti'đɐ̃u] *f* ingratitude *f*
ingrato, ta [ĩŋ'gratu, tɐ] *adj* ingrat(e)
ingrediente [ĩŋgrə'đjẽntə] *m* ingrédient *m*
íngreme [ĩŋgrəmə] *adj* **1.** (*rua, encosta*) escarpé(e) **2.** (*escadas*) raide **3.** (*encosta*) abrupt(e)
ingresso [ĩŋ'grɛsu] *m* **1.** entrée *f* **2.** (*admissão*) admission *f*
inhame [i'ɲɐmə] *m* igname *f*
inibição [inəbi'sɐ̃u] (*pl* **-ões** [õiʃ]) *f* timidité *f*
inibido, da [inə'bidu, đɐ] *adj* timide
inicial [ini'sjał] (*pl* **-ais** [aiʃ]) *adj* initial(e) ◇ *f* initiale *f*
iniciar [ini'sjar] *vt* commencer • **iniciar alguém em algo** initier qqn à qqch ♦ **iniciar-se** *vp* commencer • **iniciar-se em** débuter dans
iniciativa [inisjɐ'tivɐ] *f* initiative *f* • **ter iniciativa** avoir de l'initiative
início [i'nisju] *m* début *m* • **no início** au début • **desde o início** depuis le début
inimigo, ga [inə'migu, gɐ] *adj & m, f* ennemi(e)
ininterruptamente [inĩntə,ʀuptɐ'mẽntə] *adv* sans arrêt
injeção [ĩʒe'sɐ̃u] (*pl* **-ões** [õiʃ]) *f* (*Br*) = **injecção**
injecção [ĩʒɛ'sɐ̃u] (*pl* **-ões** [õiʃ]) *f* (*Port*) *MED* piqûre *f* • **dar uma injecção** faire une piqûre
injeções ➤ **injeção**
injectar [ĩʒɛ'tar] *vt* (*Port*) injecter ♦ **injectar-se** *vp* (*Port*) (*fam*) se piquer (*se droguer*)
injetar [ĩʒe'tax] *vt* (*Br*) = **injectar**
injúria [ĩ'ʒurjɐ] *f* injure *f*
injuriar [ĩʒu'rjar] *vt* injurier
injustiça [ĩʒuʃ'tisɐ] *f* injustice *f*
injusto, ta [ĩ'ʒuʃtu, tɐ] *adj* injuste
inocência [inu'sẽsjɐ] *f* innocence *f*

inocentar [inusẽn'tar] *vt* • **inocentar alguém (de algo)** innocenter qqn (de qqch)

inocente [inu'sẽntə] *adj* innocent(e) • **ser ou estar inocente** être innocent

inoculação [inɔkulɐ'sɐ̃u] (*pl* **-ões** [õiʃ]) *f* inoculation *f*

inócuo, cua [i'nɔkwu, kwɐ] *adj* inoffensif(ive)

inofensivo, va [inufẽ'sivu, vɐ] *adj* inoffensif(ive)

inoportuno, na [inupur'tunu, nɐ] *adj* importun(e)

inovação [inuvɐ'sɐ̃u] (*pl* **-ões** [õiʃ]) *f* innovation *f*

inox [i'nɔksə] *m* Inox® *m*

inoxidável [inɔksi'đavɛł] (*pl* **-eis** [ɐiʃ]) *adj* inoxydable

inquérito [ĩŋ'kɛritu] *m* enquête *f*

inquietação [ĩŋkjɛtɐ'sɐ̃u] *f* **1.** *(agitação)* agitation *f* **2.** *(preocupação)* inquiétude *f*

inquietante [ĩŋkjɛ'tẽntə] *adj* inquiétant(e)

inquietar [(*Port*) ĩŋkjɛ'tar (*Br*), ĩŋkje'ta(x)] *vt* inquiéter ♦ **inquietar-se** *vp* s'inquiéter

inquilino, na [ĩŋkə'linu, nɐ] *m, f* locataire *mf*

insaciável [ĩsɐ'sjavɛł] (*pl* **-eis** [ɐiʃ]) *adj* insatiable

insalubre [ĩsɐ'luƀrə] *adj* insalubre

insanidade [ĩsɐni'đađə] *f* insanité *f* *(mentale)*

insatisfação [ĩsɐtəʃfɐ'sɐ̃u] (*pl* **-ões** [õiʃ]) *f* insatisfaction *f*

insatisfatório, ria [ĩsɐtəʃfɐ'tɔrju, rjɐ] *adj* insatisfaisant(e)

insatisfeito, ta [ĩsɐtəʃ'fɐitu, tɐ] *adj* insatisfait(e)

inscrever [ĩʃkrə'ver] *vt* inscrire • **inscrever alguém em algo** inscrire qqn à qqch ♦ **inscrever-se** *vp* • **inscrever-se em** s'inscrire à

inscrição [ĩʃkri'sɐ̃u] (*pl* **-ões** [õiʃ]) *f* inscription *f*

insecticida [ĩsɛti'siđɐ] *m* (*Port*) insecticide *m*

insecto [ĩ'sɛtu] *m* (*Port*) insecte *m*

insegurança [ĩsəgu'rɐ̃sɐ] *f* insécurité *f*

inseguro, ra [ĩsə'guru, rɐ] *adj* dangereux(euse) • **ele é inseguro** il n'est pas sûr de lui

inseminação [ĩsəminɐ'sɐ̃u] (*pl* **-ões** [õiʃ]) *f* • **inseminação (artificial)** insémination *f* (artificielle)

insensato, ta [ĩsẽ'satu, tɐ] *adj* **1.** *(pessoa)* pas raisonnable **2.** *(decisão, comportamento)* insensé(e)

insensibilidade [ĩsẽsəƀeli'đađə] *f* insensibilité *f*

insensível [ĩsẽ'sivɛł] (*pl* **-eis** [ɐiʃ]) *adj* **1.** *(pessoa)* insensible **2.** *(dedos)* engourdi(e)

inseparável [ĩsəpɐ'ravɛł] (*pl* **-eis** [ɐiʃ]) *adj* inséparable

inserir [ĩsə'rir] *vt* **1.** *(colocar)* introduire **2.** INFORM *(disquete)* insérer ♦ **inserir-se em** *vp* + *prep* s'intégrer à

inseticida [ĩsetʃi'sida] (*Br*) = **insecticida**

inseto [ĩ'sɛtu] *m* (*Br*) = **insecto**

insidioso, osa [ĩsi'đjozu, ɔzɐ] *adj* **1.** *(pessoa)* sournois(e) **2.** *(comportamento, resposta)* insidieux(euse)

insígnia [ĩ'signjɐ] *f* insigne *f*

insignificante [ĩsignəfi'kẽntə] *adj* insignifiant(e)
insincero, ra [ĩsĩ'sɛru, rɐ] *adj* hypocrite
insinuar [ĩsi'nwa(x)] *vt* insinuer ◆ **insinuar-se** *vp* s'insinuer
insinuar [ĩsi'nwar] *vt* insinuer
insípido, da [ĩ'sipidu, dɐ] *adj* insipide
insistência [ĩsiʃ'tẽsjɐ] *f* insistance *f*
insistente [ĩsiʃ'tẽntə] *adj* insistant(e)
insistir [ĩsiʃ'tir] *vi* insister ● **insistir com alguém** insister auprès de qqn ● **insistir em fazer algo** insister pour faire qqch
insociável [ĩsu'sjavɛɫ] (*pl* **-eis** [ɐiʃ]) *adj* peu sociable
insolação [ĩsulɐ'sɐ̃u] (*pl* **-ões** [õiʃ]) *f* insolation *f*
insolente [ĩsu'lẽntə] *adj* & *mf* insolent(e)
insólito, ta [ĩ'sɔlitu, tɐ] *adj* **1.** *(acontecimento)* insolite **2.** *(pessoa)* original(e)
insónia [ĩ'sɔnjɐ] *f* *(Port)* insomnie *f*
insônia [ĩ'sonjɐ] *f* *(Br)* = **insónia**
insosso, a [ĩ'sosu, ɐ] *adj* fade
inspeção [ĩʃpe'sɐ̃u] (*pl* **-ões** [õiʃ]) *f* *(Br)* = **inspecção**
inspecção [ĩʃpɛ'sɐ̃u] (*pl* **-ões** [õiʃ]) *f* **1.** *(Port)* *(vistoria)* inspection *f* **2.** *(de carro)* contrôle *m* technique
inspeccionar [ĩʃpɛsju'nar] *vt* *(Port)* *(revistar)* inspecter
inspecções ➤ **inspecção**
inspecionar [ĩʃpesjo'na(x)] *(Br)* = **inspeccionar**
inspeções ➤ **inspeção**
inspector, ra [ĩʃpɛ'tor, rɐ] (*mpl* **-es** [əʃ], *fpl* **-s** [ʃ]) *m, f* *(Port)* inspecteur *m*, -trice *f*
inspetor, ra [ĩʃpe'tox, rɐ] (*mpl* **-es** [iʃ], *fpl* **-s** [ʃ]) *m, f* *(Br)* = **inspector**
inspiração [ĩʃpirɐ'sɐ̃u] (*pl* **-ões** [õiʃ]) *f* inspiration *f*
inspirador, ra [ĩʃpirɐ'dor, rɐ] (*mpl* **-es** [əʃ], *fpl* **-s** [ʃ]) *adj* inspirateur(trice)
inspirar [ĩʃpi'rar] *vt* inspirer
instabilidade [ĩʃtɐbəli'dadə] *f* instabilité *f*
instalação [ĩʃtɐlɐ'sɐ̃u] (*pl* **-ões** [õiʃ]) *f* installation *f* ● **instalação eléctrica** installation électrique ◆ **instalações** *fpl* locaux *mpl*
instalar [ĩʃtɐ'lar] *vt* installer ◆ **instalar-se** *vp* s'installer
instantâneo, nea [ĩʃtɐ̃n'tɐnju, njɐ] *adj* instantané(e) ◇ *m* cliché *m*
instante [ĩʃ'tẽntə] *m* instant *m* ● **um instante!** un instant ! ● **dentro de instantes** dans un instant ● **de um instante para o outro** d'un seul coup ● **nesse instante** aussitôt ● **num instante** en un instant ● **por instantes** par moments ● **a todo o instante** à tout instant
instintivo, va [ĩʃtĩn'tivu, vɐ] *adj* instinctif(ive)
instinto [ĩʃ'tĩntu] *m* instinct *m*
instituição [ĩʃtitwi'sɐ̃u] (*pl* **-ões** [õiʃ]) *f* institution *f*
instituto [ĩʃti'tutu] *m* institut *m* ● **instituto de beleza** institut de beauté ● **instituto de línguas** école *f* de langues
instrução [ĩʃtru'sɐ̃u] (*pl* **-ões** [õiʃ]) *f* instruction *f* ▼ **instruções** mode d'emploi
instruir [ĩʃtru'ir] *vt* instruire
instrumental [ĩʃtrumẽn'taɫ] (*pl* **-ais** [aiʃ]) *adj* instrumental(e)
instrumento [ĩʃtru'mẽntu] *m* instrument *m*

instrutivo, **va** [ĩʃtru'tivu, vɐ] *adj* instructif(ive)
instrutor, **ra** [ĩʃtru'tor, rɐ] (*mpl* **-es** [əʃ], *fpl* **-s** [ʃ]) *m, f* **1.** (*de tropa*) instructeur *m*, -trice *f* **2.** (*de condução*) moniteur *m*, -trice *f* d'auto-école
insubordinação [ĩsuƀurđinɐ'sɐ̃u] (*pl* **-ões** [õiʃ]) *f* **1.** (*mau comportamento*) indiscipline *f* **2.** (*rebelião*) insubordination *f*
insubstituível [ĩsuƀʃti'twivɛɫ] (*pl* **-eis** [ɐiʃ]) *adj* irremplaçable
insucesso [ĩsu'sɛsu] *m* échec *m* • **insucesso escolar** échec scolaire
insuficiência [ĩsufə'sjẽsjɐ] *f* insuffisance *f* • **insuficiência cardíaca** insuffisance cardiaque
insuficiente [ĩsufə'sjẽntə] *adj* insuffisant(e) ◇ *m EDUC* mention *f* insuffisant
insuflável [ĩsu'flavɛɫ] (*pl* **-eis** [ɐiʃ]) *adj* gonflable
insulina [ĩsu'linɐ] *f* insuline *f*
insultar [ĩsuɫ'tar] *vt* insulter
insulto [(*Port*) ĩ'suɫtu (*Br*), ĩ'suwtu] *m* insulte *f*
insuperável [ĩsupə'ravɛɫ] (*pl* **-eis** [ɐiʃ]) *adj* insurmontable
insuportável [ĩsupur'tavɛɫ] (*pl* **-eis** [ɐiʃ]) *adj* insupportable
intacto, **ta** [ĩn'ta(k)tu, tɐ] *adj* (*Port*) intact(e)
intato, **ta** [ĩn'tatu, tɐ] *adj* (*Br*) = **intacto**
íntegra ['ĩntəgrɐ] *f* • **na íntegra** intégralement
integral [ĩntə'graɫ] (*pl* **-ais** [aiʃ]) *adj* **1.** (*total*) intégral(e) **2.** (*pão, arroz*) complet(ète)
integrar [ĩntə'grar] *vt* intégrer ◆ **integrar-se** *vp* s'intégrer
integridade [ĩntəgri'đađə] *f* intégrité *f*
íntegro, **gra** ['ĩntəgru, grɐ] *adj* intègre
inteiramente [ĩn,tɐirɐ'mẽntə] *adv* entièrement
inteirar-se [ĩntɐi'rarsə] ◆ **inteirar-se de** *vp + prep* **1.** (*informar-se de*) se renseigner sur **2.** (*descobrir*) apprendre
inteiro, **ra** [ĩn'tɐiru, rɐ] *adj* entier(ère) • **o bolo inteiro** tout le gâteau • **a cidade inteira** toute la ville
intelectual [ĩntəlɛ'twaɫ] (*pl* **-ais** [aiʃ]) *adj & mf* intellectuel(elle)
inteligência [ĩntəli'ʒẽsjɐ] *f* intelligence *f*
inteligente [ĩntəli'ʒẽntə] *adj* intelligent(e)
intenção [ĩntẽ'sɐ̃u] (*pl* **-ões** [õiʃ]) *f* intention *f* • **ter intenção de fazer algo** avoir l'intention de faire qqch • **ter segundas intenções** avoir des arrière-pensées • **sem intenção** sans le faire exprès • **com a** ou **na melhor das intenções** avec les meilleures intentions
intensidade [ĩntẽsi'đađə] *f* intensité *f*
intensivo, **va** [ĩntẽ'sivu, vɐ] *adj* intensif(ive)
intenso, **sa** [ĩn'tẽsu, sɐ] *adj* intense
interactivo, **va** [ĩntəra'tivu, vɐ] *adj* interactif(ive)
interativo [ĩntera'tʃivu] (*Br*) = **interactivo**
intercâmbio [,ĩntɛr'kẽmbju] *m* échange *m*
interceder [ĩntərsə'đer] *vi* • **interceder por alguém** intercéder en faveur de qqn
interceptar [ĩntərsɛp'tar] *vt* intercepter
interdição [ĩntərđi'sɐ̃u] (*pl* **-ões** [õiʃ]) *f* interdiction *f*
interditar [ĩntərđi'tar] *vt* interdire

interdito, ta [ĩntər'đitu, tɐ] *adj* interdit(e) ▾ **interdito a menores de 18** interdit aux moins de 18 ans
interessado, da [ĩntərə'sađu, đɐ] *adj* intéressé(e)
interessante [ĩntərə'sẽntə] *adj* intéressant(e)
interessar [ĩntərə'sar] *vi* être intéressant(e) • **interessar a alguém** intéresser qqn ♦ **interessar-se por** *vp + prep* s'intéresser à
interesse [ĩntə'resə] *m* intérêt *m* • **no interesse de** dans l'intérêt de • **por interesse** par intérêt • **sem interesse** sans intérêt
interface [ˌĩntɛr'fasə] *f INFORM* interface *f*
interferência [ĩntərfə'rẽsjɐ] *f* interférence *f* ♦ **interferências** *fpl* interférences *fpl*
interferir [ĩntərfə'rir] ♦ **interferir em** *v + prep* intervenir dans
interfone [ˌĩntɛr'fɔnə] *m* Interphone® *m*
interior [ĩntə'rjor] (*pl* **-es** [əʃ]) *adj* **1.** *(porta)* intérieur(e) **2.** *(quarto)* aveugle ◇ *m* intérieur *m*
interjeição [ĩntərʒɐi'sɐ̃u] (*pl* **-ões** [õiʃ]) *f* interjection *f*
interlocutor, ra [ĩntərluku'tor, rɐ] (*mpl* **-es** [əʃ], *fpl* **-s** [ʃ]) *m, f* interlocuteur *m*, -trice *f*
interlúdio [ĩntər'luđju] *m* **1.** interlude *m* **2.** *(pausa)* intermède *m*
intermediário, ria [ĩntərmə'đjarju, rjɐ] *m, f* intermédiaire *mf*
intermédio [ĩntər'mɛđju] *m* • **por intermédio de** par l'intermédiaire de
interminável [ĩntərmi'navɛɫ] (*pl* **-eis** [ɐiʃ]) *adj* interminable
intermitente [ĩntərmi'tẽntə] *adj* intermittent(e)
internacional [ĩntərnɐsju'naɫ] (*pl* **-ais** [aiʃ]) *adj* international(e)
internar [ĩntər'nar] *vt* **1.** *MED* hospitaliser **2.** *(doentes mentais)* interner
internato [ĩntər'natu] *m* internat *m*
Internet [ĩntɛr'nɛtə] *f* • **na Internet** sur Internet
interno, na [ĩn'tɛrnu, nɐ] *adj* interne
interpretação [ĩntərprətɐ'sɐ̃u] (*pl* **-ões** [õiʃ]) *f* interprétation *f*
interpretar [ĩntərprə'tar] *vt* interpréter
intérprete [ĩn'tɛrprətə] *mf* interprète *mf*
inter-regional [ˌĩntɛʀəʒju'naɫ] (*pl* **inter-regionais** [ˌĩntɛʀəʒju'naiʃ]) *adj* ➤ **comboio**
interrogação [ĩntəʀugɐ'sɐ̃u] (*pl* **-ões** [õiʃ]) *f* **1.** interrogation *f* **2.** *(pergunta)* question *f* **3.** *(interrogatório)* interrogatoire *m*
interrogar [ĩntəʀu'gar] *vt* interroger
interrupção [ĩntəʀup'sɐ̃u] (*pl* **-ões** [õiʃ]) *f* interruption *f* • **sem interrupção** sans interruption
interruptor [ĩntəʀup'tor] (*pl* **-es** [əʃ]) *m* interrupteur *m*
interurbano, na [ˌĩntɛrur'bɐnu, nɐ] *adj* interurbain(e)
intervalo [ĩntər'valu] *m* **1.** *(de espectáculo)* entracte *m* **2.** *(de programa)* pause *f* **3.** *(de aula)* récréation *f* **4.** *(em universidade)* interclasse *m*
intervenção [ĩntərvẽ'sɐ̃u] (*pl* **-ões** [õiʃ]) *f* intervention *f* • **intervenção cirúrgica** intervention chirurgicale

intervir [ĩntər'vir] *vi* **1.** *(participar)* participer **2.** *(interferir)* intervenir • **intervir em** *(interferir em)* intervenir dans ; *(participar em)* participer à

intestino [ĩntəʃ'tinu] *m* intestin *m* • **intestino delgado** intestin grêle • **intestino grosso** gros intestin

intimar [ĩnti'mar] *vt* • **intimar a comparecer** appeler à comparaître • **intimar alguém a fazer algo** intimer à qqn de faire qqch

intimidação [ĩntəmiđɐ'sɐ̃u] (*pl* **-ões** [õiʃ]) *f* intimidation *f*

intimidade [ĩntəmi'đađə] *f* intimité *f*

intimidar [ĩntəmi'đar] *vt* intimider ◆ **intimidar-se** *vp* être intimidé(e)

íntimo, ma ['ĩntimu, mɐ] *adj* intime ◇ *m* for *m* intérieur • **ser íntimo de alguém** être un intime de qqn • **no íntimo** au fond

intolerância [ĩntulə'rɐ̃sjɐ] *f* intolérance *f*

intolerante [ĩntulə'rɐ̃ntə] *adj* **1.** *(pessoa)* intolérant(e) **2.** *(lei, atitude)* intransigeant(e)

intoxicação [ĩntɔksikɐ'sɐ̃u] (*pl* **-ões** [õiʃ]) *f* intoxication *f* • **intoxicação alimentar** intoxication alimentaire

Intranet ['ɪntrənɛt] *m* Intranet *m*

intransigente [ĩntrɐ̃zi'ʒẽntə] *adj* intransigeant(e)

intransitável [ĩntrɐ̃zi'tavɛɫ] (*pl* **-eis** [ɐiʃ]) *adj* impraticable

intransitivo [ĩntrɐ̃zi'tivu] *adj m* intransitif

intransponível [ĩntrɐ̃ʃpu'nivɛɫ] (*pl* **-eis** [ɐiʃ]) *adj* **1.** *(rio, obstáculo)* infranchissable **2.** *(problema)* insurmontable

intratável [ĩntrɐ'tavɛɫ] (*pl* **-eis** [ɐiʃ]) *adj* impossible

intravenoso, osa [ĩntrɐvə'nozu, ɔzɐ] *adj* intraveineux(euse)

intrépido, da [ĩn'trɛpiđu, đɐ] *adj* intrépide

intriga [ĩn'trigɐ] *f* intrigue *f*

intrigante [ĩntri'gɐ̃ntə] *adj* intrigant(e)

introdução [ĩntruđu'sɐ̃u] (*pl* **-ões** [õiʃ]) *f* **1.** introduction *f* **2.** *(de dados)* saisie *f* **3.** *(de tema)* présentation *f*

introduzir [ĩntruđu'zir] *vt* **1.** *(inserir)* introduire **2.** *(dados)* saisir

intrometer-se [ĩntrumə'tersə] ◆ **intrometer-se em** *vp + prep* se mêler de

intrometido, da [ĩntrumə'tiđu, đɐ] *adj* indiscret(ète)

intromissão [ĩntrumi'sɐ̃u] (*pl* **-ões** [õiʃ]) *f* intrusion *f*

introvertido, da [ĩntrɔvər'tiđu, đɐ] *adj* renfermé(e)

intruso, sa [ĩn'truzu, zɐ] *m, f* intrus *m*, -e *f*

intuição [ĩntwi'sɐ̃u] (*pl* **-ões** [õiʃ]) *f* intuition *f* • **por intuição** par intuition

intuito [ĩn'twitu] *m* objectif *m* • **com o intuito de fazer algo** dans le but de

inumano, na [inu'mɐnu, nɐ] *adj* inhumain(e)

inúmero, ra [i'numəru, rɐ] *adj* • **inúmeras vezes** je ne sais combien de fois

inundação [inũndɐ'sɐ̃u] (*pl* **-ões** [õiʃ]) *f* inondation *f*

inundar [inũn'dar] *vt* inonder

inútil [i'nutiɫ] (*pl* **-teis** [tɐiʃ]) *adj* inutile

inutilmente [iˌnutiɫ'mẽntə] *adv* inutilement

invadir [ĩva'đir] *vt* envahir

invalidez [ĩvɐli'ɗeʃ] *f* invalidité *f*
inválido, da [ĩ'valiɗu, ɗɐ] *adj & m, f* invalide
invariável [ĩvɐ'rjavɛɫ] (*pl* **-eis** [ɐiʃ]) *adj* invariable
invasão [ĩva'zɐ̃u] (*pl* **-ões** [õiʃ]) *f* **1.** invasion *f* **2.** (*de privacidade*) atteinte *f*
inveja [ĩ'vɛʒɐ] *f* envie *f* ● **ter inveja de alguém** envier qqn
invejar [ĩve'ʒa(x)] *vt* envier
invejoso, osa [ĩvə'ʒozu, ɔzɐ] *adj* envieux(euse)
invenção [ĩvẽ'sɐ̃u] (*pl* **-ões** [õiʃ]) *f* invention *f*
inventar [ĩvẽn'tar] *vt* inventer
inventário [ĩvẽn'tarju] *m* inventaire *m*
inventor, ra [ĩvẽn'tor, rɐ] (*mpl* **-es** [əʃ], *fpl* **-s** [ʃ]) *m, f* inventeur *m*, -trice *f*
Inverno [ĩ'vɛrnu] *m* hiver *m* ● **no Inverno** en hiver
inverosímil [ĩvəru'zimiɫ] (*pl* **-meis** [mɐiʃ]) *adj* (*Port*) invraisemblable
inverossímil [ĩveru'simiu] (*pl* **-meis** [mɐiʃ]) *adj* (*Br*) = **inverosímil**
inversão [ĩvər'sɐ̃u] (*pl* **-ões** [õiʃ]) *f* **1.** (*troca*) inversion *f* **2.** (*mudança*) changement *m* ● **inversão de marcha** demi-tour *m*
inverso, sa [ĩ'vɛrsu, sɐ] *adj* inverse ◇ *m* ● **o inverso** l'inverse *m*
inversões ➤ **inversão**
inverter [ĩvər'ter] *vt* **1.** (*ordem, posição*) inverser **2.** (*sentido, marcha*) changer de
invés [ĩ'vɛʃ] *m* ● **ao invés de** au lieu de
investida [ĩvəʃ'tiɗɐ] *f* **1.** (*de tropa, touro*) charge *f* **2.** (*tentativa*) essai *m*
investigação [ĩvəʃtigɐ'sɐ̃u] (*pl* **-ões** [õiʃ]) *f* **1.** (*policial*) enquête *f* **2.** (*científica*) recherche *f*
investigar [ĩvəʃti'gar] *vt* **1.** (*acontecimento, crime*) enquêter sur **2.** (*cientificamente*) faire des recherches sur
investimento [ĩvəʃti'mẽntu] *m* investissement *m* ● **um mau investimento** un mauvais placement
investir [ĩvəʃ'tir] *vt & vi* investir ● **investir em algo** investir dans qqch
inviável [ĩ'vjavɛɫ] (*pl* **-eis** [ɐiʃ]) *adj* infaisable
invisível [ĩvə'zivɛɫ] (*pl* **-eis** [ɐiʃ]) *adj* invisible
invocar [ĩvu'kar] *vt* invoquer
invólucro [ĩ'vɔlukru] *m* enveloppe *f*
involuntário, ria [ĩvulũn'tarju, rjɐ] *adj* involontaire
iodo ['joɗu] *m* iode *m*
ioga ['jɔgɐ] *f & m* yoga *m*
iogurte [ju'gurtə] *m* yaourt *m*
ioiô [jo'jo] (*Br*) = **iô-iô**
iô-iô [jo'jo] (*pl* **iô-iôs** [jo'joʃ]) *m* yo-yo *m inv*
ir ['ir] *vi*
1. (*ger*) aller ● **fomos de autocarro** nous sommes allés en autocar ● **iremos a pé** nous irons à pied ● **vamos?** on y va ? ● **ele nunca vai às reuniões** il ne va jamais aux réunions ● **não vais à aula?** tu ne vas pas en cours ? ● **como vais?** comment vas-tu ? ● **isto não vai nada bem** ça ne va pas du tout ● **já vai na quarta volta** il en est au quatrième tour ● **vou falar com ele** je vais lui parler ● **não vou fazer nada** je ne vais rien faire ● **vais gostar** tu vas aimer

2. *(funcionar)* marcher • **o carro não quer ir** la voiture ne marche pas
3. *(exprime duração gradual)* • **vou andando** j'y vais • **vou lendo** je lis • **vou tentando, algum dia consigo** j'essaie et un jour je réussirai
4. *(em locuções)* • **ir ao ar** *(fam)* tomber à l'eau • **ir ao chão** tomber • **ele ia morrendo** il a failli mourir • **quem vai ao ar perde o lugar** *(fam)* qui va à la chasse perd sa place
◆ **ir a** *v + prep* aller à • **vou ao cinema** je vais au cinéma
◆ **ir de** *v + prep*
1. *(ir disfarçado)* être en • **ir de branco/calças** être en blanc/en pantalon
2. *(partir de)* partir en • **vou de férias/viagem** je pars en vacances/en voyage
◆ **ir por** *v + prep* prendre • **vá pela esquerda/pelas escadas** prenez à gauche/les escaliers
◆ **ir-se** *vp* s'en aller • **ir-se abaixo** se laisser aller • **ir-se embora** s'en aller • **vamo-nos embora** allons-nous en
ira ['iɾɐ] *f* colère *f*
Irão [i'ɾɐ̃w] *m* • **o Irão** l'Iran *m*
Iraque [i'rakə] *m* • **o Iraque** l'Irak *m*
irascível [iɾɐʃ'sivɛɫ] *(pl* **-eis** [ɐiʃ]) *adj* irascible
íris ['iɾiʃ] *f inv* iris *m*
Irlanda [iɾ'lɐ̃ndɐ] *f* • **a Irlanda** l'Irlande *f* • **a Irlanda do Norte** l'Irlande du Nord • **a República da Irlanda** la République d'Irlande
irlandês, esa [iɾlɐ̃'deʃ, ezɐ] *(mpl* **-eses** [ezəʃ], *fpl* **-s** [ʃ]) *adj* irlandais(e) ◇ *m, f* Irlandais *m*, -e *f* ◇ *m (língua)* irlandais *m*
irmã [iɾ'mɐ̃] *f (freira)* sœur *f* ➤ **irmão**
irmão, ã [iɾ'mɐ̃w, ɐ̃] *m, f* frère *m*, sœur *f*
ironia [iɾu'niɐ] *f* ironie *f*
irra ['iʀɐ] *interj (fam)* nom d'un chien !
irracional [iʀɐsju'naɫ] *(pl* **-ais** [aiʃ]) *adj* irrationnel(elle)
irradiação [iʀɐđjɐ'sɐ̃w] *(pl* **-ões** [õiʃ]) *f* irradiation *f*
irradiar [iʀɐ'đjar] *vt* émettre • **irradiar luz** rayonner
irreal [i'ʀjaɫ] *(pl* **-ais** [aiʃ]) *adj* irréel(elle)
irreconciliável [iʀəkõsi'ljavɛɫ] *(pl* **-eis** [ɐiʃ]) *adj* irréconciliable
irreconhecível [iʀəkuɲə'sivɛɫ] *(pl* **-eis** [ɐiʃ]) *adj* méconnaissable
irrecuperável [iʀəkupə'ravɛɫ] *(pl* **-eis** [ɐiʃ]) *adj* **1.** irrécupérable **2.** *(doente, viciado)* incurable
irregular [iʀəgu'lar] *(pl* **-es** [əʃ]) *adj* **1.** irrégulier(ère) **2.** *(horário)* variable
irrelevante [iʀələ'vẽntə] *adj* non pertinent(e)
irremediável [iʀəmə'đjavɛɫ] *(pl* **-eis** [ɐiʃ]) *adj* irrémédiable
irreprimível [iʀəprə'mivɛɫ] *(pl* **-eis** [ɐiʃ]) *adj* **1.** *(desejo)* irrépressible **2.** *(alegria)* débordant(e)
irrequieto, ta [iʀə'kjɛtu, tɐ] *adj (criança)* turbulent(e)
irresistível [iʀəzəʃ'tivɛɫ] *(pl* **-eis** [ɐiʃ]) *adj* irrésistible
irresponsável [iʀəʃpõ'savɛɫ] *(pl* **-eis** [ɐiʃ]) *adj* irresponsable
irrigação [iʀigɐ'sɐ̃w] *(pl* **-ões** [õiʃ]) *f (de terreno)* irrigation *f*
irrisório, ria [iʀi'zɔrju, rjɐ] *adj* dérisoire
irritação [iʀitɐ'sɐ̃w] *(pl* **-ões** [õiʃ]) *f* irritation *f* • **irritação de pele** ou **cutânea** irritation cutanée

irritado, da [iʀi'tađu, đɐ] *adj* en colère
irritante [iʀi'tẽntə] *adj* agaçant(e)
irritar [iʀi'tar] *vt* **1.** *(chatear)* agacer **2.** *(pele, garganta, nariz,etc)* irriter ◆ **irritar-se** *vp* s'énerver
isca ['iʃkɐ] *f* appât *m* ◆ **iscas** *fpl* émincé *m* ● **isca (de fígado)** *émincé de foie frit à la poêle*
isenção [izẽ'sɐ̃u] (*pl* **-ões** [õiʃ]) *f* exonération *f*
isento, ta [i'zẽntu, tɐ] *adj* exonéré(e) ● **isento de** *(de imposto)* exonéré de ; *(de propinas)* dispensé de
Islândia [iʒ'lẽnđjɐ] *f* ● **a Islândia** l'Islande
isolado, da [izu'lađu, đɐ] *adj* **1.** isolé(e) **2.** *(pessoa)* seul(e)
isolamento [izulɐ'mẽntu] *m* isolement *m*
isolar [izu'lar] *vt* isoler
isopor® [izo'pox] *m* *(Br)* polystyrène *m*
isqueiro [iʃ'kɐiru] *m* **1.** *(de cigarro)* briquet *m* **2.** *(de fogão a gás)* allume-gaz *m inv*
Israel [iʒrɐɛł] *s* Israël *m*
isso ['isu] *pron* ça, cela
◇ *interj* voilà ! ● **como vai isso?** comment ça va ? ● **isso não!** ça non ! ● **isso de** cette histoire de ● **nem por isso** pas tellement ● **não gosto disso** je n'aime pas ça ● **não mexas nisso** laisse ça tranquille ● **para isso** pour cela ● **por isso** c'est pourquoi ● **é por isso mesmo que...** c'est pour ça que...
istmo ['iʃtmu] *m* isthme *m*
isto ['iʃtu] *pron* ceci ● **disto não quero** je ne veux pas de ça ● **isto é** c'est-à-dire ● **isto de** cette histoire de ● **isto é que é!** ça c'est bien ! ● **escreve nisto** écris là-dessus
Itália [i'taljɐ] *f* ● **a Itália** l'Italie *f*
italiana [itɐ'ljɐnɐ] *f* expresso *m* ; ➤ **italiano**
italiano, na [itɐ'ljɐnu, nɐ] *adj* italien(enne) ◇ *m, f* Italien *m*, -enne *f* ◇ *m* *(língua)* italien *m*
itálico [i'taliku] *m* italique *m* ● **em itálico** en italique
itinerário [itinə'rarju] *m* itinéraire *m* ● **itinerário turístico** circuit *m* touristique
iúca ['jukɐ] *f* yucca *m*
Iugoslávia [iwgo'ʒlavja] *(Br)* = **Jugoslávia**
IVA ['ivɐ] *m* *(Port)* (*abrev de Imposto sobre o Valor Acrescentado*) TVA *f* *(Taxe sur la Valeur Ajoutée)*

jJ

já ['ʒa] *adv* tout de suite ● **até já!** à tout de suite ! ● **é para já!** oui, tout de suite ! ● **desde já** par avance ● **já acabei** j'ai fini ● **já agora** tant qu'à faire ● **já era** c'est du passé ! ● **já está!** ça y est ! ● **já vou !** j'arrive ! ● **já esteve em Lisboa?** vous êtes déjà allé à Lisbonne ? ● **já foi a Lisboa?** vous êtes déjà allé à Lisbonne ? ● **já não sei o que fazer** je ne sais plus quoi faire ● **já não há quartos** il n'y a plus de chambres ● **já que** puisque

jabuti [ʒabu'ti] *m* (*Br*) tortue *f* géante
jabuticaba [ʒɐbuti'kabɐ] *f* baie *f* (*du myrte*)
jacarandá [ʒɐkɐrɐ̃n'da] *m* (*Br*) jacaranda *m*
jacaré [ʒɐkɐ'rɛ] *m* (*Br*) caïman *m*
jacinto [ʒɐ'sĩntu] *m* jacinthe *f*
jacto ['ʒatu] *m* (*Port*) jet *m*
Jacuzzi® [ʒaku'zi] *m* Jacuzzi® *m*
jade ['ʒađə] *m* jade *m*
jaguar [ʒɐ'gwar] (*pl* **-es** [əʃ]) *m* jaguar *m*
Jamáica [ʒɐ'majkɐ] *f* • **a Jamáica** la Jamaïque
jamais [ʒa'maiʃ] *adv* jamais
janeiro [ʒa'neiru] *m* (*Br*) = **Janeiro**
Janeiro [ʒɐ'nɐiru] *m* (*Port*) janvier *m* • **durante o mês de Janeiro** au mois de janvier • **em Janeiro** en janvier • **em meados de Janeiro** à la mi-janvier • **este mês de Janeiro** le mois de janvier • **no passado/próximo mês de Janeiro** en janvier dernier/prochain • **no princípio/final de Janeiro** début/fin janvier • **o quinze de Janeiro** le 15 janvier
janela [ʒɐ'nɛlɐ] *f* fenêtre *f*
jangada [ʒɐ̃ŋ'gađɐ] *f* radeau *m*
jantar [ʒɐ̃n'tar] (*pl* **-es** [əʃ]) *m* dîner ◇ *vi* dîner ◇ *vt* manger (au dîner)
jante ['ʒɐ̃ntə] *f* jante *f*
Japão [ʒɐ'pɐ̃u] *m* • **o Japão** le Japon
japonês, esa [ʒɐpu'neʃ, ezɐ] (*mpl* **-eses** [ezəʃ], *fpl* **-s** [ʃ]) *adj* japonais(e) ◇ *m, f* Japonais *m*, -e *f* ◇ *m* (*língua*) japonais *m*
jaqueta [ʒa'ketɐ] *f* veste *f*
jardim [ʒɐr'đĩ] (*pl* **-ns** [ʃ]) *m* jardin *m* • **jardim botânico** jardin botanique • **jardim infantil** ≃ maternelle *f* • **jardim zoológico** zoo *m*
jardim-de-infância [ʒɐr͵đĩndĩ'fɐ̃sjɐ] (*pl* **jardins-de-infância** [ʒɐr͵đĩʒdĩ'fɐ̃sjɐ]) *m* école *f* maternelle
jardim-escola [ʒɐrđĩʃ'kɔlɐ] (*pl* **jardins-escolas** [ʒɐrđĩʃə'kɔlɐʃ]) *m* (*Port*) école *f* maternelle
jardineira [ʒɐrđi'nɐirɐ] *f* jardinière *f* de légumes ➤ **jardineiro** ◆ **jardineiras** *fpl* salopette *f*
jardineiro, ra [ʒɐrđi'nɐiru, rɐ] *m, f* jardinier *m*, -ère *f*
jardins ➤ **jardim**
jarra ['ʒaʀɐ] *f* **1.** (*para flores*) vase *m* **2.** (*para vinho*) pichet *m*
jarrão [ʒɐ'ʀɐ̃u] (*pl* **-ões** [õiʃ]) *m* vase *m*
jarro ['ʒaʀu] *m* **1.** (*para bebida*) pichet *m* **2.** (*flor*) arum *m*
jarrões ➤ **jarrão**
jasmim [ʒɐʒ'mĩ] *m* jasmin *m*
jato ['ʒatu] *m* (*Br*) = **jacto**
jaula ['ʒaulɐ] *f* cage *f*
Java ['ʒva] *s INFORM* Java®
javali [ʒɐvɐ'li] *m* sanglier *m*
jazer [ʒɐ'zer] *vi* gésir • **aqui jaz** ci-gît
jazigo [ʒɐ'zigu] *m* caveau *m*
jazz ['dʒazə] *m* jazz *m*
jeans ['dʒinəʃ] *mpl* (*Port*) jean *m* ◇ *m inv* (*Br*) jean *m*
jeito ['ʒɐitu] *m* **1.** (*modo*) façon *f* **2.** (*comportamento*) comportement *m* • **com jeito** délicatement ; (*agir*) avec tact • **dar um jeito ao pé** se tordre la cheville • **dar um jeito a algo** arranger qqch • **fazer jeito** (*convir*) arranger ; (*ser útil*) tomber bien • **fazer um jeito a alguém** rendre un service à qqn • **sem jeito** (*Br*) déconcerté • **ter jeito para algo** avoir un don pour qqch • **ter falta de jeito para algo** ne pas

être doué pour qqch • **de jeito nenhum!** sûrement pas ! • **estás mesmo a jeito para levar uma bofetada** (*fam*) tu vas te prendre une gifle • **tomar jeito** (*Br*) s'assagir

jejum [ʒəˈʒũ] (*pl* **-ns** [ʃ]) *m* jeûne *m* • **em jejum** à jeun

Jerónimos [ʒəˈrɔnimuʃ] *mpl* • **o Mosteiro dos Jerónimos** *monastère situé dans le quartier de Belém à Lisbonne*

Mosteiro dos Jerónimos

La construction de ce monastère, entreprise en 1502 à la demande de Manuel Ier en l'honneur des grands navigateurs portugais, a duré 70 ans. C'est un magnifique exemple d'architecture manuéline, dont la particularité réside notamment dans l'emploi de formes arrondies et de motifs naturalistes et marins sur l'encadrement des fenêtres. Ses cloîtres comptent parmi les plus beaux du pays. Situé à l'origine au bord de l'eau, dans le quartier de Belém, c'est assurément l'un des monuments les plus intéressants de Lisbonne.

jeropiga [ʒeruˈpigɐ] *f vin cuit consommé traditionnellement avec des marrons chauds à la Toussaint*

jesuíta [ʒəˈzwitɐ] *m chausson à la crème*

jet ski [dʒɛtˈski] *m* scooter *m* des mers

jibóia [ʒiˈbɔjɐ] *f* (*Br*) boa *m*

jipe [ˈʒipə] *m* Jeep® *f*

joalharia [ʒwɐʎɐˈriɐ] *f* (*Port*) bijouterie *f*

joalheria [ʒwaʎeˈriɐ] *f* (*Br*) = **joalharia**

joanete [ʒwɐˈnetə] *m* oignon *m (sur le pied)*

joaninha [ʒwɐˈniɲɐ] *f* coccinelle *f*

joanino, na [ʒwɐˈninu, nɐ] *adj du règne des rois Jean et en particulier de Jean III*

joelheira [ʒweˈʎeirɐ] *f* genouillère *f*

joelho [ˈʒwɐʎu] *m* genou *m* • **de joelhos** à genoux

jogada [ʒuˈgađɐ] *f* **1.** coup *m* **2.** (*em futebol, basquetebol*) action *f*

jogador, a [(*Port*) ʒugaˈđor, rɐ (*Br*), ʒogaˈdo(x), ra] *m, f* joueur *m*, -euse *f*

jogar [ʒuˈgar] *vi* jouer ◇ *vt* **1.** jouer à **2.** (*atirar*) lancer • **jogar às cartas** jouer aux cartes • **jogar à bola** jouer au ballon • **jogar às escondidas** jouer à cache-cache • **jogar fora** (*Br*) jeter ◆ **jogar-se a** *vp + prep* se jeter sur • **jogou-se ao chão** il s'est jeté par terre

jogging [ˈʒɔgĩŋ] *m* (*sport*) jogging *m*

jogo [ˈʒogu] (*pl* **jogos** [ˈʒɔguʃ]) *m* **1.** (*de xadrez*) partie *f* **2.** (*de futebol, râguebi, ténis*) match *m* **3.** (*de cama, mesa*) parure *f* **4.** (*jogos de azar*) jeu *m* • **os Jogos Olímpicos** les Jeux olympiques • **jogo do bicho** (*Br*) *loterie clandestine dont les derniers chiffres correspondent à des animaux* • **jogo do galo** (*Port*) morpion *m* • **jogos de vídeo** jeux vidéo

jogo-da-velha [ˌʒogudaˈvɛʎɐ] (*pl* **jogos-da-velha** [ˌʒɔguʒdaˈvɛʎɐ]) *m* (*Br*) morpion *m*

jóia [ˈʒɔjɐ] *f* **1.** (*brincos, anel*) bijou *m* **2.** (*pagamento*) droit *m* d'entrée

jóquei ['ʒɔkɐi] *m* jockey *m*
jornada [ʒur'nadɐ] *f* **1.** *(caminhada)* excursion *f* **2.** *(ciclo de conferências)* journée *f*
jornal [ʒur'nał] *(pl* **-ais** [aiʃ]*)* *m* journal *m*
jornaleiro, ra [ʒoxnɐ'leiru, rɐ] *m, f* *(Br)* *(vendedor)* vendeur *m*, -euse *f* de journaux ◇ *m* *(Br)* *(local de venda)* kiosque *m* à journaux
jornalista [ʒurnɐ'liʃtɐ] *mf* journaliste *mf*
jorrar [ʒu'ʀar] *vi* jaillir
jovem ['ʒɔvẽi] *(pl* **-ns** [ʃ]*)* *adj & mf* jeune
jovial [ʒu'vjał] *(pl* **-ais** [aiʃ]*)* *adj* jovial(e)
joystick [ʒɔj'ʃtʃik] *(pl* **-s** [ʃ]*)* *m* *INFORM* joystick *m*, manette *f* de jeu
juba ['ʒubɐ] *f* crinière *f*
judaico, ca [ʒu'daiku, kɐ] *adj* juif(ive)
judeu, dia [ʒu'deu, diɐ] *m, f* Juif *m*, -ive *f*
judicial [ʒudi'sjał] *(pl* **-ais** [aiʃ]*)* *adj* judiciaire • **o poder judicial** le pouvoir judiciaire
judiciária [ʒudi'sjarjɐ] *f* **1.** *(Port)* *(polícia judiciária)* police *f* judiciaire **2.** *(local)* commissariat *m*
judiciário [ʒudʒi'sjarju] *(Br)* = **judicial**
judo ['ʒudu] *m* *(Port)* judo *m*
judô [ʒu'do] *m* *(Br)* = **judo**
Jugoslávia [ʒuguʒ'lavjɐ] *f* *(Port)* • **a Jugoslávia** la Yougoslavie
jugoslavo, va [ʒuguʒ'lavu, vɐ] *adj* yougoslave *nm, f*
juiz, juíza ['ʒwiʃ, 'ʒwizɐ] *(mpl* **-es** [zəʃ], *fpl* **-s** [ʃ]*)* *m, f* juge *mf* • **juiz de linha** *(Port)* juge de touche
juizado [ʒuj'zadu, da] *(Br)* *m* charge *f* de juge • **Juizado de Menores** Tribunal *m* des mineurs
juízo ['ʒwizu] *m* jugement *m* ◇ *interj* fais attention ! • **perder o juízo** perdre la tête • **ter juízo** être raisonnable
jujuba [ʒu'ʒubɐ] *f* *(Br)* pâte *f* de fruit
julgamento [ʒułgɐ'mẽntu] *m* **1.** *(acto)* jugement *m* **2.** *(audiência em tribunal)* procès *m*
julgar [ʒuł'gar] *vt* **1.** *JUR* juger **2.** *(achar, opinar)* croire ◆ **julgar-se** *vp* • **ele julga-se o maior** il se croit le meilleur
julho ['ʒuʎo] *m* *(Br)* = **Julho**
Julho ['ʒuʎu] *m* *(Port)* juillet *m* • **durante o mês de Julho** au mois de juillet • **em Julho** en juillet • **em meados de Julho** à la mi-juillet • **este mês de Julho** le mois de juillet • **no passado/próximo mês de Julho** en juillet dernier/prochain • **no princípio/final de Julho** début/fin juillet • **o quatro de Julho** le 4 juillet
juliana [ʒu'ljɐnɐ] *f* julienne *f*
jumento [ʒu'mẽntu] *m* âne *m*
junco ['ʒũŋku] *m* jonc *m*
junho ['ʒuɲo] *m* *(Br)* = **Junho**
Junho ['ʒuɲu] *m* *(Port)* juin *m* • **o dez de Junho** *fête nationale du Portugal* • **durante o mês de Junho** au mois de juin • **em Junho** en juin • **em meados de Junho** à la mi-juin • **este mês de Junho** le mois de juin • **no passado/próximo mês de Junho** en juin dernier/prochain • **no princípio/final de Junho** début/fin juin • **o vinte de Junho** le 20 juin
júnior ['ʒunjɔr] *(pl* **juniores** [ʒu'njɔrəʃ]*)* *adj* cadet(ette) ◇ *mf* junior *mf*
junta ['ʒũntɐ] *f* joint *m* • **Junta de Freguesia** ≃ mairie *f*

juntamente [ˌʒũntɐ'mẽntə] ◆ **juntamente com** *prep* avec

juntar [ʒũn'tar] *vt* **1.** *(reunir)* rassembler **2.** *(dinheiro)* mettre de côté **3.** *(adicionar)* ajouter • **juntar o útil ao agradável** joindre l'utile à l'agréable ◆ **juntar-se** *vp* **1.** *(reunir-se)* se rassembler **2.** *(amancebar-se)* vivre ensemble

junto, ta ['ʒũntu, tɐ] *pp* ➤ **juntar** ◇ *adj & adv* ensemble • **com as mãos juntas** les mains jointes • **junto com** avec

jura ['ʒurɐ] *f* • **fazer uma jura** jurer

juramento [ʒurɐ'mẽntu] *m* serment *m*

jurar [ʒu'rar] *vt & vi* jurer

júri ['ʒuri] *m* jury *m*

jurídico, ca [ʒu'ridiku, kɐ] *adj* juridique

juros ['ʒuruʃ] *mpl* intérêts *mpl* • **a juros** à intérêts

justeza [ʒuʃ'tezɐ] *f* **1.** *(precisão)* justesse *f* **2.** *(imparcialidade)* justice *f*

justiça [ʒuʃ'tisɐ] *f* justice *f*

justificação [ʒuʃtəfikɐ'sɐ̃u] *(pl* **-ões** [õiʃ]) *f* **1.** *(razão)* justification *f* **2.** *(declaração escrita)* attestation *f*

justificar [ʒuʃtəfi'kar] *vt* justifier ◆ **justificar-se** *vp* se justifier

justificativa [ʒuʃtəfikɐ'tivɐ] *f* excuse *f*

justo, ta ['ʒuʃtu, tɐ] *adj* **1.** juste **2.** *(cingido)* serré(e) • **à justa** *(Port)* *(apanhar o comboio)* de justesse ; *(caber)* pile

juvenil [ʒuvə'niɫ] *(pl* **-is** [iʃ]) *adj* **1.** *(moda, centro, literatura)* pour les jeunes **2.** *(delinquente, comportamento)* juvénile

juventude [ʒuvẽn'tudə] *f* **1.** *(época)* jeunesse *f* **2.** *(jovens)* jeunes *mpl*

kK

karaokê [kɐrao'ke] *m* karaoké *m*

karaté [kɐra'tɛ] *m* karaté *m*

karatê [kaxa'tɛ] *(Br)* = **karaté**

kart ['kartə] *m* kart *m*

karting ['kartĩŋ] *m* karting *m*

ketchup [kɛ'tʃɐpə] *m* ketchup *m*

kg *(abrev de quilograma)* kg *(kilogramme)*

kispo® ['kiʃpu] *m* **1.** *(blusão)* anorak *m* **2.** *(impermeável)* K-way® *m*

kit ['kitə] *m* kit *m*

kitchenette [kitʃə'nɛtə] *f* kitchenette *f*

kiwi ['kiwi] *m* kiwi *m*

km *(abrev de quilómetro)* km *(kilomètre)*

km/h *(abrev de quilómetro por hora)* km/h *(kilomètre/heure)*

KO [kei'ɔ] *(abrev de knock-out)* K-O

Kosovar [coso'vɐr] *adj* kosovar(e)

lL

L.º *(abrev de largo)* pl

-la [lɐ] *pron* **1.** *(ela)* la **2.** *(você)* vous

lá ['la] *adv* là-bas • **lá está ele a chorar outra vez** le voilà qui pleure à nouveau • **lá mentir, isso ele não faz** *(fam)* mentir, ça, il ne le fait pas • **para lá de** au-delà de • **quero lá saber** (*fam*) ça m'est bien égal • **sei lá!** je n'en sais rien ! • **vá lá!** allez !

lã ['lɐ̃] *f* (*de ovelha*) laine *f*

labareda [lɐbɐ'ređɐ] *f* flamme *f*

lábio ['labju] *m* lèvre *f*

labirinto [lɐbi'rĩntu] *m* labyrinthe *m*

laboratório [lɐburɐ'tɔrju] *m* laboratoire *m*

laca ['lakɐ] *f* (*Port*) laque *f*

laço ['lasu] *m* **1.** nœud *m* **2.** (*de homem*) nœud *m* papillon **3.** (*de parentesco, amizade*) lien *m*

lacónico, ca [lɐ'kɔniku, kɐ] *adj* laconique

lacônico [la'kɔniku] (*Br*) = **lacónico**

lacrar [lɐ'krar] *vt* cacheter

lacrimogêneo [lakrimo'ʒenju] *adj m* (*Br*) = **lacrimogénio**

lacrimogénio [lɐkrimɔ'ʒɛnju] *adj m* (*Port*) ➤ **gás**

lácteo, tea ['laktju, tjɐ] *adj* (*produto*) laitier(ère)

lacticínios [lɐkti'sinjuʃ] *mpl* produits *mpl* laitiers

lacuna [lɐ'kunɐ] *f* lacune *f*

ladeira [lɐ'đɐirɐ] *f* côte *f*

lado ['lađu] *m* côté *m* • **andar de um lado para o outro** faire les cent pas • **ao lado de** à côté de • **deixar** ou **pôr de lado** laisser ou mettre de côté • **lado a lado** côte à côte • **de lado** (*foto*) de profil ; (*deitar-se*) sur le côté • **de lado a lado** de long en large • **de um lado para o outro** de droite à gauche • **em qualquer lado** partout • **por todo(s) o(s) lado(s)** partout • **não ir** ou **chegar a lado nenhum** n'arriver à rien • **por um lado... por outro lado...** d'une part... d'autre part... • **o lado fraco** le point faible • **o vizinho do lado** le voisin d'à côté

ladrão, ladra [lɐ'đrɐ̃u, 'lađrɐ] (*mpl* **-ões** [õiʃ], *fpl* **-s** [ʃ]) *m, f* voleur *m*, -euse *f*

ladrar [(*Port*) lađ'rɐr (*Br*), la'dra(x)] *vt* aboyer

ladrilho [lɐ'đriʎu] *m* carreau *m*

ladrões [la'drõjʃ] ➤ **ladrão**

lagarta [lɐ'gartɐ] *f* chenille *f*

lagartixa [lɐgɐr'tiʃɐ] *f* lézard *m*

lagarto [lɐ'gartu] *m* lézard *m*

lago ['lagu] *m* **1.** (*natural*) lac *m* **2.** (*de jardim*) bassin *m*

lagoa [lɐ'goɐ] *f* lagon *m*

lagosta [lɐ'goʃtɐ] *f* langouste *f*

lagostim [lɐguʃ'tĩ] (*pl* **-ns** [ʃ]) *m* **1.** langoustine *f* **2.** (*de rio*) écrevisse *f*

lágrima ['lagrimɐ] *f* larme *f*

laje ['laʒə] *f* **1.** (*de pavimento*) dalle *f* **2.** (*de construção*) revêtement *m*

lama ['lɐmɐ] *f* boue *f*

lamacento, ta [lɐmɐ'sẽntu, tɐ] *adj* boueux(euse)

lambada [lẽm'bađɐ] *f* **1.** (*dança*) lambada *f* **2.** (*Port*) (*fam*) (*bofetada*) claque *f*

lamber [lẽm'ber] *vt* lécher • **lamber tudo** tout avaler ◆ **lamber-se** *vp* se lécher

lamentar [lɐmẽn'tar] *vt* regretter ◆ **lamentar-se** *vp* se lamenter

lamentável [lɐmẽn'tavɛɫ] (*pl* **-eis** [ɐiʃ]) *adj* regrettable

lâmina ['lɐminɐ] *f* lame *f* • **lâmina de barbear** lame de rasoir

lâmpada ['lẽmpɐđɐ] *f* ampoule *f*

lampião [lẽm'pjẽu] (*pl* **-ões** [õiʃ]) *m* **1.** lanterne *f* **2.** (*de rua*) réverbère *m*

lampreia [lẽm'prɐjɐ] *f* lamproie *f*
LAN (*abrev de Local Area Network*) *f* réseau *m* local
lança ['lẽsɐ] *f* lance *f*
lançar [lẽ'sar] *vt* lancer ◆ **lançar-se** *vp* • **lançar-se a** (*à água*) se jeter à ; (*à comida*) se jeter sur • **lançar-se sobre** se jeter sur
lance ['lẽsə] *m* lancer *m*
lancha ['lẽʃɐ] *f* **1.** (*a remo*) barque *f* **2.** (*a motor*) hors-bord *m inv*
lanchar [lẽ'ʃar] *vi* goûter
lanche ['lẽʃə] *m* goûter *m*
lanchonete [lẽʃo'nɛtʃi] *f* (*Br*) fast-food *m*
lancinante [lẽsi'nẽntə] *adj* lancinant(e)
lanço ['lẽsu] *m* (*em licitação*) offre *f* • **lanço de escadas** volée *f*
lânguido, da ['lẽŋgiđu, đɐ] *adj* (*voluptuoso*) langoureux(euse)
lantejoula [lẽntə'ʒolɐ] *f* paillette *f*
lanterna [lẽn'tɛrnɐ] *f* lanterne *f* • **lanterna de bolso** lampe *f* de poche
lapela [lɐ'pɛlɐ] *f* revers *m* (*de veste*)
lápide ['lapiđə] *f* **1.** (*em monumento, estátua*) plaque *f* **2.** (*em túmulo*) pierre *f* tombale
lápis ['lapiʃ] *m inv* crayon *m* • **lápis de cor** crayon de couleur • **lápis de cera** pastel *m* • **lápis para os olhos** crayon pour les yeux
lapiseira [lɐpi'zɐirɐ] *f* **1.** (*no Brasil*) porte-mine *m* **2.** (*em Portugal*) stylo *m*
lapso ['lapsu] *m* **1.** (*de tempo*) laps *m* **2.** (*esquecimento*) trou *m* de mémoire • **por lapso** par mégarde
laptop ['lapitopi] (*pl* **-s**) [ʃ] *m INFORM* ordinateur *m* portable
laquê [la'ke] *m* (*Br*) laque *f*
lar ['lar] (*pl* **-es** [əʃ]) *m* foyer *m* • **lar (de idosos)** maison *f* de retraite
laranja [lɐ'rẽʒɐ] *f* orange *f*
laranjada [lɐrẽ'ʒađɐ] *f* (*Port*) orangeade *f*
laranjeira [lɐrẽ'ʒɐirɐ] *f* oranger *m*
lareira [lɐ'rɐirɐ] *f* cheminée *f*
lares ➤ **lar**
largada [lɐr'gađɐ] *f* départ *m*
largar [lɐr'gar] *vt* **1.** lâcher **2.** (*tinta*) déteindre **3.** (*pêlo*) perdre **4.** (*velas*) larguer **5.** (*abandonar*) laisser
largo, ga ['largu, gɐ] *adj* **1.** (*roupa, estrada*) large **2.** (*quarto, cama*) grand(e) ◇ *m* (*praça*) place *f* • **ter 3 metros de largo** faire 3 mètres de large • **por largos dias/meses/anos** pour plusieurs jours/mois/années
largura [lɐr'gurɐ] *f* largeur *f* • **largura de banda** *INFORM* largeur de bande
laringe [lɐ'rĩʒə] *f* larynx *m*
larva ['larvɐ] *f* larve *f*
-las [lɐʃ] *pron pl* **1.** (*elas*) les **2.** (*vocês*) vous
lasanha [lɐ'zɐɲɐ] *f* lasagnes *fpl*
lasca ['laʃkɐ] *f* éclat *m*
laser ['lɐizɛr] (*pl* **-es** [əʃ]) *m* laser *m*
lástima ['laʃtimɐ] *f* **1.** (*pena*) dommage *m* **2.** (*miséria*) misère *f*
lastimável [lɐʃti'mavɛɫ] (*pl* **-eis** [ɐiʃ]) *adj* **1.** (*acontecimento, situação*) regrettable **2.** (*erro*) fâcheux(euse) **3.** (*estado*) piteux(euse)
lata ['latɐ] *f* **1.** (*material*) métal *m* **2.** (*objecto*) boîte *f* • **lata de conserva** boîte de conserve • **lata de lixo** (*Br*) poubelle *f* • **ter a lata de** (*fam*) avoir le culot de

latão [lɐ'tẽu] (*pl* **-ões** [õiʃ]) *m* **1.** *(metal)* laiton *m* **2.** *(vasilha)* bidon *m*
latejar [lɐtə'ʒar] *vi* palpiter
latente [lɐ'tẽntə] *adj* latent(e)
lateral [lɐtə'raɫ] (*pl* **-ais** [aiʃ]) *adj* latéral(e)
latido [lɐ'tiđu] *m* aboiement *m*
latifúndio [lɐti'fũndju] *m* latifundium *m, grand domaine agricole*
latim [lɐ'tĩ] *m* latin *m*
latino, na [lɐ'tinu, nɐ] *adj* latin(e)
latino-americano, na [lɐ,tinwɐməri'kɐnu, nɐ] *adj* latino-américain(e) ◇ *m, f* Latino-Américain *m*, -e *f*
latir [lɐ'tir] *vi* aboyer
latitude [lɐti'tuđə] *f* latitude *f*
latões ➤ **latão**
lava ['lavɐ] *f* lave *f*
lavabo [lɐ'vaƀu] *m* **1.** *(lavatório)* lavabo *m* **2.** (*Br*) *(casa de banho)* toilettes *fpl* ◆ **lavabos** *mpl* (*Port*) toilettes *fpl*
lavagante [lɐvɐ'gɐ̃ntə] *m* homard *m*
lavagem [lɐ'vaʒẽi] (*pl* **-ns** [ʃ]) *f* lavage *m* • **lavagem automática** lavage automatique • **lavagem a seco** nettoyage *m* à sec • **lavagem cerebral** lavage de cerveau
lava-louça [,lavɐ'losɐ] (*pl* **lava-louças** [,lavɐ'losɐʃ]) *m* lave-vaisselle *m inv*
lavanda [lɐ'vɐ̃ndɐ] *f* lavande *f*
lavandaria [lɐvɐ̃ndɐ'riɐ] *f* (*Port*) pressing *m* • **lavandaria automática** laverie *f* automatique • **lavandaria a seco** pressing
lavanderia [lavɐ̃nde'riɐ] *f* (*Br*) = **lavandaria**
lavar [lɐ'var] *vt* laver • **lavar os dentes** se brosser les dents • **lavar a louça** faire la vaisselle • **lavar a roupa** laver le linge ◆ **lavar-se** *vp* se laver
lavatório [lɐvɐ'tɔrju] *m* (*Port*) lavabo *m*
lavável [lɐ'vavɛɫ] (*pl* **-eis** [ɐiʃ]) *adj* lavable
lavrador, ra [lɐvrɐ'đor, rɐ] (*mpl* **-es** [əʃ], *fpl* **-s** [ʃ]) *m, f* paysan *m*, -anne *f*
laxante [lɐ'ʃɐ̃ntə] *adj* laxatif(ive) ◇ *m* laxatif *m*
lazer [lɐ'zer] *m* loisirs *mpl*
Lda (*Port*) (*abrev de limitada*) SARL *f* *(Société à Responsabilité Limitée)*
lê ['le] ➤ **ler**
leal ['ljaɫ] (*pl* **-ais** [aiʃ]) *adj* **1.** *(pessoa)* loyal(e) **2.** *(animal)* fidèle
leão ['ljɐ̃u] (*pl* **-ões** [õiʃ]) *m* lion *m* ◆ **Leão** *m (astrologia)* Lion *m*
lebre ['lɛƀrə] *f* lièvre *m* • **comer gato por lebre** (*fam*) se faire avoir
leccionar [lɛsju'nar] *vt & vi* (*Port*) enseigner
lecionar [lesjo'nax] *vt & vi* (*Br*) = **leccionar**
lectivo, va [lɛ'tivu, vɐ] *adj* (*Port*) **1.** *(ano)* scolaire **2.** *(horas)* de cours
lêem ['leẽm] ➤ **ler**
legal [lə'gaɫ] (*pl* **-ais** [aiʃ]) *adj* **1.** *(segundo a lei)* légal(e) **2.** (*Br*) (*fam*) sympa
legalidade [ləgɐli'đađə] *f* légalité *f*
legalizar [ləgɐli'zar] *vt* **1.** *(actividade)* légaliser **2.** (*Br*) *(documento, assinatura)* certifier conforme
legenda [lə'ʒẽndɐ] *f* légende *f* ◆ **legendas** *fpl* sous-titres *mpl*
legendado, da [ləʒẽn'dɐđu, đɐ] *adj* sous-titré(e)
legislação [ləʒiʒlɐ'sɐ̃u] *f* législation *f*

legitimar [ləʒiti'mar] *vt* **1.** légitimer **2.** *(actividade)* légaliser
legítimo, ma [lə'ʒitimu, mɐ] *adj* **1.** légitime **2.** *(autêntico)* authentique
legível [lə'ʒivɛɫ] *(pl* **-eis** [ɐiʃ]) *adj* lisible
légua ['lɛgwɐ] *f* lieue *f* • **ficar a léguas de distância de** être très loin de
legume [le'gume] *m* légume *m*
legumes [lə'guməʃ] *mpl* légumes *mpl*
lei ['lɐi] *f* loi *f* • **a lei do menor esforço** la loi du moindre effort • **segundo a lei** d'après la loi
leilão [lɐi'lɐ̃u] *(pl* **-ões** [õiʃ]) *m* vente *f* aux enchères
leio ['lɐiu] ➤ **ler**
leitão [lɐi'tɐ̃u] *(pl* **-ões** [õiʃ]) *m* cochon *m* de lait • **leitão da Bairrada** *cochon de lait à la broche arrosé de vin et de sauce piquante*
leitaria [lɐitɐ'riɐ] *f* crèmerie *f*
leite ['lɐitə] *m* lait *m* • **leite achocolatado** lait chocolaté • **leite condensado** lait concentré • **leite creme** ≃ crème *f* brûlée • **leite em pó** lait en poudre • **leite gordo/meio-gordo/magro** *(Port)* lait entier/demi-écrémé/écrémé • **leite pasteurizado** lait pasteurisé • **leite ultrapasteurizado** lait UHT • **leite de côco** lait de coco • **leite integral/desnatado** *(Br)* lait entier/écrémé
leite-de-onça [ˌleitʃi'djõsɐ] *m (Br) cocktail d'eau-de-vie de canne à sucre et de lait concentré*
leiteira [lej'tejra] *f* pot *m* à lait
leiteiro, ra [lɐi'tɐiru, rɐ] *m, f* laitier *m*, -ère *f*
leiteria [lejte'ria] *(Br)* = **leitaria**
leito ['lɐitu] *m* lit *m*
leitões [lej'tõjʃ] ➤ **leitão**
leitor, ra [lɐi'tor, rɐ] *(mpl* **-es** [əʃ], *fpl* **-s** [ʃ]) *m, f* lecteur *m*, -trice *f* ◇ *m (aparelho)* lecteur *m*
leitura [lɐi'turɐ] *f* lecture *f*
lema ['lemɐ] *m* devise *f*
lembrança [lẽm'brɐ̃sɐ] *f* souvenir *m* • **dá lembranças minhas ao teu pai** dis bonjour à ton père de ma part
lembrar [lẽm'brar] *vt* **1.** *(recordar)* se souvenir de **2.** *(assemelhar-se a)* rappeler • **lembrar algo a alguém** rappeler qqch à qqn • **lembrar alguém de fazer algo** rappeler à qqn de faire qqch ◆ **lembrar-se** *vp* se souvenir • **lembrar-se de** se souvenir de • **lembrar-se de fazer algo** penser à faire qqch
leme ['lɛmə] *m* gouvernail *m*
lenço ['lẽsu] *m* mouchoir *m* • **lenço de cabeça** foulard *m* • **lenço de papel** mouchoir en papier • **lenço (de pescoço)** écharpe *f*
lençol [lẽ'sɔɫ] *(pl* **-óis** [ɔiʃ]) *m* **1.** *(de cama)* drap *m* **2.** *(de água, petróleo)* nappe *f*
lenha ['lɐɲɐ] *f* bois *m*
lentamente [lẽntɐ'mẽntə] *adv* lentement
lente ['lẽntə] *f* **1.** *(de câmara de filmar)* objectif *m* **2.** *(de óculos)* verre *m* • **lentes de contacto** *(Port)* lentilles *fpl* de contact • **lentes de contacto rígidas/moles** lentilles dures/souples
lentidão [lẽnti'dɐ̃u] *f* lenteur *f*
lentilha [lẽn'tʃiʎa] *f* lentille *f (légume)*
lento, ta ['lẽntu, tɐ] *adj* lent(e)
leoa ['ljoɐ] *f* lionne *f*
leoa, leões ➤ **leão**
leões [le'õjʃ] ➤ **leão**

leopardo [lju'parđu] *m* léopard *m*
lepra ['lɛprɐ] *f* lèpre *f*
leque ['lɛkə] *m* éventail *m*
ler ['ler] *vt & vi* lire
lesão [lə'zɐ̃u] (*pl* **-ões** [õiʃ]) *f* **1.** *(ferida, contusão)* lésion *f* **2.** *(prejuízo)* dommage *m* **3.** *(de direito)* atteinte *f*
lesar [lə'zar] *vt* **1.** *(ferir)* blesser **2.** *(prejudicar)* porter préjudice à
lésbica ['lɛʒbikɐ] *f* lesbienne *f*
lesma ['leʒmɐ] *f* **1.** *(animal)* limace *f* **2.** *(fig)* *(pessoa lenta)* traînard *m*, -e *f*
lesões ➤ **lesão**
leste ['lɛʃtə] *m* est *m* • **a leste (de)** à l'est (de) • **os países de leste** les pays de l'Est • **estar a leste** *(fam)* avoir la tête ailleurs
letal [lə'tał] (*pl* **-ais** [aiʃ]) *adj* mortel(elle)
letivo, va [le'ʧivu, vɐ] *adj (Br)* = **lectivo**
Letónia [lə'tɔnjɐ] *f* • **a Letónia** la Lettonie
letónio, nia [lə'tɔnju, njɐ] *adj* letton-nien (enne)
letra ['letrɐ] *f* **1.** *(do alfabeto)* lettre *f* **2.** *(maneira de escrever)* écriture *f* **3.** *(título de crédito)* traite *f* **4.** *(de canção)* paroles *fpl* • **letra maiúscula** majuscule *f* • **letra de imprensa** caractères *mpl* d'imprimerie • **letra de fôrma** *(Br)* caractères d'imprimerie ◆ **letras** *fpl EDUC* lettres *fpl*
letreiro [lə'trɐiru] *m* **1.** *(aviso)* écriteau *m* **2.** *(de loja)* enseigne *f*
leu ['leu] ➤ **ler**
léu ['lɛu] *m* • **ao léu** nu(e)
leucemia [leusə'miɐ] *f* leucémie *f*
levantamento [ləvɐ̃ntɐ'mẽntu] *m* **1.** *(de preços)* relevé *m* **2.** *(de peso)* lever *m* **3.** *(de dinheiro)* retrait *m* **4.** *(de cheque)* encaissement *m*
levantar [ləvẽn'tar] *vt* **1.** *(erguer)* lever **2.** *(peso)* soulever • **levantar dinheiro** retirer de l'argent • **levantar a mesa** débarrasser la table • **levantar um cheque** encaisser un chèque • **levantar voo** décoller ◆ **levantar-se** *vp* se lever
levar [lə'var] *vt* **1.** *(peso, roupa)* porter **2.** *(transportar)* transporter **3.** *(acompanhar)* emmener **4.** *(dar)* apporter **5.** *(utilizar, cobrar)* prendre **6.** *(poder conter)* contenir **7.** *(fam)* *(porrada, bofetada)* prendre • **levar alguém a fazer algo** conduire qqn à faire qqch • **levar a cabo algo** mener à bien qqch • **levar a mal algo** mal prendre qqch • **levar tempo** prendre du temps • **ele levou muito tempo a decidir-se** il a mis longtemps à se décider • **deixar-se levar** *(fam)* se faire avoir
leve ['lɛvə] *adj* léger(ère)
leviandade [ləvjẽn'dađə] *f* imprudence *f*
leviano, na [lə'vjɐnu, nɐ] *adj* **1.** *(pessoa)* léger(ère) **2.** *(acto)* inconsidéré(e)
léxico ['lɛksiku] *m* lexique *m*
lha [ʎɐ] = **lhe + a** ; ➤ **lhe**
lhas [ʎɐʃ] = **lhe + as** ; ➤ **lhe**
lhe [ʎə] *pron (ele, ela)* lui ; *(você)* vous • **a folha? já lha dei** la feuille ? je la lui ai déjà donnée • **a roupa? ela deu-lha** les vêtements ? elle les lui a donnés • **o livro? já lho dei** le livre ? je le lui ai déjà donné • **o presente? ela deu-lho** le cadeau ? elle vous l'a donné • **os bilhetes? já lhos dei** les billets ? je les lui ai déjà donnés • **os jornais? dei-lhos há pouco** les journaux ?

je les lui ai donnés il n'y a pas longtemps • **as maçãs? já lhas dei** les pommes ? je les lui ai déjà données

lhes [ʎəʃ] *pron pl (eles, elas)* leur ; *(vocês)* vous

lho [ʎu] = **lhe** + **o** ou **lhes** + **o** ; ➤ **lhe**

lho(s) = **lhe(s)** + **o** ; ➤ **lhe**

lhos [ʎuʃ] = **lhe** +**os** ou **lhes** + **os** ; ➤ **lhe**

li ['li] ➤ **ler**

libélula [li'bɛlulɐ] *f* libellule *f*

liberação [libərɐ'sɐ̃u] *f* libération *f*

liberal [libə'ral] *(pl* **-ais** [aiʃ]*)* *adj & mf* libéral(e)

liberalização [libərɐlizɐ'sɐ̃u] *f* libéralisation *f*

liberar [libə'rar] *vt* **1.** libérer **2.** *(consumo)* légaliser

liberdade [libər'dadə] *f* liberté *f* • **pôr em liberdade** mettre en liberté • **tomar a liberdade de fazer algo** prendre la liberté de faire qqch

libertar [libər'tar] *vt* libérer

liberto, ta [li'bɛrtu, tɐ] *pp* ➤ **libertar**

Líbia ['libjɐ] *f* • **a Líbia** la Libye

libra ['librɐ] *f* livre *f* ◆ **Libra** *f (Br)* Balance *f*

lição [li'sɐ̃u] *(pl* **-ões** [õiʃ]*)* *f* leçon *f* • **dar uma lição a alguém** donner une leçon à qqn • **servir de lição** servir de leçon

licença [li'sẽsɐ] *f* autorisation *f* • **com licença** pardon • **licença de parto** *(Port)* congé *m* de maternité

licença-maternidade [*(Br)* li'sẽnsa'matexni'dadʒi] *f* congé *m* de maternité

licenciado, da [lisẽ'sjadu, dɐ] *m, f* licencié *m*, -e *f* • **licenciado pela Universidade de Coimbra** diplômé *m* de l'Université de Coimbra

licenciatura [lisẽsjɐ'turɐ] *f* ≃ licence *f*

> **Licenciatura**
>
> Ce diplôme universitaire est décerné à tout étudiant portugais ayant achevé des études supérieures d'une durée minimale de quatre ans.

liceu [li'seu] *m* lycée *m*

lições [li'sõiʃ] ➤ **lição**

licor [li'kor] *(pl* **-es** [əʃ]*)* *m* liqueur *f*

lidar [li'dar] ◆ **lidar com** *v + prep* **1.** *(tratar com)* avoir affaire à **2.** *(conviver com)* côtoyer **3.** *(produtos, máquina)* manipuler • **não sei lidar com ele** je ne sais pas m'y prendre avec lui

líder ['lidɛr] *(pl* **-es** [əʃ]*)* *mf* leader *m*

lido, da ['lidu, dɐ] *pp* ➤ **ler**

liga ['ligɐ] *f* **1.** *(associação)* ligue *f* **2.** *(de meias)* jarretière *f*

ligação [ligɐ'sɐ̃u] *(pl* **-ões** [õiʃ]*)* *f* **1.** *(de amor, amizade)* liaison *f* **2.** *(telefónica)* ligne *f* **3.** *(Port) (de autocarro, comboio, avião)* correspondance *f*

ligado, da [li'gadu, dɐ] *adj* **1.** *(luz, televisão)* allumé(e) **2.** *(na ficha)* branché(e)

ligadura [ligɐ'durɐ] *f* bandage *m*

ligamento [ligɐ'mẽntu] *m* ligament *m*

ligar [li'gar] *vt* **1.** *(ferida)* panser **2.** *(luz, televisão)* allumer **3.** *(em tomada)* brancher ◇ *vi (telefonar)* • **ligar para** appeler • **não ligues que ele é doido!** *(fam)* ne fais pas attention, il est fou !

ligeiro, ra [li'ʒɐiru, rɐ] *adj* léger(ère) ◆ **ligeiros** *mpl* voitures *fpl*

lilás [li'laʃ] *(pl* **-ases** [azəʃ]*)* *m* lilas *m* ◇ *adj* parme

lima ['limɐ] *f* lime *f* • **lima (de unhas)** lime à ongles
limão [li'mɐ̃u] (*pl* -ões [õiʃ]) *m* citron *m*
limão-galego [liˌmɐ̃uga'legu] (*pl* limões-galegos [liˌmõiʒga'leguʃ]) *m* (*Br*) citron *m* vert
limiar [li'mjar] *m* seuil *m* • **no limiar de algo** à l'aube de qqch
limitação [limitɐ'sɐ̃u] (*pl* -ões [õiʃ]) *f* 1. (*de desemprego, natalidade*) limitation *f* 2. (*de direitos, movimentos*) entrave *f* 3. (*de terreno*) délimitation *f* ◆ **limitações** *fpl* limites *fpl* • **ter algumas limitações** être un peu limité
limitar [limi'tar] *vt* 1. (*despesas*) limiter 2. (*terreno*) délimiter 3. (*movimento*) entraver ◆ **limitar-se a** *vp + prep* se borner à
limite [li'mitə] *m* limite *f* • **limite de velocidade** limitation *f* de vitesse • **sem limites** sans limite • **passar dos limites** (*fig*) dépasser les bornes
limo ['limu] *m* limon *m*
limoeiro [li'mwɐiru] *m* citronnier *m*
limões [li'mõiʃ] ➤ **limão**
limonada [limu'nadɐ] *f* citronnade *f*
limpador [lĩmpa'dox] (*pl* -es [iʃ]) *m* (*Br*) • **limpador de pára-brisas** = **limpa-pára-brisas**
limpa-pára-brisas [ˌlĩmpɐparɐ'brizɐʃ] *m inv* (*Port*) essuie-glace *m*
limpar [lĩm'par] *vt* 1. nettoyer 2. (*pratos*) essuyer 3. (*boca, mãos*) s'essuyer 4. (*fam*) (*roubar*) dévaliser • **limpar o pó** enlever la poussière
limpa-vidros [ˌlĩmpɐ'vidruʃ] *m inv* 1. (*instrumento*) raclette *f* 2. (*detergente*) produit *m* pour les vitres 3. (*para carro*) lave-glace *m*
limpeza [lĩm'pezɐ] *f* 1. (*acção*) nettoyage *m* 2. (*qualidade*) propreté *f* • **fazer a limpeza** faire le ménage
limpo, pa ['lĩmpu, pɐ] *pp* ➤ **limpar** ◇ *adj* 1. (*sem sujidade*) propre 2. (*céu*) dégagé(e) • **estar** ou **ficar limpo** (*fam*) être fauché • **tirar algo a limpo** tirer qqch au clair
limusine [limu'zinə] *f* limousine *f*
lince ['lĩsə] *m* lynx *m*
lindo, da ['lĩndu, dɐ] *adj* (*pessoa, local*) beau (belle)
lingerie [lɐ̃ʒə'ri] *f* lingerie *f*
lingote [lĩŋ'gɔtə] *m* lingot *m*
língua ['lĩŋgwɐ] *f* langue *f* • **línguas de bacalhau** *langues de morue frites en sauce* • **bater com a língua nos dentes** (*fam*) vendre la mèche • **dar à língua** (*fam*) ne pas tenir sa langue ; (*falar*) papoter • **dobrar a língua** (*fam*) faire attention à ce que l'on dit • **ter algo debaixo da língua** avoir qqch sur le bout de la langue
linguado [lĩŋ'gwadu] *m* sole *f*
linguagem [lĩŋ'gwaʒɐ̃i] (*pl* -ns [ʃ]) *f* langage *m*
linguarudo, da [lĩŋgwɐ'rudu, dɐ] *adj* • **ser linguarudo** (*fam*) ne pas savoir tenir sa langue
línguas-de-gato [ˌlĩŋgwɐʒdə'gatu] *fpl* langue-de-chat *f*
lingueta [lĩŋ'gwetɐ] *f* pêne *m*
lingüeta [lĩŋ'gweta] (*Br*) = **lingueta**
linguiça [lĩŋ'gwisɐ] *f saucisse piquante*
lingüiça [lĩŋ'gwisa] (*Br*) = **linguiça**
linha ['liɲɐ] *f* 1. ligne *f* 2. (*fio*) (*ger*) fil *m* 3. INFORM • **linha de comando** listage *m* • **linha dedicada** ligne dédiée • **linha dis-**

cada liste de diffusion • **linha jovem** ligne jeune • **manter a linha** garder la ligne • **linha férrea** (*Port*) voie *f* ferrée • **em linha** aligné(e)

linho ['liɲu] *m* lin *m*

link ['liɲnki] (*pl* **links**) *m INFORM* lien *m*

linóleo [li'nɔlju] *m* linoléum *m*

liquidação [likiđɐ'sɐ̃u] (*pl* **-ões** [õiʃ]) *f* règlement *m* • **liquidação total** liquidation *f* totale

liquidar [liki'đar] *vt* **1.** (*dívida*) régler **2.** (*mercadoria*) liquider **3.** (*matar*) éliminer

liquidificador [likwidʒifika'do(x)] (*pl* **-es**) *f* centrifugeuse *f*

liqüidificador [likwidʒifika'đox] (*pl* **-es** [iʃ]) *m* (*Br*) = **liquidificadora**

liquidificadora [likiđifikɐ'đorɐ] *f* (*Port*) centrifugeuse *f*

líquido, da ['likiđu, đɐ] *adj* **1.** liquide **2.** *COM* net (nette) ◇ *m* liquide *m* • **líquido para a louça** liquide vaisselle

lírio ['lirju] *m* lys *m*

Lisboa [liʒ'boɐ] *s* Lisbonne

lisboeta [liʒ'bwetɐ] *adj* lisbonnais(e) ◇ *mf* Lisbonnais *m*, -e *f*

liso, sa ['lizu, zɐ] *adj* **1.** (*superfície*) lisse **2.** (*cabelo*) raide **3.** (*folha*) blanc (blanche) • **estar/ficar liso** (*fam*) être fauché

lista ['liʃtɐ] *f* **1.** (*de compras, tarefas*) liste *f* **2.** (*menu*) carte *f* • **lista de preços** tarifs *mpl* • **lista de discussão** liste de discussion • **lista telefónica** (*Port*) annuaire *m*

listra ['liʃtrɐ] *f* rayure *f*

literal [litə'rał] (*pl* **-ais** [aiʃ]) *adj* littéral(e)

literário, ria [litə'rarju, rjɐ] *adj* littéraire

literatura [litərɐ'turɐ] *f* littérature *f* • **literatura de cordel** *littérature de hall de gare*

litígio [li'tiʒju] *m* litige *m*

litogravura [ˌlitɔgrɐ'vurɐ] *f* lithographie *f*

litoral [litu'rał] (*pl* **-ais** [aiʃ]) *adj* littoral(e) ◇ *m* • **o litoral** le littoral

litro ['litru] *m* litre *m* • **é igual ao litro** (*fam*) c'est bonnet blanc et blanc bonnet

Lituânia [litu'anjɐ] *f* • **a Lituânia** la Lituanie

lituano, na [litu'ɐnu, nɐ] *adj* lituanien (enne)

lívido, da ['liviđu, đɐ] *adj* livide

livrar [liv'rar] ♦ **livrar-se de** *vp + prep* **1.** se débarrasser de **2.** (*não se atrever*) se garder de

livraria [livrɐ'riɐ] *f* librairie *f*

livre ['livrə] *adj* libre ▼ **livre** libre

livrete [li'vretə] *m* carte *f* grise

livro ['livru] *m* livre *m* • **livro de bolso** livre de poche • **livro de cheques** carnet *m* de chèques

lixa ['liʃɐ] *f* papier *m* de verre

lixeira [li'ʃeirɐ] *f* décharge *f* (*à ordures*)

lixívia [lə'ʃivjɐ] *f* (*Port*) eau *f* de Javel

lixo ['liʃu] *m* ordures *fpl*

-lo [lu] *pron* **1.** (*ele*) le **2.** (*você*) vous

lobo ['lođu] *m* loup *m*

lóbulo ['lɔđulu] *m* lobe *m*

local [lu'kał] (*pl* **-ais** [aiʃ]) *m* endroit *m* ◇ *adj* local(e)

localidade [lukɐli'đađə] *f* localité *f*

localização [lukɐlizɐ'sɐ̃u] (*pl* **-ões** [õiʃ]) *f* **1.** localisation *f* **2.** (*de empresa*) emplacement *m*

loção [lu'sɐ̃u] (*pl* **-ões** [õiʃ]) *f* lotion *f* • **loção para depois da barba** (*Port*) after-shave *m inv* • **loção capilar** lotion capillaire • **loção após-barba** (*Br*) after-shave
locatário, ria [lukɐ'tarju, rjɐ] *m, f* locataire *mf*
loções ➤ **loção**
locomotiva [lukumu'tivɐ] *f* locomotive *f*
locução [luku'sɐ̃u] (*pl* **-ões** [õiʃ]) *f* **1.** (*de filme, programa*) commentaire *m* **2.** GRAM locution *f*
locutor, ra [luku'tor, rɐ] (*mpl* **-es** [əʃ], *fpl* **-s** [ʃ]) *m, f* **1.** (*de televisão*) présentateur *m*, -trice *f* **2.** (*de rádio*) animateur *m*, -trice *f*
lodo ['lodu] *m* vase *f*
lógica ['lɔʒikɐ] *f* logique *f*
login [lɔg'ɪn] *m* INFORM connexion *f*, login *m*
logo ['lɔgu] *adv* **1.** (*imediatamente*) tout de suite **2.** (*em breve, mais tarde*) tout à l'heure • **mais logo** plus tard • **logo de seguida** juste après • **logo que** dès que • **logo agora que** juste au moment où
logoff [log'of] *m* INFORM déconnexion *f*
logon, log on [lɔg'on] *m* INFORM se connecter
logotipo [lɔgɔ'tipu] *m* logo *m*
loja ['lɔʒɐ] *f* magasin *m* • **loja de artigos desportivos** magasin de sport • **loja de artigos fotográficos** magasin de photographie • **loja de brinquedos** magasin de jouets • **loja de ferragens** quincaillerie *f* • **loja de lembranças** boutique *f* de souvenirs • **loja de produtos dietéticos** magasin de produits diététiques • **loja de velharias** brocante *f*
lombada [lõm'badɐ] *f* tranche *f* (*de livre*)
lombinho [lõm'biɲu] *m* filet *m* mignon
lombo ['lõmbu] *m* longe *f* • **lombo assado** *longe de porc grillée*
lombriga [lõm'brigɐ] *f* ver *m*
lona ['lonɐ] *f* toile *f*
Londres ['lõndrəʃ] *s* Londres
londrino, na ['lõn'drinu, na] *adj* londonien (enne) ◇ *m, f* Londonien *m*, -enne *f*
longa-metragem [ˌlõŋgɐmə'traʒɐ̃i] (*pl* **longas-metragens** [ˌlõŋgɐʒmə'traʒɐ̃iʃ]) *f* long-métrage *m*
longe ['lõʒə] *adv* loin • **longe disso!** bien au contraire ! • **ao longe** au loin • **de longe** de loin • **de longe em longe** de temps en temps • **ir longe demais** aller trop loin
longitude [lõʒi'tudə] *f* longitude *f*
longo, ga ['lõŋgu, gɐ] *adj* long (longue) • **ao longo dos tempos** au fil des temps • **ao longo de** le long de
lontra ['lõntrɐ] *f* loutre *f*
loop ['lupi] (*pl* **loops**) *m* INFORM boucle *f*
-los ['luʃ] *pron pl* **1.** (*eles*) les **2.** (*vocês*) vous
losango [lu'zɐ̃ŋgu] *m* losange *m*
lotação [lutɐ'sɐ̃u] (*pl* **-ões** [õiʃ]) *f* **1.** (*de cinema, teatro*) capacité *f* **2.** (*de autocarro*) nombre *m* de places ▾ **lotação esgotada** complet
lotaria [lutɐ'riɐ] *f* (*Port*) loterie *f* • **lotaria nacional** (*Port*) loterie nationale
lote ['lɔtə] *m* **1.** (*de terreno*) lot *m* **2.** (*de prédios*) bâtiment *m*
loteria [lote'riɐ] *f* **1.** (*Br*) = **lotaria** **2.** • **loteria esportiva** (*Br*) loto *m* sportif
loto ['lotu] *m* loto *m*

louça ['losɐ] *f* **1.** *(pratos, chávenas, pires)* vaisselle *f* **2.** *(porcelana)* porcelaine *f*

louco, ca ['loku, kɐ] *adj & m, f* fou (folle) • **estar/ficar louco de alegria** être fou de joie • **ser louco por** être fou de ; *(comida)* raffoler de

loucura [lo'kurɐ] *f* folie *f*

louro, ra ['loru, rɐ] *adj* blond(e) ◇ *m* laurier *m*

louva-a-deus [ˌlova'đeuʃ] *m inv* mante *f* religieuse

louvar [lo'var] *vt* chanter les louanges de

louvável [lo'vavɛɫ] (*pl* **-eis** [ɐiʃ]) *adj* louable

Lt. (*abrev de Lote*) bat. *(bâtiment)*

Ltda (*Br*) (*abrev de limitada*) SARL *f (Société à Responsabilité Limitée)*

L.te (*abrev de Lote*) bat. *(bâtiment)*

lua ['luɐ] *f* lune *f* • **estar com a lua** *(fam)* être de mauvaise humeur • **viver no mundo da lua** être dans la lune

lua-de-mel [ˌluɐđə'mɛɫ] (*pl* **luas-de-mel** [ˌluɐʒdə'mɛɫ]) *f* lune *f* de miel

luar ['lwar] *m* clair *m* de lune

lubrificante [luƀrəfi'kẽntə] *m* lubrifiant *m*

lubrificar [luƀrəfi'kar] *vt* lubrifier

lucidez [lusi'đeʃ] *f* lucidité *f*

lúcido, da ['lusiđu, đɐ] *adj* lucide

lúcio ['lusju] *m* brochet *m*

lucrar [lu'krar] ◆ **lucrar com** *v + prep* gagner • **o que é que tu lucras com isso?** (*fam*) qu'est-ce que tu y gagnes ?

lucrativo, va [lukrɐ'tivu, vɐ] *adj* **1.** *(negócio, investimento)* qui rapporte **2.** *(fim)* lucratif(ive)

lucro ['lukru] *m* bénéfice *m* • **lucros e perdas** pertes et profits

lúdico, ca ['luđiku, kɐ] *adj* ludique

lugar [lu'gar] (*pl* **-es** [əʃ]) *m* **1.** *(espaço, assento)* place *f* **2.** *(sítio)* endroit *m* • **em primeiro lugar** *(em desporto)* à la première place ; *(antes)* d'abord • **ter lugar** avoir lieu • **em lugar de** au lieu de • **dar o lugar a alguém** céder sa place à qqn • **tomar o lugar de alguém** prendre la place de qqn

lugar-comum [luˌgarku'mũ] (*pl* **lugares-comuns** [luˌgarəʃku'mũʃ]) *m* lieu *m* commun

lugares ➤ **lugar**

lúgubre ['luguƀrə] *adj* lugubre

lula ['lulɐ] *f* calamar *m* • **lulas grelhadas** *calamars grillés*

lume ['lumə] *m* **1.** *(chama)* feu *m* **2.** *(fogueira)* feu *m* de cheminée • **dar lume a alguém** donner du feu à qqn

luminária [lumi'narjɐ] *f* (*Br*) lampe *f* • **luminária de mesa** lampe *f* • **luminária de pé** lampadaire *m*

luminosidade [luminuzi'đađə] *f* lumière *f*

luminoso, osa [lumi'nozu, ɔzɐ] *adj* lumineux(euse)

lunar [lu'nar] (*pl* **-es** [əʃ]) *adj* lunaire

lunático, ca [lu'natiku, kɐ] *m, f* désaxé *m*, -e *f*

luneta [lu'netɐ] *f* (*Br*) lunette *f*

lupa ['lupɐ] *f* loupe *f*

lusófono, na [lu'zɔfunu, nɐ] *adj* lusophone

lustre ['luʃtrə] *m* lustre *m*

lustro ['luʃtru] *m* éclat *m* • **puxar o lustro a algo** faire briller qqch

luta ['lutɐ] *f* lutte *f*

lutar [lu'tar] *vi* lutter • **lutar contra** se battre avec • **lutar por** se battre pour
luto ['lutu] *m* deuil *m* • **estar de luto** être en deuil
luva ['luva] *f* **1.** *(roupa)* gant *m* **2.** *(fam)* pot-de-vin *m*
luvas ['luvɐʃ] *fpl* gants *mpl*
Luxemburgo [luʃẽm'burgu] *m* • **o Luxemburgo** le Luxembourg
luxemburguês, esa [luʃẽmbur'geʃ, ezɐ] *mf* Luxembourgeois *m*, -e *f*
luxo ['luʃu] *m* luxe *m* • **de luxo** de luxe
luxuoso, osa [lu'ʃwozu, ɔzɐ] *adj* luxueux(euse)
luxúria [lu'ʃurjɐ] *f* luxure *f*
luxuriante [luʃu'rjẽntə] *adj* luxuriant(e)
luz ['luʃ] *(pl* **-es** [zəʃ]) *f* **1.** *(de sol, lâmpada, lume)* lumière *f* **2.** *(de carro)* phare *m* **3.** *(de casa)* électricité *f* **4.** *(de rua)* éclairage *m* • **luz do sol** lumière du soleil • **dar à luz** accoucher • **luzes de perigo** warnings *mpl* • **luzes de presença** veilleuses *fpl*
luzir [lu'zir] *vi* luire
Lxª *(abrev de Lisboa)* Lisbonne
lycra® ['likrɐ] *f* Lycra® *m*

mM

ma [mɐ] = me + a ; ➤ me
má [ma] ➤ mau
maca ['makɐ] *f* brancard *m*
maçã [mɐ'sɐ̃] *f* **1.** pomme *f* **2.** *(da cara)* pommette *f* • **maçã assada** pomme au four
macabro, bra [mɐ'kabru, brɐ] *adj* macabre
macacão [mɐkɐ'kɐ̃w] *(pl* **-ões** [õiʃ]) *m* **1.** *(roupa)* bleu *m* de travail **2.** *(calças)* salopette *f*
macaco, ca [mɐ'kaku, kɐ] *m, f* singe *m* ◇ *m* cric *m*
macacões ➤ **macacão**
maçã-de-adão [mɐˌsɐ̃dʒjɐ'dɐ̃w] *(pl* **maçãs-de-adão** [mɐˌsɐ̃ʒdʒjɐ'dɐ̃w]) *f* pomme *f* d'Adam
maçador, ra [mɐsɐ'dor, rɐ] *(mpl* **-es** [əʃ], *fpl* **-s** [ʃ]) *adj* ennuyeux(euse)
maçaneta [mɐsɐ'netɐ] *f* poignée *f* *(de porte)*
maçante [ma'sɐ̃ntʃi] *adj* pénible, ennuyeux (euse)
maçapão [mɐsɐ'pɐ̃w] *m* massepain *m*
maçarico [mɐsɐ'riku] *m* chalumeau *m*
maçaroca [mɐsɐ'rɔkɐ] *f* épi *m* de maïs
macarrão [mɐkɐ'ʀɐ̃w] *m* **1.** *(Port)* *(tipo de massa)* macaronis *mpl* **2.** *(Br)* *(massa)* nouilles *fpl*
Macau [mɐ'kau] *s* Macao
macedónia [mɐsə'dɔnjɐ] *f* macédoine *f* de légumes • **macedónia (de frutas)** salade *f* de fruits
macedônia [mase'dɔnja] *(Br)* = **macedónia**
macete [mɐ'setə] *m* maillet *m*
machado [mɐ'ʃadu] *m* hache *f*
machismo [mɐ'ʃiʒmu] *m* machisme *m*
machista [mɐ'ʃiʃtɐ] *adj & m* machiste
macho ['maʃu] *adj & m* mâle • **um homem macho** un homme, un vrai
machucado, da [maʃu'kadu, dɐ] *adj (Br)* blessé(e)

machucar [maʃu'kax] *vt* (*Br*) blesser ◆ **machucar-se** *vp* se blesser
maciço, ça [mɐ'sisu, sɐ] *adj* massif(ive)
macieira [mɐ'sjɐirɐ] *f* pommier *m* ◆ **Macieira**® *f* ≃ Calvados *m*
macio, cia [mɐ'siu, 'siɐ] *adj* doux (douce)
maço ['masu] *m* maillet *m* ● **maço (de cigarros)** paquet *m* de cigarettes ● **maço de folhas** tas *m* de feuilles
macro ['makru] *f INFORM* macro *f*
madeira [mɐ'đɐirɐ] *f* bois *m* ◇ *m* (*vinho*) madère *m* ◆ **Madeira** *f* ● **a madeira** Madère

A Madeira

La région autonome de Madère, archipel composé des îles de Madère, de Porto Santo, de Selvagens et de Desertas, est aussi connue sous le nom de *Pérola do Atlântico* (Perle de l'Atlantique). Madère offre l'un des paysages les plus luxuriants du Portugal, et doit sa renommée à ses fleurs et à ses fruits typiques d'un climat tropical. On y cultive la banane, le fruit de la passion, l'ananas et le raisin muscat, avec lequel est préparé le célèbre madère.

madeirense [mɐđɐi'rẽsə] *adj* de Madère ◇ *mf* Madérien *m*, -enne *f*
madeixa [mɐ'đɐiʃɐ] *f* mèche *f*
madrasta [mɐ'đraʃtɐ] *f* belle-mère *f*
madrepérola [ˌmađrə'pɛrulɐ] *f* nacre *f*
madressilva [ˌmađrə'siłvɐ] *f* chèvrefeuille *m*
madrinha [mɐ'đriɲɐ] *f* (*de baptismo*) marraine *f*
madrugada [mɐđru'gađɐ] *f* **1.** (*alvorada*) aube *f* **2.** (*manhã*) matin *m* ● **uma da madrugada** une heure du matin ● **de madrugada** (*fig*) très tôt
madrugar [mɐđru'gar] *vi* se lever de bonne heure
maduro, ra [mɐ'đuru, rɐ] *adj* **1.** mûr(e) **2.** (*vinho*) *fait avec du raisin arrivé à maturité par opposition au vin vert*
mãe ['mɐ̃i] *f* mère *f*
maestro [mɐ'ɛʃtru] *m* chef *m* d'orchestre
magia [mɐ'ʒiɐ] *f* magie *f*
mágico, ca ['maʒiku, kɐ] *adj* magique ◇ *m, f* magicien *m*, -enne *f*
magistrado, da [mɐʒiʃ'trađu, đɐ] *m, f* magistrat *m*, -e *f*
magnético, ca [mɐg'nɛtiku, kɐ] *adj* magnétique
magnífico, ca [mɐg'nifiku, kɐ] *adj* magnifique
magnitude [mɐgni'tuđə] *f* grandeur *f*
magnólia [mɐg'nɔljɐ] *f* magnolia *m*
mago, ga ['magu, gɐ] *m, f* magicien *m*, -enne *f*
mágoa ['magwɐ] *f* peine *f*
magoado, da [mɐ'gwađu, đɐ] *adj* blessé(e) ● **ficou magoado** ça lui a fait de la peine
magoar [mɐ'gwar] *vt* ● **magoar alguém** (*fisicamente*) blesser qqn ; (*moralmente*) faire de la peine à qqn ◆ **magoar-se** *vp* se blesser
magro, gra ['magru, grɐ] *adj* **1.** (*pessoa, animal*) maigre **2.** (*leite*) écrémé(e)

mail [s] (*pl* **-s**) *m INFORM* mail *m*, courrier électronique *m*
mainframe [mej'frejmi] *m INFORM* unité centrale *f*
maio ['maju] *m* (*Br*) = **Maio**
Maio ['maju] *m* (*Port*) mai *m* • **durante o mês de Maio** au mois de mai • **em Maio** en mai • **em meados de Maio** à la mi-mai • **este mês de Maio** le mois de mai • **no passado/próximo mês de Maio** en mai dernier/prochain • **no princípio/final de Maio** début/fin mai • **o dez de Maio** le 10 mai
maiô [ma'jo] *m* **1.** (*Br*) (*de ginástica*) justaucorps *m* **2.** (*de banho*) maillot *m* de bain
maionese [majɔ'nɛzə] *f* mayonnaise *f*
maior [mɐ'jɔr] (*pl* **-es** [əʃ]) *adj* plus grand(e) ◇ *mf* • **o/a maior** le plus grand/la plus grande • **em maior número** plus nombreux(euses) • **ser maior de idade** être majeur(e) • **a maior parte** la plupart
maioria [mɐju'riɐ] *f* majorité *f* • **a maioria de** la plupart de
maioridade [mɐjuri'dadə] *f* majorité *f* (*âge*)
mais ['maiʃ] *adv*
1. (*em comparações*) plus • **a Ana é mais alta/bonita** Ana est plus grande/jolie • **mais... do que...** plus... que... • **ela tem mais um ano do que eu** elle a un an de plus que moi • **a mais** de ou en trop
2. (*como superlativo*) • **o/a mais** le/la plus • **o mais inteligente/engraçado** le plus intelligent/drôle
3. (*indica adição*) encore • **quero mais pão** je veux encore du pain • **não quero mais nada** je ne veux plus rien
4. (*indica intensidade*) • **que dia mais bonito!** quelle belle journée ! • **que lugar mais feio!** quel endroit horrible !
5. (*indica preferência*) • **mais vale não ir** il vaut mieux ne pas y aller • **mais vale ficares em casa** il vaut mieux que tu restes à la maison
6. (*em locuções*) • **de mais a mais** en plus • **mais ou menos** plus ou moins ; (*de saúde*) comme ci, comme ça • **por mais que** avoir beau • **por mais esperto que seja, não consegue fazê-lo** il a beau être adroit, il n'arrive pas à le faire • **sem mais nem menos** comme ça, sans raison • **uma vez mais, mais uma vez** une fois de plus • **cada vez mais** de plus en plus • **e que mais, minha senhora?** et avec ça, madame ?
◇ *adj inv*
1. (*em comparações*) plus • **eles têm mais dinheiro** ils ont plus d'argent • **está mais calor hoje** il fait plus chaud aujourd'hui
2. (*como superlativo*) le plus de • **a pessoa que mais discos vendeu** la personne qui a vendu le plus de disques • **os que mais dinheiro têm** ceux qui ont le plus d'argent • **quanto mais cedo melhor** le plus tôt sera le mieux • **o mais tardar** au plus tard
3. (*indica adição*) encore • **mais água, se faz favor** encore de l'eau, s'il vous plaît • **mais alguma coisa?** vous désirez autre chose ? • **tenho mais três dias de férias** j'ai encore trois jours de vacances
◇ *conj* • **vou eu mais o teu pai** nous y allons, ton père et moi
◇ *prep* (*indica soma*) plus • **dois mais dois, quatro** deux plus deux, quatre

maître ['mɛtrə] *m* (*Br*) maître *m* d'hôtel
major [mɐ'ʒɔr] (*pl* **-es** [əʃ]) *m* commandant *m*
mal ['mał] (*pl* **-es** [əʃ]) *m* mal *m* ◇ *adv* mal ◇ *conj* (*assim que*) dès que • **mal cheguei, telefonei logo** dès que je suis arrivé, j'ai téléphoné • **estar mal** être faux (fausse) • **fazer mal** (*a pessoa*) faire du mal ; (*a coisa*) abîmer • **não faz mal** ça n'est pas grave • **cheirar mal** sentir mauvais • **ouvir/ver mal** entendre/voir mal • **saber mal** avoir un mauvais goût • **o mal** le mal
mala ['malɐ] *f* **1.** (*de mão*) sac *m* **2.** (*de roupa*) valise *f* • **mala do carro** coffre *m* • **mala de viagem** valise *f* • **mala frigorífica** glacière *f* • **fazer as malas** faire ses bagages
malabarismo [mɐlɐbɐ'riʒmu] *m* • **fazer malabarismos** jongler
malabarista [mɐlɐbɐ'riʃtɐ] *mf* jongleur *m*, -euse *f*
mal-acabado, da [ˌmauaka'badu, dɐ] *adj* **1.** (*Br*) bâclé(e) **2.** (*pessoa*) mal fait(e)
malagueta [mɐlɐ'getɐ] *f* piment *m*
malandro, dra [mɐ'lɐ̃ndru, drɐ] *adj* **1.** (*preguiçoso*) paresseux(euse) **2.** (*matreiro*) fripon(onne) ◇ *m, f* canaille *f*
malária [mɐ'larjɐ] *f* malaria *f*
Malásia [mal'azjɐ] *f* • **a Malásia** la Malaisie
malcriado, da [małkri'ađu, đɐ] *adj* mal élevé(e)
maldade [mał'đađə] *f* méchanceté *f*
maldição [małđi'sɐ̃u] (*pl* **-ões** [õiʃ]) *f* malédiction *f*
maldito, ta [mał'đitu, tɐ] *adj* maudit(e)
maldizer [małđi'zer] *vt* **1.** (*amaldiçoar*) maudire **2.** (*dizer mal de*) dire du mal de
maldoso, osa [mał'đozu, ɔzɐ] *adj* méchant(e)
mal-educado, da [ˌmaliđu'kađu, đɐ] *adj* mal élevé(e)
malefício [mɐlə'fisju] *m* maléfice *m*
mal-entendido [ˌmalĩntẽn'điđu] (*pl* **mal-entendidos** [ˌmalĩntẽn'điđuʃ]) *m* malentendu *m*
males ['maliʃ] ➤ **mal**
mal-estar [maləʃ'tar] (*pl* **mal-estares** [maləʃ'tarəʃ]) *m* malaise *m*
maleta [mɐ'letɐ] *f* mallette *f*
malfeitor, ra [małfɐi'tor, rɐ] (*mpl* **-es** [əʃ], *fpl* **-s** [ʃ]) *m, f* malfaiteur *m*
malga ['małgɐ] *f* bol *m*
malha ['maʎɐ] *f* **1.** (*tecido*) jersey *m* **2.** (*em meia, camisola, rede*) maille *f* **3.** (*mancha em animal*) tache *f* • **cair uma malha** filer un collant • **fazer malha** tricoter
malhado, da [mɐ'ʎađu, đɐ] *adj* tacheté(e)
malhar [mɐ'ʎar] *vt* battre ◇ *vi* (*fam*) se casser la figure
mal-humorado, da [malumu'rađu, đɐ] *adj* de mauvaise humeur
malícia [mɐ'lisjɐ] *f* malice *f*
maligno, gna [mɐ'lignu, gnɐ] *adj* malin(igne)
malmequer [małmə'kɛr] (*pl* **-es** [əʃ]) *m* marguerite *f*
mal-passado, da [małpɐ'sađu, đɐ] *adj* (*bife, carne*) saignant(e)
malta ['małtɐ] *f* (*fam*) bande *f* (*de copains*)

maltratar [maɫtrɐ'tar] *vt* **1.** *(bater em)* maltraiter **2.** *(descuidar, estragar)* abîmer
maluco, ca [mɐ'luku, kɐ] *adj & m, f* fou (folle)
malva ['maɫvɐ] *f* mauve *f*
malvadez [maɫvɐ'deʃ] *f* cruauté *f*
malvado, da [maɫ'vaðu, ðɐ] *adj* méchant(e)
mama ['mɐmɐ] *f* sein *m*
mamadeira [mama'deirɐ] *f (Br)* biberon *m*
mamãe [mɐ̃'mɐ̃j] *(pl* **-ães***)* *(Br)* *f (fam)* maman *f*
mamão [ma'mɐ̃u] *(pl* **-ões** [õiʃ]*)* *m* papaye *f*
mamar [mɐ'mar] *vi* téter ◇ *vt (fam)* *(comer, beber tudo depressa)* siffler • **dar de mamar** *(amamentar)* donner à téter ; *(com biberão)* donner le biberon
mamífero [mɐ'mifəru] *m* mammifère *m*
mamilo [mɐ'milu] *m* mamelon *m*
maminha [ma'miɲɐ] *f (Br)* ≃ filet *m*
mamões ➤ **mamão**
manada [mɐ'naðɐ] *f* troupeau *m*
mancar [mɐ̃ŋ'kar] *vi* boiter
mancha ['mɐ̃ʃɐ] *f* tache *f*
Mancha ['mɐ̃ʃɐ] *f* • **o canal da Mancha** la Manche
manchar [mɐ̃'ʃar] *vt* tacher
manchete [mɐ̃'ʃɛtʃi] *f (Br)* manchette *f (d'un journal)*
manco, ca ['mɐ̃ŋku, kɐ] *adj* boiteux(euse)
mandar [mɐ̃n'dar] *vi* commander ◇ *vt* envoyer • **mandar alguém fazer algo** envoyer qqn faire qqch • **mandar fazer algo** faire faire qqch • **mandar alguém passear** *(fam)* envoyer qqn promener • **mandar vir** *(encomendar)* commander ; *(fam)* *(refilar)* rouspéter • **mandar à merda** *(vulg)* envoyer chier • **mandar em** *(empresa)* diriger ; *(casa)* commander, faire la loi
mandioca [mɐ̃n'djɔkɐ] *f* manioc *m* • **(farinha de) mandioca** tapioca *m*
maneira [mɐ'nɐirɐ] *f* manière *f* • **de uma maneira geral** d'une manière générale • **à maneira de** comme • **de maneira alguma** ou **nenhuma** pas du tout • **de maneira que** si bien que • **de qualquer maneira** de toute façon • **desta maneira** comme ça • **de todas as maneiras** sous toutes ses formes • **de tal maneira... que** tellement... que • **de uma maneira ou de outra** d'une manière ou d'une autre
◆ **maneiras** *fpl* • **ter maneiras** savoir se tenir
manejar [mɐnə'ʒar] *vt* manier
manejável [mɐnə'ʒavɛɫ] *(pl* **-eis** [ɐiʃ]*)* *adj* maniable
manequim [mɐnə'kĩ] *(pl* **-ns** [ʃ]*)* *m (em montra)* mannequin *m* ◇ *mf (pessoa)* mannequin *m*
maneta [mɐ'netɐ] *adj* manchot(e)
manga ['mɐ̃ŋgɐ] *f* **1.** *(de peça de vestuário)* manche *f* **2.** *(fruto)* mangue *f* • **em mangas de camisa** en manches de chemise
mangueira [mɐ̃ŋ'gɐirɐ] *f* **1.** *(para regar, lavar)* tuyau *m* d'arrosage **2.** *(árvore)* manguier *m*
manha ['mɐɲɐ] *f* ruse *f*
manhã [mɐ'ɲɐ̃] *f* **1.** matin *m* **2.** *(período)* matinée *f* • **de manhã** de bonne heure • **toda a manhã** toute la matinée
mania [mɐ'niɐ] *f* manie *f*

manicómio [mɐni'kɔmju] *m* (*Port*) asile *m*

manicômio [mani'komju] *m* (*Br*) = **manicómio**

manicura [mani'kurɐ] *f* (*Port*) manucure *f*

manicure [mani'kuri] *f* (*Br*) = **manicura**

manifestação [mɐnifəʃtɐ'sɐ̃w] (*pl* **-ões** [õiʃ]) *f* manifestation *f*

manifestar [mɐnifəʃ'tar] *vt* manifester ◆ **manifestar-se** *vp* **1.** (*protestar*) manifester **2.** (*pronunciar-se*) s'exprimer

manipular [mɐnipu'lar] *vt* manipuler

manivela [mɐni'vɛlɐ] *f* manivelle *f*

manjericão [mɐ̃ʒəri'kɐ̃w] *m* basilic *m*

manobra [mɐ'nɔbrɐ] *f* manœuvre *f*

mansão [mɐ̃'sɐ̃w] (*pl* **-ões** [õiʃ]) *f* villa *f*

mansidão [mɐ̃si'dɐ̃w] *f* douceur *f*

manso, sa ['mɐ̃su, sɐ] *adj* **1.** (*animal*) docile **2.** (*mar*) calme **3.** (*pinheiro*) parasol

mansões ➤ **mansão**

manta ['mɐ̃ntɐ] *f* couverture *f* (*de lit*)

manteiga [mɐ̃n'tɐigɐ] *f* beurre *m* • **manteiga de cacau** beurre de cacao

manteigueira [mɐ̃ntɐi'gɐirɐ] *f* beurrier *m*

manter [mɐ̃n'ter] *vt* **1.** tenir, entretenir (*qqn*) **2.** (*conservar*) maintenir, conserver **3.** (*palavra*) tenir ◆ **manter-se** *vp* se maintenir, s'affermir ◆ **manter-se em** *vp + prep* **1.** (*em local*) rester à **2.** (*em forma*) rester en

manual [mɐ'nwaɫ] (*pl* **-ais** [aiʃ]) *adj* manuel(elle) ◇ *m* manuel *m* • **manual (escolar)** manuel scolaire

manuelino, na [mɐ'nwɛlinu, nɐ] *adj* manuélin(e) • **o (estilo) Manuelino** l'art manuélin

O Manuelino

À la fin de l'époque du gothique portugais, sous le règne de Manuel Ier (1495-1521), s'est développé un style architectural appelé ultérieurement manuélin.

Ce style marque un moment historique de l'expansion du Portugal à travers les océans et se caractérise surtout par l'ornementation des portails et des fenêtres et par la dentelle de ses cloîtres. Il multiplie les courbes capricieuses taillées dans la pierre, représentant des motifs marins et un naturalisme exotique. L'un de ses principaux joyaux est la fenêtre du couvent du Christ à Tomar.

manuscrito, ta [mɐnuʃ'kritu, tɐ] *adj* manuscrit(e) ◇ *m* manuscrit *m*

manusear [mɐnu'zjar] *vt* manier

manutenção [mɐnutẽ'sɐ̃w] *f* entretien *m* (*de la maison*)

mão ['mɐ̃w] *f* **1.** *ANAT* main *f* **2.** (*de estrada*) sens *m* • **apertar a mão** serrer la main • **dar a mão a alguém** donner la main à qqn ; (*fig*) aider qqn • **de mãos dadas** main dans la main • **à mão** à la main • **dar uma mão a alguém** donner un coup de main à qqn • **em segunda mão** d'occasion • **estar à mão** être tout près • **ter algo à mão** avoir qqch sous la main

mão-de-obra [mɐ̃un'dɔbrɐ] *f* main-d'œuvre *f*

mapa ['mapɐ] *m* carte *f* • **mapa das estradas** carte routière

mapa-múndi [ˌmapɐ'mũndi] (*pl* **mapas-múndi** [ˌmapɐʒ'mũndi]) *m* mappemonde *f*
maquete [ma'kɛtə] *f* maquette *f*
maquiagem [maki'aʒãj] (*Br*) = **maquilhagem**
maquiar [ma'kjax] *vt* (*Br*) = **maquilhar**
maquilhagem [mɐki'ʎaʒɐ̃i] (*pl* **-ns** [ʃ]) *f* (*Port*) maquillage *m*
maquilhar [mɐki'ʎar] *vt* (*Port*) maquiller ◆ **maquilhar-se** *vp* (*Port*) se maquiller
máquina ['makinɐ] *f* machine *f* ● **máquina de barbear** rasoir *m* électrique ● **máquina de busca** moteur *m* de recherche ● **máquina de costura** machine à coudre ● **máquina de escrever** machine à écrire ● **máquina de filmar** caméra *f* ● **máquina fotográfica** appareil *m* photo ● **máquina de lavar** (*roupa*) lave-linge *m inv* ; (*louça*) lave-vaisselle *m inv* ● **máquina de secar** sèche-linge *m inv*
maquinaria [mɐkinɐ'riɐ] *f* machinerie *f*
mar ['mar] (*pl* **-es** [əʃ]) *m* mer *f* ● **mar alto, alto mar** haute mer ● **por mar** par bateau
maracatu ['marakatu] *m* (*Br*) *musique et danse du carnaval*
maracujá [mɐrɐku'ʒa] *m* fruit *m* de la passion
Maranhão [mara'ɲɐ̃u] *m* ● **o Maranhão** le Maranhão
maravilha [mɐrɐ'viʎɐ] *f* merveille *f* ● **que maravilha!** quelle merveille ! ● **fazer maravilhas** faire des merveilles ● **dizer maravilhas de** dire des merveilles de ● **correr às mil maravilhas** se dérouler à merveille
maravilhoso, osa [mɐrɐvi'ʎozu, ɔzɐ] *adj* merveilleux(euse)
marca ['markɐ] *f* **1.** marque *f* **2.** (*vestígio*) trace *f* ● **marca registada** nom *m* déposé ● **de marca** de marque
marcação [mɐrkɐ'sɐ̃u] (*pl* **-ões** [õiʃ]) *f* **1.** (*de consulta*) rendez-vous *m* **2.** (*de lugar*) réservation *f*
marcar [mɐr'kar] *vt* **1.** (*consulta*) prendre **2.** (*lugar*) réserver **3.** (*hora*) fixer **4.** DESP marquer ● **marcar encontro** fixer un rendez-vous ● **marcar uma hora** prendre rendez-vous ● **marcar o número** composer le numéro
marcha ['marʃɐ] *f* **1.** (*desfile*) marche *f* **2.** (*de trânsito*) circulation *f* ● **marchas populares** *défilés organisés pendant les fêtes de juin* ● **marcha à ré** (*Br*) marche arrière
marcha-atrás [ˌmarʃa'traʃ] *f inv* (*Port*) marche *f* arrière
marchar [mɐr'ʃar] *vi* **1.** (*pessoa*) marcher **2.** (*tropa*) marcher au pas
marcial [mɐr'sjał] (*pl* **-ais** [aiʃ]) *adj* martial(e)
marco ['marku] *m* **1.** (*em estrada, caminho*) borne *f* **2.** (*moeda*) mark *m* ● **marco do correio** boîte *f* aux lettres
março ['maxsu] *m* (*Br*) = **Março**
Março ['marsu] *m* (*Port*) mars *m* ● **durante o mês de Março** au mois de mars ● **em Março** en mars ● **em meados de Março** à la mi-mars ● **este mês de Março** le mois de mars ● **no passado/próximo mês de Março** en mars dernier/prochain ● **no princípio/final de Março** début/fin mars ● **o seis de Março** le 6 mars
Mar do Norte [ˌmarđu'nɔrtə] *m* ● **o Mar do Norte** la Mer du Nord

maré [mɐ'rɛ] *f* marée *f* • **estar em maré de sorte** avoir la chance avec soi
maré-alta [mɐrɛ'ałtɐ] (*pl* **marés-altas** [mɐrɛ'załtɐʃ]) *f* marée *f* haute
maré-baixa [mɐrɛ'baiʃɐ] (*pl* **marés-baixas** [mɐrɛʒ'baiʃɐʃ]) *f* marée *f* basse
maremoto [mɐrə'mɔtu] *m* raz-de-marée *m*
mares ➤ **mar**
marfim [mɐr'fĩ] *m* ivoire *m*
margarida [mɐrgɐ'riđɐ] *f* marguerite *f*
margarina [mɐrgɐ'rinɐ] *f* margarine *f*
margem ['marʒẽi] (*pl* **-ns** [ʃ]) *f* **1.** (*de rio*) rive *f* **2.** (*em texto, livro, documento*) marge *f* • **à margem** en marge • **pôr à margem** (*fig*) mettre à l'écart • **pôr-se à margem** se tenir à l'écart
marginal [mɐrʒi'nał] (*pl* **-ais** [aiʃ]) *mf* marginal *m*, -e *f* ◇ *f* **1.** (*estrada*) bord *m* de mer **2.** (*para passear*) promenade *f*
marido [mɐ'riđu] *m* mari *m*
marimbondo [marĩm'bõndu] *m* (*Br*) guêpe *f*
marina [mɐ'rinɐ] *f* marina *f*
marinada [mɐri'nađɐ] *f* marinade *f*
marinado, da [mari'nadu, da] *adj* mariné(e)
marinar [mari'nax] *vt* mariner
marinha [mɐ'riɲɐ] *f* marine *f*
marinheiro, ra [mɐri'ɲɐiru, rɐ] *m, f* marin *m*
marinho [ma'riɲu] *adj* marin • **azul marinho** bleu *m* marine
marionete [marjɔ'nɛtə] *f* marionnette *f*
mariposa [mɐri'pozɐ] *f* papillon *m* (*nage*)
marisco [mɐ'riʃku] *m* fruits *mpl* de mer
marisqueira [mɐriʃ'kɐirɐ] *f* restaurant *m* de fruits de mer
marítimo, ma [mɐ'ritimu, mɐ] *adj* maritime
marketing ['markətĩŋ] *m* marketing *m*
marmelada [mɐrmə'lađɐ] *f* pâte *f* de coing
marmeleiro [mɐrmə'lɐiru] *m* cognassier *m*
marmelo [mɐr'mɛlu] *m* coing *m*
mármore ['marmurə] *m* marbre *m*
marquise [mar'kizə] *f* véranda *f*
marreco, ca [mɐ'ʀɛku, kɐ] *adj* bossu(e)
Marrocos [mɐ'ʀɔkuʃ] *s* • **os Marrocos** le Maroc
marrom [ma'xõ] (*pl* **-ns** [ʃ]) *adj* (*Br*) marron
marroquinaria [mɐʀukinɐ'riɐ] *f* maroquinerie *f*
marroquino, na [mɐʀu'kinu, nɐ] *adj* marocain(e) ♦ **marroquino, na** *mf* Marocain *m*, -e *f*
martelar [mɐrtə'lar] *vt* marteler
martelo [mɐr'tɛlu] *m* marteau *m* • **a martelo** (*vinho*) frelaté
mártir ['martir] (*pl* **-es** [əʃ]) *mf* martyr *m*, -e *f*
marzipã [(*Br*) maxzi'pã] *m* massepain *m*
[1]**mas** [mɐʃ] = **me** + **as** ; ➤ **me**
[2]**mas** [mɐʃ] *conj* mais
◇ *m* • **nem mas nem meio mas!** il n'y a pas de mais qui tienne !
mascar [mɐʃ'kar] *vt* mâcher
máscara ['maʃkɐrɐ] *f* masque *m*
mascarar-se [mɐʃkɐ'rarsə] *vp* se déguiser
mascavo [mɐʃ'kavu] *adj m* ➤ **açúcar**
mascote [mɐʃ'kɔtə] *f* mascotte *f*

masculino, na [mɐʃku'linu, nɐ] *adj* masculin(e)

masoquista [mɐzu'kiʃtɐ] *adj & mf* masochiste

massa ['masɐ] *f* **1.** *(esparguete, lasanha)* pâtes *fpl* **2.** *(de bolo, pão)* pâte *f* **3.** *(fam) (dinheiro)* fric *m* • **massa folhada** *(Port)* pâte feuilletée • **massa folheada** *(Br)* pâte feuilletée • **em massa** *(fig)* en masse • **ter massa** *(fam)* avoir du fric • **massa para modelar** *(Br)* pâte *f* à modeler

massacre [mɐ'sakrə] *m* massacre *m*

massagear [masa'ʒiax] *vt (Br)* = **massajar**

massagem [mɐ'saʒẽi] *(pl* **-ns** [ʃ]) *f* massage *m*

massagista [mɐsɐ'ʒiʃtɐ] *mf* masseur *m*, -euse *f*

massajar [mɐsɐ'ʒar] *vt (Port)* masser

mastigar [mɐʃti'gar] *vt* mâcher

mastro ['maʃtru] *m* mât *m*

masturbar-se [mɐʃtur'barsə] *vp* se masturber

mata ['matɐ] *f* bois *m*

mata-borrão [ˌmatɐbu'ʀɐ̃u] *(pl* **mata-borrões** [ˌmatɐbu'ʀõiʃ]) *m* buvard *m*

matadouro [mɐtɐ'doru] *m* abattoir *m*

matar [mɐ'tar] *vt* **1.** *(pessoa, animal)* tuer **2.** *(sede, fome)* couper • **estar** ou **ficar a matar** *(fam & fig)* aller comme un gant ◆ **matar-se** *vp* se tuer • **matar-se a fazer algo** se démener pour faire qqch • **matar-se a trabalhar** se tuer au travail

mata-ratos [ˌmatɐ'ʀatuʃ] *m inv* mort-aux-rats *f inv*

mate ['matʃi] *m (Br)* maté *m (sorte de thé)* ◇ *adj* mat(e)

matemática [mɐtə'matikɐ] *f* mathématiques *fpl*

matéria [mɐ'tɛrjɐ] *f* matière *f* • **em matéria de** pour ce qui est de

material [mɐtə'rjał] *(pl* **-ais** [aiʃ]) *adj (bens)* matériel(elle) ◇ *m* matériel *m* • **material escolar** fournitures *fpl* scolaires

matéria-prima [mɐˌtɛrjɐ'primɐ] *(pl* **matérias-primas** [mɐˌtɛrjɐʃ'primɐʃ]) matière *f* première

maternidade [mɐtərni'dadə] *f (hospital)* maternité *f*

matinê [matʃi'ne] *f (Br)* = **matinée**

matinée [mɐti'nɛ] *f (Port)* matinée *f (de spectacle)*

matizado, da [mɐti'zadu, dɐ] *adj* nuancé(e)

mato ['matu] *m* **1.** *(tipo de vegetação)* lande *f* **2.** *(Br) (bosque)* bois *m*

Mato Grosso [ˌmatugrosudu'sul] *m* • **o Mato Grosso** le Mato Grosso

Mato Grosso do Sul [ˌmatugrosudu'suł] *m* • **o Mato Grosso do Sul** le Mato Grosso du Sud

matraquilhos [mɐtrɐ'kiʎuʃ] *mpl* baby-foot *m inv* • **jogar matraquilhos** faire un baby-foot

matrícula [mɐ'trikulɐ] *f* **1.** *(de carro)* immatriculation *f* **2.** *(em escola, universidade)* inscription *f*

matrimónio [mɐtri'mɔnju] *m (Port)* mariage *m*

matrimônio [matri'monju] *m (Br)* = **matrimónio**

matriz [mɐ'triʃ] *(pl* **-es** [zəʃ]) *f* **1.** *(igreja)* église *f* paroissiale **2.** *(de foto, tipografia)* film *m*

naturidade [mɐturi'ðaðə] *f* maturité *f*
natuto, ta [ma'tutu, tɐ] *adj* (*Br*) provincial(e)
mau, má ['mau, 'ma] *adj* **1.** mauvais(e) **2.** *(malvado)* méchant(e) • **nada mau!** pas mal !
mausoléu [mauzu'lɛu] *m* mausolée *m*
maus-tratos [mauʃ'tratuʃ] *mpl* mauvais traitements *mpl*
maxilar [maksi'lar] (*pl* **-es** [əʃ]) *m* maxillaire *m*
máximo, ma ['masimu, mɐ] *adj* **1.** *(velocidade, pena, pontuação)* maximum **2.** *(temperatura)* maximal(e) ◇ *m* • **o máximo** le maximum • **no máximo** tout au plus • **ao máximo** à fond ◆ **máximos** *mpl* phares *mpl*
maxi-single [ˌmaksi'sĩŋgɐł] (*pl* **maxi-singles** [ˌmaksi'sĩŋgləʃ]) *m* (*Port*) maxi-single *m*
me [mə] *pron (complemento directo)* me ; *(complemento indirecto)* moi, me • **dá-me o livro** donne-moi le livre • **não me fales** ne me parle pas ; *(reflexivo)* me • **você me enganou!** (*Br*) tu m'as trompé ! • **vou-me embora** (*Port*) je m'en vais • **me vou embora** (*Br*) je m'en vais • **ele deu-mo** (*Port*) il me l'a donné • **a folha, já ma deste** la feuille, tu me l'as déjà donnée • **o livro, já mo deste** le livre, tu me l'as déjà donné • **este livro, dás-mo?** ce livre, tu me le donnes ? • **estes livros, deste-mos?** ces livres, tu me les a donnés ? • **os teus pais, já mos apresentaste** tes parents, tu me les a déjà présentés
meados ['mjaðuʃ] *mpl* • **em meados de Dezembro** à la mi-décembre
mecânica [mə'kɐnikɐ] *f* mécanique *f* ➤ **mecânico**
mecânico, ca [mə'kɐniku, kɐ] *adj* mécanique ◇ *m, f* mécanicien *m*, -enne *f*
mecanismo [məkɐ'niʒmu] *m* mécanisme *m*
mecha ['mɛʃɐ] *f* mèche *f (de bougie)* • **na mecha** *(fam)* à fond
meço ['mɛsu] ➤ **medir**
medalha [mə'ðaʎɐ] *f* médaille *f*
medalhão [meda'ʎɐ̃w] (*Br*) *m* filet *m* de bœuf ou de porc
média ['mɛðjɐ] *f* moyenne *f* • **andar à média de 150 km/h** faire du 150 km/h en moyenne • **em média** en moyenne • **ter média de** avoir une moyenne de
mediano, na [mə'ðjɐnu, nɐ] *adj* moyen(enne)
mediante [mə'djẽntə] *prep* **1.** *(a troco de)* moyennant **2.** *(consoante)* selon
medicação [məðikɐ'sɐ̃u] (*pl* **-ões** [õiʃ]) *f* traitement *m*
medicamento [məðikɐ'mẽntu] *m* médicament *m*
medicina [məðə'sinɐ] *f* médecine *f*
médico, ca ['mɛðiku, kɐ] *m, f* médecin *mf* • **médico de clínica geral** médecin généraliste
medida [mə'ðiðɐ] *f* mesure *f* • **à medida** sur mesure • **em certa medida** en quelque sorte • **mesmo à medida** juste • **na medida do possível** dans la mesure du possible • **à medida que** au fur et à mesure que • **tomar medidas** prendre des mesures
medieval [məðje'vał] (*pl* **-ais** [aiʃ]) *adj* médiéval(e)

médio, dia ['mɛđju, đjɐ] *adj* moyen(enne) ◇ *m* **1.** *(dedo)* moyenne *f* **2.** *EDUC* mention *f* passable ◆ **médios** *mpl* feux *mpl* de croisement
medíocre [mə'điukrə] *adj* médiocre
Médio Oriente [ˌmɛđju o'rjẽntə] *m* ● **o Médio Oriente** le Moyen-Orient
medir [mə'đir] *vt* **1.** mesurer **2.** *(temperatura)* prendre ● **quanto é que medes?** combien est-ce que tu mesures ?
meditar [mə'đitar] *vi* méditer ● **meditar sobre algo** méditer sur qqch
Mediterrâneo [məđitə'ʀɐnju] *m* ● **o (mar) Mediterrâneo** la (mer) Méditerranée
medo ['među] *m* peur *f* ● **ter medo** avoir peur ● **ter medo de** avoir peur de ● **a medo** avec crainte ● **sem medo** sans crainte
medonho, nha [mə'đoɲu, ɲɐ] *adj* épouvantable
medronho [mə'đroɲu] *m* arbouse *f*
medroso, osa [məđrozu, ɔzɐ] *adj* peureux(euse)
medula [mə'đulɐ] *f* moelle *f*
medusa [mə'đuzɐ] *f* méduse *f*
megabyte [mɛgɐ'baitə] *m* *INFORM* mégaoctet *m*
meia ['meja] *f* *(Br)* six ● **meia de leite** *café au lait servi dans une tasse*
meia-calça [ˌmɐjɐ'kałsɐ] *(pl* **meias-calças** [ˌmɐjɐʃ'kałsɐʃ]*)* *f* collants *mpl* *(en laine)*
meia-desfeita [ˌmɐjɐdəʃ'fɐitɐ] *f* *salade de morue aux pois chiches*
meia-hora [ˌmɐjɐ'ɔrɐ] *(pl* **meias-horas** [ˌmɐjɐ'zɔrɐʃ]*)* *f* demi-heure *f*
meia-idade [ˌmɐjɐi'đađə] *f* ● **de meia-idade** d'âge mûr
meia-luz [ˌmeja'luʃ] *(pl* **meias-luzes***)* entre chien et loup *m*
meia-noite [ˌmɐjɐ'noitə] *f* minuit *m*
meias ['mɐjɐʃ] *fpl* **1.** chaussettes *fpl* **2.** *(de mulher)* collants *mpl* **3.** *(com ligas)* bas *mpl* ● **meias de lycra** collants en Lycra ● **meias de mousse** collants mousse ● **meias de vidro** collants en nylon ● **meias soquetes** *(Br)* chaussettes *fpl*
meias-medidas [ˌmɐjɐʒmə'điđɐʃ] *fpl* ● **não estar com meias-medidas** ne pas y aller par quatre chemins
meias-palavras [ˌmɐjɐʃpɐ'lavrɐʃ] *fpl* ● **não estar com meias-palavras** ne pas mâcher ses mots
meigo, ga ['mɐigu, gɐ] *adj* **1.** *(pessoa)* doux (douce) **2.** *(animal)* affectueux(euse)
meio, meia ['mɐju, 'mɐjɐ] *adj* demi-, mi- ◇ *m* **1.** *(modo, recurso)* moyen *m* **2.** *(social, profissional)* milieu *m* ● **meio ambiente** environnement *m* ● **meio bilhete** billet *m* demi-tarif ● **meio cheio** à moitié plein ● **a meias** moitié-moitié ● **estar meio a dormir** dormir à moitié ● **fiz o trabalho a meias com ele** j'ai partagé le travail avec lui ● **meia pensão** demi-pension *f* ● **meia volta** demi-tour *m* ● **a meia voz** à mi-voix ● **meio por meio** du pareil au même ● **no meio de** *(de duas coisas)* entre ; *(de várias coisas)* parmi ; *(de rua, mesa, multidão)* au milieu de
meio-dia [ˌmɐju'điɐ] *m* midi *m*
meio-quilo [ˌmɐju'kilu] *(pl* **meios-quilos** [ˌmɐjuʃ'kiluʃ]*)* *m* livre *f*
meios [ˌmɐjuʃ] *mpl* moyens *mpl*, ressources *fpl*

meio-seco [ˌmɐju'seku] *adj m* (*vinho*) demi-sec
mel ['mɛɫ] *m* miel *m*
melaço [mə'lasu] *m* mélasse *f*
melado, da [me'ladu, dɐ] *adj* (*Br*) poisseux(euse)
melancia [məlẽ'siɐ] *f* pastèque *f*
melancolia [məlẽŋku'liɐ] *f* mélancolie *f*
melancólico, ca [məlẽŋ'kɔliku, kɐ] *adj* mélancolique
melão [mə'lɐ̃u] (*pl* **-ões** [õiʃ]) *m* melon *m* d'Espagne
melga ['mɛɫgɐ] *f* **1.** (*Port*) (*insecto*) moustique *m* **2.** (*fam*) (*pessoa chata*) casse-pieds *mf inv*
melhor [mə'ʎɔr] (*pl* **-es** [əʃ]) *adj* meilleur(e) ◇ *adv* mieux ◇ *mf* • **o melhor** le mieux • **o/a melhor** le meilleur/la meilleure • **ou melhor** ou plutôt • **tanto melhor!** tant mieux ! • **estar melhor** aller mieux • **ser do melhor que há** être ce qu'il y a de mieux • **cada vez melhor** de mieux en mieux • **correr pelo melhor** se passer pour le mieux • **ir desta para melhor** (*fam*) passer l'arme à gauche • **quem é que escreve melhor?** qui écrit le mieux ?
melhorar [məʎu'rar] *vt* **1.** (*comportamento*) améliorer **2.** (*conhecimentos*) perfectionner ◇ *vi* **1.** (*doente*) aller mieux **2.** (*tempo, clima*) s'améliorer
melhores ➤ **melhor**
melindrar [məlĩn'drar] *vt* offenser
melindroso, osa [məlĩn'drozu, ɔzɐ] *adj* **1.** (*pessoa*) susceptible **2.** (*assunto, questão, problema*) délicat(e) **3.** (*saúde*) fragile
meloa [mə'loɐ] *f* melon *m*
melodia [məlu'diɐ] *f* mélodie *f*
melodrama [mɛlɔ'drɐmɐ] *m* mélodrame *m*
melodramático, ca [mɛlɔdrɐ'matiku, kɐ] *adj* mélodramatique
melões ➤ **melão**
melro ['mɛɫʀu] *m* merle *m*
membro ['mẽmbru] *m* membre *m*
memorando [məmu'rẽndu] *m* note *f*
memória [mə'mɔrjɐ] *f* mémoire *f* • **de memória** par cœur
memorizar [məmuri'zar] *vt* mémoriser
mencionar [mẽsju'nar] *vt* mentionner
mendicidade [mẽndisi'dadə] *f* mendicité *f*
mendigar [mẽndi'gar] *vi* mendier
mendigo, ga [mẽn'digu, gɐ] *m, f* mendiant *m*, -e *f*
meningite [mənĩ'ʒitə] *f* méningite *f*
menino, na [mə'ninu, nɐ] *m, f* petit garçon *m*, petite fille *f*
menopausa [mɛnɔ'pauzɐ] *f* ménopause *f*
menor [mə'nɔr] (*pl* **-es** [əʃ]) *adj* **1.** (*em tamanho*) plus petit(e) **2.** (*em número*) inférieur(e) **3.** (*mínimo, em importância*) moindre ◇ *mf* mineur *m*, -e *f* • **ser menor de idade** être mineur • **não faço ou tenho a menor ideia** je n'en ai pas la moindre idée • **o/a menor** le plus petit/la plus petite ; (*em quantidade*) le/la moins ; (*em importância*) le/la moindre
menos ['menuʃ] *adv* **1.** (*ger*) moins • **estás menos gordo** tu es moins gros • **menos... do que...** moins... que... • **a menos** de moins • **deram-me dinheiro a menos** ils m'ont donné de l'argent en moins • **são dez menos**

um quarto il est dix heures moins le quart

2. *(como superlativo)* • **o/a menos** le/la moins • **o menos interessante/caro** le moins intéressant/cher

3. *(em locuções)* • **a menos que** à moins que • **ao menos, pelo menos** au moins • **isso é o menos** c'est le moins grave • **pouco menos de** un peu moins de

◇ *adj inv*

1. *(em comparações)* moins de • **eles têm menos posses** ils ont moins de moyens • **está menos frio do que ontem** il fait moins froid qu'hier

2. *(como superlativo)* le moins de • **as que menos bolos comeram** celles qui ont mangé le moins de gâteaux • **os que menos dinheiro têm** ceux qui ont le moins d'argent

◇ *prep*

1. *(excepto)* sauf • **gostaram todos menos ele** ils ont tous aimé, sauf lui • **tudo menos isso** tout sauf ça

2. *(indica subtracção)* moins • **três menos dois é igual a um** trois moins deux égal un

menosprezar [mənuʃprə'zar] *vt* mépriser

mensageiro, ra [mẽsɐ'ʒɐiru, rɐ] *m, f* messager *m*, -ère *f*

mensagem [mẽsa'ʒẽi] (*pl* **-ns** [ʃ]) *f* message *m*

mensal [mẽ'saɫ] (*pl* **-ais** [aiʃ]) *adj* mensuel(elle)

mensalidade [mẽsali'dadʒi] *f* mensualité *f* • **mensalidade escolar** (*Br*) frais scolaires mensuels

mensalmente [mẽsaɫ'mẽntə] *adv* par mois

menstruação [mẽʃtruɐ'sɐ̃u] *f* règles *fpl*

mentalidade [mẽntɐli'đađə] *f* mentalité *f*

mente ['mẽntə] *f* esprit *m* • **ter em mente fazer algo** avoir l'intention de faire qqch

mentir [mẽn'tir] *vi* mentir

mentira [mẽn'tirɐ] *f* mensonge *m* ◇ *interj* c'est faux ! • **parece mentira!** c'est incroyable !

mentiroso, osa [mẽnti'rozu, ɔzɐ] *m, f* menteur *m*, -euse *f*

mentol [mẽn'tɔɫ] *m* menthol *m*

menu [mə'nu] *m* menu *m*

mercado [mər'kađu] *m* marché *m* • **mercado municipal** marché municipal • **mercado negro** marché noir ◆ **Mercado** *m* • **o Mercado Único** le Marché unique

mercadoria [mərkɐđu'riɐ] *f* marchandise *f*

mercearia [mərsjɐ'riɐ] *f* épicerie *f*

MERCOSUL [mexko'suw] *m* (*abrev de Mercado Comun do Sul*) Mercosur *m* *(marché commum d'Amérique du sud)*

mercúrio [mər'kurju] *m* mercure *m*

mercurocromo [mərkurɔ'kromu] *m* Mercurochrome® *m*

merda ['mɛrđɐ] *f* (*vulg*) merde *f* ◇ *interj* (*vulg*) merde !

merecer [mərə'ser] *vt* mériter

merecido, da [mərə'siđu, đɐ] *adj* mérité(e)

merenda [mə'rẽndɐ] *f* goûter *m*

merengue [mə'rẽŋgə] *m* meringue *f*

mergulhador, ra [mərguʎɐ'đor, rɐ] *mpl* **-es** [əʃ], *fpl* **-s** [ʃ]) *m, f* plongeur *m*, -euse *f*
mergulhar [mərgu'ʎar] *vi* plonger ◇ *vt* • **mergulhar algo em algo** plonger qqch dans qqch
mergulho [mər'guʎu] *m* plongeon *m* • **dar um mergulho** plonger
meridiano [məri'đjɐnu] *m* méridien *m*
meridional [məriđju'nał] (*pl* **-ais** [aiʃ]) *adj* méridional(e)
mérito ['mɛritu] *m* mérite *m* • **por mérito próprio** au mérite
mês ['meʃ] (*pl* **meses** ['mezəʃ]) *m* mois *m* • **todos os meses** tous les mois • **(de) mês a mês** tous les mois • **por mês** par mois
mesa ['mezɐ] *f* table *f* • **estar à mesa** être à table
mesada [mə'zađɐ] *f* argent *m* de poche *(du mois)*
mesa-de-cabeceira [,mezɐđəkɐƀə'sɐiɾɐ] (*pl* **mesas-de-cabeceira** [,mezɐʒdəkɐƀə'sɐiɾɐ]) *f* table *f* de nuit
mescla ['mɛʃklɐ] *f* mélange *m*
mesclar [məʃ'klar] *vt* mélanger
meses ➤ **mês**
meseta [mə'zetɐ] *f* plateau *m (en géographie)*
mesmo, ma ['meʒmu, mɐ] *adj* même ◇ *adv* **1.** *(até, exactamente)* même **2.** *(para enfatizar)* tout à fait ◇ *pron* • **o mesmo/a mesma** le/la même • **foi ele mesmo que o disse** il l'a dit lui-même • **esta mesma pessoa** cette personne là • **isso mesmo!** tout à fait ! • **valer o mesmo que** valoir autant que • **mesmo assim** quand même • **mesmo que** même si • **mesmo se** même si • **nem mesmo** même pas • **nem mesmo ele conseguiu** même lui, il n'a pas réussi • **ser o mesmo que** revenir à • **só mesmo** il n'y a que
mesquinho, nha [məʃ'kiɲu, ɲɐ] *adj* mesquin(e)
mesquita [məʃ'kitɐ] *f* mosquée *f*
mestiço, ça [məʃ'tisu, sɐ] *adj & m, f* métis(isse)
mestre ['mɛʃtrə] *m* **1.** *(perito)* maître *m* **2.** *EDUC (com mestrado) diplômé universitaire qui a soutenu un mémoire*
mestre-de-cerimónias [,mɛʃtrəđəsəri'mɔnjɐʃ] (*pl* **mestres-de-cerimónias** [,mɛʃtrəʒdəsəri'mɔnjɐʃ]) *m* **1.** *(em espectáculos)* animateur *m* **2.** *(em festa)* maître *m* de cérémonie **3.** *(em recepções oficiais)* chef *m* du protocole
mestre-de-cerimônias [,mɛʃtridʒiseri'monjaʃ] (*Br*) = **mestre-de-cerimónias**
mestre-sala [,mɛʃtri'salɐ] (*pl* **mestres-sala** [,mɛʃtriʃ'salɐ]) *m* (*Br*) *personne qui porte le drapeau de l'école de samba à laquelle elle appartient lors du défilé du carnaval*
meta ['mɛtɐ] *f* **1.** *(em corrida)* ligne *f* d'arrivée **2.** *(objectivo)* but *m*
metabolismo [mətɐƀu'liʒmu] *m* métabolisme *m*
metade [mə'tađə] *f* moitié *f* • **metade do preço** moitié prix • **fazer algo em metade do tempo** mettre moitié moins de temps pour faire qqch • **fazer as coisas pela metade** faire les choses à moitié
metáfora [mə'tafurɐ] *f* métaphore *f*
metal [mə'tał] (*pl* **-ais** [aiʃ]) *m* métal *m*
metálico, ca [mə'taliku, kɐ] *adj* métallique

metalurgia [mətɐlur'ʒiɐ] *f* métallurgie *f*
meteorito [mətju'ritu] *m* météorite *f*
meteoro [mə'tjɔru] *m* météore *m*
meteorologia [mətjurulu'ʒiɐ] *f* **1.** *(ciência)* météorologie *f* **2.** *(em televisão)* météo *f*
meter [mə'ter] *vt* mettre • **meter algo/alguém em algo** mettre qqch/qqn dans qqch • **meter medo** faire peur • **meter pena** faire de la peine • **meter raiva** énerver ♦ **meter-se** *vp* se mêler de • **meter-se na vida dos outros** se mêler des affaires des autres • **meter-se onde não se é chamado** se mêler de ce qui ne nous regarde pas • **meter-se com alguém** embêter qqn • **meter-se em algo** *(envolver-se em)* se lancer dans qqch ; *(intrometer-se em)* se mêler de qqch
meticuloso, osa [mətiku'lozu, ɔzɐ] *adj* méticuleux(euse)
metódico, ca [mə'tɔđiku, kɐ] *adj* **1.** *(pessoa)* méthodique **2.** *(descrição)* rigoureux(euse)
método ['mɛtuđu] *m* méthode *f* • **com/sem método** avec/sans méthode
metralhadora [mətrɐʎɐ'đorɐ] *f* mitrailleuse *f*
métrico, ca ['mɛtriku, kɐ] *adj* métrique
metro ['mɛtru] *m* **1.** mètre *m* **2.** *(Port)* *(abrev de* **metropolitano***)* métro *m*

Metro

Le métro de Lisbonne, inauguré le 29 décembre 1959, a quatre lignes qui couvrent le centre et la banlieue et fonctionne de 6h30 à une heure du matin. Des carnets de dix tickets, des forfaits pour la journée, des tickets aller-retour ou pour deux voyages sont disponibles aux guichets. On vous propose également des pass touristiques valables pour quatre ou sept jours dans tous types de transports publics.

metrô [me'tro] *m* *(Br)* = **metropolitano**
metropolitano [mətrupuli'tɐnu] *m* métro *m*
meu, minha ['meu, 'miɲɐ] *adj* mon (ma) ◇ *pron* • **o meu/a minha** le mien/la mienne • **isto é meu** c'est à moi • **um amigo meu** un de mes amis • **os meus** *(a minha família)* les miens
mexer [mə'ʃer] *vt* **1.** *(corpo)* bouger **2.** *CULIN* remuer ◇ *vi* bouger • **mexer em algo** fouiller dans qqch • **pôr-se a mexer** *(fam)* décamper ♦ **mexer-se** *vp* **1.** *(despachar-se)* s'activer **2.** *(mover-se)* bouger • **mexa-se!** *(fam)* dépêchez-vous !
mexerica [meʃe'rikɐ] *f* *(Br)* clémentine *f*
mexerico [məʃə'riku] *m* commérages *mpl*
mexicano, na [məʃi'kɐnu, nɐ] *adj* mexicain(e) ♦ **mexicano, na** *mf* Mexicain *m*, -e *f*
México ['mɛʃiku] *m* • **o México** le Mexique
mexido, da [mə'ʃiđu, đɐ] *adj* **1.** *(pessoa)* actif(ive) **2.** *(música)* entraînant(e) **3.** *(ovo)* brouillé(e)
mexilhão [məʃi'ʎɐ̃u] *(pl* **-ões** [õiʃ]*)* *m* moule *f*

ng (*abrev de miligrama*) mg (*milligramme*)
miar ['mjar] *vi* miauler
micro ['mikru] *m* **1.** (*abrev de microfone*) micro *m* **2.** (*abrev de microcomputador*) ordinateur *m (individuel)*
micróbio [mi'krɔbju] *m* microbe *m*
microcomputador [mikrokɔmputa'do(x)] *m* micro-ordinateur *m*
microfone [mikrɔ'fɔnə] *m* micro *m*
microondas [mikrɔ'õndɐʃ] *m inv* micro-ondes *m inv*
microscópio [mikruʃ'kɔpju] *m* microscope *m*
migalha [mi'gaʎɐ] *f* miette *f*
migas ['migɐʃ] *fpl morceaux de pain trempés dans de la graisse ou du lait sucré* • **migas à alentejana** *viande de porc accompagnée de pain aillé frit dans la graisse*
migração [migrɐ'sɐ̃u] (*pl* **-ões** [õiʃ]) *f* migration *f*
mijar [mi'ʒar] *vi* (*fam*) pisser
mil ['miɫ] *num* mille • **mil folhas** mille-feuille *m* • **três mil** trois mille • **mil novecentos e noventa e sete** mille neuf cent quatre-vingt-dix-sept
milagre [mi'lagrə] *m* miracle *m*
milénio [mi'lɛnju] *m* millénaire *m*
milênio [mi'lenju] (*Br*) = **milénio**
mil-folhas [miw'foʎaʃ] *m inv* mille-feuille *m*
milha ['miʎɐ] *f* **1.** (*terrestre*) mile *m* **2.** (*marítima*) mille *m*
milhafre [mi'ʎafrə] *m* milan *m*
milhão [mi'ʎɐ̃u] (*pl* **-ões** [õiʃ]) *num* million *m* • **um milhão de pessoas** un million de personnes
milhar [mi'ʎar] (*pl* **-es** [əʃ]) *num* millier *m* • **um milhar de pessoas** un millier de personnes
milho ['miʎu] *m* maïs *m* • **milho doce** maïs doux
milhões ➤ **milhão**
miligrama [mili'gremɐ] *m* milligramme *m*
mililitro [mili'litru] *m* millilitre *m*
milímetro [mi'limətru] *m* millimètre *m*
milionário, ria [milju'narju, rjɐ] *m, f* millionnaire *mf*
militante [məli'tẽntə] *mf* militant *m*, -e *f*
militar [(*Port*) məli'tar (*Br*), mili'ta(x)] *mf & adj* militaire
milk-shake [mili'tɐ̃ntʃi] *m* milk-shake *m*
mim ['mĩ] *pron* (*complemento directo*) moi, me • **ele não fala para mim** il ne me parle pas • **a mim, não me mentes** moi, tu ne me mens pas ; (*reflexivo*) moi • **para mim** d'après moi • **por mim** quant à moi
mimado, da [mi'madu, dɐ] *adj* gâté(e)
mimar [mi'mar] *vt* **1.** (*criança*) gâter **2.** (*por gestos*) mimer
mímica ['mimikɐ] *f* **1.** (*arte*) mime *m* **2.** (*expressão*) mimique *f*
mimo ['mimu] *m* câlin *m* • **dar mimos a alguém** gâter qqn • **ser um mimo** être adorable
mina ['minɐ] *f* mine *f*
Minas Gerais [ˌminɐʃʒə'raiʃ] *fpl* • **as Minas Gerais** les Minas Gerais
mindinho [mĩn'diɲu] *m* auriculaire *m*
mineiro, ra [mi'nɐiru, rɐ] *m, f* mineur *m*
mineral [minə'raɫ] (*pl* **-ais** [aiʃ]) *m* minéral *m*
minério [mi'nɛrju] *m* minerai *m*

minguante [(*Port*) mĩŋ'ẽntə (*Br*), mĩŋ'gwãntʃi] *adj* • **quarto minguante** décroissante
minha ['miɲa] ➤ **meu**
Minho ['miɲu] *m* • **o Minho** le Minho

Minho

Cette province est située au nord-est du Portugal, à la frontière de l'Espagne. Son charme tient notamment à ses treilles, d'où est tiré le délicieux vin vert. C'est une région humide et pluvieuse, aux paysages verdoyants. On y a construit au fil des siècles de beaux manoirs dont beaucoup servent aujourd'hui à héberger les touristes. La richesse et les traditions de la province se reflètent dans son folklore, caractérisé par des chants et des danses pleins de gaieté ainsi que par son artisanat, avec notamment de magnifiques pièces d'orfèvrerie.

minhoca [mi'ɲɔkɐ] *f* ver *m* de terre, asticot *m*
miniatura [minjɐ'turɐ] *f* miniature *f* • **em miniatura** en miniature
mini-mercado [ˌminimər'kađu] *m* supérette *f*
mínimo, ma ['minimu, mɐ] *adj* **1.** (*velocidade, pena*) minimum **2.** (*temperatura*) minimal(e) ◇ *m* • **o mínimo** le minimum • **não fazer a mínima ideia** ne pas avoir la moindre idée • **no mínimo** au minimum • **pôr no mínimo** mettre au minimum
mini-saia [ˌmini'sajɐ] *f* (*Port*) minijupe
minissaia [ˌmini'sajɐ] *f* (*Br*) = **mini-sai**
ministério [mənij'tɛrju] *m* ministère *n*
ministro, tra [mə'niʃtru, trɐ] *m, f* ministre *mf*
minoria [minu'riɐ] *f* minorité *f* • **esta em minoria** être en minorité
minúscula [mi'nuʃkulɐ] *f* minuscule • **em minúsculas** en minuscules
minúsculo, la [mi'nuʃkulu, lɐ] *adj* minuscule
minuto [mi'nutu] *m* minute *f* • **só um minuto!** une (petite) minute ! • **conta os minutos** chronométrer ; (*fig*) trouve le temps long • **dentro de poucos minutos** dans quelques minutes • **em poucos minutos** en quelques minutes
mioleira [mju'lɐirɐ] *f plat à base de cervelle*
miolo ['mjolu] *m* mie *f* ◆ **miolos** *mpl* cervelle *f* • **dar voltas aos miolos** (*fam*) se torturer les méninges • **derreter os miolos a alguém** (*fam*) faire tourner qqn en bourrique • **puxar pelos miolos** (*fam*) se creuser la cervelle • **ter miolos** (*fam*) en avoir dans le crâne
míope ['miupə] *adj* myope
miopia [mju'piɐ] *f* myopie *f*
miosótis [mjɔ'zɔtiʃ] *m inv* myosotis *m*
miradouro [mirɐ'đoru] *m* belvédère *m*
miragem [mi'raʒɐ̃i] (*pl* **-ns** [ʃ]) *f* mirage *m*
mirante [mi'rɑ̃ntʃi] (*Br*) = **miradouro**
mirar [mi'ra(x)] *vt* (*observar*) regarde ◆ **mirar-se em** *vp* + *prep* (*em espelho, água*) se regarder
mirar [mi'rar] *vt* regarder ◆ **mirar-se** *v* • **mirar-se em** se regarder dans

miscelânea [miʃsə'lɐnjɐ] *f* **1.** mélange *m* **2.** *(fig)* désordre *m*
mise ['mizə] *f* mise *f* en plis • **fazer uma mise** se faire faire une mise en plis
miserável [mizə'ravɛɫ] *(pl* **-eis** [ɐiʃ]) *adj* misérable
miséria [mi'zɛrjɐ] *f* **1.** *(pobreza)* misère *f* **2.** *(desgraça)* malheur *m*
misericórdia [mizəri'kɔrđjɐ] *f* pitié *f* • **pedir misericórdia** demander miséricorde ◆ **Misericórdias** *fpl œuvres de charité*
missa ['misɐ] *f* messe *f*
missão [mi'sɐ̃u] *(pl* **-ões** [õiʃ]) *f* mission *f*
míssil ['misiɫ] *(pl* **-eis** [ɐiʃ]) *m* missile *m*
missionário, ria [misju'narju, rjɐ] *m, f* missionnaire *mf*
missões ➤ **missão**
mistério [miʃ'tɛrju] *m* mystère *m*
misterioso, osa [miʃtə'rjozu, ɔzɐ] *adj* mystérieux(euse)
misto, ta ['miʃtu, tɐ] *adj* mixte
mistura [miʃ'turɐ] *f* mélange *m* • **à mistura** dans le lot
misturar [miʃtu'rar] *vt* **1.** mélanger **2.** *(fig)* confondre
mito ['mitu] *m* mythe *m*
miúdo, da ['mjuđu, đɐ] *adj* petit(e) ◇ *m, f* gamin *m*, -e *f* ◆ **miúdos** *mpl* • **miúdos de galinha** abats *mpl* de poulet • **trocar algo por miúdos** expliquer en détail
ml (*abrev de mililitro*) ml *(millilitre)*
mm (*abrev de milímetro*) mm *(millimètre)*
mo [mu] = **me** + **o** ; ➤ **me**
móbil ['mɔbiɫ] *(pl* **-beis** [bɐiʃ]) *m (de crime, acção)* mobile *m*
mobilado, a [mubə'lađu, đɐ] *adj* meublé(e)
mobília [mu'biljɐ] *f* meubles *mpl*
mobiliário [mubə'ljarju] *m* mobilier *m*
moça ['mosa] ➤ **moço**
moçambicano, na [musɐ̃mbi'kɐnu, nɐ] *adj* mozambicain(e) ◇ *m, f* Mozambicain *m*, -e *f*
Moçambique [musɐ̃m'bikə] *s* Mozambique *m*
mocassim [(*Port*) mukɐ'sĩʃ (*Br*), moka'sĩ] *(pl* **-ns** [ʃ]) *m* mocassin *m*
mochila [mu'ʃilɐ] *f* sac *m* à dos
mocho ['moʃu] *m* hibou *m*
mocidade [musi'đađə] *f* jeunesse *f*
moço, ça ['mosu, sɐ] *adj & m, f* jeune • **moço de recados** coursier *m*
mocotó [moko'tɔ] *m* (*Br*) *pied de veau*
moda ['mɔđɐ] *f* mode *f* • **à moda de** à la (mode de) • **estar fora de moda** être démodé(e) • **estar na moda** être à la mode • **passar de moda** ne plus être à la mode
modalidade [muđeli'đađə] *f* **1.** *(de desporto)* discipline *f* **2.** *(de pagamento)* modalité *f*
modelo [mu'đelu] *m* **1.** *(fotográfico)* mannequin *m* **2.** *(para pintor, de carro)* modèle *m* **3.** *(de roupa)* patron *m* • **servir de modelo** servir de modèle • **tomar por modelo** prendre pour modèle
modem ['mɔđɛm] *m* modem *m*
moderado, da [muđə'rađu, đɐ] *adj* modéré(e)
moderar [muđə'rar] *vt* modérer

modernizar [muđərni'zar] *vt* moderniser

moderno, na [mu'đɛrnu, nɐ] *adj* **1.** moderne **2.** *(roupa)* à la mode

modéstia [mu'đɛʃtjɐ] *f* modestie *f* • **modéstia à parte** sans vouloir me vanter

modesto, ta [mu'đɛʃtu, tɐ] *adj* modeste

módico, a [(*Port*) 'mɔđiku, (*Br*) 'mɔdʒiku] *adj* modique

modificação [(*Port*) muđəfikɐ'sɐ̃u (*Br*), modʒifika'sɐ̃w] *f* modification *f*, changement *m*

modificar [muđəfi'kar] *vt* modifier ◆ **modificar-se** *vp* changer

modo ['mɔđu] *m* **1.** manière *f* **2.** *(de verbo)* mode *m* • **com bons/maus modos** avec de bonnes/de mauvaises manières • **de certo modo** d'une certaine manière • **de modo nenhum!** sûrement pas ! • **de modo que** si bien que • **de qualquer modo** de toute façon • **de tal modo que** tellement... que ▼ **modo de usar** mode d'emploi • **ter modos** (*Br*) savoir se tenir

módulo ['mɔđulu] *m (de autocarro, eléctrico)* carnet *m (de tickets)*

moeda ['mwɛđɐ] *f* **1.** *(de metal)* pièce *f* **2.** *(em geral)* monnaie *f* • **moeda estrangeira** monnaie étrangère

moela ['mwɛla] *f* gésier *m*

moelas ['mwɛlɐʃ] *fpl* gésiers *mpl*

moer ['mwer] *vt* moudre

mofo ['mofu] *m* moisi *m (odeur)*

mogno ['mɔgnu] *m* acajou *m*

moído, da ['mwiđu, đɐ] *adj* moulu(e) • **estar moído** (*fam*) être crevé • **ter o corpo moído** être plein de courbatures

moinho ['mwiɲu] *m* moulin *m* • **moinho de café** moulin à café • **moinho de vento** moulin à vent

mola ['mɔlɐ] *f* **1.** *(em colchão, sofá)* ressort *m* **2.** (*Port*) *(de abotoar)* pression *f* • **mola de roupa** pince *f* à linge

molar [mu'lar] (*pl* **-es** [əʃ]) *m* molaire *f*

moldar [moł'đar] *vt* mouler

moldura [moł'đurɐ] *f* cadre *m*

mole ['mɔlə] *adj* mou (molle)

molécula [mu'lɛkulɐ] *f* molécule *f*

molestar [muləʃ'tar] *vt* malmener

molhado, a [mo'ʎadu] *adj* mouillé(e)

molhar [mu'ʎar] *vt* mouiller ◆ **molhar-se** *vp* se mouiller

molheira [mu'ʎɐirɐ] *f* saucière *f*

[1]**molho** ['moʎu] *m* sauce *f* • **molho de tomate** sauce tomate • **pôr de molho** *(bacalhau)* dessaler ; *(roupa)* faire tremper

[2]**molho** ['mɔʎu] *m* **1.** *(de palha)* botte *f* **2.** *(de lenha)* fagot *m* • **molho de chaves** trousseau *m* de clés

moliceiro [muli'sɐiru] *m barque peinte servant à la récolte des algues*

molinete [muli'netə] *m (de cana de pesca)* moulinet *m*

momentaneamente [mumẽntɐnjɐ'mẽntə] *adv* pendant un moment

momento [mu'mẽntu] *m* moment *m* • **um momento!** un moment ! • **a qualquer momento** à n'importe quel moment, à tout moment • **até ao momento** jusqu'à présent • **de momento** pour le moment • **dentro de momentos** dans quelques instants • **de um momento para o outro** d'un moment à l'autre • **em dado momento** à un moment donné • **há momentos** il y a quelques instants

neste momento en ce moment • **por momentos** par moments ; *(momentaneamente)* un moment

monarca [mu'narkɐ] *mf* monarque *m*

monarquia [munɐr'kiɐ] *f* monarchie *f*

monge ['mõʒə] *m* moine *m*

monitor, ra [muni'tor, rɐ] *(mpl* **-es** [əʃ], *fpl* **-s** [ʃ]) *m, f* moniteur *m*, -trice *f* ◇ *m* **1.** *(de televisão)* écran *m* **2.** *(de computador)* moniteur *m*

monopólio [munu'pɔlju] *m* **1.** *(de venda, negócio)* monopole *m* **2.** *(jogo)* Monopoly® *m*

monossílabo [mɔnɔ'silɐƀu] *m* monosyllabe *m*

monotonia [munutu'niɐ] *f* monotonie *f*

monótono, na [mu'nɔtunu, nɐ] *adj* **1.** *(pessoa)* ennuyeux(euse) **2.** *(vida, trabalho)* monotone

monstro ['mõʃtru] *m* monstre *m*

montagem [mõn'taʒẽi] *(pl* **-ns** [ʃ]) *f* montage *m*

montanha [mõn'tɐɲɐ] *f* montagne *f* • **montanha russa** montagnes *fpl* russes

montanhismo [mõntɐ'ɲiʒmu] *m* alpinisme *m*

montanhoso, osa [mõntɐ'ɲozu, ɔzɐ] *adj* montagneux(euse)

montante [mõn'tẽntə] *m* montant *m* ◇ *f* amont *m*

montar [mõn'tar] *vt* monter ◇ *vi* faire du cheval • **montar a cavalo** monter à cheval

monte ['mõntə] *m* mont *m* • **montes de** *(fam)* des tas de • **a monte** pêle-mêle • **aos montes** *(fam)* en pagaille • **um monte de coisas** *(fam)* un tas de choses

montra ['mõntrɐ] *f* vitrine *f*

monumental [munumẽn'tał] *(pl* **-ais** [aiʃ]) *adj* monumental(e)

monumento [munu'mẽntu] *m* monument *m* • **monumento comemorativo** monument commémoratif

moqueca [mu'kɛkɐ] *f (Br) mijoté de poisson ou de fruits de mer au lait de coco*

morada [mu'rađɐ] *f* adresse *f*

moradia [murɐ'điɐ] *f* villa *f*

morador, ra [murɐ'đor, ra] *(mpl* **-es** [əʃ], *fpl* **-s** [ʃ]) *m, f* habitant *m*, -e *f*

moral [mu'rał] *(pl* **-ais** [aiʃ]) *adj* moral(e) ◇ *m* moral *m* ◇ *f* morale *f*

morango [mu'rẽŋgu] *m* fraise *f*

morar [mu'rar] *vi* habiter

mórbido, da ['mɔrƀiđu, đɐ] *adj* **1.** *(pessoa)* maladif(ive) **2.** *(história, atmosfera)* morbide

morcego [mur'segu] *m* chauve-souris *f inv*

morcela [mur'sɛlɐ] *f* boudin *m* noir

mordaça [mur'đasɐ] *f* **1.** *(em pessoa)* bâillon *m* **2.** *(em animal)* muselière *f*

morder [mur'đer] *vt* mordre • **morder a língua** se mordre la langue

mordida [mur'điđɐ] *f* **1.** *(de insecto)* piqûre *f* **2.** *(de cão, gato)* morsure *f*

mordomo [mɔr'đomu] *m* majordome *m*

moreno, na [mu'renu, nɐ] *adj* **1.** *(tez)* mat(e) **2.** *(pele)* bronzé(e) **3.** *(pessoa)* brun(e)

morfina [mur'finɐ] *f* morphine *f*

moribundo, da [muri'ƀũndu, dɐ] *adj* moribond(e)

morno, morna ['mornu, 'mɔrnɐ] *adj* tiède

morrer [mu'ʀer] *vi* **1.** *(pessoa, animal, planta)* mourir **2.** *(fogo, luz)* s'éteindre **3.** *(Br)* *(motor)* être mort(e) • **estou a morrer de fome** je meurs de faim • **ser de morrer** *(fam)* être à mourir de rire • **motor de busca** *(Br)* moteur *m* de recherche

morro ['moʀu] *m* **1.** *(monte)* butte *f* **2.** *(Br)* *(favela)* bidonville *m*

mortadela [murtɐ'đɛlɐ] *f* mortadelle *f*

mortal [mur'tał] *(pl* **-ais** [aiʃ]) *adj & mf* mortel(elle)

mortalha [mur'taʎɐ] *f* **1.** *(de cadáver)* linceul *m* **2.** *(papel para cigarro)* papier *m* à cigarette

mortalidade [murtɐli'đađə] *f* mortalité *f* • **mortalidade infantil** mortalité infantile

morte ['mɔrtə] *f* mort *f* • **estar a pensar na morte da bezerra** *(fam)* bayer aux corneilles • **ser de morte** *(fam)* être à mourir de rire

mortífero, ra [mur'tifəru, rɐ] *adj* mortel(elle)

morto, morta ['mortu, 'mɔrtɐ] *pp* ➤ **matar** ◇ *adj & m, f* mort(e) • **estar morto** être mort • **estar morto por fazer algo** mourir d'envie de faire qqch • **ser morto** être tué • **estar morto de cansaço/de fome/de sono** être mort de fatigue/de faim/de sommeil

mos [muʃ] = **me + os ;** ➤ **me**

mosaico [mu'zaiku] *m* mosaïque *f*

mosca ['moʃkɐ] *f* mouche *f* • **acertar na mosca** mettre dans le mille • **estar com a mosca** *(fam)* être de mauvais poil

moscatel [muʃkɐ'tɛł] *(pl* **-éis** [ɛiʃ]) *m* muscat *m*

mosquiteiro [muʃki'tɐiru] *m* moustiquaire *f*

mosquito [muʃ'kitu] *m* moustique *m*

mostarda [muʃ'tarđɐ] *f* moutarde *f*

mosteiro [muʃ'tɐiru] *m* monastère *m* • **Mosteiro da Batalha** *monastère de Batalha*

Mosteiro da Batalha

Ce monastère est sans doute le monument le plus important du Portugal. Classé patrimoine mondial, il est également connu sous le nom de *Santa Maria da Vitória*, un nom à la signification patriotique puisqu'il symbolise l'indépendance nationale. Sa construction a été commandée par le roi Jean Ier pour commémorer la victoire remportée sur les Espagnols à Aljubarrota en 1385. On peut notamment y admirer les chapelles inachevées, le cloître d'Alphonse V, la chapelle du fondateur et l'église, remarquable pour ses vitraux.

mostrador [muʃtrɐ'đor] *(pl* **-es** [əʃ]) *m* cadran *m*

mostrar [muʃ'trar] *vt* **1.** montrer **2.** *(indicar)* indiquer **3.** *(provar, demonstrar)* faire preuve de **4.** *(exibir)* exposer • **mostrar algo a alguém** montrer qqch à qq • **mostrar interesse em fazer algo** être intéressé par qqch • **mostrar interesse por algo** montrer de l'intérêt pour qqch

mostruário [muʃtru'arju] *m* **1.** *(de vendedor)* présentoir *m* **2.** *(de cores)* nuancier *m*

mota ['mɔtɐ] *f* moto *f*

mote ['mɔtə] *m* devise *f*

motel [mɔ'tɛɫ] (*pl* **-éis** [ɛiʃ]) *m* motel *m*

motim [mu'tĩ] (*pl* **-ns** [ʃ]) *m* **1.** *(rebelião)* émeute *f* **2.** *MIL* mutinerie *f*

motivar [muti'var] *vt* **1.** *(interesse)* susciter **2.** *(confusão, mudança)* provoquer **3.** *(aluno)* motiver

motivo [mu'tivu] *m* motif *m* • **por motivo de** en raison de • **por motivo de doença** pour raison de santé • **sem motivos** sans raison

moto ['mɔtu] *f* = **mota**

motocicleta [ˌmɔtɔsi'klɛtɐ] *f* motocyclette *f*

motocross [ˌmɔtɔ'krɔsə] *m* motocross *m*

motor [mu'tor] (*pl* **-es** [əʃ]) *m* moteur *m* • **motor de arranque** démarreur *m*

motorista [mutu'riʃtɐ] *mf* **1.** *(privado)* chauffeur *m* **2.** *(de autocarro, camioneta)* conducteur *m*, -trice *f*

motorizada [muturi'zađɐ] *f* moto *f*

motoserra [mɔtɔ'sɛʀɐ] *f* tronçonneuse *f*

mourisco, ca [mo'riʃku, kɐ] *adj* mauresque

Mouros ['moruʃ] *mpl* • **os Mouros** les Maures *mpl*

Os Mouros

Les Maures ont occupé pendant de nombreuses années la plus grande partie du territoire qui constitue aujourd'hui le Portugal. Leur influence est très sensible sur la culture, notamment la langue et l'art, de même que sur l'agriculture et l'architecture du pays. Les Maures libres restés dans le Portugal chrétien vivaient dans des quartiers qui leur étaient réservés, les *mourarias*, mais participaient à la vie sociale et aux fêtes populaires et aristocratiques.

mousse ['musə] *f* mousse *f* • **mousse de chocolate** (*Port*) mousse au chocolat

movediço, ça [muvə'đisu, sɐ] *adj* mouvant(e)

móvel ['mɔvɛɫ] (*pl* **-eis** [ɐiʃ]) *adj* mobile ◇ *m* *(mesa, armário, cama)* meuble *m* ◆ **móveis** *mpl* meubles *mpl*

mover [mu'ver] *vt* **1.** bouger **2.** *(campanha)* lancer ◆ **mover-se** *vp* bouger

movimentado, da [muvimẽn'tađu, đɐ] *adj* **1.** *(local, estrada)* fréquenté(e) **2.** *(rua)* animé(e)

movimento [muvi'mẽntu] *m* **1.** *(gesto)* mouvement *m* **2.** *(em rua)* animation *f* **3.** *(em estabelecimento)* fréquentation *f* • **o movimento da loja hoje foi excelente** il y a eu beaucoup de monde aujourd'hui au magasin • **em movimento** en mouvement

MPB *f* (*Br*) (*abrev de Música Popular Brasileira*) *genre musical regroupant toutes les musiques populaires du Brésil*

muco ['muku] *mf* mucus *m*

muçulmano, na [(*Port*) musuɫ'manu, nɐ (*Br*), musuw'manu, na] *m, f* & *adj* musulman(e)

mudança [mu'đɐ̃sɐ] *f* **1.** *(modificação)* changement *m* **2.** *(de casa)* déménagement *m* **3.** *(de veículo)* vitesse *f*
mudar [mu'đar] *vt & vi* changer ◆ **mudar de** *v + prep* changer de ◆ **mudar-se** *vp* déménager ● **mudar de casa** déménager ● **mudar de roupa** se changer ● **mudar-se para** aller habiter à
mudez [mu'đeʃ] *f* mutité *f*
mudo, da ['muđu, đɐ] *adj* muet(ette) ● **ficar mudo** *(fig)* rester muet
muito, ta ['mũȷ̃ntu, tɐ] *adj* beaucoup de ◇ *pron & adv* beaucoup ● **tenho muito sono!** j'ai très sommeil ! ● **muito bem!** très bien ! ● **muito antes** bien avant ● **muito mais** beaucoup plus ● **muito tempo** longtemps ● **por muito que** avoir beau ● **por muito que lho repita, ele não compreende** j'ai beau le lui répéter, il ne comprend pas ● **quando muito** tout au plus ● **querer muito a alguém** aimer beaucoup qqn
mula ['mulɐ] *f* mule *f*
mulato, ta [mu'latu, tɐ] *adj & m, f* mulâtre
muleta [mu'letɐ] *f* béquille *f*
mulher [mu'ʎɛr] *(pl* **-es** [əʃ]*)* *f* femme *f* ● **mulher a dias** femme de ménage
multa ['mułtɐ] *f* **1.** amende *f* **2.** *(a um condutor)* contravention *f* ● **apanhar uma multa** avoir une amende ; *(um condutor)* avoir une contravention
multado, da [muł'tađu, đɐ] *adj* ● **ser multado** avoir une amende
multar [muł'tar] *vt* condamner à une amende
multibanco [ˌmułti'bɐ̃ŋku] *m* distributeur *m* automatique
multidão [mułti'đɐ̃w] *(pl* **-ões** [õiʃ]*)* *f* **1.** *(de pessoas)* foule *f* **2.** *(de coisas)* multitude *f*
multinacional [ˌmułtinɐsju'nał] *(pl* **-ais** [aiʃ]*)* *f* multinationale *f*
multiplicar [mułtipli'kar] *vt & vi* multiplier ● **multiplicar por** multiplier par ◆ **multiplicar-se** *vp* se multiplier
múltiplo, pla ['mułtiplu, plɐ] *adj* multiple ◇ *m* multiple *m*
multiprocessamento [muwtʃiprosesa'mẽntu] *m INFORM* multitraitement *m*
multitarefa [muwtʃitax'efa] *(Br)* *f* multiprogrammation *f*
multiusuário, ria [muwtʃiuz'arju, rja] *adj INFORM* multitâche
múmia ['mumjɐ] *f* momie *f*
mundial [mũn'djał] *(pl* **-ais** [aiʃ]*)* *adj* mondial(e) ◇ *m* coupe *f* du monde
mundo ['mũndu] *m* monde *m* ● **não é nada do outro mundo** ça n'a rien d'extraordinaire ● **o outro mundo** l'autre monde ● **por nada deste mundo** pour rien au monde ● **é o fim do mundo** c'est la fin des haricots ● **todo o mundo** *(Br)* tout le monde ● **viver no mundo da lua** être dans la lune
munição [muni'sɐ̃w] *(pl* **-ões** [õiʃ]*)* *f* munition *f*
municipal [munəsi'pał] *(pl* **-ais** [aiʃ]*)* *adj* municipal(e)
município [munə'sipju] *m* municipalité *f*
munições ➤ **munição**
munir [mu'nir] *vt* ● **munir alguém de algo** munir qqn de qqch ◆ **munir-se de** *vp + prep* ● **munir-se de algo** se munir de qqch

mural [mu'raɫ] (*pl* **-ais** [aiʃ]) *m* peinture *f* murale
muralha [mu'raʎɐ] *f* muraille *f*
murchar [mur'ʃar] *vi* se faner
murcho, cha ['murʃu, ʃɐ] *adj* **1.** fané(e) **2.** (*fig*) mort(e)
murmurar [murmu'rar] *vt* murmurer
murmúrio [mur'murju] *m* murmure *m*
muro ['muru] *m* mur *m (extérieur)*
murro ['muʀu] *m* coup *m* de poing • **dar um murro a alguém** donner un coup de poing à qqn • **ele deu um murro na mesa** il a tapé du poing sur la table
murta ['murtɐ] *f* myrte *m*
musa ['muzɐ] *f* muse *f*
musculação [muʃkulɐ'sɐ̃u] *f* musculation *f*
músculo ['muʃkulu] *m* muscle *m*
musculoso, osa [muʃku'lozu, ɔzɐ] *adj* musclé(e)
museu [mu'zeu] *m* musée *m*
musgo ['muʒgu] *m* mousse *f (plante)*
música ['muzikɐ] *f* musique *f* • **música clássica** musique classique • **música de câmara** musique de chambre • **música folclórica** musique folklorique • **música ligeira** musique légère • **música pop** musique pop • **música sinfónica** musique symphonique • **dar música a alguém** (*fam & fig*) mener qqn en bateau
musical [muzi'kaw, ʃ] (*pl* **-ais**) *adj* musical(e)
músico ['muziku] *m* musicien *m*, -enne *f*
musse ['musi] *f* (*Br*) = **mousse**
mútuo, tua ['mutwu, twɐ] *adj* **1.** (*sentimentos*) mutuel(elle) **2.** (*gostos*) commun(e) • **de mútuo acordo** d'un commun accord

nN

N (*abrev de Norte*) N *(nord)*
nº [nu] (*abrev de número*) nº *(numéro)*
na [nɐ] = **em** + **a** ; ➤ **em**
-na [nɐ] *pron* **1.** (*ela*) la **2.** (*você*) vous
nabiças [nɐ'bisɐʃ] *fpl* fanes *fpl* de navet
nabo ['nabu] *m* **1.** navet *m* **2.** (*fig*) balourd *m*
nação [nɐ'sɐ̃u] (*pl* **-ões** [õiʃ]) *f* nation *f*
nacional [nɐsju'naɫ] (*pl* **-ais** [aiʃ]) *adj* national(e)
nacionalidade [nɐsjunɐli'dadə] *f* nationalité *f*
nacionalismo [nɐsjunɐ'liʒmu] *m* nationalisme *m*
nações [na'sõjʃ] ➤ **nação**
nada ['nadɐ] *pron* rien ◇ *adv* du tout • **não gosto nada disto** ça ne me plaît pas du tout • **de nada!** de rien ! • **nada de novo** rien de neuf • **nada disso!** pas question ! • **não dar por nada** ne pas se rendre compte • **ou tudo ou nada** tout ou rien • **antes de mais nada** tout d'abord • **é uma coisa de nada** ce n'est rien • **daqui a nada** d'ici peu • **não prestar** ou **servir para nada** ne servir à rien • **não servir de nada fazer algo** ne servir à rien de faire qqch
nadador, ra [nɐdɐ'dor, rɐ] (*mpl* **-es** [əʃ], *fpl* **-s** [ʃ]) *m, f* nageur *m*, -euse *f* • **nadador salvador** maître *m* nageur
nadar [nɐ'dar] *vi* nager • **nadar em** (*fig*) nager dans

nádega ['nadega] *f* (*fam*) fesse *f*, fessier *m*
nádegas ['nađəgɐʃ] *fpl* fesses *fpl*
nado ['nadu] *m* nage *f* • **nado borboleta** nage papillon • **a nado** à la nage • **nado de costas** dos *m* • **nado livre** nage libre
nagô [na'go] *m* (*Br*) *sauce à base de piments, de crevettes sèches et de jus de citron*
naipe ['naipə] *m* couleur *f* (*des cartes à jouer*)
namorado, da [nɐmu'rađu, đɐ] *m, f* (petit) copain *m*, (petite) copine *f*
namorar [(*Port*) nɐmu'rar (*Br*), namo'ra(x)] *vt* • **namorar com** sortir avec, avoir une liaison avec
não [nɐ̃u] *adv* non • **não é?** n'est-ce pas ? • **pois não?** n'est-ce pas ? • **não só... como também...** non seulement... mais aussi... • **pelo sim, pelo não** au cas où
não-fumador, ra [ˌnɐ̃ufumɐđor, rɐ] (*mpl* **-es** [əʃ]) (*fpl* **-s** [ʃ]) *m, f* (*Port*) non-fumeur *m*, -euse *f*
não-fumante [ˌnɐ̃ufu'mɐ̃ntʃi] *mf* (*Br*) = **não-fumador**
napa ['napɐ] *f* skaï *m*
naquela [nɐ'kɛlɐ] = **em** + **aquela** ; ➤ **em**
naquele [nɐ'kelə] = **em** + **aquele** ; ➤ **em**
naquilo [nɐ'kilu] = **em** + **aquilo** ; ➤ **em**
narciso [nɐr'sizu] *m* narcisse *m*
narcótico [nɐr'kɔtiku] *m* narcotique *m*
narina [nɐ'rinɐ] *f* narine *f*
nariz [nɐ'riʃ] (*pl* **-es** [zəʃ]) *m* nez *m* • **meter o nariz em tudo** (*fam*) fourrer son nez partout • **torcer o nariz (a algo)** (*fam & fig*) faire la fine bouche (devant qqch)
narração [nɐʀɐ'sɐ̃u] (*pl* **-ões** [õiʃ]) *f* **1.** (*acto*) narration *f* **2.** (*conto, história*) récit *m*
narrar [nɐ'ʀar] *vt* raconter
narrativa [nɐʀɐ'tivɐ] *f* récit *m*
nas [nɐʃ] = **em** + **as** ; ➤ **em**
-nas [nɐʃ] *pron pl* **1.** (*elas*) les **2.** (*vocês*) vous
nascença [nɐʃ'sẽsɐ] *f* naissance *f* • **de nascença** de naissance
nascente [nɐʃ'sẽntə] *f* source *f*
nascer [nɐʃ'ser] *vi* **1.** (*pessoa, animal*) naître **2.** (*planta*) pousser **3.** (*sol*) se lever ◇ *m* lever *m* • **nascer para ser algo** être fait pour qqch
nascido, a [(*Port*) nɐʃ'siđu, đɐ (*Br*), na'sidu] *adj* né(e) • **nascido a.../em...** né le.../à...
nascimento [nɐʃsi'mẽntu] *m* naissance *f*
nata ['natɐ] *f* crème *f* ♦ **natas** *fpl* crème fraîche
natação [nɐtɐ'sɐ̃u] *f* natation *f*
natal [nɐ'tał] (*pl* **-ais** [aiʃ]) *adj* natal(e) ♦ **Natal** *m* Noël *m* • **Feliz Natal!** joyeux Noël !
nativo, va [nɐ'tivu, vɐ] *adj & m, f* natif(ive) • **nativo de** originaire de
NATO ['natu] *f* OTAN *f*
natural [nɐtu'rał] (*pl* **-ais** [aiʃ]) *adj* naturel(elle) • **ao natural** au naturel • **como é natural** naturellement • **é natural que** c'est normal que • **nada mais natural que** rien d'étonnant à ce que • **ser natural de** être né à
naturalidade [nɐturɐli'đađə] *f* **1.** (*simplicidade*) naturel *m* **2.** (*origem*) origine *f*
naturalmente [nɐturał'mẽntə] *adv* naturellement ◇ *interj* évidemment !

natureza [nɐtu'rezɐ] *f* nature *f* • **da mesma natureza** de même nature • **natureza morta** nature morte • **por natureza** par nature ◆ **Natureza** *f* • **a Natureza** la nature
nau ['nau] *f* vaisseau *m*
naufragar [naufrɐ'gar] *vi* faire naufrage
naufrágio [nau'fraʒju] *m* naufrage *m*
náusea ['nauzjɐ] *f* nausée *f* • **dar náuseas** donner la nausée
náutico, ca ['nautiku, kɐ] *adj* nautique
navalha [nɐ'vaʎɐ] *f* couteau *m*
navalheira [nɐvɐ'ʎɐirɐ] *f* couteau *m* *(mollusque)*
nave ['navə] *f* nef *f* • **nave espacial** vaisseau *m* spatial
navegação [nɐvəgɐ'sɐ̃u] *f* navigation *f*
navegador, ra [navega'do(x)] *m* **1.** *(ger)* navigateur *m*, -trice *f* **2.** *INFORM* surfeur *m*, -euse *f*, internaute *mf*
navegar [nave'ga(x)] *vt* piloter ◇ *vi* **1.** *(seguir viagem)* naviguer **2.** *(na Internet)* naviguer ou surfer sur Internet
navio [nɐ'viu] *m* navire *m*
NB (*abrev de Note Bem*) NB *(Nota Bene)*
NE (*abrev de Nordeste*) N-E *(nord-est)*
neblina [nə'blinɐ] *f* brume *f*
necessário, ria [nəsə'sarju, rjɐ] *adj* nécessaire ◇ *m* • **o necessário** le nécessaire • **é necessário...** il faut... • **quando necessário** s'il le faut • **se necessário** si nécessaire
necessidade [nəsəsi'dadə] *f* besoin *m* • **de primeira necessidade** de première nécessité • **sem necessidade** pour rien • **ter necessidade de fazer algo** avoir besoin de faire qqch • **fazer uma necessidade** *(fam)* faire ses besoins
necessitar [nəsəsi'tar] *vt* avoir besoin de ◆ **necessitar de** *v + prep* avoir besoin de • **necessitar de fazer algo** devoir faire qqch
necrotério [nəkru'tɛrju] *m* morgue *f*
néctar ['nɛktar] (*pl* **-es** [əʃ]) *m* nectar *m*
neerlandês, esa [nɛrlɐ̃'deʃ, ezɐ] (*mpl* **-eses** [ezəʃ], *fpl* **-s** [ʃ]) *adj* néerlandais(e) ◇ *m, f* Néerlandais *m*, -e *f* ◇ *m (língua)* néerlandais *m*
nefasto, ta [nə'faʃtu, tɐ] *adj* néfaste
negalhos [nə'gaʎuʃ] *mpl tripes farcies au lard et au saucisson*
negar [nə'gar] *vt* **1.** nier **2.** *(acesso)* refuser ◆ **negar-se** *vp* • **negar-se algo** se refuser qqch • **negar-se a fazer algo** se refuser à faire qqch
negativa [nəgɐ'tivɐ] *f* note *f* en dessous de 10 • **ter negativa** ne pas avoir la moyenne • **responder com uma negativa** répondre par la négative
negativo, va [nəgɐ'tivu, vɐ] *adj* **1.** négatif(ive) **2.** *(nota)* en dessous de 10 **3.** *(temperatura)* en dessous de zéro **4.** *(resultado, teste)* mauvais(e) ◇ *m* négatif *m*
negligência [nəgli'ʒẽsjɐ] *f* négligence *f*
negligente [nəgli'ʒẽntə] *adj* négligent(e)
negociação [nəgusjɐ'sɐ̃u] (*pl* **-ões** [õiʃ]) *f* négociation *f*
negociar [nəgu'sjar] *vt* négocier ◇ *vi* **1.** négocier **2.** *COM* faire des affaires
negócio [nə'gɔsju] *m* affaire *f* • **fazer negócios com alguém** faire des affaires avec qqn • **negócio da China** *(fam)* affaire en or • **negócio escuro** affaire véreuse

negro, gra ['negru, grɐ] *adj* **1.** noir(e) **2.** *(nublado, difícil)* sombre ◇ *m, f* Noir *m*, -e *f* • **ver-se negro para fazer algo** *(fam)* en baver pour faire qqch
nela ['nɛlɐ] = **em + ela** ; ➤ **em**
nele ['nelə] = **em + ele** ; ➤ **em**
nem [nẽi] *conj* non plus ◇ *adv* même pas • **nem ele sabe** il ne le sait pas non plus • **ele estava tão doente que nem veio** il était tellement malade qu'il n'est même pas venu • **nem por isso** pas tellement • **nem que** même si • **nem sempre** pas toujours • **nem tudo está incluído** tout n'est pas compris • **nem mais!** tout à fait ! • **nem... nem...** ni... ni... • **nem um nem outro** ni l'un ni l'autre • **nem penses!** *(fam)* tu peux toujours courir !
nenhum, ma [nə'ɲũ, mɐ] *(mpl* **-ns** [ʃ], *fpl* **-s** [ʃ]) *adj & pron* aucun (aucune) • **não tive problema nenhum** je n'ai eu aucun problème • **não quero nenhuma bebida** je ne veux rien boire • **nenhum de** aucun de • **nenhum dos dois** aucun des deux
neozelandês, esa [nɛuzəlẽn'deʃ, ezɐ] *(mpl* **-eses** [ezəʃ], *fpl* **-s** [ʃ]) *adj* néo-zélandais(e) ◇ *m, f* Néo-Zélandais *m*, -e *f*
nervo ['nervu] *m* nerf *m* ◆ **nervos** *mpl (fam)* nerfs *mpl*
nervosismo [nərvu'ziʒmu] *m* nervosité *f*
nervoso, a [(*Port*) nə'rvozu, zɐ (*Br*), nex'vozu, za] *adj* nerveux(euse)
nêspera ['neʃpərɐ] *f* nèfle *f*
nessa ['nɛsɐ] = **em + essa** ; ➤ **em**
nesse ['nesə] = **em + esse** ; ➤ **em**
nesta ['nɛʃtɐ] = **em + esta** ; ➤ **em**
neste ['neʃtə] = **em + este** ; ➤ **em**
net ['netʃi] *f INFORM* le Net *m*
netiqueta ['netʃiketa] *f* netiquette *f*
neto, ta ['nɛtu, tɐ] *m, f* petit-fils *m*, petite-fille *f*
neurologista [(*Port*) neurulu'ʒiʃta (*Br*), newrolo'ʒiʃta] *mf* neurologue *mf*
neurose [neu'rɔzə] *f* névrose *f*
neutralidade [neutrɐli'đađə] *f* neutralité *f*
neutralizar [neutrɐli'zar] *vt* neutraliser
neutro, tra ['neutru, trɐ] *adj* neutre
nevar [nə'var] *v impess* neiger • **está a nevar** il neige
neve ['nɛvə] *f* neige *f*
névoa ['nɛvwɐ] *f* brume *f*
nevoeiro [nə'vwɐiru] *m* brouillard *m*
newsgroups [nuʃ'grupʃ] *m (Internet)* forum *m* de discussion
Nicarágua [nikɐ'ragwɐ] *f* • **a Nicarágua** le Nicaragua
nick ['niki] (*abrev de nickname*) *m INFORM* pseudonyme *m*
nicotina [niku'tinɐ] *f* nicotine *f*
ninguém [nĩŋ'gẽi] *pron* personne • **ninguém sabe** personne ne le sait • **não está ninguém (em casa)** il n'y a personne (à la maison) • **não vi ninguém** je n'ai vu personne
ninho ['niɲu] *m* nid *m*
nipónico, ca [ni'pɔniku, kɐ] *adj* nippon(one) ◆ **nipónico, ca** *mf* Nippon(one)
níquel ['nikɛł] *(pl* **-eis** [ɐiʃ]) *m* nickel *m*
nissei [ni'sɐi] *mf (Br)* Brésilien *m*, -enne *f* de parents japonais
nisso ['nisu] = **em + isso** ; ➤ **em**
nisto ['niʃtu] = **em + isto** ; ➤ **em**

nitidez [niti'ðeʃ] *f* **1.** *(de imagem, visão)* netteté *f* **2.** *(de ideias, raciocínio)* clarté *f*
nítido, da ['nitiðu, ðɐ] *adj* **1.** *(imagem, visão)* net (nette) **2.** *(ideia)* clair(e)
nitrato [ni'tratu] *m* nitrate *m* • **nitrato de prata** nitrate d'argent
nível ['nivɛɫ] (*pl* **-eis** [ɐiʃ]) *m* **1.** niveau *m* **2.** *(qualidade)* gamme *f* • **ao nível de** au niveau de • **de alto/baixo nível** haut/bas de gamme • **nível de vida** niveau de vie
no [nu] = **em** + **o** ; ➤ **em**
-no [nu] *pron* **1.** *(ele)* le **2.** *(você)* vous
NO [nu] *(abrev de Noroeste)* N-O *(nord-ouest)*
nó ['nɔ] *m* **1.** nœud *m* **2.** *(em dedo)* articulation *f* • **dar um nó** faire un nœud • **dar o nó** *(fam)* se marier
nobre ['nɔbrə] *adj* noble
noção [nu'sɐ̃u] (*pl* **-ões** [õiʃ]) *f* notion *f*
nocivo, va [nu'sivu, vɐ] *adj* nocif(ive)
noções ➤ **noção**
nocturno, na [no'turnu, nɐ] *adj* **1.** *(Port)* *(actividade)* de nuit **2.** *(animal)* nocturne
nódoa ['nɔðwɐ] *f* tache *f* • **nódoa negra** bleu *m*
nogueira [nu'gɐirɐ] *f* noyer *m*
noite ['noitə] *f* **1.** nuit *f* **2.** *(início da noite)* soir *m* • **à noite** le soir • **boa noite!** bonsoir ! ; *(antes de ir dormir)* bonne nuit ! • **esta noite** cette nuit ; *(no início da noite)* ce soir • **dia e noite** jour et nuit • **por noite** la nuit • **uma noite por outra** de temps en temps • **da noite para o dia** du jour au lendemain
noivado [noi'vaðu] *m* fiançailles *fpl*
noivo, va ['noivu, vɐ] *m, f* fiancé *m*, -e *f* • **estar noivo de alguém** être fiancé à qqn
◆ **noivos** *mpl* mariés *mpl* • **eles estão noivos** ils sont fiancés
nojento, ta [nu'ʒẽntu, tɐ] *adj* dégoûtant(e)
nojo ['noʒu] *m* dégoût *m* • **dar nojo** dégoûter • **ter** ou **sentir nojo de** être dégoûté par
nome ['nomə] *m* nom *m* • **nome completo** nom et prénom(s) • **nome de baptismo** prénom *m* • **nome de solteira** nom de jeune fille • **nome próprio** nom propre • **em nome de** au nom de • **chamar nomes a alguém** traiter qqn de tous les noms
nomeação [numjɐ'sɐ̃u] (*pl* **-ões** [õiʃ]) *f* nomination *f*
nomeadamente [nu,mjaðɐ'mẽntə] *adv* notamment
nomear [nu'mjar] *vt* **1.** nommer **2.** *(para prémio)* sélectionner
nonagésimo, ma [nonɐ'ʒɛzimu, mɐ] *num* quatre-vingt-dixième
nono, na ['nonu, nɐ] *num* **1.** neuvième **2.** • **o nono/a nona** le/la neuvième • **chegar em nono** arriver neuvième • **capítulo nono** chapitre neuf • **em nono lugar** en neuvième • **no nono dia** le neuvième jour • **a nona parte** le neuvième
nora ['nɔrɐ] *f* **1.** *(familiar)* belle-fille *f* **2.** *(para água)* noria *f* • **andar à nora** *(fig)* être déboussolé
nordeste [nɔr'ðɛʃtə] *m* nord-est *m* • **no nordeste** au nord-est
nordestino, na [nɔxdɛʃ'tʃinu, na] *(Br)* *adj* du Nord-est ◇ *m, f* habitant *m*, -e *f* du Nord-est
norma ['nɔrmɐ] *f* norme *f* • **por norma** en règle générale

normal [nɔr'mał] (*pl* **-ais** [aiʃ]) *adj* normal(e)
normalmente [nɔrmał'mẽntə] *adv* normalement
noroeste [nɔ'rwɛʃtə] *m* nord-ouest *m* • **no noroeste** au nord-ouest
norte ['nɔrtə] *adj* du nord ◇ *m* nord *m* • **a norte** au nord • **a norte de** au nord de • **no norte** au nord
norte-americano, na [ˌnɔrtɐməri'kɐnu, nɐ] *adj* américain(e) ◇ *m, f* Américain *m*, -e *f*
Noruega [nɔ'rwɛgɐ] *f* • **a Noruega** la Norvège
norueguês, esa [nɔrwɛ'geʃ, ezɐ] (*mpl* **-eses** [ezəʃ], *fpl* **-s** [ʃ]) *adj* norvégien(enne) ◇ *m, f* Norvégien *m*, -enne *f* ◇ *m (língua)* norvégien *m*
[1]**nos** [nuʃ] = **em + os** ; ➤ **em**
[2]**nos** [nuʃ] *pron pl* nous • **ele pagou-nos** (*Port*) il nous a payés • **ela nos falou** (*Br*) elle nous a parlé • **deu-nos muito que fazer** (*Port*) il nous a donné beaucoup de travail • **ele nos chateou muito** (*Br*) il nous a beaucoup embêtés • **vamo-nos embora** (*Port*) allons-y • **nos vamos embora** (*Br*) allons-y • **odiamo-nos** nous nous détestons • **nos beijámos** (*Br*) nous nous sommes embrassés • **assim não nos roubam o carro** ainsi on ne nous volera pas la voiture
-nos [nuʃ] *pron pl* **1.** *(eles)* les **2.** *(vocês)* vous
nós ['nɔʃ] *pron* nous • **somos nós** c'est nous • **e nós?** et nous ? • **nós mesmos** ou **próprios** nous-mêmes • **para nós** d'après nous • **por nós** quant à nous
nosso, a ['nɔsu, ɐ] *adj* notre ◇ *pron* • **o nosso/a nossa** le/la nôtre • **isto é nosso** c'est à nous • **um amigo nosso** un de nos amis • **os nossos** *(a nossa família)* les nôtres
nostalgia [nuʃtał'ʒiɐ] *f* nostalgie *f*
nostálgico, ca [nuʃ'tałʒiku, kɐ] *adj* nostalgique
nota ['nɔtɐ] *f* **1.** note *f* **2.** *(moeda)* billet *m* • **tomar nota de algo** prendre note de qqch
notário, ria [nu'tarju, rjɐ] *m, f* notaire *m*
notável [nu'tavɛł] (*pl* **-eis** [ɐiʃ]) *adj* notable
notebook ['notəbukə ou 'notʃibuki] (*pl* **-s** [ʃ]) (*Br*) *m INFORM* bloc-notes *m*
notícia [nu'tisjɐ] *f* nouvelle *f* ◆ **notícias** *fpl* informations *fpl*
noticiário [nutə'sjarju] *m* journal *m*
notificar [nutəfi'kar] *vt* notifier
notório, ria [nu'tɔrju, rjɐ] *adj* notoire
noturno [no'tuxnu] (*Br*) = **nocturno**
noutra = **em + outra** ; ➤ **em**
noutro ['notru] = **em + outro** ; ➤ **em**
nova ['nɔvɐ] *f* nouvelle *f*
Nova Iorque [ˌnɔvɐ'jɔrkə] *s* New-York
novamente [ˌnɔvɐ'mẽntə] *adv* de nouveau
novato, ta [nu'vatu, tɐ] *m, f* novice *mf*
Nova Zelândia [ˌnɔvɐzə'lẽndjɐ] *f* • **a Nova Zelândia** la Nouvelle-Zélande
nove ['nɔvə] *num* neuf • **às nove** à neuf heures • **ele tem nove anos** il a neuf ans • **eles eram nove** ils étaient neuf • **são nove horas** il est neuf heures • **nove de Janeiro** le neuf janvier • **página nove** page neuf • **trinta e nove** trente-neuf • **o nove de copas** le neuf de cœur • **de nove em nove dias** tous les neuf jours • em-

pataram a nove (ils ont fait) neuf partout • **nove a zero** neuf à zéro
novecentos, tas [nɔvə'sẽntuʃ, tɐʃ] *num* neuf cents
novela [no'vɛla] *f* **1.** *(Br) (em televisão)* feuilleton *m* **2.** *(livro)* nouvelle *f*
novelo [nu'velu] *m* pelote *f*
novembro [no'vẽmbru] *m (Br)* = **Novembro**
Novembro [nu'vẽmbru] *m (Port)* novembre *m* • **durante o mês de Novembro** au mois de novembre • **em Novembro** en novembre • **em meados de Novembro** à la mi-novembre • **este mês de Novembro** le mois de novembre • **no passado/próximo mês de Novembro** en novembre dernier/prochain • **no princípio/final de Novembro** début/fin novembre • **o um de Novembro** le 1er novembre
noventa [nu'vẽntɐ] *num* quatre-vingt-dix
novidade [nuvi'đađə] *f* **1.** nouveauté *f* **2.** *(notícia)* nouvelle *f*
novilho [nu'viʎu] *m* veau *m*
novo, nova ['novu, 'nɔvɐ] *adj* **1.** *(jovem)* jeune **2.** *(recente)* nouveau(elle) **3.** *(não estreado)* neuf (neuve) • **novo em folha** tout neuf
noz ['nɔʃ] *(pl* **-es** [zəʃ]) *f* noix *f*
noz-moscada [ˌnɔʒmuʃ'kađɐ] *f* noix *f* muscade
nu, nua ['nu, 'nuɐ] *adj* nu(e) • **nu em pêlo** tout nu
nublado, da [nu'blađu, đɐ] *adj* nuageux(euse)
nuca ['nukɐ] *f* nuque *f*
nuclear [nukli'ar] *(pl* **-es** [əʃ]) *adj* nucléaire
núcleo ['nukliu] *m* noyau *m*
nudez [nu'đeʃ] *f* nudité *f*
nudista [nu'điʃtɐ] *mf* nudiste *mf*
nulo, la ['nulu, lɐ] *adj* nul (nulle)
num [nũ] = **em + um** ; ➤ **em**
numa ['numɐ] = **em + uma** ; ➤ **em**
numeral [numə'rał] *(pl* **-ais** [aiʃ]) *m* numéral *m*
numerar [numə'rar] *vt* numéroter
numerário [numə'rarju] *m* numéraire *m*
número ['numəru] *m* **1.** numéro *m* **2.** *(de sapatos)* pointure *f* **3.** *(peça de vestuário)* taille *f* **4.** *(quantidade)* nombre *m* • **número de código** numéro de code • **número de contribuinte** numéro d'identification fiscale • **número de passaporte** numéro de passeport • **número de telefone** numéro de téléphone
numeroso, osa [numə'rozu, ɔzɐ] *adj* nombreux(euse)
numismática [numiʒ'matikɐ] *f* numismatique *f*
nunca ['nũŋkɐ] *adv* jamais • **mais do que nunca** plus que jamais • **nunca mais** plus jamais • **nunca se sabe** on ne sait jamais • **nunca na vida** jamais de la vie
nuns [nũʃ] = **em + uns** ; ➤ **em**
núpcias ['nupsjɐʃ] *fpl* noces *fpl*
nutrição [nutri'sɐ̃u] *f* nutrition *f*
nutrir [nu'trir] *vt (fig)* nourrir
nutritivo, va [nutri'tivu, vɐ] *adj* nutritif(ive)
nuvem ['nuvẽi] *(pl* **-ns** [ʃ]) *f* nuage *m*
N.W. *(abrev de* **Noroeste***)* N-O *(nord-ouest)*

O

o, a [u, ɐ] (*mpl* **os** [uʃ], *fpl* **as** [ɐʃ]) *art*
1. *(ger)* le (la) • **o hotel** l'hôtel • **os alunos** les élèves • **a aluna** l'élève • **a casa** la maison • **o amor** l'amour • **os nervos** les nerfs • **a vida** la vie • **o belo** le beau • **o melhor/pior** le meilleur/pire • **o possível** le possible • **o Brasil** le Brésil • **a Inglaterra** l'Angleterre • **os Pireneus** les Pyrénées • **partiu o nariz** il s'est cassé le nez • **tenho os pés frios** j'ai les pieds gelés • **os ovos são a 3 euros a dúzia** les œufs sont à 3 euros la douzaine • **o 25 de Abril** le 25 avril
2. *(com nome de pessoa)* • **o Paulo** Paulo • **a Helena** Helena • **o Sr. Costa** M. Costa
◇ *pron*
1. *(ger)* le (la) • **deixei-a ali** je l'ai laissée là • **ela amava-o muito** elle l'aimait beaucoup • **não os vi** je ne les ai pas vus • **o quarto, reservei-o com antecedência** la chambre, je l'ai réservée d'avance • **os papéis, não consigo achá-los** les papiers, je n'arrive pas à les trouver • **as minhas botas, vais estragá-las** mes bottes, tu vas les abîmer
2. *(você, vocês)* vous • **eu chamei-o, mas você não ouviu** je vous ai appelé, mais vous n'avez pas entendu • **prazer em vê-los, meninos** je suis ravi de vous voir, les enfants
3. *(em locuções)* • **o/a de** celui/celle de • **é o carro do Paulo** c'est la voiture de Paulo • **o dele** le sien • **a dela** la sienne • **são os dele** ce sont les siens • **quero o de azul** je veux celui en bleu • **o/a que vejo** celui/celle que je vois • **os/as que comeram** ceux/celles qui ont mangé • **o que é que estás a fazer?** qu'est-ce que tu fais ? • **o que é que se passa?** qu'est-ce qui se passe • **o quê?** quoi ? • **era o que eu pensava** c'est bien ce que je pensais

oásis ['ɔaziʃ] *m inv* oasis *f*

ob. (*abrev de* **observação**) obs *(observation)*

oba ['obɐ] *interj* (*Br*) oh là là !

obedecer [obədə'ser] *vi* obéir • **obedecer a** obéir à

obediente [obə'djẽntə] *adj* obéissant(e)

obesidade [ubəzi'dadə] *f* obésité *f*

obeso, sa [u'bezu, zɐ] *adj* obèse

obg. (*abrev de* **obrigado**) merci

óbito ['ɔbitu] *m* décès *m*

obituário [obi'twarju] *m* notice *f* nécrologique

objeção [obʒe'sɐ̃w] (*pl* **-ões** [õiʃ]) *f* (*Br*) = **objecção**

objecção [obʒɛ'sɐ̃w] (*pl* **-ões** [õiʃ]) *f* (*Port*) objection *f*

objectiva [obʒɛ'tivɐ] *f* objectif *m*

objectivo, va [obʒɛ'tivu, vɐ] *adj* objectif(ive) ◇ *m* objectif *m*

objecto [ob'ʒɛtu] *m* (*Port*) objet *m*

objector [obʒɛ'tor] (*pl* **-es** [əʃ]) *m* (*Port*) • **objector de consciência** objecteur *m* de conscience

objetiva [obʒe'tʃiva] (*Br*) = **objectiva**

objetivo [obʒe'tʃivu] (*Br*) = **objectivo**

objeto [ob'ʒɛtu] *m* (*Br*) = **objecto**

oboé [o'bwɛ] *m* hautbois *m*

obra ['ɔbrɐ] *f* œuvre • **obra de arte** œuvre d'art • **ser obra** ne pas être une mince affaire ◆ **obras** *fpl* travaux *mpl* ▼ **em obras** en travaux
obra-prima [ˌɔbrɐ'primɐ] (*pl* **obras-primas** [ˌɔbrɐʃ'primɐʃ]) *f* chef *m* d'œuvre
obrar [o'brar] *vi* aller à la selle
obrigação [obrigɐ'sɐ̃u] (*pl* **-ões** [õiʃ]) *f* obligation *f*
obrigado [obri'gadu] *interj* merci ! • **muito obrigado!** merci beaucoup !
obrigar [obri'gar] *vt* • **obrigar alguém a fazer algo** obliger qqn à faire qqch
obrigatório, **ria** [obrigɐ'tɔrju, rjɐ] *adj* obligatoire
obs. (*abrev de* **observações**) obs (*observations*)
obsceno, **na** [obʃ'senu, nɐ] *adj* obscène
observação [obsərvɐ'sɐ̃u] (*pl* **-ões** [õiʃ]) *f* **1.** (*de pessoa, animal, evento*) observation *f* **2.** (*reparo*) remarque *f* **3.** (*de lei, regra*) respect *m* ◆ **observações** *fpl* remarques *fpl*
observador, **ra** [obsərvɐ'dor, rɐ] (*mpl* **-es** [əʃ], *fpl* **-s** [ʃ]) *m, f* observateur *m*, -trice *f*
observar [obsər'var] *vt* **1.** observer **2.** (*dizer*) faire remarquer
observatório [obsərvɐ'tɔrju] *m* observatoire *m*
obsessão [obsə'sɐ̃u] (*pl* **-ões** [õiʃ]) *f* obsession *f*
obsoleto, **ta** [obsu'letu, tɐ] *adj* obsolète
obstáculo [obʃ'takulu] *m* obstacle *m*
obstetra [obʃ'tɛtrɐ] *mf* obstétricien *m*, -enne *f*
obstinado, **da** [obʃti'nadu, dɐ] *adj* obstiné(e)
obstipação [obʃtipɐ'sɐ̃u] *f* constipation *f*
obstrução [obʃtru'sɐ̃u] (*pl* **-ões** [õiʃ]) *f* obstruction *f*
obter [ob'ter] *vt* obtenir
obturação [obturɐ'sɐ̃u] (*pl* **-ões** [õiʃ]) *f* obturation *f*
obturador [obturɐ'dor] (*pl* **-es** [əʃ]) *m* obturateur *m*
óbvio, **via** ['ɔbvju, vjɐ] *adj* évident(e) • **como é óbvio** évidemment
ocasião [okɐ'zjɐ̃u] (*pl* **-ões** [õiʃ]) *f* **1.** (*momento determinado*) fois *f* **2.** (*oportunidade*) occasion *f* • **nessa ocasião** à cette occasion • **por ocasião de** au moment de
Oceania [osjɐ̃'nia] (*Br*) = **Oceânia**
Oceânia [o'sjɐnjɐ] *f* • **a Oceânia** l'Océanie *f*
oceano [o'sjɐnu] *m* océan *m*
ocidental [osidẽn'tał] (*pl* **-ais** [aiʃ]) *adj* occidental(e) ◆ **ocidentais** *mpl* • **os ocidentais** les Occidentaux *mpl*
ocidente [osi'dẽntə] *m* occident *m* ◆ **Ocidente** *m* • **o Ocidente** l'Occident *m*
ócio ['ɔsju] *m* loisir *m*
oco, **oca** ['oku, 'okɐ] *adj* creux (creuse)
ocorrência [oku'ʀẽsjɐ] *f* **1.** (*acontecimento*) événement *m* **2.** (*incidente*) incident *m* • **constatar a ocorrência de factos estranhos** constater que des choses bizarres se produisent
ocorrer [oko'xe(x)] *vi* **1.** (*ger*) aller au devant (de qqn, de qqch) **2.** (*acontecimento*) survenir **3.** (*ajudar*) subvenir, pourvoir (aux besoins) ◆ **ocorrer a** *v + prep* venir à l'esprit
ocorrer [oku'ʀer] *vi* arriver

octogésimo, **ma** [ɔktɔ'ʒɛzimu, mɐ] *num* quatre-vingtième

oculista [oku'liʃtɐ] *mf* **1.** *(médico)* occuliste *mf* **2.** *(fabricante)* opticien *m*, -enne *f*

óculos ['ɔkuluʃ] *mpl* lunettes *fpl* • **óculos de sol** lunettes de soleil

ocultar [okuɫ'tar] *vt* cacher ◆ **ocultar-se** *vp* se cacher

oculto, **ta** [o'kuɫtu, tɐ] *pp* ➤ **ocultar**

ocupação [okupɐ'sɐ̃w] (*pl* **-ões** [õiʃ]) *f* occupation *f*

ocupado, **da** [oku'pađu, đɐ] *adj* occupé(e) ▼ **ocupado** occupé

ocupar [oku'par] *vt* **1.** occuper **2.** *(tempo, espaço)* prendre ◆ **ocupar-se** *vp* s'occuper • **ocupar-se a fazer algo** s'occuper en faisant qqch • **ocupar-se de** s'occuper de

odiar [o'đjar] *vt* haïr

ódio ['ɔđju] *m* haine *f*

odor [o'đor] (*pl* **-es** [əʃ]) *m* odeur *f* • **odor corporal** odeur corporelle

oeste ['wɛʃtə] *m* ouest *m* • **a oeste** à l'ouest • **a oeste de** à l'ouest de • **no oeste** à l'ouest

ofegante [ofə'gẽntə] *adj* haletant(e)

ofegar [ofə'gar] *vi* haleter

ofender [ofẽn'der] *vt* blesser, offenser ◆ **ofender-se** *vp* se vexer • **ofender-se com algo** se vexer de qqch

ofendido, **da** [ofẽn'điđu, đɐ] *adj* vexé(e)

oferecer [ofere'se(x)] *vt* • **oferecer algo a alguém** offrir qqch à qqn ◆ **oferecer-se para** *vp* + *prep* offrir ses services

oferta [o'fɛrtɐ] *f* **1.** offre *f* **2.** *(presente)* cadeau *m*

offline [ɔflajn (*Port*)], **off-line** ['ɔflajni (*Br*)] *adj* & *adv* **1.** *INFORM* déconnecté **2.** *TEC* indisponible

oficial [ofə'sjaɫ] (*pl* **-ais** [aiʃ]) *adj* officiel(elle) ◇ *mf* officier *m*

oficina [ofə'sinɐ] *f* garage *m*

ofício [o'fisju] *m* **1.** *(profissão)* métier *m* **2.** *(carta oficial)* dépêche *f*

oftalmologista [ɔftaɫmulu'ʒiʃtɐ] *mf* ophtalmologiste *mf*

ofuscar [ofuʃ'kar] *vt* éblouir

oi ['oi] *interj* (*Br*) salut !

oitavo, **va** [oi'tavu, vɐ] *num* **1.** huitième **2.** • **o oitavo/a oitava** le/la huitième • **chegar em oitavo** arriver huitième • **capítulo oitavo** chapitre huit • **em oitavo lugar** en huitième • **no oitavo dia** le huitième jour • **a oitava parte** le huitième

oitenta [oi'tẽntɐ] *num* quatre-vingt

oito ['oitu] *num* huit • **estar feito num oito** (*fam*) être fichu • **nem oito nem oitenta!** (*fam*) il ne faut pas exagérer ! • **às oito** à huit heures • **ele tem oito anos** il a huit ans • **eles eram oito** ils étaient huit • **são oito horas** il est huit heures • **oito de Janeiro** le huit janvier • **página oito** page huit • **trinta e oito** trente-huit • **o oito de copas** le huit de cœur • **de oito em oito dias** tous les huit jours • **empataram a oito** (ils ont fait) huit partout • **oito a zero** huit à zéro

oitocentos, **tas** [oitu'sẽntuʃ, tɐʃ] *num* huit cents

OK [ɔ'kɐi] *interj* OK !

olá [ɔ'la] *interj* salut !

olaria [olɐ'riɐ] *f* poterie *f*

oleado [o'ljađu] *m* linoléum *m*

olear [o'ljar] *vt* huiler
óleo ['ɔlju] *m* huile *f* • **óleo de bronzear** huile solaire • **óleo de girassol** huile de tournesol • **óleo de soja** huile de soja • **óleo vegetal** huile végétale
oleoduto [oljɔ'dutu] *m* oléoduc *m*
oleoso, osa [o'ljozu, ɔzɐ] *adj* gras (grasse)
olfacto [oɫ'fatu] *m* (*Port*) odorat *m*
olfato [ou'fatu] *m* (*Br*) = **olfacto**
olhadela [oʎɐ'dɛlɐ] *f* coup *m* d'œil • **dar uma olhadela a algo** jeter un coup d'œil à qqch
olhar [o'ʎar] *vt* & *vi* regarder ◇ *m* regard *m* • **olhar para** regarder vers • **olhar por** s'occuper de
olheiras [o'ʎeirɐʃ] *fpl* cernes *mpl*
olho ['oʎu] (*pl* **olhos** ['ɔʎuʃ]) *m* œil *m* • **olho de couve** cœur *m* de chou • **olho mágico** œilleton *m* • **a olho nu** à l'œil nu • **a olhos vistos** à vue d'œil • **aos olhos de** aux yeux de • **cravar os olhos em** fixer les yeux sur • **custar os olhos da cara** coûter les yeux de la tête • **não pregar olho** (*fam*) ne pas fermer l'œil (*de la nuit*) • **ver com bons/maus olhos** voir d'un bon/mauvais œil
olho-de-sogra [ˌoʎuđə'sɔgrɐ] (*pl* **olhos-de-sogra** [ˌɔuʒđə'sɔgrɐ]) *m* (*Br*) *pruneau fourré à la crème fraîche et à la noix de coco*
olímpico, ca [o'lĩmpiku, kɐ] *adj* olympique
oliveira [oli'veirɐ] *f* olivier *m*
olmo ['owmu] *m* orme *m*
ombro ['õmbru] *m* épaule *f* • **encolher os ombros** hausser les épaules
omelete [omə'lɛtə] *f* omelette *f*
omissão [omi'sɐ̃u] (*pl* **-ões** [õiʃ]) *f* omission *f*
omitir [omi'tir] *vt* omettre
omnipotente [ˌɔmnipu'tẽntə] *adj* omnipotent(e)
omoplata [ɔmɔ'platɐ] *f* omoplate *f*
onça ['õsɐ] *f* **1.** (*animal*) jaguar *m* **2.** (*medida*) once *f*
onda ['õndɐ] *f* **1.** vague *f* **2.** (*de rádio*) onde *f* **3.** (*de cabelo*) ondulation *f* • **onda média** ondes moyennes • **onda longa/curta** grandes/petites ondes • **fazer ondas** (*fam*) faire des histoires • **ir na onda** se faire avoir
onde ['õndə] *adv* où • **por onde** par où
ondulado, da [õndu'ladu, đɐ] *adj* ondulé(e)
oneroso, osa [onə'rozu, ɔzɐ] *adj* onéreux(euse)
ONG *f* (*abrev de Organização Não Governamental*) ONG *f* (*Organisation Non Gouvernementale*)
ônibus ['onibuʃ] *m inv* (*Br*) autobus *m*
onipotente [ˌɔmnipo'tẽntʃi] *adj* omnipotent(e)
ónix ['ɔniks] *m* onyx *m*
ônix ['oniks] (*Br*) = **ónix**
online [ɔnlajn (*Port*)] (*Port*), **on-line** ['onlajni (*Br*)] *adj* & *adv INFORM* en ligne, connecté
ontem ['õntẽi] *adv* hier • **antes de ontem** avant-hier • **sem mais nem ontem** sans plus attendre
ONU ['ɔnu] *f* (*abrev de Organização das Nações Unidas*) ONU *f* (*Organisation des Nations Unies*)
onze ['õzə] *num* onze • **às onze** à onze heures • **ele tem onze anos** il a onze ans

• **eles eram onze** ils étaient onze • **são onze horas** il est onze heures • **onze de Janeiro** le onze janvier • **página onze** page onze • **de onze em onze dias** tous les onze jours

opaco, ca [o'paku, kɐ] *adj* opaque

opala [o'palɐ] *f* opale *f*

opção [op'sɐ̃u] (*pl* **-ões** [õiʃ]) *f* option *f*

ópera ['ɔpɐrɐ] *f* opéra *m*

operação [opɐrɐ'sɐ̃u] (*pl* **-ões** [õiʃ]) *f* opération *f*

operado, a [(*Port*) opə'rɐđu, đ (*Br*), ope'radu, da] *adj* opéré(e) • **ser operado** se faire opérer

operador, ra [opɐrɐ'đor, rɐ] (*mpl* **-es** [əʃ], *fpl* **-s** [ʃ]) *m, f* • **operador de computadores** *personne qui maîtrise des logiciels informatiques*

operar [opə'rar] *vt* & *vi* opérer ♦ **operar-se** *vp* se produire

operário, ria [opə'rarju, rjɐ] *m, f* ouvrier *m*, -ère *f*

opereta [opə'retɐ] *f* opérette *f*

opinar [opi'nar] *vt* estimer ◇ *vi* donner son avis

opinião [opə'njɐ̃u] (*pl* **-ões** [õiʃ]) *f* opinion *f* • **na minha opinião** à mon avis • **na opinião de** selon • **ser da opinião que** être d'avis que • **a opinião pública** l'opinion publique

ópio ['ɔpju] *m* opium *m*

oponente [opu'nẽntə] *mf* opposant *m*, -e *f*

opor-se [o'porsə] *vp* s'opposer • **opor-se a** s'opposer à

oportunidade [opurtuni'đađə] *f* occasion *f*

oportuno, na [opur'tunu, nɐ] *adj* opportun(e)

oposição [opuzi'sɐ̃u] *f* opposition *f* • **a oposição** l'opposition

oposto, osta [o'poʃtu, ɔʃtɐ] *adj* opposé(e) ◇ *m* • **o oposto** l'opposé • **oposto a** opposé à

opressão [oprə'sɐ̃u] (*pl* **-ões** [õiʃ]) *f* oppression *f*

opressivo, va [oprə'sivu, vɐ] *adj* **1.** *(atmosfera)* oppressant(e) **2.** *(sistema, regime)* oppressif(ive)

opressões ➤ **opressão**

oprimir [opri'mir] *vt* opprimer

optar [op'tar] *vi* opter • **optar por algo** opter pour qqch • **optar por fazer algo** choisir de faire qqch

optimismo [ɔti'miʒmu] *m* (*Port*) optimisme *m*

óptimo, ma ['ɔtimu, mɐ] *adj* (*Port*) très bon (bonne) ◇ *interj* super !

ora ['ɔrɐ] *interj* voyons ! ◇ *conj* bon ◇ *adv* • **por ora** pour l'instant • **de ora avante** ou **em diante** dorénavant • **ora essa!** (*fam*) ça alors ! • **ora sim..., ora não...** (*fam*) un coup oui..., un coup non...

oração [orɐ'sɐ̃u] (*pl* **-ões** [õiʃ]) *f* prière *f*

orador, ra [orɐ'đor, rɐ] (*mpl* **-es** [əʃ], *fpl* **-s** [ʃ]) *m, f* orateur *m*, -trice *f*

oral [o'rał] (*pl* **-ais** [aiʃ]) *adj* oral(e) ◇ *f* oral *m*

orangotango [orɐ̃ŋgu'tɐ̃ŋgu] *m* orang-outan *m*

orar [o'rar] *vi* **1.** *(discursar)* faire un discours **2.** *(rezar)* prier

órbita ['ɔrƀitɐ] *f* orbite *f*

orçamento [orsɐ'mẽntu] *m* budget *m*

ordem ['ɔrđẽi] *(pl* **-ns** [ʃ]) *f* ordre *m* • **sempre às ordens!** à votre service ! • **até nova ordem** jusqu'à nouvel ordre • **de tal ordem que** si important que • **pôr algo em ordem** mettre qqch en ordre • **por ordem** par ordre • **por ordem de alguém** sur ordre de qqn
ordenado [orđə'nađu] *m* salaire *m*
ordenhar [orđə'ɲar] *vt* traire
ordens ➤ **ordem**
ordinário, ria [orđi'narju, rjɐ] *adj (grosseiro)* vulgaire
orégano [o'rɛganu] *(Br)* = **orégão**
orégão [o'rɛgẽu] *m* origan *m*
orelha [o'reʎɐ] *f* **1.** *ANAT* oreille *f* **2.** *(de calçado)* languette *f*
orelheira [orə'ʎɐirɐ] *f* oreilles *fpl* de porc
orfanato [orfɐ'natu] *m* orphelinat *m*
órfão, ã ['ɔrfẽu, ẽ] *m, f* orphelin *m*, -e *f*
orfeão [or'fjẽw] *(pl* **-ões** [õiʃ]) *m* chorale *f*
orgânico, ca [or'gɐniku, kɐ] *adj* organique
organismo [orgɐ'niʒmu] *m* organisme *m*
organização [orgɐnizɐ'sẽu] *(pl* **-ões** [õiʃ]) *f* organisation *f*
organizar [*(Port)* orgɐni'zɐr *(Br)*, oxgani'za(x)] *vt* organiser
órgão ['ɔrgẽu] *m* **1.** organe *m* **2.** *(instrumento musical)* orgue *m* • **órgãos genitais** ou **sexuais** organes génitaux ou sexuels
orgasmo [or'gaʒmu] *m* orgasme *m*
orgia [or'ʒiɐ] *f* orgie *f*
orgulhar-se [orgu'ʎarsə] ◆ **orgulhar-se de** *vp + prep* être fier (fière) de
orgulho [or'guʎu] *m* **1.** *(soberba)* orgueil *m* **2.** *(satisfação)* fierté *f*
orgulhoso, a [*(Port)* orgu'ʎozu, zɐ, oxgu'ʎozu, za] *adj* fier (fière)
orientação [orjẽntɐ'sẽu] *(pl* **-ões** [õiʃ]) *f* orientation *f* • **orientação escolar** orientation • **orientação a objetos** *(internet)* aller à • **orientação profissional** orientation professionnelle
oriental [orjẽn'tał] *(pl* **-ais** [aiʃ]) *adj* oriental(e) ◆ **orientais** *mpl* • **os orientais** les Orientaux *mpl*
orientar [orjẽn'tar] *vt* orienter ◆ **orientar-se por** *vp + prep* suivre
oriente [o'rjẽntə] *m* orient *m* ◆ **Oriente** *m* • **o Oriente** l'Orient *m*
orifício [ori'fisju] *m* orifice *m*
origem [o'riʒẽi] *(pl* **-ns** [ʃ]) *f* origine *f*
original [oriʒi'nał] *(pl* **-ais** [aiʃ]) *adj* **1.** original(e) **2.** *(inicial)* originel(elle) ◇ *m* original *m*
originar [oriʒi'nar] *vt* être à l'origine de ◆ **originar-se** *vp* survenir
oriundo, da [o'rjũndu, dɐ] *adj* • **oriundo de** originaire de
orixá [ori'ʃa] *mf (Br) divinité du culte afro-brésilien du candomblé*
ornamentar [ornɐmẽn'tar] *vt* orner
ornamento [ornɐ'mẽntu] *m* ornement *m*
ornitologia [ɔrnitulu'ʒiɐ] *f* ornithologie *f*
orquestra [or'kɛʃtrɐ] *f* orchestre *m*
orquídea [or'kiđjɐ] *f* orchidée *f*
ortografia [ortugrɐ'fiɐ] *f* orthographe *f*
ortopedia [ɔrtɔpə'điɐ] *f* orthopédie *f*
ortopédico, ca [ɔrtɔ'pɛđiku, kɐ] *adj* orthopédique
ortopedista [ɔrtɔpə'điʃtɐ] *mf* orthopédiste *mf*

orvalho [or'vaʎu] *m* rosée *f*
os [uʃ] ➤ **o**
oscilação [oʃsilɐ'sɐ̃u] (*pl* **-ões** [õiʃ]) *f* oscillation *f*
oscilar [oʃsi'lar] *vi* osciller • **oscilar entre** osciller entre
osso ['osu] *m* os *m*
ostensivamente [oʃtẽˌsivɐ'mẽntə] *adv* ostensiblement
ostensivo, va [oʃtẽ'sivu, vɐ] *adj* ostentatoire
ostentar [oʃtẽn'tar] *vt* arborer
ostra ['oʃtrɐ] *f* huitre *f*
OTAN [o'tɐ̃] *f* (*abrev de Organização do Tratado do Atlântico Norte*) OTAN *f* (*Organisation du Traité de l'Atlantique Nord*)
otimismo [otʃi'miʒmu] *m* (*Br*) = **otimismo**
ótimo, ma ['ɔtʃimu, mɐ] *adj* (*Br*) = **óptimo**
otorrinolaringologista [ˌɔtɔˌʀinɔlɐˌrĩŋgulu'ʒiʃtɐ] *mf* oto-rhino-laryngologiste *mf*, ORL *mf*
ou [o] *conj* ou • **ou... ou...** ou... ou...
ouço ['osu] ➤ **ouvir**
ouriço [o'risu] *m* bogue *f*
ouriço-cacheiro [oˌrisukɐ'ʃɐiru] (*pl* **ouriços-cacheiros** [oˌrisuʃkɐ'ʃɐiruʃ]) *m* hérisson *m*
ouriço-do-mar [oˌrisuđu'mar] (*pl* **ouriços-do-mar** [oˌrisuʒdu'mar]) *m* oursin *m*
ourives [o'rivəʃ] *mf inv* bijoutier *m*, -ère *f*
ourivesaria [orivəzɐ'riɐ] *f* bijouterie *f*
ouro ['oru] *m* or *m* • **de ouro** en or • **ouro de lei** *or dont le titre est garanti par la loi* ♦ **ouros** *mpl* carreau *m*
Ouro Preto [ˌoru'pretu] *s* Ouro Preto, *ville du Minas Gerais au Brésil*

Ouro Preto

Ouro Preto a connu ses heures de gloire au XVIIIe siècle, l'exploitation de l'or du Minas Gerais ayant fait d'elle l'agglomération la plus riche du Brésil. Considérée par l'UNESCO comme faisant partie du patrimoine mondial, la ville a gardé ses demeures, ses églises et son dallage de pierre d'origine. C'est le berceau du style appelé baroque *mineiro*, dont le principal représentant fut Aleijadinho, génial sculpteur et architecte métis.

ousadia [ozɐ'điɐ] *f* audace *f*
ousar [o'zar] *vt* oser
outdoor [aut'dɔr] *m* **1.** (*Br*) (*propaganda*) panneau *m* publicitaire **2.** (*cartaz*) affiche *f*
outono [o'tɔnu] *m* (*Br*) = **Outono**
Outono [o'tonu] *m* (*Port*) automne *m*
outro, tra ['otru, trɐ] *adj & pron* un autre (une autre) • **dá-me outro** donne-m'en un autre • **o outro/a outra** l'autre • **outro dia** un autre jour • **no outro dia** (*no dia seguinte*) le lendemain ; (*relativo a dia passado*) l'autre jour • **um ou outro** l'un ou l'autre • **um após o outro** l'un après l'autre
outubro [o'tubru] *m* (*Br*) = **Outubro**
Outubro [o'tuƀru] *m* (*Port*) octobre *m* • **durante o mês de Outubro** au mois d'octobre • **em Outubro** en octobre • **em meados de Outubro** à la mi-octobre

• **este mês de Outubro** le mois d'octobre • **no passado/próximo mês de Outubro** en octobre dernier/prochain • **no princípio/final de Outubro** début/fin octobre • **o cinco de Outubro** le 5 octobre
ouve ['ovə] ➤ **ouvir**
ouvido [o'viđu] *m* oreille *f* • **dar ouvidos a alguém** écouter qqn • **ser duro de ouvido** être dur d'oreille • **ser todo ouvidos** être tout ouïe • **ter bom ouvido** avoir l'ouïe fine • **tocar de ouvido** jouer d'oreille
ouvinte [o'vĩntə] *mf* auditeur *m*, -trice *f*
ouvir [o'vir] *vt & vi* entendre • **estar a ouvir** écouter
ovação [ovɐ'sɐ̃u] (*pl* **-ões** [õiʃ]) *f* ovation *f*
oval [o'vał] (*pl* **-ais** [aiʃ]) *adj* oval(e)
ovário [o'varju] *m* ovaire *m*
ovas ['ɔvɐʃ] *fpl* œufs *nmpl* de poisson
ovelha [o'vɐʎɐ] *f* brebis *f* • **ovelha negra** brebis galeuse
OVNI ['ɔvni] *m* (*abrev de Objecto Voador Não Identificado*) OVNI *m* (*Objet Volant Non Identifié*)
ovo ['ovu] (*pl* **ovos** ['ɔvuʃ]) *m* œuf *m* • **ovo cozido** œuf dur • **ovo escalfado** œuf poché • **ovo estrelado** œuf sur le plat • **ovo quente** œuf à la coque • **ovos mexidos** œufs brouillés • **ovos de Páscoa** œufs de Pâques • **ovos verdes** *œufs durs en beignets*
ovos-moles [ˌɔvuʒ'mɔləʃ] *mpl crème riche en jaunes d'œuf*
óvulo ['ɔvulu] *m* ovule *m*
oxalá [oʃa'la] *interj* plaise à Dieu ! • **oxalá que chova !** pourvu qu'il pleuve !
oxigénio [ɔksi'ʒɛnju] *m* (*Port*) oxygène *m*
oxigênio [oksi'ʒenju] *m* (*Br*) = **oxigénio**
ozônio [o'zonju] *m* (*Br*) = **ozono**
ozono [o'zonu] *m* (*Port*) ozone *m*

pP

p. (*abrev de página*) p. (*page*)
P. (*abrev de Praça*) Pl., pl. (*place*)
pá ['pa] *f* pelle *f* ◇ *m* (*Port*) (*fam*) mon vieux
pacato, ta [pɐ'katu, tɐ] *adj* **1.** (*pessoa*) calme **2.** (*lugar*) paisible
paciência [pɐ'sjẽsjɐ] *f* patience *f* • **perder a paciência** perdre patience • **ter paciência** être patient
paciente [pɐ'sjẽntə] *adj & mf* patient(e)
pacífico, ca [pɐ'sifiku, kɐ] *adj* pacifique ◆ **Pacífico** *m* • **o Pacífico** le Pacifique
pacifista [pɐsi'fiʃtɐ] *mf* pacifiste *mf*
paço ['pasu] *m* palais *m* • **paços do concelho** mairie *f*
pacote [pɐ'kɔtə] *m* **1.** paquet *m* **2.** (*em turismo*) forfait *m* • **pacote de açúcar** paquet de sucre
padaria [pađɐ'riɐ] *f* boulangerie *f*
padecer [pɐđə'ser] ◆ **padecer de** *v + prep* souffrir de
padeiro, ra [pa'đɐiru, rɐ] *m, f* boulanger *m*, -ère *f*
padrão [pɐ'đrɐ̃u] (*pl* **-ões** [õiʃ]) *m* **1.** (*de produto*) norme *f* **2.** (*de tecido*) patron *m*

padrasto [pɐ'draʃtu] *m* beau-père *m*
padre ['padrə] *m* prêtre *m*
padrinho [pɐ'driɲu] *m* parrain *m*
padrões [pa'drõjʃ] ➤ **padrão**
pães ['pãjʃ] ➤ **pão**
pág. (*abrev de página*) p.
pagamento [pɐgɐ'mẽntu] *m* paiement *m* • **pagamento em dinheiro/numerário** paiement en espèces/numéraire • **pagamento a prestações** paiement à crédit • **pagamento a pronto** ou **à vista** paiement comptant
pagar [pɐ'gar] *vt* payer ♦ **pagar a** *v+prep* • **pagar algo a alguém** payer qqch à qqn • **pagar por** payer pour
página ['paʒinɐ] *f* **1.** page *f* **2.** *INFORM* page web • **páginas amarelas** pages jaunes • **a páginas tantas** à un moment donné • **página de rosto** page d'accueil
pago, ga ['pagu, gɐ] *pp* ➤ **pagar**
pagode [pɐ'gɔdə] *m* (*fam*) foire *f*
págs. (*abrev de páginas*) pp. (*pages*)
pai ['pai] *m* père *m* ♦ **pais** *mpl* parents *mpl*
painel [pai'nɛł] (*pl* **-éis** [ɛiʃ]) *m* **1.** tableau *m* **2.** (*de veículo*) tableau *m* de bord • **painel solar** panneau *m* solaire
paio ['paju] *m* saucisson *m*
pais ['paiʃ] ➤ **pai**
país [pɐ'iʃ] (*pl* **-es** [zəʃ]) *m* pays *m*
paisagem [pai'zaʒẽi] (*pl* **-ns** [ʃ]) *f* paysage *m*
País de Gales [pɐˌiʒdə'galəʃ] *m* • **o País de Gales** le pays de Galles
países [pɐ'izəʃ] ➤ **país**
Países Baixos *mpl* • **os Países Baixos** les Pays-Bas
paixão [pai'ʃɐ̃u] (*pl* **-ões** [õiʃ]) *f* passion *f*
pajé [pa'ʒɛ] *m* (*Br*) *chef spirituel indien à la fois prêtre, guérisseur, prophète et sorcier*
palacete [pɐlɐ'setə] *m* petit palais *m*
palácio [pɐ'lasju] *m* palais *m* • **Palácio da Justiça** palais de justice
paladar [pɐlɐ'dar] (*pl* **-es** [əʃ]) *m* (*sabor*) goût *m*
palafita [pɐlɐ'fitɐ] *f* maison *f* sur pilotis
palavra [pɐ'lavrɐ] *f* **1.** (*vocábulo*) mot *m* **2.** (*promessa*) parole *f* ◇ *interj* (*fam*) je te le jure ! • **dar a palavra a alguém** donner la parole à qqn
palavrão [pɐlɐ'vrɐ̃u] (*pl* **-ões** [õiʃ]) *m* gros mot *m*
palavras-cruzadas [pɐˌlavrɐʃkru'zadɐʃ] *fpl* mots *mpl* croisés
palavrões ➤ **palavrão**
palco ['pałku] *m* scène *f*
palerma [pɐ'lɛrmɐ] *mf* abruti *m*, -e *f*
palestra [pɐ'lɛʃtrɐ] *f* discours *m*
paleta [pa'letɐ] *f* palette *f*
paletó [pɐlə'tɔ] *m* veste *f*
palha ['paʎɐ] *f* paille *f*
palhaço [pɐ'ʎasu] *m* clown *m*
palhinha [pɐ'ʎiɲɐ] *f* **1.** (*para beber*) paille *f* **2.** (*palha*) brin *m* de paille
pálido, da ['palidu, dɐ] *adj* pâle
paliteiro [pɐli'tɐiru] *m* porte-cure-dents *m inv*
palito [pɐ'litu] *m* cure-dents *m inv* • **palitos de champanhe** cigarettes *fpl* russes
palma ['pałmɐ] *f* paume *f* ♦ **palmas** *fpl* applaudissements *mpl* • **bater palmas** applaudir • **uma salva de palmas** une salve d'applaudissements

palmeira [pał'mɐirɐ] *f* palmier *m*
palmito [pał'mitu] *m* cœur *m* de palmier
palmo ['pałmu] *m* empan *m* • **palmo a palmo** (*Br*) peu à peu
palmtop ['pawmitɔpi] (*pl* **palmtops**) *m* *INFORM* ordinateur *m* de poche, palm *m*
PALOPS ['palɔpʃ] *mpl* (*abrev de Países Africanos de Língua Oficial Portuguesa*) *pays africains dont la langue officielle est le portugais*

Os PALOPS

Les PALOPS sont les pays africains dont la langue officielle est le portugais. Il s'agit du Cap-Vert, de la Guinée-Bissau, de l'Angola, du Mozambique et de São Tomé et Principe.

palpável [paw'pavɛw] (*pl* **-eis** [ejʃ]) *adj* palpable
pálpebra ['pałpəbɾɐ] *f* paupière *f*
palpitação [pałpitɐ'sɐ̃u] (*pl* **-ões** [õiʃ]) *f* palpitation *f*
palpitar [pałpi'tar] *vi* palpiter ◇ *vt* sentir • **palpita-me que ele não vem** j'ai l'impression qu'il ne va pas venir
palpite [pał'pitə] *m* intuition *f*
paludismo [pɐlu'điʒmu] *m* paludisme *m*
panado, da [pɐ'nađu, đɐ] *adj* pané(e) ◇ *m viande panée*
Panamá [pɐnɐ'ma] *m* • **o Panamá** le Panama
pancada [pɐ̃ŋ'kađɐ] *f* coup *m* • **andar à pancada** (*fam*) se bagarrer • **pancada de água** averse *f* • **às três pancadas** (*fam*) à la va-vite • **ter pancada** (*fam*) avoir un grain
pâncreas ['pɐ̃ŋkriɐʃ] *m inv* pancréas *m*
panda ['pɐ̃ndɐ] *m* panda *m*
pandeiro [pɐ̃n'dɐiru] *m* tambourin *m*
pandemónio [pɐ̃ndə'mɔnju] *m* (*Port*) cohue *f*
pandemônio [pɐ̃nde'monju] *m* (*Br*) = **pandemónio**
pane ['pɐnə] *f* panne *f*
panela [pɐ'nɛlɐ] *f* casserole *f* • **panela de pressão** Cocote-Minute® *f*
panfleto [pɐ̃'fletu] *m* tract *m*
pânico ['pɐniku] *m* panique *f* • **entrar em pânico** paniquer
pano ['pɐnu] *m* **1.** (*de cozinha*) torchon *m* **2.** (*para o pó*) chiffon *m* **3.** (*em teatro*) rideau *m* • **pano de fundo** toile *f* de fond
panorama [pɐnu'rɐmɐ] *m* panorama *m*
panqueca [pɐ̃ŋ'kɛkɐ] *f* pancake *m*
pantanal [pɐ̃ntɐ'nał] (*pl* **-ais** [aiʃ]) *m* marécages *mpl* ◆ **Pantanal** *m* • **o Pantanal** *zone marécageuse du Mato Grosso au Brésil*

Pantanal

Les crocodiles, toutes sortes de tapirs, (les *pacas*, les *capivaras*, les *antas*) et des centaines d'espèces de poissons et d'oiseaux exotiques sont les principaux habitants du Pantanal, dans le Mato Grosso. Cette zone marécageuse s'étend sur 230 kilomètres carrés, au centre-ouest du Brésil. Elle attire surtout les adeptes du tourisme écologique qui peuvent entrer directement en contact avec la vie sauvage.

pântano ['pɐ̃ntɐnu] *m* marécage *m*
pantera [pɐ̃n'tɛrɐ] *f* panthère *f*
pantomima [pɐ̃ntu'mimɐ] *f* pantomine *f*
pantufas [pɐ̃n'tufɐʃ] *fpl* pantoufles *fpl*
pão ['pɐ̃w] (*pl* **pães** ['pɐ̃jʃ]) *m* pain *m* • **pão de centeio** pain de seigle • **pão de Deus** *pain sucré recouvert de jaune d'œuf et de noix de coco* • **pão de forma** pain de mie • **pão de mistura** pain aux céreales • **pão integral** pain complet • **pão de leite** pain au lait • **pão ralado** (*Port*) chapelure *f* • **pão de segunda** pain de blé et de seigle • **o Pão de Açúcar** le Pain de sucre

Pão de Açúcar

La colline du Pain de sucre est la première merveille naturelle de Rio de Janeiro. Elle se situe près de l'entrée de la baie de Guanabara, non loin de la colline d'Urca. Un téléphérique permet de monter au sommet de ses 395 mètres d'où la vue est imprenable. D'un côté on voit la baie, la crique de Botafogo et le parc de Flamengo, de l'autre, la plage de Leme et la mer. Sa forme rappelle le pain de sucre ou cône de sucre qui se formait à l'intérieur du moulin dans les anciennes sucreries.

pão-de-ló [ˌpɐ̃wdə'lɔ] (*pl* **pães-de-ló** [ˌpɐ̃jʒdə'lɔ]) *m gâteau à base d'œufs, de farine et de beurre, dont le centre est percé*
papa ['papɐ] *f* bouillie *f* ◇ *m* pape *m* • **papas de sarrabulho** *abats parfumés au cumin, servis en entrée*
papagaio [pɐpɐ'gaju] *m* **1.** (*ave*) perroquet *m* **2.** (*brinquedo*) cerf-volant *m*
papeira [pɐ'pɐirɐ] *f* oreillons *mpl*
papel [pɐ'pɛɫ] (*pl* **-éis** [ɛiʃ]) *m* papier *m* • **papel A4** papier (format) A4 • **papel de alumínio** papier aluminium • **papel de carta** papier à lettres • **papel cavalinho** papier canson • **papel de embrulho** papier kraft • **papel higiénico** papier hygiénique • **papel de máquina** papier machine • **papel de parede** papier peint • **papel químico** (*Port*) papier carbone • **papel reciclado** papier recyclé • **papel vegetal** papier-calque
papelão [pɐpə'lɐ̃w] *m* carton *m*
papelaria [pɐpəlɐ'riɐ] *f* papeterie *f*
papel-carbono [paˌpɛukax'bɔnu] *m* (*Br*) = **papel de máquina** ; ➤ **papel**
papo ['papu] *m* **1.** (*de ave*) jabot *m* **2.** (*Br*) (*conversa*) conversation *f* • **levar** ou **bater um papo** (*Br*) discuter • **papos de anjo** *petits gâteaux recouverts de sucre*
papo-furado [ˌpapufu'radu] *m* (*Br*) (*fam*) bobards *mpl*
papoila [pɐ'poilɐ] *f* coquelicot *m*
papo-seco [ˌpapu'seku] (*pl* **papos-secos** [ˌpapuʃ'sekuʃ]) *m* (*pão*) petit pain *m*
papoula [pa'pola] *f* coquelicot *m*, pavot *m*
paquerar [pake'rax] *vt* & *vi* (*Br*) draguer
paquete [pɐ'ketə] *m* paquebot *m*
paquistanês, esa [pɐkiʃtɐ'neʃ, ezɐ] *adj* pakistanais(e)
Paquistão [pɐkiʃ'tɐ̃w] *m* • **o Paquistão** le Pakistan
par ['par] (*pl* **-es** [əʃ]) *adj* pair(e) ◇ *m* **1.** (*de sapatos, calças, luvas, meias*) paire *f* **2.** (*casal*) couple *m* • **aberto de par em par**

grand ouvert • **estar a par de algo** être au courant de qqch • **pares masculinos/femininos/mistos** (*Port*) double messieurs/dames/mixte • **a par** ensemble • **a par e passo** de très près • **ao par** par deux • **par trançado** *MÚS* partition *f*

para ['perɐ] *prep*

1. (*ger*) pour • **esta água não é boa para beber** cette eau n'est pas potable • **isto é para comer esta noite** ceci est à manger ce soir • **para que serve isto?** à quoi ça sert ? • **um telefonema para o senhor** on vous demande au téléphone • **cheguei mais cedo para arranjar lugar** je suis arrivé plus tôt pour trouver une place • **era só para te agradar** c'était seulement pour te faire plaisir • **é caro demais para as minhas posses** c'est trop cher pour moi • **para o que come, está magro** pour ce qu'il mange, il est maigre • **para ele, estás errado** pour lui, tu as tort • **para mim, está muito bom** pour moi, c'est très bon

2. (*indica direcção*) • **ele apontou para cima** il a pointé son doigt vers le haut • **ele seguiu para o aeroporto** il a continué vers l'aéroport • **vá para casa** allez à la maison • **olhei para ele** je l'ai regardé • **chega-te para o lado** mets-toi sur le côté

3. (*relativo a tempo*) • **para amanhã** pour demain • **de uma hora para a outra** d'une heure à l'autre • **estará pronto para a semana/o ano** ce sera prêt la semaine/l'année prochaine • **são quinze para as três** il est trois heures moins le quart

4. (*exprime a iminência*) • **estar para fazer algo** être sur le point de faire qqch • **o comboio está para sair** le train est sur le point de partir • **a comida está para ser servida** le repas est prêt • **ele está para chegar** il est sur le point d'arriver

5. (*em locuções*) • **para com** envers • **para mais de** plus de • **para que** pour que • **é para já!** tout de suite !

Pará [pa'ra] *m* • **o Pará** le Pará

parabéns [perɐ'bẽiʃ] *mpl* félicitations *fpl* ◇ *interj* félicitations ! • **dar os parabéns a alguém** féliciter qqn • **estar de parabéns** mériter les félicitations

parabólica [perɐ'bɔlikɐ] *f* antenne *f* parabolique

pára-brisa [ˌpara'briza] (*pl* **pára-brisas** [ˌpara'brizaʃ]) *m* pare-brise *m inv*

pára-choques [ˌparɐ'ʃɔkəʃ] *m inv* pare-chocs *m inv*

parada [pɐ'radɐ] *f* 1. (*de jogo*) mise *f* 2. (*militar*) parade *f* 3. (*Br*) (*de ônibus*) arrêt *m* de bus

paradeiro [perɐ'deiru] *m* • **não sei do paradeiro dele** j'ignore où il se trouve

parado, da [pɐ'radu, dɐ] *adj* 1. (*imóvel*) arrêté(e) 2. (*sem vida*) mort(e)

paradoxo [perɐ'dɔksu] *m* paradoxe *m*

parafina [perɐ'finɐ] *f* paraffine *f*

parafrasear [perɐfrɐ'zjar] *vt* paraphraser

parafuso [perɐ'fuzu] *m* vis *f*

paragem [pɐ'raʒẽi] (*pl* **-ns** [ʃ]) *f* arrêt *m* • **paragem (de autocarro)** (*Port*) arrêt (de bus)

parágrafo [pɐ'ragrɐfu] *m* paragraphe *m*

Paraguai [perɐ'gwai] *m* • **o Paraguai** le Paraguay

Paraíba [para'iba] *m* • **o Paraíba** le Paraíba

paraíso [pere'izu] *m* paradis *m*
pára-lamas [ˌpare'lemeʃ] *m inv* garde-boue *m inv*
paralelo, la [pere'lɛlu, lɐ] *adj* parallèle ◇ *m* parallèle *m* • **sem paralelo** sans pareil
paralisar [pereli'zar] *vt* paralyser
paralisia [perelə'ziɐ] *f* paralysie *f*
paralítico, ca [pere'litiku, kɐ] *m, f* paralysé *m*, -e *f*, paralytique *mf*
Paraná [para'na] *m* • **o Paraná** le Paraná
paranóico, ca [pere'nɔiku, kɐ] *m, f* paranoïaque *mf*
parapeito [pere'pɐitu] *m* rebord *m* de fenêtre
parapente [pare'pẽntə] *m* parapente *m*
pára-quedas [ˌpare'kɛđɐʃ] *m inv* parachute *m*
pára-quedista [ˌparɐkə'điʃtɐ] *mf* parachutiste *mf*
parar [pɐ'rar] *vt* arrêter ◇ *vi* s'arrêter • **onde pára...?** où se trouve... ? • **parar de fazer algo** arrêter de faire qqch • **ir parar a** aller atterrir à • **não poder parar com** ne pas supporter • **sem parar** sans arrêt ▼ **pare, escute, olhe** un train peut en cacher un autre
pára-raios [ˌpare'ʀajuʃ] *m inv* paratonnerre *m*
parasita [pere'zitɐ] *m* parasite *m*
Parati [pa'rati] *m* • **o Parati** le Parati
parceiro, ra [pɐr'sɐiru, rɐ] *m, f* **1.** partenaire *mf* **2.** *(em negócio)* associé *m*, -e *f*
parcela [pɐr'sɛlɐ] *f* **1.** *(de soma)* nombre *m* **2.** *(fragmento)* parcelle *f*
parceria [pɐrsə'riɐ] *f* partenariat *m*
parcial [pɐr'sjał] (*pl* **-ais** [aiʃ]) *adj* **1.** *(não completo)* partiel(elle) **2.** *(faccioso)* partial(e)
parcómetro [pɐr'kɔmətru] *m* = **parquímetro**
pardal [pɐr'đał] (*pl* **-ais** [aiʃ]) *m* moineau *m*
pardo, da ['parđu, đɐ] *adj* gris(e)
parecer [pare'se(x)] *m* ressemblance *f* ◇ *vi* ressembler à ◇ *v impess* on dirait que • **parecer-se com alguém** ressembler à qqn • **ao que parece** il paraît que • **parece que** il paraît que ◆ **parecer-se com** *v + prep* ressembler à qqn
parecer [pɐrə'ser] *vi* ressembler à ◇ *m* avis *m* ◇ *v impess* • **parece que** on dirait que • **ao que parece** à ce qu'il paraît • **parece-me que** il me semble que • **o que te parece?** qu'en penses-tu ? • **parecer-se com** ressembler à • **parecer-se com alguém** ressembler à qqn
parecido, da [pɐrə'siđu, đɐ] *adj* ressemblant(e)
paredão [pɐrə'đẽu] (*pl* **-ões** [õiʃ]) *m* grand mur *m*
parede [pɐ'ređə] *f* mur *m* • **ele mora paredes meias comigo** il habite la maison mitoyenne de la mienne
paredões ➤ **paredão**
parente, ta [pɐ'rẽntə, tɐ] *m, f* parent *m*, -e *f* • **parente próximo** proche parent
parêntese [pɐ'rẽntəzə] *m* parenthèse *f*
pares ➤ **par**
pargo ['pargu] *m* pagre *m*
parir [pɐ'rir] *vt & vi* mettre bas
Paris [pɐ'riʃ] *s* Paris
parisiense [pɐri'zjẽsə] *adj* parisien(enne) ◆ **parisiense** *mf* Parisien (enne) *m*

parlamentar [paxlamẽn'ta(x)] (*pl* **-es**) *adj* parlementaire ◇ *mf* parlementaire *mf*

parlamento [pɐrlɐ'mẽntu] *m* parlement *m*

paróquia [pɐ'rɔkjɐ] *f* paroisse *f*

parque ['parkə] *m* parc *m* • **parque de campismo** camping *m* • **parque de diversões** parc d'attractions • **parque de estacionamento** parking *m* • **parque de merendas** *aire de repos aménagée pour pique-niquer* • **parque de viaturas rebocadas** fourrière *f* • **parque industrial** parc industriel • **parque infantil** square *m*, aire *f* de jeux • **parque nacional** parc national • **parque natural** parc naturel

Parques nacionais ou naturais

Le Brésil compte des dizaines de réserves forestières et de zones de protection de l'environnement. Elles sont appelées parcs nationaux ou parcs naturels. Leur faune et leur flore sont soustraites à toute exploitation économique. Les réserves les plus importantes sont celles d'Itapiaia et de Bocaina, au sud-est, ou celles du Pantanal et de l'Amazonie. Il faut également signaler les parcs marins de Fernando Noronha et d'Abrolhos, au nord-est.

Au Portugal, les parcs plus connus sont ceux du Gerês, d'Arrábida, de Montesinho, de Serra d'Aire et de Candeeiros sans oublier les Dunes de São Jacinto.

parquímetro [pɐr'kimətru] *m* parcmètre *m*

parte ['partə] *f* **1.** partie *f* **2.** *(fracção, quinhão)* part *f* • **dar parte de** informer de • **fazer parte de** faire partie de • **pôr de parte** délaisser • **tomar parte de** prendre part à • **noutra parte** ailleurs • **por toda a parte** partout • **da parte de** de la part de • **de parte a parte** des deux côtés • **em parte** en partie

parteira [pɐr'tɐirɐ] *f* sage-femme *f*

participação [pɐrtəsipɐ'sɐ̃u] (*pl* **-ões** [õiʃ]) *f* **1.** participation *f* **2.** *(comunicado, aviso)* faire-part *m inv*

participante [pɐrtəsi'pẽntə] *mf* participant *m*, -e *f*

participar [pɐrtəsi'par] *vt* • **participar algo a alguém** *(informar)* faire part de qqch à qqn ; *(comunicar)* informer qqn de qqch • **participar em algo** participer à qqch

particípio [pɐrtə'sipju] *m* participe *m* • **particípio passado/presente** participe passé/présent

particular [pɐrtiku'lar] (*pl* **-es** [əʃ]) *adj* **1.** *(individual)* particulier(ère) **2.** *(privado)* privé(e)

partida [pɐr'tiđɐ] *f* **1.** *(saída)* départ *m* **2.** *(em desporto)* partie *f* **3.** *(brincadeira)* tour *m* • **estou de partida** je vais partir

partidário, ria [pɐrti'đarju, rjɐ] *m, f* partisan *m*, -ane *f*

partido, da [pɐr'tiđu, đɐ] *adj* cassé(e) ◇ *m* parti *m* • **partido (político)** parti (politique)

partilhar [pɐrti'ʎar] *vt* partager

partir [pɐr'tir] *vt (quebrar)* casser ◇ *vi* partir • **partir de** partir de • **partir para** partir pour • **a partir de** à partir de ◆ **partir-se** *vp* se casser
parto ['partu] *m* accouchement *m*
parvo, va ['parvu, vɐ] *m, f (fam)* imbécile *mf*
Páscoa ['paʃkwɐ] *f* Pâques *f* • **Páscoa feliz!** joyeuses Pâques !
pasmado, da [pɐʒ'mađu, đɐ] *adj* ébahi(e)
passas ['pɐsɐʃ] *fpl* raisin *m* sec
passadeira [pɐsɐ'đɐirɐ] *f* **1.** *(Port) (para peões)* passage *m* piétons **2.** *(tapete)* tapis *m*
passado, da [pɐ'sađu, đɐ] *adj* **1.** *(tempo, época,etc)* passé(e) **2.** *(ano, mês)* dernier(ère) ◇ *m* passé *m* • **mal/bem passado** saignant/bien cuit
passageiro, ra [pɐsɐ'ʒɐiru, rɐ] *adj & m, f* passager(ère)
passagem [pɐ'saʒẽi] *(pl* **-ns** [ʃ]) *f* **1.** passage *m* **2.** *(de avião, comboio)* billet *m* • **passagem de ano** nouvel An *m* • **passagem de ida** *(Br)* aller *m* • **passagem de ida e volta** *(Br)* aller-retour *m* • **passagem de modelos** défilé *m* de mode • **passagem de nível** passage à niveau • **passagem subterrânea** passage souterrain
passaporte [pɐsɐ'pɔrtə] *m* passeport *m*
passar [pɐ'sar] *vt*
1. *(ger)* passer • **passar algo por água** passer qqch sous l'eau • **ele passou a mão pelo pêlo do cão** il a passé la main sur le poil du chien • **ela passou o creme bronzeador pelos braços** elle a passé de la crème solaire sur ses bras • **passas tudo pelo coador** tu passes tout à la passoire • **passas-me o sal?** tu me passes le sel ? • **passei um ano em Portugal** j'ai passé un an au Portugal • **deixar passar** laisser passer
2. *(a ferro)* • **passar algo (a ferro), passar (a ferro) algo** repasser qqch • **já passaste a roupa?** as-tu déjà repassé le linge ?
3. *(mudar)* • **passar algo para o outro lado** mettre qqch de l'autre côté
4. *(ultrapassar)* dépasser
5. *(em escola, universidade)* réussir
◇ *vi*
1. *(ger)* passer • **o (autocarro) 7 não passa por aqui** le 7 ne passe pas par ici • **já passam dez minutos da hora** il a déjà dix minutes de retard • **o tempo passa muito depressa** le temps passe très vite • **o Verão já passou** l'été est déjà fini • **a dor já passou** la douleur est passée • **ele passou para a segunda classe** il est passé en CE1 • **passa para primeira** passe en première • **passar a** passer à • **passemos a outra coisa** passons à autre chose
2. *(em locuções)* • **passar bem/mal** aller bien/mal • **passar bem/mal a noite** passer une bonne/mauvaise nuit • **como tem passado?** comment allez-vous ? • **passar (bem) sem** se passer de • **passe bem!** bonne continuation ! • **não passar de** n'être que • **não passar sem** ne pas se passer de • **o que passou, passou** ce qui est fait est fait
◆ **passar-se** *vp (acontecer)* se passer ; *(esquecer)* oublier ; *(fam) (ficar furioso)* rendre malade • **o que é que se passa?** qu'est-ce qui se passe ? • **desculpa, passou-se-me** *(fam)* pardon, ça m'est sorti de la tête • **eu passo-me com estas coisas** *(fam)* je n'y crois pas

◆ **passar por** *v + prep (ser considerado como)* passer pour ; *(fig) (atravessar)* passer par ● **fazer-se passar por** se faire passer pour

passarela [pasa'rɛlɐ] *f* **1.** *(Br) (de rua, estrada)* passerelle *f* **2.** *(para desfile de moda)* podium *m*

pássaro ['pasɐru] *m* oiseau *m*

passatempo [ˌpasɐ'tẽmpu] *m* passe-temps *m inv*

passe ['pasə] *m* ≃ carte *f* orange

passear [pɐ'sjar] *vt* promener ◇ *vi* se promener

passeata [pɐ'sjatɐ] *f* **1.** *(passeio)* balade *f* **2.** *(Br) (marcha de protesto)* manifestation *f*

passeio [pɐ'sɐju] *m* **1.** *(em rua)* trottoir *m* **2.** *(caminhada)* promenade *f*

passe-vite [ˌpasə'vitə] *(pl* **passe-vites** [ˌpasə'vitəʃ]*)* *m* moulin *m* à légumes

passional [pɐsju'naɫ] *(pl* **-ais** [aiʃ]*)* *adj* passionnel(elle)

passista [pa'siʃtɐ] *mf (Br)* *danseur d'une école de samba*

passível [pɐ'sivɛɫ] *(pl* **-eis** [ɐiʃ]*)* *adj* ● **passível de** passible de

passivo, va [pɐ'sivu, vɐ] *adj* passif(ive) ◇ *m* passif *m*

passo ['pasu] *m* **1.** pas *m* **2.** *(de obra literária)* passage *m* ● **ceder o passo a alguém** laisser passer qqn ● **dar o primeiro passo** faire le premier pas ● **a dois passos (de)** à deux pas (de) ● **a passo** au pas ● **ao passo que** tandis que ● **passo a passo** pas à pas

password ['paʃwodʒi] *m INFORM* mot *m* de passe

pasta ['paʃtɐ] *f* **1.** *(bolsa)* serviette *f* **2.** *(de executivo)* mallette *f* **3.** *(escolar)* cartable *m* **4.** *(capa para papéis)* chemise *f* **5.** *(de ministro)* portefeuille *m* **6.** *(massa)* pâte *f* ● **pasta dentífrica** ou **de dentes** dentifrice *m*

pastar [pɐʃ'tar] *vi* paître

pastel [pɐʃ'tɛɫ] *(pl* **-éis** [ɛiʃ]*)* *m* **1.** *(bolo)* gâteau *m* **2.** *(de peixe)* croquette *f* **3.** *(em pintura)* pastel *m* ● **pastel de bacalhau** *croquette de morue* ● **pastel de carne** *chausson à la viande* ● **pastel de feijão** *chausson aux haricots* ● **pastel de nata** ou **de Belém** *petit flan* ● **pastel de Santa Clara** *gâteau aux amandes* ● **pastel de Tentúgal** *petit gâteau rectangulaire en pâte feuilletée*

pastelaria [pɐʃtəlɐ'riɐ] *f* pâtisserie *f*

Pastelaria

Ce terme désigne un des plus importants types de pâtisserie portugaise, faite à base d'œufs, sur le modèle des anciennes recettes monastiques. Parmi les petits gâteaux les plus connus, on compte les *pastéis de Belém*, sortes de petits flans à la crème, les gâteaux de Tentúgal et de Santa Clara, les *queijadas* (tartelettes au fromage) et les *tigeladas* (petits gâteaux à l'œuf et au sucre).

Ce terme désigne aussi l'établissement où l'on peut acheter des pâtisseries, des gâteaux et toutes sortes de pains pour les emporter ou les manger sur place.

pasteurizado, da [pɐʃteuri'zađu, đɐ] *adj* pasteurisé(e)
pastilha [pɐʃ'tiʎɐ] *f* pastille *f* • **pastilha (elástica)** chewing-gum *m* • **pastilha para a garganta** pastille pour la gorge • **pastilha para a tosse** pastille pour la toux
pasto ['paʃtu] *m* herbe *f*
pastor, ra [pɐʃ'tor, rɐ] (*mpl* **-es** [əʃ], *fpl* **-s** [ʃ]) *m, f* berger *m*, -ère *f* ◇ *m* pasteur *m*
pata ['patɐ] *f* patte *f* • **meter a pata na poça** (*fam*) mettre les pieds dans le plat
patamar [pɐtɐ'mar] (*pl* **-es** [əʃ]) *m* palier *m*
pataniscas [pɐtɐ'niʃkɐʃ] *fpl* • **pataniscas (de bacalhau)** beignets *mpl* (de morue)
paté [pa'tɛ] *m* pâté *m*
patê [pa'te] (*Br*) = **paté**
patente [pɐ'tẽntə] *adj* (*visível*) patent(e) ◇ *f* **1.** (*de máquina, invento*) brevet *m* **2.** (*de militar*) grade *m*
paternal [pɐtər'nał] (*pl* **-ais** [aiʃ]) *adj* paternel(elle)
pateta [pa'tɛtɐ] *mf* (*fam*) niais *m*, -e *f*
patético, ca [pa'tɛtiku, kɐ] *adj* pathétique
patife [pɐ'tifə] *m* (*fam*) fripouille *f*
patim [pɐ'tĩ] (*pl* **-ns** [ʃ]) *m* patin *m*
patinação [patʃina'sɐ̃u] *f* (*Br*) = **patinagem**
patinagem [pɐti'naʒɐ̃i] *f* (*Port*) patinage *m* • **patinagem artística** patinage artistique • **patinagem no gelo** patin *m* à glace
patinar [pɐti'nar] *vi* patiner
patinete [patʃi'netʃi] (*Br*) = **trotinete**
patins ➤ **patim**
pátio ['patju] *m* cour *f*
pato ['patu] *m* canard *m*
patologia [pɐtulu'ʒiɐ] *f* pathologie *f*
patológico, ca [pɐtu'lɔʒiku, kɐ] *adj* pathologique
patrão, troa [pɐ'trɐ̃u, 'troɐ] (*mpl* **-ões** [õiʃ], *fpl* **-s** [ʃ]) *m, f* patron *m*, -onne *f*
pátria ['patriɐ] *f* patrie *f*
património [pɐtri'mɔnju] *m* (*Port*) patrimoine *m*
patrimônio [patri'monju] *m* (*Br*) = **património**
patriota [pɐtri'ɔtɐ] *mf* patriote *mf*
patroa [pa'troa] ➤ **patrão**
patrocinador, ra [pɐtrusinɐ'đor, rɐ] (*mpl* **-es** [əʃ], *fpl* **-s** [ʃ]) *m, f* sponsor *m*
patrocinar [pɐtrusi'nar] *vt* sponsoriser
patrões [pa'trõjʃ] ➤ **patrão**
patrulha [pɐ'truʎɐ] *f* patrouille *f*
pau ['pau] *m* bâton *m* ◆ **paus** *mpl* **1.** (*naipe de cartas*) trèfle *m* **2.** (*fam*) (*escudos*) escudos *mpl* ≃ balles *fpl*
paulista [pau'liʃtɐ] *mf* Pauliste *mf*
pausa ['pauzɐ] *f* pause *f*
pauta ['pautɐ] *f* **1.** (*de alunos*) liste *f* **2.** (*de música*) portée *f*
pavão [pɐ'vɐ̃u] (*pl* **-ões** [õiʃ]) *m* paon *m*
pavê [pa've] *m* ≃ charlotte *f* au chocolat
pavilhão [pɐvi'ʎɐ̃u] (*pl* **-ões** [õiʃ]) *m* pavillon *m* • **pavilhão gimnodesportivo** gymnase *m*
pavimentar [pɐvimẽn'tar] *vt* paver
pavimento [pɐvi'mẽntu] *m* **1.** (*de estrada, rua*) revêtement *m* **2.** (*andar de edifício*) étage *m*
pavões [pa'võjʃ] ➤ **pavão**
pavor [pɐ'vor] *m* épouvante *f* • **ter pavor de** être terrifié par

paz ['paʃ] (*pl* **-es** [zəʃ]) *f* paix *f* • **deixar alguém/algo em paz** laisser qqn/qqch tranquille • **fazer as pazes** faire la paix • **que descanse em paz** qu'il repose en paix

PC *m* INFORM (*abrev de Personal Computer*) PC *m*

Pça. (*abrev de praça*) pl.

PDA *m* (*abrev de personal digital assistant*) PDA *m*

pé ['pɛ] *m* **1.** pied *m* **2.** (*em vinho*) dépôt *m* • **andar em bicos de pé** marcher sur la pointe des pieds • **pôr-se em pé** se lever • **ter/não ter pé** avoir/ne pas avoir pied • **perder o pé** perdre pied • **pé de porco** pied de porc • **a pé** à pied • **ao pé de** près de • **em** ou **de pé** debout • **em pé de igualdade** à égalité

peão ['pjɐ̃w] (*pl* **-ões** [õiʃ]) *m* **1.** (*Port*) (*indivíduo a pé*) piéton *m* **2.** (*em xadrez*) pion *m*

peça ['pɛsɐ] *f* pièce *f*

pecado [pə'kađu] *m* péché *m*

pechincha [pə'ʃĩʃɐ] *f* (bonne) affaire *f*

peço ['pɛsu] ➤ **pedir**

peculiar [pəku'ljar] (*pl* **-es** [əʃ]) *adj* spécial(e)

pedaço [pə'đasu] *m* **1.** morceau *m* **2.** (*de tempo*) bout *m* • **há pedaço** il y a un moment

pedágio [pe'daʒju] *m* (*Br*) péage *m*

pedal [pə'đaɫ] (*pl* **-ais** [aiʃ]) *m* pédale *f*

pede ['pɛđə] ➤ **pedir**

pé-de-cabra [ˌpɛđə'kaƀrɐ] (*pl* **pés-de-cabra** [ˌpɛʒdə'kaƀrɐ]) *m* pied-de-biche *m*

pedestal [pəđəʃ'taɫ] (*pl* **-ais** [aiʃ]) *m* piédestal *m*

pedestre [pe'dɛʃtri] *m* (*Br*) piéton *m* ◇ *adj* piéton(onne)

pediatra [pə'đjatrɐ] *mf* pédiatre *mf*

pediatria [pəđjɐ'triɐ] *f* pédiatrie *f*

pedicure [pedʒi'kuru] *mf* pédicure *mf*

pedido [pə'điđu] *m* **1.** (*solicitação*) demande *f* **2.** (*em restaurante*) commande *f* • **a pedido de alguém** à la demande de qqn

pedinte [pə'đĩntə] *mf* mendiant *m*, -e *f*

pedir [pə'đir] *vt* **1.** (*em restaurante, bar*) commander **2.** (*preço*) demander ◇ *vi* mendier • **pedir algo a alguém** demander qqch à qqn • **pedir a alguém que faça algo** demander à qqn de faire qqch • **pedir algo emprestado (a alguém)** emprunter qqch (à qqn)

pedra ['pɛđrɐ] *f* **1.** (*calhau*) pierre *f* **2.** (*de dominó*) domino *m* **3.** (*em rim, bexiga, fígado*) calcul *m* **4.** (*lápide*) pierre *f* tombale **5.** (*granizo*) grêlon *m* **6.** (*de isqueiro*) pierre *f* • **pedra (preciosa)** pierre (précieuse) • **estar com uma pedra** (*fam*) être camé

pedra-pomes [ˌpɛđrɐ'pɔməʃ] (*pl* **pedras-pomes** [ˌpɛđrɐʃ'pɔməʃ]) *f* pierre *f* ponce

pedra-sabão [ˌpɛdrɐsa'bɐ̃w] (*pl* **pedras-sabão** [ˌpɛdrɐʃsa'bɐ̃w]) *f* (*Br*) pierre-savon *f*

pedreiro [pə'đrɐiru] *m* maçon *m*

p.e.f. (*abrev de por especial favor*) *forme utilisée pour demander un service*

[1]**pega** ['pɛgɐ] *f* **1.** (*para panela, tacho*) manique *f* **2.** (*de objecto*) poignée *f* **3.** (*em tourada*) prise *f*

[2]**pega** ['pegɐ] *f* pie *f*

pegada [pɛ'gađɐ] *f* trace *f* de pas

pegado, da [pə'gađu, đɐ] *adj* **1.** *(colado)* collé(e) **2.** *(contíguo)* attenant(e)
pegajoso, osa [pəgɐ'ʒozu, ɔzɐ] *adj* collant(e)
pegar [pe'gar] *vt* **1.** *(hábito, mania, doença)* prendre (une habitude), attraper (une maladie) **2.** *(apanhar, objeto)* ramasser **3.** *(transporte público)* prendre **4.** *(Br)* prendre ◇ *vi* **1.** *(motor)* démarrer **2.** *(idéia,)* saisir **3.** *(moda)* suivre **4.** *(planta)* croître • **é pegar ou largar!** *(fam)* c'est à prendre ou à laisser ! • **pegar algo** attraper qqch • **pegar fogo em algo** mettre le feu à qqch • **pegar no sono** s'endormir ◆ **pegar-se** *vp* se coller, s'attacher ◆ **pegar-se com** *vp + prep* se brouiller avec qqn
peito ['pɐitu] *m* **1.** *(seio)* sein *m* **2.** *(zona do tronco)* poitrine *f* **3.** *(de camisa, blusa)* devant *m*
peitoril [pɐitu'riɫ] (*pl* **-is** [iʃ]) *m* rebord *m (de fenêtre)*
peixada [pej'ʃada] *f* ragout *m* de poisson
peixaria [pɐiʃɐ'riɐ] *f* poissonnerie *f*
peixe ['pɐiʃə] *m* poisson *m* • **peixe congelado** poisson surgelé ◆ **Peixes** *m inv* Poissons *mpl*
peixe-agulha [ˌpɐiʃɐ'guʎɐ] *m* aiguille *f* de mer
peixe-espada [ˌpɐiʃəʃ'pađɐ] *m* **1.** coutelas *m (poisson)* **2.** *(prateado)* sabre *m* d'argent *(poisson)*
peixe-vermelho [ˌpɐiʃəvər'mɐʎu] *m* carassin *m*
peixinhos [pɐi'ʃiɲuʃ] *mpl* • **peixinhos da horta** *beignets de haricots verts*
pejorativo, va [pəʒurɐ'tivu, vɐ] *adj* péjoratif(ive)
pela ['pelɐ] = **por + a** ; ➤ **por**
pelado, da [pe'ladu, dɐ] *adj (Br) (fam) (nu)* tout nu (toute nue)
pelar [*(Port)* pe'lar *(Br)*, pe'la(x)] *vt* peler
pele ['pɛlə] *f* **1.** peau *f* **2.** *(couro)* cuir *m*
pelica [pə'likɐ] *f* chevreau *m (cuir)*
pelicano [pəli'kɐnu] *m* pélican *m*
película [pə'likulɐ] *f* pellicule *f (film)* • **película aderente** film *m* adhésif
pelo ['pelu] = **por + o** ; ➤ **por**
pêlo ['pelu] *m* poil *m*
Pelourinho [pəlo'riɲu] *m* • **o Pelourinho (de Salvador)** *le Pilori de Salvador*

Pelourinho

Autrefois, le *pelourinho* était, au Brésil, la place publique où les maîtres châtiaient leurs esclaves. Aujourd'hui, ce quartier de Salvador est le cœur de la vie culturelle, politique et religieuse de l'État de Bahia. Classé patrimoine mondial, le Pelourinho de Salvador se caractérise par un ensemble architectural coloré qui date de l'époque coloniale. C'est également au *Pelô* que tout se passe : présentations de sociétés carnavalesques afro-brésiliennes comme l'*Olodum* et l'*Ilê Aiê*, réunions électorales et manifestations populaires.

peluche [pə'luʃə] *m* peluche *f*
pelúcia [pə'lusjɐ] *f* = **peluche**
peludo, da [pə'luđu, đɐ] *adj* poilu(e)
pélvis ['pɛɫviʃ] *m inv* & *f inv* bassin *m*

pena ['penɐ] *f* **1.** *(de ave, escrever)* plume *f* **2.** *(dó, castigo)* peine *f* • **que pena!** quel dommage ! • **cumprir pena** purger une peine • **dar pena** faire de la peine • **ter pena de alguém** avoir pitié de qqn • **ter pena de fazer algo** regretter de faire qqch • **valer a pena** valoir la peine • **pena capital** peine capitale • **pena de morte** peine de mort
penalidade [pənɐli'đađə] *f* pénalité *f*
pênalti [pe'nautʃi] *m (Br)* = **penalty**
penalty [pɛ'nałti] *m (Port)* penalty *m*
penca ['pẽŋkɐ] *f* **1.** *(couve) variété de chou* **2.** *(fam) (nariz)* pif *m*
pendente [pẽn'dẽntə] *adj* pendant(e) ◇ *m* pendentif *m*
pendurar [pẽndu'rar] *vt* accrocher • **pendurar algo em algo** accrocher qqch à qqch ◆ **pendurar-se em** *vp + prep* se pendre à
penduricalho [pɐduri'kaʎu] *m* breloque *f*, pendeloque *f*
penedo [pə'neđu] *m* rocher *m*
peneira [pə'nɐirɐ] *f* tamis *m*
penetrante [pənə'trẽntə] *adj (fig)* pénétrant(e)
penetrar [pənə'trar] ◆ **penetrar em** *v + prep* pénétrer dans
penhasco [pə'ɲaʃku] *m* rocher *m*
penicilina [pɛnisi'linɐ] *f* pénicilline *f*
penico [pə'niku] *m* pot *m* de chambre
península [pə'nĩsulɐ] *f* péninsule *f*
pénis ['pɛniʃ] *m inv (Port)* pénis *m*
pênis ['peniʃ] *m inv (Br)* = **pénis**
penitência [pəni'tẽsjɐ] *f* pénitence *f*
penitenciária [pənitẽ'sjarjɐ] *f* prison *f*
penoso, osa [pə'nozu, ɔzɐ] *adj* pénible
pensamento [pẽsɐ'mẽntu] *m* pensée *f*
pensão [pẽ'sɐ̃u] *(pl* **-ões** [õiʃ]*) f* pension *f* • **pensão alimentícia** *(Br)* pension alimentaire • **pensão completa** pension complète • **pensão residencial** pension de famille
pensar [pẽ'sar] *vt & vi* penser • **pensar em** penser à • **pensar que** penser que • **nem pensar!** pas question !
pensionista [pẽsju'niʃtɐ] *mf* retraité *m*, -e *f*
penso ['pẽsu] *m* pansement *m* • **penso higiénico** serviette *f* hygiénique • **penso rápido** pansement adhésif
pensões ➤ **pensão**
pente ['pẽntə] *m* peigne *m*
penteado [pẽn'tjađu] *m* coiffure *f*
pentear [*(Port)* pẽn'tjađr *(Br)*, pẽn'tʃa(x)] *vt* peigner ◆ **pentear-se** *vp* se peigner
Pentecostes [pẽntə'kɔʃtəʃ] *m* Pentecôte *f*
penugem [pə'nuʒẽi] *f* duvet *m*
penúltimo, ma [pə'nułtimu, mɐ] *adj* avant-dernier(ère)
penumbra [pe'nũmbrɐ] *f* pénombre *f*
penúria [pə'nurjɐ] *f* misère *f*
peões ['pjõjʃ] ➤ **peão**
pepino [pə'pinu] *m* concombre *m*
pequeno, na [pə'kenu, nɐ] *adj* petit(e)
pequeno-almoço [pə,kenuał'mosu] *(pl* **pequenos-almoços** [pə,kenuzał'mɔsuʃ]*) m (Port)* petit déjeuner *m*
pêra ['perɐ] *f* **1.** poire *f* **2.** *(barba)* bouc *m* • **pêra abacate** avocat *m*
perante [pə'rẽntə] *prep* devant
perceber [pərsə'ber] *vt* comprendre ◆ **perceber de** *v + prep* s'y connaître en

percentagem [pərsẽn'taʒɐ̃i] (*pl* **-ns** [ʃ]) *f* pourcentage *m*
percevejo [pərsə'vɐiʒu] *m* punaise *f* *(animal)*
perco ['perku] ➤ **perder**
percorrer [pərku'ʀer] *vt* parcourir • **percorrer algo com os olhos** parcourir qqch des yeux
percurso [pər'kursu] *m* parcours *m*
percussão [pərku'sɐ̃u] *f* percussion *f*
perda ['perđɐ] *f* perte *f*
perdão [pər'đɐ̃u] *m* pardon *m* ◇ *interj* pardon ! • **pedir perdão** demander pardon
perde ['perđə] ➤ **perder**
perder [pər'đer] *vt* **1.** perdre **2.** *(comboio, autocarro)* rater ◇ *vi* *(em competição)* perdre • **perder a cabeça** perdre la tête • **perder os sentidos** perdre connaissance • **perder alguém de vista** perdre qqn de vue ♦ **perder-se** *vp* se perdre
perdição [pərđi'sɐ̃u] *f* **1.** *(ruína)* perte *f* **2.** *(desonra)* perdition *f*
perdido, da [pər'điđu, đɐ] *adj* perdu(e) • **ser perdido por** *(fam)* être fou de ▾ **perdidos e achados** objets trouvés
perdiz [pər'điʃ] (*pl* **-es** [zəʃ]) *f* perdrix *f*
perdoar [pər'đwar] *vt* pardonner
perdurar [pərđu'rar] *vi* perdurer
perecível [pərə'sivɛɫ] (*pl* **-eis** [ɐiʃ]) *adj* périssable
peregrinação [pərəgrinɐ'sɐ̃u] (*pl* **-ões** [õiʃ]) *f* pèlerinage *m*
peregrino, na [pərə'grinu, nɐ] *m, f* pèlerin *m*
pereira [pə'rɐirɐ] *f* poirier *m*
peremptório, ria [pərẽmp'tɔrju, rjɐ] *adj* péremptoire
perene [pə'rɛnə] *adj* **1.** *(perpétuo)* perpétuel(elle) **2.** *(folhagem)* persistant(e)
perfeição [pərfɐi'sɐ̃u] *f* perfection *f*
perfeitamente [pər,fɐitɐ'mẽntə] *adv* parfaitement ◇ *interj* parfaitement !
perfeito, ta [pər'fɐitu, tɐ] *adj* parfait(e)
pérfido, da ['perfiđu, đɐ] *adj* perfide
perfil [pər'fiɫ] (*pl* **-is** [iʃ]) *m* profil *m* • **de perfil** de profil
perfumaria [pərfumɐ'riɐ] *f* parfumerie *f*
perfume [pər'fumə] *m* parfum *m*
perfurar [pərfu'rar] *vt* perforer
pergaminho [pərgɐ'miɲu] *m* parchemin *m*
pergunta [pər'gũntɐ] *f* question *f*
perguntar [pərgũn'tar] *vt* demander ◇ *vi* • **perguntar por alguém** demander qqn ; *(informar-se)* demander des nouvelles de qqn • **perguntar sobre algo** s'informer de qqch • **perguntar algo a alguém** demander qqch à qqn
perícia [pe'risja] *f* **1.** *(exame)* maîtrise *f* **2.** *(destreza)* adresse *f*, habileté *f*
periferia [pərifə'riɐ] *f* périphérie *f*
perigo [pə'rigu] *m* danger *m* ▾ **perigo de incêndio** risque d'incendie ▾ **perigo de morte** danger de mort ▾ **perigo de queda de materiais** risque de chute de matériaux
perigoso, osa [pəri'gozu, ɔzɐ] *adj* dangereux(euse)
perímetro [pə'rimətru] *m* périmètre *m*
periódico, ca [pə'rjɔđiku, kɐ] *adj* périodique
período [pə'riuđu] *m* **1.** *(espaço de tempo)* période *f* **2.** *(de ano escolar)* trimestre *m* **3.** *(fam)* *(menstruação)* règles *fpl* ▾ **pe-**

ríodo de funcionamento heures d'ouverture

periquito [pəri'kitu] *m* perruche *f*

perito, ta [pə'ritu, tɐ] *m, f* expert *m* ◇ *adj* expert(e) • **ser perito em algo** être expert en qqch

permanecer [pərmɐnə'ser] *vi* rester ◆ **permanecer em** *v + prep* rester à ◆ **permanecer por** *v + prep* rester à

permanência [pərmɐ'nẽsjɐ] *f* **1.** (*estadia*) séjour *m* **2.** (*de problema, situação*) permanence *f*

permanente [pərmɐ'nẽntə] *adj* permanent(e) ◇ *f* permanente *f*

permissão [pərmi'sɐ̃u] *f* permission *f* • **pedir permissão para fazer algo** demander la permission de faire qqch

permitido, a [pərmi'tiđu, đɐ] *adj* permis(e)

permitir [pərmi'tir] *vt* permettre

perna ['pɛrnɐ] *f* **1.** (*de pessoa*) jambe *f* **2.** (*de animal, ave*) patte *f* **3.** CULIN (*de cordeiro*) gigot *m* **4.** (*de cadeira, mesa*) pied *m* **5.** (*de letra*) jambage *m*

Pernambuco [pərnɐ̃n'buku] *m* • **Pernambuco** Pernambouc

pernil [pər'niɫ] (*pl* **-is** [iʃ]) *m* jambonneau *m* • **esticar o pernil** (*fig*) passer l'arme à gauche

pernilongo [pərni'lõŋgu] *m* **1.** (*Port*) (*ave*) échassier *m* **2.** (*Br*) (*mosquito*) moustique *m*

pernis ➤ **pernil**

pernoite [(*Br*) per'noitʃi] *m* ▾ **pernoite com café da manhã** nuit avec petit-déjeuner compris

pêro ['peru] *m* **1.** (*variedade de maçã*) pomme *f* **2.** (*fam*) (*murro*) beigne *f*

pérola ['pɛrulɐ] *f* perle *f*

perpendicular [pərpẽndiku'lar] (*pl* **-es** [əʃ]) *adj* perpendiculaire

perpetrar [pərpə'trar] *vt* perpétrer

perpetuar [pərpɛ'twar] *vt* perpétuer ◆ **perpetuar-se** *vp* se perpétuer

perplexidade [pərplɛksi'đađə] *f* perplexité *f*

perplexo, xa [pər'plɛksu, sɐ] *adj* perplexe

perro, a ['peʀu, ɐ] *adj* coincé(e)

perseguição [pərsəgi'sɐ̃u] (*pl* **-ões** [õiʃ]) *f* **1.** persécution *f* **2.** (*de polícia*) poursuite *f*

perseguir [pərsə'gir] *vt* poursuivre

perseverante [pərsəvə'rẽntə] *adj* persévérant(e)

perseverar [pərsəvə'rar] *vi* persévérer

persiana [pər'sjɐnɐ] *f* volet *m* roulant

persistente [pərsiʃ'tẽntə] *adj* **1.** (*perseverante*) persévérant(e) **2.** (*duradouro*) persistant(e)

personagem [pərsu'naʒɐ̃i] (*pl* **-ns** [ʃ]) *m & f* personnage *m*

personalidade [pərsunɐli'đađə] *f* personnalité *f*

perspectiva [pərʃpɛ'tivɐ] *f* perspective *f*

perspicácia [pərʃpi'kasjɐ] *f* perspicacité *f*

perspicaz [pərʃpi'kaʃ] (*pl* **-es** [zəʃ]) *adj* perspicace

persuadir [pərswɐ'đir] *vt* • **persuadir alguém de algo** persuader qqn de qqch • **persuadir alguém a fazer algo** persuader qqn de faire qqch ◆ **persuadir-se** *vp* se persuader

persuasão [pərswɐ'zɐ̃u] *f* persuasion *f*

persuasivo, **va** [pərswɐ'zivu, vɐ] *adj* persuasif(ive)
pertencente [pərtẽ'sẽntə] *adj* • **pertencente a** *(que pertence a)* appartenant à ; *(relativo a)* relevant de
pertencer [pərtẽ'ser] ◆ **pertencer a** *v + prep* **1.** *(ser propriedade de)* appartenir à **2.** *(clube, partido)* faire partie de • **pertencer a alguém fazer algo** appartenir à qqn de faire qqch
perto ['pɛrtu] *adj & adv* près • **perto de** *(relativo a tempo)* vers ; *(relativo a espaço)* près de ; *(relativo a quantidade)* environ • **ao** ou **de perto** de près
perturbar [pərtur'ƀar] *vt* perturber
peru [pə'ru] *m* **1.** dindon *m* **2.** *CULIN* dinde *f*
Peru [pə'ru] *m* • **o Peru** le Pérou
Perú [pe'ru] *m* • **o Perú** le Pérou
peruano, **a** [pəru'ɐnu, nɐ] *adj* péruvien(enne) ◆ **peruano, a** *mf* Péruvien *m*, -enne *f*
peruca [pə'rukɐ] *f* perruque *f*
peruviano, **na** [pəru''vjɐnu, nɐ] *adj* péruvien(enne) = **peruano**
perverso, **sa** [pər'vɛrsu, sɐ] *adj* pervers(e) *(cruel)*
perverter [pərvər'ter] *vt* pervertir
pervertido, **da** [pərvər'tiđu, đɐ] *adj* pervers(e) *(malade)*
pesadelo [pəzɐ'đelu] *m* cauchemar *m*
pesado, **da** [pə'zađu, đɐ] *adj* **1.** lourd(e) **2.** *(trabalho)* dur(e)
pêsames ['pezɐməʃ] *mpl* condoléances *fpl* • **os meus pêsames** toutes mes condoléances
pesar [pə'zar] *vt & vi* peser
pesca ['pɛʃkɐ] *f* pêche *f* • **pesca à linha** pêche à la ligne
pescada [pəʃ'kadɐ] *f* colin *m*
pescadinha [pəʃkɐ'điɲɐ] *f* merlu *m*
pescador, **ra** [pəʃkɐ'đor, rɐ] *(mpl* **-es** [əʃ], *fpl* **-s** [ʃ]) *m, f* pêcheur *m*
pescar [pəʃ'kar] *vt & vi* pêcher
pescoço [pəʃ'kosu] *m* cou *m*
peso ['pezu] *m* poids *m* • **peso bruto** poids brut • **peso líquido** poids net
pesquisa [pəʃ'kizɐ] *f* recherche *f*
pêssego ['pesəgu] *m* pêche *f*
pessegueiro [pəsə'gɐiru] *m* pêcher *m*
pessimista [pɛsi'miʃtɐ] *mf* pessimiste *mf*
péssimo, **ma** ['pɛsimu, mɐ] *adj* très mauvais(e)
pessoa [pə'soɐ] *f* personne *f* • **em pessoa** en personne
pessoal [pə'swał] *(pl* **-ais** [aiʃ]) *adj* personnel(elle) ◇ *m* personnel *m*
pestana [pəʃ'tɐnɐ] *f* cil *m*
pestanejar [pəʃtɐnə'ʒar] *vi* cligner des yeux
peste ['pɛʃtə] *f* peste *f*
pesticida [pɛʃti'siđɐ] *m* pesticide *m*
pétala ['pɛtɐlɐ] *f* pétale *m*
peteca [pe'tɛka] *f (Br)* volant *m (de badminton)*
petição [pəti'sɐ̃u] *(pl* **-ões** [õiʃ]) *f* pétition *f*
petinga [pə'tĩŋgɐ] *f* sardine *f*
petiscar [pətiʃ'kar] *vt* goûter ◇ *vi* grignoter • **quem não arrisca não petisca** *(fam)* qui ne tente rien n'a rien
petisco [pə'tiʃku] *m* **1.** *(iguaria)* délice *m* **2.** *(acepipe)* amuse-gueule *m*
petit-pois [petʃi'pwa] *mpl (Br)* petits pois *mpl*

petrificar [pətrifi'kar] *vt* pétrifier
petroleiro [pətru'lɐiru] *m* pétrolier *m*
petróleo [pə'trɔlju] *m* pétrole *m*
petulância [pətu'lɐ̃sjɐ] *f* **1.** *(insolência)* effronterie *f* **2.** *(vaidade)* arrogance *f*
petulante [pətu'lɐ̃ntə] *adj* **1.** *(insolente)* effronté(e) **2.** *(vaidoso)* arrogant(e)
peúgas ['pjugɐʃ] *fpl* chaussettes *fpl*
pevide [pə'viđə] *f* graine *f*
pia ['piɐ] *f* évier *m* • **pia baptismal** fonts *mpl* baptismaux
piada ['pjađɐ] *f* plaisanterie *f*
pianista [pjɐ'niʃtɐ] *mf* pianiste *mf*
piano ['pjɐnu] *m* piano *m*
pião ['pjɐ̃u] (*pl* **-ões** [õiʃ]) *m* toupie *f*
piar ['pjar] *vi* piailler
Piauí [pijɐu'i] *m* • **o Piauí** le Piauí
picada [pi'kađɐ] *f* **1.** *(de ave)* coup *m* de bec **2.** *(de insecto)* piqûre *f*
picadinho [pika'dʒiɲu] *m* (*Br*) *plat de viande hachée*
picado, da [pi'kađu, đɐ] *adj* **1.** *(carne, cebola, salsa)* haché(e) **2.** *(furado)* percé(e) ◇ *m (guisado) hachis de viande ou de poisson*
picanha [pi'kɐɲɐ] *f* (*Br*) rumsteck *m*
picante [pi'kɐ̃ntə] *adj* **1.** *(apimentado)* piquant(e) **2.** (*fig*) *(malicioso)* grivois(e)
pica-pau [ˌpikɐ'pau] (*pl* **pica-paus** [ˌpikɐ'pauʃ]) *m* pivert *m*
picar [pi'kar] *vt* **1.** *(com alfinete, agulha)* piquer **2.** *(carne, cebola)* hacher **3.** (*fam*) *(provocar)* lancer des piques à ◇ *vi (peixe)* mordre ◆ **picar-se** *vp* se piquer
picareta [pikɐ'retɐ] *f* pioche *f*
picles ['pikləʃ] *m inv* pickles *mpl*
pico ['piku] *m* **1.** *(montanha)* pic *m* **2.** *(espinho)* piquant *m*
picolé [piko'lɛ] *m* (*Br*) bâtonnet *m* de glace
picotado, da [piku'tađu, đɐ] *adj* prédécoupé(e) ◇ *m* pointillé *m*
picotar [piko'ta(x)] *vt* **1.** *(os olhos)* piquer **2.** *(galinha)* picoter **3.** *(furar)* perforer **4.** *(bilhete)* poinçonner
piedade [pje'đađə] *f* pitié *f* • **ter piedade de alguém** avoir pitié de qqn
pifar [pi'far] *vt* (*fam*) *(roubar)* piquer ◇ *vi* (*fam*) *(estragar-se)* péter
pigmento [pig'mẽntu] *m* pigment *m*
pijama [pi'ʒɐmɐ] *m* pyjama *m*
pikles ['pikləʃ] *mpl* pickles *mpl*
pilantra [pi'lɐ̃ntrɐ] *mf* crapule *f*
pilar [pi'lar] (*pl* **-es** [əʃ]) *m* pilier *m*
pilha ['piʎɐ] *f* pile *f* • **uma pilha de nervos** une boule de nerfs • **pilhas de** (*fam*) des tas de
pilhar [pi'ʎar] *vt* piller
pilotar [pilu'tar] *vt* piloter
piloto [pi'lotu] *m* pilote *m*
pílula ['pilulɐ] *f* pilule *f*
pimenta [pi'mẽntɐ] *f* poivre *m*
pimenta-do-reino [piˌmẽntɐdu'ʀeinu] *f* poivre *m*
pimentão [pimẽn'tɐ̃w] (*Br*) = **pimento**
pimentão-doce [pimẽntɐ̃u'dosə] *m* piment *m* doux
pimento [pi'mẽntu] *m* poivron *m*
pin ['pinə] *m* pin's *m inv*
pinça ['pĩsɐ] *f* pince *f*
píncaro ['pĩŋkɐru] *m* **1.** *(de fruto)* queue *f* **2.** *(de montanha)* sommet *m*
pincel [pĩ'sɛɫ] (*pl* **-éis** [ɛiʃ]) *m* pinceau *m*
pinga ['pĩŋgɐ] *f* **1.** *(gota)* goutte *f* **2.** (*fam*) *(vinho)* pinard *m* **3.** (*fam*) *(aguardente)*

gnôle *f* • **estar com a pinga** (*fam*) avoir un verre dans le nez
pingado, da [pĩŋ'gadu, dɐ] *adj* (*Br*) **1.** (*café*) au lait **2.** (*arroz*) aux haricots
pingar [pĩŋ'gar] *vi* goutter
pingente [pĩ'ʒẽntə] *m* pendentif *m*
pingo ['pĩŋgu] *m* **1.** (*gota*) goutte *f* **2.** (*café com leite*) *café allongé avec de l'eau et du lait*
pingue-pongue [ˌpĩŋgə'põŋgə] *m* ping-pong *m*
pinguim [pĩŋ'gwĩ] (*pl* **-ns** [ʃ]) *m* (*Port*) pingouin *m*
pingüim [pĩŋ'gwĩ] (*pl* **-ns** [ʃ]) *m* (*Br*) = **pinguim**
pinha ['piɲa] *f* **1.** pomme *f* de pin **2.** (*fam*) caboche *f* • **meter na pinha** (*fam*) mettre dans la caboche • **comer a pinha** (*fam*) leurrer, duper
pinhal [pi'ɲał] (*pl* **-ais** [aiʃ]) *m* pinède *f*
pinhão [pi'ɲɐ̃u] (*pl* **-ões** [õiʃ]) *m* pignon *m*
pinheiro [pi'ɲeiru] *m* pin *m*
pinho ['piɲu] *m* pin *m* (*bois*)
pinhoada [pi'ɲwađɐ] *f confiserie à base de pignons et de miel*
pinhões ➤ **pinhão**
pinta ['pĩntɐ] *f* **1.** (*mancha*) tache *f* **2.** (*fam*) (*aparência*) air *m* • **ter pinta de** (*fam*) avoir l'air de
pintado, da [pĩn'tađu, đɐ] *adj* peint(e) ▾ **pintado de fresco** peinture fraîche ▾ **pintado à mão** peint à la main
pintar [pĩn'tar] *vt* **1.** (*quadro, parede*) peindre **2.** (*olhos, rosto*) se maquiller **3.** (*desenho, boneco*) colorier ◇ *vi* **1.** (*artista, pintor*) peindre **2.** (*criança*) colorier **3.** (*Br*) (*fam*) (*problema, oportunidade*) se présenter **4.** (*Br*) (*fam*) (*pessoa*) se pointer ♦ **pintar-se** *vp* se maquiller
pintarroxo [pĩntɐ'ʀoʃu] *m* rouge-gorge *m*
pintassilgo [pĩntɐ'siłgu] *m* chardonneret *m*
pinto ['pĩntu] *m* poussin *m*
pintor, ra [pĩn'tor, rɐ] (*mpl* **-es** [əʃ], *fpl* **-s** [ʃ]) *m, f* peintre *mf*
pintura [pĩn'turɐ] *f* **1.** (*arte*) peinture *f* **2.** (*quadro*) tableau *m*
piões ['pjõjʃ] ➤ **pião**
piolho ['pjoʎu] *m* pou *m*
pionés [pjɔ'nɛʃ] (*pl* **-eses** [ɛzəʃ]) *m* (*Port*) punaise *f* (*en métal*)
pior ['pjɔr] (*pl* **-es** [əʃ]) *adj* pire ◇ *adv* plus mal ◇ *m* • **o pior** le pire • **o/a pior** le/la pire • **ser do pior que há** être ce qu'il y a de pire • **cada vez pior** de pire en pire
piorar [pju'rar] *vi* **1.** (*doente, situação*) empirer **2.** (*clima, tempo*) se détériorer ◇ *vt* aggraver
piores ➤ **pior**
pipa ['pipɐ] *f* **1.** (*de vinho*) tonneau *m* **2.** (*Br*) (*papagaio de papel*) cerf-volant *m*
pipoca [pi'pɔka] *f* (*Br*) pop-corn *m inv*
pipocas [pi'pɔkɐʃ] *fpl* (*Port*) pop-corn *m inv*
pipoqueiro, ra [pipo'keiru, rɐ] *m, f* (*Br*) vendeur *m*, -euse *f* de pop-corn
piquenique [ˌpikə'nikə] *m* pique-nique *m*
pirâmide [pi'rɐmiđə] *f* pyramide *f*
piranha [pi'rɐɲɐ] *f* piranha *f*
pirão [pi'rɐ̃u] *m* bouillie *f* de manioc
pirata [pi'ratɐ] *m* pirate *m*

piratear [pira'tea(x)] *vt* pirater • **piratear um programa** *INFORM* pirater un programme
Pireneus [pire'newʃ] *(Br)* = **Pirenéus**
Pirenéus [pirə'nɛuʃ] *mpl* • **os Pirenéus** les Pyrénées *fpl*
pires ['pirəʃ] *m inv* soucoupe *f*
pirex ['pirɛks] *(Br)* = **pírex**
pírex® ['pirɛks] *m* Pyrex® *m*
pirilampo [piri'lẽmpu] *m* ver *m* luisant
piripiri [ˌpiri'piri] *m* **1.** *(condimento) sauce au piment* **2.** *(malagueta)* piment *m* rouge
pirueta [pi'rwetɐ] *f* pirouette *f*
pirulito [piru'litu] *(Br)* = **chupa-chupa**
pisar [pi'zar] *vt* **1.** *(com pé)* marcher sur **2.** *(contundir)* meurtrir
pisca-pisca [ˌpiʃkɐ'piʃkɐ] *(pl* **pisca-piscas** [ˌpiʃkɐ'piʃkɐʃ]) *m* clignotant *m*
piscar [piʃ'kar] *vt* cligner ◇ *vi* clignoter
piscina [pəʃ'sinɐ] *f* piscine *f* • **piscina ao ar livre** piscine découverte • **piscina coberta** piscine couverte
pisco ['piʃku] *m* bouvreuil *m*
piso ['pizu] *m* chaussée *f* • **piso escorregadio** chaussée glissante • **piso irregular** chaussée déformée
pista ['piʃtɐ] *f* piste *f* • **pista de rodagem** *(Br)* = **faixa de rodagem** ; ➤ **faixa**
pistache [piʃ'taʃi] *(Br)* = **pistáchio**
pistachio [piʃ'taʃu] *m* pistache *f*
pistácio [piʃ'taʃju] *m* pistache *f*
pistão [piʃ'tɐ̃u] *(pl* **-ões** [õiʃ]) *m* piston *m*
pistola [piʃ'tɔlɐ] *f* pistolet *m*
pistom [piʃ'tõ] *(Br)* = **pistão**
pitada [pi'tađɐ] *f* pincée *f*
pitanga [pi'tẽŋgɐ] *f* cerise *f* de Cayenne
pitoresco, ca [pitu'reʃku, kɐ] *adj* pittoresque
pivete [pi'vetə] *m* **1.** *(mau cheiro)* puanteur *f* **2.** *(fam) (criança atrevida)* vaurien *m*
pixel [pik'sew] *m* pixel *m*
pixote [pi'ʃɔtʃi] *m* gosse *m*
pizza ['pidzɐ] *f* pizza *f* • **pizza de alice** *pizza aux anchois*
pizzaria [pidzɐ'riɐ] *f* pizzeria *f*
PJ *f* **(***abrev de Polícia Judiciária***)** PJ *f* *(Police Judiciaire)*
placa ['plaka] *f* **1.** *(ger)* plaque *f* **2.** *(lâmina)* lame *f* **3.** *(aviso)* panneau *m* **4.** *AUT* plaque minéralogique *f* **5.** *INFORM* carte *f* **6.** *INFORM* carte mère **7.** *MED* plaques *fpl* **8.** *(dentadura postiça)* dentier *m* • **placa de sinalização** panneau de signalisation • **placa fria** fausse plaque • **placa de vídeo** carte vidéo
plágio ['plaʒju] *m* plagiat *m*
planador [plɐnɐ'đor] *(pl* **-es** [əʃ]) *m* planeur *m*
planalto [plɐ'naɫtu] *m* plateau *m*
planeamento [plɐnjɐ'mẽntu] *m* planning *m* • **planeamento familiar** planning familial
planear [plɐ'njar] *vt* *(Port)* planifier • **planear fazer algo** projeter de faire qqch
planejamento [planeʒa'mẽntu] *(Br)* = **planeamento**
planejar [plane'ʒax] *vt* *(Br)* = **planear**
planeta [plɐ'netɐ] *m* planète *f*
planetário [plɐnə'tarju] *m* planétarium *m*
planície [plɐ'nisjə] *f* plaine *f*
plano, na ['plɐnu, nɐ] *adj* plat(e) ◇ *m* plan *m*

planta ['plɐ̃ntɐ] *f* **1.** plante *f* **2.** *(de cidade, casa)* plan *m*
plantão [plɐ̃n'tɐ̃w] *m* garde *f* • **estar de plantão** être de garde
plantar [plɐ̃n'tar] *vt* planter
plástica ['plaʃtikɐ] *f* chirurgie *f* esthétique
plasticina [plɐʃti'sinɐ] *f (Port)* pâte *f* à modeler
plástico ['plaʃtiku] *m* plastique *m*
plastilina [plaʃtʃi'linɐ] *f (Br)* = **plasticina**
plataforma [plɐtɐ'fɔrmɐ] *f* **1.** *(estrado)* plate-forme *f* **2.** *(de estação de comboio, metro)* quai *m*
plátano ['platɐnu] *m* platane *m*
plateia [plɐ'tɐjɐ] *f (Port)* parterre *m*
platéia [pla'tɛjɐ] *f (Br)* = **plateia**
platina [plɐ'tinɐ] *f* platine *m*
platinado [platʃi'nadu] *m (em veículo)* métallisé(e)
platinados [plɐti'nađuʃ] *mpl* vis *fpl* platinées
plausível [plau'zivɛɫ] *(pl* **-eis** [ɐiʃ]) *adj* **1.** *(possível)* probable **2.** *(credível)* plausible
plebiscito [plebiʃ'situ] *m (Br)* référendum *m*
plenamente [ˌplenɐ'mẽntə] *adv* totalement
pleno, na ['plenu, nɐ] *adj* total(e) • **pleno de** plein de • **em pleno dia** en plein jour • **em pleno Inverno** en plein hiver
plug-in ['plugĩn] *m INFORM* branché
plural [plu'raɫ] *(pl* **-ais** [aiʃ]) *m* pluriel *m*
plutónio [plu'tɔnju] *m (Port)* plutonium *m*
plutônio [plu'tonju] *m (Br)* = **plutónio**
pneu ['pneu] *m* pneu *m* • **pneu sobressalente** roue *f* de secours
pneumonia [pneumu'niɐ] *f* pneumonie *f*
pó ['pɔ] *m* **1.** *(poeira)* poussière *f* **2.** *(substância pulverizada)* poudre *f* • **pó de talco** talc *m*
pobre ['pɔƀrə] *adj & mf* pauvre
pobreza [pu'ƀrezɐ] *f* pauvreté *f*
[1]**poça** ['pɔsɐ] *f* flaque *f*
[2]**poça** ['pɔsɐ] *interj (fam)* et bien dis donc !
poção [pu'sɐ̃u] *(pl* **-ões** [õiʃ]) *f* potion *f*
pocilga [pu'silgɐ] *f* porcherie *f*
poço ['posu] *m* puits *m*
poções ➤ **poção**
podar [pu'đar] *vt* tailler
pode ['pɔđə] ➤ **poder**
pôde ['pođə] ➤ **poder**
pó-de-arroz [ˌpɔđjɐ'ʀoʃ] *m* poudre *f* de riz
poder [pu'đer] *(pl* **-es** [əʃ]) *m* pouvoir *m* • **o poder** le pouvoir • **estar no poder** être au pouvoir • **poder de compra** pouvoir d'achat • **está em meu poder** il est en mon pouvoir • **ter em seu poder algo** avoir qqch en sa possession
◇ *v aux* • **poder fazer algo** pouvoir faire qqch • **podias tê-lo feito antes** tu aurais pu le faire avant • **posso ajudar?** je peux vous aider ? • **posso fazê-lo** je peux le faire • **não posso mais!** je n'en peux plus ! • **não posso fazer nada!** je ne peux rien faire ! • **posso fumar?** je peux fumer ? • **não pode estacionar aqui** vous ne pouvez pas stationner ici • **não pude sair ontem** je n'ai pas pu sortir hier • **não podemos abandoná-lo** nous ne pouvons pas l'abandonner • **podes fazer vá-**

rias coisas tu peux faire plusieurs choses • **podias ter vindo de comboio** tu aurais pu venir en train • **não pode ser!** ce n'est pas possible ! • **podias ter-nos avisado!** tu aurais pu nous prévenir ! • **pudera!** évidemment !
◇ *v impess (ser possível)* • **pode ser que chova** il se peut qu'il pleuve • **pode não ser verdade** il se peut que ce ne soit pas vrai • **pode acontecer a qualquer um** ça peut arriver à n'importe qui
◆ **poder com** *v + prep (suportar)* supporter ; *(rival, adversário)* venir à bout de • **não podes com tanto peso** tu ne peux pas porter ça
poderoso, osa [pudə'rozu, ɔzɐ] *adj* puissant(e)
podre [podrə] *adj* pourri(e)
põe ['põi] ➤ **pôr**
poeira ['pwɐirɐ] *f* poussière *f*
poema ['pwemɐ] *m* poème *m*
poesia [pwi'ziɐ] *f* poésie *f*
poeta ['pwɛtɐ] *m* poète *m*
poetisa ['pwɛtizɐ] *f* poétesse *f*
pois ['poiʃ] *conj* **1.** *(porque)* car **2.** *(então)* alors ◇ *interj* oui ! • **pois sim!** soit ! • **pois não?** oui ? • **pois bem** bon
polaco, ca [pu'laku, kɐ] *adj* polonais(e) ◆ **polaco** *m (língua)* polonais *m* ◆ **polaco, ca** *mf* Polonais *m*, -e *f*
polegar [pulə'gar] (*pl* **-es** [əʃ]) *m* pouce *m*
polémica [pu'lɛmikɐ] *f* (*Port*) polémique *f*
polêmica [po'lemikɐ] *f* (*Br*) = **polémica**
pólen ['pɔlɛn] *m* pollen *m*
polícia [pu'lisjɐ] *f* police *f* ◇ *mf* policier *m* ◆ **Polícia** *f* • **Polícia Judiciária** police judiciaire • **Polícia de Segurança Pública** police

Polícia de Segurança Pública

Dans les villes portugaises, la sécurité publique est assurée par la *PSP* (*Polícia de Segurança Pública*). Dans les zones rurales, c'est la *GNR* (*Guarda Nacional Republicana*) qui remplit cette fonction. Une de ses divisions, la *BT* (*Brigada de Trânsito*), est responsable de la police des routes, reconnaissable à son brassard rouge.

policial [poli'sjau] (*pl* **-ais** [aiʃ]) *mf* (*Br*) policier *m*
policiamento [polisja'mẽtu] *m* surveillance *f*, vigilance *f*
polido, da [pu'lidu, dɐ] *adj* poli(e)
poliestireno [poljeʃtʃi'renu] *m* polystyrène *m*
polir [pu'lir] *vt* polir
politécnico, ca [pɔli'tɛkniku, kɐ] *adj* d'enseignement technique supérieur
política [pu'litikɐ] *f* politique *f* • **política externa** (*Port*) politique extérieure • **política exterior** (*Br*) politique extérieure
político, ca [pu'litiku, kɐ] *m, f* homme *m*, femme *f* politique ◇ *adj* politique
pólo ['pɔlu] *m* **1.** pôle *m* **2.** *(desporto)* polo *m* • **pólo aquático** water-polo *m*
Polónia [pu'lɔnjɐ] *f* • **a Polónia** la Pologne
Polônia [(*Br*) po'lonja] *f* Pologne *f*
Pólo Norte ['pɔlunɔrtə] *m* • **o Pólo Norte** le Pôle Nord

Pólo Sul ['pɔlusuɫ] *m* • **o Pólo Sul** le Pôle Sud
polpa ['poɫpɐ] *f* pulpe *f*
poltrona [poɫ'tronɐ] *f* fauteuil *m*
poluição [pulwi'sɐ̃u] *f* pollution *f*
poluído, da [pu'lwiđu, đɐ] *adj* pollué(e)
poluir [pu'lwir] *vt* polluer
polvo ['poɫvu] *m* poulpe *m* • **polvo guisado** *poulpe mijoté au vin blanc*
pólvora ['pɔɫvurɐ] *f* poudre *f*
pomada [pu'mađɐ] *f* pommade *f* • **pomada anti-séptica** pommade antiseptique • **pomada para calçado** cirage *m*
pomar [pu'mar] (*pl* **-es** [əʃ]) *m* verger *m*
pombo, ba ['põmbu, bɐ] *m, f* pigeon *m*, colombe *f* • **pomba da paz** colombe de la paix
pomo-de-adão [ˌpomuđɐ'đɐ̃u] (*pl* **pomos-de-adão** [ˌpɔmuʒdɐ'đɐ̃u]) *m* pomme *f* d'Adam
pomposo, osa [põm'pozu, ɔzɐ] *adj* pompeux(euse)
ponderação [põndərɐ'sɐ̃u] *f* pondération *f*
ponderado, da [põndə'rađu, đɐ] *adj* pondéré(e)
ponderar [põndə'rar] *vt* pondérer
pónei ['pɔnɐi] *m* (*Port*) poney *m*
pônei ['ponei] *m* (*Br*) = **pónei**
ponho ['poɲu] ➤ **pôr**
ponta ['põntɐ] *f* **1.** bout *m* **2.** (*de vara, lápis*) pointe *f* **3.** (*de superfície*) extrémité *f* • **tomar alguém de ponta** (*fam*) prendre qqn en grippe • **ter algo na ponta da língua** avoir qqch sur le bout de la langue
pontada [põn'tađɐ] *f* point *m* de côté
pontapé [põntɐ'pɛ] *m* coup *m* de pied • **pontapé livre** coup franc • **pontapé de saída** coup d'envoi
pontaria [põntɐ'riɐ] *f* • **fazer pontaria** viser • **ter pontaria** bien viser
ponte ['põntə] *f* pont *m*
ponteiro [põn'tɐiru] *m* (*de relógio*) aiguille *f*
pontiagudo, da [põntjɐ'guđu, đɐ] *adj* pointu(e)
ponto ['põntu] *m* **1.** point *m* **2.** (*teste, exame*) contrôle *m* **3.** (*Br*) (*paragem de transporte colectivo*) arrêt *m* **4.** (*de açúcar*) caramélisation *f* • **às 9 em ponto** à neuf heures pile • **estar a ponto de fazer algo** être sur le point de faire qqch • **em ponto grande/pequeno** en grand/petit format • **até certo ponto** dans une certaine mesure • **ponto por ponto** point par point • **dois pontos** deux points • **ponto cardeal** point cardinal • **ponto de encontro** point de rencontre • **ponto de exclamação** point d'exclamation • **ponto final** point final • **ponto de interrogação** point d'interrogation • **ponto morto** point mort • **ponto negro** point noir • **ponto de ônibus** (*Br*) arrêt d'autobus • **ponto de partida** point de départ • **ponto de táxi** (*Br*) station *f* de taxi • **ponto e vírgula** point-virgule *m* • **ponto de vista** point de vue
pontuação [põntwɐ'sɐ̃u] (*pl* **-ões** [õiʃ]) *f* **1.** (*em gramática*) ponctuation *f* **2.** (*em competição*) nombre *m* de points **3.** (*em teste, exame*) barème *m*
pontual [põn'twaɫ] (*pl* **-ais** [aiʃ]) *adj* **1.** (*pessoa*) ponctuel(elle) **2.** (*comboio, autocarro*) à l'heure

pontuar [põn'twar] *vt* **1.** *(texto)* ponctuer **2.** *(exame, teste)* noter ◇ *vi* noter

POP *(abrev de Post Office Protocol)* *m* protocole *m* POP

popa ['popɐ] *f* poupe *f*

popelina [pɔpə'linɐ] *f* popeline *f*

popeline [pɔpe'linu] *f* popeline *f*

população [pupulɐ'sɐ̃u] *f* population *f*

popular [pupu'lar] *(pl* **-es** [əʃ]*)* *adj* populaire

póquer ['pɔkɛr] *m* poker *m*

pôquer ['pɔkɛ(x)] *m* poker *m*

por [pur] *prep*

1. *(indica causa)* à cause de • **foi por tua causa** c'était à cause de toi • **por falta de meios** faute de moyens • **por hábito/rotina** par habitude/routine • **ele partiu por não ser forte** il est parti parce qu'il n'était pas assez fort

2. *(indica meio, modo, agente)* par • **foi feito por mim** ça a été fait par moi • **por correio/avião/fax** par courrier/avion/fax • **por escrito** par écrit

3. *(relativo a lugar)* par • **entrámos em Portugal por Vilar Formoso** nous sommes entrés au Portugal par Vilar Formoso • **ele está por aí** il est par là • **por onde vais?** par où passes-tu ? • **vamos por aqui** passons par ici

4. *(indica objectivo)* pour • **lutar por algo** lutter pour qqch

5. *(relativo a tempo)* pour • **ele partiu por duas semanas** il est parti pour deux semaines • **partiu pela manhã** il est parti le matin

6. *(relativo a troca)* contre • **troquei o carro velho por um novo** j'ai échangé la vieille voiture contre une neuve ; *(relativo a preço)* pour • **paguei por este casaco apenas 30 euros** je n'ai payé que 30 euros pour cette veste

7. *(indica distribuição)* • **são 150 euros por dia/mês** ça fait 150 euros par jour/mois • **por pessoa** par personne • **por cento** pour cent • **por hora** à l'heure

8. *(em locuções)* • **por que (é que)...?** pourquoi (est-ce que)... ? • **por mim, tudo bem!** pour ma part, c'est d'accord !

pôr ['por] *vt* **1.** mettre **2.** *(problema, dúvida, questão)* poser **3.** *(defeitos)* trouver **4.** *(suj: ave)* pondre ◇ *vi* pondre ◇ *m* • **o pôr do Sol** le coucher du soleil • **pôr algo em funcionamento** mettre qqch en marche • **pôr algo mais baixo/alto** baisser/monter le son de qqch • **pôr algo em algo** mettre qqch dans qqch • **pôr a mesa** mettre la table ◆ **pôr-se** *vp* **1.** *(ficar)* se mettre **2.** *(sol)* se coucher • **pôr-se a fazer algo** se mettre à faire qqch • **pôr-se bom** se rétablir • **pôr-se de pé** se mettre debout

porca ['pɔrkɐ] *f* **1.** *(peça)* écrou *m* **2.** *(animal)* truie *f*

porção [pur'sɐ̃u] *(pl* **-ões** [õiʃ]*)* *f* portion *f*

porcaria [purkɐ'riɐ] *f (fam)* **1.** *(sujidade)* saleté *f* **2.** *(algo mal feito)* cochonnerie *f* **3.** *(algo sem valor)* camelote *f* **4.** *(pus)* pus *m* ◇ *interj* • **que porcaria!** mince !

porcelana [pursə'lɐnɐ] *f* porcelaine *f*

porco ['porku] *m* **1.** *(animal)* cochon *m* **2.** *(carne)* porc *m*

porções [pox'sõjʃ] ➤ **porção**

porco-espinho [ˌporkuʃ'piɲu] *(pl* **porcos-espinhos** [ˌpɔrkuzəʃ'piɲuʃ]*)* *m* porc-épic *m*

porém [pu'rɐ̃j] *conj* cependant

pormenor [purmə'nɔr] (*pl* **-es** [əʃ]) *m* détail *m* • **em pormenor** en détail

pornografia [purnugrɐ'fiɐ] *f* pornographie *f*

poro ['pɔru] *m* pore *m*

porque [purkə] *conj* parce que, car ◇ *adv* (*Port*) pourquoi

porquê [pur'ke] *adv* (*Port*) pourquoi ◇ *m* • **o porquê de** le pourquoi de

porquinho-da-índia [pur,kiɲuđɐ'ĩvndjɐ] (*pl* **porquinhos-da-índia** [pur,kiɲuʒdɐ'ĩndjɐ]) *m* cochon *m* d'Inde

porra ['poʀɐ] *interj* mince alors !

porreiro, **ra** [pu'ʀɐiru, rɐ] *adj* (*Port*) (*fam*) super

porta ['pɔrtɐ] *f* **1.** (*de casa, armário,etc*) porte *f* **2.** (*de carro*) portière *f* • **porta automática** porte automatique • **porta corrediça** porte coulissante • **porta giratória** porte à tambour • **porta telecomandada** porte à ouverture automatique • **porta paralela** *INFORM* port *m* parallèle • **porta serial** *INFORM* port série

porta-aviões [,pɔrta'vjõiʃ] *m inv* porte-avions *m inv*

porta-bagagem [,pɔrtɐƀɐ'gaʒɐ̃i] (*pl* **porta-bagagens** [,pɔrtɐƀɐ'gaʒɐ̃iʃ]) *m* porte-bagages *m inv*

porta-bandeira [,pɔrtɐƀɐ̃n'dɐirɐ] (*pl* **porta-bandeiras** [,pɔrtɐƀɐ̃n'dɐirɐʃ]) *mf* porte-drapeau *m*

porta-chaves [,pɔrtɐ'ʃavəʃ] *m inv* porte-clés *m inv*

portador, **ra** [purtɐ'đor, rɐ] (*mpl* **-es** [əʃ], *fpl* **-s** [ʃ]) *m, f* porteur *m*, porteuse *f* • **ao portador** au porteur

portagem [pur'taʒɐ̃i] (*pl* **-ns** [ʃ]) *f* (*Port*) péage *m*

porta-jóias [,poxta'ʒojaʃ] (*Br*) = **guarda-jóias**

portal [(*Port*)pur'taɫ (*Br*)pox'taw] (*pl* **-ais** [aiʃ] [aiʃ]) *m* **1.** (*pórtico*) portique *m* **2.** *INFORM* portail *m*

porta-lápis [,pɔrtɐ'lapiʃ] *m inv* trousse *f*

porta-luvas [,pɔrtɐ'luvɐʃ] *m inv* boîte *f* à gants

porta-malas [,pɔxta'malaʃ] *m inv* porte-bagages *m inv*

porta-minas [,pɔrtɐ'minɐʃ] *m inv* (*Port*) portemine *m*

porta-moedas [,pɔrtɐ'mwɛđɐʃ] *m inv* porte-monnaie *m inv*

portanto [pur'tɐ̃ntu] *conj* donc

portão [pur'tɐ̃u] (*pl* **-ões** [õiʃ]) *m* portail *m*

portaria [purtɐ'riɐ] *f* **1.** (*de edifício*) accueil *m* **2.** (*diploma legal*) arrêté *m*

portátil [pur'tatiɫ] (*pl* **-eis** [ɐiʃ]) *adj* portable

porta-voz [,pɔrtɐ'vɔʃ] (*pl* **porta-vozes** [,pɔrtɐ'vɔzəʃ]) *mf* porte-parole *m inv*

porte ['pɔrtə] *m* port *m* ▼ **porte pago** port payé

porteiro, **ra** [pur'tɐiru, rɐ] *m, f* **1.** (*de edifício*) gardien *m*, -enne *f* **2.** (*de hotel*) portier *m*, -ère *f*

pórtico ['pɔrtiku] *m* (*em edifício*) porche *m*

porto ['portu] *m* **1.** port *m* **2.** (*vinho*) porto *m* ◆ **Porto** *m* (*cidade*) • **o Porto** Porto *m*

portões [pox'tõjʃ] ➤ **portão**

portuense [pur'twẽsə] *adj* de Porto ◇ *mf* habitant *m*, -e *f* de Porto

Portugal [purtu'gaɫ] *s* Portugal *m* • **o Portugal dos Pequenitos** *le Portugal miniature*

Portugal dos Pequenitos

Situé dans la ville de Coimbra, sur la rive gauche du Mondego, et construit sous le régime de Salazar, le Portugal dos Pequenitos illustre certains aspects de l'histoire et de la culture portugaises. On peut y voir les modèles réduits des principaux monuments nationaux, les maisons typiques des diverses régions du pays avec leurs dépendances (granges, étables, poulaillers, etc.), ainsi que des maisons coloniales. Tout cela est représenté à l'échelle d'un enfant de trois ans.

português, esa [purtu'geʃ, ezɐ] (*mpl* **-eses** [ezəʃ], *fpl* **-s** [ʃ]) *adj* portugais(e) ◇ *m, f* Portugais *m*, -e *f* ◇ *m (língua)* portugais *m* • **à portuguesa** *à la portugaise*

porventura [purvẽn'turɐ] *adv* par hasard • **se porventura** si par hasard

pôs ['poʃ] ➤ **pôr**

posar [pu'zar] *vi* poser

posição [puzi'sɐ̃u] (*pl* **-ões** [õiʃ]) *f* **1.** position *f* **2.** *(em emprego)* poste *m*

positiva [puzi'tivɐ] *f* • **ter positiva** avoir une note au-dessus de la moyenne

positivo, va [puzi'tivu, vɐ] *adj* positif(ive) ◇ *m* positif *m*

posologia [puzulu'ʒiɐ] *f* posologie *f*

posse ['pɔsə] *f* possession *f* • **estar em posse de** être en possession de ◆ **posses** *fpl* • **ter posses** avoir de la fortune

possessão [pusə'sɐ̃u] (*pl* **-ões** [õiʃ]) *f* possession *f*

possessivo, va [pusə'sivu, vɐ] *adj* possessif(ive)

possessões ➤ **possessão**

possibilidade [pusiƀəli'đađə] *f* possibilité *f*

possibilitar [pusiƀəli'tar] *vt* rendre possible

possível [pu'sivɛɫ] (*pl* **-eis** [ɐiʃ]) *adj* possible ◇ *m* • **fazer o possível (por fazer algo)** faire son possible (pour faire qqch) • **não é possível!** c'est pas vrai ! • **logo que possível** dès que possible • **o mais cedo possível** le plus tôt possible • **o máximo possível** le plus possible • **se possível** si possible

posso ['pɔsu] ➤ **poder**

possuir [pu'swir] *vt* posséder

posta ['pɔʃtɐ] *f* tranche *f*

postal [puʃ'taɫ] (*pl* **-ais** [aiʃ]) *m* carte *f* postale • **postal ilustrado** carte postale illustrée

posta-restante [ˌpɔʃtɐʀəʃ'tɐ̃ntə] (*pl* **postas-restantes** [ˌpɔʃtɐʒʀəʃ'tɐ̃ntəʃ]) *f* poste *f* restante

poste ['pɔʃtə] *m* poteau *m*

poster ['pɔʃtɛr] (*pl* **-es** [əʃ]) *m* *(Port)* poster *m*

pôster ['poʃtex] (*pl* **-es** [iʃ]) *m* *(Br)* = **poster**

posteridade [puʃtəri'đađə] *f* postérité *f*

posterior [puʃtə'rjor] (*pl* **-es** [əʃ]) *adj* postérieur(e)

posteriormente [puʃtərjor'mẽntə] *adv* *(mais tarde)* postérieurement
postiço, ça [puʃ'tisu, sɐ] *adj* faux (fausse)
postigo [puʃ'tigu] *m* judas *m (de porte)*
posto ['poʃtu] *m* **1.** poste *m* **2.** *(de saúde)* centre *m* • **posto de gasolina** *(Port)* station-service *f* • **posto médico** *(Port)* infirmerie *f* ▾ **posto de venda autorizado** *signale la vente de tickets de bus*
póstumo, ma ['pɔʃtumu, mɐ] *adj* posthume
postura [puʃ'turɐ] *f* position *f*
potável [pu'tavɛɫ] *adj* ➤ **água**
pote ['pɔtə] *m* pot *m (en terre)*
potência [pu'tẽsjɐ] *f* puissance *f*
potencial [putẽ'sjaɫ] *(pl* **-ais** [aiʃ]) *adj* potentiel(elle) ◇ *m* potentiel *m*
potente [pu'tẽntə] *adj* puissant(e)
potro ['potru] *m* poulain *m*
pouco, ca ['poku, kɐ] *adj* peu de ◇ *adv & pron* peu ◇ *m* • **um pouco** un peu • **um pouco de** un peu de • **um pouco mais de** un peu plus de • **custar pouco** ne pas coûter cher • **custar pouco a fazer** être facile à faire • **ficar a poucos passos de** être à quelques pas de • **pouco amável/inteligente** peu aimable/intelligent • **daí a pouco** peu après • **daqui a pouco** sous peu • **falta pouco para** c'est bientôt • **há pouco** il y a peu de temps • **a pouco e pouco, pouco a pouco** peu à peu • **por pouco** de peu • **fazer pouco de** se moquer de
poupa ['popɐ] *f* houpe *f*
poupança [po'pẽsɐ] *f* épargne *f* ◆ **poupanças** *fpl* économies *fpl*
poupar [po'par] *vt* **1.** économiser **2.** *(dinheiro)* épargner **3.** *(esforço)* ménager ◇ *vi* économiser
pouquinho [po'kiɲu] *m* petit peu *m* • **só um pouquinho** juste un petit peu • **um pouquinho de** un petit peu de
pousada [po'zađɐ] *f* auberge *f* • **pousada da juventude** auberge de jeunesse
pousar [po'zar] *vt* poser ◇ *vi* **1.** *(avião)* atterrir **2.** *(ave)* se poser
povo ['povu] *m* peuple *m*
povoação [puvwɐ'sɐ̃u] *(pl* **-ões** [õiʃ]) *f* hameau *m*
povoar [pu'vwar] *vt* peupler
p.p. *(abrev de páginas)* pp. *(pages)*
PR *(abrev de Presidente da República)* président *m* de la République
praça ['prasɐ] *f* **1.** place *f* **2.** *(mercado)* marché *m* • **praça de táxis** *(Port)* station *f* de taxis • **praça de touros** arènes *fpl*
prado ['prađu] *m* pré *m*
praga ['pragɐ] *f* **1.** *(doença)* épidémie *f* **2.** *(de insectos)* invasion *f* **3.** *(palavrão)* juron *m* **4.** *(maldição)* sort *m*
pragmático, ca [prɐg'matiku, kɐ] *adj* pragmatique
praia ['prajɐ] *f* plage *f* • **praia para nudistas** plage de nudistes
prancha ['prẽʃɐ] *f* planche *f* • **prancha de saltos** plongeoir *m* • **prancha de surf** surf *m*
pranto ['prẽntu] *m* chagrin *m*
prata ['pratɐ] *f* argent *m* • **de** ou **em prata** en argent
prateado, da [prɐ'tjađu, đɐ] *adj* argenté(e)
prateleira [prɐtə'lɐirɐ] *f* étagère *f*

prática ['pratikɐ] *f* pratique *f* • **na prática** en ou dans la pratique • **pôr algo em prática** mettre qqch en pratique • **ter prática** avoir de l'expérience

praticante [prɐti'kɐ̃ntə] *adj* pratiquant(e) ◇ *mf* • **é um praticante de judo** il pratique le judo

praticar [prɐti'kar] *vt* pratiquer ◇ *vi* s'exercer

praticável [prɐti'kavɛɫ] (*pl* **-eis** [ɐiʃ]) *adj* **1.** *(acção)* réalisable **2.** *(estrada)* praticable

prático, ca ['pratiku, kɐ] *adj* pratique

prato ['pratu] *m* **1.** *(louça)* assiette *f* **2.** *(refeição)* plat *m* • **prato de sopa** *(utensílio)* assiette à soupe ; *(comida)* soupe *f* • **prato fundo** assiette creuse • **prato raso** ou **chato** assiette plate • **prato da casa** spécialité *f* de la maison • **prato do dia** plat du jour • **pôr tudo em pratos limpos** *(fam)* tirer les choses au clair ◆ **pratos** *mpl* MÚS cymbales *fpl*

praxe ['praʃə] *f* **1.** *(costume)* coutume *f* **2.** *(académica)* traditions *fpl* • **ser da praxe** être d'usage

prazer [prɐ'zer] (*pl* **-es** [əʃ]) *m* plaisir *m* • **muito prazer!** enchanté ! • **prazer em conhecê-lo!** enchanté de faire votre connaissance ! • **o prazer é (todo) meu!** moi de même ! • **com prazer** avec plaisir • **por prazer** pour le plaisir

prazo ['prazu] *m* délai *m* • **prazo de validade** date *f* limite de validité • **a curto/longo/médio prazo** à court/long/moyen terme

pré-aviso [prɛɐ'vizu] (*pl* **pré-avisos** [prɛɐ'vizuʃ]) *m* préavis *m*

precário, ria [prə'karju, rjɐ] *adj* précaire

preçário [prə'sarju] *m* tarif *m*

precaução [prəkau'sɐ̃u] (*pl* **-ões** [õiʃ]) *f* précaution *f* • **por precaução** par précaution

precaver-se [prəkɐ'versə] *vp* se prémunir • **precaver-se contra** ou **de** se prémunir contre

precavido, da [prəkɐ'viđu, đɐ] *adj* prévoyant(e)

prece ['prɛsə] *f* prière *f*

precedência [prəsə'đẽsjɐ] *f* avance *f* • **ter precedência sobre** précéder

precedente [*(Port)* prəsə'đẽtə *(Br)*, prese'dẽntʃi] *adj* précédent(e) ◇ *m* précédent *m*

preceder [prəsə'đer] *vt* précéder

precioso, osa [prə'sjozu, ɔzɐ] *adj* précieux(euse)

precipício [prəsə'pisju] *m* précipice *m*

precipitação [prəsəpitɐ'sɐ̃u] (*pl* **-ões** [õiʃ]) *f* **1.** *(pressa)* précipitation *f* **2.** *(chuva)* précipitations *fpl*

precipitar-se [prəsəpi'tarsə] *vp* se précipiter

precisamente [prəˌsizɐ'mẽntə] *adv* précisément

precisão [prəsi'zɐ̃u] *f* précision *f* • **com precisão** avec précision

precisar [prəsi'zar] *vt* préciser ◆ **precisar de** *v + prep* avoir besoin de • **precisar de fazer algo** avoir besoin de faire qqch

preciso, sa [prə'sizu, zɐ] *adj* précis(e) • **ser preciso** être précis • **é preciso fazer algo** il faut faire qqch

preço ['presu] *m* prix *m* • **preço de ocasião** prix promotionnel • **preço reduzido** prix réduit • **a preço de saldo** soldé

precoce [prə'kɔsə] *adj* **1.** *(criança)* précoce **2.** *(decisão)* prématuré(e)

preconcebido, da [prɛkõsə'bidu, ðɐ] *adj* préconçu(e)
preconceito [prəkõ'sɐitu] *m* préjugé *m*
precursor, ra [prəkur'sor, rɐ] (*mpl* **-es** [əʃ], *fpl* **-s** [ʃ]) *m, f* précurseur *m* ◇ *adj* précurseur
predador, ra [prəðɐ'ðor, rɐ] (*mpl* **-es** [əʃ], *fpl* **-s** [ʃ]) *adj* prédateur(trice)
predecessor, ra [prəðəsə'sor, rɐ] (*mpl* **-es** [əʃ], *fpl* **-s** [ʃ]) *m, f* prédécesseur *m*
predileção [predʒile'sɐ̃u] (*pl* **-ões** [õiʃ]) *f* (*Br*) = **predilecção**
predilecção [prəðilɛ'sɐ̃u] (*pl* **-ões** [õiʃ]) *f* (*Port*) prédilection *f* • **ter predilecção por** avoir une prédilection pour
predileções ➤ **predileção**
predilecto, ta [prəði'lɛtu, tɐ] *adj* (*Port*) préféré(e)
predileto, ta [predʒi'lɛtu, tɐ] *adj* (*Br*) = **predilecto**
prédio ['prɛðju] *m* bâtiment *m* • **prédio de andares** ou **de apartamentos** immeuble *m*
predominante [prəðumi'nɐ̃ntə] *adj* prédominant(e)
predominar [prəðumi'nar] *vi* prédominer
preencher [priẽ'ʃer] *vt* remplir
pré-fabricado, da [ˌprɛfɐbri'kaðu, ðɐ] *adj* préfabriqué(e)
prefácio [prə'fasju] *m* préface *f*
prefeito, ta [pre'fɐitu, tɐ] *m, f* (*Br*) maire *mf* ◇ *m* (*em colégio*) surveillant(e)
prefeitura [prefɐi'turɐ] *f* (*Br*) mairie *f*
preferência [prəfə'rẽsjɐ] *f* préférence *f* • **dar preferência a** donner la préférence à • **ter preferência por** préférer • **de preferência** de préférence
preferido, da [prəfə'riðu, ðɐ] *adj* préféré(e)
preferir [prəfə'rir] *vt* préférer • **preferir fazer algo** préférer faire qqch • **preferir que** préférer que
prefixo [prə'fiksu] *m* préfixe *m*
prega ['prɛgɐ] *f* pli *m*
pregador [prega'do(x)] (*Br*) = **mola**
[1]**pregar** [prə'gar] *vt* **1.** (*prego*) clouer **2.** (*botões*) coudre
[2]**pregar** [prɛ'gar] *vt* prêcher
prego ['prɛgu] *m* clou *m* • **prego no pão** *sandwich au bifteck* • **prego no prato** steak *m* frites
preguiça [prə'gisɐ] *f* paresse *f*
pré-histórico, ca [ˌprɛiʃ'tɔriku, kɐ] *adj* préhistorique
prejudicar [prəʒuði'kar] *vt* **1.** (*pessoa*) porter préjudice à **2.** (*carreira, relação, saúde*) nuire à
prejudicial [prəʒuði'sjał] (*pl* **-ais** [aiʃ]) *adj* • **prejudicial para** nuisible
prejuízo [prə'ʒwizu] *m* **1.** (*dano*) dégât *m* **2.** (*em negócio*) préjudice *m* • **em prejuízo de** au détriment de • **sem prejuízo de** sans préjudice de
prematuro, ra [prəmɐ'turu, rɐ] *adj* prématuré(e)
premiado, da [prə'mjaðu, ðɐ] *adj* primé(e)
premiar [prə'mjar] *vt* primer
prémio ['prɛmju] *m* **1.** (*Port*) prix *m* **2.** (*em seguros*) prime *f* • **grande prémio** (*em Fórmula 1*) grand prix
prêmio ['premju] *m* (*Br*) = **prémio**
premonição [prəmuni'sɐ̃u] (*pl* **-ões** [õiʃ]) *f* prémonition *f*

pré-natal [ˌprɛnɐ'taɫ] (*pl* **-ais** [aiʃ]) *adj* pour femme enceinte
prenda ['prẽndɐ] *f* cadeau *m*
prendado, da [prẽn'dađu, đɐ] *adj* qui a toutes les qualités
prender [prẽn'der] *vt* **1.** *(pessoa)* arrêter **2.** *(meter na prisão)* emprisonner **3.** *(atar)* attacher ◆ **prender-se** *vp* se prendre
prenome [prə'nome] *m* prénom *m*
prenunciar [prənũ'sjar] *vt* (laisser) présager
preocupação [priukupɐ'sɐ̃u] (*pl* **-ões** [õiʃ]) *f* souci *m*
preocupado, da [priuku'pađu, đɐ] *adj* préoccupé(e)
preocupar [priuku'par] *vt* préoccuper ◆ **preocupar-se** *vp* se faire du souci • **preocupar-se com** se préoccuper de
pré-pagamento [ˌprɛpɐgɐ'mẽntu] *m paiement à la caisse avant consommation dans certains cafés ou certains bars*
preparação [prəpɐrɐ'sɐ̃u] (*pl* **-ões** [õiʃ]) *f* préparation *f*
preparado, da [prəpɐ'rađu, đɐ] *adj* prêt(e) ◇ *m* préparation *f*
preparar [prəpɐ'rar] *vt* préparer ◆ **preparar-se** *vp* se préparer • **preparar-se para algo** se préparer à qqch
preposição [prəpuzi'sɐ̃u] (*pl* **-ões** [õiʃ]) *f* préposition *f*
prepotente [prəpu'tẽntə] *adj* autoritaire
presença [prə'zẽsɐ] *f* présence *f* • **na presença de** en présence de • **presença de espírito** présence d'esprit
presenciar [prəzẽ'sjar] *vt* **1.** *(acontecimento)* assister à **2.** *(crime)* être témoin de
presente [prə'zẽntə] *adj* présent(e) ◇ *m* **1.** *(prenda)* cadeau *m* **2.** *GRAM* présent *m*
preservação [prəzərvɐ'sɐ̃u] (*pl* **-ões** [õiʃ]) *f* préservation *f*
preservado, da [prəzər'vađu, đɐ] *adj* préservé(e)
preservar [prəzər'var] *vt* préserver
preservativo [prəzərvɐ'tivu] *m* préservatif *m*
presidência [prəzi'đẽsjɐ] *f* présidence *f*
presidente [prəzi'đẽntə] *mf* **1.** *(de associação)* président *m* **2.** *(de empresa)* P-DG *m* • **Presidente da Câmara** (*Port*) maire *m* • **Presidente da República** président de la République
presidir [prəzi'đir] *vi* • **presidir a algo** présider à qqch
presilha [prə'ziʎɐ] *f* passant *m (de ceinture)*
preso, sa ['prezu, zɐ] *pp* ➤ **prender** ◇ *adj* **1.** *(atado)* attaché(e) **2.** *(capturado)* prisonnier(ère) **3.** *(que não se move)* coincé(e) ◇ *m, f* prisonnier *m*, -ère *f*
pressa ['prɛsɐ] *f* hâte *f* • **estar com pressa** être pressé • **estar sem pressa** ne pas être pressé • **ter pressa** être pressé • **às pressas** en vitesse
presságio [prə'saʒju] *m* présage *m*
pressão [prə'sɐ̃u] (*pl* **-ões** [õiʃ]) *f* pression *f* • **pressão arterial alta** (*Br*) hypertension *f* • **pressão arterial baixa** (*Br*) hypotension *f* • **pressão atmosférica** pression atmosphérique • **pressão dos pneus** pression des pneus • **estar sob pressão** être sous pression
pressentimento [prəsẽnti'mẽntu] *m* pressentiment *m*
pressentir [prəsẽn'tir] *vt* pressentir

pressionar [prəsju'nar] *vt* **1.** *(botão)* presser **2.** *(pessoa)* faire pression sur

pressões [pre'sõjʃ] ➤ **pressão**

pressupor [prəsu'por] *vt* présupposer

prestação [prəʃtɐ'sɐ̃u] *(pl* **-ões** [õiʃ]) *f* **1.** *(de serviço)* prestation *f* **2.** *(de pagamento)* versement *m* • **pagar a prestações** payer à crédit

prestar [prəʃ'tar] *vt* **1.** *(ajuda)* donner **2.** *(serviço, contas)* rendre **3.** *(atenção)* prêter ◇ *vi* servir • **não prestar para nada** ne servir à rien • **não prestar** *(comida)* ne pas être bon ◆ **prestar-se a** *vp + prep* se prêter à

prestativo, va [prəʃtɐ'tivu, vɐ] *adj* serviable

prestes ['prɛʃtəʃ] *adj* • **estar prestes a fazer algo** être sur le point de faire qqch

prestidigitador, ra [prəʃtiđəʒitɐ'đor, rɐ] *(mpl* **-es** [əʃ], *fpl* **-s** [ʃ]) *m, f* prestidigitateur *m*, -trice *f*

prestígio [prəʃ'tiʒju] *m* prestige *m*

presumir [prəzu'mir] *vt* présumer

presunçoso, osa [prəzũ'sozu, ɔzɐ] *adj* présomptueux(euse)

presunto [prə'zũntu] *m* jambon *m* cru

prêt-à-porter [prəɛtapox'te] *(Br)* = **pronto-a-vestir**

pretender [prətẽn'der] *vt* avoir l'intention de • **pretender fazer algo** avoir l'intention de faire qqch

pretensão [prətẽn'sɐ̃u] *(pl* **-ões** [õiʃ]) *f* souhait *m* ◆ **pretensões** *fpl* prétention *f*

pretérito [prə'tɛritu] *m* passé *m* • **pretérito perfeito** *(simples)* passé simple • **pretérito imperfeito** *(simples)* imparfait *m*

pretexto [prə'tɐiʃtu] *m* prétexte *m* • **sob pretexto algum** sous aucun prétexte • **a** ou **com o pretexto de** sous prétexte de

preto, ta ['pretu, tɐ] *adj* **1.** *(cor)* noir(e) **2.** *(pej)* *(de raça negra)* nègre ◇ *m* noir *m* ◇ *m, f (pej)* nègre *m*, négresse *f* • **pôr o preto no branco** mettre noir sur blanc

prevalecer [prəvɐlə'ser] *vi* prévaloir

prevenção [prəvẽ'sɐ̃u] *(pl* **-ões** [õiʃ]) *f* **1.** *(de doença, acidente)* prévention *f* **2.** *(aviso)* avertissement *m* • **estar de prevenção** être sur ses gardes • **prevenção rodoviária** prévention routière • **por prevenção** à titre préventif

prevenido, da [prəvə'niđu, đɐ] *adj* prévoyant(e) • **estar prevenido** être prévoyant

prevenir [prəvə'nir] *vt* prévenir • **prevenir alguém de algo** prévenir qqn de qqch

preventivo, va [prəvẽn'tivu, vɐ] *adj* préventif(ive)

prever [prə'ver] *vt* prévoir

previamente [ˌprɛvjɐ'mẽntə] *adv* préalablement

previdência [(*Br*) previ'dẽnsja] *f* • **a Previdência Social** la sécurité sociale = **segurança**

prévio, via ['prɛvju, vjɐ] *adj* préalable

previsão [prəvi'zɐ̃u] *(pl* **-ões** [õiʃ]) *f* **1.** *(de futuro)* prédiction *f* **2.** *(conjectura)* prévision *f* • **previsão do tempo** prévision du temps

previsível [prəvi'zivɛɫ] *(pl* **-eis** [ɐiʃ]) *adj* prévisible

previsões ➤ **previsão**

previsto, ta [prə'viʃtu, tɐ] *adj* prévu(e) • **como previsto** comme prévu

prezado, da [prə'zađu, đɐ] *adj* cher (chère) • **prezado...** *(em carta)* Cher...
prima ➤ primo
primária [pri'marjɐ] *f* primaire *m*
primário, ria [pri'marju, rjɐ] *adj* primaire
primavera [primɐ'vɛrɐ] *f* **1.** primevère *f* **2.** *(Br)* = Primavera
Primavera [primɐ'vɛrɐ] *f* *(Port)* printemps *m*
primeira [pri'mɐirɐ] *f* première *f* ➤ primeiro
primeiro, ra [pri'mɐiru, rɐ] *adj & num* **1.** premier(ère) **2.** *(chegar)* en premier ◇ *adv* d'abord ◇ *m, f* **1.** • **o primeiro/a primeira da turma** le premier/la première de la classe • **à primeira** du premier coup • **à primeira vista** à première vue • **de primeira** de premier ordre • **em primeiro lugar** d'abord • **primeira classe** ≃ cours *m* préparatoire • **primeiros socorros** premiers secours • **primeiro que tudo** avant tout **2.** • **chegar em primeiro** arriver premier • **capítulo primeiro** chapitre premier • **em primeiro lugar** en premier • **no primeiro dia** le premier jour
primeiro-ministro, primeira-ministra [pri,mɐirumə'niʃtru, pri,mɐirɐmə'niʃtrɐ] *(mpl* **primeiros-ministros** [pri,mɐiruʒmə'niʃtruʃ], *fpl* **primeiras-ministras** [pri,mɐirɐʒmə'niʃtrɐʃ]) *m, f* Premier Ministre *m*
primitivo, va [primi'tivu, vɐ] *adj* primitif(ive)
primo, ma ['primu, mɐ] *m, f* cousin *m*, -e *f*
primogénito, ta [primu'ʒɛnitu, tɐ] *m, f* *(Port)* aîné *m*, -e *f*
primogênito, ta [primo'ʒenitu, tɐ] *m, f* *(Br)* = primogénito
princesa [prĩ'sezɐ] *f* princesse *f*
principal [prĩsi'pał] *(pl* **-ais** [aiʃ]) *adj* principal(e)
principalmente [prĩsipał'mẽntə] *adv* principalement
príncipe ['prĩsipə] *m* prince *m*
principiante [prĩsə'pjẽntə] *mf* débutant *m*, -e *f*
principiar [prĩsə'pjar] *vt* commencer ◇ *vi* débuter
princípio [prĩ'sipju] *m* **1.** début *m* **2.** *(moral)* principe *m* • **partir do princípio** partir du principe • **a princípio** au début • **desde o princípio** depuis le début • **em princípio** en principe • **por princípio** par principe
prioridade [priuri'đađə] *f* priorité *f* • **prioridade de passagem** priorité
prisão [pri'zɐ̃u] *(pl* **-ões** [õiʃ]) *f* **1.** *(acto)* emprisonnement *m* **2.** *(local)* prison *f* • **prisão de ventre** constipation *f*
privação [privɐ'sɐ̃u] *(pl* **-ões** [õiʃ]) *f* privation *f* ♦ **privações** *fpl* privations *fpl*
privacidade [privɐsi'đađə] *f* vie *f* privée
privações ➤ privação
privada [pri'vađɐ] *f* *(Br)* toilettes *fpl*
privado, da [pri'vađu, đɐ] *adj* privé(e)
privar [pri'var] *vt* • **privar alguém de algo** priver qqn de qqch ♦ **privar-se de** *vp + prep* • **privar-se de algo** se priver de qqch
privativo, va [privɐ'tivu, vɐ] *adj* privatif(ive)
privilegiado, da [privəli'ʒjađu, đɐ] *adj* privilégié(é)
privilegiar [privəli'ʒjar] *vt* privilégier

privilégio [prəvi'lɛʒju] *m* privilège *m*
proa ['proɐ] *f* proue *f*
probabilidade [pruƀɐƀəli'đađə] *f* probabilité *f*
problema [pru'ƀlemɐ] *m* problème *m* • **ter problemas com** avoir des problèmes avec
procedente [prusə'dẽntə] *adj* • **procedente de** en provenance de
proceder [prusə'đer] *vi* procéder • **proceder com** procéder avec
processador [prusəsɐ'đor] (*pl* **-es** [əʃ]) *m INFORM* • **processador de texto** traitement *m* de texte
processamento [prusəsɐ'mẽntu] *m INFORM* traitement *m*
processar [prusə'sar] *vt* **1.** *JUR* faire un procès à **2.** *INFORM* traiter
processo [pru'sɛsu] *m* **1.** *(sistema)* processus *m* **2.** *(método)* procédé *m* **3.** *JUR* procès *m*
procissão [prusi'sɐ̃u] (*pl* **-ões** [õiʃ]) *f* procession *f*
proclamar [pruklɐ'mar] *vt* proclamer
procura [prɔ'kurɐ] *f* **1.** *(busca)* recherche *f* **2.** *COM* demande *f* • **andar à procura de** chercher
procurador, ra [prɔkurɐ'đor, rɐ] (*mpl* **-es** [əʃ], *fpl* **-s** [ʃ]) *m, f* fondé (e) de pouvoir • **procurador da República** procureur *m (aussi : procureure nf)* de la République
procurar [prɔku'rar] *vt* chercher • **procurar fazer algo** s'efforcer de faire qqch
prodígio [pru'điʒju] *m* prodige *m*
produção [pruđu'sɐ̃u] (*pl* **-ões** [õiʃ]) *f* production *f*
produtividade [pruđutəvi'đađə] *f* productivité *f*
produtivo, va [pruđu'tivu, vɐ] *adj* productif(ive)
produto [pru'đutu] *m* produit *m* • **produto alimentar** produit alimentaire • **produto de limpeza** produit ménager • **produto natural** produit naturel
produtor, ra [pruđu'tor, rɐ] (*mpl* **-es** [əʃ], *fpl* **-s** [ʃ]) *m, f* producteur *m*, -trice *f*
produzir [pruđu'zir] *vt* produire
proeminente [pruimi'nẽntə] *adj* **1.** *(saliente)* proéminent(e) **2.** *(figura)* éminent(e) **3.** *(aspecto)* important(e) **4.** *(papel)* de premier plan
proeza [pru'ezɐ] *f* prouesse *f*
profanar [prufɐ'nar] *vt* profaner
profecia [prufə'siɐ] *f* prophétie *f*
proferir [prufə'rir] *vt* **1.** proférer **2.** *(sentença)* rendre
professor, ra [prufə'sor, rɐ] (*mpl* **-es** [əʃ], *fpl* **-s** [ʃ]) *m, f* professeur *mf (aussi : professeure nf)*
profeta [pru'fɛtɐ] *m* prophète *m*
profetisa [pru'fə'tizɐ] *f* prophétesse *f*
profiláctico, ca [prɔfi'latiku, kɐ] *adj* prophylactique
profilático [profi'latiku] (*Br*) = **profiláctico**
profissão [prufi'sɐ̃u] (*pl* **-ões** [õiʃ]) *f* profession *f*
profissional [prufəsju'naɫ] (*pl* **-ais** [aiʃ]) *adj & mf* professionnel(elle)
profissões ➤ **profissão**
profundidade [prufũndi'đađə] *f* profondeur *f* • **ter três metros de profundidade** avoir trois mètres de profondeur

profundo, da [pru'fũndu, dɐ] *adj* profond(e)
prognóstico [prɔg'nɔʃtiku] *m* pronostic *m*
programa [pru'grɐmɐ] *m* **1.** programme *m* **2.** *(de televisão, rádio)* émission *f*
programação [prugrɐmɐ'sɐ̃u] *(pl* **-ões** [õiʃ]) *f* **1.** *(em televisão, rádio)* programme *m* **2.** *INFORM* programmation *f*
progredir [prugrə'đir] *vi* progresser • **progredir em** progresser en
progresso [pru'grɛsu] *m* progrès *m* • **fazer progressos** faire des progrès
proibição [pruiƀi'sɐ̃u] *(pl* **-ões** [õiʃ]) *f* interdiction *f*
proibido, da [prui'ƀiđu, đɐ] *adj* interdit(e) ▾ **proibida a entrada** entrée interdite ▾ **é proibido afixar anúncios** défense d'afficher ▾ **proibido estacionar** stationnement interdit ▾ **proibido fumar** interdit de fumer ▾ **proibido a menores de 18** interdit aux moins de 18 ans
proibir [prui'ƀir] *vt* interdire • **proibir alguém de fazer algo** interdire ou défendre à qqn de faire qqch
projeção [proʒe'sɐ̃u] *(pl* **-ões** [õiʃ]) *f (Br)* = **projecção**
projecção [pru'ʒɛsɐ̃u] *(pl* **-ões** [õiʃ]) *f (Port)* projection *f*
projeções ➤ **projeção**
projéctil [pru'ʒɛtiɫ] *(pl* **-teis** [tɐiʃ]) *m (Port)* projectile *m*
projecto [pru'ʒɛtu] *m (Port)* projet *m*
projector [pruʒɛ'tor] *(pl* **-es** [əʃ]) *m* projecteur *m*
projétil [pro'ʒɛtʃiu] *(pl* **-teis** [teiʃ]) *m (Br)* = **projéctil**
projeto [pro'ʒɛtu] *m (Br)* = **projecto**
projetor [proʒe'tox] *(pl* **-es** [iʃ]) *m (Br)* = **projector**
proliferar [prulifə'rar] *vi* proliférer
prólogo ['prɔlugu] *m* prologue *m*
prolongado, da [prulõŋ'gađu, đɐ] *adj* prolongé(e)
prolongar [prulõŋ'gar] *vt* prolonger ◆ **prolongar-se** *vp* se prolonger
promessa [pru'mɛsɐ] *f* promesse *f*
prometer [prumə'ter] *vt* promettre • **prometer algo a alguém** promettre qqch à qqn • **prometer fazer algo** promettre de faire qqch • **prometer que** promettre que
promíscuo, cua [pru'miʃkwu, kwɐ] *adj* aux mœurs légères
promissor, ra [prumi'sor, rɐ] *(mpl* **-es** [əʃ], *fpl* **-s** [ʃ]) *adj* **1.** *(pessoa)* qui promet **2.** *(futuro)* prometteur(euse)
promoção [prumu'sɐ̃u] *(pl* **-ões** [õiʃ]) *f* promotion *f* • **em promoção** en promotion
promontório [prumõn'tɔrju] *m* promontoire *m*
promover [prumu'ver] *vt* promouvoir
pronome [pru'nomə] *m* pronom *m*

Os pronomes

La plupart des formes verbales portant la marque de la personne, les pronoms personnels sujets sont peu employés. D'une manière générale, dans la langue écrite, on ne les emploie que lorsque la clarté de la phrase ou une intention de mise en relief l'exige.

prontidão [prõntʃi'dɑ̃w] *(Br) f* • **estar de prontidão** être sur ses gardes

pronto, ta ['prõntu, tɐ] *adj* prêt(e) ◇ *interj* ça y est ! • **a pronto** *(pagamento)* au comptant • **estar pronto** être prêt • **estar pronto a fazer algo** être prêt à faire qqch *(disposé à)* • **estar pronto para fazer algo** être prêt à faire qqch • **pronto, pronto!** bon, bon !

pronto-a-vestir [ˌprõntwɐvəʃ'tir] *m inv* **1.** *(vestuário)* prêt-à-porter *m* **2.** *(loja)* magasin *m* de prêt-à-porter

pronto-socorro [ˌprõntusu'koʀu] *m* ≃ SAMU *m*

pronúncia [pru'nũsjɐ] *f* prononciation *f*

pronunciar [prunũ'sjar] *vt* prononcer ◆ **pronunciar-se** *vp* se prononcer

propaganda [prupɐ'gɐ̃ndɐ] *f* **1.** *(de produto)* publicité *f* **2.** POL propagande *f*

propensão [prupẽ'sɐ̃w] *(pl* **-ões** [õiʃ]) *f* propension *f*

propina [pro'pinaʃ] *f* tarifs *mpl*, frais *mpl*, droits *mpl* universitaires

propinas [pru'pinɐʃ] *fpl* droits *mpl* d'inscription

propor [pru'por] *vt* proposer

proporção [prupur'sɐ̃w] *(pl* **-ões** [õiʃ]) *f* proportion *f* • **em proporção** en proportion ◆ **proporções** *fpl* proportions *fpl*

proporcional [prupursju'nał] *(pl* **-ais** [aiʃ]) *adj* proportionnel(elle) • **proporcional a** proportionnel à

propósito [pru'pɔzitu] *m* propos *m* • **com o propósito de** dans le but de • **a propósito** à propos • **de propósito** exprès ◆ **propósitos** *mpl* • **ter propósitos** savoir se tenir

propriedade [pruprie'đađə] *f* propriété *f* ▾ **propriedade privada** propriété privée

proprietário, ria [pruprie'tarju, rjɐ] *m, f* propriétaire *mf*

próprio, pria ['prɔpriu, priɐ] *adj* **1.** *(viatura, casa)* personnel(elle) **2.** *(hora, momento)* bon (bonne) **3.** *(característico)* propre ◇ *m, f* • **em presença do próprio** en présence de l'intéressé • **próprio para** adapté à • **eu próprio** moi-même • **o próprio presidente** le président lui-même • **é o próprio** c'est lui-même

prosa ['prɔzɐ] *f* prose *f*

prospecto [pruʃ'pɛ(k)tu] *m* prospectus *m*

prosperar [pruʃpə'rar] *vi* prospérer

prosperidade [pruʃpəri'đađə] *f* prospérité *f*

prosseguir [prusə'gir] *vt* poursuivre ◇ *vi* continuer • **prosseguir com algo** poursuivre qqch

prostituta [pruʃti'tutɐ] *f* prostituée *f*

protagonista [prutɐgu'niʃtɐ] *mf* **1.** *(em filme, livro)* héros *m*, héroïne *f* **2.** *(em acontecimento)* protagoniste *mf*

proteção [prote'sɐ̃w] *(pl* **-ões** [õiʃ]) *f (Br)* = **protecção**

protecção [prutɛ'sɐ̃w] *(pl* **-ões** [õiʃ]) *f (Port)* protection *f*

proteções *(Br)* = **protecção**

protector, ra [prutɛ'tor, rɐ] *(mpl* **-es** [əʃ], *fpl* **-s** [ʃ]) *m, f (Port)* protecteur *m*, -trice *f* ◇ *m (de sapato)* fer *m* • **protector (solar)** crème *f* solaire

proteger [prutə'ʒer] *vt* protéger

proteína [protɛ'ina] *f* protéine *f*

proteínas [prɔtɛ'inɐʃ] *fpl* protéines *fpl*
prótese ['prɔtəzə] *f* prothèse *f* • **prótese dentária** prothèse dentaire
protestante [prutəʃ'tẽntə] *adj & mf* protestant(e)
protestar [prutəʃ'tar] *vi* protester • **protestar contra** protester contre
protesto [pru'tɛʃtu] *m* protestation *f*
protetor, ra [prote'tox, rɐ] (*mpl* **-es** [iʃ], *fpl* **-s** [ʃ]) *m, f* & *m* (*Br*) = **protector**
protocolo [proto'kɔlu] *m* **1.** (*ger*) protocole *m* **2.** (*registro*) inscription *f* **3.** (*recibo*) enregistrement *m* **4.** (*setor*) consignation *f* • **quebrar o protocolo** rompre le protocole
protuberância [prutuƀə'rẽsjɐ] *f* protubérance *f*
prova ['prɔvɐ] *f* preuve *f* • **prova global** examen *m* de fin d'année • **à prova de** à l'épreuve de • **dar provas de** faire preuve de • **pôr à prova** mettre à l'épreuve • **prestar provas** passer des examens
provar [pru'var] *vt* **1.** (*facto*) prouver **2.** (*comida*) goûter **3.** (*roupa*) essayer
provável [pru'vavɛɫ] (*pl* **-eis** [ɐiʃ]) *adj* probable • **pouco provável** peu probable
provavelmente [(*Port*) pruvavɛɫ'mẽntə (*Br*), provovew'ntʃi] *adv* probablement
provedor, ra [prove'do(x), ra] *m* fournisseur *m* • **provedor de acesso** *INFORM* fournisseur d'accès à Internet
proveito [pru'vɐitu] *m* profit *m* • **bom proveito!** bon appétit ! • **em proveito de** au profit de • **tirar proveito de algo** tirer profit de qqch
proveniente [pruvə'njẽntə] *adj* • **proveniente de** provenant de
provérbio [pru'vɛrƀju] *m* proverbe *m*
prover-se [pru'versə] ◆ **prover-se de** *vp + prep* **1.** (*abastecer-se de*) s'approvisionner en **2.** (*munir-se de*) se munir de
proveta [pru'vetɐ] *f* éprouvette *f*
providência [pruvi'đẽsjɐ] *f* disposition *f* • **tomar providências** prendre des dispositions
providenciar [pruviđẽ'sjar] *vt* trouver ◇ *vi* • **providenciar para que** prendre des dispositions pour que
província [pru'vĩsjɐ] *f* province *f*
provisório, ria [pruvi'zɔrju, rjɐ] *adj* provisoire
provocador, ra [pruvukɐ'đor, rɐ] (*mpl* **-es** [əʃ], *fpl* **-s** [ʃ]) *adj* provocateur(trice)
provocante [pruvu'kẽntə] *adj* provocant(e)
provocar [pruvu'kar] *vt* provoquer
provolone [prɔvɔ'lɔnə] *m* provolone *m*, *fromage italien au lait de vache*
proximidade [prɔsəmi'đađə] *f* proximité *f* ◆ **proximidades** *fpl* • **nas proximidades de** près de
próximo, ma ['prɔsimu, mɐ] *adj* **1.** (*em espaço, tempo, intimidade*) proche **2.** (*seguinte*) prochain(e) ◇ *pron* • **o próximo/a próxima** le prochain/la prochaine • **até à próxima!** à la prochaine ! • **nos próximos dias/meses** les jours/les mois prochains • **próximo de** proche de
Próximo Oriente ['prɔsimuo,rjẽntə] *m* • **o Próximo Oriente** le Proche-Orient
proxy ['profi] (*pl* **-ies**) [iʃ] *m INFORM* serveur *m* proxy

prudência [pru'đẽsjɐ] *f* prudence *f*
prudente [pru'đẽntə] *adj* prudent(e)
prurido [pru'riđu] *m* démangeaison *f*
P.S. (*abrev de Post Scriptum*) PS *m*
pseudónimo [pseu'đɔnimu] *m* (*Port*) pseudonyme *m*
pseudônimo [pseu'donimu] *m* (*Br*) = **pseudónimo**
psicanálise [psikɐ'nalizə] *f* psychanalyse *f*
psicanalista [psikɐnɐ'liʃtɐ] *mf* psychanalyste *mf*
psicologia [psikulu'ʒiɐ] *f* psychologie *f*
psicológico, ca [psiku'lɔʒiku, kɐ] *adj* psychologique
psicólogo, ga [psi'kɔlugu, gɐ] *m, f* psychologue *mf*
psiquiatra [psi'kjatrɐ] *mf* psychiatre *mf*
psiu [psiw] (*Br*) = **chiu**
PSP *f* (*abrev de Polícia de Segurança Pública*) police *f*
puberdade [puđər'đađə] *f* puberté *f*
publicação [puđlikɐ'sɐ̃u] (*pl* **-ões** [õiʃ]) *f* publication *f*
publicar [puđli'kar] *vt* publier
publicidade [puđlisi'đađə] *f* publicité *f*
público, ca ['puđliku, kɐ] *adj* public(ique) ◇ *m* public *m* • **o público em geral** le grand public • **tornar público algo** rendre qqch public • **em público** en public
pude ['puđə] ➤ **poder**
pudim [pu'đĩ] (*pl* **-ns** [ʃ]) *m* flan *m* • **pudim de leite** *pouding au lait concentré* • **pudim flan** flan • **pudim molotov** *gâteau à base de blancs d'œufs battus en neige*
puf ['pufə] *interj* pff !
pugilismo [puʒi'liʒmu] *m* boxe *f*
puído, da ['pwiđu, đɐ] *adj* usé(e)
pular [pu'lar] *vt & vi* sauter
pulga ['pułgɐ] *f* puce *f* • **estar em pulgas** ne pas tenir en place
pulmão [puł'mɐ̃u] (*pl* **-ões** [õiʃ]) *m* poumon *m*
pulo ['pulu] *m* saut *m* • **dar pulos** sauter • **dar um pulo a** ou **até** faire un saut à • **vou a casa num pulo** je passe chez moi
pulôver [pu'lɔvɛr] (*pl* **-es** [əʃ]) *m* pullover *m*
pulsação [pułsɐ'sɐ̃u] (*pl* **-ões** [õiʃ]) *f* pulsation *f*
pulseira [puł'sɐirɐ] *f* bracelet *m*
pulso ['pułsu] *m* **1.** pouls *m* **2.** (*punho*) poignet *m* • **medir** ou **tirar o pulso a alguém** prendre le pouls à qqn
pulverizar [pułvəri'zar] *vt* pulvériser
punha ['puɲɐ] ➤ **pôr**
punhado [pu'ɲađu] *m* • **um punhado de** une poignée de
punhal [pu'ɲał] (*pl* **-ais** [aiʃ]) *m* poignard *m*
punho ['puɲu] *m* **1.** poignet *m* **2.** (*mão fechada*) poing *m* **3.** (*de arma, faca*) manche *m*
punição [puni'sɐ̃u] (*pl* **-ões** [õiʃ]) *f* punition *f*
punir [pu'nir] *vt* punir
pupila [pu'pilɐ] *f* pupille *f*
puré [pu'rɛ] *m* (*Port*) purée *f* • **puré (de batata)** purée (de pommes de terre)
purê [pu're] *m* (*Br*) = **puré**

pureza [pu'rezɐ] *f* pureté *f*

purgante [pur'gẽntə] *m* purgatif *m*

purificador, ra [purifikɐ'đor, rɐ] (*mpl* **-es** [əʃ], *fpl* **-s** [ʃ]) *adj* purificateur(trice) ◇ *m* • **purificador do ar** désodorisant *m*

purificar [purifi'kar] *vt* purifier

puritano, na [puri'tɐnu, nɐ] *adj* puritain(e)

puro, ra ['puru, rɐ] *adj* pur(e) • **pura lã** pure laine • **a pura verdade** la pure vérité • **pura e simplesmente** purement et simplement

puro-sangue [ˌpuru'sẽŋgə] *m inv* pur-sang *m inv*

púrpura ['purpurɐ] *f* **1.** (*tecido*) pourpre *f* **2.** (*cor*) pourpre *m*

[1]**pus** ['puʃ] *m* pus *m*

[2]**pus** ['puʃ] ➤ **pôr**

puta ['putɐ] *f* (*vulg*) putain *f*

puto ['putu] *m* (*Port*) (*fam*) gamin *m*

puxador [puʃɐ'đor] (*pl* **-es** [əʃ]) *m* poignée *f* • **puxador de samba-enredo** (*Br*) *chanteur qui rappelle aux danseurs de son école de samba les paroles de la samba-thème chantée tout au long du carnaval*

puxão [pu'ʃɐ̃u] (*pl* **-ões** [õiʃ]) *m* • **dar um puxão a algo** tirer qqch

puxar [pu'ʃar] *vt* **1.** (*cabelo, cordel*) tirer **2.** (*banco, cadeira*) prendre ◇ *vi* • **puxar de algo** sortir qqch ▾ **puxe** tirez • **puxar o autoclismo** (*Port*) tirer la chasse • **puxar o saco a alguém** (*Br*) (*fam*) lécher les bottes à qqn

puxões [pu'ʃõjʃ] ➤ **puxão**

qQ

q.b. (*abrev de quanto baste*) suffisamment

Q.I. *m* (*abrev de quociente de inteligência*) QI *m* (*Quotient intellectuel*)

quadra ['kwađrɐ] *f* **1.** (*em poesia*) quatrain *m* **2.** (*estação, temporada*) époque *f* • **quadra de jogos** (*Br*) aire *f* de jeux • **quadra de ténis/squash** (*Br*) terrain *m* de tennis/squash

quadrado, da [kwɐ'đrađu, đɐ] *adj* carré(e) ◇ *m* carré *m*

quadragésimo, ma [kwɐđrɐ'ʒɛzimu, mɐ] *num* quarantième

quadril [kwɐ'đriɫ] (*pl* **-is** [iʃ]) *m* hanche *f*

quadro ['kwađru] *m* tableau *m*

quadro-negro [ˌkwadru'negru] (*pl* **quadros-negros** [ˌkwadruʒ'negruʃ]) *m* (*Br*) tableau *m* (*à l'école*)

quaisquer [kwajʃ'kɛ(x)] ➤ **qualquer**

qual ['kwaɫ] (*pl* **-ais** [aiʃ]) *adj* quel (quelle)
◇ *conj* (*fml*) (*como*) comme
◇ *interj* (*Br*) comment ?
◇ *pron* (*em interrogativa*) quel (quelle) • **o/a qual** (*sujeito*) lequel (laquelle) • **comprou um carro, o qual é muito rápido** il a acheté une voiture qui va très vite • **é o livro do qual te falei** (*complemento*) c'est le livre dont je t'ai parlé • **o amigo com o qual falava** l'ami auquel je parlais • **cada qual** chacun (chacune)

• **cada qual por si** chacun pour soi • **qual deles?** lequel ? • **qual nada** ou **quê!** mais non !

qualidade [kwɐli'đađə] *f* **1.** qualité *f* **2.** *(espécie)* type *m* • **na qualidade de** en qualité de, en tant que

qualificação [kwɐləfikɐ'sɐ̃u] (*pl* **-ões** [õiʃ]) *f* qualification *f*

qualificado, da [kwɐləfi'kađu, đɐ] *adj* qualifié(e)

qualquer [kwał'kɛr] (*pl* **quaisquer** [kwaiʃ'kɛr]) *adj* n'importe quel (n'importe quelle)

◇ *pron* n'importe lequel (n'importe laquelle) • **está em qualquer lugar** c'est quelque part • **qualquer um deles** n'importe lequel d'entre eux • **qualquer um** ou **pessoa** n'importe qui • **a qualquer momento** n'importe quand

quando ['kwɐ̃ndu] *adv* quand

◇ *conj (no momento, época em que)* quand ; *(apesar de que)* alors que ; *(ao passo que)* tandis que • **de quando em quando** de temps en temps • **desde quando** depuis quand • **quando quer que** quand • **quando mais não seja** au moins • **quando muito** tout au plus

quanta ['kw ntɐ] ➤ **quanto**

quantia [kwɐ̃n'tiɐ] *f* montant *m*

quantidade [kwɐ̃nti'đađə] *f* quantité *f* • **em quantidade** en quantité

quanto, ta ['kwɐ̃ntu, tɐ] *adj*

1. *(em interrogativas)* combien de • **quanto tempo temos?** combien de temps avons-nous ? • **quanto tempo temos de esperar?** combien de temps devons-nous attendre ? • **quantas vezes aqui vieste?** combien de fois es-tu venu ici ?

2. *(em exclamações)* que de • **quanto dinheiro!** que d'argent ! • **quantos erros!** que d'erreurs !

3. *(compara quantidades)* • **tanto... quanto...** autant... que...

4. *(em locuções)* • **uns quantos/umas quantas** quelques

◇ *pron*

1. *(em interrogativas)* combien • **quanto custam?** combien coûtent-ils ? • **quanto quer?** combien voulez-vous ? • **quantos quer?** combien en voulez-vous ?

2. *(relativo a pessoas)* • **agradeceu a todos quantos o ajudaram** il a remercié tous ceux qui l'ont aidé

3. *(tudo o que)* tout ce que • **come quanto/quantos quiseres** mange tout ce/tous ceux que tu veux • **tudo quanto ele disse é verdade** tout ce qu'il a dit est vrai

4. *(compara quantidades)* • **quanto mais se tem, mais se quer** plus on en a, plus on en veut

5. *(em locuções)* • **quanto a** quant à • **o quanto antes** dès que possible • **quanto mais** encore moins • **quantos mais melhor** plus on est, mieux c'est • **quanto mais não seja** au moins • **uns quantos** quelques-uns

quarenta [kwɐ'rɐ̃ntɐ] *num* quarante

quarentena [kwɐrɐ̃'tenɐ] *f* quarantaine *f*

Quaresma [kwɐ'rɛʒmɐ] *f* carême *m*

quarta ['kwartɐ] *f* quatrième *f* ◇ *num* ➤ **quarto**

quarta-feira [ˌkwartɐ'fɐirɐ] (*pl* **quartas-feiras** [ˌkwartɐʃ'fɐirɐʃ]) *f* mercredi *m* • **às quartas-feiras** le mercredi • **até quarta-feira** à mercredi • **ela vem quarta-feira**

elle vient mercredi • **esta quarta-feira** mercredi • **hoje é quarta-feira** aujourd'hui nous sommes mercredi • **todas as quartas-feiras** tous les mercredis • **quarta-feira de manhã/à tarde/à noite** mercredi matin/après-midi/soir • **quarta-feira 13 de Junho** (le) mercredi 13 juin • **quarta-feira passada** mercredi dernier • **quarta-feira que vem** mercredi prochain

quarteirão [kwɐrtɐi'rɐ̃u] (*pl* **-ões** [õiʃ]) *m* **1.** *(quantidade)* quart *m* de livre **2.** *(área)* pâté *m* de maison

quartel [kwɐr'tɛɫ] (*pl* **-éis** [ɛiʃ]) *m* caserne *f*

quarteto [kwɐr'tetu] *m* **1.** *(em música)* quatuor *m* **2.** *(de jazz)* quartette *m*

quarto, ta ['kwartu, tɐ] *num* quatrième ◇ *m* **1.** *(divisão de casa)* chambre *f* **2.** *(parte)* quart *m* **3.** • **o quarto/a quarta** le/la quatrième • **chegar em quarto** arriver quatrième • **capítulo quarto** chapitre quatre • **em quarto lugar** en quatrième • **no quarto dia** le quatrième jour • **quarto de banho** salle *f* de bains ; *(em restaurante)* toilettes *fpl* • **quarto de casal** chambre double • **quarto com duas camas** chambre à deux lits • **quarto de hora** quart d'heure • **quarto de quilo** demie-livre *f* ▾ **quarto para alugar** chambre à louer

quartzo ['kwartsu] *m* quartz *m*

quase ['kwazə] *adv* presque • **quase nada** presque rien • **quase nunca** presque jamais • **quase quase** presque • **ele quase que caía** il a failli tomber • **quase sempre** presque toujours

quatro ['kwatru] *num* quatre • **às quatro** à quatre heures • **ele tem quatro anos** il a quatre ans • **eles eram quatro** ils étaient quatre • **são quatro horas** il est quatre heures • **quatro de Janeiro** le quatre janvier • **página quatro** page quatre • **trinta e quatro** trente-quatre • **o quatro de copas** le quatre de cœur • **de quatro em quatro dias** tous les quatre jours • **empataram a quatro** (ils ont fait) quatre partout • **quatro a zero** quatre à zéro

quatrocentos, tas [ˌkwatru'sẽntuʃ, tɐʃ] *num* quatre cents

que [kə] *adj inv* quel (quelle) • **que dia é hoje?** quel jour sommes-nous ? • **que horas são?** quelle heure est-il ? • **mas que belo dia!** mais quelle belle journée ! • **que fome!** quelle faim ! • **que maravilha!** quelle merveille ! • **que bonito!** que c'est beau !
◇ *pron*
1. *(ger)* que • **que é isso?** qu'est-ce que c'est que ça ? • **que queres?** que veux-tu ? • **que vais comer?** que vas-tu manger ? • **que dizes a isto?** qu'est-ce que tu en dis ? • **o bolo que comi era óptimo** le gâteau que j'ai mangé était très bon • **o homem que conheci** l'homme que j'ai connu
2. *(uso relativo: sujeito)* qui • **o homem que corre** l'homme qui court
◇ *conj*
1. *(ger)* que • **confessou que me tinha enganado** il a avoué qu'il m'avait trompé • **pediu-me tanto que acabei por lho dar** il me l'a tellement demandé que j'ai fini par le lui donner • **há horas que estou à**

espera ça fait des heures que j'attends • **há muito que lá não vou** ça fait longtemps que je n'y vais pas • **espero que te divirtas** j'espère que tu t'amuses • **quero que tu o faças** je veux que tu le fasses • **que sejas feliz!** tous mes vœux de bonheur !

2. *(em comparações)* • **(do) que** que • **é mais caro (do) que o outro** c'est plus cher que l'autre

3. *(exprime causa)* • **leva chapéu que está a chover** prends ton parapluie, il pleut • **vai depressa que estás atrasado** fais vite, tu es en retard

4. *(em locuções)* • **que nem** comme

quê ['ke] *interj* quoi !

◇ *pron (interrogativo)* quoi

◇ *m (algo)* • **um quê** quelque chose • **um quê de** un soupçon de • **um não sei quê** quelque chose • **sem quê nem para quê** sans raison • **não tem de quê!** il n'y a pas de quoi !

quebra-cabeças [ˌkɛƀrɐkɐ'ƀesɐʃ] *m inv* casse-tête *m inv*

quebrado, da [kə'ƀradu, đɐ] *adj* cassé(e)

quebra-mar [ˌkɛƀrɐ'mar] (*pl* **quebra-mares** [ˌkɛƀrɐ'marəʃ]) *m* brise-lames *m inv*

quebra-nozes [ˌkɛƀrɐ'nɔzəʃ] *m inv* casse-noix *m inv*

quebrar [kə'ƀrar] *vt* casser • **quebrar a cara** (*Br*) (*fig*) casser la figure ▾ **quebrar em caso de emergência** briser en cas d'urgence ◆ **quebrar-se** *vp* se casser

queda ['kɛđɐ] *f* chute *f* • **ter queda para** (*fig*) avoir le sens de

queijada [kɐi'ʒađɐ] *f tartelette sucrée au fromage*

queijo ['kɐiʒu] *m* fromage *m* • **queijo curado** fromage affiné • **queijo de cabra** fromage de chèvre • **queijo estepe** *fromage au lait de vache légèrement piquant* • **queijo flamengo** fromage de Hollande • **queijo fresco** fromage frais • **queijo da Ilha** fromage des Açores • **queijo meia-cura** fromage semi-affiné • **queijo de ovelha** fromage de brebis • **queijo prato** fromage à pâte cuite • **queijo ralado** fromage râpé • **queijo saloio** crottin *m* • **queijo da Serra** fromage de brebis

Queijo

Le fromage est l'un des produits les plus anciens, les plus traditionnels et les plus typiques du Portugal, même s'il n'a jamais été produit à grande échelle.

Les fromages du *Rabaçal*, de la *Serra* (c'est à dire de la Serra da Estrela), de *Castelo Branco*, de *Serpa*, d'*Évora* et d'*Azeitão* sont considérés comme étant d'une qualité exceptionnelle. La majeure partie des fromages est fabriquée artisanalement à partir du lait de chèvre ou de brebis, pur ou mélangé. Le fromage le plus typiquement brésilien est le *queijo-de-minas*. Provenant de l'État du Minas Gerais, il est produit et consommé dans tout le pays. Moelleux et doux, il se marie bien avec le dessert de lait (lait concentré caramélisé) ou la confiture de goyave. Le fromage caillé, plus âpre, est très répandu dans le nord-est où il est servi grillé en entrée.

queijo-de-minas [ˌkɐiʒuđə'minɐʃ] *m* *fromage maigre typique du Brésil*

Queima ['kɐimɐ] *f* • **Queima das Fitas** *fête de fin d'étude célébrée en particulier à Coimbra*

Queima das Fitas

Le « brûlage des rubans » est le temps fort des rites auxquels doivent se soumettre les étudiants portugais admis à l'université. Ces rites, dont les principes et les règles sont établis dans le *Código da Praxe* commencent par des épreuves telles que la *Recepção ao Caloiro* (accueil du bizut) qui se traduit par des humiliations, tonsures, peinture du visage et la *Latada* (défilé et baptême des bizuts).

Le brûlage des rubans donne lieu à une grande fête. Les étudiants d'avant-dernière année brûlent le *grelo* (fin ruban) dans un énorme pot de chambre et obtiennent ainsi le droit d'orner leur porte-documents de huit longs rubans aux couleurs de leur faculté, preuve qu'ils ont réussi leur passage en dernière année de licence.

Ce rite a lieu début mai et se prolonge en principe d'un jeudi à l'autre. La semaine est marquée par une intense activité culturelle, musicale et sportive, et des nuits de folie noyées dans la bière. La fête atteint son apogée avec le défilé des chars allégoriques, créés et montés par les élèves des différentes facultés.

queimado, da [kɐi'mađu, đɐ] *adj* **1.** brûlé(e) **2.** *(pelo sol)* bronzé(e)

queimadura [kɐimɐ'đurɐ] *f* brûlure *f* • **queimadura solar** coup *m* de soleil

queimar [kɐi'mar] *vt* **1.** brûler **2.** *(pele)* bronzer ◆ **queimar-se** *vp* **1.** se brûler **2.** *(com sol)* bronzer

queima-roupa [ˌkɐimɐ'ʀopɐ] *f* • **à queima-roupa** à bout portant

queixa ['kɐiʃɐ] *f* plainte *f* • **apresentar queixa** déposer une plainte • **fazer queixa de alguém a alguém** se plaindre de qqn à qqn

queixar-se [kɐi'ʃarsə] *vp* se plaindre • **queixar-se a alguém** se plaindre à qqn • **queixar-se de** se plaindre de

queixo ['kɐiʃu] *m* menton *m* • **bater o queixo** claquer des dents

queixoso, osa [kɐi'ʃozu, ɔzɐ] *m, f* plaignant *m*, -e *f*

quem ['kɐ̃i] *pron* qui • **quem diria!** qui l'aurait dit ! • **quem é?** qui est-ce ? • **quem fala?** qui est à l'appareil ? • **quem me dera...** si seulement... • **quem quer que** quiconque • **seja quem for** qui que ce soit

quentão [kẽn'tɐ̃u] *m* (*Br*) *eau-de-vie de canne à sucre, servie chaude avec de la cannelle et du gingembre, notamment pendant les fêtes de juin*

quente ['kẽntə] *adj* chaud(e)

quentinha [kẽ'tʃiɲa] *f* snack *m* *(emballage alimentaire conservant la chaleur)*

quentões ➤ **quentão**

queque ['kɛkə] *m* cake *m*

quer [kɛr] *conj* • **quer... quer...** que... que... • **quem quer que seja** qui que ce soit • **onde quer que seja** où que ce soit • **o que quer que seja** quoi que ce soit

querer [kə'rer] *vt* vouloir • **como quiser!** comme vous voudrez ! • **por favor, queria...** s'il vous plaît, je voudrais... • **sem querer** sans le faire exprès • **querer muito a alguém** aimer beaucoup qqn • **querer bem a alguém** aimer bien qqn • **querer mal a alguém** en vouloir à qqn • **querer dizer** vouloir dire ◆ **querer-se** *vp* s'aimer • **querer-se muito** s'adorer

querido, da [kə'riđu, đɐ] *adj* **1.** chéri(e) **2.** (*em carta*) cher (chère)

quermesse [kex'mɛsi] *f* kermesse *f*

querosene [kɛrɔ'zɛnə] *m* kérozène *m*

questão [kəʃ'tɐ̃u] (*pl* **-ões** [õiʃ]) *f* **1.** question *f* **2.** (*conflito*) histoire *f* • **há questão de 2 minutos** il y a tout juste 2 minutes • **fazer questão de (fazer algo)** tenir (à faire qqch) • **pôr algo em questão** mettre qqch en question • **ser uma questão de** être question de • **em questão** en question

quiabo ['kjabu] *m* (*Br*) gombo *m* *(plante potagère tropicale)*

quiçá [ki'sa] *adv* peut-être

quieto, ta ['kjɛtu, tɐ] *adj* tranquille • **ficar quieto** ne pas bouger

quietude [kjɛ'tuđə] *f* quiétude *f*

quilate [ki'latə] *m* carat *m*

quilo ['kilu] *m* kilo *m* • **ao quilo** au kilo

quilometragem [kilɔmə'traʒẽi] (*pl* **-ns** [ʃ]) *f* kilométrage *m*

quilómetro [ki'lɔmətru] *m* (*Port*) kilomètre *m*

quilômetro [ki'lometru] *m* (*Br*) = **quilómetro**

química ['kimikɐ] *f* chimie *f* ➤ **químico**

químico, ca ['kimiku, kɐ] *m, f* chimiste *mf*

quindim [kĩn'dĩ] (*pl* **-ns** [ʃ]) *m* (*Br*) *gâteau à la noix de coco*

quinhão [ki'ɲɐ̃u] (*pl* **-ões** [õiʃ]) *m* part *f*

quinhentos, tas [ki'ɲẽntuʃ, tɐʃ] *num* cinq cents

quinhões [ki'ɲõjʃ] ➤ **quinhão**

quinquagésimo, ma [kwĩŋkwɐ'ʒɛzimu, mɐ] *num* cinquantième

qüinquagésimo [kwiŋkwa'ʒɛzimu] (*Br*) = **quinquagésimo**

quinquilharias [kĩŋkiʎɐ'riɐʃ] *fpl* quincaillerie *f*

quinta ['kĩntɐ] *f* ferme *f* ◇ *num* ➤ **quinto**

quinta-feira [ˌkĩntɐ'fɐirɐ] (*pl* **quintas-feiras** [ˌkĩntɐʃ'fɐirɐʃ]) *f* jeudi *m* • **às quintas-feiras** le jeudi • **até quinta-feira** à jeudi • **ela vem quinta-feira** elle vient jeudi • **esta quinta-feira** jeudi • **hoje é quinta-feira** aujourd'hui nous sommes jeudi • **todas as vs-feiras** tous les jeudis • **quinta-feira de manhã/à tarde/à noite**

jeudi matin/après-midi/soir • **quinta-feira 18 de Outubro** (le) jeudi 18 octobre • **quinta-feira passada** jeudi dernier • **quinta-feira que vem** jeudi prochain

quintal [kĩn'taɫ] (*pl* **-ais** [aiʃ]) *m* **1.** (*terreno*) jardin *m* potager **2.** (*medida*) quintal *m*

quinteto [kĩn'tetu] *m* **1.** quintette *m* **2.** (*de jazz*) quintet *m*

quinto, ta ['kĩntu, tɐ] *num* **1.** cinquième **2.** • **o quinto/a quinta** le/la cinquième • **chegar em quinto** arriver cinquième • **capítulo quinto** chapitre cinq • **em quinto lugar** en cinquième • **no quinto dia** le cinquième jour • **a quinta parte** le cinquième

quinze ['kĩzə] *num* quinze • **quinze dias** quinze jours • **ele tem quinze anos** il a quinze ans • **eles eram quinze** ils étaient quinze • **quinze de Janeiro** le quinze janvier • **página quinze** page quinze

quinzena [kĩ'zenɐ] *f* quinzaine *f*

quiosque ['kjɔʃkə] *m* kiosque *m*

quis ['kiʃ] ➤ **querer**

quisto ['kiʃtu] *m* kyste *m*

quitanda [ki'tẽndɐ] *f* (*Br*) épicerie *f*

quite ['kitə] *adj* • **estar quite (com alguém)** être quitte (avec qqn)

quitinete ['kitʃinetʃi] (*Br*) = **kitchenette**

quociente [kwɔ'sjẽntə] *m* quotient *m*

quota ['kwɔtɐ] *f* **1.** (*parte*) quota *m* **2.** (*de clube*) cotisation *f*

quotidiano, na [kuti'đjɐnu, nɐ] *adj* (*Port*) quotidien(enne) ◇ *m* quotidien *m*

rR

R® ['ɛxi] (*abrev de real*) real *m*

R. (*abrev de rua*) r (*rue*)

rã ['ʀɐ̃] *f* grenouille *f*

rabada [xa'bada] *f* **1.** (*peixe*) queue *f* **2.** (*carne*) culotte *f* de bœuf, selle *f* de mouton

rabanada [xaba'nada] *f* (*Br*) CULIN pain *m* perdu • **rabanada de vento** rafale *f* de vent

rabanadas [ʀɐƀɐ'nađɐʃ] *fpl* ≃ pain *m* perdu

rabanete [ʀɐƀɐ'netə] *m* radis *m*

rabeca [ʀɐ'ƀɛkɐ] *f* rebec *m*

rabicho [ʀɐ'ƀiʃu] *m* catogan *m*

rabino, na [ʀɐ'ƀinu, nɐ] *adj* espiègle ◇ *m* rabbin *m*

rabiscar [ʀɐƀiʃ'kar] *vt* & *vi* griffonner

rabisco [ʀɐ'ƀiʃku] *m* griffonnage *m*

rabo ['ʀaƀu] *m* **1.** queue *f* **2.** (*fam*) derrière *m*

rabo-de-cavalo [ˌxabudʒika'valu] *m* catogan *m*

rabugento, ta [ʀɐƀu'ʒẽntu, tɐ] *adj* bougon(onne)

raça ['ʀasɐ] *f* race *f* • **de raça** de race

ração [ʀɐ'sɐ̃u] (*pl* **-ões** [õiʃ]) *f* ration *f*

racha ['ʀaʃɐ] *f* **1.** fente *f* **2.** (*em parede, muro*) fissure *f*

rachadura [xaʃa'dura] (*Br*) = **racha**

rachar [ʀɐ'ʃar] *vt* couper

raciocínio [ʀɐsju'sinju] *m* raisonnement *m*

racional [ʀɐsju'naɫ] (*pl* **-ais** [aiʃ]) *adj* rationnel(elle)
racismo [ʀa'siʒmu] *m* racisme *m*
rações [xa'sõjʃ] ➤ **ração**
radar [ʀa'đar] (*pl* **-es** [əʃ]) *m* radar *m*
radiação [ʀɐđjɐ'sɐ̃u] (*pl* **-ões** [õiʃ]) *f* radiation *f*
radiador [ʀađjɐ'đor] (*pl* **-es** [əʃ]) *m* radiateur *m*
radiante [ʀɐ'đjẽntə] *adj* radieux(euse)
radical [ʀɐđi'kaɫ] (*pl* **-ais** [aiʃ]) *adj* radical(e)
rádio ['ʀađju] *m* (*telefonia*) radio *f* ◇ *f* (*emissora*) radio *f*
radioactivo, va [ˌʀađjua'tivu, vɐ] *adj* (*Port*) radioactif(ive)
radioativo, va [ˌʀadʒjua'tʃivu, vɐ] *adj* (*Br*) = **radioactivo**
rádio-despertador [ˌʀađjuđəʃpərtɐ'đor] (*pl* **rádio-despertadores** [ˌʀađjuđəʃpərtɐ'đorəʃ]) *m* radio-réveil *m*
radiodifusão [ˌʀađjuđifu'zɐ̃u] *f* • **a Radiodifusão Portuguesa** *organisme public de radiodiffusion du Portugal*
radiografia [ˌʀađjugrɐ'fiɐ] *f* radiographie *f*
rádio-relógio [ˌxadʒjoxe'lɔʒju] (*Br*) = **rádio-despertador**
radiotáxi [ˌʀađju'taksi] *m* radio-taxi *m*
radiotelevisão [ˌʀađjutələvi'zɐ̃u] *f* • **a Radiotelevisão Portuguesa** *organisme public de télévision du Portugal*
rafeiro, ra [ʀɐ'fɐiru, rɐ] *adj* (*Port*) bâtard(e)
ráfia ['ʀafjɐ] *f* raphia *m*
rafting ['ʀaftĩŋ] *m* rafting *m*
ráguebi ['agbi] *m* (*Port*) = **rúgbi**
râguebi ['ʀɐgbi] *m* (*Port*) rugby *m*
raia ['ʀajɐ] *f* raie *f* (*poisson*)
rainha [ʀɐ'iɲɐ] *f* reine *f*
raio ['ʀaju] *m* **1.** rayon *m* **2.** (*relâmpago*) foudre *f* • **raios X** rayons X
raiva ['ʀaivɐ] *f* rage *f* • **ter raiva de alguém** haïr qqn
raivoso, osa [ʀai'vozu, ɔzɐ] *adj* enragé(e)
raiz [xa'iʃ] (*pl* **-es**) *f* **1.** (*ger*) racine *f* **2.** (*origem*) racines *fpl*, origines *fpl* • **cortar o mal pela raiz** (*fig*) couper le mal à la racine • **criar raízes** (*fig*) prendre racine, s'enraciner • **raiz quadrada** racine *f* carrée
rajada [ʀɐ'ʒađɐ] *f* rafale *f*
ralado, a [(*Port*) ʀɐ'lɐđu (*Br*), xa'ladu] *adj* râpé(e)
ralador [ʀɐlɐ'đor] (*pl* **-es** [əʃ]) *m* râpe *f*
ralar [ʀɐ'lar] *vt* râper ◆ **ralar-se** *vp* (*fam & fig*) s'en faire • **não me ralo com isso** je ne m'en fais pas
ralé [xa'lɛ] *f* engeance *f*
ralhar [ʀɐ'ʎar] *vi* râler • **ralhar com alguém** gronder qqn
rali [ʀa'li] *m* rallye *m*
ralo, la ['ʀalu, lɐ] *adj* **1.** (*café*) léger(ère) **2.** (*sopa*) liquide ◇ *m* (*de banheira, lavatório*) bonde *f* • **ter o cabelo ralo** ne pas avoir beaucoup de cheveux
RAM (*abrev de Random Access Memory*) *f* INFORM RAM *f*
rama ['ʀɐmɐ] *f* branche *f*
ramalhete [xama'ʎetʃi] (*Br*) = **raminho**
ramificar [ʀɐməfi'kar] *vt* développer ◆ **ramificar-se** *vp* se développer
raminho [ʀɐ'miɲu] *m* bouquet *m*

ramo ['ʀɐmu] *m* branche *f* • **mudar de ramo** se reconvertir
rampa ['ʀɐ̃mpɐ] *f* rampe *f*
rancho ['ʀɐ̃ʃu] *m* **1.** *(prato) plat de pois chiches mélangés avec des pâtes et de la viande* **2.** *(de pessoas)* tas *m* • **rancho folclórico** groupe *m* folklorique
ranço ['ʀɐ̃su] *m* rance *m*
rancor [ʀɐ̃'kor] *(pl* **-es** [əʃ]) *m* rancœur *f*
rancoroso, osa [ʀɐ̃ŋku'rozu, ɔzɐ] *adj* rancunier(ère)
rançoso, osa [ʀɐ̃'sozu, ɔzɐ] *adj* rance
ranhura [ʀɐ'ɲurɐ] *f* **1.** *(em madeira, parede)* rainure *f* **2.** *(em telefone público)* fente *f (pour insérer la monnaie)*
rapar [ʀɐ'par] *vt* **1.** raser **2.** *(raspar)* racler • **rapar fome/frio** *(fam)* crever de faim/de froid
rapariga [ʀɐpɐ'rigɐ] *f* fille *f*
rapaz [ʀɐ'paʃ] *(pl* **-es** [zəʃ]) *m* garçon *m*
rapé [ʀɐ'pɛ] *m* tabac *m* à priser
rapidez [ʀɐpi'đeʃ] *f* rapidité *f*
rápido, da ['ʀapiđu, đɐ] *adj* rapide ◇ *m* rapide *m* ◇ *adv* vite
raposa [ʀɐ'pozɐ] *f* renard *m* • **apanhar uma raposa** *(fam)* être recalé *(à un examen)*
rapsódia [ʀɐp'sɔđjɐ] *f* rapsodie *f*
raptar [ʀɐp'tar] *vt* enlever
rapto ['ʀaptu] *m* enlèvement *m*
raquete [ʀa'kɛtə] *f* raquette *f*
raquítico, ca [ʀɐ'kitiku, kɐ] *adj & m, f* rachitique
raramente [ˌʀarɐ'mẽntə] *adv* rarement
rarefeito, ta [ʀɐrə'fɐitu, tɐ] *adj* raréfié(e)
raridade [ʀɐri'đađə] *f* rareté *f*
raro, ra ['ʀaru, rɐ] *adj* **1.** rare **2.** *(pouco espesso)* liquide • **raras vezes** rarement
rascunhar [ʀɐʃku'ɲar] *vt* griffonner
rascunho [ʀɐʃ'kuɲu] *m* brouillon *m*
rasgado, da [ʀɐʒ'gađu, đɐ] *adj* **1.** *(tecido, folha)* déchiré(e) **2.** *(sorriso)* grand(e)
rasgão [ʀɐʒ'gɐ̃u] *(pl* **-ões** [õiʃ]) *m* **1.** *(em tecido, folha)* déchirure *f* **2.** *(em pele)* entaille *f*
rasgar [ʀɐʒ'gar] *vt* déchirer ◆ **rasgar-se** *vp* se déchirer
rasgões [xaʒ'gõjʃ] ➤ **rasgão**
raso, sa ['ʀazu, zɐ] *adj* **1.** plat(e) **2.** *(cheio até à borda)* ras(e) **3.** *(superfície)* plan(e)
raspa ['ʀaʃpɐ] *f* zeste *m*
raspar [ʀɐʃ'par] *vt* râper
rasteira [ʀɐʃ'tɐirɐ] *f* croche-pied *m* • **passar uma rasteira a alguém** *(Port)* *(fam)* faire un croche-pied à qqn
rasteiro, ra [ʀɐʃ'tɐiru, rɐ] *adj* rampant(e)
rastejante [ʀɐʃtə'ʒẽntə] *adj* rampant(e)
rastejar [ʀɐʃtə'ʒar] *vi* ramper
rasto ['ʀaʃtu] *m* trace *f*
rastro ['xaʃtru] *(Br)* = **rasto**
ratazana [ʀɐtɐ'zɐnɐ] *f* rat *m*
raticida [xati'sida] *(Br)* = **mata-ratos**
rato ['ʀatu] *m* souris *f*
ravina [ʀɐ'vinɐ] *f* ravin *m*
razão [ʀɐ'zɐ̃u] *(pl* **-ões** [õiʃ]) *f* raison *f* • **dar razão a alguém** donner raison à qqn • **não ter razão de ser** n'avoir aucune raison d'être • **ter razão** avoir raison • **com razão** à raison • **sem razão** sans raison
razoável [*(Port)* ʀɐzu'avɛɫ *(Br)*, xa'zwavew] *(pl* **-eis** [ejʃ] [ɐiʃ]) *adj* raisonnable

r/c (abrev de rés-do-chão) RdC *(rez-de-chaussée)*
RDP *f* (abrev de Radiodifusão Portuguesa) *organisme public de radiodiffusion du Portugal*
ré ['ʀɛ] *f* poupe *f* ➤ **réu**
reabastecer [(Port) ʀjɐbɐʃtə'ser (Br), xjabaʃte'se(x)] *vt* réapprovisionner • **reabastecer gasolina** faire le plein ◆ **reabastecer-se** *vp* se réapprovisionner
reabrir [(Port) ʀjɐ'brir (Br), xea'bri(x)] *vt* rouvrir
reação [ʀea'sɐ̃w] (*pl* **-ões** [õiʃ]) *f* (Br) = **reacção**
reacção [ʀja'sɐ̃w] (*pl* **-ões** [õiʃ]) *f* (Port) réaction *f*
reaccionário, **ria** [ʀjasju'narju, rjɐ] *adj* (Port) réactionnaire
reacções ➤ **reacção**
reacionário, **ria** [ʀeasjo'narju, rjɐ] *adj* (Br) = **reaccionário**
reações ➤ **reação**
reagir [ʀjɐ'ʒir] *vi* réagir • **reagir a algo** réagir à qqch
real ['ʀjaɫ] (*pl* **-ais** [aiʃ]) *adj* **1.** (verdadeiro) réel(elle) **2.** (relativo a rei, realeza) royal(e) ◇ *m* réal *m*

Real e cruzeiro

Depuis 1994, la monnaie en cours au Brésil est le réal. Le vieux *cruzeiro* et ses descendants, le *cruzeiro* nouveau, le *cruzado*, le *cruzado* nouveau, etc., ont été dévorés par le monstre de l'inflation. À la fin des années 1980, la monnaie brésilienne a parfois été dévaluée de 90% en un mois.
Le réal fait en outre partie d'un ensemble de mesures économiques adoptées par le gouvernement brésilien pour maîtriser la spirale inflationniste. Tous les billets de banque et toutes les pièces de monnaie en cours dans le pays sont donc émis en réaux.

realçar [ʀjaɫ'sar] *vt* **1.** (cor, traço) rehausser **2.** (facto, ideia) souligner
realejo [ʀjɐ'lɐiʒu] *m* orgue *m* de Barbarie
realeza [ʀjɐ'lezɐ] *f* royauté *f*
realidade [ʀjɐli'dadə] *f* réalité *f* • **na realidade** en réalité • **realidade virtual** réalité virtuelle
realista [ʀjɐ'liʃtɐ] *mf* réaliste *mf*
realização [ʀjɐlizɐ'sɐ̃w] (*pl* **-ões** [õiʃ]) *f* réalisation *f*
realizador, **ra** [ʀjɐlizɐ'dor, rɐ] (*mpl* **-es** [əʃ], *fpl* **-s** [ʃ]) *m, f* réalisateur *m*, -trice *f*
realizar [ʀjɐli'zar] *vt* réaliser ◆ **realizar-se** *vp* **1.** (espectáculo) avoir lieu **2.** (sonho, desejo) se réaliser
realmente [ʀjaɫ'mẽntə] *adv* réellement • **ele é realmente estúpido!** il est vraiment bête !
reanimar [ʀjɐni'mar] *vt* **1.** MED réanimer **2.** (depois de desmaio) ranimer
reatar [ʀjɐ'tar] *vt* **1.** (conversa) reprendre **2.** (amizade) renouer
reaver [ʀjɐ'ver] *vt* récupérer
reavivar [ʀjɐvi'var] *vt* **1.** (memória) rafraîchir **2.** (lume) raviver
rebaixar [ʀəbai'ʃar] *vt* rabaisser ◆ **rebaixar-se** *vp* se rabaisser

rebanho [ʀə'bɐɲu] *m* troupeau *m*
rebelde [ʀə'bɛɫdə] *mf* rebelle *mf*
rebelião [xebelj'ɐ̃w] *f* rébellion *f*
rebentar [ʀəbẽn'tar] *vi* **1.** *(bomba)* sauter **2.** *(balão)* éclater ◇ *vt* faire sauter ● **rebentar com algo** détruire qqch
rebocador [ʀəbukɐ'dor] (*pl* **-es** [əʃ]) *m* remorqueur *m*
rebocar [ʀəbu'kar] *vt* remorquer
rebolar [ʀəbu'lar] *vi* rouler ◆ **rebolar-se** *vp* se rouler par terre ● **rebolar-se a rir** se tordre de rire ● **rebolar-se na lama** se rouler dans la boue
reboque [(*Port*) ʀə'bɔkə (*Br*), xe'bɔki] *m* remorque *f* ● **(serviço de) reboque** (service *m* de) dépannage *m*
rebuçado [ʀəbu'sadu] *m* bonbon *m*
rebuliço [ʀəbu'lisu] *m* pagaille *f*
recado [ʀə'kadu] *m* message *m* ● **dar um recado a alguém** transmettre un message à qqn ● **deixar recado** laisser un message
recaída [ʀəkɐ'idɐ] *f* rechute *f* ● **ter uma recaída** faire une rechute
recair [ʀəkɐ'ir] *vi* ● **recair em algo** retomber dans qqch ● **recair sobre** retomber sur
recanto [ʀə'kẽntu] *m* recoin *m*
recapitular [ʀəkɐpitu'lar] *vt* **1.** récapituler **2.** *(aula)* réviser
recarregar [rəkɐʀə'gar] *vt* recharger
recatado, da [ʀəkɐ'tadu, dɐ] *adj* discret(ète)
recauchutar [ʀəkauʃu'tar] *vt* rechaper
recear [ʀə'sjar] *vt* craindre
receber [ʀəsə'ber] *vt* & *vi* recevoir
receio [ʀə'sɐju] *m* crainte *f*
receita [ʀə'sɐitɐ] *f* **1.** recette *f* **2.** *(de médico)* ordonnance *f*
receitar [ʀəsɐi'tar] *vt* prescrire
recém-casado, da [ʀəˌsẽikɐ'zadu, dɐ] *m, f* jeune marié *m*, jeune mariée *f*
recém-chegado, da [ʀəˌsẽiʃə'gadu, dɐ] *adj* qui vient d'arriver
recém-nascido, da [ʀəˌsẽinɐʃ'sidu, dɐ] *adj* & *m, f* nouveau-né(e)
recente [ʀə'sẽntə] *adj* récent(e)
receoso, osa [ʀə'sjozu, ɔzɐ] *adj* craintif(ive)
recepção [ʀəsɛ'sɐ̃u] (*pl* **-ões** [õiʃ]) *f* réception *f*

Na recepção

Para se apresentar, uma pessoa sozinha, deve dizer o nome e o apelido dela, ou o apelido precedido de *Monsieur*, ou *Madame*, e a seguir, informar ao recepcionista o nome da empresa que representa e o nome da pessoa que deve encontrar :. *Je suis de Ballard, j'ai rendez-vous avec Monsieur* (ou *Madame*) *Martin*, ou *Pourriez-vous, s'il vous plaît, avertir Monsieur* (ou *Madame*) *Martin que je suis arrivé(e) ?*
Em grupo, poderá simplesmente dizer qual é a empresa que está a representar e pedir para ver a pessoa com a qual marcou um encontro : *Bonjour, nous sommes de xxx, nous avons rendez-vous avec Monsieur Martin, pourriez-vous lui dire que nous sommes arrivés.*

Num hotel, informará o seu apelido e o seu nome : *J'ai réservé une chambre au nom de Monsieur Lepic.*

recepcionista [ʀəsɛsju'niʃtɐ] *mf* réceptionniste *mf*

recepções ➤ **recepção**

receptivo, va [ʀəsɛ'tivu, vɐ] *adj* réceptif(ive) ● **mostrar-se receptivo a** se montrer réceptif à

receptor [ʀəsɛ'tor] (*pl* **-es** [əʃ]) *m* récepteur *m*

recessão [ʀəsə'sɐ̃u] (*pl* **-ões** [õiʃ]) *f* récession *f*

recheado, da [ʀə'ʃjađu, đɐ] *adj* **1.** *(bolo, bombom)* fourré(e) **2.** *(peru)* farci(e)

rechear [ʀə'ʃjar] *vt* **1.** *(bolo)* fourrer **2.** *(peru)* farcir **3.** *(casa)* équiper

recheio [ʀə'ʃɐju] *m* **1.** *(de bolo, pastel)* garniture *f* **2.** *(de peru, vegetal,etc)* farce *f* **3.** *(de casa)* équipement *m* **4.** *(para seguros)* biens *mpl* mobiliers

rechonchudo, da [ʀəʃõ'ʃuđu, đɐ] *adj* potelé(e)

recibo [ʀə'siƀu] *m* reçu *m*

reciclagem [ʀəsi'klaʒɐ̃i] *f* recyclage *m*

reciclar [ʀəsi'klar] *vt* recycler

reciclável [ʀəsi'klavɛɫ] (*pl* **-eis** [ɐiʃ]) *adj* recyclable

recife [ʀə'sifə] *m* récif *m*

recinto [ʀə'sĩntu] *m* enceinte *f*

recipiente [ʀəsi'pjẽntə] *m* récipient *m*

recíproco, ca [ʀə'sipruku, kɐ] *adj* réciproque

recital [ʀəsi'taɫ] (*pl* **-ais** [aiʃ]) *m* récital *m*

recitar [ʀəsi'tar] *vt* réciter ◇ *vi* réciter un poème

reclamação [ʀəklɐmɐ'sɐ̃u] (*pl* **-ões** [õiʃ]) *f* réclamation *f* ▾ **há livro de reclamações** *signale qu'un livre est à la disposition des clients pour toute réclamation dans un hôtel, un restaurant ou autre*

reclamar [ʀəklɐ'mar] *vi* faire une réclamation

reclame [ʀɛ'klɐmə] *m* publicité *f*

recobrar [ʀəku'ƀrar] *vt* **1.** *(forças)* reprendre **2.** *(razão)* recouvrer

recolha [ʀə'koʎɐ] *f* **1.** récolte *f* **2.** *(de lixo, passageiros)* ramassage *m*

recolher [ʀəku'ʎer] *vt* **1.** ramasser **2.** *(informações, dados, dinheiro)* recueillir **3.** *(abrigar)* rentrer

recolhimento [xekoʎi'mẽntu] *m* recueillement *m*

recomeçar [ʀəkumə'sar] *vt* recommencer

recomendação [ʀəkumẽndɐ'sɐ̃u] (*pl* **-ões** [õiʃ]) *f* recommandation *f* ◆ **recomendações** *fpl* ● **recomendações à sua mãe!** mes respects à votre mère !

recomendar [ʀəkumẽn'dar] *vt* recommander *(conseiller)*

recomendável [ʀəkumẽn'davɛɫ] (*pl* **-eis** [ɐiʃ]) *adj* conseillé(e) ● **pouco recomendável** déconseillé

recompensa [ʀəkõm'pẽsɐ] *f* récompense *f*

recompor [ʀəkõm'por] *vt* arranger ◆ **recompor-se** *vp* se remettre

reconciliação [ʀəkõsiljɐ'sɐ̃u] (*pl* **-ões** [õiʃ]) *f* réconciliation *f*

reconhecer [ʀəkuɲə'ser] *vt* **1.** reconnaître **2.** *(documento, assinatura)* certifier

reconhecimento [Rəkuɲəsi'mẽntu] *m* **1.** reconnaissance *f* **2.** *(de documento, assinatura)* certification *f*
reconstituir [Rəkõʃti'twir] *vt* reconstituer
recordação [Rəkurđɐ'sɐ̃u] *(pl* **-ões** [õiʃ]) *f* souvenir *m*
recordar [Rəkur'đar] *vt* rappeler ◆ **recordar-se** *vp* se rappeler, se souvenir ● **recordar-se de algo** se rappeler qqch, se souvenir de qqch
recorrer [Rəku'Rer] *vi* faire appel ● **recorrer a** avoir recours à
recortar [Rəkur'tar] *vt* découper
recreio [Rə'krɐju] *m* **1.** *(tempo)* récréation *f* **2.** *(local)* cour *f* de récréation
recriar [Rəkri'ar] *vt* reconstituer
recriminar [Rəkrimi'nar] *vt* reprocher
recruta [Rə'krutɐ] *m* appelé *m* ◇ *f* classes *fpl*
recta ['Rεtɐ] *f* **1.** *(Port)* *(linha)* droite *f* **2.** *(em estrada)* ligne *f* droite ● **à recta** *(Port)* pile
rectângulo [Rε'tɐ̃ŋgulu] *m* *(Port)* rectangle *m*
recto, ta ['Rεtu, tɐ] *adj* *(Port)* droit(e) ◇ *m* rectum *m*
recuar [Rə'kwar] *vt* & *vi* reculer
recuperação [Rəkupərɐ'sɐ̃u] *f* récupération *f*
recuperar [Rəkupə'rar] *vt* récupérer ◆ **recuperar-se** *vp* **1.** *(de choque)* se remettre **2.** *(de doença)* récupérer
recurso [Rə'kursu] *m* **1.** *JUR* appel *m* **2.** *(meio)* moyen *m* ● **em último recurso** en dernier recours ◆ **recursos** *mpl* ressources *fpl*
recusa [Rə'kuzɐ] *f* refus *m*
recusar [(*Port*) Rəku'zɐr (*Br*), xeku'za(x)] *vt* refuser
redacção [rəđa'sɐ̃u] *f* rédaction *f*
redactor, ra [Rəđa'tor, rɐ] *(mpl* **-es** [əʃ], *fpl* **-s** [ʃ]) *m, f* *(Port)* rédacteur *m*, -trice *f*
redator, ra [Reda'tox, rɐ] *(mpl* **-es** [iʃ], *fpl* **-s** [ʃ]) *m, f* *(Br)* = **redactor**
rede ['Ređə] *f* **1.** réseau *m* **2.** *(de pesca, cabelo)* filet *m* **3.** *(de vedação)* grillage *m* **4.** *(para dormir)* hamac *m* ● **rede de estradas** réseau routier
rédea ['Rεđjɐ] *f* rêne *f*
redigir [Rəđi'ʒir] *vt* rédiger
redobrar [Rəđu'ƀrar] *vt* *(esforço, atenção)* redoubler
redondamente [Rə,đõndɐ'mẽntə] *adv* *(enganar-se)* carrément
redondo, da [Rə'đõndu, dɐ] *adj* rond(e)
redor [Rə'đɔr] *m* ● **em** ou **ao redor (de)** autour (de)
redução [Rəđu'sɐ̃u] *(pl* **-ões** [õiʃ]) *f* réduction *f*
redundância [Rəđũn'dɐ̃sjɐ] *f* redondance *f*
reduzido, da [Rəđu'ziđu, đɐ] *adj* réduit(e)
reduzir [Rəđu'zir] *vt* réduire
reembolsar [Rjẽmboɫ'sar] *vt* rembourser
reembolso [Rjẽm'boɫsu] *m* remboursement *m*
reencontro [Rjẽŋ'kõntru] *m* retrouvailles *fpl*
refazer [Rəfɐ'zer] *vt* refaire ◆ **refazer-se** *vp* **1.** *(de susto, acidente)* se remettre **2.** *(recuperar forças)* récupérer

refeição [ʀəfɐi'sɐ̃u] (*pl* **-ões** [õiʃ]) *f* repas *m* • **às refeições** pendant les repas • **refeição ligeira** repas léger

refeitório [ʀəfɐi'tɔrju] *m* réfectoire *m*

refém [ʀə'fɐ̃i] (*pl* **-ns** [ʃ]) *mf* otage *m*

referência [ʀəfə'rẽsjɐ] *f* référence *f* • **fazer referência a** faire référence à ◆ **referências** *fpl* références *fpl*

referendo [ʀəfə'rẽndu] *m* (*Port*) référendum *m*

referente [ʀəfə'rẽntə] *adj* • **referente a** concernant

referir [ʀəfə'rir] *vt* faire référence à ◆ **referir-se a** *vp + prep* se référer à • **no que se refere a** en ce qui concerne

refinado, da [ʀəfi'naðu, ðɐ] *adj* raffiné(e)

refinaria [ʀəfinɐ'riɐ] *f* raffinerie *f*

reflectir [ʀəflɛ'tir] *vt* (*Port*) réfléchir, refléter ◇ *vi* réfléchir • **reflectir sobre algo** réfléchir à qqch ◆ **reflectir-se em** *vp + prep* se refléter dans

reflector [ʀəflɛ'tor] (*pl* **-es** [əʃ]) *m* catadioptre *m*

refletir [ʀefle'tʃix] *vt & vi* (*Br*) = **reflectir**

refletor [xefle'to(x)] (*Br*) = **reflector**

reflexão [ʀəflɛ(k)'sɐ̃u] (*pl* **-ões** [õiʃ]) *f* réflexion *f*

reflexo [ʀə'flɛksu] *m* **1.** reflet *m* **2.** (*reacção*) réflexe *m*

reflexões ➤ **reflexão**

refogado, da [ʀəfu'gaðu, ðɐ] *adj* mijoté(e) ◇ *m* **1.** (*molho*) *sauce à l'oignon et à la tomate* **2.** (*guisado*) ragoût *m*

refogar [ʀəfu'gar] *vt* **1.** faire mijoter **2.** (*cebola*) faire revenir

reforçado, da [ʀəfur'saðu, ðɐ] *ad* **1.** (*esforço, energia*) accru(e) **2.** (*objecto, substância*) renforcé(e)

reforçar [ʀəfur'sar] *vt* renforcer

reforma [ʀə'fɔrmɐ] *f* **1.** (*de pessoa*) retraite *f* **2.** (*de sistema*) réforme *f* **3.** (*de casa, edifício*) rénovation *f*

reformado, da [ʀəfur'maðu, ðɐ] *m,* retraité *m,* -e *f*

refractário, ria [ʀəfra'tarju, rjɐ] *ad* (*Port*) réfractaire

refrão [ʀə'frɐ̃u] (*pl* **-ões** [õiʃ]) *m* refrain *m*

refratário, ria [ʀefra'tarju, rjɐ] *adj* (*Br*) = **refractário**

refrear [ʀəfri'ar] *vt* refréner ◆ **refrear-se** *vp* se refréner

refrescante [ʀəfrəʃ'kɐ̃ntə] *adj* rafraîchissant(e)

refrescar [ʀəfrəʃ'kar] *vt* rafraîchir ◆ **refrescar-se** *vp* se rafraîchir • **refrescar as ideias** reprendre ses esprits • **refrescar a memória a alguém** rafraîchir les idées à qqn

refresco [ʀə'freʃku] *m* rafraîchissement *m* (*boisson*)

refrigerante [ʀəfriʒə'rɐ̃ntə] *m* boisson non alcoolisée

refrões [xe'frõjʃ] ➤ **refrão**

refugiado, da [ʀəfu'ʒjaðu, ðɐ] *m,* réfugié *m,* -e *f*

refugiar-se [ʀəfu'ʒjarsə] ◆ **refugiar-se em** *vp + prep* **1.** (*asilar-se em*) se réfugier à **2.** (*abrigar-se, esconder-se em*) se réfugier dans

refúgio [ʀə'fuʒju] *m* refuge *m*

refugo [ʀə'fugu] *m* rebut *m*

refutar [ʀəfu'tar] *vt* réfuter

rega ['ʀɛgɐ] *f* arrosage *m*
regaço [ʀə'gasu] *m* giron *m*
regador [ʀəgɐ'đor] (*pl* **-es** [əʃ]) *m* arrosoir *m*
regalia [xega'lia] *f* privilège *m*, faveur *f*
regalias [ʀəgɐ'liɐʃ] *fpl* acquis *mpl* (sociaux)
regar [ʀə'gar] *vt* arroser ◇ *vi* (*fam*) broder
regata [ʀə'gatɐ] *f* régate *f*
regenerar-se [ʀəʒənə'rarsə] *vp* s'améliorer
reger [ʀə'ʒer] *vt* (*orquestra, banda*) diriger
região [ʀə'ʒjɐ̃u] (*pl* **-ões** [õiʃ]) *f* région *f* • **região demarcada** ≃ vin *m* de pays
regime [ʀə'ʒimə] *m* régime *m*
regiões [xe'ʒjõjʃ] ➤ **região**
regional [ʀəʒju'nał] (*pl* **-ais** [aiʃ]) *adj* régional(e)
registado, da [ʀəʒiʃ'tađu, đɐ] *adj* recommandé(e)
registar [ʀəʒiʃ'tar] *vt* **1.** (*Port*) enregistrer **2.** (*escrever*) noter **3.** (*criança, morte, casamento*) déclarer **4.** (*carta, encomenda*) envoyer en recommandé ◆ **registar-se** *vp* **1.** (*casar-se*) s'inscrire à l'état civil **2.** (*acontecimento, mudança*) se produire
registo [ʀə'ʒiʃtu] *m* **1.** (*Port*) registre *m* **2.** (*de nascimento, casamento, morte*) déclaration *f* **3.** (*repartição*) bureau *m* **4.** (*de carta, encomenda*) envoi *m* en recommandé • **Registo Civil** bureau *m* de l'état civil • **Registo Predial** ≃ conservation *f* des hypothèques
registrado [xeʒiʃ'tradu] (*Br*) = **registado**
registrar [xeʒiʃ'trax] *vt* & *vp* (*Br*) = **registar**
registro [xe'ʒiʃtru] *m* (*Br*) = **registo**
regra ['ʀɛgrɐ] *f* règle *f* • **não fugir à regra** ne pas échapper à la règle • **regra geral** en règle générale • **em regra** en règle générale • **por regra** par principe
regressar [ʀəgrə'sar] *vi* rentrer • **regressar a** rentrer à
regresso [ʀə'grɛsu] *m* retour *m* • **estar de regresso** être de retour
régua ['ʀɛgwɐ] *f* règle *f* (*pour mesurer*)
regulamento [ʀəgulɐ'mẽntu] *m* règlement *m*
regular [ʀəgu'lar] (*pl* **-es** [əʃ]) *adj* **1.** régulier(ère) **2.** (*tamanho, qualidade*) moyen(enne) **3.** (*habitual*) habituel(elle) ◇ *vt* **1.** (*regulamentar*) réglementer **2.** (*mecanismo*) régler
rei ['ʀɐi] *m* roi *m*
reinado [ʀɐi'nađu] *m* règne *m*
reinar [ʀɐi'nar] *vi* **1.** régner **2.** (*fam*) blaguer
Reino-Unido [ˌʀɐinu'niđu] *m* • **o Reino-Unido** le Royaume-Uni
reivindicação [ʀɐivĩndikɐ'sɐ̃u] (*pl* **-ões** [õiʃ]) *f* revendication *f*
reivindicar [ʀɐivĩndi'kar] *vt* revendiquer
rejeição [ʀəʒɐi'sɐ̃u] (*pl* **-ões** [õiʃ]) *f* rejet *m*
rejeitar [ʀəʒɐi'tar] *vt* rejeter
relação [ʀəlɐ'sɐ̃u] (*pl* **-ões** [õiʃ]) *f* relation *f*, rapport *m* • **com** ou **em relação a** en ce qui concerne ◆ **relações** *fpl* relations *fpl* sexuelles • **ter relações com alguém** fréquenter qqn • **relações públicas** relations *fpl* publiques
relacionar [(*Port*) ʀəlɐsju'nar (*Br*), xelasjo'na(x)] *vt* mettre en rapport

relâmpago [ʀəˈlẽmpɐgu] *m* éclair *m*
relatar [ʀəlɐˈtar] *vt* **1.** *(jogo de futebol)* commenter **2.** *(acontecimento)* raconter
relativo, va [ʀəlɐˈtivu, vɐ] *adj* relatif(ive) • **relativo a** concernant
relatório [ʀəlɐˈtɔrju] *m* rapport *m*
relaxado, da [ʀəlaˈʃađu, đɐ] *adj* détendu(e)
relaxante [ʀəlaˈʃẽntə] *adj* relaxant(e) ◇ *m* tranquillisant *m*
relaxar [ʀəlaˈʃar] *vt* décontracter ◆ **relaxar-se** *vp* se détendre
relembrar [ʀəlẽmˈbrar] *vt* rappeler • **relembrar-se de algo** se rappeler qqch
relevo [ʀəˈlevu] *m* **1.** relief *m* **2.** *(realce)* importance *f* • **dar relevo a algo** mettre qqch en relief
religião [ʀəliˈʒjɐ̃u] (*pl* **-ões** [õiʃ]) *f* religion *f*

Religião

Le Portugal est un pays de confession catholique avec une majorité de pratiquants et croyants (85% sont catholiques). C'est l'une des bases essentielle et incontournable de la culture. C'est encore un des rares pays d'Europe où l'avortement ne soit pas légalisé à cause de la forte pression de la religion et de l'institution catholiques.

relíquia [ʀəˈlikjɐ] *f (coisa preciosa)* relique *f*
relógio [ʀəˈlɔʒju] *m* **1.** *(de parede)* horloge *f* **2.** *(de mesa)* pendule *f* **3.** *(de pulso)* montre *f* • **relógio de cuco** coucou *m* • **relógio de sol** cadran *m* solaire
relojoaria [ʀəluʒwɐˈriɐ] *f* horlogerie *f*
relutância [ʀəluˈtɐ̃sjɐ] *f* **1.** *(reticência)* réticence *f* **2.** *(oposição)* résistance *f*
reluzente [ʀəluˈzẽntə] *adj* reluisant(e)
relva [ˈʀɛłvɐ] *f* gazon *m*
relvado [ʀɛłˈvađu] *m* pelouse *f*
remar [ʀəˈmar] *vi* ramer
rematar [ʀəmɐˈtar] *vt* conclure ◇ *vi (em futebol)* tirer au but
remediar [ʀəməˈđjar] *vt* remédier à
remédio [ʀəˈmɛđju] *m* médicament *m* • **não ter remédio** (*fig*) ne pas avoir de solution
remendar [ʀəmẽnˈdar] *vt* **1.** *(pneu)* réparer **2.** *(peça de vestuário)* raccommoder **3.** *(com remendo)* rapiécer
remendo [ʀəˈmẽndu] *m* **1.** *(em pneu)* Rustine® *f* **2.** *(de peça de vestuário)* pièce *f*
remessa [ʀəˈmɛsɐ] *f* envoi *m*
remetente [ʀəməˈtẽntə] *mf* expéditeur *m*, -trice *f*
remeter [ʀəməˈter] *vt* **1.** *(expedir)* envoyer **2.** *(dirigir)* adresser **3.** *(fazer referência a)* renvoyer
remexer [ʀəməˈʃer] *vt* fouiller dans
remo [ˈʀɛmu] *m* rame *f*
remoção [ʀəmuˈsɐ̃u] (*pl* **-ões** [õiʃ]) *f* **1.** retrait *m* **2.** *(de feridos)* transport *m* **3.** *(de lixo)* enlèvement *m* • **remoção de nódoas** détachage *m*
remorso [ʀəˈmɔrsu] *m* remords *m*
remoto [ʀəˈmɔtu] *adj* lointain(e)
remover [ʀəmuˈver] *vt* **1.** *(lixo)* enlever **2.** *(feridos)* transporter **3.** *(quisto, pedra)* retirer **4.** *(obstáculo)* surmonter • **remover nódoas** détacher

remuneração [ʀəmunərɐ'sɐ̃u] (*pl* **-ões** [õiʃ]) *f* **1.** *(salário)* rémunération *f* **2.** *(paga)* récompense *f*
renascer [ʀənɐʃ'ser] *vi* renaître
Renascimento [ʀənɐʃsi'mẽntu] *m* • o **Renascimento** la Renaissance
renda ['ʀẽndɐ] *f* **1.** (*Port*) *(de casa, apartamento)* loyer *m* **2.** *(croché)* crochet *m* **3.** *(de vestido, blusa, etc)* dentelle *f* **4.** (*Br*) *(rendimento)* revenu *m* • **fazer renda** faire du crochet • **renda nacional** (*Br*) revenus *mpl* de l'État
rendimento [(*Port*) ʀẽndimẽntu' (*Br*), xẽndʒi'mʒntu] *m* revenu *m*
renegar [ʀənə'gar] *vt* renier
renovação [ʀənuvɐ'sɐ̃u] (*pl* **-ões** [õiʃ]) *f* **1.** *(substituição)* renouvellement *m* **2.** *(reforma)* rénovation *f*
renovar [ʀənu'var] *vt* **1.** *(consertar)* rénover **2.** *(substituir)* renouveler **3.** *(fortalecer)* se renouveler
rentabilidade [ʀẽntɐbli'đađə] *f* rentabilité *f*
rentável [ʀẽn'tavɛɫ] (*pl* **-eis** [ɐiʃ]) *adj* *(lucrativo)* rentable
renúncia [ʀə'nũsjɐ] *f* **1.** *(rejeição)* renoncement *m* **2.** *(a cargo, pretensão)* renonciation *f*
renunciar [ʀənũ'sjar] *vt* renoncer à
reparação [ʀəpɐrɐ'sɐ̃u] (*pl* **-ões** [õiʃ]) *f* réparation *f*
reparar [ʀəpɐ'rar] *vt* réparer ◆ **reparar em** *v + prep* remarquer
repartição [ʀəpɐrti'sɐ̃u] (*pl* **-ões** [õiʃ]) *f* **1.** répartition *f* **2.** *(local)* service *m* • **Repartição de Finanças** centre *m* des impôts
repartir [ʀəpɐr'tir] *vt* répartir • **repartir algo com alguém** partager qqch avec qqn • **repartir algo em algo** répartir qqch en qqch
repatriar [(*Port*) ʀəpɐtri'ɐr (*Br*), xepa'trja(x)] *vt* rapatrier
repelente [ʀəpə'lẽntə] *adj* repoussant(e) ◇ *m* • **repelente (de insectos)** anti-moustiques *m inv*
repente [ʀə'pẽntə] *m* accès *m* • **de repente** soudain
repentino, na [ʀəpẽn'tinu, nɐ] *adj* **1.** soudain(e) **2.** *(momentâneo)* bref (brève)
repercussão [ʀəpərku'sɐ̃u] (*pl* **-ões** [õiʃ]) *f* répercussion *f*
repertório [ʀəpər'tɔrju] *m* répertoire *m*
repetição [ʀəpəti'sɐ̃u] (*pl* **-ões** [õiʃ]) *f* répétition *f*
repetidamente [ʀəpəˌtiđɐ'mẽntə] *adv* à plusieurs reprises
repetido, da [ʀəpə'tiđu, đɐ] *adj* répété(e)
repetir [ʀəpə'tir] *vt* **1.** répéter **2.** *(ano escolar, disciplina)* redoubler **3.** *(prato, refeição)* reprendre de ◆ **repetir-se** *vp* se répéter
replay [ʀi'plɐi] *m* reprise *f* d'une séquence
replicar [ʀəpli'kar] *vt* • **replicar que** répliquer que
repolho [ʀə'poʎu] *m* chou *m* pommé
repor [ʀə'por] *vt* **1.** *(verdade)* rétablir **2.** *(dinheiro)* restituer • **repor algo no lugar** remettre qqch en place
reportagem [ʀəpur'taʒɐ̃i] (*pl* **-ns** [ʃ]) *f* reportage *m*
repórter [ʀə'pɔrtɛr] (*pl* **-es** [əʃ]) *mf* reporter *m*
reposteiro [ʀəpuʃ'tɐiru] *m* rideau *m*

repousar [ʀəpo'zar] *vt & vi* se reposer
repreender [ʀəpriẽn'der] *vt* rappeler à l'ordre
represa [ʀə'prezɐ] *f* écluse *f*
represália [ʀəprə'zaljɐ] *f* représailles *fpl*
representação [ʀəprəzẽntɐ'sɐ̃u] (*pl* **-ões** [õiʃ]) *f* représentation *f*
representante [ʀəprəzẽn'tẽntə] *mf* représentant *m*, -e *f* • **representante oficial** représentant officiel
representar [ʀəprəzẽn'tar] *vt* **1.** représenter **2.** *(espectáculo)* jouer ◇ *vi* jouer
repressão [ʀəprə'sɐ̃u] (*pl* **-ões** [õiʃ]) *f* répression *f*
reprimir [ʀəpri'mir] *vt* réprimer
reprise [ʀə'prizə] *f* reprise *f*
reprodução [ʀəpruđu'sɐ̃u] (*pl* **-ões** [õiʃ]) *f* reproduction *f*
reproduzir [ʀəpruđu'zir] *vt* **1.** *(evento)* restituer **2.** *(quadro, escultura)* reproduire ◆ **reproduzir-se** *vp* se reproduire
reprovar [ʀəpru'var] *vt* **1.** *(atitude, comportamento)* réprouver **2.** *(lei, projecto)* rejeter **3.** *(aluno)* refuser
réptil ['ʀɛptiɫ] (*pl* **-teis** [tɐiʃ]) *m* reptile *m*
república [ʀɛ'puƀlikɐ] *f* **1.** *(sistema político)* république *f* **2.** *(de estudantes)* résidence *f*
República Checa [ʀɛˌpuƀlikɐ'ʃɛkɐ] *f* • **a República Checa** la République Tchèque
República Dominicana [ʀɛˌpuƀlikɐdumini'kɐnɐ] *f* • **a República Dominicana** la République Dominicaine
repudiar [ʀəpu'đjar] *vt* rejeter
repugnância [ʀəpug'nɐ̃sjɐ] *f* répugnance *f*
repugnante [ʀəpug'nẽntə] *adj* **1.** *(asqueroso)* répugnant(e) **2.** *(indigno)* odieux(euse)
repulsa [ʀə'puɫsɐ] *f* répulsion *f*
repulsivo [ʀəpuɫ'sivu] *adj* repoussant(e)
reputação [ʀəputɐ'sɐ̃u] (*pl* **-ões** [õiʃ]) *f* réputation *f*
requeijão [ʀəkɐi'ʒɐ̃u] (*pl* **-ões** [õiʃ]) *m* fromage *m* frais
requerer [ʀəkə'rer] *vt* **1.** *(precisar de)* requérir **2.** *(por requerimento)* solliciter
requerimento [ʀəkəri'mẽntu] *m* requête *f*
requintado, da [ʀəkĩn'tađu, đɐ] *adj* raffiné(e)
requinte [ʀə'kĩntə] *m* raffinement *m*
requisito [ʀəkə'zitu] *m* condition *f* requise ◆ **requisitos** *mpl* qualités *fpl*
rescindir [ʀəʃsĩn'dir] *vt (contrato)* résilier
rés-do-chão [ˌʀɛʒdu'ʃɐ̃u] *m inv* rez-de-chaussée *m inv*
resenha [ʀə'zɐɲɐ] *f (televisiva, de rádio)* compte *m* rendu • **fazer uma resenha de algo** passer qqch en revue
reserva [ʀə'zɛrvɐ] *f* **1.** réserve *f* **2.** *(de quarto, lugar, bilhete)* réservation *f* **3.** *(de vinho)* millésime *m* • **reserva de caça** réserve de chasse • **reserva natural** réserve naturelle
reservado, da [ʀəzər'vađu, đɐ] *adj* **1.** réservé(e) **2.** *(íntimo)* tranquille
reservar [ʀəzər'var] *vt* réserver
resfriado [ʀeʃfri'adu] *m* *(Br)* rhume *m*
resgate [ʀəʒ'gatə] *m* rançon *f*
resguardar [ʀəʒgwɐr'đar] *vt* protéger ◆ **resguardar-se** *vp* se protéger

residência [ʀəzi'đẽsjɐ] *f* **1.** *(particular)* résidence *f* **2.** *(académica)* ≃ résidence *f* universitaire

residencial [ʀəziđẽ'sjaɫ] (*pl* **-ais** [aiʃ]) *f* pension *f* de famille

residente [(*Port*) ʀəzi'đẽtə (*Br*), xezi'dẽntʃi] *mf* & *adj* résident(e)

residir [ʀəzi'đir] ◆ **residir em** *v + prep* **1.** *(morar em)* résider à OU en **2.** *(consistir em)* résider dans

resíduo [ʀə'ziđwu] *m* résidu *m*

resignação [ʀəzigne'sɐ̃u] *f (paciência)* résignation *f*

resignar-se [ʀəzig'narsə] *vp* se résigner

resina [ʀə'zinɐ] *f* résine *f*

resistência [ʀəziʃ'tẽsjɐ] *f* résistance *f*

resistente [ʀəziʃ'tẽntə] *adj* résistant(e)

resistir [ʀəziʃ'tir] *vi* résister ● **resistir a algo** résister à qqch

resmungar [ʀəʒmũŋ'gar] *vt* & *vi* marmonner

resolução [ʀəzulu'sɐ̃u] (*pl* **-ões** [õiʃ]) *f* résolution *f*

resolver [ʀəzoɫ'ver] *vt* résoudre ● **resolver fazer algo** résoudre de faire qqch ◆ **resolver-se** *vp* ● **resolver-se a** se résoudre à

respectivo, va [ʀəʃpɛ'tivu, vɐ] *adj* (*Port*) respectif(ive)

respeitar [ʀəʃpɐi'tar] *vt* respecter ◆ **respeitar a** *v + prep* ● **no que respeita a** en ce qui concerne

respeitável [ʀəʃpɐi'tavɛɫ] (*pl* **-eis** [ɐiʃ]) *adj* respectable

respeito [ʀəʃ'pɐitu] *m* respect *m* ● **tudo o que diz respeito a** tout ce qui concerne ● **ter respeito por** avoir du respect pour ● **a respeito de** OU **com respeito a** en ce qui concerne, au sujet de

respetivo, va [reʃpe'tʃivu, vɐ] *adj* (*Br*) = **respectivo**

respiração [ʀəʃpirɐ'sɐ̃u] *f* respiration *f*

respirar [ʀəʃpi'rar] *vt* & *vi* respirer

resplandecente [ʀəʃplẽndə'sẽntə] *adj* resplendissant(e)

responder [ʀəʃpõn'der] *vt* répondre ◇ *vi* **1.** répondre **2.** *(ir a tribunal)* comparaître ● **responder a** répondre à ● **responder torto** répondre avec insolence ◆ **responder por** *v + prep* répondre de

responsabilidade [ʀəʃpõsɐbli'đađə] *f* responsabilité *f* ● **responsabilidade civil** responsabilité civile

responsabilizar [ʀəʃpõsɐbli'zar] *vt* ● **responsabilizar alguém/algo por algo** rendre qqn/qqch responsable de qqch ◆ **responsabilizar-se por** *vp + prep* assumer la responsabilité de

responsável [ʀəʃpõ'savɛɫ] (*pl* **-eis** [ɐiʃ]) *adj* & *mf* responsable ● **responsável por** responsable de

resposta [ʀəʃ'pɔʃtɐ] *f* réponse *f*

resquício [ʀəʃ'kisju] *m* fond *m*

ressabiado, da [ʀəsɐ'bjađu, đɐ] *adj* (*Br*) **1.** *(desconfiado)* méfiant(e) **2.** *(ressentido)* déçu(e)

ressaca [ʀə'sakɐ] *f (de bebedeira)* gueule *f* de bois

ressaltar [ʀəsaɫ'tar] *vt* faire ressortir ◇ *vi* ressortir

ressentimento [ʀəsẽnti'mẽntu] *m* ressentiment *m*

ressentir-se [ʀəsẽn'tirsə] *vp* se vexer ● **ressentir-se de algo** se ressentir de qqch

ressonar [ʀəsu'nar] *vt* ronfler
ressurgimento [ʀəsurʒi'mẽntu] *m* résurgence *f*
ressuscitar [ʀəsuʃsi'tar] *vt* & *vi* ressusciter
restabelecer [ʀəʃtɐƀlə'ser] *vt* rétablir ◆ **restabelecer-se** *vp* **1.** *(recuperar saúde)* se rétablir **2.** *(de susto)* se remettre
restar [ʀəʃ'tar] *vi* rester
restauração [ʀəʃtaurɐ'sɐ̃u] (*pl* **-ões** [õiʃ]) *f* **1.** *(de edifício)* restauration *f* **2.** *(de forças, energia)* reprise *f*
restaurante [ʀəʃtau'rẽntə] *m* restaurant *m* ● **restaurante panorâmico** restaurant panoramique
restaurar [ʀəʃtau'rar] *vt* **1.** *(edifício, regime político)* restaurer **2.** *(ordem)* rétablir
restinga [ʀəʃ'tĩŋgɐ] *f* banc *m* de sable
restituir [ʀəʃti'twir] *vt* restituer
resto ['ʀɛʃtu] *m* reste *m* ◆ **restos** *mpl* restes *mpl* ● **restos mortais** dépouille *f* mortelle
resultado [ʀəzuł'tađu] *m* résultat *m*
resultar [ʀəzuł'tar] *vi* marcher ● **resultar de algo** venir de qqch ● **resultar em algo** aboutir à qqch
resumir [ʀəzu'mir] *vt* résumer ◆ **resumir-se a** *vp + prep* se résumer à
resumo [ʀə'zumu] *m* résumé *m* ● **em resumo** en résumé
reta ['ʀɛtɐ] *f* *(Br)* = **recta**
retaguarda [ˌʀɛtɐ'gwarđɐ] *f* arrière *m* ● **na retaguarda** à l'arrière
retalho [ʀə'taʎu] *m* coupon *m* ● **a retalho** au détail
retaliação [ʀətɐljɐ'sɐ̃u] (*pl* **-ões** [õiʃ]) *f* riposte *f*
retaliar [ʀətɐ'ljar] *vt* faire payer ◇ *vi* riposter
retângulo [ʀe'tɐ̃ŋgulu] *m* *(Br)* = **rectângulo**
retardar [ʀətɐr'đar] *vt* retarder
reter [ʀə'ter] *vt* **1.** retenir **2.** *(suspeito, criminoso)* arrêter
reticente [ʀəti'sẽntə] *adj* réticent(e)
retina [ʀə'tinɐ] *f* rétine *f*
retirada [ʀəti'rađɐ] *f* **1.** *(debandada)* débandade *f* **2.** *MIL* retraite *f*
retirar [ʀəti'rar] *vt* retirer ◆ **retirar-se** *vp* se retirer ● **retirar-se de algo** se retirer de qqch
reto, ta ['ʀɛtu, tɐ] *adj* & *m* *(Br)* = **recto**
retorcido, da [ʀətur'siđu, đɐ] *adj* tordu(e)
retórica [ʀe'tɔrikɐ] *f* rhétorique *f*
retornar [ʀətur'nar] *vi* revenir ● **retornar a** retourner à
retraído, da [ʀətrɐ'iđu, đɐ] *adj* réservé(e)
retrato [ʀə'tratu] *m* **1.** *(fotografia)* photographie *f* **2.** *(pintura, desenho)* portrait *m*
retrete [ʀə'trɛtə] *f* *(fam)* toilettes *fpl*
retribuir [ʀətri'ƀwir] *vt* rendre
retroceder [ʀətrusə'đer] *vi* reculer
retrógrado, da [ʀə'trɔgrɐđu, đɐ] *adj* rétrograde
retrosaria [ʀətruzɐ'riɐ] *f* mercerie *f*
retrovisor [ʀɛtrɔvi'zor] (*pl* **-es** [əʃ]) *m* rétroviseur *m*
réu, ré ['ʀɛu, 'ʀɛ] *m, f* accusé *m*, -e *f*
reumatismo [ʀeumɐ'tiʒmu] *m* rhumatisme *m*
reunião [ʀju'njɐ̃u] (*pl* **-ões** [õiʃ]) *f* réunion *f*

reunir [ʀju'nir] *vt* réunir ◆ **reunir-se** *vp* se réunir
réveillon [ʀɛvɛ'jõ] *m* réveillon *m*
revelação [ʀəvəlɐ'sɐ̃w] (*pl* **-ões** [õiʃ]) *f* **1.** révélation *f* **2.** *(de fotografia)* développement *m*
revelar [ʀəvə'lar] *vt* **1.** révéler **2.** *(fotografia)* développer ◆ **revelar-se** *vp* se révéler
revendedor, ra [ʀəvẽndə'đor, rɐ] (*mpl* **-es** [əʃ], *fpl* **-s** [ʃ]) *m, f* revendeur *m*, -euse *f*
rever [ʀə'ver] *vt* revoir
reverso [ʀə'vɛrsu] *m* revers *m*
revés [ʀə'vɛʃ] (*pl* **-eses** [ɛzəʃ]) *m* revers *m*
revestir [ʀəvəʃ'tir] *vt* recouvrir
revezar-se [ʀəvə'zarsə] *vp* se relayer
revirado, da [ʀəvi'rađu, đɐ] *adj* **1.** retourné(e) **2.** *(casa, gaveta)* sens dessus dessous
reviravolta [ʀə,virɐ'vɔłtɐ] *f* **1.** *(com carro, mota)* demi-tour *m* **2.** *(pirueta)* tour *m* **3.** *(fig)* *(em situação)* revirement *m*
revisão [ʀəvi'zɐ̃w] (*pl* **-ões** [õiʃ]) *f* révision *f*
revisor, ra [ʀəvi'zor, rɐ] (*mpl* **-es** [əʃ], *fpl* **-s** [ʃ]) *m, f* **1.** *(em transporte público)* contrôleur *m*, -euse *f* **2.** *(de texto, provas tipográficas)* réviseur *m*, -euse *f*
revista [ʀə'viʃtɐ] *f* revue *f* ● **revista feminina** magazine *m* féminin ● **revista em quadrinhos** *(Br)* bande *f* dessinée
revolta [ʀə'vɔłtɐ] *f* révolte *f*
revoltar-se [ʀəvoł'tarsə] *vp* se révolter ● **revoltar-se com algo** se révolter contre qqch
revolução [ʀəvulu'sɐ̃w] (*pl* **-ões** [õiʃ]) *f* révolution *f*
revolver [ʀəvoł'ver] *vt* remuer
revólver [ʀə'vɔłvɛr] (*pl* **-es** [əʃ]) *m* revolver *m*
rezar [ʀə'zar] *vi* prier ◇ *vt* *(missa, oração)* dire
ri ['ʀi] ➤ **rir**
ria ['ʀiɐ] *f* ria *f*
riacho ['ʀjaʃu] *m* ruisseau *m*
ribeira [ʀi'bɐirɐ] *f* rivière *f*
ribeirão [ʀibɐi'rɐ̃w] (*pl* **-ões** [õiʃ]) *m* ruisseau *m*
ribeirinho, nha [ʀibɐi'riɲu, ɲɐ] *adj* de rivière
ribeiro [ʀi'bɐiru] *m* = **ribeira**
ribeirões ➤ **ribeirão**
rico, ca ['ʀiku, kɐ] *adj* riche ● **rico em** riche en
ricota [ʀi'kɔtɐ] *f* ricotta *f*
ridicularizar [ʀəđikulɐri'zar] *vt* ridiculiser
ridículo, la [ʀə'điku̇lu, lɐ] *adj* ridicule ◇ *m* ridicule *m*
rido ['ʀiđu] *pp* ➤ **rir**
rifa ['ʀifɐ] *f* **1.** *(sorteio)* tombola *f* **2.** *(bilhete)* billet *m* de tombola
rigidez [ʀiʒi'đeʃ] *f* **1.** rigidité *f* **2.** *(de músculos)* raideur *f*
rigor [ʀi'gor] (*pl* **-es** [əʃ]) *m* rigueur *f*
rijo, ja ['ʀiʒu, ʒɐ] *adj* **1.** dur(e) **2.** *(forte)* vigoureux(euse) **3.** *(material)* rigide
rim ['ʀĩ] (*pl* **-ns** [ʃ]) *m* rein *m* ◆ **rins** *mpl* reins *mpl*
rima ['ʀimɐ] *f* **1.** *(de verso)* rime *f* **2.** *(de papéis, revistas)* pile *f* ◆ **rimas** *fpl* vers *mpl*
rímel® ['ʀimɛł] (*pl* **-eis** [ɐiʃ]) *m* mascara *m*
ringue ['ʀĩŋgə] *m* ring *m*

rinoceronte [ʀinɔsəˈrõntə] *m* rhinocéros *m*
rinque [ˈʀĩŋkə] *m* patinoire *f*
rins [xĩnʃ] ➤ **rim**
rio [ˈʀju] ➤ **rir**
rio [ˈʀju] *m* **1.** *(que desagua no mar)* fleuve *m* **2.** *(que desagua em rio)* rivière *f* • **rio abaixo/acima** en aval/amont
Rio de Janeiro [ˌʀiuđəʒɐˈnɐiru] *m* • **o Rio de Janeiro** Rio de Janeiro

Carnaval de Rio

Il existe plusieurs raisons au fait que le carnaval brésilien soit devenu célèbre : la beauté des écoles de samba, la joie des troupes carnavalesques, des *trios elétricos*, des blocs de *frevo* et *maracatu* ; les personnes de toutes les classes sociales qui se retrouvent dans les rues et participent aux festivités.
Peu de vêtements et beaucoup de musique, tels sont les ordres du roi Momo, grand orchestrateur du carnaval, auxquels obéit ce déchaînement.

Rio Grande do Norte [ˌʀiugrẽndəđuˈnɔrtə] *m* • **o Rio Grande do Norte** le Rio Grande du Nord
Rio Grande do Sul [ˌʀiugrẽndəđuˈsuł] *m* • **o Rio Grande do Sul** le Rio Grande du Sud
riqueza [ʀiˈkezɐ] *f* richesse *f*
rir [ˈʀir] *vi* rire • **desatar a rir** éclater de rire • **rir a bandeiras despregadas** rire à gorge déployée
ris [ˈʀiʃ] ➤ **rir**
risada [ʀiˈzađɐ] *f* éclat *m* de rire
risca [ˈʀiʃkɐ] *f* rayure *f* • **às riscas** à rayures, rayé(e) • **à risca** à la lettre
riscar [ʀiʃˈkar] *vt* **1.** *(frase, folha)* barrer **2.** *(parede, carro, móvel)* rayer
risco [ˈʀiʃku] *m* **1.** *(traço)* trait *m* **2.** *(em cabelo)* raie *f* **3.** *(perigo)* risque *m* • **correr o risco de** courir le risque de • **pôr em risco** mettre en danger ; *(projecto)* compromettre • **risco ao meio/ao lado** raie au milieu/sur le côté • **risco de vida** danger *m* de mort
riso [ˈʀizu] *m* rire *m* • **riso amarelo** rire jaune
risoto [ʀiˈzotu] *m* risotto *m*
ríspido, da [ˈʀiʃpiđu, đɐ] *adj* revêche
rissol [ʀiˈsoł] (*pl* **-óis** [ɔiʃ]) *m beignet à la viande ou au poisson*
rissole [ˈxisoli] *(Br)* = **rissol**
ritmo [ˈʀitmu] *m* rythme *m*
ritual [ʀiˈtwał] (*pl* **-ais** [aiʃ]) *m* rituel *m*
riu [ˈʀiu] ➤ **rir**
rival [ʀiˈvał] (*pl* **-ais** [aiʃ]) *mf* rival *m*, -e *f*
rivalidade [ʀivɐliˈđađə] *f* rivalité *f*
R.N. = **Rodoviária Nacional**
robalo [ruˈƀalu] *m* bar *m*
robe [ˈʀɔƀə] *m* robe *f* de chambre
robertos [ruˈƀɛrtuʃ] *mpl* marionnettes *fpl*
robô [rɔˈƀo] *m* robot *m*
robusto, ta [ʀuˈƀuʃtu, tɐ] *adj* robuste
roça [ˈʀɔsɐ] *f* *(Br)* champ *m*
rocambole [ʀokẽmˈbɔli] *m* *(Br) gâteau roulé salé ou sucré*
roçar [ʀuˈsar] *vt* effleurer
rocha [ˈʀɔʃɐ] *f* roche *f*
rochedo [ʀuˈʃeđu] *m* rocher *m*
rock [ˈʀɔkə] *m* rock *m*

roda ['ʀɔđɐ] *f* **1.** *(de carro, bicicleta)* roue *f* **2.** *(de saia, vestido)* ampleur *f* **3.** *(de pessoas)* ronde *f* • **andar à roda com algo** tourner qqch • **à roda de** environ • **tenho a cabeça a andar à roda** j'ai la tête qui tourne

rodada [ʀu'đađɐ] *f (de bebidas)* tournée *f*

rodagem [ʀu'đaʒẽi] *f* ➤ **faixa**

roda-gigante ['ʀɔđɐʒi'gẽntə] *(pl* **rodas-gigantes** ['ʀɔđɐʃʒi'gẽntəʃ]*)* *f* la Grande roue *f*

rodapé [xoda'pɛ] *m* tour *m* de lit, soubassement *m*, plinthe *f (bricolage)* • **nota de rodapé** note *f* en pied de page

rodar [ʀu'đar] *vt* faire tourner ◇ *vi* tourner

rodeado, da [ʀu'đja·đu, đɐ] *adj* entouré(e)

rodear [ʀu'đjar] *vt* entourer ◆ **rodear-se de** *vp + prep* s'entourer de

rodela [ʀu'đɛlɐ] *f* rondelle *f*

rodízio [ʀo'dizju] *m restaurant brésilien où les grillades sont servies à volonté*

Rodízio

Pour les gourmands, les restaurants *rodízio* sont, au Brésil, le paradis sur terre. Pour un prix fixe, on peut y manger à satiété. Le client entre, s'assied à une table et assiste au défilé interminable des garçons qui distribuent toutes sortes de plats. Il s'agit en général de rôtisseries proposant des viandes grillées à la braise comme la *picanha*, le filet mignon, la *maminha fatiada* et la *fraldinha*, parmi les morceaux de viande de bœuf les plus prisés. Et pour les végétariens, des salades sont à disposition sur un buffet où l'on peut se servir en abondance.

rododendro [ʀuđu'đẽndru] *m* rhododendron *m*

rodopiar [ʀuđu'pjar] *vi* tournoyer

rodovalho [ʀuđu'vaʎu] *m* barbue *f (poisson)*

rodovia [ʀodo'viɐ] *f (Br)* autoroute *f* • **rodovia com pedágio** autoroute à péage

rodoviária [ʀɔđɔ'vjarjɐ] *f* gare *f* routière • **Rodoviária Nacional** *société nationale portugaise de transport en autocar*

roer ['ʀwer] *vt* **1.** *(com dentes)* ronger **2.** *(com atrito)* user

rojões [ʀu'ʒõiʃ] *mpl* ≃ rillons *mpl*

rola ['ʀolɐ] *f* tourterelle *f*

rolar [ʀu'lar] *vi* rouler • **rolar no chão** *(Br)* se rouler par terre • **rolar de rir** *(Br)* se tordre de rire

roleta [ʀu'letɐ] *f* roulette *f* • **roleta russa** roulette russe

rolha ['ʀoʎɐ] *f* bouchon *m* • **rolha de cortiça** bouchon en liège • **ficar em cascos de rolha** *(fam)* être au diable

rolo ['ʀolu] *m* **1.** *(fotográfico)* pellicule *f* **2.** *(de cabelo)* bigoudi *m* **3.** *(de pintar)* rouleau *m* • **rolo da massa** rouleau à pâtisserie

ROM (*abrev de Read Only Memory*) *f* *INFORM* ROM *f*

romã [ʀu'mɐ̃] *f* grenade *f (fruit)*

romance [ʀu'mẽsə] *m* roman *m* • **romance cor-de-rosa** roman à l'eau de rose • **romance policial** roman policier
românico [(*Port*) ʀu'mɐ̃niku (*Br*), xo'maniku] *adj* (*art*) roman
romano, na [ʀu'mɐnu, nɐ] *adj* romain (e)
romântico, ca [ʀu'mɐ̃ntiku, kɐ] *adj* romantique
romaria [ʀumɐ'riɐ] *f* pèlerinage *m*
rombo [(*Port*)rumbɔ (*Br*)'x nbu] *m* **1.** (*estrago*) trou *m*, dommage *m* **2.** (*fig*) (*desfalque*) détournement *m* de fonds **3.** (*fig*) (*prejuízo*) perte *f*
Roménia [ʀu'mɛnjɐ] *f* • **a Roménia** la Roumanie
romper [ʀõm'per] *vt* trouer ◆ **romper-se** *vp* se déchirer ◆ **romper com** *v + prep* rompre avec
ronda ['ʀõndɐ] *f* ronde *f* • **fazer a ronda** faire la ronde
Rondônia [ʀõn'dɔnjɐ] *m* • **o Rondônia** le Rondônia
Roraima [ʀu'raimɐ] *m* • **o Roraima** le Roraima
rosa ['ʀɔzɐ] *f* rose *f* • **a vida não é um mar de rosas** tout n'est pas rose
rosário [ʀu'zarju] *m* rosaire *m*
rosbife [ʀoʒ'bifə] *m* rosbif *m*
rosca ['ʀoʃkɐ] *f* **1.** (*de garrafa, tampa, parafuso*) filet *m* **2.** *CULIN brioche en forme de couronne*
rosé [ʀɔ'zɛ] *m* rosé *m*
roseira [ʀu'zɐirɐ] *f* rosier *m*
rosmaninho [ʀuʒmɐ'niɲu] *m* romarin *m*
rosnar [ʀuʒ'nar] *vi* grogner
rosto ['ʀoʃtu] *m* visage *m*
rota ['ʀɔtɐ] *f* route *f*
rotativo, va [ʀutɐ'tivu, vɐ] *adj* rotatif(ive)
roteador, ra [rotea'do(x), ra] *m INFORM* routeur *m*
roteiro [ʀu'tɐiru] *m* circuit *m*
rotina [ʀu'tinɐ] *f* routine *f*
roto, ta ['ʀotu, tɐ] *pp* ➤ **romper** ◇ *adj* **1.** (*sapato, roupa*) troué(e) **2.** (*cano*) percé(e)
rótula ['ʀɔtulɐ] *f* rotule *f*
rotular [ʀutu'lar] *vt* étiqueter
rótulo ['ʀɔtulu] *m* étiquette *f*
rotunda [ʀu'tũndɐ] *f* rond-point *m*
roubar [ʀo'ƀar] *vt & vi* voler • **roubar algo a alguém** voler qqch à qqn
roubo ['ʀoƀu] *m* vol *m*
rouco, ca ['ʀoku, kɐ] *adj* rauque • **estar rouco** être enroué
roupa ['ʀopɐ] *f* **1.** (*vestuário*) vêtement *m* **2.** (*de cama*) linge *m* • **roupa interior** sous-vêtements *mpl*
roupão [ʀo'pɐ̃u] (*pl* **-ões** [õiʃ]) *m* robe *f* de chambre
roupeiro [ʀo'pɐiru] *m* garde-robe *f*, armoire *f*
rouxinol [ʀoʃi'nɔɫ] (*pl* **-óis** [ɔiʃ]) *m* rossignol *m*
roxo, xa ['ʀoʃu, ʃɐ] *adj* violet(ette)
R.P. (*abrev de República Portuguesa*) République *f* portugaise ≃ RF *f* (*République Française*)
RTP *f* (*abrev de Radiotelevisão Portuguesa*) *organisme public de télévision du Portugal*
rua ['ʀuɐ] *f* rue *f* ◇ *interj* dehors ! • **rua abaixo/acima** en descendant/en montant la rue

rubéola [ʀu'ƀɛulɐ] *f* rubéole *f*
rubi [ʀu'ƀi] *m* rubis *m*
rubor [ʀu'ƀor] (*pl* **-es** [əʃ]) *m* rougeur *f*
ruborizar-se [ʀuƀuri'zarsə] *vp* rougir
rubrica [ʀu'ƀrikɐ] *f* signature *f*
ruço, ça ['ʀusu, sɐ] *adj* gris(e)
rúcula ['xukula] *f* roquette *f (salade)*
rude ['ʀuđə] *adj* grossier(ère)
ruela ['ʀwɛlɐ] *f* ruelle *f*
ruga ['ʀugɐ] *f* **1.** *(em pele)* ride *f* **2.** *(em tecido)* pli *m*
rúgbi ['ʀugbi] *m (Br)* = **râguebi**
rugby ['ʀɐgbi] *m* = **râguebi**
rugido [ʀu'ʒiđu] *m* rugissement *m*
rugir [ʀu'ʒir] *vi* rugir
ruído ['ʀwiđu] *m* bruit *m*
ruim ['ʀũi] (*pl* **-ns** [ʃ]) *adj* mauvais(e)
ruínas ['ʀwinɐʃ] *fpl* ruines *fpl*
ruins [xu'ĩnʃ] ➤ **ruim**
ruivo, va ['ʀuivu, vɐ] *adj* roux (rousse)
rum ['ʀũ] *m* rhum *m*
rumar [ʀu'mar] ◆ **rumar a** *v + prep* mettre le cap sur
rumba ['ʀũmbɐ] *f* rumba *f*
rumo ['ʀumu] *m* **1.** *(direcção)* direction *f* **2.** *(de coisas)* tournure *f*
rumor [ʀu'mor] (*pl* **-es** [əʃ]) *m (boato)* rumeur *f*
ruptura [ʀup'turɐ] *f* rupture *f*
rural [ʀu'rał] (*pl* **-ais** [aiʃ]) *adj* rural(e)
rush ['ʀɐʃ] *m (Br)* heure *f* de pointe
Rússia ['ʀusjɐ] *f* ● **a Rússia** la Russie
russo, a ['ʀusu, sɐ] *adj* russe ◇ *m, f* Russe *mf* ◇ *m (língua)* russe *m*
rústico, ca ['ʀuʃtiku, kɐ] *adj* rustique

S s

S.A. (*abrev de Sociedade Anónima*) SA *f (Société Anonyme)*
sábado ['saƀɐđu] *m* samedi *m* ● **aos sábados** le samedi ● **até sábado** à samedi ● **ela vem sábado** elle vient samedi ● **este sábado** samedi ● **hoje é sábado** aujourd'hui nous sommes samedi ● **todos os sábado** tous les samedis ● **sábado de manhã/à tarde/à noite** samedi matin/après-midi/soir ● **sábado 13 de Junho** (le) samedi 13 juin ● **sábado passado** samedi dernier ● **sábado que vem** samedi prochain
sabão [sɐ'ƀɐ̃u] (*pl* **-ões** [õiʃ]) *m* savon *m*
sabedoria [sɐƀəđu'riɐ] *f* savoir *m*
saber [sɐ'ƀer] *m* savoir *m* ◇ *vt & vi* savoir ● **saber fazer algo** savoir faire qqch ● **fazer saber** faire savoir ● **não quero saber** je ne veux pas le savoir ● **não saber nada** ne rien savoir ● **sem saber** sans le savoir ● **saber a** avoir un goût de ● **saber bem/mal** avoir bon/mauvais goût ◆ **saber de** *v + prep* **1.** *(entender de)* s'y connaître en **2.** *(ter conhecimento de)* connaître ● **vir a saber de algo** apprendre qqch
sabiá [sa'bja] *f* grive *f*
sabões [sa'bõjʃ] ➤ **sabão**
sabonete [sɐƀu'netə] *m* savonnette *f*
saboneteira [sɐƀunə'tɐirɐ] *f* porte-savon *m*
sabor [sɐ'ƀor] (*pl* **-es** [əʃ]) *m* **1.** *(gosto)* goût *m* **2.** *(aroma)* parfum *m*

saborear [sɐƀu'rjar] *vt* **1.** savourer **2.** *(provar)* déguster
sabores ➤ **sabor**
saboroso, a [*(Port)* sɐƀu'rozu, zɐ *(Br)*, sabo'rozu, za] *adj* savoureux(euse)
sabotagem [sɐƀu'taʒẽi] *(pl* **-ns** [ʃ]) *f* sabotage *m*
sabotar [sɐƀu'tar] *vt* saboter
sabugueiro [sɐƀu'gɐiru] *m* sureau *m*
saca ['sakɐ] *f* sac *m*
sacar [sa'kar] *vt (Br) (fam)* piger
sacarina [sɐkɐ'rinɐ] *f* saccharine *f*
saca-rolhas [ˌsakɐ'ʀoʎɐʃ] *m inv* tire-bouchon *m*
sacarose [sɐkɐ'rɔzə] *f* saccharose *m*
sacerdote [sɐsər'đɔtə] *m* prêtre *m*
sachê [*(Br)* sa'ʃe] *m* sachet *m*
sacho ['saʃu] *m* sarcloir *m*
saciar [sɐ'sjar] *vt* **1.** *(fome)* assouvir **2.** *(sede)* étancher ◆ **saciar-se** *vp* se rassasier
saco ['saku] *m* sac *m* ● **saco de água quente** bouillotte *f* ● **saco de lixo** sac poubelle ● **saco de plástico** sac en plastique ● **saco de viagem** sac de voyage
saco-cama [ˌsaku'kɐmɐ] *(pl* **sacos-cama** [ˌsakuʃ'kɐmɐ]) *m* sac *m* de couchage
sacola [sɐ'kɔlɐ] *f* sac *m*
sacra ['sɐkrɐ] *adj* ● **arte sacra** art sacré
sacramento [sɐkrɐ'mẽntu] *m* sacrement *m* ◆ **sacramentos** *mpl* sacrements *mpl*
sacrificar [sɐkrəfi'kar] *vt* sacrifier ◆ **sacrificar-se** *vp* ● **sacrificar-se por alguém** se sacrifier pour qqn
sacrilégio [sɐkri'lɛʒju] *m* sacrilège *m*
sacristia [sakrəʃ'tiɐ] *f* sacristie *f*
sacro, cra ['sakru, krɐ] *adj* sacré(e)
sacudir [sɐku'đir] *vt* **1.** secouer **2.** *(rabo, cabeça)* remuer
sádico, ca ['sađiku, kɐ] *m, f* sadique *mf*
sadio, dia [sa'điu, 'điɐ] *adj* sain(e)
saem ['saẽm] ➤ **sair**
safio [sɐ'fiu] *m* congre *m*
safira [sɐ'firɐ] *f* saphir *m*
Sagitário [sɐʒi'tarju] *m (Port)* Sagittaire *m*
sagrado, da [sɐ'građu, đɐ] *adj* sacré(e)
saguão [sɐ'gwɐ̃u] *(pl* **-ões** [õiʃ]) *m* cour *f*
sai ['sai] ➤ **sair**
saí [sɐ'i] ➤ **sair**
saia ['sajɐ] *f* jupe *f*
saia-calça [ˌsajɐ'kałsɐ] *(pl* **saias-calça** [ˌsajɐʃ'kałsɐ]) *f* jupe-culotte *f*
saída [sɐ'iđɐ] *f* **1.** *(de lugar)* sortie *f* **2.** *(de autocarro, comboio)* départ *m* **3.** *(de problema, situação)* issue *f* **4.** *(profissional)* débouché *m* ● **dar uma saída** sortir ● **estar de saída** être sur le point de partir ● **ter saída** se vendre bien ▼ **saída de emergência** sortie de secours, issue de secours
saio ['saju] ➤ **sair**
sair [sɐ'ir] *vi* **1.** sortir **2.** *(partir)* partir **3.** *(custar)* revenir ● **sair de** sortir de ◆ **sair-se** *vp* ● **sair-se bem/mal** bien/mal s'en sortir
saiu [sɐ'iu] ➤ **sair**
sal ['sał] *(pl* **sais** ['saiʃ]) *m* sel *m* ● **sem sal** sans sel ● **sal comum** ou **marinho** sel de mer ● **sal grosso** gros sel ◆ **sais** *mpl* **1.** *(de cheirar, banho)* sels *mpl* **2.** *(Br) (de fruta)* bicarbonate *m*
sala ['salɐ] *f* **1.** *(de casa)* salon *m* **2.** *(qualquer divisão)* salle *f* ● **sala de bingo** salle de bingo ● **sala de espera** salle d'attente

• **sala de estar** salon • **sala de jantar** salle à manger • **sala de jogos** salle de jeux
salada [sɐ'ladɐ] *f* salade *f* • **salada de alface** salade verte • **salada de feijão-frade** *haricots blancs en salade* • **salada de frutas** salade de fruits • **salada mista** *salade mixte* • **salada russa** salade russe • **salada de tomate** salade de tomates
saladeira [sɐlɐ'dɐirɐ] *f* saladier *m*
salamandra [sɐlɐ'mẽndrɐ] *f* salamandre *f*
salame [sɐ'lɐmə] *m sorte de saucisson*
salão [sɐ'lɐ̃w] (*pl* **-ões** [õiʃ]) *m* **1.** salon *m* **2.** (*de bailes*) salle *f* • **salão de beleza** salon de beauté • **salão de chá** salon de thé • **salão de convívio** foyer *m* • **salão de festas** salle des fêtes
salário [sɐ'larju] *m* salaire *m* • **salário mínimo** salaire minimum
salário-família [sa,larjufa'miljɐ] (*pl* **salários-família** [sa,larjuʃfa'miljɐ]) *m* (*Br*) allocations *fpl* familiales
saldar [sał'dar] *vt* solder
saldo ['sałdu] *m* solde *m* • **em saldo** en solde ◆ **saldos** *mpl* soldes *mpl*
salgadinho [sawga'dʒiɲu] *m* petits fours *mpl (apéritif)*
salgadinhos [sałgɐ'diɲuʃ] *mpl petits gâteaux salés, olives, chorizo, etc, servis en apéritif*
salgado, da [sał'gadu, dɐ] *adj* salé(e)
salgueiro [sał'gɐiru] *m* saule *m*
salientar [sɐljẽn'tar] *vt* souligner ◆ **salientar-se** *vp* ressortir
saliente [sɐ'ljẽntə] *adj* saillant(e)
saliva [sɐ'livɐ] *f* salive *f*
salmão [sałmɐ̃w] *m* saumon *m* • **salmão fumado** saumon fumé
salmonela [sałmu'nɛlɐ] *f* salmonelle *f*
salmonete [sałmu'netə] *m* rouget *m*
salmoura [sał'morɐ] *f* saumure *f*
salões [sa'lõjʃ] ➤ **salão**
saloio [sɐ'loju] *adj m* ➤ **queijo**
salpicão [sałpi'kɐ̃w] (*pl* **-ões** [õiʃ]) *m* **1.** (*enchido*) *saucisson maigre, de couleur rouge* **2.** (*prato*) *plat froid à base de poulet, de porc et de jambon coupés en fines lamelles macérées dans la sauce*
salpicar [sałpi'kar] *vt* **1.** (*com água*) éclabousser **2.** (*com açúcar*) saupoudrer
salpicar [sałpi'kar] *vt* **1.** (*com água*) éclabousser **2.** (*com açúcar*) saupoudrer
salpicões *f* ➤ **salpicão**
salsa ['sawsa] *f* persil *m* • **salsa picada** persillade *f*
salsicha [sał'siʃɐ] *f* saucisse *f*
salsicharia [sałsiʃɐ'riɐ] *f* charcuterie *f*
saltar [sał'tar] *vt* & *vi* sauter • **saltar à vista** ou **aos olhos** sauter aux yeux
salteado, da [sał'tjadu, dɐ] *adj* **1.** (*interpolado*) dans le désordre **2.** CULIN sauté(e)
salto ['sałtu] *m* **1.** saut *m* **2.** (*de calçado*) talon *m* • **dar um salto a** faire un saut à • **salto alto** talon haut • **salto baixo** ou **raso** talon plat • **salto em altura** saut en hauteur • **salto em comprimento** (*Port*) saut en longueur • **salto mortal** saut périlleux • **salto à vara** (*Port*) saut à la perche
salutar [sɐlu'tar] (*pl* **-es** [əʃ]) *adj* salutaire
salva ['sałvɐ] *f* **1.** (*planta*) sauge *f* **2.** (*bandeja*) plateau *m* • **salva de palmas** salve *f* d'applaudissements
salvação [sałvɐ'sɐ̃w] *f* salut *m*

Salvador [sałvɐ'dor] *m* • **O Salvador** le Salvador

salvaguardar [ˌsałvɐgwɐr'đar] *vt* sauvegarder

salvamento [sałvɐ'mẽntu] *m* sauvetage *m*

salvar [saw'va(x)] [saw'va(x)] *vt INFORM* • **salvar um arquivo** sauvegarder un fichier

salvar [saw'va(x)] [saw'va(x)] *vt* sauver ◆ **salvar-se** *vp (escapar)* s'échapper

salvar [sał'var] [saw'va(x)] *vt* sauver • **salvar as aparências** sauver les apparences ◆ **salvar-se** *vp* • **salvar-se de** réchapper de

salva-vidas [ˌsałvɐ'viđɐʃ] *m inv* canot *m* de sauvetage

salvo, va ['sałvu, vɐ] *pp* ➤ **salvar** ◇ *adj* sauf (sauve) ◇ *prep* sauf • **estar a salvo** être en sûreté • **pôr-se a salvo** se sauver • **salvo erro** sauf erreur • **salvo se** sauf si

samba ['sẽmbɐ] *m* samba *f*

Samba

La *samba* est dérivée du *batuque* des Africains et de leurs chorégraphies hardies. À la fois mélancolique et gaie, elle fait danser jusqu'aux plus rétifs. De ses origines à nos jours, on a vu apparaître toutes sortes de variétés de sambas comme la *samba-canção* (romantique), la *samba-de-breque* (satirique), le *pagode* (ronde), etc. La *samba-enredo*, des écoles de samba de Rio, raconte une histoire et anime le défilé du carnaval.

samba-canção [ˌsẽmbɐkɐ̃'sɐ̃u] (*pl* **sambas-canções** [ˌsẽmbɐʃkɐ̃'sõiʃ]) *m* **1.** *(tipo de samba) samba lente et sentimentale* **2.** *(Br) (fam) (cueca)* caleçon *m*

sambar [sẽm'bar] *vi* danser la samba

sambista [sẽm'biʃtɐ] *mf* danseur *m*, -euse *f* de samba

sanatório [sɐnɐ'tɔrju] *m* sanatorium *m*

sanção [sɐ̃'sɐ̃u] (*pl* **-ões** [õiʃ]) *f* sanction *f*

sandália [sɐ̃n'dalja] *f* sandale *f*

sandálias [sẽn'daljɐʃ] *fpl* sandales *fpl*

sande ['sẽndə] *f* = **sandes**

sandes ['sẽndəʃ] *f inv (Port)* sandwich *m* • **sandes mista** sandwich mixte

sanduíche [sẽn'dwiʃə] *f (Port)* = **sande** ◇ *m (Br)* = **sande**

sanfona [sɐ̃'fonɐ] *f (Br)* accordéon *m*

sangrar [sẽŋ'grar] *vi* saigner

sangria [sẽŋ'griɐ] *f* sangria *f*

sangue ['sẽŋgə] *m* sang *m*

sangue-frio [ˌsẽŋgə'friu] *m* sang-froid *m inv*

sanguessuga [ˌsẽŋgə'sugɐ] *f* sangsue *f*

sanguíneo [sẽŋ'g(w)inju] *adj m* ➤ **vaso**

sanidade [sɐni'đađə] *f* **1.** *(higiene)* hygiène *f* **2.** *(mental)* santé *f*

sanita [sɐ'nitɐ] *f* cuvette *f (des W-C)*

sanitário, ria [sani'tarju, rja] *adj* sanitaire ◇ *m* toilettes *fpl*, W-C *mpl*

sanitários [sɐni'tarjuʃ] *mpl* W-C *mpl*

Santa Catarina [ˌsẽntukɐtɐ'rinɐ] *m* • **Santa Catarina** Santa Catarina

santinho, a [(*Port*) 'sẽn'tiɲu (*Br*), sẽn'tʃiɲu] *adj* • **santinho !** à vos souhaits !

Santo, ta ['sẽntu, tɐ] *m, f* saint *m*, -e *f* • **o Santo Padre** le Saint-Père
santola [sẽn'tɔlɐ] *f* araignée *f* de mer
santuário [sẽn'twarju] *m* sanctuaire *m*
[1]**são** ['sẽu] ➤ **ser**
[2]**são, sã** ['sẽu, 'sẽ] *adj* sain(e) • **são e salvo** sain et sauf
São [sẽu] *m* = **Santo**
São João do Porto [sẽu,ʒwẽudu'portu] *m fête de la Saint-Jean à Porto*

São João do Porto

Le 24 juin, jour de la Saint-Jean, on fête le deuxième des trois saints populaires (saint Antoine, saint Jean et saint Pierre). Les fêtes des *Santos Populares* sont célébrées dans tout le pays et commencent la veille au soir pour se prolonger toute la journée du saint.
Toutefois, dans certaines régions, on attache plus d'importance à l'un des saints, notamment à Porto où l'on fête plus particulièrement la Saint-Jean. Toute la ville y participe : les gens, munis de poireaux ou de marteaux de caoutchouc, avec lesquels ils frappent la tête des passants en signe d'affection et d'amitié, se dirigent vers le quartier de la Ribeira. En chemin, la coutume veut que l'on chante, l'on mange des sardines, l'on boive du vin rouge et que l'on fraternise.

São Paulo [sẽu'paulu] *s* São Paulo
São Tomé e Príncipe [sẽutu,mɛi'prĩsipə] *m* São Tomé et Príncipe *m*
são-tomense [sẽutu'mẽsə] (*pl* **são-tomenses** [sẽutu'mẽsəʃ]) *adj* de São Tomé et Príncipe ◇ *mf* habitant *m*, -e *f* de São Tomé et Príncipe
sapataria [sɐpɐtɐ'riɐ] *f* magasin *m* de chaussures
sapateado [sɐpɐ'tjađu] *m* claquettes *fpl*
sapateira [sɐpɐ'tɐirɐ] *f* tourteau *m* ➤ **sapateiro**
sapateiro, ra [sɐpɐ'tɐiru, rɐ] *m, f* cordonnier *m*, -ère *f*
sapatilha [sapa'tʃiʎa] *f DESP* baskets *fpl*
sapatilhas [sɐpɐ'tiʎɐʃ] *fpl* **1.** (*Port*) (*ténis*) tennis *mpl* **2.** (*Br*) (*de bailarinos*) chaussons *mpl*
sapato [sɐ'patu] *m* chaussure *f* • **sapatos de salto alto** chaussures à talon
sapê [sa'pe] *m* (*Br*) ≃ chaume *m*
sapo ['sapu] *m* crapaud *m*
saque ['sake] *m* **1.** (*de dinheiro*) traite *f* **2.** *DESP* défaite *f* **3.** (*roubo*) pillage *m*
saquinho [sɐ'kiɲu] *m* • **saquinho de chá** sachet *m* de thé
sarampo [sɐ'rẽmpu] *m* rougeole *f*
sarapatel [sɐrɐpɐ'tɛɫ] (*pl* **-éis** [ɛiʃ]) *m plat à base de sang et de foie de porc frits mélangés avec des fruits secs*
sarar [sɐ'rar] *vt* & *vi* guérir
sarcasmo [sɐr'kaʒmu] *m* sarcasme *m*
sarda ['sarđɐ] *f* tâche *f* de rousseur
sardinha [sɐr'điɲɐ] *f* **1.** (*peixe*) sardine *f* **2.** (*jogo*) *jeu qui consiste à taper sur les*

mains de son adversaire avant qu'il ne les retire • **sardinha assada** sardine grillée

Sardinha

Poisson que l'on trouve en abondance au large de la côte portugaise, il occupe depuis toujours une place d'honneur dans l'alimentation des Portugais. Autrefois considérée comme le mets des pauvres, la sardine est aujourd'hui appréciée de tous. On peut l'apprêter de diverses manières, mais la plus appréciée est la *sardinhada* (sardine grillée). En été, que ce soit lors des pèlerinages, des fêtes populaires ou au bord de la mer, on mange très fréquemment des sardines grillées accompagnées de pommes de terre, de poivrons grillés, de pain de maïs et de vin rouge. C'est d'ailleurs l'un des rares poissons qui se marie bien avec le vin rouge, la sardine ayant un goût très fort.

sardinhada [sɐrđi'ɲađɐ] *f* sardines *fpl* grillées
sardinheira [sɐrđi'ɲɐirɐ] *f* géranium *m*
sargento [sɐr'ʒẽntu] *m* sergent *m*
sarilho [sɐ'riʎu] *m* **1.** *(situação difícil)* gros ennui *m* **2.** *(confusão)* agitation *f* • **armar sarilho** *(fam)* provoquer la bagarre • **estar metido num sarilho** *(fam)* être dans de beaux draps • **meter-se em sarilhos** *(fam)* s'attirer des ennuis
sarja ['sarʒɐ] *f* serge *m*
sarjeta [sɐr'ʒetɐ] *f* caniveau *m*
SARL (*abrev de Sociedade Anónima de Responsabilidade Limitada*) SARL *f (Société à Responsabilité Limitée)*
sarro ['saʀu] *m* tartre *m*
satélite [sɐ'tɛlitə] *m* satellite *m*
sátira ['satirɐ] *f* satire *f*
satisfação [sɐtiʃfɐ'sɐ̃u] (*pl* **-ões** [õiʃ]) *f* *(contentamento)* satisfaction *f* • **não dar satisfações a ninguém** ne rendre de comptes à personne • **pedir satisfações a alguém** demander des comptes à qqn
satisfatório, ria [sɐtiʃfɐ'tɔrju, rjɐ] *adj* satisfaisant(e)
satisfazer [sɐtiʃfɐ'zer] *vt & vi* satisfaire ◆ **satisfazer-se com** *vp + prep* se satisfaire de
satisfeito, ta [sɐtiʃ'fɐitu, tɐ] *adj* satisfait(e) • **dar-se por satisfeito** s'estimer heureux
saudação [sauđɐ'sɐ̃u] (*pl* **-ões** [õiʃ]) *f* salutation *f*
saudade [sɐu'đađə] *f* vague *m* à l'âme • **tenho saudades da família** la famille me manque • **deixar saudades** regretter • **matar saudades** se rattraper • **morro de saudades da comida da minha mãe** la cuisine de ma mère me manque terriblement
saudar [sau'đar] *vt* saluer
saudável [sau'đavɛɫ] (*pl* **-eis** [ɐiʃ]) *adj* sain(e)
saúde [sɐ'uđə] *f* santé *f* ◇ *interj* tchin(-tchin) !
sauna ['saunɐ] *f* sauna *m*
saveiro [sa'vɐiru] *m* bateau *m* de pêche
sável ['savɛɫ] *m* alose *f (poisson)*
saxofone [saksɔ'fɔnə] *m* saxophone *m*

scanner [(*Port*) iʃka'ner (*Br*), 'skɐnɛr] (*pl* [s]) (*pl* **-es** [əʃ]) *m INFORM* scanner *m*

scooter ['skutɛr] (*pl* **-es** [əʃ]) *f* scooter *m*

script [iʃkriptji] (*pl* **scripts**) *m* script *m*

s.d. (*abrev de sem data*) sans date

se [sə] *pron*

1. (*uso reflexivo referindo-se a ele, ela, eles, elas*) se ; (*você*) vous ; (*vocês*) vous • **ele não se enganou** il ne s'est pas trompé • **eles perderam-se** ils se sont perdus • **vocês perderam se** vous vous êtes perdus

2. (*uso recíproco referindo-se a eles, elas*) se ; (*vocês*) vous • **amam-se** ils s'aiment • **escrevem-se regularmente** ils s'écrivent régulièrement • **não se gramam** (*fam*) ils ne peuvent pas se sentir

3. (*com sujeito indeterminado*) on • **vive-se melhor no campo** on vit mieux à la campagne ▾ **aluga-se quarto** chambre à louer ▾ **trespassa-se** bail à céder

◇ *conj*

1. (*ger*) si • **se tiver tempo, escrevo** si j'ai du temps, j'écrirai • **se estás com fome, come alguma coisa** si tu as faim, mange qqch • **se um é feio, o outro ainda é pior** si l'un est affreux, l'autre est encore pire • **que tal se tirássemos umas férias?** et si nous prenions des vacances ? • **se pelo menos não chovesse** si au moins il ne pleuvait pas • **avisem-me se vierem** prévenez-moi si vous venez • **perguntei-lhe se gostou** je lui ai demandé si ça lui avait plu

2. (*em locuções*) • **se bem que** bien que

sé ['sɛ] *f* cathédrale *f*

seara ['sjara] *f* champ *m* cultivé

search engine *m* moteur *m* de recherche

sebe ['sɛƀə] *f* haie *f* • **sebe viva** haie vive

sebenta [sə'ƀẽntɐ] *f* **1.** (*Port*) (*em universidade*) ≃ polycopiés *mpl* **2.** (*caderno*) cahier *m* de brouillon

sebento, ta [sə'ƀẽntu, tɐ] *adj* crasseux(euse)

sebo ['seƀu] *m* sébum *m*

seca ['sɛkɐ] *f* sécheresse *f* ◇ *mf* (*fam*) • **ele é uma seca** (*fam*) il est rasoir • **que seca!** la barbe ! • **ser uma seca** (*fam*) être rasoir

secador [səkɐ'đor] (*pl* **-es** [əʃ]) *m* (*de cabelo*) sèche-cheveux *m inv*

seção [se'sẽu] (*pl* **-ões** [õiʃ]) *f* (*Br*) = **secção**

secar [sə'kar] *vt* faire sécher ◇ *vi* **1.** sécher **2.** (*rio, poço, lago*) assécher • **ficar horas a secar** (*Port*) (*fam*) poireauter pendant des heures • **vou secar o cabelo** je vais me sécher les cheveux

secção [sɛk'sẽu] (*pl* **-ões** [õiʃ]) *f* **1.** (*Port*) (*repartição pública*) service *m* **2.** (*de loja*) rayon *m* • **a secção de perdidos e achados** les objets trouvés

seco, ca ['seku, kɐ] *pp* ➤ **secar** ◇ *adj* sec (sèche)

secretaria [səkrətɐ'riɐ] *f* secrétariat *m* • **secretaria de Estado** secrétariat d'État

secretária [səkrə'tarjɐ] *f* bureau *m*, ➤ **secretário** • **secretária electrônica** (*Br*) répondeur *m* automatique

secretário, ria [səkrə'tarju, rjɐ] *m, f* secrétaire *mf* • **secretário de Estado** secrétaire d'État

secreto, ta [sə'krɛtu, tɐ] *adj* secret(ète)

sectário, ria [sɛk'tarju, rjɐ] *adj* sectaire
sector [sɛ'tor] (*pl* **-es** [əʃ]) *m* **1.** (*Port*) (*ramo de actividade*) secteur *m* **2.** (*secção de empresa*) service *m*
secular [səku'lar] (*pl* **-es** [əʃ]) *adj* séculaire
século ['sɛkulu] *m* siècle *m*
secundário, ria [səkũn'darju, rjɐ] *adj* secondaire
seda ['sedɐ] *f* soie *f*
sedativo [sədɐ'tivu] *m* sédatif *m*
[1] **sede** ['sɛdə] *f* **1.** (*de empresa*) siège *m* social **2.** (*de organização*) siège *m*
[2] **sede** ['sedə] *f* soif *f* • **matar a sede** étancher sa soif • **ter sede de** avoir soif de
sedimento [sədi'mẽntu] *m* sédiment *m*
sedoso, osa [sə'dozu, ɔzɐ] *adj* soyeux(euse)
sedução [sədu'sɐ̃u] (*pl* **-ões** [õiʃ]) *f* séduction *f*
sedutor, ra [sədu'tor, rɐ] (*mpl* **-es** [əʃ], *fpl* **-s** [ʃ]) *adj* séduisant(e)
seduzir [sədu'zir] *vt* séduire
segmento [sɛg'mẽntu] *m* segment *m*
segredo [sə'gredu] *m* secret *m*
segregar [səgrə'gar] *vt* **1.** (*pôr de lado*) mettre à l'écart, isoler **2.** (*secreção*) sécréter ♦ **segregar-se** *vp* s'isoler
seguida [sə'gidɐ] *f* • **em** OU **de seguida** ensuite
seguidamente [sə,gidɐ'mẽntə] *adv* **1.** (*sem interrupção*) d'affilée **2.** (*de seguida*) ensuite
seguido, da [sə'gidu, dɐ] *adj* suivi(e) • **seguido de** suivi de
seguinte [sə'gĩntə] *adj* suivant(e) ◇ *mf* • **o/a seguinte** le suivant/la suivante • **o dia seguinte** le lendemain • **o mês seguinte** le mois d'après
seguir [sə'gir] *vt* **1.** suivre **2.** (*carreira, profissão*) faire ◇ *vi* continuer • **seguir com algo para a frente** mener qqch à bien • **seguir para** continuer vers • **siga pela esquerda/direita** prenez à gauche/à droite • **a seguir** ensuite
segunda [sə'gũndɐ] *f* deuxième *f* (*vitesse*)
segunda-feira [sə,gũndɐ'fɐirɐ] (*pl* **segundas-feiras** [sə,gũndɐʃ'fɐirɐʃ]) *f* lundi *m* • **às segundas-feiras** le lundi • **até segunda-feira** à lundi • **ela vem segunda-feira** elle vient lundi • **esta segunda-feira** lundi • **hoje é segunda-feira** aujourd'hui nous sommes lundi • **todas as segundas-feiras** tous les lundis • **segunda-feira de manhã/à tarde/à noite** lundi matin/après-midi/soir • **segunda-feira 17 de Dezembro** (le) lundi 17 décembre • **segunda-feira passada** lundi dernier • **segunda-feira que vem** lundi prochain
segundo, da [sə'gũndu, dɐ] *num* second(e) ◇ *m* seconde *f* ◇ *prep* d'après ◇ *adv* **1.** deuxièmement **2.** • **capítulo segundo** chapitre second • **de** OU **em segunda mão** d'occasion
seguramente [sə,gurɐ'mẽntə] *adv* sûrement
segurança [səgu'rɐ̃sɐ] *f* **1.** sécurité *f* **2.** (*certeza*) assurance *f* • **a Segurança Social** la Sécurité sociale • **com segurança** avec assurance • **em segurança** en sécurité
segurar [səgu'rar] *vt* **1.** (*coisa*) tenir **2.** (*pessoa*) retenir

seguridade [se,guri'dadʒi] (*Br*) *f* • **a Seguridade Social** la Sécurité sociale = **segurança**
seguro, ra [sə'guru, rɐ] *adj* **1.** (*sem riscos, firme*) sûr(e) **2.** (*preso*) attaché(e) **3.** (*a salvo*) en sûreté **4.** (*garantido*) assuré(e) ◇ *m* assurance *f* • **estar seguro** (*estar a salvo*) être en sécurité ; (*ter certeza*) être sûr • **pôr no seguro** assurer • **ser seguro de si** être sûr de soi • **seguro de doença** (*Port*) assurance maladie • **seguro contra terceiros** assurance au tiers • **seguro contra todos os riscos** assurance tous risques • **seguro de responsabilidade civil** responsabilité civile • **seguro de viagem** assurance voyage • **seguro de vida** assurance vie
seguro-saúde [se,gurusa'udi] (*pl* **seguros-saúde** [se,guruʃsa'udi]) *m* (*Br*) assurance *f* maladie
sei ['sɐi] ➤ **saber**
seio ['sɐju] *m* sein *m*
seis ['sɐiʃ] *adj, pron* & *m* **1.** six **2.** (*dia*) le six ◇ *mpl* six ◇ *fpl* • **às seis** à six heures • **ele tem seis anos** il a six ans • **eles eram seis** ils étaient six • **são seis horas** il est six heures • **seis de Janeiro** le six janvier • **página seis** page six • **trinta e seis** trente-six • **o seis de copas** le six de cœur • **de seis em seis dias** tous les six jours • **empataram a seis** (ils ont fait) six partout • **seis a zero** six à zéro
seiscentos, tas [sɐiʃ'sẽntuʃ, tɐʃ] *num* six cents
seita ['sɐitɐ] *f* secte *f*
seiva ['sɐivɐ] *f* sève *f*
seixo ['sɐiʃu] *m* caillou *m*
sela ['sɛlɐ] *f* selle *f*
selar [sə'lar] *vt* **1.** seller **2.** (*carta, subscrito*) cacheter
seleção [sele'sɐ̃u] *f* (*Br*) = **selecção**
selecção [səlɛ'sɐ̃u] *f* (*Port*) **1.** (*escolha*) sélection *f* **2.** (*em desporto*) équipe *f* nationale
seleccionar [səlɛsju'nar] *vt* (*Port*) sélectionner
selecionar [selesjo'nax] *vt* (*Br*) = **seleccionar**
selecto, ta [sə'lɛtu, tɐ] *adj* (*Port*) chic (*inv*)
seleto, ta [se'lɛtu, tɐ] *adj* (*Br*) = **selecto**
self-service [sɛlf'sɛrvis] (*pl* **self-services** [sɛlf'sɛrvisəʃ]) *m* self-service *m*
selim [sə'lĩ] (*pl* **-ns** [ʃ]) *m* selle *f*
selo ['selu] *m* timbre *m* • **selo de garantia** label *m* (de qualité)
selva ['sɛlvɐ] *f* jungle *f*
selvagem [sɛl'vaʒẽi] (*pl* **-ns** [ʃ]) *adj* & *mf* sauvage
sem [sẽi] *prep* sans • **estar sem água/gasolina** ne plus avoir d'eau/d'essence • **estar sem fazer nada** ne rien avoir à faire • **sem que** sans que • **sem mais nem menos** comme ça, sans raison
sem-abrigo [sẽjɐ'brigu] *mf inv* sans-abri *mf inv*
semáforo [se'maforu] *m* feu *m* rouge
semáforos [sə'mafuruʃ] *mpl* feu *m* rouge
semana [sə'mɐna] *f* semaine *f* • **por semana** par semaine, hebdomadaire • **semana a semana** de semaine en semaine ◆ **Semana santa** *f* la Semaine Sainte
semanada [səmɐ'nadɐ] *f* argent *m* de poche

semanal [səmɐ'naɫ] (*pl* **-ais** [aiʃ]) *adj* hebdomadaire
semanário [(*Port*) səmɐ'narju (*Br*), se-ma'narju] *m* (*journal*) hebdomadaire *m*
semblante [sẽm'blẽntə] *m* air *m* (*apparence*)
semear [sə'mjar] *vt* semer
semelhança [səmə'ʎẽsɐ] *f* ressemblance *f* • **à semelhança de** de la même manière que
semelhante [səmə'ʎẽntə] *adj* semblable • **semelhante a** semblable à
sémen ['sɛmɛn] *m* sperme *m*
sêmen ['semɛn] (*Br*) = **sémen**
semente [sə'mẽntə] *f* graine *f*, semence *f*
semestral [səməʃ'traɫ] (*pl* **-ais** [aiʃ]) *adj* semestriel(elle)
semestre [sə'mɛʃtrə] *m* semestre *m*
seminário [səmi'narju] *m* séminaire *m*
sêmola ['semulɐ] *f* semoule *f*
semolina [səmu'linɐ] *f* farine *f* de semoule
sempre ['sẽmprə] *adv* **1.** (*o tempo todo*) toujours **2.** (*afinal*) finalement • **o mesmo de sempre** comme d'habitude • **como sempre** comme toujours • **para sempre** pour toujours • **sempre que** chaque fois que
sempre-viva [ˌsẽmprə'vivɐ] (*pl* **sempre-vivas** [ˌsẽmprə'vivɐʃ]) *f* immortelle *f*
sem-teto [sẽn'tɛtu] (*Br*) = **sem-abrigo**
sem-vergonha [sẽivər'goɲɐ] *mf inv* sans-gêne *mf inv*
sena ['senɐ] *f* six *m* (*de carreau, trèfle, pique, cœur*)
senado [sə'nađu] *m* (*no Brasil*) sénat *m*
senão [sə'nɐ̃u] *conj* sinon
senha ['sɐɲɐ] *f* ticket *m* • **senha de autocarro** ticket de bus • **senha de cantina** ticket de cantine • **senha de saída** contremarque *f*
senhor, ra [sə'ɲor, rɐ] (*mpl* **-es** [əʃ], *fpl* **-s** [ʃ]) *m, f* monsieur *m*, madame *f* ▼ **senhoras** dames
senhorio, ria [səɲu'riu, 'riɐ] *m, f* propriétaire *mf*
senil [sə'niɫ] (*pl* **-is** [iʃ]) *adj* sénile
sensação [sẽsɐ'sɐ̃u] (*pl* **-ões** [õiʃ]) *f* sensation *f* • **causar sensação** faire sensation
sensacional [sẽsɐsju'naɫ] (*pl* **-ais** [aiʃ]) *adj* sensationnel(elle)
sensações ➤ **sensação**
sensato, ta [sẽ'satu, tɐ] *adj* sensé(e)
sensível [sẽ'sivɛɫ] (*pl* **-eis** [ɐiʃ]) *adj* sensible
senso ['sẽsu] *m* sens *m* • **bom senso** bon sens • **senso comum** sens commun • **senso prático** sens pratique
sensual [sẽ'swaɫ] (*pl* **-ais** [aiʃ]) *adj* sensuel(elle)
sentado, da [sẽn'tađu, đɐ] *adj* assis(e)
sentar-se [sẽn'tarsə] *vp* s'asseoir
sentença [sẽn'tẽsɐ] *f* sentence *f*
sentido, da [sẽn'tiđu, đɐ] *adj* **1.** (*melindrado*) vexé(e) **2.** (*magoado*) blessé(e) ◇ *m* sens *m* • **fazer sentido** avoir un sens • **em certo sentido** dans un sens • **sentido proibido** (*Port*) sens interdit • **sentido único** sens unique
sentimental [sẽntimẽn'taɫ] (*pl* **-ais** [aiʃ]) *adj* sentimental(e)
sentimento [sẽnti'mẽntu] *m* sentiment *m* • **os meus sentimentos!** toutes mes condoléances !

sentinela [sẽnti'nɛlɐ] *mf* sentinelle *f* • **estar de sentinela** faire le guet
sentir [sẽn'tir] *vt* • **sinto frio** j'ai froid • **sentir raiva** être en colère • **sinto muito!** je suis désolé ! • **sinto falta dele** il me manque • **sentir vontade de fazer algo** avoir envie de faire qqch ◆ **sentir-se** *vp* se sentir • **sinto-me mal** je me sens mal
separação [səpɐrɐ'sɐ̃u] (*pl* **-ões** [õiʃ]) *f* séparation *f*
separadamente [səpɐ'rađɐ'mẽntə] *adv* séparément
separado, da [səpɐ'rađu, đɐ] *adj* séparé(e) • **em separado** séparément
separar [səpɐ'rar] *vt* séparer ◆ **separar-se** *vp* se séparer
septuagésimo, ma [sɛptwɐ'ʒɛzimu, mɐ] *num* soixante-dixième
sepultar [səpuɫ'tar] *vt* enterrer
sepultura [səpuɫ'turɐ] *f* **1.** (*cova*) sépulture *f* **2.** (*túmulo*) tombe *f*
sequência [sə'kwẽsjɐ] *f* (*Port*) suite *f* • **na sequência de** à la suite de
seqüência [se'kwẽsjɐ] *f* (*Br*) = **sequência**
sequer [sə'kɛr] *adv* • **nem sequer** même pas • **ele nem sequer protestou** il n'a même pas protesté
sequestrador, ra [sekweʃtra'dor, ra] (*mpl* **-res** [riʃ], *fpl* **-s** [↓ʃ]) (*Port*), **seqüestrador, ra** [sekweʃtra'dor, ra] (*mpl* **-res** [↓riʃ], *fpl* **-s** [↓ʃ]) (*Br*) *mf* ravisseur *m*, -euse *f*
sequestrar [səkəʃ'trar] *vt* (*Port*) **1.** (*raptar*) enlever **2.** (*fechar*) séquestrer
seqüestrar [sekweʃ'trax] *vt* (*Br*) = **sequestrar**
sequestro [(*Port*) sə'kɛʃtru], **seqüestro** [(*Br*) se'kwɛʃtru] *m* **1.** (*rapto*) enlèvement *m* **2.** (*clausura*) séquestration *f* **3.** (*de bens*) séquestre *m*
sequóia [sə'kwɔjɐ] *f* séquoia *m*
ser ['ser] (*pl* **-es** [əʃ]) *m* (*criatura*) être *m* • **o ser humano** l'être humain
◇ *vi*
1. (*ger*) être • **é demasiado longo** c'est trop long • **são bonitos** ils sont beaux • **sou médico** je suis médecin • **ele é do Brasil** il est du Brésil • **é no Porto** c'est à Porto • **sou portuguesa** je suis portugaise • **quanto é?** c'est combien ? • **são sessenta euros** soixante euros • **hoje é sexta** aujourd'hui, on est vendredi • **que horas são?** quelle heure est-il ? • **são seis horas** il est six heures • **é do Paulo** c'est à Paulo • **este carro é seu?** cette voiture est à vous ? • **os livros eram meus** les livres étaient à moi
2. (*em locuções*) • **a não ser que** à moins que • **que foi?** qu'y a-t-il ? • **ou seja** c'est-à-dire • **será que...?** est-ce que... ?
◇ *v aux* être • **foi visto à saída do cinema** il a été vu à la sortie du cinéma
◇ *v impess* être • **é de dia/noite** il fait jour/nuit • **é tarde/cedo** il est tard/tôt • **é difícil de dizer** c'est difficile à dire • **é fácil de ver** c'est facile à voir
◆ **ser de** *v + prep* (*matéria*) être en ; (*ser adepto de*) être pour
◆ **ser para** *v + prep* (*servir para, ser adequado para*) servir à • **isto não é para comer agora** ce n'est pas pour manger maintenant
serão [sə'rɐ̃u] (*pl* **-ões** [õiʃ]) *m* veillée *f* • **fazer serão** veiller

sereia [sə'rɐjɐ] *f* sirène *f*
serenar [sərə'nar] *vt* apaiser ◇ *vi* **1.** s'apaiser **2.** *(vento)* se calmer
serenata [sərə'natɐ] *f (Port)* sérénade *f*
seres = **ser**
seresta [se'rɛʃtɐ] *f (Br)* = **serenata**
Sergipe [sex'ʒipi] *m* • **o Sergipe** le Sergipe
seriado [se'rjadu] *m (Br)* série *f* télévisée
série ['sɛrjə] *f* **1.** série *f* **2.** *(de bilhetes de metro)* carnet *m* • **uma série de** une série de
seriedade [sərje'đađə] *f* sérieux *m*
seringa [sə'rĩŋgɐ] *f* seringue *f*
seringueira [sərĩŋ'gɐirɐ] *f* hévéa *m*
sério, ria ['sɛrju, rjɐ] *adj* sérieux(euse) ◇ *adv* • **a sério?** sérieusement ? • **a sério!** sérieusement ! • **levar** ou **tomar a sério** prendre au sérieux
sermão [sər'mɐ̃w] (*pl* **-ões** [õiʃ]) *m* sermon *m*
serões ➤ **serão**
seronegativo, va [sɛrɔnəgɐ'tivu, vɐ] *adj (Port)* séronégatif(ive)
seropositivo, va [sɛrɔpuzi'tivu, vɐ] *adj (Port)* séropositif(ive)
serpente [sər'pẽntə] *f* serpent *m*
serpentina [sərpẽn'tinɐ] *f* serpentin *m*
serra ['sɛʀɐ] *f* **1.** *(instrumento)* scie *f* **2.** *(em geografia)* montagne *f*
serrabulho [səʀɐ'ƀuʎu] *m plat à base de sang et de viande de porc frits*
serralheiro [səʀɐ'ʎɐiru] *m* serrurier *m*
serrar [sə'ʀar] *vt* scier
serrote [*(Port)* sə'ʀɔtə *(Br)*, se'xɔtʃi] *m* scie *f* à main
sertã [sər'tɐ̃] *f (Port)* poêle *f*
sertanejo, ja [sərtɐ'nɐiʒu, ʒɐ] *adj* du sertão
sertão [sər'tɐ̃w] *m* sertão *m*
servente [sər'vẽntə] *m* apprenti *m* maçon
serventia [sərvẽn'tiɐ] *f* **1.** *(préstimo)* utilité *f* **2.** *(de casa, edifício, terreno)* chemin *m* d'accès
Sérvia ['sɛrvjɐ] *f* • **a Sérvia** la Serbie
serviço [sər'visu] *m* **1.** service *m* **2.** *(trabalho)* travail *m* • **serviço cívico** service civil • **os serviços** les services *(secteur tertiaire)* ▼ **fora de serviço** hors service ▼ **serviço incluído** service compris
servidor, ra [sex'vidu, da] *mf (funcionário)* fonctionnaire *m* • **servidor público** fonctionnaire *m* public
servidor, ra [sex'vidu, da] *m* INFORM serveur *m*
servil [sər'viɫ] (*pl* **-is** [iʃ]) *adj* servile
servir [sər'vir] *vt* servir ◇ *vi* **1.** servir **2.** *(roupa, calçado)* aller • **em que posso servi-lo?** en quoi puis-je vous être utile ? • **servir de algo** servir de qqch ♦ **servir-se** *vp* se servir ♦ **servir-se de** *vp + prep* se servir de
servis ➤ **servil**
sessão [sə'sɐ̃w] (*pl* **-ões** [õiʃ]) *f* **1.** séance *f* **2.** *(de debate político, científico)* session *f*
sessenta [sə'sẽntɐ] *num* soixante
sessões [se'sõjʃ] ➤ **sessão**
sesta ['sɛʃtɐ] *f* sieste *f*
seta ['sɛtɐ] *f* flèche *f*
sete ['sɛtə] *num* sept • **às sete** à sept heures • **ele tem sete anos** il a sept ans • **eles eram sete** ils étaient sept • **são sete horas** il est sept heures • **sete de Janeiro** le sept janvier • **página sete** page

sept • **trinta e sete** trente-sept • **o sete de copas** le sept de cœur • **de sete em sete dias** tous les sept jours • **empataram a sete** (ils ont fait) sept partout • **sete a zero** sept à zéro

setecentos, tas [sɛtə'sẽntuʃ, tɐʃ] *num* sept cents

setembro [se'tẽmbru] *m* *(Br)* = **Setembro**

Setembro [sə'tẽmbru] *m* *(Port)* septembre *m* • **durante o mês de Setembro** au mois de septembre • **em Setembro** en septembre • **em meados de Setembro** à la mi-septembre • **este mês de Setembro** le mois de septembre • **no passado/próximo mês de Setembro** en septembre dernier/prochain • **no princípio/final de Setembro** début/fin septembre • **o um de Setembro** le 1er septembre

setenta [sə'tẽntɐ] *num* soixante-dix

sétimo, ma ['sɛtimu, mɐ] *num* **1.** septième **2.** • **o sétimo/a sétima** le/la septième • **chegar em sétimo** arriver septième • **capítulo sétimo** chapitre sept • **em sétimo lugar** en septième • **no sétimo dia** le septième jour • **a sétima parte** le septième

setor [se'tox] *(pl* **-es** [iʃ]) *m* *(Br)* = **sector**

seu, sua ['seu, 'suɐ] *adj*

1. *(dele, dela, de coisa, animal)* son (sa)

2. *(deles, delas)* leur

3. *(de você)* votre

◇ *pron* • **o seu/a sua** *(dele, dela)* le sien (la sienne) ; *(deles, delas)* le leur (la leur) • **isto é seu?** *(dele)* c'est à lui ? ; *(dela)* c'est à elle ? ; *(deles, delas)* c'est à eux/à elles ? ; *(de você)* c'est à vous ? • **um amigo seu** *(dele, dela)* un de ses amis ; *(deles, delas)* un de leurs amis ; *(de você)* un de vos amis • **os seus** *(a família de cada um)* les siens

◇ *m, f*

1. *(pej)* *(forma de tratamento)* espèce *f* de • **seu estúpido!** *(fam)* espèce d'imbécile ! • **seus irresponsáveis!** bande d'irresponsables !

2. *(com malícia)* • **seu malandreco!** *(fam)* petit vaurien ! • **sua danadinha!** *(fam)* petite coquine !

severidade [səvəri'đađə] *f* sévérité *f*

severo, ra [sə'vɛru, rɐ] *adj* sévère

sexagésimo, ma [sɛksɐ'ʒɛzimu, mɐ] *num* soixantième

sexo ['sɛksu] *m* sexe *m*

sexta-feira [ˌsɐiʃtɐ'fɐirɐ] *(pl* **sextas-feiras** [ˌsɐiʃtɐʃ'fɐirɐʃ]) *f* vendredi *m* • **às sextas-feiras** le vendredi • **até sexta-feira** à vendredi • **ela vem sexta-feira** elle vient vendredi • **esta sexta-feira** vendredi • **hoje é sexta-feira** aujourd'hui nous sommes vendredi • **todas as sextas-feiras** tous les vendredis • **sexta-feira de manhã/à tarde/à noite** vendredi matin/après-midi/soir • **sexta-feira 13 de Junho** (le) vendredi 13 juin • **sexta-feira passada** vendredi dernier • **sexta-feira que vem** vendredi prochain • **a Sexta-Feira Santa** le vendredi saint

sexto, ta ['sɐiʃtu, tɐ] *adj & pron* sixième ◇ *m* sixième *m* ◇ *m, f* • **o sexto/a sexta** le/la sixième • **chegar em sexto** arriver sixième • **capítulo sexto** chapitre six • **em sexto lugar** en sixième • **no sexto dia** le sixième jour • **a sexta parte** le sixième

sexual [sɛk'swaɫ] (*pl* **-ais** [aiʃ]) *adj* sexuel(elle)
sexualidade [sekswɐli'đađə] *f* sexualité *f*
sexy ['sɛksi] *adj* sexy
s.f.f. (*abrev de se faz favor*) SVP (*s'il vous plaît*)
shampô [ʃɐ̃m'po] *m* (*Port*) shampooing *m*
shareware [ʃari'wari] (*pl* **-shareware**) *m* *INFORM* logiciel *m* contributif
shopping ['ʃɔpĩŋ] *m* centre *m* commercial
short ['ʃɔrtʃi] *m* (*Br*) short *m*
show ['ʃou] *m* spectacle *m*
si ['si] *pron* (*ele, coisa, animal*) lui ; (*ela*) elle ; (*Port*) (*fml*) (*você*) vous ; (*eles, elas*) eux (elles) ; (*impessoal*) soi ; (*Br*) (*fam*) (*você*) vous • **falar para si** parler tout seul • **estar fora de si** être hors de soi • **voltar a si** revenir à soi • **cheio de si** imbu de sa personne • **em si** en soi • **entre si** entre eux/elles • **para si** pour lui/elle/eux/elles • **por si só** (*sem ajuda*) tout seul (toute seule) ; (*isoladamente*) en soi • **si mesmo** ou **próprio** lui-même • **si mesma** elle-même • **si mesmos** eux-mêmes
SIDA ['siđɐ] *f* (*Port*) SIDA *m* (*Syndrome d'Immuno Déficience Acquise*)
siderurgia [si'đərur'ʒiɐ] *f* sidérurgie *f*
sido ['siđu] *pp* ➤ **ser**
sidra ['siđrɐ] *f* cidre *m*
sífilis ['sifəliʃ] *f* syphilis *f*
sigilo [si'ʒilu] *m* secret *m*
sigla ['siglɐ] *f* sigle *m*
significado [signəfi'kađu] *m* signification *f*
significar [signəfi'kar] *vt* signifier
significativo, va [signəfikɐ'tivu, vɐ] *adj* **1.** significatif(ive) **2.** (*quantidade*) important(e)
signo ['signu] *m* signe *m*
sigo ['sigu] ➤ **seguir**
sílaba ['silɐbɐ] *f* syllabe *f*
silenciar [silẽ'sjar] *vt* **1.** (*pessoa*) faire taire **2.** (*detalhe, assunto*) passer sous silence
silêncio [si'lẽsju] *m* silence *m* ◇ *interj* silence !
silencioso, osa [silẽ'sjozu, ɔzɐ] *adj* silencieux(euse)
silhueta [si'ʎwetɐ] *f* silhouette *f*
silicone [sili'kɔnə] *m* silicone *m*
silva ['siɫvɐ] *f* ronce *f*
silvestre [siɫ'vɛʃtrə] *adj* sauvage
sim ['sĩ] *adv* oui • **penso que sim** oui, je pense • **pelo sim pelo não** au cas où
símbolo ['sĩmbulu] *m* symbole *m*
simetria [simə'triɐ] *f* symétrie *f*
similar [simi'lar] (*pl* **-es** [əʃ]) *adj* similaire
simpatia [sĩmpɐ'tiɐ] *f* sympathie *f*
simpático, ca [sĩm'patiku, kɐ] *adj* sympathique
simpatizante [sĩmpɐti'zẽntə] *adj* sympathisant(e)
simpatizar [sĩmpɐti'zar] • **simpatizar com** *v + prep* trouver sympathique
simples ['sĩmpləʃ] *adj inv* **1.** simple **2.** (*bebida*) nature • **simples masculina/feminina** (*Br*) simple messieurs/dames
simplicidade [sĩmpləsi'đađə] *f* simplicité *f*
simplificar [sĩmpləfi'kar] *vt* simplifier
simular [simu'lar] *vt* simuler
simultaneamente [simuɫˌtɐnjɐ'mẽntə] *adv* simultanément

simultâneo, nea [simuɫ'tɐnju, njɐ] *adj* simultané(e) • **em simultâneo** en simultané
sinagoga [sinɐ'gɔgɐ] *f* synagogue *f*
sinal [si'naɫ] (*pl* **-ais** [aiʃ]) *m* **1.** *(símbolo, marca)* signe *m* **2.** *(indicação)* signal *m* **3.** *(em pele)* grain *m* de beauté **4.** *(dinheiro)* acompte *m* **5.** *(de trânsito)* panneau *m* • **dar sinal de si** reprendre connaissance ; *(dar notícias)* donner signe de vie • **em sinal de** en signe de • **nem sinal** aucune nouvelle • **sinal de alarme** signal d'alarme • **sinal horário** carillon *m* • **estar a dar sinal de interrompido** ou **de ocupado** sonner occupé
sinalização [sinɐlizɐ'sɐ̃u] *f* signalisation *f*
sinceridade [sĩsəri'đađə] *f* sincérité *f*
sincero, ra [sĩ'sɛru, rɐ] *adj* sincère
síncope [(*Port*) 'sĩnkupə (*Br*), 'sĩnkopi] *f* syncope *f*
sindicato [sĩndi'katu] *m* syndicat *m*
síndico ['sĩndʒiku] *m* (*Br*) syndic *m*
síndrome ['sĩdrumə] *f* syndrome *m*
sinfonia [sĩfu'niɐ] *f* symphonie *f*
sinfónica [sĩ'fɔnikɐ] *adj f* ➤ **música**
sinfônica [sĩ'fonika] *adj f* (*Br*) = **sinfónica**
singelo, la [sĩ'ʒɛlu, lɐ] *adj* simple *(modeste)*
singular [sĩŋgu'lar] (*pl* **-es** [əʃ]) *adj* **1.** *(único)* particulier(ère) **2.** *(extraordinário)* singulier(ère) **3.** *GRAM* singulier ◇ *m* singulier *m* • **singulares homens/mulheres** (*Port*) simple messieurs/dames
sino ['sinu] *m* cloche *f*
sinónimo [si'nɔnimu] *m* (*Port*) synonyme *m*
sinônimo [si'nonimu] *m* (*Br*) = **sinónimo**
sintaxe [sĩn'tasə] *f* syntaxe *f*
síntese ['sĩntəzə] *f* *(resumo)* synthèse *f*
sintético, ca [sĩn'tɛtiku, kɐ] *adj* synthétique
sintoma [sĩn'tomɐ] *m* symptôme *m*
sintonizar [sĩntuni'zar] *vt* mettre
Sintra ['sĩntrɐ] *s* Sintra

Sintra

Située à 40 kilomètres de Lisbonne, au pied du massif de Sintra, cette ville se trouve dans une zone aux paysages d'une beauté rare, pleine de bois aux essences exotiques. Dans un décor d'une grande richesse naturelle, Sintra a été classée patrimoine mondial car elle regorge de monuments importants, comme le palais royal, fantastique palais da Pena, le monastère des Capucins et le palais de Monserrat. La construction du palais royal a été entreprise à la demande de Jean Ier et on y trouve la plus importante collection d'azulejos mudéjars, art né de la rencontre de l'islam et du christianisme.

sinuca [si'nukɐ] *f* (*Br*) snooker *m*, billard *m* américain
sinuoso, osa [si'nwozu, ɔzɐ] *adj* sinueux(euse)
sirene [si'rɛnə] *f* sirène *f* *(alarme)*
siri [si'ri] *m* (*Br*) petit crabe *m*
Síria ['sirjɐ] *f* • **a Síria** la Syrie

sirvo ['sirvu] ➤ **servir**
sísmico ['siʒmiku] *adj m* ➤ **abalo**
siso ['sizu] *m* sagesse *f*
sistema [siʃ'temɐ] *m* système *m* • **sistema métrico** système métrique • **sistema nervoso** système nerveux • **por sistema** par principe
sistemático, ca [siʃtə'matiku, kɐ] *adj* systématique
sisudo, da [si'zuđu, đɐ] *adj* sérieux(euse)
site [(*Br*) 'sajtji (*Port*) sajtə] (*pl* **-s** [ʃ]) *m* *INFORM* site *m*
sítio ['sitʃju] *m* **1.** *(propriedade)* propriété *f* agricole **2.** *MIL* siège *m* **3.** endroit *m* **4.** (*Br*) *(chácara)* maison *f* de campagne • **estado de sítio** état de siège *m* • **em estado de sítio** en état de siège • **arranjar sítio** trouver de la place
situação [sitwɐ'sɐ̃u] (*pl* **-ões** [õiʃ]) *f* situation *f*
situado, da [si'twađu, đɐ] *adj* • **bem/mal situado** bien/mal situé • **situado em** situé dans • **situado em Lisboa** situé à Lisbonne • **situado a norte/oeste** situé au nord/à l'ouest
situar [si'twar] *vt* situer ◆ **situar-se** *vp* se situer
s/l *abrev de* **sobreloja**
slide [s'laidə] *m* diapositive *f*
slip ['slipə] *m* (*Port*) slip *m*
slogan ['slougɐ̃n] *m* slogan *m*
smoking ['smokĩŋ] *m* smoking *m*
snack-bar [snɛk'bar] (*pl* **snack-bares** [snɛk'barəʃ]) *m* snack-bar *m*
snooker ['snukɛr] *m* (*Port*) snooker *m*, billard *m* américain
SO (*abrev de Sudoeste*) S-O *(sud-ouest)*
só ['sɔ] *adj* seul(e) ◇ *adv* seulement • **é só pedir!** il suffit de demander ! • **um só** un seul • **a sós** en tête à tête • **não só... como também...** non seulement... mais aussi... • **só que** seulement
soalheiro, ra [swɐ'ʎɐiru, rɐ] *adj* ensoleillé(e)
soalho ['swaʎu] *m* plancher *m*
soar ['swar] *vt & vi* sonner • **soar bem/mal** sonner juste/faux
sob ['soƀə] *prep* sous
sobe ['sɔƀə] ➤ **subir**
soberania [suƀərɐ'niɐ] *f* souveraineté *f*
soberano, na [suƀə'rɐnu, nɐ] *adj* souverain(e)
soberbo, ba [su'ƀerƀu, ƀɐ] *adj* **1.** *(sumptuoso)* superbe **2.** (*fam*) *(avaro)* mesquin(e)
sobrado [su'ƀrađu] *m* plancher *m*
sobrancelha [suƀrɐ̃'sɐʎɐ] *f* sourcil *m*
sobrar [su'ƀrar] *vi* rester
sobras ['sɔƀraʃ] *fpl* restes *mpl*
sobre ['soƀrə] *prep* **1.** *(em cima de, acerca de)* sur **2.** *(por cima de)* au-dessus de
sobreaviso [suƀriɐ'vizu] *m* • **estar** ou **ficar de sobreaviso** être sur le qui-vive
sobrecarga [suƀrə'kargɐ] *f* surcharge *f*
sobrecarregar [suƀrəkɐʀə'gar] *vt* • **sobrecarregar alguém com algo** surcharger qqn de qqch
sobreiro [su'ƀrɐiru] *m* chêne-liège *m*
sobreloja [suƀrə'lɔʒɐ] *f* entresol *m*
sobremesa [suƀrə'mezɐ] *f* dessert *m*
sobrenatural [ˌsoƀrənɐtu'raɫ] (*pl* **-ais** [aiʃ]) *adj* surnaturel(elle)
sobrenome [sobri'nomi] *m* (*Br*) nom *m* de famille

sobrepor [suƀrə'por] *vt* • **sobrepor algo a algo** superposer qqch à qqch ; (*fig*) (*preferir*) faire passer qqch avant qqch ◆ **sobrepor-se** *vp* se superposer

sobrescrito [subrəʃ'kritu] *m* enveloppe *f*

sobressair [suƀrəsɐ'ir] *vi* ressortir

sobressaltar [suƀrəsaɫ'tar] *vt* faire peur ◆ **sobressaltar-se** *vp* sursauter

sobressalto [suƀrə'saɫtu] *m* **1.** (*susto*) sursaut *m* **2.** (*inquietação*) inquiétude *f*

sobretaxa [ˌsoƀrə'taʃɐ] *f* surtaxe *f*

sobretudo [suƀrə'tuđu] *m* pardessus *m* ◇ *adv* surtout

sobrevivência [suƀrəvi'vẽsjɐ] *f* **1.** survie *f* **2.** (*de tradição*) survivance *f*

sobrevivente [suƀrəvi'vẽntə] *mf* survivant *m*, -e *f*

sobreviver [suƀrəvi'ver] *vi* survivre

sobriedade [suƀrie'đađə] *f* sobriété *f*

sobrinho, **nha** [su'ƀriɲu, ɲɐ] *m*, *f* neveu *m*, nièce *f*

sóbrio, **bria** ['sɔƀriu, riɐ] *adj* sobre

social [su'sjaɫ] (*pl* **-ais** [aiʃ]) *adj* social(e)

socialismo [susjɐ'liʒmu] *m* socialisme *m*

socialista [susjɐ'liʃtɐ] *adj* & *mf* socialiste

sociedade [susje'đađə] *f* société *f*

sócio, **cia** ['sɔsju, sjɐ] *m*, *f* associé *m*, -e *f*

sociologia [susjulu'ʒiɐ] *f* sociologie *f*

sociólogo, **ga** [su'sjɔlugu, gɐ] *m*, *f* sociologue *mf*

soco ['soku] *m* (*fam*) coup *m* de poing

socorrer [suku'ʀer] *vt* secourir ◆ **socorrer-se de** *vp* + *prep* (*recorrer a*) recourir à

socorrismo [suku'ʀiʒmu] *m* secourisme *m*

socorro [su'koʀu] *m* secours *m* ◇ *interj* au secours ! • **pedir socorro** appeler à l'aide

socos ['sɔkuʃ] *mpl* sabots *mpl*

soda ['sɔđɐ] *f* **1.** (*bicarbonato de soda*) soude *f* **2.** (*bebida*) soda *m*

sofá [su'fa] *m* canapé *m* • **sofá cama** canapé-lit *m*

sofisticado, **da** [sufiʃti'kađu, đɐ] *adj* sophistiqué(e)

sofrer [su'frer] *vt* **1.** (*acidente*) être victime de **2.** (*revés*) essuyer **3.** (*abalo, susto, decepção*) avoir **4.** (*perda, humilhação*) subir ◇ *vi* souffrir

sofrimento [sufri'mẽntu] *m* souffrance *f*

software [sɔf'twɛrə] *m* *INFORM* logiciel *m*

sogro, **sogra** ['sogru, 'sɔgrɐ] *m*, *f* beau-père *m*, belle-mère *f*

soirée [swa're] *f* soirée *f*

sóis [sɔjʃ] ➤ **sol**

soja ['sɔʒɐ] *f* soja *m*

sol ['sɔɫ] (*pl* **sóis** ['sɔiʃ]) *m* **1.** (*astro*) soleil *m* **2.** (*em praça de touros*) *place située du côté de l'arène exposé au soleil*

sola ['sɔlɐ] *f* semelle *f*

solar [su'lar] (*pl* **-es** [əʃ]) *adj* solaire ◇ *m* manoir *m*

soldado [soɫ'đađu] *m* soldat *m*

soldo [(*Port*) 'soɫđu (*Br*), 'sowdu] *m* (*argent*) solde *m*

soleira [su'lɐirɐ] *f* seuil *m*

solene [su'lɛnə] *adj* solennel(elle)

soletrar [sulə'trar] *vt* épeler

solha ['soʎɐ] *f* limande *f*

solicitar [sulisi'tar] *vt* solliciter

solícito, **ta** [su'lisitu, tɐ] *adj* prévenant(e)

solidão [suli'dɐ̃u] *f* solitude *f*
solidariedade [suliđɐrje'đađə] *f* solidarité *f*
solidário, ria [suli'đarju, rjɐ] *adj* solidaire • **ser solidário com** être solidaire de
sólido, da ['sɔliđu, đɐ] *adj* solide
solista [su'liʃtɐ] *mf* soliste *mf*
solitário, ria [suli'tarju, rjɐ] *adj* solitaire ◇ *m* **1.** *(Port) (para flores)* soliflore *m* **2.** *(jóia)* solitaire *m*
solo ['sɔlu] *m* **1.** sol *m* **2.** *MÚS* solo *m*
soltar [soɫ'tar] *vt* **1.** *(desprender, desatar)* détacher **2.** *(grito, gargalhada)* pousser **3.** *(de prisão)* relâcher **4.** *(de gaiola)* lâcher ◆ **soltar-se** *vp* se détacher
solteiro, ra [soɫ'tɐiru, rɐ] *adj* célibataire
solto, ta ['soɫtu, tɐ] *pp* ➤ **soltar** ◇ *adj* **1.** *(livre)* détaché(e) **2.** *(animal)* en liberté **3.** *(sozinho)* à l'unité
solução [sulu'sɐ̃u] (*pl* **-ões** [õiʃ]) *f* solution *f*
soluçar [sulu'sar] *vi* **1.** *(ter soluços)* avoir le hoquet **2.** *(chorar)* sangloter
solucionar [sulusju'nar] *vt* *(problema)* résoudre
soluço [su'lusu] *m* **1.** *(contracção)* hoquet *m* **2.** *(choro)* sanglot *m*
soluções ➤ **solução**
solúvel [su'luvɛɫ] (*pl* **-eis** [ɐiʃ]) *adj* soluble
som ['sõ] (*pl* **-ns** [ʃ]) *m* son *m* • **ao som de** au son de
soma ['somɐ] *f* somme *f*
somar [su'mar] *vt* additionner
sombra ['sõmbrɐ] *f* **1.** *(de pessoa, árvore)* ombre *f* **2.** *(cosmético)* ombre *f* à paupières • **à** ou **na sombra** à l'ombre • **sem sombra de dúvida** sans l'ombre d'un doute
sombrio, bria [sõm'briu, 'briɐ] *adj* sombre
somente [sɔ'mẽntə] *adv* seulement
sonâmbulo, la [su'nɐ̃mbulu, lɐ] *m, f* somnambule *mf*
sonda ['sõndɐ] *f MED* sonde *f* • **sonda espacial** sonde spatiale
sondagem [sõn'daʒɐ̃i] (*pl* **-ns** [ʃ]) *f* sondage *m*
soneca [su'nɛkɐ] *f* somme *m*
soneto [su'netu] *m* sonnet *m*
sonhador, ra [suɲɐ'đor, rɐ] (*mpl* **-es** [əʃ], *fpl* **-s** [ʃ]) *m, f* rêveur *m*, -euse *f*
sonhar [su'ɲar] *vi* rêver • **sonhar acordado** rêver debout • **sonhar com** rêver de
sonho ['soɲu] *m* rêve *m* • **de sonho** de rêve ◆ **sonhos** *mpl* **1.** *(em Portugal) beignets servis avec un sirop parfumé au citron et à la cannelle* **2.** *(no Brasil)* ≃ pets-de-nonne *mpl*
sonífero [su'nifəru] *m* somnifère *m*
sono ['sonu] *m* sommeil *m* • **estar perdido de sono** tomber de sommeil • **pegar no sono** s'endormir • **ter sono** avoir sommeil • **sono pesado** sommeil profond
sonolento, ta [sunu'lẽntu, tɐ] *adj* somnolent(e)
sonoro, ra [su'nɔru, rɐ] *adj* sonore
sons [sõʃ] ➤ **som**
sonso, sa ['sõsu, sɐ] *adj* sournois(e)
sopa ['sopɐ] *f* soupe *f* • **sopa de hortaliça** ou **de legumes** *soupe de légumes* • **sopa de marisco** *velouté de fruits de mer* • **sopa de pedra** soupe à la « pierre », *soupe de*

haricots, de lard et d'oreille de porc cuite dans une cocotte dans laquelle on a placé une pierre • **ou sim ou sopas** de deux choses l'une

soporífero [supu'rifəru] *m* soporifique *m*

soprar [su'prar] *vt & vi* souffler

soquete [so'kɛtʃi] *(Br) m* douille *f* ◇ *mpl (chaussettes de femme)* socquettes *fpl*

sórdido, da ['sɔrđiđu, đɐ] *adj* sordide

soro ['soru] *m* **1.** *MED* sérum *m* **2.** *(de leite)* petit-lait *m* • **soro fisiológico** sérum physiologique

soronegativo, va [soronega'tʃivu, vɐ] *adj (Br)* = **seronegativo**

soropositivo, va [soropozi'tʃivu, vɐ] *adj (Br)* = **seropositivo**

sorridente [suʀi'đẽntə] *adj* souriant(e)

sorrir [su'ʀir] *vi* sourire

sorriso [su'ʀizu] *m* sourire *m*

sorte ['sɔrtə] *f* **1.** *(acaso, destino)* sort *m* **2.** *(fortuna)* chance *f* **3.** *(em tourada)* feinte *f* • **boa sorte!** bonne chance ! • **dar sorte** porter chance • **estar com sorte** avoir de la chance • **ter sorte** avoir de la chance • **tirar a sorte** gagner • **a sorte grande** le gros lot • **à sorte** au sort • **com sorte** avec de la chance • **por sorte** par chance

sortear [sur'tjar] *vt* tirer au sort

sorteio [sur'tɐju] *m* tirage *m* au sort

sortido, da [sur'tiđu, đɐ] *adj* assorti(e) ◇ *m* assortiment *m*

sortudo, da [sur'tuđu, đɐ] *m, f (Port) (fam)* veinard *m*, -e *f*

sorvete [sor'vetʃi] *m (Br)* glace *f*

sorveteria [sorvete'riɐ] *f (Br)* • **ir à sorveteria** aller chez le marchand de glaces

SOS *m (abrev de Save our Souls)* SOS *m*

sósia ['sɔzja] *mf* sosie *m*

sossegado, da [susə'gađu, đɐ] *adj* calme

sossego [su'segu] *m* calme *m* • **deixar em sossego** laisser tranquille

sótão ['sɔtɐ̃u] *m* grenier *m*

sotaque [su'takə] *m* accent *m*

sotavento [sɔtɐ'vẽntu] *m* côté *m* sous le vent

soterrar [sutə'ʀar] *vt* ensevelir

sou ['so] ➤ **ser**

soube ['soƀə] ➤ **saber**

soufflé [su'flɛ] *m* soufflé *m*

soutien [su'tjẽ] *m (Port)* soutien-gorge *m*

sova ['sɔvɐ] *f* • **dar uma sova** rouer de coups

sovaco [su'vaku] *m* aisselle *f*

sovina [su'vinɐ] *adj* pingre

sozinho, nha [sɔ'ziɲu, ɲɐ] *adj* **1.** *(sem companhia, ajuda)* seul(e) **2.** *(falar, rir)* tout seul (toute seule)

spam ['spæm] *(pl* **-s** [ʃ]*) m INFORM* spam *m*, pourriel *m (Québec)*

spray ['sprɐi] *m* spray *m*

squash ['skwaʃ] *m* squash *m*

Sr. *(abrev de senhor)* M. *(monsieur)*

Sra. *(abrev de senhora)* Mme *(madame)*

stand [ʃ'tẽndə] *(pl* **-es** [əʃ]*) m* **1.** *(Port) (de automóveis)* concessionnaire *m* **2.** *(em exposições)* stand *m*

stock [ʃ'tɔkə] *m (Port)* stock *m*

stress ['strɛs] *m (Port)* stress *m*

sua ['sua] ➤ **seu**

suar ['swar] *vi* suer

suástica ['swaʃtikɐ] *f* croix *f* gammée

suave ['swavə] *adj* **1.** doux (douce) **2.** *(vento, sabor, cheiro, dor)* léger(ère) **3.** *(voz)* suave
suavidade [swɐvi'đađə] *f* douceur *f*
suavizar [swɐvi'zar] *vt* **1.** *(pele, sabor)* adoucir **2.** *(dor)* soulager ◇ *vi (vento, chuva)* se calmer
subalimentação [suƀɐlimẽntɐ'sɐ̃u] *f* sous-alimentation *f*
subalimentado, da [suƀɐlimẽn'tađu, đɐ] *adj* sous-alimenté(e)
subalterno, na [suƀał'tɛrnu, nɐ] *adj* & *m, f* subalterne
subalugar [suƀɐlu'gar] *vt* sous-louer
subconsciente [suƀkõʃ'sjẽntə] *m* subconscient *m*
subdesenvolvido, da [suƀdəzẽvoł'viđu, đɐ] *adj* sous-développé(e)
subdesenvolvimento [suƀdəzẽvołvi'mẽntu] *m* sous-développement *m*
súbdito, ta ['suƀditu, tɐ] *m, f* *(Port)* sujet *m*, sujette *f*
subentendido, da [suƀẽntẽn'điđu, đɐ] *adj* sous-entendu(e) ◇ *m* sous-entendu *m*
subida [su'ƀiđɐ] *f* **1.** montée *f* **2.** *(de preços)* hausse *f*
subir [su'ƀir] *vt* **1.** *(galgar)* grimper **2.** *(ir para cima, percorrer)* monter **3.** *(escalar)* escalader, gravir **4.** *(aumentar)* augmenter **5.** *(ascender)* remonter **6.** *(voz)* hausser ◇ *vi* **1.** *(ger)* monter **2.** *(ascender) (balão, neblina, fumaça)* monter **3.** *(ascender) (elevador, teleférico)* monter **4.** *(ascender) (em ônibus)* prendre *(le bus)* **5.** • **subir a** monter à • **subir de categoria** passer à l'échelon supérieur • **subir em** *(Br) (em ônibus, avião, trem)* monter dans • **subir para** *(Port) (autocarro, avião)* monter dans ; *(Port) (bicicleta, cavalo)* monter sur • **subir por** *(ir por)* prendre par **6.** *(socialmente)* ascension sociale *f* **7.** *(aumentar)* augmenter **8.** *(fam) (embriagar)* se griser • **subir a/até** grimper jusqu'à • **subir em** *(árvore)* grimper ; *(telhado, cadeira)* grimper à • **subir por** monter par • **subir à cabeça** *(fig)* porter/monter à la tête • **subir a** aller jusqu'à • **subir na vida** évoluer dans la vie
subir [su'ƀir] *vt* **1.** monter **2.** *(rochedo)* escalader **3.** *(montanha)* faire l'ascension de **4.** *(preços, salários)* augmenter **5.** *(estore, persiana)* remonter ◇ *vi* monter
súbito, ta ['suƀitu, tɐ] *adj* subit(e) • **de súbito** subitement
subjectivo, va [suƀʒɛ'tivu, vɐ] *adj* subjectif(ive)
subjetivo [subʒɛ'tʒivu] *(Br)* = **subjectivo**
subjugar [suƀʒu'gar] *vt* **1.** subjuguer **2.** *(inimigo)* dominer ◆ **subjugar-se a** *vp + prep* se soumettre à
subjuntivo [subʒon'tʃivu] *m* *(Br)* subjonctif *m*
sublime [su'ƀlimə] *adj* sublime
sublinhar [suƀli'ɲar] *vt* souligner
sublocar [sublo'ka(x)] *vt* sous-louer
submarino [suƀmɐ'rinu] *m* sous-marin *m*
submergir [suƀmər'ʒir] *vt* submerger
submeter [suƀmə'ter] *vt* • **submeter algo/alguém a** soumettre qqch/qqn à ◆ **submeter-se a** *vp + prep* se soumettre à
submisso, a [suƀ'misu, ɐ] *adj* soumis(e)

subnutrido, da [suƀnu'triđu, đɐ] *adj* sous-alimenté(e)
subornar [suƀur'nar] *vt* soudoyer
suborno [su'boxnu] *m* (*de testemunhas*) subornation *f*; (*de outras pessoas*) captation *f*
subsídio [suƀ'siđju] *m* **1.** subvention *f* **2.** (*de desemprego*) allocation *f*
subsistência [suƀsiʃ'tẽsjɐ] *f* subsistance *f*
subsistir [suƀsiʃ'tir] *vi* subsister
subsolo [suƀ'sɔlu] *m* sous-sol *m*
substância [suƀʃ'tɐ̃sjɐ] *f* substance *f*
substantivo [suƀʃtɐ̃n'tivu] *m* substantif *m*
substituir [suƀʃti'twir] *vt* remplacer
substituto, ta [suƀʃti'tutu, tɐ] *m, f* remplaçant *m*, -e *f*
subterrâneo, nea [suƀtə'ʀɐnju, njɐ] *adj* souterrain(e)
subtil [suƀ'tił] (*pl* **-is** [iʃ]) *adj* (*Port*) subtil(e)
subtrair [suƀtrɐ'ir] *vt* soustraire
suburbano, na [suƀur'ƀɐnu, nɐ] *adj* de banlieue
subúrbio [su'ƀurƀju] *m* banlieue *f*
subversivo, va [suƀvər'sivu, vɐ] *adj* subversif(ive)
sucata [su'katɐ] *f* ferraille *f*
sucção [suk'sɐ̃u] *f* succion *f*
suceder [susə'đer] *vi* arriver ◆ **suceder-se** *vp* se succéder ◆ **suceder a** *v + prep* (*em cargo*) succéder à
sucedido, da [susə'điđu, đɐ] *adj* survenu(e) ◇ *m* ● **o sucedido** ce qui s'est passé ● **ser bem/mal sucedido** bien/mal se passer
sucessão [susə'sɐ̃u] (*pl* **-ões** [õiʃ]) *f* **1.** (*de acontecimentos*) suite *f* **2.** (*em cargo*) succession *f*
sucessivo, va [susə'sivu, vɐ] *adj* successif(ive)
sucesso [su'sɛsu] *m* succès *m* ● **fazer sucesso** avoir du succès
sucessões ➤ **sucessão**
sucinto, ta [su'sĩntu, tɐ] *adj* succinct(e)
suco ['suku] *m* (*Br*) jus *m*
suculento, ta [suku'lẽntu, tɐ] *adj* succulent(e)
sucumbir [sukũm'bir] *vi* **1.** (*morrer*) succomber **2.** (*desmoronar*) céder ● **sucumbir a** (*ceder*) succomber à
sucursal [sukur'sał] (*pl* **-ais** [aiʃ]) *f* succursale *f*
sudeste [su'đɛʃtə] *m* sud-est *m* ● **no sudeste** dans le sud-est
Sud-express [suđəʃ'prɛʃ] *m* ● **o Sud-express** *le Sud-express, nom donné au train Paris-Lisbonne*
súdito ['sudʒitu] (*Br*) = **súbdito**
sudoeste [su'đwɛʃtə] *m* sud-ouest *m* ● **no sudoeste** dans le sud-ouest
sueca ['swɛkɐ] *f* ≃ belote *f* ➤ **sueco**
Suécia ['swɛsjɐ] *f* ● **a Suécia** la Suède
sueco, ca ['swɛku, kɐ] *adj* suédois(e) ◇ *m, f* Suédois *m*, -e *f* ◇ *m* (*língua*) suédois *m*
suéter ['swɛtex] (*pl* **-es** [iʃ]) *m & f* (*Br*) pull *m*
suficiente [sufə'sjẽntə] *adj* suffisant(e) ◇ *m* mention *f* passable ● **tenho água suficiente** j'ai assez d'eau
sufixo [su'fiksu] *m* suffixe *m*
suflé [su'flɛ] *m* (*Port*) soufflé *m*
suflê [su'fle] *m* (*Br*) = **suflé**

sufocante [sufu'kẽntə] *adj* suffocant(e)
sufocar [sufu'kar] *vt & vi* suffoquer
sugar [su'gar] *vt* sucer
sugerir [suʒə'rir] *vt* suggérer
sugestão [suʒəʃ'tɐ̃u] (*pl* **-ões** [õiʃ]) *f* suggestion *f*
sugestivo, va [suʒəʃ'tivu, vɐ] *adj* suggestif(ive)
sugestões ➤ **sugestão**
Sugos® ['suguʃ] *mpl* ≃ Sugus *mpl (bonbons)*
Suíça ['swisɐ] *f* • **a Suíça** la Suisse
suíças ['swisɐʃ] *fpl* favoris *mpl*, pattes *fpl*
suicidar-se [swisi'đarsə] *vp* se suicider
suicídio [swi'siđju] *m* suicide *m*
suíço, ça ['swisu, sɐ] *adj* suisse ◇ *m, f* Suisse *mf*
suíte ['switə] *f* suite *f*
sujar [su'ʒar] *vt* salir ◆ **sujar-se** *vp* se salir
sujeitar [suʒɐi'tar] *vt* • **sujeitar algo/alguém a algo** soumettre qqch/qqn à qqch ◆ **sujeitar-se a** *vp + prep* se soumettre à
sujeito, ta [su'ʒɐitu, tɐ] *m, f* (*fam*) type *m*, bonne femme *f* ◇ *m* sujet *m* • **sujeito a** sujet à • **se continuas assim, estás sujeito a levar uma bofetada** (*fam*) si tu continues comme ça, tu vas te prendre une gifle ▼ **sujeito a reboque** passible d'enlèvement
sujo, ja ['suʒu, ʒɐ] *adj* **1.** sale **2.** *(negócio)* malhonnête
sujidade [suʒi'đađə] *f* saleté *f*
sul ['suł] *m* sud *m* • **a sul** au sud • **a sul de** au sud de • **no sul** dans le sud
sul-africano, na [sułɐfri'kɐnu, nɐ] *adj* sud-africain(e)
sul-americano, na [sułɐməri'kɐnu, nɐ] *adj* sud-américain(e)
sulfamida [sułfɐ'miđɐ] *f* sulfamide *m*
suma ['sumɐ] *f* • **em suma** en somme
sumário, ria [su'marju, rjɐ] *adj* sommaire ◇ *m* sommaire *m*
sumo ['sumu] *m* (*Port*) jus *m* • **sumo de frutas** jus de fruits
Sumol® [su'mɔł] (*pl* **-óis** [ɔiʃ]) *f* ≃ Fanta *m*
sundae ['sẽndei] *m* (*Br*) coupe *f* glacée
sunga ['sũŋgɐ] *f* (*Br*) slip *m* de bain
suor ['swɔr] (*pl* **-es** [əʃ]) *m* sueur *f* • **suores frios** sueurs froides
superar [supə'rar] *vt* **1.** *(obstáculo, dificuldade)* surmonter **2.** *(inimigo, rival)* surpasser
superficial [supərfə'sjał] (*pl* **-ais** [aiʃ]) *adj* superficiel(elle)
superfície [supər'fisjə] *f* **1.** surface *f* **2.** *(extensão)* superficie *f* • **à superfície** à la surface
supérfluo, flua [su'pɛrflu, fluɐ] *adj* superflu(e)
superior [supə'rjor] (*pl* **-es** [əʃ]) *adj* supérieur(e) ◇ *m* supérieur *m* • **piso** ou **andar superior** étage du dessus • **mostrar-se superior** se donner des airs
superioridade [supərjuri'đađə] *f* supériorité *f*
superlativo [supərlɐ'tivu] *m* superlatif *m*
superlotado, da [ˌsupɛrlu'tađu, đɐ] *adj* **1.** *(sala)* comble **2.** *(metro)* bondé(e)
supermercado [ˌsupɛrmər'kađu] *m* supermarché *m*
superstição [supərʃti'sɐ̃u] (*pl* **-ões** [õiʃ]) *f* superstition *f*
supersticioso, osa [supərʃti'sjozu, ɔzɐ] *adj* superstitieux(euse)

superstições ➤ **superstição**
supervisão [supərvi'zɐ̃u] *f* supervision *f*
supervisionar [supərvizju'nar] *vt* **1.** *(pessoa)* diriger **2.** *(trabalho)* superviser
suplementar [(*Port*) supləmẽn'tar (*Br*), suplemẽn'ta(x)] *adj* supplémentaire
suplemento [suplə'mẽntu] *m* supplément *m*
suplente [su'plẽntə] *adj* **1.** *(peça)* de rechange **2.** *(pessoa)* suppléant(e) ◇ *mf* remplaçant *m*, -e *f*
súplica ['suplikɐ] *f* supplication *f*
suplicar [supli'kar] *vt* supplier ● **suplicar a alguém que faça algo** supplier qqn de faire qqch
suplício [su'plisju] *m* supplice *m*
supor [su'por] *vt* supposer ◆ **supor-se** *vp* s'imaginer
suportar [supur'tar] *vt* supporter
suporte [su'pɔrtə] *m* support *m*
suposição [supuzi'sɐ̃u] (*pl* **-ões** [õiʃ]) *f* supposition *f*
supositório [supuzi'tɔrju] *m* suppositoire *m*
suposto, **osta** [su'poʃtu, ɔʃtɐ] *adj* **1.** *(hipotético)* supposé(e) **2.** *(alegado)* présumé(e) **3.** *(falso)* prétendu(e) ● **é suposto (que)** on suppose (que)
supremo, **ma** [su'premu, mɐ] *adj* suprême ◆ **Supremo** *m* ● **o Supremo (Tribunal de Justiça)** ≃ la Cour de cassation
supressão [suprə'sɐ̃u] (*pl* **-ões** [õiʃ]) *f* suppression *f*
suprimir [su'primir] *vt* supprimer
surdez [sur'đeʃ] *f* surdité *f*
surdina [sur'đinɐ] *f* ● **em surdina** en sourdine
surdo, **da** ['surđu, đɐ] *adj* sourd(e) ◇ *m, f* sourd *m*, -e *f* ● **fazer-se de surdo** faire la sourde oreille
surf ['sɐrfə] *m* (*Port*) surf *m* ● **fazer surf** faire du surf
surfar [sux'fa(x)] (*Br*) = **surf**
surfe ['suxfi] *m* (*Br*) = **surf**
surfista [sur'fiʃtɐ] *mf* surfeur *m*, -euse *f*
surgir [sur'ʒir] *vi* surgir
surpreendente [surpriẽn'dẽntə] *adj* surprenant(e)
surpreender [surpriẽn'der] *vt* surprendre ◆ **surpreender-se** *vp* être surpris(e)
surpresa [sur'prezɐ] *f* surprise *f* ● **fazer uma surpresa a alguém** faire une surprise à qqn ● **de surpresa** par surprise
surpreso, **sa** [sur'prezu, zɐ] *adj* surpris(e)
surra [(*Port*) 'sura (*Br*), 'suxa] *f* raclée *f*, rossée *f* ● **dar uma surra em alguém** (*fam*) filer une raclée à qqn ● **levar uma surra de alguém** (*fam*) se prendre une raclée
surtir [(*Port*) sur'tir (*Br*), sur'ti(x)] *vt* produire, obtenir ● **surtir efeito** l'effet désiré *m*
surto ['surtu] *m* déclaration *f*
susceptível [suʃsɛ'tivɛɫ] (*pl* **-eis** [ɐiʃ]) *adj* (*Port*) susceptible ● **susceptível de** susceptible de
suscetível [suʃse'tʃivɛu] (*pl* **-eis** [ɐiʃ]) *adj* (*Br*) = **susceptível**
suscitar [suʃsi'tar] *vt* susciter
suspeita [suʃ'pɐitɐ] *f* soupçon *m* ➤ **suspeito** ● **lançar suspeitas sobre alguém** faire peser des soupçons sur qqn
suspeito, **ta** [suʃ'pɐitu, tɐ] *adj* & *m, f* suspect(e)

suspender [suʃpẽn'der] *vt* **1.** suspendre **2.** *(aluno, trabalhador)* renvoyer
suspensão [suʃpẽn'sɐ̃u] (*pl* **-ões** [õiʃ]) *f* **1.** *(de veículo)* suspension *f* **2.** *(de escola)* renvoi *m*
suspense [suʃ'pẽsə] *m* suspense *m*
suspensões ➤ **suspensão**
suspensórios [suʃpẽ'sɔrjuʃ] *mpl* bretelles *fpl*
suspirar [suʃpi'rar] *vi* soupirer ● **suspirar por** se languir de
suspiro [suʃ'piru] *m* **1.** *(de cansaço, prazer)* soupir *m* **2.** *(doce)* meringue *f*
sussurrar [susu'ʀar] *vt* & *vi* chuchoter
sussurro [su'suʀu] *m* chuchotement *m*
sustentar [suʃtẽn'tar] *vt* **1.** soutenir **2.** *(manter)* entretenir **3.** *(alimentar)* nourrir
suster [suʃ'ter] *vt* retenir
susto ['suʃtu] *m* peur *f* ● **apanhar um susto** avoir peur ● **pregar um susto a alguém** (*fam*) faire peur à qqn
sutiã [su'tʃjɐ̃] *m* (*Br*) = **soutien**
sutil [su'tʃiu] (*pl* **-is** [iʃ]) *adj* (*Br*) = **subtil**
SW (*abrev de Sudoeste*) S-O *(sud-ouest)*

tT

ta [tɐ] = **te** + **a** ; ➤ **te**
-ta [tɐ] ➤ **te**
tabacaria [tɐbɐkɐ'riɐ] *f* bureau *m* de tabac
tabaco [tɐ'baku] *m* tabac *m*
tabela [tɐ'bɛlɐ] *f* **1.** tableau *m* **2.** *(de horários)* panneau *m* horaire **3.** *(de preços)* tarif *m* ● **à tabela** pile à l'heure
taberna [tɐ'bɛrnɐ] *f* bistrot *m*
tablete [ta'blɛtə] *m* & *f* ● **tablete (de chocolate)** tablette *f* (de chocolat)
tabu [ta'bu] *adj* tabou(e) ◇ *m* tabou *m*
tábua ['tabwɐ] *f* planche *f* ● **tábua de passar a ferro** (*Port*) planche à repasser ● **tábua (de passar roupa)** (*Br*) planche à repasser
tabuleiro [tɐbu'lɐiru] *m* **1.** *(para comida)* plateau *m* **2.** *(de damas)* damier *m* **3.** *(de xadrez)* échiquier *m* **4.** *(de ponte)* tablier *m*
tabuleta [tɐbu'letɐ] *f* **1.** *(em porta)* plaque *f* **2.** *(em estabelecimento)* enseigne *f* **3.** *(em estrada)* panneau *m*
tac ['takə] *m* (*abrev de Tomografia Axial Computorizada*) scanner *m*
taça ['tasɐ] *f* **1.** coupe *f* **2.** *(de chá)* tasse *f*
tacada [tɐ'kadɐ] *f* coup *m*
tacão [tɐ'kɐ̃u] (*pl* **-ões** [õiʃ]) *m* talon *m*
tacho ['taʃu] *m* casserole *f*
taco ['taku] *m* **1.** *(de bilhar)* queue *f* **2.** *(de golfe)* club *m* **3.** *(de chão)* latte *f*
tacões ➤ **tacão**
táctica ['tatikɐ] *f* (*Port*) tactique *f*
táctico, ca ['tatiku, kɐ] *adj* (*Port*) tactique
tacto ['tatu] *m* **1.** (*Port*) *(sentido)* toucher *m* **2.** (*fig*) *(cuidado, habilidade)* tact *m* ● **ter tacto** (*fig*) avoir du tact
tagarela [tɐgɐ'rɛlɐ] *adj* & *mf* bavard(e)
tainha [tɐ'iɲɐ] *f* mulet *m (poisson)*
tal ['taɫ] (*pl* **tais** ['taiʃ]) *adj* tel (telle)

◇ *pron* • **o/a tal** celui-là /celle-là • **que tal?** alors ? • **um tal senhor...** un certain ou dénommé... • **que tal um passeio?** que dirais-tu d'une promenade ? • **na rua tal** dans telle rue • **como tal** alors • **para tal** pour cela • **tal coisa** une chose pareille • **tal como** comme • **tal e qual** comme

tala ['talɐ] *f* attelle *f*

talão [tɐ'lɐ̃u] (*pl* **-ões** [õiʃ]) *m* talon *m* • **talão de cheques** (*Br*) carnet *m* de chèques

talco ['tałku] *m* talc *m*

talento [tɐ'lẽntu] *m* talent *m*

talhar [tɐ'ʎar] *vt* tailler ◆ **talhar-se** *vp* cailler

talharim [tɐʎɐ'rĩ] (*pl* **-ns** [ʃ]) *m* tagliatelle *f*

talher [tɐ'ʎɛr] (*pl* **-es** [əʃ]) *m* couverts *mpl*

talho ['taʎu] *m* (*Port*) (*açougue*) boucherie *f*

talo ['talu] *m* **1.** (*de flor*) tige *f* **2.** (*de legume*) trognon *m*

talões ➤ **talão**

talvez [tał'veʃ] *adv* peut-être • **talvez sim, talvez não** peut-être bien que oui, peut-être bien que non

tamanco [ta'mɐ̃ŋku] *m* sabot *m*

tamancos [ta'mẽŋkuʃ] *mpl* sabots *mpl*

tamanho, nha [tɐ'meɲu, ɲɐ] *adj* pareil(eille) ◇ *m* taille *f*

tamanho-família [ta,meɲufa'miljɐ] *adj inv* (*Br*) familial(e)

tâmara ['tɐmɐrɐ] *f* datte *f*

tamarindo [tɐmɐ'rĩndu] *m* **1.** (*árvore*) tamarinier *m* **2.** (*fruto*) tamarin *m*

também [tẽm'bɐ̃i] *adv* aussi • **eu também não gosto disso** je n'aime pas ça non plus

tambor [tẽm'bor] (*pl* **-es** [əʃ]) *m* tambour *m*

tamboril [tẽmbu'ril] (*pl* **-is** [iʃ]) *m* **1.** (*peixe*) baudroie *f* **2.** MÚS tambourin *m*

tamborim [tẽmbu'rĩ] (*pl* **-ns** [ʃ]) *m* tambourin *m*

tamboris ➤ **tamboril**

Tamisa ['tɐmizɐ] *m* • **o Tamisa** la Tamise

Tâmisa ['tɐ̃miza] (*Br*) = **Tamisa**

tampa ['tẽmpɐ] *f* couvercle *m*

tampão [tẽm'pɐ̃u] (*pl* **-ões** [õiʃ]) *m* tampon *m*

tampo ['tẽmpu] *m* **1.** (*de cadeira*) siège *m* **2.** (*de mesa*) plateau *m* **3.** (*de sanita*) abattant *m*

tampões ➤ **tampão**

tampouco ['tẽmpoku] *adv* = **tão-pouco**

tanga ['tẽŋgɐ] *f* string *m*

tangerina [tẽʒə'rinɐ] *f* clémentine *f*

tanque ['tẽŋkə] *m* **1.** réservoir *m* **2.** (*para lavar roupa*) lavoir *m* **3.** (*para peixes*) bassin *m* **4.** (*veículo militar*) tank *m*

tanto, ta ['tẽntu, tɐ] *adj*

1. (*exprime grande quantidade*) tant de • **tanto dinheiro** tant d'argent • **tanta gente** tant de monde • **esperei tanto tempo** j'ai attendu si longtemps • **tanto... que...** tellement... que...

2. (*indica quantidade indeterminada*) tant • **de tantos em tantos dias** tous les tels jours • **tantos outros** tant d'autres • **é**

tanto por dia c'est tant par jour • **são umas tantas vezes ao dia** ce sera tant de fois par jour
3. *(em comparações)* • **tanto... como...** autant de... que... • **eles têm tanta sorte como tu** ils ont autant de chance que toi • **tanto um como o outro** l'un comme l'autre
◇ *adv*
1. *(exprime grande quantidade)* autant, tant • **quero-te tanto** je t'aime tant • **não quero tanto** je n'en veux pas autant
2. *(em comparações)* autant que • **ele sabe tanto como eu** il sait autant que moi
3. *(em locuções)* • **é um tanto caro** c'est un peu cher • **de tanto fazer algo** à force de faire qqch • **tanto faz!** c'est du pareil au même ! • **tanto pior/melhor** tant pis/tant mieux • **tanto quanto** autant que • **um tanto** un peu • **um tanto quanto** un tant soit peu • **tanto que** tant et si bien que • **comi tanto que fiquei maldisposto** j'ai tellement mangé que je me suis trouvé mal
◇ *pron*
1. *(indica grande quantidade)* autant • **ele não tem tantos** il n'en a pas autant
2. *(indica igual quantidade)* autant • **havia muita gente ali, aqui não era tanta** là-bas, il y avait du monde, ici il n'y en avait pas autant
3. *(indica quantidade indeterminada)* • **quero pêssegos, uns tantos verdes e uns tantos maduros** je veux des pêches, quelques vertes et quelques mûres • **uns tantos aqui, uns tantos ali** quelques-uns ici, quelques-uns là-bas • **a tantos do passado mês** le tant du mois dernier • **suponhamos que vêm tantos** supposons qu'il en vienne tant
4. *(em locuções)* • **às tantas** tout d'un coup • **às tantas da noite** tard dans la nuit • **para tanto** pour cela

tão [tɐ̃u] *adv* si • **tão... como...** aussi... que... • **tão... que...** si... que...

tão-pouco ['tɐ̃upoku] *adv* non plus

TAP ['tapə] *f* (*abrev de Transportes Aéreos Portugueses*) TAP *f, compagnie nationale de transports aériens portugaise*

tapa ['tapɐ] *m* *(Br)* claque *f*

tapar [tɐ'par] *vt* **1.** couvrir **2.** *(garrafa, frasco, caixa)* fermer **3.** *(buraco)* boucher **4.** *(boca, ouvidos, nariz)* se boucher

tapeçaria [tɐpəsɐ'riɐ] *f* tapisserie *f*

tapete [tɐ'petə] *m* **1.** tapis *m* **2.** *(de estrada)* revêtement *m* • **tapete rolante** tapis roulant • **tapete de Arraiolos** *tapis de la région d'Arraiolos*

tardar [tɐr'đar] *vi* tarder • **tardar a** ou **em fazer algo** tarder à faire qqch • **não tardar** ne pas tarder • **o mais tardar** au plus tard

tarde ['tarđə] *f* **1.** *(até às sete)* après-midi *m ou f* **2.** *(depois das sete)* soir *m* ◇ *adv* tard • **à tarde** l'après-midi • **boa tarde!** *(até às sete)* bonjour ! ; *(depois das sete)* bonsoir ! • **fazer-se tarde** se faire tard • **ser tarde** être tard • **mais tarde** plus tard • **nunca é tarde demais** il n'est jamais trop tard • **tarde e a más horas** à une heure indue

tardinha [tax'dʒiɲa] *f* tombée *f* du jour

tardio, dia [tɐr'điu, điɐ] *adj* tardif(ive)

tarefa [tɐ'rɛfɐ] *f* tâche *f*

tarifa [tɐ'rifɐ] *f* tarif *m*

tartaruga [tɐrtɐ'rugɐ] *f* tortue *f*

tarte ['tartə] *f* tarte *f*

tas [tɐʃ] = **te** + **as** ; ➤ **te**
-tas [tɐʃ] ➤ **te**
tasca ['taʃkɐ] *f* bistrot *m*
tática ['tatʃikɐ] *f* *(Br)* = **táctica**
tático, ca ['tatʃiku, kɐ] *adj* *(Br)* = **táctico**
tato ['tatu] *m* *(Br)* = **tacto**
tatuagem [tɐ'twaʒẽi] (*pl* **-ns** [ʃ]) *f* tatouage *m*
tauromaquia [taurumɐ'kiɐ] *f* tauromachie *f*
taxa ['taʃɐ] *f* **1.** *(imposto)* taxe *f* **2.** *(percentagem)* taux *m* • **taxa de câmbio** taux de change • **taxa de juros** taux d'intérêt
tax-free [taks'fri] *adj inv* détaxé (e)
táxi ['taksi] *m* taxi *m*
taxímetro [tak'simətru] *m* compteur *m* *(de taxi)*
tchau ['tʃau] *interj* tchao !
te [tə] *pron* te • **lembra-te!** rappelle-toi ! • **a folha? já ta deu?** la feuille ? il te l'a déjà donnée ? • **o livro? já to deu?** le livre ? il te l'a déjà donné ? • **os óculos? já tos dei ou não?** les lunettes ? je te les ai déjà données ou pas ? • **ela deu-to/deu-ta** *(Port)* il te l'a donné/donnée • **eu ofereço-tos** *(Port)* je te les offre • **eu tas pago** *(Br)* je te les paye
tear ['tjar] (*pl* **-es** [əʃ]) *m* métier *m* à tisser
teatral [tjɐ'trał] (*pl* **-ais** [aiʃ]) *adj* théâtral(e)
teatro ['tjatru] *m* théâtre *m* • **teatro de fantoches** théâtre de marionnettes, guignol *m* • **teatro de variedades** music-hall *m*
tecelagem [təsə'laʒẽi] (*pl* **-ns** [ʃ]) *f* tissage *m*
tecer [tə'ser] *vt* tisser
tecido [tə'siđu] *m* tissu *m*
tecla ['tɛklɐ] *f* touche *f*
teclado [tɛ'klađu] *m* clavier *m*
teclar ['teklar] *vt* pianoter sur le clavier ◇ *vi* *INFORM* • **teclar (com alguém)** chatter, papoter • **você quer teclar ?** voulez-vous chatter ?
técnica ['tɛknikɐ] *f* technique *f* ➤ **técnico**
técnico, ca ['tɛkniku, kɐ] *adj* technique ◇ *m, f* technicien *m*, -enne *f*
tecnologia [tɛknulu'ʒiɐ] *f* technologie *f* • **Tecnologias Informáticas** technologies *fpl* de l'information
tecnológico, ca [tɛknu'lɔʒiku, kɐ] *adj* technologique
teco-teco [(*Br*) ˌtɛku'tɛku] *m* avion *m* monomoteur
tecto ['tɛtu] *m* *(Port)* plafond *m*
tédio ['tɛđju] *m* ennui *m*
teia ['tɐjɐ] *f* *(de aranha)* toile *f*
teimar ['tɐimar] *vi* s'entêter • **teimar em** s'entêter à
teimosia [tɐimu'ziɐ] *f* entêtement *m*
teimoso, osa [tɐi'mozu, ɔzɐ] *adj* têtu(e)
teixo ['tɐiʃu] *m* if *m*
tejadilho [təʒɐ'điʎu] *m* toit *m* *(d'une voiture)*
Tejo ['tɛʒu] *m* • **o (rio) Tejo** le Tage
tel. [tel] (*abrev de* **telefone**) tél. *(téléphone)*
tela ['tɛlɐ] *f* toile *f*
Telecom [tɛlɛ'kõ] *f* *compagnie nationale portugaise des télécommunications* ≃ France Télécom
telecomandado, da [tələkumẽn'dađu, đɐ] *adj* télécommandé(e)

telecomunicações [telekomunika'sõjʃ] *fpl* télécoms *fpl*
teleconferência [telek fẽẽsja] *f* téléconference *f*
teleférico [tələ'fɛriku] *m* téléphérique *m*
telefonar [tələfu'nar] *vi* téléphoner • **telefonar a alguém** téléphoner à qqn • **telefonar para Portugal** téléphoner au Portugal
telefone [tələ'fɔnə] *m* téléphone *m* • **telefone público** téléphone public

Ao telefone

Em França, atende-se ao telefone dizendo simplesmente *Allô*.
Se perguntar com quem está a falar, a resposta será : *c'est moi* ou *c'est moi-même* ; *lui-même* é utilizado de modo mais formal.
Normalmente é a pessoa que chamou quem encerra a conversa.
Num contexto formal, a conversa é encerrada com um simples *au revoir*.
Num contexto amigável, encerra-se com *grosses bises*, ou *bisous*.

telefonema [tələfu'nemɐ] *m* coup *m* de téléphone • **fazer um telefonema** passer un coup de téléphone
telefónico, ca [tələ'fɔniku, kɐ] *adj* (*Port*) téléphonique
telefônico, ca [tele'foniku, kɐ] *adj* (*Br*) = **telefónico**
telefonista [tələfu'niʃtɐ] *mf* standardiste *mf*
telegrafar [tələgrɐ'far] *vt* télégraphier
telegrama [tələ'gremɐ] *m* télégramme *m* • **telegrama fonado** (*Br*) télégramme téléphoné
telejornal [ˌtɛlɛʒur'naɫ] (*pl* **-ais** [aiʃ]) *m* journal *m* télévisé
telemóvel [tɛlɛ'mɔvɛl] (*pl* **-eis** [ɐiʃ]) *m* téléphone *m* mobile
telenovela [ˌtɛlɛnu'vɛlɐ] *f* feuilleton *m* télévisé

Telenovela

Les feuilletons télévisés brésiliens sont devenus un produit d'exportation rentable. Grâce aux aventures sentimentales des héroïnes qu'elles incarnent à l'écran, les actrices brésiliennes ont des clubs de fans jusqu'en Chine. Au Brésil, ces feuilletons occupent largement les heures de grande écoute. En général, diverses histoires s'entremêlent, s'étalant sur deux ou trois mois au rythme d'un chapitre par jour.
Bien qu'il ait commencé à créer ses propres séries, le Portugal est sans doute le plus grand consommateur de feuilletons brésiliens. Ils constituent l'essentiel des programmes proposés sur les quatre chaînes de télévision portugaises, s'agissant parfois même de rediffusions.

teleobjectiva [ˌtɛlɛobʒɛ'tivɐ] *f* (*Port*) téléobjectif *m*
teleobjetiva [ˌtɛleobʒɛ'tʃiva] (*Br*) = **teleobjectiva**

telepatia [tələpɐ'tiɐ] *f* télépathie *f*

telescópio [tələʃ'kɔpju] *m* télescope *m*

telesqui [ˌtɛlɛʃ'ki] *m* téléski *m*

televisão [tələvizɐ̃u] (*pl* **-ões** [õiʃ]) *f* télévision *f* • **televisão a cores** télévision couleur • **televisão a preto e branco** télévision noir et blanc • **televisão por cabo** télévision par câble • **televisão por satélite** télévision par satellite

televisor [tələvi'zor] (*pl* **-es** [əʃ]) *m* téléviseur *m*

telex [tɛ'lɛks] (*pl* **-es** [əʃ]) *m* télex *m*

telha ['tɐʎɐ] *f* tuile *f*

telhado [tə'ʎađu] *m* toit *m*

telnet [tel'netji] (*pl* **-s** [ʃ]) *f INFORM* telnet *m*

tem ['tɐ̃ĩ] ➤ **ter**

têm ['tɐɐ̃ĩ] ➤ **ter**

tema ['temɐ] *m* **1.** *(de poesia, texto)* thème *m* **2.** *(de discussão)* sujet *m*

temer [tə'mer] *vt* craindre • **temer que** craindre que

temido, da [tə'miđu, đɐ] *adj* redouté(e)

temível [tə'mivɛɫ] (*pl* **-eis** [ɐiʃ]) *adj* redoutable

temor [tə'mor] (*pl* **-es** [əʃ]) *m* crainte *f*

temperado, da [tẽmpə'rađu, đɐ] *adj* **1.** *(comida)* assaisonné(e) **2.** *(clima)* tempéré(e)

temperamento [tẽmpərɐ'mẽntu] *m* tempérament *m*

temperar [tẽmpə'rar] *vt* assaisonner

temperatura [tẽmpərɐ'turɐ] *f* température *f*

tempero [tẽm'peru] *m* assaisonnement *m*

tempestade [tẽmpəʃ'tađə] *f* tempête *f* • **fazer uma tempestade num copo de água** faire une montagne de qqch

templo ['tẽmplu] *m* temple *m*

tempo ['tẽmpu] *m* temps *m* • **chegar a tempo de** arriver à temps pour • **ganhar tempo** gagner du temps • **não ter tempo para** ne pas avoir le temps de • **passar o tempo a fazer algo** passer son temps à faire qqch • **por tempo indefinido** ou **indeterminado** pour une durée indéterminée • **poupar tempo** gagner du temps • **recuperar o tempo perdido** rattraper le temps perdu • **é tempo de** il est temps de • **a tempo inteiro** à plein temps • **tempos livres** loisirs *mpl* • **antes do tempo** avant terme • **ao mesmo tempo** en même temps • **dentro de pouco tempo** dans peu de temps • **de tempos a tempos** de temps en temps • **nos últimos tempos** ces derniers temps • **por algum tempo** pendant un certain temps • **ao tempo que...** depuis le temps que...

têmpora ['tẽmpurɐ] *f* tempe *f*

temporada [tẽmpu'rađɐ] *f* saison *f* • **passar uma temporada em** passer quelque temps à

temporal [tẽmpu'raɫ] (*pl* **-ais** [aiʃ]) *m* tempête *f*

temporário, ria [tẽmpu'rarju, rjɐ] *adj* temporaire

tencionar [tẽsju'nar] *vt* • **tencionar fazer algo** avoir l'intention de faire qqch

tenda ['tẽndɐ] *f* **1.** *(para acampar)* tente *f* **2.** *(em mercado)* étal *m*

tendão [tẽn'dɐ̃u] (*pl* **-ões** [õiʃ]) *m* tendon *m*

tendência [tẽn'dẽsjɐ] *f* tendance *f* • **ter tendência para** avoir tendance à
tendões ➤ **tendão**
tenente [tə'nẽntə] *mf* lieutenant *m*
tenho ['tɐɲu] ➤ **ter**
ténis ['tɛniʃ] *m inv* (*Port*) tennis *m* ◇ *mpl* (*Port*) (*sapatos*) tennis *fpl* • **ténis de mesa** tennis de table
tênis ['teniʃ] *m inv* (*Br*) = **ténis**
tenro, ra ['tẽʀu, ʀɐ] *adj* tendre • **de tenra idade** en bas âge
tensão [tẽ'sɐ̃w] (*pl* **-ões** [õiʃ]) *f* tension *f* • **tensão arterial alta/baixa** (*Port*) hypertension *f* /hypotension *f* artérielle
tenso, sa ['tẽsu, sɐ] *adj* tendu(e)
tensões ➤ **tensão**
tentação [tẽntɐ'sɐ̃w] (*pl* **-ões** [õiʃ]) *f* tentation *f*
tentáculo [tẽn'takulu] *m* tentacule *f*
tentador, ra [tẽntɐ'đor, rɐ] (*mpl* **-es** [əʃ], *fpl* **-s** [ʃ]) *adj* **1.** (*comida, objecto*) tentant(e) **2.** (*pessoa*) tentateur(trice)
tentar [tẽn'tar] *vt* tenter ◇ *vi* essayer • **tentar fazer algo** essayer de faire qqch
tentativa [tẽntɐ'tivɐ] *f* tentative *f* • **à primeira tentativa** du premier coup • **na tentativa de fazer algo** dans le but de faire qqch
ténue ['tɛnwə] *adj* (*Port*) **1.** (*cheiro, sabor*) léger(ère) **2.** (*cor*) pâle
tênue ['tenwi] *adj* (*Br*) = **ténue**
teologia [tjulu'ʒiɐ] *f* théologie *f*
teor ['tjor] *m* **1.** (*de álcool, gordura, etc*) teneur *f* **2.** (*de conversa, filme, livro*) sujet *m*
teoria [tju'riɐ] *f* théorie *f* • **em teoria** en théorie
teoricamente [ˌtjɔrikɐ'mẽntə] *adv* théoriquement
tépido, da ['tɛpiđu, đɐ] *adj* tiède
ter ['ter] *vt*
1. (*ger*) avoir • **a casa tem dois quartos** la maison a deux chambres • **ela tem os olhos verdes** elle a les yeux verts • **tenho muito dinheiro** j'ai beaucoup d'argent • **ter saúde/juízo** être en bonne santé/être prudent • **a sala tem quatro metros de largo** la salle a quatre mètres de large • **que idade tens?** quel âge as-tu ? • **tenho dez anos** j'ai dix ans • **tenho dor de dentes/cabeça** j'ai mal aux dents/à la tête • **ter febre** j'ai de la fièvre • **ter sarampo/varicela** avoir la rougeole/la varicelle • **tenho frio/calor** j'ai froid/chaud • **tenho sede/fome** j'ai soif/faim • **ter medo** j'ai peur • **ter amor/ódio a alguém** avoir de l'amour/de la haine pour qqn • **ter carinho/afeição por alguém** avoir de la tendresse/de l'affection pour qqn • **esta caixa apenas tem três bolos** il n'y a que trois gâteaux dans cette boîte • **esta garrafa tem um litro de água** il y a un litre d'eau dans cette bouteille • **eles têm muitos problemas económicos** ils ont beaucoup de problèmes financiers • **tivemos uma grande discussão** nous avons eu une grande discussion • **não tenho aulas hoje** je n'ai pas cours aujourd'hui • **tenho um encontro** j'ai un rendez-vous • **ele tinha uma reunião, mas não foi** il avait une réunion, mais il n'y est pas allé • **tenho a certeza que está certo** je suis certain que c'est bien • **tenho a impressão que vai chover** j'ai l'impression qu'il va pleuvoir • **podes ter a certeza que vou** tu peux être sûr que j'y vais • **tens o Samuel à**

espera il y a Samuel qui t'attend • **têm o carro mal estacionado** votre voiture est mal garée • **tens alguém à porta** il y a qqn à la porte • **ela teve uma menina** elle a eu une petite fille
2. *(para desejar)* • **tenha umas boas férias!** bonnes vacances ! • **tenham um bom dia!** bonne journée !
3. *(em locuções)* • **ir ter a** *(desembocar)* aller à • **ir ter com alguém** aller rejoindre qqn
◇ *v aux*
1. *(haver)* avoir • **eles tinham partido o vidro** ils avaient brisé la vitre • **tinha alugado a casa** il avait loué la maison • **tinha chovido e a estrada estava molhada** il avait plu et la route était mouillée
2. *(exprime obrigação)* devoir • **ter de** ou **que fazer algo** devoir faire qqch • **temos de lá estar às oito** nous devons y être à huit heures • **tenho muito que fazer** j'ai beaucoup à faire

terabyte [texa'baijtʃi] (*pl* **terabytes**) *m* *INFORM* téraoctet *m*

terapeuta [tərɐ'peutɐ] *mf* thérapeute *mf*

terapêutico, ca [tərɐ'peutiku, kɐ] *adj* thérapeutique

terapia [tərɐ'piɐ] *f* thérapie *f*

terça-feira [ˌtersɐ'fɐirɐ] (*pl* **terças-feiras** [ˌtersɐʃ'fɐirɐʃ]) *f* mardi *m* • **Terça-feira de Carnaval** mardi gras • **às terças-feiras** le mardi • **até terça-feira** à mardi • **ela vem terça-feira** elle vient mardi • **esta terça-feira** mardi • **hoje é terça-feira** aujourd'hui nous sommes mardi • **todas as terças-feiras** tous les mardis • **terça-feira de manhã/à tarde/à noite** mardi matin/après-midi/soir • **terça-feira 13 de Julho** (le) mardi 13 juillet • **terça-feira passada** mardi dernier • **terça-feira que vem** mardi prochain

terceira [tər'sɐirɐ] *f* troisième *f* (vitesse)

terceiro, ra [tər'sɐiru, rɐ] *num* **1.** troisième **2.** • **o terceiro/a terceira** le/la troisième • **chegar em terceiro** arriver troisième • **capítulo terceiro** troisième chapitre • **em terceiro lugar** en troisième • **no terceiro dia** le troisième jour • **a terceira idade** le troisième âge

terço ['tersu] *m* **1.** *(parte)* tiers *m* **2.** *(rosário)* chapelet *m* • **rezar o terço** dire le chapelet

terçol [(*Port*) ter'sɔɫ (*Br*), tex'sɔw] (*pl* **-óis**) *m* orgelet *m* *(médical)*, *(fam)* compère-loriot *m*

terebintina [tərəbĩn'tinɐ] *f* térébenthine *f*

termas ['tɛrmɐʃ] *fpl* thermes *mpl*

térmico, ca [tex'miku, ka] *adj* thermique • **garrafa térmica** une thermos

terminal [tərmi'naɫ] (*pl* **-ais** [aiʃ]) *adj* terminal(e) ◇ *m* **1.** *(de transportes)* terminus *m* **2.** *INFORM* terminal *m* • **terminal rodoviário** gare *f* routière • **terminal ferroviário** gare *f* ferroviaire • **terminal aéreo** aérogare *f*

terminar [tərmi'nar] *vt* & *vi* terminer • **terminar por fazer algo** finir par faire qqch • **terminar em algo** se terminer en qqch

término [(*Port*) 'terminu (*Br*), 'texminu] *m* terminus *m*

termo ['termu] *m* **1.** terme *m* **2.** *(recipiente)* Thermos® *f* • **pôr termo a** mettre un terme à ◆ **termos** *mpl* • **ter termos** savoir se tenir

termómetro [tər'mɔmətru] *m* (*Port*) thermomètre *m*
termômetro [ter'mometru] *m* (*Br*) = **termómetro**
termostato [tɛrmoʃ'tatu] *m* thermostat *m*
terno, na ['tɛrnu, nɐ] *adj* tendre
ternura [tər'nurɐ] *f* tendresse *f*
terra ['tɛʀɐ] *f* **1.** terre *f*, pays *m* **2.** (*localidade*) endroit *m* • **a Terra** la Terre • **terra a terra** terre à terre • **cair por terra** tomber à l'eau • **ficar em terra** rater (*son train, son avion, etc*) • **por terra** par voie terrestre
terraço [tə'ʀasu] *m* terrasse *f*
terramoto [təʀɐ'mɔtu] *m* tremblement *m* de terre
terreiro [tə'ʀɐiru] *m* terrain *m*
terremoto [texe'mɔtu] (*Br*) = **terramoto**
terreno, na [tə'ʀenu, nɐ] *adj* terrestre ◇ *m* terrain *m*
térreo, ea ['tɛʀju, jɐ] *adj* **1.** (*andar, piso*) au rez-de-chaussée **2.** (*casa*) de plain-pied
terrestre [tə'ʀɛʃtrə] *adj* terrestre ◇ *mf* terrien *m*, -enne *f*
terrina [tə'ʀinɐ] *f* soupière *f*
território [təʀi'tɔrju] *m* territoire *m*
terrível [tə'ʀivɛɫ] (*pl* **-eis** [ɐiʃ]) *adj* terrible
terror [tə'ʀoɾ] (*pl* **-es** [əʃ]) *m* terreur *f*
tese ['tɛzə] *f* thèse *f*
tesoura [tə'zorɐ] *f* ciseaux *mpl* • **tesoura das unhas** ciseaux à ongles
tesouro [tə'zoru] *m* trésor *m*
testa ['tɛʃtɐ] *f* front *m*
testamento [təʃtɐ'mẽntu] *m* testament *m*
testar [təʃ'tar] *vt* **1.** (*experimentar*) essayer **2.** (*pôr à prova*) tester
teste ['tɛʃtə] *m* **1.** (*de máquina, carro*) essai *m* **2.** (*de gravidez, selecção*) test *m* **3.** *EDUC* contrôle *m* • **teste de alcoolemia** (*Port*) Alcotest® *m* • **teste de dosagem alcoólica** (*Br*) Alcotest® *m* • **teste oral** interrogation *f* orale
testemunha [təʃtə'muɲɐ] *f* témoin *m* • **testemunha ocular** témoin oculaire
testemunho [təʃtə'muɲu] *m* **1.** *JUR* témoignage *m* **2.** *DESP* témoin *m*
testículo [təʃ'tikulu] *m* testicule *m*
testo ['teʃtu] *m* couvercle *m*
tétano ['tɛtɐnu] *m* tétanos *m*
tetina [tə'tinɐ] *f* tétine *f*
teto ['tɛtu] *m* (*Br*) = **tecto**
tétrico, ca ['tɛtriku, kɐ] *adj* lugubre
teu, tua ['teu, 'tuɐ] *adj* ton (ta) ◇ *pron* • **o teu/a tua** le tien/la tienne • **isto é teu** c'est à toi • **um amigo teu** un de tes amis • **os teus** (*a tua família*) les tiens
teve ['tevə] ➤ **ter**
têxtil ['tɐiʃtiɫ] (*pl* **-teis** [tɐiʃ]) *m* textile *m*
texto ['tɐiʃtu] *m* texte *m*
textura [təʃ'turɐ] *f* texture *f*
texugo [tə'ʃugu] *m* blaireau *m* (*animal*)
tez ['teʃ] *f* teint *m*
ti ['ti] *pron* toi • **ti mesmo** ou **próprio** toi-même
tia [(*Port*) 'tiɐ, 'tʃia] ➤ **tio**
tifo [(*Port*) 'tifu (*Br*), 'tʃifu] *m* typhus *m*
tigela [ti'ʒɛlɐ] *f* bol *m* • **de meia tigela** (*fig*) minable
tigelada [tiʒə'ladɐ] *f* **1.** (*de sopa, doce,etc*) bol *m* **2.** (*doce*) ≃ œufs *mpl* au lait

tigre ['tigrə] *m* tigre *m*
tijolo [ti'ʒolu] *m* brique *f*
til ['tiɫ] (*pl* **tis** ['tiʃ]) *m* tilde *m*
tília ['tiljɐ] *f* tilleul *m*
time ['tʃimi] *m* (*Br*) équipe *f*
timidez [timi'đeʃ] *f* timidité *f*
tímido, da ['timiđu, đɐ] *adj* timide
timoneiro [timu'nɐiru] *m* **1.** (*em barco*) timonier *m* **2.** (*em expedição*) capitaine *m*
Timor [ti'mor] *s* Timor *m*
tímpano ['tĩmpɐnu] *m* tympan *m*
tina ['tinɐ] *f* baquet *m*
tingido, da [tĩ'ʒiđu, đɐ] *adj* déteint(e)
tingir [tĩ'ʒir] *vt* teindre
tinha ['tiɲɐ] ➤ **ter**
tinir [ti'nir] *vi* **1.** (*sino, campainha*) tinter **2.** (*ouvidos*) bourdonner
tinta ['tĩntɐ] *f* **1.** (*para escrever*) encre *f* **2.** (*para pintar*) peinture *f* **3.** (*para tingir*) teinture *f* • **tinta fresca** peinture fraîche • **estar-se nas tintas para** (*fam*) se ficher pas mal de
tinteiro [tĩn'tɐiru] *m* encrier *m*
tinto ['tĩntu] *adj m* ➤ **vinho**
tintura [tĩn'turɐ] *f* • **tintura de iodo** teinture *f* d'iode
tinturaria [tĩnturɐ'riɐ] *f* teinturerie *f*
tio, tia ['tiu, 'tiɐ] *m, f* oncle *m*, tante *f*
típico, ca ['tipiku, kɐ] *adj* typique • **ser típico de** être typique de
tipo, pa ['tipu, pɐ] *m, f* (*fam*) (*pessoa*) type *m*, bonne femme *f* ◇ *m* type *m*
tipografia [tipugrɐ'fiɐ] *f* imprimerie *f*
tíquete [(*Br*) tʃi'ketʃi] *m* ticket *m*
tiquete-refeição [tʃi,ketʃiʀefei'sɐ̃u] (*pl* **tiquetes-refeição** [tʃi,ketʃiʒʀefei'sɐ̃u]) *m* (*Br*) ticket-restaurant *m*
T.I.R. ['tir] *m* (*abrev de Transportes Internacionais Rodoviários*) TIR (*Transports Internationaux Routiers*)
tiracolo [tirɐ'kɔlu] *m* • **a tiracolo** en bandoulière
tiragem [ti'raʒɐ̃i] (*pl* **-ns** [ʃ]) *f* (*de jornal, livro, revista*) tirage *m*
tira-manchas [,tʃira'mɐ̃ʃɐʃ] *m inv* (*Br*) = **tira-nódoas**
tirania [tirɐ'niɐ] *f* tyrannie *f*
tira-nódoas [,tirɐ'nɔđwɐʃ] *m inv* (*Port*) détachant *m*
tirar [ti'rar] *vt* **1.** enlever **2.** (*férias, fotografia*) prendre • **tirar algo a alguém** prendre qqch à qqn • **tirar um curso** faire des études • **tirar nódoas de uma camisa** détacher une chemise • **tirar à sorte** tirer au sort • **tirar a mesa** débarrasser la table
tirinhas [ti'riɲɐʃ] *fpl* petites bandes *fpl* • **cortar papel às** ou **em tirinhas** découper des bandes de papier
tiritar [tiri'tar] *vi* grelotter
tiro ['tiru] *m* **1.** (*de arma*) tir *m* **2.** (*disparo*) coup *m* de feu • **tiro ao alvo** tir à la cible • **tiro aos pratos e pombos** ball-trap *m*
tiroteio [tiru'tɐju] *m* fusillade *f*
tis [tʃiʃ] ➤ **til**
título ['titulu] *m* titre *m*
tive ['tivə] ➤ **ter**
T.L.P. *mpl* (*abrev de Telefones de Lisboa e Porto*) *ancienne compagnie des téléphones de Lisbonne et de Porto*
to [tu] = **te** + **o** ; ➤ **te**
-to [tu] ➤ **te**
toalete [twa'lɛtʃi] *m* **1.** (*Br*) (*banheiro*) toilettes *fpl* **2.** (*roupa*) tenue *f* ◇ *f* • **fazer a toalete** faire sa toilette

toalha ['twaʎɐ] *f* serviette *f* • **toalha de banho** serviette de bain • **toalha de mesa** nappe *f*
toalhete [twɐ'ʎetə] *m* serviette *f*
tobogã [tɔbɔ'gɐ̃] *m* luge *f*
toca ['tɔkɐ] *f (de coelho, raposa)* terrier *m*
toca-discos [ˌtɔka'dʒiʃkuʃ] *m inv* (*Br*) tourne-disque *m*
toca-fitas [ˌtɔka'fitɐʃ] *m inv* (*Br*) magnétophone *m*
Tocantins [tokẽn'tĩʃ] *m* • **o Tocantins** le Tocantins
tocar [to'kar] *vt (instrumento)* jouer ◇ *vi* **1.** *(campainha, sino, telefone)* sonner **2.** *MÚS* jouer **3.** • **toca a comer!** (*fam*) allez, mange ! • **toca a trabalhar!** (*fam*) au travail ! • **quando tocar a minha vez** quand ce sera mon tour • **tocar a rebate** sonner l'alarme • **tocar de leve** effleurer • **tocar a sua vez** être son tour • **tocar na ferida** touché au vif ◆ **tocar em** *v + prep* **1.** *(em pessoa, objeto)* toucher qqn/qqch **2.** *(em assunto)* évoquer ◆ **tocar a** *v + prep* toucher un sujet • **no que me toca** en ce qui me concerne ◆ **tocar para** *v + prep (telefonar)* appeler au téléphone
tocha ['tɔʃɐ] *f* torche *f*
toda ➤ todo
todavia [tuđɐ'viɐ] *adv & conj* cependant
todo, da ['tođu, đɐ] *adj* tout (toute) ◇ *m* tout *m* • **em toda a parte** partout • **todas as coisas que** tout ce qui • **toda a gente** (*Port*) tout le monde • **todo o dia/mês** toute la journée/tout le mois • **todos os dias/meses** tous les jours/les mois • **todo o mundo** (*Br*) tout le monde • **todos nós** nous tous • **ao todo** en tout • **de todo** pas du tout • **no todo** dans l'ensemble
◆ **todos, das** *pron pl* tous (toutes)
Todos-os-Santos [ˌtođuzuʃ'sɐ̃ntuʃ] ➤ **dia**
toldo ['tołđu] *m* **1.** bâche *f* **2.** *(de loja, varanda)* store *m*
tolerância [tulə'rɐ̃sjɐ] *f* tolérance *f*
tolerar [tulə'rar] *vt* tolérer
tolice [tu'lisə] *f* bêtise *f*
tolo, la ['tolu, lɐ] *adj* bête
tom ['tõ] (*pl* **-ns** [ʃ]) *m* ton *m* • **em tom de** sur le ton de • **ser de bom tom** être de bon ton
tomada [tu'mađɐ] *f* prise *f* • **tomada de posse** investiture *f*
tomado, a [tu'mađu, đɐ] *adj* pris(e) • **lugar tomado** place retenue
tomar [tu'mar] *vt* prendre • **toma!** tiens ! • **vamos tomar um café!** allons prendre un café ! • **vamos tomar um copo!** allons prendre un verre ! • **tomar ar** prendre l'air • **tomar o pequeno-almoço** prendre le petit déjeuner • **tomar posse** entrer en fonction
tomara [tu'marɐ] *interj* • **tomara eu!** (*fam*) j'aimerais bien !
tomate [tu'matə] *m* tomate *f* • **tomate pelado** tomate pelée
tombar [tõm'bar] *vt* renverser ◇ *vi* tomber
tombo ['tõmbu] *m* chute *f* • **dar um tombo** (*fam*) faire une chute
tomilho [tu'miʎu] *m* thym *m*
tonalidade [tunɐli'đađə] *f* tonalité *f*
tonel [tu'nɛł] (*pl* **-éis** [ɛiʃ]) *m* tonneau *m*
tonelada [tunə'lađɐ] *f* tonne *f*

tónica ['tɔnikɐ] *f* (*Port*) • **pôr a tónica em** mettre l'accent sur

tônica ['tonikɐ] *f* (*Br*) = **tónica**

tónico, ca ['tɔniku, kɐ] *adj* (*Port*) **1.** GRAM tonique, accentué(e) **2.** (*fortificante*) tonique ◇ *m* (*medicamento*) tonifiant *m*

tônico, ca ['toniku, kɐ] *adj* & *m* (*Br*) = **tónico**

toninha [tu'niɲɐ] *f* marsouin *m*

tons [tõʃ] ➤ **tom**

tonto, ta ['tõntu, tɐ] *adj* **1.** (*com tonturas*) étourdi(e) **2.** (*tolo*) bête

tontura [tõn'turɐ] *f* vertige *m*

topázio [tu'pazju] *m* topaze *f*

tópico ['tɔpiku] *m* **1.** (*assunto*) sujet *m* **2.** (*aspectos*) point *m*

topless [tɔp'lɛs] *adj* topless • **fazer topless** faire du monokini

topo ['topu] *m* **1.** (*de montanha*) sommet *m* **2.** (*de rua, pilha*) haut *m* • **topo de gama** haut de gamme

toque ['tɔkə] *m* **1.** (*contacto*) coup *m* **2.** (*som*) coup *m* de sonnette • **o toque (da campainha)** la sonnette

toranja [tu'rɐ̃ʒɐ] *f* pamplemousse *m*

tórax ['tɔraks] *m* thorax *m*

torcedor, ra [torse'dox, rɐ] (*mpl* **-es** [iʃ], *fpl* **-s** [ʃ]) *m, f* (*Br*) supporter *m*, supporteur *m*, -trice *f*

torcer [tur'ser] *vt* **1.** (*entortar*) tordre **2.** (*pé, tornozelo*) se tordre **3.** (*espremer*) essorer ◆ **torcer-se** *vp* se tordre ◆ **torcer por** *v + prep* soutenir

torcicolo [tursi'kɔlu] *m* torticolis *m*

torcida [tur'siđɐ] *f* **1.** (*pavio*) mèche *f* **2.** (*Br*) (*de futebol*) supporters *mpl*

torcido, da [tur'siđu, đɐ] *adj* **1.** (*torto*) tordu(e) **2.** (*mau*) retors(e)

tordo ['torđu] *m* grive *f*

tormenta [tur'mẽntɐ] *f* tourmente *f*

tormento [tur'mẽntu] *m* **1.** (*sofrimento, dor*) supplice *m* **2.** (*desgosto*) tourment *m*

tornado [tur'nađu] *m* tornade *f*

tornar [tur'nar] *vt* rendre ◆ **tornar-se** *vp* devenir ◆ **tornar a** *v + prep* • **tornar a fazer algo** refaire qqch • **tornar a ver** revoir • **tornar a sair** ressortir • **tornar atrás** revenir sur ses pas • **tornar algo em algo** transformer qqch en qqch

torneio [tur'nɐju] *m* tournoi *m*

torneira [tur'nɐirɐ] *f* robinet *m*

torno ['tornu] *m* • **em torno de** autour de

tornozelo [turnu'zelu] *m* cheville *f*

torpedo [tur'peđu] *m* torpille *f*

torrada [tu'ʀađɐ] *f* toast *m*

torradeira [tuʀɐ'đɐirɐ] *f* grille-pain *m*

torrão [tu'ʀɐ̃u] (*pl* **-ões** [õiʃ]) *m* motte *f* • **torrão de açúcar** morceau *m* de sucre

torrar [tu'ʀar] *vt* griller

torre ['toʀə] *f* tour *f* • **torre dos Clérigos** *la tour dos Clérigos, à Porto*

Torre dos Clérigos

Emblème de Porto, deuxième ville du Portugal, la tour dos Clérigos se situe à l'extrémité ouest de l'église dos Clérigos. En granit, haute de 75,6 mètres, elle est à la fois austère et audacieuse. Elle comporte un escalier intérieur de

225 marches et constitue l'un des principaux symboles de l'art baroque au Portugal.

torrente [tu'ʀẽntə] *f* torrent *m*
torresmos [tu'ʀeʒmuʃ] *mpl morceaux de lard frits*
tórrido, da ['tɔʀiđu, đɐ] *adj* torride
torrões ➤ **torrão**
torta ['tɔrtɐ] *f (doce)* gâteau *m* roulé
torto, torta ['tortu, 'tɔrtɐ] *adj* tordu(e) • **a torto e a direito** à tort et à travers
tortura [tur'turɐ] *f* torture *f*
tos [tuʃ] = **te** + **os** ; ➤ **te**
-tos [tuʃ] ➤ **te**
tosse ['tɔsə] *f* toux *f* • **tosse convulsa** coqueluche *f*
tossir [tu'sir] *vi* tousser
tosta ['tɔʃtɐ] *f* biscotte *f* • **tosta mista** croque-monsieur *m*
tostado, da [tuʃ'tađu, đɐ] *adj* grillé(e)
total [tu'taɫ] (*pl* **-ais** [aiʃ]) *adj* total(e) ◇ *m* total *m* • **no total** au total
totalidade [tutɐli'đađə] *f* totalité *f* • **na totalidade** en entier
totalmente [tutaɫ'mẽntə] *adv* totalement
totó [to'tɔ] *(Br)* = **matraquilhos**
Totobola [ˌtɔtɔ'bɔlɐ] *m (Port)* ≃ loto *m* sportif
Totoloto [ˌtɔtɔ'lotu] *m (Port)* ≃ loto *m*
touca ['tokɐ] *f* bonnet *m* • **touca de banho** bonnet de bain
toucador [tokɐ'đor] (*pl* **-es** [əʃ]) *m* coiffeuse *f*
toucinho [to'siɲu] *m* lard *m* • **toucinho fumado** poitrine fumée
toucinho-do-céu [toˌsiɲuđu'sɛu] (*pl* **toucinhos-do-céu** [toˌsiɲuʒdu'sɛu]) *m crème riche en jaunes d'œufs*
toupeira [to'pɐirɐ] *f* taupe *f*
tourada [to'rađɐ] *f* corrida *f*

Tourada

Sport ou art, la corrida est l'un des aspects les plus enracinés de la culture et de la tradition ibériques.
Dans la corrida portugaise dite *tourada*, on combat le taureau à cheval. On peut aussi le combattre à pied. Elle s'achève par une *pega* (prise) dans laquelle celui qui est à la tête des *forcados* saisit le taureau par les cornes (*pega de caras*) ou par la queue (*pega de cernelha*). Au Portugal, il est interdit de tuer le taureau dans l'arène, c'est pourquoi il n'existe pas de matador comme en Espagne.

toureiro [to'rɐiru] *m* torero *m*
touro ['toru] *m* taureau *m* ◆ **Touro** *m* Taureau *m*
tóxico, ca ['tɔksiku, kɐ] *adj* toxique
toxina [tok'sina] *f* toxine *f*
Tr. = **travessa**
trabalhador, ra [trɐbɐʎɐ'đor, rɐ] (*mpl* **-es** [əʃ], *fpl* **-s** [ʃ]) *adj & m, f* travailleur(euse)
trabalhar [trɐbɐ'ʎar] *vt & vi* travailler
trabalho [trɐ'baʎu] *m* travail *m* • **trabalho de casa** devoirs *mpl* • **trabalhos manuais** travaux manuels • **trabalho de**

parto travail ▾ **trabalhos na estrada** travaux
traça ['trasɐ] *f* mite *f*
tração [tra'sɐ̃u] *f* (*Br*) = **tracção**
traçar [trɐ'sar] *vt* tracer
tracção [tra'sɐ̃u] *f* (*Port*) traction *f*
traço ['trasu] *m* **1.** trait *m* **2.** (*vestígio*) trace *f*
tractor [tra'tor] (*pl* **-es** [əʃ]) *m* (*Port*) tracteur *m*
tradição [trɐđi'sɐ̃u] (*pl* **-ões** [õiʃ]) *f* tradition *f*
tradicional [trɐđəsju'nał] (*pl* **-ais** [aiʃ]) *adj* traditionnel(elle)
tradições ➤ **tradição**
tradução [trɐđu'sɐ̃u] (*pl* **-ões** [õiʃ]) *f* traduction *f*
tradutor, ra [trɐđu'tor, rɐ] (*mpl* **-es** [əʃ], *fpl* **-s** [ʃ]) *m, f* traducteur *m*, -trice *f*
traduzir [trɐđu'zir] *vt* & *vi* traduire
tráfego ['trafəgu] *m* trafic *m*
traficante [trɐfi'kɐ̃ntə] *mf* trafiquant *m*, -e *f*
traficar [trɐfi'kar] *vt* faire du trafic de
tráfico ['trafiku] *m* trafic *m*
tragar [(*Br*) tra'ga(x)] *vt* (*fumaça*) inhaler ; (*bebida*) avaler d'une seule gorgée
tragédia [trɐ'ʒɛđjɐ] *f* tragédie *f*
trágico, ca ['traʒiku, kɐ] *adj* tragique
trago ['tragu] ➤ **trazer**
traição [trai'sɐ̃u] (*pl* **-ões** [õiʃ]) *f* trahison *f* • **à traição** en traître
traidor, ra [trai'đor, rɐ] (*mpl* **-es** [əʃ], *fpl* **-s** [ʃ]) *m, f* traître *m*, -esse *f*
traineira [trai'nɐirɐ] *f* chalutier *m*
traje ['traʒə] *m* costume *m* • **traje de luzes** habit *m* de lumière • **traje de noite** tenue *f* de soirée • **traje típico** costume traditionnel • **trajes menores** dessous *mpl*
trajecto [trɐ'ʒɛtu] *m* (*Port*) trajet *m*
trajectória [trɐʒɛ'tɔrjɐ] *f* (*Port*) trajectoire *f*
trajeto [tra'ʒɛtu] *m* (*Br*) = **trajecto**
trajetória [traʒe'tɔrjɐ] *f* (*Br*) = **trajectória**
trajo ['traʒu] *m* habit *m*
tralha ['traʎɐ] *f* (*fam*) bazar *m*
trama ['trɐmɐ] *f* **1.** (*de fios*) trame *f* **2.** (*de livro, filme*) intrigue *f*
tramar [trɐ'mar] *vt* • **tramar algo** (*fam*) manigancer qqch • **tramar alguém** (*fam*) rouler qqn
trâmite ['trɐmitə] *m* voie *f* • **os trâmites legais** la procédure
trampolim [trɐ̃mpu'lĩ] (*pl* **-ns** [ʃ]) *m* tremplin *m*
tranca ['trɐ̃ŋkɐ] *f* verrou *m*
trança ['trɐ̃sɐ] *f* tresse *f*
trancar [trɐ̃ŋ'kar] *vt* bien fermer
tranquilidade [trɐ̃ŋkwili'đađə] *f* (*Port*) tranquillité *f*
tranqüilidade [trɐ̃ŋkwili'dadʒi] *f* (*Br*) = **tranquilidade**
tranquilizante [trɐ̃ŋkwili'zɐ̃ntə] *adj* (*Port*) rassurant(e) ◇ *m* (*Port*) tranquillisant *m*
tranqüilizante [trɐ̃ŋkwili'zɐ̃ntʃi] (*Br*) = **tranquilizante**
tranquilo, la [trɐ̃ŋ'kwilu, lɐ] *adj* (*Port*) tranquille
tranqüilo [trɐ̃ŋ'kwilu] (*Br*) = **tranquilo**
transação [trɐ̃za'sɐ̃u] (*pl* **-ões** [õiʃ]) *f* (*Br*) = **transacção**
transacção [trɐ̃za'sɐ̃u] (*pl* **-ões** [õiʃ]) *f* (*Port*) transaction *f*

transar [trɐ̃'zax] *vt* (*Br*) (*fam*) manigancer ◆ **transar com** *v + prep* (*Br*) (*fam*) coucher avec

transatlântico, ca [trɐ̃zɐt'lɐ̃ntiku, kɐ] *adj* transatlantique ◇ *m* transatlantique *m*

transbordar [trɐ̃ʒbur'ðar] *vi* déborder ● **estar a transbordar** déborder

transbordo [trɐ̃ʒ'borðu] *m* correspondance *f* ● **fazer transbordo** changer

transe ['trɐ̃zə] *m* transe *f*

transeunte [trɐ̃'zjũntə] *mf* passant *m*, -e *f*

transferência [trɐ̃ʃfə'rẽsjɐ] *f* **1.** (*de escola, país*) changement *m* **2.** (*de dinheiro*) virement *m*

transferir [trɐ̃ʃfə'rir] *vt* **1.** (*pessoa*) muter **2.** (*dinheiro*) virer

transformação [trɐ̃ʃfurma'sɐ̃u] *f* transformation *f*

transformador [trɐ̃ʃfurmɐ'ðor] (*pl* **-es** [əʃ]) *m* transformateur *m*

transformar [trɐ̃ʃfur'mar] *vt* transformer

transfusão [trɐ̃ʃfu'zɐ̃u] (*pl* **-ões** [õiʃ]) *f* ● **transfusão de sangue** transfusion *f* sanguine

transgredir [trɐ̃ʒgrə'ðir] *vt* transgresser

transgressão [trɐ̃ʒgrə'sɐ̃u] (*pl* **-ões** [õiʃ]) *f* transgression *f*

transição [trɐ̃zi'sɐ̃u] (*pl* **-ões** [õiʃ]) *f* transition *f*

transistor [trɐ̃'ziʃto(x)] (*Br*) = **transístor**

transístor [trɐ̃'ziʃtɔr] (*pl* **-es** [əʃ]) *m* transistor *m*

transitar [trɐ̃zi'tar] *vi* circuler ● **transitar para** passer par ● **transitar (de ano)** passer (dans la classe supérieure)

transitivo, va [trɐ̃zi'tivu, vɐ] *adj* transitif(ive)

trânsito ['trɐ̃zitu] *m* circulation *f* ● **trânsito condicionado** circulation réglementée ● **trânsito congestionado** ralentissements *mpl* ● **trânsito proibido** circulation interdite ● **trânsito nos dois sentidos** circulation à double sens

transmissão [trɐ̃ʒmi'sɐ̃u] (*pl* **-ões** [õiʃ]) *f* transmission *f*

transmissor [(*Port*) trɐ̃ʒmisor (*Br*), tr ɪʒmi'so(x)] *m* transmetteur *m*

transmitir [trɐ̃ʒmi'tir] *vt* **1.** transmettre **2.** (*suj: rádio, TV*) diffuser ◇ *vi* (*rádio, TV*) émettre

transmontano, na [trɐ̃ʒmõn'tɐnu, nɐ] *adj* de (la région de) Trás-os-Montes ◇ *m, f* habitant *m*, -e *f* de Trás-os-Montes

transparência [trɐ̃ʃpɐ'rẽsjɐ] *f* transparence *f*

transparente [trɐ̃ʃpɐ'rẽntə] *adj* transparent(e)

transpassar [trɐ̃ʃpa'sa(x)] (*Br*) = **trespassar**

transpiração [trɐ̃ʃpirɐ'sɐ̃u] *f* transpiration *f*

transpirar [trɐ̃ʃpi'rar] *vi* transpirer

transplantar [trɐ̃ʃplɐ̃n'tar] *vt* transplanter

transplante [trɐ̃ʃ'plɐ̃ntə] *m* **1.** (*de planta, árvore*) transplantation *f* **2.** (*de órgão*) greffe *f*

transportar [trɐ̃ʃpur'tar] *vt* transporter

transporte [trɐ̃ʃ'pɔrtə] *m* transport *m* ● **transporte colectivo** transports en commun • **transportes públicos** transports publics

transtornar [trẽʃtur'nar] *vt* **1.** *(chocar)* bouleverser **2.** *(incomodar)* déranger **3.** *(reunião, rotina)* perturber

transtorno [trẽʃ'tornu] *m* dérangement *m* • **causar transtorno** déranger

trapalhão, lhona [trɐpɐ'ʎɐ̃u, ʎonɐ] *(mpl* **-ões** [õiʃ], *fpl* **-s** [ʃ]) *m, f* souillon *f*

trapézio [trɐ'pɛzju] *m* trapèze *m*

trapezista [trɐpə'ziʃtɐ] *mf* trapéziste *mf*

trapo ['trapu] *m* **1.** *(pano velho)* chiffon *m* **2.** *(roupa velha)* fripe *f*

trarei [trɐ'rɐi] ➤ **trazer**

trás ['traʃ] *interj* patatras ! ◇ *prep & adv* • **andar para trás** reculer • **deixar para trás** *(local)* quitter ; *(pessoa)* dépasser • **por trás de** derrière • **de trás** derrière • **para trás** en arrière

traseira [trɐ'zɐirɐ] *f* arrière *m* ◆ **traseiras** *fpl (de casa)* arrière *m*

traseiro, ra [trɐ'zɐiru, rɐ] *adj* arrière ◇ *m* derrière *m (fesses)*

Trás-os-Montes [ˌtrazuʒ'mõntəʃ] *s* Trás-os-Montes

tratado, da [trɐ'tađu, đɐ] *adj* **1.** traité(e) **2.** *(terreno)* entretenu(e) ◇ *m* traité *m*

tratamento [trɐtɐ'mẽntu] *m* **1.** traitement *m* **2.** *(de terreno)* entretien *m*

tratar [trɐ'tar] *vt* **1.** *(curar)* traiter, soigner **2.** *(desinfectar)* traiter ◆ **tratar de** *v + prep* **1.** *(encarregar-se de)* s'occuper de **2.** *(assunto, negócio, tarefa)* traiter ◆ **tratar-se de** *vp + prep* s'agir de • **trata-se de** il s'agit de • **tratar alguém bem/mal** bien/mal traiter qqn

trator [tra'tox] *(pl* **-es** [iʃ]) *m (Br)* = **tractor**

trauma ['traumɐ] *m* traumatisme *m*

Trav. = **travessa**

travado, a [*(Port)* trɐ'vađu, đɐ *(Br)*, tra'vadu, da] *adj* freiné(e)

travão [trɐ'vɐ̃u] *(pl* **-ões** [õiʃ]) *m* frein *m* • **travão de mão** frein à main

travar [trɐ'var] *vt (combate, luta)* livrer ◇ *vi* freiner • **travar o carro/a bicicleta** freiner • **travar conhecimento** faire connaissance

trave ['travə] *f* poutre *f*

travessa [trɐ'vɛsɐ] *f* **1.** *(rua)* passage *m* **2.** *(peça de louça)* plat *m* **3.** *(para cabelo)* peigne *m*

travessão [trɐvə'sɐ̃u] *(pl* **-ões** [õiʃ]) *m* **1.** *(para cabelo)* barrette *f* **2.** *(sinal gráfico)* tiret *m*

travesseiro [trɐvə'sɐiru] *m (almofada)* traversin *m*

travessia [trɐvə'siɐ] *f* traversée *f*

travesso, a [trɐ'vesu, ɐ] *adj* **1.** *(criança)* espiègle **2.** *(comportamento)* turbulent(e)

travessões ➤ **travessão**

travões ➤ **travão**

traz ['traʃ] ➤ **trazer**

trazer [trɐ'zer] *vt* **1.** *(vir acompanhado de)* amener **2.** *(carregar)* apporter **3.** *(vestir)* porter **4.** *(problemas)* causer **5.** *(consequências)* avoir • **trazer à memória** rappeler

trégua ['trɛgwɐ] *f* trêve *f*

treinador, ra [trɐinɐ'đor, rɐ] *(mpl* **-es** [əʃ], *fpl* **-s** [ʃ]) *m, f* entraîneur *m*, -euse *f*

treinar [trei'nar] *vt* **1.** *(desportista)* entraîner **2.** *(língua)* pratiquer ◆ **treinar-se** *vp* s'entraîner

treino ['trɐinu] *m* entraînement *m*
trela ['trɛlɐ] *f* laisse *f*
trem ['trẽi] (*pl* **-ns** [ʃ]) *m* (*Br*) train *m* • **trem de aterragem** (*Port*) train d'atterrissage • **trem de cozinha** batterie *f* de cuisine • **de trem** (*Br*) en train
tremendo, da [trə'mẽndu, dɐ] *adj* **1.** (*horrível*) terrible **2.** (*enorme*) épouvantable **3.** (*formidável*) formidable
tremer [trə'mer] *vi* trembler
tremoços [trə'mɔsuʃ] *mpl* graines *fpl* de lupin
tremor [trə'mor] (*pl* **-es** [əʃ]) *m* tremblement *m* • **tremor de terra** tremblement de terre
trémulo, la ['trɛmulu, lɐ] *adj* **1.** (*Port*) (*mãos, pernas, voz*) tremblant(e) **2.** (*luz*) vacillant(e)
trêmulo, la ['tremulu, lɐ] *adj* (*Br*) = **trémulo**
trenó [trɛ'nɔ] *m* **1.** (*grande*) traîneau *m* **2.** (*pequeno*) luge *f*
trens ➤ **trem**
trepadeira [trəpɐ'ðɐirɐ] *f* plante *f* grimpante
trepar [trə'par] *vt* gravir ◇ *vi* grimper • **trepar a** grimper à • **trepar para** grimper sur
três ['treʃ] *num* trois • **às três** à trois heures • **ele tem três anos** il a trois ans • **eles eram três** ils étaient trois • **são três horas** il est trois heures • **três de Janeiro** le trois janvier • **página três** page trois • **trinta e três** trente-trois • **o três de copas** le trois de cœur • **de três em três dias** tous les trois jours • **empataram a três** (ils ont fait) trois partout • **três a zero** trois à zéro
trespassar [trəʃpɐ'sar] *vt* **1.** (*loja, estabelecimento*) céder **2.** (*transgredir*) enfreindre ▼ **trespassa-se** bail à céder
tretas ['tretɐʃ] *fpl* (*fam*) balivernes *fpl*
trevas ['trɛvɐʃ] *fpl* ténèbres *fpl*
trevo ['trevu] *m* trèfle *m*
treze ['treze] *num* treize • **ele tem treze anos** il a treize ans • **eles eram treze** ils étaient treize • **o treze de Janeiro** le treize janvier • **página treze** page treize
trezentos, tas [trə'zẽntuʃ, tɐʃ] *num* trois cents
triângulo [tri'ɐ̃ŋgulu] *m* triangle *m*
tribo ['triβu] *f* tribu *f*
tribuna [tri'βunɐ] *f* (*de estádio*) tribune *f*
tribunal [triβu'nał] (*pl* **-ais** [aiʃ]) *m* tribunal *m* • **o Supremo Tribunal** la Cour de cassation
triciclo [tri'siklu] *m* tricycle *m*
tricô [tri'ko] *m* tricot *m*
tricotar [triku'tar] *vt* tricoter
trigésimo, ma [tri'ʒɛzimu, mɐ] *num* trentième
trigo ['trigu] *m* blé *m*
trilha ['triʎɐ] *f* (*caminho*) piste *f* • **trilha sonora** (*Br*) bande *f* sonore
trilho ['triʎu] *m* **1.** (*carril*) rail *m* **2.** (*caminho*) sentier *m*
trimestral [triməʃ'trał] (*pl* **-ais** [aiʃ]) *adj* trimestriel(elle)
trimestre [tri'mɛʃtrə] *m* trimestre *m*
trincar [trĩŋ'kar] *vt* (*com dentes*) croquer • **trincar a língua** se mordre la langue
trincha ['trĩʃɐ] *f* (*pincel*) pinceau *m*
trincheira [trĩ'ʃɐirɐ] *f* **1.** (*em praça de touros*) barrière *f* **2.** (*escavação*) tranchée *f*
trinco ['trĩŋku] *m* loquet *m* • **fechar ao trinco** fermer

trinta ['trĩntɐ] *num* trente • **fazer trinta por uma linha** faire les quatre cents coups

trio ['triu] *m* trio *m* • **trio elétrico** (*Br*) *véhicule équipé d'une sono qui diffuse de la musique dans les rues pendant le carnaval*

tripa [tri'pɐ] *f* boyaux *mpl* ◆ **tripas** *fpl* tripes *fpl* • **tripas à moda do Porto** *plat à base de tripes et de haricots blancs*

tripé [tri'pɛ] *m* trépied *m*

tripeiro, ra [tri'pɐiru, rɐ] *m, f* (*fam*) *surnom donné aux habitants de Porto*

triplicar [tripli'kar] *vt* tripler

tripulação [tripulɐ'sɐ̃u] (*pl* **-ões** [õiʃ]) *f* équipage *m*

tripular [tripu'lar] *vt* piloter

triste ['triʃtə] *adj* triste

tristeza [triʃ'tezɐ] *f* tristesse *f* • **que tristeza!** c'est triste !

triunfar [triũ'far] *vi* triompher

triunfo [tri'ũfu] *m* triomphe *m*

trivial [tri'vjał] (*pl* **-ais** [aiʃ]) *adj* banal(e)

triz ['triʃ] *m* • **por um triz** (*fam*) de justesse

troca ['trɔkɐ] *f* échange *m* • **à troca** en échange • **em troca de** en échange de

troça ['trɔsa] (*Br*) *f* moquerie *f*

trocado, da [tru'kađu, đɐ] *adj* mauvais(e) ◆ **trocados** *mpl* monnaie *f* • **temos os lugares trocados** nous avons inversé nos places • **os livros estão trocados** les livres sont classés dans le désordre

trocar [tru'kar] *vt* **1.** (*objecto, produto*) échanger **2.** (*dinheiro*) faire la monnaie de **3.** (*ideias*) échanger **4.** (*confundir*) mélanger ◆ **trocar de** *v + prep* changer de ◆ **trocar-se** *vp* se changer • **trocar dinheiro** faire de la monnaie

troco ['troku] *m* **1.** monnaie *f* **2.** (*fig*) (*resposta*) réponse *f* • **dar o troco** (*responder*) relever • **a troco de** en échange de

troço ['trosu] *m* **1.** (*de estrada*) tronçon *m* **2.** (*de lenha*) rondin *m* **3.** (*de couve*) trognon *m*

troféu [tru'fɛu] *m* trophée *m*

tromba ['trõmbɐ] *f* **1.** (*de elefante*) trompe *f* **2.** (*de água*) trombe *f* • **estar de trombas** (*Port*) (*fam*) faire la gueule

trombadinha [trõnba'dʒiɲa] (*Br*) = **carteirista**

trombeta [trõm'betɐ] *f* clairon *m*

trombone [trõm'bɔnə] *m* trombone *m* • **trombone de varas** trombone à coulisse

trompa ['trõmpɐ] *f* cor *m*

trompete [trõm'pɛtə] *m* trompette *f*

tronco ['trõŋku] *m* tronc *m*

trono ['tronu] *m* trône *m*

tropa ['trɔpɐ] *f* armée *f* ◇ *m* (*Port*) militaire *m* • **ir à tropa** partir à l'armée

tropeçar [trupə'sar] *vi* trébucher • **tropeçar em algo** trébucher sur qqch

tropical [trupi'kał] (*pl* **-ais** [aiʃ]) *adj* tropical(e)

tropicalismo [trɔpikaliʒmu] *m mouvement musical brésilien de la fin des années 1960*

trópico ['trɔpiku] *m* tropique *m*

trotar [tru'tar] *vi* trotter

trotinete [trɔti'nɛtə] *f* **1.** (*de criança*) trottinette *f* **2.** (*pequeno tractor*) motoculteur *m*

trouxa ['troʃɐ] *f* balluchon *m*

trouxas-de-ovos [ˌtroʃɐʒ'dɔvuʃ] *fpl petits gâteaux fourrés à la crème aux œufs*

trouxe ['trosə] ➤ **trazer**

trovão [tru'vɐ̃u] (*pl* **-ões** [õiʃ]) *m* tonnerre *m*

trovejar [truvə'ʒar] *v impess* • **está a trovejar** il tonne

trovoada [tru'vwađɐ] *f* orage *m*

trovões ➤ **trovão**

trucidar [trusi'đar] *vt* massacrer

trufas ['trufɐʃ] *fpl* truffes *fpl*

trunfo ['trũfu] *m* atout *m*

truque ['trukə] *m* tour *m*

trusses ['trusəʃ] *mpl* (*Port*) slip *m*

truta ['trutɐ] *f* truite *f*

T-shirt [ti'ʃɛrtə] *f* tee-shirt *m*

tu ['tu] *pron* (*Port*) (*fam*) tu • **tu mesmo** ou **próprio** toi-même

tua ['tua] ➤ **teu**

tuba ['tuƀɐ] *f* tuba *m*

tubarão [tuƀɐ'rɐ̃u] (*pl* **-ões** [õiʃ]) *m* requin *m*

tuberculose [tuƀɛrku'lɔzə] *f* tuberculose *f*

tubo ['tuƀu] *m* **1.** (*cano*) tuyau *m* **2.** (*de comprimidos*) tube *m* • **tubo de ensaio** tube à essai • **tubo de escape** (*Port*) pot *m* d'échappement

tudo ['tuđu] *pron inv* tout • **estar por tudo** être prêt à tout • **antes de tudo** avant tout • **apesar de tudo** malgré tout • **por tudo e por nada** pour un oui ou pour un non • **dar tudo por tudo** donner le tout pour le tout

tulipa [tu'lipɐ] *f* (*Br*) = **túlipa**

túlipa ['tulipɐ] *f* (*Port*) tulipe *f*

tumba ['tũmbɐ] *f* tombe *f*

tumor [tu'mor] (*pl* **-es** [əʃ]) *m* tumeur *f* • **tumor maligno/benigno** tumeur maligne/bénigne

túmulo ['tumulu] *m* tombeau *m*

tumulto [tu'muɫtu] *m* **1.** (*alvoroço*) tumulte *m* **2.** (*revolta*) trouble *m*

tuna ['tunɐ] *f* • **tuna (académica)** *petit orchestre d'étudiants*

túnel ['tunɛɫ] (*pl* **-eis** [ɐiʃ]) *m* tunnel *m*

túnica ['tunikɐ] *f* tunique *f*

turbina [tur'ƀinɐ] *f* turbine *f*

turbulência [turƀu'lẽnsiɐ] *f* (*em voo*) turbulences *fpl*

turco, ca ['turku, kɐ] *adj* turc (turque) ◇ *m, f* Turc *m*, Turque *f* ◇ *m* **1.** (*língua*) turc *m* **2.** (*tecido*) éponge *f*

turfe ['tuxfi] *m* **1.** (*Br*) (*hipódromo*) hippodrome *m* **2.** (*hipismo*) courses *fpl* hippiques

turismo [tu'riʒmu] *m* tourisme *m* • **turismo de habitação** (*Port*) *tourisme pratiqué chez l'habitant dans des maisons traditionnelles*

Turismo de habitação

Les propriétaires des maisons anciennes du nord du Portugal ont été les premiers à ouvrir leur porte aux touristes. *Ponte de Lima*, dans le *Minho*, est considéré comme la capitale de cette forme de tourisme, même si des logements de ce type sont aujourd'hui proposés un peu partout dans le pays. L'objectif étant de restaurer le patrimoine national, de nombreuses maisons anciennes ont pu être remises en état grâce à un programme public de financement. Beaucoup d'entre elles datent des XVIe et XVIIe siècles et regorgent d'antiquités.

turista [tu'riʃtɐ] *mf* touriste *mf*

turístico, ca [tu'riʃtiku, kɐ] *adj* **1.** *(local, ementa)* touristique **2.** *(classe)* loisirs

turma ['turmɐ] *f* **1.** *(em escola)* classe *f* **2.** *(Br)* *(fam)* *(amigos)* bande *f* (de copains)

turné ['turne] *f* *(Port)* tournée *f*

turnê ['tuxnɛ] *f* *(Br)* tournée *f*

turno ['turnu] *m* équipe *f* • **trabalhar por turnos** faire un roulement • **por seu turno** à son tour

turquesa [tur'kezɐ] *f* turquoise *f*

Turquia [tur'kiɐ] *f* • **a Turquia** la Turquie

tutano [tu'tɐnu] *m* moelle *f*

tutela [tu'tɛlɐ] *f* tutelle *f*

tutor, ra [tu'tor, rɐ] *(mpl* **-es** [əʃ], *fpl* **-s** [ʃ]) *m, f* tuteur *m*, -trice *f*

tutu [tu'tu] *m* *(Br)* • **tutu à mineira** *pâte de haricots épaissie à la farine de manioc mélangée à de la viande de porc*

TV [te' ve] *f* (*abrev de* **televisão**) TV *(télévision)*

TVI *f* (*abrev de Televisão Independente*) *chaîne de télévision catholique privée au Portugal*

tweed ['twiđə] *m* tweed *m*

uU

Ucal® [u'kaɫ] (*pl* **-ais** [aiʃ]) *f boisson chocolatée*

UE *f* (*abrev de União Europeia*) UE *(Union européenne) f*

UEM *f* (*abrev de União Econômica e Monetária*) UEM *f (union économique et monétaire)*

uísque ['wiskə] *m* whisky *m*

uivar [ui'var] *vi* hurler *(chien)*

úlcera ['uɫsərɐ] *f* ulcère *m*

ulmeiro [uɫ'mɐiru] *m* orme *m*

ultimamente [ˌuɫtimɐ'mẽntə] *adv* dernièrement

ultimato [uɫti'matu] *m* ultimatum *m*

último, ma ['uɫtimu, mɐ] *adj* dernier(ère) ◇ *m, f* • **o último/a última** le dernier/la dernière • **por último** enfin

ultraleve [ˌuɫtrɐ'lɛvə] *m* ULM *m (ultra-léger motorisé)*

ultramar [ˌuɫtrɐ'mar] *m* • **o ultramar** les pays *mpl* d'outre-mer

ultramarino, na [ˌuɫtrɐmɐ'rinu, nɐ] *adj* d'outre-mer

ultrapassado, da [ˌuɫtrɐpɐ'sađu, đɐ] *adj* dépassé(e)

ultrapassagem [ˌuɫtrɐpɐ'saʒẽi] (*pl* **-ns** [ʃ]) *f* dépassement *m*

ultrapassar [ˌuɫtrɐpɐ'sar] *vt* **1.** dépasser **2.** *(carro)* doubler

ultravioleta [ˌuɫtrɐvju'letɐ] *adj inv* ultraviolet(ette)

um, **uma** [ũ, 'umɐ] (*mpl* **uns** [ũʃ], *fpl* **-s** [ʃ]) *art* un (une) • **um homem** un homme • **uma mulher** une femme • **uma mala** une valise
◇ *adj*
1. (*ger*) un (une) • **um dia voltarei** un jour, je reviendrai • **comprei uns livros** j'ai acheté quelques livres • **vou uns dias de férias** je pars quelques jours en vacances • **um destes dias** un de ces jours • **trinta e um dias** trente et un jours • **um litro/metro/quilo** un litre/mètre/kilo
2. (*aproximadamente*) environ • **estavam lá umas cinquenta pessoas** il y avait environ cinquante personnes • **esperei uns dez minutos** j'ai attendu une dizaine de minutes
3. (*para enfatizar*) un/une de ces • **está cá um frio/calor!** (*fam*) il fait un de ces froids/une de ces chaleurs ! • **estou com uma sede!** (*fam*) j'ai une de ces soifs !
◇ *pron* (*indefinido*) un (une) • **só não gosto dum/duma** il n'y en a qu'un/qu'une que je n'aime pas • **dá-me um** donne-m'en un • **quero mais uma** j'en veux encore une • **um a um, um por um** un à un, un par un • **um deles** l'un d'entre eux • **uns e outros** les uns et les autres • **ele tem um ano** il a un an • **um de Janeiro** le 1er janvier • **página um** page une • **um a zero** un à zéro

umbigo [ũm'bigu] *m* nombril *m*

umbral [ũm'brał] (*pl* **-ais** [aiʃ]) *m* **1.** (*ombreira*) montant *m* **2.** (*soleira*) seuil *m*

umidade [umi'dadʒi] *f* (*Br*) = **humidade**

úmido, **da** ['umidu, dɐ] *adj* (*Br*) = **húmido**

unanimidade [unɐnəmi'đađə] *f* unanimité *f* • **por unanimidade** à l'unanimité

UNE ['uni] *f* (*Br*) (*abrev de União Nacional de Estudantes*) *syndicat étudiant brésilien*

Unesco [u'neʃku] *f* Unesco *f*

unha ['uɲɐ] *f* ongle *m* • **por uma unha negra** de justesse

união [u'njɐ̃u] (*pl* **-ões** [õiʃ]) *f* union *f* • **a União Europeia** l'Union européenne

unicamente [ˌunikɐ'mẽntə] *adv* uniquement ▾ **unicamente para adultos** réservé aux adultes

único, **ca** ['uniku, kɐ] *adj* **1.** unique **2.** (*um só*) seul(e) ◇ *m*, *f* • **o único/a única** le seul/la seule

unidade [uni'đađə] *f* unité *f*

unido, **da** [u'niđu, đɐ] *adj* uni(e) • **eles são muito unidos** ils sont très liés

unificar [unifi'kar] *vt* unifier

uniforme [uni'fɔrmə] *adj* & *m* uniforme

uniões ➤ **união**

unir [u'nir] *vt* **1.** unir **2.** (*colar*) joindre
◆ **unir-se** *vp* s'unir • **unir-se contra** s'allier contre

unissex [uni'sɛks] *adj inv* (*Br*) = **unissexo**

unissexo [uni'sɛksu] *adj inv* (*Port*) unisexe

unitário, **ria** [uni'tarju, rjɐ] *adj* unitaire

universal [univər'sał] (*pl* **-ais** [aiʃ]) *adj* universel(elle)

universidade [univərsi'đađə] *f* université *f*

universo [uni'vɛrsu] *m* univers *m*

uns [ũnʃ] ➤ **um**

untar [ũn'tar] *vt* • **untar com óleo** huiler • **untar com manteiga** beurrer
update ['apdejtji] *m INFORM* mise *f* à jour
upgrade ['apgrejdji] *m INFORM* • **fazer um upgrade** augmenter la capacité, mettre à niveau
upload ['aplodji] *m INFORM* • **fazer um upload** télécharger
urânio [u'rɐnju] *m* uranium *m*
urbano, na [ur'bɐnu, nɐ] *adj* urbain(e)
urgência [ur'ʒẽsjɐ] *f* urgence *f* • **com urgência** d'urgence ◆ **Urgências** *fpl* urgences *fpl*
urgente [ur'ʒẽntə] *adj* urgent(e)
urgentemente [urˌʒẽntə'mẽntə] *adv* d'urgence
urina [u'rinɐ] *f* urine *f*
urinar [(*Port*) uri'nar (*Br*), uri'na(x)] *vt* uriner
urinol [uri'nɔɫ] (*pl* **-óis** [ɔiʃ]) *m* urinoir *m*
URL (*abrev de Universal Resources Locator*) *f* URL *f*
urna ['urnɐ] *f (de voto)* urne *f*
urrar [u'ʀar] *vi* hurler
urso ['ursu] *m* ours *m* • **urso pardo** ours brun • **urso de peluche** ou **pelúcia** ours en peluche • **urso polar** ours polaire
urticária [urti'karjɐ] *f* urticaire *f*
urtiga [ur'tigɐ] *f* ortie *f*
Uruguai [uru'gwai] *m* • **o Uruguai** l'Uruguay *m*
uruguaiano, a [urugwa'jɐnu, nɐ] = **uruguaio**
uruguaio, ia [uru'gwaju, jɐ], **uruguaiano, na** [urugwa'jɐnu, nɐ] *adj* uruguayen(enne) ◆ **uruguaio, a** *mf* Uruguyen *m*, -enne *f*
urze ['urzə] *f* bruyère *f*
usado, da [u'zađu, đɐ] *adj* **1.** *(em segunda mão)* d'occasion **2.** *(método, sistema)* utilisé(e) **3.** *(gasto)* usé(e)
usar [u'zar] *vt* **1.** *(utilizar)* utiliser, se servir de **2.** *(vestir, calçar)* porter ◆ **usar de** *v + prep* faire preuve de ◆ **usar-se** *vp* se porter
username [uzex'nejmi] (*pl* **usernames**) *m INFORM* nom *m* d'utilisateur
usina [u'zinɐ] *f* (*Br*) usine *f* • **usina de açúcar** sucrerie *f* • **usina hidroelétrica** centrale *f* hydroélectrique • **usina nuclear** centrale *f* nucléaire
uso ['uzu] *m* usage *m* • **fazer uso de** utiliser ; *(de influência, talento)* faire usage de • **para uso próprio** à usage personnel ▾ **para uso externo** usage externe
usual [u'zwaɫ] (*pl* **-ais** [aiʃ]) *adj* usuel(elle)
usuário [u'zwarju] (*Br*) = **utente**
usufruir [uzufru'ir] ◆ **usufruir de** *v + prep* **1.** *(possuir)* jouir de **2.** *(tirar proveito de)* profiter de
usurpar [uzur'par] *vt* usurper
úteis ['utejʃ] ➤ **útil**
utensílio [utẽ'silju] *m* ustensile *m*
utente [u'tẽntə] *mf* usager *m*
útero ['utəru] *m* utérus *m*
útil ['utiɫ] (*pl* **úteis** ['utɐiʃ]) *adj* **1.** utile **2.** *(dia)* ouvrable
utilidade [utəli'dađə] *f* utilité *f* • **qual é a utilidade disso?** à quoi ça sert ?
utilização [utəlizɐ'sɐ̃u] (*pl* **-ões** [õiʃ]) *f* utilisation *f*
utilizador, ra [utəlizɐ'dor, rɐ] *mf* utilisateur *m*, -trice *f*

utilizar [utəli'zar] *vt* utiliser
utopia [utu'piɐ] *f* utopie *f*
U.V. (*abrev de ultravioleta*) UV *mpl (ultra-violet)*
uva ['uvɐ] *f* grain *m* de raisin • **uvas** raisin *m*

V

vá ['va] ➤ **ir**
vã [vɐ̃] ➤ **vão**
vaca ['vakɐ] *f* **1.** *(animal)* vache *f* **2.** *(carne)* bœuf *m*
vacilar [vɐsi'lar] *vi (hesitar)* hésiter
vacina [vɐ'sinɐ] *f* vaccin *m*
vacinação [vɐsinɐ'sɐ̃w] *f* vaccination *f*
vacinado, da [vɐ'sinaðu, ðɐ] *adj* • **estar vacinado contra** être vacciné contre
vácuo ['vakwu] *m* vide *m*
vadio, dia [va'ðiu, 'ðiɐ] *adj* **1.** *(pessoa)* vagabond(e) **2.** *(cão)* errant(e)
vaga ['vagɐ] *f* **1.** *(em emprego)* poste *m* vacant **2.** *(onda)* vague *f* • **uma vaga de** une vague de
vagabundo, da [vɐgɐ'bũndu, dɐ] *m, f* vagabond *m*, -e *f*
vaga-lume [ˌvagɐ'lumə] (*pl* **vaga-lumes** [ˌvagɐ'luməʃ]) *m* ver *m* luisant
vagão [va'gɐ̃w] (*pl* **-ões** [õiʃ]) *m* wagon *m*
vagão-cama [vagɐ̃w'kɐmɐ] (*pl* **vagões-cama** [vagõiʃ'kɐmɐ]) *m (Port)* wagon-lit *m*
vagão-leito [vagɐ̃w'leitu] (*pl* **vagões-leito** [vagõiʒ'leitu]) *m (Br)* = **vagão-cama**
vagão-restaurante [vaˌgɐ̃wʀəʃtau'rɐ̃ntə] (*pl* **vagões-restaurante** [vaˌgõiʒʀəʃtau'rɐ̃ntə]) *m* wagon-restaurant *m*
vagar [vɐ'gar] *vi* se libérer ◇ *m* • **ter vagar** avoir le temps
vagaroso, osa [vɐgɐ'rozu, ɔzɐ] *adj* lent(e)
vagem ['vaʒɐ̃j] (*pl* **-ns** [ʃ]) *f* cosse *f* ◆ **vagens** *fpl* pois *mpl* gourmands
vagina [vɐ'ʒinɐ] *f* vagin *m*
vago, ga ['vagu, gɐ] *adj* **1.** *(desocupado)* libre **2.** *(indefinido)* vague
vagões [va'gõjʃ] ➤ **vagão**
vai ['vai] ➤ **ir**
vaia ['vaia] *f* huée *f*, moquerie *f*, risée *f*
vaidade [vai'ðaðə] *f* vanité *f*
vaidoso, osa [vai'ðozu, ɔzɐ] *adj* vaniteux(euse)
vais ['vaiʃ] ➤ **ir**
vaivém [vai'vɐ̃i] (*pl* **-ns** [ʃ]) *m* va-et-vient *m inv* • **vaivém espacial** navette *f* spatiale
vala ['valɐ] *f* **1.** *(de rega)* rigole *f* **2.** *(fosso)* fossé *m* • **vala comum** fosse *f* commune
[1]**vale** ['valə] *m* vallée *f* • **vale postal** mandat *m* postal
[2]**vale** ['valə] ➤ **valer**
valente [vɐ'lẽntə] *adj* **1.** *(corajoso)* courageux(euse) **2.** *(forte)* fort(e)
valer [vɐ'ler] *vt* valoir ◇ *vi* être valable • **vale mais...** il vaut mieux... • **a valer** vraiment • **para valer** pour de bon ◆ **valer-se de** *vp + prep* se servir de

valeta [vɐ'letɐ] *f* **1.** *(de estrada)* fossé *m* **2.** *(de rua)* caniveau *m*
valete [va'lɛtə] *m* valet *m*
valeu [vɐ'leu] ➤ **valer**
valho ['vaʎu] ➤ **valer**
validação [vɐliđɐ'sɐ̃u] *f (de bilhete)* validation *f*
validade [vɐli'đađə] *f* validité *f*
validar [vɐli'đar] *vt (bilhete)* valider
válido, da ['valiđu, đɐ] *adj* valable • **válido até...** valable jusqu'à...
valioso, osa [vɐ'ljozu, ɔzɐ] *adj* • **ser valioso** avoir de la valeur
valor [vɐ'lor] *(pl* **-es** [əʃ]) *m* **1.** valeur *f* **2.** *(em exame, teste)* point *m* • **dar valor a** apprécier ◆ **valores** *mpl* **1.** *(bens, acções, etc.)* valeurs *fpl* **2.** *(de sociedade)* titres *mpl*
valsa ['vaɫsɐ] *f* valse *f*
válvula ['vaɫvulɐ] *f* **1.** *(de coração)* valvule *f* **2.** *(de motor)* soupape *f* • **válvula de segurança** soupape de sécurité
vampiro [vɐ̃m'piru] *m* vampire *m*
vandalismo [vɐ̃ndɐ'liʒmu] *m* vandalisme *m*
vândalo, la ['vɐ̃ndɐlu, lɐ] *m, f* vandale *mf*
vangloriar-se [vɐ̃ŋglu'rjarsə] *vp* se vanter • **vangloriar-se-se de** se vanter de
vanguarda [vɐ̃ŋ'gwarđɐ] *f* avant-garde *f* • **estar na vanguarda de** être en tête de
vantagem [vɐ̃n'taʒɐ̃i] *(pl* **-ns** [ʃ]) *f* avantage *m* • **que vantagem é que tiras disso?** qu'est-ce que tu y gagnes ?
vantajoso, osa [vɐ̃ntɐ'ʒozu, ɔzɐ] *adj* **1.** *(útil)* bénéfique **2.** *(lucrativo)* avantageux(euse) • **não é vantajoso para mim** ça ne m'arrange pas
[1]**vão** ['vɐ̃u] ➤ **ir**
[2]**vão, vã** ['vɐ̃u, 'vɐ̃] *adj* vain(e) ◇ *m* • **vão de escadas** dessous *m* d'escalier • **em vão** en vain
vapor [vɐ'por] *(pl* **-es** [əʃ]) *m* **1.** *(de líquido)* vapeur *f* **2.** *(tóxico)* émanation *f*
vaporizador [vɐpurizɐ'đor] *(pl* **-es** [əʃ]) *m* vaporisateur *m*
vara ['varɐ] *f (pau)* bâton *m* • **vara de pescar** *(Br)* canne *f* à pêche
varal [va'rau] *(pl* **-ais** [aiʃ]) *m (Br)* étendoir *f* (à linge)
varanda [vɐ'rɐ̃ndɐ] *f* balcon *m*
varejeira [vɐrə'ʒɐirɐ] *f* mouche *f* bleue
varejo [va'reiʒu] *m (Br)* vente *f* au détail
variação [vɐrjɐ'sɐ̃u] *(pl* **-ões** [õiʃ]) *f* **1.** *(alteração)* variation *f* **2.** *(de preços)* différence *f*
variado, da [vɐ'rjađu, đɐ] *adj* varié(e)
variar [vɐ'rjar] *vt & vi* varier • **para variar** pour changer
varicela [vɐri'sɛlɐ] *f* varicelle *f*
variedade [vɐrje'đađə] *f* variété *f*
varinha [vɐ'riɲɐ] *f* • **varinha de condão** baguette *f* magique • **varinha mágica** *(Port)* mixer *m*
varíola [vɐ'riulɐ] *f* variole *f*
vários, rias ['varjuʃ, rjɐʃ] *adj pl* plusieurs
variz [vɐ'riʃ] *(pl* **-es** [zəʃ]) *f* varice *f*
varredor, ra [vɐʀə'đor, rɐ] *(mpl* **-es** [əʃ], *fpl* **-s** [ʃ]) *m, f (Port)* balayeur *m*, -euse *f*
varrer [vɐ'ʀer] *vt* balayer • **varrer algo da memória** chasser qqch de sa mémoire
vascular [vɐʃku'lar] *(pl* **-es** [əʃ]) *adj* vasculaire
vasculhar [vɐʃku'ʎar] *vt* • **vasculhar (em)** fouiller (dans)

vaselina [vɐzə'linɐ] *f* vaseline *f*
vasilha [vɐ'ziʎɐ] *f* pot *m*
vaso ['vazu] *m* **1.** *(para plantas)* pot *m* (de fleurs) **2.** *(Br)* *(jarra)* cruche *f* **3.** *ANAT* vaisseau *m* • **vaso sanitário** *(Br)* cuvette *f* des W-C • **vaso sanguíneo** vaisseau sanguin
vassoura [vɐ'sorɐ] *f* balai *m*
vasto, ta ['vaʃtu, tɐ] *adj* vaste
vatapá [vata'pa] *m* *(Br)* *crevettes pilées et morceaux de poisson cuits dans de l'huile de palme et du lait de coco*
Vaticano [vɐti'kɐnu] *m* • **o Vaticano** le Vatican
vazio, zia [vɐ'ziu, 'ziɐ] *adj* vide ◇ *m* vide *m* • **vazio de** *(sentido)* vide de ; *(interesse)* sans
vê ['ve] ➤ **ver**
veado ['vjađu] *m* cerf *m*
vedado, da [və'đađu, đɐ] *adj* **1.** *(edifício)* fermé(e) **2.** *(campo, local)* clôturé(e) **3.** *(recipiente)* étanche **4.** *(interdito)* interdit(e) ▼ **vedado ao trânsito** interdit à la circulation
vedar [və'đar] *vt* **1.** *(edifício)* fermer **2.** *(local)* clôturer **3.** *(buraco)* boucher **4.** *(recipiente)* fermer hermétiquement **5.** *(acesso, passagem)* interdire
vêem ['veẽm] ➤ **ver**
vegetação [vəʒətɐ'sɐ̃u] *f* végétation *f*
vegetal [vəʒə'taɫ] *(pl* **-ais** [aiʃ]) *m* végétal *m*
vegetariano, na [vəʒətɐ'rjɐnu, nɐ] *adj* & *m, f* végétarien(enne)
veia ['vɐjɐ] *f* veine *f*
veículo [vɐ'ikulu] *m* véhicule *m* ▼ **veículo longo** véhicule long
veio ['vɐju] ➤ **ver**
vejo ['vɐiʒu] ➤ **ver**
vela ['vɛlɐ] *f* **1.** bougie *f* **2.** *(de barco)* voile *f*
veleiro [və'lɐiru] *m* voilier *m*
velejar [vələ'ʒar] *vi* naviguer
velhice [vɛ'ʎisə] *f* vieillesse *f*
velho, lha ['vɛʎu, ʎɐ] *adj* & *m, f* vieux (vieille)
velocidade [vəlusi'đađə] *f* vitesse *f*
velocímetro [vəlu'simətru] *m* compteur *m* de vitesse
velocípede [vəlu'sipəđə] *m* cycle *m* • **velocípede com motor** vélomoteur *m*
velório [və'lɔrju] *m* veillée *f* funèbre
veloz [və'lɔʃ] *(pl* **-es** [zəʃ]) *adj* rapide
veludo [və'luđu] *m* velours *m*
vem ['vẽm] ➤ **vir**
vêm ['vẽm] *(Br)* ➤ **vir**
vencedor, ra [vẽsə'đor, rɐ] *(mpl* **-es** [əʃ], *fpl* **-s** [ʃ]) *m, f* vainqueur *m* ◇ *adj* gagnant(e)
vencer [vẽ'ser] *vt* **1.** *(adversário)* vaincre **2.** *(corrida, competição)* remporter **3.** *(fig)* *(obstáculo, timidez, problema)* surmonter ◇ *vi* **1.** *(em competição)* gagner **2.** *(prazo de pagamento)* arriver à échéance **3.** *(contrato, documento)* expirer • **deixar-se vencer por** céder à
vencido, da [vẽ'siđu, đɐ] *adj* vaincu(e) • **dar-se por vencido** s'avouer vaincu
vencimento [vẽsi'mẽntu] *m* **1.** *(ordenado)* salaire *m* **2.** *(de prazo de pagamento)* échéance *f* • **não dar vencimento a** ne pas suivre le rythme
venda ['vẽndɐ] *f* **1.** *(de mercadorias)* vente *f* **2.** *(mercearia)* épicerie *f* **3.** *(para olhos)* bandeau *m* • **pôr à venda** mettre en vente • **venda pelo correio** vente par corres-

pondance • **venda por grosso/a retalho** vente en gros/au détail • **venda pelo telefone** télévente *f*
vendaval [vẽndɐ'vał] (*pl* **-ais** [aiʃ]) *m* vent *m* violent
vendedor, ra [vẽndə'đor, rɐ] (*mpl* **-es** [əʃ], *fpl* **-s** [ʃ]) *m, f* vendeur *m*, -euse *f* • **vendedor de jornais** (*Port*) vendeur de journaux
vender [vẽn'der] *vt* vendre ◆ **vender-se** *vp* ▼ **vende-se** à vendre • **vender a prestações** vendre à crédit • **vender a pronto** vendre au comptant
veneno [və'nenu] *m* poison *m*
venenoso, osa [vənə'nozu, ɔzɐ] *adj* **1.** (*cogumelo*) vénéneux(euse) **2.** (*serpente*) venimeux(euse)
venéreo, rea [və'nɛrju, rjɐ] *adj* vénérien(enne)
venezianas [vənə'zjɐnɐʃ] *fpl* persiennes *fpl*
Venezuela [vənə'zwɛlɐ] *f* • **a Venezuela** le Venezuela
venezuelano, na [vənəzwɛ·'lɐnu, nɐ] *adj* vénézuélien (enne) ◆ **venezuelano, a** *m, f* Vénézuélien *m*, -enne *f*
venho ['vɐɲu] ➤ **vir**
vénia ['vɛnjɐ] *f* révérence *f*
vênia ['venja] (*Br*) = **vénia**
vens ['vẽʃ] ➤ **vir**
ventania [vẽntɐ'niɐ] *f* gros vent *m*
ventar [vẽn'ta(x)] *vi* venter
ventilação [vẽntilɐ'sɐ̃u] *f* **1.** ventilation *f* **2.** (*saída*) aération *f*
ventilador [vẽntilɐ'đor] (*pl* **-es** [əʃ]) *m* ventilateur *m*
ventilar [vẽnti'lar] *vt* ventiler
vento ['vẽntu] *m* vent *m*
ventoinha [vẽn'twiɲɐ] *f* (*de ventilação*) ventilateur *m*
ventre ['vẽntrə] *m* ventre *m*
ventrículo [vẽn'trikulu] *m* ventricule *m*
ventríloquo, qua [vẽn'triluku, kɐ] *m, f* ventriloque *mf*
ver ['ver] *vt* **1.** voir **2.** (*televisão, filme*) regarder ◇ *vi* voir ◇ *m* • **a meu ver** à mon avis • **até mais ver!** à la prochaine ! • **a ver vamos** on verra bien • **estar a ver** voir • **não estou a ver o que queres dizer** je ne vois pas ce que tu veux dire • **deixa-me ver...** fais-moi voir... • **fazer ver a alguém que...** faire comprendre à qqn que... • **não ter nada a ver com** n'avoir rien à voir avec
veracidade [vərɐsi'đađə] *f* véracité *f*
veraneio [vera'neju] *m* villégiature *f* • **cidade de veraneio** ville *f* estivale
veranista [vərɐ'niʃtɐ] *mf* estivant *m*, -e *f*
verão [ve'rɐ̃u] (*pl* **-ões** [õiʃ]) *m* (*Br*) = **Verão**
Verão [və'rɐ̃u] (*pl* **-ões** [õiʃ]) *m* (*Port*) été *m*
verba ['vɛrƀɐ] *f* montant *m*, somme *f*
verbal [vər'ƀał] (*pl* **-ais** [aiʃ]) *adj* verbal(e)
verbo ['vɛrƀu] *m* verbe *m*
verdade [vər'đađə] *f* vérité *f* • **dizer a verdade** dire la vérité • **a verdade é que** à vrai dire • **de** ou **na verdade** à vrai dire
verdadeiro, ra [vərđɐ'đɐiru, rɐ] *adj* **1.** (*verídico*) vrai(e) **2.** (*genuíno*) véritable
verde ['verđə] *adj* vert(e) ◇ *m* vert *m*
verdura [vər'đurɐ] *f* **1.** (*vegetação*) verdure *f* **2.** (*hortaliça*) légumes *mpl* verts
vereda [və'ređɐ] *f* sentier *m*
veredicto [vərə'điktu] *m* verdict *m*

verga ['vergɐ] *f* osier *m*
vergonha [vər'gɔɲɐ] *f* **1.** *(timidez)* timidité *f* **2.** *(desonra)* honte *f* • **ter vergonha** avoir honte ; *(ser tímido)* être gêné • **ter vergonha de alguém** avoir honte de qqn • **não ter vergonha na cara** *(fam)* être sans gêne
verificação [vərəfikɐ'sɐ̃u] *(pl* **-ões** [õiʃ]) *f* vérification *f*
verificar [vərəfi'kar] *vt* **1.** vérifier **2.** *(constatar)* constater ◆ **verificar-se** *vp* **1.** *(realizar-se)* arriver **2.** *(acontecer)* y avoir • **verificou-se um acidente** il y a eu un accident
verme ['vɛrmə] *m* ver *m*
vermelho, lha [vər'mɐʎu, ʎɐ] *adj* rouge ◇ *m* rouge *m*
vermute [vɛr'mutə] *m* vermouth *m*
verniz [vər'niʃ] *(pl* **-es** [zəʃ]) *m* **1.** *(para madeira)* vernis *m* **2.** *(para unhas)* vernis *m* à ongles
verões [ve'rõjʃ] ➤ **verão**
Verões [ve'rõjʃ] ➤ **Verão**
verosímil [vəru'zimił] *(pl* **-meis** [mɐiʃ]) *adj (Port)* vraisemblable
verossímil [vero'simiu] *(pl* **-meis** [meiʃ]) *adj (Br)* = **verosímil**
verruga [və'ʀugɐ] *f* verrue *f*
versão [vər'sɐ̃u] *(pl* **-ões** [õiʃ]) *f (de história, acontecimento)* version *f*
versátil [vər'satił] *(pl* **-teis** [tɐiʃ]) *adj* polyvalent(e)
verso ['vɛrsu] *m* **1.** *(de poema)* vers *m* **2.** *(de folha de papel)* verso *m*
versões [vex'sõjʃ] ➤ **versão**
vértebra ['vɛrtəbrɐ] *f* vertèbre *f*
vertical [vərti'kał] *(pl* **-ais** [aiʃ]) *adj* vertical(e) ◇ *f* verticale *f* • **na vertical** à la verticale
vértice ['vɛrtisə] *m (de ângulo)* sommet *m*
vertigem [vər'tiʒɐ̃i] *(pl* **-ns** [ʃ]) *f* vertige *m*
vesgo, ga ['veʒgu, gɐ] *adj* • **ser vesgo** loucher
vesícula [və'zikulɐ] *f* • **vesícula (biliar)** vésicule *f* (biliaire)
vespa ['veʃpɐ] *f* **1.** *(insecto)* guêpe *f* **2.** *(motociclo)* scooter *m*
véspera ['vɛʃpərɐ] *f* veille *f* • **na véspera** la veille • **em vésperas de** à la veille de
vestiário [vəʃ'tjarju] *m* vestiaire *m*
vestibular [veʃtibu'lax] *m (Br) concours d'entrée à l'université*

Vestibular

Le célèbre *vestibular*, terreur des étudiants brésiliens, est une série d'examens d'admission à l'université que les candidats passent à la fin de leurs études secondaires. Trois ou quatre épreuves sont organisées pour tenter de vérifier en une seule fois toutes les connaissances acquises en 11 ans d'études. À partir de 1996, un nouveau système est entré en vigueur, en vertu duquel les épreuves d'admission s'accompagnent d'une évaluation de la scolarité des candidats.

vestíbulo [vəʃ'tibulu] *m* hall *m*

vestido, da [vəʃ'tiđu, đɐ] *adj* habillé(e) ◇ *m* robe *f* • **vestido de** habillé en
vestígio [vəʃ'tiʒju] *m* trace *f*
vestir [vəʃ'tir] *vt* **1.** *(boneco, bebé, criança)* habiller **2.** *(roupa)* porter **3.** *(enfiar)* mettre ♦ **vestir-se** *vp* s'habiller • **vestir-se de** s'habiller en
vestuário [vəʃ'twarju] *m* vêtement *m*
veterano, na [vətə'rɐnu, nɐ] *m, f* vétéran *m*
veterinário, ria [vətəri'narju, rjɐ] *m, f* vétérinaire *mf*
véu ['vɛu] *m* voile *m*
V.Exª (*abrev de Vossa Excelência*) Monsieur, Madame *(formule de politesse)*
V.Exª (*abrev de Vossa Excelência*) Cher Monsieur/Chère Madame *(formule de politesse à l'écrit)*
vexame [vɛ'ʃɐmə] *m* honte *f*
vez ['veʃ] (*pl* **-es** [zəʃ]) *f* **1.** *(ocasião)* fois *f* **2.** *(turno)* tour *m* • **perder a vez** passer son tour • **à vez** à tour de rôle • **às vezes** parfois • **alguma vez hás-de aprender** tu finiras par apprendre • **de uma só vez** en même temps ; *(beber)* d'un trait • **de vez** une fois pour toutes • **de vez em quando** de temps en temps • **mais de uma vez** plusieurs fois • **muitas vezes** souvent • **na** ou **em vez de** au lieu de ; *(de pessoa)* à la place de • **outra vez** encore • **por vezes** parfois • **poucas vezes** rarement • **era uma vez...** il était une fois...
vi ['vi] ➤ **ver**
via ['viɐ] *f* **1.** voie *f* **2.** *(documento)* copie *f* • **a Via Láctea** la Voie lactée • **por via aérea** par avion • **por via das dúvidas** au cas où • **por via de regra** normalement • **por via nasal** par voie nasale • **por via oral** par voie orale • **segunda via** duplicata *m* • **via pública** voie publique • **via rápida** *(em auto-estrada)* file *f* de gauche ; *(estrada)* voie express • **via verde** ≃ télépéage *m*
viaduto [viɐ'đutu] *m* viaduc *m*
via-férrea [ˌviɐ'fɛʀjɐ] (*pl* **vias-férreas** [ˌviɐʃ'fɛʀjɐʃ]) *f* (*Port*) voie *f* ferrée
viagem ['vjaʒɐ̃i] (*pl* **-ns** [ʃ]) *f* voyage *m* • **boa viagem!** bon voyage ! • **viagem de negócios** voyage d'affaires • **viagem organizada** voyage organisé
viajante [vjɐ'ʒɐ̃ntə] *mf* voyageur *m*, -euse *f*
viajar [vjɐ'ʒar] *vi* voyager • **viajar de** voyager en • **viajar pela França/pelo Japão** voyager en France/au Japon
viatura [vjɐ'turɐ] *f* véhicule *m*
viável ['vjavɛɫ] (*pl* **-eis** [ɐiʃ]) *adj* **1.** *(transitável)* praticable **2.** *(exequível)* faisable
víbora ['viƀurɐ] *f* vipère *f*
vibração [viƀrɐ'sɐ̃u] (*pl* **-ões** [õiʃ]) *f* vibration *f*
vibrar [vi'ƀrar] *vi* vibrer
viciado, da [vi'sjađu, đɐ] *adj* dépendant(e)
viciar [vi'sjar] *vt* **1.** *(adulterar)* falsifier **2.** *(comunicar vício)* corrompre ♦ **viciar-se em** *vp + prep* être dépendant(e)
vício ['visju] *m* vice *m*
vida ['viđɐ] *f* vie *f* • **ganhar a vida** gagner sa vie • **perder a vida** perdre la vie • **tirar a vida a alguém** tuer qqn
videira [vi'đɐirɐ] *f* vigne *f*
vídeo ['viđju] *m* **1.** *(aparelho)* magnétoscope *m* **2.** *(filme)* film *m* vidéo
videocassete [ˌviđjuka'sɛtə] *f* (*Port*) cassette *f* vidéo

videoclipe [ˌviđju'klipə] *m* vidéo-clip *m*
videoclube [ˌviđju'kluƀə] *m* vidéoclub *m*
videoconferência ['vidʒjukʃe'rẽsja] *f* vidéoconférence *f*
videodisco [ˌviđju'điʃku] *m* vidéodisque *m*
videogame [ˌviđju'gɐimə] *m* jeu *m* vidéo
videogravador [ˌviđjugrɐvɐ'đor] (*pl* **-es** [əʃ]) *m* magnétoscope *m*
vidraça [vi'đrasɐ] *f* vitre *f* • **com vidraça** vitré(e)
vidrão [vi'đrɐ̃u] (*pl* **-ões** [õiʃ]) *m* (*Port*) container *m (à verre)*
vidro ['viđru] *m* **1.** *(substância)* verre *m* **2.** *(vidraça)* carreau *m* **3.** *(de carro)* vitre *f*
vidrões [vi'drõi'] ➤ **vidrão**
vieira ['vjɐirɐ] *f* coquille *f* Saint-Jacques
viela ['vjɛlɐ] *f* ruelle *f*
vieste [vi'ɛʃtə] ➤ **vir**
viga ['vigɐ] *f* poutre *f*
vigário [vi'garju] *m* vicaire *m*
vigésimo, ma [vi'ʒɛzimu, mɐ] *num* vingtième
vigia [vi'ʒiɐ] *f* **1.** *(vigilância)* surveillance *f* **2.** *(janela)* hublot *m* ◇ *mf* vigile *m*
vigiar [(*Port*) viʒi'ar (*Br*), vi'ʒja(x)] *vt* surveiller
vigilância [viʒi'lẽsjɐ] *f* **1.** *(guarda)* surveillance *f* **2.** *(atenção)* vigilance *f*
vigor [vi'gor] *m* vigueur *f* • **em vigor** en vigueur
vil ['viɫ] (*pl* **vis** ['viʃ]) *adj* **1.** *(infame)* abominable **2.** *(desprezível)* ignoble
vila ['vilɐ] *f* **1.** *(povoação)* petite ville *f* **2.** *(habitação)* villa *f*
vilarejo [vilɐ'rɐiʒu] *m* hameau *m*
vim ['vĩ] ➤ **vir**
vime ['vimə] *m* osier *m*
vinagre [vi'nagrə] *m* vinaigre *m*
vinagreta [vinɐ'gretɐ] *f* vinaigrette *f*
vinagrete [vina'grɛtʃi] (*Br*) = **vinagreta**
vinco ['vĩŋku] *m* pli *m*
vínculo ['viŋkulu] *m* lien *m* • **vínculo empregatício** contrat *m* de travail
vinda ['vĩndɐ] *f* **1.** *(regresso)* retour *m* **2.** *(chegada)* venue *f* • **à vinda** au retour
vindima [vĩn'dimɐ] *f* vendange *f*
vindo, da ['vĩnđu, đɐ] *pp* ➤ **vir**
vingança [vĩŋ'gɐ̃sɐ] *f* vengeance *f*
vingar [vĩŋ'gar] *vt* venger ◇ *vi (planta)* pousser ♦ **vingar-se** *vp* se venger • **vingar-se de** se venger de
vingativo, va [vĩŋgɐ'tivu, vɐ] *adj* rancunier(ère)
[1]**vinha** ['viɲɐ] *f* vigne *f*
[2]**vinha** ['viɲɐ] ➤ **vir**
vinha-d'alhos [ˌviɲɐ'đaʎuʃ] *f* marinade *f*
vinheta [vi'ɲetɐ] *f* vignette *f*
vinho ['viɲu] *m* vin *m* • **vinho branco/tinto** vin blanc/rouge • **vinho da casa** vin de la maison • **vinho espumante** ou **espumoso** vin mousseux • **vinho a martelo** vin frelaté • **vinho de mesa** vin de table • **vinho moscatel** muscat *m* • **vinho do Porto** porto *m* • **vinho rosé** vin rosé • **vinho verde** *vin blanc ou rouge légèrement pétillant fait alors que le raisin n'a pas atteint sa maturité*

Vinho

Le vin est la boisson alcoolisée la plus traditionnelle et la plus consommée au Portugal. On y trouve divers types de vin : le vin vert de la région du *Minho*, le vin du *Dão*, de la *Bairrada*, de l'*Alentejo*, de Madère, etc. Le plus célèbre à l'étranger est sans doute le vin de la région du *Douro*, connu sous le nom de porto. C'est le premier vin au monde dont la production a été rattachée à une région, par une loi datant de 1761.

vinicultor, **ra** [ˌvinikuɫ'tor, rɐ] (*mpl* **-es** [əʃ], *fpl* **-s** [ʃ]) *m, f* viticulteur *m*, -trice *f*
vinil [vi'niɫ] *m* vinyle *m*
vintage [vĩn'tɐidʒə] *m* millésime *m*
vinte ['vĩntə] *num* vingt • **ele tem vinte anos** il a vingt ans • **eles eram vinte** ils étaient vingt • **vinte de Janeiro** le vingt janvier • **página vinte** page vingt
viola ['vjɔlɐ] *f* guitare *f*
violação [vjulɐ'sɐ̃u] (*pl* **-ões** [õiʃ]) *f* **1.** violation *f* **2.** (*estupro*) viol *m*
violão [vju'lɐ̃u] (*pl* **-ões** [õiʃ]) *m* guitare *f*
violar [vju'lar] *vt* violer
violência [vju'lẽsjɐ] *f* violence *f*
violento, **ta** [vju'lẽntu, tɐ] *adj* violent(e)
violeta [vju'letɐ] *f* violette *f* ◇ *adj inv* violet(ette)
violino [vju'linu] *m* violon *m*
violões ➤ **violão**
violoncelo [vjulõ'sɛlu] *m* violoncelle *m*
vir ['vir] *vi*
1. (*ger*) venir • **veio ver-me** il est venu me voir • **venho amanhã** je viendrai demain • **vir de** venir de • **venho agora mesmo de lá** j'en viens à l'instant même • **vir de fazer algo** venir de faire qqch
2. (*chegar*) arriver • **veio atrasado/adiantado** il est arrivé en retard/en avance • **veio no comboio das onze** il est arrivé par le train de onze heures
3. (*surgir*) arriver, venir • **o carro veio não sei de onde** la voiture est arrivée de je ne sais où • **veio-me uma ideia** il m'est venu une idée
4. (*a seguir no tempo*) • **a semana que vem** la semaine prochaine • **o ano/mês que vem** l'année prochaine/le mois prochain
5. (*estar*) être • **vem escrito em português** c'est écrit en portugais • **vinha embalado** c'était emballé
6. (*regressar*) revenir • **ele vem amanhã** il revient demain • **hoje, venho mais tarde** aujourd'hui, je rentre plus tard • **venho de férias na próxima semana** je reviens de vacances la semaine prochaine
7. (*em locuções*) • **que vem a ser isto?** qu'est-ce que c'est que ça ? • **vir a ser** devenir • **vir abaixo** s'écrouler • **vir ao mundo** venir au monde • **vir a saber (de algo)** apprendre (qqch) • **vir sobre** (*arremeter contra*) venir sur • **vir a tempo de** arriver à temps pour
virado, **da** [vi'radu, dɐ] *adj* **1.** retourné(e) **2.** (*casa*) orienté(e) ◇ *m* • **virado para** tourné vers
vira-lata [ˌvira'latɐ] (*pl* **vira-latas** [ˌvira'latɐʃ]) *m* (*Br*) bâtard *m* (*chien*)
virar [vi'rar] *vt* **1.** renverser **2.** (*cabeça*) tourner **3.** (*objecto*) retourner **4.** (*Br*) (*transformar-se em*) devenir ◇ *vi* **1.** (*mudar de direcção*) tourner **2.** (*Br*) (*mudar*) changer • **virar à direita/esquerda** tourner à

droite/gauche • **virar o carro** faire demi-tour ◆ **virar-se** *vp* se retourner • **virar-se contra alguém** se retourner contre qqn • **virar-se para** se tourner vers
virgem ['virʒẽi] (*pl* **-ns** [ʃ]) *f* vierge *f* ◇ *adj* vierge ◆ **Virgem** *f* Vierge *f*
vírgula ['virgulɐ] *f* virgule *f*
viril [vi'riɫ] (*pl* **-is** [iʃ]) *adj* viril(e)
virilha [vɔ'riʎɐ] *f* aine *f*
viris ➤ **viril**
virose [vi'rɔzə] *f* maladie *f* virale
virtual [vir'twaɫ] (*pl* **-ais** [aiʃ]) *adj* virtuel(elle)
virtude [vir'tuđə] *f* vertu *f* • **em virtude de** en vertu de
vírus ['viruʃ] *m (inv)* virus *m*
vírus ['viruʃ] *m inv INFORM* virus *m* (informatique) • **vírus de macro** virus *m* de macro
vis [viʃ] ➤ **vil**
visão [vi'zẽu] (*pl* **-ões** [õiʃ]) *f* **1.** *(capacidade de ver)* vue *f* **2.** *(ilusão)* vision *f*
visar [vi'zar] *vt* **1.** viser **2.** *(ter em vista)* avoir l'intention de
vísceras ['viʃsərɐʃ] *fpl* viscères *fpl*
viscoso, osa [viʃ'kozu, ɔzɐ] *adj* visqueux(euse)
viseira [vi'zɐirɐ] *f* visière *f*
visibilidade [vəzibli'đađə] *f* visibilité *f*
visita [və'zitɐ] *f* visite *f* • **fazer uma visita a alguém** rendre visite à qqn • **visita pascal** *visite du prêtre à ses paroissiens pour leur donner la bénédiction pascale*
visitante [vəzi'tẽntə] *mf* visiteur *m*, -euse *f*
visitar [vəzi'tar] *vt* **1.** *(pessoa)* rendre visite à **2.** *(local, país)* visiter
visível [vi'zivɛɫ] (*pl* **-eis** [ɐiʃ]) *adj* visible
vislumbrar [viʒlũm'brar] *vt* apercevoir
visões [vi'zõjʃ] ➤ **visão**
visor [vi'zor] (*pl* **-es** [əʃ]) *m* **1.** viseur *m* **2.** *INFORM* écran *m*
vista ['viʃtɐ] *f* **1.** vue *f* **2.** *(olho)* œil *m* • **até à vista!** au revoir ! • **dar nas vistas** (*fam*) se faire remarquer • **ter algo em vista** avoir qqch en vue
visto, ta ['viʃtu, tɐ] *pp* ➤ **ver** ◇ *adj* vu(e) ◇ *m* visa *m* • **bem visto!** bien vu ! • **só visto!** (*fam*) il fallait voir ça ! • **pelos vistos** apparemment • **visto que** vu que
vistoso, osa [viʃ'tozu, ɔzɐ] *adj* voyant(e)
visual [vi'zwaɫ] (*pl* **-ais** [aiʃ]) *adj* visuel(elle)
vital [vi'taɫ] (*pl* **-ais** [aiʃ]) *adj* vital(e)
vitamina [vitɐ'minɐ] *f* vitamine *f*
vitela [vi'tɛlɐ] *f* **1.** *(animal)* génisse *f* **2.** *(carne)* veau *m*
vítima ['vitimɐ] *f* victime *f*
vitória [vi'tɔrjɐ] *f* victoire *f*
vitória-régia [vi,tɔrjɐ'ʀɛʒjɐ] (*pl* **vitórias-régias** [vi,tɔrjɐʒ'ʀɛʒjɐʃ]) *f* nénuphar *m* géant
vitral [vi'traɫ] (*pl* **-ais** [aiʃ]) *m* vitrail *m*
vitrina [vi'trinɐ] *f* vitrine *f*
viu ['viu] ➤ **ver**
viúvo, va ['vjuvu, vɐ] *m, f* veuf *m*, veuve *f*
vivacidade [vivɐsi'đađə] *f* vivacité *f*
viveiro [vi'vɐiru] *m* **1.** *(de plantas)* pépinière *f* **2.** *(de trutas)* vivier *m*
vivência [vi'vẽsjɐ] *f* expérience *f*
vivenda [vi'vẽndɐ] *f* maison *f (individuelle)*
viver [vi'ver] *vi* **1.** *(ter vida)* vivre **2.** *(habitar)* habiter ◇ *vt* vivre • **viver com alguém**

vivre avec qqn • **viver de algo** vivre de qqch • **viver em** vivre à

víveres ['vivərəʃ] *mpl* vivres *mpl*

vivo, va ['vivu, vɐ] *adj* **1.** vif (vive) **2.** *(com vida)* vivant(e) • **ao vivo** live

vizinhança [vəzi'ɲɐ̃sɐ] *f* voisinage *m*

vizinho, nha [və'ziɲu, ɲɐ] *adj* & *m, f* voisin(e)

voar ['vwar] *vi* voler

vocabulário [vukɐbu'larju] *m* vocabulaire *m*

vocação [vukɐ'sɐ̃u] (*pl* **-ões** [õiʃ]) *f* vocation *f* • **ter vocação para** avoir la vocation de

vocalista [vukɐ'liʃtɐ] *mf* chanteur *m*, -euse *f* (d'un groupe)

você [vɔ'se] *pron* (*Br*) (*fam*) tu ; (*Port*) (*fml*) vous

◆ **vocês** *pron pl* vous

voga ['vɔgɐ] *f* • **estar em voga** être en vogue

vogal [vu'gał] (*pl* **-ais** [aiʃ]) *f* voyelle *f* ◇ *mf* membre *m*

volante [vu'lɐ̃ntə] *m* volant *m (de véhicule)*

volátil [vu'latił] (*pl* **-teis** [tɐiʃ]) *adj* **1.** volatil(e) **2.** (*fig*) versatile

vôlei ['volei] *m* (*Br*) = **voleibol**

voleibol [ˌvɔlɐi'bɔł] *m* volley-ball *m*

volta ['vɔłtɐ] *f* **1.** tour *m* **2.** *(regresso)* retour *m* **3.** *(mudança)* tournant *m* • **dar uma volta** faire un tour • **dar a volta a alguém** faire changer qqn d'avis • **dar a volta a algo** faire le tour de qqch • **estar de volta** être de retour • **volta e meia** (*fig*) sans arrêt • **a toda a volta** tout autour • **à volta de** à peu près • **por volta de** vers

voltagem [voł'taʒɐ̃i] *f* voltage *m*

voltar [voł'tar] *vt* **1.** retourner **2.** *(cabeça, olhos, costas)* tourner ◇ *vi* **1.** *(regressar)* revenir **2.** *(ir de novo)* retourner • **voltar a fazer algo** refaire qqch • **voltar a chover** recommencer à pleuvoir • **voltar atrás** *(retroceder)* revenir sur ses pas ; *(no tempo)* revenir en arrière • **voltar para** revenir à • **voltar para casa** rentrer à la maison ◆ **voltar-se** *vp* se retourner • **voltar-se para** se tourner vers

volume [vu'lumə] *m* **1.** volume *m* **2.** *(embrulho)* paquet *m*

voluntário, ria [vulũn'tarju, rjɐ] *m, f* volontaire *mf*

volúpia [vu'lupjɐ] *f* volupté *f*

vomitado [vumi'tadu] *m* vomi *m*

vomitar [vumi'tar] *vt* & *vi* vomir

vómito ['vɔmitu] *m (contracção)* vomissement *m* • **sentir vómitos** avoir envie de vomir

vômito ['vomitu] (*Br*) = **vómito**

vontade [võn'tadə] *f* **1.** *(desejo)* envie *f* **2.** *(determinação)* volonté *f* • **pôr-se à vontade** se mettre à l'aise • **ter vontade de fazer algo** avoir envie de faire qqch • **fazer as vontades a alguém** faire les quatre volontés de qqn • **com vontade ou sem ela** que tu le veuilles ou non • **contra a vontade** à contre cœur • **de livre vontade** de plein gré

voo ['vou] *m* (*Port*) vol *m* • **voo charter** vol charter • **voo directo** vol direct • **voo doméstico** vol intérieur • **voo fretado** vol affrété • **voo livre** vol libre

vôo ['vou] *m* (*Br*) = **voo**

voraz [vu'raʃ] (*pl* **-es** [zəʃ]) *adj* vorace

vos [vuʃ] *pron (vocês)* vous

vós ['vɔʃ] *pron (fml) (você, vocês)* vous • **vós mesmos** ou **próprios** vous-mêmes

vosso, a ['vɔsu, ɐ] *adj* votre ◇ *pron* • **o vosso/a vossa** le/la vôtre • **isto é vosso** c'est à vous • **um amigo vosso** un de vos amis • **os vossos** *(a vossa família)* les vôtres

votação [vutɐ'sɐ̃w] *(pl* **-ões** [õiʃ]) *f* **1.** *(acto)* vote *m* **2.** *(resultado)* scrutin *m* • **por votação secreta** à bulletin secret

votar [vu'tar] *vi* voter • **votar em alguém** voter pour qqn

voto ['vɔtu] *m* **1.** *(eleição)* vote *m* **2.** *(resultado)* voix *f* ◆ **votos** *mpl* • **votos de** tous mes vœux de bonheur • **fazer votos que** souhaiter que

vou ['vo] ➤ **ir**

voz ['vɔʃ] *(pl* **-es** [zəʃ]) *f* voix *f* • **ter voz activa em algo** avoir son mot à dire sur qqch • **em voz alta/baixa** à voix haute/basse

v.s.f.f. *(abrev de vire se faz favor)* TSVP *(tournez s'il vous plaît)*

vulcão [vuɫ'kɐ̃w] *(pl* **-ões** [õiʃ]) *m* volcan *m*

vulgar [vuɫ'gar] *(pl* **-es** [əʃ]) *adj* **1.** *(frequente)* courant(e) **2.** *(comum)* banal(e) **3.** *(grosseiro)* vulgaire

vulgaridade [vuɫgɐri'ðaðə] *f* **1.** *(banalidade)* banalité *f* **2.** *(grosseria)* vulgarité *f*

vulnerável [vuɫnə'ravɛɫ] *(pl* **-eis** [ɐiʃ]) *adj* vulnérable

vulto ['vuɫtu] *m* **1.** *(figura indistinta)* silhouette *f* **2.** *(pessoa importante)* figure *f*

W W

walkie-talkie [ˌwɔki'tɔki] *(pl* **walkie-talkies** [ˌwɔki'tɔkiʃ]) *m* talkie-walkie *m*

WC *m (abrev de water closet)* W-C *m*

web ['uɛb] *f INFORM* Web *m*

webcam ['uɛbik] *(pl* **webcams**) *f INFORM* webcam *f*

webmail ['uɛbimejo] *(pl* **webmails**) *m INFORM* webmail *m*

webmaster [*(Port)* 'uɛbə'mɛstər *(Br)*, 'uɛbimaʃtɛ(x)] *(pl* **-s** [ʃ]) *mf INFORM* webmaster *mf*

website ['uɛbisitʃi] *m INFORM* website *m*

windsurf [wĩnd'sɛrfə] *m* planche *f* à voile • **fazer windsurf** faire de la planche à voile

windsurfe [wĩnd'suxfi] *m* windsurf® *m*, planche à voile *f* • **fazer windsurfe** faire du windsurf

windsurfista [wĩndsux'fiʃta] *mf* windsurfeur *m*, -euse *f*

WWW *(abrev de World Wide Web) f* WWW *m*

X X

xadrez [ʃɐ'ðreʃ] *m* **1.** *(jogo)* échecs *mpl* **2.** *(fam) (cadeia)* taule *f* • **de xadrez** à carreaux

xaile ['ʃailə] *m* châle *m*

xale ['ʃalə] *m* = **xaile**

xampu [ʃẽm'pu] *m* (*Br*) = **champô**
xarope [ʃɐ'rɔpə] *m* sirop *m* • **xarope para a tosse** sirop pour la toux
xenofobia [ʃɛnɔfu'bie] *f* xénophobie *f*
xenófobo, ba [ʃə'nɔfubu, bɐ] *m, f* xénophobe *mf*
xeque-mate [ˌʃɛkə'matə] (*pl* **xeque-mates** [ˌʃɛkə'matəʃ]) *m* échec *m* et mat
xerez [ʃə'reʃ] *m* xérès *m*
xerocar [ʃero'kax] *vt* (*Br*) photocopier
xerox® [ʃɛ'rɔks] *m inv* **1.** (*Br*) (*fotocópia*) photocopie *f* **2.** (*máquina*) photocopieuse *f*
xícara ['ʃikɐrɐ] *f* tasse *f*
xicrinha [(*Br*) ʃi'kriɲa] *f* petite tasse *f*
xilofone [ʃilɔ'fɔnə] *m* xylophone *m*
xilografia [ʃilɔgrɐ'fiɐ] *f* xylographie *f*
xingar [ʃĩŋ'gax] *vt* (*Br*) insulter
xinxim [ʃĩ'ʃĩ] (*pl* **-ns** [ʃ]) *m* (*Br*) *poulet à l'huile de palme et à la noix de cajou pilée*
xisto ['ʃiʃtu] *m* schiste *m*
xixi ['ʃiʃi] *m* (*fam*) pipi *m* • **fazer xixi** (*fam*) faire pipi

Z

zagueiro [za'geiru] *m* (*Br*) (*em futebol*) arrière *m*
Zaire ['zairə] *m* • **o Zaire** le Zaïre
zanga ['zẽŋgɐ] *f* (*fam*) brouille *f*
zangado, da [zẽŋ'gadu, dɐ] *adj* fâché(e)
zangão ['zãŋgãw] (*pl* **-ões** [õjʃ]) *m* (*fam*) bougon *m*, fainéant *m*
zângão ['zẽŋgɐ̃u] (*pl* **-ões** [õiʃ]) *m* bourdon *m*
zangar [zẽŋ'gar] *vt* énerver • **zangar-se** *vp* se fâcher
zangões [zũŋ'gõjʃ] ➤ **zangão**
zângões ➤ **zângão**
zapping ['zɐpĩ] *m* • **fazer zapping** zapper
zaragata [zɐrɐ'gatɐ] *f* bagarre *f*
zaragatoa [zɐrɐgɐ'toɐ] *f* stick *m*
zarpar [zɐr'par] *vi* lever l'ancre
zebra ['zebrɐ] *f* zèbre *m*
zelador, ra [zela'dox, rɐ] (*pl* **-es** [iʃ], *fpl* **-s** [ʃ]) *m, f* (*Br*) (*de edifício*) concierge *mf*
zelar [zə'lar] • **zelar por** *v + prep* veiller à
zelo ['zelu] *m* **1.** (*dedicação*) soin *m* **2.** (*com pessoa*) égard *m*
zeloso, osa [zə'lozu, ɔzɐ] *adj* appliqué(e)
zero ['zɛru] *num* zéro ➤ **seis** • **partir do zero** recommencer à zéro • **ser um zero à esquerda** (*fam*) être nul • **estão seis graus abaixo de zero** il fait moins six
ziguezague [zig'zagə] *m* zigzag *m* • **andar aos ziguezagues** zigzaguer
zinco ['zĩŋku] *m* zinc *m*
zipar [zi'par] *vt INFORM* zipper
zíper ['zipex] (*pl* **-es** [iʃ]) *m* (*Br*) fermeture *f* Éclair®
Zodíaco [zu'diɐku] *m* zodiaque *m*
zoeira ['zweirɐ] *f* bourdonnement *m*
zombar [zõm'bar] *vi* se moquer • **zombar de** se moquer de
zona ['zonɐ] *f* **1.** zone *f* **2.** *MED* zona *m* • **zona comercial** zone commerçante • **zona pedestre** zone piétonne
zonzo, za ['zõzu, zɐ] *adj* étourdi(e)
zoo ['zu] *m* (*Port*) zoo *m*

zôo ['zu] *m* (*Br*) = **zoo**
zoologia [zulu'ʒiɐ] *f* zoologie *f*
zoológico [zu'lɔʒiku] *adj m* ➤ **jardim**
zumbido [zũm'biđu] *m* bourdonnement *m*

zumbir [zũm'bir] *vi* bourdonner

zunzum [zũ'zũ] (*pl* **-ns** [ʃ]) *m* (*fig*) cancan *m*

zurrar [zu'ʀar] *vi* braire